Philipp

Praxishandbuch Allplan 2020

Markus Philipp

Praxishandbuch Allplan 2020

9., überarbeitete Auflage

HANSER

Der Autor:
Markus Philipp, Landshut

MIX
Papier aus verantwortungsvollen Quellen
FSC www.fsc.org FSC® C020353

Bibliografische Information der Deutschen Nationalbibliothek:
Die Deutsche Nationalbibliothek verzeichnet diese Publikation in der Deutschen Nationalbibliografie; detaillierte bibliografische Daten sind im Internet über http://dnb.d-nb.de abrufbar.

www.hanser-fachbuch.de
Lektorat: Julia Stepp
Herstellung: le-tex publishing services GmbH, Leipzig
Coverkonzept: Marc Müller-Bremer, www.rebranding.de, München
Titelillustration: © Studio Associato BMT Branciaroli, Mucci, Tardino, Pescara/Italien
Coverrealisation: Max Kostopoulos
Satz: Kösel Media GmbH, Krugzell
Druck und Bindung: NEOGRAFIA, a. s., Martin-Priekopa (Slowakei)
Printed in Slovakia

Print-ISBN: 978-3-446-46248-9
E-Book-ISBN: 978-3-446-46421-6

Inhalt

Vorwort

Die Allplan-Version 2020 führt die Weiterentwicklung der Software, welche innerhalb der letzten Jahre erfolgt ist, fort. Neben den neuen Entwicklungen aus dem Bereich des 3D-Modellierens sind die Ebenen deutlich erweitert worden, verschiedene Einflüsse aus aktuellen Entwicklungen aus dem BIM-Bereich wurden aufgenommen und Möglichkeiten für den Import von UTM-Daten wurden geschaffen.

Die mit Allplan 2017 eingeführten Schnitte und Ansichten sind nun für Bewehrung zugelassen und wurden um viele kleinere neue Punkte ergänzt. Außerdem sind Neuerungen hinsichtlich der Visualisierung (z. B. sphärische Perspektiven) eingeführt worden, eine assoziative Bemaßung wurde ergänzt und an vielen Stellen im Programm wurden Kundenwünsche und Anregungen umgesetzt. Im Bereich BIM wurde die Anbindung an Bimplus weiter verbessert.

Dieses Buch kann und soll keine vollständige Dokumentation von Allplan sein. Zum Einstieg in Allplan 2020 empfehle ich – sowohl für Anfänger als auch Profis – neben der Lektüre dieses Buches die Hilfe und Dokumentation von Allplan sowie die Internetseiten *http://www.allplan.com* und *http://www.connect.allplan.com*. Dort finden Sie das betreute Nutzerforum von Allplan. Nach einer kostenfreien Anmeldung können Sie im Forum lesen und schreiben sowie auf einige weitere Inhalte des Portals zugreifen. Mit Servicevertrag erhalten Sie zudem Zugriff auf eine umfangreiche Objektbibliothek mit Inhalten, die ständig erweitert und aktualisiert werden.

Neben den Internetseiten und der Dokumentation zu Allplan gibt es noch meine eigene Internetseite *http://www.zeichenatelier.de/Allplan2020* mit aktuellen Informationen zu diesem und weiteren Büchern.

In diesem Buch habe ich versucht, einen Teil meiner Erfahrungen aus dem täglichen Einsatz von Allplan bei der Planung von Gebäuden und Außenanlagen, aus meiner Lehrtätigkeit und aus den vielen Diskussionen mit Kollegen einzubringen. Als Beispiel dient ein Wohn- und Geschäftshaus, an welchem die wesentlichen Funktionen erläutert werden.

Besonderer Dank gilt Julia Stepp und weiteren Mitarbeitern des Carl Hanser Verlags für ihre Geduld und Hilfe sowie allen Mitarbeitern der Allplan GmbH.

Markus Philipp

Landshut, März 2020

1 Allgemeines und Installation

Allplan ist eine bauteilorientierte 3D-Planungssoftware für Building Information Modeling (BIM). Sie deckt alle gängigen Planungsarten ab – von der einfachen 2D-Konstruktion bis zum virtuellen Gebäudemodell mit integrierter Mengen- und Kostenermittlung. Allplan steht für interdisziplinäres Planen von Architekten, Bauingenieuren, Fachplanern und Facility-Managern.

ALLPLAN
ARCHITECTURE
ENGINEERING

1.1 Allplan-Produktfamilie

Die Allplan GmbH (früher Nemetschek Allplan Systems GmbH) hat mit Allplan 2020 eine neue Generation der bewährten Software auf den Markt gebracht. Es werden unterschiedliche Produktvarianten angeboten, die mit weiteren Produkten aus dem Konzern verzahnt sind. Im Folgenden finden Sie eine (unvollständige) Übersicht, die einen ersten Einblick geben soll. Der exakte Bedarf sollte mit dem örtlichen Händler geklärt werden.

Allplan 2020

- **Allplan** ist die Basis der spezielleren Pakete und bietet die Möglichkeit, ein Gebäudemodell als Basis für weitere Planungen zu erstellen. Der jeweilige Leistungsumfang wird durch einen Zusatz (*Linear* oder *Cubed*) angegeben.
  - *Architecture*: Die CAD-Lösung für Architekten beinhaltet alle Modulbereiche von Allplan, die für den Planungsprozess des Architekten benötigt werden – von den ersten Entwurfsskizzen bis zur Werkplanung. Allplan Architecture ist in zwei Lizenzumfängen erhältlich. Während die größere Variante den kompletten Leistungsumfang abdeckt, bietet die kleinere Variante (Allplan Design) vor allem die Möglichkeiten, welche Allplan im Bereich des freien Modellierens sowie der 2D-Daten-Bearbeitung besitzt.

- *Engineering*: Die CAD-Lösung für den Ingenieurbau beinhaltet alle Modulbereiche von Allplan, die zum Erstellen von Schal- und Bewehrungsplänen usw. notwendig sind. Mit Round-Trip-Engineering wird zudem ein optimales Zusammenspiel von CAD und Statik erreicht. Die für die Berechnung notwendigen Bauteile können direkt aus dem CAD-System in die Statik-Software übernommen werden. Allplan Engineering wird in zwei Versionen angeboten.
- Option *Workgroup Manager*: Die Option *Workgroup Manager* ist für die gleichzeitige Bearbeitung von Projekten durch mehrere Personen, für die Nutzung von verteilt im Netz liegenden Projekten und Online-Servern sowie für eine Benutzersteuerung gedacht, welche vor allem für mittlere bis größere Bürostrukturen sinnvoll ist.

- **Bimplus** ist ein leistungsstarkes Werkzeug, um systemunabhängig über alle Disziplinen hinweg in BIM-Projekten zusammenzuarbeiten. Bimplus ist offen für jede beliebige Software der Baubranche und akzeptiert verschiedene Formate wie IFC und BCF. Zudem ist es über die API-Programmierschnittstelle zugänglich. Mit Bimplus führen Sie die Teilmodelle der Fachdisziplinen zusammen, um sie anschließend zu analysieren.
- **Allplan Allfa** ist eine browserbasierte CAFM-Lösung, die selbst höchsten Ansprüchen an infrastrukturelles und technisches Facility Management gerecht wird. Die Software verfügt über eine Vielzahl an Fachmodulen für die unterschiedlichen Bereiche der Gebäudebewirtschaftung. So decken Sie alle anstehenden Aufgaben mit einer einzigen Lösung ab. Dank umfassender Auswertungsfunktionen und einer zentralen Datenbank mit integrierter Historie ist Allplan Allfa das optimale Werkzeug, um Daten und Kosten zu kontrollieren und den gesetzlichen Betreiberpflichten gerecht zu werden.
- **Allplan IBD** bietet erweiterten Content für die Projektbearbeitung inklusive der Möglichkeit, über ein Elementbuch für Allplan BCM und/oder Nevaris aus einer CAD-Zeichnung direkt Leistungsverzeichnisse mit berechneten Mengen abbilden zu können.

HINWEIS: Die Beschreibungen dieses Buches basieren auf Allplan Architecture mit allen Funktionen. Je nach Lizenz sind eventuell nicht alle Funktionen verfügbar, die im Buch dargestellt sind.

Weitere mit Allplan verzahnte Programme

- **Allplan BCM 2014** (BCM = Building Cost Management) ist ein eigenständiges Produkt für das Baukostenmanagement und den Bereich AVA für Planer. Durch die enge Verzahnung von Allplan BCM mit Allplan BIM sind nachvollziehbare Mengenansätze in frühen Planungsphasen bis hin zur Abrechnung ganz einfach möglich. Allplan BCM kann nicht neu erworben werden, die Entwicklung wurde im Zuge der Einführung von Nevaris als Ersatz eingestellt.
- **Nevaris** ist eine komplett neu entwickelte AVA-Lösung, die wie Allplan BCM direkt mit Allplan zusammenarbeitet und eine Übernahme von Mengen aus Allplan ermöglicht. (*www.nevaris.com*)

1.2 Installation von Allplan

Sollten Sie noch nicht im Besitz einer Lizenz sein, können Sie sich unter *www.allplan.com* eine Demoversion herunterladen. Die Testversion hat den kompletten Funktionsumfang und steht nach der Installation 30 Tage zur Verfügung. Studenten können über *www.campus.allplan.com* spezielle Studentenlizenzen (kostenfrei) beziehen, die nicht kommerziell genutzt werden dürfen.

1.2.1 Hardware-Voraussetzungen

Auf der Webseite von Allplan finden Sie einen Systemtest, mit dem Sie prüfen können, ob Ihr Computer die Systemvoraussetzungen von Allplan 2020 erfüllt. Das Tool kann unter *www.allplan.com/de/system/systemvoraussetzungen* heruntergeladen werden. Aktuelle Informationen zu empfohlenen Hardwarekomponenten finden Sie ebenfalls auf der Internetseite des Herstellers.

Die folgenden Angaben zur Ausstattung sind vom Hersteller übernommen worden.

Empfohlene Ausstattung	Mindestausstattung
Intel Core i5-, i7- oder i9-Prozessor oder kompatibel	Intel-Prozessor oder kompatibel
16 GB RAM	4 GB RAM
10 GB freier Festplattenspeicher	
OpenGL 4.2 kompatible Grafikkarte mit 8 GB RAM (siehe auch Zertifizierungen auf der Internetseite)	OpenGL 4.2 kompatible Grafikkarte mit 2 GB RAM
Auflösung: 2560 × 1600	Auflösung: 1280 × 1024

Hinweis: Bei größeren Auflösungen kann (ab Windows 8.1) die Skalierung des Betriebssystems genutzt werden. Bei Verwendung von mehreren Monitoren sollten alle Monitore mit der gleichen Auflösung/Skalierung betrieben werden.

1.2.2 Betriebssysteme

Die folgenden Betriebssysteme für Arbeitsplätze und Datenserver sind vom Hersteller freigegeben.

Workstation

- Windows 10, 64 Bit (Version 1809 – LTSB/LTSC-Edition ausgeschlossen)
- Windows 8.1, 64 Bit
- Windows 7, 64 Bit, Service Pack 1 (nicht empfohlen)
- Windows Server 2019, Standard Edition (für Citrix App)
- Windows Server 2016, Standard Edition (für Citrix App)

Für die Erstellung dieses Buches wurde Windows 10 in der 64-Bit-Version verwendet.

HINWEIS: Mit Allplan 2015 wurde die Unterstützung von 32-Bit-Betriebssystemen eingestellt.

Datenserver

- Windows Server 2019
- Windows Server 2016
- Windows Storage Server 2016 für NAS

Für die Funktionalität *Workgroup Online* wird ein FTP-Server benötigt. Für die Anbindung an Bimplus/Share wird eine stabile, leistungsfähige Internetverbindung benötigt.

Die Installation von Allplan findet immer auf jedem Arbeitsplatz einzeln statt; d. h., das Programm wird lokal installiert. Die Datenpfade können entweder lokal oder zentral auf einem Server abgelegt werden.

Allplan wird entweder mit einer Lizenz (Trial/Demo oder endgültige Lizenz) installiert und bietet den jeweiligen Umfang an Modulen. Alternativ kann Allplan als Viewer installiert werden, um z. B. dem nicht zeichnenden Bauleiter Zugriff auf alle Daten der Projekte zu geben oder einen mobilen Arbeitsplatz für Präsentationen und/oder Besprechungen auszustatten. Allplan kann nach Ablauf der Lizenz weiterhin als Viewer mit eingeschränkten Funktionen (keine Änderungen möglich, drucken uneingeschränkt möglich, alle Daten sichtbar) gestartet werden.

1.2.3 Installationsarten

Je nach vorhandenen Lizenzen (eine, mehrere, mit/ohne Workgroup) sind die folgenden Varianten der Installation möglich. Der Programmordner von Allplan wird jeweils lokal abgelegt.

	Einzelplatz	Netz ohne Workgroup	Netz mit Workgroup
Programmverzeichnis	lokal	lokal	lokal
Projektverzeichnis	lokal	Server	Server/lokal
Bürostandard	lokal	Server	Server
Netzwerk notwendig	nein	ja	ja
FTP-Server	nein	nein	ja, für *Workgroup Online*
Anbindung an Allplan Share	ja	ja	ja
Privates Benutzerverzeichnis	je Arbeitsplatz	je Arbeitsplatz	je Windows-Benutzer lokal gespeichert
Gemeinsames Nutzen von Bürostandards	nein	ja	ja

	Einzelplatz	Netz ohne Workgroup	Netz mit Workgroup
Zugriffssteuerung auf Projekte	-	nein	ja
Projektbearbeitung mit mehreren Nutzern gleichzeitig	nein	nein	ja

Einzelplatzinstallation

Bei der Einzelplatzinstallation wird Allplan nur am jeweiligen Arbeitsplatz installiert (auch wenn sich der Rechner in einem Netzwerk befindet). Alle Daten liegen lokal auf diesem Rechner. Eine Einzelplatzinstallation eignet sich vor allem für einen einzelnen Arbeitsplatz (z. B. Laptop), der in keine Workgroup eingebunden ist und/oder bei dem es sich um den einzigen Arbeitsplatz im Büro handelt. Bei einem stationären Arbeitsplatz und einem Datenserver im lokalen Netzwerk ist eine Netzinstallation vorzuziehen.

Netzinstallation ohne Workgroup

Alle Benutzer können über den zentralen Dateiablageordner auf den Bürostandard und alle Projekte zugreifen. Bei dieser Installationsart ist die Zusammenarbeit von mehreren Mitarbeitern in einem Projekt nicht möglich. Wenn ein Projekt durch einen Benutzer geöffnet ist, dann wird es in dieser Zeit für die anderen Benutzer gesperrt. Die anderen Projekte können von jeweils einem anderen Benutzer bearbeitet werden. Diese Installationsart ist der Einzelplatzinstallation immer dann vorzuziehen, wenn ein Datenserver im Netzwerk vorhanden ist.

Netzinstallation mit Workgroup

Bei dieser Installationsart ist es möglich, Projekte und Benutzerordner sowohl auf dem Server als auch auf allen im Workgroup-Manager aufgenommenen Rechnern abzulegen. An den Rechnern (Einzelarbeitsplätzen), auf denen Projekte oder Benutzerordner abgelegt werden sollen, muss dafür jeweils ein Ordner erstellt und freigegeben werden. In diesem Ordner muss ein Unterordner angelegt werden. Diese Rechner können dann über den Workgroup-Manager aufgenommen werden. Mobile Arbeitsplätze können in das System eingebunden werden. Der Nutzer muss vor dem Verlassen des Netzwerks den Arbeitsplatz auschecken. Darüber hinaus können zusätzlich beliebige Rechner als Datenserver verwendet sowie Online-Server (FTP-Server) mit eingebunden werden.

Lokale Installation mit Workgroup

Allplan wird mit lokalen Pfaden und der Option *Workgroup* installiert. Bei der Pfadauswahl kann ein zusätzlicher Online-Pfad gewählt werden. Wenn dieser Pfad angegeben wurde, können Online-Server ausgewählt und Projekte über das Internet bearbeitet werden.

Bei der Einrichtung einer Workgroup Online wird die nachfolgende Meldung angezeigt, welche darauf hinweist, dass die Funktionalität vermutlich in einer der nächsten Versionen aufgegeben wird, da Allplan Share (kostenpflichtig) mehr/bessere Möglichkeiten bietet.

1.2.4 Systempfade für Allplan

Bei der Installation von Allplan können zwei bzw. drei Pfade angegeben werden. Der zentrale Dateiablageordner sollte möglichst auf einem Server liegen, der Programmordner ist immer lokal.

Zentraler Dateiablageordner

Während der Installation kann unter **ZENTRALER DATEIABLAGEORDNER** entschieden werden, ob die Daten in einem lokalen Pfad oder in einem Serververzeichnis abgelegt werden sollen. Bei der Ablage in einem Serververzeichnis müssen ausreichende Rechte auf den freigegebenen Ordner vorhanden sein.

Bei einer Installation ohne Workgroup werden nur die Ordner *\prj* (Projekte) und *\std* (Bürostandard) angelegt. Der Ordner *\NET* wird nur bei einer Workgroup-Installation angelegt. Im Ordner *Updates* werden je nach Einstellung unter Allplan Update-Daten für alle Rechner bereitgestellt (siehe auch Abschnitt 1.2.7, „Installation von Updates“).

Im lokalen Dateiablageordner wird eine Kopie des STD-Verzeichnisses sowie weiterer Daten abgelegt. Für jeden Online-Server, der aufgenommen wird, wird ein eigener Unterordner generiert, in dem Arbeitskopien der verwendeten Projekte (nur aufgerufene Daten und Ressourcendateien) gespeichert werden. Beim erstmaligen Aufruf eines Online-Projekts werden die Projektdaten (Ressourcen ohne Pläne und Teilbilder) in den lokalen Pfad kopiert. Sobald ein Teilbild oder Plan geladen wird, werden die Daten kopiert und auf dem Online-Server wird eine Sperrinformationsdatei angelegt, die gelöscht wird, sobald das Dokument wieder geschlossen wird. Weitere Informationen entnehmen Sie der Hilfe.

Programmordner

Der Programmordner von Allplan wird immer lokal angelegt:

- Programmordner (Standard – einstellbar): *C:\Program Files\Nemetschek\Allplan\Prg*

Weitere lokale Ordner

Neben dem Programmordner werden auch wichtige Ressourcen lokal abgelegt, auf die Allplan oft zugreift:

- *C:\ProgramData\Nemetschek\Allplan\2020\Etc*
- *C:\Users\ „Benutzername“ \Dokumente*

TIPP: Die Hauptpfade, in denen Allplan Daten ablegt, werden im Allmenu direkt auf der Oberfläche angezeigt. Unter **SERVICE > WINDOWS EXPLORER** finden Sie im Allmenu Einträge, die die entsprechenden Pfade direkt öffnen.

1.2.5 Neuinstallation von Allplan 2020

Vor der Installation von Allplan sollte auf allen CAD-Rechnern des Netzwerks, in dem Allplan installiert werden soll, der Systemtest ausgeführt werden. Eine detaillierte Anleitung zum Installationsvorgang auf Ihrem System finden Sie auf der Internetseite von Allplan. Bei der Installation eines zusätzlichen Arbeitsplatzes in einem bestehenden Netzwerk ist als zentraler Dateiablageordner der bestehende Pfad anzugeben. Dieser wird z. B. im Allmenu angezeigt.

1.2.6 Installation als Upgrade

Ein Upgrade ist ein Versionssprung, z. B. von Allplan 2019 auf Allplan 2020. Dieser ist zumeist mit einer Datenwandlung verbunden. Wenn bereits ältere Allplan-Versionen vorhanden sind, kann Allplan als Upgrade installiert werden. Alle Datenpfade werden beibehalten bzw. – wenn notwendig – entsprechend den neuen Bedürfnissen verschoben oder mit notwendigen neuen Inhalten bestückt. Vor der Upgrade-Installation sollte der Inhalt des zentralen Dateiablageordners gesichert werden. Alternativ ist eine Neuinstallation mit Übernahme von Daten (Benutzer, Projekte, Standard) möglich. Diese Installationsart ist ideal, wenn Sie die neue Version zunächst mit einem oder mehreren ausgewählten Projekten testen möchten, bevor ein Upgrade des kompletten Büros erfolgt.

Wenn mehrere Arbeitsplätze installiert werden müssen, kann nach dem Start der Installation auf dem ersten Rechner auf den weiteren Arbeitsplätzen nicht gearbeitet werden. Sobald der erste Arbeitsplatz fertig installiert und lauffähig ist (kurz ein oder mehrere Projekte antesten), können die weiteren Installationen gestartet werden.

1.2.7 Installation von Updates

Ein Update ist eine Aktualisierung eines Hauptrelease und bedarf keiner Datenwandlung. In den letzten Versionen wurden Hotfixes zur Fehlerbehebung sowie eine „Zwischenversion“ zur Verfügung gestellt. Diese Aktualisierungen sollten direkt nach dem Erscheinen möglichst auf allen Arbeitsplätzen eingespielt werden (siehe auch Abschnitt 1.3, „Allplan Update“).

Kurz nach dem Erscheinen eines neuen Updates wird im Normalfall ein neues Komplettpaket auf der Webseite von Allplan zur Verfügung gestellt, d. h., ein neuer Rechner kann in der Regel direkt mit der aktuellsten Version installiert werden.

1.2.8 Programmstart von Allplan und Allmenu

Nach der Installation von Allplan 2020 finden Sie zwei neue Icons auf dem Desktop sowie eine neue Programmgruppe im Startmenü unter **PROGRAMME**. Über das Icon **ALLPLAN 2020** wird das CAD-Programm und über das Icon **ALLMENU 2020** ein Konfigurationsprogramm gestartet. Zusätzlich wird das Plug-in **ALLPLAN BRIDGE** mit installiert und überall mit angezeigt/angelegt.

1.3 Allplan Update

Allplan bietet seit Version 2011 eine Möglichkeit an, über die alle Installationen von Allplan komfortabel und ohne Aufwand stets auf dem aktuellsten Stand gehalten werden können. Das automatische Update funktioniert bei kleinen Änderungen (Hotfixes) genauso wie bei großen Service-Releases und aktualisierten Hilfedateien. Je nach Einstellung werden Updates automatisch gesucht und bei einem Programmstart zur Ausführung angeboten. In Workgroup-Umgebungen kann der Systemadministrator die Suche nach Updates für Anwender ohne Adminrechte sperren.

TIPP: Nutzen Sie die Funktion **ALLPLAN UPDATE**, um die Installation auf dem aktuellen Stand zu halten. Detaillierte Informationen zu den einzelnen Updates finden Sie bei jedem Update unter einem mitgelieferten Weblink.

1.4 Lizenzierungssystem

Die Lizenzierung von Allplan wurde mit Version 2016 neu gestaltet und auf die Vergabe von Produkt Keys umgestellt. Die beiden zuvor verfügbaren Lizenzierungssysteme (Hardlock und Softlock - Einzelplatz/Lizenzserver) sind seit Version 2016 nicht mehr verfügbar. Grundsätzlich kann entweder der einzelne Rechner lizenziert oder eine Lizenz von einem im Netzwerk vorhandenen Lizenzserver bezogen werden.

1.4.1 Lizenz bei der Installation

Bei der Installation von Allplan 2020 wird der Lizenzierungstreiber Wibu CodeMeter(R) installiert, falls dieser durch eine vorherige Installation noch nicht vorhanden sein sollte. Im weiteren Verlauf der Installation kann zwischen den Optionen *Lizenzaktivierung*, *Lizenzauswahl* und *Viewer verwenden* gewählt werden.

- *Aktive Lizenz verwenden* wird nur angezeigt, wenn schon eine Lizenz auf dem Rechner vorhanden ist.
- *Lizenzaktivierung* dient der direkten Eingabe eines Produkt Keys. Der Produkt Key wird direkt nach der Eingabe geprüft und die Schaltfläche *Lizenz aktivieren* wird angezeigt. Sobald Sie die Lizenz aktiviert haben, ist diese für andere Rechner nicht weiter verfügbar und die Installation kann fortgeführt werden.

- *Lizenzauswahl* öffnet die Auswahl für die Lizenz. Hier kann entweder aus einer der evtl. schon vorhandenen Lizenzen gewählt oder auf den Lizenzserver für die Lizenz verwiesen werden.
- *Viewer verwenden* lässt die Installation von Allplan komplett ohne Lizenz zu. Sie können Allplan als Viewer auf beliebigen Rechnern installieren und damit Daten anzeigen, die mit Allplan erzeugt wurden. Eine Viewer-Installation im Netzwerk auf einem Rechner im Besprechungsraum oder Ähnlichem kann z. B. praktisch sein, wenn Allplan rein für die Entwurfspräsentation verfügbar sein soll. Der Zugriff auf den zentralen Dateispeicherort ist uneingeschränkt möglich.

HINWEIS: Für die Installation von Allplan inklusive der Lizenzierung ist eine Internetverbindung erforderlich. Für eine Offline-Aktivierung informieren Sie sich bitte beim Support von Allplan.

Sie haben noch keinen Produkt Key?

Sollten Sie noch keinen Produkt Key für die Installation haben, können Sie diesen über den bei der Installation angezeigten Link anfordern. Je nachdem, ob Sie Kunde, Interessent oder Student sind, werden Sie weitergeführt.

1.4.2 Lizenz übertragen

Eine Lizenz ist immer auf den Rechner beschränkt, auf dem diese aktiviert wurde. Wenn Sie den Rechner tauschen wollen oder unterwegs auf einem mobilen Gerät arbeiten wollen, kann die Lizenz auf dem Hauptgerät deaktiviert und auf dem mobilen Gerät aktiviert werden. Folgender Arbeitsablauf hat sich bei der Bearbeitung des Buches auf zwei Rechnern (Hauptrechner im Büro und Laptop für zu Hause) als sinnvoll erwiesen:

Grundkonstellation

Es wird bei der folgenden Beschreibung davon ausgegangen, dass die benutzten Rechner direkten Internetzugang haben. Optimal ist es zudem, wenn auf den beiden Rechnern, die sich eine Lizenz „teilen" sollen, jeweils eine Textdatei mit dem Produkt Key auf dem Desktop vorhanden ist.

1. Arbeitsplatz: Bürorechner

Auf dem Bürorechner ist Allplan 2020 installiert und die Lizenz ist aktiviert.

- Allmenu 2020 aufrufen
- DIENSTPROGRAMME > LIZENZEINSTELLUNGEN
- (1) LIZENZAKTIVIERUNG

Anstelle des roten Balkens im Feld **AKTIVIERTE LIZENZEN** finden Sie den aktivierten Produkt Key.

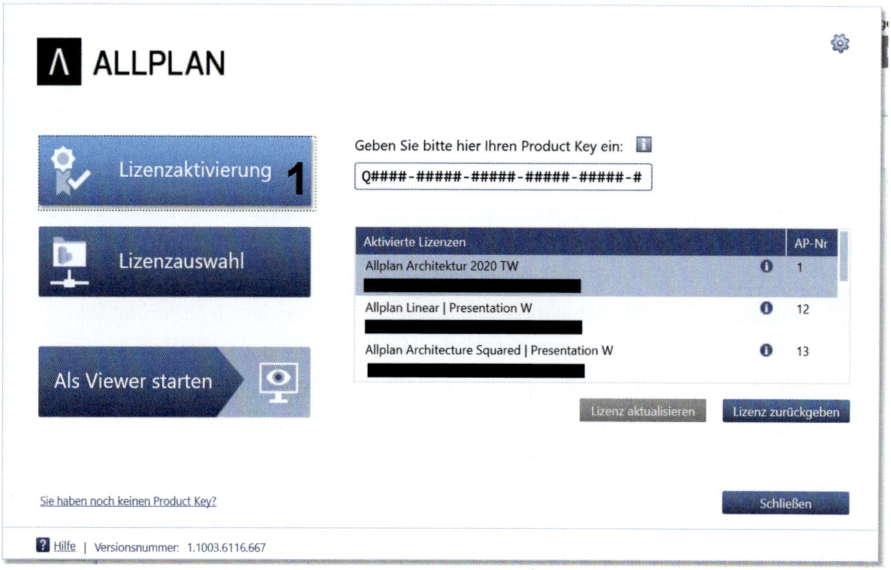

- Markieren Sie den Produkt Key und fügen Sie diesen in die Zwischenablage ein. Erzeugen Sie eine Textdatei oder ein ähnliches Dokument auf dem Desktop, in welches Sie den Produkt Key einfügen (oder abschreiben).
- **(2) LIZENZ ZURÜCKGEBEN**: Die Lizenz wird zurückgegeben und ist direkt im Anschluss frei für eine Aktivierung auf einem anderen Rechner.

Der Rechner hat jetzt keine Lizenz mehr. Allplan kann immer noch als Viewer gestartet werden.

2. Arbeitsplatz: Mobiler Rechner

Falls Allplan auf dem zweiten Rechner noch nicht installiert ist, können Sie dort eine Neuinstallation inklusive Lizenzaktivierung vornehmen. Für den Fall, dass Allplan schon installiert ist, verfahren Sie wie folgt:

- Allmenu 2020 aufrufen
- DIENSTPROGRAMME > LIZENZEINSTELLUNGEN
- **(3) LIZENZAKTIVIERUNG**

- **(4)** Geben Sie den Produkt Key ein oder fügen Sie den Text aus der Zwischenablage ein.
- Lizenz aktivieren: Die Lizenzverwaltung prüft online, ob der eingegebene Key korrekt und von keinem anderen Rechner belegt ist.
- **(5)** Nach erfolgter Kontrolle erscheint die Lizenz und Sie können den Dialog schließen.

Allplan kann nun gestartet werden.

1.5 Arbeiten mit dem Praxishandbuch Allplan 2020

1.5.1 Gliederung

Die nachfolgenden Kapitel dieses Buches widmen sich der Bedienung von Allplan 2020. Die Beschreibungen erfolgen anhand eines Beispielprojekts, das immer am Ende eines Kapitels zu finden ist und aus mehreren Teilen besteht, welche sich über das ganze Buch erstrecken. Um Ihnen die Arbeit zu erleichtern und eine zeitgemäße Arbeitsweise zu ermöglichen, werden bei der Installation der Demo-Daten ein Vorlageprojekt und verschiedene Assistenten auf Ihrem Rechner gespeichert. In den Assistenten sind alle für das Beispiel notwendigen Bauteile als Vorlagen gespeichert. Anstelle der Arbeit mit den Assistenten können die Eigenschaften auch nach Belieben selbst eingestellt werden, oder es können, soweit vorhanden, die Favoriten im Vorlageprojekt verwendet werden.

Vor den einzelnen Teilen des Beispielprojekts wird eine theoretische Einführung in die jeweiligen Themen gegeben. Diese sollten Sie auf jeden Fall durchgehen, da Sie darin Informationen und Anregungen finden, die über das Beispielprojekt hinausgehen. Die Gliederung orientiert sich grob an einem möglichen Projektverlauf – von den ersten Skizzen im Lageplan bis zu ausgabereifen Plänen mit Beschriftung und Bemaßung.

Sämtliche Screenshots sind auf einem Desktop-Rechner mit zwei Bildschirmen und jeweils einer Bildschirmauflösung von 2560 × 1440 Bildpunkten, einer Windows-Skalierung von 150 % sowie einer aktivierten Skalierung von Allplan erstellt worden. Der Rechner ist mit dem Betriebssystem Windows 10 (64 Bit) und mit einer Workgroup-Installation von Allplan 2020 ausgestattet. Als Datenserver wird derzeit ein nicht empfohlenes NAS (Network Attached Storage) ohne Windows-Server-System verwendet.

Wenn Sie über eine Allplan-Version verfügen, welche keine Workgroup-Lizenz beinhaltet, so sind die in den Abbildungen zusätzlich sichtbaren Inhalte, welche sich auf die Workgroup beziehen, zu ignorieren.

Es ist ratsam, entweder komplett neu mit dem Beispielprojekt zu beginnen oder, bei Vorkenntnissen, die entsprechenden Bereiche anhand eigener Daten durchzuspielen. Alternativ kann für spezielle Bereiche auch mit den fertigen Beispieldaten (bzw. einer Kopie) gearbeitet werden.

Buchabschnitte zum Beispielprojekt

Die Abschnitte des Buches, die das Beispielprojekt schrittweise weiterführen, werden durch die nebenstehende Abbildung eingeleitet. In der oberen Zeile wird jeweils das Hauptthema genannt und in den weiteren Zeilen der Funktionsbereich.

Kennzeichnungen in Beispielen und Erläuterungen

VERSALIEN: Funktionsaufrufe und Texte, die in den Dialogen vorkommen

▷ Einzelschritt bei der Bearbeitung des Beispielprojekts oder exemplarisch in den theoretischen Bereichen

Kursiv/`Eingabe`: Benutzereingaben bei der Bearbeitung des Beispielprojekts

Überarbeitet/Neu/ Erweitert in Version 2020

Funktionen, die in Version 2020 überarbeitet und/oder erweitert wurden, sowie neue Funktionen und Möglichkeiten in Allplan 2020 sind mit dem in der Randspalte dargestellten Vermerk versehen. Die „Fundstellen" sind auch im Index des Buches aufgeführt. Zum Teil wird auch auf Funktionen hingewiesen, welche in Allplan 2019 erweitert oder neu eingefügt wurden.

Bezug der Daten

Die Projektdaten zum Buch können Sie über zwei Wege beziehen.

- **Möglichkeit 1:** Sie besuchen meine Internetseite. Dort finden Sie die Projektdaten und weitere Informationen zum Download: *http://www.zeichenatelier.de/Allplan2020*
- **Möglichkeit 2:** Sie besuchen den Download-Bereich des Carl Hanser Verlags: *http://downloads.hanser.de*

Installation der Daten

Die Installation der Daten zum Buch erfolgt nach dem Start des Setup-Vorgangs automatisch. Im Verlauf des Setup-Vorgangs auftauchende Abfragen müssen mit **JA** bestätigt werden. Alle notwendigen Daten werden in die jeweils vorgegebenen Verzeichnisse kopiert und sind nach der Installation verfügbar (evtl. ist ein Neustart von Allplan notwendig). Bei einem zweiten Installationsvorgang werden die vorhandenen Projekte **nicht** überschrieben.

Installierte Dateien und Verzeichnisse

Alle installierten Daten können Sie für eigene Projekte weiterverwenden. Sie können entweder das Vorlageprojekt zum Buch für Ihre Zwecke weiterentwickeln oder die Daten (Ressourcen) der Beispielprojekte in Ihren Bürostandard oder Ihr Vorlageprojekt kopieren. Die notwendigen Schritte zum Ressourcenaustausch finden Sie in der Hilfe beschrieben.

1.5.2 Projektdaten – Inhalt

Die Projektdaten zu diesem Buch werden über ein Setup-Programm automatisch in die Projektvorlagen (lokal!) kopiert. Nach erfolgreichem Durchlauf des Setup-Programms finden Sie beim Anlegen von Projekten drei neue Projektvorlagen:

- *Praxishandbuch Allplan 2020 Vorlage* ist eine leere Projektvorlage als Grundlage für eigene Projekte, die mit den Ressourcen inklusive Assistenten aus dem Buch bearbeitet werden sollen. Das Vorlageprojekt kann frei weiterentwickelt werden.
- *Praxishandbuch Allplan 2020 – Übungsdaten* beinhaltet alle für die Bearbeitung des Buches verwendeten Daten und dient als Arbeitsgrundlage für **alle** Beispiele des Buches.
- *Praxishandbuch Allplan 2020* beinhaltet das komplett fertige Projekt zum Buch.

HINWEIS: Die Ressourcen der Beispielprojekte wurden für das Buch entwickelt und werden mit jeder Auflage weiter fortgeschrieben. Ein Zusammenführen mit den frei verfügbaren Ressourcen (IBD-Basis und IBD-Umbau) erfolgt nicht, um die Daten möglichst kompakt und übersichtlich zu halten.

Das Vorlageprojekt im Detail

- **Projekteinstellungen:** Alle Pfadeinstellungen für Ressourcen sind auf *<Projekt>* gestellt. Das bedeutet, dass Sie innerhalb des Beispielprojekts **nicht** mit den Ressourcen der Hauptinstallation arbeiten.
- **Bauwerksstruktur, Zeichnungsstruktur:** Das Projekt enthält keine komplette Bauwerksstruktur. Die Bauwerksstruktur wird in Abschnitt 4.14.1, „Projektstruktur und Ebeneneinstellungen", mit dem im Ebenenmanager enthaltenen Assistenten erstellt und in den folgenden Kapiteln ausgebaut.
- **Planstruktur:** Eine Beispielstruktur für Pläne ist im Vorlageprojekt wie im fertigen Beispiel enthalten. Diese können Sie gegebenenfalls anpassen und weiterverwenden. Den einzelnen Strukturstufen sind jeweils Pläne zugeordnet. Die Gliederung selbst orientiert sich grob an den Leistungsphasen der HOAI. Eine detailliertere Beschreibung finden Sie in Kapitel 5, „Ableitung und Planausgabe".
- **Ressourcen – Flächendefinitionen:** Soweit es sinnvoll und für das Beispiel notwendig ist, wurden die Standardressourcen verwendet und um einige Einstellungen erweitert. Die zusätzlichen Daten sind in der Gruppe *Praxishandbuch Allplan* zusammengefasst.
- **Ressourcen – Layer, Linienstile und Zeichnungstypen:** Die enthaltenen Layer entsprechen genau dem Auslieferungszustand von Allplan, wobei verschiedene, im Buch nicht verwendete Layergruppen nicht im Projekt eingefügt wurden. Linienstile und Zeichnungstypen sind um Einstellungen erweitert, die es ermöglichen, sowohl Grundrissdarstellungen als auch davon abgeleitete Schnitte ohne Qualitätsverluste und Nachbearbeitungen generieren zu können. Die jeweiligen Gruppen sind eindeutig gekennzeichnet und im Buch zum Teil beschrieben.
- **Beschriftungsbilder, Makros und SmartParts:** Alle im Beispiel verwendeten Variablen, Beschriftungsbilder für Bauteile (Tür/Fenster/Fenstertür, Raum und Geschoss) sowie ein Plankopf sind im Projekt und in den Assistenten enthalten.
- **Planlegenden:** Im Beispielprojekt sind zwei Planköpfe als Planlegenden enthalten, welche die neuen Möglichkeiten der Indexdarstellung mit und ohne Subindizes aufzeigen.
- **Oberflächendateien und Texturen:** Die Bauteile aus den Assistenten sind bereits mit einfachen Oberflächen (mit und ohne Texturen) angelegt. Die entsprechenden Definitionen sind im Design-Ordner des Projekts enthalten bzw. basieren auf dem installierten Standard. Sollte dieser aufgrund einer Installation in einer anderen Sprache oder einer Studentenlizenz nicht vorhanden sein, sind alle Daten im Projekt selbst enthalten.
- **Favoritendateien:** An verschiedenen Stellen des Beispiels wird auf Favoriten (Bauteile, Einstellungen in der BWS, Darstellung usw.) verwiesen. Diese sind ebenfalls im Projekt enthalten.

Assistenten

Praxishandbuch Allplan 2020

Bei der Installation der Buchdaten werden die Assistenten sowie die Vorlageprojekte in das lokale ETC-Verzeichnis von Allplan 2020 kopiert. Diese Assistenten tauchen nach der Installation (eventuell nach einem Neustart) automatisch in einer neuen Gruppe auf und können weder geändert noch erweitert werden.

In den Assistenten finden Sie alle Bauteile, die verwendet werden und deren Einstellungen in Assistenten speicherbar bzw. aus diesen abrufbar sind. Zusätzlich sind jeweils ähnliche Bauteile sowie 2D-Elemente wie Linien, Texte und Maßlinien vorhanden.

In den einzelnen Beispielen wird der jeweilige Assistent benannt, in dem Sie die Bauteile finden können. Bei Bauteilen, die in unterschiedlichen Variationen im Assistenten enthalten sind, wird zusätzlich zur Nummer (Zeile) noch ein Buchstabe (a/b/c/d) für die Spalte genannt, aus der das Bauteil zu übernehmen ist.

Neben den im Buch verwendeten Assistenten befinden sich in der Gruppe weitere Assistenten, die Sie für eigene Projekte und/oder Versuche verwenden können. Des Weiteren sind die Assistenten als Vorlagen auf Teilbildern (Bereich 9900 - 9920) abgelegt. Diese finden Sie im fertigen Projekt sowie im Arbeitsprojekt als eigene Strukturstufe. Zusätzlich sind Vorlagen/Vorbereitungen auf den Teilbildern 9950 - 9952 für Planköpfe als Legenden enthalten (Beschreibungen hierzu sind nicht im Buch enthalten).

2 Grundlagen – Projekt, Teilbild

In diesem Kapitel werden der Aufbau von Allplan-Projekten sowie die unterschiedlichen Speicherorte von Projekten, Teilbildern und Ähnlichem behandelt. Darüber hinaus lernen Sie die Oberfläche von Allplan und deren Anpassungsmöglichkeiten kennen. Ab Abschnitt 2.11, „Beispiel – Projekt anlegen“, wird das Übungsprojekt anhand einer speziellen Projektvorlage angelegt und es werden unterschiedliche Verwaltungs- und Darstellungsmöglichkeiten anhand der vorhandenen Daten aufgezeigt.

2.1 Programmstart

Bevor Allplan startet, wird je nach eingestellter Auflösung (ab 2560 × 1600 – QHD/UHD/4K) eine Abfrage angezeigt, über welche Sie entscheiden können, ob die unter Windows (ab Windows 8.1) eingestellte Skalierung für die Bildschirmanzeige verwendet werden soll oder nicht. Als Nebeneffekt können leichte Unschärfen in den Symbolen, Zeichnungselementen und Grafiken auftreten. Die Einstellung kann jederzeit in den Optionen geändert werden.

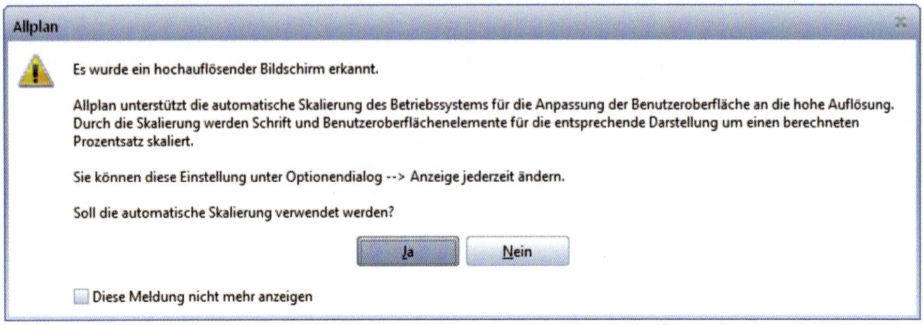

Nach dem Programmstart erscheint der Begrüßungsdialog. Im Begrüßungsdialog können Sie direkt eines der zuletzt geöffneten Projekte anwählen oder weitere Aktionen durchführen.

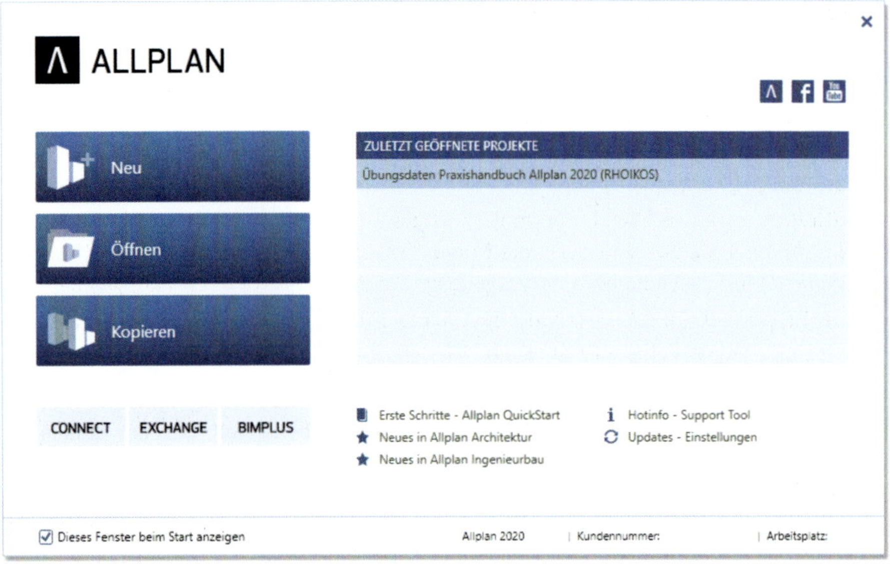

HINWEIS: Bevor Allplan gestartet wird, wird geprüft, ob Aktualisierungen vorhanden sind. Diese werden zur Installation angeboten. Nach einem Upgrade wird beim ersten Start zudem geprüft, ob im Bürostandard Daten zum Wandeln vorhanden sind.

Zuletzt geöffnete Projekte

Im Bereich der zuletzt geöffneten Projekte können Sie ein Projekt auswählen und auf drei unterschiedliche Arten öffnen:

- **(1):** Doppelklick auf Projektnamen öffnet das Projekt im zuletzt geöffneten Zustand (entweder Teilbild- oder Planbearbeitung)
- **(2):** Öffnet das Projekt im Konstruktionsmodus zur Bearbeitung von Teilbildern. Die zuletzt geöffneten Teilbilder werden aktiviert
- **(3):** Öffnet das Projekt im Planmodus zur Bearbeitung von Plänen. Der zuletzt geöffnete Plan wird aktiviert

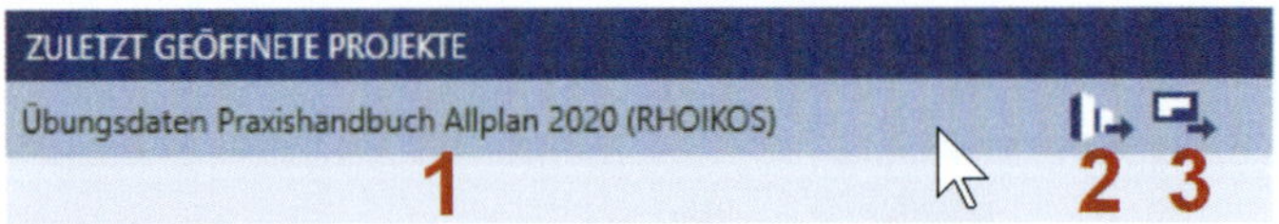

Aktionen im Begrüßungsdialog

- **NEU** startet die Funktion **PROJEKT NEU**. Sie können entweder ein Projekt anhand einer der angebotenen Vorlageprojekte oder ohne Vorlage erstellen. Das Projekt wird direkt nach dem Anlegen zur Bearbeitung geöffnet.
- **ÖFFNEN** startet die komplette Projektliste. Sie können hier ein beliebiges Projekt zur Bearbeitung auswählen.
- **KOPIEREN** öffnet die Projektauswahl zur Auswahl des zu kopierenden Projekts. Nach Auswahl des Projekts wird der neue Name (und Speicherort) abgefragt und die Daten werden kopiert. Nach dem Kopiervorgang wird das Projekt zur Bearbeitung geöffnet.
- **CONNECT** öffnet die Internetseite *https://connect.allplan.com*. Hier finden Sie umfangreiche, moderierte Foren zu Allplan, Hilfen zum Programm sowie weiteren Content für Allplan.
- **EXCHANGE** öffnet die Internetseite *https://exchange.allplan.com*. Weitere Informationen zu Allplan Exchange und dessen Funktionalitäten finden Sie in Kapitel 5, „Ableitung und Planausgabe".
- **BIMPLUS** öffnet die Internetseite *https://www.bimplus.net*. Bimplus bietet eine standardisierte Plattform für den Austausch von Gebäudeinformationen, die dafür sorgt, reibungslose Abläufe zu gewährleisten und die Zusammenarbeit produktiver zu gestalten.
- Die Icons am oberen Rand des Dialogs dienen dem direkten Zugriff auf verschiedene mit Allplan in Zusammenhang stehende Internetseiten.

CONNECT

EXCHANGE

BIMPLUS

Begrüßungsdialog

TIPP: Der Begrüßungsdialog kann jederzeit erneut aufgerufen werden. Sie finden die Funktion im Hilfebereich oben rechts in der Programmzeile.

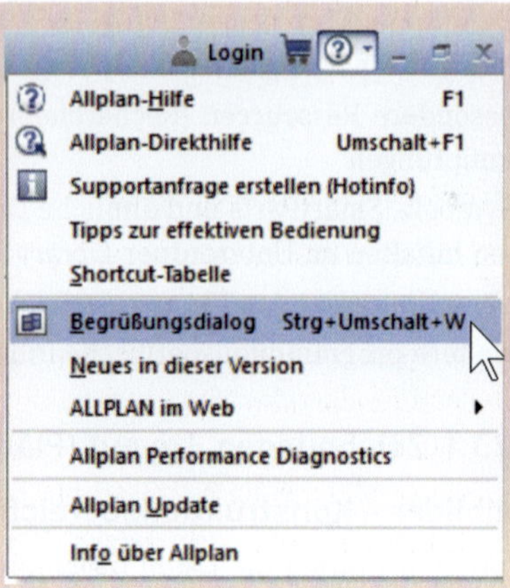

2.2 Projekt

Das Projekt bildet in Allplan komplette Bauvorhaben mit mehreren Bauabschnitten und/oder Planungsphasen ab. Physikalisch ist jedes Projekt ein Ordner auf der Festplatte (lokal oder zentral im Netzwerk), auf einem FTP-Server (Workgroup Online) oder auf Share (Bimplus), wo alle Daten (projektbezogen) gesammelt werden.

2.2.1 Projektbestandteile

Ein Projekt besteht aus unterschiedlichen Datentypen, die sich in Gruppen unterteilen lassen. Dies sind die wichtigsten Datengruppen:

- Teilbilder, Pläne, Projektattribute, Verwaltungsdateien: in jedem Projekt vorhanden (max. 9999 Teilbilder und 9999 Pläne pro Projekt)
- Strukturdateien im Unterordner *BIM* für die Bauwerksstruktur, Planstruktur und Ebenenmodelle
- Bilder, Texturen und ähnliche Daten im Unterordner *Design*
- Ressourcen (Schraffuren, Muster, Layer usw.): wahlweise im Projekt vorhanden
- Vorschlagwerte für Attribute im Unterordner *ASW*
- Definitionen für projektbezogene Attribute und Attributset-Definitionen in Abhängigkeit von einer Projektverknüpfung zu Bimplus im Unterordern *XML*.
- besondere Ressourcen (Rechercheprojekt, PLANZVO): spezielle, projektbezogene Verknüpfungen
- Symbole, SmartParts und ähnliche Dateien je nach Vorlageprojekt und neu gespeicherten Inhalten im Unterordner *Library* (Bibliothek)
- Verwaltungsdateien für assoziative Verknüpfungen im Unterordner *Associations*
- weitere programmteilspezifische Inhalte (z. B. Daten von Add-ons wie AX3000)

2.2.1.1 Zeichnungen, Layout (Pläne)

Teilbilder – Konstruktionsbereich

In Allplan werden die Daten (Zeichnungen, Modelldaten in frei wählbarem Bezugsmaßstab) auf Teilbildern erzeugt, die ähnlich den aus dem klassischen Bauzeichnen bekannten Transparenten gegliedert werden können. Das heißt, es wird für ein Geschoss, eine Ansicht oder ein Detail ein Teilbild verwendet. Es können bis zu 128 Teilbilder gleichzeitig als „Zeichnungsstapel“ zur Bearbeitung angezeigt werden. Im Projektordner werden die Teilbilder unter eindeutigen Namen (Kennung + Nummer) gespeichert. Dies ermöglicht eine freie, von den eigentlichen Dateinamen unabhängige Benennung der Teilbilder (Zeichnungen). Teilbilder werden über die Funktion **PROJEKTBEZOGEN ÖFFNEN** (Bauwerksstruktur oder Zeichnungsstruktur) verwaltet und zum Bearbeiten aktiviert.

> **HINWEIS:** Zur Verwaltung der Teilbilder sollte grundsätzlich - unabhängig von der Art der Zeichnungsinhalte - die Bauwerksstruktur verwendet werden, da nur mit der Bauwerksstruktur ein Datenaustausch über IFC möglich ist.

Pläne – Layout (Ausgabebereich)

Für die Zusammenstellung (Layout) und zur Ausgabe der auf Teilbildern erstellten Zeichnungen (auf Papier oder Datei) bietet Allplan Pläne an. Auf Plänen können Teilbilder und NDW-Dateien als Planelemente mit nahezu frei einstellbaren Darstellungsregeln abgelegt und mit weiteren Elementen (Planrahmen, Plankopf, zusätzliche Beschriftung usw.) kombiniert zusammengestellt werden. Jeder Plan entspricht einer Datei, in der die Regeln zum Abbilden der Teilbilder (Referenz zum Dokument) und die direkt auf dem Plan erzeugten Daten gespeichert werden. Die auf Plänen angezeigten Daten (Planelemente) entsprechen immer dem aktuellen Stand der Planung. Pläne werden im Projektordner unter dem eindeutigen Namen (Kennung + Nummer) gespeichert. Dies ermöglicht eine von den Windows-Dateinamen unabhängige Benennung von Plänen. Pläne werden über die Funktion PROJEKTBEZOGEN ÖFFNEN verwaltet und zum Bearbeiten aktiviert.

> **HINWEIS:** In Plannamen sollten keine für Windows-Dateinamen unerlaubten Zeichen (Sonderzeichen) verwendet werden, da diese für die Erzeugung von Dateien bis hin zum automatischen Versand von Plandateien verwendet werden können.

2.2.1.2 Projektattribute

Projektattribute dienen zur Verwaltung allgemeiner Informationen zu einem Bauvorhaben. Sie können z. B. die genaue Bezeichnung des Bauvorhabens, den NN-Bezug, Angaben zum Bauherrn und zu weiteren Beteiligten in den Attributen speichern. Auf diese Daten kann überall innerhalb des Projekts zum Beschriften von Plänen und Bauteilen zurückgegriffen werden.

2.2.1.3 Ressourcen (Büro oder Projekt)

Als Ressourcen werden alle Daten bezeichnet, die eine Definition (z. B. für Layer, Schraffur, Muster, Stilflächen usw.) beinhalten. Auf diese wird bei der Erzeugung von Elementen und Bauteilen zugegriffen. Alle Ressourcen können entweder im Projekt- (= projektspezifisch) oder im Bürostandard (= bürospezifisch) gespeichert werden.

Sie können beim Anlegen eines Projekts (oder auch später) entscheiden, ob Sie bei der Projektbearbeitung den allgemeinen Bürostandard (für jedes Projekt verfügbar) verwenden möchten oder ob Sie mit projektspezifischen Ressourcen (nur für das aktuelle Projekt verfügbar) arbeiten wollen. Wenn Sie beim Anlegen eines Projekts (oder im Nachhinein) die Zuordnung von *Büro* auf *Projekt* ändern, werden die Daten vom Bürostandard als

Kopie in Ihrem Projekt abgelegt. Bei der nachträglichen Änderung der Zugriffsart von *Projekt* auf *Büro* werden die entsprechenden Daten wieder aus Ihrem Projekt entfernt.

HINWEIS: Wird ein Projekt über Workgroup Online oder über Bimplus als Teamprojekt nach außen verteilt, müssen die Ressourcen auf *Projekt* gestellt sein. Bei Projekten, die an ein Bimplus-Projekt zum Datenaustausch gekoppelt werden, müssen die Attributset-Definitionen auf *Bimplus* gestellt sein.

Folgende Ressourcenarten stehen Ihnen zur Verfügung:

- Stift- und Strichdefinition
- Schriftarten
- Muster, Schraffuren, Flächenstile
- Rundstahl- und Mattenquerschnittsreihen
- Layerstrukturen, Linienstile, Zeichnungstypen
- Attribute
- Attributset-Definitionen

HINWEIS: Die Zuordnung eines Projekts zu einem Bimplus-Projekt kann über das Icon **EIGENSCHAFTEN (BIMPLUS-VERKNÜPFUNG ANZEIGEN)** angezeigt werden.

2.2.1.4 Weitere Ressourcen

Eine letzte Gruppe sind Ressourcen, auf die nur zugegriffen wird und die zum Teil extern verwaltet werden bzw. bei denen der Standard nicht verändert werden darf.

CAD-AVA-Projektzuordnung

Die CAD-AVA-Projektzuordnung bietet Ihnen eine direkte Anbindung zu Allplan BCM oder Nevaris. Sie können Ihrem CAD-Projekt ein beliebiges AVA-Projekt zuordnen und daraus Positionen für die Materialbezeichnungen Ihrer Bauteile verwenden. Die direkte Zuordnung von Bauteilen zu einer Position ermöglicht das direkte Einspielen von aus dem Bauteil resultierenden Mengen in das Leistungsverzeichnis.

Planzeichen Städtebau

Es kann entweder der von Allplan ausgelieferte Katalog verwendet werden oder ein auf persönliche und/oder länderspezifische Anforderungen angepasster Katalog.

Der installierte Katalog „Planzeichenverordnung“ kann nicht verändert werden und liegt deshalb im Ordner *ETC* (Pfad *Standard*) im lokalen Datenpfad der Installation. Näheres zu den Systempfaden von Allplan finden Sie in Abschnitt 1.2.3, „Systempfade für Allplan“.

Sie können über die Auswahlmaske der Planzeichenverordnung beliebig viele Kopien erstellen, Ihrem Projekt zuweisen und über die Funktion **PLANZEICHENSYMBOL ERSTELLEN** (Modul **GEO** → **STÄDTEBAU**) verändern.

2.2.1.5 Einstellungen (Projekt)

OFFSET-KOORDINATEN sollten immer dann verwendet werden, wenn Sie auf der Grundlage eines Lageplans mit überregionalen Landeskoordinaten (z. B. Gauß-Krüger-Koordinaten) starten und alle Daten auch auf diesen Koordinaten verbleiben müssen. Bei der Ausgabe werden die eingestellten Offset-Koordinaten immer addiert, beim Einlesen von Daten (und dem Absetzen von Punktsymbolen) subtrahiert.

Die Einstellung **PROJEKT-WINKEL FÜR GEDREHTE GRUNDRISSDARSTELLUNG** dient zum Voreinstellen eines Winkels. Sie können damit z. B. bei einem um 15° gedrehten Projekt definieren, dass dieser Winkel als Voreinstellung für die Grundrissdarstellung gelten soll.

Über die **EIN-, AUSGABEWÄHRUNG** wird geregelt, welche Währung in den Ausgabelisten Anwendung finden soll.

In der Einstellung **LAND** ist gespeichert, mit welchen Landeseinstellungen ein Projekt erstellt wurde. Je nach vorhandener Lizenz und den installierten Sprachpaketen können die Projekte bearbeitet werden.

2.2.1.6 Attributsets und Bimplus

Attribute - für die Verwendung an Objekten - können entweder aus dem Büroordner (STD) bezogen oder im Projekt verwaltet werden. Bei der Verwendung von Bimplus für ein Projekt können die Attributsets - sogenannte Property-Sets - über Bimplus verwaltet werden. Damit ist es möglich, allen Objekten einer Kategorie (z. B. Wänden oder Stützen) im Projektverlauf zusätzliche Attribute hinzuzufügen. Die einem Property-Set im verknüpften Bimplus-Projekt hinzugefügten Attribute werden automatisch im Projekt angelegt und allen Bauteilen entsprechend den getroffenen Definitionen zugeordnet.

2.2.2 Dialog Projekt neu, öffnen

Der Dialog **PROJEKT NEU, ÖFFNEN** bildet die Basis zum Einstieg in ein beliebiges Projekt. Der Dialog bietet alle Funktionen, die für die Grundeinstellungen eines Projekts, das Erzeugen von Projekten sowie das Auswählen des aktiven Projekts notwendig sind.

Projekt neu, öffnen

Die Auswahlfläche **WORKGROUP SERVER** und der Bereich **SERVER** ist bei einer Installation ohne Workgroup nicht vorhanden. Anstatt der Auswahlfläche **WORKGROUP SERVER** wird dann die Schaltfläche **LOKAL** angezeigt.

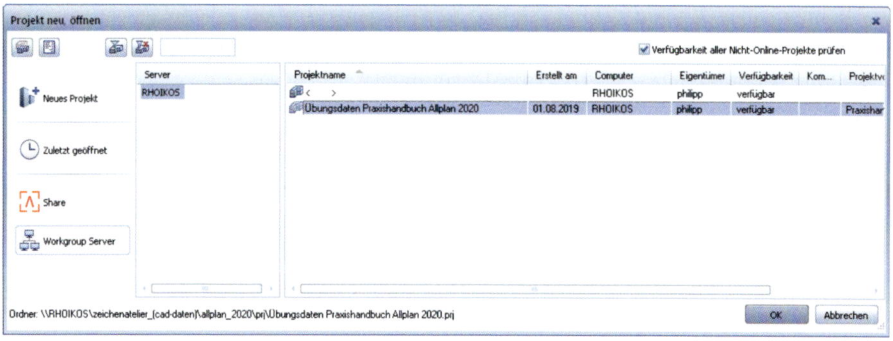

HINWEIS: Das Entfernen des Hakens an der Option *Verfügbarkeit aller Nicht-Online-Projekte prüfen* verhindert, dass für alle Projekte der aktuelle Status abgefragt wird. Damit kann das Öffnen der Projektanwahl zumeist deutlich beschleunigt werden.

Funktionsübersicht – Icons

Kopieren nach

- **KOPIEREN NACH** erzeugt eine Kopie des aktuell markierten Projekts. Nachdem die Projektkopie erzeugt wurde, wird der Dialog automatisch geschlossen und die Projektkopie geöffnet.

Reports

- **REPORTS** bietet den direkten Zugriff auf Auswertungen des gewählten Projekts, wie z. B. Planlisten, Planübersichten, Bauwerksstruktur und verschiedene weitere Auswertungen. Zusätzlich kann eine Übersicht über alle vorhandenen Projekte, Bibliotheken, Makros, Symbole und Textsymbole erstellt werden.

Projektfilter

Ausschalten

- **PROJEKTFILTER** öffnet den gleichnamigen Dialog, in dem Sie Filterargumente einstellen können, die auf die Projektliste wirken. Sie können hier logische Filterregeln erstellen, mit deren Hilfe Sie die Ansicht der anzuzeigenden Projekte einschränken können. Mit **AUSSCHALTEN** wird die Filterung zurückgenommen und alle Projekte werden wieder angezeigt.
- Das Feld **PROJEKTNAME SCHNELLSUCHE** erlaubt Ihnen, durch die Eingabe von Teilen der Projektnamen schnell das erste zutreffende Projekt auszuwählen.
- Die Option **STATUS ALLER PROJEKTE VOR DEM AUFLISTEN ÜBERPRÜFEN** bewirkt, dass bei jedem Öffnen des Dialogs alle Projekte auf deren Verfügbarkeit hin überprüft werden. Es wird nur der Status von Projekten im eigenen Netzwerk überprüft. Der Status von Online-Projekten wird erst bei der Anwahl des Projekts überprüft.

Funktionsübersicht – Schaltflächen

Neues Projekt

- **NEUES PROJEKT** startet den Assistenten zum Anlegen eines Projekts. Nach erfolgreichem Durchlaufen des Assistenten wird der Dialog automatisch geschlossen und das neu erzeugte Projekt geöffnet.

- **ZULETZT GEÖFFNET** zeigt alle Projekte an, welche zuletzt geöffnet wurden. Das oberste gezeigte Projekt ist das zuletzt geöffnete. Die Auflistung ist unabhängig vom Speicherort, welcher in Klammern hinter dem Projektnamen angezeigt wird.
- **SHARE** zeigt alle verfügbaren Projekte unter Allplan Share (Bimplus) an.

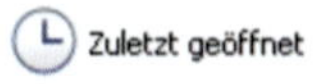

> **HINWEIS:** Zur Nutzung von Allplan Share ist die Anmeldung unter Bimplus notwendig. Um Projekte anlegen und Teammitglieder aufnehmen zu können, muss ein zusätzlicher Dienst bei Allplan geordert werden. Die Nutzung von Allplan Share kann zusätzliche Kosten verursachen.

WORKGROUP SERVER zeigt alle in der eigenen Workgroup vorhandenen Server an. Je nach Anwahl eines Servers werden die dort befindlichen Projekte aufgelistet.

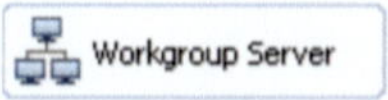

- **ONLINE SERVER** zeigt alle Projekte in der ausgewählten Gruppe an.
- **LOKAL** zeigt bei Einzelplatzinstallationen und Installationen ohne Workgroup alle Projekte an. Diese können entweder auf dem eigenen Rechner oder auf einem Netzwerklaufwerk liegen.

Die Schaltfläche **SHARE** ist immer vorhanden. Die Schaltflächen **WORKGROUP SERVER** und **LOKAL** sind je nach vorhandener Installation sichtbar. Die Schaltfläche **ONLINE SERVER** taucht nur bei einer Workgroup-Installation auf, wenn zusätzlich ein Online-Server eingerichtet ist.

Spaltenüberschriften/Tabelleninhalt

Durch Anklicken der Spaltenüberschrift werden die Projekte auf-/absteigend nach der entsprechenden Spalte sortiert. Es erscheint ein Pfeil neben der Überschrift. Über das Kontextmenü können Sie weitere Spalten einfügen und/oder die jeweilige Spalte entfernen. Die Spalten *Status*, *Eigentümer* und *Computer* sollten bei einer Workgroup-Installation immer eingeblendet sein.

Symbol	Speicherort Projekt	Verfügbarkeit des Projekts
	lokaler Rechner oder Workgroup Server	verfügbar
	lokaler Rechner oder Workgroup Server	nicht verfügbar Ursache ist z. B., dass der Projektordner unter Windows gelöscht wurde oder der Rechner, auf dem sich das Projekt befindet, nicht erreichbar ist.
	lokaler Rechner oder Workgroup Server	in Benutzung bei Workgroup: kann geöffnet werden ohne Workgroup: ist gesperrt
	lokaler Rechner oder Workgroup Server	nicht verfügbar Das Projekt befindet sich auf einem Rechner der Workgroup, der derzeit ausgecheckt ist, oder der Projektordner ist nicht verfügbar (z. B. über Windows Explorer umbenannt).

	lokaler Rechner oder Workgroup Server Projekt ist für Online-Nutzung vorbereitet	verfügbar
	Online-Server	verfügbar
	Online-Server	nicht verfügbar
	Online-Server	Fehler
	Online-Server	in Benutzung
	Allplan Share	Projekt auf Bimplus ohne Allplan-Projektdaten
	Allplan Share	Projekt auf Bimplus mit Allplan-Projektdaten Je nach Version der Daten können diese geöffnet werden.
	Allplan Share	Projekt auf Bimplus mit Allplan-Projektdaten; Projekt ist in Benutzung
	alle	Projekt wird erzeugt.

HINWEIS: In der Spalte *Verfügbarkeit* wird angezeigt, ob ein Projekt verfügbar ist. Diese Information ist vor allem bei der Arbeit in einer Workgroup (mit oder ohne Online-Server) sowie auf Share nützlich.

Die angezeigten Spalten können durch weitere Attribute aus den Projektattributen ergänzt werden (Kontextmenü über der Spaltenüberschrift). Damit haben Sie die Möglichkeit, beliebige Eigenschaften anzuzeigen und die Auflistung nach diesen sortieren zu lassen.

Kontextmenü des markierten Projekts – lokal oder Workgroupserver

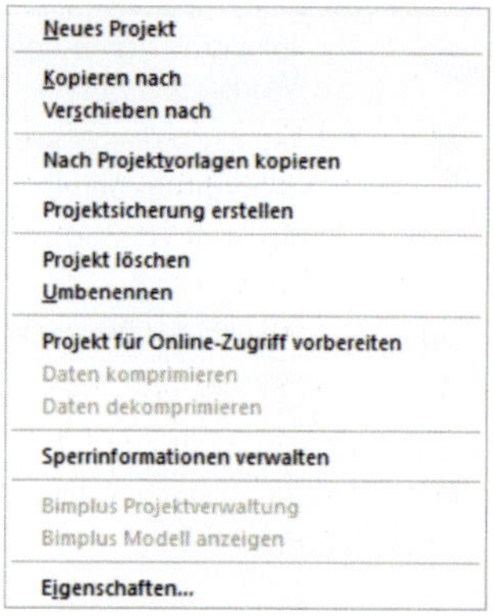

Im Kontextmenü des markierten Projektes finden Sie neben den im Dialogfeld erscheinenden Funktionen zusätzlich folgende Funktionen:

- KOPIEREN NACH erstellt eine 1-zu-1-Projektkopie mit einem neu anzugebenden Namen an dem gewählten Speicherort.
- VERSCHIEBEN NACH ermöglicht das Verschieben eines Projekts innerhalb einer Workgroup auf einen anderen Server, das Verschieben eines Projekts in eine Workgroup Online oder das Verschieben nach Bimplus (Allplan Share) (bei Bedarf inklusive Anlegen eines neuen Allplan Share-Projekts).

- **NACH PROJEKTVORLAGEN KOPIEREN** erzeugt eine Projektkopie als Vorlageprojekt im Büroverzeichnis. Nach dem Ausführen des Vorgangs steht die neue Projektvorlage beim Erzeugen eines neuen Projekts zur Verfügung. Es werden alle Projektinhalte in die Vorlage kopiert und der Projektname wird als Vorlagenbezeichnung verwendet. Der Name des Vorlageprojektes kann über den ProjektPilot geändert werden.
- **PROJEKTSICHERUNG ERSTELLEN** erzeugt an einem frei wählbaren Ablageort ein zip-Archiv des gewählten Projekts. Eine auf diese Art erzeugte Sicherung kann entweder über das Kontextmenü (Aufruf im leeren Bereich) oder durch Ziehen der Datei in den Dialog wieder eingespielt werden. Die gezippte Kopie kann so als schnelle Arbeitskopie, zum Archivieren und/oder zum Weitergeben von kompletten Projekten verwendet werden. Die Funktion kann alternativ zum Sichern von Projekten über das Allmenu verwendet werden.
- **PROJEKT LÖSCHEN** entfernt das markierte Projekt dauerhaft von der Festplatte. Dieser Vorgang kann nicht rückgängig gemacht werden.
- **UMBENENNEN** öffnet einen Dialog zum Umbenennen des markierten Projekts. Die Bezeichnung des Projektordners auf der Festplatte wird automatisch mit geändert.
- **PROJEKT FÜR ONLINE-ZUGRIFF VORBEREITEN** kopiert alle Ressourcen in das Projekt und bereitet den Zugriff von außerhalb auf das Projekt vor. Nur in dieser Form vorbereitete Projekte können online verfügbar gemacht werden.
- **DATEN KOMPRIMIEREN** und **DATEN DEKOMPRIMIEREN** werden nur bei Online-Projekten oder für den Online-Zugriff vorbereiteten Projekten angeboten.
- **SPERRINFORMATIONEN VERWALTEN** erlaubt den direkten Zugriff auf die Sperrinformationen zu einem Projekt, um z. B. Daten nach abgebrochenen Verbindungen wieder freigeben zu können.
- **EIGENSCHAFTEN** öffnet den Dialog zum Einstellen der Projekteigenschaften. Sie haben an dieser Stelle Zugriff auf die in Abschnitt 2.2.1.4, „Weitere Ressourcen“, beschriebenen Ressourcen, Projektattribute und Einstellungen.

Kontextmenü des markierten Projekts – Share

Für Share-Projekte existieren, neben den allgemeinen Funktionen, weitere nützliche Funktionen im Kontextmenü.

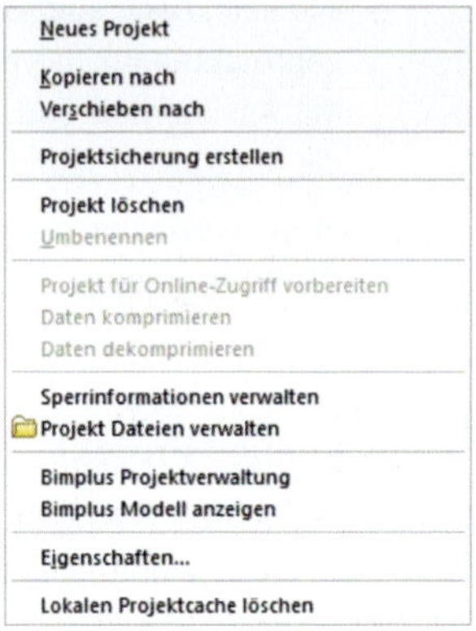

Neu/erweitert in Version 2020

- **PROJEKT DATEIEN VERWALTEN** öffnet den Allplan Share Projekt-Explorer, über den Online-Projektdateien direkt beeinflusst werden können. Hier können z. B. einzelne Teilbilder oder andere Dateien bei Dateidefekten durch gesicherte Dateien ersetzt werden. Die Funktion ist nur für Projektadministratoren zugänglich.
- **BIMPLUS PROJEKTVERWALTUNG** ist der direkte Link zur Bimplus-Internetseite, um dort das Projekt verwalten zu können.

- **BIMPLUS MODELL ANZEIGEN** ist der direkte Link zur Bimplus-Internetseite des Projektes. Das mit dem Projekt verknüpfte Modell wird direkt geöffnet.
- **LOKALEN PROJEKTCACHE LÖSCHEN** entfernt die lokal gespeicherten Dateien des gewählten Projektes.

Statuszeile

In der Statuszeile wird der komplette Pfad (realer Speicherort!) des markierten Projekts angezeigt. Bei Online-Projekten wird der Speicherort der lokalen Kopie des Projekts angezeigt. Über das spezielle Kontextmenü an dieser Stelle kann der Pfad in die Zwischenablage gelegt und z. B. in die Adresszeile des Windows Explorers eingefügt werden. Alternativ kann der Pfad direkt über die angebotene Funktion im Windows Explorer geöffnet werden.

2.2.3 Neues Projekt anlegen

Ein neues Projekt wird in der Regel über die Funktion **PROJEKT NEU** erzeugt.

Die wichtigsten Eigenschaften sind auf der ersten Seite aufgeführt.

- **PROJEKTNAME**
- **SPEICHERORT**
- **LÄNDERSPEZIFISCHE VORLAGEN** (Neu in Version 2019)
- Auswahlbereich Vorlageprojekt

> **HINWEIS:** Eine Projektvorlage wird - basierend auf einem bestehenden Projekt - durch Kopieren erzeugt. Auf diese Weise ist es möglich, Vorlagen für unterschiedliche Zwecke anzulegen, in denen die Bauwerksstruktur, die Planstruktur und weitere Inhalte vorbereitet sind. Zum Beispiel kann es bei Bauvorhaben für die Automobilindustrie oder für Kommunen erforderlich sein, nach speziellen Pflichtenheften zu arbeiten, die in eigenen Vorlageprojekten inklusive Assistenten realisierbar sind. Die Arbeitsweise kann mit Assistenten und Vorlageprojekten vereinheitlicht werden, ohne dass die Mitarbeiter jede Definition per Hand tätigen müssen.
>
> Projektvorlagen können über das Kontextmenü im Dialog **PROJEKT NEU, ÖFFNEN** erzeugt und über den **PROJECTPILOT** verwaltet werden.

Projekt neu, öffnen

ProjectPilot - Verwaltung

Projekt neu

Dialoge neues Projekt

Sie finden **PROJEKT NEU** über **PROJECTPILOT - VERWALTUNG, PROJEKT NEU, ÖFFNEN** oder im Begrüßungsdialog unter **PROJEKT ANLEGEN**. Nach Anwahl der Funktion wird ein Assistent gestartet, mit dessen Hilfe ein Projekt inklusive der meisten Projekteinstellungen erzeugt werden kann. Je nach Auswahl im ersten Register (Vorlageprojekt oder keine Vorlage) werden die weiteren Register abgefragt.

Dialogfeld: Neues Projekt – Wähle Projektname

- **PROJEKTNAME** ist ein fast beliebiger, eindeutiger Name des Projektes mit maximal 50 Zeichen (keine Sonderzeichen erlaubt). Das Projekt wird am ausgewählten Speicherort unter dem angegebenen Namen abgelegt.
- **SPEICHERORT:** Je nach Installation und angelegten Pfaden ist eine lokale Ablage, auf einem Server im eigenen Netzwerk, einem oder mehreren Online-Servern und/oder *BIMPLUS* möglich.
- **TEAM/BIMPLUS MODELLNAME** müssen ausgewählt/eingegeben werden, wenn als Speicherort Bimplus gewählt wurde. Es gilt zu beachten, dass die Nutzung von Share mit zusätzlichen Kosten verbunden sein kann.
- **LÄNDERSPEZIFISCHE VORLAGEN** definiert, mit welchen Landeskennungen das neue Projekt geöffnet werden kann. Je nach Installation/Lizenz sind unterschiedliche Länder verfügbar. Bei der Bearbeitung des Projektes werden automatisch die entsprechenden Ländereinstellungen (z. B. Normen und Ähnliches) verwendet. **Neu in Version 2019**
- Auswahlbereich Vorlageprojekt: Im Auswahlbereich der Vorlagen werden alle Standardvorlagen, zusätzlich installierte Vorlagen sowie eigene Projektvorlagen sowie „keine Projektvorlage verwenden“ zur Auswahl angeboten. Wird an dieser Stelle eine Vorlage gewählt, reduzieren sich die weiteren Schritte auf die Rechteeinstellungen bei Installation mit Workgroup.

> **HINWEIS:** Je nach Speicherort und Auswahl eines Vorlageprojekts sind unterschiedliche weitere Einstellungen zu tätigen. Bei einem Bimplus-Projekt wird direkt nach dem Erzeugen das Öffnen der Bimplus-Projektverwaltung zur Definition weiterer Projektbeteiligter angeboten.

Dialogfeld: Neues Projekt – Weitere Einstellungen (Ressourcen)

Das Dialogfeld wird nur beim Anlegen eines Projekts ohne Vorlageprojekt (Auswahl Projektvorlage: „Keine Vorlage verwenden“) angezeigt.

- Unter **PFADEINSTELLUNGEN** können Sie steuern, ob im Projekt auf die Projektressourcen des Bürostandards oder auf projektspezifische Projektressourcen zugegriffen werden soll (siehe Abschnitt 2.2.1.3, „Ressourcen (Büro oder Projekt)“). Wird der Pfad auf *Projekt* umgestellt, kann gewählt werden, ob die Daten aus dem Büro (Pull-down *Projekt* = Kopie von *Büro*) oder aus einem anderen bestehenden Projekt (Auswahl über Schaltfläche = Kopie der Daten aus dem gewählten Projekt) in das neue Projekt kopiert werden sollen. Die verschiedenen Ressourcen bauen zum Teil aufeinander auf und sollten immer möglichst komplett aus einer Quelle übernommen werden (markierte Ressourcen im Bild). Die Pfadeinstellung für alle Ressourcen außer den Attributen ist auf *Projekt* voreingestellt. Besondere Bedeutung kann die Einstellung *Attributset-Definition* haben. Hier ist eine Verknüpfung des eigenen Allplan-Projektes zu einem Bimplus-Projekt möglich, um auf vordefinierte Attributgruppen zugreifen zu können.

- **OFFSET-KOORDINATEN** benötigen Sie, wenn Sie direkt mit Daten weiterarbeiten möchten (oder müssen), die auf Gauß-Krüger-Koordinaten basieren. Die Offset-Koordinaten können durch den Import von Daten erzeugt werden.
- Über die neue Projekteigenschaft **PROJEKT-WINKEL FÜR GEDREHTE GRUNDRISSDARSTELLUNG** kann ein Basiswinkel für die Bearbeitung des Projekts festgelegt werden. Damit kann z. B. ein zur Nordrichtung gedrehtes Gebäude für die Bearbeitung dennoch gerade in den Konstruktionsfenstern (Grundriss) dargestellt werden. Bei der Einstellung handelt es sich um eine Voreinstellung, die bei jedem Grundrissfenster im Projekt geladen wird.
- **LAND** zeigt nochmals die auf der ersten Seite getätigte Landeseinstellung an und kann hier geändert werden.

Neues Projekt – Weitere Einstellungen (Rechte) – nur bei Workgroup

Im letzten, nur bei Workgroup-Installationen vorhandenen Dialog werden der Eigentümer des Projekts sowie die Nutzer bestimmt, welche berechtigt sind, das Projekt zu sehen und zu bearbeiten.

Kopieren nach

> **HINWEIS:** Eine Alternative zum Anlegen eines Projekts ist das Erzeugen einer Projekt-Kopie. Bis einschließlich Version 2014 konnte auf diese Weise ähnlich wie mit einem Vorlageprojekt gearbeitet werden.

2.2.4 Projekt verwalten

Fast alle Einstellungen, die bei der Erzeugung eines neuen Projekts getätigt werden können, lassen sich nach Erzeugen des Projekts anpassen. Zudem können dem Projekt weitere Informationen (Projektattribute) hinzugefügt werden und bei Verwendung von Projektvorlagen können die Einstellungen der Ressourcen verändert werden. Die Hauptfunktionen, die für die Verwaltung eines Projekts notwendig sind, befinden sich im Kontextmenü des Projekts.

Die Eigenschaften werden über das Kontextmenü des jeweiligen Projekts im Dialog **PROJEKT NEU, ÖFFNEN** aufgerufen. Je nach Speicherort und Rechten sind einige Einstellungen nicht veränderbar.

Projektinformationen

Der Bereich **PROJEKTINFORMATIONEN** beinhaltet reine Informationsfelder zur Projektgröße, zum Speicherort, zum Erstellungsdatum sowie zum verfügbaren Speicherplatz. Nur die folgenden Informationen lassen sich an dieser Stelle ändern:

- **ONLINE VORBEREITET** zeigt an, ob das Projekt für die Online-Verwendung vorbereitet ist. Die Eigenschaft ist bei Online-Projekten nicht änderbar.
- **DATENKOMPRIMIERUNG** zeigt an, ob das Projekt für die Online-Verwendung komprimiert wurde, um Ladezeiten zu optimieren. Die Eigenschaft ist bei Online-Projekten nicht änderbar.

TIPP: ONLINE VORBEREITET und **DATENKOMPRIMIERUNG** können über das Kontextmenü direkt angewählt werden.

- **ATTRIBUTE BELEGEN** dient zum Eintragen von Standardinformationen eines Bauvorhabens, die an vielen Stellen (z. B. Planköpfe, Reports usw.) abgerufen werden können.

Die Felder **RECHNERNAME, EIGENTÜMER** und **BERECHTIGTE** sind nur bei einer Workgroup-Installation vorhanden.

- **RECHNERNAME** zeigt alle Rechner an, auf denen Projekte gespeichert werden können. Der Rechner, auf dem das aktuelle Projekt gespeichert ist, ist markiert.
- **EIGENTÜMER** gibt an, welcher Benutzer alle Rechte im Projekt hat. Dieser ist blau hinterlegt dargestellt. Der Eigentümer oder der SYSADM kann den Eigentümer ändern und/oder Benutzer entfernen und hinzufügen.
- **BERECHTIGTE** zeigt alle Benutzer an. Die für dieses Projekt freigeschalteten Benutzer sind blau hinterlegt dargestellt.

Pfadeinstellungen

- Die Pfadeinstellungen, wie z. B. **STIFT- UND STRICHDEFINITIONEN**, können nur von *Büro* auf *Projekt* oder umgekehrt eingestellt werden. Über die Eigenschaften des Dialogs **PROJEKT NEU, ÖFFNEN** können keine Daten aus anderen Projekten übernommen werden. Wird der Pfad von *Projekt* auf *Büro* umgestellt, werden die projektbezogenen Daten gelöscht.
- **ATTRIBUTE** können entweder projektbezogen oder bürobezogen eingestellt sein. Ist unter **ATTRIBUTSET-DEFINITION** *Bimplus* ausgewählt, muss die Einstellung *Attribute* auf *Projekt* gestellt sein. Bürobezogene Attribute werden ab der Nummer 2000 erzeugt, projektbezogene Attribute ab der Nummer 5000.
- **ATTRIBUTSET-DEFINITION** gibt an, ob vordefinierte Attributsets aus Bimplus im Projekt verwendet werden sollen. Wenn das Projekt korrekt verknüpft ist, kann über den Eigenschaftenschalter die Verknüpfung angezeigt werden. Die im Property-Set des Bimplus-Projektes eingestellten Parameter werden im Projekt als Attribute angelegt und an den entsprechenden Bauteilen automatisch eingeblendet.
- **PLANZEICHENVERORDNUNG** dient zum Verwalten und Einstellen der gewünschten Planzeichenverordnung, die im aktuellen Projekt Verwendung finden soll. Die Einstellung ist nur im Modul **STÄDTEBAU** von Bedeutung.
- **CAD-AVA-PROJEKTZUORDNUNG:** Abhängig von weiteren installierten Programmen wird Allplan BCM und/oder Nevaris als Auswahl angeboten. Je nach Programmwahl wird eine Auswahl für das zu verknüpfende Elementbuch angeboten. Weitere Informationen zu dem Thema finden Sie in der Hilfe.

HINWEIS: Die Auswahl zwischen *Büro* und *Projekt* unter den Pfadeinstellungen ist bei Online-Projekten sowie Bimplus-Projekten ausgegraut. Eine Änderung ist bei diesen Projekten nicht möglich.

2.3 Teilbilder und Pläne

Teilbilder und Pläne bilden die Hauptbestandteile eines Projekts. Auf Teilbildern werden Zeichnungen erstellt, die auf Plänen zusammengestellt und für den Druck vorbereitet werden. Zwischen beiden Datenarten wird bei Verwendung der Oberflächenkonfiguration mit der Actionbar automatisch zwischen den Aufgabenbereichen umgeschaltet. Wird eine Oberflächenkonfiguration von Allplan ohne Actionbar verwendet, kann über die Schaltfläche **PLANLAYOUT** umgeschaltet werden. Je nachdem, in welchem „Modus" sich Allplan befindet, werden im Dialog **PROJEKTBEZOGEN ÖFFNEN** Teilbilder oder Pläne zur Auswahl angeboten.

Projektbezogen öffnen: Pläne

Projektbezogen öffnen: Teilbilder

Neben der Darstellung am Bildschirm verändert sich auch das Icon der Funktion **PROJEKTBEZOGEN ÖFFNEN**.

Teilbilder

Auf Teilbildern werden in der Regel alle Modelldaten und Zeichnungsinhalte eines Projektes erzeugt. Jedes Teilbild hat einen eigenen Bezugsmaßstab, über welchen die Proportion der Zeichnungsinhalte zueinander (Liniendicken, Textgrößen) geregelt wird. Teilbilder haben zudem Standardebenen, können einen Bezug zum Ebenenmodell aufweisen und sind in der Lage in der Bauwerksstruktur eindeutig. Es können bis zu 9999 Teilbilder in einem Projekt verwendet werden. Die Teilbilder sind jeweils mit einer eindeutigen Nummer gekennzeichnet und können einen beliebigen Namen erhalten. Es können bis zu 128 Teilbilder gleichzeitig geladen und bearbeitet werden.

Pläne

Auf Plänen werden Teilbilder (Planelemente) einzeln oder in Teilbildstapeln mit einer „Darstellungsregel" abgelegt. Hierbei wird auf dem Plan ein Verweis auf das Teilbild inklusive der eingestellten Darstellungsregel abgelegt. Jegliche Änderung am Modell ist also sofort auf dem Plan sichtbar. Der Bezugsmaßstab des Plans selber ist 1:1, während die Planelemente entweder in dem eingestellten Bezugsmaßstab des Teilbildes oder einem anderen Maßstab abgesetzt werden können. In jedem Projekt können bis zu 9999 Pläne verwaltet werden, wobei jeder Plan eindeutig über seine Nummer gekennzeichnet ist. Es kann nur ein Plan aktiv geschaltet werden.

2.3.1 Kennzeichnungen

In den Dialogen **PROJEKTBEZOGEN ÖFFNEN** werden für Teilbilder und Pläne unterschiedliche Symbole angezeigt, je nachdem, ob diese zum Beispiel aktiv sind, ob diese belegt sind oder ob diese zusätzliche Informationen tragen. Zudem wird der Inhalt bei Teilbildern unterschieden.

Symbole von Teilbildern

Bei jedem Teilbild sind drei Felder vorhanden, die den aktuellen Status des Teilbildes für die Bearbeitung anzeigen. Je nach angezeigter Farbe wird das Teilbild aktiv, im Hintergrund aktiv, passiv oder gar nicht in den Arbeitsspeicher geladen und am Bildschirm angezeigt. Die unterschiedlichen Programmteilkenner für verschiedene Datenarten (z. B. Rundstahl) werden nicht näher beschrieben.

- **IN BENUTZUNG** (Schlosssymbol) erscheint, wenn die Schalterstellung des Schalters **GESPERRTE TEILBILDER, ZEICHNUNGEN MARKIEREN EIN/AUS** auf **EIN** steht. Es wird bei allen Teilbildern angezeigt, die von anderen Nutzern geöffnet (und somit gesperrt) sind.
- **NICHT LESBAR** (Ausrufezeichen) wird bei unlesbaren Teilbildern angezeigt. Das Teilbild ist entweder zu groß für die aktuellen Einstellungen, schreibgeschützt oder defekt. Die Kennzeichnung für nicht lesbare und/oder defekte Teilbilder wird nur in der Bauwerksstruktur angezeigt. Temporär wird das Zeichen auch angezeigt, wenn ein Teilbild gelöscht und/oder umbenannt wird.
- **TEMPORÄR ZUGEORDNET** (nur in Zeichnungsstruktur) zeigt an, dass das Teilbild der Zeichnung nur temporär zugeordnet ist. Temporär zugeordnete Teilbilder werden beim Verlassen der Zeichnung wieder gelöst.
- **QUELLTEILBILDER DEFINIERT** zeigt an, dass dieses Teilbild Daten einer Verdeckt-Berechnung (Ansicht/Schnitt generieren) enthält. Die Einstellungen wurden über die Ableitungen der Bauwerksstruktur erstellt und/oder es ist nur eine Ansicht oder ein Schnitt enthalten. Je nach Einstellung wird die Ansicht oder der Schnitt automatisch aktualisiert oder eine Aktualisierung kann (wenn nicht gesperrt) ausgelöst werden. Die Einstellungen können nur auf der rechten Seite der Bauwerksstruktur erstellt und/oder geändert werden.
- **AKTUALISIEREN GESPERRT** zeigt an, dass dieses Teilbild bewusst vom Nutzer für weitere Aktualisierungen gesperrt wurde. Das Teilbild kann jederzeit über das Kontextmenü entsperrt werden. Das Sperren ist nur möglich, wenn die Ansicht bzw. der Schnitt nicht auf automatische Aktualisierung gestellt wurden.
- **ANSICHT/SCHNITT VORHANDEN** zeigt an, dass dieses Teilbild Daten einer Verdeckt-Berechnung (Ansicht/Schnitt generieren) enthält. Die Ansicht oder der Schnitt sind auf dem Teilbild selbst erzeugt worden. Es können auch mehrere Ansichten auf einem Teilbild enthalten sein. Je nach Einstellung wird die Ansicht oder der Schnitt automatisch aktualisiert oder eine Aktualisierung kann (wenn nicht gesperrt) ausgelöst werden.

TEILBILD enthält Verweise auf Bewehrungsansichten/Schnitte. Das Teilbild ist mit weiteren Teilbildern verknüpft und verhält sich bei einigen Aktionen anders als gewohnt. Das Teilbild ist ein sogenanntes Referenzteilbild.

Teilbildstatus

Der Teilbildstatus kann eine von vier Einstellungen haben. Bei den ersten drei Einstellungen wird das Teilbild in den Speicher geladen und auf dem Bildschirm angezeigt, bei der vierten wird es nicht geladen.

- **Aktiv (rote Markierung):** Das Teilbild wird in den Arbeitsspeicher geladen. Es kann nur ein Teilbild aktiv sein. Neue Elemente werden auf dem aktiven Teilbild erzeugt. Alle Aktionen mit Bauteilen sind möglich.

- **Aktiv im Hintergrund (gelbe Markierung):** Das Teilbild wird in den Arbeitsspeicher geladen. Es werden keine neuen Elemente auf dem Teilbild erzeugt. Kopien bestehender Elemente werden auf dem Ursprungsteilbild belassen. Alle Aktionen mit Bauteilen sind möglich.

- **Passiv (graue Markierung):** Das Teilbild wird in den Arbeitsspeicher geladen. Das Teilbild kann nicht bearbeitet werden. Es können keine Elemente gelöscht oder geändert werden. Punktfang ist möglich, kann aber unterbunden werden.

- **Nicht angewählt (keine Kennzeichnung):** Das Teilbild wird nicht geladen und somit auch nicht angezeigt.

> **HINWEIS:** Ein Teilbild muss aktiv (rot) sein, 127 weitere Teilbilder können aktiv im Hintergrund (gelb) und passiv (grau) geschaltet sein. Insgesamt können 128 Teilbilder gleichzeitig angezeigt werden.

Der Teilbildstatus kann wie folgt geändert werden:

- Kontextmenü des Teilbildes → Status anwählen
- Anklicken eines der drei Felder vor der Teilbildnummer
- Teilbild(er) markieren und Leertaste drücken → Durchschalten der Aktivierungszustände
- Der Teilbildstatus kann auch über den Objektmanager durch Anklicken des Statussymbols und Ändern auf den gewünschten neuen Status geändert werden. Leere Teilbilder und Teilbilder, welche keine im Objektmanager anzeigbaren Daten beinhalten, können nicht über den Objektmanager geschaltet werden.

Symbole von Plänen

Für Pläne und Planverknüpfungen gibt es folgende Kennzeichnungen:

Symbol	Bemerkung
	Strukturstufe (Sonderfunktionen bei Strukturstufe **ALLE PLÄNE**)
	leerer, unbenannter Plan
	benannter Plan (ohne Inhalt)
	belegter Plan
	aktiver Plan (leer, benannt, belegt)
	verknüpfter Plan
	aktiver verknüpfter Plan

Planstatus

Sie können entweder einen Plan direkt anklicken (Plansymbol vor der Nummer) oder das Plansymbol der Verknüpfung eines Plans anklicken. Es ist unerheblich, was Sie anwählen. Es werden automatisch **alle** Verknüpfungen des Plans mit markiert.

2.3.2 Dialog Projektbezogen öffnen

Über den Dialog PROJEKTBEZOGEN ÖFFNEN wird gesteuert, welche Teilbilder oder welcher Plan aktiv zum Bearbeiten sein sollen/soll. Der Modus wird automatisch durch Umschalten des Arbeitsbereichs auf PLANLAYOUT geschaltet (Actionbar).

Pläne

Teilbilder

Oberfläche ohne Actionbar

Je nach Stellung des Schalters PLANLAYOUT gilt Folgendes:

- PLANLAYOUT eingeschaltet → PROJEKTBEZOGEN ÖFFNEN zeigt Pläne (Planstruktur)
- PLANLAYOUT ausgeschaltet → PROJEKTBEZOGEN ÖFFNEN zeigt Teilbilder entweder im Register *Bauwerksstruktur* oder *Zeichnungsstruktur*

Planlayout

Je nach Schalterstellung wird das Symbol der Funktion mit geändert:

PROJEKTBEZOGEN ÖFFNEN: Plan → Planstruktur

PROJEKTBEZOGEN ÖFFNEN: Teilbilder → Bauwerksstruktur oder Zeichnungsstruktur

Allgemeine Funktionen

Folgende Funktionen werden in beiden Registern des Dialogs PROJEKTBEZOGEN ÖFFNEN sowohl für Teilbilder als auch für Pläne angeboten.

- MARKIERTE EINTRÄGE AUFKLAPPEN – MARKIERTE EINTRÄGE ZUKLAPPEN erweitert bzw. reduziert alle Zeichnungen/Strukturstufen. Die Funktionen wirken in der Bauwerksstruktur jeweils auf der Seite, über der die Funktion angeordnet ist.
- SUCHEN öffnet den gleichnamigen Dialog, über den Teilbildnamen, Plannamen, Namen von Strukturstufen usw. gesucht werden können. Fundstellen werden gelb markiert. Zudem können über den Dialog SUCHEN... Teile oder komplette Namen (entweder im markierten Bereich oder komplett) ersetzt werden.
- AKTUALISIEREN liest die Strukturen neu ein. Änderungen, die zwischenzeitlich von Kollegen getätigt wurden, erscheinen nun in der Ansicht.
- EINSTELLUNGEN bietet die Möglichkeit, einige Grundeinstellungen zur Darstellung der Oberfläche des Dialogs sowie des Verhaltens zu ändern. Vor allem können Sie an dieser Stelle steuern, ob das Register *Zeichnungsstruktur* angezeigt werden soll oder nicht. Die meisten Einstellungen werden erst aktiv, nachdem der Dialog PROJEKTBEZOGEN ÖFFNEN geöffnet wurde.

Markierte Einträge aufklappen/zuklappen

Suchen

Aktualisieren

Einstellungen

2.3.3 Projektbezogen öffnen – Teilbildmodus

 Projektbezogen öffnen

Der Dialog **PROJEKTBEZOGEN ÖFFNEN** für Teilbilder besitzt zwei Register, wobei das Register *Zeichnungsstruktur* ausgeblendet werden kann. Für eine den aktuellen Anforderungen genügende BIM-Planung ist die Verwendung der Bauwerksstruktur obligatorisch. Ohne zusätzliche Anforderungen können alle Projekte – alle Projektarten – wahlweise in der Bauwerksstruktur oder Zeichnungsstruktur dargestellt werden. Die Zeichnungsstruktur stellt hierbei eine flache Struktur mit nur einem Ordner ohne weitere Gliederungsmöglichkeiten dar, während in der Bauwerksstruktur eine hierarchische Gliederung der Projekte möglich ist und sogar Reports für die Auswertung vordefiniert werden können.

Im Rahmen dieses Buches wird vertieft auf die Bauwerksstruktur eingegangen. Die Zeichnungsstruktur ist in den Projekten zum Buch ausgeblendet. Die Grundfunktionen zur Zeichnungsstruktur werden in Abschnitt 6.10, „Zeichnungsstruktur“, kurz erläutert.

Unabhängig von der Strukturierung (Zeichnungsstruktur und/oder Bauwerksstruktur) gelten im Dialog **PROJEKTBEZOGEN ÖFFNEN: TEILBILDER AUS ZEICHNUNGS-/BAUWERKSSTRUKTUR** folgende Punkte:

- Es kann nur ein Teilbild aktiv sein (rot markiert).
- Es können maximal 128 Teilbilder gemeinsam geladen und angezeigt werden.

Erweitert in Version 2020

- Die anzeigbare Datenmenge aller zu ladenden Teilbilder unterliegt der Voreinstellung aus *Allmenu*. Die maximal einstellbare Dateigröße (**ALLMENU > HOTLINETOOLS > DOCSIZE**) beläuft sich derzeit auf 2048 MB. Die maximale Dateigröße eines einzelnen Teilbildes ist auf 256 MB beschränkt.

> **HINWEIS**: Die maximale Dokumentgröße sollte nur bei einer sehr guten Hardwareausstattung (schneller Prozessor, 16 Gigabyte Arbeitsspeicher oder mehr) verwendet werden. Bei vorwiegend kleinen Datenmengen sollten 512 MB oder weniger eingestellt werden.

- Die Kennzeichnungen der Teilbilder werden wie in Abschnitt 2.3.1, „Kennzeichnungen“, beschrieben dargestellt.
- Das Löschen der Struktur löscht keine Teilbilder (Daten).

2.3.3.1 Allgemeines zur Bauwerksstruktur

Das Register Bauwerksstruktur des Dialogs **PROJEKTBEZOGEN ÖFFNEN** gliedert sich in zwei Bereiche, in denen jeweils Teilbilder in einer hierarchischen Struktur verwaltet werden. Der linke Bereich, die Bauwerksstruktur selbst, enthält die Daten des Modells, die in Allplan grundrissorientiert erstellt werden. Der rechte Bereich, die Ableitungen der Bauwerksstruktur, enthält Schnitte, Ansichten, Details, Perspektiven und Reports. Die Arbeitsweise (vorwiegend 3D, 3D mit 2D gemischt oder rein in 2D bzw. mit oder ohne Layer) ist für die Strukturierung nicht ausschlaggebend. Sämtliche Anwendungsfälle, Gebäude, Bewehrungspläne oder Bauleitpläne usw., die mit Allplan abgedeckt sind, können mithilfe hierarchischer Strukturstufen gegliedert werden.

HINWEIS: Es werden nur solche Teilbilder berücksichtigt, bei denen die direkt übergeordnete Strukturstufe aktiviert ist (d. h., Haken ist gesetzt bzw. das Feld gefüllt). Beim Aktivieren einer Strukturstufe werden immer alle untergeordneten Strukturstufen mit aktiviert. Wenn Sie z. B. den Haken vor **LIEGENSCHAFT** setzen (Klick links), werden auch die Strukturstufen **GEBÄUDE**, **FUNDAMENT** usw. aktiviert. Wenn Sie während des Anklickens der Checkbox die **STRG**-Taste gedrückt halten, wird nur die Strukturstufe aktiviert.

In der Bauwerksstruktur können sowohl Teilbilder als auch Strukturstufen verschoben und/oder kopiert werden. Je nach Einstellungen und aktuell markiertem Objekt ergeben sich unterschiedliche Möglichkeiten. So können z. B. die vordefinierten Strukturstufen nur in der Reihenfolge, wie sie in der Auswahl angezeigt werden, gereiht werden. Im Dialog **RESTRIKTIONEN DER BAUWERKSSTRUKTUR** (Kontextmenü) können weitere Einschränkungen getätigt werden. In der Mitte oberhalb der beiden Bereiche befinden sich zwei Checkboxen zum Aktivieren/Deaktivieren des jeweils unterhalb liegenden Bereichs.

Wurde Allplan in einer Workgroup-Umgebung installiert oder ein Allplan Share-Projekt (Bimplus) geöffnet, werden viele Funktionen in der Oberfläche und den Kontextmenüs erst aktivierbar, wenn der Schalter **BAUWERKSSTRUKTUR SPERREN UND BEARBEITEN** umgestellt wurde. Dies ist notwendig, um das gleichzeitige Ändern der Strukturen durch unterschiedliche Nutzer ausschließen zu können.

Statuszeile

In der Statusleiste wird mit dem Text **AKTIVE ZEICHNUNG: BAUWERKSSTRUKTUR** angezeigt, dass die Auswahl der zu ladenden Teilbilder aus der Bauwerksstruktur bzw. den Ableitungen der Bauwerksstruktur erfolgt. Nachfolgend wird die Anzahl der angewählten Teilbilder angezeigt. Erscheint der Text **! KEIN AKTIVES TEILBILD ANGEWÄHLT**, wird die Schaltfläche **SCHLIESSEN** deaktiviert.

Der Dialog **PROJEKTBEZOGEN ÖFFNEN** kann erst geschlossen werden, wenn die Schaltfläche **SCHLIESSEN** anwählbar ist, d. h., wenn der Status eines Teilbildes aktiv (rote Schaltfläche) geschaltet wurde.

2.3.3.2 Funktionen (Oberfläche)

- Änderungen an der Bauwerksstruktur sind nur in einer Workgroup-Umgebung möglich, in der die Bearbeitung durch Anwahl der Funktion **BAUWERKSSTRUKTUR SPERREN UND BEARBEITEN** ermöglicht wurde. Durch diese neue Funktion werden Konflikte durch das zeitgleiche Ändern der Struktur durch mehrere Nutzer, vor allem in Online-Projekten, vermieden. Die Funktion ist bei Projekten in einer Workgroup und bei Bimplus-Projekten (Allplan Share) enthalten.

Bauwerksstruktur sperren und bearbeiten

- **EBENENMANAGER** öffnet die zentrale Stelle zur Verwaltung der Höheneinstellungen des Projekts. Weitere Informationen zum Ebenenmanager finden Sie in Abschnitt 2.5.1.2, „Bauwerksstruktur Grundwissen“.

Ebenenmanager

Vordefinierte Strukturstufen

- **VORDEFINIERTE STRUKTURSTUFEN** öffnet das Auswahlfenster, aus dem Sie eine vordefinierte Strukturstufe in den Bereich *Bauwerksstruktur* einfügen. Vordefinierte Strukturstufen sind in der Reihenfolge untereinander fest definiert. Die Auswahl kann eingeschränkt sein, wenn die Restriktionen der Bauwerksstruktur verwendet werden (IFC-konform).

Beliebige Strukturstufen

- **BELIEBIGE STRUKTURSTUFEN** öffnet das Auswahlfenster, aus dem Sie eine beliebige Strukturstufe in den Bereich *Bauwerksstruktur* einfügen. Beliebige Strukturstufen haben keine Abhängigkeit untereinander und können somit beliebig gestuft angeordnet werden. Wenn Sie die Restriktionen der Bauwerksstruktur nach IFC aktiviert haben, können hier keine Strukturstufen gewählt werden.

Neue Strukturstufe einfügen

- **NEUE STRUKTURSTUFE EINFÜGEN** öffnet das Auswahlfenster, aus dem Sie eine neue Strukturstufe in den Bereich *Ableitungen* der Bauwerksstruktur einfügen. Neue Strukturstufen für den Bereich der Ableitungen der Bauwerksstruktur können nur logisch (Ansicht bei Ansichten, Schnitt bei Schnitten) angeordnet werden. Die Zuordnung von Teilbildern ist nur bei den Strukturstufen *Ansicht* und *Schnitt* möglich. Der Strukturstufe *Report* können keine Teilbilder zugeordnet werden, da diese Strukturstufe direkt die Information des ausgewählten Reports und der Quellteilbilder trägt.

Teilbilder zuordnen

- **TEILBILDER ZUORDNEN** finden Sie sowohl oberhalb der Bauwerksstruktur als auch oberhalb der Ableitungen der Bauwerksstruktur. Sie können Ihren Strukturstufen über diese Auswahl alle Teilbilder (derzeit 9999) zuordnen. Jedes Teilbild kann an einer Stelle in der Bauwerksstruktur oder der Ableitung der Bauwerksstruktur vorkommen. Teilbilder, die bereits zugeordnet wurden, sind in der ersten Spalte gekennzeichnet und können nicht mehr markiert werden. Bei Teilbildern, die in der Bauwerksstruktur oder den Ableitungen der Bauwerksstruktur bereits zugeordnet sind, wird ein Tooltipp angezeigt, aus dem ersichtlich wird, unter welcher Strukturstufe das Teilbild zugeordnet wurde.

> **HINWEIS:** In Workgroup-Umgebungen sowie in einem Allplan Share-Projekt sind die Funktionen **EBENENMANAGER**, **STRUKTURSTUFEN EINFÜGEN**, **TEILBILDER ZUORDNEN**, **UMBENENNEN** (Teilbilder und Strukturstufen), **KOPIEREN** und **EINFÜGEN** sowie **LÖSCHEN** deaktiviert, solange die Bearbeitung nicht explizit (über die Funktion **BAUWERKSSTRUKTUR SPERREN UND BEARBEITEN**) eingeschaltet wurde.

Daten erneut einlesen

Daten erneut einlesen

DATEN ERNEUT EINLESEN liest die letzte gespeicherte Ansicht der Bauwerksstruktur bzw. der Ableitungen der Bauwerksstruktur neu ein. Dies kann notwendig werden, wenn ein anderer Benutzer zeitgleich Änderungen vorgenommen hat oder Sie versehentlich Strukturpunkte gelöscht haben. Die Wirkung der Funktion ist jeweils auf eine Seite des Registers beschränkt.

Speichern

Speichern

- **SPEICHERN** sichert die aktuelle Ansicht der Bauwerksstruktur bzw. der Ableitungen der Bauwerksstruktur. Die Wirkung der Funktion ist auf eine Seite des Registers beschränkt.

- **GESPERRTE TEILBILDER, ZEICHNUNGEN MARKIEREN EIN/AUS** legt fest, ob durch andere Benutzer bereits geöffnete Teilbilder und Zeichnungen mit einem Symbol markiert werden sollen oder nicht. Der Name des Benutzers, der das Teilbild bzw. die Zeichnung geöffnet hat, wird im Dialog **EIGENSCHAFTEN** des Teilbildes angezeigt. Diese Funktion wird nur bei einer Workgroup-Installation angezeigt.

Gesperrte Teilbilder, Zeichnungen markieren ein/aus

2.3.3.3 Funktionen (Kontextmenü)

Es werden jeweils nur die Funktionen beschrieben, welche zuvor noch nicht beschrieben wurden.

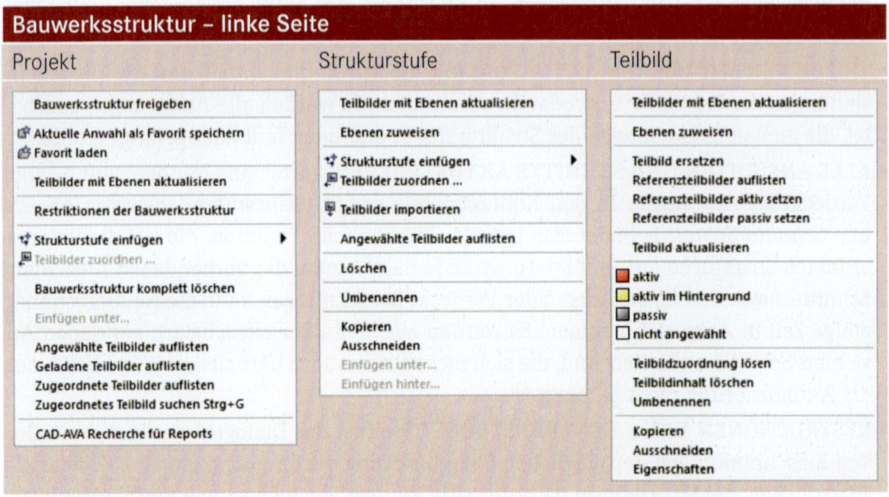

Allgemeines Kontextmenü

Das allgemeine Kontextmenü wird über die rechte Maustaste geöffnet, wenn nichts markiert ist. Die Kontextmenüs der linken Seite (Bauwerksstruktur) und der rechten Seite (Ableitungen der Bauwerksstruktur) beinhalten zum Teil die gleichen Funktionen.

Aktuelle Anwahl als Favorit speichern

Favorit laden

- **AKTUELLE ANWAHL ALS FAVORIT SPEICHERN** und **FAVORIT LADEN** dienen zum Sichern und Wiedereinlesen von Favoritendaten, die den Aktivierungszustand (entweder Bauwerksstruktur oder Ableitungen der Bauwerksstruktur) beinhalten. Es wird jeweils nur der Aktivierungszustand der Seite gespeichert/gelesen, die sich unterhalb des Icons befindet. Speicherort ist entweder ein gemeinsamer Unterordner für alle Benutzer oder ein benutzerbezogener Unterordner des aktuellen Projekts (unter **EINSTELLUNGEN** definierbar).
- **TEILBILDER MIT EBENEN AKTUALISIEREN** überprüft und aktualisiert die Ebeneneinstellungen der Teilbilder und/oder Strukturstufen. Es werden alle Änderungen bearbeitet, die an den Einstellungen der Strukturstufen und/oder Teilbilder getätigt wurden.
- **ALLE ANSICHTEN UND SCHNITTE AKTUALISIEREN** startet eine Neuberechnung aller Verdeckt-Berechnungen. In den Kontextmenüs der Strukturstufen *Ansichten/Ansicht* und *Schnitte/Schnitt* befindet sich jeweils eine ähnliche Funktion, die auf die untergeordneten Strukturen mit Teilbildern wirkt. Je nach Anzahl der vorhandenen Ansichten/Schnitte sowie den Einstellungen der Verdeckt-Berechnungen kann die Neuberechnung einige Zeit in Anspruch nehmen. Es werden alle Teilbilder aktualisiert, auf denen Ansichten/Schnitte enthalten sind, die sich nicht automatisch aktualisieren und bei denen die Aktualisierung nicht gesperrt ist.
- **RESTRIKTIONEN DER BAUWERKSSTRUKTUR** öffnet das Dialogfenster zum Einstellen von Einschränkungen der möglichen Strukturierung des Projekts, um eine Gliederung zu erreichen, die IFC-konform ist. Alternativ können Sie auch eigene Einschränkungen für das aktuelle Projekt wählen.

> **TIPP:** Es bietet sich an, zum Aufbau eines Projektes die Restriktionen einzuschalten, um bei Bedarf jederzeit eine IFC-konforme Struktur zu haben.

- **BAUWERKSSTRUKTUR KOMPLETT LÖSCHEN** entfernt die komplette Bauwerksstruktur inklusive der Ableitungen der Bauwerksstruktur und aller Ebenenmodelle. Die Funktion kann nicht rückgängig gemacht werden. Alle Strukturdateien werden als Backup-Dateien im Ordner *<Projekt/BIM/Backup>* gespeichert.
- **ANGEWÄHLTE TEILBILDER AUFLISTEN** zeigt in einem zusätzlichen Informationsfenster alle angewählten Teilbilder mit ihrem Status an. Sie haben so auch bei größeren Strukturen den Überblick, welche Teilbilder Sie zum Bearbeiten aktiv geschaltet haben. Die Anzeige ist immer aktuell. Das heißt, sobald ein Teilbild an- oder abgewählt wird, ändert sich die angezeigte Information.
- **GELADENE TEILBILDER AUFLISTEN** zeigt in einem zusätzlichen Informationsfenster alle Teilbilder an, die vor dem Öffnen des Dialogs **PROJEKTBEZOGEN ÖFFNEN: TEILBILDER AUS ZEICHNUNGS-/BAUWERKSSTRUKTUR** aktiv waren. Die Anzeige ist unabhängig davon, wie die letzte Aktivierung erfolgt ist.

- **ZUGEORDNETE TEILBILDER AUFLISTEN** zeigt in einem zusätzlichen Informationsfenster alle Teilbilder an, die der Bauwerksstruktur und der Ableitung der Bauwerksstruktur zugeordnet sind. Aktivierte Teilbilder können über diesen Dialog abgewählt werden.
- **ZUGEORDNETES TEILBILD SUCHEN** öffnet einen Mini-Dialog zur Eingabe einer Teilbildnummer. Wenn die Suche ein Ergebnis hat, wird die Bauwerksstruktur oder die Ableitungen der Bauwerksstruktur so geöffnet, dass das Teilbild markiert werden kann und sichtbar ist. Ist das fragliche Teilbild nicht zugeordnet, erscheint eine entsprechende Meldung.
- **CAD-AVA RECHERCHE FÜR REPORTS** öffnet den Dialog **CAD-AVA-PROJEKTZUORDNUNG.**

Kontextmenü Strukturstufe Projekt

Neben den im allgemeinen Kontextmenü vorhandenen Funktionen werden im Kontextmenü der Projektzeile und der weiteren Strukturstufen folgende Funktionen angeboten:

- **STRUKTURSTUFEN EINFÜGEN** fügt unterhalb der markierten Strukturstufe eine weitere Stufe ein. Es stehen nur als untergliederte Strukturstufen erlaubte Punkte zur Auswahl. Je nach Einstellungen in den Restriktionen der Bauwerksstruktur werden hier mehr oder weniger Strukturstufen zur Auswahl angeboten.

Strukturstufe einfügen

- **TEILBILDER ZUORDNEN** öffnet den Dialog zum Zuordnen von Teilbildern zur markierten Strukturstufe. Sie können an dieser Stelle entweder einzelne Teilbilder (z. B. 15), Teilbildbereiche (z. B. 1 - 10) oder Kombinationen aus beidem (z. B. 1 - 10, 15, 21 - 30, 35) eingeben. Über die Schaltfläche **AUSWAHLLISTE** können Sie den Dialog **TEILBILDER ZUORDNEN** öffnen.

Teilbilder zuordnen

- **KOPIEREN/AUSSCHNEIDEN/EINFÜGEN HINTER/EINFÜGEN UNTER** sind Funktionalitäten, mittels denen Sie Daten innerhalb der Struktur strukturiert kopieren und verschieben können (siehe Abschnitt 2.3.7, „Kopieren von Dokumenten").

Kontextmenü der Strukturstufen

Die Befehle im Kontextmenü der weiteren Strukturstufen entsprechen weitgehend denen der Projektstufe.

- **EBENEN ZUWEISEN** öffnet den gleichnamigen Dialog, über den Sie anhand des Ebenenmanagers Standardebenen und Dachlandschaften an Strukturstufen und Teilbilder zuweisen können. Die eingestellten Werte werden in den Spalten **HÖHE UNTEN** und **HÖHE OBEN** angezeigt. Die Ebeneneinstellungen einer Strukturstufe gelten für alle zugeordneten Teilbilder, solange diesen keine eigenen Einstellungen (blaue Schrift) zugewiesen wurden, solange sie keine eigenen Einstellungen für Standardebenen (Anzeige: -, kein Wert!) haben oder solange sie die Höhen von einem mittlerweile gelöschten Ebenenmodell bezogen haben. Wurde einem Teilbild oder einer Strukturstufe eine Dachlandschaft zugewiesen, so wird ein kleines Dachsymbol angezeigt.

TIPP: Lässt man das Fadenkreuz kurz auf dem Symbol stehen, so wird ein Infotext angezeigt, der den Namen der Dachlandschaft sowie des Ebenenmodells enthält.

Neu in Version 2020

- **TEILBILDER IMPORTIEREN** erlaubt das gezielte Einspielen von gesicherten Daten aus einer Projektkopie oder einem zip-Ordner. Es kann dabei entweder auf eine Projektsicherung oder über die Funktion **TEILBILDER MIT RESSOURCEN EXPORTIEREN** gespeicherte Daten zugegriffen werden. Bei der Auswahl eines zip-Archivs werden alle darin enthaltenen/identifizierbaren Teilbilder angezeigt und können einzeln gewählt werden.
- **LÖSCHEN** entfernt die markierte Strukturstufe aus der Ansicht. Die Zuordnung der untergliederten Teilbilder zur Bauwerksstruktur wird gelöst. Etwaige untergeordnete Strukturknoten werden ebenfalls entfernt. Die Daten auf den Teilbildern inklusive der etwaig vorhandenen Zuordnungen zu einem Ebenenmodell bleiben erhalten.
- **ANSICHTEN AKTUALISIEREN/SCHNITTE AKTUALISIEREN** startet eine Neuberechnung der Verdeckt-Berechnungen. Die jeweils untergliederten Strukturen werden mit berücksichtigt.

Den Strukturstufen *Ansichten* und *Schnitte* in den Ableitungen der Bauwerksstruktur können Teilbilder nicht direkt zugeordnet werden. Es müssen erst noch die jeweiligen Unterstufen (Ansicht/Schnitt) eingefügt werden. Eine Zuordnung von Teilbildern ist bei Reports grundsätzlich nicht möglich. Unter *Reports* kann nur die Strukturstufe *Report* zugeordnet werden, die sämtliche Einstellungen trägt.

Kontextmenü Strukturstufe Reports – Ableitungen der Bauwerksstruktur

- **EINSTELLUNGEN FÜR STAPEL-REPORTS** dient der Vordefinition der Ausgabe von Stapel-Reports wie z.B. der Speicherpfad für Übergabedateien. Die Einstellungen werden projektbezogen gespeichert.
- **STAPEL-REPORT ERZEUGEN** startet einen automatischen Ablauf der untergliederten Reports. Je nach Einstellung wird jeder Report am Bildschirm angezeigt oder alle Reports werden automatisch als Datei abgelegt.

Kontextmenü Teilbildzeilen

Neu in Version 2020

- **TEILBILD ERSETZEN** ermöglicht das gezielte Ersetzen eines einzelnen Teilbildes durch ein gesichertes Teilbild. Es kann dabei ein Teilbild aus einer Projektkopie, einem anderen Projekt, ein zip-Archiv eines Projektes verwendet werden oder auf eine gespeicherte NDW-Datei zugegriffen werden.
- **REFERENZTEILBILDER AUFLISTEN** zeigt in einem zusätzlichen Informationsfenster alle zu dem Teilbild gehörigen Referenzteilbilder an. Die Referenzen können entweder über Ansichten/Schnitte oder Bewehrungsansichten/-schnitte erzeugt sein.
- **REFERENZTEILBILDER AKTIV SETZEN** ändert die Aktivierung so, dass alle Referenzteilbilder des angewählten Teilbildes auf den Status aktiv im Hintergrund gesetzt werden und das markierte Teilbild als aktiv gesetzt wird. Die zuvor bestehende Aktivierung wird dabei zurückgesetzt.
- **REFERENZTEILBILDER PASSIV SETZEN** ändert die Aktivierung so, dass alle Referenzteilbilder des angewählten Teilbildes auf den Status passiv gesetzt werden und das markierte Teilbild als aktiv gesetzt wird. Die zuvor bestehende Aktivierung wird dabei zurückgesetzt.

- **TEILBILD AKTUALISIEREN** ist notwendig, wenn der Teilbildname in roter Schrift dargestellt wird. Dies bedeutet, dass das Teilbild von einem zweiten im Projekt arbeitenden Kollegen neu gespeichert wurde und somit eventuell nicht aktuell sein kann. Die Funktion ist vor allem bei Projekten in der Workgroup Online und Allplan Share sinnvoll.
- **AKTIV, AKTIV IM HINTERGRUND, PASSIV, NICHT ANGEWÄHLT** ändert jeweils den Status der markierten Teilbilder.
- **TEILBILDZUORDNUNG LÖSEN** löst die markierten Teilbilder von der Bauwerksstruktur. Der Inhalt der Teilbilder (Daten auf der Festplatte) wird durch das Lösen des Teilbildes von der Bauwerksstruktur nicht beeinflusst.
- **TEILBILDINHALT LÖSCHEN** löscht den gesamten Inhalt des Teilbildes. In einem Unterdialog kann festgelegt werden, ob nur die Daten oder auch der Teilbildname gelöscht werden soll.
- **EIGENSCHAFTEN** zeigt die Attribute des Teilbildes an. Neben der Dateigröße und dem Speicherort kann zudem festgelegt werden, wer der Eigentümer des Teilbildes ist und ob alle, nur der Eigentümer oder keiner Schreibrecht besitzt. Je nach Einstellung kann das Teilbild nicht von allen aktiv geschaltet werden.

Kontextmenü Teilbildzeilen – Ableitungen der Bauwerksstruktur

Die Funktionen für Ansicht und Schnitt sind fast gleich. Bei Schnitten ist zusätzlich vor der Berechnung eine Schnittlinie auf einem der gewählten Quellteilbilder zu erzeugen.

- **ANSICHT GENERIEREN, SCHNITT GENERIEREN** öffnet eine Palette, in der alle Einstellungen für Ansichten oder Schnitte getätigt werden können. In der Palette können Quellteilbilder, Layer und alle Formateinstellungen für die Darstellung sowie für die Einstellung von Perspektive/Schnitt/Ansicht getätigt werden. Eine Beschreibung von Ansichten und Schnitten finden Sie in Abschnitt 3.3, „Ansichten, Schnitte und Reports“.
- **BERECHNUNGSERGEBNIS AKTUALISIEREN** startet eine Neuberechnung mit den getätigten Einstellungen für das markierte Teilbild. Das Teilbild wird gelöscht und komplett neu generiert. Die Funktion ist bei Teilbildern mit Ansichten/Schnitten, die auf **AUTOMATISCH AKTUALISIEREN** stehen, deaktiviert.
- **AKTUALISIEREN SPERREN** dient dem gezielten Verhindern der Aktualisierung von Ansichten und Schnitten. Diese Einstellung kann verwendet werden, wenn die Ansichten/Schnitte nicht „aus Versehen“ aktualisiert werden sollen. Die Funktion ist bei Teilbildern mit Ansichten/Schnitten, die auf **AUTOMATISCH AKTUALISIEREN** stehen, deaktiviert.

> **HINWEIS:** Seit der Überarbeitung von Ansichten und Schnitten in Version 2017 werden bei einer Aktualisierung nur die Ansichten und Schnitte selbst geändert. Die restlichen Inhalte des Teilbildes werden nicht beeinflusst. Durch diese Änderung können Sie alle Inhalte einer Ansicht auf das Teilbild der Berechnung selbst ablegen.

- **QUELLTEILBILDER AKTIV SETZEN** setzt alle Quellteilbilder in der Bauwerksstruktur aktiv im Hintergrund (das Erste aktiv).

Kontextmenü Report und Reports – Ableitungen der Bauwerksstruktur

Unter *Reports/Report* können keine Teilbilder zugeordnet werden. Um mehrere Reports vorzubereiten, wird die Strukturstufe *Report* mehrmals eingefügt, umbenannt und mit den für die Auswertung notwendigen Einstellungen versehen.

- **QUELLTEILBILDER FÜR REPORT** dient zum Definieren der Quellteilbilder. Setzen Sie bei allen Teilbildern einen Haken, die im Report ausgewertet werden sollen. Über die Checkboxen **BELEGTE TEILBILDER** und **LEERE TEILBILDER** können Sie die angezeigten Teilbilder steuern bzw. die Auswahl einschränken.
- **LAYEREINSTELLUNG, DRUCKSET (AKTUELL)** öffnet den Dialog zum Einstellen der sichtbaren Layer, die zum Berechnen der Ansicht, des Schnittes oder der Liste verwendet werden sollen. Sie können unter allen im Projekt verfügbaren Drucksets auswählen, die jeweils aktuellen Einstellungen verwenden oder immer alle Layer berücksichtigen.
- **REPORTAUSWAHL UND EINSTELLUNGEN** öffnet den Dialog der Reporteinstellungen. In den Einstellungen können Sie angeben, welcher Report verwendet werden soll.
- **REPORT AUSGEBEN** startet die Berechnung des gewählten Reports der Quellteilbilder. Der Report wird bei jedem Aufruf neu berechnet.

2.3.3.4 Bearbeiten der Bauwerksstruktur

Einfügen erlaubt

Verbotssymbol

- **Einfügen von Strukturstufen/Teilbildern:** Zum Einfügen von Strukturstufen/Teilbildern zieht man entweder aus den nachfolgend beschriebenen Dialogfeldern die benötigte Strukturstufe bzw. die Teilbilder an die Stelle, an der sie eingefügt werden sollen. Alternativ können auch die Funktionen des Kontextmenüs verwendet werden. Ist ein Einfügen der Strukturstufe oder des Teilbildes möglich, so wird eine Hand angezeigt, andernfalls ein Verbotssymbol.

Papierkorb

- **Entfernen von Strukturstufen/Teilbildern:** Zum Entfernen markiert man die Elemente und zieht sie aus dem Dialog **BAUWERKSSTRUKTUR** heraus.

Kopieren

- **Kopieren von Strukturstufen/Teilbildern:** Zum Kopieren markiert man die Elemente, zieht diese an den gewünschten Einfügepunkt und hält dabei die **STRG**-Taste gedrückt. Wenn das nebenstehende Symbol erscheint, kann das Element fallen gelassen werden. Es erscheint ein Dialog, über den die Kopieraktion gesteuert werden kann.

Verschieben

- **Verschieben von Strukturstufen/Teilbildern:** Teilbilder können durch einfaches Ziehen und Fallenlassen anderen Strukturstufen zugeordnet werden. Die Reihenfolge wird immer durch die Teilbildnummer definiert. Beim Verschieben von Strukturstufen kann entweder eine der gewählten Strukturstufen der übergeordneten Strukturstufe als Einfügepunkt gewählt werden (die Strukturstufe wird ganz oben eingefügt), oder es wird beim Auslassen die **ALT**-Taste gedrückt und die gleiche Strukturstufenart als Einfügepunkt gewählt, um das gewählte Element direkt hinter der Strukturstufe einzufügen. Der Mauszeiger verändert sich wie nebenstehend angezeigt.

2.3.4 Projektbezogen öffnen – Planlayout

Projektbezogen öffnen

Der Dialog **PROJEKTBEZOGEN ÖFFNEN: PLAN** dient zur Verwaltung der Pläne und kann (bei Bedarf) nach Belieben strukturiert werden. Über **STRUKTURSTUFE EINFÜGEN** können beliebige Strukturen für Ihr Projekt aufgebaut werden. Eine Begrenzung der Untergliederungen ist nicht vorhanden. Es gilt zu beachten, dass jeder Plan nur einmal zugeordnet, aber beliebig oft als Verknüpfung unter anderen Strukturstufen angeordnet werden kann.

Die Strukturstufe „Alle Pläne" kann entweder ausgeblendet oder über das Kontextmenü so eingestellt werden, dass nur eine Teilmenge der verfügbaren Pläne angezeigt wird.

2.3.4.1 Funktionen

- **STRUKTURSTUFE EINFÜGEN** fügt eine weitere Strukturstufe unter der markierten Stufe ein. Die neue Strukturstufe wird immer unten angehängt und mit *Neuer Ordner* benannt. Der Name der Strukturstufe kann beliebig geändert und die Untergliederung kann beliebig erweitert werden. (Strukturstufe einfügen)
- **PLÄNE ZUORDNEN** öffnet eine Übersicht mit allen Plänen des Projekts. Aus den 9999 möglichen Plänen können Sie die benötigten der Strukturstufe zuordnen. Die Zuordnung der Pläne an eine Strukturstufe ist, ähnlich den Teilbildern in der Bauwerksstruktur, einmalig. Anders als bei Teilbildern ist es aber möglich, beliebige Verknüpfungen von Plänen zu erzeugen. (Pläne zuordnen)
- **DATEN ERNEUT EINLESEN** liest die letzte gespeicherte Ansicht der Planstruktur erneut ein. Dies ist z. B. notwendig, wenn ein anderer Benutzer zeitgleich Änderungen vorgenommen hat oder Sie versehentlich Strukturpunkte gelöscht haben. (Daten erneut einlesen)
- **SPEICHERN** sichert die aktuelle Ansicht der Planstruktur. Bei umfangreichen Änderungen und Ergänzungen sollte diese Funktion ausgeführt werden, um Datenverlust durch Fehlbedienung vorzubeugen. Neben der Planstruktur wird der Zustand der Strukturstufen (offen, geschlossen) für den aktuellen Benutzer mit gespeichert. (Speichern)
- **PLAN- UND PROJEKTATTRIBUTE** öffnet den neuen Dialog **PLANATTRIBUTE**, über den der Dialog **PROJEKTATTRIBUTE** geöffnet werden kann. Beide Dialoge sind Teil des umfassend neu gestalteten Bereichs *Allplan Exchange*. (Plan- und Projektattribute)
- **REPORTS** bietet den direkten Zugriff auf Auswertungen zu dem gewählten Projekt, wie z. B. Planlisten, Planübersichten, Bauwerksstruktur und verschiedene andere. Zusätzlich kann eine Übersicht über alle vorhandenen Projekte, Bibliotheken, Makros, Symbole und Textsymbole erstellt werden. (Reports)
- Mit der Funktion **AUSGABEGERÄT IN PLÄNEN TAUSCHEN** kann der eingestellte Drucker für einen oder alle Pläne durch einen anderen ersetzt werden. Diese Funktion kann nur vom Administrator (bei Workgroup-Installationen) angewendet werden und ist vor allem bei älteren Projekten sinnvoll einsetzbar. (Ausgabegerät in Plänen tauschen)

Kontextmenüs

In den unterschiedlichen Kontextmenüs sind die jeweils an dieser Stelle notwendigen Funktionen aufgelistet. Zum Teil sind diese Funktionen vorangehend bereits beschrieben worden.

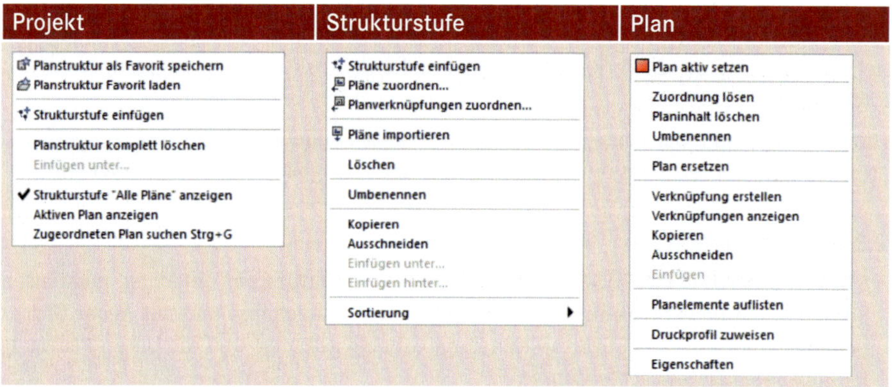

Kontextmenü Projektzeile

Planstruktur als Favorit speichern

Planstruktur Favorit laden

- **PLANSTRUKTUR ALS FAVORIT SPEICHERN** sichert die komplette Planstruktur als XML-Datei. Es werden alle Strukturstufen mit Namen sowie die darunter jeweils zugeordneten Pläne und alle Planverknüpfungen mit deren Namen gespeichert.
- **PLANSTRUKTUR FAVORIT LADEN** lädt eine beliebige Planstruktur ein und überschreibt die aktuelle Planstruktur des aktiven Projekts. Sie können entweder eine über **PLANSTRUKTUR ALS FAVORIT SPEICHERN** gespeicherte Struktur oder die Struktur aus einem anderen Projekt (*Projekt/bim/Allplan_BIM_LayoutStructure.xml*) einlesen.
- **PLANSTRUKTUR KOMPLETT LÖSCHEN** entfernt die komplette Planstruktur. Die Funktion kann nicht direkt rückgängig gemacht werden. Die Strukturdateien werden als Backup-Dateien im Ordner <*Projekt/BIM/Backup*> gespeichert.
- **KOPIEREN**, **AUSSCHNEIDEN**, **EINFÜGEN**, **EINFÜGEN HINTER** und **EINFÜGEN UNTER** sind Funktionalitäten, mittels derer Sie Daten innerhalb der Struktur kopieren und verschieben können (siehe auch Abschnitt 2.3.7.2, „Kopieren innerhalb der Planstruktur").
- Über den Punkt **STRUKTURSTUFE „ALLE PLÄNE" ANZEIGEN** ist es möglich, die oberste Strukturstufe (*Alle Pläne*), die immer verfügbar ist, auszublenden bzw. einzublenden. Die Strukturstufe *Alle Pläne* ist die einzige, die nicht unbenannt werden kann.
- **AKTIVEN PLAN ANZEIGEN** öffnet die Planstruktur so, dass der angewählte Plan sichtbar ist.
- **ZUGEORDNETEN PLAN ANZEIGEN** öffnet ein Eingabefenster, in dem Sie eine Plannummer eingeben und gezielt nach dieser suchen können. Die Planstruktur wird entsprechend aufgeklappt und der gesuchte Plan markiert.

Kontextmenü Strukturstufe

- **PLÄNE ZUORDNEN** öffnet den Dialog zum Zuordnen von Plänen zur markierten Strukturstufe. Sie können an dieser Stelle entweder einzelne Pläne (z. B. 15) oder Plannummernbereiche (z. B. 1-10, 15, 21-30, 35) eingeben. Über die Schaltfläche **AUSWAHLLISTE** können Sie den Dialog **PLÄNE ZUORDNEN** öffnen.

Pläne zuordnen

- **PLANVERKNÜPFUNGEN ZUORDNEN** öffnet den Dialog zum Zuordnen von Planverknüpfungen zu Strukturstufen. Mit Planverknüpfungen können multiple Sortierungen von Plänen erreicht werden.

Planverknüpfungen zuordnen

Neu in Version 2020

- **PLÄNE IMPORTIEREN** erlaubt das gezielte Einspielen von gesicherten Daten aus einer Projektkopie oder einem zip-Ordner. Es kann dabei entweder auf eine Projektsicherung oder über die Funktion **PLÄNE MIT RESSOURCEN EXPORTIEREN** gespeicherte Daten zugegriffen werden. Bei der Auswahl eine zip-Archivs werden alle darin enthaltenen/identifizierbaren Pläne angezeigt und können einzeln gewählt werden. Es werden nur die Daten der Pläne selbst als Teilbilder importiert .
- **LÖSCHEN** entfernt die markierte Strukturstufe aus der Ansicht. Die Zuordnung der untergliederten Teilbilder zur Bauwerksstruktur wird gelöst. Etwaige untergeordnete Strukturknoten werden ebenfalls entfernt. Die Daten auf den Teilbildern inklusive der etwaig vorhandenen Zuordnungen zu einem Ebenenmodell bleiben erhalten.

Kontextmenü Plan und Verknüpfung zu Plan

- **PLAN AKTIV SETZEN** aktiviert den markierten Plan (rotes Symbol). Neben dem markierten Plan werden auch alle Verknüpfungen aktiv gekennzeichnet (rotes Symbol).
- **ZUORDNUNG LÖSEN** entfernt den markierten Plan aus der Strukturstufe. Es wird nur die Zuordnung gelöst, der Plan bleibt existent.
- **PLANINHALT LÖSCHEN** löscht den gesamten Planinhalt inklusive der vergebenen Attribute. Der Planname kann wahlweise entfernt werden oder bestehen bleiben.

Neu in Version 2020

- **PLAN ERSETZEN** ermöglicht das gezielte Ersetzen eines einzelnen Planes durch einen gesicherten Plan. Es kann dabei ein Plan aus einer Projektkopie, einem anderen Projekt, ein zip-Archiv eines Projektes verwendet werden oder auf eine gespeicherte NPL-Datei zugegriffen werden.
- **VERKNÜPFUNG ERSTELLEN** erzeugt eine Verknüpfung zum markierten Plan. Die Verknüpfung wird direkt unter dem Plan eingefügt und nach erneutem Öffnen des Dialogs **PROJEKTBEZOGEN ÖFFNEN: PLÄNE** unterhalb der Pläne einsortiert. Die Verknüpfung kann beliebig in der Struktur verschoben und/oder kopiert werden, wird aber immer unterhalb der etwaig vorhandenen Pläne angezeigt. Der Name der Verknüpfung kann beliebig geändert werden. Dies hat keine Auswirkung auf den im Plankopf verwendeten Plannamen.

TIPP: Planverknüpfungen sind ideal, um spezielle Zusammenstellungen von Unterlagen für Bauherren oder Handwerker neben der kompletten Planliste darzustellen. Die eigene Planstruktur der „echten" Pläne bleibt davon unberührt.

- **VERKNÜPFUNGEN ANZEIGEN** klappt die Planstruktur so auf, dass alle Verknüpfungen des aktuellen Plans sichtbar sind. So erhält man schnell eine Übersicht, in welchen Ausgabezusammenstellungen ein geänderter Plan enthalten ist.
- **PLANELEMENTE AUFLISTEN** blendet ein zusätzliches Fenster ein, in dem eine Liste mit den auf dem markierten Plan enthaltenen Teilbildern angezeigt wird. Je nach Einstellung unter **ANPASSEN** werden die in einem Plan abgelegten Planelemente auch als Tooltipp über einem Plan angezeigt.
- **DRUCKPROFIL ZUWEISEN** erlaubt die Zuweisung eines Druckprofils an einen oder mehrere Pläne. Über Druckprofile ist es möglich, Stifte/Farben aus dem Konstruktionsbereich für die Planausgabe zu definieren. Bei einer konsequenten Nutzung von Layern und Linienstilen ist die Nutzung von Druckprofilen nur selten notwendig.
- **EIGENSCHAFTEN** öffnet den Dialog *Eigenschaften* des Plans. Eine detaillierte Beschreibung finden Sie in Kapitel 5, „Ableitung und Planausgabe“.

2.3.5 Bedienung des Dialogs Projektbezogen öffnen

Es werden Maustasten-Tastatur-Kombinationen vorgestellt, die bei der Arbeit mit Strukturstufen hilfreich sind und viele Klicks sparen können.

Bauwerksstruktur, Ebenenmodell bearbeiten

HINWEIS: Aktionen, die eine Änderung der Bauwerksstruktur bewirken, sind bei einer Installation mit Workgroup oder in einem Share-Projekt *nur* möglich, wenn zuvor die Funktion **BAUWERKSSTRUKTUR, EBENENMODELL BEARBEITEN** aktiviert und die Bauwerksstruktur (inklusive Ebenenmanager) für andere Benutzer gesperrt wurde.

Bauwerksstruktur – Ableitungen der Bauwerksstruktur – Aktionen

- **LINKSKLICK** in Checkbox der Strukturstufe - Aktivieren/Deaktivieren der Strukturstufe (komplett): Sobald der Haken bei einer Strukturstufe gesetzt wird, werden alle untergliederten Strukturstufen aktiv gesetzt. Alle in den Strukturstufen vorhandenen Teilbilder, deren letzter Status aktiv im Hintergrund (gelb) oder passiv (grau) war, werden wieder in diesen Status gesetzt. **LINKSKLICK** auf eines der drei vor dem Teilbild angeordneten Kästchen setzt den Status oder entfernt diesen. **LINKSKLICK** auf die Teilbildnummer oder den Namen eines Teilbildes oder einer Strukturstufe markiert das angewählte Objekt.

- **STRG + LINKSKLICK** in Checkbox der Strukturstufe - Aktivieren/Deaktivieren der Strukturstufe (teilweise): Diese Aktion aktiviert/deaktiviert **nur** die angeklickte Strukturstufe. Die direkt der Strukturstufe untergliederten Teilbilder werden aktiviert/deaktiviert. Teilbilder, die einer der angeklickten Strukturstufe untergliederten Strukturstufe zugeordnet sind, bleiben wie die untergliederten Strukturstufen selbst von der Aktion unberücksichtigt.

- **LINKSKLICK + ZIEHEN** startet einen Verschiebevorgang der markierten Teilbilder oder Strukturstufen. Wenn Strukturstufen verschoben werden, werden alle untergliederten Teilbilder und/oder Strukturstufen mit verschoben. Durch „Fallenlassen" an einer erlaubten Stelle ist das Verschieben beendet.
- **ALT + LINKSKLICK + ZIEHEN** startet einen Verschiebevorgang der markierten Strukturstufe. Als Einfügepunkt kann hier auch eine gleichartige Strukturstufe gewählt werden. Die markierte Strukturstufe wird unterhalb der Strukturstufe eingefügt, über der sie „fallen gelassen" wird.
- **LINKSKLICK + ZIEHEN** in den leeren Bereich vor oder hinter einem Teilbild oder einer Strukturstufe markiert die Objekte innerhalb des Bereichs. Je nachdem, vor welchem Objekt (Teilbild oder Strukturstufe) der Vorgang gestartet wird, werden nur diese Objekte markiert.
- **DOPPELKLICK LINKS** auf ein Teilbild öffnet dieses alleine. Alle anderen Teilbilder der gleichen Strukturstufe werden deaktiviert. Alle aktiven Strukturstufen, außer der, unter der das Teilbild sich befindet, werden deaktiviert. Ein **DOPPELKLICK LINKS** auf eine Strukturstufe klappt diese auf oder zu, ein **DOPPELKLICK LINKS** auf **REPORT** öffnet den Dialog *Quellteilbilder* (Bearbeitungsmodus muss aktiviert sein!).
- **RECHTSKLICK** auf markierte Strukturstufen, Teilbilder oder im leeren Bereich öffnet die unterschiedlichen Kontextmenüs.
- **STRG + LINKSKLICK + ZIEHEN** kopiert die markierte Strukturstufe oder das Teilbild. Der Funktionsablauf ist gleich aufgebaut wie bei den Funktionen **KOPIEREN – EINFÜGEN UNTER/EINFÜGEN HINTER** aus dem Kontextmenü.
- **LEERTASTE** bei markiertem Teilbild oder Teilbildern schaltet den Aktivierungszustand durch (passiv – aktiv im Hintergrund – aktiv – nicht aktiviert). Bei markierter Strukturstufe öffnet sich diese und schaltet bei mehrmaligem Betätigen den Aktivierungszustand der dann markierten Teilbilder durch.
- **F1** öffnet die Hilfe zur Bauwerksstruktur/Zeichnungsstruktur/Planstruktur.
- **F2** ist die Kurztaste zum Umbenennen der markierten Strukturstufe oder des markierten Teilbildes.
- **F3** springt, bei aktivierter Suche, zum nächsten Suchtreffer.
- **F5** aktualisiert die Darstellung der Struktur. Es wird jeweils nur der Bereich aktualisiert, in dem der Eingabefokus aktuell liegt.

In den Dialogen **PROJEKTBEZOGEN ÖFFNEN** existieren einige Maustasten und *Bauwerksstruktur* sowie *Ableitungen der Bauwerksstruktur – Anzeigen*.

- Über die beiden Checkboxen oberhalb der Bauwerksstruktur/Ableitungen der Bauwerksstruktur kann gesteuert werden, ob aus der linken, rechten oder beiden Seiten Teilbilder aktiviert werden sollen. Die deaktivierte Seite wird blass dargestellt. Dort eingestellte Aktivierungen von Teilbildern und/oder Strukturstufen bleiben erhalten.

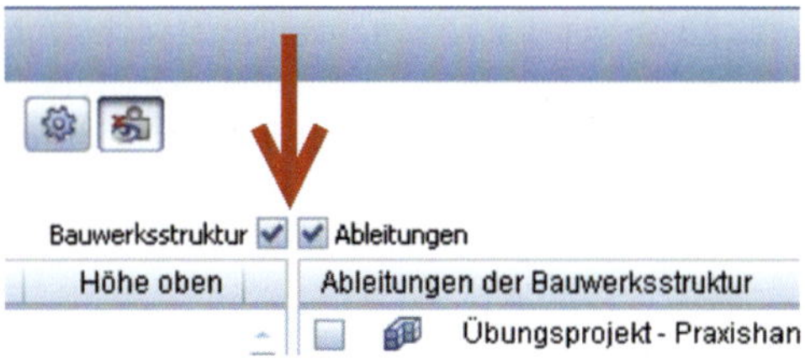

- Keine der angezeigten Strukturstufen ist aktiviert. Die jeweils untergliederten Teilbilder sind blass dargestellt und werden nach Schließen des Dialogs nicht geladen.

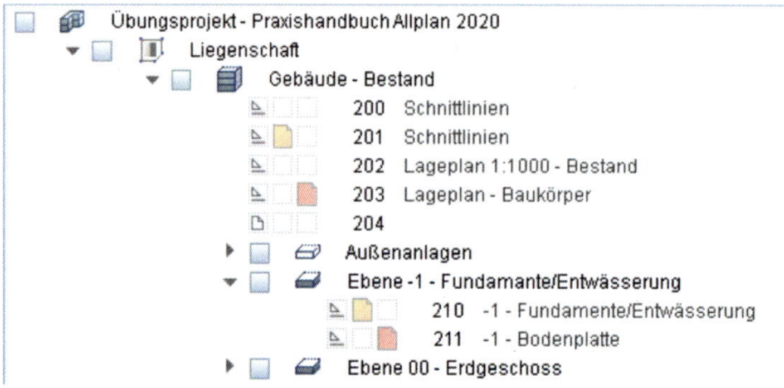

- Die Strukturstufe *Gebäude – Bestand* wurde durch einen Linksklick auf die Checkbox aktiviert. Alle untergliederten Strukturstufen wurden automatisch auf aktiv gesetzt. Alle Teilbilder werden mit den angezeigten Aktivierungszuständen beim Schließen des Dialogs geladen.

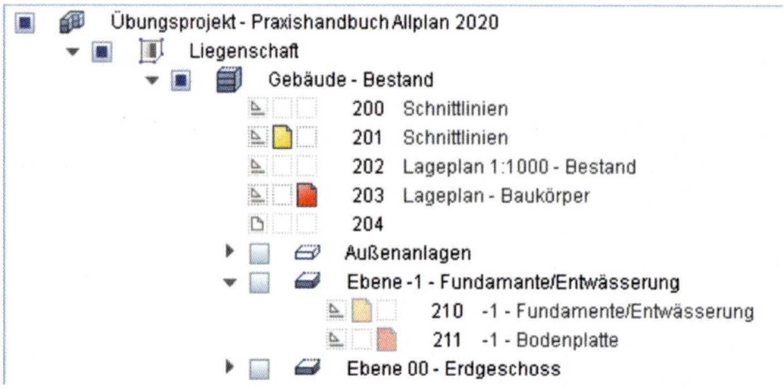

- Die Aktivierung der *Strukturstufe Ebene -1 – Fundamente/Entwässerung* wurde durch Anklicken der Checkbox zurückgenommen. Die Teilbilder des Kellers werden somit nicht geladen. Zudem hat sich die Anzeige der Checkbox der Strukturstufe *Gebäude – Entwurf* verändert. Sie symbolisiert nun, dass nicht alle untergliederten Strukturstufen aktiv, aber aktive vorhanden sind. Dies ist vor allem bei zusammengeklappten Strukturen wichtig, um die Übersicht zu wahren, aus welchen Strukturbereichen Teilbilder sichtbar werden. Möchte man nun auch noch die der Strukturstufe *Gebäude – Entwurf* direkt untergliederten Teilbilder deaktivieren, kann man entweder den Teilbildstatus selbst auf nicht sichtbar schalten oder durch **STRG + LINKSKLICK** auf die Checkbox der Strukturstufe die Aktivierung zurücknehmen.

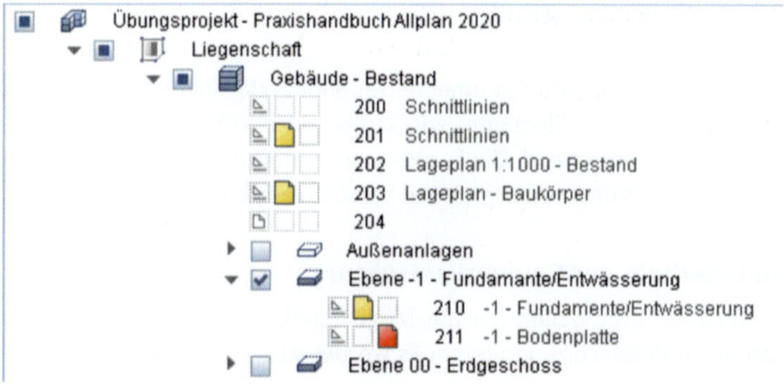

Planstruktur

In der Planstruktur können (bis auf die zusätzlichen Aktivierungszustände) alle für die Bauwerksstruktur dargestellten Maustasten und Maustasten-Tastatur-Kombinationen verwendet werden.

2.3.6 Dialog Teilbild wählen

Bei vielen Arbeitsschritten ist es notwendig, z. B. ein Zielteilbild (Verdeckt-, Drahtberechnung), ein Quellteilbild/Referenzteilbild (Ansichten/Schnitte/Reports) oder ein Teilbild als Planelement (Plan) zu wählen. Die jeweils erscheinenden Dialoge sind immer gleich aufgebaut und zeigen je nach Anwendungsfall alle Funktionen oder einen Teil der Funktionen an. Der Aktivierungszustand der Teilbilder wird zur besseren Übersicht farblich angezeigt.

- **ALLE ABWÄHLEN** deselektiert alle Teilbilder. Die Funktion ist nur verfügbar bei Dialogaufrufen, bei denen eine Mehrfachselektion Sinn macht.

Alle abwählen

- Über die Funktionen **TEILBILD/ZEICHNUNG, BAUWERKSSTRUKTUR** und Ableitungen der Bauwerksstruktur wird die gewünschte Struktur zur Auswahl der Teilbilder angezeigt.

Strukturauswahl

- **MOMENTAN GELADENE TEILBILDER AUSWÄHLEN** wählt alle Teilbilder, die aktuell zur Bearbeitung geladen sind, an. Die Funktion wird nur bei Dialogen angezeigt, bei denen eine Multiselektion (Anwahl mehrerer Teilbilder) möglich ist.

Momentan geladene Teilbilder auswählen

- Option **BELEGTE TEILBILDER** aktiv zeigt belegte Teilbilder an. Deaktivieren Sie die Option, wenn Sie keine belegten Teilbilder angezeigt bekommen möchten.
- Option **LEERE TEILBILDER** aktiv blendet leere Teilbilder zur Auswahl ein. Deaktivieren Sie die Option, wenn Sie leere Teilbilder nicht auswählen möchten.
- Über **FAVORIT LADEN** und **FAVORIT SPEICHERN** können vordefinierte Zusammenstellungen für die Aktivierung verwendet werden. Beide Funktionen sind nur bei der Definition von Quellteilbildern (Ableitungen der Bauwerksstruktur – Ansichten, Schnitte, Reports und in der Planzusammenstellung – Funktion Planelement) vorhanden.

Favorit speichern

Favorit laden

2.3.7 Kopieren von Dokumenten

In Allplan können entweder komplette Dokumente, Teilbilder oder Pläne kopiert werden oder einzelne Daten, Objekte und Elemente, wie Linien oder Wände, innerhalb eines Dokuments oder dokumentübergreifend. Die Funktionen zum Kopieren von Objekten finden Sie in Abschnitt 3.1.5, „Dokumentübergreifend verschieben/kopieren“.

2.3.7.1 Kopieren innerhalb der Bauwerksstruktur

Innerhalb der Bauwerksstruktur haben Sie die Möglichkeit, die markierten Teilbilder oder Strukturstufen mit Teilbildern zu kopieren. Es werden alle Daten inklusive der Ebenenzuweisung dupliziert.

Bauwerksstruktur, Ebenenmodell bearbeiten

Besonderheit: Installation mit Workgroup oder Share-Projekten

Das Kopieren von Teilbildern und/oder Strukturstufen in der Bauwerksstruktur ist nur möglich, wenn zuvor die Funktion **BAUWERKSSTRUKTUR BEARBEITEN, FÜR ANDERE BENUTZER GESPERRT** aktiviert wurde.

Teilbild kopieren (oder Strukturstufen)

Projektbezogen öffnen

- ▷ **PROJEKTBEZOGEN ÖFFNEN**
- ▷ zu kopierendes Teilbild oder Strukturstufe markieren (es können mehrere Elemente kopiert werden)
- ▷ Kontextmenü → **KOPIEREN**
- ▷ Strukturstufe markieren, unter der das Teilbild eingefügt werden soll
- ▷ Kontextmenü → **EINFÜGEN UNTER** oder **EINFÜGEN HINTER**

Im Dialogfeld wird oben die Strukturstufe angezeigt, aus der das Teilbild stammt. In der Liste tauchen alle Teilbilder auf, die zum Kopieren markiert wurden. Als Vorschlag zum Einfügen der Teilbilder ermittelt Allplan die nächste Teilbildnummer, die weder belegt noch benannt ist.

HINWEIS: Beim Kopieren eines Teilbildes in eine andere Strukturstufe wird die Ebeneneinstellung der ursprünglichen Strukturstufe (Original) der Kopie des Teilbilds zugewiesen. Diese Einstellung muss bei Bedarf geändert werden.

- ▷ Einfügen ab Teilbildnummer → Zielteilbild angeben

Bei Strukturstufen werden alle unterhalb liegenden Strukturstufen (Abfrage des Zielbereichs erscheint für jede Strukturstufe) und die darin enthaltenen Teilbilder kopiert. Es kann bei Bedarf ein komplettes Bauwerk/Gebäude mit allen untergliederten Geschossen/

Teilgeschossen in einem Vorgang kopiert werden. Zudem ist es möglich, nur die Struktur zu kopieren, wenn die Schaltfläche **STRUKTURSTUFE OHNE TEILBILDER EINFÜGEN** angewählt wurde.

Bei Bedarf sollten sowohl Ebeneneinstellungen als auch die Namen der Teilbilder und/oder Strukturstufen angepasst werden. Die Funktionen **EBENEN ZUWEISEN** und **UMBENENNEN** (oder F2) sind im Kontextmenü der Teilbilder angeordnet.

2.3.7.2 Kopieren innerhalb der Planstruktur

Ähnlich wie Teilbilder lassen sich auch Pläne innerhalb der Planstruktur kopieren. Im Unterschied zu Teilbildern kann bei Plänen direkt ein Plan als Ziel markiert werden. Der Inhalt des Quellplans wird auf den (leeren!) Plan kopiert. Der zu kopierende Plan darf weder rot markiert noch aktiv sein.

Plan kopieren

- ▷ Actionbar → Aufgabenbereich **PLANLAYOUT**
- ▷ **PROJEKTBEZOGEN ÖFFNEN**
- ▷ zu kopierenden Plan markieren
- ▷ Kontextmenü → **KOPIEREN**
- ▷ Strukturstufe markieren, unter der der Plan eingefügt werden soll, oder leeren Plan markieren, auf den der Inhalt des Quellplans kopiert werden soll
- ▷ Kontextmenü → **EINFÜGEN**

Projektbezogen öffnen

Wenn ein leerer Plan als Ziel gewählt (markiert) ist, werden die Daten auf diesen Plan kopiert. Wurde eine Strukturstufe zum Einfügen ausgewählt, erscheint ein Dialog, über den bestimmt werden kann, auf welche Plannummern die Inhalte kopiert werden sollen. Es werden alle Informationen (Planattribute, Änderungsvermerke usw.) des Plans mit kopiert. Nicht benötigte Attributinhalte können über die Eigenschaften entfernt werden.

2.4 Freie Dokumente

Sogenannte „freie Dokumente" sind von Projekten unabhängige Daten, die an beliebigen Orten gespeichert werden können. Allplan bietet Ihnen diese alternative Möglichkeit an. Theoretische ist es mit freien Dokumenten ebenso möglich, Projekte zu bearbeiten, bei denen Sie die Daten in einer selbst definierten Struktur (*Windows Explorer*) speichern.

Für den gezielten Austausch von einzelnen Teilzeichnungen mit Planungspartnern, welche auch Allplan verwenden, sind freie Dokumente, vor allem freie NDWs, ideal einsetzbar.

Öffnen

Über den Windows-Dialog **ÖFFNEN** können Sie ein beliebiges NDW oder einen beliebigen freien Plan (NPL) öffnen. Das geöffnete (freie) Dokument wird durch einen grauen (statt weißen oder schwarzen) Zeichenhintergrund kenntlich gemacht. Alle Ressourcen des geöffneten Projekts (bzw. des Büros bei Projekteinstellung *Büro*) stehen Ihnen im freien Dokument zur Verfügung, verwendete Ressourcen werden im Dokument gespeichert. Innerhalb von freien Dokumenten stehen nicht alle Funktionalitäten von Allplan zur Verfügung.

Es können maximal 15 freie NDW-Dateien gleichzeitig geöffnet werden. Wenn diese geschlossen oder minimiert werden oder über den Menüpunkt **FENSTER** der Fokus auf die Teilbilddarstellung umgeschaltet wird, kann projektbezogen weitergearbeitet werden.

Einen freien Plan verlassen Sie zur projektbezogenen Weiterarbeit durch das Anwählen und Öffnen eines projektbezogenen Plans im Dialog **PROJEKTBEZOGEN ÖFFNEN: PLÄNE.**

HINWEIS: Bei der Oberflächenkonfiguration mit Actionbar ist die Funktion **ÖFFNEN** nicht in der Oberfläche direkt enthalten. Sie finden die Funktion über das Pull-down-Menü des Programmzeichens.

2.5 Gliederung eines Projekts

Jedes Projekt sollte eine gewisse Struktur erhalten. Entweder baut man für jedes Projekt eine ganz spezielle Struktur auf oder man versucht, eine gleiche oder ähnliche Grundstruktur für alle Projekte zu verwenden, die sich im Lauf eines Projekts weiterentwickeln kann. Die Strukturen sind abhängig von der Aufgabe und der Arbeitsweise des Büros bzw. der Mitarbeiter.

Allplan bietet zwei Möglichkeiten, um Teilbilder zu strukturieren, und eine Möglichkeit für Pläne. In den nachfolgenden Abschnitten werden die theoretischen Grundlagen dargestellt, die im Beispiel angewendet werden.

Struktur für BIM-konformes Arbeiten (IFC)

Grundsätzlich ist für ein BIM-konformes Arbeiten jede Struktur möglich, wenn man die Einschränkungen/Möglichkeiten des IFC-Datenaustauschs kennt. Eine insgesamt klare und IFC-konforme Struktur kann erreicht werden, wenn dies in den Restriktionen der Bauwerksstruktur aktiviert wird. Es können mit der Einschränkung nur noch Aktionen in der Struktur durchgeführt werden, die IFC-konform sind. Es ist jederzeit möglich, die Einschränkungen aufzuheben, um in der Struktur frei agieren zu können. Dabei sollten die Bereiche, welche übertragen werden sollen/müssen, IFC-konform aufgebaut werden.

2.5.1 Projektstruktur – Teilbilder

PROJEKTBEZOGEN ÖFFNEN – TEILBILDMODUS öffnet den Dialog zur Auswahl der zu bearbeitenden Teilbilder. Allplan bietet mit der Zeichnungsstruktur eine flache und mit der Bauwerksstruktur eine hierarchische Struktur an.

Projektbezogen öffnen

HINWEIS: Unabhängig davon, ob über die Zeichnungsstruktur oder die Bauwerksstruktur gearbeitet wird, können bis zu 128 Teilbilder gleichzeitig (als Teilbildstapel) bearbeitet werden. Teilbilder können entweder ausgeblendet werden oder passiv, aktiv im Hintergrund bzw. aktiv geschaltet werden. Hierbei gilt: Nur ein Teilbild ist aktiv, 127 Teilbilder verbleiben passiv und aktiv im Hintergrund.

2.5.1.1 Zeichnungsstruktur – Grundwissen

In der Zeichnungsstruktur kann jedes Teilbild mehreren Zeichnungen zugeordnet werden. Mittels Zeichnungen kann jedes Projekt in Ebenen, Details, Ansichten, Schnitte usw. gegliedert werden. Eine mögliche Zeichnungsstruktur finden Sie im fertigen Beispielprojekt.

HINWEIS: In einem **SHARE-PROJEKT** auf *Bimplus* ist das Anlegen einer Zeichnungsstruktur nicht möglich. Sollten Sie ein Projekt mit Zeichnungsstruktur auf *Bimplus* verschieben, werden Sie aufgefordert, eine Bauwerksstruktur anzulegen.

2.5.1.2 Bauwerksstruktur – Grundwissen

Die Bauwerksstruktur arbeitet mit einer eindeutigen Zuordnung der Teilbilder zu Strukturstufen. Die zu aktivierenden Teilbilder können beliebigen Strukturstufen zugeordnet sein.

Im Register **BAUWERKSSTRUKTUR** wird auf der linken Seite (unter *Bauwerksstruktur*) das Gebäudemodell (3D-Modell) gezeigt. Auf der rechten Seite (*Ableitungen der Bauwerksstruktur*) werden alle Daten angezeigt, die aus dem Modell ableitbar sind (Ansichten, Schnitte, Reports).

Die Verwendung der Bauwerksstruktur ist eine Voraussetzung für BIM-konformes Arbeiten.

Bauwerksstruktur – Gebäudemodell

Für die Bauwerksstruktur (linke Seite des Registers) gibt es vordefinierte Strukturstufen und eine beliebige Strukturstufe, die über das Kontextmenü oder die jeweiligen Funktionen ausgewählt und zugeordnet werden können.

Vordefinierte Strukturstufen

Beliebige Strukturstufen

Liegenschaft → Bauwerk → Gebäude → Geschoss → Teilgeschoss

Beliebige Strukturstufe

Unter jeder Stufe können Sie Teilbilder und/oder weitere Strukturstufen einfügen. Es gilt nur zu beachten, dass vordefinierte Strukturstufen in der Hierarchie gegliedert sind und nur entsprechend dieser untergliedert werden können. Es dürfen dabei Strukturstufen ausgelassen werden. Sie können jederzeit beliebige Strukturstufen und vordefinierte Strukturstufen mischen.

Über die **RESTRIKTIONEN DER BAUWERKSSTRUKTUR** (Kontextmenü *Projektstufe Bauwerksstruktur*) können die möglichen Gliederungsstufen eingeschränkt werden. Dies kann z. B. sinnvoll sein, wenn Sie eine Struktur benötigen, die den IFC-Richtlinien entspricht.

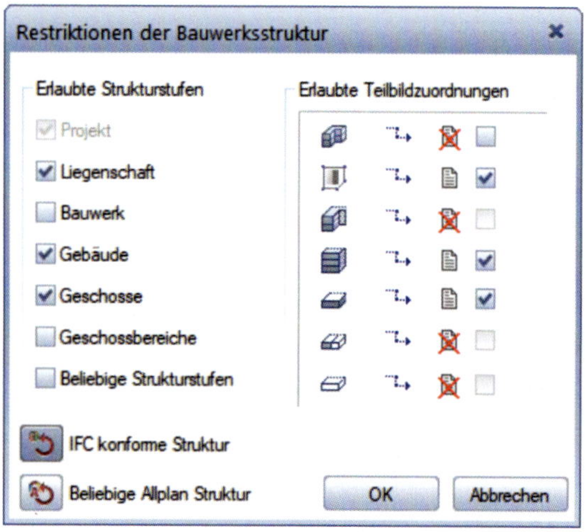

Ableitungen der Bauwerksstruktur – Ansichten, Schnitte, Reports

Die Ableitungen der Bauwerksstruktur gliedern sich in drei unterschiedliche Bereiche, unter denen Strukturstufen angelegt werden können. Den Strukturstufen *Ansicht* und *Schnitt* können Teilbilder zugeordnet werden.

Neue Strukturstufe einfügen

Ansichten → Ansicht Schnitte → Schnitt

Es können immer nur gleichartige Strukturstufen untergeordnet werden. Der untergeordneten Strukturstufe können Teilbilder zugeordnet werden, die als Zielteilbilder definierbar sind. Zielteilbilder werden extra gekennzeichnet und tragen neben den Daten weitere Informationen wie eine Quellteilbildliste und Einstellungen für die Verdeckt-Berechnung.

Reports → Report

Den Strukturstufen *Reports* und *Report* können keine Teilbilder zugeordnet werden. Der *Report*, die untergeordnete Strukturstufe, trägt die kompletten Informationen, Quellteilbilder und Einstellungen, die für die Ausgabe von Reports notwendig sind. Es bietet sich an, den *Report* entsprechend dem verwendeten Template (Report-Datei) und die Strukturstufe *Reports* z. B. nach Gebäuden, Leistungsphasen oder Ähnlichem zu benennen.

HINWEIS: Die Funktionen zum Einfügen von Strukturstufen und zum Zuordnen von Teilbildern sind nur aktivierbar, wenn die Funktion **BAUWERKSSTRUKTUR, EBENENMODELL BEARBEITEN** aktiviert wurde.

Bauwerksstruktur, Ebenenmodell bearbeiten

Erstes Öffnen des Registers Bauwerksstruktur

Wenn in einem Projekt noch keine Bauwerksstruktur vorhanden ist bzw. diese gelöscht wurde, erscheint direkt nach dem Öffnen des Dialogs **PROJEKTBEZOGEN ÖFFNEN** eine Abfrage.

- **BAUWERKSSTRUKTUR-ASSISTENT STARTEN** öffnet einen Assistenten zum Anlegen einer Struktur für Ihr Projekt, in dem in sehr einfacher Form Strukturstufen angelegt werden. Der Assistent eignet sich gut für einfache Projekte oder zum Einstieg. Bei größeren Projekten oder speziellen Bedürfnissen sollte die Struktur manuell erstellt werden.
- **BAUWERKSSTRUKTUR MANUELL ERSTELLEN** öffnet direkt den Dialog **PROJEKTBEZOGEN ÖFFNEN: TEILBILDER.** Dem Projekt werden direkt zehn Teilbilder zugeordnet.
- **VORGEFERTIGTE BEISPIELSTRUKTUR AUSWÄHLEN** öffnet ein Auswahlfenster, in dem vier Strukturen zur Auswahl stehen. Diese sollen primär als Hinweis für eine mögliche eigene Struktur dienen, um die Möglichkeiten aufzuzeigen.
- **BAUWERKSSTRUKTUR AUS EINEM ANDEREN PROJEKT ÜBERNEHMEN** erlaubt die Auswahl eines anderen, eigenen Projekts, aus dem Sie die Struktur komplett übernehmen können. Bei der Übernahme werden nur Strukturen und Ebenenmodelle inklusive der Namen der Strukturstufen übernommen. Die Teilbildnamen sowie -inhalte werden nicht kopiert.
- **ZEICHNUNGEN IN EINE BAUWERKSSTRUKTUR ÜBERTRAGEN** ist für alte Projekte, die noch eine Zeichnungsstruktur aufweisen, gedacht. Die bestehenden Zeichnungen werden dabei in Geschosse übertragen. Es kann nur eine grobe Basisstruktur gebildet werden, die weiter aufgebaut werden muss.

HINWEIS: Ein Abbruch des Assistenten entspricht der Wahl **BAUWERKSSTRUKTUR MANUELL ERSTELLEN.**

Bauwerksstruktur manuell anlegen – Assistent über Ebenenmanager

Ebenenmanager

Über den **EBENENMANAGER** kann ein Assistent gestartet werden, der menügesteuert ein neues Ebenenmodell und, wenn gewünscht, eine passende Bauwerksstruktur erzeugen kann. Die Verknüpfungen der Strukturstufen zu den Ebenen werden über den Assistenten automatisch angelegt. Der Ebenenmanager ist beim ersten Start noch komplett leer. Alternativ können alle Ebeneneinstellungen einzeln getroffen werden.

TIPP: Alternativ zur Anwahl des Ebenenmanagers können die gleichen Einstellungen auch in der Palette *Ebenen* getätigt werden.

Modell neu

MODELL NEU startet einen Dialog, über den die wesentlichen Voreinstellungen für das Ebenenmodell getätigt werden. Es wird ein standardisiertes Ebenenmodell erzeugt. Dieses kann nach der Erzeugung im Ebenenmanager leicht verfeinert und den notwendigen Gegebenheiten angepasst werden. Wird die Checkbox **BAUWERKSSTRUKTUR ANLEGEN/ERGÄNZEN** angewählt und danach der Dialog mit **OK** geschlossen, startet ein weiterer Assistent, mit dessen Hilfe die Bauwerksstruktur eingerichtet werden kann, die in der Anzahl der Geschosse dem Ebenenmodell entspricht. Die jeweiligen Ebenen werden den Strukturstufen zugewiesen, die gewählten Teilbilder den Strukturstufen zugeordnet.

- **BAUWERKSSTRUKTUR ANLEGEN/ERGÄNZEN**: Wenn bereits eine Bauwerksstruktur vorhanden ist (mindestens ein Knotenpunkt zusätzlich zur Projektzeile auf der linken Seite), wird zusätzlich nach dem Knotenpunkt gefragt, unter dem die neuen Strukturstufen eingefügt werden sollen. Die Strukturstufen im oberen Bereich werden mit den zugeordneten Teilbildern in der Bauwerksstruktur (Gebäudemodell) erzeugt. Die Einstellungen im unteren Bereich (Ansichten, Schnitte) erzeugen jeweils einen Knoten unter den Ableitungen der Bauwerksstruktur inklusive der jeweils zugeordneten Teilbilder. In der Spalte **NAME** kann für die Strukturstufen jeweils ein eigener Name vergeben werden. Diese werden bei der Erzeugung der Strukturstufen als Namen verwendet. Oben rechts befinden sich sechs Funktionen, über welche die Strukturstufen der Geschosse in der Bauwerksstruktur sortiert werden können. Die Strukturstufen oberhalb der Trennlinie können nicht verschoben werden.
  - Die beiden linken Funktionen verschieben die markierte Strukturstufe ganz nach unten oder oben.
  - Die beiden mittleren Funktionen verschieben die markierte Strukturstufe um eine Stufe nach unten oder oben.
  - Die beiden rechten Funktionen sortieren die Geschosse entsprechend der Lage im Gebäude neu. Die rot markierte Fläche symbolisiert die oberste Ebene.

2.5.1.3 Anwendungstipps

Die Möglichkeiten der Projektorganisation mit der Bauwerksstruktur sind vielfältig. Bei großen Projekten und/oder Projekten mit langen Laufzeiten (und dementsprechend vielen Varianten) kann es dennoch dazu kommen, dass die Struktur kompliziert (weil groß) und unübersichtlich wird. Um dies zu vermeiden, sollten folgende Punkte eingehalten werden.

- Bauwerksstruktur (linke Seite): Es werden übergeordnete Strukturstufen zur Abbildung von Varianten und/oder Leistungsphasen verwendet. Hierzu kann z. B. die Funktion **BELIEBIGE STRUKTURSTUFEN** verwendet werden, die entsprechend der Leistungsphase und/oder Variante benannt wird.
- Ableitungen der Bauwerksstruktur (rechte Seite): Auf der rechten Seite ist eine klare und übersichtliche Strukturierung schwieriger zu verwirklichen, da Ansichten, Schnitte

und Reports nicht unter einem Knoten (außer Projekt) zusammenfassbar sind. Dementsprechend muss für jede der drei Ableitungsarten eine eigene (zur Bauwerksstruktur passende) Untergliederung in Varianten und/oder Leistungsphasen geschaffen werden.

- Die einzelnen Reports sollten entsprechend dem jeweils gewählten Report benannt werden. Die Auswahl der Quellteilbilder sollte möglichst einheitlich sein.
- Sind z. B. Grundrissänderungen notwendig, bei denen der alte Grundriss „aufgehoben" werden soll oder muss, sollte das Teilbild kopiert und auf dem Original weitergearbeitet werden, da dann alle Ableitungen (Ansichten, Schnitte, Reports) sowie Pläne aktuell sind oder einfach aktualisiert werden können. Die Kopie sollte nicht direkt unter derselben Strukturstufe „gelagert" werden, um Missverständnissen vorzubeugen. Entweder schafft man sich einen Bereich für solche Variantenteilbilder, der komplett unabhängig steht, oder man fügt unter dem Geschoss eine zusätzliche (beliebige) Strukturstufe ein, unter der die „alten" Teilbilder verwaltet werden.
- Es sollten - vor allem bei größeren Strukturen - nur die Teilbilder eines Bereichs zugeordnet werden, welche benötigt werden. Werden für ein Geschoss z. B. zehn Teilbilder vorgesehen, ist es zu Beginn ausreichend, wenn die ersten beiden Teilbilder zugeordnet werden. Die weiteren können zur Laufzeit bei Bedarf hinzugefügt werden.

2.5.2 Projektstruktur - Pläne

PROJEKTBEZOGEN ÖFFNEN - PLANMODUS öffnet den Dialog zur Auswahl des zu bearbeitenden Plans. Allplan bietet mit der Planstruktur eine hierarchische Struktur an. Solange noch keine Struktur angelegt wurde, ist die Strukturstufe *Alle Pläne* nicht ausblendbar und zeigt (je nach Einstellung) alle Pläne in einer flachen Darstellung an..

Aktivieren von Plänen/Planverknüpfungen

Sie können entweder einen Plan direkt anklicken (Plansymbol vor der Nummer) oder das Plansymbol einer Verknüpfung eines Plans. Es ist unerheblich, was Sie anwählen. Es werden automatisch **alle** Verknüpfungen des Plans mit markiert.

Aufbau einer Struktur

Die Planstruktur kann dem Projektverlauf folgend aufgebaut werden. Für den Bereich der Architektur (Hochbau) bietet es sich zum Beispiel an, die neun Leistungsphasen in der Struktur abzubilden und unter den einzelnen Strukturstufen einige Pläne zuzuordnen. Im Beispielprojekt ist eine solche Struktur abgebildet, die sogar bei den Plannummern die Leistungsphasen mit abbildet.

Zusatznutzen einer sauber aufgebauten Planstruktur ist, dass die lokale Dateiablage von Allplan Exchange die Daten entsprechend der Struktur ablegen kann.

2.6 Die Oberfläche von Allplan

Allplan bietet unterschiedliche Möglichkeiten, die Funktionen anzuordnen. Entweder wird die Actionbar (Startkonfiguration von Allplan) verwendet oder eine relativ frei einstellbare Kombination aus Symbolleisten und Funktionen in Paletten. Je nachdem, wie die Oberfläche gestaltet wird, ergeben sich unterschiedliche Vor- und Nachteile. Im Buch wird die Standardeinstellung mit Actionbar bevorzugt besprochen. Die Aufteilung des Arbeitsbildschirmes geschieht in bis zu 16 Konstruktions-/Animationsfenstern bei der Arbeit mit Teilbildern oder einem Fenster im Planlayout.

2.6.1 Grundwissen zur Oberfläche

Die Oberfläche des Anwendungsfensters gliedert sich in die Zeichenfläche und die außen angeordneten oder darüber liegenden Paletten, Actionbars oder Symbolleisten und Toolbars. Eingerahmt wird alles vom Programmfenster, in dessen Rand wichtige Funktionen integriert sind.

2.6.1.1 Systematik der Icons – grafische Grundbausteine

Alle Icons von Allplan folgen gewissen Grundregeln im Aufbau. Entweder ist nur eine Symbolik im Icon vorhanden (z. B. Löschen, Modifizieren, Linie, Wand usw.) oder das Icon wird aus unterschiedlichen Elementen zusammengesetzt.

Folgende Grundbausteine tauchen in den modulspezifischen Funktionen wieder auf:

 LÖSCHEN

 OPTIONEN

 ANPASSEN (in Dialogen), Einstellungen

 FORMATEIGENSCHAFTEN MODIFIZIEREN

 Parameter, Eigenschaften von Elementen

 +  Kombination mehrerer Bausteine

 BILDSCHIRMDARSTELLUNG (einblenden, ausblenden)

Die hier abgebildete Auswahl ist ein Teil der Bausteine, welche Sie in Allplan bei Icons vorfinden.

> **TIPP:** Die optimale Icongröße auf allen von mir getesteten Anzeigegeräten ist „mittel“. Eine kleinere Einstellung hat zur Folge, dass die Unterschiede zwischen manchen Icons schlechter erkennbar werden.

2.6.1.2 Titelleiste

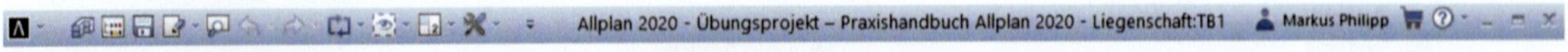

In der Titelleiste des Allplan-Hauptfensters werden ein Programmicon mit weiteren Funktionen, das aktuelle Projekt (*Übungsprojekt – Praxishandbuch Allplan 2020*) und Informationen über das aktive Dokument (inklusive Strukturinformationen) angezeigt. Am rechten Rand sind weitere Funktionen angesiedelt und die Information, ob bzw. unter welchem Namen Sie bei Bimplus eingeloggt sind.

Programmicon

Unter dem Programmicon verbirgt sich ein Pull-down-Menü, in welchem Sie alle Funktionen finden, die bislang nur über das Menü **DATEI** erreichbar waren.

Funktionsbereich – Schnellzugriff

Im Bereich rechts neben dem Programmicon befindet sich der Schnellzugriff. Dort finden Sie wichtige Funktionen wie **PROJEKT NEU, ÖFFNEN, PROJEKTBEZOGEN ÖFFNEN ...**, **OPTIONEN** und ähnliche. Das Pull-down-Menü **BEARBEITEN** beinhaltet die Funktionen der Zwischenablage und ähnliche Funktionen zum Einfügen von Inhalten. Unter dem Punkt **ANSICHT** und **FENSTER** verbergen sich Pull-down-Menüs mit weiteren Funktionen. Unter dem kleinen Pfeil rechts kann die Oberfläche eingestellt und die Menüleiste ausgeblendet oder eingeblendet werden.

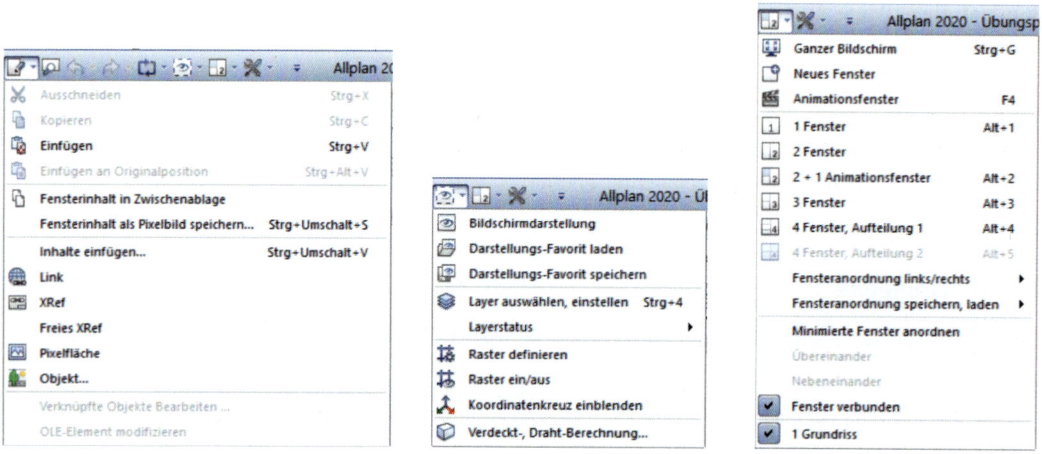

Programmzeile – rechter Bereich

Rechts oben in der Programmzeile finden Sie die Funktionen zum Minimieren/Maximieren des gesamten Programmfensters sowie die Hilfe. Zudem haben Sie hier die Möglichkeit, sich bei Bimplus anzumelden, und sehen, wenn Sie angemeldet sind, den eingeblendeten Benutzernamen. Über das Icon daneben haben Sie die Möglichkeit, direkt in den Webshop von Allplan zu gelangen.

Menüleiste

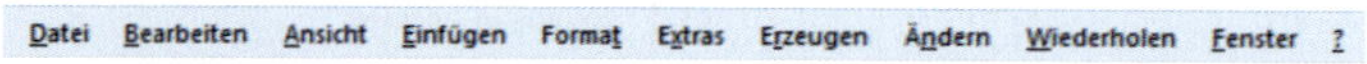

Die Menüs befinden sich am oberen Fensterrand unterhalb der Programmzeile. Die Sichtbarkeit der Menüleiste wird über den Punkt **MENÜLEISTE AUSBLENDEN** oder **MENÜLEISTE EINBLENDEN** in der Programmzeile gesteuert. In der Standardkonfiguration Actionbar ist die Menüleiste ausgeblendet. Unter den Menüpunkten dieser Leiste befinden sich alle Funktionen, die Sie auch in den Symbolleisten anwählen können. Die Gliederung der Funktionen **ERZEUGEN** und **ÄNDERN** finden Sie auch in der Palette **FUNKTIONEN**. Diese folgt dem Programmaufbau über unterschiedliche Module. Wenn zusätzliche Plug-ins installiert sind (z. B. AX3000 von ESS), wird zwischen den Punkten **WIEDERHOLEN** und **FENSTER** der Eintrag **PLUG-IN** angezeigt, unter dem alle Funktionen der installierten Zusatzprogramme zu finden sind.

Dialogzeile

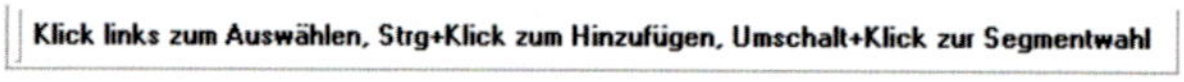

Die Dialogzeile kann nicht ausgeblendet werden, aber unter **ANSICHT** → **SYMBOLLEISTEN** kann eingestellt werden, ob die Dialogzeile mit Funktionsnamen angezeigt werden soll. Dies kann bei schmalen Bildschirmen und/oder niedriger Auflösung sinnvoll sein. In der Dialogzeile werden Ihnen wichtige Informationen und Eingaben in Allplan ermöglicht.

Statusleiste

Die Statusleiste befindet sich am untersten Rand des Hauptfensters von Allplan. In ihr werden Informationen zum Teilbild/Plan/NDW/NPL angezeigt, die zum Teil geändert werden können.

- **LAND** zeigt die Landeseinstellung des Projektes.
- **ZEICHNUNGSTYP** ist das Anzeige-/Auswahlfeld für den Zeichnungstypen, der aktuell in der Bildschirmdarstellung gelten soll. Sie habe die Wahl zwischen dem Zeichnungstyp *Maßstabsdefinition*, bei dem alle Linienstile und Stilflächen auf eine Änderung des Bezugsmaßstabs reagieren, und den im Projekt verfügbaren Zeichnungstypen.
- **MASSSTAB** ist das Anzeige-/Auswahlfeld für den Teilbildmaßstab. Der Teilbildmaßstab ist als Bezugsmaßstab für die Darstellung mit verantwortlich. So werden z. B. Texte mit der realen Höhe eingegeben und auf dem Teilbild entsprechend dem Bezugsmaßstab dargestellt.
- **LÄNGE** ist das Anzeige-/Auswahlfeld für die Zeichnungseinheit. Sie können die Zeichnungseinheit jederzeit ändern. Nach einer Änderung regieren alle Eingabefelder auf die neue Einheit.
- **WINKEL** zeigt den Systemwinkel des Teilbildes an bzw. ändert diesen. Wenn als Winkeleinheit **RAD** ausgewählt ist, bezieht sich der angezeigte Wert auf einen Kreis mit einem Meter Durchmesser.
- **DEG** ist das Anzeige-/Auswahlfeld für die Einheit, in der Winkel angezeigt und/oder eingegeben werden (**DEG** → Kreisteilung in 360°, **GON** → Kreisteilung in 400°, **RAD** → Bogenmaß in m).
- % zeigt die Auslastung des Arbeitsspeichers (reservierter Bereich für Allplan) an. Die Anzeige hängt von der Größe des Teilbildes, den darauf enthaltenen Daten sowie der eingestellten maximalen Größe des Teilbildes ab (siehe Abschnitt 6.2, „Allmenu“).

Kontextmenü

Allplan bietet durchgehend Kontextmenüs an. Je nachdem, über welchem Element das Fadenkreuz (Mauszeiger) sich gerade befindet, wird für das jeweilige Element das zugeordnete Kontextmenü generiert. Allplan unterscheidet auch, ob ein Element bearbeitet werden kann oder nicht.

2.6.2 Grundwissen zur Zeichenfläche

Die Schaltflächen zum Maximieren/Minimieren und Schließen werden nur im aktiven Fenster angezeigt, die Symbolleiste zur Fenstersteuerung wird bis auf die Perspektivwahl ausgeblendet und erst angezeigt, wenn das Fadenkreuz im Bereich der Leiste ist. Am oberen Rand jedes Fensters (Titelleiste) wird die im Fenster eingestellte Perspektive angezeigt. In der Konstruktion (Teilbildbearbeitung) können maximal 16 Grafikfenster (Konstruktionsfenster und Animationsfenster) angezeigt werden. Es können bis zu 15

Konstruktionsfenster aus der Anwendung herausgezogen werden. Im Planlayout wird immer nur ein Fenster angezeigt.

> **HINWEIS**: Beachten Sie, dass das Fenster mit der Ordnungsnummer 1 nicht geschlossen werden kann. Wird dieses Fenster aus der Anwendung gezogen, muss es wieder angedockt werden.

Für die Aufteilung der Fläche in Grafikfenster existieren zwei unterschiedlich Modi:

- Ist **FENSTER VERBUNDEN** aktiv, bedeutet dies, dass die Fenster nicht überlappt werden und sich miteinander (verbunden) in der Größe ändern, wenn Sie ein Fenster verändern. Zusätzlich können Fenster durch „Aufeinanderziehen" getauscht werden. Neue Fenster werden links oder rechts vom Hauptfenster eingefügt. Wird ein Fenster aus der Anwendung geschoben, vergrößern sich die restlichen entsprechend automatisch.
- Ist **FENSTER VERBUNDEN** nicht aktiv, entspricht dies den bislang bekannten Grafikfenstern, die übereinander liegen können. Dieser Modus wird durch Darstellung der Ecken symbolisiert.

Für beide Varianten gibt es verschiedene Standardaufteilungen, die über die Funktion **FENSTERANORDNUNG LINKS/RECHTS** in der Anordnung gespiegelt werden können. Die Funktion wirkt auch auf die Icons der Standardaufteilungen. Die Funktion **FENSTER VERBUNDEN** finden Sie im Pull-down-Menü **FENSTER** der Programmzeile.

Funktionen in der Fenster-Symbolleiste

Die Funktionen wirken nur auf das Fenster, zu dem die Symbolleiste gehört.

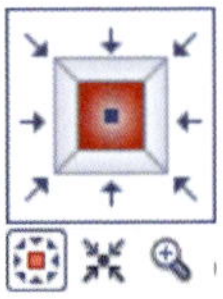

 Ganzes Bild darstellen

 Bildausschnitt festlegen

 Bewegungsmodus

 Vorheriger/Nachfolgender Bildausschnitt

- **STANDARDPROJEKTIONEN** dient der Auswahl der vordefinierten Projektionsart für das jeweilige Grafikfenster. Sie können die Standardprojektionen auch einstellen, indem Sie die **STRG**-Taste gedrückt halten und gleichzeitig eine der Zifferntasten auf dem numerischen Tastenblock drücken.
- **GANZES BILD DARSTELLEN** ändert den Bildschirmmaßstab so, dass alle sichtbaren Elemente des Dokuments vollständig dargestellt werden. Wurde das Fenster mit **BILDAUSSCHNITT SPEICHERN, LADEN** fixiert, wird dieser Ausschnitt wiederhergestellt.
- **BILDAUSSCHNITT FESTLEGEN** zoomt einen Ausschnitt aus der Zeichenfläche, indem Sie mit gedrückter linker Maustaste ein Fenster aufziehen.
- **BEWEGUNGSMODUS** ändert die Interpretation der Mausbewegung des Fensters von oder in **KUGELMODUS** bzw. **KAMERAMODUS**. Standardmäßig ist diese Funktion für Grafikfenster ausgeschaltet und für Animationsfenster eingeschaltet.
- **VORHERIGER BILDAUSSCHNITT, NACHFOLGENDER BILDAUSSCHNITT** stellt die zuvor eingestellte Ansicht wieder her bzw. ruft die nachfolgende Ansicht auf. Beide Funktionen wirken nur auf den Bildschirmausschnitt. Die Funktion wirkt nur auf die Bildschirmdarstellung. Arbeitsschritte, Layereinstellungen oder Ähnliches werden nicht verändert.

- **BILDAUSSCHNITT SPEICHERN, LADEN** öffnet den Dialog zum Speichern und Laden von Bildschirmausschnitten. Sie können über diese Funktion verschiedene, oft benötigte Ausschnitte für das aktuelle Projekt speichern und wieder laden. Über **BILDAUSSCHNITT SPEICHERN, LADEN** können auch Einstellungen geladen werden, die über die Funktion **FREIE PROJEKTION** gespeichert wurden.

Bildausschnitt speichern, laden

- Über **FREIE PROJEKTION** können beliebige Projektionseinstellungen für das gewählte Fenster getätigt werden. Über das Ordnersymbol können Sie Einstellungen, die mit der Funktion **BILDAUSSCHNITT SPEICHERN, LADEN** gespeichert wurden, erneut einlesen.

Freie Projektion

- **FENSTER IMMER IM VORDERGRUND** fixiert bei sich überlagernden Darstellungsfenstern (**FENSTER VERBUNDEN** nicht aktiv) das Fenster im Vordergrund. Die Funktion steht nicht zur Verfügung, wenn das Fenster maximiert ist oder die Funktion **FENSTER VERBUNDEN** aktiviert wurde.

/ Fenster immer im Vordergrund (aus/an)

- **SCHNITTDARSTELLUNG** zeigt einen (auszuwählenden) Architekturschnitt an, der mit der Funktion **SCHNITTVERLAUF** definiert wurde. Alle auf den geladenen (auch passiven) Teilbildern vorhandenen Schnittlinien werden oberhalb des Textes **ANWÄHLEN** aufgelistet. Über die Funktion **ANWÄHLEN** können Sie selbst eine Schnittführung im Teilbild anwählen. Wenn zusätzlich die Funktion **VERDECKT-BERECHNUNG EIN/AUS** des Fensters aktiviert wird, werden verdeckte Kanten und Flächen ausgeblendet und eine Vorschau des Schnitts angezeigt. Die Schnittdarstellung kann bei jedem Fenster (auch Animationsfenster) separat geschaltet werden.

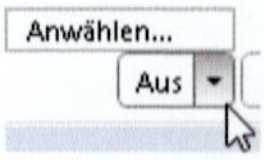

Schnittdarstellung

- **BILDSCHIRMMASSSTAB** zeigt die aktuelle Einstellung des Bildschirmmaßstabs des jeweiligen Fensters an und bietet ein Pull-down-Menü mit Eingabefeld zur Auswahl und Eingabe eines beliebigen Bildschirmmaßstabs an. Der Bildschirmmaßstab dient nur zum Einstellen der Darstellungsgröße im Grafikfenster und hat keinen Einfluss auf die durch den Bezugsmaßstab geregelten Proportionen von Schriften und Strichstärken. Sie können eigene Maßstäbe durch Eintippen aufnehmen. Bei selbst definierten Maßstäben erscheint hinter der Zahl ein rotes X, über welches der Eintrag gelöscht werden kann.

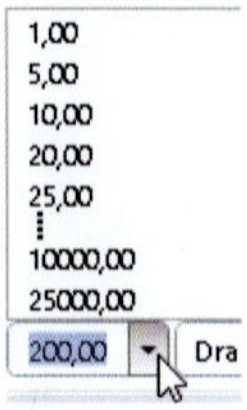

- **ANSICHTSART** schaltet die Darstellung des jeweiligen Zeichenfensters in die gewünschte Darstellung. Das Darstellungsverfahren für alle Daten wird als „Renderverfahren", unabhängig von der Darstellungsart, betitelt. Allplan bietet Ihnen seit der Version 2015 die im Folgenden aufgeführten Verfahren an. Über den Stift in der jeweiligen Zeile können die, zum Teil gleichen, Einstellungen für die Berechnungsmethode eingestellt werden.
  - Über den Eintrag **NEUE ANSICHTSART** können Sie beliebige, frei benennbare Ansichtsarten definieren.
  - **DRAHT** ist die Grundeinstellung zum Bearbeiten von Daten im Grundriss. 2D-Daten sind in der Regel nur im Grundriss eines Fensters mit der eingestellten Ansichtsart **DRAHT** sichtbar.

Ansichtseinstellung

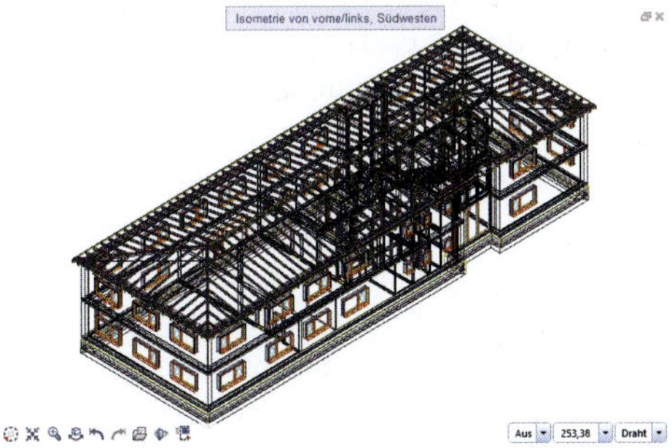

- Bei der Ansichtsart **VERDECKT** können alle verdeckt liegenden Kanten ausgeblendet werden. Zusätzlich können Oberflächen und Transparenzen dargestellt werden. Die Ansichtsart **VERDECKT** ist die Basis für die Berechnung von Ansichten und Schnitten.

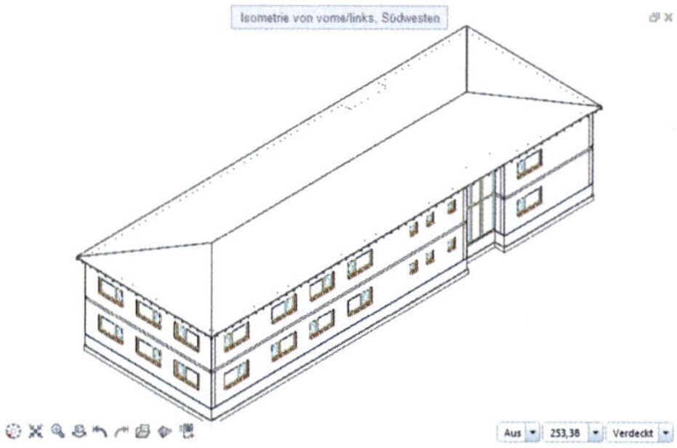

- **ANIMATION** bietet die drei Schattierungsarten **FLAT**, **GOURAUD** und **PHONG** an. Es können Texturen, Schatten und Transparenzen sowie Licht und Spiegelungen dargestellt werden. Mit der Ansichtsart **ANIMATION** erhält man einen guten Überblick über die Konstruktionen.

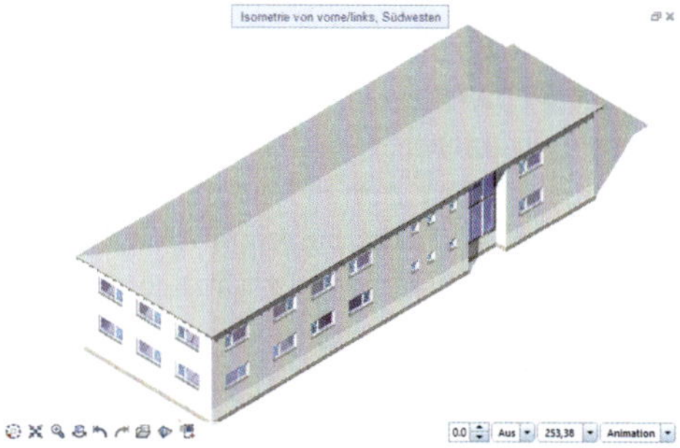

- **SKETCH** ermöglicht eine Darstellung, die einer Handzeichnung nahekommen soll. Je nach gewählten Einstellungen wird die Darstellung mehr oder weniger grob skizziert dargestellt.

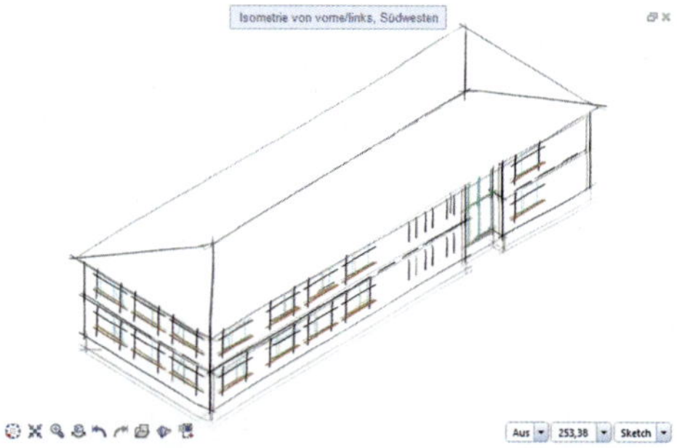

- **RTRENDER** startet die Bildberechnung mit der im Fenster eingestellten Perspektive. Der RTRender basiert auf einem physikalischen Lichtmodell und verfeinert mit jeder Stufe das Bild. Im Prinzip kann das Verfahren unendlich fortgesetzt werden und erreicht immer weitere Verbesserungen. Da das Berechnungsverfahren ab einem bestimmten Punkt nur noch minimale Verbesserungen bringt, sehr viel CPU-Leistung beansprucht und bei Änderungen am Modell von vorne beginnt, ist davon abzuraten, ein Fenster mit der Ansichtsart **RTRENDER** permanent geöffnet zu halten.

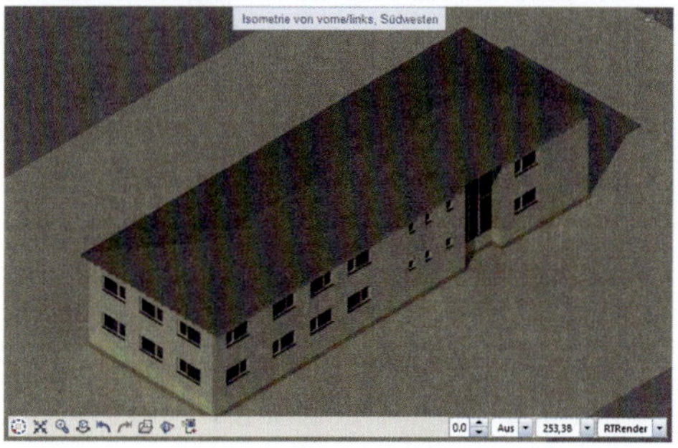

Mehr zu den unterschiedlichen Optionen und Möglichkeiten finden Sie in Abschnitt 6.1.5, „Ansichtsarten in Grafikfenstern".

TIPP: Bei eingeschaltetem Bewegungsmodus wird im allgemeinen Kontextmenü die Funktion **FENSTERINHALT ALS PIXELBILD SPEICHERN** angezeigt. Über diese kann sehr schnell das Berechnungsergebnis als Bild zur weiteren Verwendung gespeichert werden.

Besonderheiten des Planfensters

Die Darstellung im Planfenster wird über die ausgewählte Einstellung im Feld *Ansichtsart* bestimmt. Sobald die Funktion **PLÄNE DRUCKEN** aktiviert wird, zeigt das Fenster alle Daten so an, wie diese ausgegeben werden. Sollten mehrere Pläne markiert werden, erscheinen in der Fensterleiste zusätzlich zwei Menüs, über die der Plan (aus den markierten) gewählt werden kann, der als Vorschau angezeigt wird.

2.6.3 Actionbar

Die Actionbar wurde mit Version 2018 eingeführt und ist seitdem in der Zusammenstellung der Funktionen sowie in der Anpassung sehr stark auf die Kundenrückmeldungen angepasst. Ziel der Actionbar ist, dass alle wesentlichen Funktionen für ähnliche Arbeiten an einer Stelle vorhanden sind und so das Denken in „Modulen" aufgelöst wird.

Die Funktionen werden in Rollen und Aufgabenbereiche gegliedert angezeigt. Je nach Wahl einer Rolle werden verschiedene Aufgabenbereiche angezeigt, welche sich in Teilbereiche gliedern. Die Funktionen sind entweder direkt verfügbar oder in Pull-down-Menüs angeordnet, um möglichst viele Funktionen bereitzuhalten, ohne die Ansicht zu überfrachten.

In den Bereichen kann die Actionbar, z. B. bei kleineren Bildschirmen oder bei Bedarf des Anwenders, durch einen Doppelklick links auf die Bereichsbezeichnung reduziert werden. Alle darin enthaltenen Funktionen sind dann in einem Pull-down-Menü zusammengefasst.

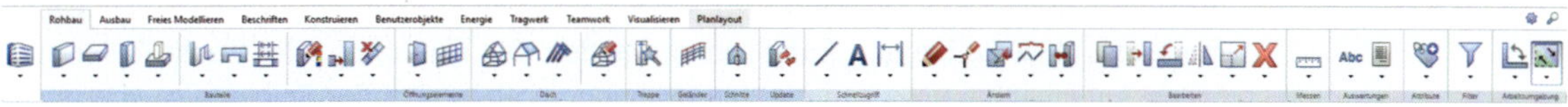

Rollen

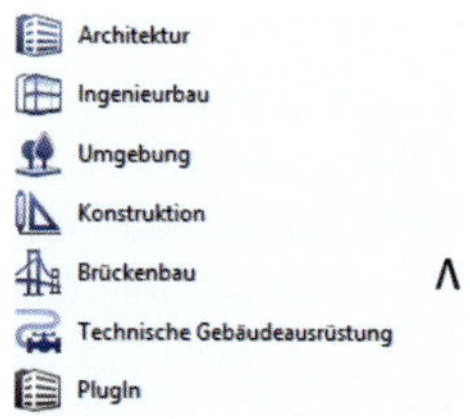

Je nach vorhandener Lizenz sind unterschiedliche Rollen verfügbar. Zudem kann der Inhalt der einzelnen Rollen entsprechend der Lizenz abweichen.

Bei der für die Bearbeitung des Buches zur Verfügung gestellten Lizenz sind folgende Rollen verfügbar:

- *Architektur: Architektur* beinhaltet alle Funktionen, welche zur Erstellung und Auswertung von Gebäudemodellen notwendig sind. Zielrichtung ist die Gebäudeplanung aus Sicht des Architekten.
- *Ingenieurbau:* Der *Ingenieurbau* beinhaltet den Rohbau sowie Aufgabenbereiche zum Bewehren von Modellen. Zielrichtung ist die Gebäudeplanung aus Sicht des für Statik zuständigen Ingenieurs.
- *Umgebung:* Die Rolle *Umgebung* beinhaltet alle Aufgabenbereiche, welche im Landschaftsbaubereich im weiteren Sinne benötigt werden. Zielrichtung sind die Planung des Gebäudeumfeldes (Gelände, Außenanlagenplanung) sowie die Erstellung von Flächennutzungsplänen und Bebauungsplänen.
- *Konstruktion:* Die Rolle *Konstruktion* beinhaltet keine Architekturfunktionen oder weitergehenden Funktionen, welche intelligentere Bauteile direkt erzeugen können. Unter *Konstruktion* befinden sich sämtliche Basisfunktionen und die Funktionen aus dem Bereich *Bestand-Scan*.
- *Brückenbau:* Über die Rolle *Brückenbau* erhält man direkten Zugriff auf das seit Version 2019 an Allplan angebundene Brückenbau-Plug-in.
- *Technische Gebäudeausrüstung:* Die Rolle beinhaltet die Module von ESS für den technischen Gebäudeausbau und für energetische Berechnungen. Die Rolle wird nur angezeigt, wenn eines der Module von ESS installiert ist.
- *Plugin:* Die Rolle *Plugin* taucht nur auf, wenn zusätzliche Funktionalitäten von Fremdanbietern vorhanden sind. Dies können z. B. die 3D-Bemaßung/Beschriftung, 3D-Muster oder die Baugrube von CDS-Bausoftware GmbH aus der Schweiz sein.

Zusätzlich können weitere benutzerdefinierte Rollen angelegt werden. Dazu stehen die Standardsymbole in Grau sowie ein zusätzliches Symbol zur Verfügung.

Aufbau der Actionbar

Die ersten Bereiche der Actionbar sind abhängig vom gewählten Aufgabenbereich (roter Pfeil), der zweite Bereich (grüner Pfeil) sowie die rechten Abschnitte (schwarzer Pfeil) sind in nahezu allen Rollen und Aufgaben vorhanden. Die Anordnung des wechselnden und festen Aufgabenbereichs kann in den Optionen in abweichender Reihenfolge eingestellt werden.

Die in den einzelnen Rollen enthaltenen Aufgaben sind in Bereiche aufgeteilt, die in Gruppen angeordnet die Funktionen enthalten. In den folgenden Abschnitten sind die Funktionen zum Teil erläutert, soweit diese für die Übungen im Buch selbst relevant sein können.

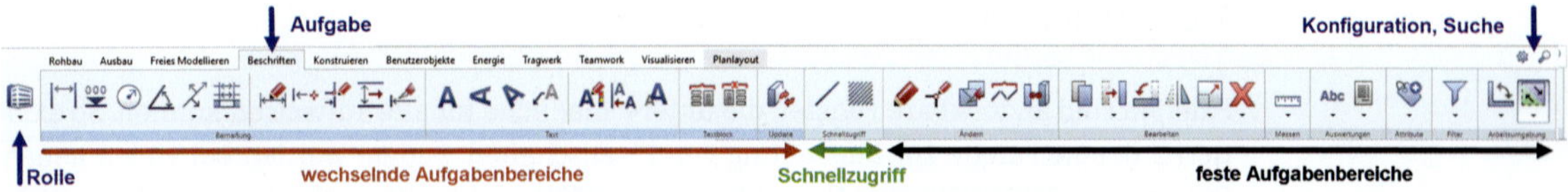

Bedienung der Actionbar

Der Funktionsaufruf einer direkt angezeigten Funktion erfolgt mittels einem Linksklick auf die Funktion.

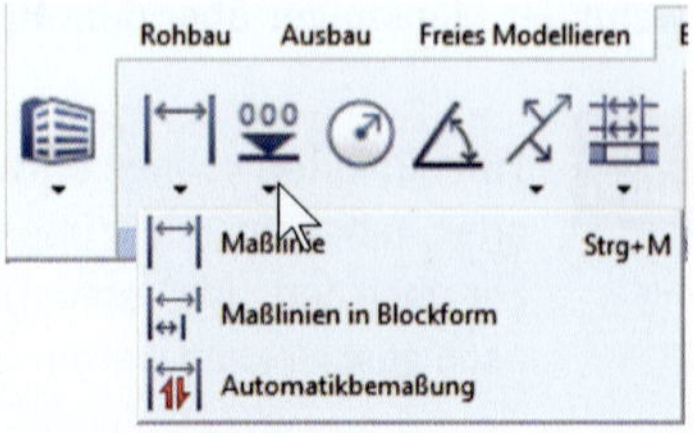

- Über das Anklicken des Pfeils unter den großen Schaltflächen wird ein Pull-down-Menü mit Funktionen geöffnet, in welchem mit einem Linksklick eine Funktion angewählt werden kann. Je nach Einstellung in den Optionen bleibt die zuletzt angewählte Funktion „vorne" sichtbar oder die Standardfunktion wird als erste angezeigt.
- Ein Doppelklick mit links auf den Text klappt den Aufgabenbereich auf und die darin enthaltenen Funktionen werden in zwei Zeilen mit kleineren Icons dargestellt.

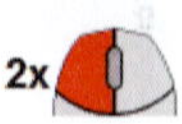

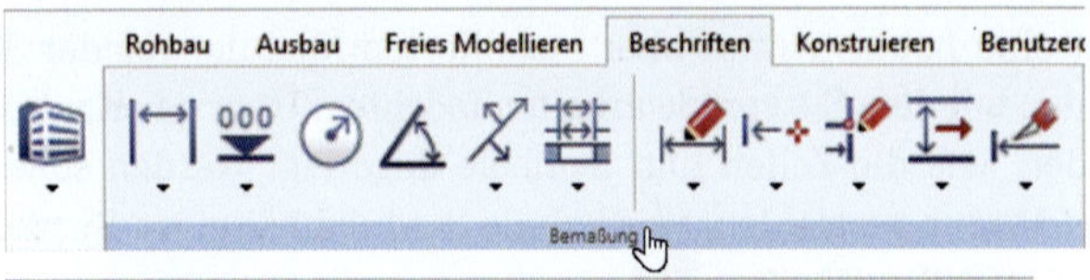

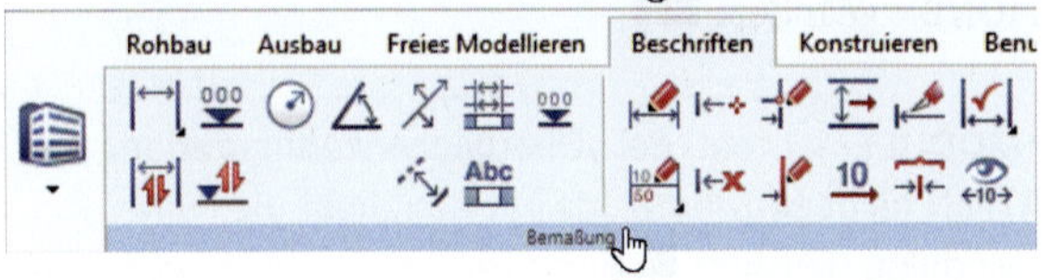

- Ein Doppelklick mit links bei gedrückter Alt-Taste schaltet alle Aufgabenbereiche um.

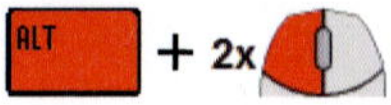

HINWEIS: Die Umschaltung der Anzeige wird nur durchgeführt, wenn die Actionbar im neuen Zustand komplett angezeigt werden kann. Sollte die Bildschirmbreite nicht ausreichen, werden von links anfangend möglichst viele Bereiche umgeschaltet.

ACTIONBAR KONFIGURATOR startet einen umfangreichen Dialog zum Konfigurieren der Actionbar nach eigenen Wünschen (siehe Abschnitt 2.7.7, „Actionbar-Konfigurator", sowie Beispiel).

Actionbar Konfigurator

- **SUCHE** erlaubt die Eingabe eines Funktionsnamens oder den Teil eines Namens, um innerhalb der aktiven Actionbar danach zu suchen.

Suche

2.6.4 Paletten

Paletten sind andockbare Fenster, die unterschiedliche Inhalte aufweisen können. So existiert z. B. eine Palette zur Einstellung von Eigenschaften. Zudem werden bei vielen neuen Funktionen (**INGENIEURBAU** und **PLANLAYOUT**) und bei SmartParts Auswahlmöglichkeiten in Paletten angeboten.

Paletten können frei oder in Registern angeordnet werden. Bei Bedarf können sie über ein Anwahlicon oder Kurztasten aufgerufen werden. Zudem können die Paletten so eingestellt werden, dass sie nur am Bildschirmrand als „Leiste" erscheinen, die sich erweitert, wenn der Mauszeiger über dem Reiter steht.

Automatisches
Ausblenden aktiv
Ausblenden deaktivieren

TIPP: Paletten können entweder fest angedockt, in Registern übereinander oder nebeneinander/übereinander angeordnet werden. Zudem können Sie über den „Pin" steuern, ob die Palette immer geöffnet oder automatisch geschlossen werden soll.

Übersicht Paletten

Module
Shortcut: M

- Die Palette **MODULE** öffnet eine Baumstruktur aller installierten Module, aus der Sie das Modul auswählen können, mit dem Sie gerade arbeiten möchten. Über das Kontextmenü kann gesteuert werden, wie die Zeilen und Symbole angezeigt werden sollen. Sobald Sie hier ein anderes Modul auswählen, werden die modulabhängigen Symbolleisten und die Palette **FUNKTIONEN** geändert.

HINWEIS: Die Palette **MODULE** ist bei der Oberflächenkonfiguration **ACTIONBARKONFIGURATION** nicht aktivierbar, da mit Actionbar die Funktionsanordnung frei von Modulen realisiert wurde.

Eigenschaften
Shortcut: E
Neu/erweitert in Version 2020

- Die Palette **EIGENSCHAFTEN** zeigt die Eigenschaften der ausgewählten Elemente an. Diese können in der Palette direkt geändert werden. Nicht alle Elemente (z. B. komplexe Elemente wie Architekturbauteile) können angezeigt werden. Diese erscheinen im Auswahlmenü ausgegraut. Bei vielen Elementen können zudem schon bei der Eingabe Einstellungen in der Palette **EIGENSCHAFTEN** vorgenommen werden. Die Palette **EIGENSCHAFTEN** hat bei einigen Funktionen den dynamischen Dialog abgelöst. Somit wird bei der Erzeugung und der Änderung auf gleiche Oberflächen zugegriffen. Bei angewählten Bauteilen werden die Eigenschaften der meisten Objekte unter *Format* angezeigt. Zudem können im Abschnitt *Attribute* (nicht für alle Objekte verfügbar) Änderungen an den Attributen vorgenommen sowie Attribute hinzugefügt werden. Weitere Beschreibungen zu den Möglichkeiten finden Sie im Beispiel.
  - **AUF AKTIVES OBJEKT ZOOMEN** verändert den Ausschnitt des aktiven Fensters so, dass das aktive Objekt komplett bildfüllend dargestellt wird.

Auf aktives Objekt zoomen

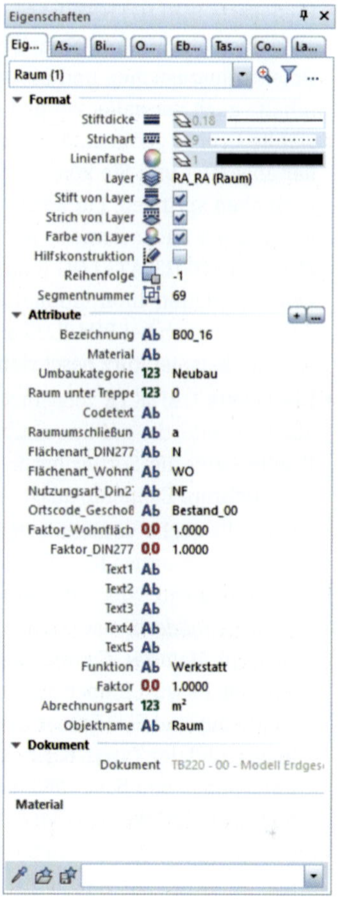

- Über das Kontextmenü können zusätzlich in jeder Zeile Übernahme-Schaltflächen angezeigt und die Beschreibung kann ein- bzw. ausgeblendet werden. Abhängig von der Zeile, auf der das Kontextmenü geöffnet wird, können mehr oder weniger Eigenschaften gesammelt übernommen werden.

- Die Palette **FUNKTIONEN** bietet Ihnen alle Funktionen übersichtlich zusammengefasst an. Über das Pull-down-Menü wird der Modulbereich gewählt (allgemeine Module, zusätzliche Module...) und auf der Seite das Modul (Konstruktion, Maßlinie, Text...), mit dem Sie arbeiten möchten. Ein Modulwechsel über die Palette **FUNKTIONEN** schaltet die modulabhängigen Symbolleisten um.

Funktionen
Shortcut: F

- **SUCHEN** öffnet einen Dialog, über den Sie eine Funktion suchen können.

Suchen

> **HINWEIS**: Die Palette **FUNKTIONEN** ist bei der Oberflächenkonfiguration **ACTIONBARKONFIGURATION** nicht aktivierbar. Es befinden sich alle notwendigen Funktionen in der Actionbar sowie in den Kontextmenüs der Bauteile.

- Die Palette **ASSISTENT** öffnet und verwaltet die Assistenten von Allplan. Über die Assistenten lassen sich leicht Vorlagedateien verwenden, die fertig definierte Elemente und Bauteile beinhalten. Bei der Verwendung von Assistenten werden möglichst alle Funktionen über die Bauteile im Assistenten aufgerufen. Das Einstellen von Materialien, Formateigenschaften usw. kann dann entfallen. Die mitgelieferten Assistenten und Gruppen können nicht verändert werden.

Assistent
Shortcut: A

> **HINWEIS**: Die Assistenten zum Buch sowie von Nemetschek gelieferte Assistenten liegen lokal im ETC-Ordner. Assistentengruppen, die in diesem Ordner abgelegt werden, erscheinen automatisch beim Start von Allplan. Ein direktes Speichern in diesen Standardordner ist nicht möglich. Eigene Assistenten können entweder unter *Privat*, *Büro* oder einem eigenen Pfad gespeichert werden.

Bibliothek
Shortcut: B

- Die Palette **BIBLIOTHEK** ist für den Zugriff auf projektübergreifende oder projektbezogene Symbole, Makros, SmartParts und PythonParts zuständig. Neben der Möglichkeit, Objekte auszusuchen und zu verwenden, können im Projekt- und/oder Büroordner die Inhalte auch verwaltet werden. Nach erfolgter Auswahl eines Objekts bleibt der ausgewählte Ordner geöffnet. Am oberen Fensterrand wird zudem der aktuell geöffnete Ordner angezeigt und Sie können durch Anklicken eines Ordnernamens in der Hierarchie nach oben springen. Ein Beispiel zum Speichern eines Symbols finden Sie in Abschnitt 6.1.3, „Bibliothekselement in Bibliothek speichern". Über die Schaltfläche **NEMETSCHEK PROFILKATALOG** (oberste Hierarchie am unteren Rand) haben Sie Zugriff auf den kompletten internationalen Profilkatalog von Nemetschek. Sie müssen für den Zugriff lediglich bei BIMPLUS angemeldet/registriert sein. Die Anwendung des Katalogs wird im Beispiel kurz beschrieben.

Objekte
Shortcut: O

Erweitert in Version 2019/2020

- Die Palette **OBJEKTE** zeigt in vier unterschiedlichen, vorkonfigurierten Anordnungen alle Elemente, die auf den aktiven Teilbildern geladen sind. Über die Funktionen in der Palette kann die Sortierung in der Palette geändert werden bzw. es können einzelne oder mehrere Elemente ausgeblendet oder/und markiert werden.
  - Über die sechs vordefinierten Sortierkriterien kann entweder nach der *Topologie* (entsprechend der Bauwerksstruktur), nach *Teilbildern*, nach *Layer*, nach dem Attribut *Material, Gewerk* oder bis zu *zwei Attributen* (neu in Version 2020) sortiert werden. Es wird immer nach drei Kriterien sortiert. Neben dem Hauptkriterium (Auswahlicon) sind dies immer die Gruppe (z. B. 2D-Elemente, 3D-Körper, Dächer oder Ähnliches) und der Typ (z. B. Kreis, Linie, Wand, Füllfläche oder Ähnliches). Über den Pfeil links neben den Schaltflächen können die Kriterien eingeblendet und in der Reihenfolge geändert werden. Bei den meisten 3D-Objekten kann zur Verbesserung der Übersicht eine Transparenz in mehreren Stufen eingestellt werden. Im Beispielprojekt finden Sie einige Anwendungsmöglichkeiten der Palette **OBJEKTE** dargestellt.

Palette aktualisieren

  - **PALETTE AKTUALISIEREN** aktualisiert die Anzeige bei Unstimmigkeiten. Wie bei der Palette **LAYER** wird die Palette nicht bei allen Aktionen direkt neu aufgebaut.

Zum nächsten aktiven Element springen

  - **ZUM NÄCHSTEN AKTIVEN ELEMENT** springen zeigt in der Palette das nächste der im Teilbild markierten Elemente. Alternativ kann der Shortcut **UMSCHALT + A** verwendet werden. Mit dem Shortcut **UMSCHALT + S** wird in der Liste um einen Punkt zurückgesprungen.

Sichtbarkeit invertieren

  - **SICHTBARKEIT INVERTIEREN KEHRT** die Sichtbarkeit um.

Alle inaktiven unsichtbar

  - **ALLE INAKTIVEN UNSICHTBAR** überträgt die Einstellung der aktiven Elemente auf die Sichtbarkeit. Über diese Funktion ist es leicht möglich, die markierten Elemente zu isolieren und gezielt zu bearbeiten.

Auf aktivierte Objekte zoomen

  - **AUF AKTIVIERTE OBJEKTE ZOOMEN** verändert den Bildschirmausschnitt des aktiven Fensters so, dass die aktivierten Objekte maximal groß dargestellt werden.

, , , Transparenz

  - Über die Schaltflächen zur Transparenz können einzelne Bauteile oder ganze Bauteilgruppen in sechs Stufen transparent dargestellt werden. Derzeit können Makros, SmartParts und Ausbauflächen noch nicht transparent dargestellt werden. Diese Objekte werden zur besseren Übersichtlichkeit derzeit ausgeblendet.

- Die mit einem Auge versehenen Schaltflächen schalten die Sichtbarkeit des Elements bzw. aller der Zeile untergliederten Elemente um.
- Der Elementzeilen der markierten Elemente werden mit einer roten Schaltfläche markiert. Nicht markierte Elemente werden ohne Farbe gekennzeichnet und bei Zeilen, deren untergliederte Zeilen nicht komplett markiert sind, ist das Feld halb gefüllt. Die Icons dienen auch als Schaltflächen, über die gezielt Elemente oder Elementgruppen über die Palette markiert werden können. Je nachdem, welches Element markiert wird, werden zugehörige Zeilen mit markiert.

, , Alles sichtbar/Alles unsichtbar

Alles aktiv/ Alles inaktiv

HINWEIS: Durch einen Doppelklick auf eine Zeile mit Unterpunkten wird die Struktur geöffnet. Ein Doppelklick auf eine Elementzeile zoomt im aktiven Fenster auf das entsprechende Element.

TIPP: In den Optionen zur Palette **OBJEKTE** (Objektnavigator) kann eingestellt werden, ob Räume entsprechend dem Objektnamen, der Bezeichnung oder der Funktion sortiert aufgelistet werden sollen.

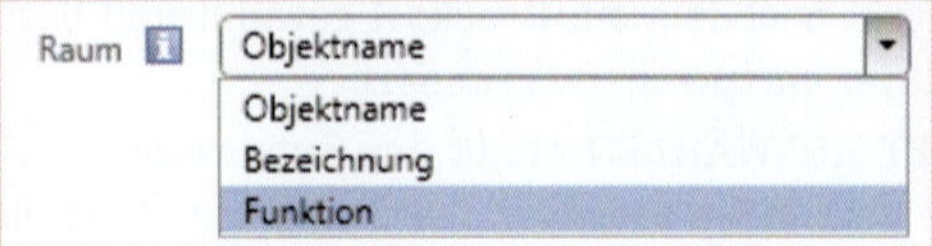

- Die Palette **EBENEN** wurde mit Version 2019 eingeführt und in der aktuellen Version mit neuen Funktionen zum Ebenenmodell erweitert. Die Palette dient der Verwaltung des Ebenenmodells. Neben den Funktionen des Ebenenmanagers selbst können hier auch die neuen Bezugsflächen und Abstandsflächen in das Modell zur Anwendung eingebunden werden. Die einzelnen Funktionen der Palette **EBENEN** werden in Abschnitt 4.2.4, „Funktionen in der Palette Ebenen", im Einzelnen erläutert.
- Über die Palette **TASK BOARD** kommunizieren Sie während der Bearbeitung eines über Bimplus abgewickelten Projekts mit den übrigen Projektbeteiligten. Hierzu rufen Sie direkt in Allplan die zum aktuell geladenen Allplan-Projekt vorhandenen Tasks aus Bimplus ab, legen von Allplan aus neue Tasks in Bimplus an oder bearbeiten bestehende Tasks. Auch der Im- bzw. Export einzelner Tasks im BCF-Format sowie der Export der kompletten Task-Liste als Excel-Tabelle sind von hier aus möglich.

Ebenen

Neu in Version 2019

Erweitert in Version 2020

Task Board

HINWEIS: Voraussetzung ist, dass Sie über Ihren Allplan-Arbeitsplatz bei Bimplus angemeldet sind und das Allplan-Projekt mit einem Bimplus-Projekt verknüpft ist, d. h., die Allplan-Projektdaten zumindest einmalig nach Bimplus hochgeladen wurden. Weitere Informationen zur Projektabwicklung nach der BIM-Methode über den von der ALLPLAN GmbH angebotenen Webservice Bimplus finden Sie in Abschnitt 6.1.8, „BIM-Daten".

Connect Shortcut: C

- Die Palette **CONNECT** bietet den direkten Zugriff auf Allplan Connect. Aus dem Assistenten können die meisten Inhalte direkt in Allplan eingefügt werden.

Layer Shortcut: L

- Die Palette **LAYER** dient zum Steuern der sichtbaren Layer sowie zur Übersicht über die auf dem Teilbild vorhandenen Layer. Über das Kontextmenü kann die Anzeige so verändert werden, dass z. B. nur die in geladenen Dokumenten existierenden Layer aufgelistet werden. Unter **ANSICHT** → **ANPASSEN** können Sie im Register **LAYER** die Darstellung der Palette im Detail anpassen. Weitere Informationen zu Layern finden Sie in Abschnitt 2.9, „Layer - Formateigenschaft und Strukturelement".

Layersichtbarkeit invertieren

  - **LAYERSICHTBARKEIT INVERTIEREN** ändert den Layerstatus derart, dass alle sichtbaren Layer unsichtbar und die zuvor unsichtbaren Layer sichtbar werden.

Layerstruktur aktualisieren

  - Mit **LAYERSTRUKTUR AKTUALISIEREN** wird die Anzeige der Layer neu berechnet, da nicht bei allen Aktionen eine automatische Aktualisierung der Layer durchgeführt wird.

Aktuellen Layer übernehmen

  - Über die Funktion **AKTUELLEN LAYER ÜBERNEHMEN** können Sie aus der Zeichnung oder einem Assistenten den Layer eines beliebigen Elements übernehmen und als aktiven Layer setzen, um z. B. neue Elemente mit dieser Eigenschaft zu erzeugen.

Layer-Druckset auswählen

  - **LAYER-DRUCKSET AUSWÄHLEN** öffnet den entsprechenden Dialog zum Auswählen des Drucksets. Direkt nachdem ein Druckset gewählt und bestätigt wurde, wird die Sichtbarkeit der Layer entsprechend geändert.

Layer-Rechteset auswählen

  - **LAYER-RECHTESET AUSWÄHLEN** öffnet den entsprechenden Dialog und zeigt alle Rechtesets an, die vorhanden sind bzw. bei denen der angemeldete Nutzer mit Rechten eingetragen ist. Rechtesets spielen in den meisten Installationen keine oder nur eine untergeordnete Rolle.

Alle Layer sichtbar ...

  - **ALLE LAYER SICHTBAR - AKTUELLEN LAYER BELASSEN** schaltet alle Layer auf bearbeitbar. Nutzen Sie diese Funktion, um alles in einem Teilbild sichtbar zu machen.
  - Durch Anwahl der Funktion **ERWEITERT** (unten rechts) gelangen Sie zum Dialog **EINSTELLEN**, über den Sie Layer komfortabel verwalten können.

2.6.5 Symbolleisten

Die Verwendung von Symbolleisten ist bei der Nutzung der Actionbar deaktiviert. Es können weder Standardsymbolleisten noch eigene Symbolleisten verwendet werden.

- Modulabhängige Symbolleisten (z. B. **ERZEUGEN, KONSTRUKTION**) zeigen alle Funktionen des aktiven Moduls an. Module können entweder über die Palette **MODULE**, durch Aufruf einer Funktion oder durch Anwahl eines Modul-Icons in einer eigenen Symbolleiste umgeschaltet werden. Die Funktionen der Symbolleisten **ERZEUGEN** und **ERZEUGEN II** werden in der Palette **FUNKTIONEN** oben angezeigt, die Funktionen aus der Symbolleiste **ÄNDERN** unten.

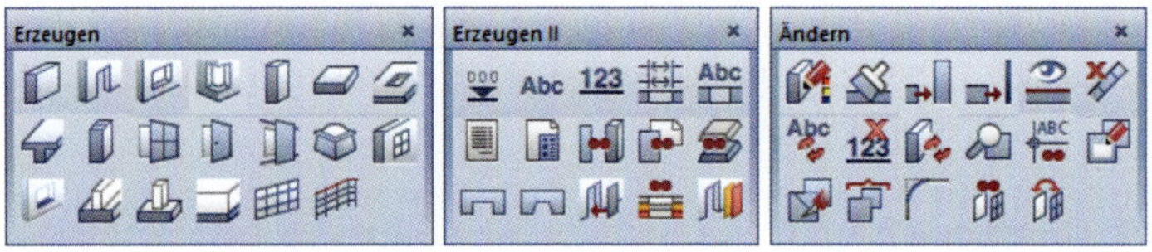

- Symbolleisten mit Grundfunktionen wie **PROJEKTBEZOGEN ÖFFNEN**, **PLANLAYOUT**, **OPTIONEN**, **MESSEN**, **KOPIEREN**, **VERSCHIEBEN**, **AUSSCHNEIDEN** (Zwischenablage), **HILFE** und ähnliche sind in statischen Symbolleisten angeordnet. Diese können immer in gleicher Form angezeigt werden und sollten auch eingeblendet sein, wenn der Funktionsaufruf primär über die Palette **FUNKTIONEN** und/oder Assistenten erfolgen soll.

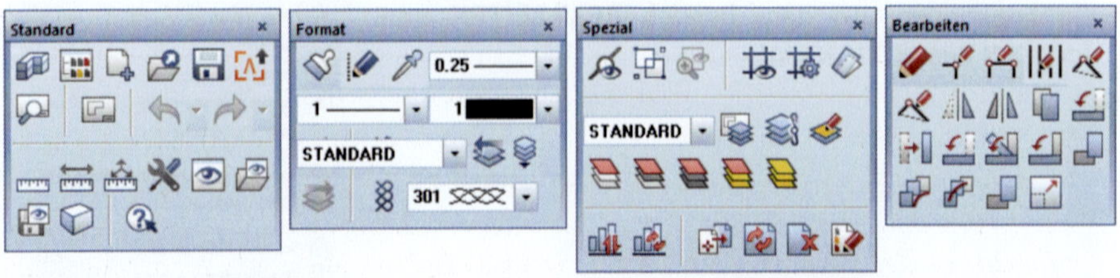

- Symbolleisten mit Basisfunktionen, die neben Basisfunktionen aus dem Bereich **KONSTRUKTION**, **TEXT**, **MASSLINIE**, **PLANBEARBEITUNG** und **BEARBEITEN** auch die modulabhängigen Flyouts **ERZEUGEN**, **ERZEUGEN II** und **ÄNDERN** enthalten. Für die unterschiedlichen Anwendungsgruppen existieren in diesem Bereich Zusammenstellungen der wichtigsten Funktionen. Zum Öffnen der Flyouts muss das erste Icon gedrückt gehalten und bei geöffnetem Flyout bei gedrückt gehaltener linker Maustaste der Mauszeiger über die gewünschte Funktion bewegt werden. Die Funktion, deren Icon sich unter dem Mauszeiger befindet, wenn die Maustaste gelöst wird, wird aktiviert.

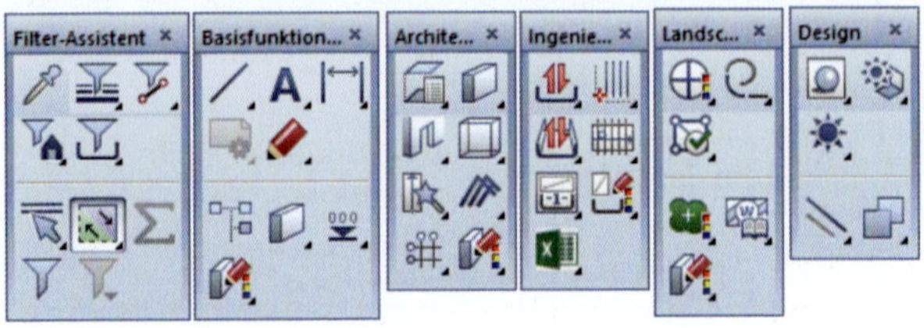

2.6.6 Kontextmenü

Allplan bietet über die rechte Maustaste unterschiedlichste Kontextmenüs an. Je nachdem, ob man sich in einem Grafikfenster (abhängig vom Bewegungsmodus) oder im Planlayout befindet, ob eine Funktion aktiv ist, ob ein Element markiert ist oder ob der Mauszeiger über einem Eingabefeld der Dialogsymbolleiste ist, werden die jeweils passenden Funktionen angezeigt.

Allgemeines Kontextmenü – Bewegungsmodus aus

Das allgemeine Kontextmenü öffnet sich immer, wenn keine Funktion aktiv und/oder kein Element markiert ist. Funktionen, die im aktuellen Bereich (Plan oder Teilbild) nicht verwendet werden können, sind entweder ausgeblendet oder ausgegraut dargestellt. Es enthält unter anderem folgende Funktionen:

- Funktionen zum Steuern, welche Daten wie bearbeitet werden sollen (**PROJEKTBEZOGEN ÖFFNEN…** , **PLANBEARBEITUNG**)
- die Funktion **WIEDERHOLEN**, wo immer der zuletzt verwendete Befehl angezeigt wird
- die Funktionen aus dem Bereich **BEARBEITEN** und **ÄNDERN** der **ACTIONBAR**

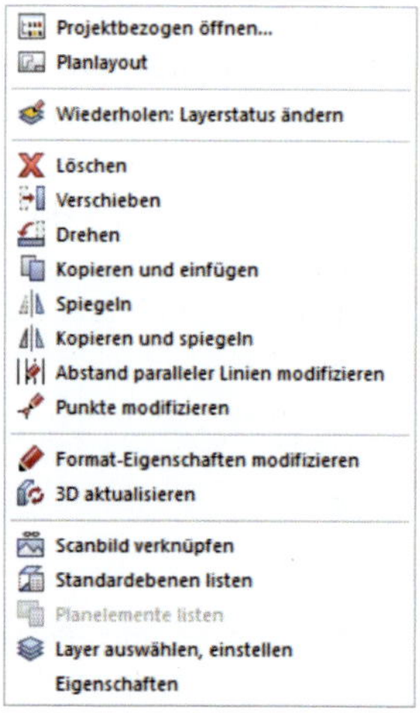

Allgemeines Kontextmenü – Bewegungsmodus an

Sobald der Bewegungsmodus eingeschaltet ist (alle Fenster außer Plan), wird das allgemeine Kontextmenü mit Funktionen aus dem Umfeld der Animation gezeigt. Über die angezeigten Funktionen können fast alle Aktionen getätigt werden, die Sie zum Erzeugen eines hochwertigen Bildes benötigen. Die Einstellungen zu Grafikfenstern (wie z. B. Schatten) befinden sich in den Einstellungen zum jeweiligen Fenster selbst.

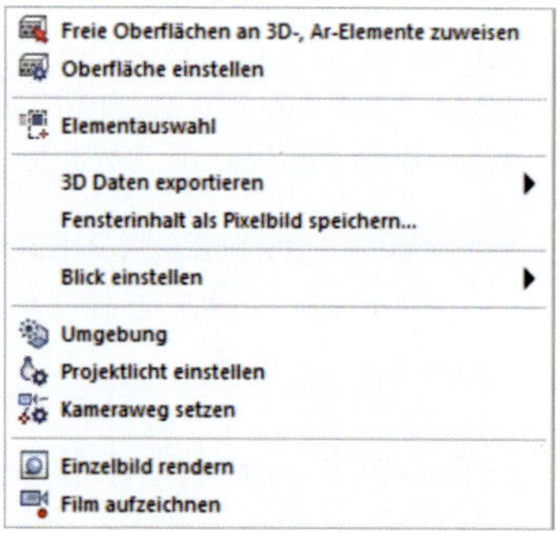

Kontextmenü Punkt-Assistent

Das Kontextmenü **PUNKT-ASSISTENT** erscheint immer bei einem Rechtsklick in die Zeichenfläche, wenn sich Allplan in einer Funktion befindet und die Angabe eines Punktes verlangt. Eine Beschreibung der dort vorhandenen Hilfsmittel finden Sie in Abschnitt 3.2, „Hilfsmittel zum Konstruieren“.

Kontextmenü eines bestehenden Elements

Die Kontextmenüs von bestehenden Elementen sind jeweils auf den Bedarf und die Möglichkeiten des markierten Elements abgestimmt. Der Aufbau ist jeweils gleich mit unterschiedlichen Funktionen gestaltet und in die folgenden Bereiche gegliedert:

- Funktionsaufruf (hier **WÄNDE BEMASSEN**) zum Starten der Funktion ohne Übernahme von Eigenschaften und die Funktion **ÜBERNAHME** zum Starten der oberhalb angezeigten Funktion inklusive der Übernahme aller Eigenschaften
- Allgemeine Funktionen der Symbolleiste **BEARBEITEN**, die direkt auf das Element angewendet werden können: Das markierte Element ist bei Aufruf einer der Funktionen als erstes Element ausgewählt.

- Funktionen des Bereichs **ÄNDERN**, die direkt auf das Element angewendet werden können: Das markierte Element ist bei Aufruf einer der Funktionen als erstes Element ausgewählt.
- Allgemeine, bei fast allen Elementen verfügbare Funktionen zum Anzeigen und Ändern der Objektattribute, zum Ändern der sichtbaren Layer (siehe Abschnitt 2.9, „Layer – Formateigenschaft und Strukturelement“), zum Verändern der Reihenfolge und zum Anzeigen der **EIGENSCHAFTEN FORMAT** bzw. **EIGENSCHAFTEN** des markierten Elements.

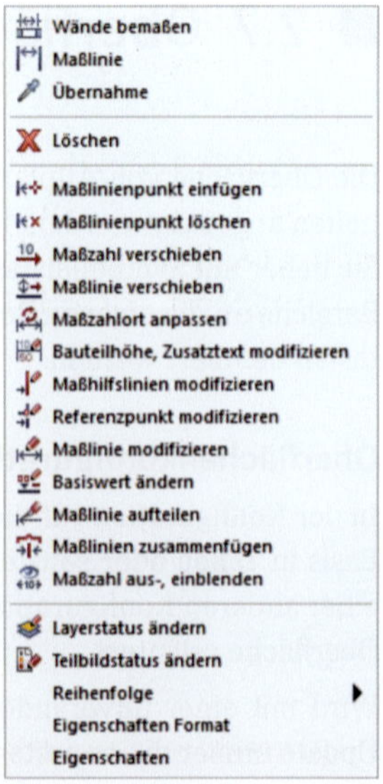

HINWEIS: Bei der Oberflächenkonfiguration mit Actionbar sind die meisten Funktionen, bei denen ein Element/Objekt zu verwenden ist, im Kontextmenü zum jeweiligen Objekt enthalten und werden zum Teil in der Actionbar nicht nochmals angeboten.

2.6.7 Nachgeordnete Funktionen in Dialogen

In fast allen Dialogen sowie der Palette **EIGENSCHAFTEN** finden sich die gleichen Funktionen, über welche Eigenschaften übernommen, gespeichert oder geladen werden können.

- **ÜBERNAHME** blendet temporär das geöffnete Dialogfeld aus, um die Übernahme von Eigenschaften eines Elements bzw. der Eigenschaft eines Elements zu ermöglichen. Je nach Dialog, aus dem die Funktion aufgerufen wurde, werden generelle oder nur ganz spezielle Eigenschaften übernommen.

Übernahme

- **FAVORITENDATEI SPEICHERN/FAVORITENDATEI ÖFFNEN** öffnet den Standarddialog zum Lesen und Speichern von Standardeinstellungen des Bauteils. Es kann immer nur auf Favoriten des gleichen Typs zugegriffen werden.

Favoritendatei speichern

Favoritendatei öffnen

TIPP: Testen Sie an allen Stellen, an denen Sie viele Einstellungen treffen und diese wiederholen möchten, die Möglichkeiten der Favoriten ausgiebig.

2.7 Oberfläche anpassen

Die Oberfläche von Allplan kann durch den Anwender leicht an die jeweiligen Gewohnheiten angepasst werden. Je nachdem, ob die neue Actionbar genutzt werden soll oder ob Sie lieber mit Symbolleisten und/oder der Palette **FUNKTIONEN** arbeiten, lassen sich alle Bereiche an die eigenen Bedürfnisse anpassen. Für die meisten Funktionen können Kurztasten definiert werden.

Oberflächenkonfiguration mit Actionbar

In der Konfiguration für die Actionbar kann entweder eine bestehende Konfiguration als Basis in Teilen oder ganz übernommen werden. Es ist auch möglich, einzelne Rollen aus einer anderen Konfigurationsdatei zu übernehmen. Der Vorgang selbst ist im Beispiel zur Oberfläche erläutert.

Wird mit einer unveränderten Konfiguration der Actionbar gearbeitet, wird bei einem Update immer die neueste Version der Actionbar mit eingespielt und aktiv gesetzt.

Oberflächenkonfiguration mit Symbolleisten und Palette Funktionen

Die Symbolleisten können beliebig erzeugt und verändert werden. Werden aus den Standardsymbolleisten **ERZEUGEN**, **ERZEUGEN II** und **ÄNDERN** Funktionen entfernt oder werden Funktionen hinzugefügt, hat dies eine direkte Auswirkung auf die Palette **FUNKTIONEN**.

Über die Funktionen **SYMBOLLEISTENANORDNUNG - ALS „MEIN FAVORIT" SPEICHERN UND SYMBOLLEISTENANORDNUNG - „MEIN FAVORIT" LADEN** können Sie schnell die aktuellen Einstellungen sichern bzw. wieder laden.

2.7.1 Vordefinierte Oberflächenkonfigurationen

Allplan bietet Ihnen verschiedene angepasste Oberflächen zur Auswahl an. Diese sind jeweils auf die Bedürfnisse der Nutzergruppe zugeschnitten. Die Standardoberflächen finden Sie unter dem Menü **ANSICHT** → **STANDARDKONFIGURATION**. Für alle Konfigurationen können unter **ANSICHT** → **SYMBOLLEISTEN** → **ANPASSEN** Kurztasten eingerichtet werden.

- **STANDARDKONFIGURATION KLASSISCH:** In der Standardkonfiguration **KLASSISCH** sind auf vier Seiten des Bildschirms Symbolleisten angeordnet. Die Palette **MODUL** ist auf dem Bildschirm fixiert. Je nach Modulauswahl erscheinen unterschiedliche Symbole in den Symbolleisten.
- **PALETTENKONFIGURATION:** Sie finden auf der linken Seite die Paletten für Funktion, Eigenschaften und Assistenten in Registern hintereinander angedockt. Die Module werden über die Palette **FUNKTION** geschaltet.

- **BASISKONFIGURATION:** Auf der linken Seite sind die Symbolleisten mit Flyouts angeordnet. In den Flyouts finden Sie die gebräuchlichsten Funktionen. Im mittleren Bereich sind zudem drei Flyouts vorhanden, die auf eine Modulumschaltung reagieren.
- **ACTIONBARKONFIGURATION:** Oben angedockt befindet sich die Actionbar. Auf der linken Seite sind die Paletten in Registern vorhanden. Die Paletten **FUNKTIONEN** und **MODULE** sowie alle Symbolleisten (bis auf **KOORDINATENLAUF**) können nicht zugeschaltet werden. Die Menüleiste kann bei Bedarf eingeblendet werden.

HINWEIS: Die Standardeinstellung ist die **ACTIONBARKONFIGURATION**, welche als Basis für alle Bilder und Beschreibungen des Buches dient.

TIPP: Bei allen Neuinstallationen sowie nach dem Umstellen auf die Oberflächenkonfiguration **ACTIONBAR** ist die Menüleiste ausgeblendet. Diese muss eingeblendet werden, um an den Punkt **ANSICHT** zum Umstellen der Oberflächenkonfiguration zu gelangen.

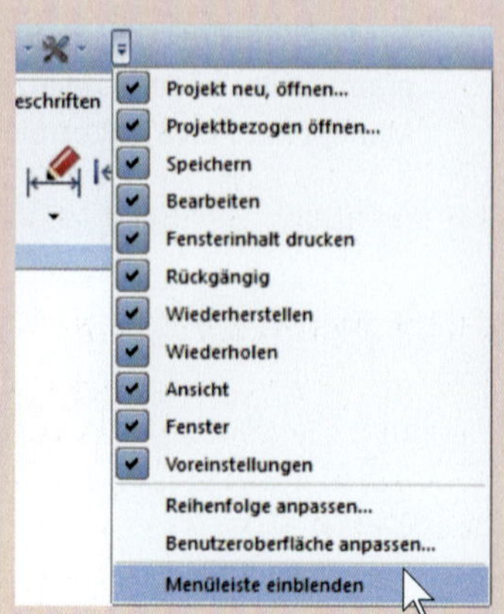

2.7.2 Anordnung der Grafikfenster

Allplan hat mehrere unterschiedliche Standardaufteilungen für Fenster, die über das Menü **FENSTER** (oder eine eigene Symbolleiste) aktiviert werden können. Die Anordnung kann über die Funktion **FENSTERANORDNUNG LINKS/RECHTS** in der Ausrichtung geändert werden. Über die Funktion **FENSTERANORDNUNG SPEICHERN, LADEN** kann die aktuelle, den eigenen Wünschen angepasste Anordnung unter einem frei definierbaren Namen gespeichert und wieder aufgerufen werden. Die Platzierung und Größe aller Fenster (Grafikfenster) wird gespeichert - unabhängig davon, ob sie innerhalb oder außerhalb der Anwendung und/oder auf mehreren Monitoren verteilt sind..

Neues Fenster

- **NEUES FENSTER** erzeugt ein weiteres Darstellungsfenster. Das neue Fenster wird neben dem Hauptfenster (**FENSTER VERBUNDEN** aktiv) oder mittig auf dem Bildschirm platziert (**FENSTER VERBUNDEN** nicht aktiv).

... Fenster

- **1 FENSTER** ist die Standardeinstellung. Wählen Sie bei Darstellungsproblemen, die Sie nicht auf andere Weise lösen können, die Funktion **1 FENSTER**.

Fenster

2 +1 Animationsfenster

- **2 FENSTER, 3 FENSTER, 4 FENSTER** und weitere Funktionen teilen den Bildschirm in der im Icon gezeigten Weise in die angezeigte Fensteranzahl auf. Das Grundrissfenster befindet sich immer rechts, die anderen Fenster sind jeweils fest mit Perspektiveinstellungen bzw. Ansichtseinstellungen vorbelegt.
- **2 + 1 ANIMATIONSFENSTER** teilt den Bildschirm in drei Fenster auf. Das Fenster im linken oberen Eck wird als Animationsfenster geöffnet.

HINWEIS: Die in den einzelnen Icons angezeigte Anzahl gibt die Zahl der Grafikfenster wieder, die nach Funktionsanwahl gezeigt werden. Je nachdem, ob die Menüleiste eingeblendet ist, können Sie die Funktionen nur über die Funktion **ANSICHT** (in der Programmzeile) oder zusätzlich über den Menüpunkt **FENSTER** erreichen.

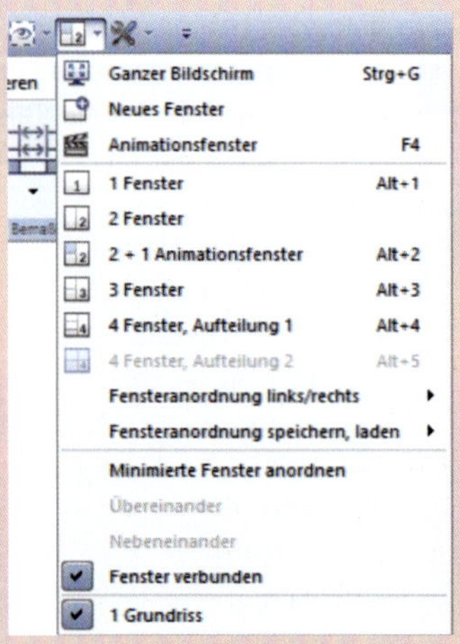

2.7.3 Paletten

Paletten können in allen Oberflächenkonfigurationen zugeschaltet werden. Bei der Oberflächenkonfiguration **ACTIONBAR** sind die Paletten **FUNKTIONEN** sowie Module nicht anwählbar. Die Palette **EIGENSCHAFTEN** sollte entweder immer geöffnet oder zumindest schnell erreichbar platziert werden, da hier wertvolle Informationen der markierten Bauteile angezeigt werden.

Anordnen von Paletten

Paletten können an den vier Seiten des Grafikfensters angedockt werden oder frei über den Symbolleisten und Grafikfenstern verbleiben. Zusätzlich gibt es für Paletten die Möglichkeit, sie am Rand zu minimieren.

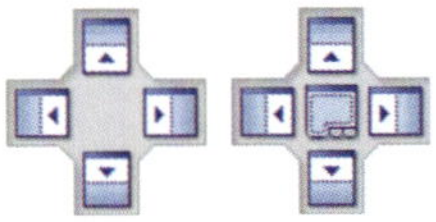

Paletten werden verschoben, indem man entweder den oberen Fensterrand oder den Registereintrag anfasst. Wenn mehrere Paletten hintereinander in Registern geschaltet sind, können diese über den Fensterrand gemeinsam verschoben werden. Die möglichen Andockpositionen werden durch blaue Symbole markiert. Die äußeren Symbole erscheinen zusätzlich jeweils in der Mitte der Ränder, das mittlere Symbol wird nur eingeblendet, wenn sich die Andockposition über einer anderen Palette befindet und Register gebildet werden können.

Über den Pin in der oberen Fensterleiste kann jede Palette, die angedockt ist, automatisch ausgeblendet werden. Sie erscheint entweder bei Aufruf über eine Kurztaste, automatisch zur Eingabe von Eigenschaften oder durch Zeigen mit dem Mauszeiger auf den entsprechenden Text am Bildschirmrand. Paletten, die in Registern angeordnet sind, werden als Einheit ein- und ausgeblendet.

2.7.4 Symbolleisten einrichten

Symbolleisten sind nur in den Oberflächenkonfigurationen **ohne** Actionbar vorhanden. Bei einer Oberflächenkonfiguration **mit** Actionbar können keine Symbolleisten (auch keine eigenen) aktiviert werden.

Anordnen von Symbolleisten

Symbolleisten, egal ob eigene oder Standard-Symbolleisten, können an allen vier Seiten der Anwendung oder alternativ auf der Oberfläche „fliegend" angeordnet werden.

Jede Symbolleiste besitzt, wenn sie angedockt ist und die Symbolleisten nicht fixiert sind, einen Balken vor dem ersten Symbol. An diesem Balken kann die Leiste angefasst und entweder innerhalb der Symbolleisten verschoben oder durch Ziehen in die Konstruktionsoberfläche abgedockt werden.

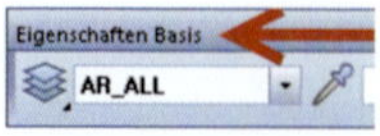

Abgedockte Symbolleisten können am oberen Fensterrahmen der Symbolleiste angefasst und an jeder beliebigen Stelle abgesetzt werden. Wird eine Symbolleiste über einen Bereich geschoben, an dem sie angedockt werden kann, so verändert sich die Größe der Vorschau. Eine abgedockte Symbolleiste kann durch Anklicken des X-Symbols im rechten oberen Eck ausgeblendet werden.

Über einen Doppelklick links in den oberen Fensterrahmen wird die Symbolleiste automatisch an ihre letzte Andockposition verschoben und dort wieder angedockt.

> **HINWEIS:** Einige Funktionen, z. B. Layer, Strich, Stift und Farbe, haben für senkrechte und waagerechte Andockpositionen unterschiedliche Symbole.

2.7.5 Benutzeroberfläche anpassen

Der Dialog **BENUTZEROBERFLÄCHE ANPASSEN** wird je nach Oberflächeneinstellung in zwei unterschiedlichen Ausstattungen geöffnet. Ist die Oberflächenkonfiguration **ACTIONBAR** aktiv, ist das Register **SYMBOLLEISTEN** ausgeblendet und das Register **ACTIONBAR** vorhanden. Bei den anderen Oberflächenkonfigurationen ist das Register **SYMBOLLEISTEN** vorhanden und das Register **ACTIONBAR** ausgeblendet.

Die Symbolgröße kann – im Register **ACTIONBAR** oder im Register **SYMBOLLEISTEN** oder unter Paletten **FUNKTIONEN** – in vier Stufen verändert werden. An der gleichen Stelle kann der Symbolabstand reguliert werden.

TIPP: Ich empfehle die Symbolgröße „mittel" mit sehr kleinen Abständen. Der Platzbedarf ist dabei überschaubar und die Icons lassen sich - bei normalen Auflösungen - gut unterscheiden.

Im Dialog **BENUTZEROBERFLÄCHE ANPASSEN** können im Register **ANPASSEN** alle Grundeinstellungen für die Darstellung der Symbolleisten und Paletten getätigt werden. Zudem können Shortcuts definiert werden. Shortcuts sind Tastenkombinationen, über die Funktionen alternativ aufrufbar sind.

Über die Schaltflächen **IMPORT** bzw. **EXPORT** können UBX-Dateien gelesen und gespeichert werden. Die Dateien enthalten die kompletten Oberflächeneinstellungen. Wird eine UBX-Datei importiert, haben Sie die Wahl, ob alles oder z. B. nur die Kurztastendefinitionen (Shortcuts) eingelesen werden sollen.

Die Schaltflächen **LADEN** und **SPEICHERN** dienen zum Lesen und Speichern der Oberflächeneinstellungen aus der Registrierung. Die Einstellungen sind dort benutzerbezogen abgespeichert.

Symbolleisten

Eigene Symbolleisten können unter der Benutzeroberfläche **ANPASSEN** eingerichtet werden, wenn nicht mit der Actionbar gearbeitet wird. Bei der Oberflächenkonfiguration **ACTIONBAR** kann diese selbst in einem eigenen Dialog angepasst werden.

Im Register **SYMBOLLEISTEN** können sowohl vorhandene Symbolleisten eingestellt als auch neue erzeugt werden. Funktionen in eine neue (oder bestehende Symbolleiste) werden über das Register **ANPASSEN** eingefügt, indem man die gewünschte Funktion sucht und das Icon in die Leiste zieht.

Einstellungen für Paletten

Paletten lassen sich im gleichnamigen Register des Dialogs **BENUTZEROBERFLÄCHE ANPASSEN** einstellen. Neben den Einstellungen, die über das Kontextmenü (Aufruf über die rechte Maustaste, wenn der Mauszeiger sich über der Palette befindet) vorgenommen werden, kann das Einblendverhalten geregelt werden.

Jede Palette hat unterschiedliche Einstellmöglichkeiten. So kann z. B. die Symbolgröße in der Palette **FUNKTIONEN** geändert werden, in der Palette **EIGENSCHAFTEN** können Beschreibung und Übernahme-Schaltflächen angezeigt werden. Für die Palette **CONNECT** können der Benutzername und das Kennwort voreingestellt werden. Die Einstellung wird benutzerbezogen gespeichert, da es sich um einen persönlichen Zugang handelt.

Einstellungen für Actionbar

Im Register **ACTIONBAR** finden Sie die Detaileinstellungen zum Anpassen und Verhalten der Actionbar an sich. Der Inhalt der Actionbar ist über einen eigenen Konfigurator zu definieren.

Besonders interessant sind dabei die Einstellungen zur **SYMBOLGRÖSSE** und dem **ABSTAND DER SYMBOLE** (ideale Einstellung: **MITTEL** und **SEHR KLEIN**), die **POSITION DER FESTEN AUFGABENBEREICHE** (Standard ist **RECHTS**, **LINKS** ergibt beim Umschalten der Rollen/Aufgaben ein ruhigeres Bild) sowie die Einstellungen zu den **FLYOUT-MENÜS**.

2.7.6 Shortcuts definieren

Shortcuts können mit der aktuellen Version über zwei Wege definiert werden, entweder über den vorangehend beschriebenen Dialog **BENUTZEROBERFLÄCHE ANPASSEN** oder über die neue Funktion **SHORTCUTS...** Es ist dabei unerheblich, über welchen Weg ein Shortcut definiert wird. Die Inhalte werden in den Dialogen gespiegelt.

Definition über Benutzeroberfläche anpassen

Die Auswahl der Funktion erfolgt über **KATEGORIEN** entsprechend den Modulen von Allplan. Die zu ändernde Funktion ist unter **SCHALTFLÄCHEN** anzuwählen und der gewünschte Shortcut ist in das Feld **NEUER SHORTCUT** einzutragen. Mit **ZUWEISEN** wird die neue Einstellung übertragen. Im Feld *Beschreibung* werden zusätzliche Informationen zu den einzelnen Funktionen angezeigt.

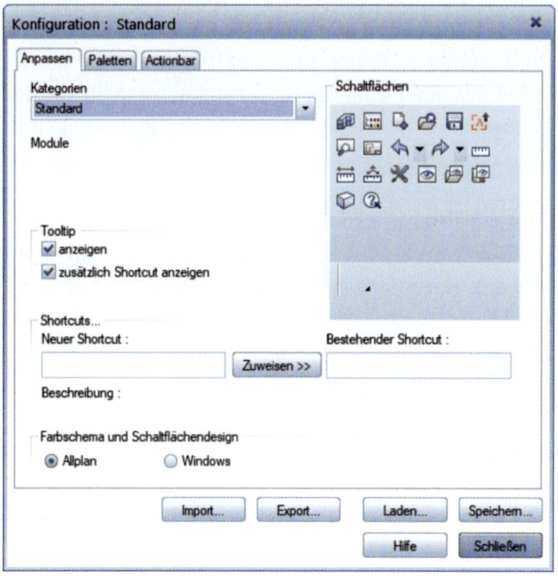

Definition über Funktion Shortcut...

Neu in Version 2020

Die Funktion **SHORTCUT...** (**PROGRAMMZEILE >VOREINSTELLUNGEN**) ist zur Version 2020 neu hinzugefügt worden. Die Funktionen sind so angeordnet, wie diese im Konfigurator der Actionbar auch anliegen.

Die Funktionen werden in **AUFGABENBEREICHE** gegliedert angezeigt. In der Spalte *Shortcuts* werden - wenn angelegt - zu den einzelnen **FUNKTIONEN** definierte Shortcuts angezeigt. Durch einen Linksklick in die Zeile kann dieser definiert/geändert werden. Über **EXPORTIEREN/IMPORTIEREN** kann eine *.shc-Datei gespeichert/geladen werden (Sicherung und/oder Austausch). Durch Anwahl der Funktion **ZURÜCKSETZEN** werden alle Einstellungen auf Allplan-Standard zurückgesetzt. Über **SPEICHERN** werden **ÄNDERUNGEN** gesichert und der Dialog verlassen.

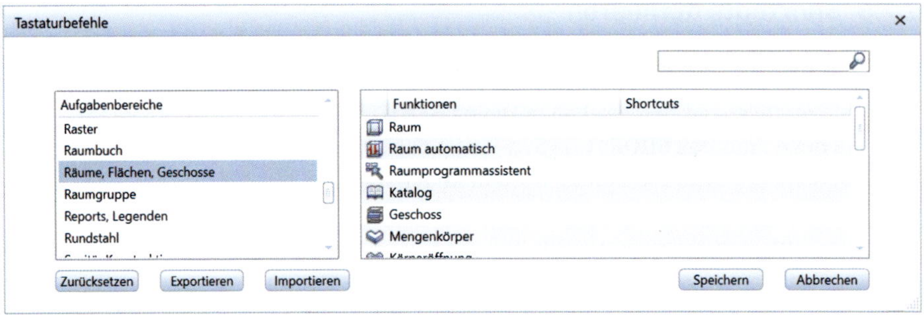

2.7.7 Actionbar-Konfigurator

Über den Konfigurator kann eine bestehende Actionbar verändert werden. Es können neue Rollen erstellt, bestehende Rollen geändert und/oder über das Register *Rollen verwalten* einzelne Rollen aus einer anderen Sicherung eingespielt werden. Die Funktionen sind im Register *Konfiguration* in Aufgabenbereiche gegliedert abgelegt.

Der Ablauf, um einzelne Funktionen in die Actionbar zu integrieren, ist dabei wie folgt:

Actionbar Konfigurator

▷ **ACTIONBAR KONFIGURATOR** starten: Die Funktion befindet sich immer oben rechts an der Actionbar.

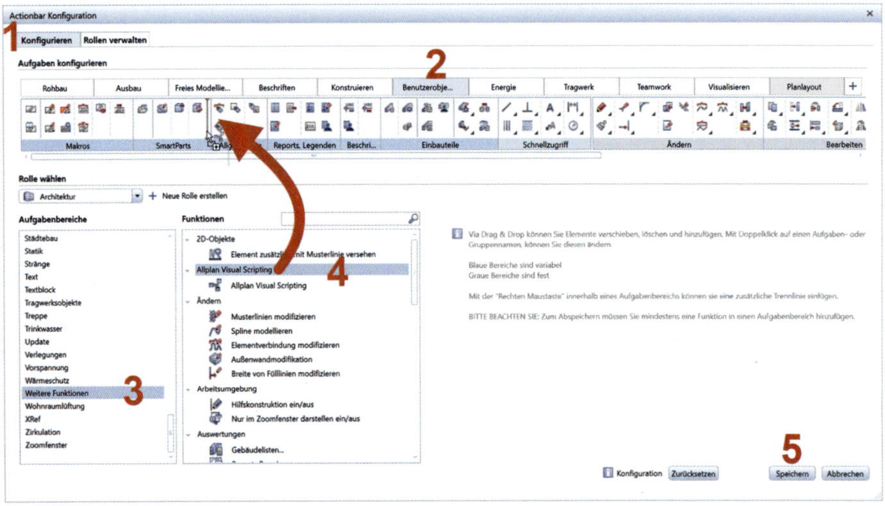

- ▷ **(1)** Register **KONFIGURIEREN**
- ▷ Aufgabe *Benutzerobjekte* **(2)** auswählen
- ▷ Aufgabenbereich *Weitere Funktionen* **(3)** anwählen
- ▷ Unter *Funktionen* den Abschnitt *Allplan Visual Scripting* **(4)** markieren und in die Actionbar (z. B. hinter den Bereich *SmartParts*) ziehen und fallen lassen.
- ▷ Weitere Änderungen/Ergänzungen tätigen oder den Dialog über **SPEICHERN (5)** verlassen

Durch Ziehen von ganzen Gruppen können komplette Abschnitte hinzugefügt werden. Die Bezeichnungen der Bereiche und Aufgaben lassen sich über einen Doppelklick links auf den Namen ändern. Im Register *Rollen verwalten* finden Sie die Funktionen zum **EXPORTIEREN** und **IMPORTIEREN**, um die getätigten Änderungen zu sichern.

2.8 Nutzereingaben - Bedienung

Alle Eingaben und Angaben, die Sie in Allplan tätigen, werden entweder über die Tastatur oder die Maus getätigt. Je nachdem, wo sich der Fokus für Tastatureingaben befindet und/oder ob ein Dialog, Konstruktionsfenster oder Animationsfenster geöffnet bzw. aktiv ist, unterscheiden sich die Eingabemöglichkeiten. Zudem unterscheidet Allplan den sogenannten Modus, d. h., die Eingaben bewirken je nach Modus (z. B. Funktion aktiv/nicht aktiv) unterschiedliche Dinge.

Die in den Dialogen **PROJEKTBEZOGEN ÖFFNEN** zur Verfügung stehenden Hilfsmittel werden in Abschnitt 2.3, „Teilbilder und Pläne", beschrieben.

2.8.1 Eingaben über die Tastatur

Neben vielen Shortcuts, die definiert sind bzw. die Sie selbst definieren, werden in Dialogen Eingaben abgefragt. In den meisten Eingabefeldern für Werteingaben kann direkt gerechnet werden, d. h., Sie können direkt einen Rechenvorgang (1 + 5 × 2) eingeben, um den Wert (11) zu erhalten.

Eingabefelder, die zur Eingabe von Attributen dienen, sind auf die jeweils maximale Anzahl von Zeichen des Attributs beschränkt. Je nach Attribut sind unterschiedliche Einschränkungen vorhanden. So existieren Felder, die nur Zahleingaben erlauben, Textfelder, bei denen Sie aus vordefinierten Werten auswählen können und eigene Eingaben erlaubt sind, sowie Felder, bei denen der gewünschte Wert aus einer Liste ausgewählt werden muss.

2.8.2 Eingaben über die Maus – Maustastenbelegungen

Allplan unterscheidet je nach Status die unterschiedlichen Tastaturbelegungen der Maus. Basis bildet dabei eine Maus mit drei Tasten. Bei den heute verfügbaren Mäusen mit Mausrad und vielen weiteren Tasten kann das Mausrad als mittlere Taste eingestellt werden. Zusätzlich zur Maus wird bei einigen Aktionen eine Taste der Tastatur benötigt. Die nachfolgenden Erläuterungen zu den einzelnen Maustasten beziehen sich auf die Standardbelegung der Tasten. Das Scrollrad ist als **<MITTLERE MAUSTASTE>** eingestellt. Eine vollständige Übersicht finden Sie in der Hilfe zu Allplan. Zur Vereinfachung der Schreibweise ist das Drücken der linken Maustaste mit L-Klick abgekürzt, das der rechten Maustaste mit R-Klick und das der mittleren Maustaste mit M-Klick.

Es werden im Wesentlichen folgende Status von Allplan unterschieden, die in der Dialogzeile erkennbar sind:

- Keine Funktion

- Zeichenfunktion aktiv – Punktfang aktiv

- Bearbeitungsfunktion ist aktiv

TIPP: Unter dem Menüpunkt **ANSICHT > SYMBOLLEISTEN** kann eingestellt werden, ob in der Dialogzeile der Funktionsname der aktiven Funktion eingeblendet werden soll.

2.8.2.1 Keine Funktion aktiv

Sie erkennen in der Dialogzeile, wenn keine Funktion aktiv ist.

Linke Maustaste

- **L-KLICK** auf das Befehlsicon startet die Funktion und/oder ruft einen Dialog auf. **L-KLICK** auf ein Element markiert das Element und zeigt die Eigenschaften des Elements in der Palette **EIGENSCHAFTEN** an. Wird nach dem Aktivieren eines Elements eine Funktion wie **KOPIEREN** oder **VERSCHIEBEN** angewählt, so wird die Funktion auf die markierten Elemente angewendet und danach beendet. Über einen weiteren Linksklick auf einen Ziehpunkt wird dieser zum Modifizieren aktiviert.

- **STRG + L-KLICK** auf **ELEMENT** markiert ein zusätzliches Element oder entfernt ein Element aus der Auswahl (nur wenn mindestens ein Element bereits markiert wurde). Am Fadenkreuz erscheint ein Plus-Minus-Symbol, wenn sich ein Element im Fangbereich des Fadenkreuzes befindet. Ansonsten wird ein Summensymbol angezeigt.

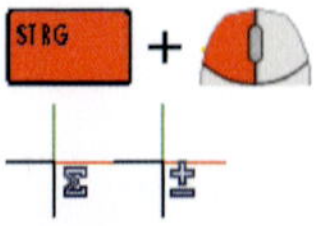

- **UMSCHALT + L-KLICK** auf **ELEMENT** markiert Elemente mit der gleichen Segmentnummer.

- **L-DOPPELKLICK** auf **ELEMENT** ruft das Dialogfenster **EIGENSCHAFTEN DES ELEMENTES** bzw. die Palette **EIGENSCHAFTEN** (Optionen → Arbeitsumgebung) auf. Ein **L-DOPPELKLICK** in der Zeichenfläche öffnet den Dialog **PROJEKTBEZOGEN ÖFFNEN**.

- **UMSCHALT + L-DOPPELKLICK** auf **ELEMENT** ruft die Eigenschaften des Elements im Dialogfeld auf.

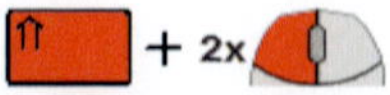

- **STRG + L-DOPPELKLICK** auf **ELEMENT** zeigt die **EIGENSCHAFTEN FORMAT DES ELEMENTES** an. Diese können direkt verändert werden. Ein **STRG + L-DOPPELKLICK** in die Zeichenfläche öffnet den Dialog **LAYER EINSTELLEN**.

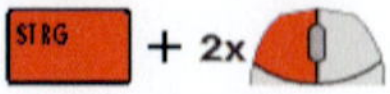

Mittlere Maustaste – Scrollrad

- **DREHEN (SCROLLEN)** zoomt dynamisch ein und aus, mit dem Fadenkreuz als Zentrum. Drehen am Rad ist eine einfache und schnelle Möglichkeit, den Bildschirminhalt neu aufbauen zu lassen.

- **MITTLERE MAUSTASTE + MAUSBEWEGUNG** bewegt die Zeichenfläche in die entsprechende Richtung. Die Aktion wird mit einem Handsymbol anstelle des Fadenkreuzes symbolisiert.

Rechte Maustaste

- **R-KLICK** auf **ELEMENT** klappt das Kontextmenü des Elements auf. Im Kontextmenü befinden sich die gängigsten Funktionen. Bei Funktionsanwahl über das Kontextmenü des Elements wird das Element automatisch markiert und verwendet bzw. bei Funktionalitäten, bei denen mehrere Elemente nacheinander angewählt werden, wird es als Element 1 gesetzt. Ein **R-KLICK** auf **ZEICHENFLÄCHE** klappt das allgemeine Kontextmenü auf.

- **R-DOPPELKLICK** in die Zeichenfläche öffnet den Dialog **LAYER**, ein **R-DOPPELKLICK** auf **ELEMENT** ruft die Funktion **ERZEUGEN DES ELEMENTES** auf und übernimmt all dessen Eigenschaften. Nutzen Sie diese Funktionalität, wenn Sie gleichartige Elemente zeichnen wollen (auch bei der Übernahme aus dem Assistenten).

- **STRG + R-KLICK** auf **ZEICHENFLÄCHE** öffnet den **FILTER-ASSISTENTEN** als Kontextmenü mit Optionen zur Aktivierung.

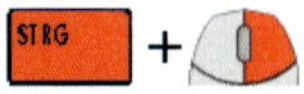

- **RECHTE MAUSTASTE + STRG + KLICK + HALTEN + BEWEGEN** startet einen Zoombereich zur Ausschnittvergrößerung.

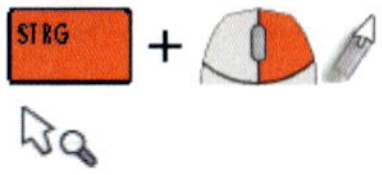

2.8.2.2 Zeichenfunktion aktiv – Punktfang aktiv

Sie erkennen in der Dialogzeile den Modus, in dem sich das Programm befindet. Wenn eine Zeichenfunktion aktiv ist (bzw. der Punktfang in Bearbeitungsfunktion) und unterschiedliche Möglichkeiten der Eingabe bestehen, werden z. B. Funktionen zum Punktfang und der Punkteingabe in der Dialogzeile angezeigt.

Linke Maustaste

- **L-KLICK** auf **ELEMENT** aktiviert das Element für die Funktion bzw. setzt einen Punkt auf das Element, ein **L-KLICK** auf **PUNKT** setzt den Punkt (Anfangspunkt, weiterer Punkt, Endpunkt…) für die Funktion.

Mittlere Maustaste – Scrollrad

Die mittlere Maustaste verhält sich innerhalb von Funktionen so wie ohne aktive Funktion.

Rechte Maustaste

- **R-KLICK** in die Zeichenfläche oder auf ein Element klappt das Kontextmenü des Punktfangs auf. Ein **R-KLICK** in Eingabefelder öffnet bei vielen Eingabefeldern ein spezielles Kontextmenü für weitere Optionen. Je nachdem, ob der Klick auf ein Element, einen Punkt oder im Leeren erfolgt, werden unterschiedliche Möglichkeiten angezeigt.

2.8.2.3 Bearbeitungsfunktion ist aktiv

Sie erkennen in der Dialogzeile den Modus, in dem sich das Programm befindet. Wenn eine Bearbeitungsfunktion aktiv ist, werden nur der Funktionsname und eine Frage angezeigt.

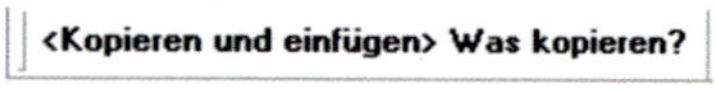

Linke Maustaste

- **L-KLICK** auf **ELEMENT** (ohne Summenfunktion) aktiviert das Element für die Funktion. Der Modus verändert sich, und die Dialogzeile zeigt Funktionen des Punktfangs an. Ein **L-KLICK** auf **ELEMENT** (mit Summenfunktion) aktiviert/deaktiviert das Element für die Funktion.
- **UMSCHALT** + **L-KLICK** auf **ELEMENT** aktiviert eine Gruppe (gleiche Segmentnummer) für die Funktion.
- **KLICKEN** und **ZIEHEN** auf der Zeichenfläche zieht ein Aktivierungsfenster auf, mit dem Sie Elemente markieren können. Je nach Einstellung und Ziehrichtung werden nur die eingeschlossenen, die eingeschlossenen und darüber hinausgehenden Elemente oder nur die über das Aktivierungsfenster hinausgehenden Elemente markiert. Bei aktiver Summenfunktion können mehrere Bereiche markiert werden, während ohne Summenfunktion die aktivierten Elemente sofort für die Funktion zur Verfügung stehen.

Mittlere Maustaste – Scrollrad

Die mittlere Maustaste verhält sich innerhalb von Funktionen so wie ohne aktive Funktion.

Rechte Maustaste

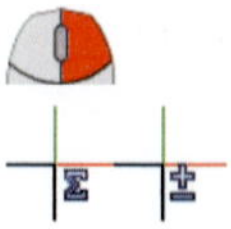

- **R-KLICK** auf **ZEICHENFLÄCHE** startet und beendet die Summenfunktion bei Funktionen mit Elementanwahl oder bestätigt/führt Aktionen aus, wenn die Abfrage **BESTÄTIGEN** in der Dialogzeile erscheint. Bei aktivierter Summenfunktion können weitere Aktionen getätigt werden. Diese werden erst beim Beenden (**BESTÄTIGEN**) ausgeführt. Ein **R-KLICK** in Eingabefelder öffnet bei vielen Eingabefeldern ein spezielles Kontextmenü für weitere Optionen.

- **STRG + R-KLICK** auf **ZEICHENFLÄCHE** öffnet den **FILTER-ASSISTENTEN** als Kontextmenü mit Optionen zur Aktivierung.

Maustastenkombination

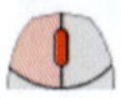

- **MITTE → LINKS** (auf **ELEMENT**) aktiviert eine Gruppe (gleiche Segmentnummer) für die Funktion. Symbole aus der Bibliothek, welche aus mehreren Elementen bestehen, haben in allen Einzelteilen eine einheitliche Segmentnummer. Ebenso kann die Flächenaufteilung, welche bei der Auswertung über Reports auf einem Teilbild erzeugt werden kann, über die Segmentnummer als Gruppe angesprochen werden.

2.8.3 Navigation auf der Zeichenfläche, im Modell

- **(1)** Bewegungsmodus ausgeschaltet – Fadenkreuz, Konstruktionsmodus
  Kontextmenü zu Objekten und Ähnlichem
- **(2)** Bewegungsmodus eingeschaltet – Kamera- oder Kugelmodus
  Kontextmenü zum Animationsmodus

Bei eingeschaltetem Bewegungsmodus des jeweiligen Fensters (Konstruktionsfenster *Default* = aus, Animationsfenster *Default* = ein) ändert sich die Tastenbelegung der Maus, um Ihnen ein komfortables Navigieren im Raum zu ermöglichen. Eine Bewegung wird immer durch Gedrückthalten der jeweiligen Maustaste und die Bewegung der Maus gebildet.

Bewegungsmodus aus

- **DREHEN (SCROLLEN)** zoomt dynamisch ein und aus, mit dem Fadenkreuz als Zentrum. Drehen am Rad ist eine einfache und schnelle Möglichkeit, den Bildschirminhalt neu aufbauen zu lassen.

- **MITTLERE MAUSTASTE + MAUSBEWEGUNG** bewegt die Zeichenfläche in die entsprechende Richtung. Die Aktion wird mit einem Handsymbol anstelle des Fadenkreuzes symbolisiert.

Bewegungsmodus an – Kugelmodus

Im **KUGELMODUS** (Standardeinstellung) wird die Kamera auf der Oberfläche einer gedachten Kugel um den Zielpunkt bewegt. Der Zielpunkt sollte möglichst nahe am Objekt liegen. Der Kugelmodus ermöglicht es, ein Objekt schnell von allen Seiten zu betrachten, und eignet sich besonders dazu, um das Modell zu „fliegen" und es von außen zu betrachten.

- **LINKE MAUSTASTE + MAUSBEWEGUNG** bewegt die Kamera auf einer gedachten Kugeloberfläche um das Objekt.
- **MITTLERE MAUSTASTE + MAUSBEWEGUNG** bewegt die Kamera seitlich, nach oben und/oder unten. Der Zielpunkt im Objekt (Kugelmittelpunkt) wird dabei verschoben.
- **RECHTE MAUSTASTE + MAUSBEWEGUNG** bewegt die Kamera auf das Objekt zu oder vom Objekt weg (auch im Kameramodus verfügbar).
- **MAUSRAD DREHEN** bewegt die Kamera auf das Objekt zu oder vom Objekt weg (auch im Kameramodus verfügbar).

Bewegungsmodus an – Kameramodus

Im Kameramodus (**STRG**-Taste gedrückt) wird die Blickrichtung der Kamera direkt gesteuert. Das bedeutet, die Position der Kamera (der Augpunkt) bleibt unverändert, es ändert sich aber die Blickrichtung (der Zielpunkt). Der Kameramodus eignet sich besonders für Kamerafahrten innerhalb eines Gebäudes, z. B. durch einen Korridor, eine Treppe hinauf oder Ähnliches.

- **LINKE MAUSTASTE + STRG + MAUSBEWEGUNG** dreht die Kamera um den Augpunkt.
- **RECHTE MAUSTASTE + MAUSBEWEGUNG** bewegt die Kamera auf das Objekt zu oder vom Objekt weg (auch im Kameramodus verfügbar).

2.8.4 Funktion aufrufen/beenden

Es gibt mehrere Möglichkeiten, eine Funktion aufzurufen. Je nach Aufrufart werden Eigenschaften übernommen oder Standardwerte gesetzt.

- Ein Klick (linke Maustaste) auf das Icon der Funktion startet die Funktion. Je nach eingestellten Optionen in der Layerauswahl (**AUTOMATISCHE LAYERAUSWAHL BEI MENÜANWAHL** im Register **LAYERAUSWAHL/SICHTBARKEIT**) wird ein Layer vorgeschlagen, und es werden (bei Formateigenschaftsübernahme) Formateigenschaften übernommen.

Ein Aufruf über einen definierten Shortcut entspricht dem Funktionsaufruf über das Icon der Funktion (Definition von Shortcuts siehe Abschnitt 2.7.6, „Shortcuts definieren").

Eigene Symbolleisten können unter der Benutzeroberfläche **ANPASSEN** eingerichtet werden, wenn nicht mit der Actionbar gearbeitet wird. Bei der Oberflächenkonfiguration über die Actionbar kann diese selbst in einem eigenen Dialog angepasst werden.

Im Register **SYMBOLLEISTEN** können sowohl vorhandene Symbolleisten eingestellt als auch neue erzeugt werden. In eine neue (oder bestehende) Symbolleiste werden Funktionen über das Register **ANPASSEN** eingefügt, indem man die gewünschte Funktion sucht und das Icon in die Leiste zieht.

Die Einstellung **SYMBOLGRÖSSE** im Register **SYMBOLLEISTEN** definiert, wie groß die Icons in den Symbolleisten, der Actionbar oder der Palette *Funktionen* angezeigt werden.

> **HINWEIS**: Die bevorzugte Symbolgröße ist „mittel". Bei kleinen Symbolen kann es deutlich leichter zu Verwechslungen kommen. Große und sehr große Symbole können leicht unscharf wirken. Die Screenshots in diesem Buch wurden vorwiegend mit der Einstellung „mittel" erzeugt. Die im Buch gezeigten Icons der Funktionen sind „mittel", außer bei Funktionen, die nur im Kontextmenü oder in einem Dialog zu finden sind.

Funktionsaufruf

- **DOPPELKLICK (RM)** auf ein Element startet die Funktion, mit der das Element erzeugt wurde, und übernimmt alle Einstellungen des bestehenden Elements. Über Doppelklick (rechte Maustaste) auf ein Bauteil/Element in einem geöffneten Assistenten kann sehr schnell und einfach auf immer gleiche oder ähnliche Bauteile zugegriffen werden.
- **ERSTE ZEILE KONTEXTMENÜ** eines Elements startet die Funktion in der gleichen Weise wie der Aufruf über dessen Icon in der Symbolleiste. Es werden also keine Eigenschaften vom bestehenden Element übernommen.
- **ZWEITE ZEILE KONTEXTMENÜ** eines Elements (Übernahme) funktioniert analog der ersten Zeile, jedoch werden alle Eigenschaften des Elements für das neu zu erstellende Element übernommen.

Übernahme

Funktion beenden

Funktionen können auf unterschiedliche Art beendet werden:

- ESC-Taste
- Funktionsabbruch durch Wahl einer anderen Funktion
- Rechtsklick auf eine Symbolleiste (farbiges Symbol!)

Je nach Funktion werden Elemente erzeugt oder die Eingabe komplett zurückgenommen.

2.8.5 Abfragen in der Funktion

Innerhalb jeder Funktion werden unterschiedliche Eingaben gefordert. In der Dialogzeile wird angezeigt, welche Eingaben möglich bzw. nötig sind.

- **DIALOGZEILE** mit Anzeige erscheint bei unterschiedlichen Abfragen, die mittels Schrägstrich (/) getrennt aufgeführt werden. Sie haben die Wahl zwischen unterschiedlichen Optionen. Im angezeigten Bild können entweder die Eigenschaften der Tür eingestellt oder die Außenwandlinie angewählt werden. Je nach Funktion können hier auch mehrere Optionen angeboten werden.

- **DIALOGZEILE** mit Punktfang erscheint immer, sobald Sie in der Zeichnungsfläche einen Punkt angeben können oder müssen. Je nach Funktion werden unterschiedliche Eingabefelder angezeigt. Bei vielen Funktionen bestehen auch bei Anzeige der Punktfangfunktionen unterschiedliche Optionen, die vor den Eingabefeldern angezeigt werden.

- **DIALOGZEILE** mit Frage wird z. B. bei den Funktionen der Symbolleiste angezeigt. Sie müssen hier Elemente oder Punkte identifizieren, mit denen Sie die gewählte Aktion ausführen wollen.

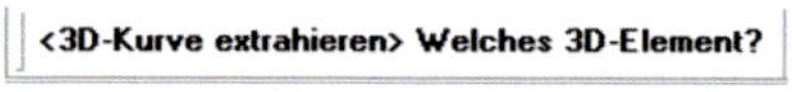

2.8.6 Aktion rückgängig machen/wiederherstellen

Mit den Funktionen **RÜCKGÄNGIG** und **WIEDERHERSTELLEN** werden ganze Aktionen bearbeitet. Innerhalb vieler Funktionen gibt es die Funktion **LETZTE EINGABE RÜCKGÄNGIG**, die einzelne Schritte rückführt.

Rückgängig

- **RÜCKGÄNGIG** dient dem Zurückführen einzelner Schritte. Über das Pull-down-Menü können Sie auch mehrere Schritte auf einmal zurücknehmen. Es ist nicht möglich, einen weiter zurückliegenden Schritt zurückzunehmen und einen neueren zu behalten. Für die Rückführung einzelner Schritte innerhalb einer Funktion gibt es bei einigen Funktionen einen eigenen Schalter: **LETZTE EINGABE RÜCKGÄNGIG**.

Wiederherstellen

- **WIEDERHERSTELLEN** stellt die mit **RÜCKGÄNGIG** gelöschten Aktionen wieder her.
- **WIEDERHOLEN** kann entweder über den Menüpunkt **WIEDERHOLEN** mit einer Liste der letzten aufgerufenen Funktionen angezeigt werden oder im allgemeinen Kontextmenü. Im allgemeinen Kontextmenü wird nur die zuletzt aufgerufene Funktion angezeigt.

Letzte Eingabe rückgängig

- **LETZTE EINGABE RÜCKGÄNGIG** steht Ihnen in vielen Funktionen zur Verfügung und dient zur Rücknahme des letzten Eingabeschrittes, ohne die Funktion zu beenden.

HINWEIS: Wird bei aktiver Funktion das Icon (oder die Kurztaste) für Rückgängig angewählt, so wird die aktive Funktion abgebrochen (Element wird nicht erzeugt, Aktion wird nicht ausgeführt) und danach die zuvor ausgeführte Aktion rückgängig gemacht.

2.9 Layer - Formateigenschaft und Strukturelement

2.9.1 Layer - Grundwissen

Über Layer kann die Sichtbarkeit während der Bearbeitung und bei der Ausgabe gesteuert werden. Zusätzlich kann die Darstellung von Linien über Layer gesteuert werden. Hierbei kann entweder über Vorschlagwerte (änderbar) gearbeitet werden oder über Linienstile mit fest eingestellten Eigenschaften.

Layer können als Eigenschaft ähnlich einem Attribut gesehen werden, auch wenn sich viele Verhaltensweisen von Layern eher an Folien orientieren. Die Eigenschaft **LAYER** ist ideal, um Konstruktionselementen bestimmte Kategorien zuzuweisen (z. B. tragende Wände, Text, Maßlinie). Über diese Eigenschaft kann die Sichtbarkeit der Bauteile/Elemente im Teilbild, bei der Zusammenstellung von Plänen, bei der Berechnung von Ansichten und Schnitten sowie bei der Auswertung und Ausgabe in anderen Datenformaten beeinflusst und präzise gesteuert werden. Unabhängig von der präziseren Bedeutung der Layer (Eigenschaft **FORMAT/ATTRIBUT**) wird davon gesprochen, dass ein Element „auf" einem Layer ist.

Die gesamte Layerstruktur ist projektweit gleich (Projekteinstellung *Projekt/Büro*, siehe Abschnitt 2.2.1.3, „Ressourcen (Büro oder Projekt)"). Alle Layer (bis auf den Layer *Standard*) können im Status (aktuell, bearbeitbar, sichtbar gesperrt, unsichtbar gesperrt) verändert werden. Diverse interne Layer können nicht bearbeitbar geschaltet werden, um die darauf enthaltene Information vor Fehleingriffen zu schützen. Über jeden Layer (außer den Layer *Standard*) können entweder Vorschlagswerte oder fest eingestellte Formateigenschaften (und Linienstile) definiert werden, die für die Darstellung aller auf dem Layer befindlichen Elemente dienen.

HINWEIS: Der Layer ist eine der Formateigenschaften, über welche die Darstellung eines Elements gesteuert werden kann und über die sich die Sichtbarkeit des Elements steuern lässt.

In Allplan können bis zu 65535 unterschiedliche Layer verwaltet werden. Die Nummern von 1 bis 32767 (also etwa die Hälfte) sind für Allplan-eigene Layer reserviert. Frei verfügbar für eigene Layerstrukturen sind die Nummern 32768 bis 65535. Die Layerkurznamen und -langnamen sind zusammen mit den Layergruppen, der Nummer und den Einstellungen für die Darstellung (Linienstil und/oder Formateigenschaften) in einer Datei gespeichert. An jedem Element werden nur die Layernummer sowie eine Information, ob die Darstellung vom Layer übernommen werden soll, gespeichert.

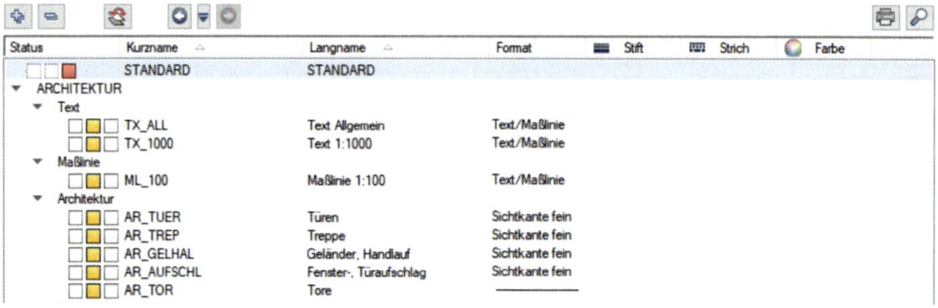

Layer können in Allplan in zwei Stufen gegliedert werden. Mit der oberen Strukturstufe kann der Bereich definiert (z. B. ARCHITEKTUR, PLANEN IM BESTAND) und mit der unteren ein Unterbereich beschrieben werden (z. B. Architektur, Bestand). Neben der leichteren Auffindbarkeit von Layern dienen die Strukturstufen in der Layerstruktur dem schnelleren Ein-/Ausblenden ähnlicher Layer.

Bezeichnung	Bis Allplan 2013	Allplan 2014 bis Allplan 2018	Ab Allplan 2019
Obere Strukturstufe (ARCHITEKTUR, PLANEN IM BESTAND)	28	80	255
Untere Strukturstufe (Architektur, Bestand)	28	70	255
Kurzname (AR_ALL, PIB_BST_TR)	10	16	64
Langname (Architektur Allgemein, Bestand tragend)	28	70	255

Die meisten Layer sind mit kürzeren Namen als den maximal erlaubten gekennzeichnet.

TIPP: Im Register *Rechtesets* des Dialogs **LAYER** kann unter *Benutzer Optionen* eingestellt werden, dass statt der Layerkurzbezeichnung die ersten 16 Zeichen des Langnamens angezeigt werden. Dies kann bei importierten Daten die Übersicht in der Layerstruktur deutlich verbessern.

2.9.2 Layer verwalten – Dialog Layer einstellen

Der Dialog **LAYER EINSTELLEN** ist die zentrale Verwaltung für alle möglichen Einstellungen zu Layern. Zusätzlich können bei Bedarf auch die Sichtbarkeit und der aktive Layer über diesen Dialog gesteuert werden. In einer Workgroup-Installation oder bei Share-Projekten haben nur der Administrator (SYSADM) und der Projekteigentümer alle Rechte zum Bearbeiten von Layern.

- Das Register **LAYERAUSWAHL/SICHTBARKEIT** beinhaltet auf der linken Seite in einer Baumstruktur und auf der rechten Seite verschiedene Optionen. In der Baumstruktur können Sie Layer markieren und diese mit den Schaltflächen unter **STATUS ÄNDERN** schalten. Ist statt einem Layer ein Oberpunkt markiert, wird die Statusänderung auf alle untergliederten Layer übertragen. Über die Optionen im Bereich **INHALT LISTENFELD** kann die Anzeige der Layer je nach Bedarf gesteuert werden. Es können z. B. nur die Layer der geladenen Dokumente angezeigt werden.
- Über das Register **DRUCKSET** können Drucksets erstellt und verwaltet werden. Mit Drucksets kann der Status vieler Layer auf einmal geändert werden. Drucksets können in Darstellungsfavoriten und bei der Planzusammenstellung verwendet werden und dienen der Vereinheitlichung von Arbeitsweisen.
- Im Register **RECHTESET** kann Einfluss darauf genommen werden, ob alle Benutzer komplette Rechte auf alle Layer haben oder ob z. B. der Haustechniker oder Statiker verschiedene Layer nur sehen, aber nicht bearbeiten kann.
- Im Register **FORMATDEFINITION** werden den Layern Linienstile oder Formateigenschaften zugeordnet. Wird der Linienstil eines Layers geändert, hat dies direkte Auswirkungen auf die Darstellung der Elemente auf den Teilbildern und im Plan. Über die Option **IN GELADENEN DOKUMENTEN EXISTIERENDE LAYER AUFLISTEN** kann die Anzeige der Layer auf die in den geladenen Dokumenten existierenden Layer eingeschränkt werden.
- Im Register **LAYERSTRUKTUREN** wird die Nummer jedes Layers angezeigt. Außerdem kann die Layerstruktur gespeichert oder durch eine andere Struktur überschrieben werden. Darüber hinaus können im Register **LAYERSTRUKTUREN** weitere Standardlayer von Allplan (gespeichert im ETC-Verzeichnis) in das aktuelle Projekt (oder Büro) eingetragen werden.

2.9.3 Formateigenschaft aus Layer

Neben der Möglichkeit, die Sichtbarkeit der Elemente über Layer zu steuern und die Daten innerhalb eines Teilbildes zu strukturieren, kann die Darstellung über Layer gesteuert oder unterstützt werden. Hierzu gibt es drei verschiedene Einstellungen, die unterschiedliche Auswirkungen sowie Vor- und Nachteile haben.

- **NICHT VERWENDEN, FORMATEIGENSCHAFTEN AUS LAYERN IGNORIEREN** besagt, dass Formateigenschaften weder vorbelegt sind noch fest vom Layer übernommen werden. Bei dieser Einstellung müssen alle Formateigenschaften des zu erzeugenden Elements eingestellt werden. Die Einstellung ist ideal, wenn bei jedem zu erzeugenden Element die Darstellung separat geregelt werden soll und die Darstellung innerhalb eines Layers unterschiedlich sein soll.

- **EINFACHE ÜBERNAHME IN DIE FORMAT-SYMBOLLEISTE ALS VORSCHLAGSWERT, BEI DER LAYERANWAHL** belegt die Formateigenschaften **STIFT**, **STRICH** und **FARBE** mit den für den Layer vordefinierten Werten, die geändert werden können. Es kann bestimmt werden, welche Einstellungen vorgeschlagen werden sollen (Stiftdicke, Strichart, Linienfarbe). Die Formateinstellungen können jederzeit geändert werden. Die Einstellung ist gut, wenn Sie Elementen mit einer Layerzuordnung grundsätzlich eine gleiche Optik geben möchten, diese aber auch ändern können möchten.
- **VON LAYER, FEST AUS DEM ZUGEORDNETEN LINIENSTIL BZW. STIFT, STRICH, FARBE**: Jedem Layer ist ein Linienstil oder eine Formateigenschaft (**STRICH**, **STIFT** und **FARBE**) fest zugeordnet, welcher die Darstellung für jedes Element auf dem Layer verbindlich regelt. Unabhängig davon, ob die Eigenschaften fest (für alle Maßstäbe/Zeichnungstypen) oder über Linienstile (je Maßstabsbereich und Zeichnungstyp) für einen Layer eingestellt sind, wird in den Formateigenschaften eines Elements die Einstellung auf dem Layer nur angezeigt (ausgegraut) und ist nicht änderbar. Die Kontrolle über Strichstärken, Strichart und Strichfarbe ist in den Definitionen der Linienstile festgelegt und wird über Zeichnungstypen oder den Bezugsmaßstab abgerufen. Bei dieser Einstellung erhalten Sie auf schnelle und einfache Weise Pläne, die eine einheitliche Handschrift aufweisen und gut sortierte Daten enthalten. Die Einstellung ist ideal, um unterschiedliche Darstellungen auf jedem Plan zu erhalten, ohne doppelte Daten auf mehreren Teilbildern erzeugen zu müssen.

Linienstil – Formateigenschaften

Jedem Layer kann, bei einer festen Kopplung von Layer und Darstellung, entweder ein Linienstil oder Formateigenschaften (Stift, Strich, Farbe) zugeordnet werden. Linienstile sind ideal für Darstellungen, die sich zeichnungstyp- oder maßstabsbezogen ändern sollen (z. B. Schnittkanten von Wänden in 1:200 mit 0.25 und in 1:50 mit 0.50), während feste Formateigenschaften dann von Vorteil sind, wenn sich die Elemente in **allen** Maßstäben oder Zeichnungstypen gleich zeigen sollen (z. B. Achsen immer blau, dünn und strichpunktiert).

Zeichnungstyp und Maßstab

Linienstile (für die Darstellung von Elementen in Abhängigkeit von Layern) und Flächenstile (Stilflächen) besitzen Definitionen für jeden Zeichnungstyp und für Maßstabsbereiche. In der Auswahl der Zeichnungstypen in der Statusleiste kann der gewünschte Zeichnungstyp gewählt werden. Bei der Auswahl des Zeichnungstyps *<Maßstabs-Definition>* wird die Steuerung über Zeichnungstypen abgeschaltet und die Einstellung für Maßstäbe verwendet.

TIPP: Die Arbeitsweise mit Layern **und** Linienstilen bedingt die größte Vorarbeit, bietet aber einen sehr hohen Automatisierungsgrad. Dies ist vor allem bei der Verwendung von Assistenten ideal. Diese Einstellung ist im Beispielprojekt des Buches gewählt. Alle enthaltenden Assistenten sind aufeinander abgestimmt.

2.9.4 Layerstatus

Es werden vier unterschiedliche Status für Layer unterschieden. Ein Layer ist immer aktiv, weitere Layer können bearbeitbar, sichtbar gesperrt und unsichtbar gesperrt geschaltet werden. Je nach Einstellung in den Optionen haben Elemente auf unsichtbaren Layern Wechselwirkungen mit Elementen auf sichtbaren Layern.

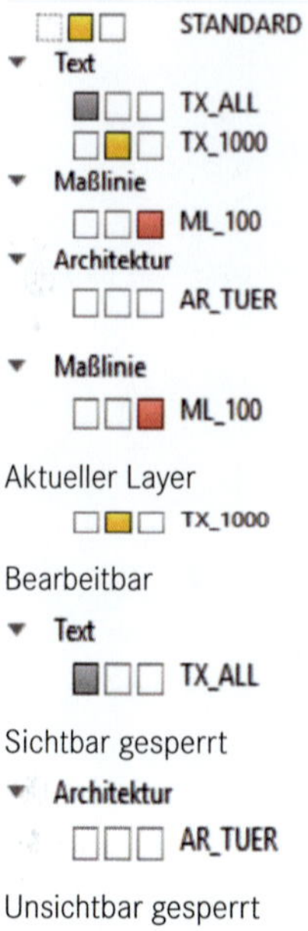

- Es gibt immer einen Layer vom Typ **AKTUELLER LAYER**. Dieser wird bei der Erzeugung von neuen Elementen verwendet. Allplan schlägt bei jedem Funktionsaufruf automatisch den letzten Layer vor (wenn dies in den Optionen eingestellt wurde), der bei der gewählten Funktionsgruppe verwendet wurde. Zudem erscheint in der Schnellanwahl eine Auswahl von Layern, die für die gewählte Funktion geeignet sind.
- Elemente, deren Layer **BEARBEITBAR** sind, können geändert, gelöscht usw. werden.
- Elemente, deren Layer **SICHTBAR GESPERRT** sind, können nicht verändert werden. Im Register **LAYERAUSWAHL/SICHTBARKEIT** des Dialogs **LAYER AUSWÄHLEN, EINSTELLEN** kann die Darstellung der sichtbar gesperrten Layer in eine einheitliche Farbe geändert werden.
- **UNSICHTBAR GESPERRT** blendet die Elemente komplett aus. **UNSICHTBAR GESPERRT** ist ideal, um über die Elementeigenschaft *Layer* ganze Bauteilgruppen unsichtbar zu schalten. So kann z. B. bei der Möblierung eines Grundrisses die Vermaßung ausgeblendet werden, um die Übersicht zu erhöhen.

HINWEIS: Es gibt viele Bauteile, die Wechselwirkungen untereinander haben. Wird ein solches Bauteil geändert und hat dies eine Auswirkung auf ein Bauteil, dessen Layer sichtbar gesperrt oder unsichtbar gesperrt geschaltet ist, erscheint der Hinweis, dass Elemente auf gesperrten Layern geändert werden. Automatisierte Änderungen, wie assoziative Beschriftungen und Bemaßungen, werden auch auf sichtbar gesperrten und unsichtbar geschalteten Layern aktualisiert

2.9.5 Aktiver Layer, Element-/Objektlayer

Alle Elemente und Objekte werden auf Layern erzeugt. Die Auswahl des aktiven Layers, auf den ein Element erzeugt werden soll, wird über den Dialog **LAYER AUSWÄHLEN** eingestellt, sobald die Funktion geöffnet ist. Je nach Element kann der Layer in der Symbolleiste **FORMATEIGENSCHAFTEN** und der Palette **EIGENSCHAFTEN** oder im Dialog **EIGENSCHAFTEN** des Bauteils eingestellt werden. Es gibt zudem Objekte, deren Elemente auf unterschiedlichen Layern liegen können (z. B. SmartParts für Türen und Ähnliches). Der Layer jedes Elements kann über die Formateigenschaften des Elements, die Eigenschaftenpalette oder alle Funktionen geändert werden, in denen der Layer zur Auswahl steht. Die Auswahl des neuen Layers erfolgt entweder über eine kurze Schnellauswahl oder über die Baumstruktur aller Layer.

Der größte Teil der Einstellungen, die notwendig sind, um den erzeugten Elementen die gewünschten Layer zuzuweisen, läuft nahezu automatisch im Hintergrund. Für die aktive Steuerung der sichtbaren Layer sowie des aktiven Layers gibt es einfach zu verwendende Funktionen, die nachfolgend beschrieben sind.

HINWEIS: Bei SmartParts und Makros wird die Verlegung (Objektinformation) auf einem Layer abgelegt und die Inhalte (Linien, Körper und andere Darstellungen) können auf weiteren Layern liegen. Je nach Einstellung des Objekts werden Liniendarstellungen vom Layer der Verlegung oder der Elemente bestimmt. In den Eigenschaften des Objekts (Makro oder SmartPart) kann im Abschnitt *Element* unter *Format* die Grundeinstellung des Objektes geändert werden.

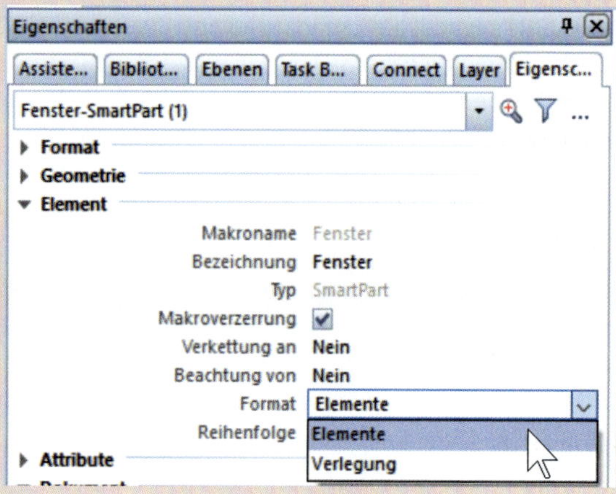

Dialog Layer auswählen – Layer Einfachauswahl

Der Dialog **LAYER EINFACHAUSWAHL** (zum Layer auswählen) erscheint an allen Stellen, an denen der aktive Layer ausgewählt oder der Layer eines Elements verändert werden kann. Der Dialog dient nur zum Einstellen des aktiven Layers/Elementlayers und zeigt als

Information den Status der Layer an (gelb = bearbeitbar, grau = sichtbar gesperrt, weiß = unsichtbar gesperrt) an. Der aktive Layer wird direkt durch Anklicken der gewünschten Zeile gesetzt und entweder durch einen Doppelklick der rechten Maustaste oder durch Bestätigen mit **OK** übernommen.

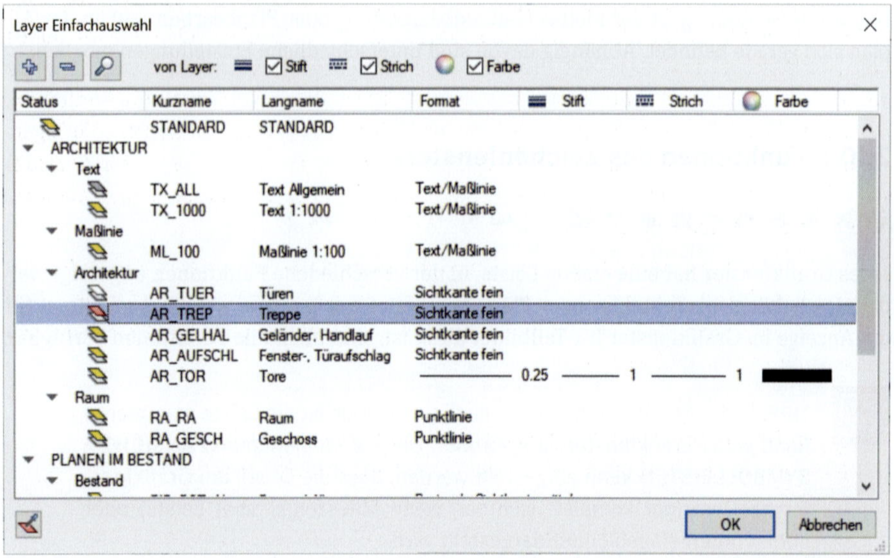

Über das Kontextmenü haben Sie zusätzlich die Möglichkeit, die Anzeige zu beeinflussen und z. B. nur die Layer anzuzeigen, die der angewählten Funktion zugeordnet sind. Über die Funktion **ÜBERNAHME** kann der Layer von einem Element auf dem aktiven Teilbild oder Assistent übernommen werden.

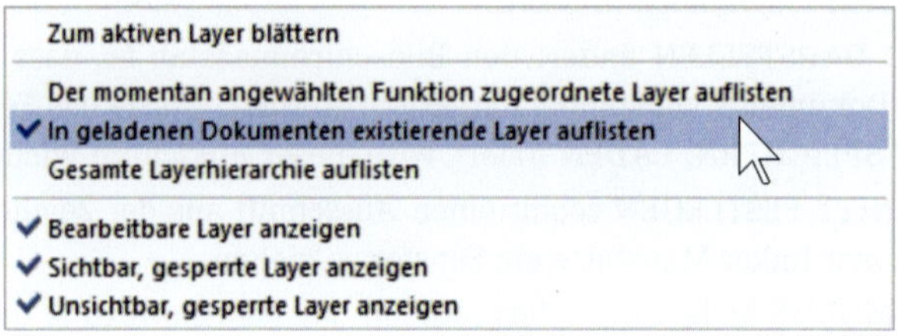

2.9.6 Sichtbare Layer

Unterhalb der Ebene der Teilbilder kann die Sichtbarkeit weiter über Layer differenziert eingestellt werden. Die Möglichkeiten zum Anzeigen bzw. Ausblenden von Layern wurde in Abschnitt 2.10.5, „Sichtbare Layer“, behandelt.

2.10 Konstruktionsfenster

Die Darstellung auf der Zeichenfläche hängt von verschiedenen Einstellungen ab. Die Hauptunterscheidung ist der Modus (Teilbildbearbeitung oder Planbearbeitung), in der Allplan sich gerade befindet. Abhängig davon sind unterschiedliche Einstellungen möglich.

2.10.1 Funktionen des Zeichenfensters

Jedes Grafikfenster hat eine eigene Leiste, in der verschiedene Funktionen angezeigt werden. Je nachdem, ob Teilbilder oder Pläne bearbeitet werden bzw. welche Ansichtsart für die Anzeige im Grafikfenster für Teilbilder aktiv ist, sind nicht alle Funktionen verfügbar.

> **TIPP:** In der Standardeinstellung nach Installation ist die Leiste am unteren Rand jedes Grafikfensters angeordnet. Unter dem Menüpunkt **ANSICHT > SYMBOLLEISTEN** kann eingestellt werden, dass die Leiste am Grafikfenster oben ist (nur komplett sichtbar, wenn Mauszeiger über Leiste) oder immer unten eingeblendet dargestellt wird.

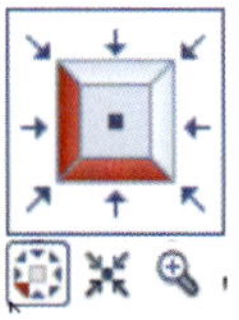

Ganzes Bild darstellen

Bildausschnitt festlegen

Bewegungsmodus

Vorheriger/ Nachfolgender Bildausschnitt

Bildausschnitt speichern, laden

- **STANDARDPROJEKTIONEN** dient der Auswahl der vordefinierten Projektionsart für das jeweilige Grafikfenster. Sie können die Standardprojektionen auch einstellen, indem Sie die **STRG**-Taste gedrückt halten und gleichzeitig eine der Zifferntasten auf dem numerischen Tastenblock drücken.
- **GANZES BILD DARSTELLEN** ändert den Bildschirmmaßstab so, dass alle sichtbaren Elemente des Dokuments vollständig dargestellt werden. Wurde das Fenster mit **BILDAUSSCHNITT SPEICHERN, LADEN** fixiert, wird dieser Ausschnitt wieder hergestellt.
- **BILDAUSSCHNITT FESTLEGEN** zoomt einen Ausschnitt aus der Zeichenfläche, indem Sie mit gedrückter linker Maustaste ein Fenster aufziehen.
- **BEWEGUNGSMODUS** ändert die Interpretation der Mausbewegung des Fensters von oder in den Kugelmodus bzw. Kameramodus. Standardmäßig ist diese Funktion für Grafikfenster ausgeschaltet und für Animationsfenster eingeschaltet (siehe Abschnitt 2.8.2, „Eingaben über die Maus - Maustastenbelegungen").
- **VORHERIGER BILDAUSSCHNITT, NACHFOLGENDER BILDAUSSCHNITT** stellt die zuvor eingestellte Ansicht wieder her bzw. ruft die nachfolgende Ansicht auf. Beide Funktionen wirken nur auf den Bildschirmausschnitt. Die Funktion wirkt nur auf die Bildschirmdarstellung. Arbeitsschritte, Layereinstellungen oder Ähnliches werden nicht verändert.
- **BILDAUSSCHNITT SPEICHERN, LADEN** öffnet den Dialog zum Speichern und Laden von Bildschirmausschnitten. Sie können über diese Funktion verschiedene, oft benötigte Ausschnitte für das aktuelle Projekt speichern und wieder laden. Über **BILDAUS-**

SCHNITT SPEICHERN, LADEN können auch Einstellungen geladen werden, die über die Funktion **FREIE PROJEKTION** gespeichert wurden.

Freie Projektion

- Über **FREIE PROJEKTION** können beliebige Projektionseinstellungen für das gewählte Fenster getätigt werden. Über das Ordnersymbol können Sie Einstellungen, die mit der Funktion **BILDAUSSCHNITT SPEICHERN, LADEN** gespeichert wurden, erneut einlesen.

/ Fenster immer im Vordergrund (aus/an)

- **FENSTER IMMER IM VORDERGRUND** fixiert bei sich überlagernden Darstellungsfenstern (**FENSTER VERBUNDEN** nicht aktiv) das Fenster im Vordergrund. Die Funktion steht nicht zur Verfügung, wenn das Fenster maximiert ist oder die Funktion **FENSTER VERBUNDEN** aktiviert wurde.

Elementauswahl

- **ELEMENTAUSWAHL** ist ideal, wenn Sie nur einen Teil der auf den geladenen Teilbildern befindlichen Elemente im aktuellen Fenster darstellen wollen. Es kann so z. B. die Geometrie von einigen Bauteilen in der Animation geprüft werden.

Teilbildauswahl

- Über **TEILBILDAUSWAHL** kann aus den im Dialog **PROJEKTBEZOGEN ÖFFNEN** gewählten Teilbildern für das jeweilige Grafikfenster eine eingeschränkte Auswahl getroffen werden. Es können alle Teilbilder bis auf das aktive ausgeblendet werden. Dies kann die Übersicht bei geschossübergreifenden Änderungen deutlich verbessern.

Darstellung Schnitt

- Im Pull-down-Menü für die Schnittauswahl werden alle Schnittlinien (Architektur- und Bewehrungsschnitte), die auf den geladenen Teilbildern enthalten sind, angezeigt. Durch die Auswahl einer Schnittlinie wird die Anzeige im Grafikfenster auf den Schnitt umgestellt und kann so in allen Ansichtsarten geprüft und verwendet werden.

Ansichtsart

- Im Pull-down-Menü **ANSICHTSART** wird bei Teilbildern die Art der Darstellung eingestellt (*Draht*, *Verdeckt*, *Animation*, *Sketch* und *RTRender*). Bei Plänen hat man die Auswahl zwischen *Entwurfsansicht* und *Druckvorschau*. Über den Punkt **NEUE ANSICHTSART...** können beliebige benutzerdefinierte Einstellungen gespeichert und schnell verfügbar gemacht werden.

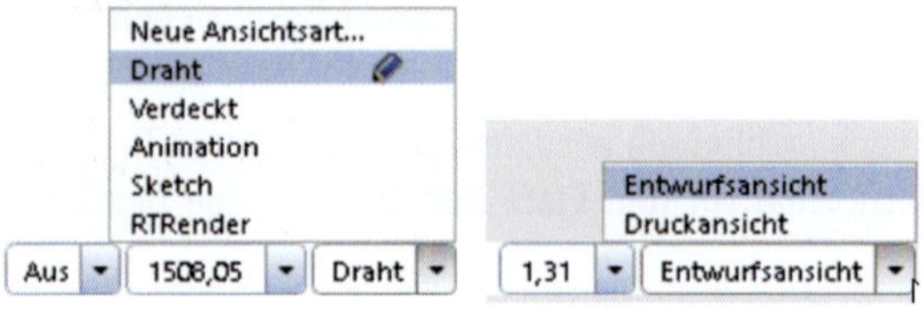

2.10.2 Zeichenfenster – Teilbild

Im Zeichenfenster werden grundsätzlich nur Elemente angezeigt, die auf geladenen Teilbildern (aktives Teilbild, Teilbild aktiv im Hintergrund und passives Teilbild) liegen. Wenn mit assoziativen Ansichten und/oder Schnitten gearbeitet wird, werden zusätzlich auch Berechnungsergebnisse von Elementen angezeigt, die auf nicht geladenen Teilbildern liegen und auf einem geladenen Teilbild referenziert sind.

Die Anzeige bzw. Darstellung von Elementen in den Grafikfenstern von Allplan wird über mehrere Einstellungen geregelt. Die Einstellungen greifen ineinander.

- **PROJEKTBEZOGEN ÖFFNEN: TEILBILDER AUS ZEICHNUNGS-/BAUWERKSSTRUKTUR:** aktives Teilbild, aktive Teilbilder im Hintergrund, passive Teilbilder

- **LAYER – EINSTELLEN, DRUCKSET, RECHTESET:** Diese Funktionalitäten dienen zum Aus- und Einblenden (auch Sperren) von Elementen der geladenen Teilbilder über deren Layer.
- Über die Palette **OBJEKTE** können einzelne Objekte oder ganze Objektgruppen ausgeblendet werden. In der Palette *Objekte* kann auch der Status von Layer und/oder Teilbilder geändert werden.
- Für die reale Dicke von erzeugten Linien sind deren Stifteinstellung sowie der gewählte Bezugsmaßstab zuständig.
- Stilflächen (wie auch Linienstile) lassen sich so definieren, dass sie auf den Bezugsmaßstab des Teilbildes oder auf den Zeichnungstyp reagieren.
- Ob Elemente dargestellt werden sollen, kann entweder über die Layersichtbarkeit (und Drucksets) oder bei verschiedenen Basiselementen direkt geregelt werden.
- **ZEICHNUNGSTYP** und **MASSSTAB** wirken auf alle aktiven (und passiven) Teilbilder. Verstellt man den Maßstab, wird der Bezugsmaßstab des aktiven Teilbildes neu gesetzt. Innerhalb der Planbearbeitung kann der Bezugsmaßstab nicht verändert werden.
- Über die **BILDSCHIRMDARSTELLUNG** können Elementtypen komplett ausgeblendet und die Darstellung von Hilfselementen beeinflusst werden.

2.10.3 Zeichenfenster – Plan

Die Darstellung im Planfenster kann durch ähnliche Funktionen geändert werden wie die im Grafikfenster. Hauptunterschied ist, dass anstatt der Teilbilder ein Plan geladen wird, bei dem der Bezugsmaßstab immer auf 1 : 1 steht (nicht veränderlich). Die Darstellung der Planelemente selbst wird im Objekt detailliert eingestellt. Die Planzusammenstellung ist in Kapitel 5, „Ableitung und Planausgabe“, genauer beschrieben.

Das Planfenster gliedert sich in drei Bereiche. Der weiße Bereich stellt den Bereich dar, der später im Ausdruck erscheinen wird, mit dem hellgrauen Rand zusammen ergibt sich das eingestellte Blattformat für den Plan. Der dunkelgraue Bereich wird nicht ausgegeben.

Die Vorschau kann über die Funktionen unten rechts in der Fenstersymbolleiste verändert werden. Innerhalb der Funktion **PLÄNE DRUCKEN** wird der Plan immer so angezeigt, wie auch die Ausgabe erfolgen wird. Wurden hier mehrere Pläne zur Ausgabe angewählt, können diese in der Fensterleiste durchgeschaltet werden.

- **ENTWURFSANSICHT** zeigt alle Elemente (auch nicht druckbare) an. Das Grundlayout vom Plan sollte mit der Entwurfsansicht angelegt werden. Einstellungen aus der **BILDSCHIRMDARSTELLUNG** beeinflussen die Sichtbarkeit von Elementen, während Definitionen aus der Funktion **PLÄNE DRUCKEN** unberücksichtigt bleiben. Das Druckergebnis weicht von der Darstellung **ENTWURFSANSICHT** ab.
- **DRUCKANSICHT** zeigt den Plan so, wie dieser auf einem Drucker ausgegeben wird. Die Definitionen aus der Funktion **PLÄNE DRUCKEN** im Register **AUSWAHL** wie auch die **STIFT- UND FARBZUWEISUNGEN** (Register **EINSTELLUNGEN**) werden berücksichtigt. In der **BILDSCHIRMDARSTELLUNG** stehen nur noch drei Optionen zur Verfügung.

Hilfskonstruktionen und andere nicht druckbare Linien werden automatisch ausgeblendet. Die **DRUCKVORSCHAU** ist ideal zur Kontrolle und zum Layout von Plänen geeignet, die Farben enthalten und die auf Druckern farbig ausgegeben werden sollen.

2.10.4 Sichtbare Teilbilder

Über die Schaltung des aktiven Teilbildes und der weiteren sichtbaren Teilbilder wird die Datenbasis bestimmt. Es wird definiert, in welchem Bereich (Geschoss) des Modells bzw. in welcher Ansicht, in welchem Schnitt oder in welcher anderen Teilzeichnung (Teilbild) gearbeitet werden soll, d. h., welche Daten für die Anzeige am Bildschirm geladen werden sollen.

Es werden vier verschiedene Teilbildstatus unterschieden. Der Status wird geändert, indem entweder einer der anderen „Knöpfe“ gedrückt wird oder indem der farbige „Knopf“ angeklickt wird (siehe auch Abschnitt 2.3.3, „Projektbezogen öffnen - Teilbildmodus“).

- Aktiv - rote Markierung: Das Teilbild wird angezeigt und neue Elemente werden auf dem aktiven Teilbild erzeugt. 
- Aktiv im Hintergrund - gelbe Markierung: Das Teilbild wird angezeigt und Daten können bearbeitet werden. 
- Passiv - graue Markierung: Das Teilbild wird in der Passivfarbe angezeigt. Es können keine Daten geändert werden. Die Passivfarbe kann in den **OPTIONEN** im Bereich *Arbeitsumgebung - Anzeige* eingestellt werden. 
- Nicht angewählt - keine Kennzeichnung: Das Teilbild wird nicht angezeigt. Es werden keine Daten geladen. 

Projektbezogen öffnen

Projektbezogen öffnen

Über den Dialog **PROJEKTBEZOGEN ÖFFNEN: TEILBILDER AUS ZEICHNUNGS-/BAUWERKSSTRUKTUR** werden die Teilbilder ausgewählt, die zum Bearbeiten angezeigt werden sollen. Es können insgesamt bis zu 128 Teilbilder gleichzeitig angezeigt werden. Die Auswahl erfolgt entweder über die Bauwerksstruktur oder über die Zeichnungsstruktur. Eine Beschreibung des Dialogs finden Sie in Abschnitt 2.3.3, „Projektbezogen öffnen Projektbezogen öffnen - Teilbildmodus“).

Funktion Teilbildstatus ändern

Teilbildstatus ändern

Über die Funktion **TEILBILDSTATUS ÄNDERN** kann direkt (ohne Öffnen des Dialogs **PROJEKTBEZOGEN ÖFFNEN**) Einfluss auf die angezeigten (geladenen) Teilbilder genommen werden. Im oberen Bereich wird angezeigt, auf welchem Teilbild das Element liegt, über das die Funktion aufgerufen wird. Darunter folgen Schaltflächen zum Ändern des Teilbildstatus.

Bei Funktionsaufruf über das Kontextmenü eines Elements wird angezeigt, auf welchem Teilbild sich das Element befindet. Von diesem Teilbild wird bei den Funktionen ausgegangen. Bei Funktionsaufruf über eine Kurztaste oder das Funktionsicon wird nach

Anwahl einer der im Dialog angebotenen Funktionen nach einem Element gefragt, dessen Teilbildnummer für die Aktion verwendet werden soll.

Die ersten vier Funktionen ändern nur den Status eines Teilbildes, auf dem sich das Element befindet. Bei Elementen, die sich auf dem aktiven Teilbild befinden, sind die Funktionen nicht anwählbar.

Aktiv im Vordergrund

Aktiv im Hintergrund

Passiv

Nicht angewählt

- **AKTIV IM VORDERGRUND** ändert den Status des Teilbildes, auf dem sich das angewählte Element befindet, auf aktiv. Das bislang aktive Teilbild wird aktiv in den Hintergrund gelegt.
- **AKTIV IM HINTERGRUND** ändert den Status des Teilbildes, auf dem sich das angewählte Element befindet, auf aktiv im Hintergrund.
- **PASSIV** ändert den Status des Teilbildes, auf dem sich das angewählte Element befindet, auf passiv.
- **NICHT ANGEWÄHLT** blendet das Teilbild, auf dem sich das angewählte Element befindet, komplett aus.

Die weiteren vier Funktionen ändern den Status von mehreren Teilbildern.

Teilbild isolieren - alle anderen ausschalten

- **TEILBILD ISOLIEREN - ALLE ANDEREN AUSSCHALTEN** ändert den Status des Teilbildes, auf dem sich das Element befindet, auf aktiv und blendet alle anderen Teilbilder aus. Diese Funktion ist ideal, um gezielte Änderungen in einem Teilbild zu tätigen.

Teilbild aktiv - alle anderen passiv

- **TEILBILD AKTIV - ALLE ANDEREN PASSIV** ändert den Status des Teilbildes, auf dem sich das Element befindet, auf aktiv und schaltet den Status der anderen Teilbilder passiv. Diese Funktion ist ideal für die Fehlersuche im Modell. Das aktive Teilbild wird kräftig dargestellt, während alle anderen Teilbilder grau (bzw. in Passivfarbe) dargestellt werden.

Teilbild aktiv - alle anderen aktiv im Hintergrund

- **TEILBILD AKTIV - ALLE ANDEREN AKTIV IM HINTERGRUND** ändert den Status des Teilbildes, auf dem sich das Element befindet, auf aktiv und schaltet den Status der anderen Teilbilder aktiv im Hintergrund. Diese Funktion ist ideal, um z.B. in allen Geschossen über **PUNKTE MODIFIZIEREN** oder ähnliche Funktionen eine Änderung auf einmal ausführen zu können.

Auf vorherigen Zustand zurücksetzen

- **AUF VORHERIGEN ZUSTAND ZURÜCKSETZEN** setzt den Aktivierungszustand zurück. Diese Funktion ist ideal, um z.B. den Zustand vor der Änderung des Aktivierungszustands mit **TEILBILD ISOLIEREN** wiederherzustellen. Die Funktion **ZURÜCK** kann nur einen Schritt zurückgehen. Statusänderungen, die über den Dialog **PROJEKTBEZOGEN ÖFFNEN: TEILBILDER AUS ZEICHNUNGS-/BAUWERKSSTRUKTUR** getätigt wurden, können nicht zurückgesetzt werden.

Palette Objekte - Objektnavigator

Palette Objekte

Eine alternative Möglichkeit zum Umschalten von Teilbildern findet sich in der Palette **OBJEKTE**. Je nachdem, welche Gliederung aktiv ist, können Sie hier die unter **PROJEKTBEZOGEN ÖFFNEN** gewählten Teilbilder umschalten. Es kann jedoch nur der Aktivierungszustand eines Teilbildes geändert werden (rot, gelb, grau und aus). Deaktivierte Teilbilder können nicht hinzugeschaltet werden. Es ist zudem zu beachten, dass das aktive Teilbild weder deaktiviert noch anderweitig geschaltet werden kann.

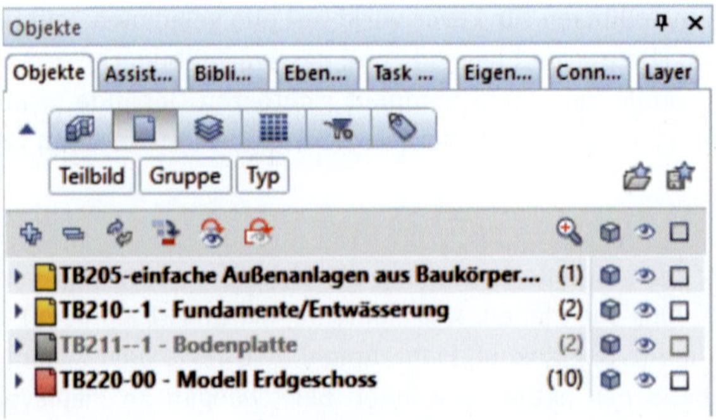

Schalter

Funktion Teilbildauswahl (Fensterleiste)

Teilbildauswahl

Über die Funktion **TEILBILDAUSWAHL** in der Fensterleiste kann für **jedes** einzelne Grafikfenster die Anzeige der sichtbaren Teilbilder definiert werden. Das aktive Teilbild ist dabei zwingend in allen Fenstern sichtbar, alle anderen Teilbilder können individuell geschaltet werden. Alle Teilbilder, die im Dialog **TEILBILD WÄHLEN** (geöffnet über die Funktion **TEILBILDAUSWAHL**) mit einem Haken versehen sind, sind im Grafikfenster sichtbar. Alle Teilbilder, bei welchen der Haken entfernt ist oder wurde, werden im betroffenen Fenster nicht dargestellt.

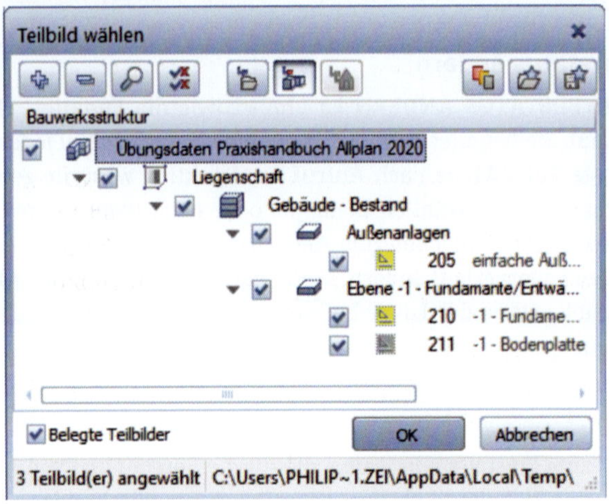

2.10.5 Sichtbare Layer

Der Layerstatus (sichtbar, sichtbar gesperrt und unsichtbar gesperrt) kann entweder über die separate Funktion **LAYERSTATUS ÄNDERN** bzw. die Palette **LAYER** eingestellt werden oder durch Aufruf der Baumstruktur des Dialogs **LAYER EINSTELLEN**.

Alle Daten, die über Layer ausgeblendet werden, bleiben geladen und interagieren (je nach Einstellung in den Optionen) mit den sichtbaren Daten. Jede Statusänderung eines

Layers über die Einstellungen für Layer wirkt auf alle geladenen Teilbilder (aktives Teilbild sowie aktiv im Hintergrund liegende und passive Teilbilder). Wird z. B. der Layer der tragenden Außenwände bei einem komplett sichtbaren Gebäude (= alle Teilbilder des Gebäudes sind aktiv) ausgeblendet, werden die Außenwände in **allen** Geschossen ausgeblendet.

HINWEIS: Die gewählte Einstellung der sichtbaren Layer hat Einfluss auf die Darstellung von Plänen. Alle Elemente, die **direkt** auf dem Plan abgesetzt werden (z. B. Plankopf, Planrahmen, freie Texte oder Linien), werden entsprechend den aktuell gewählten Einstellungen im Planlayout angezeigt.

Palette Layer

Layer einstellen

Die Darstellung der Layerstruktur zeigt entweder alle Layer oder nur die in den geladenen Teilbildern enthaltenen Layer an. Vor allem die auf die geladenen Daten reduzierte Ansicht bietet eine gute Übersicht über die belegten Layer. Über die Funktionen am unteren Palettenrand hat man zudem direkten Zugriff auf die angelegten Drucksets, Favoriten, Rechtesets und den Dialog **LAYER EINSTELLEN**. Änderungen am Status eines Layers werden sofort in allen Fenstern geändert.

Funktion Layerstatus ändern

Layerstatus ändern

Die Funktion **LAYERSTATUS ÄNDERN** ist ähnlich wie die Funktion **TEILBILDSTATUS ÄNDERN** aufgebaut. Sie befindet sich im allgemeinen Kontextmenü jedes Elements sowie in der Symbolleiste **SPEZIAL**. Je nach Aufruf der Funktion wird die gewünschte Aktion direkt mit dem Layer des gewählten Elements oder nach Identifizieren eines Elements ausgeführt. Neben den Schaltflächen zum Ändern des Layerstatus können Sie die Darstellung auch über den Layerverlauf ändern. Die Funktion **LAYERSTATUS ÄNDERN** ist ideal, um einzelne, aktuell „störende" Layer bei der Arbeit auszublenden oder um alle Layer wieder anzuzeigen.

Druckset

DRUCKSET dient zum Einstellen der Layer, die für die Berechnung von Ansichten, Schnitten und Listen verwendet werden sollen. Über Drucksets (direkt oder über Darstellungsfavoriten) können die zu bearbeitenden Layer geschaltet werden. Für die Planzusammenstellung dienen Drucksets als schnellste Möglichkeit, die Layersichtbarkeit von (sauber) erzeugten Daten immer auf die gleiche Weise einzugrenzen.

Verlauf der Layersichtbarkeiten

Der Verlauf der Layersichtbarkeiten kann über die Schaltflächen der Layersichtbarkeiten eingesehen werden und es kann ein oder mehrere Schritte zurück bzw. vorwärts gegangen werden.

Palette Objekte – Objektnavigator

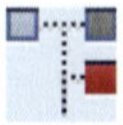

Palette Objekte

Eine zusätzliche Möglichkeit zum Schalten der Layersichtbarkeit bietet die Palette **OBJEKTE**. Je nachdem, welche Gliederung aktiv ist, können Sie hier die Layersichtbarkeit umstellen. Hier ist es (je nach Gliederung) zudem möglich, pro Teilbild die Layer einzustellen, um so z. B. vom Kellergeschoss nur die Wände zu sehen (Maßlinien und Texte sind ausgeblendet) und im Erdgeschoss alle Layer bearbeitbar zu machen.

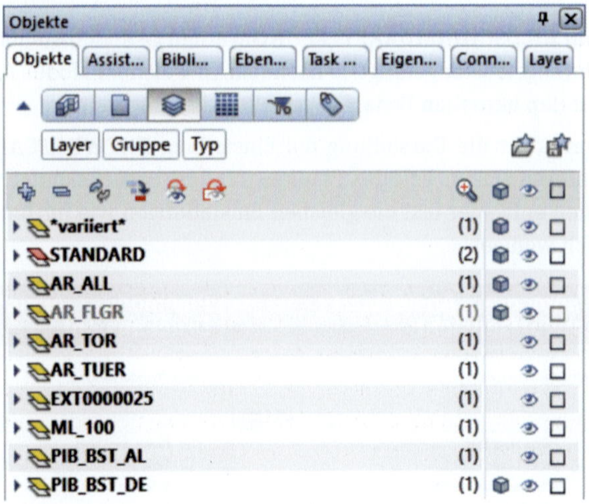

Schalter

2.10.6 Bezugsmaßstab und Zeichnungstyp

Allplan bietet zwei Möglichkeiten an, die Darstellung von Linien und Flächenelementen dynamisch zu gestalten, deren Verwendung und Kombination dem Nutzer überlassen sind.

- **BEZUGSMASSSTAB** gibt an, in welchem Maßstab der Anwender die Konstruktion voraussichtlich plotten möchte. Während der gesamten Konstruktionsphase werden durch ihn die Proportionen zwischen den fest eingestellten Parametern (z. B. Texthöhe, Maßlinie, Muster, Schraffur …) und den Elementen am Bildschirm verdeutlicht. Jedes Teilbild hat einen eigenen Bezugsmaßstab. Sobald mehrere Teilbilder gemeinsam dargestellt werden, wird der Bezugsmaßstab des aktiven Teilbildes für die Darstellung aller Teilbilder verwendet. Wenn Sie einen Lageplan (inklusive Texten) aktiviert haben und einen Grundriss (inklusive Texten und Vermaßung) passiv in den Hintergrund schalten, wird alles einheitlich dargestellt.
- **ZEICHNUNGSTYP** schaltet zwischen unterschiedlichen Darstellungen für z. B. Werkplan und Eingabeplan um. So kann eine Stilfläche mit Zeichnungstyp **WERKPLAN** rot und mit Zeichnungstyp **EINGABEPLAN** schraffiert dargestellt werden. Zudem können über den Zeichnungstypen Linienstärken bestimmt werden. Ist der Zeichnungstyp **<MASSSTABS-DEFINITION>** angewählt, wird die Darstellung gemäß den Definitionen des gewählten Bezugsmaßstabs verwendet.

Einige Objekte können in der Darstellung entweder an den Maßstab oder an den Zeichnungstyp gekoppelt werden. Beides hat unterschiedliche Vor- und Nachteile. Im Beispielprojekt wird das Modell konsequent mit Zeichnungstypen abgebildet.

2.10.7 Bildschirmdarstellung

Bildschirmdarstellung

Über die Funktion **BILDSCHIRMDARSTELLUNG** werden Grundeinstellungen für die Darstellung im Zeichnungsfenster getätigt. Je nachdem, in welchem Modus Allplan sich befindet, wird eine auf den aktuellen Bedarf abgestellte Liste angezeigt:

Im Planmodus muss für die Darstellung die Einstellung **ENTWURFSANSICHT/DRUCKANSICHT** am unteren linken Eck des Planfensters mit berücksichtigt werden. Je nach Einstellung werden entweder fast die gleichen Einstellungen wie im Teilbildmodus angezeigt oder deutlich weniger.

Teilbildmodus	Planmodus – Ansichtsart Entwurfsansicht	Planmodus – Ansichtsart Druckansicht

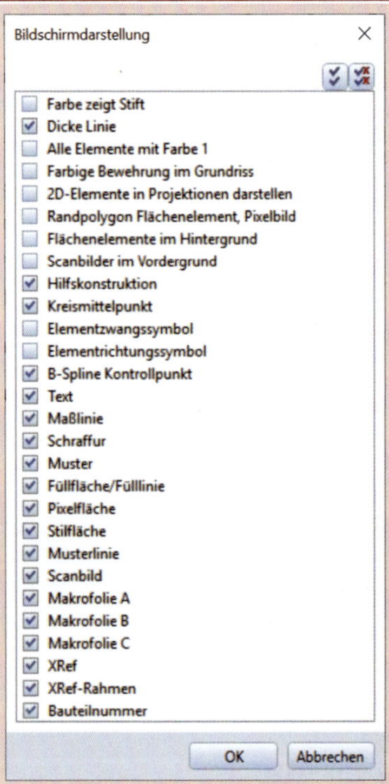

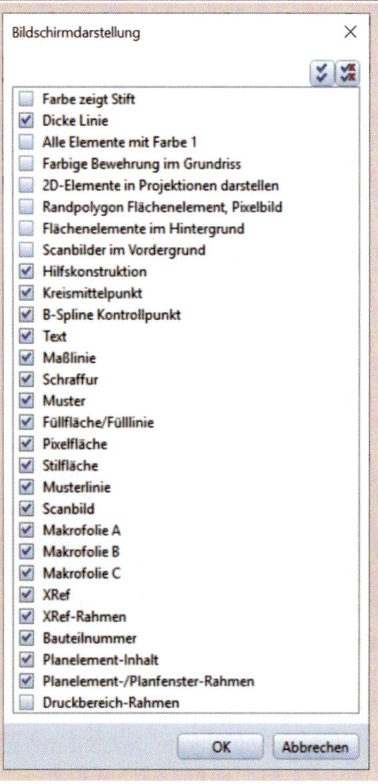

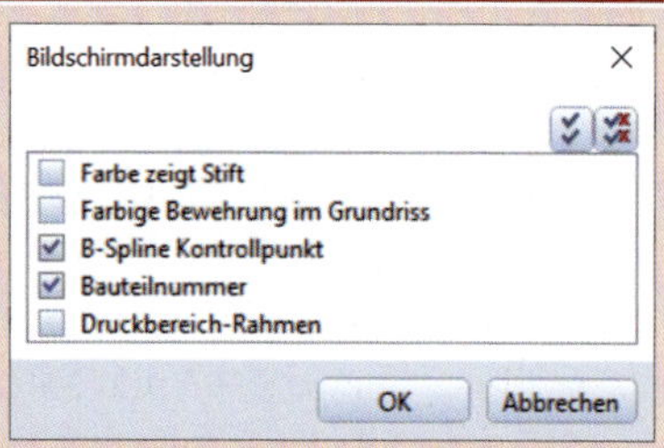

Teilbildmodus

Die wichtigsten Einstellungen, die je nach Bedarf geschaltet werden sollten/müssen, sind folgende:

- Die aktivierte Funktion **FARBE ZEIGT STIFT** zeigt alle Linien entsprechend der Farbcodierung der Strichstärken (**EXTRAS > STIFTDICKEN – FORMAT „KURZWAHL“**) an. Die Darstellung eignet sich relativ gut zur Kontrolle von Strichstärken. Abhängig von den eingestellten Farben sind diese bei weißem Bildschirmhintergrund schwer zu erkennen.
- Die aktivierte Funktion **DICKE LINIE** zeigt, abhängig vom eingestellten Bezugsmaßstab, die reale Dicke der Linien an. Sie erhalten, vor allem bei einem weißen oder hellen Bildschirmhintergrund, eine gute Übersicht, wie die Zeichnung auf Papier wirkt.
- Die aktivierte Funktion **FLÄCHENELEMENTE IM HINTERGRUND** übersteuert die Einstellung der Reihenfolge der Flächenelemente und zeigt alle Linien vor Flächenelementen an.
- Die aktivierte Funktion **HILFSKONSTRUKTION** erlaubt die Anzeige von Elementen mit Hilfskonstruktion.
- **TEXT, MASSLINIE, SCHRAFFUR** und weitere dienen zum kompletten Ausblenden der jeweiligen Elemente. Es werden dabei **alle** Elemente eines Typs unabhängig von der Layereinstellung und/oder anderen Einstellungen ausgeblendet.
- Die aktivierte Funktion **MAKROFOLIE A/B/C** zeigt die Elemente aus Makros an, die mit der jeweiligen Foliendefinition erzeugt wurden. Auf **MAKROFOLIE A** werden grundsätzlich alle Fensteröffnungssymbole erzeugt.
- Über die Optionen **XREF** und **XREF-RAHMEN** kann gesteuert werden, ob die referenzierten Elemente und/oder die Rahmen von XRefs gezeigt werden sollen. Deaktivieren Sie die Option **XREF-RAHMEN**, um zu verhindern, dass diese gedruckt werden.
- **MAKROFOLIE A/B/C** steuern spezielle Darstellungen in Makros und SmartParts. In allen Standardmakros und Standard-SmartParts für Fenster und Türen sind die Öffnungssymbole der Makrofolie A enthalten. Wird diese ausgeblendet, werden die Inhalte im Modell und in allen assoziativ vom Modell abgeleiteten Ansichten und Schnitten ausgeblendet.

Planmodus – Entwurfsansicht

- Die deaktivierte Funktion **PLANELEMENT-INHALT** blendet den Inhalt der Teilbilder komplett aus. Die Einstellung eignet sich dann, wenn der Bildschirmaufbau sehr lange dauert und z. B. nur kleine Änderungen am Plankopf vorgenommen werden sollen.
- Die deaktivierte Funktion **PLANELEMENT-/PLANFENSTER-RAHMEN** blendet die Rahmen von Planfenstern sowie die Min-Max-Box (Rechteck, welches die maximale Ausdehnung eines Teilbildes zeigt) aus. Das Deaktivieren kann die Übersicht bei Plänen mit vielen Planelementen und/oder Planfenstern erhöhen. Zur Bearbeitung von Plänen sollten die Rahmen angezeigt bleiben.
- Die aktivierte Funktion **DRUCKBEREICH-RAHMEN** zeigt das auf dem aktuellen Drucker eingestellte Papierformat als „lila Rahmen“ an.

Planmodus - Druckansicht

Die einstellbaren Optionen werden auf diejenigen eingeschränkt, welche eine Auswirkung auf die Ausgabe haben und welche keiner Einstellung unter **PLÄNE AUSGEBEN** bedürfen.

2.10.8 Darstellungs-Favorit

Über die Darstellungs-Favoriten können die meisten Einstellungen (außer **TEILBILD** oder **PLAN AKTIVIEREN**) gemeinsam gesteuert werden. Es können immer nur die aktuellen Einstellungen gespeichert werden.

Darstellungs-Favorit speichern

- **DARSTELLUNGS-FAVORIT SPEICHERN** öffnet einen Dialog, über den die aktuelle Bildschirmdarstellung, die Einstellung von **RECHTESET**, **DRUCKSET** und **ZEICHNUNGSTYP** sowie die Einstellung des Bezugsmaßstabes des Teilbildes als Favorit gespeichert werden kann. Über die Funktion **EINSTELLUNGEN** kann ausgewählt werden, ob alle Einstellungen oder nur ein Teil gespeichert werden sollen.

Darstellungs-Favorit lesen

- **DARSTELLUNGS-FAVORIT LESEN** öffnet einen Dateiauswahldialog, über den via **DARSTELLUNGS-FAVORIT SPEICHERN** gespeicherte Favoriten eingelesen werden können. Sie können entweder alle Einstellungen aus der Favoritendatei laden oder über die Funktion **EINSTELLUNGEN** auswählen, welche gespeicherten Einstellungen geladen werden sollen.

TIPP: Testen Sie die im Projekt enthaltenen Darstellungs-Favoriten und speichern Sie diese für eigene Projekte unter Favoriten **BÜRO**.

2.11 Beispiel - Projekt anlegen

Im ersten Teil des Beispielprojekts lernen Sie, wie ein Projekt anhand eines Vorlageprojekts angelegt werden kann, wie die Oberfläche von Allplan angepasst werden kann, wie die Sichtbarkeit von Teilbildern bzw. Layern gesteuert wird und wie der Modus *Planlayout* ein- bzw. ausgeschaltet wird.

Es soll mit einem Projekt gearbeitet werden, welches entweder lokal oder im Netzwerk abgelegt ist. Der Vorgang zum Anlegen eines Share-Projekts unter Bimplus wird dargestellt, weitere Übungen basieren aber nicht darauf.

Projekt anlegen

Für den Praxisteil des Buches (= die Beispiele in den einzelnen Abschnitten) ist die Projektvorlage zu verwenden, die mit dem Setup automatisch installiert wurde. In der Projektvorlage ist die Basisstruktur inklusive einiger Daten (Bestandsgebäude) enthalten, die zur Bearbeitung der meisten Beispiele notwendig sind. Wird die Projektvorlage nicht verwendet, sind in den Assistenten die Bauteilschraffuren nicht korrekt sichtbar und Zeichnungstypen sowie weitere Daten auf den Bestandsteilbildern sind nicht vorhanden.

Allplan 2020 starten

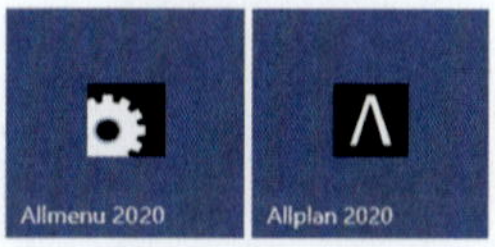

Je nachdem, welches Betriebssystem im Einsatz ist, können Sie Allplan 2020 über unterschiedliche Icons starten. Das hier gezeigte Icon sehen Sie z. B. bei Windows 10, wenn Sie die Anwendung auf dem Startbildschirm anzeigen lassen. Beim ersten Start von Allplan wird Ihnen eventuell noch die Lizenzauswahl angezeigt.

Neues Projekt erzeugen – lokal/lokales Netzwerk/Workgroup Online

Begrüßungsdialog

HINWEIS: Der Begrüßungsdialog (Startbildschirm) kann entweder über die Kurztasten **STRG + UMSCHALT + W** oder die Funktion **BEGRÜSSUNGSDIALOG** im Pull-down-Menü **HILFE** auf der rechten Seite der Programmzeile aufgerufen werden, wenn eingestellt wurde, dass der Dialog nicht angezeigt werden soll.

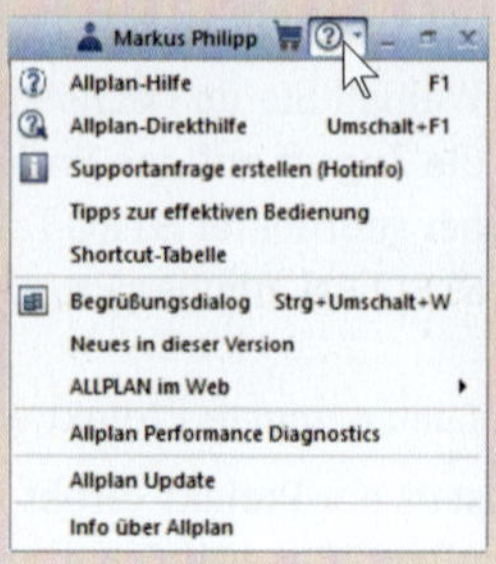

Nach dem Start von Allplan wird der Begrüßungsdialog (Startbildschirm) angezeigt, über den Sie entweder eines der zuletzt geöffneten Projekte anwählen können, ein neues Projekt anlegen können oder über **ÖFFNEN** den Zugriff auf alle Projekte haben.

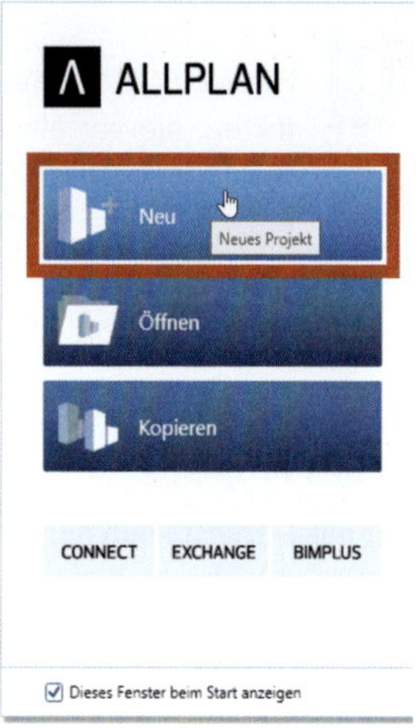

- ▷ NEU
- ▷ **(1)** Wählen Sie unter *Projektvorlagen* den Eintrag *<Praxishandbuch Allplan 2020 – Übungsdaten>* an.
- ▷ **(2)** Geben Sie als Projektnamen einen Namen an (z. B. *Übungsprojekte Praxishandbuch Allplan 2020*).
- ▷ **(3)** Wählen Sie einen **SPEICHERORT**. Je nach vorliegender Installation haben Sie die Auswahl zwischen lokal und Bimplus oder mehreren Ablageordnern. Wählen Sie den lokalen Server oder lokal aus.

▷ **(4)** Stellen Sie das gewünschte Land unter **LÄNDERSPEZIFISCHE VORLAGEN** ein. Das Buch basiert auf der deutschen Version von Allplan.

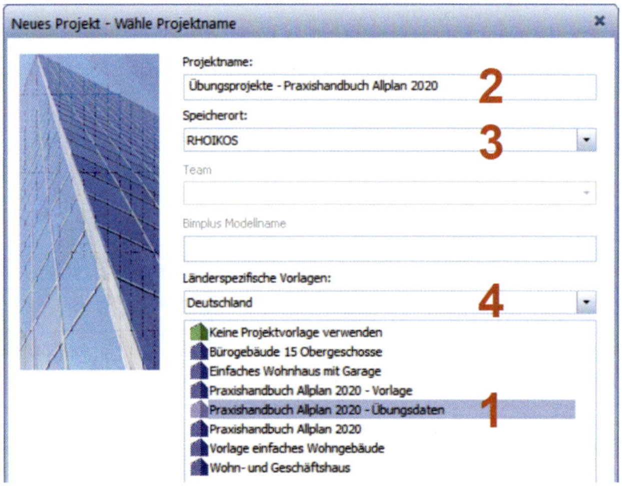

▷ Klicken Sie auf die Schaltfläche **FERTIG STELLEN**, um das Projekt anzulegen, bzw. auf die Schaltfläche **WEITER**, wenn Sie eine Workgroup-Installation haben.

Nur bei Workgroup

▷ Wählen Sie im nächsten Dialog den gewünschten Eigentümer und alle Benutzer aus, die Zugriff auf das Projekt haben sollen. Eine Mehrfachauswahl unter *Berechtigte* ist bei gedrückter **STRG**-Taste möglich. Klicken Sie danach auf die Schaltfläche **FERTIG STELLEN**, um das Projekt anlegen zu lassen.

Projekt neu, öffnen

Neues Projekt (STRG + N)

Das neu erzeugte Projekt wird nun direkt geöffnet.

Anstatt ein Projekt direkt nach dem Start von Allplan anzulegen, können Sie entweder den Begrüßungsdialog erneut einblenden oder über den Dialog **PROJEKT NEU, ÖFFNEN** ein neues Projekt anlegen.

HINWEIS: Eine alternative Vorgehensweise zum Anlegen von neuen Projekten, die vor allem in älteren Versionen (vor Allplan 2014) verwendet wurde, ist es, ein Projekt als Vorlageprojekt zu bestimmen und dieses zum Anlegen eines neuen Projekts zu kopieren. Die Gefahr ist hier jedoch, dass in dem offenen, jedem direkt zugänglichen Vorlageprojekt direkt gearbeitet wird und damit die Kopiervorlage verloren geht.

Neues Projekt erzeugen – Bimplus (Share-Projekt)

Projekt neu, öffnen

Für das Durchspielen der folgenden Punkte benötigen Sie einen Zugang zu Bimplus. Informationen hierzu finden in der Allplan-Hilfe sowie auf den Internetseiten von Allplan und Bimplus (*www.allplan.com*, *www.connect.allplan.com* und *www.bimplus.net*).

▷ **NEUES PROJEKT**

▷ Wählen Sie – wie in Abschnitt „Neues Projekt erzeugen – lokal/Netzwerk" beschrieben – ein Vorlageprojekt aus **(1)** und geben Sie einen Namen an **(2)**.

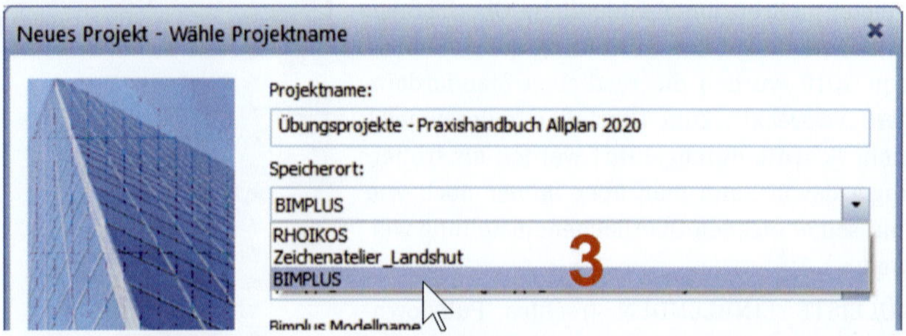

▷ **(3)** Öffnen Sie das Pull-down-Menü **SPEICHERORT** und wählen Sie dort den Eintrag BIMPLUS aus.

▷ Wenn Sie bereits eingeloggt sind, gelangen Sie zurück zur Abbildung aus Abschnitt „Neues Projekt erzeugen – lokal/Netzwerk" und die Zeilen *Team* und *Bimplus Modellname* sind mit Vorschlagswerten gefüllt. Falls Sie nicht unter Bimplus eingeloggt sind, werden Sie nun aufgefordert, Ihre Zugangsdaten einzugeben.

▷ Wählen Sie ein Team (wenn mehrere vorhanden sind) aus und geben Sie einen Bimplus-Modellnamen (z. B. *Übungsmodell Praxishandbuch 2020*) an.

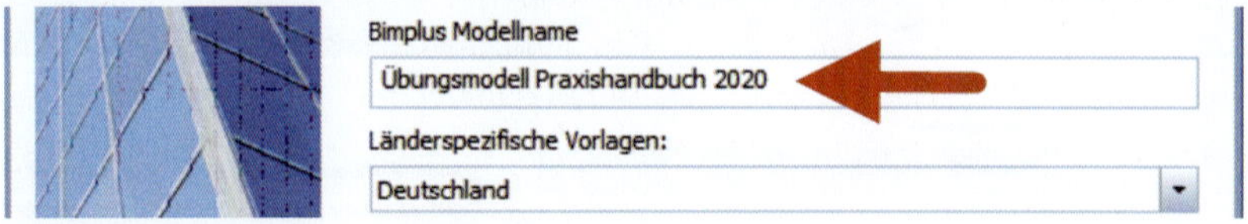

▷ Klicken Sie auf die Schaltfläche **FERTIG STELLEN**, um das Projekt anzulegen.

HINWEIS: Die Zeitdauer zum Anlegen des Projekts hängt vom verwendeten Vorlageprojekt sowie der Internetverbindung ab. Bei einem Bimplus-Projekt wird lokal nur eine Datenkopie angelegt. Die Hauptdaten werden immer auf dem Bimplus-Server gespeichert und können mit dem entsprechenden Team-Zugang weltweit über das Internet bearbeitet werden.

2.12 Beispiel – Oberfläche einrichten

Die Oberfläche von Allplan kann auf unterschiedliche Arten eingerichtet werden. Je nachdem, welche Oberflächenkonfiguration verwendet wird (Actionbar oder andere), unterscheiden sich die Möglichkeiten etwas. Nachfolgend werden die einzelnen Möglichkeiten unabhängig von der eingestellten Konfiguration durchgespielt.

2.12.1 Oberflächenkonfiguration auswählen

Allplan bietet mehrere unterschiedliche Oberflächenkonfigurationen an. Mit der Einführung der Actionbar in Version 2018 wurden die restlichen Standardeinstellungen „versteckt". Zum Umstellen müssen jetzt etwas mehr Schritte durchgeführt werden als früher. Unabhängig davon kann man aber immer noch wie gehabt mit seiner eigenen Oberflächeneinstellung weiterarbeiten.

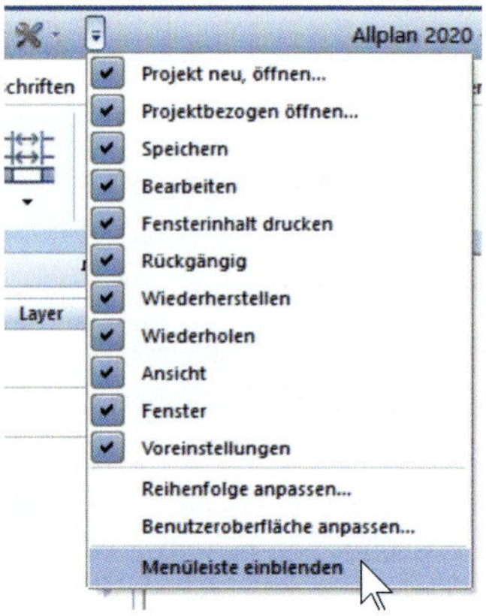

▷ MENÜLEISTE EINBLENDEN (rechtes Pull-down-Menü im Funktionsbereich der Programmzeile)

▷ ANSICHT > STANDARDKONFIGURATIONEN

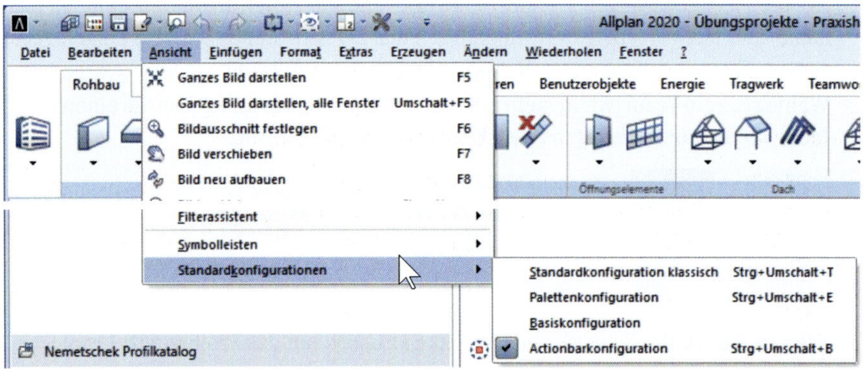

Es kann eine von vier unterschiedlichen Oberflächenkonfigurationen ausgewählt werden. Testen Sie die Einstellungen jeweils durch. Im Folgenden wird bei Bedarf auf die entsprechende Einstellung verwiesen.

HINWEIS: Alternativ zum permanenten Einblenden der Menüleiste kann diese (wenn keine Funktion aktiv ist) über die Alt-Taste eingeblendet werden.

2.12.2 Oberflächeneinstellungen speichern/laden

Sobald Änderungen an einer Standardoberflächeneinstellung getätigt wurden, welche dauerhaft vorhanden sein sollen, ist es ratsam, diese zu speichern, um sie jederzeit wieder herstellen zu können. Zudem können die Oberflächeneinstellungen inklusive der eingestellten Shortcuts so auch auf andere Rechner übertragen werden. Sie finden die Einstellungen entweder unter *www.zeichenatelier.de/Allplan2020* oder im eigenen Userordner (*Privat*).

Alle Einstellungen (außer die der Actionbar, siehe Abschnitt 2.12.3, „Actionbar bearbeiten“) werden über den Dialog **BENUTZEROBERFLÄCHE ANPASSEN** gespeichert.

Allgemeine Hinweise

Derzeit können/müssen in Allplan unterschiedliche Einstellungen zur Oberfläche gespeichert werden, um alle Einstellungen gesichert zu haben.

- Oberflächeneinstellung laden/speichern und exportieren/importieren über **BENUTZEROBERFLÄCHE ANPASSEN:** Die Anordnung von Actionbar, Symbolleisten und Paletten sowie die Einstellungen der Kurztasten werden gespeichert/geladen.
- **KONFIGURATION ACTIONBAR > EXPORTIEREN:** Der Inhalt der Actionbar mit Rollen, Aufgabenbereichen und Ähnlichem wird gespeichert.
- **SHORTCUTS** (Tabelle) exportieren/importieren: Die Definition der Kurztasten wird gespeichert/geladen.
- **OPTIONEN:** Verschiedene Grundeinstellungen für die unterschiedlichen Programmbereiche können hier gespeichert oder geladen werden.

Einstellungen speichern – Benutzeroberfläche anpassen

▷ Programmzeile – rechtes Pull-down-Menü im Funktionsbereich **BENUTZEROBERFLÄCHE ANPASSEN** oder Menü **ANSICHT > SYMBOLLEISTEN > BENUTZEROBERFLÄCHE ANPASSEN**

▷ **EXPORT**

▷ Geben Sie einen Dateinamen an (z. B. *eigene Oberflächeneinstellung*) und bestätigen Sie die Eingabe.

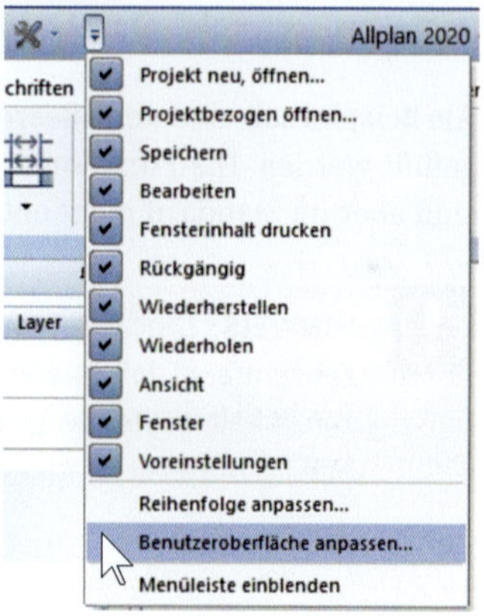

Die gespeicherte UBX-Datei können Sie jederzeit auf einen anderen Rechner übertragen.

Einstellungen laden – Benutzeroberfläche anpassen

▷ Programmzeile – rechtes Pull-down-Menü in Funktionsbereich **BENUTZEROBERFLÄCHE ANPASSEN** oder Menü **ANSICHT > SYMBOLLEISTEN > BENUTZEROBERFLÄCHE ANPASSEN**

▷ **IMPORT**

▷ Wählen Sie die Datei *Praxishandbuch_Allplan 2020.ubx* aus und bestätigen Sie die Auswahl.

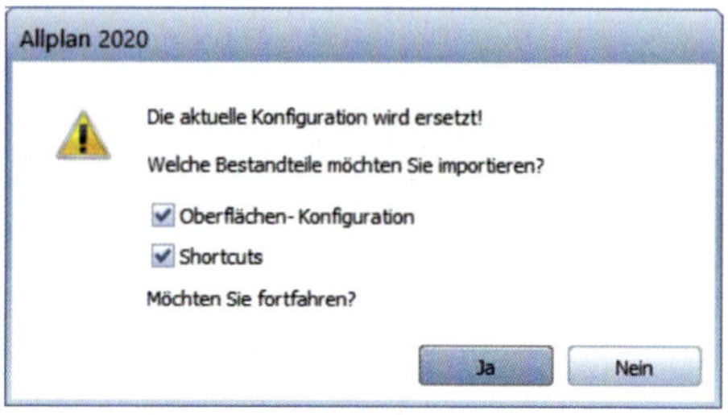

▷ Legen Sie fest, ob Sie alle Daten importieren oder z. B. nur die **OBERFLÄCHEN-KONFIGURATION** laden möchten, und bestätigen die Einstellung mit **JA**.

Alternativ können Sie über die auf der linken Seite angebotenen Pfade sowie den Mini-Explorer einen beliebigen Ordner auswählen, in dem Sie eine UBX-Datei zum Importieren gespeichert haben.

Die Beschreibungen im Beispiel orientieren sich im Wesentlichen an der Oberflächeneinstellung aus der geladenen UBX-Datei, welche auf einer Actionbar-Konfiguration aufbaut.

2.12.3 Actionbar bearbeiten

Erweitert in Version 2019

Die in der Actionbar angezeigten Rollen, Aufgabenbereiche und darin vorhandenen Funktionen können an die eigenen Wünsche und Bedürfnisse angepasst werden.

TIPP: Bevor Sie die Actionbar umfangreich umbauen, sollten Sie versuchen, mit der Actionbar im Auslieferungszustand zu arbeiten. Die Funktionen sind im Wesentlichen so angeordnet, wie man sie benötigt. Nicht enthaltene Funktionen sind zumeist im Kontextmenü der Bauteile enthalten und können dort schnell aufgerufen werden.

Als Beispiel soll eine neue (leere) Rolle und darin eine Aufgabe definiert und mit Inhalten gefüllt werden. Die Funktionen werden nicht im Beispielprojekt des Buches verwendet, sind aber im Standard nicht enthalten.

HINWEIS: Die angezeigten Rollen und Funktionen entsprechen dem Lizenzumfang der geladenen Lizenz. In Umgebungen mit wechselndem Lizenzinhalt sollte die Lizenz gewählt werden, welche den möglichst maximal im Büro vorhandenen Umgang aufweist.

Actionbar um eine Rolle erweitern

Actionbar Konfigurator

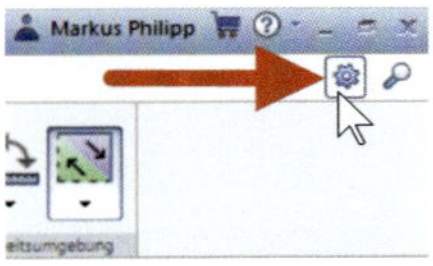

▷ Oberflächenkonfiguration **ACTIONBARKONFIGURATION** aktivieren

▷ **ACTIONBAR KONFIGURATOR** (oben rechts am Rand der Actionbar)

▷ **(1)** Register **KONFIGURIEREN** öffnen und eine **(2) NEUE ROLLE ERSTELLEN** anklicken

▷ Im Dialog **NEUE ROLLE ERSTELLEN (3)** *Leere Vorlage* auswählen, ein Icon auswählen und einen **(4)** Namen – z. B. *Programmierungen* – eingeben und Erstellen zum Abschluss anwählen.

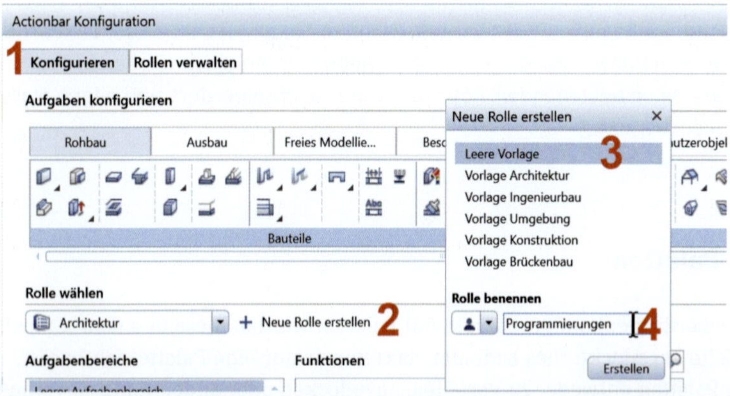

Es wird eine neue Rolle eingefügt, bei welcher ein leerer Aufgabenbereich sowie die Aufgabe *Planlayout* vorhanden sind. Der statische Bereich wurde von den vorhandenen Rollen übernommen.

▷ Wählen Sie den Aufgabenbereich **(5)** *Weitere Funktionen* an und ziehen **(6)** Sie die Abschnitte SmartParts und Allplan Visual Skripting in den noch leeren Aufgabenbereich Ihrer Rolle.

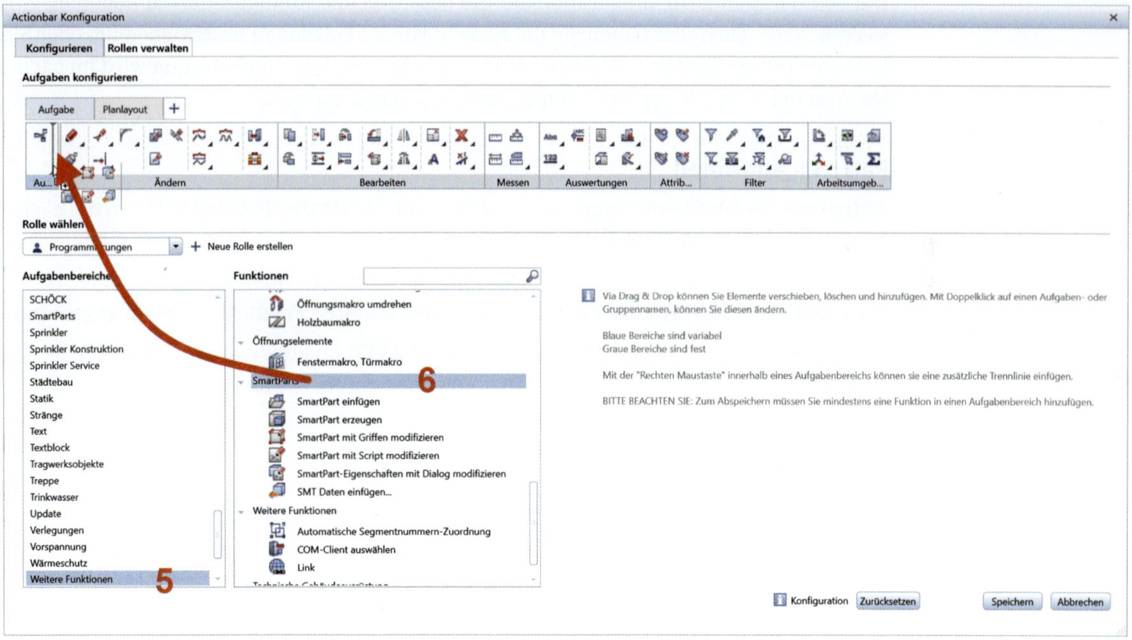

▷ Ändern Sie danach noch den Namen der Aufgabe und des Aufgabenbereichs (Namen mit Doppel-Links-Klick selektieren).

▷ Verlassen Sie mit **SPEICHERN** den Dialog. Die Änderungen sind sofort verfügbar.

TIPP: Im Register *Rollen verwalten* finden Sie eine Funktion zum Exportieren von Rollen bzw. der kompletten Actionbar. An dieser Stelle können Sie aus einer bestehenden Actionbar-Datei auch eine dort enthaltene Rolle importieren.

2.12.4 Paletten

In allen Oberflächenkonfigurationen mit Paletten werden diese in einem „Stapel“ auf der linken Seite angedockt. Dies bedeutet, dass immer nur eine Palette sichtbar ist. Es ist ratsam, die Paletten entweder zu verteilen, anzudocken oder anderweitig zu verändern, um jederzeit (ohne umzuschalten) Zugriff auf mehrere der Paletten zu haben.

Ich bevorzuge eine Oberflächeneinstellung für Paletten, welche die Palette **EIGENSCHAFTEN** immer sichtbar am linken Rand anzeigt und die Paletten **OBJEKTE**, **LAYER** und **TASKBOARD** auf der rechten Seite einblendet. Die Paletten **BIBLIOTHEK** und **CONNECT** sind zumeist unter der Palette **EIGENSCHAFTEN** verdeckt, die Assistenten ebenfalls oder sie sind auf dem zweiten Bildschirm „ausgelagert“.

Um von der Standardkonfiguration auf die beschriebene Konfiguration zu kommen, gibt es zwei Wege. Entweder bauen Sie die Ansicht wie im Folgenden beschrieben um oder Sie laden die fertige Konfiguration ein. Die im Buch verwendete Konfiguration wird im nächsten Abschnitt eingelesen und befindet sich im Userverzeichnis.

Paletten anordnen

Aktivieren Sie die Oberflächenkonfiguration **PALETTENKONFIGURATION**, um die nächsten Schritte exakt nachvollziehen zu können.

Zuerst wird die Position der Palette **LAYER** durch Verschieben verändert. Gleichzeitig wird die Palette **EIGENSCHAFTEN** (inklusive der weiteren Paletten) oberhalb angeordnet.

▷ Klicken Sie in den Bereich der Registerkarte **LAYER** und halten Sie die linke Maustaste gedrückt, während Sie den Mauszeiger über das untere Symbol in der Mitte der Palette bewegen.

▷ Lassen Sie die linke Maustaste los.

Sobald Sie die Palette an der angegebenen Stelle fallen gelassen haben, wird der Palettenstapel auf der linken Seite in zwei Stapel geteilt. Im unteren Stapel befindet sich nur die Palette **LAYER**, während im oberen Stapel alle weiteren Paletten angeordnet sind.

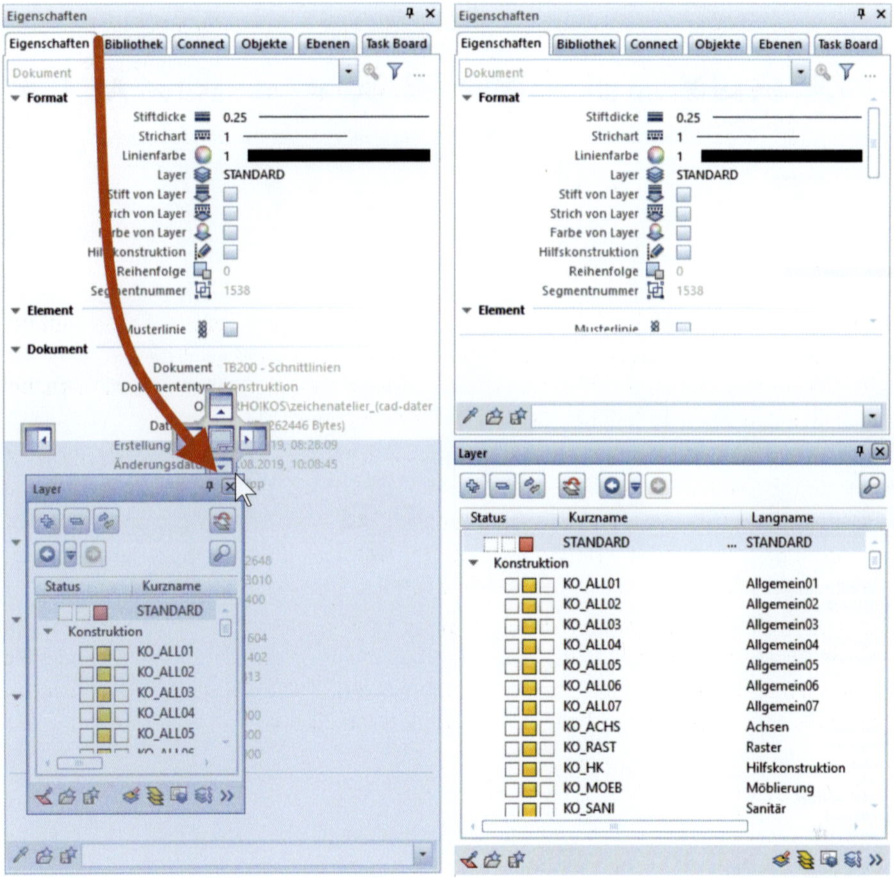

▷ Ziehen Sie danach auf die gleiche Weise die Palette **EBENEN** auf die rechte Seite. Sobald die Fläche rechts blau angelegt erscheint, haben Sie den korrekten Punkt erreicht und können die Palette fallen lassen.

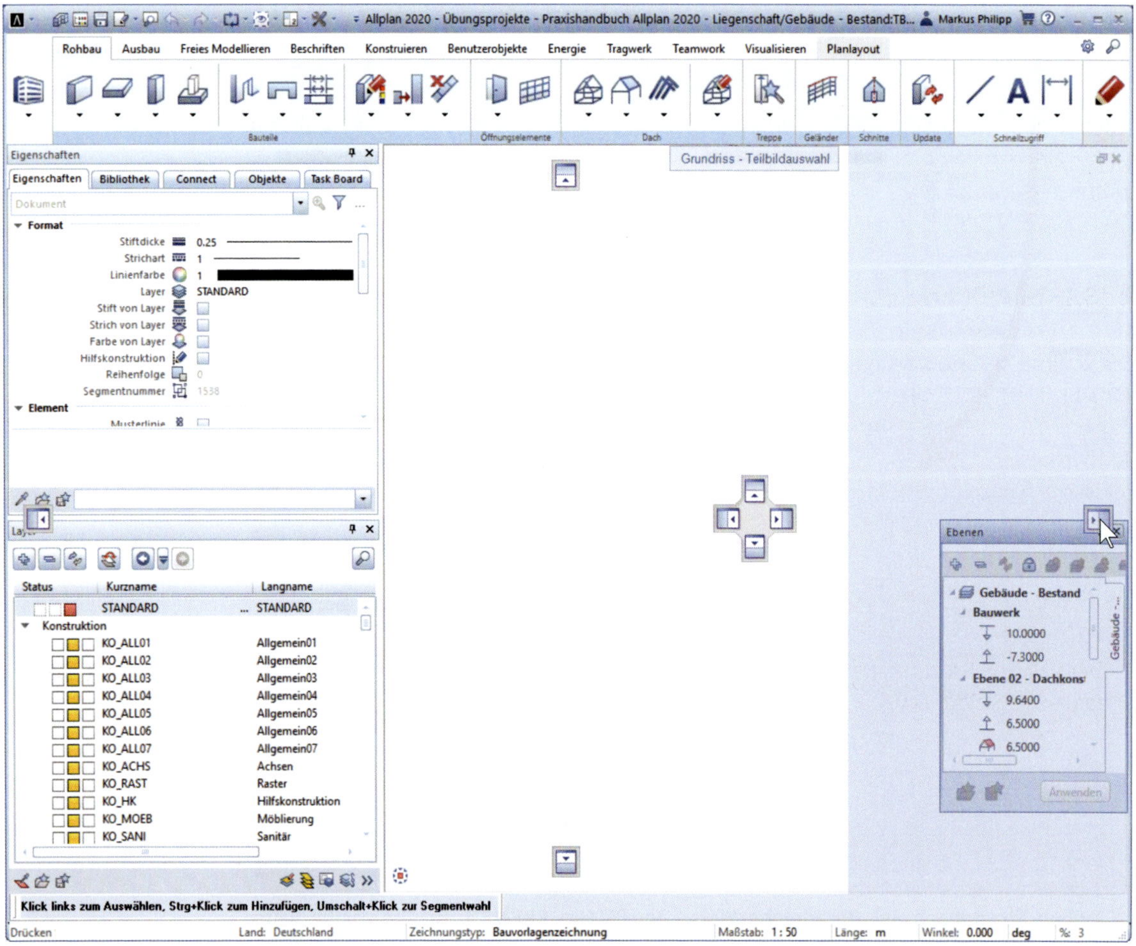

Automatisches Ausblenden deaktiviert

Ausblenden aktiv

▷ Klicken Sie auf den „Pin" (**AUTOMATISCHES AUSBLENDEN**) der Palette **LAYER**. Die Palette wird danach am Rand minimiert dargestellt (als Text) und erst eingeblendet, wenn Sie den Mauszeiger über den Text der Palette führen.

▷ Verfahren Sie mit den Paletten **OBJEKTE** und **TASKBOARD** gleichermaßen.

▷ Die Palette **ASSISTENTEN** können Sie bei Bedarf ebenfalls rechts anordnen oder, falls vorhanden, auf einen zweiten Bildschirm legen und dort größer ziehen.

TIPP: Um den vorhandenen Platz noch besser ausnutzen zu können, kann es sinnvoll sein, die Trennlinie zwischen übereinander angeordneten Paletten zu verschieben und die Paletten eventuell in der Breite zu verändern. Dazu stellen Sie den Mauszeiger über die zu verändernde Linie, bis dieser sich in einen Doppelpfeil verändert, halten die linke Maustaste gedrückt und verschieben dann die Linie.

2.13 Beispiel – Inhalte anzeigen

Allplan kann die Inhalte von Teilbildern unterschiedlich darstellen und filtern. Ähnliches ist für Pläne möglich. In den folgenden Teilbeispielen werden die wesentlichen Möglichkeiten dargestellt.

2.13.1 Teilbildanwahl

Die zentrale Schaltstelle zum Aktivieren und Deaktivieren von Teilbildern ist der Dialog PROJEKTBEZOGEN ÖFFNEN. Hier stellen Sie die für die nächsten Arbeitsschritte notwendigen Teilbilder sichtbar und bearbeitbar. In der folgenden Übung sollen unterschiedliche Aktivierungen getestet werden, um die Bedienung des Dialogs zu erlernen. Zur einfachen, optischen Kontrolle ist es optimal, wenn die Fenstereinstellung geändert und eine Animation mit angezeigt wird.

Baukörpermodell aktivieren (ein Teilbild, „linke Seite")

Projektbezogen öffnen (Alt + O)

▷ PROJEKTBEZOGEN ÖFFNEN – REGISTER BAUWERKSSTRUKTUR

▷ Doppelklick links auf die Teilbildnummer 220 (eventuell müssen Sie die Strukturstufen erst aufklappen)

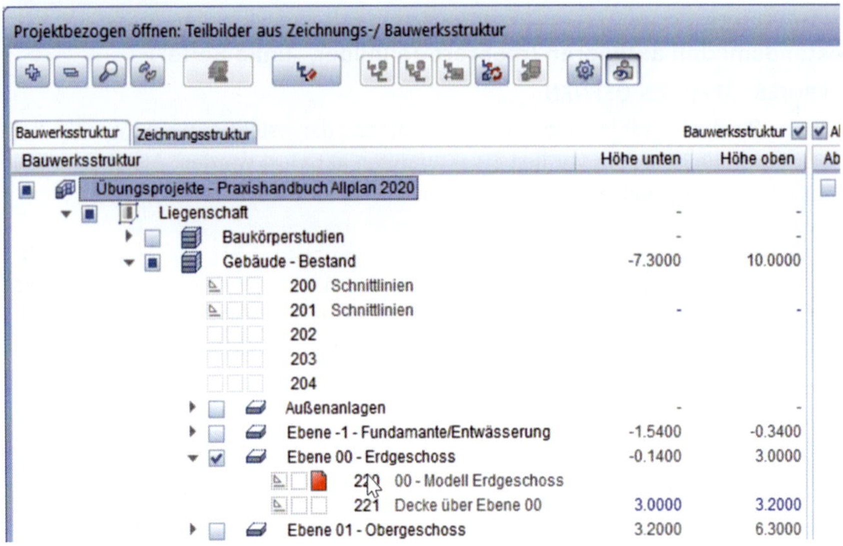

Das Teilbild wird alleine geöffnet. Alle etwaig vorhandenen Aktivierungen werden so gesetzt, dass diese nicht geladen werden.

2 +1 Animationsfenster (Alt + 2)

▷ Die Funktion 2 + 1 ANIMATIONSFENSTER befindet sich mit weiteren Funktionen zur Fenstersteuerung in der Programmzeile.

Der Zeichenbildschirm wird in mehrere Fenster geteilt. Oben links wird die Animation angezeigt (Zentralperspektive) und auf der rechten Seite der Grundriss.

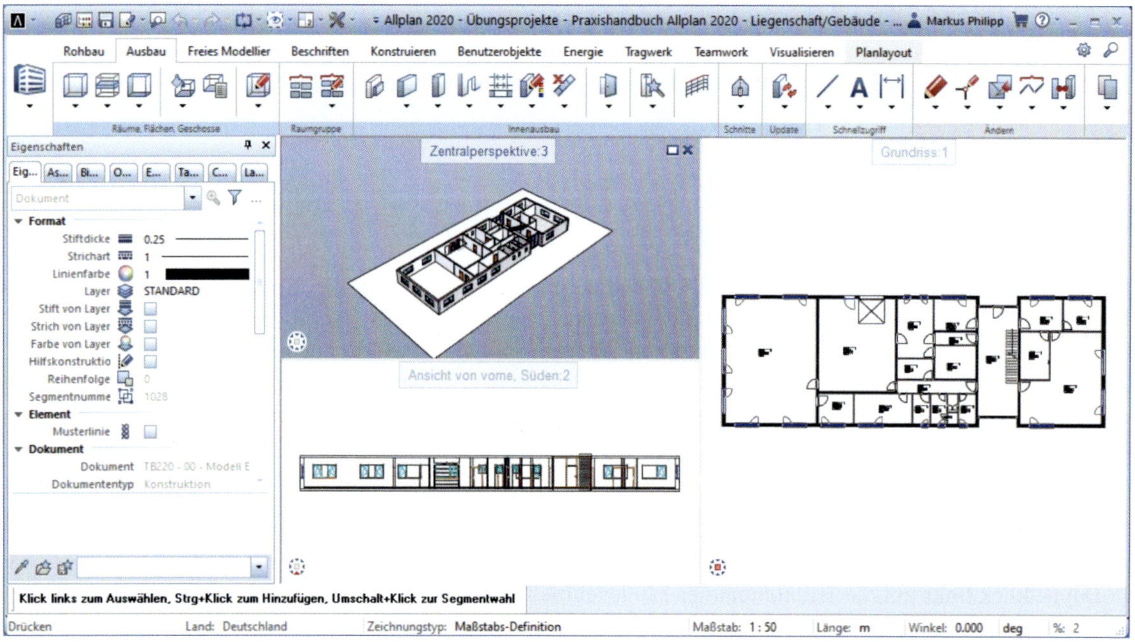

Bestandsmodell aktivieren (mehrere Teilbilder, „linke Seite")

Projektbezogen öffnen (Alt+O)

▷ PROJEKTBEZOGEN ÖFFNEN

▷ Setzen Sie die Teilbilder so wie in der Abbildung dargestellt aktiv. Achten Sie darauf, dass auch die Kästchen vor den Strukturstufen aktiviert werden. Als aktives Teilbild können Sie ein beliebiges Teilbild wählen.

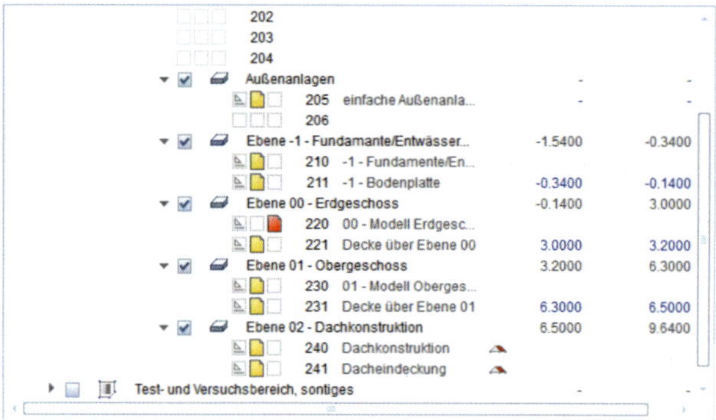

Es werden alle Teilbilder des Gebäudes inklusive der Außenanlagen benötigt. Die Teilbilder des Lageplans sollen deaktiviert sein (neun Teilbilder angewählt).

▷ Schließen Sie den Dialog über die Schalfläche **SCHLIESSEN**.

Im Grundriss sowie in den anderen Fenstern können Sie alle Daten erkennen, die zum Gebäude gehören.

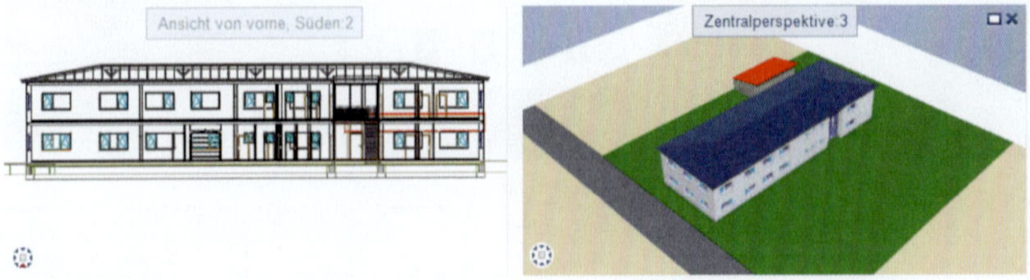

Ansichten aktivieren (mehrere Teilbilder, „rechte Seite")

▷ **PROJEKTBEZOGEN ÖFFNEN**

Projektbezogen öffnen (Alt + O)

▷ Setzen Sie die Teilbilder so wie in der Abbildung dargestellt aktiv. Achten Sie darauf, dass auch die Kästchen vor den Strukturstufen aktiviert werden. Die Teilbilder auf der linken Seite müssen deaktiviert werden.

▷ Schließen Sie den Dialog über die Schalfläche **SCHLIESSEN**.

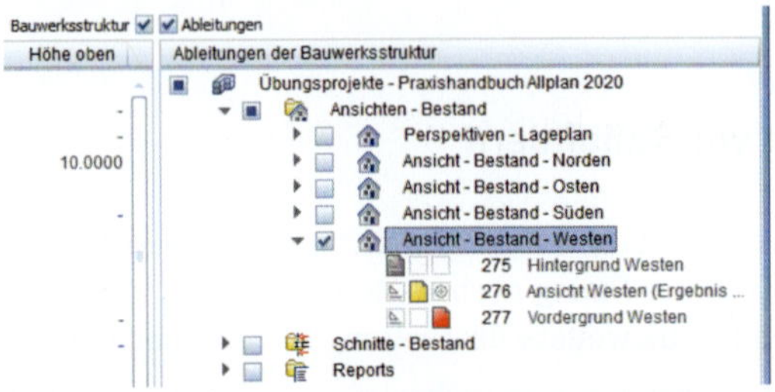

Von Betrachtung des Modells ist noch die Drei-Fenster-Darstellung aktiv. Da die Ansicht nur aus 2D-Elementen besteht (abgeleitet aus dem Modell), ist nur im rechten Fenster eine Zeichnung sichtbar. Um die Zeichenfläche möglichst optimal nutzen zu können, sollte auf eine Ein-Fenster-Darstellung umgeschaltet werden.

▷ Die Funktion **1 FENSTER** befindet sich mit weiteren Funktionen zur Fenstersteuerung in der Programmzeile.

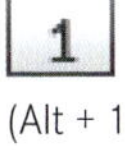

1 Fenster (Alt + 1)

Die Ansicht wird angezeigt. Gut sichtbar sind die grauen Linien der Bäume, die auf dem Hintergrundteilbild liegen. Die beiden anderen Teilbilder können in der Darstellung nicht voneinander unterschieden werden.

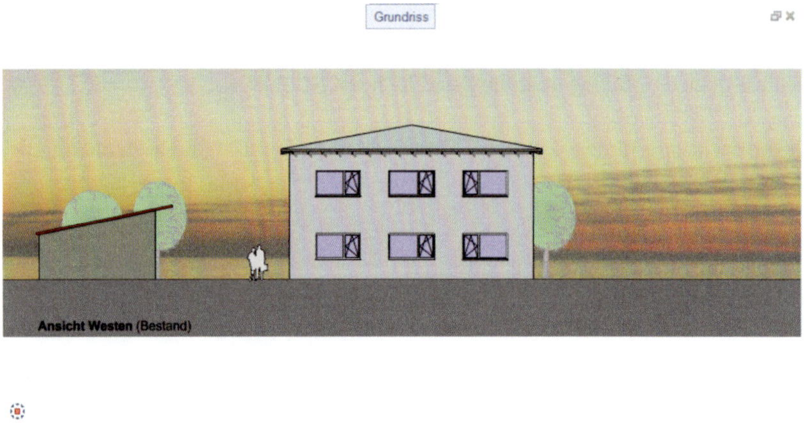

HINWEIS: Bei Ansichten kann mit den in Version 2018 eingeführten neuen Ansichten/Schnitten auch auf einem Teilbild gearbeitet werden. Bei Ansichten, welche mehrere Tiefenebenen erhalten sollen, kann es sinnvoll sein, auf mehreren Teilbildern zu arbeiten, um die Tiefenwirkung einfacher steuern zu können (wie bei der Ansicht *Westen* in der vorangegangenen Abbildung).

2.13.2 Tipps zum Aktivieren von Teilbildern

Neben der einfachen Möglichkeit, ein einzelnes Teilbild durch einen Doppelklick auf die Teilbildnummer direkt zu öffnen, bietet der Dialog noch weitere Hilfen an, um den Vorgang zum Aktivieren von Teilbildern für die weitere Bearbeitung zu vereinfachen.

Testen Sie die nachfolgenden Punkte anhand der im vorherigen Abschnitt dargestellten Anwahlszenarien.

Seitenweise Aktivierung

Über der Trennlinie zwischen *Bauwerksstruktur* (links) und *Ableitungen* der Bauwerksstruktur (rechts) finden Sie zwei Checkboxen, über die gesteuert wird, welche der beiden Seiten (oder beide Seiten gemeinsam) für die Aktivierung verwendet werden sollen. In der Abbildung ist zu sehen, dass auf der rechten Seite zwar Teilbilder markiert sind, aber die Schrift und Darstellung anders als auf der linken Seite sind. Verlässt man den Dialog, so wird nur das Teilbild 220 aus der Bauwerksstruktur geladen. Die Aktivierung auf der rechten Seite bleibt erhalten.

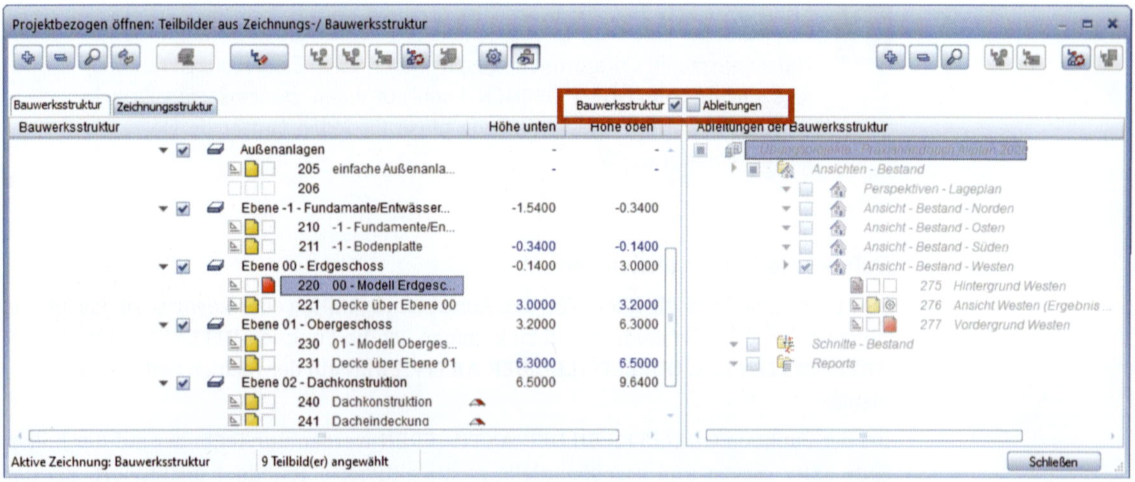

Durch die Beschränkung auf eine Seite kann schnell zwischen modellorientierter Arbeit und den zugehörigen Ansichten umgeschaltet werden.

Laden eines Favoriten

Im Kontextmenü der Projektzeile (auf beiden Seiten einzeln) befindet sich die Funktion **FAVORIT LADEN**. Über die Funktion können Sie gespeicherte Aktivierungen wiederholen. Hierbei werden die Seiten einzeln gesteuert, d. h., über einen Favoriten, der aus der Bauwerksstruktur (links) gespeichert wurde, können keine Ansichten aktiviert werden. Der Aufruf des Kontextmenüs ist auch über einen Rechtsklick in „leeren" Bereichen möglich.

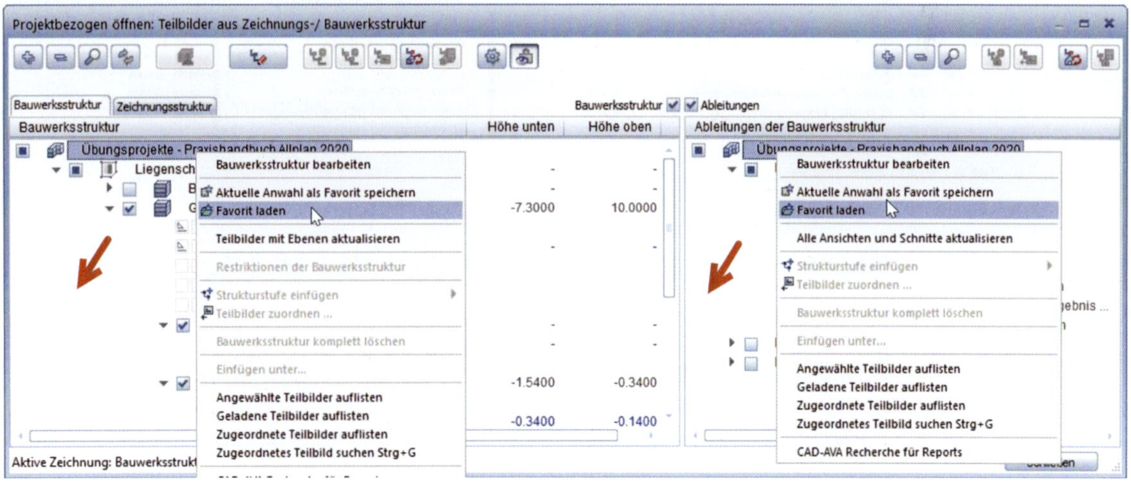

> **HINWEIS:** Bei einer Workgroup-Installation werden die Favoriten für jeden Nutzer einzeln in Unterordnern gespeichert. In den Einstellungen des Dialogs **PROJEKTBEZOGEN ÖFFNEN** kann auf einen gemeinsamen Ordner umgestellt werden. Die Einstellung muss für jeden Nutzer im Netzwerk einzeln getätigt werden.

Referenzteilbilder aktivieren

Eine sehr schnelle Möglichkeit, von den Ansichten, Schnitten oder Reports auf das jeweils zugrunde liegende Gebäudemodell zu kommen, ist die Funktion **REFERENZTEILBILDER AKTIV SETZEN** bzw. **QUELLTEILBILDER AKTIVIEREN** auf der rechten Seite des Kontextmenüs.

Bei der Funktion **QUELLTEILBILDER AKTIVIEREN** werden nur Teilbilder auf der linken Seite aktiv gesetzt und gegebenenfalls rechts aktivierte Teilbilder deaktiviert. Bei der Funktion **REFERENZTEILBILDER AKTIV SETZEN** werden alle Teilbilder, welche Assoziativitäten zum angewählten haben, aktiv gesetzt. Dabei ist es nicht von Belang, ob diese links oder rechts angeordnet sind.

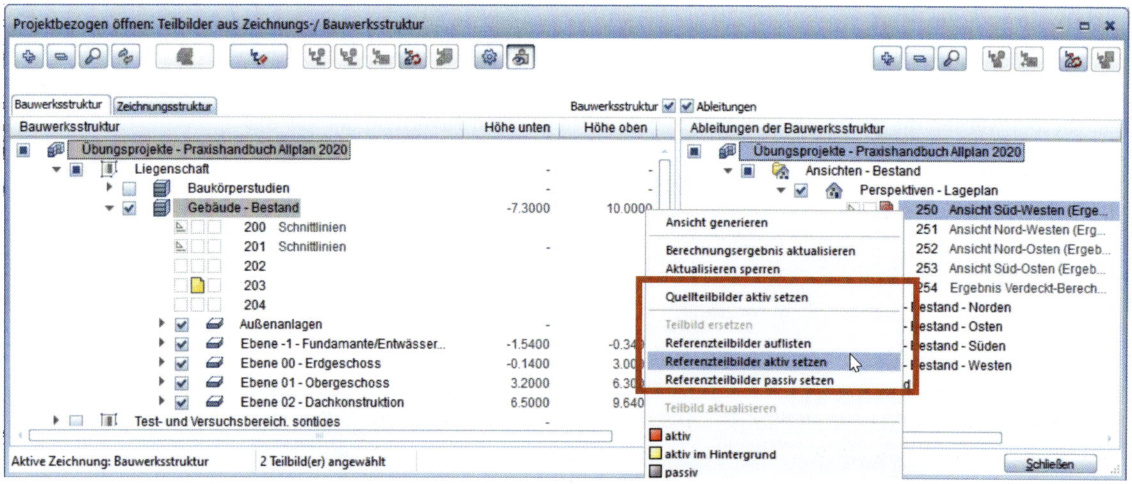

Direkt nach Anwahl der Funktion wird die entsprechende Schaltung vorgenommen.

2.13.3 Fenstersteuerung

Die Darstellung in den Fenstern sowie die Aufteilung des Bildschirms in mehrere Konstruktionsfenster kann fast beliebig gestaltet werden. Die nachfolgenden Beispiele sollen einige Möglichkeiten darstellen, wie die Fensteraufteilung geändert werden kann.

Fenster verbunden vs. Fenster nicht verbunden

Die Konstruktionsfenster innerhalb der Anwendung können entweder so eingestellt werden, dass sie verbunden oder nicht verbunden sind (über das Menü **FENSTER**). Wenn die Fenster verbunden sind, werden Größenänderungen an einem Fenster auf die anderen Fenster übertragen und die Gesamtfläche weiterhin optimal ausgenutzt. Überlappende Fenster sind nicht möglich. Ist die Option *Fenster verbunden* deaktiviert, können die Fenster frei gegeneinander verschoben und auch überlappend angeordnet werden. Die Standardeinstellung ist *Fenster verbunden*.

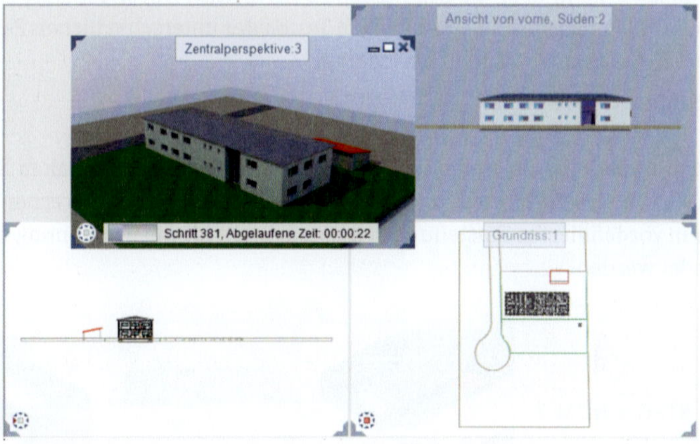

TIPP: Wenn die Fenster nicht verbunden sind, werden die Ecken dunkel abgesetzt dargestellt. Diese Einstellung eignet sich zum Beispiel, um in einem großen Grundriss über ein kleines Fenster navigieren zu können.

Konstruktionsfenster auf zweiten Bildschirm verschieben

Seit Version 2016 können Konstruktionsfenster das starre Fenster der Windows-Anwendung verlassen und auf einen zweiten Bildschirm verschoben werden. Klicken Sie dazu auf die Überschriftenleiste eines Konstruktionsfensters und ziehen Sie es auf den zweiten Bildschirm oder, wenn Allplan nicht maximiert ist, aus dem Anwendungsfenster hinaus.

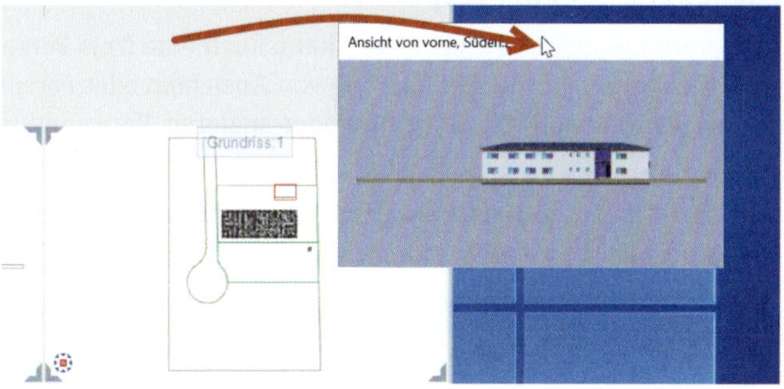

TIPP: Schließen Sie Konstruktionsfenster, welche sich außerhalb der Anwendung befinden, wenn Sie diese nicht mehr benötigen, da die Fenster nicht automatisch mit der Anwendung in den Vordergrund geschaltet werden können.

Perspektiveinstellung - Standardperspektiven

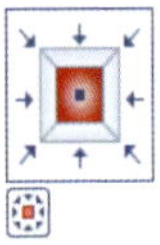

Jedes Grafikfenster kann über die Schaltfläche **STANDARDPROJEKTIONEN** zu einer isometrischen Darstellung gemacht werden. Zum Testen der unterschiedlichen Perspektiven können Sie z. B. das gesamte Modell einschalten.

▷ **2 + 1 ANIMATIONSFENSTER**

2 + 1 Animationsfenster (Alt + 2)

Die folgenden Bilder sind im Animationsfenster entstanden. Auf der linken Seite sehen Sie die Einschaltung/Schalterstellung, auf der rechten Seite das entsprechende Modellbild. Die neun vordefinierten Einstellungen können direkt für die Berechnung von Ansichten verwendet werden.

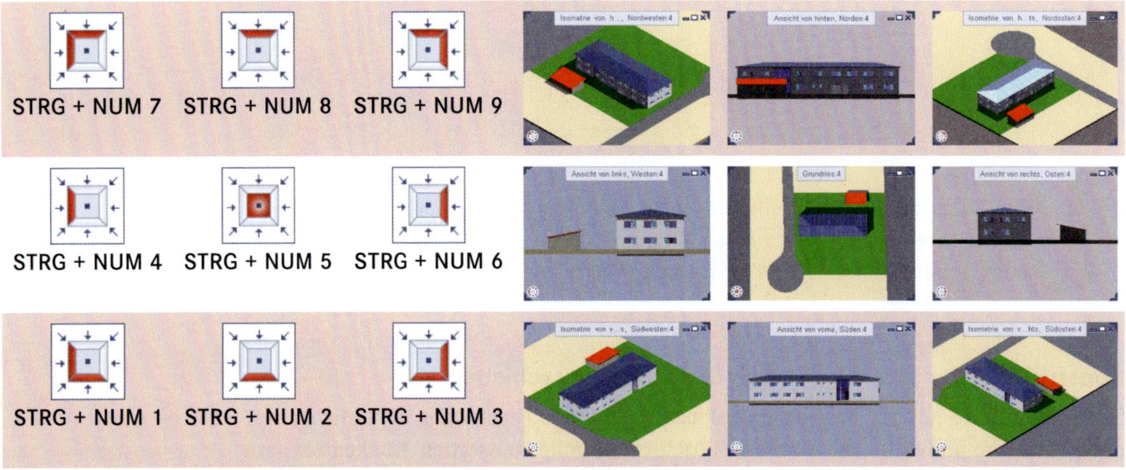

Perspektiveinstellung - Freie Perspektive

Alternativ zu den voreingestellten Perspektiven kann auch eine freie Perspektive eingestellt werden. Die Einstellung für die Berechnung von Ansichten oder Perspektiven kann in den Ableitungen der Bauwerksstruktur und/oder späteren Verwendung gespeichert werden (Favoriten).

Freie Projektion

▷ **FREIE PROJEKTION** (in Fensterleiste des Animationsfensters aufrufen)

▷ **(1)** Augpunkt **AUSWÄHLEN** → Im Bereich **A** im Grundriss klicken (Linksklick)

▷ **(2)** Zielpunkt **AUSWÄHLEN** → Im Bereich **Z** im Grundriss klicken (Linksklick)

▷ **(3) BRENNWEITE** auf *50* stellen und **PERSPEKTIVE** einschalten (Haken setzen)

▷ **(4)** Z des Zielpunktes auf *1,6 m* ändern

▷ **(5)** A des Augpunktes auf *1,6 m* ändern

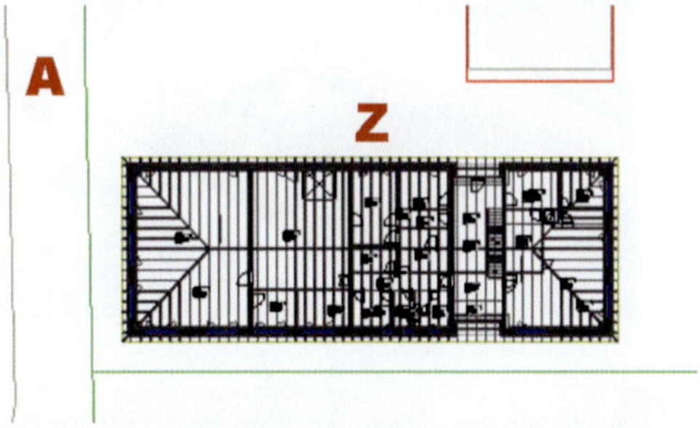

Die Änderungen werden jeweils sofort im Animationsfenster sichtbar.

Teilbilder pro Fenster einstellen

Teilbildauswahl

Bei jedem Fenster können die darin enthaltenen Teilbilder einzeln eingestellt werden. Die Funktion befindet sich in der Funktionsleiste jedes Fensters.

In der folgenden Abbildung ist eine Einstellung zu sehen, bei der oben links nur die Außenanlagen sichtbar sind, oben rechts ist zudem der Bereich der Fundamente mit aktiviert. Unten links kommt das Erdgeschoss inklusive Decke hinzu, während unten rechts alle Teilbilder sichtbar sind bzw. keine Einstellung getroffen worden ist.

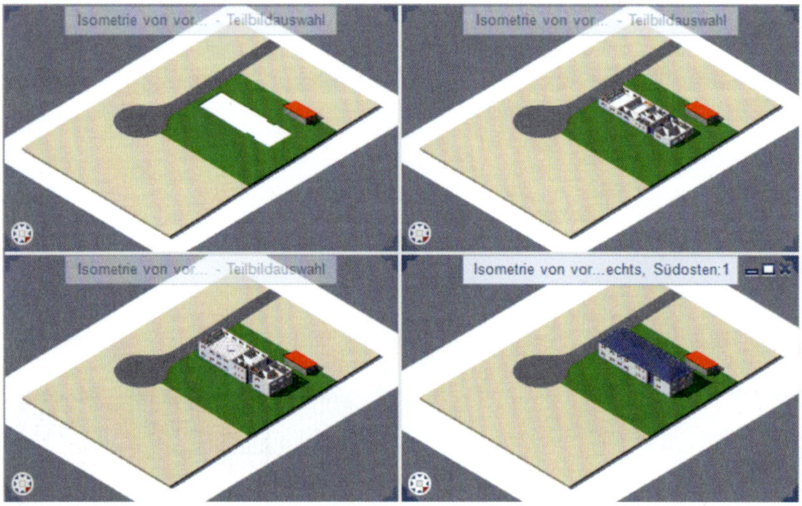

> **HINWEIS**: Über die Funktion **TEILBILDAUSWAHL** jedes Fensters können alle Teilbilder bis auf das aktive (rote) Teilbild ausgeblendet werden.

> **HINWEIS**: Die an dieser Stelle getätigte Einstellung bleibt auch bei einem Projektwechsel erhalten. Dies kann zu unstimmigen Darstellungen/Verhalten führen. Durch das Deaktivieren der Funktion wird die Einstellung zurückgesetzt.

2.13.4 Ansichtsarten

Die Grafikfenster können verschiedene Darstellungen erhalten. Je nach eingestellter Ansichtsart können unterschiedliche Einstellungen getroffen werden und das allgemeine Kontextmenü zeigt andere Funktionen auf.

Vergleich der Ansichtsarten

Die im Folgenden dargestellten Einstellungen sind im Animationsfenster entstanden (bis auf den „Draht-Grundriss"). Probieren Sie aus, ob Sie über die Einstellungen zu den

Ansichtsarten ähnliche Ergebnisse erzielen können. Zum Überprüfen der Einstellungen sind zu jedem Bild die Einstellungen der Ansichtsart als Favorit gespeichert.

▷ 2 + 1 **ANIMATIONSFENSTER**

▷ Kontextmenü im Animationsfenster **UMGEBUNG**

▷ **FAVORIT LADEN** (unten links in der Palette)

▷ **FAVORITEN PROJEKT** wählen, Datei *2_11_08_Umgebung.envfa* markieren und auf **ÖFFNEN** klicken

▷ Schließen Sie die Palette **UMGEBUNG**.

2 +1 Animationsfenster (Alt + 2)

Umgebung

Favorit laden

Sämtliche Einstellungen der Umgebung wurden eingeladen und das Animationsfenster sieht so aus wie in der vorangegangenen Abbildung.

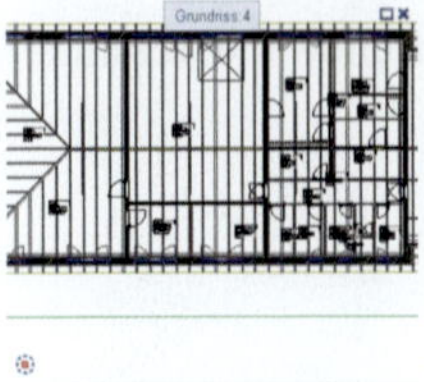

Grundriss, Draht

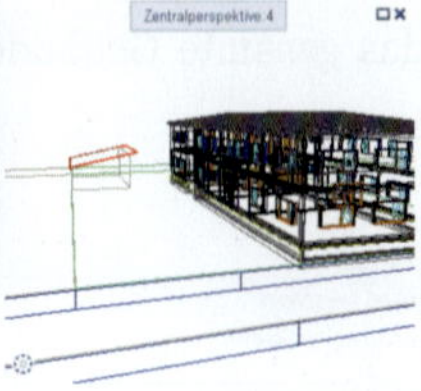

Draht

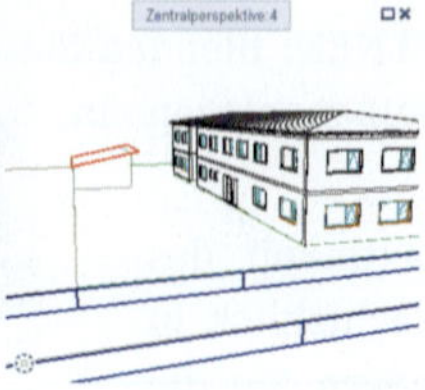

Verdeckt

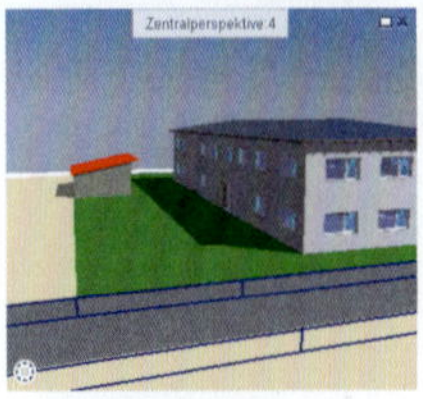

Animation

Sketch

RTRender

RTRender (Weißes Modell)

2.13.5 Layer - Sichtbarkeit ändern

Alle Daten des Beispielprojekts sind mit einer Layerzuordnung erzeugt worden. Dies hilft bei der Auswahl der darzustellenden Elemente zur Bearbeitung und für die Planzusammenstellung. Ebenso werden neu erzeugte Daten, die anhand der Assistenten erzeugt wurden, den entsprechenden Layern zugeordnet. Die Sichtbarkeit der Layer - und somit der Elemente - bei der Konstruktion (und später bei der Planzusammenstellung) kann auf unterschiedliche Arten geregelt werden. Die beiden meist verwendeten Arten (**LAYER-STATUS ÄNDERN** und Palette **LAYER**) werden in den nächsten beiden Abschnitten anhand der Beispieldaten erläutert.

Sichtbare Layer über Palette einstellen

In der Palette **LAYER** werden je nach Einstellung entweder alle Layer, die belegten Layer oder die der aktuellen Funktion zugeordneten Layer aufgelistet. Die Palette ist ideal, um Sichtbarkeiten schnell zu schalten und die Übersicht über die erzeugten Daten zu behalten. Die Palette **LAYER** befindet sich normalerweise auf der linken Seite und kann über den Reiter *Layer* aktiviert werden. Alternativ können Sie die Palette über die Kurztaste <L> oder über **ANSICHT → SYMBOLLEISTEN → LAYER EINBLENDEN**.

> **TIPP:** Um die Layer optimal im Blick zu haben, bietet es sich an, die Palette **LAYER** auf der rechten Bildschirmseite anzudocken. Mehr zum Einrichten der Oberfläche finden Sie in Abschnitt 2.6., „Die Oberfläche von Allplan", und in Abschnitt 2.7., „Oberfläche anpassen".

Ziel ist es, bei dem bestehenden Gebäude alle Elemente des Ausbaus auszublenden, um möglichst nur den Rohbau zu erhalten.

Projektbezogen öffnen (Alt + O)

Palette Layer (L)

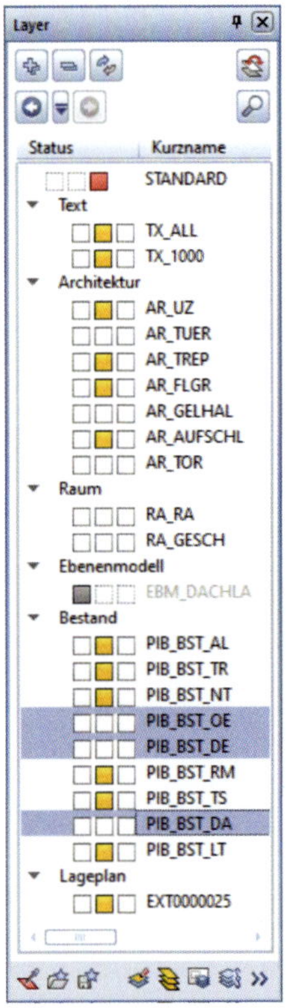

- ▷ **PROJEKTBEZOGEN ÖFFNEN:** Blenden Sie das gesamte Gebäude ohne die Teilbilder der Schnittlinien und Außenanlagen ein.
- ▷ Palette **LAYER** öffnen
- ▷ Öffnen Sie das Kontextmenü des Dialogs durch einen Rechtsklick in die Auflistung und ändern Sie die Einstellung auf **IN GELADENEN DOKUMENTEN EXISTIERENDE LAYER AUFLISTEN.**
- ▷ Schalten Sie durch einen Klick auf die zweite Schaltfläche (gelbes Feld) die Sichtbarkeit der Layer von *bearbeitbar* auf *Unsichtbar, gesperrt*.

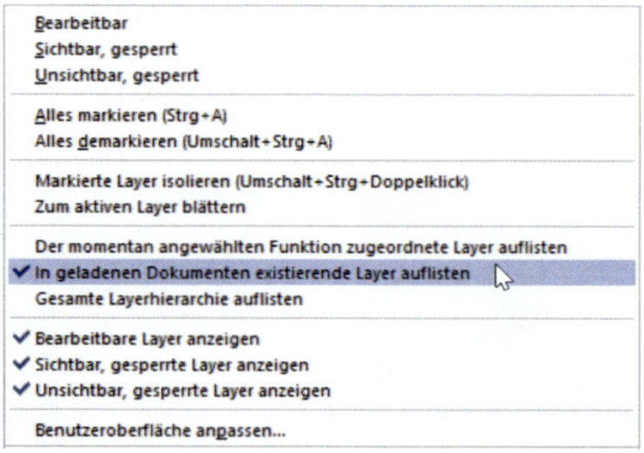

Die Änderung wird sofort im Konstruktionsfenster sichtbar. Sie können über die Schalter **VERLAUF** jederzeit zwischen unterschiedlichen Einstellungen hin und her schalten. Jeder ausgeblendete Layer wird komplett (d. h. in allen Teilbildern) ausgeblendet.

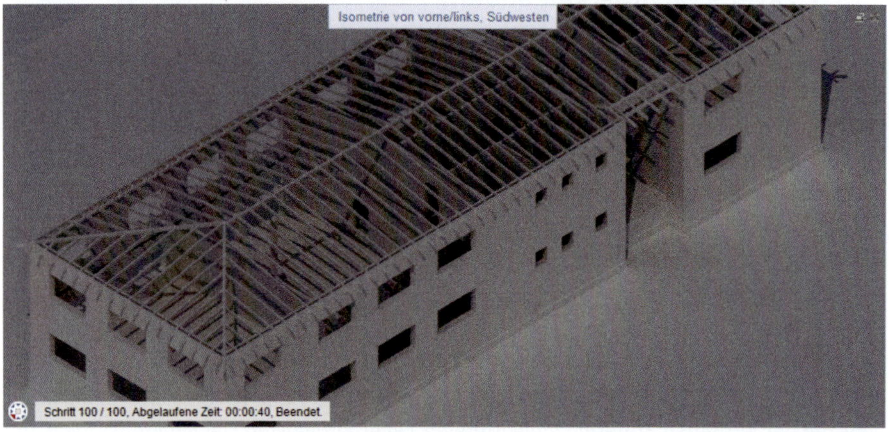

HINWEIS: Der Inhalt der Palette **LAYER** wird nicht bei jeder Aktion bzw. bei jedem Erzeugen und/oder Ändern eines Objekts geändert. Über die Funktion **LAYERSTRUKTUR AKTUALISIEREN** am oberen Rand der Palette **LAYER** können Sie die Anzeige an die Daten der geladenen Teilbilder anpassen lassen.

Layerstruktur aktualisieren

Layerstatus ändern

Über die Funktion **LAYERSTATUS ÄNDERN** kann ebenfalls die Sichtbarkeit der Layer geändert werden. Über das Kontextmenü kann der Layer eines Elements leicht identifiziert und ausgeblendet werden. Im Folgenden sollen die Bauteile des Dachstuhls ausgeblendet werden.

▷ Fadenkreuz im Grundriss über einen Sparren bewegen: Je nachdem, welche Informationen für das Element unter **OPTIONEN – AKTIVIERUNG** eingestellt wurden, werden mehr oder weniger Zeilen angezeigt. Der Objektname und einige Elemente (TAB = …) werden immer angezeigt, solange die Elementinfo nicht komplett deaktiviert ist.

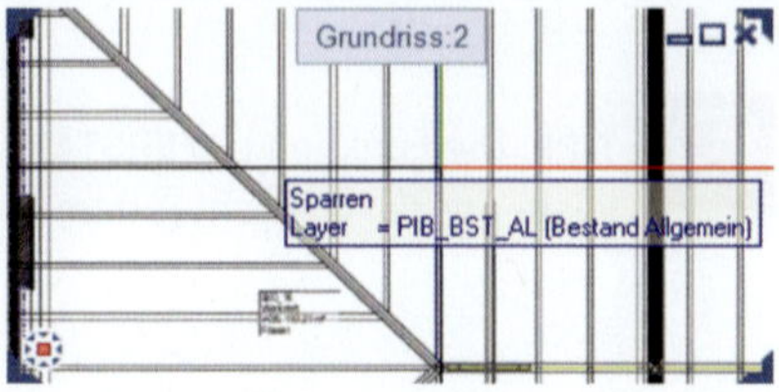

HINWEIS: Für diese Aktion darf keine Funktion aktiv sein. Bei aktiver Funktion erscheint ein anderes Kontextmenü bzw. eine andere Elementinfo.

▷ Kontextmenü des Sparrens öffnen

▷ **LAYERSTATUS ÄNDERN**

▷ Option **UNSICHTBAR, GESPERRT**

Der Dialog wird automatisch geschlossen und der Layer der Füllfläche ausgeblendet. Testen Sie die Funktion weiter, indem Sie alle Layer ausblenden. Sollten Elemente übrig bleiben, die nicht ausgeblendet werden können, so haben diese den Layer *Standard*, welcher immer sichtbar ist.

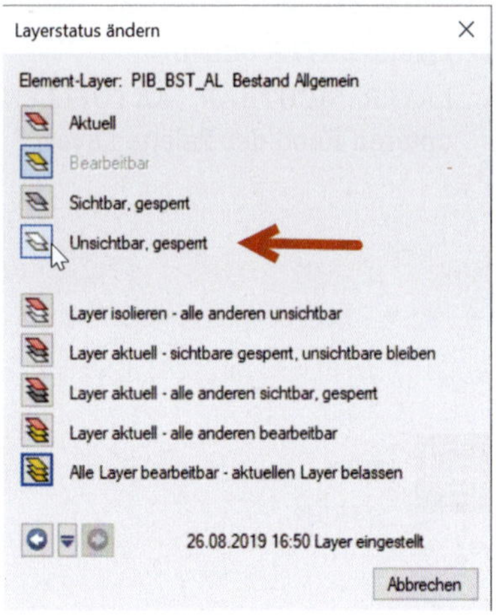

Layerstatus ändern

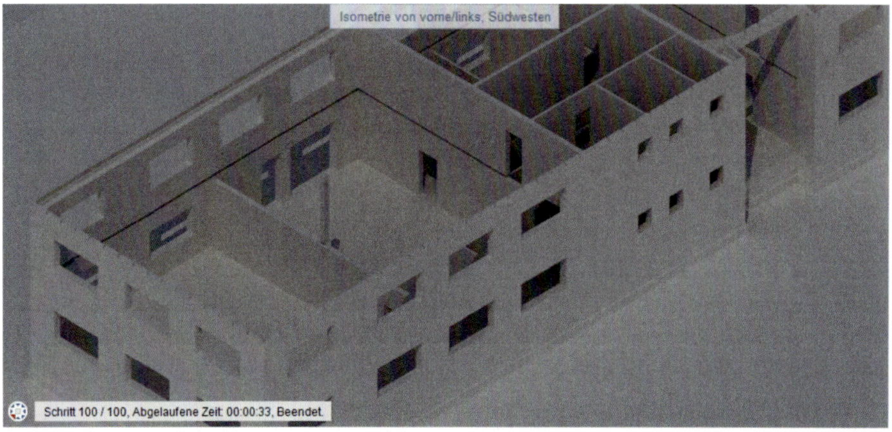

TIPP: Die Funktion **LAYERSTATUS ÄNDERN** finden Sie auch in der Symbolleiste *Spezial* oder unter dem Menüpunkt *Ansicht*.

Alle Layer sichtbar schalten

Um wieder alle Layer sichtbar zu schalten, gibt es mehrere Möglichkeiten. Entweder blenden Sie alle Layer in der Palette **LAYER** wieder ein, die ausgeblendet sind, oder Sie setzen den Status aller Layer über die Funktion **ALLE LAYER SICHTBAR, AKTUELLEN LAYER BELASSEN** auf bearbeitbar. Die zweite Methode hat den Vorteil, dass wirklich alle Layer geschaltet werden, auch die Layer, die in der Palette im Moment aufgrund der getroffenen Einstellungen nicht angezeigt werden.

Palette Layer (L)

- ▷ Palette **LAYER** öffnen
- ▷ **LAYER SICHTBAR, AKTUELLEN LAYER BELASSEN** (am unteren Rand der Palette Layer)

TIPP: Zusätzlich können Layer über den Objektnavigator geschaltet werden.

2.13.6 Objektnavigator

Erweitert in Version 2020

Eine alternative und/oder zusätzliche Möglichkeit, die Sichtbarkeit von Elementen zu steuern, ist die Palette **OBJEKTE**, auch Objektnavigator genannt. Über diese Palette können die Sichtbarkeit der unter **PROJEKTBEZOGEN ÖFFNEN** gewählten Teilbilder, die Sichtbarkeit der belegten Layer sowie zusätzliche Steuerungen für Sichtbarkeiten über Material oder Bauteilart gesteuert werden. Zusätzlich kann seit Version 2019 über Attribute gefiltert und mit der aktuellen Version 2020 können Objekte temporär transparent geschaltet werden.

Da die Möglichkeiten und Nutzungsansätze nahezu unendlich sind, werden im Folgenden nur wenige Beispiele der Anwendung gezeigt.

> **TIPP:** In den Optionen kann eingestellt werden, ob bei Räumen der Objektname, die Bezeichnung oder die Funktion in der Palette angezeigt werden soll. Wird die Anzeige von Objektname auf Funktion oder Bezeichnung umgestellt, wird selbiges auch in der Elementinfo angezeigt.

Sortierung nach Bauwerksstruktur – Sichtbarkeit einstellen

Im ersten Schritt soll das Dach über die Struktur ausgeblendet werden.

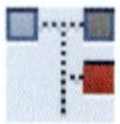

Objekte (O)

- ▷ Palette **OBJEKTE** öffnen
- ▷ **(1) SORTIERT NACH BWS** (erste Schaltfläche von links)
- ▷ **(2)** Sichtbarkeit der untersten Strukturstufe (Klick auf das Auge)

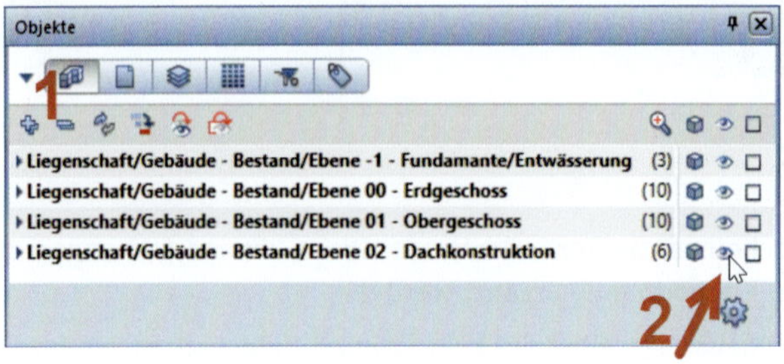

Alle Teilbilder, die dem Strukturpunkt untergeordnet sind, werden ausgeblendet. Die unter **PROJEKTBEZOGEN ÖFFNEN** gewählten Teilbilder bleiben in der Aktivierung bestehen. Das bedeutet, dass bei Bearbeitung eines Projekts durch zwei oder mehr Anwender gleichzeitig (Workgroup-Installation) die Teilbilder weiterhin blockiert sind.

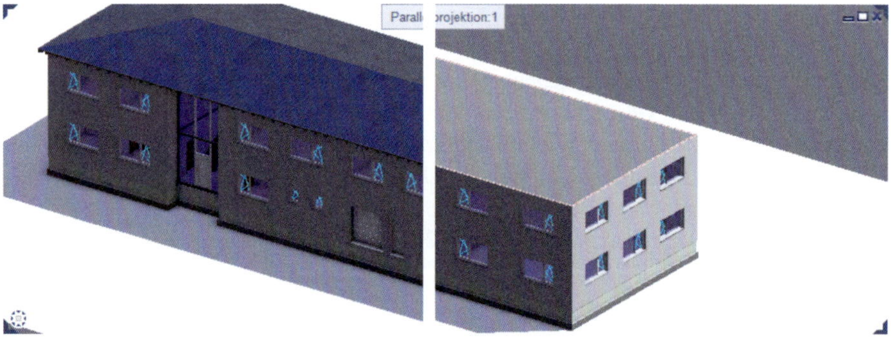

HINWEIS: Wenn eine andere Art der Auflistung geschaltet wird, werden teils blasse Symbole für die Sichtbarkeit angezeigt. Dies bedeutet, dass das Bauteil unsichtbar geschaltet wurde.

Sortierung nach Attributen – Markieren der Elemente

Im zweiten Beispiel sollen alle Streifenfundamente markiert werden, die auf den geladenen Teilbildern vorhanden sind.

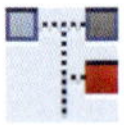
Objekte (O)

- ▷ Palette **OBJEKTE** öffnen
- ▷ **(1) SORTIERT NACH ATTRIBUTEN** (erste Schaltfläche von links)
- ▷ Klicken Sie das Pfeilsymbol neben der ersten Schaltfläche an.

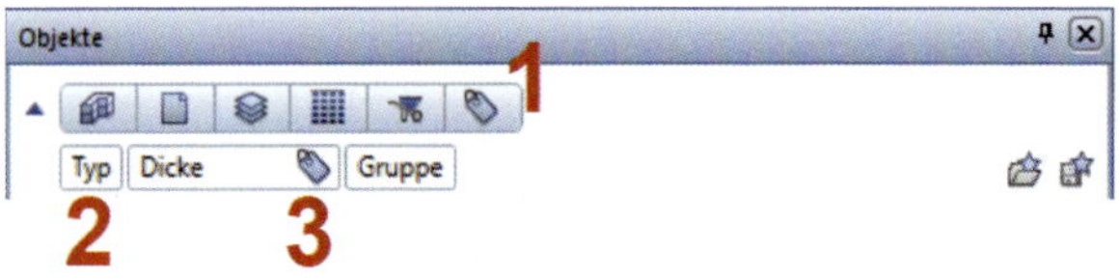

Unter den Schaltflächen erscheinen die Sortierkriterien. Diese können frei angeordnet und durch weitere Kriterien (Kontextmenü) ergänzt werden.

- ▷ **(2)** Bewegen Sie dann den Mauszeiger über das Feld *Typ* und ziehen Sie es vor das Feld *Bezeichnung (Attribut)*.
- ▷ **(3)** Klicken Sie auf das Symbol hinter dem Text *Bezeichnung* und suchen Sie aus dem sich öffnenden Dialog das Attribut *Dicke* heraus.

- ▷ Klicken Sie den Pfeil vor dem Typ *Wandschicht gerade* zum Aufklappen auf.
- ▷ Stellen Sie den Mauszeiger auf den „Quader" und wählen Sie **40 % TRANSPARENZ** aus.

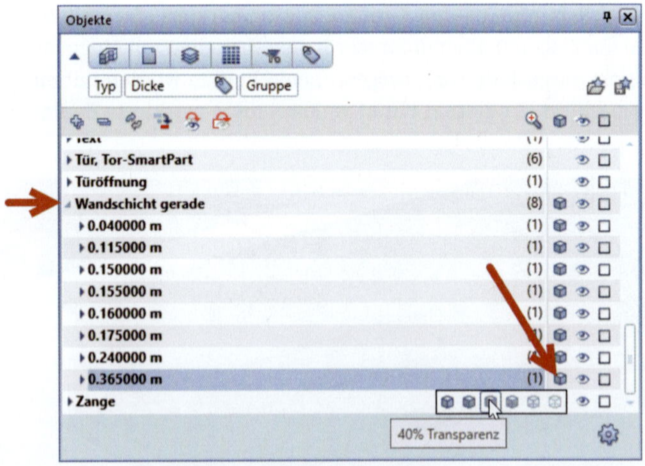

Die gewählten Bauteile werden transparent dargestellt und lassen so einen Blick in das Gebäude zu. Ausbauflächen sowie SmartParts und Makros können derzeit nicht mit einer Transparenz versehen werden und werden bei Anwahl einer Transparenz automatisch komplett ausgeblendet.

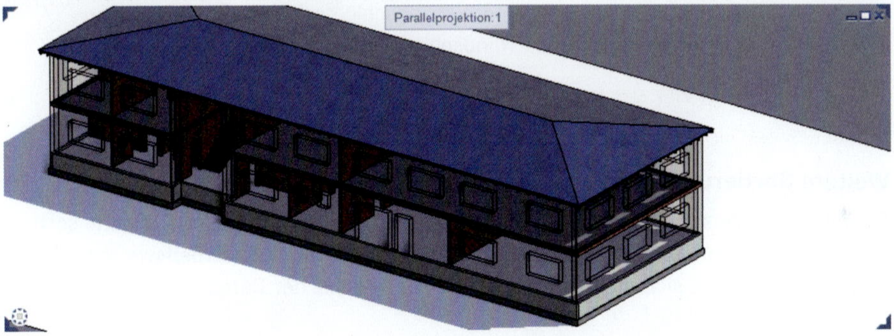

HINWEIS: In den Einstellungen des Animationsfensters wurden die Kanten eingeschaltet, um den Effekt besser sichtbar zu machen.

▷ Klicken Sie nun noch in das letzte Feld (Kästchen) und aktivieren Sie damit die Wände mit einer Dicke von 24 cm (0,2400 m).

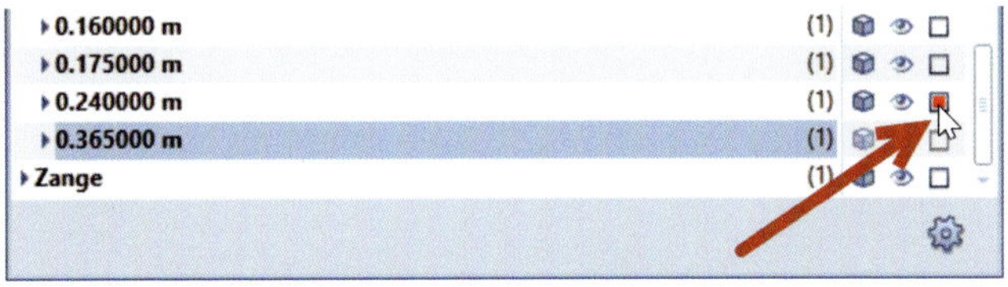

Die Bauteile werden nun in den Grafikfenstern markiert dargestellt. In der Palette **OBJEKTE** wird die Zeile mit allen untergeordneten Bauteilen mit einem ausgefüllten Kästchen als markiert dargestellt. Die übergeordneten Punkte werden mit einem halb gefüllten Kästchen markiert, da diesem Punkt weitere, nicht markierte Bauteile untergliedert sind.

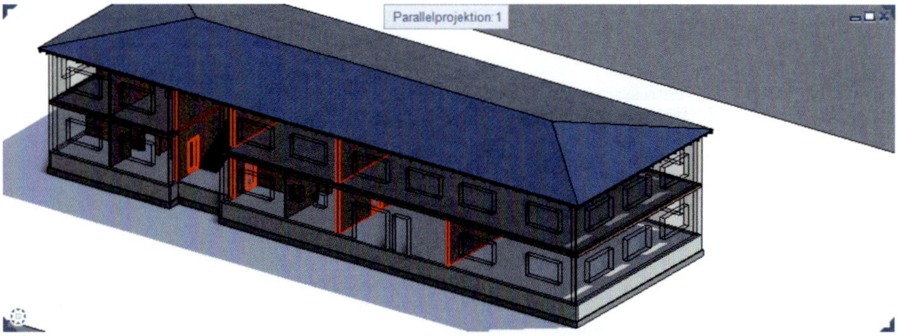

HINWEIS: Bei hierarchisch gegliederten Bauteilen (wie zum Beispiel Wänden mit Öffnungen) werden alle Bauteile, die dem markierten untergliedert sind, markiert. Ebenso werden alle Wandschichten (bei mehrschichtigen Wänden) markiert, wenn eine Wandschicht z. B. über das Material markiert wird.

Weitere Sortierungsmöglichkeiten

Es gibt unzählige sinnvolle Möglichkeiten, die Bauteile über die Palette *Objekte* sortiert darzustellen, auszublenden oder transparent zu schalten. Je nach Arbeitsweise und akuter Aufgabe ergeben sich viele Möglichkeiten der Analyse der Daten.

Sortierung *Teilbild - Gruppe - Typ* (Standard)

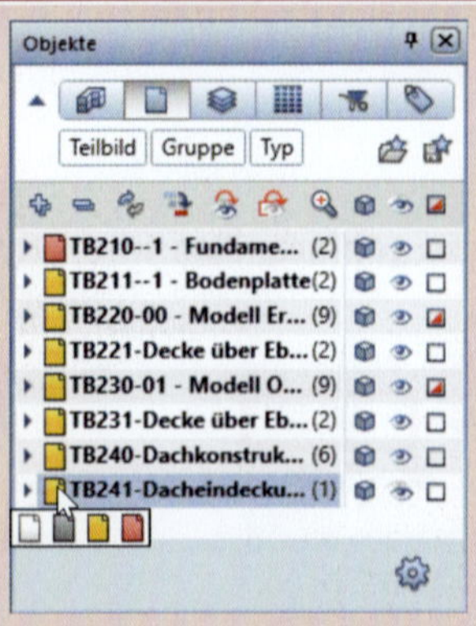

Besonderheit: Teilbilder können geschaltet werden. Deaktivierte Teilbilder werden komplett ausgeschaltet.

Sortierung *Layer - Gruppe - Typ* (Standard)

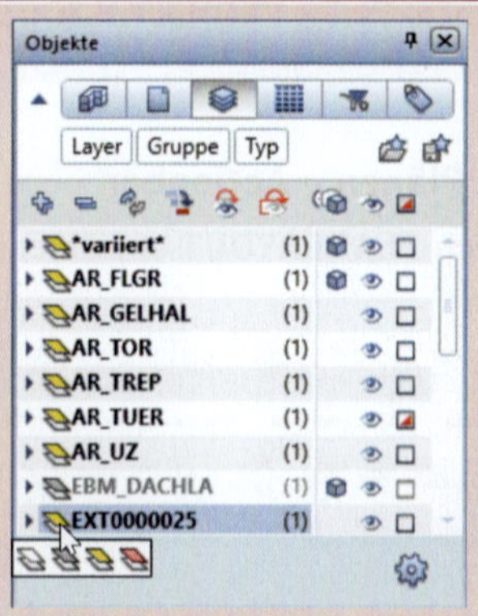

Besonderheit: Layer können geschaltet werden.

Sortierung *Teilbild - Layer - Gruppe - Typ* (angepasst)

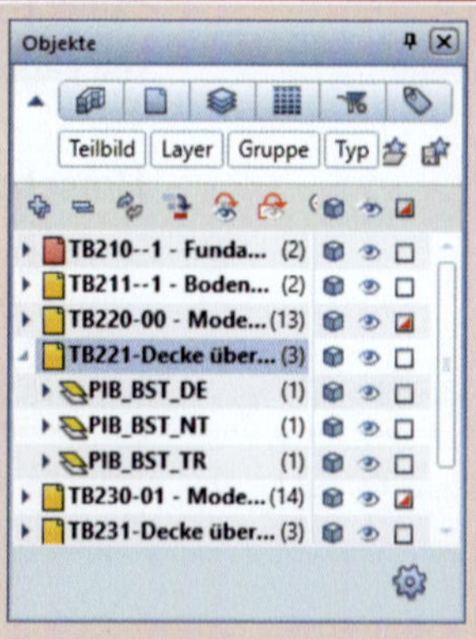

Besonderheit: Je Teilbild können die Layereinstellungen beeinflusst werden (z. B. Maßlinien vom Erdgeschoss unsichtbar beim Bemaßen im Obergeschoss).

Sortierung *Material - Gruppe - Typ* (Standard)

Sortierung *Gewerk - Gruppe - Typ* (Standard)

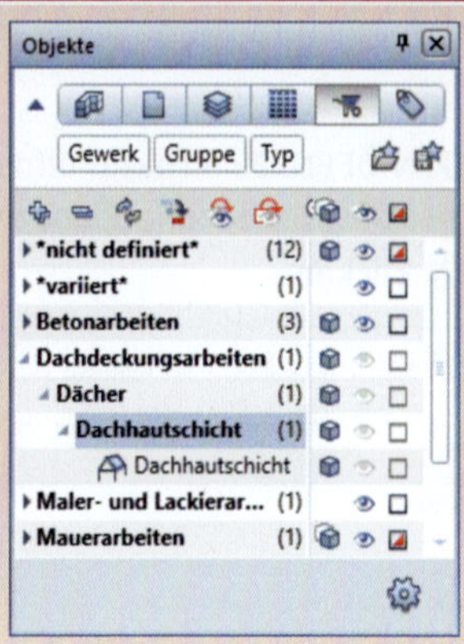

Sortierung *Attribut - Gruppe - Typ* (Auswahl Attribut Dicke)

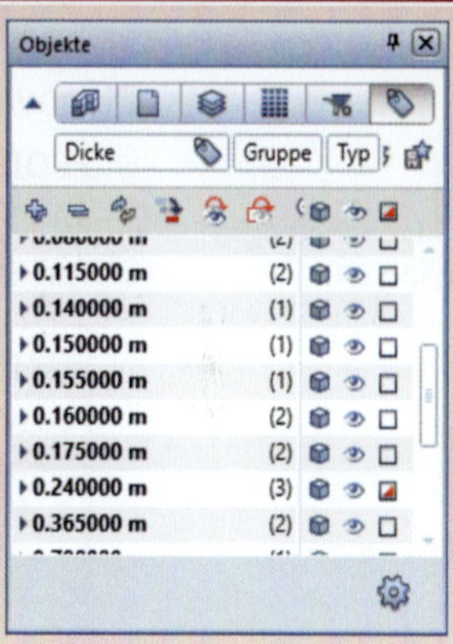

2.13.7 Planlayout

Zum Betrachten und Bearbeiten von Plänen muss der Bearbeitungsmodus auf PLANLAYOUT umgeschaltet werden. Das Umschalten zu den Plänen kann auf zwei unterschiedliche Arten erfolgen, welche abhängig von der eingestellten Oberfläche ist.

- Oberflächenkonfiguration ACTIONBAR: Aufgabenbereich auf PLANLAYOUT umstellen
- Andere Oberflächenkonfiguration: Umschalten des Bearbeitungsmodus über die Funktion PLANLAYOUT

Mit dem Umschalten des Bearbeitungsmodus werden gleichzeitig alle im Planlayout nicht ausführbaren Funktionen deaktiviert, der Maßstab wird auf 1:1 fixiert und anstelle von Teilbildern werden im Dialog **PROJEKTBEZOGEN** Pläne (mit Planstrukturen) zum Aktivieren gezeigt.

Umschalten zu Plänen – Actionbar

▷ Aufgabenbereich **PLANLAYOUT** anwählen: Der zuletzt geöffnete Plan wird aktiviert und angezeigt.

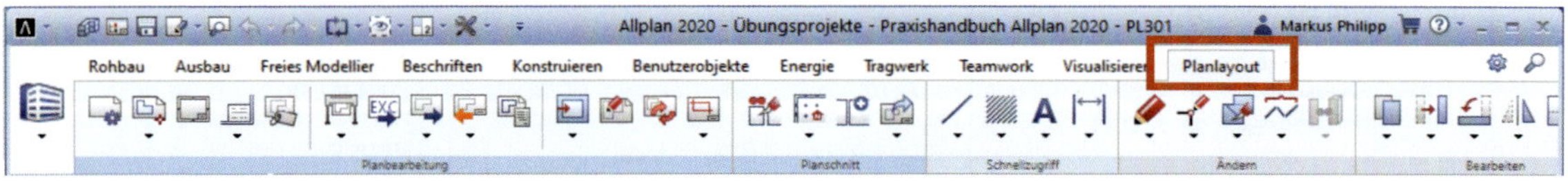

Planlayout

Umschalten zu Plänen – Funktion Planlayout

▷ **PLANLAYOUT**: Der zuletzt geöffnete Plan wird aktiviert und angezeigt.

Plan wählen

Projektbezogen öffnen (Alt + O)

▷ **PROJEKTBEZOGEN ÖFFNEN**: Struktur öffnen (*L1 – Grundlagenermittlung* > *Ansichten*) und Plan *104 Ansichten* markieren (Plansymbol muss angeklickt werden)

▷ Auf **SCHLIESSEN** klicken

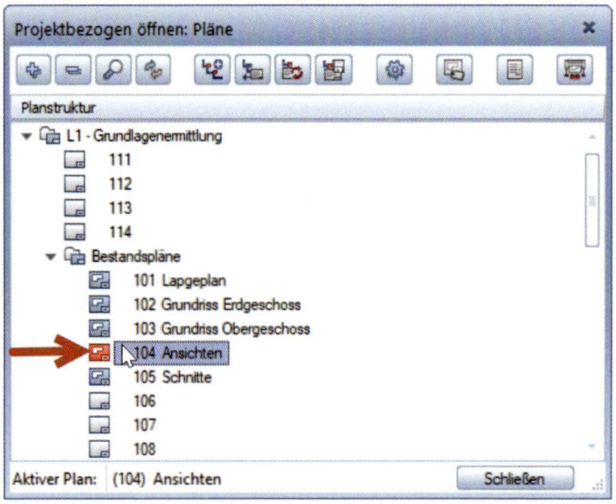

Der angewählte Plan wird bildschirmfüllend geladen und angezeigt.

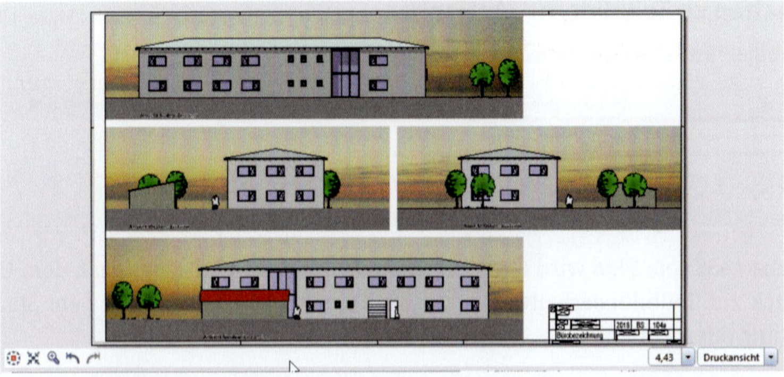

104 Ansichten

Über den Dialog **PROJEKTBEZOGEN ÖFFNEN** können Sie den gewählten Plan ändern und sich auch die aufbereiteten Pläne für Grundrisse und Schnitte betrachten.

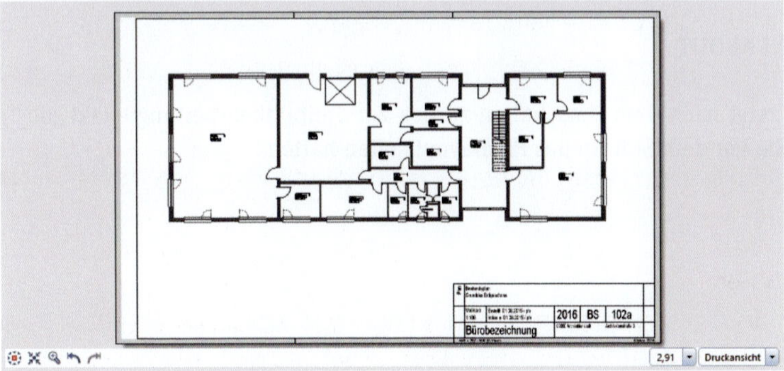

102 Erdgeschoss

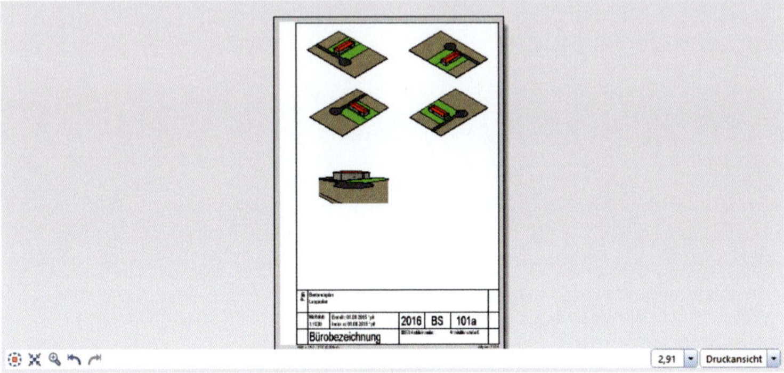

101 Lageplan

Umschalten zu Teilbildern – Actionbar

▷ Beliebigen anderen Aufgabenbereich anwählen

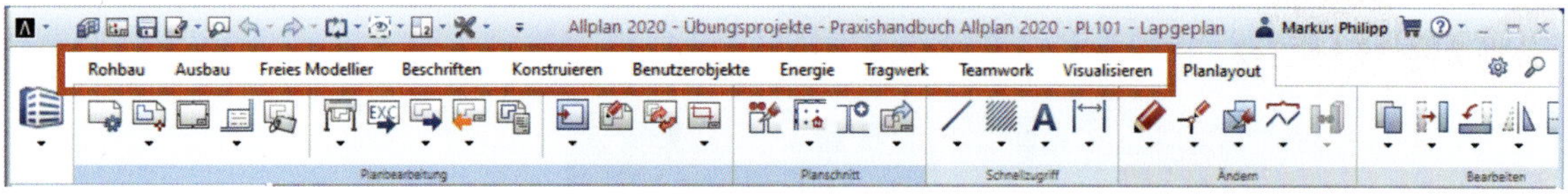

Der zuletzt geöffnete Plan wird aktiviert und angezeigt. Allplan zeigt nach dem Umschalten zurück zur Teilbildbearbeitung exakt die Teilbilder an, die Sie vor dem Starten des Planlayouts offen hatten.

Umschalten zu Teilbildern – Funktion Planlayout

Der Planmodus wird deaktiviert, indem Sie den Schalter **PLANLAYOUT** einfach ausschalten.

Planlayout

▷ **PLANLAYOUT**

Allplan zeigt nach dem Umschalten zurück zur Teilbildbearbeitung exakt die Teilbilder an, die Sie vor dem Starten des Planlayouts offen hatten.

3 Grundlagen – 2D und 3D

Dieses Kapitel beschäftigt sich mit den Grundlagen des Konstruierens in Allplan. Es enthält unter anderem eine Übersicht der Konstruktionshilfen, Erläuterungen zum Punktfang sowie eine Kurzeinführung in den Datenaustausch. Die wesentlichen Funktionen, welche in diesem Kapitel verwendet werden, befinden sich in der **ACTIONBAR** in den Aufgabenbereichen **KONSTRUIEREN (2D)**, **TEAMWORK** und **FREIES MODELLIEREN**.

Die vermittelten Grundinformationen umfassen im Wesentlichen das Einlesen von Pixeldateien, das Erzeugen von 2D-Geometrien mit Maßlinien und Texten sowie den Import von externen Daten (Lageplan vom Vermessungsamt). Im Folgenden wird das Erzeugen von 3D-Körpern sowie das Erzeugen von assoziativen Ansichten und Schnitten behandelt.

3.1 Elemente, Bauteile, Objekte

Die mit Allplan erzeugten Daten werden je nach Art des Erzeugens und abhängig von den daran hängenden Informationen unterschiedlich benannt. Je nach Bauteil/Element/Objekt sind die Eingabemethoden unterschiedlich. Allplan bietet drei Haupttypen für die Eingabe an, die nachfolgend beschrieben werden. Bei einigen Bauteilen kann zwischen unterschiedlichen Eingabemethoden gewählt werden.

Im weiteren Verlauf der Beschreibungen zum Erzeugen und Ändern wird nur der Begriff <*Element*> verwendet, um eine einheitliche Beschreibung zu ermöglichen.

3.1.1 Eigenschaften von Elementen

Jedem Element, Bauteil oder Objekt werden bei seiner Erzeugung bestimmte Eigenschaften zugewiesen. Diese gliedern sich in **EIGENSCHAFTEN FORMAT** und **EIGENSCHAFTEN**. Je nach Element/Bauteil/Objekt werden unterschiedliche Eigenschaften angeboten. Zusätzlich zu den Grundeigenschaften können alle Elemente Attribute als zusätzliche Informationen tragen.

3.1.1.1 Eigenschaften Format

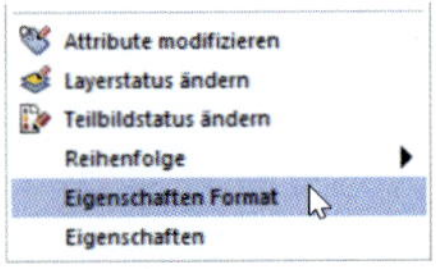

Unter **EIGENSCHAFTEN FORMAT** sind die wesentlichen Darstellungsmerkmale zusammengefasst. Bei einfachen Elementen werden an dieser Stelle alle Einstellungen für die Grundriss- und Schnittdarstellung getätigt, bei komplexeren Bauteilen (z. B. Wände) gibt es ergänzende Einstellungen in den Dialogen des Bauteils selbst. Die **EIGENSCHAFTEN FORMAT** können in der Palette **EIGENSCHAFTEN** bei der Erzeugung beeinflusst werden. Bauteile, die z. B. unterschiedliche Darstellungen für Wandschichten besitzen, werden im Dialog des Bauteils eingestellt.

Bei vielen Bauteilen werden in der Palette **EIGENSCHAFTEN** im Abschnitt *Format Eigenschaften* angezeigt, wenn diese markiert sind. Bei komplexeren Bauteilen wie z. B. Wänden kann gewählt werden, von welcher Bauteilebene aus die Anzeige gestaltet sein soll. Je nach Auswahl werden die Eigenschaften angezeigt.

> **HINWEIS:** Die ersten drei Eigenschaften (**STIFTDICKE, STRICHART** und **LINIENFARBE**) können nur geändert werden, wenn die Eigenschaft **HILFSKONSTRUKTION** nicht aktiviert ist und/oder die Eigenschaften nicht vom Layer (Linienstil) übernommen werden.

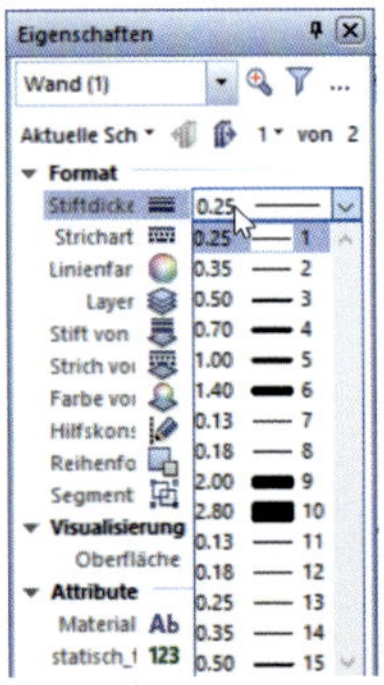

- **STIFTDICKE** (15 Strichstärken) bestimmt die Liniendicke im Ausdruck. Eine 1 m lange und 0,25 mm dicke Linie erscheint am Bildschirm im Maßstab 1 : 1 sehr dünn und im Maßstab 1 : 1000 relativ dick. Im Ausdruck ist sie immer gleich stark gezeichnet, aber entsprechend dem Darstellungsmaßstab länger oder kürzer. Je nach Einstellung der Option **DICKE LINIE** in der **BILDSCHIRMDARSTELLUNG** werden alle Linien in „wahrer" Dicke oder als Konstruktionslinien gezeichnet, bei aktiver Option **FARBE ZEIGT STIFT** werden alle Linienstärken anhand ihrer Farbkodierung auf dem Bildschirm angezeigt. Die Farbkodierung kann in den **OPTIONEN** unter **ARBEITSUMGEBUNG** – **STIFTFARBEN** eingestellt werden und ist benutzerabhängig. Stiftdicken können über **EXTRAS** – **DEFINITIONEN** – **STIFTDICKEN** + *Format Kurzwahl* geändert werden.

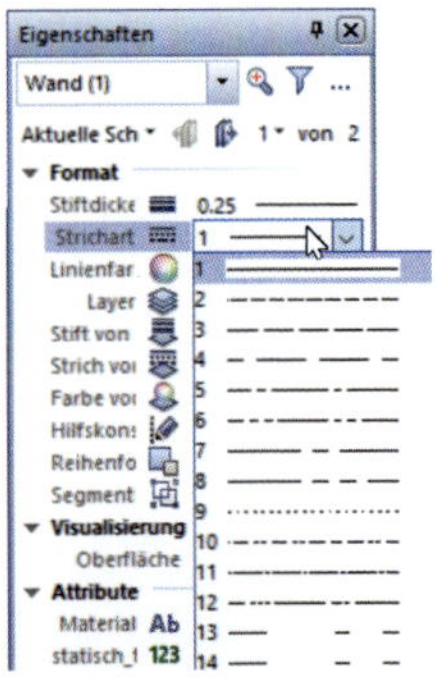

- **STRICHART** (gibt die Zeichnungsvorschrift für die Linie selbst wieder. Die Strichart definiert die Darstellung einer Linie auf dem Bildschirm bzw. im Ausdruck. Stricharten können über **EXTRAS** – **DEFINITIONEN** – **STRICHARTEN** + *Format Kurzwahl* geändert werden. Die Definitionen sind in der Datei *linetype.dat* im STD-Verzeichnis oder im Projekt gespeichert. Es können derzeit maximal 99 Stricharten definiert werden, wobei die Stricharten 90 bis 99 für den Allplan-Standard und Strichart 1 für Volllinie reserviert sind und nicht verändert werden können. Linienarten, welche aus Linien, Symbolen und Texten zusammengesetzt werden müssen, können nicht direkt über die Oberfläche von Allplan definiert werden, sondern müssen durch Editieren der Definitionsdatei (Schema-Anleitung in Datei enthalten) angelegt werden.

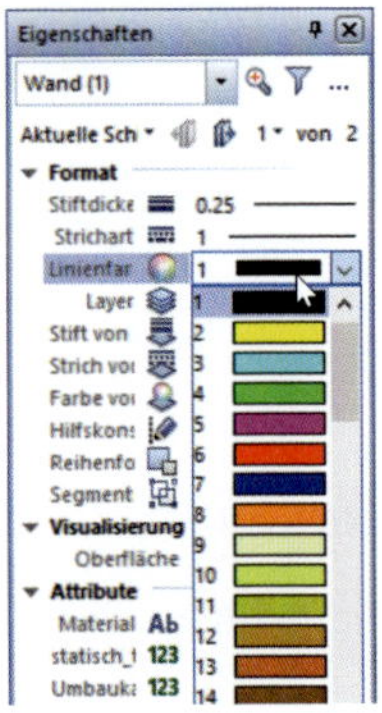

- **LINIENFARBE** (256 vordefinierte Farben) gibt an, welche Farbe eine Linie im normalen Ausdruck tragen soll. Es gilt zu beachten, dass die Linienfarbe auch abhängig von der Stiftdicke (Einstellung der Option **FARBE ZEIGT STIFT** in der Bildschirmdarstellung) angezeigt werden kann. Bei schwarzem Bildschirmhintergrund wird Farbe 1 als Weiß dargestellt. Wenn in der **BILDSCHIRMDARSTELLUNG** die Option **FARBE ZEIGT STIFT** aktiviert ist, werden die Linienfarben nicht angezeigt.

TIPP: Wenn eine von den 256 Standardfarben abweichende Farbe (RGB) benötigt wird, kann dies über Linienstile realisiert werden. Linienstile werden separat definiert und an den Layer gekoppelt.

- **LAYER** (je nach Strukturgröße bis zu 65536) ist eine unsichtbare Eigenschaft, über welche die Sichtbarkeit von Elementen (alle Elemente mit einer Eigenschaft sichtbar, sichtbar gesperrt oder unsichtbar) und bei Bedarf die Darstellung gesteuert werden kann. Bei bestehenden Elementen wird anstatt des Pull-down-Menüs zur Auswahl der Dialog **LAYER EINFACHAUSWAHL** angezeigt, über den direkt der Layer geändert werden kann. Über **LAYER** können sowohl die Darstellung am Bildschirm als auch die auszudruckenden Elemente gesteuert werden. Jedem Layer können Formateigenschaften oder ein Linienstil zugeordnet werden.

- Die Aktivierung von **STIFT, STRICH** und **FARBE VON LAYER** bedeutet, dass das Element die Liniendarstellung aus dem Layer verwenden soll. Ist einer (oder sind alle) der drei Haken gesetzt, so wird die entsprechende Eigenschaft oberhalb deaktiviert (graue Darstellung) und zeigt die für den Zeichnungstyp/Bezugsmaßstab gültige Einstellung oder die Formateigenschaft des Layers an.

- **HILFSKONSTRUKTION EIN/AUS** steuert den Zeichenmodus. Elemente, welche die Eigenschaft **HILFSKONSTRUKTION** tragen, tauchen weder in der Animation noch auf Planausdrucken auf. Die Einstellungen für Stiftdicke, Strichart und Linienfarbe der Hilfskonstruktion werden in den **OPTIONEN** unter **ARBEITSUMGEBUNG – ANZEIGE** fest eingestellt. Über die Option **HILFSKONSTRUKTION** in der **BILDSCHIRMDARSTELLUNG** lassen sich alle Elemente in der Hilfskonstruktion unabhängig von der Layerzugehörigkeit ausblenden. Die Formateigenschaften **STIFT, STRICHART** und **LINIENFARBE** können nicht geändert werden.

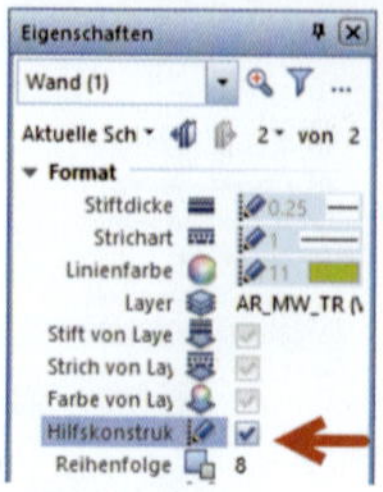

- **REIHENFOLGE** definiert die Überdeckung der Elemente untereinander. Die Reihenfolge kann Werte von –15 bis +15 annehmen, wobei Elemente mit niedrig eingestellter Reihenfolge von Elementen mit hohem Wert überdeckt werden. Je nach Elementgruppe sind verschiedene Werte voreingestellt, die eine funktionierende Basis darstellen. Die Vorgabewerte können in den **OPTIONEN** unter **ARBEITSUMGEBUNG** → **DARSTELLUNGSREIHENFOLGE** geändert werden. Die Reihenfolge von Flächenelementen kann über die **BILDSCHIRMDARSTELLUNG** übersteuert werden, um verdeckt liegende Elemente zur Bearbeitung sichtbar zu machen. Die Reihenfolge kann nur bei bestehenden Elementen geändert werden. Im Zuge des Erzeugens von neuen Elementen kann die Reihenfolge nicht beeinflusst werden. Es wird entweder die Voreinstellung aus den Optionen (beim Funktionsaufruf über das Icon) oder die Einstellung des übernommenen Elements verwendet.

- **SEGMENTNUMMER** ist bei der Erzeugung von Elementen automatisch vergeben. Bei Symbolen aus dem Symbolkatalog, die aus mehreren Elementen zusammengesetzt sind, erhalten alle Elemente die gleiche Segmentnummer. Über die sogenannte Segmentaktivierung (**UMSCHALT** + **LINKSKLICK**) können mehrere Elemente mit gleicher Segmentnummer auf einmal angesprochen werden.

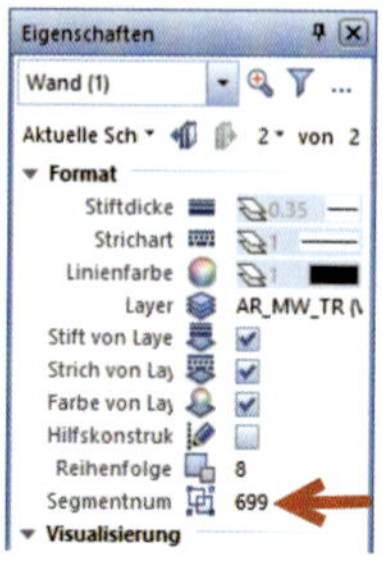

Formateigenschaften von Layer

Die Formateigenschaften von **LAYER** definieren über den Layer des Elements die Darstellung der Elementlinien in Abhängigkeit von dem für den Layer eingestellten Linienstil. Linienstile können über den Menüpunkt **EXTRAS – DEFINITIONEN → LINIENSTILE, FLÄCHENSTILE, ZEICHNUNGSTYPEN** definiert und über den Dialog **LAYER EINSTELLEN** (Register **FORMATDEFINITIONEN**) Layern zugewiesen werden.

- **LINIENSTIL** definiert, mit welchen Formateigenschaften z. B. eine Linie in Abhängigkeit vom Maßstab angezeigt werden soll. Das bedeutet, dass Sie mit Linienstilen eine Linie im Maßstab 1:100 mit Stift 0.35 und im Maßstab 1:50 mit Stift 0.50 darstellen lassen können, ohne eine Modifikation durchführen zu müssen. So erhalten Sie z. B. von Ihrem Werkplanungsstand des Bauvorhabens binnen Sekunden eine Darstellung der Strichstärken, mit der Sie eine Tekturplanung drucken können.

TIPP: Verwenden Sie **immer** die Kopplung der Darstellung an den Layer, wenn Sie mit den kostenfrei von Allplan zur Verfügung gestellten Assistenten und Vorlageprojekten (IBD) oder mit den Vorlagedaten des Buches arbeiten.

3.1.1.2 Eigenschaften

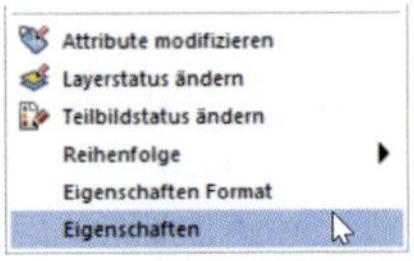

Neu in Version 2019

Neben den **EIGENSCHAFTEN FORMAT** haben nahezu alle Elemente/Bauteile/Objekte Eigenschaften, die auf das Element speziell abgestimmt sind. So kann z. B. eine Linie ein Anfangs- und/oder Endsymbol erhalten, eine Füllfläche kann eine Farbe in der Fläche tragen, Wände können mehrere Schichten mit detaillierten Einstellungen haben und vieles mehr.

Je nach Bauteil/Element werden die Eigenschaften in der Palette oder in einem eigenen Dialog angezeigt. Bei einigen Elementen existieren beide Darstellungsmöglichkeiten der Eigenschaften. Seit Allplan 2019 existiert in der Palette eine Schaltfläche, über welche der Eigenschaftendialog aufgerufen werden kann, falls die in der Palette angebotenen Möglichkeiten nicht ausreichen.

Die Eigenschaften können entweder bei der Erzeugung über die Schaltfläche **EIGENSCHAFTEN** oder nach dem Erzeugen über das Kontextmenü aufgerufen werden.

- Der Höhenbezug (Schaltfläche **HÖHE** oder **TABELLENFELD**) dient zur Definition der Anbindung von Bauteilen an das Ebenenmodell (siehe Abschnitt 4.2, „Grundwissen – Ebenenmodell"). Je nach Bauteil können die Oberkante und die Unterkante (z. B. Wände, Räume, Decken) oder nur die Unterkante (Makros, Bodenflächen, Wegeflächen, SmartParts) in Bezug zu den Ebenen gesetzt werden.
- Bei vielen Bauteilen kann die Flächendarstellung (Schraffur, Muster, Füllfläche, Pixelfläche und Stilfläche) in den Eigenschaften direkt eingestellt werden. Je nach Bauteiltyp können Auflistungen für jede Schicht, Schaltflächen und/oder eine Auswahl mit Einstellmöglichkeiten für eine Darstellung „Rand" vorhanden sein. Die Flächenelemente **PIXELFLÄCHE** und **STILFLÄCHE** sind nicht bei allen Bauteilen vorhanden.

- **MATERIALAUSWAHL** ist eine vordefinierte Auswahl von Attributen, die an Bauteile gehängt werden. Die Attribute **BEZEICHNUNG** und **MATERIAL** werden bei fast allen Bauteilen angezeigt. Weitere können zugeschaltet werden.
- Weitere Attribute sind je nach Bauteiltyp in den Dialogen vorhanden oder können über benutzerdefinierte Attribute hinzugefügt werden. Alternativ können alle Attribute über die Funktion **ATTRIBUTE MODIFIZIEREN** (Kontextmenü) bearbeitet werden.

3.1.1.3 Attribute

Neu in Version 2019, erweitert in Version 2020

Mit Version 2019 wurde die Palette *Eigenschaften* um die Anzeige von Attributen erweitert. Die eingefügten Möglichkeiten sind mit Version 2020 erweitert und bei mehr Objekten ermöglicht worden. Es können jetzt direkt weitere Attribute über die Palette hinzugefügt werden. Der Zugriff auf alle Attribute eines Bauteils ist jetzt auch über die Palette möglich. Die für BIM-Modelle immer wichtiger werdende, anwendungsunabhängige IFC-ID ist jetzt sichtbar über Attribute zu modifizieren.

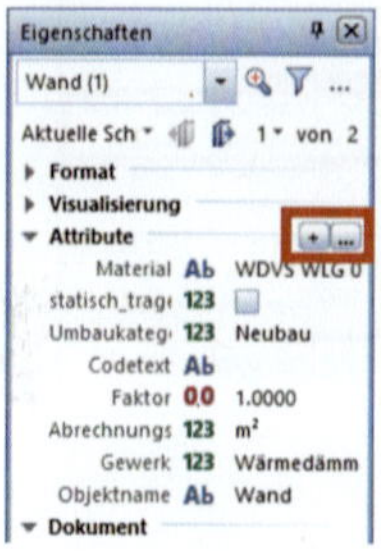

TIPP: Über die Palette *Eigenschaften* können unterschiedliche Attribute bei Wänden gezeigt, geändert und angefügt werden. Je nach Auswahl (Aktuelle Schicht mit Schichtwahl, Alle Schichten oder Gesamtobjekt) wird die Anzeige inklusive der Möglichkeiten gesteuert. Damit ist es jetzt leichter möglich, Attribute an die „Hyperwand" anzuhängen.

Attribute modifizieren

Neben den vorgegebenen Einstellungen können weitere Attribute für die Auswertung an nahezu alle Elemente angehängt werden. Über die Funktion **ATTRIBUTE MODIFIZIEREN** kann der Objektname, welcher von Allplan vorgegeben wurde, frei geändert werden. Unabhängig vom Objektnamen behält das Objekt die Eigenschaften des Ursprungs.

HINWEIS: Die Änderung des Objektnamens hat keinen Einfluss auf die Eigenschaften des Objekts selber. Aus einem einfachen 3D-Körper kann somit keine intelligente Wand oder Stütze gemacht werden. Über das Ändern eines beliebigen Attributs kann aus allen Elementen, bei welchen im Kontextmenü die Funktion **ATTRIBUTE MODIFIZIEREN** angezeigt wird, ein Objekt mit auswertbaren und beschriftbaren Eigenschaften erzeugt werden.

Über die Funktionen von Bimplus können dort definierte Attributsets geladen werden. Die Attribute sind an allen, auch bereits erzeugten, Bauteilen entsprechend den Vorgaben verfügbar.

3.1.1.4 Visualisierung

Neben den Eigenschaften für die Darstellung im Grundriss bzw. in Konstruktionsfenstern tragen alle Bauteile/Elemente mit 3D-Darstellung zusätzliche Informationen zu ihrer Darstellung in der Animation. Die Einstellungen für die Oberfläche befinden sich entweder im

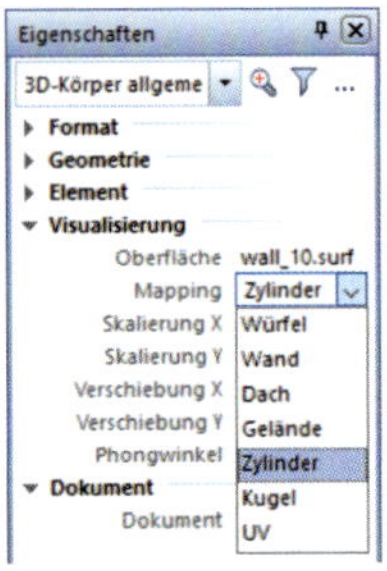

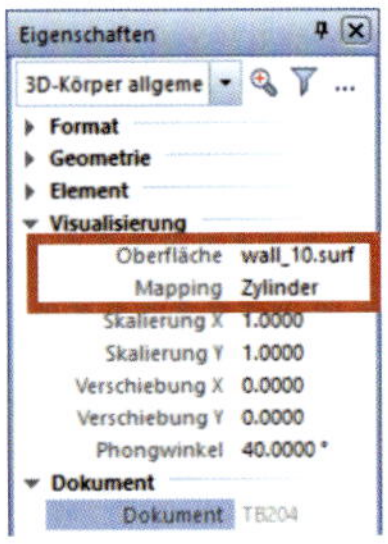

Dialog **EIGENSCHAFTEN** oder in der Palette **EIGENSCHAFTEN**. Ist keine Definition getroffen worden, wird für die Darstellung in der Animation die Stiftfarbe verwendet (einstellbar über das Kontextmenü in der Animation: **OBERFLÄCHE**).

Oberflächeneinstellungen für 3D-Elemente in der Palette

Über die Palette kann eine von sieben Projektionsarten für die Textur gewählt werden. Zudem können weitere Eigenschaften wie Mappingwinkel, Skalierung, Verschiebung und Phongwinkel für jedes 3D-Element separat definiert werden. Alle Einstellungen sind unter dem Punkt **VISUALISIERUNG** zusammengefasst.

TIPP: In Allplan selbst können Sie zwar UV Mapping nicht zuweisen, aber aus Cinema 4D importierte Elemente mit UV Mapping behalten diese Eigenschaft, solange sie in Allplan nicht verändert werden. Mit UV Mapping sind komplexe Elemente wie Menschen, Bäume, Fahrzeuge oder Möbel mit nur einer Textur belegt. Auch datensparende Elemente mit grober polygonaler Struktur können verwendet werden.

Für die Anwendung sollte das Animationsfenster geöffnet sein und ein oder mehrere Objekte angewählt werden. Die Eigenschaften können direkt geändert werden. Jede Änderung wird im Animationsfenster direkt ausgeführt, sobald das Eingabefeld verlassen wird.

Oberflächeneinstellungen für Architekturobjekte in der Palette

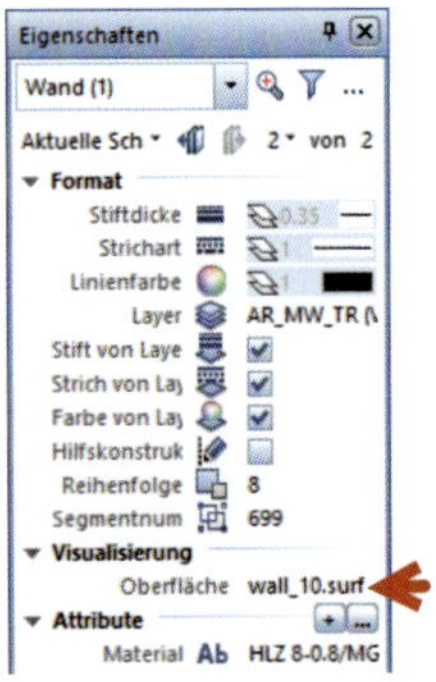

Bei vielen Architekturbauteilen kann die Oberfläche direkt in der Palette geändert werden.

HINWEIS: Die Mapping-Arten (Projektionen) *Wand*, *Dach* und *Gelände* werden automatisch bei den entsprechenden Bauteilen verwendet. Für Architekturbauteile und andere, intelligentere Objekte sind eigenständige Einstellungen noch nicht möglich.

Freie Oberflächen an 3D-/Ar-Elemente zuweisen

Funktionen zur Oberfläche – Textur

- **FREIE OBERFLÄCHEN AN 3D-/AR-ELEMENTE ZUWEISEN** öffnet die Palette **OBERFLÄCHEN**. Hier finden Sie alle im Projekt verwendeten Texturen und haben zudem Zugriff auf weitere Oberflächendefinitionen aus den Ordnern *Projekt*, *Büro* und *Extern*.
- Alternativ zum Aufruf der Funktion können Sie die Einstellung der Oberfläche für die Animation entweder direkt in vielen Dialogen tätigen oder über das Kontextmenü des Bauteils bzw. über die Eigenschaften des Bauteils.

TIPP: Die Eigenschaften der freien Oberfläche werden in *.surf-Dateien gespeichert. Speicherort ist immer der Design-Ordner im aktiven Projekt. Wenn eine *.surf-Datei aus dem Büro angewählt wird, startet ein Kopiervorgang, der die verwendete Datei inklusive der Ordnerstruktur in das aktive Projekt kopiert. Wurden im Projekt *.surf-Dateien gelöscht, die für die Animation benötigt werden, wird auch im Büro-Pfad gesucht und – wenn die Datei vorhanden ist – eine Kopie im Projekt angelegt. Andernfalls erscheint eine Fehlermeldung.

3.1.2 Erzeugen von Elementen

Elemente können entweder als neue Elemente über die Funktionen der Actionbar erzeugt werden, durch Funktionsaufruf über bestehende Elemente/Bauteile mit und ohne Übernahme der Eigenschaften oder als Kopie von bestehenden Elementen. Je nach Element/Bauteil sollten direkt bei der Erstellung sämtliche notwendige Eigenschaften gesetzt werden (**EINSTELLEN** oder **ÜBERNEHMEN**).

Bei der Arbeit mit Allplan begegnen Ihnen immer wieder die gleichen Funktionsabläufe zum Erzeugen von Elementen. So wird ein Linienbauteil (z. B. Wand, Streifenfundament, Unterzug) ähnlich einer Linie eingegeben, eine Decke wird ähnlich einem Flächenelement (Schraffur, Muster, Füllfläche) eingegeben.

3.1.2.1 Punktförmige Elemente – Absetzpunkt/Transportpunkt

Im Folgenden sehen Sie eine unvollständige Liste von Elementen und Bauteilen, bei denen der Absetzpunkt/Transportpunkt erscheint.

Stütze Fenster Schornstein Einzelfundament

Tür Nische, Aussparung, Schlitz, Durchbruch Pfosten

horizontaler/vertikaler Text, Text unter Winkel

Je nach Bauteil wird der Absetzpunkt mit unterschiedlichen Optionen ergänzt und/oder es stehen nicht alle neun möglichen Absetzpunkte (z. B. bei Öffnungen) zur Verfügung.

Erzeugen, Absetzen von punktförmigen Elementen

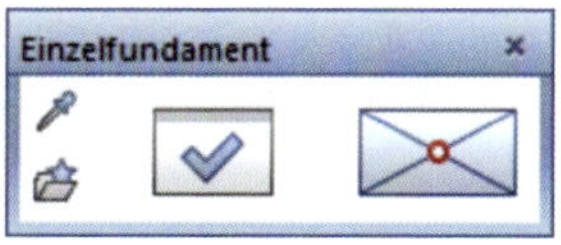

Der Absetzpunkt/Transportpunkt wird bei allen Elementen und Bauteilen angezeigt, die basierend auf einem Punkt erzeugt werden und sich in X- und Y-Richtung ausdehnen können. Bei vielen Elementen und Bauteilen kann der Absetzwinkel zusätzlich über die Eingabeoptionen und die Dialogzeile bestimmt werden.

Der Vorgang läuft wie folgt ab:

▷ Erzeugtes Objekt wird am Fadenkreuz angezeigt.

▷ Absetzpunkt in der Transportpunktübersicht auswählen (anklicken)

▷ Objekt direkt absetzen oder

▷ Winkelsprung in Eingabeoptionen einstellen

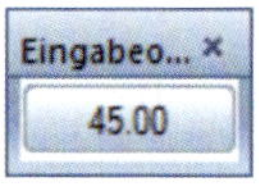

▷ In Dialogzeile über **TAB**-Taste oder durch Anklicken des Feldes den Fokus auf das Feld Winkelsprung setzen

▷ <+> oder <-> drücken, um das Objekt mit dem angegebenen Winkelsprung um den Absetzpunkt zu drehen

▷ Objekt absetzen

3.1.2.2 Linienelemente – linienförmige Eingabe

Im Folgenden sehen Sie eine unvollständige Liste von Elementen und Bauteilen, die bei der Erzeugung nach der Logik der Linienelemente funktionieren. Der Einfachheit halber wird bei diesen Elementgruppen von Linienelementen oder Linienbauteilen gesprochen.

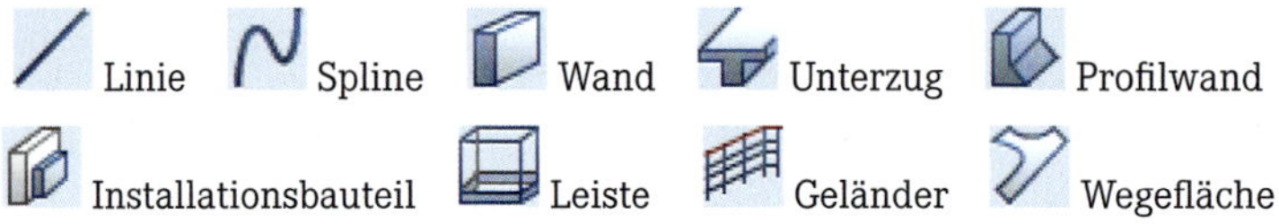

Eingabe von Linienelementen

Linienelemente leiten sich in der Eingabeart von der Linie ab. Sie folgen immer dem gleichen Schema.

▷ Funktion anwählen und Einstellungen vornehmen

▷ Anfangspunkt (von Punkt) angeben

▷ **BIS PUNKT** angeben

▷ Weitere Punkte angeben oder Funktion mit **ESC** beenden

3.1.2.3 Flächenelemente – polygonale Eingabe

Im Folgenden sehen Sie eine unvollständige Liste von Elementen und Bauteilen, die nach der Eingabelogik der Flächenelemente funktionieren. Der Einfachheit halber wird im Folgenden immer von Flächenelementen gesprochen.

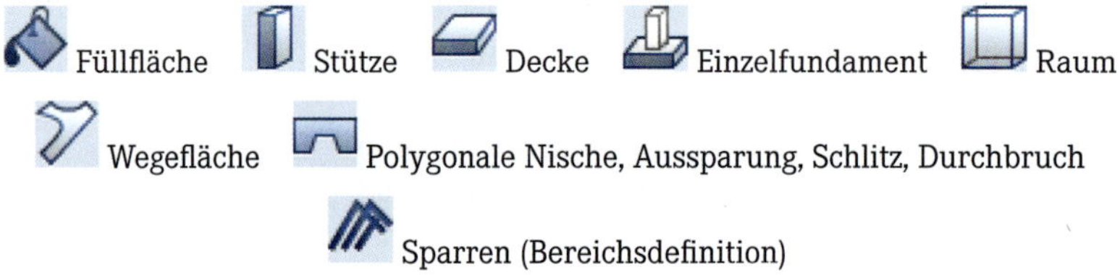

Bei einigen der aufgelisteten Funktionen ist auch eine punkt- oder linienförmige Eingabe möglich.

Grundlagen

Flächenelemente bzw. Elemente/Objekte, die im Grundriss eine unregelmäßige Fläche bedecken, werden in Allplan zumeist über die polygonale Eingabemethode erzeugt. Die Form wird über das Randpolygon im Grundriss definiert. Die Eingabe erfolgt ähnlich einem Linienelement durch Angabe der Randlinie. Als letzter Punkt ist der erste Punkt anzuwählen, um zu definieren, dass das Randpolygon geschlossen ist. Alternativ kann nach dem letzten Definitionspunkt die Funktion mit **ESC** abgebrochen werden. Zur einfacheren Eingabe von Flächenelementen (Polygonzug eingeben) existieren diverse Hilfen und alternative Steuerungen.

Alle Funktionen und Optionen, die bei der Eingabe von Flächenelementen möglich sind, sind in der Symbolleiste **EINGABEOPTIONEN** zusammengefasst (in mehrere Funktionsbereiche gegliedert). Die Symbolleiste wird sowohl beim ersten Erzeugen eines Flächenelements sowie auch bei der Änderung angezeigt.

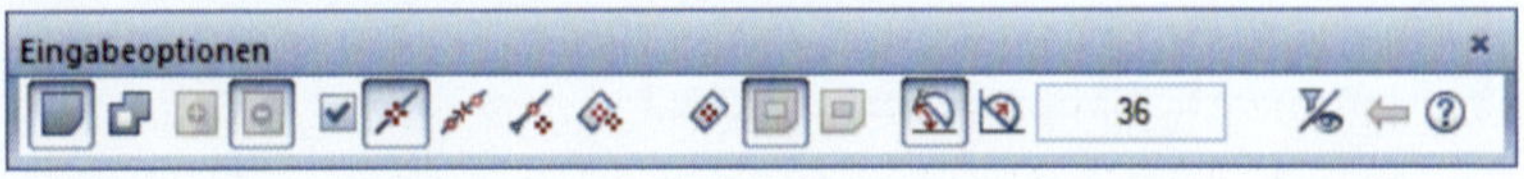

HINWEIS: Bei einigen Funktionen stehen die Schaltflächen **FLÄCHENSUCHE, INSELERKENNUNG** sowie **INVERSE INSELERKENNUNG** in der Dialogzeile. Es gibt zudem artverwandte Funktionen, welche **nicht** über alle Eingabemöglichkeiten verfügen.

Grundeinstellung – Eingabe von Flächen

Die ersten Optionen werden bei jeder Eingabe von Flächenelementen benötigt. Sie regeln nur, ob einzelne oder mehrere Flächenbereiche zusammenhängend erfasst werden sollen. Die Symbole **EINZEL** und **MULTI** sind bei der Modifikation bestehender Flächenelemente nicht anwählbar.

- **EINZEL** erzeugt einzelne, unabhängige Flächenelemente. Das Element wird sofort nach Abschluss der Eingabe erzeugt und angezeigt. Die Funktion bleibt aktiv und es können weitere einzelne Flächenelemente mit gleicher Einstellung erzeugt werden.

Einzel

- **MULTI** ermöglicht das Erzeugen von Flächenelementen mit mehreren Bereichen und/oder Aussparungen. Nach Eingabe des ersten Bereichs werden die Symbole **EINZEL** und **MULTI** ausgegraut, und Sie können über die Funktionen **PLUS/MINUS** bestimmen, ob der nächste Bereich zu den Flächen hinzugezählt (Plus) oder abgezogen (Minus) werden soll.

Multi

Plus

Minus

Polygonisierungseinstellungen für bestehende Elemente

Der zweite Bereich dient zur Steuerung des Allplan-Verhaltens beim Anklicken von Elementen bzw. bei dem Klicken in eine komplett umschlossene Fläche.

- **Kontrollkästchen aktiviert:** Die angeklickten Elemente werden entsprechend der eingestellten Option polygonisiert.
- **Kontrollkästchen deaktiviert:** Es werden nur Punkte auf Elementen ohne weitere Rückfragen (Bezugspunkteingabe) gefangen.

HINWEIS: Über das Kontrollkästchen werden alle nebenstehenden Hilfsmittel aktivierbar oder können komplett deaktiviert werden. Abhängig von den Möglichkeiten beim Erzeugen und/oder Modifizieren von Flächenelementen werden die weiteren Funktionen teils auch deaktiviert.

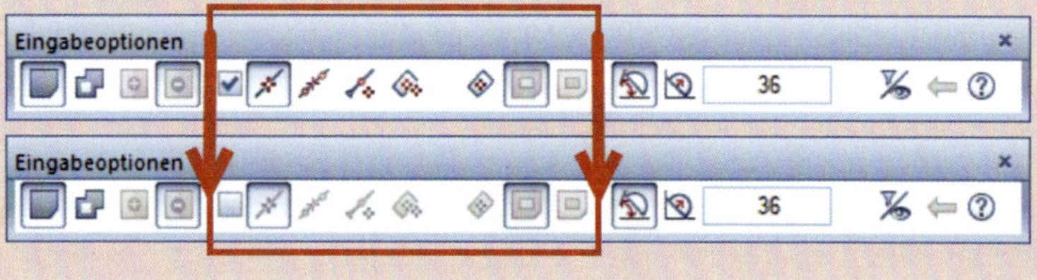

Ganzes Element polygonisieren

- **GANZES ELEMENT POLYGONISIEREN** aktiviert und übernimmt das ganze Element, sobald dieses angeklickt wird, und fragt nach dem Anfangspunkt, falls dieser nicht gleich dem letzten Polygonpunkt ist. Das Element geht vom Anfangspunkt der Polygonisierung aus. Wenn der Anfangspunkt nicht bekannt ist, werden Anfangs- und Endpunkt mit roten Quadraten gekennzeichnet. Unter Zuhilfenahme dieser Option lassen sich z. B. Polygonzüge, Kreise, Ellipsen, Splines sowie Linien auf leichte Weise komplett erfassen.

Bereich des Elementes definieren, der polygonisiert werden soll

- **BEREICH DES ELEMENTES DEFINIEREN, DER POLYGONISIERT WERDEN SOLL** übernimmt einen Teil eines Elements. Nach Anklicken eines Elements wird der Anfangspunkt (nur wenn der Anfangspunkt des Elements nicht der letzte Polygonpunkt ist) erfragt und der Endpunkt des Elementbereichs abgefragt, der polygonisiert werden soll. Unter Zuhilfenahme dieser Option lassen sich z. B. Kreise, Ellipsen oder Splines in Teilbereichen erfassen.

Bezugspunkteingabe

- **BEZUGSPUNKTEINGABE** übernimmt einen Punkt auf dem angeklickten Element und verlangt die Eingabe eines Abstands zum Bezugspunkt. Der Bezugspunkt kann durch Anklicken eines beliebigen Punkts versetzt werden. Der angezeigte Abstand gibt den Abstand zwischen Pfeilspitze und Quadrat wieder. Unter Zuhilfenahme dieser Option lassen sich auf allen Elementen (auch Kurven) Punkte genau im Abstand zu einem Endpunkt angeben.

Flächensuche mit Hilfspunkteingabe

- **FLÄCHENSUCHE MIT HILFSPUNKTEINGABE** ist nützlich, um durch Linien und Polygone geschlossene Flächen zu einem Polygon zusammenzufassen. Je nachdem, ob Sie den Hilfspunkt innerhalb oder außerhalb einer Kontur absetzen, werden die inneren oder äußeren Begrenzungslinien und -polygone aufgefädelt.

- **FLÄCHENSUCHE** ermittelt den Umriss des Flächenbereichs automatisch, welcher durch einen Klick in eine Fläche bestimmt wurde. Bei Flächenbereichen, die von sehr kurzen und langen Linien umgeben sind, sollte in der Nähe von kurzen Linien in die Fläche geklickt werden. Die Flächensuche kann mit den beiden nachfolgenden Funktionen kombiniert werden. Diese sind nur aktivierbar, wenn die Flächensuche aktiviert ist.

Flächensuche

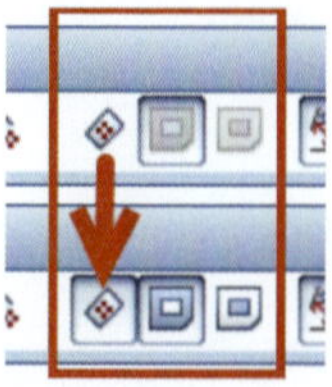

- **INSELERKENNUNG** und **INVERSE INSELERKENNUNG** sind nur anwählbar, wenn die Flächensuche aktiviert ist. Ist keine der Funktionen aktiviert, so werden umschlossene Bereiche innerhalb einer Fläche ignoriert. Bi aktiver Inselerkennung werden umschlossene Bereiche innerhalb der Fläche ausgespart und bei inverser Inselerkennung werden nur die innen liegenden Flächen gefüllt.

Inselerkennung

Inverse Inselerkennung

Kreisteilung/Stichmaß

Je nachdem, ob der Schalter **KREISTEILUNG** oder **STICHMASS** aktiv ist, wird der eingegebene Wert als Teilung der Kurve oder als maximal zugelassene Abweichung der Sekante zur Kurve interpretiert.

- **KREISTEILUNG**: Der Polygonisierungswert wird als Kreisteilung in gleiche Winkelabschnitte interpretiert. Bei einer eingestellten Teilung von **360** (Maximalwert - hohe Genauigkeit) werden in 1°-Abständen Punkte für das Flächenelement gesetzt, während bei einer Teilung von **36** (Minimalwert - „geringe" Genauigkeit) 10°-Abstände zwischen den Punkten eingehalten werden. Der eingestellte Wert sollte bei kleinen Kreisen niedrig und bei großen Kreisen hoch eingestellt werden, um möglichst geringe Abweichungen zu haben.

Kreisteilung

- **STICHMASS**: Der Polygonisierungswert wird als maximales Stichmaß interpretiert. Das Stichmaß legt den maximalen Abstand der Sekante (= gerade Linie zwischen zwei Punkten des Flächenelements auf dem Bogen) zum Bogen fest (in mm). Die jeweilige Kurve wird so polygonisiert, dass der maximale Abstand des Polygonschenkels zur Kurve kleiner oder gleich dem eingegebenen Stichmaß ist.

Stichmaß

TIPP: Die Polygonisierung mit Angabe des Stichmaßes ist genauer als über die Kreisteilung, da bei der Kreisteilung eine maximale Anzahl der Punkte die Genauigkeit vor allem bei großen Kurvenradien begrenzt. Bei sehr unterschiedlichen Radien in einer Form werden mit dem Stichmaß bessere Ergebnisse erzielt. Sollen die Teilungspunkte exakt an den gleichen Stellen (z. B. konzentrische Kreise) liegen, ist die Kreisteilung zu bevorzugen.

Filter, Zurück und Hilfe

Im letzten Abschnitt finden Sie drei Hilfsfunktionen.

- Bei aktiviertem **ELEMENTFILTER** werden Grundrisslinien von Architekturelementen und 2D-Flächenelemente ignoriert. Aktivieren Sie die Funktion, wenn Sie beispielsweise in Außenanlagen Bereiche haben, bei denen Flächenelemente aneinanderstoßen.

Elementfilter

- **ZURÜCK** entfernt den letzten angeklickten oder ermittelten Punkt. Alternativ kann der letzte Punkt nochmals angeklickt werden.

Zurück

Hilfe zur Polygonzugeingabe

- HILFE ZUR POLYGONZUGEINGABE öffnet die allgemeine Hilfe mit dem Thema „Eingabeoptionen Polygonzugeingabe, Überblick".

Rechteckiges Flächenelement (Kanten parallel zum Fadenkreuz)

▷ Funktion anwählen
▷ 1. Polygonpunkt anwählen (Vorschau zeigt ein Rechteck)
▷ 2. Polygonpunkt anwählen (Vorschau zeigt eine Linie)
▷ Funktion mit **ESC** abbrechen: Es wird ein rechteckiges Flächenelement erzeugt.

Beliebiges Flächenelement

▷ Funktion anwählen
▷ 1. Polygonpunkt anwählen
▷ Eingabeoptionen → gewünschte Hilfsfunktion aktivieren
▷ Weitere Punkte oder Kanten/Kurven in gleicher Weise anwählen
▷ Eingabe mit **ESC** oder durch Anwahl des ersten Punktes abschließen

Füllen geometrischer Formen – Möglichkeit 1

Flächensuche

▷ Beliebige Kontur auf dem Teilbild sichtbar, keine „offenen" Stellen
▷ FLÄCHENSUCHE einschalten
▷ In die Fläche klicken, die ausgefüllt werden soll (Kreis am Fadenkreuz)

HINWEIS: Je nach Schalterstellung der Inselerkennung/inverser Inselerkennung können unterschiedlichste Ergebnisse erzielt werden.

Füllen geometrischer Formen – Möglichkeit 2

Hilfspunkteingabe für Polygonautomatik

▷ Beliebige Kontur auf dem Teilbild sichtbar, keine „offenen" Stellen
▷ HILFSPUNKTEINGABE FÜR POLYGONAUTOMATIK
▷ Kante der Kontur anklicken
▷ Hilfspunkt angeben
▷ Ein Klick innerhalb ergibt die minimale Fläche, ein Klick außerhalb ergibt die maximale Fläche.

3.1.3 Markieren und Aktivieren von Elementen

Um bereits erzeugte Elemente/Bauteile zu ändern, müssen diese markiert bzw. aktiviert werden. Im Folgenden wird zumeist vom Aktivieren von Elementen gesprochen.

Elemente können entweder nach einer Funktionsanwahl (Frage in Dialogzeile) oder vor der Funktionsanwahl aktiviert werden. Die meisten Hilfsfunktionen zum Markieren von Elementen funktionieren bei beiden Varianten. Im Detail sind einige kleine Unterschiede vorhanden. Die Vorgehensweise, erst die Funktion aufzurufen und danach die Elemente zu markieren, scheint die bessere zu sein.

Neben den nachfolgend erläuterten Möglichkeiten, Elemente bzw. Bauteile zu aktivieren, bietet Allplan zusätzlich die Palette **OBJEKTE** zum Aktivieren von einzelnen oder mehreren Elementen an. Informationen dazu finden Sie in Abschnitt 2.13.6, „Objektnavigator“, sowie in Abschnitt 2.6, „Die Oberfläche von Allplan“.

Actionbar

Actionbar

Die Hilfsfunktionen zur Aktivierung sind im Bereich **ARBEITSUMGEBUNG** der Actionbar zusammengefasst. Dieser befindet sich im nicht variablen Bereich, der entweder links oder rechts angeordnet werden kann.

Oberfläche ohne Actionbar

Bei der Arbeit ohne Actionbar finden Sie die Funktionen in der Symbolleiste **FILTER-ASSISTENT** oder unter dem Menüpunkt **ANSICHT > FILTER-ASSISTENT**.

Einzelnes Element aktivieren

Ein einzelnes Element markieren Sie durch einen Klick auf das Element.

Mehrere Elemente aktivieren

Zum Markieren von mehr als einem Element stehen Ihnen die Summenfunktion sowie die Bereichsmarkierung zur Verfügung. Die beiden Methoden können auch kombiniert werden.

Mehrere Elemente aktivieren – über Bereichsmarkierung

Ähnlich wie im Windows Explorer können Sie in Allplan einen Bereich aufziehen. Im **FILTER-ASSISTENT** können Sie wählen, ob ausschließlich vollständig eingeschlossene Elemente, sowohl vollständig eingeschlossene als auch geschnittene Elemente, oder nur geschnittene Elemente aktiviert werden.

Aktivierung mit Richtungsmodus (Standardeinstellung)

- **AKTIVIERUNG MIT RICHTUNGSMODUS:** Das Ergebnis der Aktivierung hängt davon ab, in welcher Richtung der Aktivierungsbereich aufgezogen wird. Bei Eingabe des Bereichs in positiver X-Richtung werden nur vollständig eingeschlossene Elemente (**AKTIVIERUNG INNERHALB**) aktiviert, bei Eingabe in negativer X-Richtung werden nur Elemente aktiviert, die vollständig oder teilweise innerhalb des Bereichs liegen (**AKTIVIERUNG GEKREUZT UND INNERHALB**).

Aktivierung innerhalb

- **AKTIVIERUNG INNERHALB** markiert nur Elemente, die vollständig innerhalb des Bereichs liegen. Die Umrandung der Bereichsmarkierung ist durchgezogen und eine blaue transparente Fläche zeigt den Bereich an.

Aktivierung gekreuzt und innerhalb

- **AKTIVIERUNG GEKREUZT UND INNERHALB** aktiviert alle Elemente, die vollständig oder teilweise innerhalb des Bereichs liegen. Die Umrandung der Bereichsmarkierung ist punktiert und eine grüne transparente Fläche zeigt den Bereich an.

Aktivierung gekreuzt

- **AKTIVIERUNG GEKREUZT** aktiviert nur Elemente, die teilweise innerhalb des Bereichs liegen. Die Umrandung der Bereichsmarkierung ist gestrichelt und eine rote transparente Fläche zeigt den Bereich an.

Polygonales Aktivieren

- **POLYGONALES AKTIVIEREN** muss explizit für die aktuelle Aktivierung eingeschaltet werden. Sie können beliebig geformte Bereiche markieren, indem Sie einzelne Punkte setzen und so einen geschlossenen Polygonzug um alle zu markierenden Elemente ziehen. Es werden nur vollständig eingeschlossene Elemente markiert.

Selektionsmöglichkeit bei Mehrdeutigkeit ein/aus

- **SELEKTIONSMÖGLICHKEIT BEI MEHRDEUTIGKEIT EIN/AUS** hilft bei sich überlagernden Elementen oder sehr eng liegenden Elementen bei der Auswahl durch Anklicken des gewünschten Elements. Bei eingeschalteter Funktion und sich überlagernden Elementen blinkt das erste Element zur Auswahl. Die Auswahl kann entweder übernommen werden (**EINGABE**) oder es kann durch Drücken der Leertaste auf das nächste Element weitergeschaltet werden. Bei ausgeschalteter Funktion wird immer das älteste der sich überlagernden Elemente ausgewählt.

Aktivierung wiederholen/Löschen rückgängig

- **AKTIVIERUNG WIEDERHOLEN/LÖSCHEN RÜCKGÄNGIG** aktiviert die zuletzt aktivierten Elemente nochmals. Alternativ zur Anwahl der Funktion über das Symbol kann diese Funktionalität auch über **DOPPELKLICK-RECHTS** aufgerufen werden (nach Aktivieren der gewünschten **BEARBEITEN**-Funktion). Die Funktion ist nur **innerhalb** einer Funktion **BEARBEITEN** (oder ähnliche) verfügbar.

Mehrere Elemente aktivieren – über Summenfunktion

Summe

Die Summenfunktion kann bei aktiver Funktion über die rechte Maustaste, über den Schalter **SUMME** im Filter-Assistenten, ohne Funktion über das Gedrückthalten der **STRG**-Taste während der Aktivierung oder über einen Rechtsklick in die Zeichenfläche aktiviert werden. Die Summe ist mit der Bereichsmarkierung kombinierbar und wird mit einem Summensymbol am Fadenkreuz angezeigt (siehe auch Abschnitt 2.8, „Nutzereingaben - Bedienung").

Aktivierung mit Filtern

Zur Filterung der zu bearbeitenden Elemente bietet Allplan frei kombinierbare Filter in unzähligen Variationen an. Unabhängig von den Filtern existieren in fast jedem Modul Funktionen zum Modifizieren von Elementen und/oder Bauteilen, die nur bestimmte Elemente für die Bearbeitung mit der jeweiligen Funktion zulassen und automatisch sonstige Elemente ausfiltern.

Die Filter unterstützen Sie bei der Auswahl von Elementen. Die Filterfunktionen werden aktiviert, wenn das Programm eine Auswahl von Elementen erwartet, z. B. nachdem Sie eine Bearbeitungsfunktion aufgerufen haben. Mit den Filtern können Sie die Auswahl auf bestimmte Elementtypen oder auf Elemente mit bestimmten Eigenschaften beschränken.

Nachfolgend finden Sie eine Auswahl von Filtern, die sehr oft benötigt werden:

Übernahme Filterbedingung

- **ÜBERNAHME FILTERBEDINGUNG** übernimmt alle oder bestimmte Eigenschaften eines bestehenden Elements als Filterkriterien. Am Fadenkreuz wird eine Pipette angezeigt, sobald Sie die Elementeigenschaften übernehmen können. Die Anzeige erscheint auch bei Anwahl der Übernahmefunktion innerhalb eines einzelnen Dialogs. Zur Auswahl stehen Stiftdicke, Strichart, Farbe, Layer, Segmentnummer, Element, Schraffurnummer, Musternummer, Stiftflächennummer, Punktsymbolnummer, digitales Geländemodell, Architektur, Allfa, Städtebau/Landschaftsplanung, Rundstahl, Matten, Schalung und Finite Elemente. Es können auch mehrere Elementarten angewählt werden.

Bei allen Filtern kann entweder nach dem in der Auswahl markierten gefiltert werden (Bedingung =) oder das Gewählte kann von der Auswahl ausgeschlossen werden (Bedingung <>).

Wenn Sie eine Filterbedingung aus unterschiedlichen Filtern zusammensetzen möchten (z. B. Wand mit einer Strichstärke), wählen Sie die unterschiedlichen Filter der Reihe nach an und führen danach die Bereichsauswahl aus. Bei den meisten Auswahldialogen ist zudem eine Mehrfachselektion möglich. Die komplette Filterbedingung wird in der Dialogzeile angezeigt (hier: Filtere nach Bauteil Wand, Dicke 30 cm, Layer=AR_MW_TR).

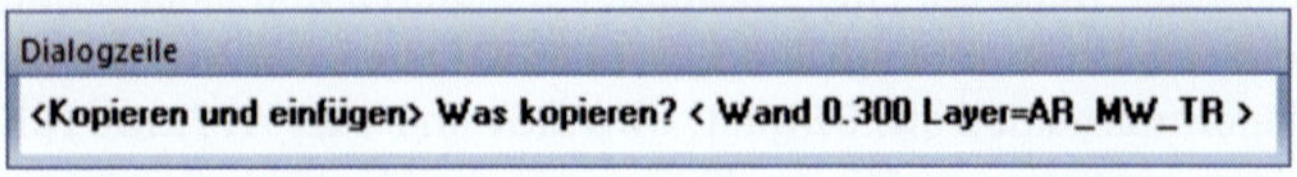

Nach Stiften filtern

- **NACH STIFTEN FILTERN** filtert nach Elementen mit einem bestimmten Stift. Es stehen alle 15 definierten Stiftdicken zur Auswahl bereit. Eine Einschränkung auf benutzte Stiftstärken erfolgt nicht. Bei Anzeigen, die auf Linienstilen basieren, wird nach der angezeigten Stiftdicke gefiltert.

Nach Strichen filtern

- **NACH STRICHEN FILTERN** filtert nach Elementen mit einem bestimmten Strich. Es werden alle definierten Stricharten in der Auswahl angezeigt (bis zu 99). Eine Einschränkung auf benutzte Strichstärken erfolgt nicht. Es können auch mehrere Definitionen gewählt werden. Bei Anzeigen, die auf Linienstilen basieren, wird nach den angezeigten Stricharten gefiltert.

Nach Linienfarben filtern

- **NACH LINIENFARBEN FILTERN** filtert nach Elementen mit einer bestimmten Farbe. Sie können aus allen 256 Farben auswählen, welche für die Linienfarben zugelassen sind. Bei der Übernahme von Farben von Elementen wird immer die Elementfarbe übernommen. Bei Anzeigen, die auf Linienstilen basieren, wird nach den angezeigten Linienfarben gefiltert.

Nach Layern filtern

- **NACH LAYERN FILTERN** filtert nach der Formateigenschaft **LAYER**. Je nachdem, wie die Anzeige im Kontextmenü eingestellt worden ist, werden alle Layer angeboten, die im aktiven Dokument und in den aktiv im Hintergrund liegenden Teilbildern vorkommen, oder alle vorhandenen Layer. In der Auswahl erscheinen auch Layer, deren Bezeichnung gelöscht wurde. Diese Layer werden mit ihrer eindeutigen Layer-ID (Nummer) angezeigt.

Nach Schraffur-, Muster-, Stilflächennummer filtern

- Die Funktionen **NACH SCHRAFFURNUMMER FILTERN**, **NACH MUSTERNUMMER FILTERN** und **NACH STILFLÄCHENNUMMER FILTERN** filtern nach Flächenelementen der jeweiligen Art mit einer bestimmten Nummer. Es werden alle Definitionen in der Auswahl angezeigt. Zum Filtern nach einer bestimmten Schraffur-, Muster-, Stilflächennummer bietet sich die Übernahmefunktion an.

Nach Füllflächen filtern

- **NACH FÜLLFLÄCHEN FILTERN** zeigt alle Füllflächen an, die im aktiven Teilbild und im aktiv im Hintergrund liegenden Teilbild vorhanden sind. Bei Standardfarben werden die Farbnummern angegeben. RGB-Farben werden einzeln aufgeführt und mit RGB gekennzeichnet. Mit der Übernahmefunktion können Sie auch beliebige Farben (RGB-Werte) von Füllflächen wählen.

Nach Elementen filtern

- **NACH ELEMENTEN FILTERN** filtert nach ausgewählten Elementen. Es werden immer alle mit diesem Filter filterbaren Elemente angezeigt. Folgende Elemente sind möglich: Linie, Polygonzug, Kreis/Ellipse, Text, Zeiger an Text, Maßlinie, Schraffur, Muster, Füllfläche, Fülllinie, Pixelfläche, Stilfläche, 3D-Element, 3D-Körper, 3D-Linie, 3D-Fläche, Makro, Elementgruppe, Flächenobjekt, Linienobjekt, Objekt allgemein, Einbauteile, Kurven, Punktsymbol, Punkt, Pixelbild, intelligente Verlegung und XRef

Nach Architekturbauteilen filtern

Erweitert in Version 2020

- **NACH ARCHITEKTURBAUTEILEN FILTERN** zeigt unter **BAUTEIL** nur Ar-Bauteile an, die auf den aktiven Teilbildern existieren. Über die unterschiedlichen Felder kann z. B. einfach nach einer Wand mit einem bestimmten Material und einer bestimmten Dicke gefiltert werden. Über die Schaltfläche **ERWEITERT** kann ein Dialog geöffnet werden, in dem eine Filterinformation aus **OBJEKT**, **GEWERK** und/oder **ATTRIBUTEN** zusammengesetzt werden kann. Neu in Allplan 2020 wurde die Möglichkeit aufgenommen, nach der Gesamtwand zu filtern. Mit dieser Funktionalität ist es jetzt möglich, beliebig viele „Gesamtwände“ (übergeordnetes internes Bauteil bei mehrschichtigen Wänden) als Attribute anzuhängen und/oder zu ändern. Dies ist vor allem für den Export nach IFC notwendig.

Nach Attributen filtern

- **NACH ATTRIBUTEN FILTERN** filtert nach einem beliebigen Attribut, das Sie entweder über die Schaltfläche oben rechts in die Ansicht aufnehmen oder von einem Element auf dem Teilbild mittels **ÜBERNAHME** übernehmen können.

Schrittweise filtern

- **SCHRITTWEISE FILTERN:** Im Dialog **SCHRITTWEISE FILTERN** sind alle Filter, die Allplan bietet (inklusive deren Einstellmöglichkeiten), vereint worden. In der Zeile **FILTERBEDINGUNG** wird die Filtereinstellung angezeigt. Je nach Bedarf kann über die unter der Filterbedingung angeordneten Funktionen die Filterung weiter beeinflusst werden. Die Funktion **SCHRITTWEISE FILTERN** wird auch in der Palette **EIGENSCHAFTEN** angeboten.

Zuletzt genutzter Filter

- **ZULETZT GENUTZTER FILTER** bietet die Möglichkeit, die zuletzt eingestellte Filterbedingung mehrfach zu wiederholen, um z. B. auf verschiedenen Teilbildern oder in unterschiedlichen Bereichen eines Teilbildes gleiche Aktionen durchführen zu können.

Neben den beschriebenen Filtern existieren noch weitere, speziell auf bestimmte Module abgestimmte Filter sowie Filter für die Dialoge **PROJEKT NEU, ÖFFNEN** und **PROJEKTBEZOGEN ÖFFNEN**.

Weitere Filter ohne Beschreibung:

Umbaukategorie, Städtebau- und Landschaftsplanungsobjekte, Segmentnummer, Hilfskonstruktion, Musterlinieneigenschaft, Planelement, Digemo-Elemente, Allfa, Rundstahlelemente, Mattenelemente, Gitterträgerelemente, Fertigteilelemente, Punktsymbolnummer filtern

3.1.4 Elemente bearbeiten

3.1.4.1 Allgemeines

Allplan bietet Ihnen mehrere Möglichkeiten, mit bestehenden Elementen zu arbeiten. Es stellt Funktionen zum Bearbeiten von Elementen bereit und ermöglicht die direkte Manipulation von Eigenschaften von Elementen.

3.1.4.2 Funktionen zum Bearbeiten von Elementen

Es existieren in allen Rollen und Aufgaben Funktionen, mit welchen Elemente bearbeitet werden können. Die meisten in den Aufgaben enthaltenen Funktionen sind speziell für den jeweiligen Einsatz konzipiert und wirken entsprechend nur auf spezielle Elemente. Die allgemeinen Funktionen sind in der Aufgabe *Bearbeiten* bzw. in der gleichnamigen Symbolleiste zusammengefasst.

Actionbar

Die allgemeinen Funktionen zum Bearbeiten finden Sie in der Actionbar in den statischen Bereichen **ÄNDERN** und **BEARBEITEN**. Neben den im statischen Bereich angesiedelten Funktionen befinden sich aufgabenbezogene Funktionen zum Bearbeiten von Elementen in den vorderen Bereichen, die im direkten Bezug zu den jeweiligen Grundfunktionen stehen.

Actionbar

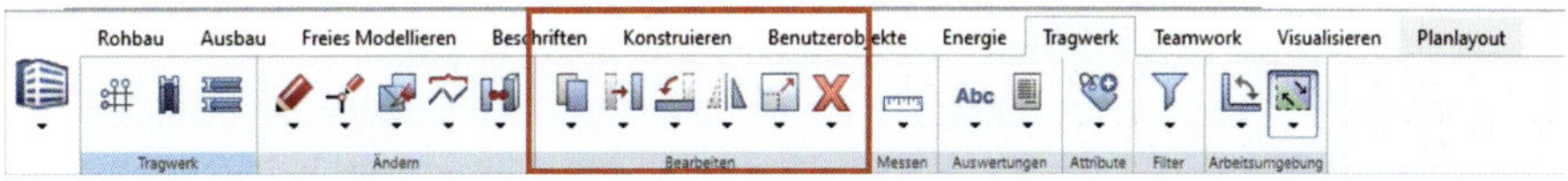

Oberfläche ohne Actionbar

Bei der Arbeit ohne Actionbar finden Sie die Funktionen in der Symbolleiste **BEARBEITEN** oder unter dem Menüpunkt **BEARBEITEN**. Neben den allgemeinen Funktionen zum Bearbeiten von Elementen befinden sich modulbezogene Funktionen in der Symbolleiste **ÄNDERN** des jeweiligen Moduls.

Ablauf Funktion aktivieren → Elemente aktivieren (Standard)

▷ Funktion anwählen

▷ Elemente anwählen (z. B. Anklicken, Aktivierungsbereich angeben ...)

▷ Funktionsspezifische Abfragen abarbeiten (zum Teil gleich oder ähnlich)

▷ Die Funktion bleibt aktiviert und Sie können sofort weitere Elemente aktivieren.

Vorteil ist das besser geplante Vorgehen und die Möglichkeit, alle Optionen bei der Aktivierung von Elementen auszuschöpfen. Der Ablauf ist bei allen Funktionen möglich und bringt den Zusatzvorteil, dass ein in der Funktion vorgeschalteter Elementfilter optimal arbeiten kann.

Ablauf Elemente aktivieren → Funktion aktivieren

▷ Elemente anwählen (z. B. Anklicken, Aktivierungsbereich angeben ...)

▷ Funktion anwählen

▷ Funktionsspezifische Abfragen abarbeiten (zum Teil gleich oder ähnlich)

▷ Die Funktion wird automatisch beendet, die Aktivierung der Elemente bleibt bestehen und Sie können die Aktivierung für die nächste Funktion weiterverwenden.

Vorteil ist die sehr intuitive Arbeitsweise, welche an einigen Stellen ein flotteres Arbeiten ermöglicht. Nachteil ist, dass nicht alle Funktionen mit bereits angewählten Elementen ausführbar sind und die Markierung der Elemente weniger Möglichkeiten bietet.

3.1.4.3 Funktionen zum Bearbeiten von Elementen

Funktionen im Bereich Bearbeiten (Actionbar)

 Kopieren und einfügen

- **KOPIEREN UND EINFÜGEN** dient zum Erzeugen einer oder mehrerer Kopien. Wenn Sie die Anzahl der Kopien (**WIE OFT**) auf 1 belassen, wird eine Kopie an dem Punkt erzeugt, den Sie bei **NACH PUNKT** angeben. Wurde eine andere Zahl angegeben, wird die erste Kopie bei **NACH PUNKT** erzeugt und die weiteren entlang einer gedachten Linie durch **VON PUNKT** und **NACH PUNKT** im Abstand der beiden Punkte.

 Kopieren entlang Element

- Mit **KOPIEREN ENTLANG ELEMENT** können beliebige Elemente/Bauteile/Objekte entlang von 2D-Elementen (Linien, Polygonzügen, Splines, Elementverbindungen) verteilt kopiert werden. Es existieren Einstellungen für den Abstand zum Element sowie für eine Drehung der zu kopierenden Elemente entsprechend der Richtung des Elementabschnitts.

- Mit **KOPIEREN ENTLANG BELIEBIGEN PFAD** kann ein oder mehrere 2D- und 3D-Objekte entlang von beliebigen 3D-Pfaden (3D-Linien, 3D-Splines, Kanten von 3D-Körpern oder Wänden) kopiert werden. Dabei kann entweder ein Teil des Pfades oder der gesamte Pfad verwendet und/oder ein Abstand zwischen den Objekten fix oder durch eine Objektanzahl definiert werden. Die Objekte können mit Bezug auf Pfad oder Z-Achse gedreht werden.

Kopieren entlang beliebigen Pfad
Neu in Version 2020

- **IM RASTER KOPIEREN** dient zum Erzeugen von Kopien eines Elements oder einer Elementgruppe anhand eines frei definierbaren Rasters. Es können z.B. relativ leicht Bestuhlungen oder Ähnliches angelegt werden.

Im Raster kopieren

- **IM BEREICH VERLEGEN** erzeugt eine Verlegung von Elementen in einem polygonal begrenzten Bereich.

Im Bereich verlegen

- **VERSCHIEBEN** verschiebt die markierten Elemente/Bauteile über **VON PUNKT → NACH PUNKT**. Sie haben neben der Abfrage **VON PUNKT → NACH PUNKT** auch die Möglichkeit, direkt den Delta-Wert der Verschiebung anzugeben. Hierzu müssen Sie nur einen Wert in das erste Feld in der Dialogzeile eingeben. Dabei ändert Allplan automatisch den Eingabemodus.

Verschieben

- **AUSRICHTEN** richtet Konstruktionselemente horizontal, vertikal und/oder zentriert aus. Elemente mit der gleichen Segmentnummer werden als ein Objekt ausgerichtet, Architekturelemente werden ignoriert.

Ausrichten

- **VERTEILEN** verteilt Konstruktionselemente auf verschiedene Arten. Elemente mit der gleichen Segmentnummer werden als ein Objekt ausgerichtet, Architekturelemente werden ignoriert.

Verteilen

- **DREHEN** bietet Ihnen zwei unterschiedliche Grundmodi an. In den Eingabeoptionen kann eingestellt werden, ob **NORMAL** (2D) oder **3D** gedreht werden soll. Je nach Einstellung wird nach einem Drehpunkt (**NORMAL**) oder einer Drehachse (**3D**) gefragt. Beim Drehen können die ausgewählten Elemente entweder über einen Winkel (Drehwinkel), anhand **AUSGANGSPUNKT → RICHTUNGSPUNKT** oder durch Identifizieren einer **BEZUGSGERADEN** und einer **RICHTUNGSGERADEN** gedreht werden. Beim Drehen über eine Drehachse fällt die Option der Bezugsgeraden weg. Über **BEZUGSGERADE/RICHTUNGSGERADE** lässt sich z.B. ein Schrank mit Abstand zu einer Wand einfach anhand dieser ausrichten.

Drehen

- **VERZERREN** verzerrt ausgewählte Elemente entweder über Faktoren in X-, Y- und Z-Richtung oder über die Eingabe einer Bezugslänge.

Verzerren

- **GESPIEGELTE KOPIE** erzeugt ein gespiegeltes Duplikat der angewählten Elemente an der angegebenen Achse (zwei Punkte oder Linie). Wenn **3D-ELEMENTE IN DER PERSPEKTIVE** aktiviert wird, muss die Spiegelebene (drei Punkte oder Punkt und Linie) definiert werden.

Gespiegelte Kopie

- **LÖSCHEN** entfernt die ausgewählten Elemente vom Teilbild.

Löschen

- **DUPLIKATE LÖSCHEN** führt mehrere deckungsgleiche identische Elemente in ein Element zusammen und löscht die überflüssigen Elemente. Es werden nur Elemente reduziert, die genau deckungsgleich sind. Füllflächen, die sich nur teilweise überdecken, werden nicht reduziert.

Duplikate löschen

Weitere Funktionen des Bereichs **BEARBEITEN** sind z. B.

SPIEGELN, **ROTIEREN**, **KOPIEREN UND DREHEN**

KOPIEREN, VERZERREN UND DREHEN.

Funktionen im Bereich Ändern (Actionbar)

Die meisten Funktionen sind mit nahezu allen Elementen anwendbar. Die für das angewählte Element sinnvollsten Funktionen sind zudem im jeweiligen Kontextmenü zu finden. Die am häufigsten gebrauchten Funktionen sind im allgemeinen Kontextmenü zu finden. Nachfolgend sind die wesentlichen Funktionen zum Bearbeiten aufgelistet, welche in der Actionbar im statischen Bereich unter **BEARBEITEN** und **ÄNDERN** enthalten sind. Weitere enthaltene Funktionen sind zum Teil an anderer Stelle mit beschrieben.

Format-Eigenschaften modifizieren

- **FORMAT-EIGENSCHAFTEN MODIFIZIEREN** dient zum Ändern der Formateigenschaften von Elementen. Es werden nur die Eigenschaften des Elements verändert, die angehakt sind. Die restlichen Formateigenschaften werden so belassen, wie sie vor der Änderung waren. Alternativ zur Funktion **FORMAT-EIGENSCHAFTEN MODIFIZIEREN** können Sie auch die Palette **EIGENSCHAFTEN** für viele Änderungen verwenden.

Ar-Eigenschaften modifizieren

- **ALLGEMEINE AR-EIGENSCHAFTEN MODIFIZIEREN** ist primär zum Ändern von Eigenschaften von Architekturbauteilen zu verwenden. Es können aber auch einfache Elemente mit der Funktion bearbeitet werden. Alle angewählten Eigenschaften werden auf die ausgewählten Elemente übertragen, wobei die Änderung erst nach Bestätigen der Änderung (durch Anklicken der Schaltfläche **ANWENDEN**) umgesetzt werden. Zumeist bietet es sich an, mit Übernahme eines Bauteils die korrekten Eigenschaften oder Teileigenschaften einzulesen, die nicht zu ändernden Punkte abzuwählen und den Rest auf anzuwählende Elemente/Bauteile zu übertragen.. Bei einer Oberflächeneinstellung ohne Actionbar finden Sie die Funktion **ALLGEMEINE AR-EIGENSCHAFTEN MODIFIZIEREN** in der Symbolleiste **ÄNDERN** in nahezu allen Architekturmodulen.

Abstand paralleler Linien modifizieren

- Mit **ABSTAND PARALLELER LINIEN MODIFIZIEREN** können parallele Linien im Grundriss sowie parallele Linien (Körperkanten) im Raum im Abstand geändert werden. Über die Option **RICHTUNGSTREUE** kann das Verhalten von anschließenden Linien so beeinflusst werden, dass die Winkel gleich bleiben oder sich verändern. Bei minimalen Abweichungen erscheint eine Warnmeldung, die auf die Ungenauigkeit hinweist. Je nach Abweichung und zu verändernden Elementen können sich Ungenauigkeiten summieren und zu Problemen führen.

Punkte modifizieren

- **PUNKTE MODIFIZIEREN** ist die ideale Funktion, um Elementpunkte gemeinsam zu ändern. Sie können z. B. eine komplette Wand über ein Aktivierungsfenster markieren und die Lage komplett verändern (inklusive der auf der Wand liegenden Punkte des Raumes, Referenzpunkten für Bemaßung usw.). Sie haben neben der Abfrage **VON PUNKT** → **NACH PUNKT** auch die Möglichkeit, direkt den Delta-Wert der Modifikation anzugeben. Hierzu müssen Sie nur einen Wert in das erste Feld in der Dialogzeile eingeben.

- **PUNKTABSTAND** dient zum Ändern der Abstände von Punkten eines Elements. Der erste Punkt bildet die Referenz und der zweite Punkt wird verändert. Es müssen schon bestehende Punkte verwendet werden.

Punktabstand

- **LINIE KNICKEN** knickt 2D- oder 3D-Linien sowie die Kanten von 3D-Flächen. Die Linie bzw. Kante wird aufgeteilt, sodass zwei neue Linien entstehen.

Linie knicken

- **ELEMENTGRUPPE** fasst Elemente und/oder Bauteile zu einer Gruppe zusammen. Die Elementgruppe trägt eine Bezeichnung, ist in Listen auswertbar sowie als ein Objekt markierbar. Die Elementgruppe ist eine einfache Form, Einzelelemente dauerhaft aneinanderzubinden.

Elementgruppe

- **ELEMENTGRUPPE AUFLÖSEN** löst Elementgruppen in ihre Einzelteile auf. Beschriftungen und an die Elementgruppe angehängte Beschriftungen werden gelöscht.

Elementgruppe auflösen

- Die Funktion **ELEMENTGRUPPE ERWEITERN** fügt ein oder mehrere Elemente einer bestehenden Gruppe hinzu. Die Elementgruppe sowie die hinzuzufügenden Elemente müssen sich auf dem aktiven Teilbild befinden.

Elementgruppe erweitern

- **FLÄCHENELEMENT, AR-ELEMENT TRENNEN** trennt Flächenelemente (Schraffuren, Muster, Füllflächen, Pixelflächen, Stilflächen) sowie flächige und linienförmige Architekturelemente (Wand, Decke, Unterzug, Raum usw.) an einer anzugebenden Linie (oder an einem Basiselement) in zwei Teile. Bei beschrifteten Elementen oder Bauteilen wird nach dem Zerteilen für die Einzelteile eine Beschriftung angeboten.

Flächenelement, Ar-Element trennen

- **ELEMENTE WANDELN** dient zum Konvertieren von Elementen wie z. B. Architekturelemente in 2D-Konstruktionen. Je nach Wandlungsart werden die Elemente in einfachere überführt oder es werden zusätzliche Einstellungen ermöglicht. Mit der Funktion **ELEMENTE WANDELN** können allen neuen 3D-Elemente (3D-Kurven, 3D-Element allgemein) in einfachere Elemente umgewandelt werden. Bei Auswahl von **3D-KURVEN IN 3D-POLYGONZUG** oder **3D-ELEMENT ALLGEMEIN IN 3D-KÖRPER/FLÄCHE** erscheinen zusätzliche Einstellungen zum Polygonisieren der runden Elemente. Die polygonisierten Elemente können weiter bearbeitet werden und z. B. auch als Basis für Ebenen dienen.

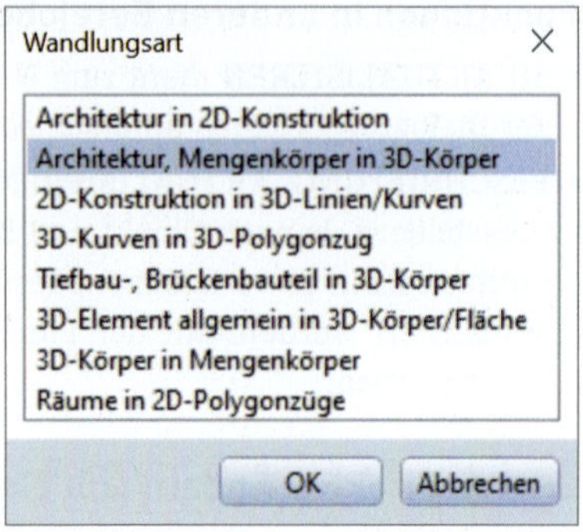

Elemente wandeln

- **ELEMENTE TEILBILDÜBERGREIFEND KOPIEREN UND WANDELN** dient zum Konvertieren von Elementen aus/in 2D oder 3D und/oder zum Wandeln von Architekturbauteilen. Je nach Funktion stehen unterschiedliche Optionen zur Verfügung.

Elemente teilbildübergreifend kopieren und wandeln

- **BELIEBIGES 3D-FUNDAMENT** dient zum Erzeugen von komplexen 3D-Geometrien als Fundament, welche zuvor aus 3D-Körpern, 3D-Flächen oder 3D-Linien erzeugt wurden. Die erstellten Bauteile können über die Reports für Fundamente ausgewertet werden.

Beliebiges 3D-Fundament

- **3D-KÖRPER IN ARCHITEKTUREBENEN** erzeugt aus 3D-Körpern Ebenen, welche als Grundlage für Dächer, Gelände oder Ähnliches dienen können. Es gilt dabei zu beachten, dass die Körper direkt gewandelt werden und die ursprünglichen Elemente nicht mehr vorhanden sind. Zudem müssen 3D-Körper (**3D-ELEMENT ALLGEMEIN**) mit Rundungen erst mit **ELEMENTE WANDELN** in 3D-Körper gewandelt werden.

3D-Körper in Architekturebenen

Übertragen

Ar-Bauteileigenschaften übertragen

- Mit **ÜBERTRAGEN** können die Formateigenschaften – also Stift, Strich, Farbe und Layer – von einem beliebigen Element auf ein oder mehrere andere Elemente übertragen werden.
- **AR-BAUTEILEIGENSCHAFTEN ÜBERTRAGEN** ist ideal bei umfangreicheren Änderungen gleicher oder ähnlicher Bauteile.

HINWEIS: Im Auswahldialog wird bestimmt, ob die aktuell eingestellten Attribute komplett neu übertragen werden sollen (bestehende werden gelöscht) oder ob die Attribute des zu ändernden Bauteils mit den aktuell eingestellten ergänzt werden sollen. Dies ist wichtig, wenn Sie z. B. weitere Attribute für Wände in unterschiedlichen Materialien und unterschiedliche Attribute für Stahlbeton- und Mauerwerkswände definiert haben. Bei Änderungen an Bauteilachsen werden die Linienbauteile anhand ihrer Achse neu erzeugt. Das kann den Effekt haben, dass sich Wände verschieben. Bei Änderungen an der Geometrie von Stützen wird der Schwerpunkt der alten Stützenform als Fixpunkt angenommen und darüber die neue Profilform aufgebaut.

Funktionen in anderen Bereichen der Actionbar

3D aktualisieren

Beschriftung aktualisieren

- **3D AKTUALISIEREN** dient zum Neuaufbau der Architekturelemente. Je nach Wahl in der Dialogzeile können unterschiedliche Ziele verfolgt werden.
- **BESCHRIFTUNG AKTUALISIEREN** dient zum gezielten Aktualisieren von Beschriftungsbildern. Je nach Objekt und Beschriftung mit Verweisen auf andere Objekte/Hierarchien kann es vorkommen, dass nicht alle Beschriftungen zur Laufzeit automatisch aktualisiert werden. Mit der Funktion **BESCHRIFTUNG AKTUALISIEREN** kann dies gelöst werden.

3.1.4.4 Direktes Ändern von Elementen

Bestehende Elemente können auf mehrere Arten geändert werden. In den meisten Modulen finden sich zudem spezielle Funktionen zum Ändern der Eigenschaften der modulspezifischen Elemente.

Ändern über Palette Eigenschaften

Sobald ein oder mehrere Elemente markiert werden (ohne zuvor aktivierte Funktion), erscheinen die Eigenschaften in der gleichnamigen Palette. Wurden mehrere Elemente markiert, erscheint bei ungleichen Eigenschaften der Text **variiert*. Die meisten der angezeigten Eigenschaften können direkt verändert werden. Zudem erlauben Übernahmefunktionen (Aufruf über rechte Maustaste der Zeilen/Überschriften) die Übernahme von Eigenschaften anderer angezeigter Elemente. Über schrittweises Filtern und/oder das Pulldown-Menü am oberen Rand der Palette kann zudem die Anzeige eingeschränkt werden. Am unteren Rand der Anzeige befinden sich die Funktionen zum Laden und Speichern von Favoriten. Die hier gespeicherten Einstellungen sind element- und bauteilunabhängig.

Neben den Eigenschaften *Format* können - je nach Element - auch Attribute und/oder andere Eigenschaften in der Palette geändert werden.

Öffnen der Eigenschaften über das Kontextmenü

Jedes Element oder Bauteil kann über dessen Kontextmenü direkt verändert werden. Am unteren Ende befinden sich die Funktionen **EIGENSCHAFTEN FORMAT**, **EIGENSCHAFTEN** sowie **OBJEKTATTRIBUTE ZUWEISEN/MODIFIZIEREN**.

- **EIGENSCHAFTEN FORMAT** öffnet bei allen Elementen einen kleinen Dialog, in dem direkt die **STIFTDICKE**, **STRICHART**, **LINIENFARBE**, **HILFSKONSTRUKTION**, **SEGMENTNUMMER**, **LAYER** und **REIHENFOLGE** des einzelnen Elements geändert werden können. **STIFTDICKE**, **STRICHART** und **LINIENFARBE** sind bei Flächenelementen und bei aktivierter Linienstilübernahme von Layern nicht anwählbar. Bei den meisten Ar-Bauteilen ist die Eigenschaft **HILFSKONSTRUKTION** nicht setzbar.
- **EIGENSCHAFTEN** ruft das Dialogfenster **EIGENSCHAFTEN** des Elements bzw. die Palette **EIGENSCHAFTEN** (Optionen → Arbeitsumgebung) auf.

Öffnen der Eigenschaften durch direktes Anklicken

Durch das Anklicken eines Elements mit der Maus ergeben sich weitere, direkte Möglichkeiten, die Eigenschaften zu öffnen.

- **DOPPELKLICK** auf **ELEMENT** ruft das Dialogfenster **EIGENSCHAFTEN DES ELEMENTES** bzw. die Palette **EIGENSCHAFTEN** (Optionen → Arbeitsumgebung) auf.

- **UMSCHALT** + **DOPPELKLICK** auf **ELEMENT** ruft die Eigenschaften des Elements im Dialogfeld auf.

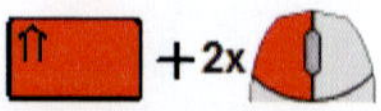

- **STRG** + **DOPPELKLICK** auf **ELEMENT** zeigt die **EIGENSCHAFTEN FORMAT** des Elements an. Diese können direkt verändert werden.

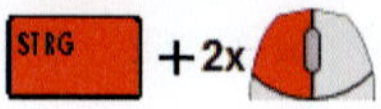

3.1.4.5 Geometrieänderungen an Elementen

Geometrieänderungen an Elementen und Bauteilen können auf unterschiedliche Art getätigt werden. Je nach gewünschter Änderung müssen Eigenschaften geändert werden, können Punkte verschoben oder Elemente verzerrt werden. Für die meisten Aktionen gibt es mehr als einen Lösungsansatz (zumeist über Funktionen oder eine direkte Änderung).

Die direkte Modifikation von Elementen zielt darauf ab, möglichst nah am Objekt Maße desselbigen ändern zu können, ohne zusätzliche Funktionen aufrufen zu müssen. So kann z. B. ein Rechteck direkt nach dem Aktivieren in den Abmessungen (auf der Zeichenfläche) geändert werden, Eingaben zum Modifizieren von Punkten können direkt am Fadenkreuz erfolgen und Fenster in Wänden können durch Eingabe neuer Maße für die Anschläge und/oder Breite geändert werden. Zusätzlich können mit markierten Objekten direkt Funktionen wie **KOPIEREN**, **VERSCHIEBEN** usw. aufgerufen werden.

Es können zwei Hauptanwendungsfälle unterschieden werden:

1. Objekte sollen als Ganzes kopiert, verschoben oder gespiegelt werden.
2. Die Geometrie der markierten Objekte soll verändert werden.

Aktivieren der Optionen

Die Funktionen können über den Dialog **OPTIONEN → ARBEITSUMGEBUNG → DIREKTE OBJEKTMODIFIKATION** aktiviert\deaktiviert werden. An dieser Stelle können auch die Farben der Markierungen, Größen und Ähnliches geändert werden. Die nachfolgenden Beschreibungen basieren auf den Standardeinstellungen.

Grundlagen der direkten Objektmodifikation

Bei allen Arten der Objektmodifikation erscheinen jeweils in unterschiedlicher Kombination Eingabefelder, Griffe, Schaltflächen und zusätzliche Symbolleisten zur Funktionsanwahl oder Eingabe von Koordinaten.

Griffe

Es können vier unterschiedliche Arten von Griffen in unterschiedlicher Farbe (je nach Aktion) angezeigt werden.

Punkt-Griff

- **PUNKT-GRIFFE** werden an allen Punkten angezeigt, die durch Anklicken versetzt werden können. Der Vorgang ähnelt dem von **PUNKTE MODIFIZIEREN.**

Geometrie-Griff

- **GEOMETRIE-GRIFFE** werden an Punkten angezeigt, an denen Geometrieeigenschaften geändert werden können, z. B. an Kanten (Beispiel: Beim Ändern eines Rechtecks wird ein um 45° gedrehtes Quadrat gezeigt.)

Zentraler Verschiebegriff

- Der **ZENTRALE VERSCHIEBEGRIFF** wird immer im Schwerpunkt der markierten Objekte angezeigt. Durch einfaches Anklicken können alle Objekte auf einmal verschoben werden. Wird beim Anklicken die **STRG**-Taste gedrückt gehalten, kann eine Kopie erzeugt werden.

Spezial-Griff

- Der **SPEZIAL-GRIFF** wird z. B. bei Fenstern und Türen angezeigt, wenn deren Anschlag verändert werden kann.

An Punkten, an denen unterschiedliche Aktionen durchgeführt werden können (z. B. **PUNKTE MODIFIZIEREN** und **GEOMETRIE ÄNDERN**), wird zumeist der Griff mit den meisten Möglichkeiten angezeigt.

Für Griffe stehen drei unterschiedliche Farben zur Verfügung, die in den Optionen definiert werden können. Zusätzlich können in den Optionen die Transparenz, Größe und der Suchradius für die „Drag-Punkte“ definiert werden.

Eingabefelder

Sobald Objekte markiert wurden, die direkt in der Geometrie geändert werden können, tauchen Eingabefelder auf. Je nach Objekt werden unterschiedliche Möglichkeiten angezeigt. Am Eingabefeld werden sogenannte Wechselschaltflächen (zum Teil) angezeigt, über die definiert werden kann, wie sich eine Änderung auswirkt. Sobald ein Wert geändert wird, werden alle Felder, die von der Änderung betroffen sind (d.h., die sich im Maß ändern), gelb hinterlegt.

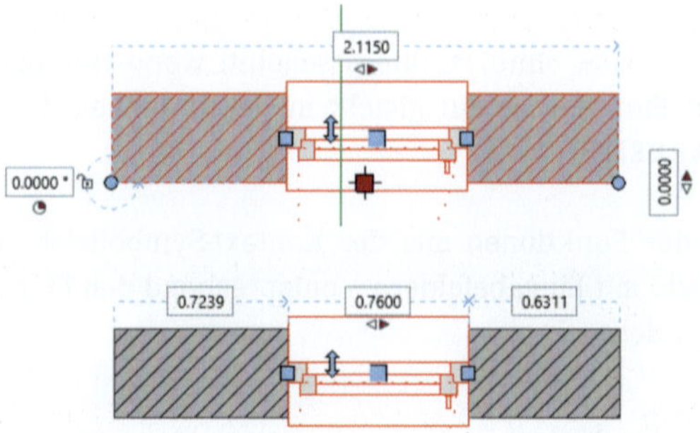

Wechselschaltflächen

Wechselschaltflächen werden unter Wertfeldern angezeigt, wenn es mehrere Möglichkeiten der Interpretation von Änderungen gibt. Bei einem Fenster muss bestimmt werden, in welche Richtung (links/rechts/beidseits) die Änderung angetragen werden muss. Um zwischen den Schaltzuständen zu wechseln, muss die Wechselschaltfläche angeklickt werden. Die unterschiedlichen Zustände werden „durchgeschaltet".

- **Änderungsrichtung**
  : Änderung wird nach links abgetragen
  : Änderung wird nach rechts abgetragen
  : Änderung wird beidseitig abgetragen
- **Innen- oder Außenseite ändern:** Bei Öffnungen von kreisförmigen Wandbauteilen kann bestimmt werden, auf welcher Wandseite die Werte angezeigt werden. Dementsprechend werden Änderungen berücksichtigt.
  : Änderung wird auf die Innenseite bezogen abgetragen
  : Änderung wird auf die Außenseite bezogen abgetragen
- **Segment-/Öffnungswinkel wechseln:** Bei kreisförmigen Elementen (z.B. Kreiswand, Kreisbogen ...) können Sie wahlweise über den Segment- oder den Deltawinkel modifizieren.
  : Änderung über den Deltawinkel
  : Änderung über den Öffnungswinkel
- **Winkel sperren oder freigeben:** Eingabefelder, die Winkel anzeigen, können gesperrt werden. Eine Änderung wird in diesem Fall so durchgeführt, dass der Winkel unverändert bleibt.
  : Winkel gesperrt: keine Änderung möglich
  : Winkel ungesperrt: Änderungen – auch durch Ändern anderer Geometriewerte – möglich

Kontext-Symbolleiste

Die Kontext-Symbolleiste erscheint automatisch, wenn das Fadenkreuz im Bereich von markierten Elementen platziert wird. Die Zeitschranke kann in den Optionen eingestellt werden. Je nachdem, ob im Fokus des Fadenkreuzes ein Griff liegt oder nicht, wird die erste oder zweite Symbolleiste angezeigt.

- Die Kontext-Symbolleiste mit Punkten erscheint, wenn ein Griff im Fokus liegt. Wenn eine Funktion ausgewählt wird, wird der angewählte Punkt automatisch für die Funktion gesetzt.

- Die Kontext-Symbolleiste ohne Punkte erscheint, wenn nur markierte Elemente im Fokus liegen. Der Funktionsablauf gleicht im Wesentlichen den Funktionen aus der Symbolleiste **BEARBEITEN**.

Bei Anwahl einer der Funktionen aus der Kontext-Symbolleiste wird im Bereich des Fadenkreuzes ein Feld mit Eingabefeldern – entsprechend den Eingabemöglichkeiten der Funktion – eingeblendet.

TIPP: Die in der Kontext-Symbolleiste an der Stelle anzuzeigenden Symbole können in der Option *Direkte Objektmodifikation* eingestellt werden.

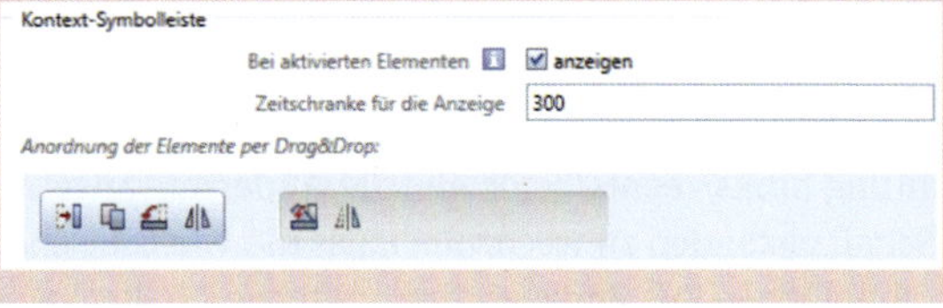

Koordinaten-Dialog

Je nach Aktion wird am Fadenkreuz ein Koordinatenfeld angezeigt, in dem Koordinaten eingegeben werden können bzw. in dem diese beim Ziehen angezeigt werden. Bei gelb hinterlegten Feldern ist ein Punkt im Fokus des Fadenkreuzes.

3.1.5 Dokumentübergreifend verschieben/kopieren

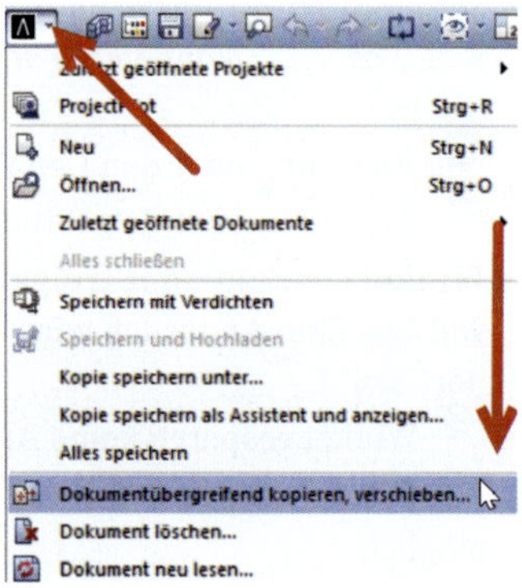

Wenn nur einzelne Elemente auf ein anderes Teilbild oder einen anderen Plan verschoben oder kopiert werden sollen, ist die Funktion **DOKUMENTÜBERGREIFEND VERSCHIEBEN/KOPIEREN** optimal. Bei aktiver Teilbildbearbeitung (Modell) besteht die Wahlmöglichkeit zwischen unterschiedlichen Vorgehensweisen mit und ohne Bauwerksstruktur sowie mit und ohne Anzeige des Zielteilbildes. Bei aktiver Planbearbeitung (Papierbereich) wird immer eine Kopie der Elemente erzeugt, und die Auswahl des Zielplanes erfolgt über die Planstruktur.

Die Funktion **DOKUMENTÜBERGREIFEND VERSCHIEBEN/KOPIEREN** ist immer im Pulldown-Menü des Programmzeichens zu finden. Wenn die Menüleiste eingeblendet ist, ist die Funktion auch im Menü **DATEI** zu finden.

Dokumentübergreifend kopieren ohne Darstellung

Dokumentübergreifend kopieren, verschieben

- ▷ **DOKUMENTÜBERGREIFEND KOPIEREN, VERSCHIEBEN**
- ▷ Auswahl mit Bauwerksstruktur, Option **KOPIEREN**
- ▷ Der Dialog **ZIELTEILBILD WÄHLEN** erscheint.
- ▷ Zielteilbild auswählen und bestätigen
- ▷ Entweder **ALLES** in Eingabeoptionen anwählen oder zu kopierende Elemente auswählen

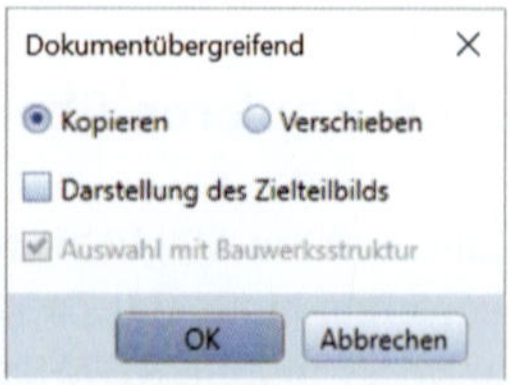

Die Daten werden sofort nach der Auswahl kopiert. Über die Aktivierungsfunktionen von Allplan (siehe Abschnitt 3.1.3, „Markieren und Aktivieren von Elementen") können Sie mehrere Elemente zum Kopieren anwählen. Die kopierten Daten behalten die X-, Y- und Z-Koordinaten der Originaldaten aus dem Quellteilbild. Architekturelemente mit Ebenenanbindung werden an die Ebenen des Zielteilbildes angebunden. Es kann eine Aktualisierung mittels der Funktion **3D AKTUALISIEREN** notwendig werden.

HINWEIS: Bauteile mit einer Ebenenanbindung an eine Bezugsfläche oder eine beliebige, von der Standardzuweisung abweichende Anbindung im Ebenenmodell behalten diese. Anbindungen an eine in allen Geschossen vorhandene (gekoppelte) Abstandsebene werden auf die Abstandsebene des entsprechenden Geschosses verändert.

Dokumentübergreifend kopieren mit Darstellung

Dokumentübergreifend kopieren, verschieben

- ▷ **DOKUMENTÜBERGREIFEND KOPIEREN, VERSCHIEBEN**
- ▷ Option **DARSTELLUNG DES ZIELTEILBILDES** aktivieren
- ▷ Auswahl mit Bauwerksstruktur, Option **KOPIEREN**
- ▷ Einstellungen mit **OK** bestätigen
- ▷ Der Dialog **ZIELTEILBILD WÄHLEN** erscheint.
- ▷ Zielteilbild auswählen und bestätigen

Auf der linken Seite erscheint das Original, auf der rechten Seite das Zielteilbild.

- ▷ Markieren Sie die Elemente, die Sie kopieren möchten, auf der linken Seite.
- ▷ Setzen Sie die Daten auf der rechten Seite an einem beliebigen Punkt ab.
- ▷ Beenden Sie die Funktion mit **ESC**.

Über die Option **DARSTELLUNG DES ZIELTEILBILDES** können Sie Daten unabhängig von deren Koordinaten an beliebiger Stelle auf dem Zielteilbild absetzen. Architekturelemente mit Ebenenanbindung werden an die Ebenen des Zielteilbildes angebunden. Die Z-Koordinate und Höhe der Bauteile werden also gegebenenfalls geändert.

HINWEIS: Die Option **BAUWERKSSTRUKTUR** kann nur ausgeblendet werden, wenn in den Einstellungen des Dialogs **PROJEKTBEZOGEN ÖFFNEN: TEILBILDER** die Option **ZEICHNUNGSSTRUKTUR ANZEIGEN** aktiviert ist.

3.1.6 Kopieren über Zwischenablage

Kopieren

Ausschneiden

Einfügen

Einfügen an Originalposition

Eine weitere Möglichkeit, Daten auf ein anderes Teilbild oder einen anderen Plan zu kopieren, bietet die Zwischenablage. Die Zwischenablage bietet die einzige Möglichkeit, aus oder in freie NDW-Dateien und/oder NPL-Dateien Daten zu kopieren.

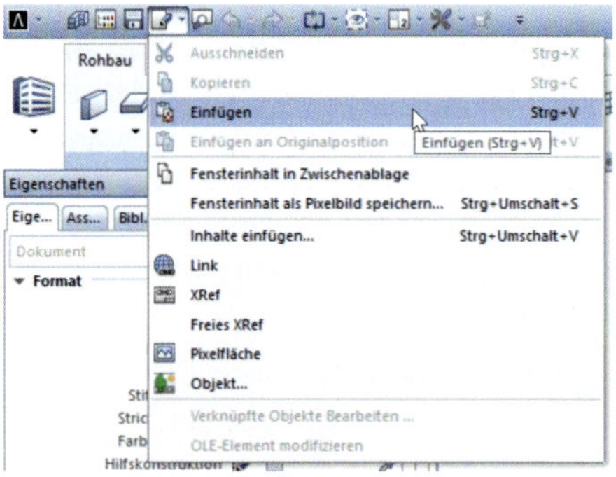

Für die Arbeit mit der Zwischenablage stehen Ihnen vier Funktionen zur Verfügung. Die Arbeitsweise entspricht im Wesentlichen der in anderen Windows-Programmen. Zusätzlich können Sie mit der Funktion **EINFÜGEN AN ORIGINALPOSITION** Daten koordinatengleich kopieren oder verschieben.

Die Funktionen zur Zwischenablage sind unter dem Punkt **BEARBEITEN** in der Programmzeile enthalten. Bei eingeblendeter Menüleiste finden Sie die Funktionen auch dort unter **BEARBEITEN**.

Dokumentübergreifend kopieren/verschieben mit Zwischenablage

- ▷ Elemente markieren (ohne aktive Funktion)
- ▷ **KOPIEREN** oder **AUSSCHNEIDEN** (Ausschneiden zum Verschieben)
- ▷ Teilbild wechseln (Zielteilbild)
- ▷ **EINFÜGEN**
- ▷ Absetzpunkt wählen

Oder:

- ▷ **EINFÜGEN AN ORIGINALPOSITION**
- ▷ Die Elemente werden ohne weitere Abfrage auf den gleichen Koordinaten wie die Originale abgesetzt.

Werden Architekturbauteile mit Höhenanbindung an Ebenen kopiert, so übernehmen diese die Ebenen vom Zielteilbild. Die Bauteilhöhe sowie die Lage in Z-Richtung können sich somit vom Original unterscheiden.

HINWEIS: Das freie Absetzen von Inhalten der Zwischenablage folgt der Logik des Erzeugens von punktförmigen Elementen mit Absetzpunkt, welches in Abschnitt 3.1.2.1, „Punktförmige Elemente - Absetzpunkt/Transportpunkt", beschrieben ist.

Kopieren innerhalb eines Teilbildes/Plans

Das vorangehend beschriebene Kopieren von Elementen über die Zwischenablage kann auch verwendet werden, um bei der Bearbeitung eines Teilbildes/Plans Elemente zu kopieren. Hierbei ist nur zu beachten, dass z. B. keine Beschriftungen und Maßlinien ohne die dazugehörigen Bauteile kopiert/verschoben werden, da ansonsten Zusammenhänge verloren gehen können.

Optimaler ist die Verwendung der Funktion **KOPIEREN** (Symbolleiste **BEARBEITEN**), um Daten innerhalb eines Teilbildes/Plans zu duplizieren, und die Verwendung der Funktion **VERSCHIEBEN** zum Versetzen von Bauteilen bzw. der zum Teil in den einzelnen Modulen vorhandenen speziellen Funktionen.

3.2 Hilfsmittel zum Konstruieren

Allplan bietet frei kombinierbare und auch deaktivierbare Hilfen zum genauen Konstruieren an. Der **PUNKTFANG** zeigt die Art des fangbaren Punktes an. Die zu fangenden Punkte wie auch der Radius können in den Optionen eingestellt werden. Der **PUNKTFANG** kann in den Optionen komplett deaktiviert oder auf aktive und/oder passive Teilbilder eingeschränkt werden.

Die **SPURLINIE** kann zusätzlich zum **PUNKTFANG** eingeschaltet werden und bietet halbautomatische Hilfslinien an, welche sich an sogenannten Spurpunkten ausrichten. Die Art der Spurlinien, welche angezeigt werden sollen, kann in den Optionen eingestellt werden. Die Spurlinien können in den Optionen und/oder in der **DIALOGZEILE** deaktiviert werden. Bei ausgeschaltetem **PUNKTFANG** sowie im Eingabemodus **GLOBALPUNKT** werden keine Spurlinien angezeigt.

3.2.1 Dialogzeile zur Punkteingabe

In der Dialogzeile kann zwischen drei unterschiedlichen Eingabearten ausgewählt werden. Je nach gewähltem Modus (**DELTAPUNKT**, **PUNKT ÜBER WINKEL** oder **GLOBALPUNKT**) werden in der Dialogzeile unterschiedliche Eingabefelder angezeigt.

Eingabefelder der Dialogzeile

Über ein Kontextmenü (Aufruf über die rechte Maustaste in einem Eingabefeld) haben Sie weitere Möglichkeiten, Abstände und Längen aus Ihrer Zeichnung zu verwenden.

In allen Feldern, bei denen Wertangaben gefragt sind, kann durch die Eingabe der mathematisch korrekten Rechenformel der Wert ausgerechnet werden. So kann z. B. statt des Werts *36* auch *12 × 3* oder *30 + 6* eingegeben werden.

TIPP: Verwenden Sie immer die Berechnungsmöglichkeit in den vielen Eingabefeldern von Allplan, anstatt umständlich einen Taschenrechner oder den Rechner des PC zu nutzen.

Eingabemethoden

Allplan unterscheidet drei unterschiedliche Eingabemethoden, die jeweils mit weiteren Funktionen kombinierbar sind. Je nach eingestellter Methode unterscheiden sich der erste Bereich in der Dialogzeile, die Darstellung am Fadenkreuz und die Verfügbarkeit der Spurlinien. Allen Eingaben ist gemeinsam, dass bei gelb hinterlegten Feldern ein Zeichnungspunkt oder ein Element im Fangbereich des Fadenkreuzes ist und von diesem aus die Eingaben gerechnet werden.

Eingabemethode über Deltapunkt

Deltapunkt

Δx Δy Δz Deltapunkt X, Y und Z

- **DELTAPUNKT** aktiviert die Eingabe mit relativen Koordinaten. Die Eingaben beziehen sich daher immer auf den gefangenen (Eingabefelder gelb hinterlegt) oder letzten eingegebenen Punkt.
- **DELTAPUNKT X, DELTAPUNKT Y** und **DELTAPUNKT Z** bestimmen einen Punkt, der vom zuletzt angegebenen Punkt in Koordinatenrichtung den angegebenen Abstand hat. Weiß hinterlegte Eingabefelder bedeuten, dass sich auf den letzten Punkt der Konstruktion bezogen wird. Sind die Felder gelb hinterlegt, wird sich auf den aktuell anvisierten Punkt bezogen. **DELTAPUNKT Z** ist in den Modulen **KONSTRUKTION, MASSLINIE** und **TEXT** ausgeblendet.

Eingabemethode über Punkt über Winkel

Punkt über Winkel

- **PUNKT ÜBER WINKEL** aktiviert die Eingabe über einen Winkel und eine Länge.

Winkel

- **WINKEL** dient zum Eingeben eines auf die X-Achse des Fadenkreuzes bezogenen Winkels. Ausgangspunkt ist der anvisierte Punkt. Ein gedrehtes Fadenkreuz und/oder eine gedrehte Grundrissdarstellung werden berücksichtigt.

Länge

- **LÄNGE** dient zur Eingabe des Abstandes des zu fangenden Punktes vom anvisierten Punkt in Richtung des eingestellten Winkels.

Absteckläge

- **ABSTECKLÄNGE** legt zusätzlich den senkrechten Abstand des festzulegenden Punktes fest (bezogen auf den angegebenen **WINKEL** mit dem unter **LÄNGE** eingegebenen Abstand).

Eingabemethode über Globalpunkt

Globalpunkt

- **GLOBALPUNKT** aktiviert die Eingabe mit absoluten Koordinaten. Die eingegebenen Koordinaten beziehen sich immer auf den Ursprung. Eine Vorschau ist bei der Arbeit mit der Eingabe über **GLOBALPUNKT** nicht verfügbar und die Spurlinien werden nicht angezeigt. Die globalen Koordinaten beziehen sich auf den Ursprung (X = 0, Y = 0, Z = 0) des Koordinatensystems. Die Definition eines abweichenden Ursprungs ist nicht möglich.

Globale X-, Y-, Z-Koordinate

- **GLOBALE X-KOORDINATE, GLOBALE Y-KOORDINATE** und **GLOBALE Z-KOORDINATE** fangen einen Punkt durch Eingabe seiner globalen Koordinate, bezogen auf den Nullpunkt des Systems. Die **GLOBALE Z-KOORDINATE** ist in den Modulen **KONSTRUKTION, MASSLINIE** und **TEXT** ausgeblendet.

HINWEIS: Bei aktivierter Option **GLOBALPUNKT** ist die Spurlinie automatisch deaktiviert.

Weitere Funktionen der Dialogzeile im Punktfang

Spurlinie

- **SPURLINIE** aktiviert die Spurlinie (inklusive des Spurlinienrasters). Über die beiden Pull-down-Menüs können Sie das Rastermaß und die Berücksichtigung des Fugenmaßes steuern.

Länge rastern

- **LÄNGE RASTERN** deaktiviert das Eingabefeld **DELTAPUNKT**. Es können nur noch Punkte gefangen werden, die dem gewählten Rastermaß entsprechen. Ist **PUNKT ÜBER WINKEL** aktiviert, so wird statt der Koordinaten die Länge angezeigt und gerastert. Das gewünschte Rastermaß kann entweder aus den im Pull-down-Menü hinter dem Funktions-Icon aufgelisteten Werten ausgewählt oder frei eingegeben werden.
- **VORSPRUNGSMASS/RASTERMASS** ermöglicht eine Voreinstellung, bei der gewählt werden kann, ob das zu fangende Rastermaß für eine Vorlage, einen Pfeiler oder eine Öffnung verwendet werden soll. Über das Kontextmenü kann die Fugenbreite frei definiert werden.

Rechtwinklige Eingabeart

- **RECHTWINKLIGE EINGABEART** aktiviert die orthogonale Eingabe. Es können nur Linien in X- oder Y-Richtung (je nach Anzeige DX/DY) erzeugt werden. Eine Alternative zur rechtwinkligen Eingabeart ist die Verwendung der Spurlinie.

Winkelsprung bei Linieneingabe

- **WINKELSPRUNG BEI LINIENEINGABE** aktiviert den Winkelsprung bei der Eingabe von Linien. Der Winkel der einzugebenden Linie rastert in Winkelsprüngen, die in das Feld hinter dem Funktionssymbol eingegeben werden können. Der Winkel bezieht sich auf die X-Achse des Fadenkreuzes. Die anzugebende Länge ist immer positiv und wird entsprechend der Anzeige am Bildschirm angetragen.

Zurück

- **ZURÜCK** geht innerhalb eines Funktionsablaufs einen Schritt zurück. Diese Funktion erscheint entweder in der Dialogzeile oder dem Eigenschaften-Dialogfeld.

HINWEIS: Bei einigen Funktionen sind die Schaltflächen **FLÄCHENSUCHE, INSELERKENNUNG** sowie **INVERSE INSELERKENNUNG** in der Dialogzeile zu finden (siehe Abschnitt 3.1.2.3, „Flächenelemente - polygonale Eingabe").

3.2.2 Punkt-Assistent - aktives Hilfsmittel

Das wesentliche Hilfsmittel zum Fangen von Punkten ist der Punktfang. Dieser kann in den Optionen präzise eingestellt werden. So kann z. B. der Suchradius verstellt werden, das Tonsignal für undefinierte Punkte ausgeschaltet oder das Fangen bestimmter Punktarten aktiviert oder deaktiviert werden. Am Fadenkreuz (im 2. Quadranten - oben links) wird immer das zum anvisierten Punkt passende Fangsymbol angezeigt. Erscheint kein Symbol neben dem Fadenkreuz, sondern nur ein kleiner Kreis um den Achsschnittpunkt, wird kein Punkt gefangen. Ist kein Symbol sichtbar, wurde der Punktfang komplett deaktiviert.

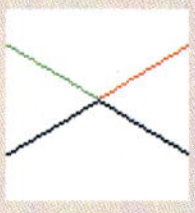

Wird das Fadenkreuz komplett ohne Symbol angezeigt, ist der Punktfang komplett deaktiviert oder es wurde keine Funktion angewählt. Über die Option **PUNKTFANG** oder die Kurztaste **F3** kann der Punktfang wieder aktiviert werden.

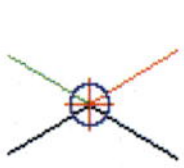

Solange kein Punkt gefangen wird, wird am Fadenkreuz ein Kringel angezeigt, der die Größe des Fangradius darstellt.

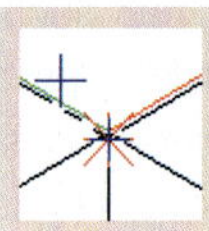

Sobald ein Punkt gefangen wird, wird dieser mit einem roten Kreuz markiert, und das entsprechende Punktfangsymbol erscheint links oberhalb des Fadenkreuzes.

Optionen Punktfang

Punktfang Symbole - Optionen Punktfang

In den Optionen finden sich im Bereich **ARBEITSUMGEBUNG** - **PUNKTFANG** alle Einstellungen zur Anzeige und Darstellung der Punktfangsymbole. Die Optionen können über die Programmzeile geöffnet werden.

Elementsuche

- **UNTERSUCHUNGSBEREICH** stellt zwei Optionen zur Verfügung, über die Sie steuern können, ob in aktiven und/oder passiven Teilbildern Punkte und Elemente gefunden werden können oder nicht. Beide Optionen gelten sowohl für den Punktfang als auch für Spurlinien.

Punktfang

Außer der Option **(END)PUNKT** können alle Fangpunkte deaktiviert werden. Deaktivierte Punktfangsymbole haben zur Folge, dass diese Punkte nicht gefangen werden.

- **(END)PUNKT** zeigt den nächstgelegenen Endpunkt eines Elements oder einen Punkt an. Endpunkte werden bei mehreren Fangmöglichkeiten im Fangradius vor anderen Punkten gefunden. Die Option **(END)PUNKT** kann nicht deaktiviert werden.
- **SCHNITTPUNKT** wird angezeigt, wenn der Schnittpunkt zweier Elemente gefangen wird.
- **MITTELPUNKT** erscheint, wenn der Mittelpunkt eines Elementes im Fangradius ist.
- **ELEMENT** erscheint immer, wenn ein Punkt auf einem Element gefangen wird.
- Über den im Feld **FANGRADIUS** eingegebenen Wert wird die Größe des (unsichtbaren) Fangradius bestimmt. Innerhalb eines Kreises um den Schnittpunkt der Achsen werden Punkte gefangen und die oberhalb dargestellten Punktfangsymbole angezeigt.

Optionen Punktfang, Bezugspunkteingabe

Im Bereich **DARSTELLUNG PUNKTFANG** sind Optionen zur Anzeige der Hilfsmittel zusammengefasst. Das Ausschalten der Anzeige hat keine Auswirkung auf die oberhalb eingeschalteten und zu suchenden Punkte.

Die Bezugspunkteingabe kann nicht deaktiviert werden. Je nach Einstellung der Option **ABSTANDSEINGABE BEZIEHT SICH AUF GEFANGENEN PUNKT** werden die Eingabewerte in der Dialogzeile entweder von dem gefangenen Punkt oder immer vom Anfangspunkt des zu erzeugenden Elementes gemessen.

Der Punkt-Assistent beinhaltet die aktiven Komponenten des Punktfangs und kann nur über das Kontextmenü während der Punkteingabe aufgerufen werden. Im Gegensatz zu den passiven Unterstützungen, die Allplan für die Konstruktion bietet, müssen bei den Funktionen des Punkt-Assistenten Elemente und/oder Punkte gewählt werden.

Sobald in der Dialogzeile nach Punkten (z.B. Anfangspunkt, Endpunkt, weiterer Punkt, Polygonpunkt usw.) gefragt wird, kann über die rechte Maustaste in der Zeichenfläche das Kontextmenü zum Punktfang aufgerufen werden. Wird das Kontextmenü aufgerufen, während das Fadenkreuz einen Punkt oder eine Linie fängt, ist der Punkt oder die Linie für die nachfolgend gewählte Punktfangfunktion vorausgewählt.

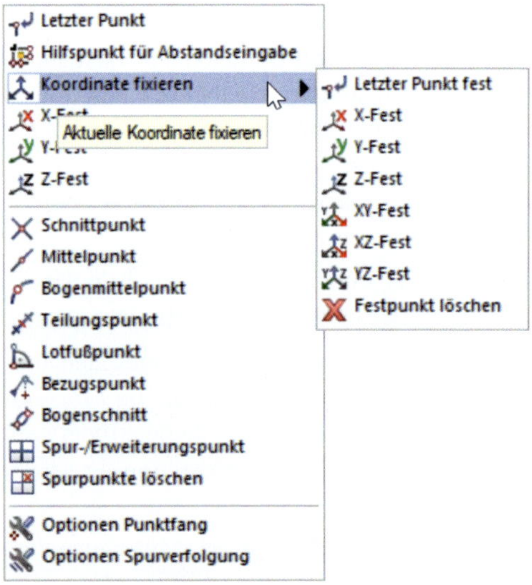

Zurück

- **ZURÜCK** ist nur in Funktionen vorhanden, bei denen ein Schritt in der Eingabe zurückgegangen werden kann, z. B. bei Linie, Polygonzug, Schraffur, Muster usw.

Letzter Punkt

- **LETZTER PUNKT** übernimmt den letzten Punkt als aktuellen Bezugspunkt.

Hilfspunkt für Abstandseingabe

- **HILFSPUNKT FÜR ABSTANDSEINGABE** fixiert den gefangenen Punkt für die Abstandseingabe. Eingaben in X-, Y- und/oder Z-Richtung beziehen sich auf diesen Punkt, auch wenn das Fadenkreuz bewegt wird.

Koordinate fixieren

- **KOORDINATE FIXIEREN** öffnet ein Untermenü, in dem Sie auswählen können, welche Koordinaten bzw. Koordinationskombination des gefangenen Punktes fixiert werden sollen. Über die Funktion **FESTPUNKT LÖSCHEN** wird eine Fixierung gelöst. Je nach gewähltem Punkt und aktueller Aufgabe sind die Möglichkeiten der Auswahl eingeschränkt.

X-, Y-, Z-Fest

- **X-FEST, Y-FEST, Z-FEST** fixiert die ausgewählte Koordinate. Die anderen beiden Koordinaten bleiben frei. Fixierte Koordinaten sind vor allem bei der freien Konstruktion im Raum hilfreich. Je nach gewähltem Punkt und aktueller Aufgabe sind die Möglichkeiten der Auswahl eingeschränkt.

Bogenmittelpunkt

- **BOGENMITTELPUNKT** fängt den Mittelpunkt eines beliebigen 2D-Elements bzw. einer beliebigen Kante. Verwenden Sie diese Funktion vor allem bei bogenförmigen Elementen wie Teilkreis, Ellipse und Splines. Das Element kann entweder durch einen Klick (links) oder durch Anklicken des Anfangs- und Endpunktes identifiziert werden.

Mittelpunkt

- **MITTELPUNKT** fängt den Mittelpunkt eines Elements. Bei kreisförmigen Elementen wird der Mittelpunkt des Kreises gefangen. Die Funktion ist gleich aufgebaut wie die Funktion **BOGENMITTELPUNKT**.

Schnittpunkt

- **SCHNITTPUNKT** findet den Schnittpunkt von zwei Elementen bzw. von zwei Elementkanten.

Teilungspunkt

- **TEILUNGSPUNKT** teilt eine einzugebende Strecke oder ein Element in beliebig viele Teile. Die Teilungspunkte werden durch Zahleneingabe oder durch Anklicken angesprochen. Bei Eingabe von negativen (oder größeren) Werten wird in der Verlängerung des Elements der Abstand weiterinterpretiert.

Lotfußpunkt

- **LOTFUSSPUNKT** fängt den Punkt auf einem Element, der durch ein Lot von einem beliebigen Punkt auf dieses Element gebildet wird.

Bezugspunkt

- **BEZUGSPUNKT** ruft die Bezugspunkteingabe auf. Es werden ein Pfeil und ein Quadrat angezeigt. Die Pfeilspitze zeigt den Bezugspunkt auf dem Element an, von dem aus der Abstand eingegeben wird (positiv = Pfeilrichtung, negativ = entgegengesetzte Richtung). Das Quadrat zeigt den Punkt an, der entsprechend dem eingegebenen Abstand vom Bezugspunkt bei Bestätigung übernommen wird.

Bogenschnitt

- **BOGENSCHNITT** fängt den Schnittpunkt, der sich aus zwei neu einzugebenden Kreisen ergibt. Die Konstruktionsmethode ist ideal bei der Eingabe von Bestandsgrundrissen mit nicht rechtwinkligen Grundrissen.

Spur-/Erweiterungspunkt

- **SPUR-/ERWEITERUNGSPUNKT** setzt einen Spurlinienpunkt an dem Punkt ab, über den das Kontextmenü aufgerufen wurde. Alternativ zum Setzen eines Spurlinienpunktes können Sie auch einen Punkt länger anvisieren. Spurpunkte werden durch ein blaues Kreuz temporär gekennzeichnet.

Spurpunkte löschen

- **SPURPUNKTE LÖSCHEN** entfernt einen bzw. alle Spurlinienpunkte. Dies kann notwendig werden, wenn zu viele oder ungewünschte Spurpunkte gesetzt wurden. Alternativ zum Löschen eines Spurpunktes über die Funktion **SPURPUNKTE LÖSCHEN** genügt es, wenn der zu löschende Spurpunkt länger anvisiert wird, um ihn zu löschen.

Optionen Punktfang

- **OPTIONEN PUNKTFANG** ruft das Dialogfeld **OPTIONEN** auf. Der Bereich **ARBEITSUMGEBUNG – PUNKTFANG** wird direkt angezeigt. Außer dem Unterpunkt **SPURVERFOLGUNG** sind alle anderen Bereiche deaktiviert.

Optionen Spurverfolgung

- **OPTIONEN SPURVERFOLGUNG** ruft das Dialogfeld **OPTIONEN** auf. Der Bereich **ARBEITSUMGEBUNG – SPURVERFOLGUNG** wird direkt angezeigt. Außer dem Unterpunkt **PUNKTEINGABE** sind alle anderen Bereiche deaktiviert.

3.2.3 Spurverfolgung – passives Hilfsmittel

Optionen Spurverfolgung

Die Spurverfolgung erleichtert das Konstruieren durch eine intelligente, definierbare Interpretation der bereits erzeugten Elemente und die Anzeige von Spurlinien. Spurlinien können ohne den Aufruf weiterer Funktionen (also passiv, nur durch Zeigen auf Punkte/Elemente) virtuelle Schnittpunkte finden, Linien parallel zu bestehenden Linien entstehen lassen und vieles mehr. Die Spurlinie besitzt eine eigene Rasterung, die beim Arbeiten mit Spurlinien immer aktiv ist. Sobald ein Punkt auf einer Spurlinie gefangen wird, wird die Anzeige in der Dialogzeile auf die Abstandseingabe umgeschaltet bzw. die Felder werden Gelb hinterlegt.

Es stehen Ihnen bis zu fünf automatisch (oder explizit) aufgesammelte Spurpunkte zur Verfügung, die für den gesuchten Punkt wichtig sein können. Diese werden durch blaue Kreuze symbolisiert. Sobald eine gestrichelte Linie erscheint, wird zudem in einem Tooltipp am Fadenkreuz angezeigt, welche Arten von Spurlinien gefunden wurden und welche Art Punkt gefangen wird. Spurlinien stehen sowohl im 2D-Bereich als auch im freien Raum für 3D-Konstruktionen zur Verfügung.

Arten der Spurverfolgung

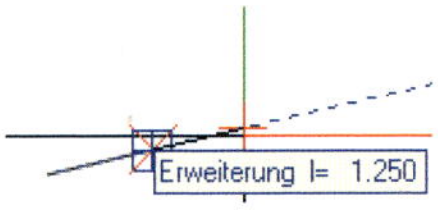

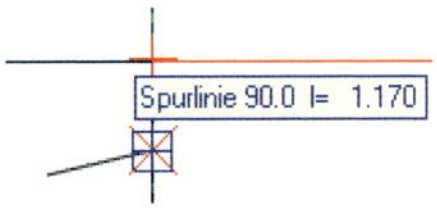

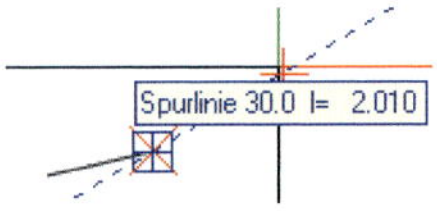

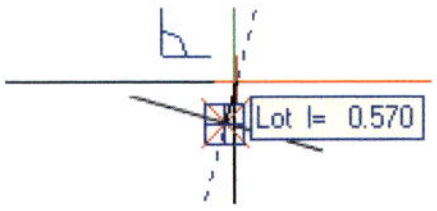

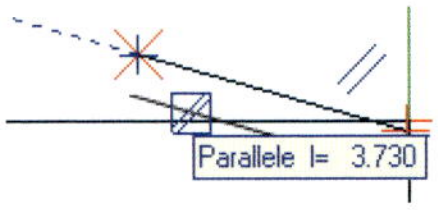

Nachfolgend sind einige Arten der Spurlinien aufgezeigt, die in der Option **SPURVERFOLGUNG** aktiviert/deaktiviert werden können.

- **ERWEITERUNG** (Verlängerung) erscheint, wenn eine bestehende Linie (oder ein Kreis) weiter interpretiert wird.
- **ORTHOGONALE SPURLINIEN** erscheinen, sobald Sie das Fadenkreuz von einem Spurpunkt in Richtung der X- oder Y-Achse bewegen. Der Systemwinkel wird hierbei ausgewertet.
- **POLARE SPURLINIEN** unterscheiden sich von **ORTHOGONALEN SPURLINIEN** durch den frei wählbaren Winkel. Der Winkelsprung der polaren Spurlinie kann in den **OPTIONEN** im Bereich **ARBEITSUMGEBUNG – SPURVERFOLGUNG** bestimmt werden.
- **LOT** können Sie entweder von einem Element aus nutzen oder auf ein Element fallen lassen.
- **PARALLELE** erscheint nur, wenn der erste Punkt des neuen Elements bereits festgelegt wurde und Sie auf eine bestehende Linie anvisiert haben.
- **ANGENOMMENER SCHNITTPUNKT** erscheint, wenn sich zwei Spurlinien in der Erweiterung schneiden.

TIPP: Die unterschiedlichen Spurlinienarten sind frei untereinander kombinierbar. Im Tooltipp können Sie erkennen, welche Arten von Spurlinien zur Ermittlung des Fangpunktes herangezogen werden. In vielen Situationen sind mehrere Texte logisch, es wird aber immer nur eine Möglichkeit angezeigt.

3.3 Ansichten und Schnitte

Der Bereich **ANSICHTEN UND SCHNITTE** wurde seit dem größeren Umbau in Allplan 2017 in jeder Version erweitert. Seit Allplan 2019 kann prinzipiell auch Bewehrung in den neuen Ansichten und Schnitten erzeugt werden. Für die Architektur wurden die Ansichten und Schnitte neu überarbeitet und sind seit Allplan 2017 auch assoziativ möglich. Mit Allplan 2018 wurden die *Assoziativen Schnitte und Ansichten* in *Bewehrungsansichten* umbenannt.

Ansichten, Schnitte und Reports (Auswertungen) können direkt aus dem Modell berechnet werden. Die im weiteren Verlauf beschriebenen Verfahren für Ansichten und Schnitte erzeugen die sogenannten Architekturansichten und -schnitte, die aus dem Modell abgeleitet und als 2D-Zeichnungen weiterbearbeitet oder die als *Assoziative Ansichten und Schnitte* belassen werden.

3.3.1 Begriffe und Grundfunktionen

Die Ansichten und Schnitte wurden in den letzten Versionen von Allplan deutlich weiterentwickelt. Aus den Architekturansichten und Schnitten, welche reine 2D-Geometrien erzeugt haben (die aktualisierbar sind), wurde der Bereich **SCHNITTE** entwickelt, in dem es möglich ist, entweder entkoppelte 2D-Geometrien oder mit dem Modell im Zusammenhang stehende Abbilder zu erzeugen. Der Hauptteil des Einbaus der neuen Ansichten und Schnitte erfolgte in Version 2017 in der Bauwerksstruktur und Verdeckt-Berechnung. Mit Allplan 2018 folgten Funktionen in der Oberfläche (Actionbar - Bereich **SCHNITTE** in unterschiedlichen Aufgabenbereichen, Palettenkonfiguration - Modul **ANSICHTEN, SCHNITTE, DETAILS**).

Zu den Möglichkeiten zählen jetzt das Erzeugen von Ansichten und Schnitten direkt auf dem Teilbild der Konstruktionen oder übergreifend auf einem Teilbild und/oder das Erzeugen von Ansichten und Schnitten über die Bauwerksstruktur. Zudem ist es nun möglich, die sichtbaren Bauteile assoziativ in der Ansicht bzw. dem Schnitt zu beschriften. Aufgrund der Tatsache, dass die Ansichten und Schnitte immer aktuell gehalten werden, kann es bei komplexen Geometrien und/oder vielen Abbildern zu Ladezeiten kommen. In solchen Fällen kann es sinnvoll sein, die Aktualisierung auszuschalten.

HINWEIS: Das bislang unter **ASSOZIATIVE ANSICHTEN UND SCHNITTE** bekannte Modul wurde in **BEWEHRUNGSANSICHTEN** umbenannt. Eine Verwendung der Funktionen für Architekturaufgaben macht durch die neuen Möglichkeiten keinen Sinn mehr. Die in der letzten Auflage vorhandenen Beschreibungen zu den assoziativen Ansichten wurden durch die nachfolgenden Beschreibungen ersetzt.

- *Ansichten*, *Schnitte* und *Reports* sind mehrfach verwendete Begriffe. Zum einen werden diese für Strukturstufen in der Bauwerksstruktur (rechte Seite) verwendet. Zum anderen werden mit den Begriffen Funktionen zum Erzeugen von **ANSICHTEN**, **SCHNITTEN** und **REPORTS** benannt.
- *Verdeckt-Berechnung von 3D-Elementen:* Verdeckt-Berechnung ist der Oberbegriff für alle Berechnungen von Ansichten und/oder Schnitten. Je nach verwendeter Funktion und/oder eingestellten Parametern wird ein 2D-Abbild erzeugt, welches sich automatisch mit dem Modell ändert und beschriftbar ist, oder ein 2D-Abbild, welches mit den Standardfunktionen aus dem Aufgabenbereich **KONSTRUIEREN (2D)** (bzw. Modul **KONSTRUKTION** und **ERWEITERTE KONSTRUKTION**) bearbeitet werden kann. Unabhängig von der Vorgehensweise ist es möglich, dass ein Mitarbeiter an den Grundrissen arbeitet und ein weiterer an den Ansichten und/oder Schnitten.
- *Ableitungen* beschreibt allgemein alles, was aus dem Modell automatisch oder halbautomatisch ermittelt wird bzw. werden kann. Die Ableitungen werden im Dialog **PROJEKTBEZOGEN ÖFFNEN** im Register **BAUWERKSSTRUKTUR** auf der rechten Seite erzeugt, verwaltet und zur Bearbeitung aktiviert.

- *Quellteilbilder* sind alle Teilbilder, die als Grundlage für die Verdeckt-Berechnung einer Ansicht, eines Schnittes oder als Grundlage für die Auswertung des Modells mit Reports dienen sollen. Als Quellteilbilder sollten alle Teilbilder mit 3D-Geometrien ausgewählt werden, die ausgewertet werden sollen. Es sollten innerhalb eines Projekts möglichst wenig unterschiedliche Zusammenstellungen von Quellteilbildern verwendet werden, um Fehler zu vermeiden.
- *Schnittführung* ist zum Erzeugen von Schnitten notwendig. Die Schnittführung legt die Schnittlinie, Richtung und Schnitttiefe fest, mit welcher ein Schnitt zu erzeugen ist. Schnittführungen werden entweder über die gleichnamige Funktion oder über die Funktion **SCHNITT GENERIEREN** auf einem Teilbild erzeugt.
- *Freie Projektion* ist eine Möglichkeit, die Projektion in einem Konstruktionsfenster zu beeinflussen und die Einstellungen zu sichern. Eine derartige Sicherung als Favorit kann entweder in einem anderen Konstruktionsfenster wieder geladen oder bei Ansichten verwendet werden.
- **QUELLTEILBILDER AKTIV SETZEN** befindet sich in den Kontextmenüs der Teilbilder oder von Reports, denen Quellteilbilder zugeordnet wurden. Über diese Funktion können sehr schnell alle Teilbilder aktiv gesetzt werden, die als Berechnungsgrundlage dienen, um zu überprüfen, ob alle notwendigen Teilbilder als Quelle definiert wurden.
- *Bewehrungsansichten (früher Assoziative Ansichten)* erzeugen entweder auf dem Teilbild der 3D-Elemente oder auf einem separaten Teilbild ein Abbild, das direkt mit den 3D-Elementen verknüpft bleibt. Wenn in einer Bewehrungsansicht ein Bauteil gelöscht oder verschoben wird, hat dies direkte Auswirkungen auf das Gebäude. Es werden die Bauteile verändert und nicht eine abgekoppelte 2D-Darstellung.
- *Referenzteilbilder* sind alle Teilbilder, die als Grundlage für Ansichten und Schnitte oder Bewehrungsansichten/-schnitte verwendet werden. Die Teilbilder werden untereinander gekoppelt. Über eigene Funktionen können z. B. in der Bauwerksstruktur Referenzteilbilder aktiv gesetzt werden.

Grundlagen

Alle Ansichten und Schnitte werden mit einem Arbeitsrahmen erzeugt, welcher die Art der Berechnung darstellt und als Hilfe für Modifikationen dient.

- Doppelter Rahmen: Ansichten, welche sich nicht automatisch aktualisieren, werden mit einem doppelten Rahmen eingefasst.
- Einfacher Rahmen: Ansichten, welche sich automatisch bei Änderungen am Modell aktualisieren, werden mit einem einfachen Rahmen eingefasst.

Zum Bearbeiten einer Ansicht muss der Rahmen - bei doppelten Rahmen der innere - angeklickt werden. Über das Kontextmenü haben Sie hier die Möglichkeit, die Eigenschaften zu verändern und so z. B. aus einer automatisch aktualisierenden Ansicht eine nicht aktualisierende zu machen. Auch das Verschieben oder Kopieren ist über den so angewählten Rahmen möglich.

HINWEIS: Der aus der Bauwerksstruktur seit Allplan 2008 (bzw. schon früher über Verdeckt-Berechnung/Hidden) bekannte Grundsatz, dass eine Ansicht oder ein Schnitt nicht verschoben werden darf, wurde mit Allplan 2017 durch die neue Berechnungsart aufgehoben. Bei berechneten Abbildern über die Bauwerksstruktur macht dies weiterhin Sinn, um aus der Y-Koordinate der Berechnung die Z-Koordinate des Modells lesen zu können.

3.3.2 Vorgehensweisen

Allplan bietet zwei unterschiedliche Arten von Ansichten und Schnitten an. Im Folgenden werden nur die Vorgehensweisen für Ansichten und Schnitte direkt aus Teilbildern und über die Ableitungen der Bauwerksstruktur beschrieben. Die Vorgehensweise zum Erzeugen von Bewehrungsansichten wird nicht weiter ausgeführt.

Ableitungen der Bauwerksstruktur – Ansichten und Schnitte

Ansichten und Schnitte lassen sich komfortabel im Bereich der Ableitungen der Bauwerksstruktur (rechte Seite) erzeugen. Unter **ANSICHT GENERIEREN** bzw. **SCHNITT GENERIEREN** sind alle Einstellungen in einem Dialog zusammengefasst, welche zur Erzeugung möglich sind. Die beiden Dialoge gleichen den Dialogen bei der direkten Erzeugung von Ansichten und Schnitten auf einem Teilbild. Je nach Einstellung im Dialog werden halbautomatisch aktualisierende (Aktualisierung muss explizit ausgelöst werden) oder automatisch aktualisierende Ansichten und Schnitte erzeugt.

TIPP: Deaktivieren Sie in der Bildschirmdarstellung **MAKROFOLIE A**, wenn die in den Fenstern enthaltenen Liniendarstellungen für die Öffnungsflügel stören.

Direktes Erzeugen – Ansichten und Schnitte

Mit den Funktionen **SCHNITT GENERIEREN** und **ANSICHT GENERIEREN** (die in vielen Aufgabenbereichen der Actionbar oder im Modul **ANSICHTEN UND SCHNITTE** zu finden sind) kann direkt von allen geladenen Teilbildern eine Ansicht oder ein Schnitt erzeugt werden. Die Berechnung wird direkt nach Funktionsaufruf bei den Ansichten bzw. nach Definition/Auswahl einer Schnittlinie am Fadenkreuz angezeigt und kann abgesetzt werden. Die geladenen Teilbilder werden automatisch als Quellteilbilder definiert. Die aktuelle Layereinstellung kann über die Layereinstellungen im Dialog als benutzerdefinierte Einstellung gesichert werden.

Alternativ zum direkten Absetzen von Ansichten und Schnitten auf dem aktiven Teilbild kann das Ergebnis auch auf einem Teilbild gespeichert werden.

3.3.3 Parameter für Schnitte und Ansichten

Die in den beiden Paletten möglichen Einstellungen sind in Bereiche gegliedert. Durch einen Klick auf die Überschriften können die Bereiche erweitert oder verkürzt dargestellt werden.

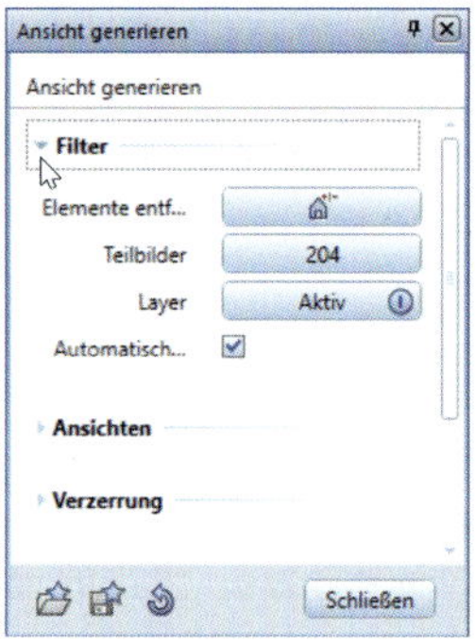

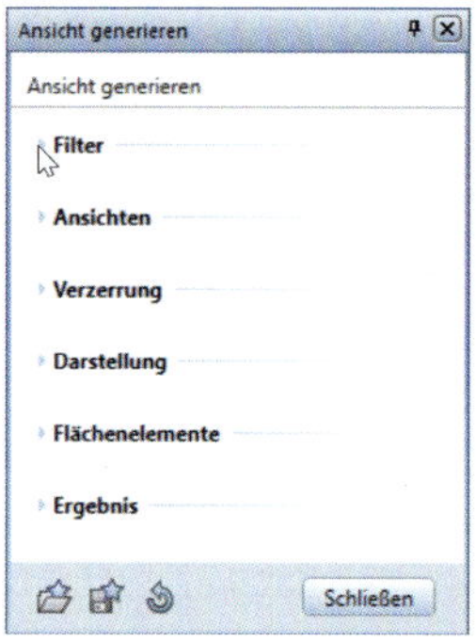

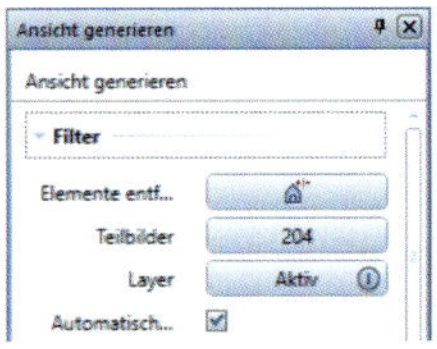

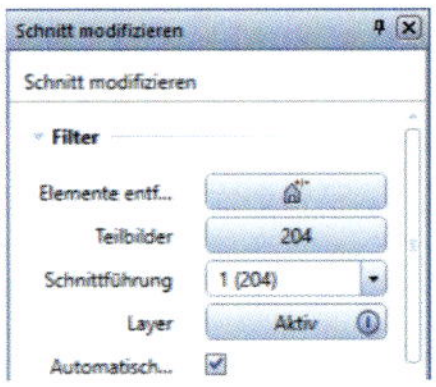

Filter

- Der Filter **TEILBILDER** dient zur Auswahl der Quellteilbilder der Ansicht oder des Schnittes. Bei neuen Schnitten/Ansichten wird die aktuelle Teilbildauswahl als Vorschlag angezeigt. Bei bestehenden Berechnungen werden die Quellen angezeigt.

> **HINWEIS:** Im Filter **TEILBILDER** können bei Aufruf der Funktionen aus den Teilbildern heraus nur die geladenen Teilbilder gewählt und abgewählt werden. Bei erzeugten Ansichten/Schnitten sowie aus der Bauwerksstruktur heraus hat man den Zugriff auf die komplette Bauwerksstruktur.

Elemente hinzufügen/entfernen

Neu in Version 2019

- **ELEMENTE HINZUFÜGEN/ENTFERNEN** dient zum Steuern der im Ergebnis abzubildenden Elemente. Nach dem Anwählen der Funktion können alle Elemente angewählt werden, welche entfernt werden sollen. Wurden Elemente aus der Ansicht, dem Schnitt entfernt, erscheint eine zusätzliche Schaltfläche (Aus), über welche die Filterung komplett deaktiviert werden kann.
- **SCHNITTFÜHRUNG** (nur bei **SCHNITT GENERIEREN**) dient zur Auswahl der gewünschten Schnittführung. Wird die Funktion **SCHNITT GENERIEREN** aufgerufen und eine Schnittlinie erzeugt, ist die neu erzeugte Schnittlinie ausgewählt.
- **LAYER** öffnet den Dialog **LAYERFILTER**, über den definiert werden kann, wie die Layer zur Berechnung der Ansicht oder des Schnittes geschaltet werden sollen. Die aktuellen Layereinstellungen können als benutzerdefinierte Layereinstellung gespeichert werden, wenn von **ALLE LAYER BERÜCKSICHTIGEN** auf **BENUTZERDEFINIERTE LAYEREINSTELLUNG** umgeschaltet wird.
- **AUTOMATISCH** regelt, ob die Verdeckt-Berechnung automatisch aktualisiert werden soll oder nicht. Bei eingeschalteter Option wird die Berechnung automatisch aktuali-

siert und alle Bauteile können beschriftet werden. Bei ausgeschalteter Option erfolgt eine Aktualisierung nur nach Anforderung durch den Benutzer z. B. über die Bauwerksstruktur oder durch Ändern von Parametern. Das Ergebnis sind 2D-Elemente. Ein Schnitt oder eine Ansicht, welche auf automatisch steht, kann auch als assoziativ bezeichnet werden.

Ansichten (nicht bei Schnitten)

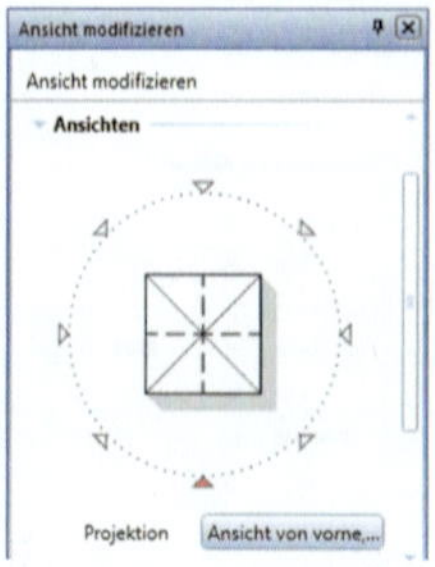

- **INTERAKTIVE GRAFIK:** Über die Pfeile am Umkreis können die vier Hauptansichten sowie vier unterschiedliche Perspektiven (Standardperspektiven über Eck) gewählt werden. Durch Anklicken der Grundrissfläche in der Mitte wird eine Grundrissansicht eingestellt. Zudem können der Schatten und verdeckte Kanten durch direktes Anklicken geschaltet werden ...
- **PROJEKTION** zeigt in der Schaltfläche die in der Grafik eingestellte Ansicht an. Durch Anklicken der Schaltfläche kann zudem der Dialog zum Einstellen von freien Projektionen geöffnet werden. Über den Dialog können gespeicherte Projektionen geladen werden.

HINWEIS: Wird eine freie Projektion als Perspektive eingestellt, so wird die automatische Aktualisierung deaktiviert. Isometrische Darstellungen können assoziativ erzeugt werden.

Verzerrung

- **FAKTOR FÜR X-RICHTUNG** und **FAKTOR FÜR Y-RICHTUNG** erlauben die freie Skalierung der Verdeckt-Berechnung in die jeweilige Richtung. Werte kleiner eins ergeben Verkürzungen (Stauchungen), Werte größer eins Vergrößerungen (Streckung).

TIPP: Verwenden Sie die Verzerrung für Geländedarstellungen, bei denen eine überhöhte Darstellung benötigt wird.

Darstellung – Allgemein

- **TRANSPORTPUNKT** gibt die Lage des Absetzpunktes an. Je nach Einstellung hängt das Berechnungsergebnis am Fadenkreuz und kann abgesetzt werden. Die Einstellung ist nur bei Funktionsaufruf zum Generieren von Ansichten und Schnitten direkt auf einem Teilbild verfügbar.
- **BEZUGSMASSSTAB** definiert den Maßstab, in welchem die Verdeckt-Berechnung durchgeführt werden soll. Bei Objekten, die maßstabsabhängige Definitionen haben (z. B. **MAKRO** oder **SMARTPARTS**), wird die entsprechende Darstellung für die Berechnung verwendet.

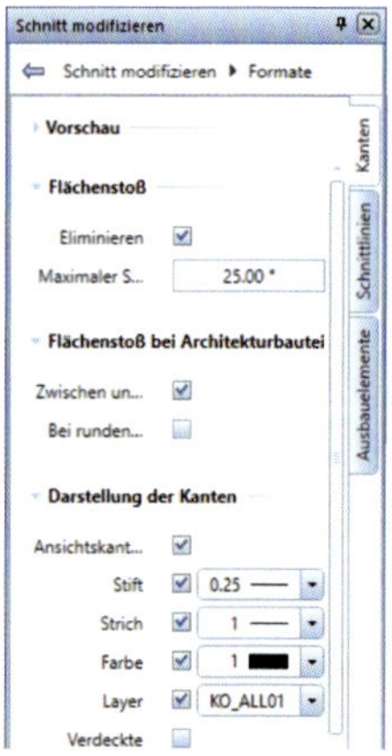

Darstellung – Formate – Register Kanten

Über die Schaltfläche **FORMATE** wird die Unterpalette **FORMATE** geöffnet, welche in drei Registern verschiedenste Möglichkeiten zur Beeinflussung des Berechnungsergebnisses bereithält. Im oberen Bereich der Unterpalette ist ein Vorschaubild enthalten, welches viele Einstellungen visualisiert.

Bereich **FLÄCHENSTOSS**:

- **ELIMIEREN** definiert, ob Flächenstöße grundsätzlich mit Linien dargestellt werden sollen oder nicht. Bei deaktivierter Option werden Stoßkanten immer dargestellt.
- **MAXIMALER STOSSWINKEL** definiert, bis zu welchem Winkel Flächen verschmolzen werden, um Rundungen weicher darzustellen. Je größer der Winkel eingestellt wird, desto weniger Details werden bei „runden" bzw. facettierten Körpern angezeigt.

Bereich **FLÄCHENSTOSS BEI ARCHITEKTURBAUTEILEN**:

Die folgenden Optionen sind nur sichtbar, wenn **FLÄCHENSTOSS ELIMINIEREN** aktiviert ist.

- Die Option **ZWISCHEN UNTERSCHIEDLICHEN FLÄCHENELEMENTEN DARSTELLEN** bedeutet, dass bei einem Wechsel der Flächenelemente (z. B. Schraffur, Muster, Füllfläche) der Flächenstoß dargestellt wird, z. B. beim Übergang zwischen Wand und Decke im Schnitt.
- Die Option **BEI RUNDEN BAUTEILEN DARSTELLEN (WAND, STÜTZE, SCHORNSTEIN)** bedeutet, dass die Flächenstöße bei runden Bauteilen angezeigt werden. Normalerweise ist diese Option deaktiviert, um runde Bauteile in Ansichten ohne störende Flächenstoßlinien darzustellen.

Bereich **DARSTELLUNG DER KANTEN**:

Unter **DARSTELLUNG DER KANTEN** kann für Ansichtskanten und verdeckte Kanten geregelt werden, wie diese erzeugt werden sollen. Dabei gilt:

- Wenn **ANSICHTSKANTEN/VERDECKTE** aktiviert ist, werden Linien mit den jeweils darunter stehenden Einstellungen erzeugt.
- Wenn ein **LAYER** gewählt wird **und** im Dialog **LAYER EINFACHAUSWAHL** die Checkboxen zu Übernahme der Eigenschaften vom Layer aktiviert werden, sind die Auswahlfelder für Stift, Strich und Farbe entsprechend den Einstellungen deaktiviert und die Einstellungen werden vom Layer übernommen/angezeigt.
- Ist die Checkbox vor einer Auswahl nicht aktiv, so wird diese Eigenschaft von dem der darzustellenden Kante zugrunde liegenden Bauteil übernommen.

TIPP: Die Darstellung der Ansichtskanten kann komplett deaktiviert werden. Mit dieser Einstellung können Sie Schnitte ohne Tiefe erzeugen.

Darstellung – Formate – Register Schnittlinien

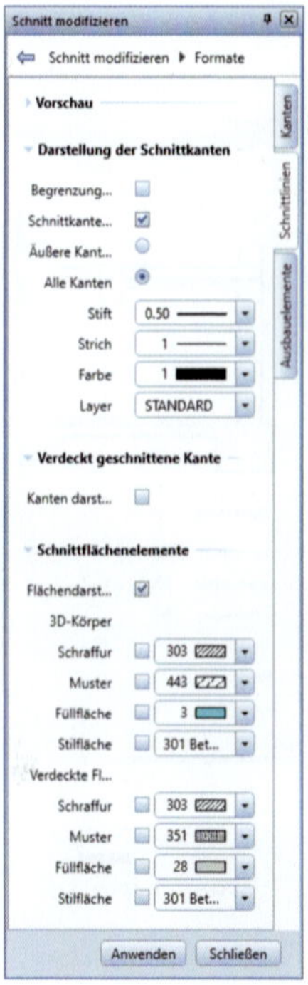

Bereich DARSTELLUNG DER SCHNITTKANTEN:

- **BEGRENZUNGSLINIE DARSTELLEN** gibt an, ob an Bauteilenden Linien (mit den eingestellten Eigenschaften) in der unter **ÜBERSTAND** definierten Länge erzeugt werden sollen.
- **DIE AKTIVIERUNG VON SCHNITTKANTEN DICK DARSTELLEN** erzeugt eine Linie an allen Bauteilkanten mit den eingestellten Eigenschaften. Über die Optionen **ALLE KANTEN** bzw. **ÄUSSERE KANTEN** kann gesteuert werden, ob jedes Bauteil für sich oder alle geschnittenen Bauteile insgesamt betrachtet werden sollen. Bei der Einstellung **ALLE KANTEN** wird z. B. auch bei einem Deckenauflager eine dicke Linie am Auflager zur Wand erzeugt.

HINWEIS: Die Option **SCHNITTKANTEN DICK DARSTELLEN** erzeugt zwischen unterschiedlichen Bauteilen nur dann eine Linie, wenn die Option **ZWISCHEN UNTERSCHIEDLICHEN BAUTEILEN** im Bereich **FLÄCHENSTOSS BEI ARCHITEKTURBAUTEILEN** aktiv ist und die Bauteile unterschiedliche Flächenelemente haben. In den Optionen kann unter **BAUTEILE UND ARCHITEKTUR** das Verhalten von Trennlinien zusätzlich vorgeregelt werden.

- **VERDECKT GESCHNITTENE KANTEN** erzeugt am hinteren Ende eines Schnittes zusätzliche Schnittkanten in den eingestellten Einstellungen.

TIPP: Möchte man erreichen, dass alle Bauteile die gleichen Schnittkanten wie im Grundriss aufweisen, so deaktiviert man das Erzeugen von Schnittkanten. Die Schnittkanten haben in dem Falle die gleichen Eigenschaften wie die Kanten der Bauteile. Wird mit einer Kopplung der Formateigenschaften von Layern gearbeitet, kann zudem über Zeichnungstypen gesteuert werden, dass z. B. Schnittkanten von Decken und Unterzügen im Grundriss punktiert und im Schnitt durchgezogen dick dargestellt werden.

Bereich SCHNITTFLÄCHENELEMENTE:

- Die Aktivierung von **FLÄCHENDARSTELLUNG FÜR BAUTEILE** bedeutet, dass alle Bauteile, welche entweder über die Eigenschaften des Bauteils oder über **ALLGEMEINE AR-EIGENSCHAFTEN MODIFIZIEREN** Flächenelemente zugewiesen bekommen haben, diese in der Schnittfläche anzeigen. Ist die Option deaktiviert, so werden die Schnittflächen von Bauteilen nicht gefüllt.
- **3D-KÖRPER** definiert **eine** Einstellung für alle 3D-Körper (z. B. aus **3D MODELLIEREN**, Fenstermakros, Geländer, Fassaden, SmartsParts), die **keine eigene** Einstellung für Flächenelemente besitzen.
- **VERDECKTE FLÄCHEN** erzeugt am hinteren Ende von Schnitten zusätzliche Flächenelemente bei allen Körpern, die aus dem Schnittbereich nach hinten herausragen.

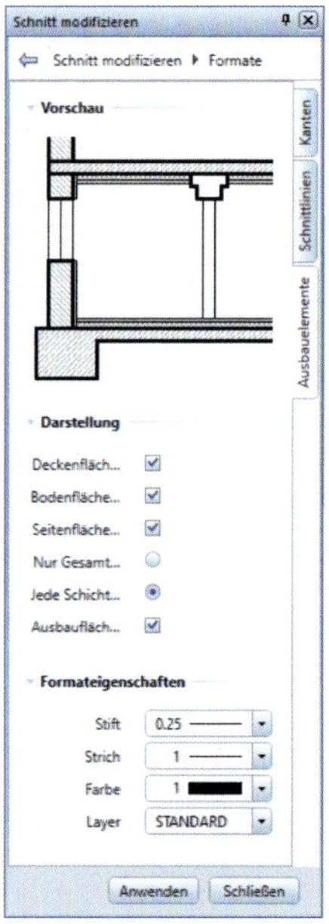

Darstellung - Formate – Register Ausbauelemente

Bereich **DARSTELLUNG**:

- Für Boden- und Deckenflächen können Sie bei den Funktionen **BODENFLÄCHEN**, **DECKENFLÄCHEN** sowie **RAUM** (Registerkarte **AUSBAU**) den einzelnen Schichten Flächenelemente, wie Schraffur, Muster oder Füllfarbe, zuweisen. Im Schnitt kann der mehrschichtige Aufbau dieser Flächen dargestellt werden. Die Option **DECKENFLÄCHEN DARSTELLEN/BODENFLÄCHEN DARSTELLEN** legt fest, ob Deckenflächen und/oder Bodenflächen dargestellt werden.
- Die Option **JEDE SCHICHT DARSTELLEN/NUR GESAMTAUFBAU DARSTELLEN** legt fest, ob jede einzelne Schicht oder nur der Gesamtaufbau der Ausbauflächen dargestellt wird. Über **MINIMALE DICKE DER SCHICHT** können Sie sehr dünne Ausbauschichten von der Darstellung ausnehmen. Die anliegenden dickeren Schichten werden in der Darstellung um den Bereich der nicht zu berücksichtigenden Schichten erweitert.
- Die Option **AUSBAUFLÄCHEN MIT FLÄCHENELEMENTEN VERSEHEN** bedeutet, dass neben den Trennlinien der Schichten des Ausbaus die Ausbauflächen im Schnitt mit Schraffur, Muster bzw. Füllfläche dargestellt werden. Es wird dabei jeweils die im Raumausbau definierbare Einstellung verwendet.

Bereich **FORMATEIGENSCHAFTEN**:

Unter **FORMATEIGENSCHAFTEN** können die gewünschten Einstellungen für die Begrenzungslinien der Ausbauschichten getätigt werden. Es kann nur eine Einstellung für alle drei unterschiedlichen Ausbauarten vorgenommen werden.

HINWEIS: Es können nur Ausbaulinien erzeugt werden, wenn über Räume, Geschosse und/oder Sonderausbauteile (Seitenfläche, Deckenfläche oder/und Bodenfläche) Ausbauten definiert wurden. In den Optionen wird global gesteuert, ab welcher minimalen Schichtdicke bzw. Gesamtdicke Ausbauflächen in den Ansichten und Schnitten sowie in den Konstruktionsfenstern berücksichtigt werden.

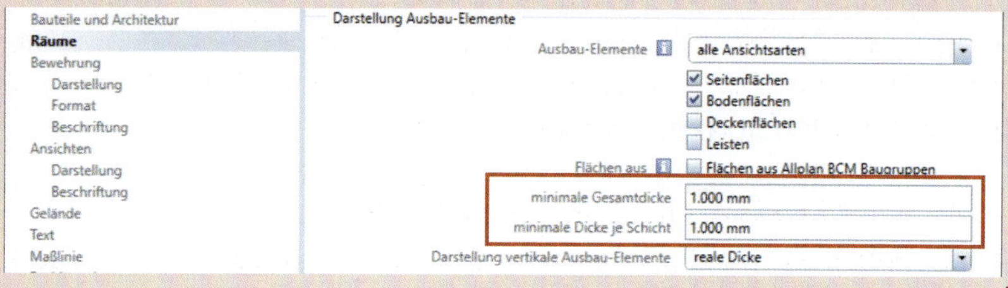

Darstellung – Beschriftung

In der Unterpalette **BESCHRIFTUNG** kann definiert werden, ob eine Überschrift mit dem eingestellten Vortext (Feld *Überschrift*) erstellt und ob der Maßstab des Schnittes (bzw. der Maßstab des Teilbildes beim Erzeugen des Schnittes) angezeigt werden soll. Die Eigenschaften der Texte können jeweils unabhängig voneinander eingestellt werden.

Flächenelemente

- Option **KEINE FLÄCHENELEMENTE** legt fest, dass das Ergebnis ohne Flächenelemente als reine Linienzeichnung erstellt wird.
- Option **NUR FÜLLFLÄCHEN AUS FARBEN** bedeutet, dass alle Ansichtsflächen mit einer Füllfläche dargestellt werden. Die Farbe der Füllfläche ergibt sich entweder aufgrund der Elementfarbe oder, wenn eine Oberfläche zugewiesen ist, aus der Oberflächenfarbe des 3D-Elements oder der Körperfarbe der eingestellten Textur.
- Die Optionen **PIXELFLÄCHE AUS TEXTUREN** und **FÜLLFLÄCHEN AUS FARBEN** bedeuten, dass alle Ansichtsflächen entweder mit Füllflächen oder, bei Vorhandensein einer Texturdefinition des 3D-Elements, als Pixelfläche dargestellt werden. Bei Bauteilen, denen keine Textur zugewiesen wurde, ergibt sich die Farbe aus der Elementfarbe bzw. der Oberflächenfarbe. Pixelflächen werden nur in Parallelprojektionen (Ansicht, Isometrie) korrekt isometrisch verzerrt (geschert).
- Option **TRANSPARENZEN BERÜCKSICHTIGEN** definiert, dass Flächen, denen eine transparente Oberfläche zugewiesen wurde, durchscheinend erzeugt werden (Füllfläche mit Transparenz). Verdeckt liegende Kanten werden dargestellt. Die Option **TRANZPARENZEN BERÜCKSICHTIGEN** wird nicht angezeigt, wenn die Option **KEINE FLÄCHENELEMENTE** ausgewählt ist.
- **LICHT BERÜCKSICHTIGEN** aktiviert für die beiden Flächendarstellungen die Berücksichtigung von Licht entsprechend den Einstellungen.
- Die Werte für **LICHTWINKEL IN DER ANSICHT (LINKS/RECHTS)** sowie **LICHTWINKEL AUF SICHTACHSE (SCHATTENLÄGE)** steuern die Erzeugung der Schatten in der Ableitung. Der Schatten wird für jede Ansicht (Perspektive) separat als grafischer Schatten berechnet. Ausgangsebene ist die Bildebene.
- Der Wert **LICHT-INTENSITÄT** (Werte 1 - 100) wirkt sich nur bei den Flächendarstellungen auf die Helligkeit der erzeugten Flächenelemente aus.
- **AUFHELLLICHT-INTENSITÄT** (Werte 0 - 100) dient zum Aufhellen der zu erzeugenden Schatten. Bei der Einstellung 0 werden die Schatten als Füllflächen mit 43 % Transparenz erzeugt, bei 100 beträgt die Transparenz 73 %.
- **SCHATTEN DARSTELLEN** aktiviert die Erzeugung der Architekturschatten.
- **OBERFLÄCHEN...** ruft den Dialog zum Einstellen von Oberflächen(farben) auf, in dem einer Elementfarbe eine andere Farbe zugewiesen werden kann, die in der Verdeckt-Berechnung anstelle der Elementfarbe verwendet wird.

Keine Flächenelemente

Nur Füllflächen aus Farben

Pixelflächen aus Texturen, Füllflächen aus Farben

Ergebnis Verdeckt-Berechnung – Dialogrand

- **SPEICHERN** erlaubt das Speichern des Ergebnisses der Verdeckt-Berechnung auf einem beliebigen Teilbild über den Dialog **ZIELTEILBILD WÄHLEN**. Es werden nur leere Teilbilder angezeigt. Die Lage der Berechnung auf dem Teilbild wird entsprechend den Koordinaten automatisch gesetzt.

> **TIPP:** Wenn Sie das Erzeugen von Ansichten und Schnitten über die Bauwerksstruktur mit einem Teilbild (evtl. plus Vordergrundteilbild und Hintergrundteilbild) verwenden, ist das direkte Speichern auf ein Teilbild ein adäquater Ersatz.

Favoritendatei speichern

Favoritendatei öffnen

- **FAVORITENDATEI SPEICHERN** und **FAVORITENDATEI ÖFFNEN** dienen zum Speichern bzw. Laden der meisten im Dialog getätigten Einstellungen wie z. B. die Auswahl der Teilbilder.

> **TIPP:** Testen Sie an allen Stellen, an denen Sie viele Einstellungen treffen und diese wiederholen möchten, die Möglichkeiten der Favoriten ausgiebig.

Auf Grundeinstellung zurücksetzen

AUF GRUNDEINSTELLUNG ZURÜCKSETZEN führt alle getätigten Einstellungen der geöffneten Palette auf den Auslieferungszustand zurück

3.3.4 Parameter für Schnittlinien

Für die Erzeugung eines Schnitts benötigt Allplan die Definition einer Schnittlinie auf einem der Quellteilbilder. Mit einer Schnittlinie wird der Ausschnitt angegeben, der bei der Verdeckt-Berechnung verwendet werden soll. Es kann entweder erst eine Schnittlinie zur weiteren Verwendung definiert werden oder die Schnittführung kann als erster Schritt über die Funktion **SCHNITT GENERIEREN** (gestartet aus einem Teilbild heraus) ausgeführt werden.

Es werden zwei Eingabe-Methoden für Schnittführungen angeboten:

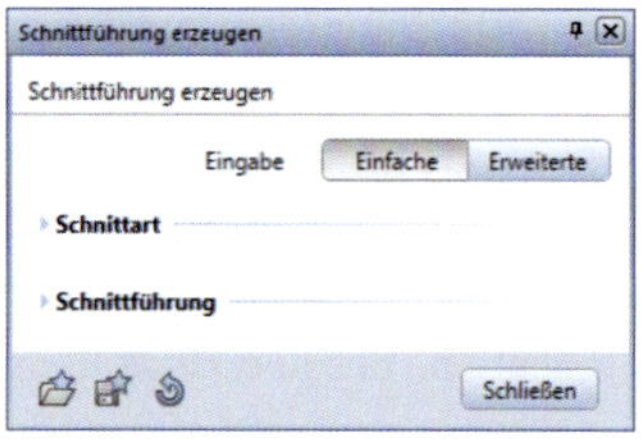

- Über die *Einfache Eingabe*-Methode können auf schnelle Weise vertikale und senkrechte Schnittführungen erzeugt werden. Bei vertikalen Schnittführungen können orthogonale Sprünge geführt werden.
- Über die *Erweiterte Eingabe*-Methode können sowohl einfache als auch versprungene und frei im Raum liegende Schnittführungen realisiert werden.

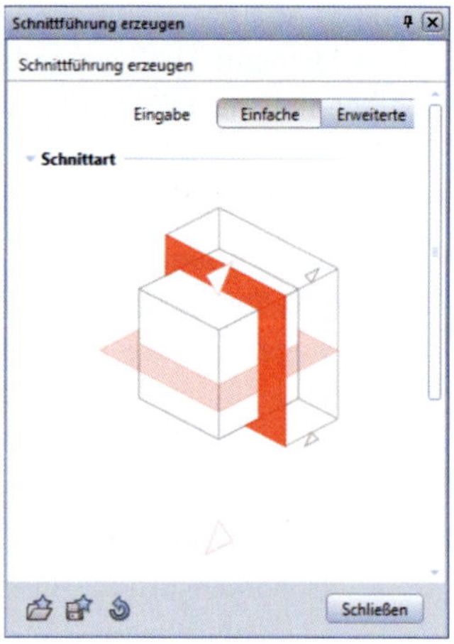

Grundsätzlich kann ein Schnitt auch mit einem Schnitt als Grundlage erzeugt werden.

3.3.4.1 Einfache Eingabe-Methode

Die *Einfache Eingabe*-Methode ist ideal für die meisten Anwendungsfälle bei Architekturschnitten.

Schnittart

In der interaktiven Grafik **SCHNITTART** kann durch Anklicken der Grafik zwischen vertikalem Schnitt sowie horizontalen Schnitten gewählt werden. Die Eingabe auf dem Teilbild erfordert jeweils leicht unterschiedliche Schritte. **HORIZONTALSCHNITT**

VON OBEN und **HORIZONTALSCHNITT VON UNTEN** dienen vor allem der Darstellung der Decken.

3.3.4.2 Erweiterte Eingabe-Methode

Die *Erweiterte Eingabe*-Methode dient vornehmlich zum Erzeugen von Ingenieurbauschnitten und folgt den Denkansätzen, welche auch bei **BEWEHRUNGSSCHNITTEN** zur Eingabe vorhanden sind.

Schnittart

- Eingabeoption **NORMAL**: Der Blickrichtungswinkel bezieht sich auf die Darstellung der aktivierten Elemente im Grundrissfenster. Wird bei der Eingabe der Blickrichtung in den Kreismittelpunkt geklickt, so wird eine Grundrissansicht erzeugt. Die Winkeleinstellung **VORDEFINIERT** wird fixiert und kann in der auftauchenden Symbolleiste geändert werden.
- Eingabeoption **FREI**: Die Blickrichtung muss aus einem beliebigen Konstruktionsfenster übernommen werden. Sie haben so die Möglichkeit, vollkommen frei im Raum definierbare Schnitte zu erzeugen. Es können Ansichten oder Perspektiven (nur Parallelprojektionen) für die Erzeugung übernommen werden.

TIPP: Für einen Schnitt, welcher z. B. zu einer Dachfläche ausgerichtet sein soll, bietet es sich an, über eine Hilfslinie als 3D-Linie, die senkrecht zur Dachfläche (**LOT AUF FLÄCHE, EBENE**) erzeugt wird, Aug- und Zielpunkt zu ermitteln und diese über **FREIE PROJEKTION** in einem Konstruktionsfenster einzustellen.

Lot auf Fläche, Ebene

Freie Projektion

- Bezugsmodus **BLICKEN**: Die Ansicht und der Schnitt werden in diesem Modus vom Standpunkt des Betrachters aus real dargestellt. Das Ergebnis wird immer so erzeugt, dass die untere Linie waagrecht (in X-Richtung) auf dem Teilbild erscheint.
- Bezugsmodus **KLAPPEN**: Die Ansicht und der Schnitt werden in diesem Modus aus der Richtung, aus welcher der Schnitt erzeugt wurde, angeschaut. Der Modus **KLAPPEN** eignet sich sehr gut für Schnitte und Ansichten, welche um einen Grundriss herum angeordnet werden sollen.

HINWEIS: Die Einstellung der Blickrichtung einer Schnittführung ist bei der Darstellung der Schnittführung auf dem Teilbild nicht sichtbar, hat aber eine direkte Auswirkung auf die Lage des erzeugten Schnitts.

- Die Aktivierung von **DECKENUNTERSICHT** erzeugt eine für den Ingenieur übliche Deckenuntersicht (Schalung), bei Deaktivierung wird eine für den Architekten übliche Deckenaufsicht erzeugt. Die Option ist nur im Bezugsmodus **BLICKEN** anwählbar.

3.3.4.3 Schnittführung – allgemeiner Bereich

Der Abschnitt **SCHNITTFÜHRUNG** mit allen untergliederten Punkten ist bei beiden Eingabemethoden gleich gehalten.

Schnittführung

- Im Eingabefeld **SCHNITTBEZEICHNUNG** ist die Kurzbezeichnung des Schnittes anzugeben. Unter dem hier definierten Namen ist der Schnitt auffindbar, sobald das Teilbild mit dem Schnitt zur Bearbeitung geladen ist.
- Ist die Option **HÖHE AUS ELEMENTEN** aktiv, werden grundsätzlich alle Bauteile komplett dargestellt. Ist die Option deaktiviert, müssen für die **OBERKANTE** und **UNTERKANTE** Werte gesetzt werden. Die Werte beziehen sich auf den globalen Nullpunkt des Projektes in Z-Richtung.
- Mit deaktivierter Option **SCHNITTLINIE ABSETZEN** wird nur eine Hilfskonstruktion inklusive des evtl. definierten Namens auf dem Teilbild erzeugt. Bei aktiver Option können über die Schaltfläche **DARSTELLUNG - EINSTELLEN** weitere Einstellungen getroffen werden.

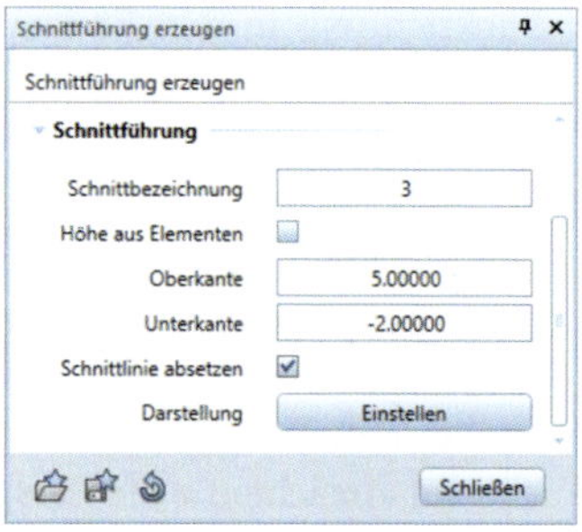

Darstellung – Schnittbezeichnung

In den Einstellungen zu **SCHNITTFÜHRUNG TEXTPARAMETER** können alle Texteigenschaften für die auf dem Teilbild an der Schnittlinie abzusetzende Bezeichnung eingestellt werden. Unter **OPTIONEN** → **BAUTEILE UND ARCHITEKTUR** → **SPEZIAL** kann eine Grundeinstellung getroffen werden, mit der die Beschriftung für Schnitte nach russischer Norm möglich ist.

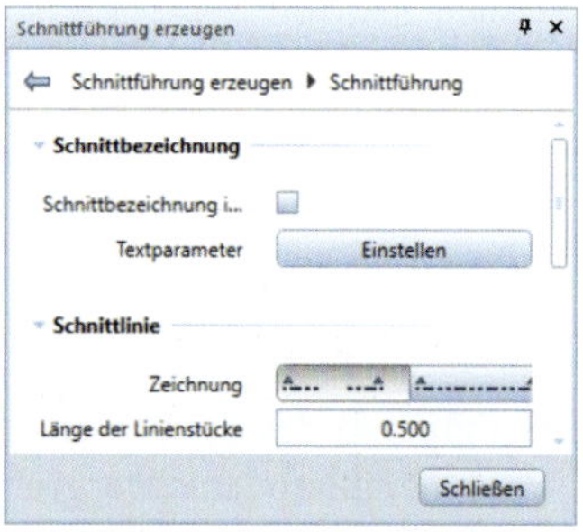

Darstellung – Schnittlinie

Unter **SCHNITTLINIE** können Sie definieren, wie die Schnittlinie selbst dargestellt werden soll. Über **ZEICHNUNG** wird eingestellt, ob eine durchgehende Linie oder Linienstücke (linker Schalter) erzeugt werden sollen. Bei Linienstücken muss die **LÄNGE DER LINIENSTÜCKE** definiert werden, welche an den Enden sowie an allen Knickstellen angezeigt werden. Werden in der **LAYER EINFACHAUSWAHL** die Check-

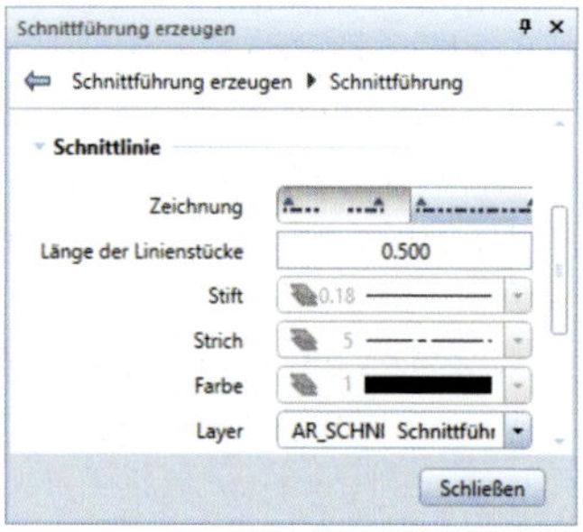

boxen zur Kopplung der Darstellung an den Layer aktiviert, so sind die entsprechenden Felder für **STIFT**, **STRICH** und **FARBE** deaktiviert und zeigen die Einstellungen des Layers an.

Darstellung – Richtungssymbol

Mit der Option **RICHTUNGSSYMBOL** legen Sie fest, ob ein **RICHTUNGSSYMBOL** erzeugt wird. Die Eingabefelder bzw. Auswahlfelder für die **GRÖSSE IN MM/ZOLL** sowie das **RICHTUNGSSYMBOL** werden nur bei aktivierter Option angezeigt.

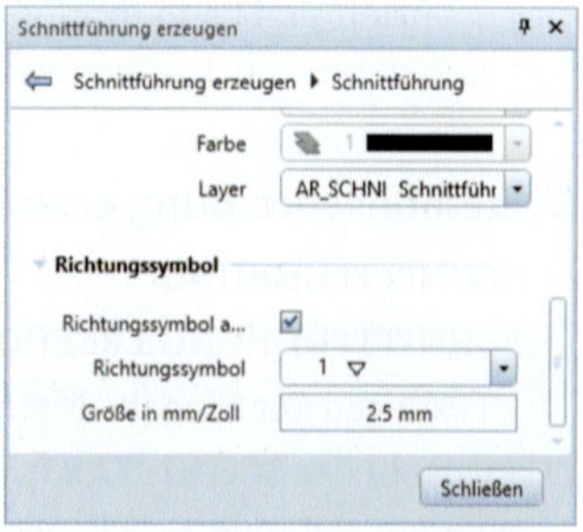

3.3.5 Schnittführung erzeugen

Die Eingabe eines Schnitts erfolgt in folgenden Schritten, wobei die Einstellungen in der Palette auch während der Eingabe der Schnittführung im Grundriss (vor Angabe der Tiefe) erfolgen können.

> **TIPP:** Wenn Sie eine Schnittführung und direkt danach auf dem Teilbild einen Schnitt in einem Zug erstellen möchten, bietet es sich an, die Funktion **SCHNITT GENERIEREN** aufzurufen. Im Ablauf ist erst die Schnittführung zu definieren. Direkt im Anschluss ist der Schnitt erzeugbar.

Schnitt generieren

Systembeschreibung einfach

Schnittführung

▷ **SCHNITTFÜHRUNG**

▷ **SCHNITTFÜHRUNG ERZEUGEN**

- Festlegen der Eingabe-Methode: **EINFACHE**
- Auswahl der **SCHNITTART**
- **SCHNITTBEZEICHNUNG** angeben (notwendige Eingabe!)
- Einstellen der **OBERKANTE** und **UNTERKANTE** des Schnitts oder Einstellung **HÖHE AUS ELEMENTEN** aktivieren
- Festlegen der Darstellungseigenschaften der Schnittlinie (bei Bedarf)

▷ Ersten Punkt der Schnittführung im Grundriss angeben

▷ Weiteren Punkt im Grundriss angeben (Richtung des Schnitts wird mit dem zweiten Punkt fixiert)

▷ Eingabe der Schnittlinie mit **ESC** beenden oder weitere Punkte angeben

▷ Tiefe des Schnitts angeben: Mit der Tiefe geben Sie an, wie entfernte Elemente noch angezeigt werden sollen.

Die Schnittführung wird nun erzeugt und ist für die Darstellung im Konstruktionsfenster oder für das Erzeugen von Schnitten verfügbar.

> **HINWEIS**: Für jeden Sprung in der Schnittlinie muss der Endpunkt des Versatzes angegeben werden. Die Richtung ist durch die Schnittlinie selbst fixiert und kann nicht geändert werden.

Systembeschreibung erweitert

Schnittführung

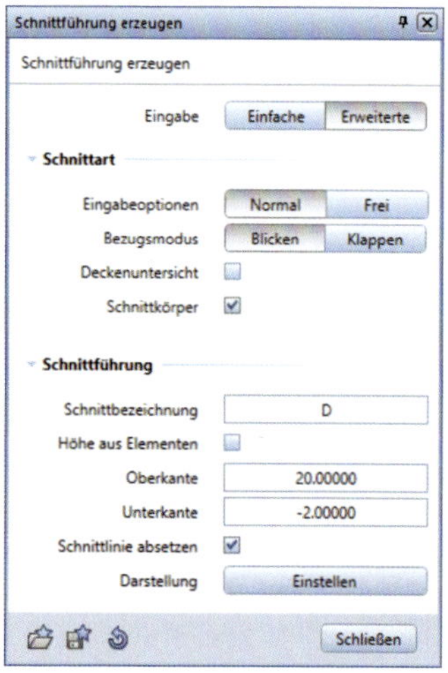

- ▷ SCHNITTFÜHRUNG
- ▷ SCHNITTFÜHRUNG ERZEUGEN
  - Festlegen der Eingabe Methode: **ERWEITERT**
- ▷ Auswahl der **SCHNITTART**: Je nach Auswahl/Kombination verändert sich die Eingabemethodik am Bildschirm.
  - Der Bezugsmodus **BLICKEN** erzeugt eine Ansicht auf die gewählten Elemente vom Fadenkreuz aus (mit Ziel auf das Zentrum). Die Ansicht wird aufrecht stehend erstellt.
  - Der Bezugsmodus **KLAPPEN** erzeugt Ansichten, die vom Modell weggeklappt werden.
  - Bei Aktivierung von **DECKENUNTERSICHT** (im Modus **BLICKEN**) wird durch Anklicken eines Punktes innerhalb des zentralen Kreises eine Deckenuntersicht (Sichtweise für Ingenieurbau) erzeugt. Bei Deaktivierung und durch Anklicken eines Punktes innerhalb des Kreises wird eine Draufsicht (Sichtweise für Architekten) der Bauteile erzeugt.
  - Die Aktivierung von **SCHNITTKÖRPER** erzeugt neben der Schnittliniendarstellung einen Körper in der Hilfskonstruktion, welcher exakt den Bereich einschließt, welcher im Schnitt später erscheinen wird.
- ▷ Einstellen der Schnittführung
  - **SCHNITTBEZEICHNUNG** angeben (notwendige Eingabe!)
  - Einstellen der **OBERKANTE** und **UNTERKANTE** des Schnitts oder Einstellung **HÖHE AUS ELEMENTEN** aktivieren
  - Festlegen der Darstellungseigenschaften der Schnittlinie (bei Bedarf)
- ▷ Erzeugen der Schnittführung auf dem Teilbild
  - Bereich des Schnitts angeben
  - Blickrichtung angeben (Hilfsmittel für Richtung in den Eingabeoptionen) oder in der Palette die Eingabeoption auf **FREI** umstellen und das Konstruktionsfenster wählen, aus welchem die Blickrichtung übernommen werden soll.

Die Schnittführung wird nun erzeugt und ist für die Darstellung im Konstruktionsfenster oder für das Erzeugen von Schnitten verfügbar.

3.3.6 Einzelschritte zu Ansichten und Schnitten (BWS)

Bei einer neuen Ansicht oder einem neuen Schnitt ist es ratsam, die verschiedenen Einstellungen, die für die Erzeugung notwendig sind, nacheinander durchzugehen. Dabei ist es unerheblich, ob die Funktion über die Ableitungen der Bauwerksstruktur oder aus einem Teilbild heraus geöffnet wird.

> **HINWEIS**: Die Vorgehensweise für Ansichten und Schnitte hat sich seit Allplan 2017 im Vergleich zu älteren Versionen (Allplan 2008 bis 2015) deutlich verändert. Musste man früher das Berechnungsergebnis von Ergänzungen auf unterschiedlichen Teilbildern trennen, um keinen Datenverlust bei einer Aktualisierung zu erleiden, wird seit Allplan 2017 nur noch das Berechnungsergebnis selbst (mit allen berechneten Inhalten) neu generiert. Damit ist es zum einen möglich, bei Ansichten und Schnitten auf eine Untergliederung auf mehrere Teilbilder zu verzichten, und zum anderen können jetzt mehrere Ansichten/Schnitte auf einem Teilbild (bei Bedarf sogar auf dem Teilbild der Modelldaten) erzeugt werden.

1. Schritt: Funktion aufrufen

Der erste Schritt für eine neue Ansicht ist der Aufruf der Funktion **ANSICHT GENERIEREN** oder **SCHNITT GENERIEREN**.

Ableitungen Bauwerksstruktur	Bearbeitung Teilbilder
Kontextmenü eines Teilbildes 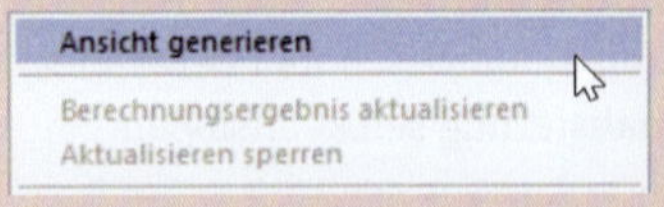 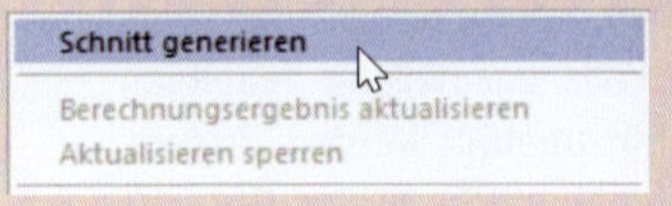	Funktionsaufruf über unterschiedliche Aufgabenbereiche der Actionbar im Bereich **SCHNITTE**, bei Oberflächenkonfiguration ohne Actionbar im Modul **ANSICHTEN UND SCHNITTE** (Symbolleiste **ERZEUGEN**) 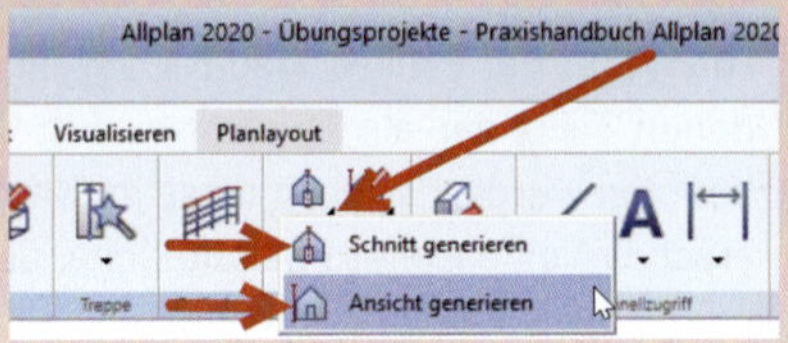

2. Schritt: Erzeugen einer Schnittlinie

Der zweite Schritt erfolgt an dieser Stelle nur bei Aufruf der Funktion **SCHNITT GENERIEREN** von einem Teilbild aus. Bei Aufruf der Funktion **ANSICHT GENERIEREN** (aus BWS oder TB) und/oder der Funktion **SCHNITT GENERIEREN** (BWS) entfällt der Schritt an dieser Stelle. Die Vorgehensweise zur Erzeugung einer Schnittführung finden Sie in Abschnitt 3.3.5, „Schnittführung erzeugen“.

HINWEIS: Bevor Sie einen Schnitt über die Bauwerksstruktur erzeugen können, muss auf einem der späteren Teilbilder eine Schnittlinie erzeugt werden.

3. Schritt: Auswahl der Quellteilbilder, Layer (Filter definieren)

Im dritten Schritt sollen die Quellteilbilder definiert werden, welche für die Berechnung zugrunde gelegt werden. Egal, wie die Funktion aufgerufen wurde, werden die geladenen Teilbilder als Vorschlag gesetzt. Zudem kann definiert werden, welche Layer für die Berechnung aktiv sein sollen und ob das Ergebnis sich automatisch aktualisiert.

- (1) Über die Schaltfläche wird der Dialog **TEILBILD WÄHLEN** geöffnet. Hier werden alle Teilbilder ausgewählt, welche für die Berechnung verwendet werden sollen. Es können neben den bereits belegten Teilbildern auch leere Teilbilder aktiviert werden.
- (2) Je nach Bedarf können **ALLE LAYER BERÜCKSICHTIGT**, die **AKTUELLE LAYEREINSTELLUNG**, ein vordefiniertes **DRUCKSET** oder eine **BENUTZERDEFINIERTE LAYEREINSTELLUNG** verwendet werden. Es gilt dabei, dass die aktuelle Layereinstellung direkt auf die Layerauswahl reagiert (dynamisch). Drucksets können global für verschiedene Aufgaben definiert werden. Bei Änderungen am Druckset hat dies an allen Stellen Auswirkungen, an denen das Druckset verwendet wurde. Mit der Option **BENUTZERDEFINIERTE LAYEREINSTELLUNGEN** kann für die Berechnung exakt definiert werden, welche Layer zu verwenden sind.
- (3) Wenn die Option **AUTOMATISCH AKTUALISIEREN** aktiv ist, wird das Berechnungsergebnis bei allen Änderungen der Modelldaten automatisch neu berechnet. Ist die Option deaktiviert, müssen/können Sie die Aktualisierung selbst anstoßen.

HINWEIS: Bei Funktionsaufruf auf einem Teilbild, können „nur" die geladenen Teilbilder als Quelle gewählt werden. Falls zusätzliche Teilbilder benötigt werden, können diese im Nachhinein hinzugefügt werden. Zudem erscheint eine weitere Schaltfläche, über welche Elemente für die Berechnung abgewählt werden können.

4. Schritt: Ansicht/Schnitt und Verzerrung einstellen

- (4) Bei Ansichten wird die Projektion entweder über die Grafik oder die Schaltfläche **PROJEKTION** eingestellt. Bei Schnitten finden Sie die Auswahl der Schnittführung im Bereich **FILTER**. Hinter der Schnittführung wird die Teilbildnummer mit angegeben, um bei namensgleichen Schnittführungen die gewünschte identifizieren zu können.
- (5) Bei Bedarf können unterschiedliche Faktoren für die X- und Y-Richtung eingestellt werden. Bei einer Beschriftung des Maßstabs werden bei geänderten Faktoren zwei Maßstäbe ausgegeben.

5. Schritt: Absetzpunkt und Formate einstellen

▷ **(6)** Transportpunkt/Absetzpunkt für die Berechnung definieren: Bei Aufruf der Funktionen über die Ableitungen der Bauwerksstruktur ist die Option nicht vorhanden, da die Berechnungsergebnisse entsprechend den Koordinaten automatisch platziert werden. Unter **FORMATE** können Kanten, Schnittflächen von Körpern (3D-Objekte, Architekturbauteile usw.) und Ausbauflächen definiert werden.

▷ **(7)** Formate in mehreren Unterpaletten je nach Bedarf einstellen und die **BESCHRIFTUNG** (Text und Maßstab) in der zugehörigen Unterpalette einstellen

6. Schritt: Flächenelemente für Ansicht/Schnitt einstellen

▷ **(8)** Unter **FLÄCHENELEMENTE** kann die Darstellung der Ansichtsflächen der 3D-Objekte definiert werden. Es können z. B. eine reine Linienzeichnung, eine Linienzeichnung mit Schatten, Linien mit Flächenelementen und Ähnliches erzeugt werden. Der Schatten wird als vereinfachter Architekturschatten eingestellt.

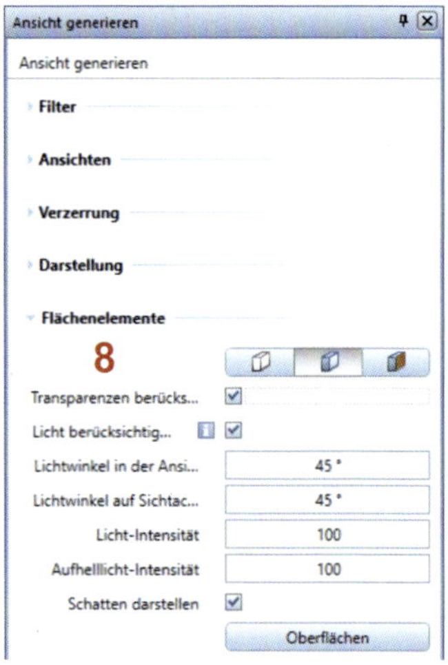

7. Schritt: Abschluss – Speichern

Im letzten Schritt wird die Berechnung entweder direkt auf dem Teilbild am Wunschort abgesetzt bzw. auf ein Teilbild gespeichert oder – bei Funktionsaufruf über die Ableitungen der Bauwerksstruktur – der Dialog wird geschlossen und die Berechnung wird im Hintergrund auf dem gewählten Teilbild erzeugt. Das Ergebnis ist bei allen Varianten gleich.

HINWEIS: Wenn das Teilbild noch keinen Namen trägt, wird eine Bezeichnung vorgeschlagen und eingetragen, aus der sich erkennen lässt, welche Ansicht bzw. welcher Schnitt berechnet wurde. Vorhandene Daten auf dem Teilbild werden überschrieben.

8. Schritt: Ansicht/Schnitt ergänzen bzw. nachbearbeiten

Je nach gewünschter Vorgehensweise können Ergänzungen zur Berechnung (Maße, Texte, Staffagen usw.) direkt auf dem Berechnungsteilbild erzeugt werden. Je nach Einstellung gelten folgende Punkte:

- **AUTOMATISCH AKTUALISIEREN** aktiv: Ergebnis hängt komplett zusammen. Es können keine einzelnen Linien oder Flächen gelöscht oder geändert werden. Erkennbar ist es durch einen einfachen Rahmen um das Berechnungsergebnis. Ideal für:
  - Ansichten eines guten 3D-Modells
  - Perspektivische Übersichten
  - Städtebauliche Übersichten und Ähnliches
- **AUTOMATISCH AKTUALISIEREN** deaktiviert: Ergebnis besteht aus 2D-Elementen, die einzeln manipuliert (gelöscht, verschoben, geändert) werden können. Erkennbar ist es durch einen doppelten Rahmen um das Berechnungsergebnis. Bei einer Aktualisierung

über die Ableitungen der Bauwerksstruktur werden alle Änderungen wieder zurückgesetzt bzw. das Ergebnis neu erzeugt. Ideal für:

- Ansichten eines Modells mit vielen kleinen und größeren Fehlern
- Schnitte durch Gebäude, ohne 3D-Dachstuhl und/oder Treppen, die nicht optimal definiert sind
- Als Grundlage für eine Kopie des Berechnungsergebnisses zur weiteren Bearbeitung

TIPP: Wenn Sie Ansichten/Schnitte direkt weiterverwenden und die Option **AUTOMATISCH AKTUALISIEREN** deaktiviert haben, sollten Sie die Option **AKTUALISIEREN SPERREN** (Kontextmenü des Teilbildes in der Bauwerksstruktur) verwenden, um ein Aktualisieren nur nach Bedarf zu realisieren. Ein gesperrtes Teilbild wird in der Darstellung geändert angezeigt.

Quellteilbilder – Anwahl speichern

Aktuelle Anwahl als Favorit speichern

Favorit laden

Über die Funktionen **AKTUELLE ANWAHL ALS FAVORIT SPEICHERN** und **FAVORIT LADEN** können Sie die Teilbildauswahl für die Berechnung von Ansichten, Schnitten und Reports speichern. Je nach Einstellung werden die Daten in einem persönlichen oder einem allgemeinen Unterordner des BIM-Verzeichnisses des Projekts gespeichert und stehen so entweder direkt oder indirekt allen anderen Nutzern des Projekts zur Verfügung.

Vereinfachtes Anlegen von Schnitten und Ansichten

Es bietet sich an, die Einstellungen als Favorit zu speichern und ein Teilbild mit einer fertig eingestellten Ansicht oder einem Schnitt zu kopieren. Im Falle einer Kopie können in der Kopie entweder unter der Funktion **ANSICHT/SCHNITT GENERIEREN** im Kontextmenü des Teilbildes in der Bauwerksstruktur oder direkt auf dem Teilbild in den Eigenschaften des Berechnungsergebnisses die geänderten Einstellungen (andere Schnittlinie, geänderte Perspektive, anderer Schatten) vorgenommen werden.

3.3.7 Nachbearbeitung von Ansichten und Schnitten

Die aus den 3D-Daten generierten Ansichten und Schnitte sind im optimalen Fall fast fertiggestellt, müssen aber um Staffagen, Bäume, Fahrzeuge, Texte und andere Elemente ergänzt werden, um der gestellten Aufgabe (z. B. Entwurfsplan, Bauvorlage) gerecht werden zu können. Zudem sind meist noch kleinere oder größere Unzulänglichkeiten des 3D-Modells zu verfeinern.

Bei Schnitten sollte außerdem noch unterschieden werden, wie detailliert dargestellt werden soll/muss. Viele Detailpunkte sind bei konsequenter Arbeitsweise für den Maßstab 1/200 (teils auch für den Maßstab 1/100) ausreichend. Die restlichen Punkte und die weitere Detaillierung für die Werkplanung müssen jedoch mit 2D-Elementen vervollständigt werden. Die aus dem 3D-Modell abgeleiteten Darstellungen dienen in diesem Fall als exaktes Gerüst und erleichtern das Erzeugen von stimmigen Daten. Es ergeben sich, je nach Arbeitsweise und Datenqualität, unterschiedliche Möglichkeiten.

HINWEIS: Bis zur Version Allplan 2016 wurde bei einer Neuberechnung einer Ansicht oder eines Schnittes das Zielteilbild komplett neu geschrieben und somit wurden alle Ergänzungen gelöscht. Dies hat sich seit Allplan 2017 geändert. Bei Aktualisierungen werden nun nur noch die Berechnungsdaten selbst geändert.

Möglichkeit 1: ab Allplan 2017 anwendbar (bevorzugte Arbeitsweise)

Die einfachste Vorgehensweise ist ab Allplan 2017 realisierbar. Erzeugen Sie die Ansichten wie im vorangegangenen Abschnitt beschrieben und ergänzen Sie danach auf dem Berechnungsteilbild die gewünschten Inhalte in den Ansichten. Ideal ist das direkte Ergänzen von Inhalten vor allem bei assoziativ geschalteten Ansichten, die ohne Nacharbeit der Darstellung auskommen.

Möglichkeit 2: analog zu Allplan 2016 und früheren Versionen

Texte, Maßlinien, Staffagen usw. werden auf einem freien Teilbild erzeugt. Eine Ansicht besteht dann immer aus zwei bis fünf Teilbildern (siehe Beispiel). Alle Berechnungen können jederzeit aktualisiert werden. Anpassungen, z. B. eine zusätzliche farbige Hinterlegung oder ein hinterlegter Himmel, sowie zusätzlich Elemente, wie Staffagen, müssen auf den Vorder- und/oder Hintergrundteilbildern durch Verschieben und Modifizieren nachvollzogen werden.

Der Ablauf ist wie folgt (am Beispiel *Ansicht Süden*): Für jede Ansicht bzw. für jeden Schnitt werden in der Struktur fünf Teilbilder zugeordnet.

- ▷ Teilbild 476 - 478 mit *Ansicht Süden* passiv (= generiertes Teilbild)
- ▷ Teilbild 479 - *Ansicht Süden* - Vordergrundelemente aktiv
- ▷ Texte, Maßlinien usw. auf Teilbild 479 erzeugen
- ▷ Hintergrundbilder, wie Himmel, Fassadenfarbe und Ähnliches, auf Teilbild 479 erzeugen, wenn diese nicht bereits Teil der gerechneten Ansichten sind

Möglichkeit 3: für Schnitte

Es wird grundsätzlich von jedem Teilbild, das aus dem Modell abgeleitet wurde, eine Kopie angelegt, auf der direkt weitergezeichnet wird. Alle neuen Elemente werden auf der Kopie erzeugt. Es muss darauf geachtet werden, dass die Kopie eines Teilbildes mit definierten Quellteilbildern und Ansichts- oder Schnitteinstellungen diese behält und dass die automatische Aktualisierung deaktiviert wurde. Die Originalberechnung sollte auf **AUTOMATISCH AKTUALISIEREN** stehen, um jederzeit Änderungen im Modell in den Hintergrund des fertigen Schnitts stellen zu können, indem das Teilbild mit der berechneten Ansicht passiv in den Hintergrund des Teilbildes mit der „fertigen" Ansicht gelegt wird. Mit Funktionen wie **PUNKTE MODIFIZIEREN**, **VERSCHIEBEN** usw. können die

Änderungen nachvollzogen werden. Bei großen Änderungen wird ein Neukopieren des generierten Teilbildes notwendig.

Der Ablauf ist wie folgt (am Beispiel *Schnitt F*):

Projektbezogen öffnen

▷ **PROJEKTBEZOGEN ÖFFNEN** → Teilbild 490 markieren
▷ Kontextmenü → **KOPIEREN**
▷ Strukturstufe *Schnitt A-A* markieren → Kontextmenü
▷ **EINFÜGEN UNTER**
▷ Einfügen ab Teilbildnummer → 491 → bestätigen
▷ **ANSICHT/SCHNITT GENERIEREN**, automatisches Aktualisieren deaktivieren
▷ Teilbild 490 markieren → **KONTEXTMENÜ**
▷ **AKTUALISIEREN SPERREN**
▷ Teilbild umbenennen
▷ Texte, Maßlinien usw. auf Teilbild 491 erzeugen

Das Einarbeiten von Änderungen läuft ähnlich wie schon bei Möglichkeit 1 beschrieben ab.

▷ Schnitte und Ansichten aktualisieren lassen
▷ Neu berechnetes Teilbild passiv, fertiger Schnitt aktiv

Die Änderungen mit Punkten können Sie nun modifizieren und ähnliche Funktionen nachführen.

TIPP: Verwenden Sie die Möglichkeit 1 oder 2 für Ihre Ansichten. Möglichkeit 3 ist ideal für Schnitte oder Ansichten, wenn entweder mehr Nacharbeiten/Detaillierungen notwendig sind und/oder das Modell nicht optimal ausgearbeitet ist.

3.3.8 Änderungen am Modell – Aktualisieren der Ableitungen

In jeder Planungsphase gibt es Änderungen am Gebäude. Allplan kennt einige Mechanismen, die Sie bei der Aktualisierung der Daten unterstützen. Je nach Arbeitsweise und Art der Änderung ergeben sich immer unterschiedliche Ansätze. So ist es z.B. bei umfangreichen Änderungen und einem wankelmütigen Bauherren oft besser, wenn das gesamte Gebäude in der Bauwerksstruktur kopiert und daraus ein Entwurf 2 oder 3 gemacht wird. Dabei gilt es zu beachten, dass auch die Kopie auf das gleiche Ebenenmodell verweist (daraus folgt: neues Ebenenmodell erzeugen, neue Ebenen an Teilbilder und Strukturstufen der Kopie zuweisen) und dass die Ableitungen (falls kopiert wurde) in den Quellteilbildern noch auf das Original verweisen (Ändern der Quellteilbilder).

3.3.9 Verdeckt-Berechnung

Neben den neuen Mechanismen zum Erzeugen von Ansichten und Schnitten ist auch die Funktion **VERDECKT-, DRAHT-BERECHNUNG** noch im Programm vorhanden und nutzbar. Bei Ansichten und Schnitten sollte mit den neuen Funktionen gearbeitet werden. Um eine Drahtberechnung inklusive Hilfskonstruktionen zu erzeugen, kann die Funktion **VERDECKT-, DRAHT-BERECHNUNG** noch punkten. Die Funktion ist in der Programmzeile unter dem Punkt **ANSICHT** zu finden.

Verdeckt-, Draht-Berechnung

VERDECKT-, DRAHT-BERECHNUNG dient zum Erzeugen von Ansichten und Schnitten aus der Teilbildbearbeitung. Die Berechnung erfolgt mit der im aktiven Konstruktionsfenster eingestellten Ansicht, Perspektive oder dem dort eingestellten Schnitt. Das Ergebnis kann auf einem Teilbild gespeichert oder durch Schließen des Ergebnisfensters ohne Speichern verworfen werden. Fügt man ein Ergebnisteilbild unter einer Strukturstufe der Ansichten oder Schnitte ein bzw. wählt ein Teilbild aus diesem Bereich aus, verhält sich das gespeicherte Ergebnis so, als wenn sämtliche Einstellungen über die Bauwerksstruktur eingestellt worden wären. Die Quellteilbilder werden demnach im Zielteilbild gemerkt und das Teilbild in Zeichnungsstruktur und Bauwerksstruktur mit der Zielscheibe markiert.

> **HINWEIS:** Das Ergebnis einer Verdeckt-Berechnung ist gleichzusetzen mit den Ergebnissen, welche über die neuen Funktionen erzielt werden. Eine Weiterbearbeitung ist (wie vorangehend beschrieben) möglich.

Funktionsablauf

Verdeckt-, Draht-Berechnung

- ▷ Perspektiveinstellung, Schnitt usw. im aktiven Konstruktionsfenster einstellen
- ▷ **VERDECKT-, DRAHT-BERECHNUNG**
- ▷ Berechnungsmodus auswählen (**VERDECKT-BERECHNUNG FÜR ANSICHTEN/SCHNITTE**)
- ▷ Einstellungen tätigen
- ▷ Hinweis beachten und bestätigen

Es wird ein Ergebnisfenster geöffnet, das zum Speichern geschlossen werden muss. In der Titelleiste lässt sich leicht erkennen, dass man sich auf keinem normalen Teilbild, sondern einem speziellen Ergebnisteilbild befindet, da hier ein anderer Text wie gewohnt angezeigt wird.

- ▷ Schließen des Ergebnisfensters
- ▷ Abfrage zum Speichern des Berechnungsergebnisses mit **JA** bestätigen
- ▷ **ZIELTEILBILD** auswählen

Im Dialog **ZIELTEILBILD WÄHLEN** werden nur leere Teilbilder angezeigt. Sie können so keine Daten versehentlich überschreiben.

3.4 Reports

Über Reports lassen sich alle Objekte und Bauteile in Allplan auswerten, über einen Drucker ausgeben oder als Datei für die Weiterverwendung in anderen Programmen (Nevaris, Allplan BCM, Excel, Word, PDF) speichern. Es stehen viele unterschiedliche Reports zur Auswahl, die für verschiedene Zwecke geeignet sind.

Je nach Report werden nur bestimmte Bauteilarten und/oder Bauteile mit bestimmten Attributen oder Eigenschaften ausgewertet. Zudem stehen z. B. für die Wohnflächenberechnung zusätzliche Parameter zur Auswahl, über die Sie die Auswertung steuern können.

Der Begriff *Report* beschreibt die fertige Auswertung von Objekten, während mit dem Begriff *Report-Template* die Vorlagedatei gemeint ist, in der definiert ist, was wie ausgewertet werden soll (*.rdlc-Datei).

HINWEIS: Bis einschließlich Allplan 2012 wurden Listen angeboten, welche die Aufgaben der Reports innehatten. Die bislang existierenden Standardlisten wurden in Reports umgebaut und in den Fähigkeiten weiterentwickelt. Eigene Listen können über die Funktion **BÜROLISTEN** konvertiert (**ZUSÄTZLICHE MODULE → VORLAGEN: REPORTS, LEGENDEN, BESCHRIFTUNG**) und in Reports gewandelt werden. Die Formeln und Bezüge werden zumeist übernommen, das Layout muss komplett neu aufgebaut werden. Über die Funktion **REPORT DEFINIEREN** können zudem komplett neue Reports erstellt oder bestehende Reports erweitert/geändert werden. Unter *http://connect.allplan.com* finden Sie eine Kurzanleitung, die aufzeigt, wie eigene Reports über die integrierten Funktionen von Allplan erzeugt und mit der frei verfügbaren Entwicklungsumgebung *Visual Web Developer 2008 - Express Edition (Microsoft)* weiter verfeinert werden können. Mit der aktuellen Version kann alternativ Visual Studio 2019 Community Edition (Microsoft) verwendet werden. Für die Installation und Einrichtung gibt es weitere Informationen beim Support und/oder in den FAQ unter *http://connect.allplan.com.*

3.4.1 Grundlagen

Es gibt zwei Möglichkeiten, Auswertungen von Teilbilddaten direkt zu erzeugen, sowie eine weitere Auswertungsmöglichkeit über Pläne. Die meisten Funktionsbereiche (Module) haben eigene Funktionen für Reports, über die man direkt zu den zum Bereich gehörigen Reports gelangt. Die Funktion **REPORTS** ist offen und kann aus allen Bereichen Auswertungen durchführen. Die Alternative ist das Anlegen von Reports in der Bauwerksstruktur. Bei der Auswertung über die Ableitungen der Bauwerksstruktur können alle Reportarten verwendet werden. Außerdem können Quellteilbilder sowie zusätzliche Einstellungen für Layer getroffen werden, um eine wiederholbare Auswertung zu erzeugen. Die Anzeige der Reports erfolgt im sogenannten Layout Viewer.

Auswahl an Report-Funktionen

Reports, Reports Landschaftsplanung, Reports Städtebau, Wohnfläche, DIN 277, Bauantrag, Reports Treppe, Reports Einbauteile, Reports Objekte, Reports Bewehrung

3.4.2 Auswahl

Über den Dialog **REPORTS** wird das gewünschte Report-Template (Report) ausgewählt, das bei Auswahl in der Bauwerksstruktur im Knoten gespeichert und bei Auswahl über die Funktion **REPORT** (*Teilbildebene*) über **ÖFFNEN** generiert wird.

Im Auswahlfeld werden alle Ordner und Report-Templates des gewählten Pfades angezeigt. Die Navigation ist gleich der im Windows Explorer.

- **Bereich 1:** Hier wählen Sie, aus welchem Pfad der Report ausgewählt werden soll. Unter **STANDARD** sind alle Reports in einer Ordnerstruktur gespeichert, die bei der Standardinstallation vorhanden sind. Unter **BÜRO** können eigene, büroweit verfügbare Reports gespeichert werden.
- **Bereich 2:** Die Schalter im Bereich 2 werden nur bei Reports aktiviert, die auf diese weiteren Einstellungen zugreifen.
- **Bereich 3:** **ÖFFNEN** klappt entweder den markierten Ordner auf oder löst, wenn ein Report-Template markiert ist, die Berechnung aus und zeigt den Report am Bildschirm an bzw. speichert die Auswahl in der Strukturstufe *Report*. **ABBRECHEN** schließt den Dialog.

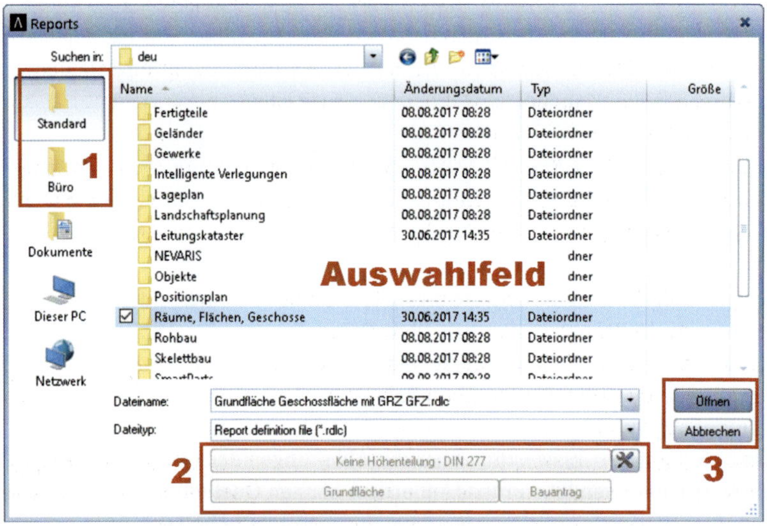

3.4.3 Einstellungen für Auswertungen

Für die Auswertung von Flächen nach Wohnflächenverordnung, Auswertungen von Flächen und Rauminhalten nach DIN 277 sowie spezielle Auswertungen für Bauanträge können weitere Einstellungen vorgenommen werden, um möglichst alle Anwendungsfälle abdecken zu können. Zudem können für die meisten Reports Einstellungen für die Genauigkeit der Ergebnisse getroffen werden. Die Schaltflächen sind nur bei Anwahl von Reports verfügbar, die auf diese Einstellungen zugreifen.

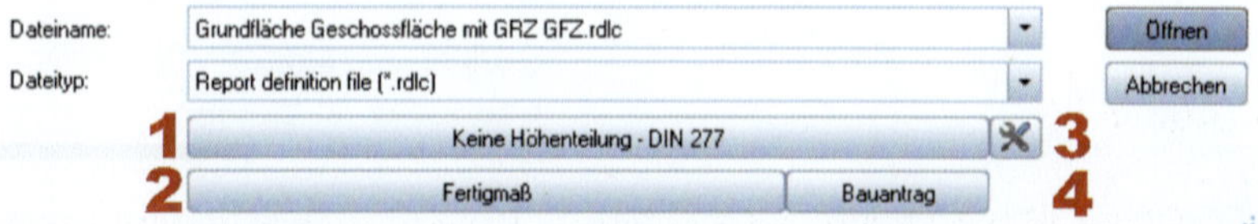

- **Schalter 1:** **HÖHENTEILUNG NACH WOFLV**, **KEINE HÖHENTEILUNG (GESAMTFLÄCHE)** oder **EINFACHE HÖHENTEILUNG** öffnet den Dialog zur Detaileinstellung des Berechnungsverfahrens. Je nach Berechnungsverfahren werden die notwendigen Feineinstellungen angezeigt.

HÖHENTEILUNG NACH WOFLV	Höhenteilung (entsprechend den Einstellungen) in bis zu drei Bereichen, Berücksichtigung von Nischen und Vorsprüngen und Installationsbauteilen. Berechnungen nach der Wohnflächenverordnung (WoFlV) aus dem Jahr 2004 sowie der II. Berechnungsverordnung (veraltet) sind möglich.
KEINE HÖHENTEILUNG (GESAMTFLÄCHE)	Die komplette Raumfläche wird berücksichtigt. Berechnungen nach *DIN 277 2016-01* und *DIN 277 2005-02* sind möglich.
EINFACHE HÖHENTEILUNG	Entsprechend der Einstellung wird eine Höhenteilung mit den angegebenen Faktoren berechnet. Eine Berechnung nach *DIN 277 1987-06* ist damit möglich.

- **Schalter 2** öffnet einen Dialog zum Einstellen der Berechnung der Grundfläche. Es stehen drei unterschiedliche Optionen zur Verfügung.
  - Option **ROHBAUMASS** berechnet Räume und Geschosse mit ihren Rohbauabmessungen. Definierte Ausbauflächen werden weder in den Grundrissabmessungen noch in der Höhenteilung berücksichtigt.
  - Option **ROHBAU MIT X % PAUSCHALABZUG/ZUSCHLAG** berechnet Räume analog der Option **ROHBAUMASS**, ermittelt aber zusätzlich einen pauschalen (einstellbaren) Abschlag/Zuschlag zur Fläche. Die Option ist für DIN 277 und Bauantragslisten nicht zugelassen.
  - Option **FERTIGMASS** ermittelt die tatsächlichen Brutto- und Nettoflächen gemäß Wohnflächenverordnung und DIN 277. Sämtliche Ausbauflächen werden für die Grundrissabmessungen und die Höhenteilung ausgewertet.

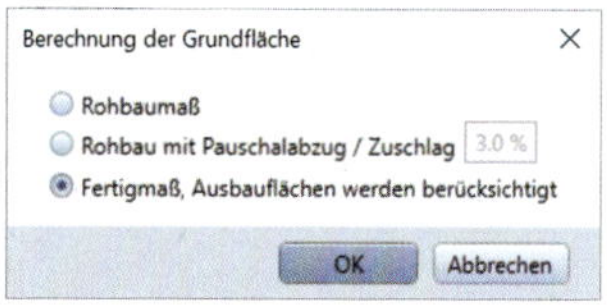

- **Schalter 4** öffnet den Dialog für die Angaben zu Bauantragslisten. Die eingegebenen Werte für Grundstücksfläche, Baukosten/m² und Anteil der Rohbaukosten werden in den Bauantragslisten verwendet und projektbezogen gespeichert.

Nachvollziehbare Mengenansätze

- **Schalter 3** öffnet die Optionen im Bereich **NACHVOLLZIEHBARE MENGENANSÄTZE**. Hier können Einstellungen getroffen werden, wie z. B. die Anzahl der Nachkommastellen von Abmessungen sowie Teilergebnissen und die Maßzahleinheit. Außerdem kann entschieden werden, ob die Ergebnisse aus gerundet angezeigten Werten oder aus exakten Werten zu ermitteln sind. Alternativ können die Einstellungen auch direkt über die Optionen aufgerufen werden. Zudem kann die Qualität der Grafiken vordefiniert werden.

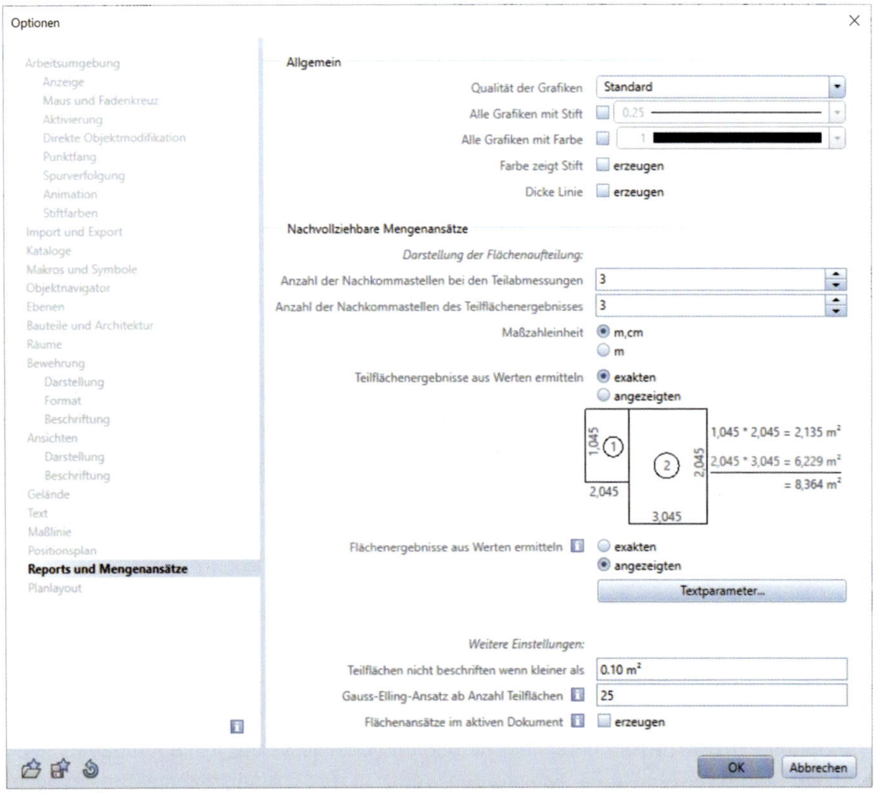

HINWEIS: Für eine korrekte Berechnung nach DIN 277 (alle Fassungen) sowie der Wohnflächenverordnung ist die Verwendung von Fertigmaßen notwendig. Um Ausbauflächen berücksichtigen zu können, müssen diese in den Räumen und Geschossen eingestellt sein oder alternativ über die Funktionen **SEITENFLÄCHEN**, **BODENFLÄCHE** und **DECKENFLÄCHE** erzeugt werden.

3.4.4 Zusätzliche Einstellungen (BWS)

Über **REPORTAUSWAHL UND EINSTELLUNGEN** wird definiert, welches Report-Template zur Auswertung verwendet werden soll. In der Dateiauswahl selbst existieren weitere Einstellungsmöglichkeiten.

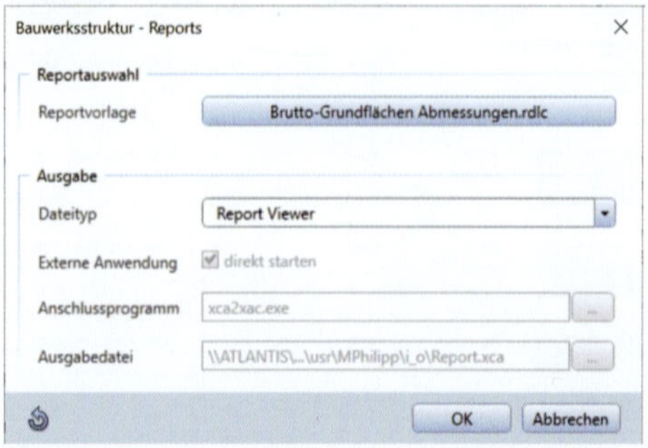

- Unter **DATEITYP** wird definiert, ob der Report angezeigt (*Report Viewer*) oder direkt als Datei gespeichert werden soll. Je nach Auswahl des Dateityps werden die weiteren Optionen auswählbar geschaltet. Neu hinzugekommen ist mit Allplan 2020 die Möglichkeit, eine Excel-Datei zu schreiben. Bei der Ausgabe als Excel-Datei werden die im Report vorhandenen Felder (Attribute/Formeln) in Spalten ausgegeben und je Bauteil wird eine Zeile erzeugt. Die Formatierung der Werte bleibt bestehen. Bei der Ausgabe als Excel wird, gleich wie bei Word und PDF, das Layout in die Datei geschrieben.

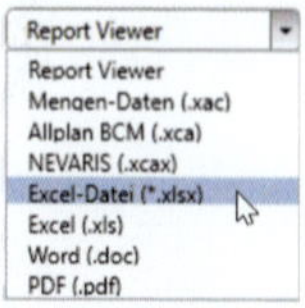

Neu in Version 2020

- **AUSGABEDATEI** definiert den Pfad sowie den Dateinamen, der für den Report verwendet werden soll. Ist bereits eine Datei mit dem angegebenen Namen vorhanden, wird diese ohne Nachfrage überschrieben.

3.4.5 Anzeige von Reports

Der *Layout Viewer* zeigt den Report an, der entweder aus der Teilbildbearbeitung heraus oder über die Ableitungen der Bauwerksstruktur erzeugt worden ist. Einige Grunddaten, z. B. Bearbeiter, Firmenname, Firmenlogo usw., können für den Ausdruck direkt im *Layout Viewer* geändert werden. Über die Optionen auf der linken Seite unter *Benutzerinteraktion* kann in vielen Reports sowohl eine Grafik ausgeblendet als auch auf die Sortierung der Daten und die Daten selbst Einfluss genommen werden.

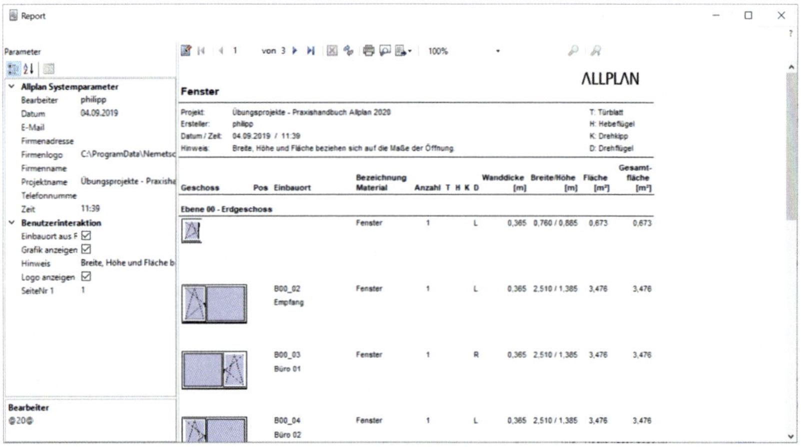

HINWEIS: Alle Einstellungen, die Sie im *Report Viewer* tätigen, sind flüchtig und somit nur für den aktuellen Report gültig.

Der Layout Designer ist eine Funktion im *Layout Viewer*, über die das Aussehen des Reports verändert und für den Bürobedarf angepasst werden kann. Änderungen, die über den Layout Designer an Reports getätigt werden, können gespeichert und bei dem nächsten Aufruf der Funktion **REPORTS** verwendet werden.

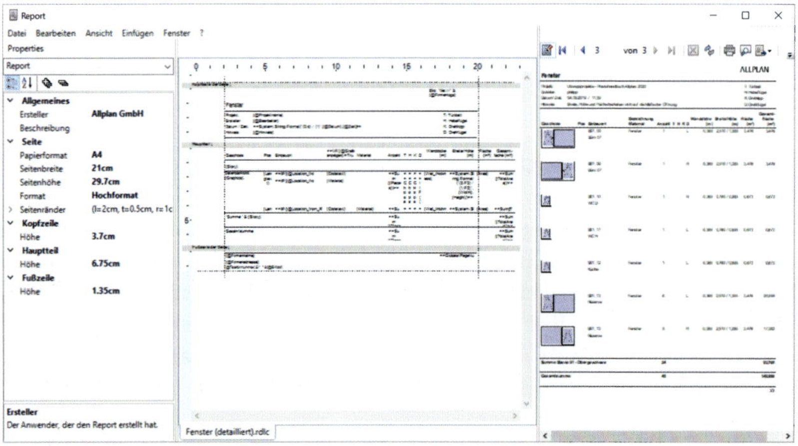

HINWEIS: Ein über den Layout Designer veränderter Report sollte unter *Büro* gespeichert werden und bleibt für weitere Auswertungen erhalten.

Funktionen im Report Viewer

- Die Palette **PARAMETER** dient zum Anpassen des aktuell eingeblendeten Reports an Ihre Anforderungen mit der im Report-Template vorhandenen Intelligenz.
  - Unter **ALLPLAN SYSTEM ATTRIBUT** können Sie die Angaben im Kopf- und Fußbereich des Reports ändern, die standardgemäß aus den Allplan-Attributen übernommen werden, wie z. B. Bearbeiter, Datum, Projektname, Zeit oder die Angaben zum Büro.
  - Unter **BENUTZERINTERAKTION** können Sie das Logo ausblenden, die Seitennummerierung anpassen oder einen Text im Kopfbereich des Reports einfügen.
- **LAYOUT DESIGNER** öffnet oder schließt den Layout Designer.

Layout Designer

- **DRUCKEN** öffnet den Windows-Druckdialog, über den nach der Wahl eines Druckers der Report ausgedruckt werden kann.

Drucken

- **DRUCKVORSCHAU** ändert den Anzeigemodus. Seitenumbrüche werden im Seitenlayout – erkennbar durch einen grauen Rand um den Report – korrekt angezeigt, während die Funktionalität **ZOOMEN** und **MARKIEREN** nur im Editormodus – ganzer Bereich mit weißem Hintergrund – funktioniert. Egal wie die Anzeige im Seitenlayout geschaltet ist, wird bei der Ausgabe auf dem Drucker, als PDF und dem Schreiben in einem Teilbild die Anzeige des Seitenlayouts gewählt.

Druckvorschau

- **EXPORT** gibt den geöffneten Report in folgenden Formaten aus oder übergibt den Report direkt einem der gelisteten Programme. Je nach Report existieren unterschiedliche Ausgabemöglichkeiten:

Export

  - Excel
  - Word
  - Allplan BCM
  - Nevaris
  - Allplan (wird bei Aufruf des Reports über die Bauwerksstruktur nicht angezeigt)
  - (Acrobat) PDF File

In vielen Reports sind spezielle Funktionen eingebaut, die Inhalte filtern, Grafiken ein- oder ausblenden und Verschiedenes mehr.

Folgende Punkte können als Ansatz zum Testen genommen werden:

- Wenn eine Grafik oder die Bauteilnummer angezeigt werden kann, ist das Zoomen und Markieren von Objekten möglich.
- Eine Matrix ist dort eingebaut worden, wo unterschiedliche Sichtweisen auf die gleichen Daten möglich sind oder eine übersichtliche kurze Auswertung neben der detaillierten Tabelle sinnvoll erschien.
- Bei Grafiken sind entweder Mengengrafiken, Perspektiven oder Bilder enthalten. Bei Bildern wird unterschieden, ob der Report aus der Bauwerksstruktur heraus oder vom Teilbild aus geöffnet wurde. In einigen Reports, vor allem aus dem Ingenieurbau, kann durch Anklicken einer Mengengrafik eine Überarbeitungsfunktion geöffnet und Ergänzungen/Änderungen an der Grafik können selbst vorgenommen werden.

Nicht jeder Report hat alle prinzipiell möglichen Hilfsmittel integriert.

HINWEIS: Die im Standard von Allplan enthaltenen Reports bilden eine allgemeingültige Basis ab. Bei speziellen Anforderungen und/oder Wünschen kann es notwendig sein, entweder selbst einen Report anzupassen oder einen Büroreport nach eigenen Vorgaben bauen zu lassen. Informationen dazu finden Sie unter *www.connect.allplan.com* oder unter *www.zeichenatelier.de/leistungen/report*.

Layout Designer

Über den Menüpunkt **EINFÜGEN** können im Layout Designer Bilder, Textfelder, Linien und Rechtecke eingefügt werden. Das heißt, Sie können auf diese Weise die Optik beeinflussen. Um den Report inhaltlich zu ändern, müssen Sie die Funktion **REPORT MODIFIZIEREN UND/ODER REPORT DEFINIEREN** aus dem Aufgabenbereich **BENUTZEROBJEKTE – REPORTS, LEGENDEN** verwenden.

Vorgehensweise zum Individualisieren des Layouts

Report

Layout Designer

- ▷ **REPORT** → Report auswählen und berechnen lassen
- ▷ **LAYOUT DESIGNER**
- ▷ Feld, Linie oder Ähnliches markieren, das geändert werden soll
- ▷ In der Palette auf der linken Seite die entsprechenden Änderungen tätigen (z. B. Farbe der Hinterlegung ändern)
- ▷ **LAYOUT DESIGNER** zum Abschließen der Überarbeitung
- ▷ Abfrage zum Speichern der Änderungen mit **JA** bestätigen
- ▷ Speicherort auswählen (*Büro* auswählen) und Report speichern

3.4.6 Funktionsablauf für Reports – Funktionen

- ▷ **REPORTS** (oder modulspezifische Funktion für Reports)
- ▷ Report auswählen und zusätzliche Einstellungen tätigen
- ▷ auszuwertende Elemente über einen Aktivierungsrahmen oder **ALLES** auswählen
- ▷ Report wird erzeugt und am Bildschirm angezeigt

3.4.7 Funktionsablauf für Reports – Bauwerksstruktur

Unter den Ableitungen der Bauwerksstruktur im Register **BAUWERKSSTRUKTUR** befinden sich Strukturstufen für Reports. Eine allgemeine Beschreibung der Strukturstufen in diesem Bereich finden Sie in Abschnitt 2.3.3, „Projektbezogen öffnen – Teilbildmodus“. Für jede Auswertung, die im Verlauf des Planungsprozesses benötigt wird, können Reports (*Strukturstufe Report*) für unterschiedlichste Auswertungen angelegt, gegliedert und nach Änderungen am Modell erneut ausgegeben werden. Die Auswertungen werden nicht zwischengespeichert, sondern immer neu erzeugt und zeigen somit stets den aktuellen Zustand der zugeordneten Quellteilbilder an. Den Strukturstufen *Report* und *Reports* kann kein Teilbild zugeordnet werden. Alle Einstellungen inklusive der Quellteilbilder, welche ausgewertet werden sollen, werden direkt im Knoten *Report* definiert.

Einzelschritte

Der Weg zum Anlegen und Ausgeben von Reports über die entsprechenden Strukturstufen der Bauwerksstruktur ist so gegliedert wie der zum Erzeugen von Ansichten und Schnitten. Auch hier handelt es sich um vier Schritte, die nacheinander auszuführen sind. Zum Einfügen von Strukturstufen ist es in einer Workgroup-Umgebung notwendig, über die Funktion **BAUWERKSSTRUKTUR, EBENENMODELL BEARBEITEN** den Bearbeitungsmodus der Bauwerksstruktur zu aktivieren.

> **TIPP:** Legen Sie sich entweder einen Report in einem Vorlaufprojekt an oder – wenn Sie das erste Mal in einem Projekt eine Auswertung benötigen – legen Sie sich mehrere Reports an und benennen Sie diese entsprechend.

Schritt 0: Auswertung anlegen

- ▷ **BAUWERKSSTRUKTUR, EBENENMODELL BEARBEITEN**
- ▷ Kontextmenü einer Strukturstufe **REPORTS**
- ▷ **STRUKTURSTUFE EINFÜGEN → REPORT**
- ▷ Report umbenennen

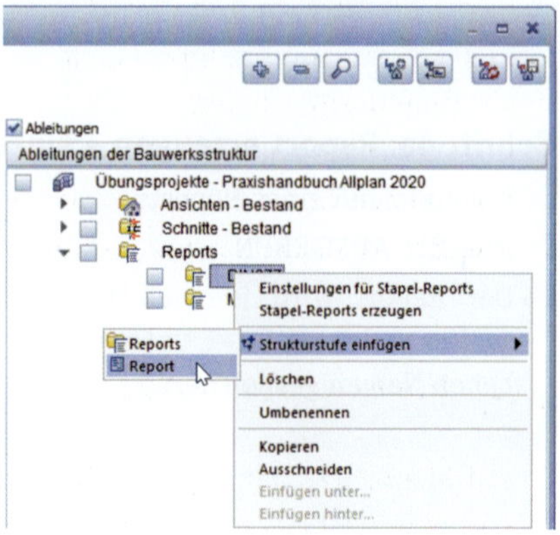

Bauwerksstruktur sperren und bearbeiten

Schritt 1: Quellteilbilder definieren

- ▷ Kontextmenü eines Reports
- ▷ **QUELLTEILBILDER FÜR REPORT**
- ▷ Alle Teilbilder aktivieren, die der Auswertung als Grundlage dienen sollen
- ▷ Auswahl bestätigen

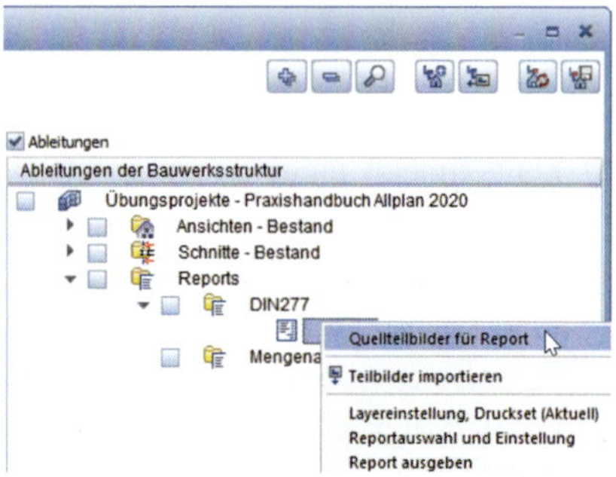

Schritt 2: Layereinstellung, Druckset

- ▷ Kontextmenü eines Reports
- ▷ LAYEREINSTELLUNG, DRUCKSET
- ▷ DRUCKSET VERWENDEN → z. B. ALLE 3D (ohne Abbruch/außen)

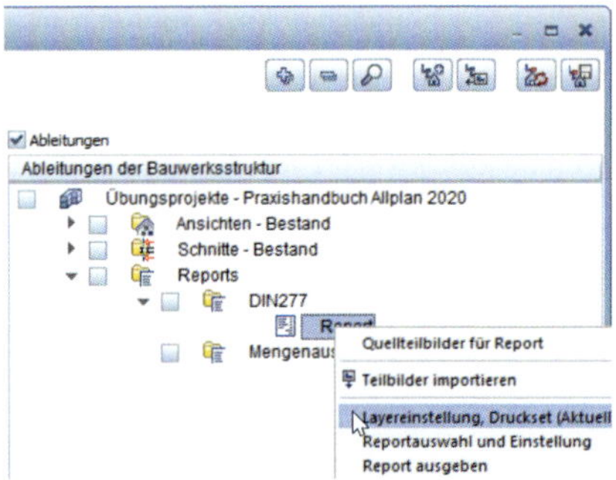

Schritt 3: Einstellungen des Reports

- ▷ Kontextmenü eines Reports
- ▷ REPORTAUSWAHL UND EINSTELLUNGEN
- ▷ Report auswählen und Dateityp für Ausgabe wählen

Schritt 4a: Report erzeugen – einzelnen Report ausgeben

- ▷ Kontextmenü eines Reports
- ▷ REPORT AUSGEBEN
- ▷ Der Report wird je nach Einstellungen geöffnet oder als Datei unter dem angegebenen Namen gespeichert.

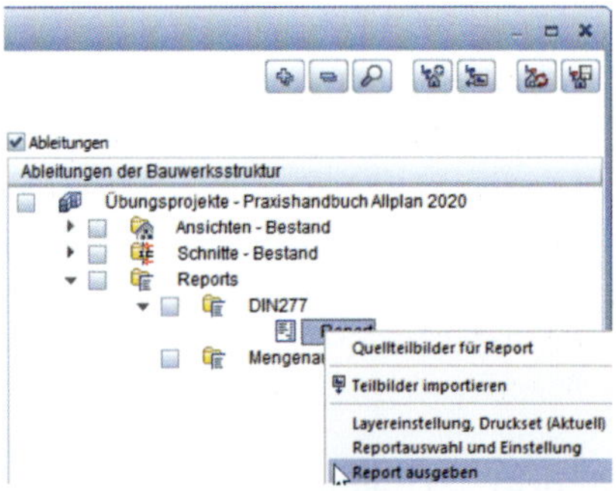

Schritt 4b: Reports erzeugen – mehrere Reports ausgeben (Stapel-Reports)

- ▷ Kontextmenü einer Strukturstufe, in der Reports enthalten sind
- ▷ STAPEL-REPORTS ERZEUGEN
- ▷ Alle Reports werden entsprechend den Einstellungen des Reports zur Ausgabe am Bildschirm angezeigt oder direkt als Datei gespeichert.

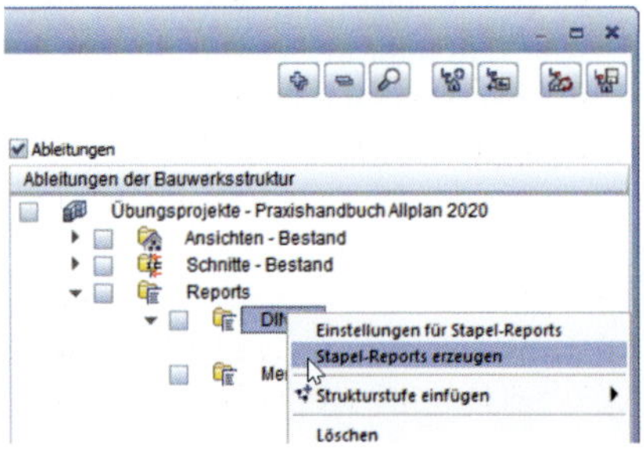

HINWEIS: Zum Ändern der Einstellungen für Stapel-Reports muss durch Anklicken der Funktion **BAUWERKSSTRUKTUR, EBENENMODELL BEARBEITEN** der Bearbeitungsmodus der Bauwerksstruktur aktiviert werden.

3.5 Grundlagen zum Datenaustausch

3.5.1 Datenaustausch von Allplan nach Allplan

Für den Austausch mit Planungspartnern, die die gleiche Allplan-Version im Einsatz haben, gibt es spezielle Funktionen. Daten aus älteren Versionen können gelesen, aber nicht direkt geschrieben werden. Um Informationen zum Exportieren von Daten in ältere Allplan-Versionen zu erhalten, lesen Sie bitte die Hilfe, kontaktieren Sie den Support oder suchen Sie einschlägige Beiträge im Forum unter *www.connect.allplan.com.*

Die Funktionen **GELADENEN PLAN MIT RESSOURCEN EXPORTIEREN** und **GELADENE TEILBILDER MIT RESSOURCEN EXPORTIEREN** sind ideal zum komfortablen Austausch von Teilen eines Projekts. Neben diesen drei Funktionen zum Austausch von Allplan-Daten können Sie Daten auch über den externen Pfad im ProjectPilot, über Projektsicherungen aus dem Allmenü und direkt mit **KOPIE SPEICHERN UNTER** austauschen.

Export

- **GELADENEN PLAN MIT RESSOURCEN EXPORTIEREN** speichert den aktuellen Plan mit den zugehörigen Teilbildern in einem zip-Archiv. Die Teilbilder werden als NDW-Dateien mit Ressourcen gespeichert.
- **GELADENE TEILBILDER MIT RESSOURCEN EXPORTIEREN** speichert das aktive Teilbild sowie alle aktiv im Hintergrund liegenden Teilbilder als NDW-Dateien in ein zip-Archiv.

Import

- **TEILBILDER UND PLÄNE MIT RESSOURCEN IN DAS PROJEKT EINFÜGEN** dient zum Wiedereinlesen von Daten, die mit einer der beiden vorangegangenen Funktionen exportiert wurden. Teilbilder und/oder Pläne, die bereits im Projekt enthalten sind, können überschrieben werden (*.bak-Dateien werden erzeugt).
- Im Dialog **PROJEKTBEZOGEN ÖFFNEN** können verschieden gespeicherte Pläne (Pläne importieren) und/oder Teilbilder (Teilbilder importieren) direkt importiert werden. Es kann sich dabei entweder um Projektsicherungen, direkt gespeicherte Teilbilder oder Pläne (NDW-Dateien oder NPL-Dateien) oder über die Funktionen **GELADENEN PLAN MIT RESSOURCEN EXPORTIEREN** und **GELADENE TEILBILDER MIT RESSOURCEN EXPORTIEREN** gespeicherte Dateien handeln. Je nach Auswahl werden unterschied-

Neu in Version 2020

liche weitere Dialoge angezeigt. Damit ist es schnell möglich, aus einer Datensicherung einen älteren Planungsstand wieder herzustellen.

Anwendungsbeispiel

- Übergabe von Daten an den Statiker, der auch mit einer aktuellen Version von Allplan arbeitet
- Einbindung externer Mitarbeiter: Der externe Mitarbeiter hat eine komplette Projektkopie auf seinem Rechner (das Original befindet sich auf dem Server des Büros) und versendet nur die fertigen Pläne inklusive der zugehörigen Teilbilder.

HINWEIS: Scanbilder werden nicht exportiert. Scanbilder müssen entweder in Pixelbilder gewandelt oder separat (als *.rlc-Datei) verschickt und im Zielprojekt abgelegt werden. Sie können die hinterlegten Scanbilder auch über die Funktion **PIXELFLÄCHE ERZEUGEN** (Modul **BESTANDSCAN**) in Pixelflächen umwandeln.

3.5.2 Datenaustausch – Schnittstellen

Allplan bietet für den Datenaustausch mit Planungspartnern, die nicht Allplan verwenden, viele unterschiedliche Formate an, die gelesen und geschrieben werden. Der sich gerade neu etablierende Datenaustausch über unterschiedlichste BIM-Plattformen wird über das IFC-Format unterstützt. Allplan bietet mit Bimplus eine eigene, sich derzeit im Aufbau befindliche Plattform an, welche für Projekte genutzt werden kann.

3.5.2.1 Formatübersicht Schnittstellen

In den nachfolgenden Tabellen finden Sie eine Auswahl von Formaten inklusive der jeweiligen Dateiversionen. Weitere Informationen liefert Ihnen die Hilfe von Allplan.

Allgemeine Formate – Import

Dateitypen	Endung	Version
DXF-, DWG-, AutoCAD-Daten	.dxf, .dwg, .dwt, .dxb	bis Version 2019 inklusive ACIS-Support
DGN-, MicroStation-Daten	.dgn	Version 8
PDF, PDF/A	.pdf	Vektor- und Pixel-Daten
3D-PDF	.pdf	Format U3D (ECMA-363 1st Edition)
IFC	.ifc	Versionen 2x3, 4
Cinema 4D	.c4d	Versionen 12.5 bis 18
SketchUp	.skp	Version 6 bis 2018
Rhino	.3dm	Version 1 bis 5
STL	.stl	3D-Drucker-Format

Dateitypen	Endung	Version
VRML	.wrl	Version 2
XML	.xml	z. B. aus Cinema ab R9.1
Hpgl/2-Druckdateien	.plt, .hp, .hpg, .hpl, .prn	

Koordinatenwerte, Geländemodell – Import

Dateitypen	Endung	Version
Koordinaten-, Achs-, Kurvenbandwerte	.re1, .reb, .re2, .asc, lin	Auch Linien mit Attributen
Geländemodell: Längsprofile, Querprofile	.lpr, .qpr	
LandXML	.xml	Version 1.0 bis 2.0

Ingenieurbau – Import

Dateitypen	Endung	Version
FEM-Daten (FRILO Software GmbH, SCIA *)	.asf	Sowie InfoGraph GmbH, Cubus AG, mb AEC Software GmbH, Tornow-Software, PCAE GmbH (4H-ALFA), Graitec, Autodesk, SCAD
Bewehrungsdaten	.a	
CEDRUS-Elemente	.sin	Finite Elemente Cubus
Tiefbau- und Brückenmodellierer	.nkb	

Allgemeine Formate – Export

Dateitypen	Endung	Version
DXF-, DWG-, AutoCAD-Daten	.dxf, .dwg, .dwt, .dxb	Versionen 12 bis 2018 inklusive ACIS-Support
DWF-, AutoCAD-Daten	.dwf	Versionen 6 bis 7
DGN-, MicroStation-Daten	.dgn	Version 8, Version 7
PDF, PDF/A	.pdf	mit Layern („Ebenen“), aus Teilbild und Plan
3D-PDF	.pdf	Format U3D (ECMA-363 1st Edition)
IFC	.ifc, ifcXML	Versionen 2x3, 4
Cinema 4D	.c4d	Version 12 (lesbar in R18)
SketchUp	.skp	Version 6 bis 2017
CPIXML	.cpixml	RIB iTWO-Version 2.3 und 3
Rhino	.3dm	Version 5
VRML	.wrl	Version 2

Dateitypen	Endung	Version
Collada	.dae	Versionen 1.4.1 und 1.5.0
Google Earth	.kmz	Version 2.1
STL	.stl	3D-Drucker-Format
Universal 3D	.u3d	Format ECMA-363 1st Edition
Hpgl/2-Druckdateien	.plt, .hp, .hpg, .hpl, .prn	
SVG	.svg	
Autodesk 3ds Max	.3ds	

Koordinatenwerte, Geländemodell – Export

Dateitypen	Endung	Version
Koordinaten-, Achs-, Kurvenbandwerte	.re1, .reb, .re2, .asc, lin	auch Linien mit Attributen
Geländemodell: Längsprofile, Querprofile	.lpr, .qpr	

Ingenieurbau – Export

Dateitypen	Endung	Version
Frilo PLT, SC, GEO	.asc	
CEDRUS-Elemente	.sin	Finite Elemente Cubus
Biegemaschinen	.abs	Version 2
BAMTEC Datei	.tec	BAMTEC Roboter

Sonstige – Export

Dateitypen	Endung	Version
Excel	.xlsx	2010
Word	.docx	2010
PDF	.pdf	
Kern Dämmwerk	.cdk	

Excel und Word werden bei der Ausgabe von Reports unterstützt. PDF-Dateien können an vielen Stellen im Programm erzeugt werden. Die Ausgabe von Dateien für Kern Dämmwerk ist im Modul **WÄRMESCHUTZ** möglich.

Pixelformate

Dateitypen	Endung	Version
JPEG	.jpg, .jff, .jtf	auch mit Georeferenz-Info (Import)
TIF	.tif	auch mit Georeferenz-Info (Import und Export)
BMP	.bmp	
EPS	.eps	
TGA	.tga	
PCT	.pct	
PCX	.pcx	
PNG	.png	
PSD	.psd	

Programmierschnittstellen und Windows-Schnittstellen

Schnittstellen	Kommentar
NOI	Schnittstellen für Aufsatzprogrammierung, z. B. für Scia, ICS, AX3000, On-Site Survey
OLE	Word, Excel, PDF-Dokumente einbinden oder verknüpfen
Zwischenablage	Allplan-Daten, Texte, Pixelbilder usw.

3.5.2.2 Import/Export von DWG, DXF, DGN und weiteren Datenarten

Datenimport

Der Importvorgang von AutoCAD- und anderen Dateien ist gleich bzw. ähnlich aufgebaut. Nach Aufruf der Funktion öffnet sich ein Dateiauswahlfenster, in dem der Dateityp jeweils auf bestimmte Datentypen eingeschränkt ist. Über die Schaltflächen **OPTIONEN** und **DETAILS...** sowie die Auswahlfelder **AUSTAUSCHFAVORIT** und **KONFIGURATION** können Sie Einfluss auf den Importvorgang nehmen. Rechts oben kann eine kleine Vorschau der Datei eingeblendet werden. Über **DETAILS...** öffnet sich ein zusätzliches Vorschaufenster.

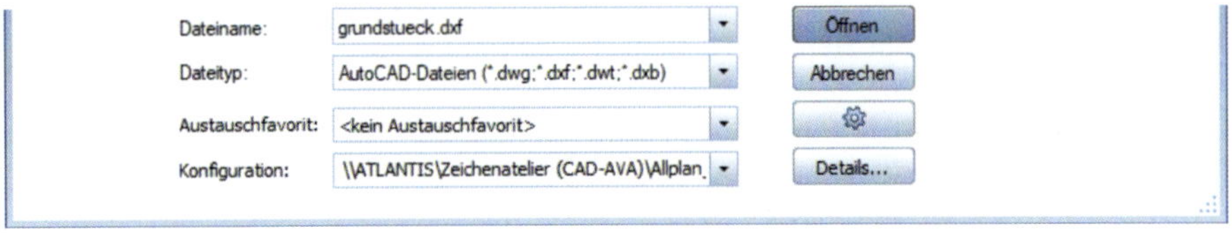

- **DETAILS** ist deaktiviert, solange keine Datei ausgewählt ist. Über **DETAILS** wird der Inhalt der markierten Datei in einem separaten Fenster angezeigt. Über ein Kontextmenü kann man zwischen den Views sowie dem Modellbereich/Papierbereich wechseln.

- Die **VORSCHAU** oben rechts kann bei den meisten Formaten aktiviert werden, um eine erste Übersicht über den Dateiinhalt zu erhalten.
- **OPTIONEN** öffnet einen Dialog zur detaillierten Einstellung des Importvorgangs. Sie haben in Allplan eine Vielzahl von Möglichkeiten, den Import und Export über diese Optionen zu beeinflussen. Je nach Dateityp unterscheiden sich diese nochmals. Über die Austauschfavoriten haben Sie nun Zugriff auf Austauschszenarien, die zur gewählten Datei passen.

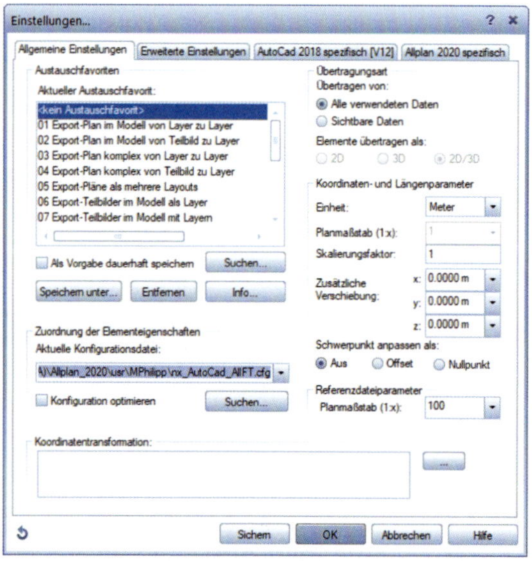

HINWEIS: Je nachdem, welchen Dateityp Sie ausgewählt haben bzw. welche Dateiversion vorliegt, unterscheiden sich die Optionen. So können bei verschiedenen Dateitypen im Register ... **SPEZIFISCH** Prototyp-Dateien, Bibliotheken oder Ähnliches gewählt werden. Mithilfe dieser Dateien kann der Datenaustausch weiter verbessert werden.

Register Allgemeine Einstellungen

- **AKTUELLER AUSTAUSCHFAVORIT** dient der Anwahl gespeicherter Austauschfavoriten sowie dem Speichern der aktuellen Einstellung in einem neuen Austauschfavoriten. Sobald ein anderer Favorit ausgewählt wird, werden alle Einstellungen entsprechend den gespeicherten Vorgaben gesetzt.
- Im Bereich **ÜBERTRAGUNGSART** wird darauf Einfluss genommen, ob auch nicht sichtbar geschaltete Daten importiert werden sollen, und es kann definiert werden, wie Elemente übertragen werden sollen. Bei der Einstellung **2D** werden alle Daten als reine 2D-Daten eingelesen, 3D-Daten werden in 2D-Daten umgewandelt.
- **KOORDINATEN- UND LÄNGENPARAMETER:** Abhängig von der Datei, die Sie einlesen, sollten gewisse Voreinstellungen getroffen bzw. geändert werden.

- Unter **PLANMASSSTAB (1:X)** stellen Sie den Maßstab der einzulesenden Datei ein. Die Textgröße wird entsprechend dem Maßstab eingestellt.
- **EINHEIT** und **SKALIERUNGSFAKTOR** regeln die Umsetzung der Zeichnungseinheiten nach Allplan. Sollte eine Zeichnung in der falschen Größe importiert worden sein, kann dieser Wert für den Neuimport korrigiert werden. Es sollte immer nur eine der beiden Einstellungen geändert werden, da sich gegenläufige Änderungen aufheben können. Über den Skalierungsfaktor kann auch die Zeicheneinheit korrigiert werden, wenn statt im metrischen System mit Zoll/Inch gearbeitet wurde.
- **ZUSÄTZLICHE VERSCHIEBUNG (M):** verschiebt beim Import die Daten um definierte Werte. Es kann z. B. ein Lageplan so importiert werden, dass der Schwerpunkt der Datei bei null zu liegen kommt.
- **KOORDINATENTRANSFORMATION** erlaubt die automatische Wandlung von Daten basierend auf unterschiedlichen Länderformaten der Vermessungsämter in CAD-kompatible Koordinatensysteme.

Neu in Version 2020

Register Erweiterte Einstellungen

Im Register **ERWEITERTE EINSTELLUNGEN** finden Sie diverse Einstellungen, die zum Beispiel regeln, ob Elemente beim Import/Export von der Übertragung ausgeschlossen werden sollen oder aufzulösen sind. Je nach Import/Export sollten hier Einstellungen getroffen werden.

Register Allplan 2020 spezifisch

- **LAYERVERTEILUNG** steuert, wie Layer beim Import in Allplan interpretiert werden sollen. Die Standardeinstellung ist **LAYER**. Bei großen Dateiimporten kann es sinnvoll sein, die Layer auf unterschiedliche Teilbilder aufzugliedern. Die Option **DOKUMENTE** (gilt nicht für Inhalt einer Referenzdatei) ist in solchen Fällen zu aktivieren.
- **IMPORTIERTE REFERENZDATEI** steuert, wie XRefs aus der zu importierenden Datei in Allplan auf Teilbildern angelegt werden sollen. Bei Dateien mit vielen XRefs bietet es sich an, eine Zeichnung automatisch anlegen zu lassen. Dies kann auch dann sinnvoll sein, wenn mit der Bauwerksstruktur gearbeitet wird.
- **LAYERHIERARCHIE FALLS LAYERERZEUGUNG BEIM IMPORT** gibt an, in welcher Layergruppe von Allplan neue Layer angelegt werden sollen. Sollten Sie für den Datenaustausch mit einem Planungspartner genau definierte Gruppen in Allplan angelegt haben, sollten diese hier gewählt werden.
- **NEU ERZEUGEN BEIM IMPORT** steuert, ob Allplan beim Import neue Definitionen automatisch anlegen soll. Wenn Sie hier z. B. **MUSTERDEFINITION** aktivieren, werden nicht bekannte Muster automatisch in Allplan angelegt. Dies verbessert die Darstellung der importierten Datei, führt aber dazu, dass die büro- oder projektorientierten Ressourcen anwachsen.

TIPP: Erhält man Lageplandaten vom Vermessungsamt, so sind diese zumeist auf sehr großen Koordinaten (Landeskoordinaten, Gauß-Krüger-Koordinaten) abgelegt. Hier gilt es zu beachten, dass auf einem Koordinatensystem mit sehr großen Koordinaten Ungenauigkeiten auftreten können, die durch die begrenzten Rechengenauigkeiten von CAD-Systemen herrühren. Allplan bietet Ihnen beim Import solcher Daten verschiedene Hilfen an.

Datenexport

Der Exportvorgang ist ähnlich dem Import aufgebaut. Neben den Einstellungen, die auch beim Import vorhanden sind, muss das gewünschte Dateiformat in der benötigten Version ausgewählt werden.

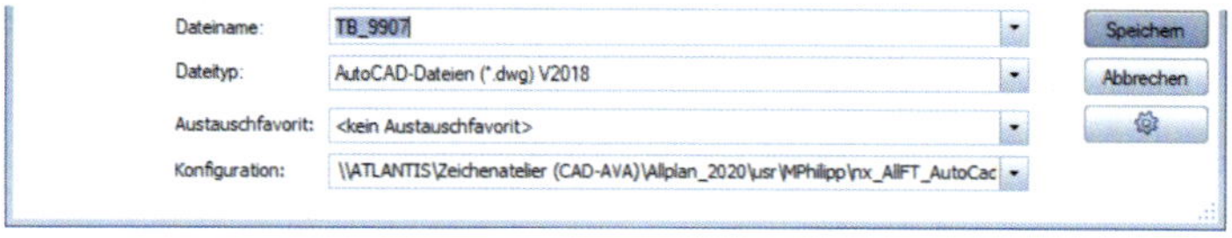

3.5.2.3 Systembeschreibung DXF-Import (Lageplan)

Für erste Skizzen und schnell zu erstellende Vorentwurfslagepläne reicht ein gescannter Lageplan - als Pixelfläche oder Scanbild eingebunden - meistens aus. Im weiteren Projektverlauf ist es notwendig, mit exakten Daten des Vermessungsamtes zu arbeiten. Diese Daten können in das Projekt eingelesen und weiter verwendet werden.

Bevor es nun zum Datenimport geht, gilt es, das Ziel des Imports festzulegen.

Ziel 1

Nur die genauen Grundstücksabmessungen sind notwendig. Es sind Änderungen an bestehenden Grenzen einzutragen und/oder ein Grundstück ist zu teilen.

▷ Daten auf Teilbild importieren und auf die Planung verschieben und drehen

Ziel 2

Die Daten dürfen auf keinen Fall geändert werden.

▷ DXF-Datei direkt in einem Teilbild als XRef hinterlegen oder auf ein Extra-Teilbild importieren und dieses hinterlegen sowie anhand der Planung ausrichten

Ziel 3

Sie benötigen für die Baustelle einen Koordinatenplan als Einmessplan.

▷ Daten sind mit Originalkoordinaten einzulesen

Für die weitere Bearbeitung ergeben sich zwei Möglichkeiten: Entweder Sie erstellen die Planung komplett auf den Originalkoordinaten (Option **ALLGEMEIN**, Arbeiten mit großen Koordinaten optimieren bzw. beim Import den Offset des Projekts anpassen lassen) oder Sie hinterlegen im Lageplan die wesentlichen Teilbilder der Planung als XRef und den

Lageplan Ihrer Planung als XRef. Dabei ist nur zu beachten, dass unterschiedliche Teilbilder verwendet werden.

3.5.2.4 Gauß-Krüger-Koordinaten – UTM

Bisher gab es die Katasterdaten meistens in Gauß-Krüger-Koordinaten (zumindest in Deutschland). Diese wurden ohne große Gedanken zu verschwenden in Allplan importiert. Dabei sind grundsätzlich (meist) zwei Punkte vernachlässigt worden:

1. Die Gauß-Krüger hat eine Verzerrung (geringfügig, aber vorhanden).
2. Die absolute Lage ist nicht korrekt, da die erste Stelle in den Koordinaten die Zonennummer ist. Das heißt, mit der ersten Stelle (**4**.000.000 m) in x ist die Gauß-Krüger-Zone 4 kodiert und nicht die Entfernung zu einem Nullpunkt.

UTM hat ein anderes Rastersystem und die Zonenbreiten sind 6 Grad anstelle der bei Gauß-Krüger üblichen 3 Grad. Zudem hätte Bayern z. B. zwei UTM-Zonen (32,33), man hat sich aber auf 32 geeinigt. Dadurch wird die Verzerrung dann in den Bereichen außerhalb der Zone 32 recht hoch. UTM verzerrt auch generell stärker als GK.

Da UTM keine Zonenkenner in den Koordinaten hat, liegen die Daten ohne Transformation nach dem Import recht nah am Ursprung (im Gegensatz zu GK, die bei – hier – 4000 km liegen). Um UTM-Dateien korrekt einlesen zu können, werden zusätzliche – meist frei erhältliche – Dateien benötigt, in welchen die Verzerrungen hinterlegt sind.

Weitere Informationen zu diesem neuen Thema in Allplan finden Sie in der Hilfe.

3.5.2.5 PDF-Dateien

PDF steht für Portable Document Format und wurde als plattformunabhängiges Dateiformat für Dokumente des Unternehmens Adobe Systems entwickelt und 1993 veröffentlicht. Ziel des Dateiformats war es, ein Dokumentformat für elektronische Dokumente zu schaffen, das unabhängig von Betriebssystem und Hardware-Plattform ist und somit immer originalgetreu wiedergegeben werden kann. PDF-Dateien können entweder über PDF-Drucker erzeugt oder direkt aus vielen Programmen gespeichert werden.

3D-PDF-Dateien können z. B. im Adobe Acrobat Reader ab Version 7 geöffnet werden. Je nach Gebäudemodell und Detaillierungsgrad können sehr große Datenmengen entstehen.

HINWEIS: Wenn PDF/A-1a (PDF/A ist ein ISO-Standard für die Verwendung des PDF-Formats in der Langzeitarchivierung elektronischer Dokumente) angewählt ist, gelten folgende Einschränkungen: Layer können nicht übergeben werden, TrueType-Schriftarten müssen eingebettet werden, transparente Füllflächen sind nicht möglich, Kennwörter zum Öffnen des Dokuments können nicht vergeben und das Drucken des Dokuments kann nicht eingeschränkt bzw. ausgeschlossen werden. Weitere Informationen zu PDF/A finden Sie unter *http://www.pdfa.org*.

3.5.3 Datenaustausch mit AVA-Systemen

Über diese Schnittstelle lassen sich entweder Daten an das AVA-System oder Excel übertragen. Durch eine Rückübertragung der Daten an das CAD-System können Sie sehr komfortabel Daten in Allplan verändern. So können Sie z. B. von allen auf einem Teilbild vorhandenen Wänden das Material in einem Zuge ändern oder auch nur von bestimmten Wänden, die Sie im externen Programm gefiltert haben.

HINWEIS: Die erste Spalte der zu importierenden Datei muss die Allright-Bauteil-ID enthalten. Diese Spalte darf nicht verändert werden.

Alternativ können in vielen Reports Allplan BCM-Mengendateien bzw. Nevaris-Dateien geschrieben werden. Über den Objektmanager können auch Daten geschrieben und gelesen werden.

HINWEIS: Für die Übergabe von Daten, die mit dem zusätzlich erwerbbaren Content IBD erstellt wurden, ist der Report **MENGEN** zu verwenden.

3.6 Bibliothek

Die Bibliothek dient der Auswahl und Verwaltung von Symbolen, Makros, SmartParts und PythonParts. Die unterschiedlichen Datentypen liegen dabei in einer einheitlichen, über Windows-Ordner gegliederten Struktur vor. Je nach Datentyp wird ein entsprechendes Icon am Bibliotheksobjekt angezeigt. Die Basisordner sind *Standard* (lokal im ETC-Verzeichnis gespeichert), *Büro* (je nach Installation lokal oder zentral gespeichert und für alle im gemeinsamen Netz verfügbar), *Projekt*, *Privat* oder *Extern*.

Neben den in der Basisinstallation vorhandenen Symbolen, Makros und SmartParts können weitere Daten über Allplan Connect bezogen werden. Nach einer Anmeldung unter *http://www.connect.allplan.com* haben Sie entweder Zugriff auf den kompletten Datenstamm (bei bestehendem ServicePlus-Vertrag) oder auf eine eingeschränkte Auswahl.

HINWEIS: Alle Elemente werden in einzelnen Dateien (außer SmartParts mit Sub-Objekten) gespeichert und können auch über den Windows Explorer kopiert werden. Bei PythonParts kann es sein, dass neben den Objekten weitere Inhalte kopiert werden müssen. Näheres hierzu finden Sie in der Hilfe und/oder auf den Internetseiten, welche PythonParts zur Verfügung stellen.

3.6.1 Symbole, Makros, SmartParts und PythonParts

Neben den einfachen Symbolen und Makros können in Allplan seit Version 2012 SmartParts verwendet werden. Zur Abgrenzung der Einsatzbereiche und Begrifflichkeiten finden Sie nachfolgend eine Kurzbeschreibung von Symbolen, Makros und SmartParts. Alle Dateitypen können in Ordnern strukturiert in der Bibliothek abgelegt werden.

- **Symbole** beinhalten einfache bis komplexe Geometrien, die beim Absetzen an einem Punkt eingefügt werden können. Nach dem Absetzen sind alle Elemente einzeln auf dem Teilbild enthalten, wie sie erstellt wurden. Haupteinsatzgebiete sind die Möblierung in 2D und 3D, Vorlagen für Details, Legenden und Ähnliches. Neben einfachen Symbolen können auch Symbole mit Ressourcen erzeugt werden, die beim Einsetzen in einem Projekt bei Bedarf zusätzliche Ressourcen im Projekt erzeugen bzw. die bestehenden Ressourcen ergänzen.

Symbol
Symbole mit Ressourcen

HINWEIS: Nahezu alle Objekte – auch z. B. SmartParts und Makros – lassen sich als Symbol abspeichern.

- **Makros** besitzen Zusatzeigenschaften, wie z. B. die Berücksichtigung von Ausbauflächen, gleichbleibende Bereiche bei Verzerrung (siehe Fenster), unterschiedliche Darstellungen für Maßstäbe und/oder Zeichnungstypen, und können ausgewertet werden. Die Geometrien können auf Größenänderungen nur eingeschränkt intelligent reagieren. Haupteinsatzgebiete sind Türen, komplexere Ausstattungsgegenstände, Einrichtungsgegenstände zum Auswerten sowie Elektroinstallationen und Ähnliches. Neben einfachen Makros können auch Makros mit Ressourcen erzeugt werden, die beim Einsetzen in einem Projekt bei Bedarf zusätzliche Ressourcen im Projekt erzeugen bzw. die bestehenden Ressourcen ergänzen. Zum Beispiel sind die ausgelieferten Autos als Makros mit Ressourcen gespeichert und erzeugen beim Absetzen im Projekt die zusätzlich notwendigen Einträge und Dateien.

Makro
Makro mit Ressourcen

- **SmartParts** beinhalten gegenüber Makros weitere Intelligenzen. So ist es z. B. möglich, bei einer Dachleiter die Neigung der Leiter bei immer waagerechten Stufen zu verändern oder bei einem Tisch mit Stühlen diese gemeinsam vom Tisch wegzuschieben, die Anzahl über die Tischgröße zu steuern und vieles mehr. In nahezu jeder der letzten drei Versionen sind zusätzliche SmartParts hinzugefügt und/oder neue Features zu den schon vorhandenen SmartParts hinzugefügt worden.

SmartPart

- **PythonParts** sind parametrische Objekte, welche über die Python-Programmierschnittstelle (API) oder Allplan Visual Scripting erstellt werden. Je nach Quelle sind unterschiedliche Möglichkeiten vorhanden. Die in Allplan mit ausgelieferten PythonParts haben z. B. im 3D-Modell bereits Bewehrung enthalten. Je nach Einstellung und/oder Programmierung werden 3D-Körper erzeugt, die mit den Funktionen aus dem Bereich 3D-Modellieren bearbeitet werden können, oder es bleiben PythonParts, welche den dauerhaften Zugriff auf alle Parameter zulassen, die bei der Erstellung verwendet wurden. Im Standard sind bereits in verschiedenen Unterordnern Objekte vorhanden:
  - *Architektur:* Unter *Architektur* sind verschiedene Rampen und Treppen enthalten.

PythonParts

- *Ingenieurbau:* Unter *Ingenieurbau* finden Sie verschiedene Massivtreppenvorlagen, Brückenpfeiler und Vorlagen für Bewehrungen.
- *PP-Editor: PP-Editor* ist ein Bausatz zum Erzeugen von extrem variablen und vielfältigen Objekten. Derzeit sind Objekte für Stützen und Treppen enthalten. Näheres zur Verwendung der Objekte im PP-Editor finden Sie in der Hilfe.

3.6.2 Bibliothek – Bedienung

Die Bibliothek bietet alle Funktionen, die zur Nutzung der Elemente sowie deren Verwaltung notwendig sind. Je nach Element und Bereich der Bibliothek werden unterschiedliche Optionen angeboten. Zudem können für Symbole und/oder Makros Vordefinitionen in den Optionen getroffen werden.

Standardsymbole und Layer

Viele Symbole und Makros sind auf dem Standardlayer abgelegt. In den Optionen unter dem Punkt **MAKROS UND SYMBOLE** kann eingestellt werden, ob das gewählte Element die im Bibliothekselement gespeicherten Einstellungen für den Layer behalten soll oder ob diese dem aktuellen Layer zugewiesen werden sollen.

TIPP: Da durch diese Option auch optimal gespeicherte Symbole und Makros betroffen wären, ist es ratsam, die Option nicht zu verwenden und die Bibliothekselemente nach dem Absetzen zu modifizieren.

Symbole und Makros aus der Bibliothek – Einstellungen beim Absetzen

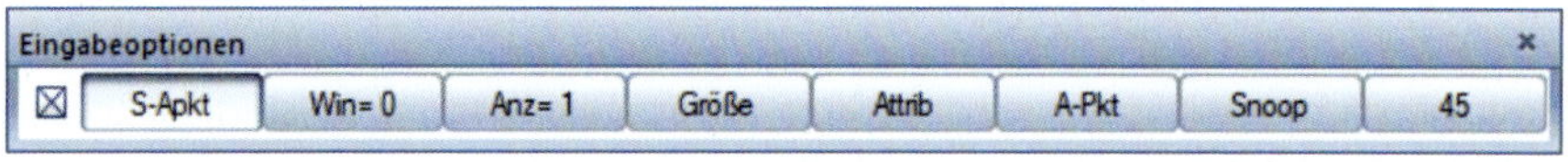

Symbol
Symbole mit Ressourcen
Makro
Makro mit Ressourcen

Wählt man Symbole oder Makros aus der Bibliothek aus, so erscheint die angezeigte Symbolleiste mit den folgenden Optionen (von links nach rechts):

- **TRANSPORTPUNKT** dient zum Einstellen des Absetzpunktes anhand von neun Definitionspunkten.
- **S-APKT** setzt den Absetzpunkt auf den Standard zurück, der beim Speichern gesetzt wurde.
- **WIN=0** dient zum Einschalten einer Drehoption beim Absetzen. Wenn auf **WIN=?** umgeschaltet wurde, muss nach der Definition des Absetzpunktes der gewünschte Winkel mit einem zweiten Klick (oder per Eingabe) gewählt werden.
- **ANZ=1** bedeutet, dass das Element einmal abgesetzt wird. Wird auf **ANZ=?** umgestellt, kann das Symbol mehrmals nacheinander abgesetzt werden.
- **GRÖSSE** ermöglicht das Verzerren des Elements mit drei Faktoren (ein Faktor je Achse) vor dem Absetzen.

- **SNOOP** schaltet die Richtungsübernahme von Architekturlinien ein. Mit der **SNOOP**-Funktionalität kann z. B. ein Waschbecken an einer beliebigen Wand automatisch ausgerichtet werden.
- **A-PKT** lässt einen frei im Element einstellbaren Absetzpunkt zu.
- „45“ ist die Einstellung des Winkels für den Winkelsprung, der in der Dialogzeile mit +/- geschaltet werden kann. Es kann entweder ein Winkel aus der Auswahl verwendet oder ein beliebiger Winkel eingestellt werden.

SmartParts aus der Bibliothek – Einstellungen beim Absetzen

SmartPart

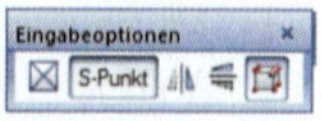

Die Auswahl von SmartParts aus der Bibliothek ist gleich dem Auswählen von Symbolen oder Makros. Nach der Anwahl des SmartParts wird die Palette mit den Eigenschaften des SmartParts geöffnet und es können noch vor dem Ablegen des Objekts unterschiedlichste Eigenschaften eingestellt werden. Da jedes SmartPart eigene, nur selten vergleichbare Eigenschaften (und Intelligenzen) besitzt, wird auf eine detaillierte Beschreibung verzichtet. Es werden lediglich die allgemeinen Funktionen beim Absetzen aufgeführt.

Direkt beim Absetzen eines ausgewählten SmartParts werden in den Eingabeoptionen mehrere Funktionen angezeigt:

- Statt dem Standardabsetzpunkt kann über **TRANSPORTPUNKT** einer von den neuen vordefinierten Punkten gewählt werden. *(Transportpunkt)*
- **S-PUNKT** setzt die Auswahl des Transportpunktes wieder auf den im SmartPart definierten Absetzpunkt zurück. *(S-Punkt)*
- **SPIEGELN X-RICHTUNG** spiegelt das gewählte SmartPart um die Y-Achse. Der gewählte Transportpunkt/Absetzpunkt fungiert als Ursprung. *(Spiegeln X-Richtung)*
- **SPIEGELN Y-RICHTUNG** spiegelt das gewählte SmartPart um die X-Achse. Der gewählte Transportpunkt/Absetzpunkt fungiert als Ursprung. *(Spiegeln Y-Richtung)*
- Wenn **SMARTPART MIT GRIFFEN MODIFIZIEREN** aktiviert ist, bedeutet das, dass das SmartPart direkt nach dem Absetzen über Handles weiter angepasst werden kann. Abgeschlossen wird der Vorgang über **ESC**. Wenn die Option nicht aktiviert ist, kann das Objekt direkt nach dem Absetzen nochmals eingesetzt werden. *(SmartPart mit Griffen modifizieren)*

> **HINWEIS**: Bei der Erstellung von SmartParts kann eingestellt werden, dass ein schnelles Absetzen möglich ist. Dies äußert sich darin, dass beim Absetzen keine Palette für Detaileinstellungen angezeigt wird.

PythonParts aus der Bibliothek – Einstellungen beim Absetzen

PythonParts

PythonParts hängen nach dem Aufruf direkt am Fadenkreuz. Der Absetzpunkt ist vordefiniert und kann nicht geändert werden. In der Dialogzeile ist der Punktfang aktiv und Sie haben ein Eingabefeld für einen Drehwinkel. Weitere Einstellungen und Möglichkeiten hängen von der Programmierung des PythonParts ab und sind nicht einheitlich fassbar.

Kontextmenü – Bibliotheksordner

Jeder Order der Bibliothek hat ein eigenes Kontextmenü bzw. ein über den Stift am oberen rechten Symboleck aufrufbares Menü. Die Ordner im Allplan-Verzeichnis haben nur die Funktionen für Makros und Kopieren.

- **MAKROS ERZEUGEN EINE ÖFFNUNG VOM TYP** öffnet ein Untermenü, über welches für alle im Ordner befindlichen Makros eine Zusatzfunktion geschaltet werden kann. Je nach Einstellung des Ordners kann für ein aus dem Ordner gewähltes Makro die entsprechende Öffnung in der zum Makro passenden Größe direkt erzeugt werden. Das Makro wird dazu nur in die gewünschte Wand eingesetzt.
- **MAKROS BEACHTEN RAUM-AUSBAUFLÄCHEN IN ANIMATION, SCHNITT** setzt für alle dem Ordner direkt untergeordneten Makros die gewünschte Eigenschaft aus dem Untermenü. Ein Makro aus dem Ordner erhält beim Absetzen automatisch die Eigenschaft und gleicht sich z. B. der Höhe des Bodenaufbaus des Raumes, in dessen Bereich es gesetzt wurde, an.

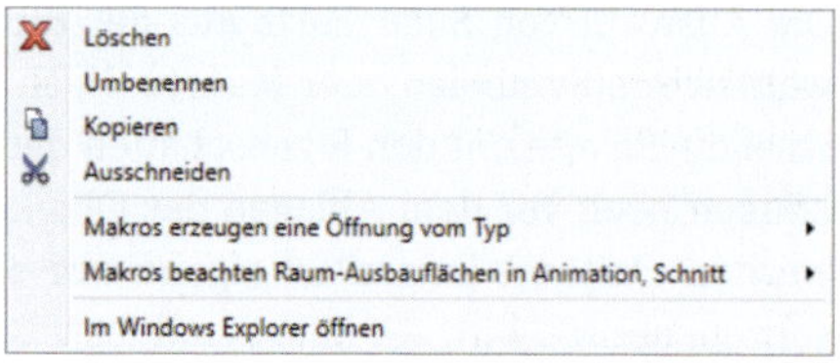

HINWEIS: Die Optionen für Makros können bei allen Ordnern gesetzt werden, auch wenn im (angewählten) Ordner keine Makros enthalten sind.

Kontextmenü – Bibliothekselement

Die wesentlichen Einstellungen bietet die neue Funktion **RESSOURCEN ENTHALTEN** für Symbole und Makros. Wird die Einstellung für ein Element angewählt, werden aus dem aktuellen Projekt bzw. Büro (je nach Projekteinstellung) die verwendeten Ressourcen (zum Beispiel Texturen) im Element gespeichert. Wird ein derart vorbereitetes Element in einem anderen Projekt verwendet, werden die Ressourcen dort automatisch erzeugt und das Bibliothekselement ist in der Darstellung korrekt. Dies erleichtert zum Beispiel den Einsatz von voll texturierten Objekten oder das Abspeichern von Logos.

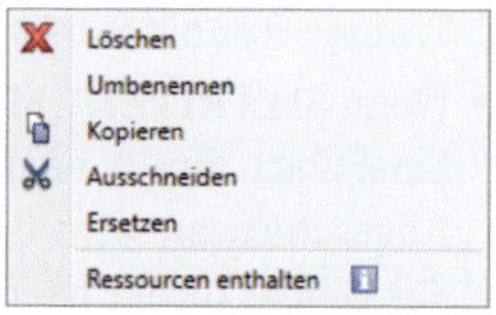

3.6.3 Gliederung Bibliothek

Der mitgelieferte Inhalt der Bibliothek gliedert sich in mehrere Abschnitte, die jeweils thematisch sortierten Inhalt haben.

- *2D Objekte* enthält im Wesentlichen 2D-Daten als Symbole sowie Makros für Durchbrüche. Sie finden in diesem Abschnitt zum Beispiel 2D-Bäume für Grundrisse und Ansichten *(Exterieur)*, skizzenhafte Darstellungen von Personen und mehr *(Artist)*, Nordpfeile

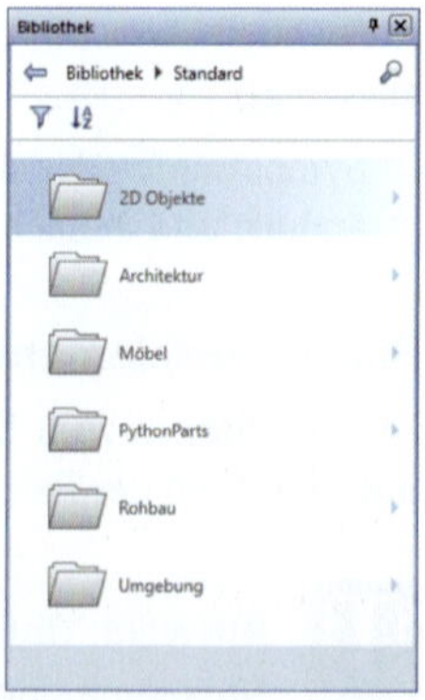

und Maßstabsbalken sowie im Ordner *Profilschnitte* Stahl-Querschnitte von Stahlträgern, welche zum Beispiel in Stützen verwendet werden können.

- *Architektur* beinhaltet Bauteile für Öffnungen wie Türen, Fenster und Dachflächenfenster als SmartParts und Makros. Die im Bereich *Architektur* enthaltenen SmartParts sind mit den entsprechenden Funktionen aus den Modulen der *Architektur* erzeugt.
- *Möbel* enthält derzeit ausschließlich Makros mit 3D-Inhalten und vereinfachten 2D-Folien zum Ausstatten von Grundrissen.
- *PythonParts* enthält in drei Unterordnern verschiedene parametrische Bauteile für den Einsatz in der Architektur und für den Ingenieurbau.
- *Rohbau* enthält Stahlprofile in 3D sowie diverse intelligente SmartParts für spezielle Aufgaben wie Rampen und Ähnliches.
- *Umgebung* enthält 3D-Elemente zum Aufwerten der Außenanlagen. In den Ordnern *Fahrzeuge* und *Personen* sind alle Objekte zweimal vorhanden – volltexturiert und für eine farblich reduzierte Darstellung.

HINWEIS: Den in Allplan 2019 eingeführten Nemetschek Profilkatalog finden Sie, wenn die oberste Hierarchiestufe in der Bibliothek angezeigt wird, am unteren Rand. Der Katalog beinhaltet eine umfangreiche Sammlung von international genormten Stahlprofilen. Die Daten werden über BIMPLUS zur Verfügung gestellt und müssen für die Verwendung gespeichert werden.

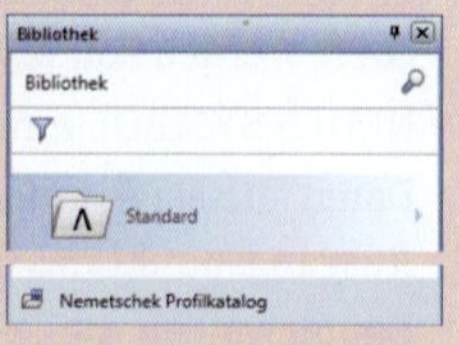

3.6.4 Bibliothekselement lesen und speichern

Bibliothekselement lesen

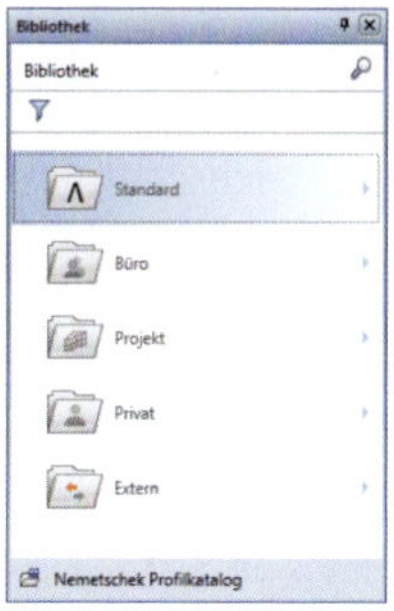

Bibliothek

Die Verwendung von Daten aus der Bibliothek wird am Beispiel von Symbolen dargestellt.

▷ Palette **BIBLIOTHEK** öffnen

▷ Speicherort wählen (oberste Speicherordnung, z. B. *Standard*, *Büro* …)

▷ Weitere Unterordner auswählen, bis Symbole erscheinen

▷ Ein Doppelklick übernimmt das Symbol zum Absetzen auf dem Teilbild. Alternativ können Sie das Bibliothekselement auch auf die Teilbilder ziehen.

Bibliothek (B)

Neue Gruppe

Element einfügen

Neues Symbol

Je nachdem, welche Art das Bibliothekselement hat, werden unterschiedliche Optionen angezeigt.

▷ Symbol entweder direkt absetzen oder in den **EINGABEOPTIONEN** Voreinstellungen ändern und danach absetzen

Bibliothekselement speichern

Die Funktionen zum Einfügen von neuen Elementen in die Bibliothek befinden sich am unteren Rand der Palette.

HINWEIS: Unter *Büro* dürfen bei Installation mit Workgroup-Manager nur Nutzer mit den entsprechenden Rechten (Administratoren) speichern.

▷ Palette **BIBLIOTHEK (B)** öffnen

▷ Speicherort **PROJEKT** (*Büro, Projekt* …)

▷ **NEUE GRUPPE** zum Anlegen eines neuen Ordners im Speicherort **PROJEKT** anwählen und die Gruppe benennen oder direkt mit dem nächsten Schritt weitermachen. Eine neue Gruppe (Unterordner im gewählten Ordner) ist nur bei Bedarf anzulegen.

▷ **ELEMENT EINFÜGEN** und auswählen, welche Art Element gespeichert werden soll (z. B. Symbol)

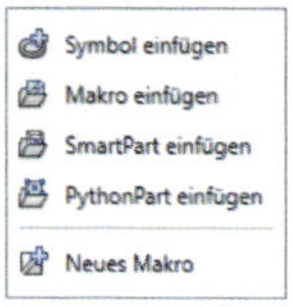

▷ **NEUES SYMBOL** anwählen

▷ Daten, die als Symbol gespeichert werden sollen, auswählen und den Ausgangspunkt des Symbols anwählen

▷ Definieren, ob die Daten als einfaches Symbol ohne **SNOOP**-Funktionalität oder mit **SNOOP** gespeichert werden sollen

▷ Namen des Symbols bestimmen

Das Element wird in die Bibliothek eingefügt und sofort darin angezeigt. Sie können das Symbol direkt aus der geöffneten Bibliothek einfügen oder weitere einfügen. Durch Anklicken des Pfeils oben rechts wechseln Sie in der Hierarchie eine Stufe nach oben. Durch Anwahl der aufgeführten Namen wechseln Sie direkt zum jeweiligen Oberpunkt.

HINWEIS: Die Bibliothek bleibt immer in dem zuletzt geöffneten Zustand stehen, auch wenn sie ausgeblendet wird. Dies ermöglicht es Ihnen, ohne sich neu durch den Verzeichnisbaum zu hangeln, weitere Elemente aus dem gleichen Bereich auszuwählen.

3.7 Aufgabenbereich Konstruieren

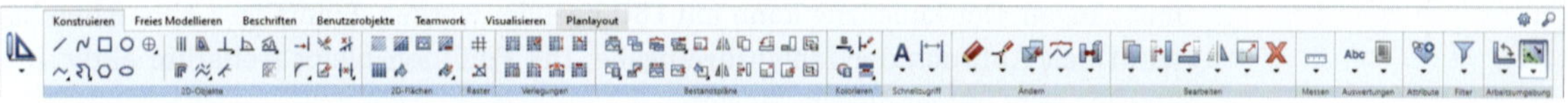

Im Aufgabenbereich **KONSTRUIEREN** in der Rolle *Konstruktion* (oder anderen Rollen) sind alle Funktionen enthalten, die für das Erstellen von 2D-Zeichnungen, zum Ergänzen von 3D-Zeichnungen und Ähnlichem notwendig sind. Teilweise sind die Grundfunktionen auch im statischen Bereich unter **SCHNELLZUGRIFF** enthalten. Neben den Grundfunktionen sind allgemeine, in anderen Aufgaben teils auch enthaltene Bereiche (**VERLEGUNG, BESTANDSPLÄNE UND KOLORIEREN**) enthalten.

Im Folgenden werden die wesentlichen Funktionen aus dem Aufgabenbereich **KONSTRUIEREN (2D)** - Bereich **2D-OBJEKTE** beschrieben. Die Eingabemechanismen folgen immer den in Abschnitt 3.1.2, „Erzeugen von“, beschriebenen Eingabemöglichkeiten.

Oberfläche ohne Actionbar

Wird eine Oberflächenkonfiguration ohne Actionbar verwendet, befinden sich die meisten Funktionen im Modul **KONSTRUKTION** und **ERWEITERTE KONSTRUKTION**. Die weiteren Funktionen sind in unterschiedlichen Modulen angesiedelt.

- Im Modul **KONSTRUKTION** finden Sie die meisten Funktionen zum Erzeugen und Ändern von Elementen, die Sie für Zeichnungen in 2D benötigen.
- Das Modul **ERWEITERTE KONSTRUKTION** bietet Ihnen einige sehr nützliche Zusatzfunktionen an. Die nachfolgend vorgestellten Funktionen sind nur eine Auswahl der von mir am häufigsten verwendeten Funktionen.

Konstruktion

Erweiterte Konstruktion

3.7.1 Bereich 2D-Objekte

HINWEIS: Die Palette **EIGENSCHAFTEN** sollte immer geöffnet sein, da hier - vor allem bei der Oberflächenkonfiguration Actionbar - die Einstellungen zu **FORMAT** (Layer, Stiftdicke, Linienfarbe, Strichart usw.) sowie weitere Einstellungen getätigt werden können. Bei Elementen, deren Eigenschaften noch nicht komplett in der Palette abgebildet sind, erscheint zusätzlich ein Dialog für Eigenschaften.

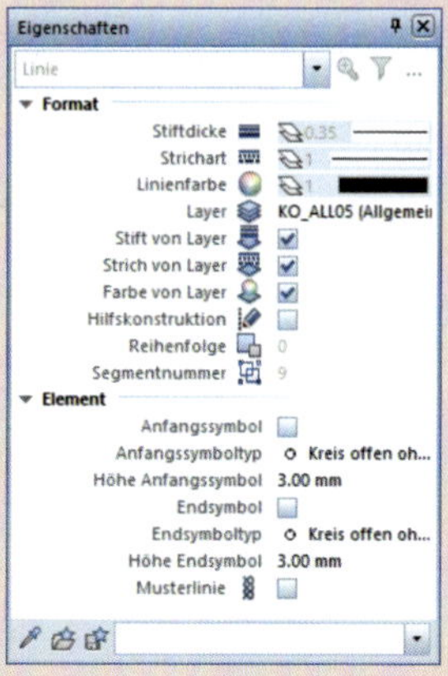

Linie

- **LINIE (EINZELLINIE, LINIENZUG)**: Die Linie ist der Prototyp (bezogen auf die Eingabeart) aller linear einzugebenden Elemente und Bauteile. Einzellinien sind meist einfacher in der weiteren Bearbeitung.

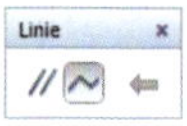

Modus Einzellinie

Modus Linienzug

  - Im Modus **EINZELLINIE** wird immer nur eine Linie erzeugt. Nach Angabe des zweiten Punktes bricht die Funktion ab und verlangt einen neuen Anfangspunkt.
  - Im Modus **LINIENZUG** werden Linienzüge erstellt, deren Einzellinien nicht zusammenhängen. Der Linienzug kann mit **ESC** beendet werden. Einmaliges Abbrechen bewirkt den Abbruch der Linienzugeingabe. Die Funktion bleibt weiterhin aktiv. Die Eingabe folgt immer diesem Muster:
  - **VON PUNKT/ELEMENT**
  - **BIS PUNKT** oder **NACH PUNKT/ELEMENT**

Polygonzug

- **POLYGONZUG** erzeugt einen zusammenhängenden Linienzug als ein Element. Die Optionen zur Polygonisierung von bestehenden Elementen können deaktiviert werden und es kann entweder das Stichmaß oder die Kreisteilung für die Polygonisierung von Kurven eingestellt werden.

Fülllinie

- **FÜLLLINIE** erzeugt eine Freihandlinie. Zum Erzeugen der Linie muss die linke Maustaste gedrückt gehalten werden. In den Eigenschaften der Fülllinie beim Erzeugen kann die Schrittweite, Farbe sowie Dicke definiert werden. Zum Modifizieren steht zudem eine Funktion zur Farbverschiebung zur Verfügung.

Spline

- **SPLINE** erzeugt eine gekurvte Linie. Über die beiden linken Schaltflächen können Sie den Anschluss im Anfangs- und Endpunkt beeinflussen. Die Optionen zur Polygonisierung von bestehenden Elementen können deaktiviert werden und es kann entweder das Stichmaß oder die Kreisteilung für die Polygonisierung von Kurven eingestellt werden. Nach dem Erzeugen können in der Palette **EIGENSCHAFTEN** (Element muss markiert sein) die Anfangs- und Endtangente beeinflusst werden.

Freihandlinie

- **FREIHANDLINIE** erzeugt einen Linienzug mit der gewählten Schrittweite. Zum Erzeugen der Linie muss die linke Maustaste gedrückt gehalten werden.

Funktion zeichnen

- **FUNKTION ZEICHNEN** öffnet einen Dialog, in dem Sie eine mathematische Funktion eingeben können. Diese wird als Linienfolge erzeugt.

Rechteck

- **RECHTECK** bietet vier unterschiedliche Methoden an, einen Linienzug in Form eines Rechtecks zu erzeugen. Je nachdem, welche Option gewählt wurde, werden unterschiedliche Angaben in der Dialogzeile abgefragt. Über die erste Schaltfläche (**RECHTECK ALS POLYGONZUG ERZEUGEN**) kann bestimmt werden, ob die vier Linien des Rechtecks als eine Einheit oder als unabhängige Linien erzeugt werden sollen.

N-Eck

- **N-ECK** erzeugt ein N-Eck mit einer frei wählbaren Anzahl (max. 1000) von Ecken (Auswahl in Dialogzeile) anhand des Mittelpunktes und eines Radius oder basierend auf einer vorhandenen Linie. Im zweiten Fall bestimmt die Länge der angewählten Kante die Größe des N-Ecks.

Kreis

- **KREIS** bietet Ihnen drei Eingabemöglichkeiten für die Lage und den Radius des Kreises sowie vier Optionen zur Eingabe an. Je nachdem, welche Eingabeart aktiviert ist, unterscheiden sich die einzelnen

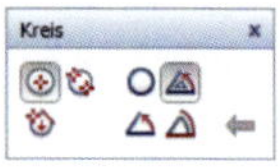

Schritte zum Erzeugen eines Kreises leicht voneinander. Die jeweils benötigten Angaben sind im Folgenden dargestellt.

- **ELLIPSE** erzeugt eine Ellipse über dem Mittelpunkt mittels Angabe zweier Scheitelpunkte. Für die Eingabe von Teilellipsen stehen die gleichen Funktionen (bis auf Bogenlänge) wie bei Kreisen zur Verfügung.

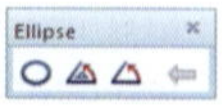

Ellipse

- **EINZELPUNKT** erzeugt ein Punktsymbol, welches frei gewählt werden kann. Eine Höheneinstellung und/oder Darstellung in 3D ist mit einem Einzelpunkt nicht möglich. Hierzu ist die Funktion **GELÄNDEPUNKT** zu verwenden.

Einzelpunkt

- **REVISIONSWOLKE** erzeugt einen geschlossenen Spline mit Mustereinstellungen für eine Wolkenlinie. Die Funktion kann gut zum Markieren von Änderungen auf Plänen verwendet werden. Revisionswolken können auf ähnliche Weise wie Musterlinien geändert werden. Die Stützpunkte können mit der Funktion **SPLINE MODIFIZIEREN** verschoben werden.

Revisionswolke

- **PARALLELE ZU ELEMENT** erzeugt eine oder mehrere Parallelen zu einem Element (Kreise, Linie, Polygonzüge, Ellipsen, Splines). Es wird immer eine Parallele zum gesamten Element erzeugt.

Parallele zu Element

- **PARALLELER LINIENZUG** erzeugt eine oder mehrere parallele Linienzüge anhand eingegebener Punkte. Der Abstand kann nach jedem Punkt variiert werden, um z. B. einen Dachüberstand mit unterschiedlichen Trauf- und Ortgangüberständen zeichnen zu können. Die Eingabemethode mit Abstand ist bei vielen Flächenelementen enthalten.

Paralleler Linienzug

- **GESCHLOSSENER LINIENZUG** erzeugt einen geschlossenen Linienzug zu beliebigen Linien und Polygonschenkeln. Die vorhandenen Linien müssen sich dabei nicht berühren oder geschlossen sein. Es reicht aus, wenn Sie eine beliebige Anzahl von Linien der Reihe nach aktivieren und als letzte Linie die erste erneut identifizieren.

Geschlossener Linienzug

- **(TEIL-)PARALLELE** ermöglicht das Erzeugen einer Parallele zur vorhandenen Linie mit Bestimmung (optional) eines Bereichs. Die Funktion kann bei Linien, Polygonzügen, Splines und ähnlichen Elementen verwendet werden.

(Teil-)Parallele

- **MITTELSENKRECHTE** erzeugt auf einer anzuwählenden Linie eine Mittelsenkrechte. Startpunkt der neuen Linie ist immer der Mittelpunkt der angewählten Linie. Die Länge der Linie kann/muss angegeben werden.

Mittelsenkrechte

- **WINKELHALBIERENDE** erzeugt eine Winkelhalbierende zu zwei Linien. Diese Linien können bereits bestehen oder Sie definieren sie durch Angabe von Anfangs- und Endpunkt. Der Anfangspunkt der Winkelhalbierenden liegt im (virtuellen) Schnittpunkt der beiden Linien. Die Richtung der Winkelhalbierenden kann sich in alle vier Bereiche, die durch die sich kreuzenden Linien gebildet werden, erstrecken. Wird als erste Linie eine 3D-Linie oder eine Kante eines 3D-Körpers oder einer 3D-Fläche angewählt, wird eine Winkelhalbierende im Raum erzeugt, deren Anfangspunkt gewählt werden muss.

Winkelhalbierende

- **ELEMENT TEILEN** teilt ein bestehendes Basiselement (oder eine beliebige Strecke) in mehrere gleiche Teile. An den Teilungspunkten werden Einzelpunkte abgesetzt. Für die abgesetzten Einzelpunkte wird die aktuelle Einstellung aus der Funktion **EINZELPUNKT** verwendet. In den Eingabeoptionen kann gewählt werden, ob das gesamte Element oder nur ein Teil des Elements betrachtet werden soll.

Element teilen

- **TANGENTE** erzeugt eine Linie an einem Kreis oder Kreisbogen, die den Kreis tangiert. Wenn Sie eine Tangente von einem beliebigen Punkt auf z. B. einen Kreis konstruieren

Tangente

wollen, muss die Option **ELEMENT** bei der Option **PUNKTEINGABE** deaktiviert sein. Ansonsten erhalten Sie nicht die gewünschten Ergebnisse.

Lot

- **LOT** erzeugt eine Linie, welche senkrecht zum angewählten Element steht. Die Lage ist frei definierbar.

Musterlinie zwischen Elementen

- **MUSTERLINIE ZWISCHEN ELEMENTEN** erzeugt eine verzerrte, an die umgebenden Linien, Polygonzüge, Splines und/oder Elementverbindungen angepasste Musterlinie.

Element zusätzlich mit Musterlinie versehen

- **ELEMENT ZUSÄTZLICH MIT MUSTERLINIE VERSEHEN** erzeugt eine Kopie des Originals mit Musterlinieneigenschaften. Es kann immer nur ein Element ausgewählt werden. Bei Elementverbindungen kann ein Teilelement gewählt werden, das verwendet werden soll. Die Elementrichtung wird durch einen Pfeil am Elementanfang angezeigt.

Zwei Elemente verschneiden

- **ZWEI ELEMENTE VERSCHNEIDEN** verlängert zwei Elemente bis zu ihrem Schnittpunkt. Wenn Sie die Option **MIT CLIPPING** aktivieren, werden Ihnen alle möglichen Lösungen zur Auswahl angezeigt. Ein Verkürzen von Linien ist bei eingeschalteter Option **MIT CLIPPING** möglich.

Zwei Elemente ausrunden

- **ZWEI ELEMENTE AUSRUNDEN** verbindet zwei Elemente mittels eines Kreisbogens. Bei deaktivierter Option **MIT CLIPPING** bleiben überstehende Linien stehen. Wird ein und dieselbe Linie zweimal hintereinander angeklickt, so ändert sich die normale Linie in einen Bogen, dessen Endpunkte auf den Endpunkten der Ursprungslinie liegen. Die Funktion kann auch an zwei Kanten eines Raumes angewendet werden.

Fasen

- **FASEN** dient zum Verbinden von nicht parallelen Linien und Polygonzügen. Bei Teilpolygonen können diese auch abgefast werden. Bei aufeinanderfolgenden Teilpolygonen wird ein neues Teilpolygon eingefügt, bei nicht aufeinanderfolgenden Teilpolygonen werden die zwischenliegenden Teilpolygone gelöscht. In den Eingabeoptionen kann auf den Modus **MITTELLINIE** umgeschaltet werden, mit dessen Hilfe die Neigung der Fase bestimmt werden kann. Standard ist der Modus **ALLGEMEIN**, bei dem zwei gleiche Winkel zu den bestehenden Kanten entstehen.

Elemente und Element schneiden

- **ELEMENTE UND ELEMENT SCHNEIDEN** verschneidet Zeichenelemente. Zuerst werden alle zu teilenden Elemente angewählt. Im zweiten Schritt wird die Linie, an welcher die Elemente geteilt werden sollen, angewählt. Es entstehen einzelne Elemente, welche leicht geändert werden können. Die Funktion ist bei Linien und ähnlichen Elementen anwendbar.

Bereich ausschneiden

- **BEREICH AUSSCHNEIDEN** schneidet einen Bereich aus vorhandenen Elementen aus. Konstruktionselemente, wie z. B. Linien, Kreise, Schraffuren oder Muster, werden an den Rändern dieses Bereiches in Einzelelemente zerschnitten. Beachten Sie, dass die Reste von Flächenelementen unter Umständen noch zusammenhängen. Ein Aufteilen von Flächenelementen in Einzelflächen ist mit dieser Funktion nicht möglich.

Linien auf Element trimmen

- **LINIEN AUF ELEMENT TRIMMEN** verkürzt oder verlängert Linien und Polygone bis zum Schnittpunkt mit einem Bezugselement. Als Bezugselement können Linie, Polygonzug, (Teil-)Kreis, (Teil-)Ellipse oder Spline gewählt werden. Über die Eingabeoption **VIRTUELL** können Linien weiter interpretiert werden, d. h., sogenannte virtuelle Schnittpunkte verwendet werden.

Element zwischen Schnittpunkten löschen

- **ELEMENT ZWISCHEN SCHNITTPUNKTEN LÖSCHEN** entfernt die Teile von geometrischen Basiselementen, die zwischen zwei Schnittpunkten liegen. Als „Schnittpunkt“ gilt auch der Endpunkt eines Elements.

Teilelement löschen

- **TEILELEMENT LÖSCHEN** löscht frei definierbare Ausschnitte von geometrischen Basiselementen. Es können sowohl Einzelelemente als auch Polygonzüge und Elementverbindungen angesprochen werden. Bei Polygonzügen und Kurven erscheint immer die Bezugspunkteingabe.

Doppelten Linienteil löschen

- **DOPPELTEN LINIENTEIL LÖSCHEN** entfernt übereinanderliegende Linien bzw. Linienabschnitte (sogenannte doppelte Linienteile). Der doppelt gezeichnete Teil wird komplett entfernt. Als doppelte Linienteile zählen auch deckungsgleiche Kreise, Ellipsen, Kurven und Ausschnitte davon.

3.7.2 2D-Flächen

Schraffur
Muster
Füllfläche
Pixelfläche
Stilfläche

Die Funktionen **SCHRAFFUR, MUSTER, FÜLLFLÄCHE, PIXELFLÄCHE** und **STILFLÄCHE** sind in ihrer Funktionsweise sehr ähnlich. Alle fünf Flächenelemente können in die anderen Elementarten gewandelt werden (Funktion **FLÄCHENELEMENT WANDELN**). Die Eingabe erfolgt gemäß den Regeln der allgemeinen Polygonzugeingabe (siehe Abschnitt 3.1.2.3, „Flächenelemente - polygonale Eingabe“).

Allgemeine Parameter für Flächenelemente

Allgemeine Parameter

Zum Teil besitzen die Flächenelemente ähnliche oder gleiche Parameter zum Einstellen. Modifiziert man bestehende Elemente, werden alle Einstellungen in der Palette **EIGENSCHAFTEN** tabellarisch dargestellt und können geändert werden. Sämtliche Änderungen, die in der Palette **EIGENSCHAFTEN** getätigt werden, werden direkt angezeigt.

- **WINKEL** gibt den Winkel an, um den das Flächenelement gedreht werden soll. Bei Füllflächen finden Sie die Option unter **ERWEITERT**.
- Die Checkbox **RICHTUNGSSEITE** aktiviert die Übernahme einer Polygonseite als Basislinie für das Flächenelement.
- Die Checkbox **HINTERGRUNDFARBE** aktiviert die Schaltfläche **FARBE**. Es kann eine beliebige RGB-Farbe als Hintergrundfarbe für Schraffur und Muster ausgewählt werden.
- **BILDSCHIRMNULLPUNKT ↔ BELIEBIGER PUNKT:** Je nach Wahl des Bezugspunktes wird der Ursprung als Bezug gewählt oder ein von Ihnen für das aktuelle Flächenelement zu bestimmender Bezugspunkt.

Parameter Schraffur

Schraffur

- **LINIENABSTAND**
  - **GLEICHBLEIBEND IM PLAN, WIE IN DER DEFINITION FESTGELEGT** bedeutet, dass der Linienabstand der Schraffur immer gleich bleibt (unabhängig von der Einstellung des Maßstabs). Der Linienabstand richtet sich nach der Einstellung, die bei der Definition der Schraffur getroffen wurde. Diese Einstellung dient in Architekturbauteilen als Standard.
  - **MASSSTABSGERECHTE ANPASSUNG IM PLAN – BEZUGSMASSSTAB AUS DEFINITION** ändert den Linienabstand entsprechend dem in der Definition eingestellten Wert für den Bezugsmaßstab für die maßstabsgerechte Anpassung des Linienabstandes.

Muster

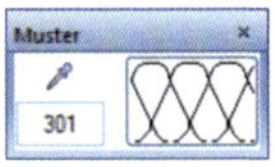

Parameter Muster

- SKALIERUNG - BREITE/HÖHE
  - **MASSSTABSGERECHTE ANPASSUNG IM PLAN - GLEICHBLEIBEND IM PLAN:** Bei der Option **MASSSTABSGERECHTE ANPASSUNG IM PLAN** ändert sich die Größe der Musterelemente je nach eingestelltem Maßstab, bei der Option **GLEICHBLEIBEND IM PLAN** entspricht die Größe der Musterelemente immer der Größe, die in der jeweiligen Definition der einzelnen Muster eingestellt wurde, unabhängig vom gewählten Maßstab.
  - **BREITENFAKTOR/HÖHENFAKTOR** gibt die jeweilige Größe der Musterelemente an bzw. skaliert diese. Die Einstellung bezieht sich immer auf die Höhen- und Breitendefinition des Musters. Sie wirkt sich gleichermaßen auf maßstabsabhängige wie auf maßstabsunabhängige Muster aus. Werte > 1 vergrößern die Musterelemente, Werte < 1 verkleinern sie.
- VERLEGUNGSART
  - **PASSEND/EINGESCHRIEBEN/HINAUSRAGEND:** Diese Optionen beschreiben die Genauigkeit, mit der das gewählte Muster in die polygonale Umgrenzung eingepasst wird. Standardeinstellung für 90 % der Anwendungsfälle ist **PASSEND**.

Füllfläche

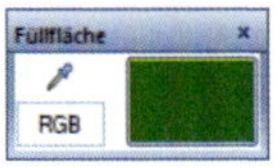

Parameter Füllfläche

Bereich **FARBDATEI:**

- **FARBSYSTEM** stellt Ihnen eine Reihe von Farbsystemen vollständig und weitere (z. B. RAL Design System) in Auszügen zur Verfügung. Unter dem Punkt *Freie RGB-Farbpalette* können eigene Farbdefinitionen abgespeichert werden.
- **FARBDATEI** gibt die Datei innerhalb des gewählten Farbsystems an. Bei einigen Farbsystemen gibt es hier keine Auswahlmöglichkeit.
- **FARBNAME** gewährt Zugriff auf die Farbpalette, aus der eine Farbe ausgewählt werden kann, bzw. zeigt den gewählten Farbnamen an.
- Checkbox **NUR PALETTE ANZEIGEN** reduziert den Eingabedialog auf die gewählte Farbpalette. Die RGB-Farbanwahl wird ausgeblendet.
- **RGB-FARBANWAHL - SCHIEBEREGLER:** Sie haben in diesem Bereich die Möglichkeit, sich über die Schieberegler eine eigene Farbe zu mischen. Beide Regelungssysteme hängen zusammen. Wird ein RGB-Schieberegler verschoben, verschieben sich auch FSH-Regler.

Farbe aus Pixel übernehmen

- **FARBE AUS PIXEL ÜBERNEHMEN** ermöglicht die Übernahme eines beliebigen Bildschirmpunktes über eine Lupenfunktion als Farbe in die Auswahl. Das Dialogfeld wird temporär ausgeblendet. Ein Verschieben des Bildschirmausschnittes ist nicht möglich.
- Schaltfläche **ERWEITERUNG >> - REDUZIEREN <<** öffnet bzw. schließt ein zusätzliches Dialogfeld, in dem Sie Farbverläufe mit ein und zwei Farben sowie Transparenzen mit und ohne Verlauf definieren können.

Pixelfläche

Parameter Pixelfläche

Bereich **PIXELBILD:**

- **PIXELBILD** zeigt den Namen der aktuell gewählten Pixeldatei an. Über die Schaltfläche am Ende der Zeile kommen Sie zur Dateiauswahl, über die Sie eine beliebige Pixeldatei auswählen können. Die gewählte Datei wird in das aktuelle Projekt kopiert und auf Wunsch auch als Kopie im Büropfad abgelegt.
- **PIXELBILDGRÖSSE** zeigt die Größe des gewählten Pixelbildes in X- und Y-Richtung an.
- Checkbox **WIEDERHOLUNG** gibt an, ob das Pixelbild einmal (**AUS**) oder wiederholt (**EIN**) im angegebenen Bereich dargestellt werden soll. Die Einstellung **AUS** eignet sich für Fotos, **EIN** eignet sich für Texturen in der Grundrissdarstellung.

> **TIPP:** Unter Arbeitsumgebung → Anzeige → Darstellung kann die Option **PIXELFLÄCHEN IN HOHER QUALITÄT DARSTELLEN** aktiviert werden. Die Anzeige am Bildschirm wird deutlich detaillierter und die Aufbaugeschwindigkeit verringert sich.

Bereich **TRANSPARENZ:**

- **TRANSPARENZ IN %** gibt den Grad der Transparenz für die Pixelfläche an. 0 % bedeutet undurchsichtig, 100 % bedeutet völlig durchsichtig.
- **PIXEL AUSBLENDEN** aktiviert die nachfolgenden beiden Optionen. Über die Option **FARBE** kann eine Bildfarbe des Pixelbildes ausgeblendet werden. Die Toleranz gibt an, wie genau die gewählte Farbe ausgeblendet wird. Hohe Toleranz bedeutet mehr ausgeblendete Bereiche.

> **TIPP:** Optimale Ergebnisse erzielen Sie z. B. mit TIF-Dateien. JPG und ähnliche komprimierte Formate sind aufgrund ihrer Clusterung weniger geeignet.

- **VORSCHAU** zeigt eine einfache Vorschau der gewählten Einstellungen an. Mithilfe der Nemetschek-Logos als Hintergrund der Vorschau können Sie z. B. die Transparenzeigenschaften überprüfen. Das Quadrat hat eine Seitenlänge von 1 m, sodass Sie bei der Einstellung **GRÖSSE IN METERN** (Bereich **SKALIERUNG**) die Größenverhältnisse zwischen Pixelbild und Polygonfläche beurteilen können.

Bereich **SKALIERUNG:**

- **GRÖSSE IN METERN** setzt 100 Pixel des Bildes mit 1 m Bildgröße gleich. Über die beiden Faktoren können Sie die Bildgröße bestimmen.
- **GRÖSSE WIE POLYGON** verzerrt das Bild auf die Größe der die Polygonfläche umschließenden Min-/Max-Box.
- **X/Y KONSTANT** fixiert das Seitenverhältnis von X zu Y des Bildes für weitere Modifikationen.

Der Vorgang zum maßstäblichen Einlesen von Pixelflächen (z. B. für Lagepläne oder Bestandspläne) wird im Beispiel beschrieben.

Stilfläche

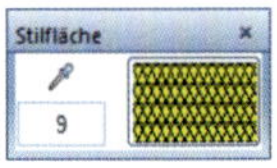

Parameter Stilfläche

Bei der Stilfläche kann nur über die Definition der Stilfläche Einfluss auf die jeweilige maßstabs- bzw. zeichnungstypabhängige Einstellung genommen werden.

Flächenelemente wandeln

- **FLÄCHENELEMENTE WANDELN** wandelt beliebige Flächenelemente (Schraffuren, Muster, Füllflächen, Pixelflächen oder Stilflächen) in ein Flächenelement des angegebenen Typs. Die Eigenschaften können entweder von einem bestehenden Flächenelement übernommen oder neu eingestellt werden. Mit dieser Funktion können auch Flächendarstellungen von Architekturbauteilen geändert werden.

Füllflächen umfärben

- **FÜLLFLÄCHEN UMFÄRBEN** dient zum gezielten Ändern von Farbe, Transparenz und Verlauf von Füllflächen. Alternativ kann dies auch in den Eigenschaften getätigt werden oder über die Funktion **FLÄCHENELEMENTE WANDELN** geschehen.

Pixelbilder bearbeiten

- **PIXELBILDER BEARBEITEN** öffnet ein einfaches Tool zum Bearbeiten von Bildern. Mit der Funktion können Sie z. B. Texturen aufhellen, umfärben und/oder überlagern.

3.7.3 Raster

Achsraster

Neu in Version 2019

Erweitert in Version 2020

- **ACHSRASTER** dient zum Erzeugen eines Rastersystems. Das Raster kann Achsen in unterschiedlichen Richtungen aufweisen und ist durch unterschiedlichste Einstellungen sehr variabel gestaltbar. Die Funktion hat in Version 2019 das alte Raster ersetzt und wurde mit Allplan 2020 durch verschiedenste Verbesserungen erweitert. Die erzeugten Achsen können auch in Ansichten und Schnitt dargestellt werden.

Polarachsraster

- **POLARACHSRASTER** erzeugt ein sternförmiges Raster. Die Eingabe erfolgt in ähnlicher Weise wie bei einem **ACHSRASTER**.

3.7.4 Weitere Funktionen unter Ändern/Bearbeiten

Weitere - teils nur für 2D geeignete - Funktionen befinden sich in den Bereichen Ändern und Bearbeiten im statischen Bereich der Actionbar. Sie finden hier einen Auszug der Funktionen und zum Teil noch weitere Funktionen, die in der Standardoberfläche nur über das Kontextmenü diverser Elemente aufrufbar sind.

Polygon in Spline

- **POLYGON IN SPLINE** erzeugt anhand des bestehenden Polygonzugs ein Spline. Die Eckpunkte des Polygons werden zu Stützpunkten des Splines oder erzeugen aus einem Spline einen Polygonzug. Die Stützpunkte des Splines werden in Eckpunkte des Polygons umgewandelt. Die Funktion erzeugt neue Elemente, die Originale bleiben erhalten.

Überlagernde Linien vereinen

- **ÜBERLAGERNDE LINIEN VEREINEN** vereint übereinanderliegende Linien zu Einfachlinien. Sie können wählen, ob alle Linien inklusive gemusterter Linien aktiviert und gewandelt werden sollen oder ob gemusterte Linien von der Funktion ausgeschlossen werden sollen.

- **DECKUNGSGLEICHE LINIEN, KREISE, POLYGONE VEREINEN** dient zum Zusammenfassen von Linien, Kreisen und Polygonen, die teilweise übereinanderliegen oder in gleicher Richtung aneinander anschließen. Bei Elementen mit unterschiedlichen Formateigenschaften werden Sie nach den Formateigenschaften für das neue Element gefragt. Die Elemente müssen im gleichen Dokument liegen.

Deckungsgleiche Linien, Kreise, Polygone vereinen

- **FLÄCHENELEMENT, AR-FLÄCHE, BEREICH MODIFIZIEREN** dient zum Ändern der Flächenausdehnung von Elementen wie z. B. Schraffuren, Mustern, Füllflächen, Pixelflächen, Stilflächen und flächigen Architekturbauteilen (z. B. Decke, Raum, Geschoss, Bodenfläche, Deckenfläche, Dachhaut). Diese können je nach eingestellter Option vergrößert oder verkleinert werden.

Flächenelement, Ar-Fläche, Bereich modifizieren

> **HINWEIS:** Bei der Funktion **FLÄCHENELEMENT, AR-FLÄCHE, BEREICH MODIFIZIEREN** stehen Ihnen dieselben Optionen wie bei der Polygonisierung zur Verfügung (siehe Abschnitt 3.1.2.3, „Flächenelemente - polygonale Eingabe“).

LINIEN ZU POLYGONEN VERBINDEN fädelt aneinander anschließende Linien automatisch zu einem Polygon auf. Bei einer Verzweigung wird diese Automatik unterbrochen und Sie können sich entscheiden, mit welcher Verzweigung weiter gegangen werden soll. Bei Linien mit unterschiedlichen Formateigenschaften (z. B. Linienfarbe) können Sie die Formateigenschaften für das neue Polygon in einem Dialogfeld festlegen. Mit dieser Funktion können auch Architekturelemente wie Leisten (Modul **MENGEN: RÄUME, FLÄCHEN, GESCHOSSE**), Baugrenzen (Modul **STÄDTEBAU**) und Hecken (Modul **LANDSCHAFTSPLANUNG**) nachträglich verbunden werden. Das verbundene Element erhält dabei automatisch alle Eigenschaften des zuerst angeklickten Elements.

Linien zu Polygonen verbinden

- **POLYGONE IN EINZELLINIEN ZERLEGEN** zerlegt ein Polygon in einzelne Linien. Der Linienzug verhält sich so wie ein Linienzug, der mit **LINIE** erzeugt worden ist.
- **FLÄCHENELEMENTE, AR-ELEMENTE VEREINIGEN** vereint zwei Teile artgleicher Flächenelemente und Architekturbauteile zu einem Objekt. Das erste identifizierte Element gibt jeweils vor, welches Element/Bauteil zum ersten hinzugefügt werden kann. Die Eigenschaften des ersten Elements werden für das Gesamtobjekt verwendet.
- **MUSTERLINIE MODIFIZIEREN** ändert die Parameter bestehender Musterlinien. Sie können diese Funktion auch zum Ändern von **REVISIONSWOLKEN** verwenden.
- **GELÄNDEPUNKT** erzeugt einen Einzelsymbolpunkt, der die Höheninformation tragen kann und in 3D angezeigt wird. Über Geländepunkte können Sie die Messwerte eines Nivellements eingeben.
- **SPLINE MODELLIEREN** dient zum Modellieren von Splines. Wenn Sie einen oder mehrere Punkte zum Modifizieren identifiziert haben, können Sie den Wirkungsbereich über die Eingabeoption **RADIUS** einstellen.

Polygone in Einzellinien zerlegen

Flächenelemente, Ar-Elemente vereinigen

Musterlinie modifizieren

Geländepunkt

Spline modellieren

3.8 Aufgabenbereich Beschriften

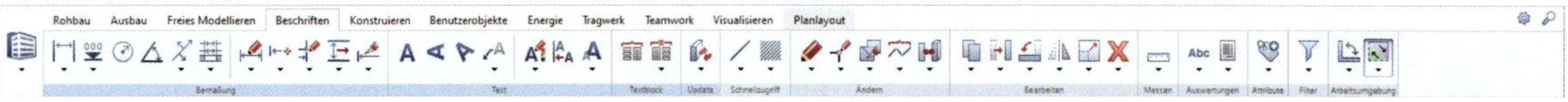

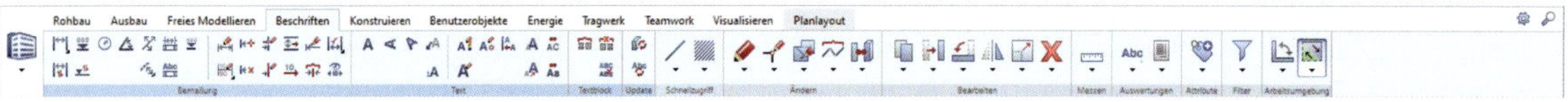

Im Aufgabenbereich **BESCHRIFTEN** sind die wesentlichen Funktionen für Maßlinien und Texte zusammengefasst, welche für einfache, nicht an die Bauteile/Objekte gekoppelte Beschriftungen und Bemaßungen notwendig sind. Funktionen zum assoziativen Beschriften und Bemaßen sind in Allplan an anderen Stellen vorhanden und werden dort aufgabenbezogen vorgehalten.

Oberfläche ohne Actionbar

Wird eine Oberflächenkonfiguration ohne Actionbar verwendet, befinden sich die meisten Funktionen im Modul **KONSTRUKTION** oder **ERWEITERTE KONSTRUKTION**.

Maßlinie

- Im Modul **MASSLINIE** finden Sie alle Funktionen, die Sie benötigen, um normale Maßlinien und Koten zu erzeugen. Alle Funktionen zum Ändern von Maßlinien aus diesem Modul können auch auf assoziative Maßlinien (z. B. Wände bemaßen) angewendet werden.

Text

- Im Modul **TEXT** finden Sie alle Funktionen, die Sie benötigen, um Textzeilen und Textblöcke zu erzeugen und zu bearbeiten. Funktionen für intelligente, d. h., von Bauteilen und deren Eigenschaften abhängige Beschriftungen finden Sie in den jeweiligen Modulen.

3.8.1 Bereich Bemaßung

Mit der aktuellen Version wurden umfangreiche Erweiterungen im Bereich der Maßlinien getätigt. Maßlinien können jetzt an nahezu beliebige Elemente angehängt werden und ändern sich automatisch mit bei Modifikationen der Bauteile.

Vergleich von unterschiedlichen Bemaßungsvarianten

Allplan kennt für den Bereich der Architektur drei unterschiedliche Arten der Bemaßung, welche jeweils unterschiedliche Vor- und Nachteile haben. Erzeugt werden diese Bemaßungen über die Funktion **MASSLINIE/MASSLINIE IN BLOCKFORM**, **KOTE**, **ABSTECKUNG** und **ACHSBEMASSUNG** für einfache und assoziative Maßlinien sowie über die Funktion **WÄNDE VERMASSEN** für eine spezielle Wandvermaßung. Im Nachfolgenden sind einige wesentliche Punkte zu den unterschiedlichen Arten der Vermaßung aufgeführt. Die Punkte sind ohne Wertung (plus/minus) aufgelistet, da eine Wertung nur unter Berücksichtigung des jeweiligen Einsatzzweckes erfolgen kann.

- Einfache Maßlinie: Einfache Maßlinien haben an jedem zu vermaßenden Punkt einen Referenzpunkt.
  - Referenzpunkte können auch neben den zu vermaßenden Punkten gesetzt werden.
  - Einfache Höhenübernahme in die Maßlinie von Öffnungen ist möglich (nicht gekoppelt).
  - Bei Änderungen der Zeichnung über *Punkte modifizieren* ändern sich Maßlinien mit.
  - Maßlinie kann auf einem eigenen Teilbild liegen (keine Anpassung bei Zeichnungsänderungen)
  - Zusatztexte sind für alle Maßlinienabschnitte verfügbar.
  - Durch das Anwählen jedes einzelnen Maßpunktes existiert eine große Kontrolle über die Maßlinien.
- Assoziative Maßlinie: An jedem vermaßten Punkt wird ein assoziativer Referenzpunkt erzeugt.

Neu in Version 2020

  - Maßlinie wird an die vermaßten Elemente/Objekte gekoppelt
  - Es erfolgt eine Auswahl, an welches Element die Kopplung erfolgen soll, wenn mehrere Elemente an einem Punkt liegen.
  - Die Maßlinien können entweder auf dem Teilbild der Elemente oder einem anderen Teilbild liegen.
  - Es können nur Punkte der Zeichnung vermaßt werden. Nicht vorhandene Punkte können nicht in die Maßlinie aufgenommen werden.
  - Öffnungshöhen werden automatisch aus den Bauteilen übernommen.
  - Türhöhen können (je nach Einstellung in den Optionen) den Bodenaufbau eines bereits vorhandenen Raumes berücksichtigen.
  - Brüstungshöhen an Fenstern können automatisch inklusive Berücksichtigung des Bodenaufbaus von vorhandenen Räumen erzeugt werden.
  - Der Zusatztext kann nicht verwendet werden, da hier die Brüstungshöhen abgebildet werden.
  - Durch das Anwählen jedes einzelnen Maßpunktes existiert eine große Kontrolle über die Maßlinien.
- Wände vermaßen: Maßlinien werden über die Funktion *Wände vermaßen* ausgehend von den angewählten Wänden und einer Richtungskante erzeugt.
  - Es können nur Wände direkt vermaßt werden. Weitere Punkte sind frei hinzufügbar.
  - Die Erzeugung von mehreren Maßlinien mit unterschiedlichen Inhalten ist schnell möglich.
  - Öffnungshöhen von Türen und Fenstern werden immer im Rohbau übernommen.
  - Die Öffnungshöhen repräsentieren immer die Rohbauhöhe. Eine Berücksichtigung von Raumausbauten ist nicht implementiert.
  - Die Maßlinien müssen zwingend auf dem Teilbild der Wände liegen (bei Trennung auf unterschiedliche Teilbilder erfolgt keine automatische Änderung).
  - Maßlinien ändern sich bei Änderungen der Bauteile zum Großteil automatisch.

> **HINWEIS:** Im Beispielprojekt werden die drei unterschiedlichen Arten jeweils kurz behandelt.

3.8.1.1 Funktionen im Bereich Maßlinien

Maßlinien/Koten erzeugen

Maßlinie

- **MASSLINIE** öffnet die Eingabeoptionen der Maßlinie, die vier unterschiedliche Varianten zur Erzeugung von Maßlinien bieten. Über die Schaltfläche **EIGENSCHAFTEN** können Sie den Dialog zur Einstellung der Maßlinienparameter öffnen. Die meisten Einstellungen sind für alle Maßlinientypen gleich oder ähnlich und werden im Folgenden kurz erläutert.

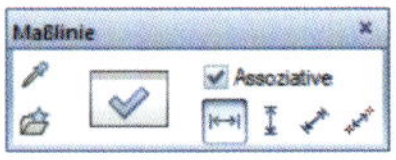

Erweitert in Version 2020

  - **ASSOZIATIV** aktiviert erzeugt Maßlinien, welche direkt mit den Elementen/Objekten verknüpft sind und bei Änderungen mitgezogen werden. Bei deaktivierter Option erfolgt keine Verknüpfung mit dem Bauteil. Verschiedene Punkte zu dieser Option sind im vorangegangenen Abschnitt beschrieben. Maßlinien können ab Allplan 2020 assoziativ erzeugt werden.

Maßlinie horizontal
Maßlinie vertikal
Maßlinie im Winkel

  - **MASSLINIE HORIZONTAL**, **MASSLINIE VERTIKAL** und **MASSLINIE IM WINKEL** sind die einfachsten Funktionen für Maßlinien. Bei der Erzeugung muss erst die Stelle, an der die Maßlinie gezeichnet werden soll, angegeben werden, bevor zu bemaßende Punkte ausgewählt werden können.

Maßlinie direkt

  - **MASSLINIE DIREKT** fragt erst zwei Punkte ab, die vermaßt werden sollen und die die Richtung der Maßlinie definieren, danach den Maßlinienort und weitere zu bemaßende Punkte.

Automatikbemaßung

- **AUTOMATIKBEMASSUNG** erzeugt automatisch eine Maßlinie, wenn Sie eine Schnittlinie durch die Bauteile ziehen. Die Schnittpunkte der Linie mit den Bauteilen werden automatisch bemaßt.

Maßlinien in Blockform

Erweitert in Version 2020

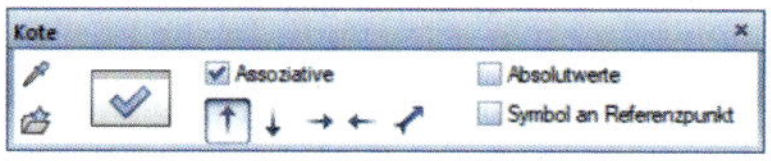

- **MASSLINIEN IN BLOCKFORM** erstellt Maßlinien in Blockform. Sie haben die Wahl zwischen folgenden Typen: **MASSLINIE HORIZONTAL**, **MASSLINIE VERTIKAL**, **MASSLINIE IM WINKEL**. Der erste Maßpunkt bleibt auch für die weiteren Maßlinien des Blocks Ausgangspunkt. Die Funktion kann ideal sein, wenn viele Maßlinien in gleichem Abstand erzeugt werden sollen. Maßlinien in Blockform können ab Allplan 2020 assoziativ erzeugt werden.

Kote

Erweitert in Version 2020

- **KOTE** erstellt Kotenmaßlinien für Schnitte, Ansichten und Details. Sie haben die Wahl zwischen vier vordefinierten und einer frei einstellbaren Richtung und können entscheiden, ob absolute Werte (nur positives Vorzeichen) verwendet werden sollen und ob das Kotensymbol am Referenzpunkt abgesetzt werden soll. Bei Koten ist nach der Angabe des Maßlinienorts die Definition des Bezugspunkts der Koten notwendig. Bei einer Kotenvermaßung werden alle angezeigten Werte auf den Basispunkt bezogen. Der Abstand zum Basispunkt wird am Symbol angezeigt. Koten können ab Allplan 2020 assoziativ erzeugt werden.

TIPP: Wenn Sie mit **SYMBOL AN REFERENZPUNKT** arbeiten, können Sie innerhalb eines Teilbildes (Schnitt oder Ansicht, keine Kotensymbole im Grundriss) alle Koten mit einer Kotenmaßlinie zusammenfassen. Fehler durch unterschiedliche Bezugspunkte können so vermieden werden.

Automatische Kotenbemaßung

- **AUTOMATISCHE KOTENBEMASSUNG** erzeugt automatisch eine Kotenmaßlinie, wenn Sie eine Schnittlinie durch die Bauteile ziehen. Die Schnittpunkte der Linie mit den Bauteilen werden automatisch bemaßt.

Kurvenbemaßung

- **KURVENBEMASSUNG** dient zum Bemaßen von Kreisen, Teilkreisen, Kreiswänden, Klothoiden und Splines. Die Eigenschaften der Maßlinien für Kurven unterscheiden sich von der normalen Maßlinie.

Winkelbemaßung

- **WINKELBEMASSUNG** vermaßt Innen- oder Außenwinkel. Es stehen nicht alle Parameter der Maßlinie zur Verfügung. Die Eigenschaften der Maßlinien für Kurven unterscheiden sich von der normalen Maßlinie.

HINWEIS: Die Dialoge von einigen Funktionen zum Erzeugen von Maßlinien (z. B. **KURVEN BEMASSEN**) bieten nicht die kompletten Eigenschaften wie die normale Maßlinie.

Absteckung

Erweitert in Version 2020

- **ABSTECKUNG** erzeugt eine Absteckbemaßung bzw. Orthogonalbemaßung. Absteckungen können ab Allplan 2020 assoziativ erzeugt werden.

Achsbemaßung

Erweitert in Version 2020

- **ACHSBEMASSUNG** erzeugt Maßlinien, die auf eine Achse bezogen sind. Der erste Abschnitt (nächstliegend zur gewählten Achse) wird nur angedeutet dargestellt. Nach dem Ort für die Maßlinie muss eine Bezugslinie gewählt werden. Die Maßlinie wird senkrecht zur Bezugslinie aufgebaut. Achsbemaßungen können ab Allplan 2020 assoziativ erzeugt werden.

Wände bemaßen

- **WÄNDE BEMASSEN** erstellt automatisch eine oder mehrere Maßketten zu einer oder mehreren Wänden. Die mit der Funktion **WÄNDE BEMASSEN** erzeugten Maßlinien verhalten sich assoziativ, wenn sie sich auf dem gleichen Teilbild befinden wie die zu bemaßenden Bauteile. Weitere Informationen zu dieser Funktion finden Sie in Abschnitt 4.10, „Bemaßen und Beschriften – Grundriss“.

Brüstungshöhe

- **BRÜSTUNGSHÖHE** bietet entweder eine Basisbeschriftung für Brüstungshöhen oder den Zugriff auf Beschriftungsbilder. Beschriftungsbilder, die über die Funktion **BRÜS-TUNGSHÖHE** eingesetzt wurden, können nicht getauscht werden.

Höhenkote

- **HÖHENKOTE** dient zur Beschriftung eines Bauteils mit einer Höhenkote an einer definierten Stelle. Bei schräg verlaufenden Ober- und Unterkanten von Bauteilen können Sie daher mit **HÖHENKOTE** an beliebigen Stellen die Bauteilhöhen auslesen und beschriften lassen. Bei der Höhenkote können ebenfalls Beschriftungsbilder eingesetzt werden.

HINWEIS: Je nach Aufruf eines Beschriftungsbildes über **BESCHRIFTEN**, **BRÜSTUNGSHÖHE** und **HÖHENKOTE** können sich unterschiedliche Werte für Höhen ergeben.

Maßlinien/Koten bearbeiten

Maßlinie modifizieren

- **MASSLINIE MODIFIZIEREN** ändert Parameter bei bereits gezeichneten Maßlinien. Nur die im Dialog neu ausgefüllten Parameter werden jeweils verändert. Alle anderen Eigenschaften bleiben erhalten.

Bauteilhöhe, Zusatztext modifizieren

- **BAUTEILHÖHE, ZUSATZTEXT MODIFIZIEREN** dient zum Setzen, Löschen und Ändern von Bauteilhöhen (z.B. Bauteilhöhen von Öffnungen und Fundamenten) sowie zum Setzen, Löschen und Ändern von Zusatztexten in Maßlinien. Die eingefügten Werte werden nicht assoziativ erzeugt. Sollte sich also die Bauteilgeometrie ändern, so bleibt die eingetragene Höhe bestehen. Die Funktion kann nicht mit assoziativen Maßlinien verwendet werden.

Basiswert modifizieren

- **BASISWERT MODIFIZIEREN** ändert den Bezugspunktwert einer Kotenmaßlinie. Wird der Basispunkt versetzt (durch Anklicken eines anderen Punktes), so wird in Richtung der Kotenvermaßung der Bezugswert passend im Bezug zum bisherigen Wert automatisch ermittelt.

Maßlinienpunkt einfügen

- **MASSLINIENPUNKT EINFÜGEN** erweitert eine Maßlinie (oder Kotenmaßlinie) um einen weiteren Punkt. Sie haben bei jedem einzufügenden Maßlinienpunkt die Möglichkeit, das Begrenzungssymbol zu bestimmen. Zudem können Sie für den jeweils nächsten Abschnitt die Öffnungs-/Bauteilhöhe und einen Zusatztext angeben.

Maßlinienpunkt löschen

- **MASSLINIENPUNKT LÖSCHEN** entfernt einen einzelnen Maßlinienpunkt aus einer Maßlinie. Sie müssen dazu das Begrenzungssymbol anklicken, das entfernt werden soll. Besitzt eine Maßlinie nur noch zwei Punkte, so ist ein weiteres Löschen mit dieser Funktion nicht möglich.

Referenzpunkt modifizieren

- **REFERENZPUNKT MODIFIZIEREN** dient zum Anzeigen und Ändern der Lage von Referenzpunkten einer Maßlinie. Durch das Versetzen des Referenzpunktes kann die Maßlinie geändert werden. Achten Sie immer darauf, dass alle Referenzpunkte auf echten Zeichnungspunkten sitzen. Nutzen Sie auch die Funktion **BEMASSUNG KONTROLLIEREN**. Assoziative Referenzpunkte können mit der Funktion derzeit nicht bearbeitet werden.

Maßhilfslinien modifizieren

- **MASSHILFSLINIEN MODIFIZIEREN** dient zum Ändern der Länge von Maßhilfslinien. Wenn die Maßhilfslinie noch keine Länge hat, so kann man sie am Begrenzungssymbol fassen.

Maßlinie verschieben

- **MASSLINIE VERSCHIEBEN** dient zum Verschieben einzelner oder mehrerer paralleler Maßlinien. Die Referenzpunkte der Maßlinie bleiben erhalten, der Bezug zur Zeichnung wird nicht beeinflusst. Außerdem können Sie die Abstände der Maßlinien in einem Maßlinienblock verzerren und die Abstände zwischen mehreren Maßlinien egalisieren bzw. ausrichten.

Maßzahl verschieben

- **MASSZAHL VERSCHIEBEN** dient zum Verschieben einer einzelnen Maßzahl. In den Eingabeoptionen können Sie einstellen, ob **SENKRECHT** zur Maßlinie oder **ENTLANG** der Maßlinie verschoben werden soll. Ist keine der beiden Schaltflächen aktiviert, kann die Maßzahl frei verschoben werden. Der Funktionsablauf gleicht dem bei der Funktion **VERSCHIEBEN** und ähnlichen Funktionen.

- **MASSLINIE AUFTEILEN** teilt eine Maßlinie in mehrere unabhängige Maßlinien auf. Es werden der Aufteilungspunkt und ein Abstandspunkt verlangt. Der zweite Punkt definiert, in welche Richtung der zweite Teil der Maßlinie verschoben werden soll.

Maßlinie aufteilen

- **MASSLINIEN ZUSAMMENFÜGEN** fügt nebeneinanderliegende, richtungsgleiche Maßlinien zu Maßketten zusammen.

Maßlinien zusammenfügen

- **BEMASSUNG KONTROLLIEREN** blendet alle Referenzpunkte von Maßlinien ein, die (je nach Einstellung) nicht auf Endpunkten, Elementen oder Schnittpunkten liegen. Die jeweils angezeigten Punkte können direkt versetzt werden. Freie Referenzpunkte werden auf allen sichtbaren Teilbildern erkannt, können aber nur auf dem aktiven und auf die aktiv im Hintergrund liegenden Teilbilder verschoben werden.

Bemaßung kontrollieren

- **MASSZAHLORT OPTIMIEREN** ändert die Platzierung von Maßzahlen, die verschoben wurden. Alle Maßzahlen der Maßlinie werden wieder nach der eingestellten Regel (unter **POSITION**, Register **TEXT**) platziert. Die Platzierung der Maßzahlen nimmt nur auf die eigene Maßlinie Rücksicht.

Maßzahlort optimieren

- **MASSZAHL AUS-, EINBLENDEN** blendet einzelne Maßzahlen ein oder aus. Alternativ dazu können Sie auch über die Eigenschaften der Maßlinie – über das Register **ABSCHNITT/PUNKT** – einzelne Maßzahlen einblenden oder ausblenden.

Maßzahl aus-, einblenden

3.8.1.2 Parameter für Maßlinien, Koten, Absteckung

Die wesentlichen Parameter sind bei allen Arten der Maßlinien und Koten gleich. Je nach Typ werden mehr oder weniger Optionen angezeigt. Die Funktionen zum Vermaßen von Kreisen und Winkeln zeigen weniger Optionen bei einer anderen Gliederung im Dialog auf.

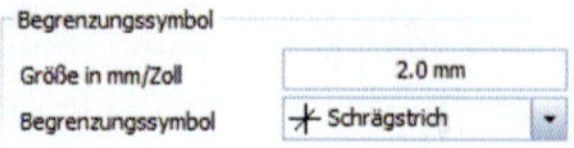

Die im Bereich **BEGRENZUNGSSYMBOL** getroffenen Voreinstellungen gelten für die gesamte Maßlinie. Während des Identifizierens der einzelnen Punkte kann für jeden Maßlinienpunkt ein eigenes Begrenzungssymbol gewählt werden. Die Anzeige im Dialog Maßlinie verändert sich dabei auf „Aus“. Die eingestellte Größe ist für alle Begrenzungssymbole einer Maßlinie gleich.

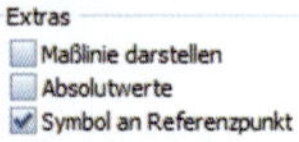

Der Bereich **EXTRAS** ist, je nachdem, welche Maßlinienart (Maßlinie, Kote, Absteckung) erzeugt werden soll, mit unterschiedlichen Optionen ausgestattet.

- Die Option **MASSLINIE DARSTELLEN** (allgemein) regelt, ob die Maßlinie selbst dargestellt werden soll oder nicht.
- Die Option **TEXT STATT MASSZAHL BEI GLEICHEN ABSTÄNDEN** (nicht bei **KOTE** und **ABSTECKUNG**) erzeugt bei identischen Maßen einen Ersatztext statt der Maßzahl.
- Die Option **ABSOLUTWERTE** (nur bei **KOTE** und **ABSTECKUNG**) aktiviert die Absolutwertdarstellung (nur positive Zahlen) der Maßzahlen. Bei Kotenbemaßungslinien werden alle Werte mit positivem Vorzeichen dargestellt. Bei der Absteckbemaßung bzw. Orthogonalbemaßung werden die Werte ohne Vorzeichen dargestellt.
- Die Option **SYMBOL AN REFERENZPUNKT** (nur bei **KOTE**) dient zum Erzeugen der Kotensymbole und Messwerte am zu bemaßenden Punkt. Mit dieser Einstellung können Sie die Anzahl der Maßlinien für Koten pro Teilbild auf eine reduzieren.

- **FORMATEIGENSCHAFTEN DER MASSLINIE** bietet Einstellmöglichkeiten für Stift, Strich und Farbe der verschiedenen Bestandteile der Maßlinie (Maßlinie, Maßhilfslinie, Symbol und Zahlen/Texte) sowie zur Bestimmung des Layers der Maßlinie. Durch Aktivieren der Checkboxen oberhalb der Tabelle für die Eigenschaften (gleich in allen Elementen) kann bestimmt werden, dass alle Elemente jeweils gleiche Eigenschaften haben. Bei der Kopplung der Darstellung an Layer sind diese Einstellungen ohne Bedeutung.

Register Text

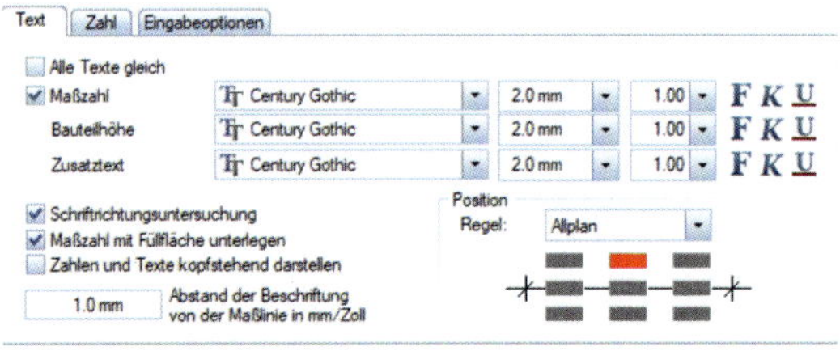

- Im Bereich der Formateinstellungen von **MASSZAHL**, **BAUTEILHÖHE** und **ZUSATZTEXT** können die Parameter *Schriftart*, *Texthöhe*, *Verhältnis Höhe/Breite*, *Fett* (*Fett* nicht für Nemetschek-Schriftarten) sowie die Schriftgrade *Kursiv* und *Unterstreichung* jeweils gesondert eingestellt werden. Neu hinzugekommen ist in Version 2016 die Möglichkeit, durch Anwahl der Checkbox **ALLE TEXTE GLEICH** die Eigenschaften für Maßzahl, Bauteilhöhe und Zusatztext komfortabel gleichzusetzen.
- Die Option **SCHRIFTRICHTUNGSUNTERSUCHUNG** aktiviert die Ausrichtung der Texte und Maßzahlen einer Maßlinie entsprechend der DIN 1356-1 (1995-02) und ist von unten bzw. von rechts lesbar.

> **HINWEIS:** Die DIN 1356-1 ist in einem Entwurf aus dem Jahr 2018 überarbeitet vorhanden. Wesentliche Änderungen in den Aussagen sind nicht enthalten.

- Die Option **MASSZAHL MIT FÜLLFLÄCHE UNTERLEGEN** unterlegt die Maßzahlen und Texte mit einer Füllfläche. Je nach Einstellung der Reihenfolge erscheinen die Maßzahlen und Texte freigestellt. Die Farbe der Füllfläche ist für die Bildschirmdarstellung immer gleich der Hintergrundfarbe des Fensters. Beim Ausdruck wird immer Weiß verwendet bzw. die hinter den Maßzahlen und Texten liegenden Zeichnungsinhalte werden nicht gedruckt. Die Größe der Hinterlegung kann in den Optionen eingestellt werden, die Farbe ist nicht frei definierbar.
- Die Option **MASSZAHL UND TEXTE KOPFSTEHEND DARSTELLEN** zeigt die Texte und Maßzahlen einer Maßlinie unabhängig von der Richtung nach DIN 1356-1 (1995-02) kopfstehend an.
- Die Option **ABSTAND DER BESCHRIFTUNG VON DER MASSLINIE IN MM** regelt den realen Abstand der Maßzahl von der Maßlinie. Der Abstand wird in mm bzw. Zoll ein-

gegeben (-99 mm bis +99 mm) und bezieht sich auf die Unterkante bzw. Oberkante der Maßzahl im Bezug zur Maßlinie.

- **POSITION** bestimmt, nach welchen Kriterien (Normen) die Maßzahlen einer Maßlinie angeordnet werden sollen. Die Regel „Allplan mit der Position oberhalb der Maßlinie" kommt den Forderungen der DIN 1356-1 (1995-02) nahe, auch wenn die Norm für CAD-Darstellungen nicht ausreichend ist. Zu den normalen Regeln wurde in Allplan 2015 eine Regel hinzugefügt, die bei einer engen Maßstellung die Maßzahlen ein Stück von der Maßlinie wegsetzt und jeweils einen Textzeiger auf den Maßlinienabschnitt erzeugt. Innerhalb einer Maßlinie ist es mit der Regel nahezu ausgeschlossen, dass sich Maßzahlen überdecken.

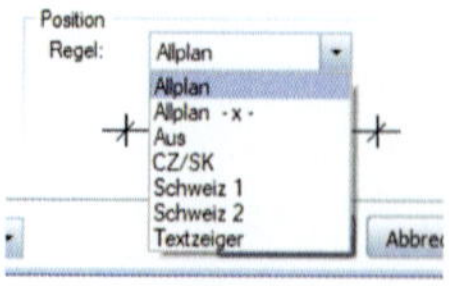

Register Zahl

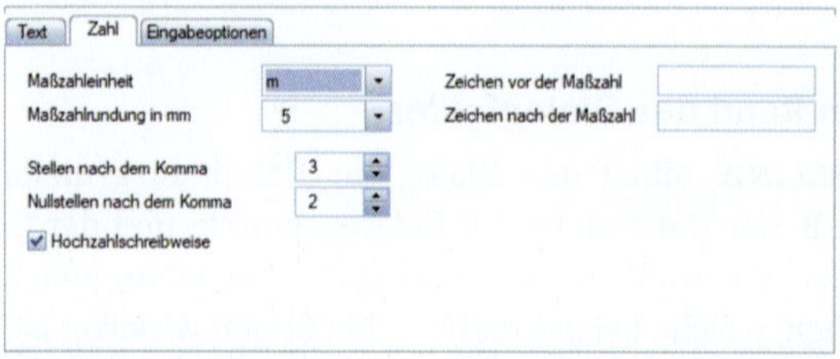

- **MASSZAHLEINHEIT** gibt die Einheit der Bemaßung an. Neben metrischen Maßzahleinheiten können auch Einheiten in Zoll/Inch verwendet werden.
- **MASSZAHLRUNDUNG IN MM** gibt an, mit welcher Genauigkeit die ermittelte Maßzahl auf dem Bildschirm dargestellt werden soll. Intern wird mit dem ursprünglichen Wert gerechnet.
- **STELLEN NACH DEM KOMMA/NULLSTELLEN NACH DEM KOMMA** gibt die Anzahl der Nachkommastellen und Nullstellen nach dem Komma an. Beide Werte stehen im Bezug zueinander. Zahlen mit weniger Nachkommastellen als angegeben werden bis zur angegebenen Grenze mit Nullen aufgefüllt. Die Anzahl der Nullstellen nach dem Komma muss immer kleiner oder gleich der Anzahl der Stellen nach dem Komma sein. Bei Vermaßungen mit der Maßzahleinheit Zoll oder Inch sind die Schaltflächen deaktiviert.
- Die Option **HOCHZAHLSCHREIBWEISE** aktiviert die Hochzahlschreibweise der letzten Stelle.
- Die Option **FIXBRUCH** ist nur für Inch- und Zollvermaßungen verfügbar. Die angezeigten Werte bekommen einen ganzzahligen Teil, gefolgt von einem Bruch.
- Die Option „+" **BEI POSITIVEM WERT** (nur bei **KOTE** verfügbar) aktiviert die Darstellung von positiven Werten bei der Kotenvermaßung mit Vorzeichen. Negative Werte werden immer mit Vorzeichen dargestellt.
- Die Option „+/-" **BEI NULLWERT** (nur bei **KOTE** und **ABSTECKUNG** verfügbar) regelt, ob bei Nullwerten das ±-Zeichen vorangestellt werden soll oder nicht.
- **ZEICHEN VOR DER MASSZAHL/ZEICHEN NACH DER MASSZAHL:** Es können bis zu zehn Zeichen eingegeben werden, die vor bzw. hinter jeder Maßzahl dieser Maßlinie ausgegeben werden.

Register Eingabeoptionen (nicht bei Absteckung)

- Im Bereich **MASSHILFSLINIE** kann gewählt werden, ob und wie Hilfslinien erzeugt werden sollen.
- **ABSTAND DER MASSLINIEN ZUEINANDER IN MM/ZOLL** gibt den Abstand zwischen den Maßlinien (z. B. eines Maßblocks) bei der Erzeugung der Maßlinie an.

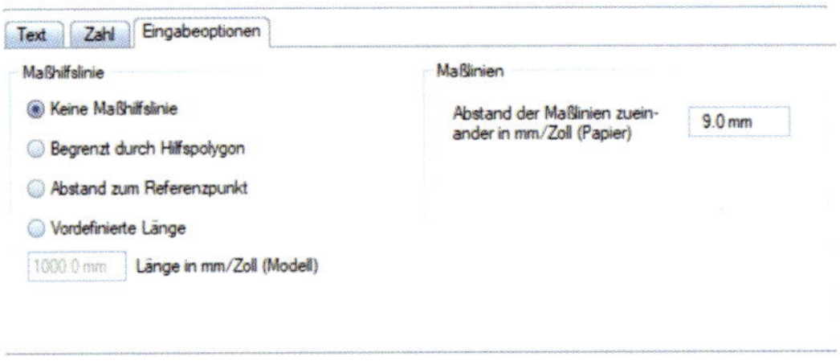

Schaltflächen im Rand des Dialogfeldes

Optionen Maßlinie

- **OPTIONEN MASSLINIE** öffnet den Dialog zur Definition grundlegender Maßlinienparameter, wie z. B. der Darstellung der Referenzpunkte und der Größe der zu hinterlegenden Füllfläche. Wichtigste neue Option ist die Einstellung zum Berücksichtigen der Raum-Bodenflächen, welche bei assoziativen Maßlinien wirksam ist. Die Einstellung ist projektbezogen.

3.8.1.3 Parameter bei der Modifikation von Maßlinien

Bei der Modifikation der Maßlinien über **KONTEXTMENÜ – EIGENSCHAFTEN** erscheint eine zusätzliche Registerkarte zu den im vorangegangenen Abschnitt beschriebenen Registerkarten.

Registerkarte Abschnitt/Punkt

Die Änderungen in dieser Registerkarte werden nur im markiert dargestellten Maßlinienabschnitt bzw. der markierten Kote durchgeführt.

- **ABSCHNITTSEIGENSCHAFTEN** definiert für den gewählten Abschnitt Sondereigenschaften. Es können z. B. die Maßzahl ein-/ausgeblendet, eine Bauteilhöhe oder ein Zusatztext hinzugefügt bzw. gelöscht oder die Textparameter geändert werden.
- **ABSCHNITTSNUMMER:** Damit können Sie zwischen den einzelnen Maßlinienabschnitten bzw. Punkten wechseln. Verschieben Sie sich das Dialogfeld so, dass Sie die Maßlinie/Kotenvermaßung gut im Blick haben.
- **BEGRENZUNGSSYMBOL** stellt für den markierten Maßlinienabschnitt „Begrenzungssymbole" für den Anfang und das Ende zur Verfügung.

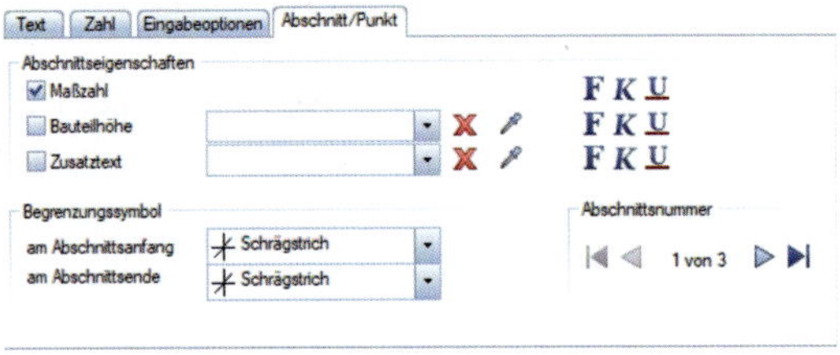

HINWEIS: Bei assoziativen Maßlinien können die Bauteilhöhe und der Zusatztext nicht verändert werden. Die Anzeige kann geschaltet und bei Bedarf kann die Verbindung gelöscht werden.

3.8.2 Bereich Text

3.8.2.1 Funktionen zum Bereich Text

Texte erzeugen

- Die Funktionen **TEXT HORIZONTAL**, **TEXT VERTIKAL** und **TEXT UNTER WINKEL** erzeugen Textblöcke. Die einstellbaren Parameter sind jeweils identisch mit der Unterscheidung des Textwinkels. Unabhängig von der aufgerufenen Funktion wird der Eingabedialog **TEXT** angezeigt. Eine Unterscheidung zeigt sich im Punkt *Textwinkel*, welcher je nach Aufruf den entsprechenden Winkel korrekt anzeigt. Der im Eingabedialog eingegebene Text wird direkt auf dem Teilbild mit angezeigt. Die Darstellung im Eingabedialog ist eine Vorschau. Einige Darstellungsoptionen werden erst nach dem Erzeugen des Textes durch Abschließen der Eingabe auf dem Teilbild sichtbar.

Text horizontal

Text vertikal

Text unter Winkel

- **TEXTZEIGER** erzeugt eine Linie mit den Formateigenschaften (Stiftdicke, Strichart, Farbe und Layer) des angewählten Textes, mittels der Sie vom Text auf die Zeichnungsteile hinweisen können. Als Startpunkte am Text werden acht außerhalb des Textes liegende Punkte gefangen (analog den Textanfangspunkten). Bei Textblöcken kann neben den acht um den Block liegenden Hauptpunkten auch bei jeder Textzeile ein Anfangs- und Endpunkt gefangen werden. Im Modus **EINZELLINIEN** erzeugen Sie einen einfachen Textzeiger, im Modus **LINIENZUG** können Sie geknickte Textzeiger erzeugen.

Textzeiger

HINWEIS: Die Anfangs- und Endsymbole können über die Palette **EIGENSCHAFTEN** eingestellt werden. Um Textzeiger mit den gleichen Einstellungen zu erzeugen, sollten die bevorzugten Einstellungen als Favorit gespeichert und/oder ein Assistent mit unterschiedlichen Texten und Textzeigern angelegt werden.

- **TEXT MIT NUMMERIERUNG** erzeugt Textzeilen, die automatisch nummeriert werden. Sie können Format, Startwert und Schrittweite der Nummerierung festlegen. Über Steuerungszeichen (z. B. %KO für einen an die Textgröße angepassten Kreis) können Sie die Optik Ihrem Bedarf anpassen.

Text mit Nummerierung

Texte bearbeiten

- **TEXTPARAMETER MODIFIZIEREN** ändert die ausgewählten Textparameter von Textzeilen bzw. Textblöcken. Die nicht ausgefüllten Felder werden bei den zu ändernden Texten nicht beeinflusst.

Textparameter modifizieren

Text modifizieren

- **TEXT MODIFIZIEREN** dient zum Ändern der Inhalte von Textzeilen oder Textblöcken. Mit der Funktion **TEXT MODIFIZIEREN** können auch einfache Beschriftungen von Bauteilen (z. B. Raumbezeichnung) geändert werden. Die Eigenschaften (Attribute) des Bauteils werden entsprechend abgeändert.

Textreferenzpunkt

- **TEXTREFERENZPUNKT** setzt einen Referenzpunkt für einen beliebigen Text oder ändert/löscht bereits gesetzte Referenzpunkte. Nutzen Sie diese Option, wenn der Text in einem konstanten Abstand zu einem bestimmten Punkt der Zeichnung platziert werden soll. Jedes Mal, wenn Sie diesen Punkt manipulieren (z. B. verschieben), ändert sich der Text automatisch mit.

Texte ausrichten

- **TEXTE AUSRICHTEN** dient zum Ausrichten von Textzeilen. Die Texte werden immer an dem am weitesten links, rechts, oben oder unten stehenden Text ausgerichtet.

Ausrichten

TIPP: Texte können auch mit der Funktion **AUSRICHTEN** aus dem Modul **KONSTRUKTION** bearbeitet werden. Bei Anwendung dieser Funktion ist es sinnvoll, die Filterfunktionen zu nutzen. Sie benötigen dann zwar einen zusätzlichen Filter, können aber dafür auch bei gedrehter Grundrissdarstellung und/oder gedrehtem Fadenkreuz in Richtung der Achsen des Fadenkreuzes Texte ausrichten. Zudem stehen zwei weitere Möglichkeiten des Ausrichtens zur Verfügung.

Text verzerren

- **TEXT VERZERREN** verzerrt den Text durch die Angabe von Faktoren in X- und Y-Richtung. Als Festpunkt dient der Bezugspunkt des Textes. Die entsprechenden Eigenschaftswerte des Textes werden diesbezüglich verändert.

Text einpassen, versetzen

- **TEXT EINPASSEN, VERSETZEN** verschiebt und/oder verzerrt Textzeilen oder Textblöcke. Der Bereich, in den der gewählte Text eingepasst werden soll, muss durch die Angabe des linken unteren sowie des rechten oberen Punktes definiert werden.

Text ersetzen

- **TEXT ERSETZEN** sucht und ersetzt einzelne Zeichen oder Zeichenfolgen in den markierten Texten.

Text in Klein-, Großschreibung

- **TEXT IN KLEIN-, GROSSSCHREIBUNG** dient zum kompletten Wandeln von Texten in Groß- oder Kleinbuchstaben. Es wird jeweils der komplette Text gewandelt.

Textzeilen zu Textblock

- **TEXTZEILEN ZU TEXTBLOCK** erzeugt aus mehreren horizontalen Texten einen Textblock. Dabei werden die aktuell eingestellten Textparameter verwendet. Die ursprünglichen Texte bleiben erhalten.

Textblock auflösen

- **TEXTBLOCK AUFLÖSEN** löst einen Textblock in voneinander unabhängige Texte auf. Die einzelnen Texte tragen ausnahmslos die Eigenschaft **TEXTBLOCK** und können direkt weiterbearbeitet werden. Die Eigenschaft **TEXTBLOCK** wurde mit Allplan 2018 aus der Palette entfernt. Damit entfällt dort auch die Möglichkeit, Textblöcke in Zeilen auflösen zu können.

Textzeile löschen

- **TEXTZEILE LÖSCHEN** entfernt einzelne Textzeilen aus einem Textblock. Die angeklickte Zeile wird jeweils gelöscht.

Text – Palette Eigenschaften

In der Palette **EIGENSCHAFTEN** des Textes sind zusätzlich zu den im Editor vorhandenen Möglichkeiten, weitere bzw. ergänzende Einstellungen für die Darstellung von Text zu finden. Die Möglichkeiten gliedern sich in zwei Bereiche – Einstellungen für den Rahmen und Einstellungen für die Hinterlegung des Textes.

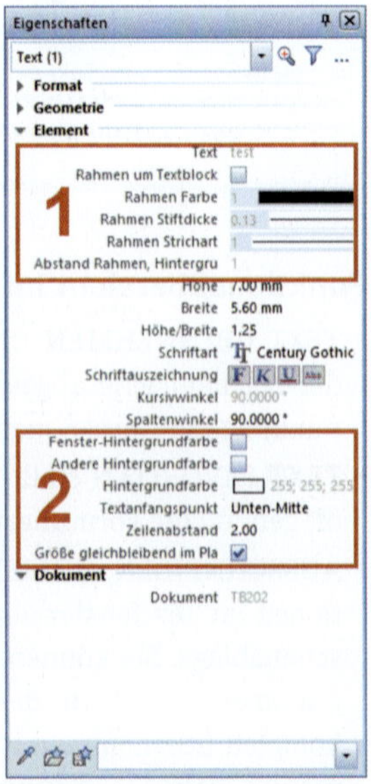

- In **Bereich 1** wird definiert, ob und wie ein geschlossener Rahmen um den Textblock herum erzeugt werden soll. Die Strichdefinition erfolgt unabhängig vom gewählten Layer. Über die Option **ABSTANDSFAKTOR RAHMEN, HINTERGRUND** wird der Abstand des Rahmens vom Textblock definiert.

HINWEIS: Die Option **ABSTANDSFAKTOR RAHMEN, HINTERGRUND** definiert sowohl den Abstand des Rahmens vom Text als auch – bei ausgeschaltetem Rahmen – die Größe der Hinterlegung des Textes. Der Abstand ist an die Textgröße gekoppelt, d.h., der Rand ist bei Textgröße 2,5 und einem Faktor von 5 kleiner als bei Textgröße 7 und einem Faktor von 5.

- In **Bereich 2** legen Sie fest, ob die Hinterlegung des Textes in der **FENSTER-HINTERGRUNDFARBE** oder einer **ANDEREN HINTERGRUNDFARBE** erzeugt werden soll. Es kann immer nur eine der beiden Optionen aktiviert werden. Die Option **FENSTER-HINTERGRUNDFARBE** entspricht einem einfachen Freistellen des Textes.

3.8.2.2 Eingabedialog Text

Der Eingabedialog zum Text erscheint bei der Erstellung von neuen Texten sowie bei der Änderung von bestehenden Texten. Bei Änderungen von Beschriftungen, die direkt auf Textattribute zurückzuführen sind, wird auch der Eingabedialog **TEXT** angezeigt. Grundsätzlich gilt bei der Erzeugung von neuen Texten, dass erst ein **TEXTANFANGSPUNKT** (bei **TEXT UNTER WINKEL** erst ein **TEXTWINKEL**, dann ein **TEXTANFANGSPUNKT**) angegeben werden muss, bevor Text geschrieben werden kann.

Mit der Funktion **SYMBOLLEISTE ERWEITERN** können Sie sich alle Funktionen des Texteditors einblenden lassen.

Symbolleiste erweitern

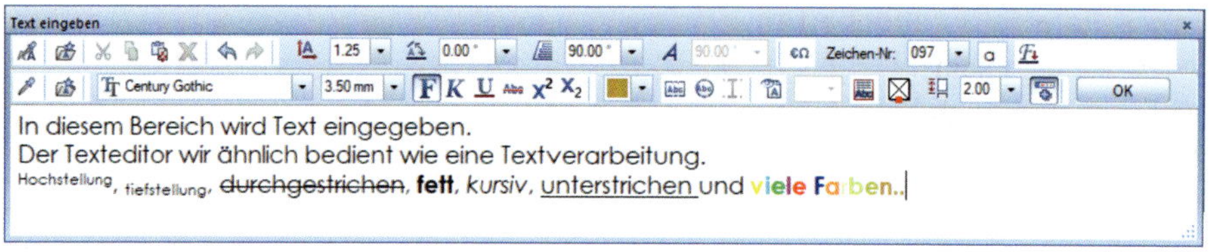

Funktionsübersicht im Dialog Text eingeben

Text übernehmen und einfügen

- **TEXT ÜBERNEHMEN UND EINFÜGEN** übernimmt nach Anklicken eines bereits auf der Zeichenfläche abgesetzten Textes diesen Text direkt in die Texteingabe. Einfügepunkt ist der Cursor, markierter Text wird durch den übernommenen Text ersetzt.

Text Favoriten

- **TEXT FAVORITEN** stellt eine einfache Funktionalität zum Speichern und Abrufen für oft gebrauchte Formulierungen als Textbausteine zur Verfügung.

Ausschneiden
Kopieren
Einfügen
Löschen

- **AUSSCHNEIDEN**, **KOPIEREN**, **EINFÜGEN** und **LÖSCHEN** stellen die bekannten Funktionen im Textfenster zur Verfügung. Die Funktionalität entspricht der Windows-Zwischenablage. Sie können also Texte aus z. B. Word oder anderen Textverarbeitungsprogrammen direkt in das Eingabefeld übernehmen. Formatierungen können nicht komplett übernommen werden.

Rückgängig
Wiederherstellen

- **RÜCKGÄNGIG** und **WIEDERHERSTELLEN** wirken nur auf Änderungen am aktuellen Textblock. Sobald Sie den Dialog verlassen, können einzelne Änderungen nicht zurückgeführt werden.

Verhältnis Höhe/Breite

- **VERHÄLTNIS HÖHE/BREITE** gibt das Verhältnis von Höhe zu Breite des Textes an. Es ändert sich nur die Textbreite, die Texthöhe bleibt konstant. Sie können die Schriftbreite aller Schriftarten verändern. Die Anzeige im Dialogfeld bleibt immer konstant. Der Text wird als Ganzes verzerrt, d. h., die Buchstaben und die Abstände werden verändert.

Textwinkel

- **TEXTWINKEL** legt den Winkel fest, unter dem der Text abgesetzt wird. Je nachdem, über welche Funktion Sie den Textdialog gestartet haben, ist ein eigener Startwert eingesetzt. (**TEXT HORIZONTAL**: 0,00, **TEXT VERTIKAL**: 90,00, **TEXT UNTER WINKEL**: xx,xx). Durch die Änderung des Textwinkels nach dem Funktionsaufruf kann jederzeit von einem vertikalen auf einen horizontalen Text gewechselt werden.

Spaltenwinkel (Einzug)

- **SPALTENWINKEL (EINZUG)** gibt den Spaltenwinkel in Grad an, mit dem die Textzeilen des Textblocks untereinander versetzt werden. Die Textzeilen erhalten demnach unterschiedliche Einzüge. Der Spaltenwinkel ist nur an der Textvorschau in der Zeichnung sichtbar.

Kursivwinkel bei Allplan-Schriftart

- **KURSIVWINKEL BEI ALLPLAN-SCHRIFTART** ist nur für Allplan-Schriftarten verfügbar. Bei TrueType- und anderen Schriftarten erfolgt die Einstellung über die Schaltfläche *Kursiv*. Der Winkel ist in den Schriftarten selbst fixiert.

Zeichentabelle öffnen

- **ZEICHENTABELLE ÖFFNEN** öffnet einen eigenen Dialog, über den Sie Sonderzeichen auswählen und in die Zwischenablage einfügen können. Über **EINFÜGEN** können Sie das Zeichen in Ihren Text übernehmen.

Sonderzeichen einfügen

- **SONDERZEICHEN EINFÜGEN** dient zum Einfügen des im Feld **ZEICHEN-NR.** gewählten Sonderzeichens in Ihren Text. Sie können entweder eine in der Liste vorhandene Zeichennummer auswählen oder einen beliebigen ISO-Code eingeben. Im Feld zwischen der Zeichennummer und dem Icon **SONDERZEICHEN EINFÜGEN** wird das eingestellte Zeichen angezeigt. Wird im Text ein Zeichen markiert, erscheint die zugehörige Nummer unter **ZEICHEN-NR.**

- **TEXTFORMAT ÜBERNEHMEN** blendet den Dialog aus und die Formateinstellungen eines bestehenden Textes können übernommen werden. Die eingelesenen Formateinstellungen werden auf den gesamten Text übertragen.

Textformat übernehmen

- **TEXTFORMAT FAVORITEN:** Mit **TEXTFORMAT FAVORITEN** rufen Sie ein Dialogfeld auf, in dem Sie Textparameter einstellen und als Favorit (*.txfa) speichern bzw. gespeicherte Favoriten aufrufen können (siehe auch Abschnitt 2.6.7, „Nachgeordnete Funktionen in Dialogen").

Textformat Favoriten

- **SCHRIFTART** öffnet das Pull-down-Menü, in dem Sie unter allen installierten Schriftarten (TrueType, OpenType und Type 1) sowie aus den Nemetschek-Schriftarten den gewünschten Typ auswählen können. In Textzeilen und Textblöcken kann entweder mit TrueType-Schriftarten gearbeitet werden oder mit einer Nemetschek-Schriftart.

Schriftart

- **TEXTHÖHE** gibt die Texthöhe des Textes in mm an. Sie können Texthöhen von 0,1 mm bis 999,9 mm angeben.

Texthöhe

Für die Auswahl der Schriftart und der Texthöhe finden Sie im Dialog **TEXT EINGEBEN** zwei Auswahlfelder.

- **FETT**, **KURSIV**, **UNTERSTRICHEN** und **DURCHGESTRICHEN** ändern die Formatierung des markierten Textabschnittes. Sind mehrere Abschnitte mit unterschiedlichen Formatierungen markiert, erscheinen die Funktionen grau. Die Formatierungen **FETT** und **DURCHGESTRICHEN** sind bei Nemetschek-Schriftarten nicht anwählbar.

F K U Abc Fett, Kursiv, Unterstrichen, Durchgestrichen

- **HOCHGESTELLT** und **TIEFGESTELLT** sind zwei seit Allplan 2018 enthaltene, direkte Formatierungseinstellungen für Texte, mit deren Hilfe die Eingabe von Formeln und Ähnlichem deutlich vereinfacht wurde.

X^2 Hochgestellt
X_2 Tiefgestellt

> **HINWEIS**: Bei der Datenwandlung in ältere Versionen (Allplan 2017 und älter) wird die Formatierung ersatzlos entfernt. Werden Texte mit hoch-/tiefgestellten Zeichen aus älteren Versionen geöffnet, erfolgt keine automatische Umstellung der Sonderzeichen in die neuen Formatierungen.

- **TEXTFARBE** ändert die Farbe des markieren Textes. Wenn Sie Formateigenschaften vom Layer übernehmen (Linienstil, Zeichnungstyp), hat diese Einstellung keine Wirkung auf Ihren Text. Ändern Sie entweder den Layer oder entfernen Sie die Farbkopplung zum Layer. Alternativ können Sie Steuerungszeichen (%Cx – x = 0–9 – Farben 0–9) für die Einstellung der Schriftfarbe verwenden.
- **ECKIGE KLAMMER** und **RUNDE KLAMMER** fügen Textumrahmungen in Ihren Text ein. Es erscheinen Steuerungszeichen in Ihrem Textblock, die diese Formatierung steuern. Wenn Sie die Steuerungszeichen entfernen, wird die Klammer wieder entfernt. Die Umrandung wird in der aktuell eingestellten Stiftdicke des Textes angezeigt (auch bei TrueType).

Eckige und runde Klammer

Trennstrich

- **TRENNSTRICH** fügt einen Trennstrich in den Text ein, der mit runder oder eckiger Klammer umrahmt ist. Es erscheinen Steuerungszeichen in Ihrem Textblock, die diese Formatierung steuern. Wenn Sie die Steuerungszeichen entfernen, verschwindet der Trennstrich. Der Trennstrich ist nur in Verbindung mit eckiger Klammer oder runder Klammer möglich.

Füllfläche unterlegt

- **FÜLLFLÄCHE UNTERLEGT** unterlegt den eingegebenen Text mit einer Füllfläche. Der Text erscheint (je nach Einstellung der Reihenfolge) vor der Zeichnung freigestellt. Die Farbe der Füllfläche ist für die Bildschirmdarstellung immer gleich der Hintergrundfarbe des Fensters. Beim Ausdruck wird immer Weiß verwendet bzw. die hinter dem Text liegenden Zeichnungsinhalte werden nicht gedruckt. Die Farbe kann direkt im Dialog definiert werden. Die Abstände der Hinterlegung zum Text kann über die Palette **EIGENSCHAFTEN** definiert werden. Neben den 256 Standardfarben von Allplan können frei definierbare RGB-Werte verwendet werden.

Rahmen um Textblock

- **RAHMEN UM TEXTBLOCK** erzeugt einen Rahmen um den Textblock. Der Rahmen ist erst nach dem Schließen des Dialogs sichtbar. Die Eigenschaften **FORMAT** können in der Palette **EIGENSCHAFTEN** verändert werden.

Textanfangspunkt

- **TEXTANFANGSPUNKT** gibt den gewählten Textanfangspunkt der ersten Zeile an. Sie haben innerhalb der Schaltfläche neun Möglichkeiten, den Textanfangspunkt zu setzen. Die Vorschau des Textes auf dem Teilbild/Plan wird entsprechend den neuen Einstellungen geändert.

Zeilenabstand

- **ZEILENABSTAND** gibt den Zeilenabstand in Abhängigkeit von der Textgröße an. Für jeden Textblock (auch bei unterschiedlichen Texthöhen) gilt immer der eingestellte Wert, basierend auf der ersten im Text eingestellten Texthöhe.

3.9 Aufgabenbereich Freies Modellieren

Im Aufgabenbereich **FREIES MODELLIEREN** sind die wesentlichen Funktionen fürs Modellieren von freien 3D-Geometrien enthalten. Wände, Stützen und ähnliche 3D-Objekte werden über eigene Funktionen erzeugt und im Aufgabenbereich **ROHBAU** angeboten. Die im Bereich **FREIES MODELLIEREN** enthaltenen Funktionen bieten von regelmäßigen Körpern bis zu Freiformkörpern die meisten heute benötigten Funktionen zum Modellieren. Seit der Einführung von Allplan 2016 und der Implementierung eines sehr leistungsfähigen 3D-Kerns der neuesten Generation kann Allplan in der Modellierung echte runde Körper darstellen. Mit den danach erschienenen Versionen sind verschiedene nützliche Funktionen ergänzt und erweitert worden. Im Folgenden finden Sie Beschreibungen zu den wichtigsten Funktionen.

Der Aufgabenbereich **FREIES MODELLIEREN** gliedert sich in **3D-OBJEKTE** sowie **3D KONSTRUIEREN. MAKROS** bilden einen zusätzlichen Bereich, welcher nur am Rande in diesem Buch beschrieben wird.

Oberfläche ohne Actionbar

Wird eine Oberflächenkonfiguration ohne Actionbar verwendet, befinden sich die meisten Funktionen im Modul **KONSTRUKTION** und **ERWEITERTE KONSTRUKTION.**

- Mit den Funktionen des Moduls **MODELLIEREN 3D** können sehr viele Geometrien erzeugt werden, die wie im folgenden Beispiel als einfaches Körpermodell verwendet werden können.

Modellieren 3D - Gruppe; zusätzliche Module

3.9.1 3D-Objekte

- **3D-LINIEN** dient zum Erzeugen von 3D-Linien, 3D-Rechtecken, 3D-Kreisen und 3D-N-Ecken. Je nach gewählter Einstellung werden unterschiedliche Optionen angezeigt. Die 3D-Linien unterscheiden sich in den Möglichkeiten und dem Einsatzbereich von 2D-Linien. In den Eingabeoptionen kann eingestellt werden, ob die Linien als ein zusammenhängender Polygonzug oder als einzelne Linien erstellt werden sollen.

3D-Linie

  - **3D-LINIE** erzeugt entweder einzelne Linien oder zusammenhängende Linien (Polgonzug) im Raum. Bei ausgeschalteter Option werden Einzellinien erzeugt, bei eingeschalteter Option werden Polygonzüge aus 3D-Linien erzeugt.

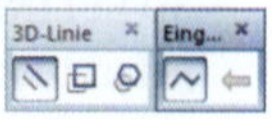

3D-Linie

  - **3D-RECHTECK** erzeugt ein Rechteck über eine der Grundfunktionen zur Eingabe von Rechtecken sowie die **FREIE 3D EINGABE.** Mit allen Optionen können Rechtecke im Raum (unabhängig von der X/Y-Ebene) erzeugt werden. Ideal für das Erzeugen von Rechtecken basierend auf einer im Raum liegenden Linie/Kante ist die Option **MITTELPUNKT AUF KANTE/KURVE.**

3D-Rechteck

  - **3D-N-ECK** erzeugt beliebige N-Ecke (3-64 Ecken - Eingabe in der Dialogzeile) ausgehend vom Mittelpunkt. Über die Option **FREIE 3D EINGABE** können beliebig im Raum liegende N-Ecke erzeugt werden.

3D-N-Eck

- **3D-SPLINE** erzeugt eine offene oder geschlossene Kurvenlinie (Spline) mit frei im Raum definierbaren Punkten. Bei der Eingabe haben Sie die Wahlmöglichkeit zwischen einem B-Spline aus Kontrollpunkten, einem B-Spline aus interpolierten Punkten oder einem kubischen Spline. Je nach Wahl weichen die Ergebnisse deutlich voneinander ab, da

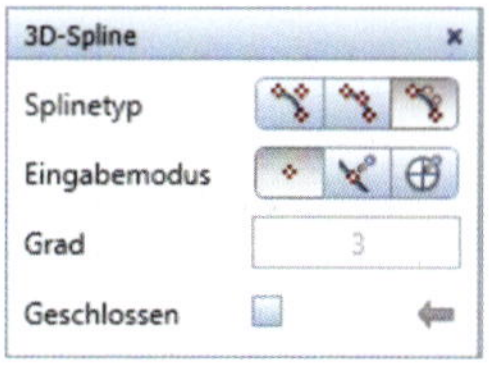

3D-Spline

die zugrunde liegenden Kurvenberechnungen große Unterschiede aufweisen. In der Eigenschaftenpalette können zudem die Start-/Endtangenten geändert werden.

3D-Kreis

- **3D-KREIS** erzeugt einen Kreis oder einen Kreisbogen in der X/Y-Ebene auf einer beliebigen Höhe. In den Eingabeoptionen kann aus den drei Grundfunktionen zur Eingabe von Kreisen gewählt werden sowie die neue Option **MITTELPUNKT AUF KANTE/KURVE** gewählt werden.

Quader

- **QUADER** können auf zwei Arten erzeugt werden. Es können sowohl achsen- und grundrissparallele Quader, die eben auf der Zeichenfläche oder einer Arbeitsebene liegen, als auch beliebig im Raum positionierte Quader sein. Die Eingabeoptionen für die Rechteckeingabe stehen zur Verfügung.

3D-Fläche

- **3D-FLÄCHE** erzeugt ebene 3D-Polygonflächen aus bereits vorhandenen geschlossenen 3D-Linienzügen oder neue 3D-Flächen je nach eingestellter Option. 3D-Flächen können über das Kontextmenü zu Bezugsflächen gewandelt werden. An Bezugsflächen können Architekturbauteile angehängt werden. Eine Bezugsfläche findet im Beispielprojekt im Bereich des Treppenhauses Anwendung.

3D-Fläche aus vorhandenen 3D-Linien

  - **3D-FLÄCHE AUS VORHANDENEN 3D-LINIEN** erzeugt aus einem vorhandenen Linienzug (einzelne Linien oder Polygonzug) eine 3D-Fläche. Der Linienzug muss geschlossen sein und die Linien müssen in einer Ebene liegen.

3D-Polygonfläche

  - **3D-POLYGONFLÄCHE** erzeugt aus beliebigen Punkten eine ebene Polygonfläche. Als letzter Punkt muss der erste nochmals angeklickt oder die Eingabe mit **ESC** beendet werden.

3D-Splinefläche

  - **3D-SPLINEFLÄCHE** erzeugt eine Polygonfläche, die von einer Kurvenlinie (Spline) eingefasst ist.

3D-Rechteckfläche

  - **3D-RECHTECKFLÄCHE** erzeugt eine rechteckige Fläche. In der Symbolleiste **EINGABEOPTIONEN** können eine der Grundfunktionen zur Eingabe von Rechtecken sowie die **FREIE 3D EINGABE** zur Eingabe gewählt werden. Mit allen Optionen können Rechteckflächen im Raum (unabhängig von der X/Y-Ebene) erzeugt werden. Neu hinzugekommen ist die Option **MITTELPUNKT AUF KANTE/KURVE.**

3D-Kreisfläche

  - **3D-KREISFLÄCHE** erzeugt eine Polygonfläche mit einer kreisförmigen Begrenzung als Vollkreis, Kreissektor oder Kreissehne in der X/Y-Ebene auf einer beliebigen Höhe. In den Eingabeoptionen kann aus den drei Grundfunktionen zur Eingabe von Kreisen gewählt werden. Mit den zusätzlichen Optionen **KREISSEKTOR** und **KREISSEHNE** definieren Sie, wie die Form an den Bogenendpunkten geschlossen werden soll (gerade oder über den Kreismittelpunkt).

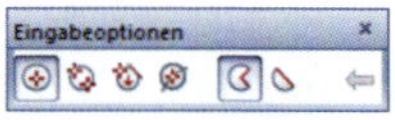

3D-N-Eckfläche

  - **3D-N-ECKFLÄCHE** erzeugt beliebige N-Ecke (3–64 Ecken – Eingabe in der Dialogzeile) ausgehend vom Mittelpunkt. Über die Option **FREIE 3D EINGABE** können beliebig im Raum liegende N-Eckflächen erzeugt werden. Neu hinzugekommen ist die Option **MITTELPUNKT AUF KANTE/KURVE.** Werden mehr als 64 Punkte bei einem N-Eck benötigt, so kann die gewünschte Anzahl eingegeben und (ohne Bestätigung der Eingabe) mit einem Links-klick für den gewünschten Umfang in der Zeichenfläche erzeugt werden.

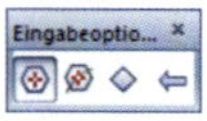

Zylinder

- **ZYLINDER** erzeugt einen achsen- oder grundrissparallelen Zylinder. Basis bildet die Zeichenfläche im Grundriss oder in einem Ansichtsfenster. Für die Eingabe stehen die drei Eingabeoptionen **KREIS ÜBER MITTELPUNKT, KREIS ÜBER ZWEI PUNKTE** sowie **KREIS ÜBER 2 PUNKTE UND RADIUS/DURCHMESSER** zur Verfügung. Frei im Raum gedrehte Zylinder können über die Funktion **EXTRUDIEREN** auf einer geneigten Fläche erzeugt werden oder über die Eingabeoption **KREIS ÜBER MITTELPUNKT AUF KANTE/KURVE**, bei welcher die Achse des Zylinders als Kante/3D-Linie vorhanden sein muss und darauf basierend leicht ein Zylinder erstellt werden kann.

Pyramide

- **PYRAMIDE** erzeugt einen pyramidenförmigen Körper auf einer ebenen Fläche aus bestehenden Kanten.

Kugel

- **KUGEL** lässt die Erzeugung von kugelförmigen Körpern zu. Der Mittelpunkt der Kugel ist zu definieren. Der Radius kann entweder in der Dialogzeile oder durch Anklicken eines Punktes definiert werden.

Patch

- Mit der Funktion **PATCH** können aus nahezu beliebigen Konturen Freiformflächen erzeugt werden (auch zusammengesetzt aus mehreren Linien). Die Konturen können in allen Richtungen verschieden sein. Mit einer Freiformfläche können (ähnlich dem **DREIPUNKTSEGEL, VIERPUNKTSEGEL**) frei geformte Flächen erzeugt werden. Die erzeugten Flächen können z. B. als Basis für die Funktion **MANTEL** verwendet werden, um frei geformte Dächer zu erzeugen. 3D-Flächen, welche über die Funktion **PATCH** erzeugt wurden, können über das Kontextmenü in Bezugsflächen gewandelt werden. An diese können Architekturbauteile angebunden werden.

Dreipunktsegel, Vierpunktsegel

- **DREIPUNKTSEGEL, VIERPUNKTSEGEL** erzeugt lineare sowie (nach oben oder unten) gewölbte 3D-Flächen oder -Körper anhand von drei oder vier Eckpunkten. Die Wölbung wird über eine Dreieckszerlegung erzeugt. Je nach Eingabe kann der erzeugte Körper direkt in Ebenen gewandelt werden, um für Architekturbauteile als Bezug zu dienen.

Parallele zu Element

- **PARALLELE ZU ELEMENT** erzeugt von 3D-Elementen (Kanten von Körpern und Flächen sowie 3D-Linien) parallele 3D-Linien.

Paralleler Linienzug 3D

- **PARALLELER LINIENZUG 3D** erzeugt bis zu neun 3D-Linien parallel zueinander. Derartige Linienzüge in 3D können für Leitungen verwendet und, wenn Attribute zugewiesen wurden, ausgewertet und/oder beschriftet werden.

Lot

- **LOT** fällt ein Lot auf eine 3D-Kante oder -Linie. Es wird immer erst die Kante definiert, auf welche das Lot gefällt werden soll, und als Zweites der Punkt, von dem aus die Linie senkrecht auf die zuvor gewählte Kante laufen soll.

Lot auf Fläche, Ebene

- **LOT AUF FLÄCHE, EBENE** erzeugt eine senkrecht zu der angegebenen Fläche stehende Linie. Die Fläche ist entweder über die Kanten oder über drei Punkte (auch virtuelle Fläche möglich) anzugeben.

Mittelsenkrechte auf Linie

Tangente

Winkelhalbierende

- Die Funktionen **MITTELSENKRECHTE AUF LINIE, TANGENTE** und **WINKELHALBIERENDE** funktionieren bei 2D-Elementen so ähnlich wie auch bei 3D-Elementen.

TIPP: Es gibt eine Reihe Funktionen aus dem Bereich 2D, welche auch für 3D-Elemente zugelassen sind und Ergebnisse bringen. Hier lohnt es sich immer, auszuprobieren und/oder die Hilfe zu der entsprechenden Funktion aufzurufen. Es gilt nur zu beachten, dass Linien im 3D nicht zwangsläufig Schnittpunkte haben, auch wenn dies in einer oder mehreren Ansichten so aussieht.

Parallele Flächen

PARALLELE FLÄCHEN erzeugt eben diese anhand bestehender Flächen. Es können sowohl 3D-Flächen als auch Flächen von 3D-Körpern ausgewählt werden.

3D-Kurve aus Achse und Gradiente

- **3D-KURVE AUS ACHSE UND GRADIENTE** dient zum Beispiel zum Erstellen von Straßenachsen. Die Höhenlage der entstehenden Kurve kann separat festgelegt werden. Die entstandene Kurve kann zum Modellieren von Körpern verwendet werden. Das Ergebnis der Funktion ist ein B-Spline.

3D-Kurve extrahieren

Neu in Version 2019

- **3D-KURVE EXTRAHIEREN** erzeugt aus Kanten und Isolinien von nahezu beliebigen Körpern 3D-Kurven, welche Sie für weitere Modellierungsaufgaben verwenden können. Die erzeugte Kurve ist immer am Originalort. Die erzeugte Kurve erhält die aktuellen Formateinstellungen.

Linie in 3D-Kurve einfügen

- **LINIE IN 3D-KURVE EINFÜGEN** hilft bei Änderungen in 3D-Kurven und 3D-Polygonzügen, indem mit der Funktion lineare Segmente an beliebigen Stellen einfügbar sind, ohne dass die 3D-Kurve aufgeteilt werden muss.

Extrudieren

- **EXTRUDIEREN** erzeugt ausgehend von bestehenden 3D-Flächen (Körperflächen oder 3D-Flächen) 3D-Körper. Wird eine ebene 3D-Fläche als Basis verwendet, wird ein Körper mit der Form der Fläche erzeugt. Werden Flächen eines Körpers als Basis verwendet, können alle Optionen angewendet werden. Wird als Basis eine Fläche eines 3D-Körpers verwendet, wird dieser erweitert (nach außen, Vorschau: grün) oder mit einem Loch (nach innen, Vorschau: rot) versehen. Die Richtung ist immer senkrecht zur ausgewählten Fläche, die automatisch erkannt wird (rote Markierung als Vorschau).

Außenfläche extrudieren

  - **AUSSENFLÄCHE EXTRUDIEREN** erzeugt aus einer ebenen 3D-Fläche einen Körper der gleichen Form. Wird als Ausgangsfläche eine Körperfläche gewählt, wird die Fläche als Basis verwendet.

Fläche mit Abstand extrudieren

  - **FLÄCHE MIT ABSTAND EXTRUDIEREN** erfordert die Eingabe eines Abstandes zur Kontur. Die Form bleibt gleich.
  - Mit den Optionen **POLYGONZUG, SPLINE** sowie **RECHTECK, KREIS UND VIELECK EXTRUDIEREN** können Sie die entsprechenden Formen in der Ebene der gewählten Körperfläche erzeugen. Die Eingabe folgt jeweils den bekannten Eingabetypen (siehe z. B. 3D-Fläche).

Körper immer hinzufügen

  - **KÖRPER IMMER HINZUFÜGEN** dient zur Steuerung, egal ob Abzugskörper zu erzeugen sind oder grundsätzlich die extrudierte Form dem Körper hinzugefügt werden soll.

Neues Element

  - **NEUES ELEMENT** erzeugt einen neuen Körper anstatt dem Körper die Form hinzuzufügen. Mit der Funktion ist es einfach möglich, z. B. Sechskantschrauben bei Stahlkonstruktionen zu erzeugen.

Extrudieren entlang Pfad

- **EXTRUDIEREN ENTLANG PFAD** erzeugt aus einem Profil (3D-Linie oder 3D-Fläche) und einem Pfad im Raum einen Körper mit dem Querschnitt des Profils und der Ausdehnung des Pfades. Nach Anwahl von Profil und Pfad muss der Verschiebungspunkt gesetzt werden. Im Dialog zum detaillierten Einstellen der Aktion können bis zu zehn **INNENPROFILE** (Bereich zwischen Knicken ausschlaggebend) eingestellt werden. Zudem kann über die **PROFILROTATION** eingestellt werden, wie das Profil um den Pfad rotiert wird. Die der Aktion zugrunde gelegten Elemente bleiben nach der Aktion bestehen.

Fahrweg-Sweep

- **FAHRWEG-SWEEP** verbindet mindestens zwei Flächen, die durch mindestens eine Linie verbunden sind. Je nach gewählten Formen und Fahrwegen ergeben sich unterschiedliche Ergebnisse. Fahrwege wie auch Profile können sich in der Anzahl der Punkte unterscheiden. Je nach Anzahl der gewählten Fahrwege erscheinen in den Detaileinstellungen unterschiedliche Optionen. Die der Aktion zugrunde gelegten Elemente bleiben nach der Aktion bestehen. Die Funktion **FAHRWEG-SWEEP** hat mit der Funktion **LOFT** die Funktion **REGELKÖRPER** ersetzt.

> **HINWEIS:** Bei allen Funktionen, die auf 3D-Elementen wie Linien, Splines oder Ähnlichem basieren, bleiben die zugrunde gelegten Basiselemente nach dem Erzeugen der Form bestehen. Die erzeugten Formen erhalten die Formateigenschaften, die unter **FORMAT** aktuell eingestellt sind.

Loft

- **LOFT** verbindet eine beliebige Anzahl ebener Flächen mit einer unterschiedlichen Anzahl von Eckpunkten. Die Flächen werden in der Reihenfolge miteinander verbunden, in der sie angewählt wurden, wobei die Eckpunkte der jeweiligen Form vom jeweiligen Anfangspunkt (= der Punkt, mit dem zu zeichnen begonnen wurde) ausgehend verbunden werden. Es wird entweder ein Körper oder eine Fläche erzeugt. Im Dialog zum detaillierten Einstellen der Aktion können bis zu zehn **INNENPROFILE** (Bereich zwischen Profilen ausschlaggebend) eingestellt werden. Zudem kann bestimmt werden, ob die Form linear zwischen oder mit einem Spline verbunden werden soll. Die der Aktion zugrunde gelegten Elemente bleiben nach der Aktion bestehen. Die Zeichenrichtung der einzelnen Formen und der Startpunkt können während des Erzeugens eines Lofts verändert werden.

Rotieren

- **ROTIEREN** erzeugt aus einer vorhandenen Kontur (3D-Linien oder 3D-Fläche) und einer Achse einen Rotationskörper. Nach Anwahl des Profils und der Definition der Drehachse über zwei Punkte wird ein zusätzlicher Dialog eingeblendet, über den der Winkel der Rotation und die Anzahl der sogenannten **INNENPROFILE** eingestellt werden.

Mantel

- Mit der Funktion **MANTEL** kann aus einer nahezu beliebigen 3D-Fläche ein Volumenkörper mit einer gleichförmigen Dicke erzeugt werden. Je nach Einstellungen erfolgt die Ausrichtung nach oben, unten oder mittig oder es werden Randflächen mit betrachtet.

Abwicklung

- **ABWICKLUNG** erzeugt eine Abwicklung (Faltmodell) eines beliebigen Körpers. Als Erstes wird eine beliebige Fläche des abzuwickelnden Körpers angewählt. Danach wird diese im Grundriss abgesetzt. An den Kanten können die weiteren Flächen als Faltmodell angelegt werden. Die jeweils angewählte Fläche wird im Modell angezeigt. Die Darstellung wird als 2D-Linien erzeugt und jede Fläche des Körpers wird nur einmal abgelegt.

HINWEIS: Für das Erzeugen einer **ABWICKLUNG** können Bauteile wie **WÄNDE, STÜTZEN** und Ähnliches nicht direkt verwendet werden. Erzeugen Sie in diesen Fällen erst eine Kopie und wandeln Sie diese in 3D-Körper um. Ebenso können die runden **3D-KÖRPER ALLGEMEIN** (inklusive Kugel usw.) nicht direkt für eine Abwicklung verwendet werden, da aufgrund der echten runden Form keine Fläche zum Starten angewählt werden kann.

Volumenschwerpunkt

Flächenschwerpunkt

Durchstoßpunkt

- **VOLUMENSCHWERPUNKT, FLÄCHENSCHWERPUNKT** und **DURCHSTOSSPUNKT** dienen zum Erzeugen eines 3D-Punktes für die weiteren Konstruktionen anhand bereits erzeugter Geometrien. Es wird dabei ein 3D-Kreuz dauerhaft erzeugt, welches nach der Erzeugung keinen Zusammenhang mit dem Ursprungsobjekt hat und sich bei Änderungen des Körpers nicht mit verändert.

Kante fasen

- **KANTE FASEN** fast die Kanten von Körpern. Die Länge der Fase sowie die zu fasenden Kanten können bestimmt werden. Das Ergebnis wird in einer Vorschau angezeigt und durch Anwenden ausgeführt. Während die Vorschau aktiv ist, kann die Fase durch Griffe beeinflusst werden.

Kante ausrunden

- **KANTE AUSRUNDEN** rundet die Kanten von Körpern. Der Radius sowie die zu rundenden Kanten können bestimmt werden. Das Ergebnis wird in einer Vorschau angezeigt und durch Anwenden ausgeführt. Während die Vorschau aktiv ist, kann der Rundungsradius durch Griffe beeinflusst werden.

Kante Abstand modifizieren

- Mit **KANTE MIT ABSTAND MODIFIZIEREN** können zwei oder mehr Kanten einer 3D-Fläche oder eines 3D-Körpers geändert werden. Die Kanten müssen sich in einer Ebene befinden. Über die Option **LINEARE VERFORMUNG** sowie **GEBOGENE VERFORMUNG** wird die Form des Verzugs geregelt.

3D-Elemente frei drehen

- **3D-ELEMENTE FREI DREHEN** dient zum beliebigen Drehen von 3D-Objekten im Raum mit der Vorgabe, dass sich das Objekt um mehr als eine Achse drehen soll und kein Winkel einzugeben ist. Drehpunkt ist ein beliebiger Festpunkt und für die Drehrichtung müssen jeweils ein Ausgangspunkt und ein Drehpunkt bestimmt werden.

3D-Elemente drehen

- **3D-ELEMENTE DREHEN** funktioniert wie die Funktion **DREHEN** aus dem Bereich **BEARBEITEN** - ergänzt um die Tatsache, dass **immer** nach einer Drehachse gefragt wird.

3D-Elemente verzerren

- **3D-ELEMENTE VERZERREN** verändert 3D-Elemente durch Verzerren in mehreren Richtungen. Je nach Eingabe erfolgt die Verzerrung mit einem Skalierungsfaktor oder über Richtungsangaben.

HINWEIS: Die Funktion **3D-ELEMENTE FREI DREHEN** löst schwierige Drehungen, ist aber in der Bedienung oft kompliziert. Meist kann eine freie Drehung im Raum auch durch zwei nacheinander geschaltete Drehungen mit der Funktion **3D-ELEMENTE DREHEN** erledigt werden.

- **KÖRPER MIT EBENE TRENNEN** trennt 3D-Körper (3D-Flächen) an einer beliebigen Ebene. In den Eingabeoptionen können Sie wählen, ob eine bestehende 3D-Fläche als Schnittebene verwendet werden soll oder ob Sie die Ebene über Kanten und Punkte selber definieren möchten. Die Funktion kann auch auf Bauteile des Moduls **SKELETTBAU**, mit dessen Hilfe z.B. Dachstühle erzeugt werden können, angewendet werden.

Körper mit Ebene trennen

- **FLÄCHEN AUS 3D-KÖRPER LÖSCHEN** entfernt beliebige Flächen aus 3D-Körpern. Das entstehende Gebilde besteht danach aus zusammenhängenden Flächen und ist z.B. ideal als Gelände und/oder Grundlage für Fassaden geeignet. Ergänzt man die fehlende Fläche mit einer neuen 3D-Fläche und vereinigt diese Flächen, entsteht wieder ein geschlossener Volumenkörper.

Flächen aus 3D-Körper löschen

- **3D-ELEMENTE REPARIEREN** fasst verschiedene Reparaturfunktionen zusammen, die an einem oder mehreren Objekten durchgeführt werden können. Teils konnten die Ergebnisse bislang schon mit der Funktion **KÖRPER VEREINIGEN** (= Körper mit sich selbst vereinigen) erzielt werden:
  - Elemente werden normalisiert.
  - Übereinanderliegende oder doppelte Kanten werden vereinigt.
  - Kanten innerhalb planer Flächen, die beim Vereinigen entstehen konnten, werden entfernt.
  - Unterschiedlich ausgerichtete Flächennormalen werden korrigiert.

3D-Elemente reparieren

3.9.2 Boolesche Operatoren

Körper vereinigen, K1 minus K2, K2 erhalten, K1 minus K2, K2 löschen,

Schnittkörper erzeugen, Durchdringende Körper schneiden,

K1 geschnitten K2, Schnittkörper löschen

- **KÖRPER VEREINIGEN** stellt mehrere 3D-Körper oder mehrere 3D-Flächen zu einem einzigen 3D-Element zusammen. Werden 3D-Flächen vereinigt, die gemeinsam ein geschlossenes Volumen bilden, entsteht ein 3D-Körper.
- **SCHNITTKÖRPER ERZEUGEN, K1 MINUS K2, K2 LÖSCHEN, K1 MINUS K2, K2 ERHALTEN, K1 GESCHNITTEN K2, SCHNITTKÖRPER LÖSCHEN** und **DURCHDRINGENDE KÖRPER SCHNEIDEN** sind boolesche Operationen, mittels denen Körper verschnitten werden können. Je nach Funktion können mehrere Körper angewählt werden. Werden Körper getrennt und „zerfallen" in einzelne, unabhängige Volumina, erscheint eine zusätzliche Abfrage, ob diese zusammenhängen sollen oder komplett zerfallen müssen.

HINWEIS: Die booleschen Operatoren können auch bei 3D-Flächen angewendet werden. Umschließen 3D-Flächen ein Volumen (ohne Lücken), kann mit der Funktion **KÖRPER VEREINIGEN** ein Volumenkörper aus 3D–Flächen erzeugt werden.

3.9.3 Weitere interessante Funktionen

Die nachfolgenden Funktionen sind zum Teil im Kontextmenü von 3D-Objekten enthalten oder müssen der **ACTIONBAR** bei Bedarf hinzugefügt werden. Bei einer **PALETTEN-KONFIGURATION** der Oberfläche finden sich die Funktionen unter **ÄNDERN** im Modul **MODELLIEREN 3D** (**ZUSÄTZLICHE MODULE**).

Freie Oberfläche an 3D-, AR-Elemente zuweisen

Kollisionskontrolle

Kritische Modelldaten markieren

- Über **FREIE OBERFLÄCHE AN 3D-, AR-ELEMENTE** können Oberflächen für die Animation zugewiesen werden. Die Einstellungen für die Texturdarstellung (Mappierungsart, Phongwinkel usw.) können über die Palette **EIGENSCHAFTEN** geregelt werden.
- **KOLLISIONSKONTROLLE** überprüft, ob sich beliebige 3D-Körper (z. B. 3D-Körper, Architekturkörper, SmartParts, Einbauteile usw.) berühren, also miteinander kollidieren. Als Ergebnis werden Ihnen die Anzahl der Kollisionen in der Animation und Isometrie als temporäre Quader angezeigt.
- **KRITISCHE MODELLDATEN MARKIEREN** findet kritische Modelldaten auf den aktiven und allen aktiv im Hintergrund geladenen Teilbildern. Als „kritisch“ werden Bauteile bezeichnet, die zwar vollkommen korrekt aussehen, aber durch minimale Abweichungen Probleme bereiten können (z. B. in Animationen, Verdeckt-Berechnungen sowie assoziativen Ansichten und Schnitten). Diese Daten können z. B. aus älteren Versionen stammen oder durch den Import von Fremddaten entstanden sein. Nach Funktionsaufruf können Sie entweder defekte Objekte, Objekte mit Winkelabweichungen und/oder Objekte mit großen Koordinaten suchen lassen. Die Objekte werden blinkend in Markierungsfarbe dargestellt. Sollten keine kritischen Objekte gefunden werden, erhalten Sie eine entsprechende Meldung.

3.10 Aufgabenbereich Teamwork

Im Aufgabenbereich **TEAMWRT** sind die wesentlichen Funktionen zusammengefasst, welche für den Datenaustausch notwendig sind. Neben den klassischen Funktionen zum Exportieren in andere CAD-Formate oder zum Importieren dergleichen, sind Funktionen zum Im-/Export von Attributen, Mengen und ähnlichen Daten vorhanden. Zudem finden Sie hier die Anbindung an Bimplus und den Im-/Export von IFC-Dateien.

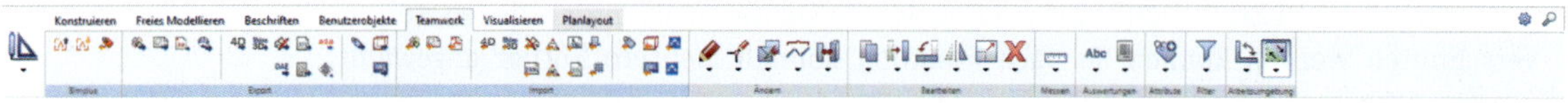

Oberfläche ohne Actionbar

Wird eine Oberflächenkonfiguration ohne Actionbar verwendet, befinden sich die meisten Funktionen im Modul **SCHNITTSTELLEN** sowie unter dem Menüpunkt **DATEI**.

Schnittstellen – Gruppe; Allgemeine Module

3.10.1 Bereich Bimplus

Eine Kurzbeschreibung der Vorgänge finden Sie in Abschnitt 6.1.8, „BIM-Daten".

- **MODELL NACH BIMPLUS HOCHLADEN** ist die direkte Funktion zum Hochladen eines Modells aus Allplan nach Bimplus. Je nachdem, ob aus einem Projekt erstmalig oder wiederholt hochgeladen wird, unterscheiden sich der Vorgang und die Möglichkeiten.
- **REFERENZMODELL VON BIMPLUS HERUNTERLADEN** dient zum direkten Einlesen eines Fachmodells von Bimplus zum Hinterlegen. Die eingelesenen Daten werden dabei auf freie Teilbilder (nach Wahl) abgelegt. Alle Daten werden auf dem Layer BIMPL_REF abgelegt.
- **ATTRIBUTWERTE VON BIMPLUS IMPORTIEREN** lädt aktualisierte Attributwerte ein, welche in Bimplus geändert wurden. Voraussetzung zum Anwenden der Funktion ist, dass die Attributset-Definitionen auf *Bimplus* gestellt wurden und dass ein *Bimplus-Projekt* mit dem *Allplan-Projekt* verknüpft ist. Ist eine von beiden Voraussetzungen nicht erfüllt, erscheint ein Hinweis.

Modell nach Bimplus hochladen

Referenzmodell von Bimplus herunterladen

Neu in Version 2020

Attributwerte von Bimplus importieren

3.10.2 Bereich Export

- **IFC-DATEN EXPORTIEREN** gibt einen Bereich des Projekts in ein IFC-Modell in den von der IAI zertifizierten Formaten (IFC 4, IFC XML 4, IFC 2x3 und IFC XML 2x3) aus. Es werden Geometriedaten von Elementen sowie die zugewiesenen Attribute übertragen.
- **EXPORTIEREN** ermöglicht die Ausgabe von Daten in unterschiedliche Formate. Je nach Voreinstellung in den Optionen wird entweder der gesamte Teilbildinhalt oder der ausgewählte Bereich exportiert. Über die Funktion **EXPORTIEREN** können DWG, DXF, DGN und andere Formate ausgegeben werden.
- **3D-PDF EXPORTIEREN** erzeugt eine PDF-Datei aus dem Animationsfenster heraus (Kontextmenü). Übertragen werden die Geometrie, die Materialien (Texturen), die Kameras und die Lichter. Es gilt zu beachten, dass die Perspektive aus dem aktiven Konstruktionsfenster übernommen wird.
- **CPIXML DATEN EXPORTIEREN** speichert Daten aus Allplan für die weitere Verwendung im Programm iTWO von RIB im Format CPIXML.
- **CINEMA 4D/VRML/3DS/U3D EXPORTIEREN** exportiert aus den 3D-Informationen Dateien, die mit verschiedenen 3D-Programmen aus dem Bereich der Visualisierung geöffnet und bearbeitet werden können. Verwenden Sie nach Möglichkeit jeweils das aktuellste angebotene Format.
- **RHINO-DATEN EXPORTIEREN** erzeugt aus 3D-Elementen eine Datei im Format *.3dm. Es werden Elementfarbe, Strichart, Stiftdicke, Material (ohne Texturdateien) sowie Layer mit Layerfarbe übertragen.

IFC-Daten exportieren

Exportieren

3D-PDF-Datei exportieren

CPIXML-Daten exportieren

Cinema 4D/VRML/3DS/U3D exportieren

Rhino-Daten exportieren

SketchUp-Dateien exportieren

- **SKETCHUP-DATEIEN EXPORTIEREN** speichert die Modelldaten im Google SketchUp-Format (*.skp). Die so erzeugten Daten können z. B. bei Google Maps eingestellt werden.

DAE VRML, DAE, KMZ, 3DS, U3D exportieren

- **VRML, DAE, KMZ, 3DS, U3D EXPORTIEREN** gibt die Modelldaten in den zur Wahl stehenden Formaten aus.

STL-Dateien exportieren

- **STL-DATEIEN EXPORTIEREN** speichert die Modelldaten im *.stl-Format. Sie haben die Wahlmöglichkeit zwischen Binärformat und Textformat. Das STL-Format (Surface Tesselation Language, STereo Lithografie) beschreibt die Oberfläche von 3D-Körpern durch Dreiecke. Die folgenden Eigenschaften werden nicht übertragen: Oberflächen, Texturen, Linienfarben, Stricharten, Stiftstärken und Layer. Polygonflächen mit mehr als vier Punkten werden in Dreiecke aufgeteilt. STL-Dateien dienen 3D-Druckern (d. h. schichtbildenden Druckern) als Datengrundlage …

Biegemaschine

- **BIEGEMASCHINE** schreibt die Stahl- und Biegeinformationen in ein ASCII-File, welches für Biegemaschinen geeignet ist. Das Datenformat entspricht den Richtlinien der BVBS-Bewehrungsschnittstelle. Bei der Ausgabe sind zusätzliche Informationen zum Plan und Ähnlichem zu definieren.

aSa Export aSa

- **EXPORT ASA** schreibt Stahl- und Biegeinformationen in ein TEK-File, sodass die Daten an die aSa fabrication Software übergeben werden können.

Export Soule

- **EXPORT SOULE** schreibt Stahl- und Biegeinformationen in ein XML-File, sodass die Daten an die Soule Software übergeben werden können.

Attribute exportieren

Neu in Version 2020

- **ATTRIBUTE EXPORTIEREN** erzeugt eine Ausgabedatei im Format *.xac, in welcher die Attribute der gewählten Objekte oder aller Objekte des Teilbildes enthalten sind. Die Datei kann automatisch (Programm ist in den Eigenschaften zu verknüpfen) von einem Anschlussprogramm (z. B. Microsoft Excel oder eine eigene Anwendung) geöffnet werden. Eine gespeicherte Datei kann, wenn die Formatierung nicht geändert wurde und die Spalte *Allright_Bauteil_ID* unverändert geblieben ist, über **ATTRIBUTE IMPORTIEREN** gelesen werden. Änderungen aus der Datei werden an den Bauteilen entsprechend vollzogen. Es können keine Geometrien verändert werden. In der aktuellen Version wurde die Übergabe nach Excel komplett überarbeitet und es kann alternativ zum bestehenden System direkt eine Excel-Datei geschrieben werden. Mit der neuen Übergabe entfallen die bisher enthaltenen Formatierungsprobleme.

Mengen-Daten exportieren

- **MENGEN-DATEN EXPORTIEREN** speichert Informationen zu den auf den aktiven Dokumenten (Teilbildern oder freien NDWs) enthaltenen Bauteilen (Attribute, Mengen usw.) in XCA-Dateien in Listenform ab. Diese Daten sind mit externen Programmen wie Allplan BCM oder Microsoft Excel lesbar und können dort weiterverarbeitet werden. Zudem können die externen Programme automatisch nach dem Schreiben der Daten mit Allplan geöffnet werden (siehe auch Abschnitt 3.5.3, „Datenaustausch mit AVA-Systemen“).

XML SmartPart XML Export

- **SMARTPART XML EXPORT** speichert Parameterdaten eines beliebigen SmartParts. Die Daten können in einem typgleichen SmartPart als Grundeinstellung wieder eingelesen werden.

3.10.3 Bereich Import

- **IFC-DATEN IMPORTIEREN** importiert IFC-Dateien (alle Formate, welche von buildingSMART zertifiziert wurden) in Allplan. Während des Importvorgangs werden Sie nach einem Startteilbild gefragt. Die eingelesenen Daten werden dann auf die dem Startteilbild folgenden Teilbilder abgelegt.

IFC-Daten importieren

- **IMPORTIEREN** erlaubt das Einlesen von unterschiedlichen Dateiformaten auf ein Teilbild. Je nach einzulesender Datei stehen unterschiedliche und vielfältige Möglichkeiten zur Konfiguration zur Verfügung.

Importieren

- **PDF-DATEI IMPORTIEREN** liest 2D- und 3D-PDF-Dateien auf das aktuell geöffnete Dokument ein. Je nach Ursprung der PDF-Datei gibt es sehr große Unterschiede in der Qualität und der Darstellung der Daten in Allplan. Beim Import von 2D-Daten wird die PDF-Datei auf der Zeichenfläche mit der linken unteren Ecke am Globalpunkt abgesetzt. 3D-Daten behalten die Koordinaten, die sie im Original hatten.

PDF-Datei importieren

- **CINEMA 4D-DATEN IMPORTIEREN** liest C4D-Dateien ab R12 oder C4D-XML-Dateien ein, die in Cinema 4D ab R12 für Allplan erzeugt wurden.

Cinema 4D-Daten importieren

- **RHINO-DATEIEN IMPORTIEREN** liest Dateien im Format *.3dm in Allplan ein. Alle Daten werden als 3D-Flächen auf den Originalkoordinaten des Quellsystems erzeugt. Komplexe, parametrische Objekte wie Nurbs werden in Polyeder gewandelt. Die Netzdichte ist während des Importvorgangs einstellbar. Für den Import von Rhino-Daten sind Dateien bis einschließlich Version 4 zugelassen.

Rhino-Daten importieren

- **SKETCHUP-DATEIEN IMPORTIEREN** liest Daten aus Google SketchUp im *.skp-Format ein. Die Daten des 3D-Modells behalten die in Google SketchUp definierten Koordinaten und werden als 3D-Flächen auf dem Dokument abgesetzt. Es werden SketchUp-Dateien von Version 6 bis 2018 unterstützt.

SketchUp-Dateien importieren

- **VRML DATEN IMPORTIEREN** liest Dateien im Format *.wrl in Allplan ein. Die Daten werden in Allplan koordinatengleich abgesetzt. 3D-Geometrien werden als 3D-Flächen übertragen. Nurbs und ähnliche komplexe Objekte werden in Allplan Polyeder gewandelt. Die Genauigkeit bzw. Netzdichte ist während des Importvorgangs einstellbar.

VRML Daten importieren

- **STL-DATEIEN IMPORTIEREN** liest Daten im *.stl-Format ein. Die Daten werden als 3D-Dreiecksflächen übertragen. Es werden die aktuellen Formateigenschaften für die eingelesenen Elemente verwendet.

STL-Dateien importieren

- **LANDXML DATEN IMPORTIEREN** liest spezielle XML-Dateien im Format LandXML der Versionen 1 und 2 ein. Die Daten können Wegeachsen und Geländepunkte enthalten, welche nach dem Import in Allplan weiterbearbeitet werden können.

LandXML Daten importieren

- **FEM DATENIMPORT** liest die Ergebnisdateien verschiedener FEM-Programme in Allplan ein. Diese Daten können Sie mit der Funktion **BEWEHRUNGSHÖHENLINIEN** als Bewehrungshilfe ins Dokument einblenden oder in der Funktion **FEM – BEWEHRUNGSFARBBILDER** für die interaktive Bewehrungserzeugung verwenden. Ferner können Sie die Daten für die automatische Flächenbewehrung im Modul **RUNDSTAHLBEWEHRUNG** und die Bewehrung nach der BAMTEC-Technologie zugrunde legen.

FEM Datenimport

- **BEWEHRUNG EINLESEN** importiert Daten aus den FRILO-Programmen *Durchlaufträger*, *Fundament* und *Stahlbetonstütze* und erstellt in Allplan die entsprechenden Bewehrungszeichnungen.

Bewehrung einlesen

 Attribute importieren

- **ATTRIBUTE IMPORTIEREN** liest XAC-Dateien ein, welche z.B. mit **ATTRIBUTE EXPORTIEREN** gespeichert und mit Microsoft Excel oder anderen Programmen bearbeitet wurden. Wird in der XAC-Datei auf ein nicht aktives Dokument verwiesen, wird dieses temporär im Hintergrund geöffnet.

 SmartPart XML Import

- **SMARTPART XML IMPORT** liest mit dem entsprechenden Befehl gespeicherte XML-Dateien in SmartParts ein. Die Dateien haben die Endung SMX und enthalten Parameter für das SmartPart.

 Mengen-Daten importieren

- **MENGEN-DATEN IMPORTIEREN** liest in externen Programmen bearbeitete XCA-Dateien wieder ein. Die Änderungen werden in Allplan direkt aktualisiert (siehe auch Abschnitt 3.5.3, „Datenaustausch mit AVA-Systemen").

3.10.4 Weitere Funktionen

 PDF-Datei exportieren

- **PDF-DATEI EXPORTIEREN** erzeugt eine PDF-Datei aus dem aktuellen Plan. Im Dialog **PDF-DATEI EXPORTIEREN** kann unter anderem bestimmt werden, ob die Datei druckbar ist, ein Kennwort erhält, welche Auflösungen Bitmaps erhalten usw. Die Funktion **PDF-DATEI EXPORTIEREN** ist nur im Planmodus verfügbar. In der Druckvorschau und der Reportausgabe können auch PDF-Dateien ausgegeben werden.
- **AUTOCAD DATEIEN IMPORTIEREN ...** öffnet den Dateiauswahldialog zum Import von AutoCAD-Dateien. Als Dateiendungen können *.dwg, *.dxf, *.dwt und *.dxb ausgewählt werden.
- **ANDERE DATEN IMPORTIEREN ...** öffnet den Dateiauswahldialog zum Import von MicroStation-Dateien (*.dgn), HPGL2-Dateien (*.plt, *.hp, *.hpg, *.hpl, *.prn, *.p0? und *.p1?) sowie MicroStation V8-Zeichnungen (*.dgn).
- **LETZTE PROTOKOLLDATEI ANZEIGEN** öffnet das Übertragungsprotokoll des letzten Import- oder Exportvorgangs. Im Protokoll werden z.B. die Anzahl der übertragenen Dateien und die Zuordnung von Mustern und Layern aufgelistet.
- **AUTOCAD-DATEIEN EXPORTIEREN ...** ermöglicht die Ausgabe von *.dwg- und *.dxf-Dateien der Versionen V12 bis 2013, *.dwf-Dateien (V6 und V7) sowie *.svg-Dateien. Je nach gewähltem Datentyp unterscheiden sich die Einstellmöglichkeiten.
- **ANDERE DATEN EXPORTIEREN ...** ermöglicht die Ausgabe von MicroStation V8-Zeichnungen (*.dgn).

3.11 Aufgabenbereich Rohbau/Ausbau

Im Folgenden werden nur zwei Bereiche, welche in Beispielen dieses Kapitels verwendet werden, aus dem Aufgabenbereich Rohbau/Ausbau beschrieben.

3.11.1 Bereich Schnitte

Einstellungen, Parameter und Vorgehensweisen sind in Abschnitt 3.3, „Ansichten und Schnitte", beschrieben.

- **SCHNITT GENERIEREN** legt auf dem Teilbild einen Schnitt von einer neuen oder bestehenden Schnittlinie an. Über die Palette können im ersten Schritt alle Einstellungen für die Schnittlinie angegeben werden. Nach Erzeugen der Schnittlinie oder dem Abbrechen der Eingabe der Schnittlinie können weitere multiple Eingaben getätigt werden.

Schnitt generieren

- **ANSICHT GENERIEREN** erzeugt entweder auf dem aktiven Teilbild selbst oder auf einem wählbaren Teilbild eine Ansicht. Es kann entweder eine der Standardperspektiven/Ansichten eingestellt werden oder eine frei einstellbare Perspektive.

Ansicht generieren

- **ASSOZIATIV BESCHRIFTEN** öffnet eine neu gestaltete Beschriftungsauswahl für die Beschriftung von Ansichten und Schnitten. Es können nur die Bauteile Ansichten und Schnitte mit der Funktion beschriftet werden, welche auf **ASSOZIATIV** gestellt sind.

Assoziativ beschriften

- **ANSICHT BESCHRIFTEN** erzeugt nachträglich eine zusätzliche Beschriftung einer Ansicht oder eines Schnitts. Der Absetzort kann dabei frei gewählt werden. Der Inhalt ist unabhängig von der Beschriftung über die Eigenschaften selbst.

Ansicht beschriften

- **MASSLINIEN AN ANSICHTEN VERKETTEN** verknüpft Maßlinien an Ansichten und Schnitte. Diese Maßlinien zeigen immer das korrekte Maß des Originalelementes an, auch wenn die Ansicht/der Schnitt verzerrt dargestellt wird.

Maßlinien an Ansichten verketten

- **ANSICHT, SCHNITT MODIFIZIEREN** erlaubt das gezielte Ändern von Ansichten und/oder Schnitten. Alternativ können die Eigenschaften einer Schnittführung auch über das Kontextmenü aufgerufen werden.

Ansicht, Schnitt modifizieren

- **ELEMENTE ENTFERNEN/HINZUFÜGEN** dient zum detaillierten Bearbeiten von Ansichten und Schnitten. Es können von den als Quellen definierten Teilbildern Elemente von der Berechnung ausgeschlossen oder hinzugefügt werden. Die Funktion ist auch in den Eigenschaften selbst enthalten.

Elemente entfernen/hinzufügen

- **ACHSEN ENTFERNEN/HINZUFÜGEN** lässt Achsen, welche über die Funktion **ACHSRASTER** erzeugt wurden, anzeigen.

Achsen entfernen/hinzufügen

- **ANSICHT IN KONSTRUKTION WANDELN** erzeugt eine Kopie einer Ansicht oder eines Schnittes in 2D-Elementen ohne Zusammenhang zum Ort.

Ansicht in Konstruktion wandeln

- **SCHNITTFÜHRUNG DARSTELLEN** zeigt den Schnittkörper eines Schnittes mit oder ohne Schnittführung in einer Ansicht oder einem Schnitt.

Schnittführung darstellen

- **SCHNITTFÜHRUNG** erzeugt auf einem Teilbild eine Schnittlinie mit Beschriftung. Es können entweder vertikale und horizontale Schnitte über die einfache Eingabe oder nahezu beliebige Schnitte über die erweiterte Eingabe (analog zu Bewehrungsschnitten)

Schnittführung

erzeugt werden. Über die erweiterte Eingabemethode sind auch frei geknickte Schnittführungen möglich. Die Darstellung erfolgt entsprechend der angegebenen Richtung. Es wird keine „Abwicklung“ entlang der Schnittlinie erzeugt.

> **TIPP:** Die Schnittführung kann (wie auch die Schnittführung von Bewehrungsschnitten) in allen Konstruktionsfenstern und Animationsfenstern eingeschaltet werden.

Schnittführung modifizieren

- **SCHNITTFÜHRUNG MODIFIZIEREN** erlaubt das gezielte Ändern von Schnittführungen. Alternativ können die Eigenschaften einer Schnittführung auch über das Kontextmenü aufgerufen werden.

3.12 Beispiel – Datenimport

Der zweite Teil des Beispielprojekts beschäftigt sich mit dem Lageplan. Neben unterschiedlichen Möglichkeiten des Imports soll der Lageplan mit neuen Daten ergänzt werden, die als Grundlage für die Erstellung eines einfachen Baukörpermodells in Abschnitt 3.13, „Beispiel – Massenmodell“, sowie des Gebäudemodells der Erweiterung dienen.

3.12.1 Import von Allplan-Daten

Neben den im Projekt bereits vorhandenen Bestandsdaten sollen nun bestehende, z. B. aus einem alten Projekt stammende Daten, in Form einer Sicherung eines Plans mit Teilbildern in das aktuelle Projekt eingelesen werden. Die Daten wurden so angelegt, dass sich diese in die schon vorhandene Struktur eingliedern.

In den Daten sind zwei Teilbilder enthalten, einmal ein Lageplan im Maßstab 1 : 1000 mit dem Bestandsgebäude und einmal ein Massenmodell inklusive der umliegenden Grundstücke. Beides wurde mit Allplan erzeugt und über die Funktion **TEILBILDER EXPORTIEREN** gespeichert. Es gibt zwei mögliche Wege, die Daten einzulesen. Im Folgenden wird der neu in Allplan integrierte Weg über die Bauwerksstruktur aufgezeigt.

Daten aus Allplan importieren

Daten, die über die Funktion **GELADENEN PLAN MIT RESSOURCEN EXPORTIEREN** (oder **GELADENE TEILBILDER MIT RESSOURCEN EXPORTIEREN**) gespeichert wurden, können mit der entsprechenden Funktion importiert oder über die Funktion **TEILBILDER IMPORTIEREN** in der Bauwerksstruktur als Sicherung eingelesen werden. Die vorliegenden Daten wurden mit Allplan 2020 gespeichert. Während des Importvorgangs wird Ihnen die Möglichkeit gegeben, die Funktion abzubrechen.

- ▷ Beliebiges Teilbild aktivieren
- ▷ **PROJEKTBEZOGEN ÖFFNEN**, Register *Bauwerksstruktur*
- ▷ **BAUWERKSSTRUKTUR, EBENENMODELL BEARBEITEN** – (Workgroup/Share-Projekt)
- ▷ Kontextmenü einer Strukturstufe öffnen (z. B. *Gebäude – Bestand*)
- ▷ **TEILBILDER IMPORTIEREN**
- ▷ Öffnen Sie den Ordner des aktuellen Projekts.

Projektbezogen öffnen

Bauwerksstruktur, Ebenenmodell bearbeiten

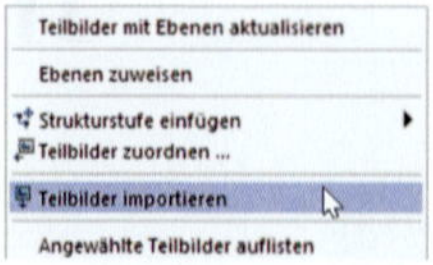

HINWEIS: Den Speicherort des aktuellen Projekts finden Sie z. B. in der Fußzeile des Dialogs **PROJEKT NEU, ÖFFNEN...** (siehe auch Abschnitt 2.2.2, „Dialog Projekt neu, öffnen“).

- ▷ Ändern Sie die Datenauswahl von *Teilbilder* auf *Zip* (unten rechts).
- ▷ Wählen Sie die Datei *Lageplan_Bestand.zip* zum Öffnen aus und bestätigen Sie die Auswahl.

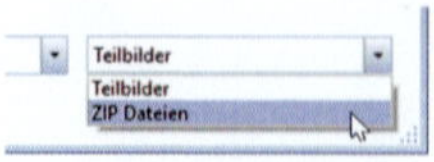

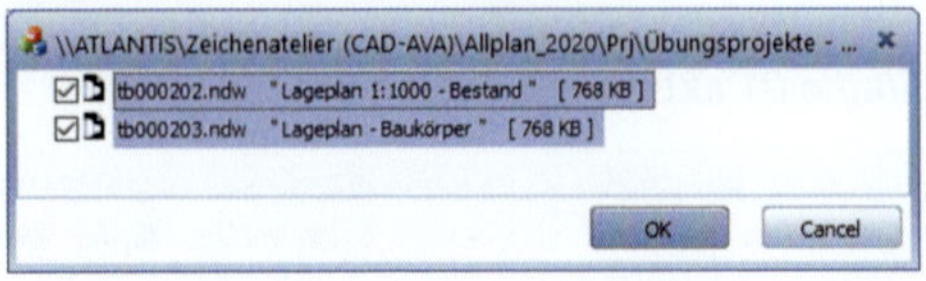

- ▷ Wählen Sie alle Teilbilder an. Für eine Multi-Selection müssen Sie die **STRG**-Taste gedrückt halten.

TIPP: Sie können hier auch eine Projektsicherung auswählen und/oder Daten aus einem anderen Projekt importieren.

- ▷ Bestätigen Sie die folgenden Sicherheitsabfrage mit **JA**.

Die Daten werden importiert und – wenn noch nicht in der Bauwerksstruktur enthalten – werden die Teilbilder in der markierten Strukturstufe eingefügt.

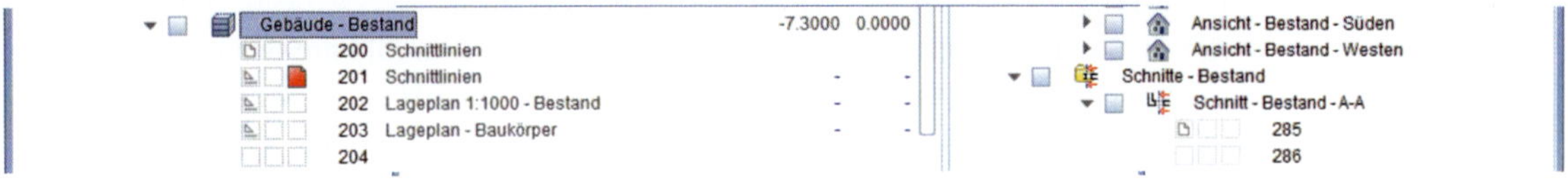

HINWEIS: Wenn Sie mit der Funktion **TEILBILDER IMPORTIEREN** eine Sicherung zurückspielen, werden von den ersetzten Dateien keine Backup-Dateien erzeugt.

3.12.2 Lageplan als Pixelfläche

Wenn Bestandspläne zur weiteren Nutzung hinterlegt werden sollen, bieten sich zwei Funktionen an. Sie können direkt mit der Funktion **PIXELFLÄCHE** ein Bild hinterlegen, welches sich so wie das Original auf dem Teilbild darstellt oder eine Bilddatei über die Funktionen aus dem Bereich Bestand-Scan (nicht im Buch beschrieben) importieren und hierlegen. Eine mit Bestand-Scan gewandelte und hinterlegte Datei hat nur noch zwei Farben. Eine allgemeine Funktionsbeschreibung im Zusammenhang mit weiteren Flächenelementen finden Sie in Abschnitt 3.7, „Aufgabenbereich Konstruieren".

Für die Einstellung des richtigen Maßstabs kann im optimalen Fall eine Nebenrechnung für den Faktor verwendet werden. In ungünstigen Fällen, bei denen die Daten aus unbekannten Quellen stammen, ist der Faktor durch den Vergleich einer gemessenen Strecke mit dem korrekten Maß zu ermitteln.

Pixelfläche maßstäblich hinterlegen

 Projektbezogen öffnen

- ▷ **PROJEKTBEZOGEN ÖFFNEN**, Register *Bauwerksstruktur*, Teilbild 301 in der Strukturstufe *Liegenschaft/Baukörperstudien/Studie 01* aktivieren, Dialog schließen

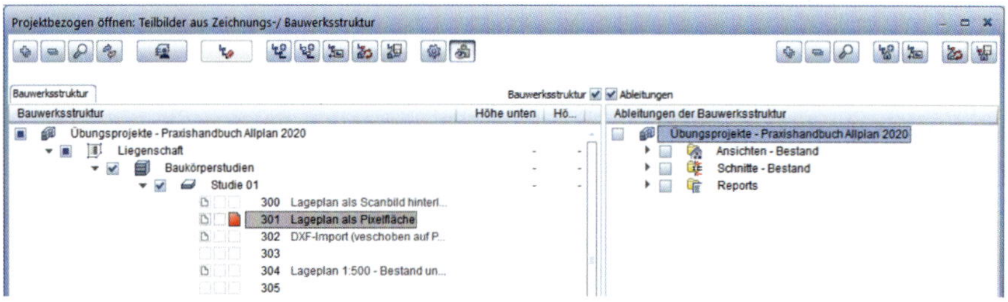

 Pixelfläche

- ▷ **PIXELFLÄCHE** (Alle Rollen - **SCHNELLZUGRIFF** oder Rolle **KONSTRUKTION** - **2D-OBJEKTE**)
- ▷ **(1)** Wählen Sie über die Schaltfläche oben rechts (drei Punkte) die Bitmap-Datei *Lageplan.jpg* aus dem Design-Ordner des aktuellen Projekts *(Unterordner Praxishandbuch Allplan (Hanser Verlag))* aus und bestätigen Sie die Auswahl.

Achten Sie darauf, dass bei der Suche nach dem richtigen Bild auf der linken Seite der richtige Bereich gewählt wurde. In diesem Fall muss *Projekt* angewählt werden.

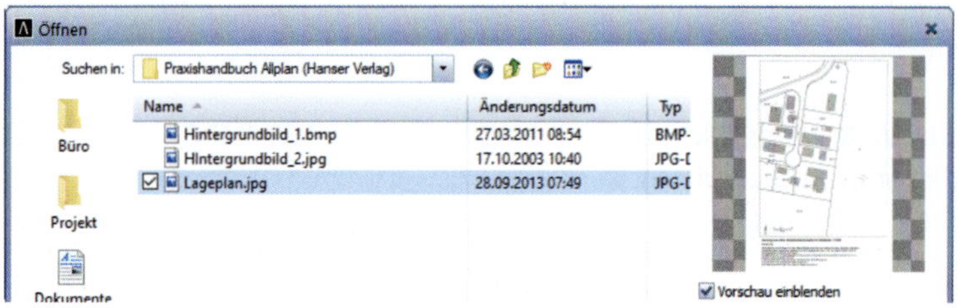

Auf der rechten Seite ist eine Vorschau eingeblendet, unterhalb derer Bildinformationen angezeigt werden. Beim gewählten Bild wird die nebenstehende Information angezeigt. Wichtig ist die Auflösung (hier: 600 dpi).

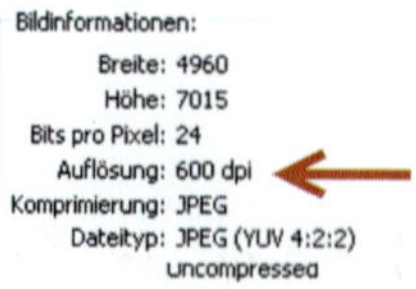

- ▷ **(2)** Wechseln Sie unter *Skalierung* auf *Grösse in Metern*..
- ▷ **(3)** Geben Sie im Feld *In X:* folgende Rechenoperation hinter dem Wert *49.600* ein: `*2.54 * 1000/600`
  2,54 → Umrechnung Inch
  1000 → Maßstab
  600 → Auflösung DPI
- ▷ Klicken Sie nach der Eingabe in ein anderes Feld. Die Rechenoperation wird ausgeführt und die Größe wird geändert. (x = 209.973, y = 296.968)
- ▷ **(4)** Bestätigen Sie die Einstellung mit **OK**.
- ▷ Format in der Palette **EIGENSCHAFTEN:** *Layer – FL_PIX (Pixelfläche)*

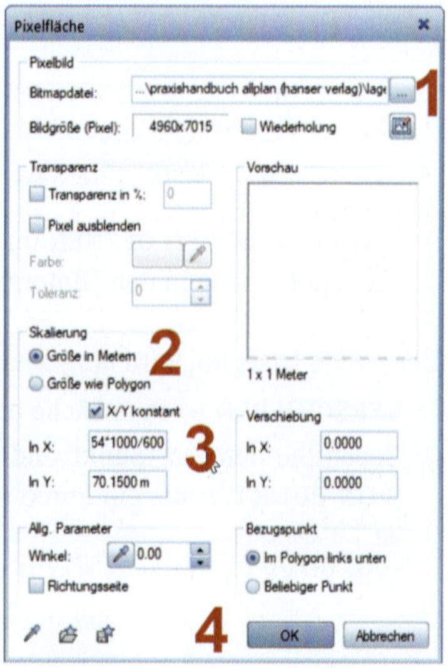

- ▷ Setzen Sie die Pixelfläche am Bildschirm ab und beenden Sie die Eingabe mit **ESC**.

Über die Funktion **MESSEN** können Sie die Länge der angezeigten Skala überprüfen. Je nachdem, wie genau Sie klicken, erhalten Sie eine Länge von ca. 25,0 m angezeigt.

> **HINWEIS:** Berechnung der korrekten Größe ausgehend vom angezeigten Wert: Der erste Faktor ist die Umrechnung von Inch (in DPI = Dots per Inch enthalten) in das metrische System. Der zweite Faktor entspricht dem Maßstab der Originalzeichnung. Die letzte Zahl ist die Auflösung der Bilddatei.

Pixelfläche verschieben

Die importierten Daten auf Teilbild 202 sind nun richtig ausgerichtet. Die Pixelfläche soll an diesen Daten ausgerichtet werden. Dazu ist im ersten Schritt ein Verschieben notwendig.

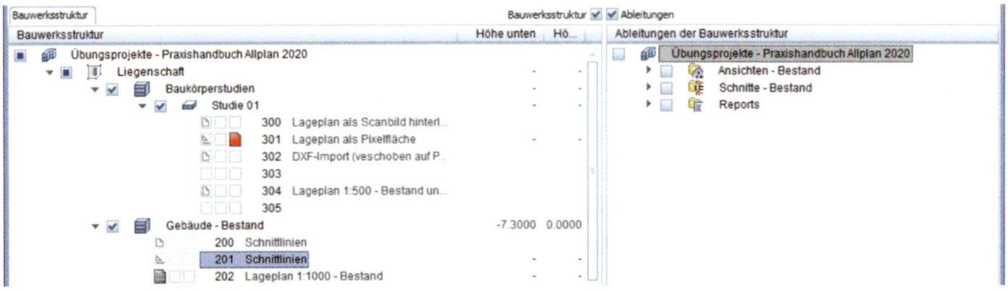

 Projektbezogen öffnen

▷ **PROJEKTBEZOGEN ÖFFNEN** und Teilbild 202 aus der Strukturstufe *Gebäude - Bestand* zusätzlich passiv in den Hintergrund (grau) schalten

Der zweite Lageplan wird eingeblendet.

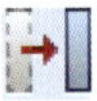 Verschieben

▷ **VERSCHIEBEN** → Pixelfläche anklicken (aktivieren)

▷ Geben Sie den Startpunkt und den Endpunkt der Verschiebung an. Der Startpunkt (**VON PUNKT**) sollte ein Punkt sein, von dem die neue Lage (**NACH PUNKT**) bekannt ist.
VON PUNKT wählen → **NACH PUNKT** wählen

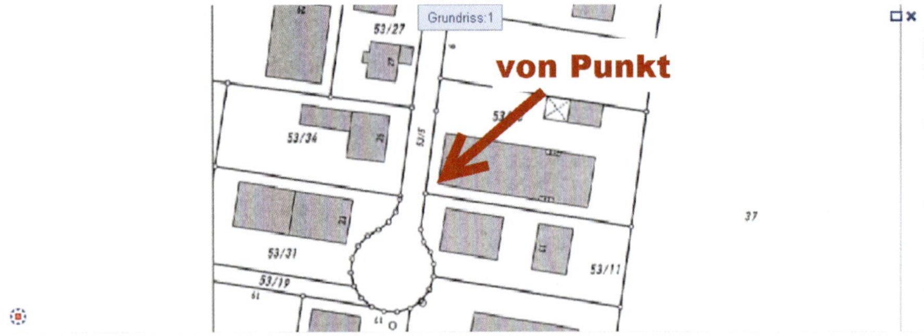

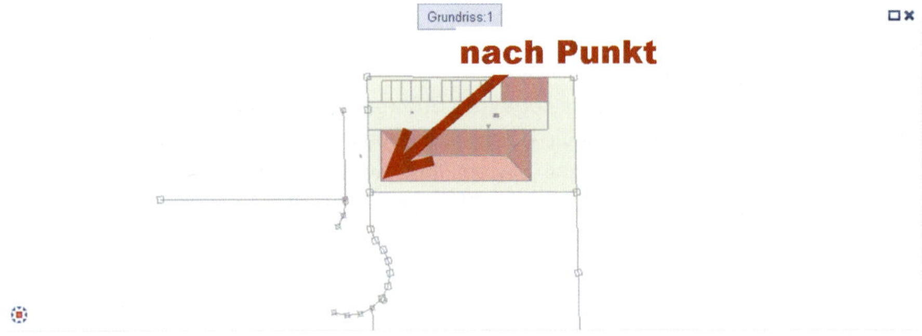

Die Pixelfläche wird an den neuen Punkt verschoben. Die beiden Lagepläne sollten sich nun überlagern. Das passive Teilbild wird jetzt vom Lageplan (Pixelfläche auf aktivem Teilbild) überdeckt. Die Drehung der Pixelfläche entspricht noch nicht dem vorhandenen Lageplan.

Pixelfläche drehen

Für die weitere Bearbeitung ist es notwendig, dass der Lageplan gedreht wird, um eine den Achsen entsprechende Ausrichtung des Gebäudes zu erreichen. Die Gebäudeausrichtung auf die Achsen hat, vor allem bei kleineren Gebäuden, den Vorteil, dass die Ansichten direkt in den Ableitungen erzeugt werden können, aber den Nachteil, dass möglichst auf allen Grundrissen ein Nordpfeil für die bessere Orientierung platziert werden sollte. Der Drehwinkel ist 9,26° und wird als Wert eingegeben. Als Drehpunkt soll der letzte Punkt (**NACH PUNKT** vom Vorgang verschieben) verwendet werden. Das Drehen eines Elements anhand eines Richtungspunktes wird im weiteren Verlauf des Beispiels beschrieben.

Drehen

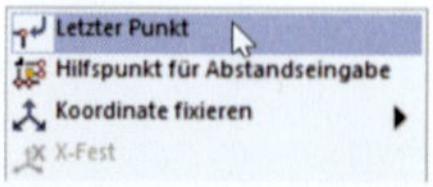

▷ **DREHEN** → Pixelfläche anklicken

▷ Kontextmenü öffnen (rechte Maustaste) → **LETZTER PUNKT**

▷ Drehwinkel (9.260°) in der Dialogsymbolleiste eingeben und bestätigen (**ENTER**)

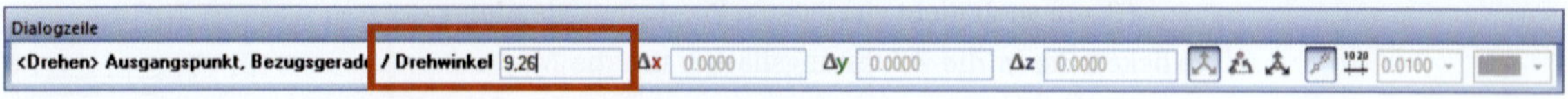

Die Pixelfläche wird um den eingegebenen Winkel gedreht.

HINWEIS: In der Dialogzeile werden der Name der aufgerufenen Funktion (hier: **DREHEN**) sowie eine oder mehrere Optionen angezeigt.

TIPP: Anstatt den letzten Punkt als Drehpunkt zu aktivieren, können Sie auch den unteren linken Eckpunkt des Gebäudes als Drehpunkt anklicken. Da dieser evtl. nicht sichtbar ist bzw. von der Pixelfläche verdeckt wird, ist es an dieser Stelle sinnvoll, über die **BILDSCHIRMDARSTELLUNG** die Option **FLÄCHENELEMENTE IM HINTERGRUND** zu aktivieren. Damit werden **alle** Flächenelemente unabhängig von der Lage auf Teilbildern und der eingestellten Reihenfolge hinter Linien, Texten, Maßlinien und Ähnlichem dargestellt. Die Option sollte nach dem Drehen der Pixelfläche wieder deaktiviert werden.

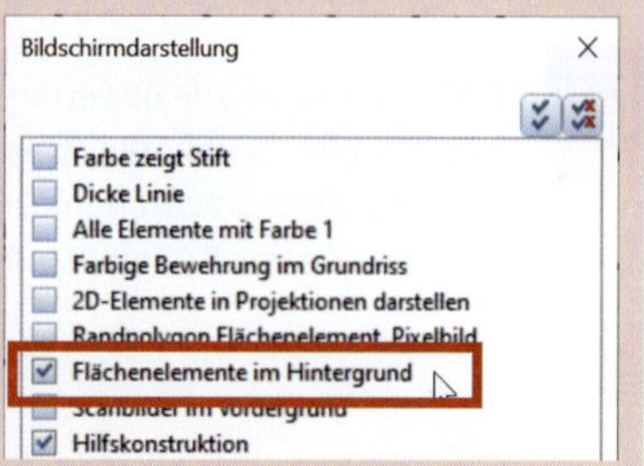

Bildschirmdarstellung (Pull-down-Ansicht)

3.12.3 Darstellung von Pixelflächen

Für die Darstellung von Pixelflächen auf dem Teilbild bzw. zum Teil auch für die Planausgabe gibt es diverse Einstellmöglichkeiten. Bei Pixelflächen kann die Lage (im Bezug zu anderen Zeichnungselementen) eingestellt und es kann zusätzlich eine Farbe des Pixelbildes transparent geschaltet werden.

Darstellung des Pixelbildes

Pixelbilder können zusammen mit den anderen Flächenelementen (siehe Abschnitt 3.7.2, „2D-Flächen“) über die Bildschirmdarstellung in den Hintergrund gelegt werden. Dies ist allerdings weniger sinnvoll, da durch die differenzierte Steuerung der Reihenfolge deutlich mehr Möglichkeiten in der Darstellung vorhanden sind. Bei Pixelflächen können zudem noch transparente Bereiche bzw. Farben definiert werden.

Bei der Pixelfläche soll der weiße Hintergrund transparent geschaltet werden.

▷ Öffnen Sie die Eigenschaften der Pixelfläche (in der Palette) durch einen Linksklick auf die Pixelfläche. Die Pixelfläche wird markiert und Griffe werden angezeigt.

▷ Schalten Sie die Eigenschaft **PIXEL AUSBLENDEN** ein und ändern Sie die Farbe auf Weiß, indem Sie das Farbfeld anklicken und im nächsten Dialog die Farbe *Weiß* auswählen. Setzen Sie zusätzlich die Toleranz auf *10*, um auch nicht ganz weiße Pixel auszublenden.

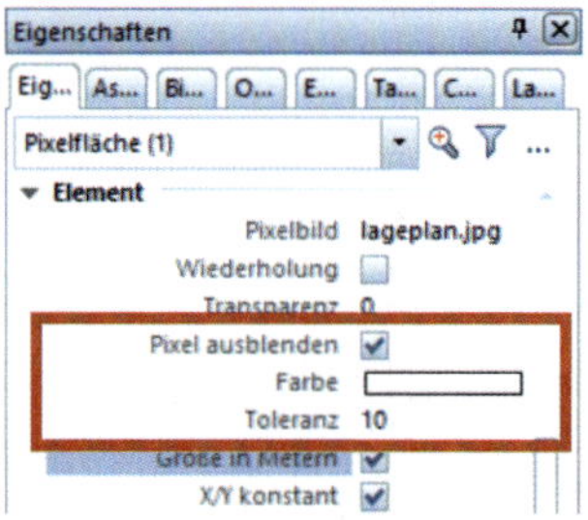

▷ Klicken Sie in die Zeichnungsfläche, um die Markierung aufzuheben.

HINWEIS: Jede Änderung einer Eigenschaft eines Elements in der Palette **EIGENSCHAFTEN** wird sofort angezeigt. Zur endgültigen Übernahme sollten Sie in der Palette eine beliebige Stelle anklicken.

TIPP: Alternativ zur Änderung der Eigenschaften über die Palette können Sie bei vielen Elementen/Objekten auch über Doppelklick mit linker Maustaste die Eigenschaften im Dialog öffnen. Dieser gleicht dem Dialog, welchen das Element/Objekt während des Erzeugens zeigt.

3.12.4 Import von Fremddaten (DXF)

Sie können Daten auf unterschiedliche Arten einlesen, um für den jeweiligen Anwendungsfall optimale Vorgaben zu erhalten. Nachfolgend werden nur der Import von Lageplandaten beschrieben und die Verschiebung der exakten Daten auf die Planung. Alternativ kann ein Lageplan auch auf den Originalkoordinaten eingelesen und als X-Ref hinterlegt werden. Wenn die Aufgabe ist, dass die Nordrichtung wie im Lageplan eingehalten werden muss (das Gebäude also gedreht ist), kann dieser Winkel in den Projekteinstellungen als Standardwert für das Projekt hinterlegt werden.

Der Lageplan befindet sich im Projektverzeichnis. Er ist also auch im Vorlageprojekt enthalten und wurde beim Anlegen des Projekts mit kopiert.

HINWEIS: Der Pfad wird z. B. unter **PROJEKT NEU, ÖFFNEN** am unteren Rand angezeigt.

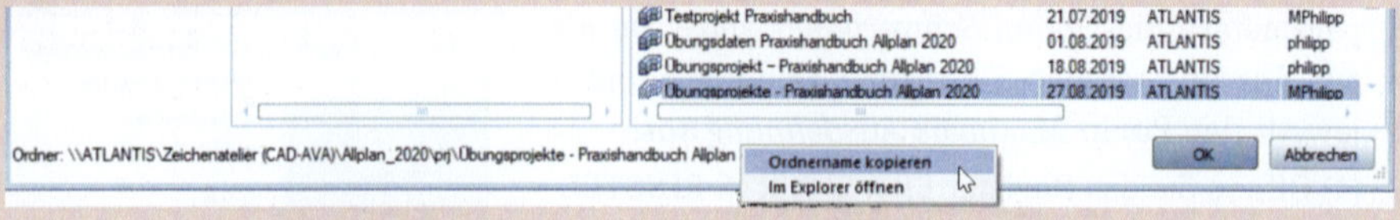

Lageplan importieren (auf Planungskoordinaten, Gauß-Krüger)

Die Koordinaten werden so angepasst, dass die Daten um den Nullpunkt herum angeordnet sind. Die Daten werden nach dem Import auf die Planung verschoben und nach dieser ausgerichtet.

- ▷ Teilbilder 302 aktiv (nur TB 302!)
- ▷ **IMPORTIEREN** (Alle Rollen – **AUFGABE TEAMWORK – IMPORTIEREN**)
- ▷ Wählen Sie im Dialog **IMPORTIEREN** den Dateityp **AUTOCAD-DATEI** (*.DXF).
- ▷ Pfad = **Projektpfad**, Datei *grundstueck.dxf*
- ▷ Öffnen Sie die **OPTIONEN**.
- ▷ **(1)** Wählen Sie im Register **ALLGEMEINE EINSTELLUNGEN** den *Austauschfavoriten <17 Import Lageplan mit Verschiebung>* aus. Die Einstellungen werden durch kleine Änderungen ergänzt.

Importieren

Optionen

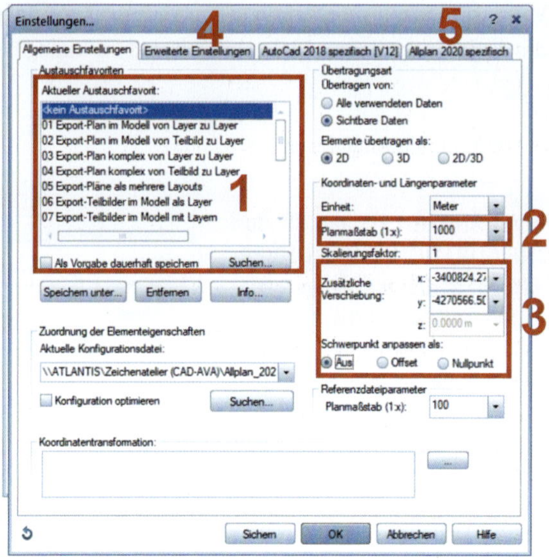

TIPP: Die Auswahl des aktuellen Austauschfavoriten verändert sich, sobald eine Einstellung nicht genau dem Favoriten entspricht. Sie können die geänderten Einstellungen über **SPEICHERN UNTER ...** als eigenen Favoriten speichern.

▷ **(2)** Ändern Sie danach den *Planmassstab (1:x)* unter *Koordinaten- und Längenparameter* sowie unter *Referenzdateiparameter* von *<100>* auf *<1000>*.

▷ **(3)** Stellen Sie unter den Koordinaten- und Längenparametern die Option *Schwerpunkt anpassen als* auf *Aus* und wählen Sie in den Feldern *x* und *y* jeweils den Punkt *Maximale Ausdehnung* aus.

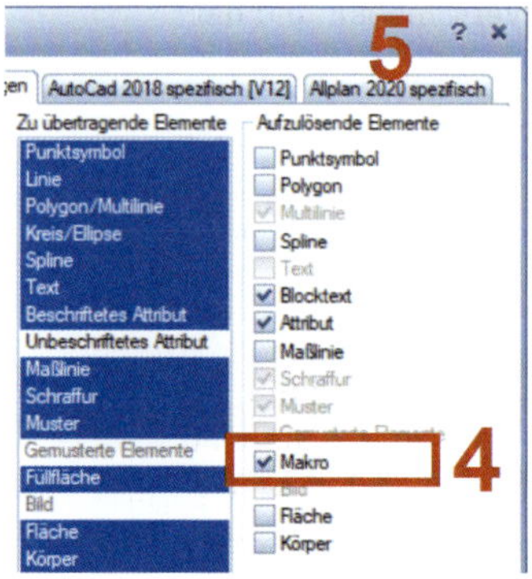

▷ **(4)** Öffnen Sie das Register **ERWEITERTE EINSTELLUNGEN** und setzen Sie den Haken bei *Makro*. Die in der Originaldatei enthaltenen Makros sollen in diesem Fall aufgelöst werden.

▷ **(5)** Öffnen Sie das Register **ALLPLAN 2020 SPEZIFISCH** und ändern Sie die folgenden Einstellungen.

Layerstufe 1 → Lageplan;

Layerstufe 2 → Lageplan;

Layerstufe 2 = Dateiname → deaktiviert

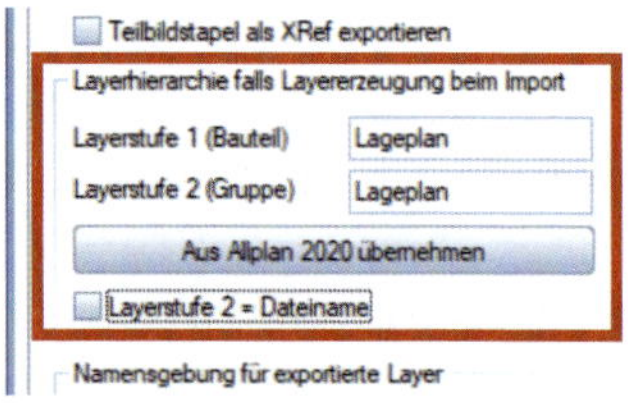

▷ Öffnen Sie nochmals das Register **ALLGEMEINE EINSTELLUNGEN**.

▷ Klicken Sie auf die Schaltfläche **SPEICHERN UNTER** im Bereich **AUSTAUSCHFAVORITEN** und speichern Sie die aktuellen Einstellungen als Austauschfavorit *<Lageplan_Verschoben>* ab. Falls Sie Erläuterungen hinzufügen wollen, können Sie dies über die Schaltfläche **INFO ...** erledigen. Die Voreinstellungen sind für die nächsten Importvorgänge gespeichert.

▷ Bestätigen Sie die Angaben in diesem Dialog mit **OK** und im Dialog **IMPORTIEREN** mit **ÖFFNEN**.

Die Konfiguration wird komplett eingelesen.

TIPP: Über **VERÄNDERN** können Sie den Dialog **KONFIGURATION FÜR KONVERTIERUNG** öffnen. In den einzelnen Registern können Sie Einfluss auf die „Übersetzung" der Daten nehmen. Quellsystem ist die AutoCAD-Datei (AutoCAD 2018), Zielsystem ist Allplan 2020. Über das Kontextmenü können Sie die automatische Zuordnung verändern und Ihren Bedürfnissen anpassen.

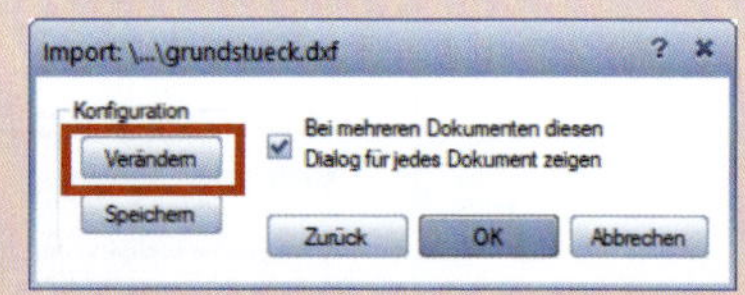

▷ Bestätigen Sie beide Dialoge. Die Daten werden eingelesen und am Bildschirm angezeigt.

▷ Überprüfen Sie mit **MESSEN STRECKE** das Gebäude auf Fl. Nr. 53/10. Das Gebäude hat die Abmessungen 40,00 m × 13,28 m.

Messen Koordinaten

▷ Überprüfen Sie mit **MESSEN KOORDINATEN** einen Punkt des Lageplans.

Die Koordinaten liegen nahe dem Nullpunkt. Das ist ideal, um entweder auf dieser Basis die gesamte Planung aufzubauen oder den Lageplan auf den erfolgten Planungsstand zu verschieben und daran auszurichten.

> **HINWEIS**: Wenn eine Datei mit großen Koordinaten (Lagepläne und Ähnliches) ohne spezielle Einstellungen importiert wird, werden im Dialog zur Konfiguration weitere Hinweise zur optimalen Vorgehensweise angezeigt.

> **HINWEIS**: Die Vermessungsämter in Deutschland stellen derzeit den Versand von Lageplänen ohne explizite Anforderung auf UTM-Daten um. Diese können in Allplan importiert werden, bedürfen aber einer Anpassung. Mehr zu diesem Thema finden Sie in der Hilfe von Allplan.

3.12.5 Lageplan ausrichten

Die importierten Daten des Vermessungsamtes sollen auf die bereits im Projekt enthaltene Planung des Bestandsgebäudes geschoben werden. Wird ein Lageplan direkt zu Beginn eines Projekts eingelesen, so kann direkt auf dem Lageplan gearbeitet werden. Hierzu sind die Hinweise beim Import und/oder in der Hilfe zu beachten.

Importierte Daten auf Planung verschieben und ausrichten

▷ Legen Sie das Teilbild 202 passiv (grau) in den Hintergrund und schalten Sie Teilbild 302 aktiv (rot). Achten Sie darauf, dass die Markierung des Teilbildes 202 auch in kräftiger Farbe erscheint und dass keine zusätzlichen Strukturstufen mit markiert werden, welche nicht notwendig sind.

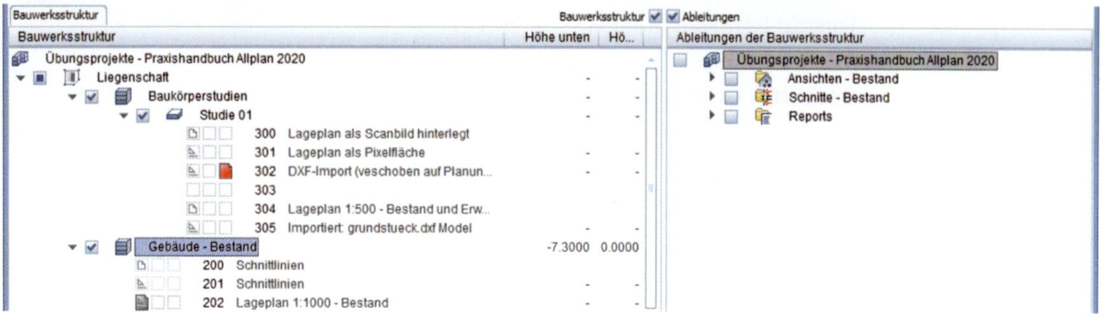

▷ VERSCHIEBEN

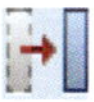
Verschieben

▷ Aktivieren Sie alle zu verschiebenden Elemente.

▷ Geben Sie unter **VON PUNKT** den oberen rechten Eckpunkt des Grundstücks an (zu verschiebende Daten).

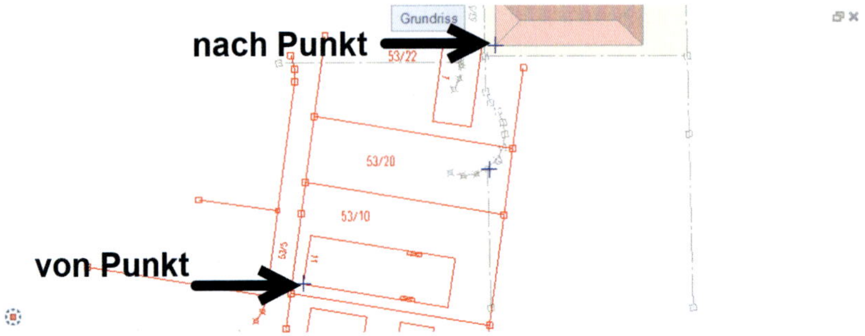

- NACH PUNKT ist der zugehörige Eckpunkt des gezeichneten Lageplans.

Drehen

- DREHEN
- Aktivieren Sie alle zu drehenden Elemente.
- Geben Sie den DREHPUNKT (gemeinsamer Punkt) an.
- AUSGANGSPUNKT angeben
- RICHTUNGSPUNKT angeben

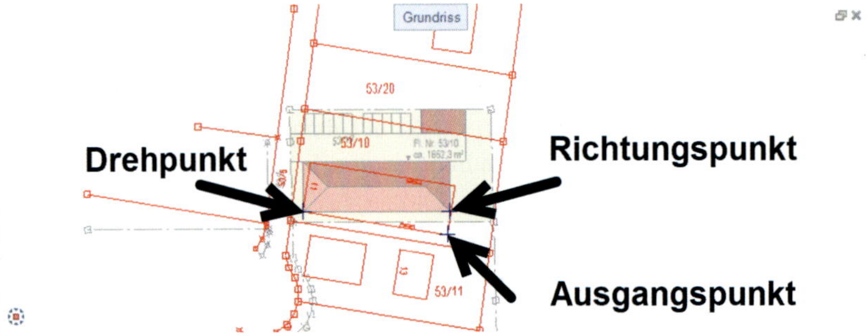

Der eingelesene Lageplan ist auf die Planung ausgerichtet, ohne die Genauigkeit der Grenzen zu verlieren. In der weiteren Planung sollte dieses Teilbild nicht bzw. nur mit größter Vorsicht bearbeitet werden.

Gedrehte Grundrissdarstellung

Gedrehte Grundrissdarstellung

Eine Alternative zum Drehen des Lageplans ist die Arbeit mit der gedrehten Grundrissdarstellung. Über die Funktion **GEDREHTE GRUNDRISSDARSTELLUNG** kann die Darstellung inklusive des Fadenkreuzes in eine beliebige Richtung gedreht werden. Somit ist es möglich, z. B. bei mehreren Gebäuden, die nicht im rechten Winkel zueinander liegen, das zu bearbeitende Gebäude waagerecht auf dem Bildschirm zu platzieren. In den Projekteinstellungen kann eine Voreinstellung für die gedrehte Grundrissdarstellung aktiviert werden. Im Beispielprojekt kommt diese Arbeitsweise nicht zum Einsatz.

> **HINWEIS:** Die Funktion **GEDREHTE GRUNDRISSDARSTELLUNG** befindet sich im Bereich **ARBEITSUMGEBUNG** in allen Rollen/Aufgabenbereichen, welche diesen Bereich zeigen.

3.12.6 Lageplan ergänzen

Die ersten einfachen Schritte des Projektes werden anhand vom Lageplan dargestellt, der mit einfachen Elementen nachgezeichnet, bemaßt und beschriftet und mit weiteren Elementen ergänzt werden soll. Alle Elemente sind im Assistenten enthalten. Sie können entweder die Funktionen über einen rechten Doppelklick auf die entsprechenden Elemente aktivieren (inklusive Übernahme der Eigenschaften) oder die Funktionen aufrufen und alle Einstellungen selbst vornehmen. Zum Kennenlernen der Formateigenschaften wird die aufwendigere Variante (ohne Übernahme aus dem Assistenten) gezeigt. In den weiteren Beispielen des Projekts erfolgt die Einstellung der Formateigenschaften durch Übernahme der Daten aus dem Assistenten und/oder durch die Einstellung des korrekten Layers.

Im Projekt sind die für die Bearbeitung notwendigen Teilbilder bereits enthalten und benannt.

Die in den nachfolgenden Teilbeispielen benötigten Funktionen befinden sich zum Teil im Bereich **SCHNELLZUGRIFF** der Actionbar oder (komplett) in der Rolle **KONSTRUKTION** im Aufgabenbereich **KONSTRUIEREN**.

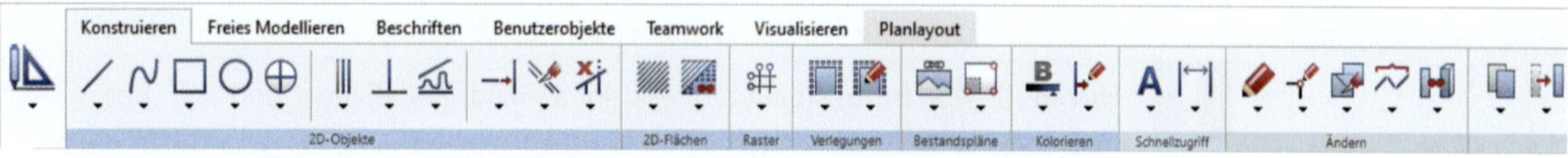

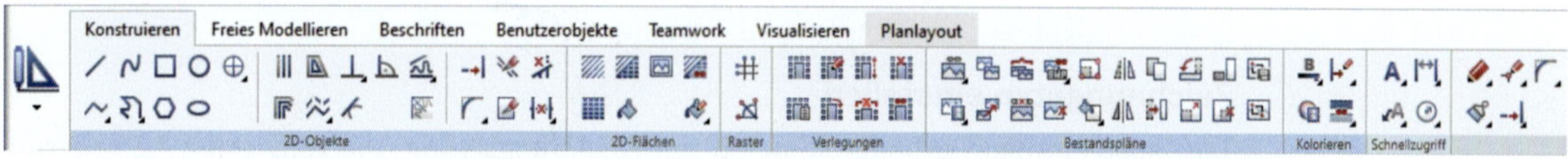

Für Bemaßung und Beschriftung finden Sie in allen Rollen den Aufgabenbereich **BESCHRIFTUNG**.

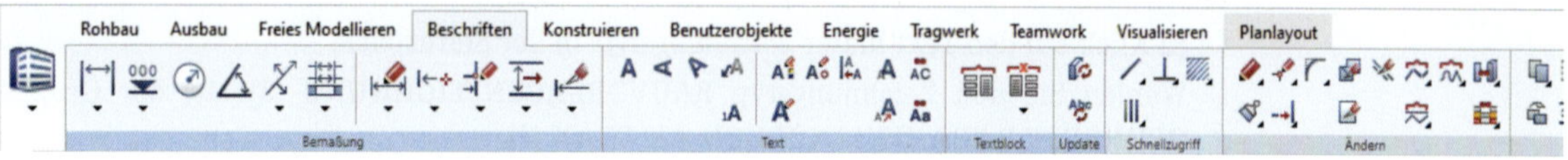

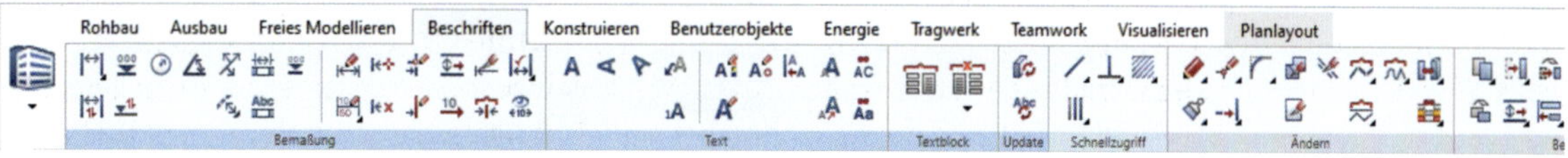

Bezugsmaßstab des Teilbildes ändern

Der Maßstab jedes neu geöffneten Teilbildes ist automatisch auf 1 : 100 voreingestellt. Der Lageplan soll im Maßstab 1 : 500 gezeichnet werden. Die Eingabe des Bezugsmaßstabs ist für die Konstruktion selbst nicht von Bedeutung, da immer mit den Originalmaßen gearbeitet wird. Für Texte und die Darstellung der Linienstärken auf dem Bildschirm und später als Voreinstellung für den Ausdruck sollte der Maßstab zu Beginn der Arbeit wunschgemäß eingestellt werden.

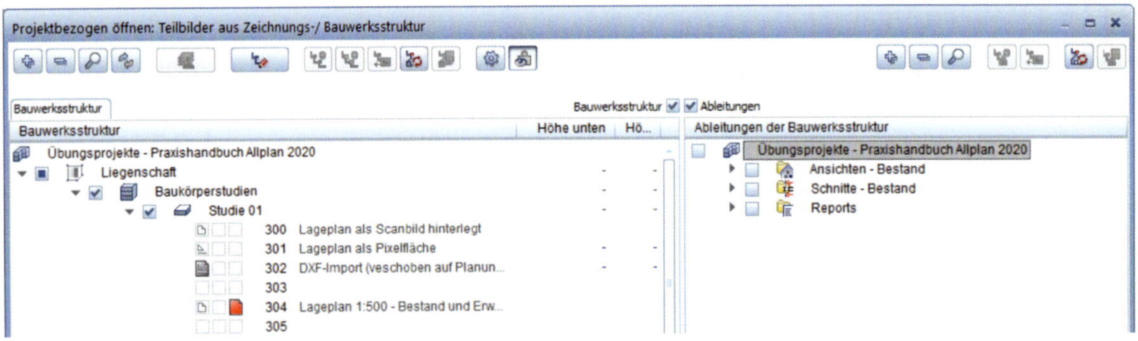

Bezugsmaßstab

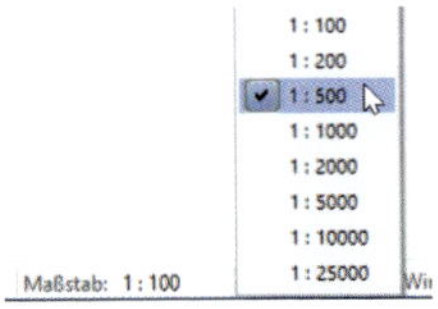

- ▷ Teilbild 304 aktiv, Teilbild 302 passiv im Hintergrund
- ▷ **(1)** Klick auf Maßstabsangabe in der Statusleiste (oder bei eingeblendeter Menüleiste: **ANSICHT → BEZUGSMASSSTAB**)
- ▷ **(2)** Wählen Sie den Maßstab 1 : 500 aus.

Der Maßstab des aktiven Teilbildes (in diesem Fall das Teilbild 304) wird auf 1 : 500 neu gesetzt.

> **HINWEIS**: Der Bezugsmaßstab wird im Teilbild gespeichert und z. B. bei der Planzusammenstellung als Vorschlag verwendet.

Zeichnungstyp einstellen

Das Beispielprojekt arbeitet komplett mit Zeichnungstypen. Die gängigsten Anforderungen sind in den Zeichnungstypen des Projekts umgesetzt. Für den Lageplan soll der Zeichnungstyp **BAUVORLAGE** aus der Gruppe **GRUNDRISSE – PRAXISHANDBUCH ALLPLAN** verwendet werden.

- ▷ **(1)** Klick auf den Text hinter *Zeichnungstyp:* in der Statusleiste
- ▷ Wählen Sie den Zeichnungstyp **BAUVORLAGENZEICHNUNG (3)** aus der Gruppe **GRUNDRISSE PRAXISHANDBUCH ALLPLAN (2)**.

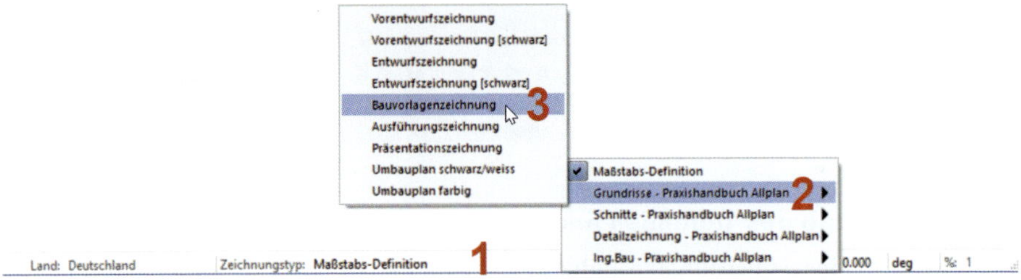

Der gewählte Zeichnungstyp wird angezeigt. Da bislang keine vom Zeichnungstyp abhängigen Daten erzeugt wurden, hat sich in der Anzeige im Konstruktionsfenster nichts geändert. Der Zeichnungstyp verändert die Darstellung im Assistenten.

HINWEIS: Der eingestellte Zeichnungstyp wird nicht im Teilbild gespeichert oder als Voreinstellung verwendet.

Grundstücksgrenzen mit Linien nachzeichnen

Formateinstellungen können Sie in der Palette **EIGENSCHAFTEN** auswählen. Innerhalb des Beispielprojekts wird für Stiftdicke, Strichart und Linienfarbe immer die Einstellung „von Layer" verwendet. Alternativ können Sie auch das Element aus dem Assistenten **LAGEPLAN** übernehmen. Die jeweiligen Felder sind ausgegraut, und die aktuelle Darstellung orientiert sich am aktiven Zeichnungstyp (hier **GRUNDRISSE – PRAXISHANDBUCH ALLPLAN → BAUVORLAGE**).

Linie

- ▷ **LINIE**
- ▷ **FORMAT** in der Palette **EIGENSCHAFTEN** auswählen
- ▷ **LAYER** → *KO_GRUND (Grundstücksgrenzen)*
- ▷ **STIFT VON LAYER** aktivieren
- ▷ **STRICH VON LAYER** aktivieren
- ▷ **FARBE VON LAYER** aktivieren

HINWEIS: Die Buchstaben KO stehen für die Gruppe *Architektur – Konstruktion*.

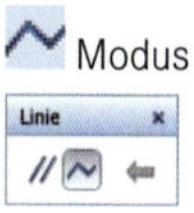

Modus Linienzug

- ▷ **ANFANGSSYMBOL** aktivieren
- ▷ **ANFANGSSYMBOLTYP** → *Kreis offen ohne Begrenzungslinie*
- ▷ **HÖHE ANFANGSSYMBOL** → *5,00 mm*
- ▷ Schalten Sie in den Eingabeoptionen **LINIE** die Option **LINIENZUG** ein.

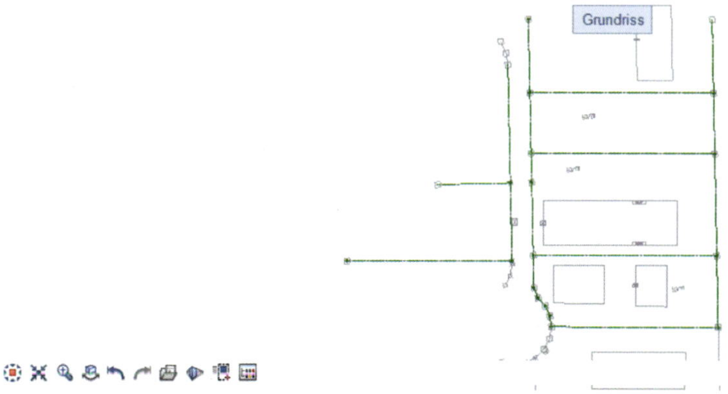

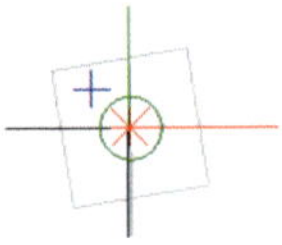

▷ Zeichnen Sie nun die Grenzen des Grundstücks nach. Achten Sie darauf, dass Sie die echten Eckpunkte/Endpunkte fangen und nicht Punkte an den Grenzsymbolen. Am Fadenkreuz taucht bei allen Grenzpunkten der Grundstücke ein blaues Kreuz (Endpunkt) am Fadenkreuz auf.

Zoomen Sie sich nahe genug an die Punkte heran, um größtmögliche Genauigkeit zu erreichen.

Gebäude nachzeichnen

Nach den Grundstücksgrenzen sollen die bestehenden Gebäude mit Linien nachgezeichnet werden. Der linke Baukörper auf Grundstück 53/11 soll mit Abbruchlinien gekennzeichnet werden.

Linie

▷ **LINIE** (abzubrechender Baukörper)

▷ **FORMAT** in der Palette **EIGENSCHAFTEN** auswählen

▷ **LAYER** → *PIB_ABB_AL (Abbruch Allgemein)*

▷ **STIFT VON LAYER** aktivieren

▷ **STRICH VON LAYER** aktivieren

▷ **FARBE VON LAYER** aktivieren

▷ Deaktivieren Sie das **ANFANGSSYMBOL** für die weiteren Linien wieder.

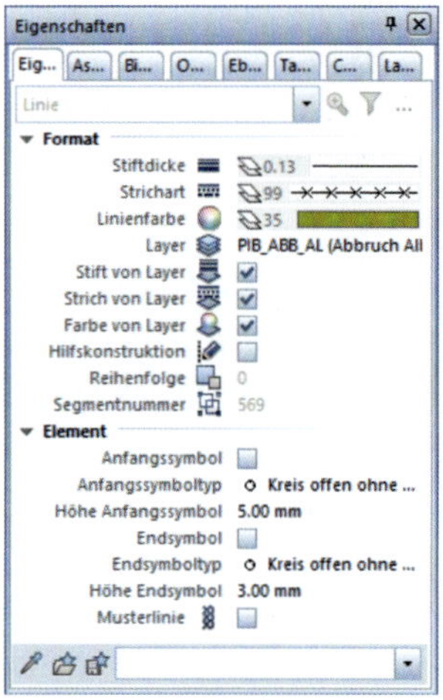

TIPP: Die Buchstaben *PIB_ABB* stehen für die Gruppe *Planen im Bestand – Abbruch*. Die Strichart 99 und die Farbe können auch über Strichart und Linienfarbe gewählt werden, wenn die Automatik ... **VON LAYER** nicht verwendet wird.

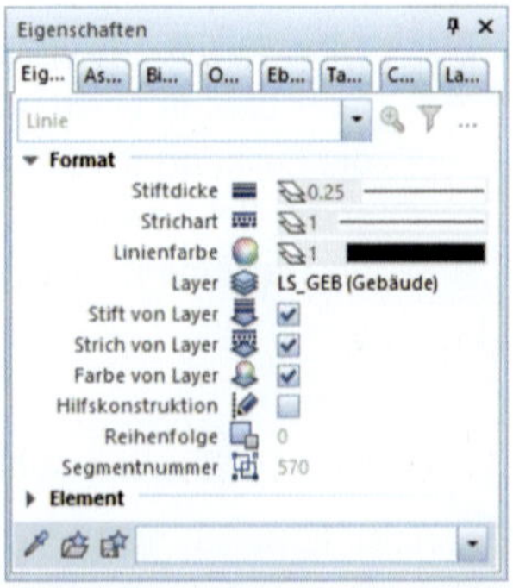

▷ Zeichnen Sie die Linien nach. Erzeugen Sie danach auch Gebäudekanten für die anderen drei Baukörper des Lageplans mit den angezeigten Formateigenschaften.

Grundstück mit Füllfläche einfärben

Blenden Sie das Hintergrundteilbild (den Original-Lageplan) mit der Nummer 302 aus, da die dort enthaltenen Grenzsymbole das Ergebnis der Flächensuche negativ beeinflussen.

Füllfläche

▷ **FÜLLFLÄCHE**

▷ **FORMAT** in der Palette **EIGENSCHAFTEN** auswählen

▷ **LAYER** → *KO_FUELL (Füllfläche)*

Einzel

Flächensuche

▷ **EINGABEOPTIONEN** → **EINZEL (1)**, **POLYGONISIEREN (2)** und **FLÄCHENSUCHE (3)** aktivieren (Inselerkennung und inverse Inselerkennung deaktiviert)

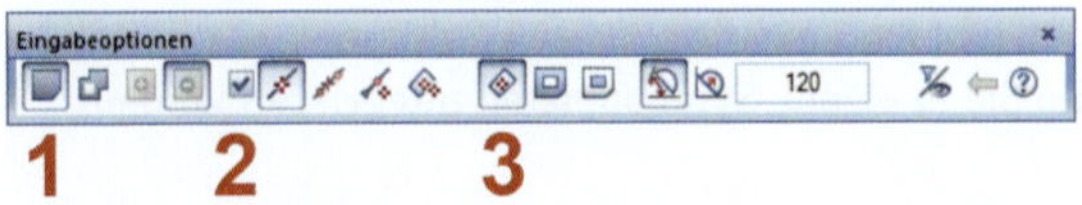

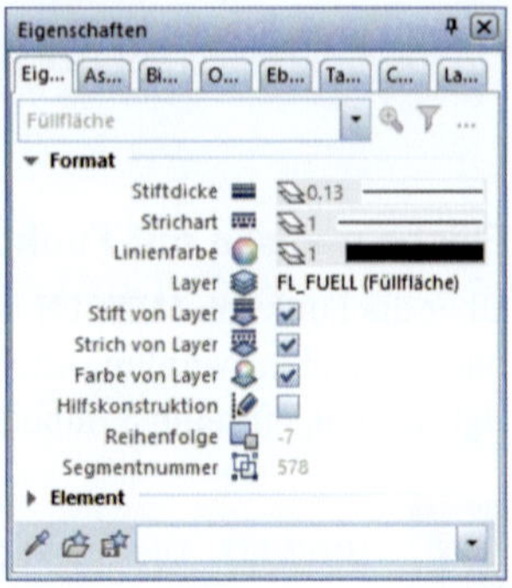

▷ Eigenschaften: Stellen Sie die gewünschte Farbe für das Grundstück über die Eigenschaften in den Eingabeoptionen ein (z. B. Farbe 9).

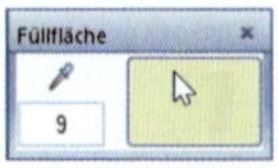

▷ Klicken Sie innerhalb des Grundstücks einmal links an einer Stelle, an der kein Punkt gefangen wird („Bommel" am Fadenkreuz).

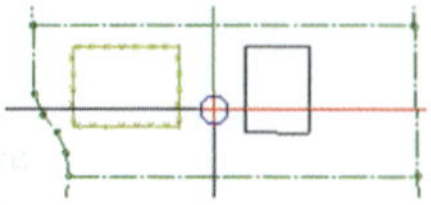

Die gesamte Fläche wird automatisch gefüllt. Die beiden Rechtecke (Gebäude) werden nicht ausgespart. Als Alternative zur Flächensuche können Sie auch alle Punkte des Grundstücks nacheinander anklicken. Der Vorgang entspricht dem Zeichnen der Grenzlinie. Füllen sie auch die beiden oberhalb liegenden Grundstücke.

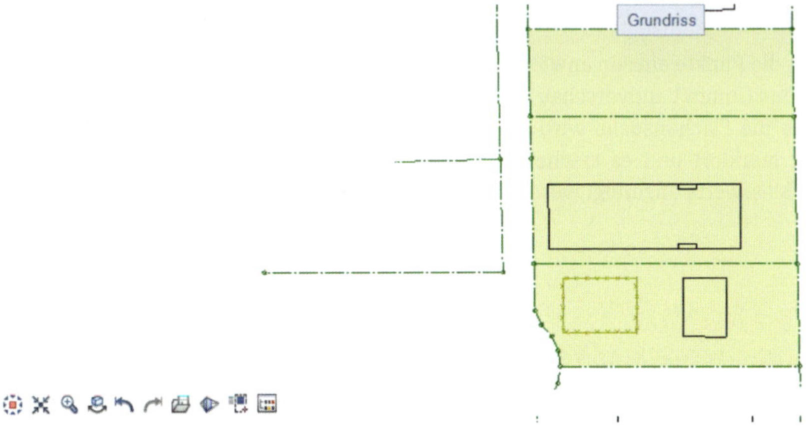

Inselerkennung

Inverse Inselerkennung

TIPP: Mit der Einstellung **MULTI** können mehrere Flächenbereiche definiert bzw. in Flächenbereichen Aussparungen erzeugt werden. Wenn Sie die Funktion **INSELERKENNUNG** aktivieren, werden die Gebäude ausgespart. Bei Anwahl der Funktion **INVERSE INSELERKENNUNG** werden nur die Gebäude gefüllt.

Ergebnis mit **INSELERKENNUNG**:

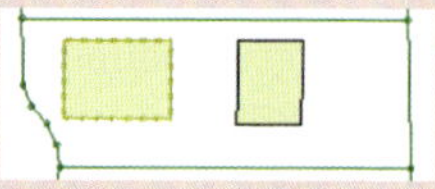

Ergebnis mit **INVERSER INSELERKENNUNG**:

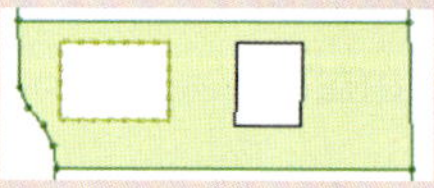

Fläche messen mit Funktion Fläche messen

Über die Funktion **MESSEN** haben Sie Zugriff auf unterschiedliche Funktionen, die Sie je nach Bedarf auswählen. Alternativ gibt es für einige dieser Funktionen, die häufig benötigt werden, einzelne Symbole, die Sie in eigene Symbolleisten integrieren können.

HINWEIS: Die Funktionen zum Messen sind im statischen Bereich der Actionbar angesiedelt.

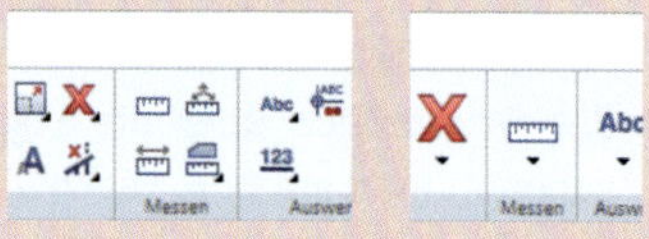

Messen

Fläche messen

▷ **MESSEN** → **FLÄCHE** oder **FLÄCHE MESSEN**

▷ Klicken Sie die Füllfläche an oder alle Grenzpunkte der Reihe nach als Umriss der zu messenden Fläche oder wählen Sie das Flächenelement durch Anklicken direkt aus.

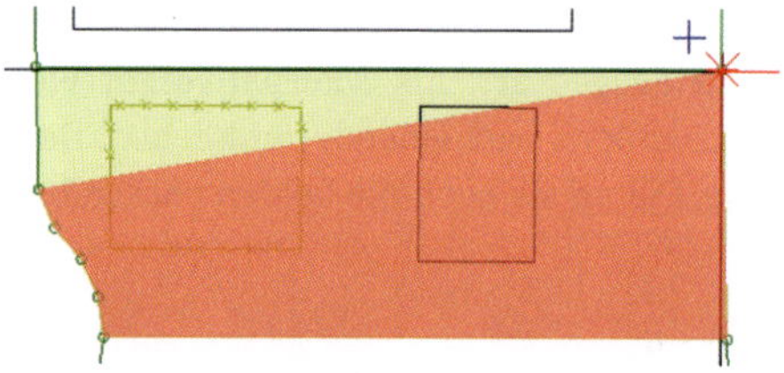

Wenn Sie die Punkte einzeln anwählen, erscheint eine Gummibandvorschau der Fläche. Über die Flächensuche wird die Fläche sofort komplett markiert und es erscheint ein Dialog, in dem die Messwerte angezeigt werden.

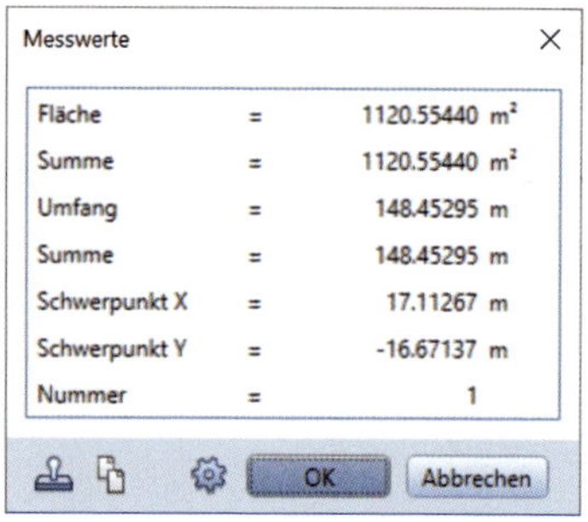

TIPP: Im Dialog **MESSWERTE** kann über die Schaltfläche **GENAUIGKEIT EINSTELLEN** ein weiterer Dialog geöffnet werden, in dem die Genauigkeit der angezeigten Messwerte eingestellt wird. Maximal sind derzeit (in allen Einheiten, km oder mm) neun Nachkommastellen möglich. Sie können somit auch extrem kleine Zeichenungenauigkeiten aufspüren.

Genauigkeit einstellen

Fläche messen durch Ablesen der Größe aus den Eigenschaften

Eine Alternative zur Funktion **FLÄCHE MESSEN** bietet die Palette **EIGENSCHAFTEN**, in der viele Eigenschaften des aktuell markierten Objekts angezeigt werden.

- ▷ Füllfläche markieren (durch einen einfachen Linksklick): Die angezeigten Werte sind die Fläche des obersten der drei Grundstücke.
- ▷ Palette **EIGENSCHAFTEN** öffnen (falls diese nicht sichtbar angeordnet wurde)

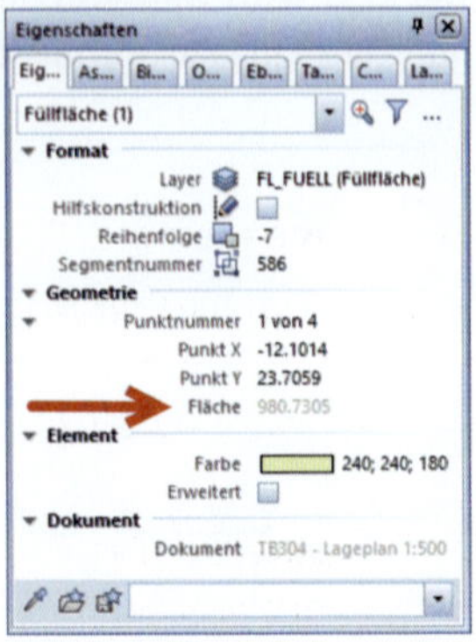

Palette Eigenschaften (E)

Die Fläche kann direkt abgelesen werden. Wurde mehr als eine Fläche markiert, wird unter dem Punkt *Fläche *variiert** angezeigt und der zusätzliche Abschnitt *Summe* mit der *Flächensumme* eingeblendet.

TIPP: Probieren Sie unterschiedliche Aktivierungen von einem oder mehrerer Elemente aus und beobachten dabei die Eigenschaften. Je nach Auswahl werden unterschiedliche Werte angezeigt. Über das Pull-down-Menü kann zudem ausgewählt werden, was angezeigt werden soll.

Horizontaler Text

In die drei Grundstücke soll - mit einfachem Text - die Größe geschrieben werden.

- ▷ **TEXT**
- ▷ **TEXT HORIZONTAL**
- ▷ **FORMAT** in der Palette **EIGENSCHAFTEN** auswählen
- ▷ **LAYER** → *TX_500 (Text 1:500)*
- ▷ **STIFT VON LAYER** aktivieren
- ▷ **STRICH VON LAYER** aktivieren
- ▷ **FARBE VON LAYER** aktivieren
- ▷ Legen Sie den **TEXTANFANGSPUNKT** unterhalb des rechten Gebäudes im Grundstück fest (mit Linksklick).

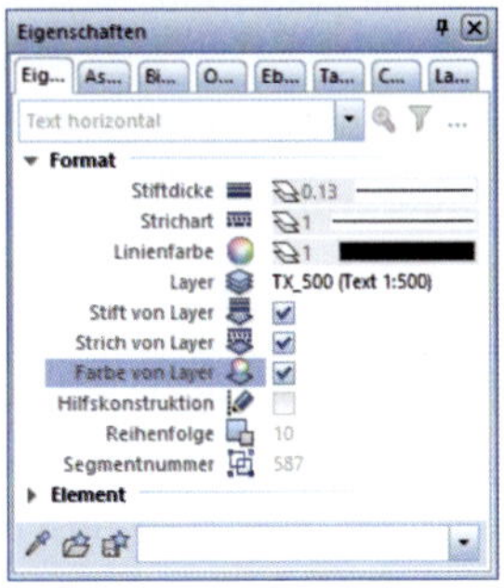

Text

Text horizontal

Symbolleiste erweitern

Textblock

Füllfläche

Erweitern Sie bei Bedarf die Anzeige der Funktionen im Texteditor mit der Funktion **SYMBOLLEISTE ERWEITERN**. Stellen Sie die Eigenschaften des Textes in etwa wie angezeigt ein.

▷ Schreiben Sie den angezeigten Text ins Eingabefeld und bestätigen Sie die Eingabe mit **OK**.

Der Text wird während des Schreibens am Bildschirm angezeigt und durch die Bestätigung der Eingabe (mittels **OK** rechts oben) erzeugt.

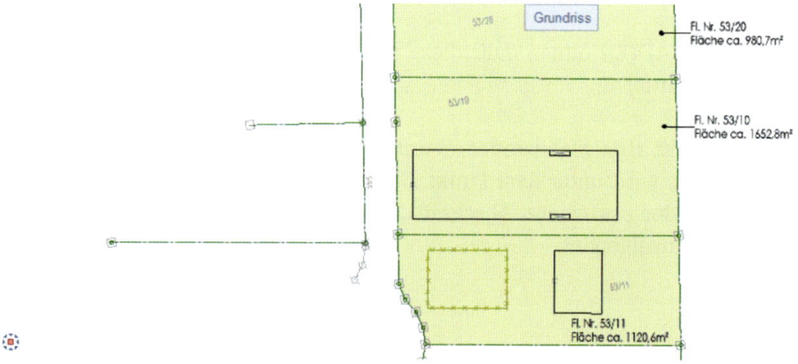

Textzeiger

HINWEIS: Die Eingabe von Text im Texteditor kann alternativ auch über **STRG + ENTER** abgeschlossen werden. Bei Bedarf, z. B. wenn der Text außerhalb des Grundstücks platziert wird, kann mit der Funktion **TEXTZEIGER** eine Linie erzeugt werden, die fest mit dem Text verbunden ist und automatisch die Eigenschaften des Textes annimmt, von welchem sie ausgeht.

Layerstatus ändern

Die Füllfläche und der Text sollen für die nächsten Schritte ausgeblendet werden, um die Arbeit zu erleichtern. Über das Kontextmenü lassen sich die Layer der Elemente leicht identifizieren und ausblenden. Führen Sie die nachfolgenden Schritte auch für den Text aus.

Neues Gebäude einzeichnen

Die Darstellung des neuen Baukörpers auf dem nördlichen der drei gefüllten Grundstücke soll in mehreren Schritten erzeugt werden. Im ersten Schritt ist das Erzeugen eines Rechtecks mit einer „Mindestgröße“ des Grundrisses. Im zweiten Schritt wird die Größe angepasst und optimiert, um die Möglichkeiten der direkten Bearbeitung aufzuzeigen. Der letzte Schritt ist das Einzeichnen der Linien für die Dachaufsicht inklusive des Füllens der Dachbereiche.

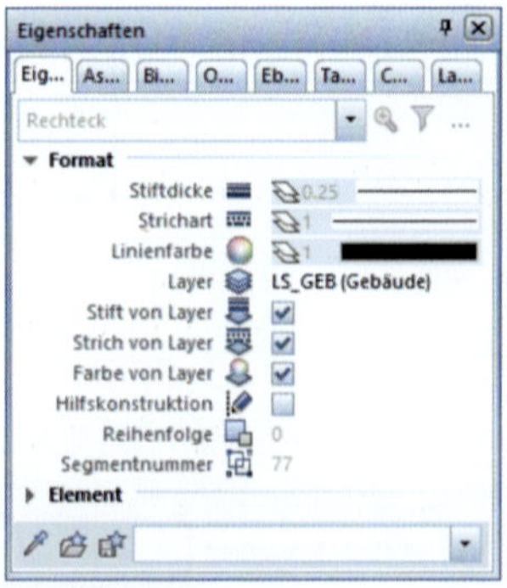

- ▷ RECHTECK
- ▷ **FORMAT** in der Palette **EIGENSCHAFTEN: LAYER →** *LS_GEB (Gebäude)*; **STIFT VON LAYER, STRICH VON LAYER** und **FARBE VON LAYER** aktivieren
- ▷ Stellen Sie in den Eingabeoptionen **ÜBER DIE DIAGONALE EINGEBEN** und **RECHTECK ALS POLYGON ERZEUGEN** ein.
- ▷ Visieren Sie die rechte untere Ecke des Grundstücks 53/20 (schwarzer Pfeil) an und geben Sie in der Dialogzeile folgende Werte ein: Dx = `26,50 <Tab>` Dy = `3,25`. Ein rotes Kreuz wird an der Stelle angezeigt, welche durch die Eingabe als Anfangspunkt definiert wird, sobald die Werte mit **<ENTER>** bestätigt wurden oder der Bezugspunkt (Grundstücksecke) angeklickt wird.

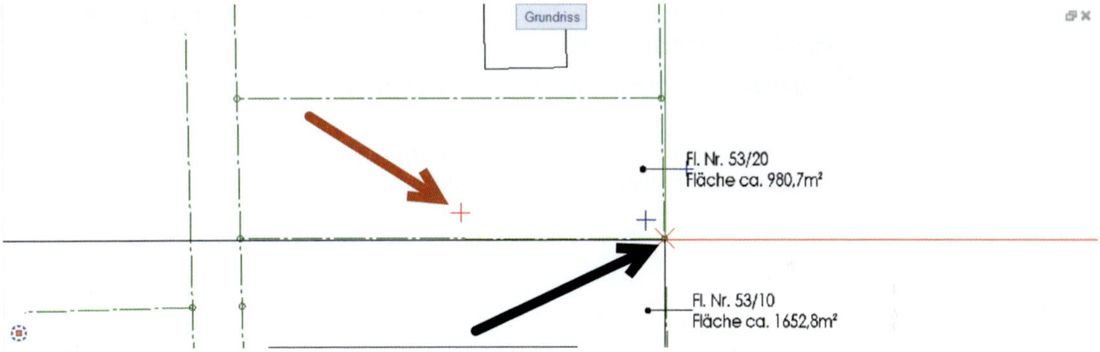

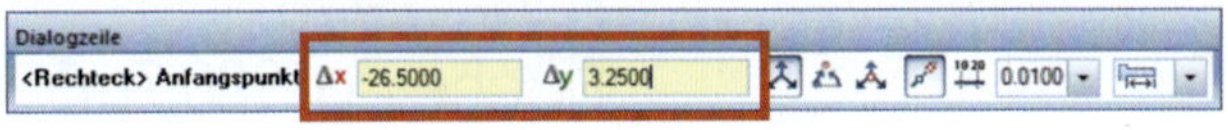

HINWEIS: Mit der **TAB**-Taste können Sie den Eingabefokus von einem Feld zum nächsten springen lassen. Immer wenn die Lage des neuen Punktes (der neuen Konstruktion) im Bezug zu bestehenden Punkten/Linien/Bauteilen bekannt ist, kann wie dargestellt gearbeitet werden. Wichtig ist, dass der Bezugspunkt nicht angeklickt, sondern nur „gezeigt" wird und vor dem Bestätigen der Werte kontrolliert wird, ob die Felder noch gelb hinterlegt sind.

- ▷ Visieren Sie entweder den Anfangspunkt des Rechtecks an oder stellen Sie das Fadenkreuz in einen leeren Bereich. Geben Sie für den Diagonalpunkt folgende Werte ein: Dx = `20,00 <Tab>` Dy = `11,00`

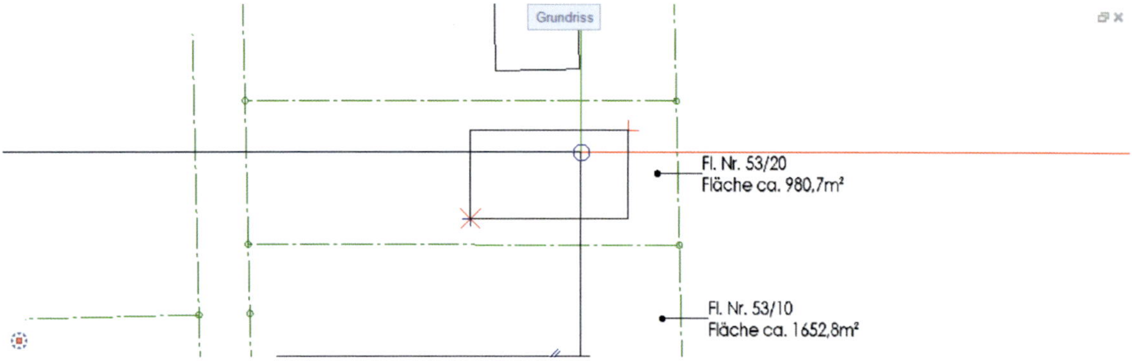

▷ Bestätigen Sie die Eingaben mit **ENTER** und beenden Sie die Funktion mit **ESC**.

Der Umriss des Gebäudes ist erzeugt. Um das Grundstück besser auszunutzen, soll das Rechteck vergrößert werden. Die Änderung der Geometrie soll über die direkte Objektmodifikation getätigt werden.

▷ Markieren Sie das Rechteck durch Anklicken.

Wenn nur eine einzelne Linie markiert wurde, haben Sie einzelne Linien erzeugt und müssen diese über einen Aktivierungsrahmen gemeinsam markieren.

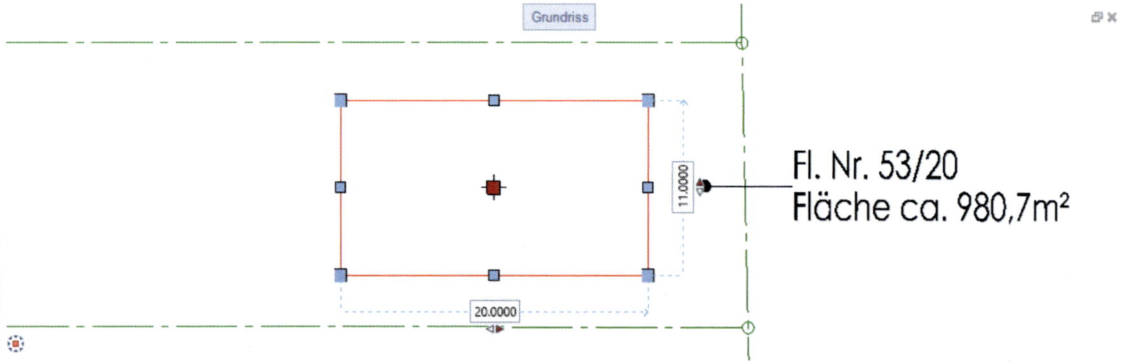

▷ Ändern Sie durch Anklicken die Einstellung der Pfeile so, dass bei der unteren Zahl der rechte Pfeil und bei der rechten Zahl der untere Pfeil weiß ist.

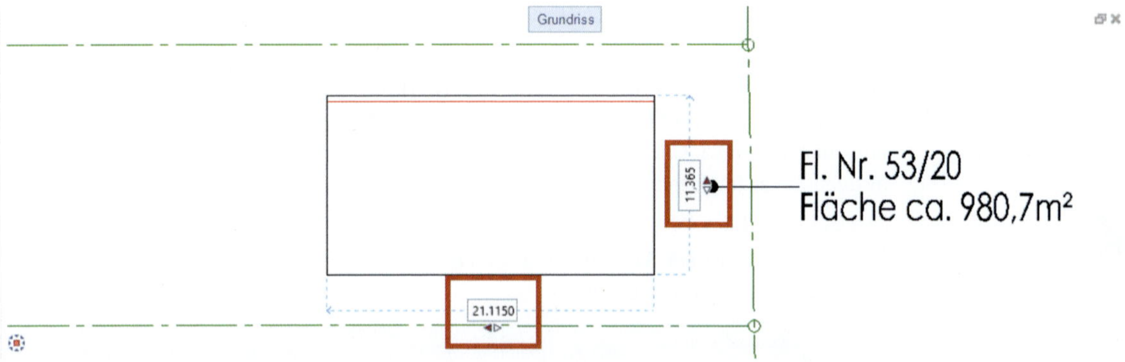

▷ Ändern Sie die beiden Werte auf *21,115* bzw. *11,365* ab und bestätigen Sie die Eingaben jeweils mit **ENTER**.

HINWEIS: Ein weißes Feld der Wechselfelder (hier Doppelpfeile) bedeutet immer, dass der Wert von dem dort liegenden Punkt aus angetragen wird. Wenn beide Felder rot markiert sind, wird die Änderung gleichmäßig aufgeteilt.

Für die Liniendarstellung des Baukörpers fehlt noch eine Firstlinie.

▷ **LINIE**

Linie

TIPP: Wenn Sie eine Funktion erneut aufrufen oder sich innerhalb einer Funktionsgruppe bewegen, wird der zuletzt verwendete Layer erneut vorgeschlagen.

▷ Klicken Sie den Mittelpunkt der linken Gebäudekante an. Achten Sie dabei auf die Punktfangsymbole.

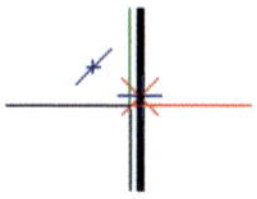

▷ Bewegen Sie das Fadenkreuz nach rechts bis zur rechten Gebäudekante. Die aktiven Spurlinien zeigen Ihnen mit dem blauen Symbol an, dass Sie das Lot oder den Mittelpunkt auf eine bestehende (oder virtuelle) Linie fangen. Klicken Sie diesen Punkt an und brechen Sie die Funktion mit **ESC** ab.

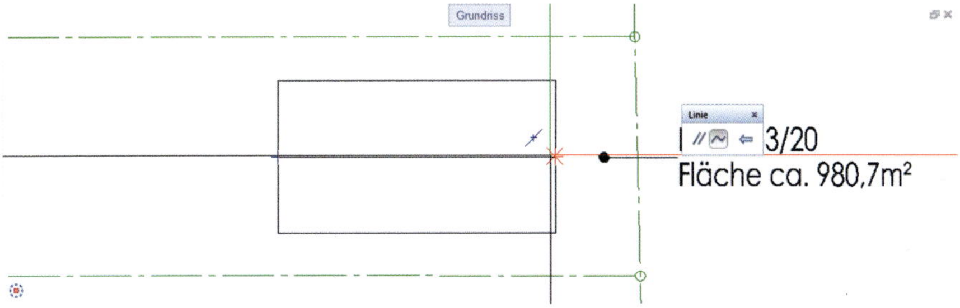

Gebäudeteile füllen

In der Schnellanwahl der Füllfläche ist der Layer *LS_GEB (Gebäude)* nicht enthalten. Sie können entweder über die Funktion **AUSWÄHLEN** im Pull-down- Menü des Punktes **LAYER** in der Palette **EIGENSCHAFTEN** einen Dialog zum Auswählen des Layers öffnen oder den Layer *LS_GEB (Gebäude)* nach Aufruf der Funktion in der Palette **LAYER** als aktiven Layer festlegen.

Füllfläche

▷ **FÜLLFLÄCHE**

▷ Aktiven Layer über Auswahl oder die Palette **LAYER** definieren:
LAYER → *LS_GEB(Gebäude)*

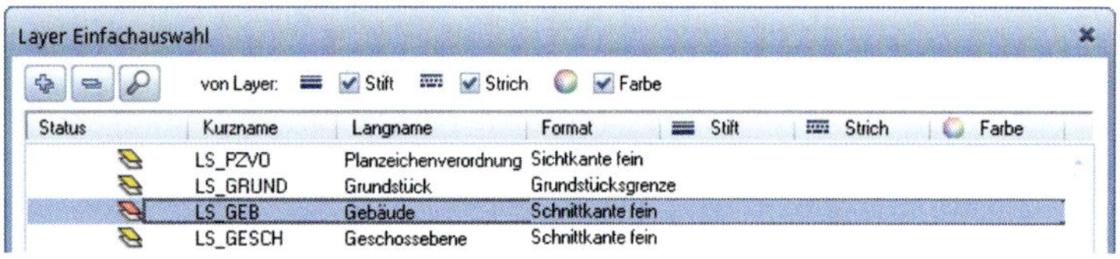

Achten Sie darauf, dass die Option **VON LAYER** komplett aktiviert wurde.

Füllen Sie die beiden Dachhälften mit zwei unterschiedlichen Rottönen. Da sind zum Beispiel Farbe 100 (dunkles Rot), Farbe 106 (helleres Rot) und Farbe 126 (helles Blau).

Ergänzen Sie die Linien der Dachaufsichten auch für die beiden Bestandsgebäude auf dem Grundstück und legen Sie die Dachflächen in zwei Grautönen (z. B. hell 26, dunkel 21) fest.

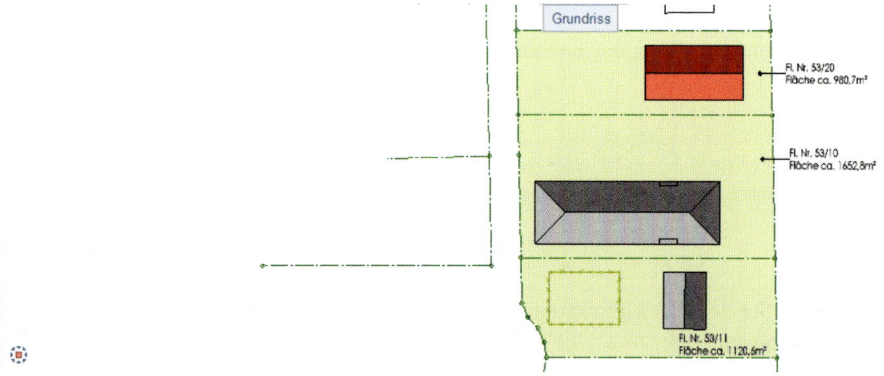

HINWEIS: Die Funktion **FÜLLFLÄCHE** wurde zuletzt mit dem Layer *KO_FUELL* verwendet. Aus diesem Grund wird der Layer aktiv (und somit sichtbar), sobald die Funktion wieder aufgerufen wird. Blenden Sie entweder bei der Anwahl des gewünschten Layers den Layer *KO_FUELL* wieder aus oder erzeugen Sie einfach die neuen Füllflächen.

Lageplan bemaßen

Im Lageplan sollen im nächsten Schritt die Hauptabmessungen der Baukörper sowie der Abstand zu den Grenzen vermaßt werden.

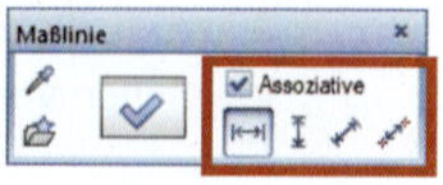

Maßlinie

Maßlinie horizontal, Assoziativ aktiviert

- ▷ Aufgabe **BESCHRIFTUNG**, Abschnitt **BEMASSUNG**
- ▷ **MASSLINIE**
- ▷ Eingabeoption **MASSLINIE HORIZONTAL**
- ▷ **EIGENSCHAFTEN** öffnen und Parameter einstellen: Ändern Sie die Eigenschaften entsprechend der folgenden Abbildung oder probieren Sie eigene Einstellungen aus. Achten Sie darauf, dass der Layer *ML_500 Maßlinie 1:500* eingestellt und die Texthöhe nicht zu groß ist. In der Vorschau oben rechts erhalten Sie einen ersten Überblick über Ihre Einstellungen. Im Register **EINGABEOPTIONEN** sollten Sie zudem noch die Option **KEINE MASSHILFSLINIE** aktivieren.

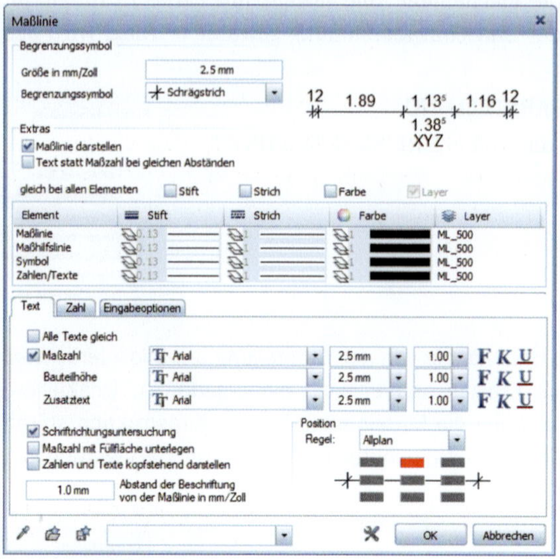

- ▷ **ANFANGSPUNKT** der ersten Maßlinie (roter Pfeil)
- ▷ Zu bemaßende Punkte (schwarze Pfeile) anklicken: Klicken Sie jeden Punkt direkt an und beenden Sie die Eingabe der Maßlinie mit **ESC**.

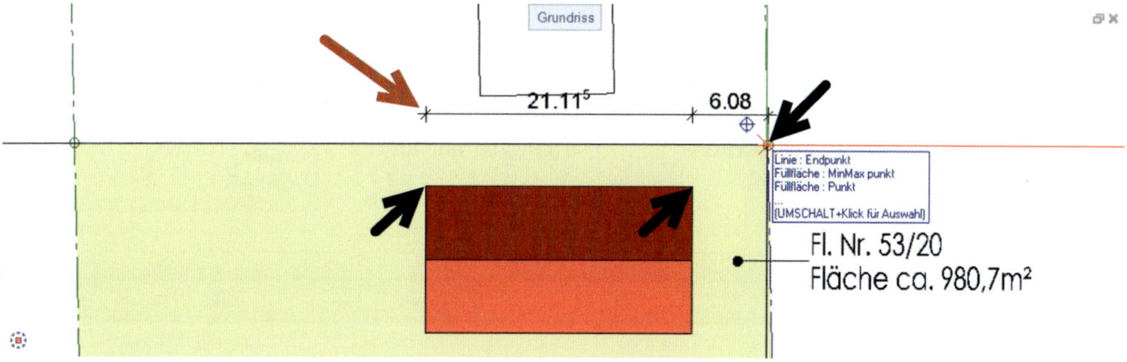

TIPP: Maßlinien werden mit jedem weiteren Punkt automatisch ergänzt. Liegt ein neuer Punkt zwischen bereits definierten Punkten, wird das entsprechende Maß geteilt. Bei aktivierter Option *Assoziativ* wird bei allen Punkten, die sich aus überlagernden Elementen ergeben, eine Auswahl der möglichen Verknüpfungen angeboten.

Erzeugen Sie auf die gleiche Weise weitere horizontale und vertikale Maßlinien. Testen Sie auch die Eingabe von einer Maßlinie ohne aktive Option *Assoziativ* im Vergleich.

Baum als Kreis mit Schatten

Für die Grundrissdarstellung von Bäumen soll ein einfacher Kreis mit Schattenansatz erstellt werden. Die Flächenteile sind jeweils mit Farbe zu füllen. Je nachdem, welche Einstellungen in der Bildschirmdarstellung gewählt wurden, wird der Kreismittelpunkt angezeigt.

Bildschirm-darstellung

- ▷ BILDSCHIRMDARSTELLUNG
- ▷ Aktivieren Sie die Option **KREISMITTELPUNKT**.

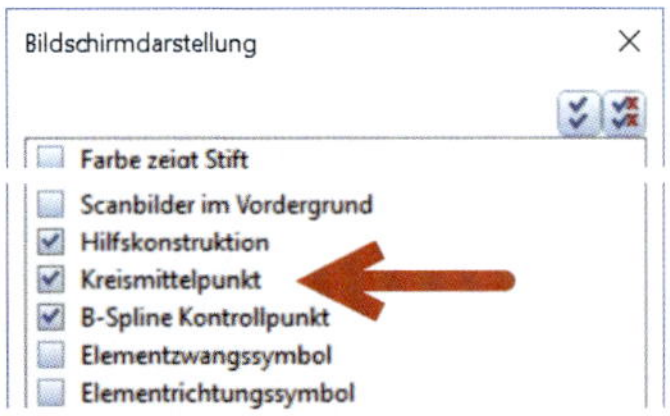

HINWEIS: Unabhängig von der Darstellung am Bildschirm werden Mittelpunkte von Kreisen und Ellipsen nicht gedruckt. Deaktivieren Sie die Option nur, wenn die Mittelpunkte bei der Konstruktion stören oder das Fangen von Kreismittelpunkten komplett verhindert werden soll.

Kreis

- ▷ KREIS
- ▷ **FORMAT** in der Palette **EIGENSCHAFTEN: LAYER** → *LS_BAUM (Baumbestandsplanung)*; **STIFT VON LAYER, STRICH VON LAYER** und **FARBE VON LAYER** aktivieren
- ▷ Stellen Sie die Option **KREIS ÜBER MITTELPUNKT** und **VOLLKREIS EINGEBEN** ein.
- ▷ **MITTELPUNKT** außerhalb des Grundstücks angeben
- ▷ Eingabe **RADIUS**: `1,25 m` (Eingabe mit **ENTER** bestätigen)

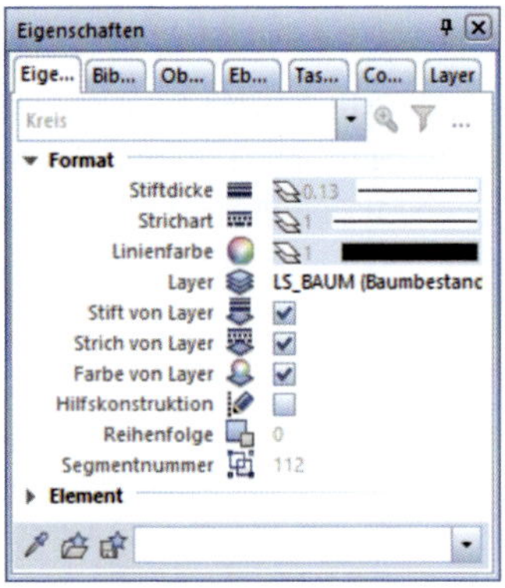

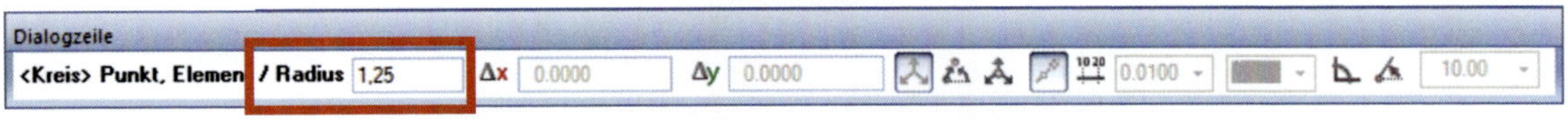

- ▷ Zeichnen Sie einen weiteren, zum ersten leicht versetzten Vollkreis.

Der zweite Kreis dient der Darstellung des Schattens.

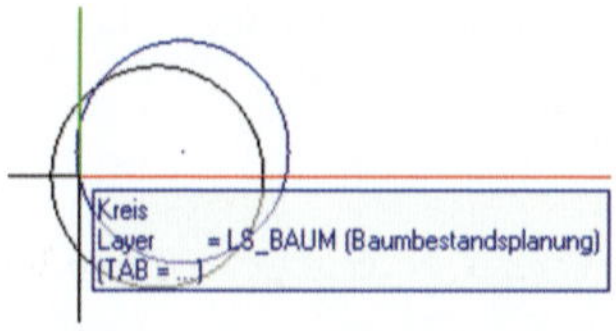

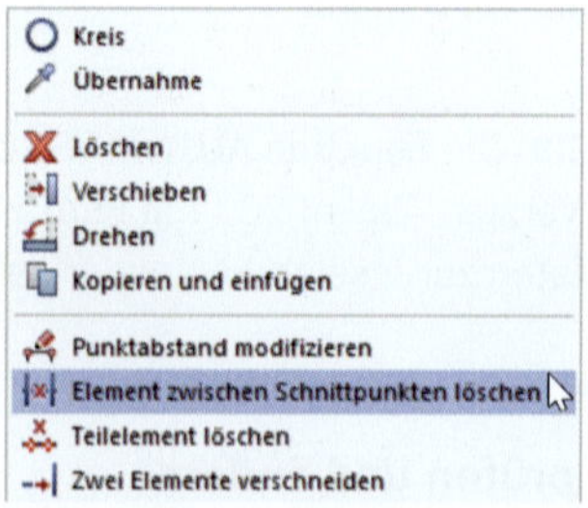

Element zwischen Schnittpunkten löschen

- ▷ Fadenkreuz über den zu entfernenden Kreisbereich bewegen, bis der Kreis markiert (blau) angezeigt wird; Kontextmenü des Kreises über die rechte Maustaste öffnen; **ELEMENT ZWISCHEN SCHNITTPUNKTEN LÖSCHEN** anwählen

Der Teil des Kreises, der vom ersten Kreis begrenzt wird, sollte verschwinden.

> **HINWEIS:** Viele Funktionen der Symbolleiste **ÄNDERN** bzw. des Bereichs **ÄNDERN** der Palette **FUNKTIONEN** befinden sich im Kontextmenü. Je nachdem, welches Element angewählt wird (rechte Maustaste auf Element), werden die jeweils passenden Funktionen angezeigt. Die meisten Funktionen aus dem Kontextmenü bleiben nach der Anwendung aktiv. Sie können jeweils direkt weitere Elemente bearbeiten.

Füllfläche

- ▷ **FÜLLFLÄCHE**
- ▷ Formateinstellung: **LAYER** → *LS_BAUM (Baumbestandsplanung)*
- ▷ Stellen Sie z. B. Farbe 66 als Füllfarbe für den Baumschatten ein.
- ▷ Füllen Sie den sichelförmigen Baumschatten mit der Flächensuche (Klick in die Fläche).
- ▷ Ändern Sie nun die Einstellungen der Füllfläche, indem Sie über die Schaltfläche **EIGENSCHAFTEN** den Dialog öffnen und auf **ERWEITERT>>** klicken, um einen Farbverlauf für den Baum einzustellen. Orientieren Sie sich an den abgebildeten Einstellungen.

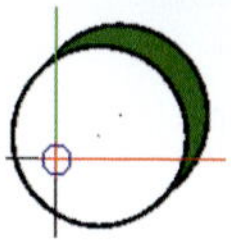

Zum Färben des Vollkreises können Sie wieder die Flächensuche oder die Polygonisierung von Allplan verwenden.

> **HINWEIS:** Die Funktion **AUTOMATISCHE GEOMETRIEERMITTLUNG** wurde in der Version Allplan 2014 in **FLÄCHENSUCHE** umbenannt und um Funktionalitäten zur Inselerkennung erweitert.

Reihenfolge prüfen und ändern

Beim Erzeugen von Elementen wird die Reihenfolge gemäß den Einstellungen in der Option **ARBEITSUMGEBUNG – VOREINSTELLUNGEN REIHENFOLGE** eingestellt bzw. die Einstellung der übernommenen Eleme nte verwendet. Werden z. B. Füllflächen übereinander erzeugt, so haben alle Füllflächen die Reihenfolge *-7*. Sichtbar ist in so einem Falle die zuletzt erzeugte Füllfläche. Für ein universell einzusetzendes Element, welches als Symbol für alle Projekte zur Verfügung gestellt werden kann, wie den gerade erzeugten Baum, sollte die Reihenfolge genauer auf den Bedarf eingestellt werden.

Es gibt mehrere Möglichkeiten, die Reihenfolge von Elementen zu verändern. Zuerst sollte ergründet werden, welchen Wert die einzelnen Elemente bei *Reihenfolge* eingestellt haben.

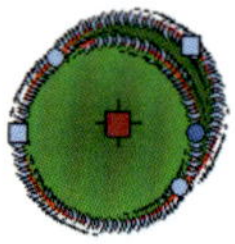

- ▷ Markieren Sie den Baum.
- ▷ **(1)** Öffnen Sie das Pull-down-Menü in der Palette **EIGENSCHAFTEN** und wählen dort den Eintrag der Füllflächen aus.
- ▷ **(2)** In der Palette **EIGENSCHAFTEN** wird unter dem Punkt **REIHENFOLGE** der Wert *-7* angezeigt. Wenn Sie die beiden Kreise kontrollieren, stellen Sie fest, dass diese mit der Reihenfolge *0* erzeugt wurden.

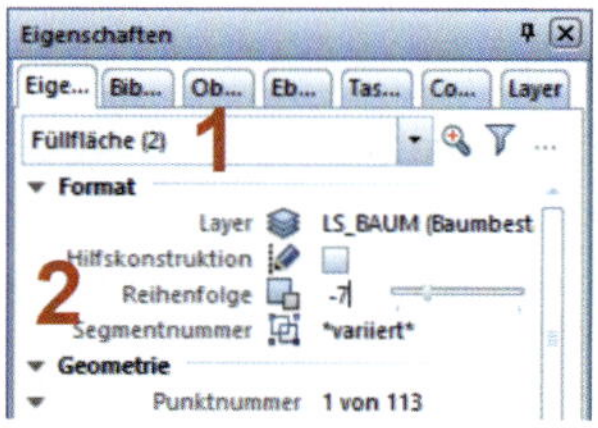

- ▷ Ändern Sie den Wert der Reihenfolge für die Kreise auf *10* und für die Füllflächen auf *9*. Dazu können Sie jeweils im Pull-down-Menü der Palette **EIGENSCHAFTEN** die entsprechenden Elemente auswählen.
- ▷ Blenden Sie die Füllfläche des Grundstücks ein und ändern Sie dessen Reihenfolge auf *-15*.

Elementgruppe erzeugen

Bei vielen Ausstattungselementen bietet es sich an, eine Elementgruppe zu bilden, um diese leicht verschieben oder kopieren zu können. Neben der einfacheren Aktivierung von Elementgruppen können diese auch (mit selbst zu definierenden Reports) ausgewertet werden. Auch tauchen Elementgruppen als eigener Punkt in der Palette **OBJEKTE** auf.

Elementgruppe

- ▷ **ELEMENTGRUPPE** (Alle Rollen, alle Aufgaben – Bereich **ÄNDERN**)
- ▷ Alle Elemente des Baumes gemeinsam markieren (z. B. über einen Aktivierungsrahmen)

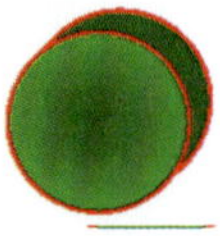

▷ Gruppennamen in der Dialogzeile eingeben (z. B. *Baum mit Schatten*) und Eingabe mit **ENTER** bestätigen

Die vier Elemente werden nun zu einer Gruppe zusammengefügt.

> **TIPP:** Über die Funktion **ELEMENTGRUPPE ERWEITERN** können Elementgruppen vergrößert werden und über die Funktion **ELEMENTGRUPPE ÖFFNEN** (Kontextmenü der Elementgruppe) wird ein spezieller Bearbeitungsmodus gestartet, in dem Sie direkt in der Gruppe neue Elemente erzeugen können.

Elementgruppe erweitern

Elementgruppe lösen

Elemente (Baum) verschieben

Der Baum, egal ob er aus mehreren Elementen besteht oder zu einer Elementgruppe zusammengefügt ist, soll an seine endgültige Position verschoben werden.

Verschieben

▷ **VERSCHIEBEN**

▷ Markieren Sie den kompletten Baum, indem Sie einen Aktivierungsrahmen von links nach rechts aufziehen (oder, wenn Sie eine Elementgruppe gebildet haben, durch Anklicken).

▷ **VON PUNKT** ist der Mittelpunkt des Kreises.

▷ **NACH PUNKT** ist der Absetzpunkt unterhalb des neuen Gebäudes (siehe auch Abschnitt 3.12.7, „Ergebnis Lageplan 2D“).

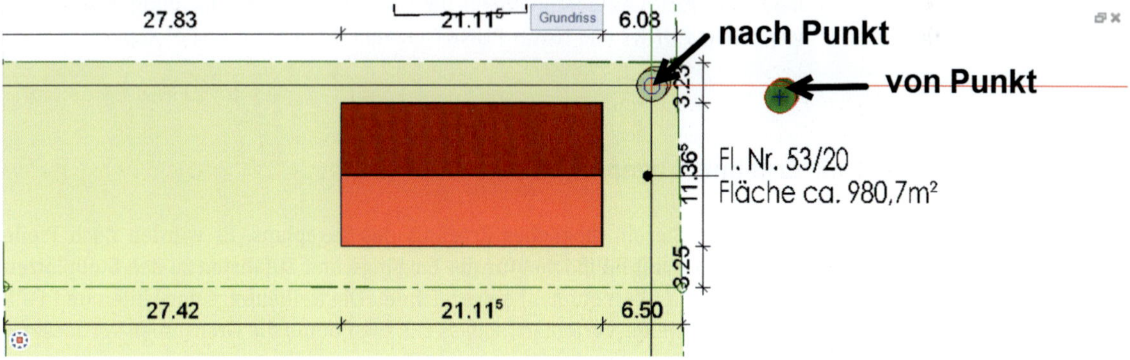

Elemente (Baum) kopieren

Entlang der südlichen Grenze sollen mehrere Bäume platziert werden.

Kopieren und Einfügen

- ▷ **KOPIEREN**
- ▷ Baum markieren
- ▷ **VON PUNKT** angeben (Mittelpunkt des Baumes)

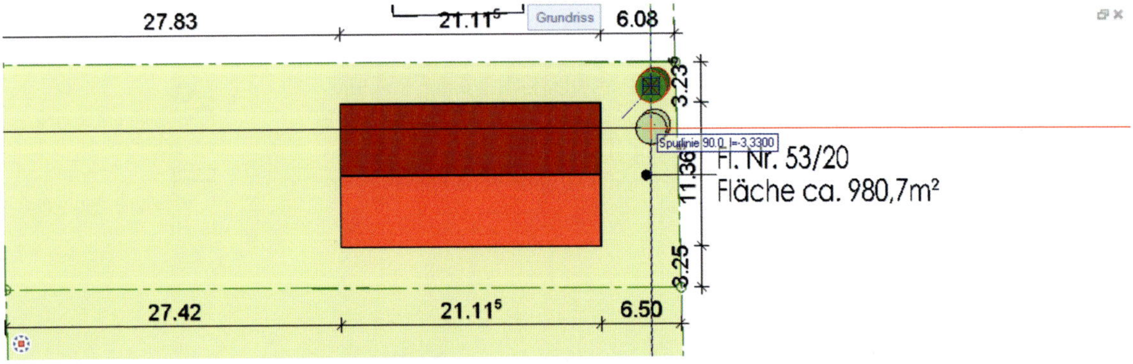

- ▷ **ANZAHL** der Kopien in der Dialogzeile mit 3 oder 4 angeben (mit **ENTER** bestätigen)

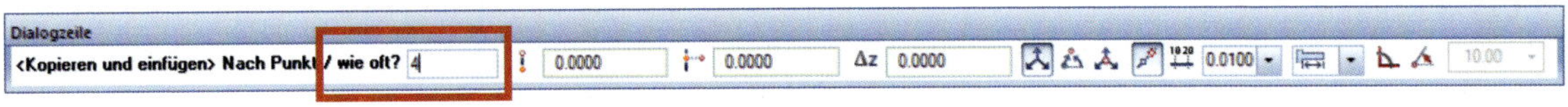

- ▷ **NACH PUNKT** (Spurlinie 0.00 l = 3,33 m)

TIPP: Eine Kopie wird erzeugt, wenn Sie die Anzahl bei eins belassen. Stellen Sie eine höhere Zahl als 1 ein, so werden die weiteren Kopien in Abstand und Richtung entsprechend dem Abstand und der Richtung zwischen **VON PUNKT** und **NACH PUNKT** erzeugt. Es wird in „Reihe“ kopiert.

3.12.7 Ergebnis Lageplan 2D

Nachfolgend sehen Sie ein mögliches Ergebnis des Lageplans. Es wurden noch Pfeile (= Dreieck aus Linien mit Füllfläche) für die Eingänge und Zufahrten zu den Stellplätzen (aus Lageplan *Bestand* übernommen) eingezeichnet. Die Reihenfolge der Linien und Füllflächen wurde noch weiter verfeinert, sodass z. B. die Bäume die Grenzlinien verdecken.

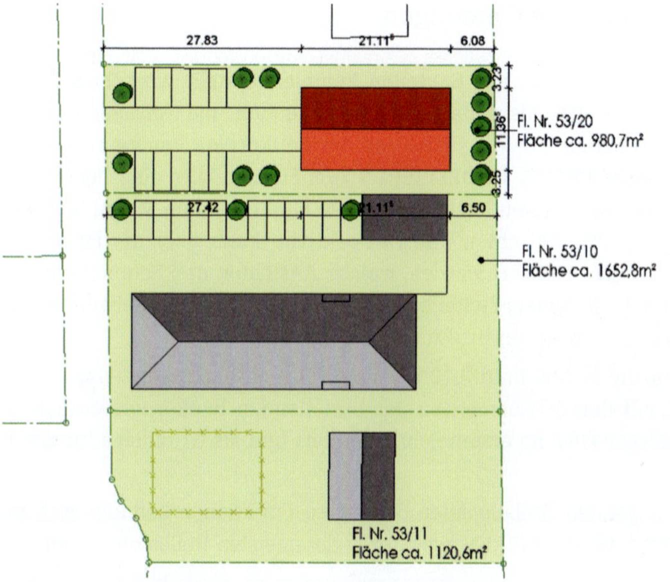

In Kapitel 5, „Ableitung und Planausgabe", finden Sie Informationen, wie aus dem „unübersichtlichen" Lageplan mit Informationen zum Neubau und Abbruch zwei unterschiedliche Pläne gemacht werden können. Daten sollten möglichst nur einmal erzeugt und „wiederverwertet" werden. Die Darstellung lässt sich auf unterschiedlichste Arten in der Planzusammenstellung beeinflussen.

3.13 Beispiel - Massenmodell

In diesem Abschnitt soll ein einfaches Massenmodell des Neubaus erzeugt werden, bei dem der Glaskörper sowie der massive Baukörper inklusive Dach sichtbar werden. Über die Ansichten werden Perspektiven sowie Ansichten erzeugt und zusätzlich zu den Lageplandaten abgelegt. Es werden dazu die in Allplan 2017 komplett neu überarbeiteten Ansichten und Schnitte verwendet, welche seit Allplan 2018 direkt auf einem Teilbild erzeugt werden können. Theoretisch könnten die hier gezeigten Schritte auch auf ähnliche Weise mit den Bewehrungsansichten (ehemals: Assoziative Ansichten und Schnitte) erzeugt werden.

3.13.1 Massenmodell erzeugen

Bevor das neue Gebäude mit Bauteilen komplett erstellt wird, bietet es sich an, die gewünschte Geometrie als einfaches Volumenmodell und Ansichten/Perspektiven der Situation zu erstellen. Für die Erstellung des Baukörpers kommen die Funktionen des Aufgabenbereichs **FREIES MODELLIEREN** zum Einsatz. Wird eine Oberflächenkonfiguration ohne Actionbar verwendet, finden Sie die Funktionen im Modul **MODELLIEREN 3D**. Die Darstellung von Ansichten und Perspektiven kann über die Funktionen aus dem Bereich **SCHNITTE** realisiert werden, welche Ansichten und Schnitte entweder auf dem aktiven Teilbild oder einem Zielteilbild erzeugen und gleich aufgebaut sind wie die Funktionalitäten in der Bauwerksstruktur.

In den Daten, die in Abschnitt 3.12.1, „Import von Allplan-Daten“, eingelesen wurden, ist ein Teilbild mit den 3D-Geometrien des bestehenden Baukörpers enthalten. Der bestehende Baukörper wird im ersten Schritt kopiert und als Grundlage für den Neubau verwendet.

Die in den folgenden Teilbeispielen benötigten Funktionen befinden sich im Aufgabenbereich **FREIES MODELLIEREN**, welcher in den meisten Rollen enthalten ist.

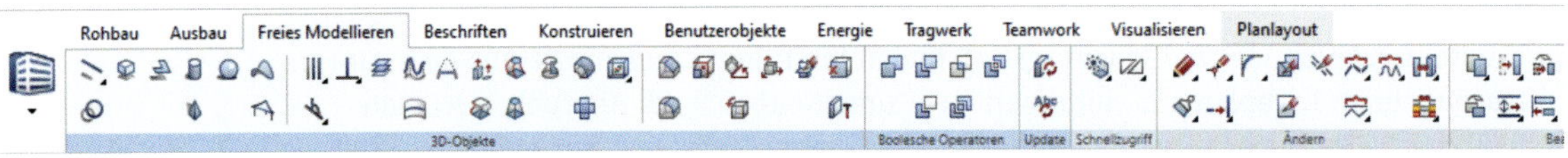

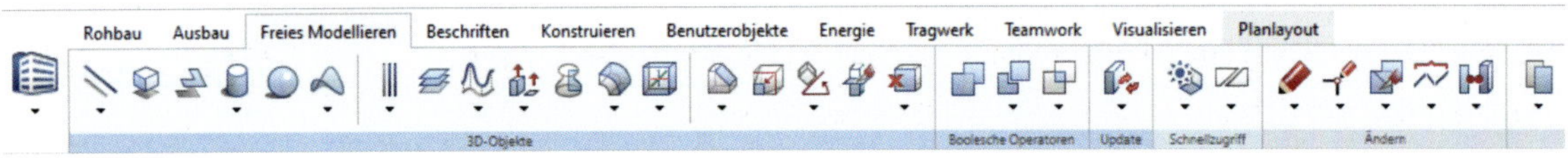

Der Bereich Schnitte ist z. B. im Aufgabenbereich **ROHBAU** enthalten.

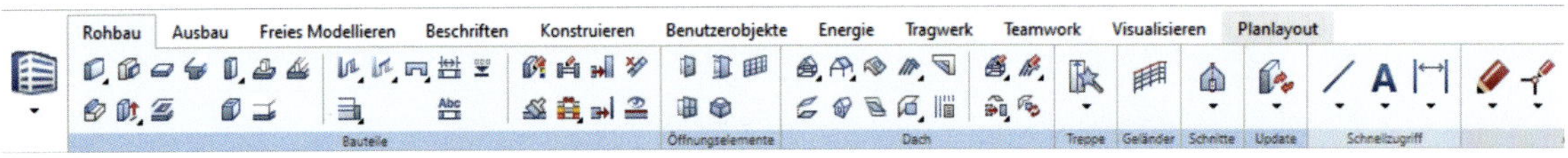

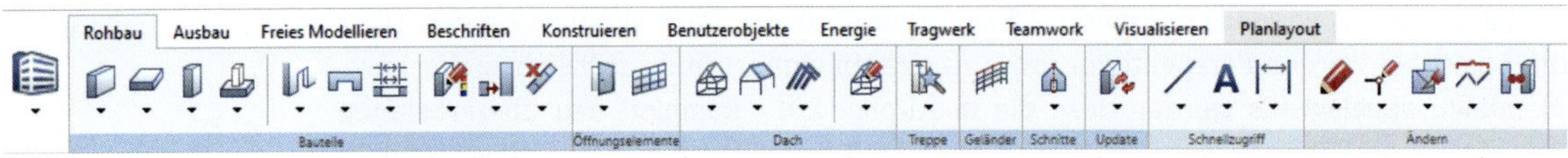

HINWEIS: Es gibt viele unterschiedliche Konstruktionsmethoden zum Erzeugen des Baukörpers. Im Folgenden wird eine mögliche Lösung dargestellt.

Teilbild über Bauwerksstruktur kopieren

Projektbezogen öffnen...

- ▷ **PROJEKTBEZOGEN ÖFFNEN...**
- ▷ **BAUWERKSSTRUKTUR, EBENENMODELL BEARBEITEN** (Installation mit Workgroup oder Share-Projekt)

Bauwerksstruktur, Ebenenmodell bearbeiten

- ▷ Teilbild 203 markieren und Kontextmenü aufrufen → **KOPIEREN**

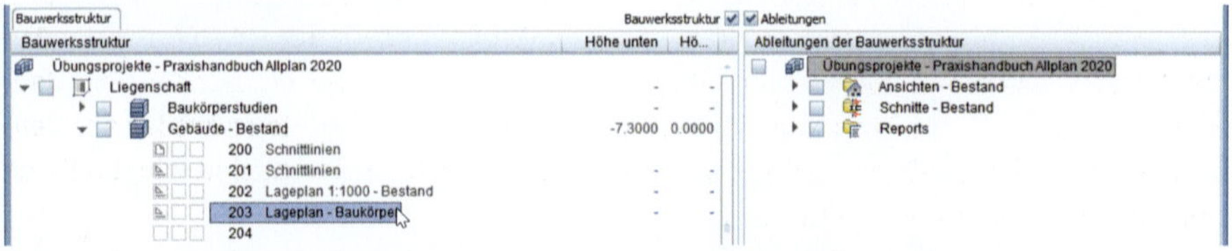

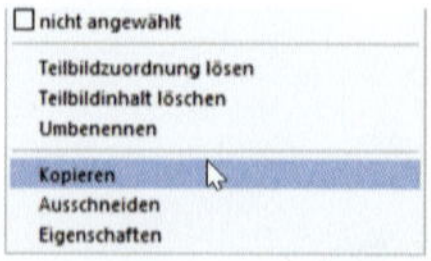

- ▷ Strukturstufe *Studie 01* unter der Strukturstufe *Liegenschaft/Baukörperstudien* markieren und das Kontextmenü der Strukturstufe öffnen

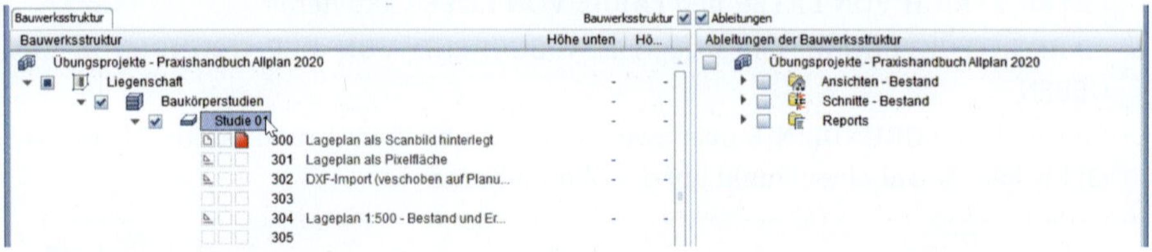

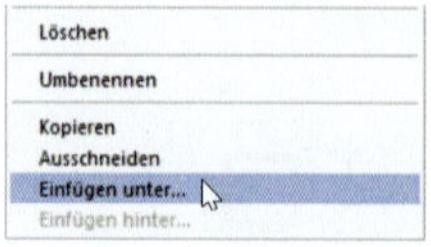

- ▷ **EINFÜGEN UNTER...**
- ▷ **(1)** Geben Sie im Feld *Einfügen ab Teilbildnummer* die Nummer *305* an und bestätigen Sie die Eingaben mit **OK (2)**. Das Teilbild wird auf die neue Nummer kopiert.
- ▷ Ändern Sie den Namen des Teilbildes 305 in *Baukörperstudie 01.*

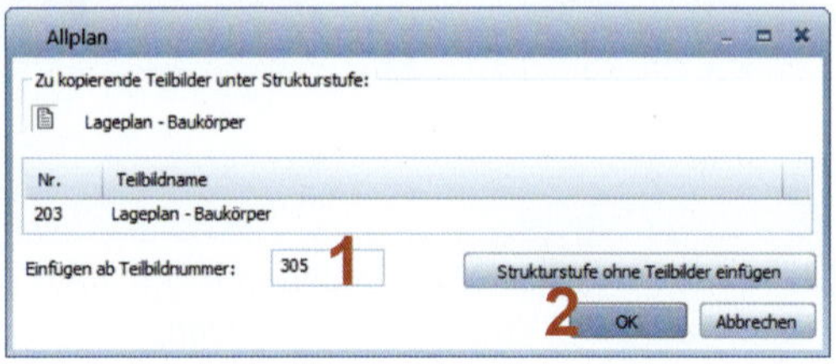

3D-Flächen erzeugen

Für das Erzeugen der Baukörper ist es notwendig, dass Sie in unterschiedlichen Perspektiven arbeiten. Nutzen Sie z. B. die Aufteilung in drei Fenster. Die Daten des Lageplans wurden in 2D erzeugt und sind aus diesem Grund nicht in der Isometrie oder Ansicht sichtbar. Im ersten Schritt werden zwei 3D-Flächen anhand des Lageplans erzeugt und in der Höhe verschoben. Basierend auf den beiden 3D-Flächen wird das Gebäudemodell fertig erzeugt. Auf Teilbild 305 (Kopie des Teilbildes 203) sind bereits zwei Baukörper vorhanden und die Grundstücke als 3D-Körper.

- ▷ Öffnen Sie Teilbild 305 als aktives Teilbild (rot) und Teilbild 304 passiv (grau).
- ▷ Wählen Sie unter **FENSTER** (Programmzeile) die Aufteilung **3 FENSTER**.

3 Fenster

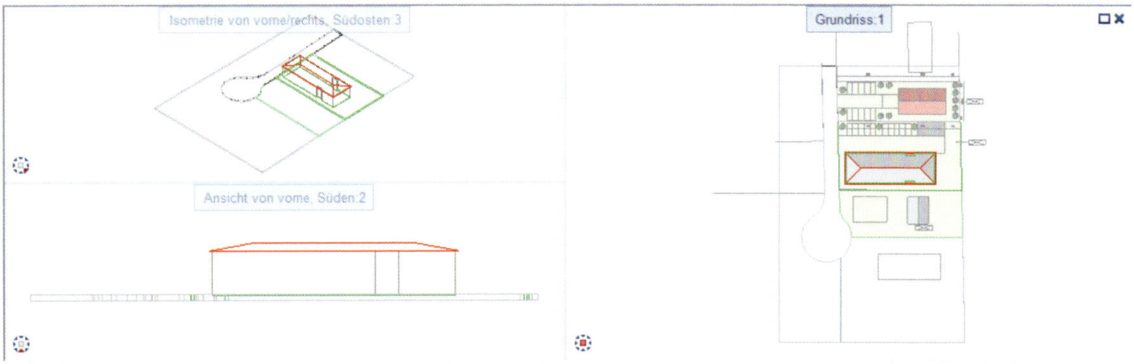

3D-Fläche

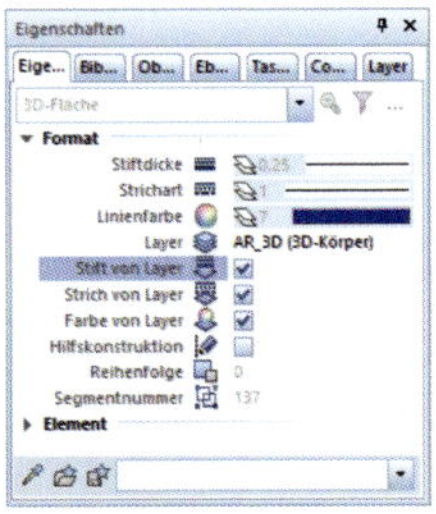

- ▷ **3D-FLÄCHE** (Aufgabe **FREIES MODELLIEREN – BEREICH 3D-KONSTRUKTION**)
- ▷ **FORMAT** in der Palette **EIGENSCHAFTEN: LAYER** → *AR_3D (3D-Körper)*; **STIFT VON LAYER, STRICH VON LAYER** und **FARBE VON LAYER** aktivieren
- ▷ **3D-RECHTECKFLÄCHE**, Eingabeoption **AUSGEHEND VON DER GRUNDLINIE EINGEBEN**
- ▷ Geben Sie die **GRUNDLINIE** über zwei Punkte (**1** und **2**) im Grundriss an. Als **BREITE** (**3**) klicken Sie auf einen Punkt auf der oberen Kante.

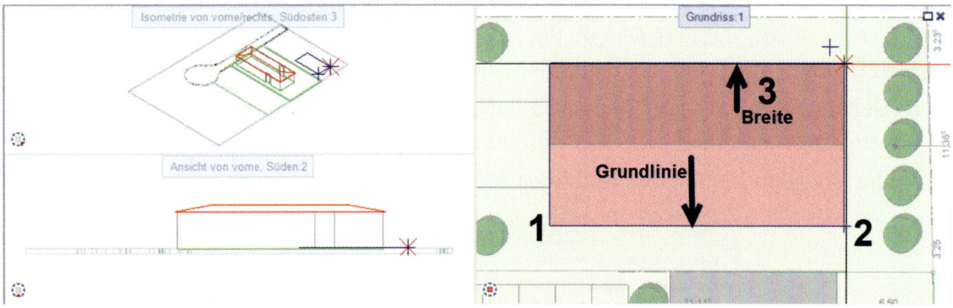

> **HINWEIS**: 3D-Flächen und 3D-Körper, welche im Grundriss erzeugt werden, werden immer auf der Z-Koordinate 0,00 erzeugt.

3D-Flächen verschieben

3D-Flächen und andere einfache 3D-Elemente, die im Grundriss erzeugt werden, liegen immer auf 0,00. Das Gelände hat eine Oberkante von -0,15, die Unterkante des Bestandsgebäudes liegt auf -0,40. Die Flächen sollen auf die gleiche Unterkante verschoben werden, auf der der Bestand liegt.

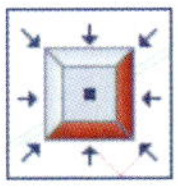

- ▷ Ändern Sie die Perspektiveinstellung eines Fensters auf **ISOMETRIE VON VORNE/ LINKS, SÜDWESTEN.**
- ▷ **VERSCHIEBEN** (Bereich **BEARBEITEN** in der Actionbar)
- ▷ Markieren Sie die 3D-Fläche

Verschieben

▷ Geben Sie als **VON PUNKT** den einen Eckpunkt des Rechtecks in der Isometrie an und öffnen Sie danach das Kontextmenü über diesem Punkt.

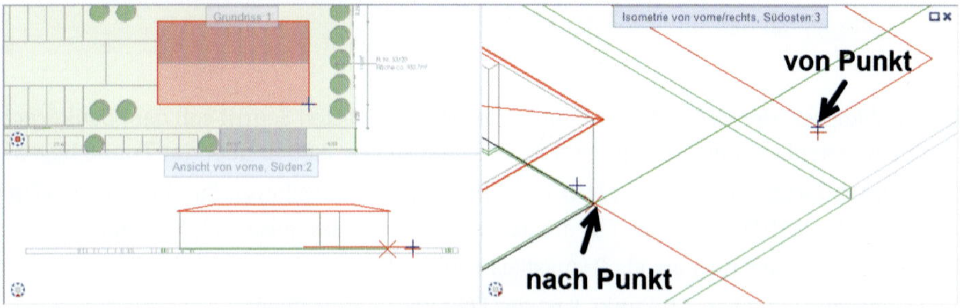

▷ Wählen Sie **KOORDINATEN FIXIEREN** → **XY-FEST**

▷ Definieren Sie als **NACH PUNKT** (durch Anklicken) die Unterkante des Gebäudes in der Ansicht von vorne oder auch in der Isometrie.

Durch die Fixierung von zwei Koordinaten können Sie ohne zusätzlichen Schritt die Verschiebung in Z-Richtung gefahrlos vornehmen.

Volumenkörper aus Fläche erzeugen, Dachform erzeugen

Über die Funktion **EXTRUDIEREN** soll aus den Flächen erst ein 3D-Körper erzeugt und direkt im Anschluss ein Satteldach durch Abziehen von Teilkörpern generiert werden.

Extrudieren

▷ **EXTRUDIEREN**

▷ **(1)** Klicken Sie das große Rechteck an der Kante an. Achten Sie darauf, dass die richtige Fläche (siehe Abbildung) markiert wird.

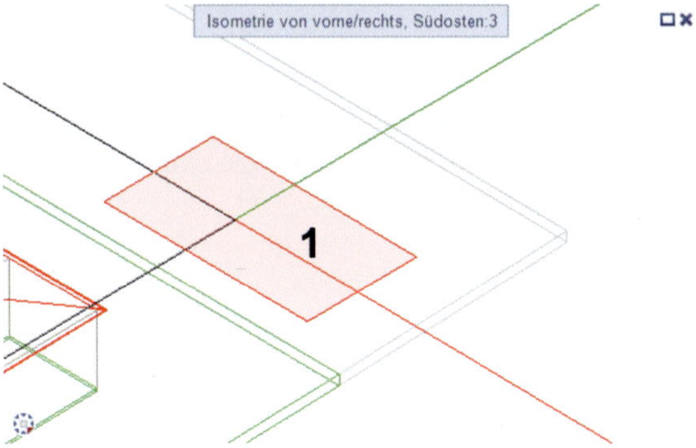

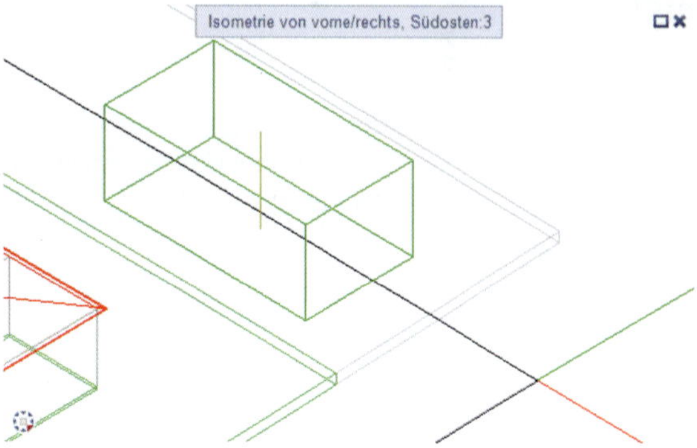

▷ **(2)** Geben Sie als Länge (entspricht der Höhe des Körpers) `-9,40` m an. Kontrollieren Sie vor dem Bestätigen des Wertes die Vorschau in allen Konstruktionsfenstern. Der Körper soll/muss sich nach oben erstrecken. Ist die Ausdehnung mit dem eingegebenen Wert nach unten, ändern Sie bitte das Vorzeichen.

> **HINWEIS:** Wenn 3D-Flächen als Basis zum Extrudieren verwendet werden, wird immer die gesamte Fläche als Basis verwendet, d. h., es entsteht ein Körper mit den Umrissen der Fläche.

Extrudieren

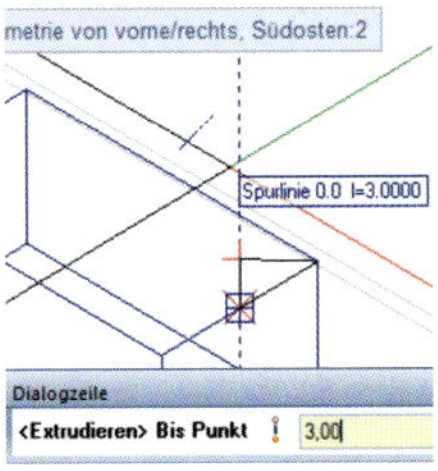

Der „Rohkörper“ des Gebäudes ist damit erzeugt. Im nächsten Schritt soll dem Baukörper noch ein Satteldach hinzugefügt werden. Der First soll ca. 3,00 m über der Traufe liegen.

- ▷ **EXTRUDIEREN → POLYGONZUG EXTRUDIEREN**: Kontrollieren Sie die Option **KÖRPER IMMER HINZUFÜGEN**. Für die nächste Aktion muss diese eingeschaltet sein.
- ▷ **(1)** Stirnseite des Körpers als Bezugsfläche auswählen
- ▷ Polygonzug eingeben: **(2)** Punkt 1 ist der Eckpunkt rechts oben.
- ▷ **(3)** Punkt 2 ist der Mittelpunkt der oberen Kante (Punktfangsymbol beachten) und der dritte Punkt 3,00 m oberhalb diesen Punktes. Um den Polygonzug abzuschließen, ist der erste Punkt nochmals anzuklicken (wird gefangen).
- ▷ **(4)** Als Länge ist der Eckpunkt des Gebäudes auf der anderen Seite anzugeben.

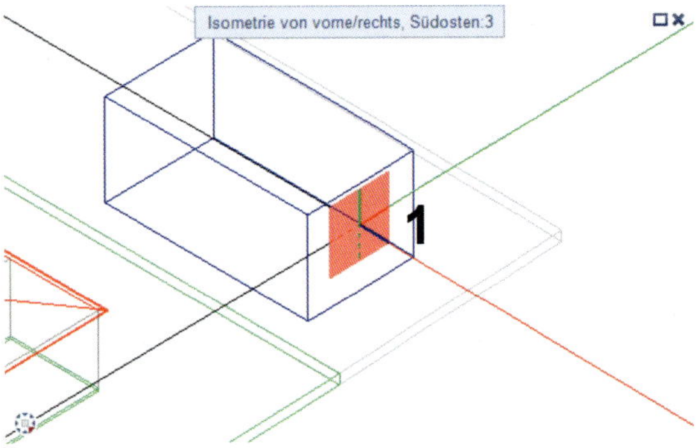

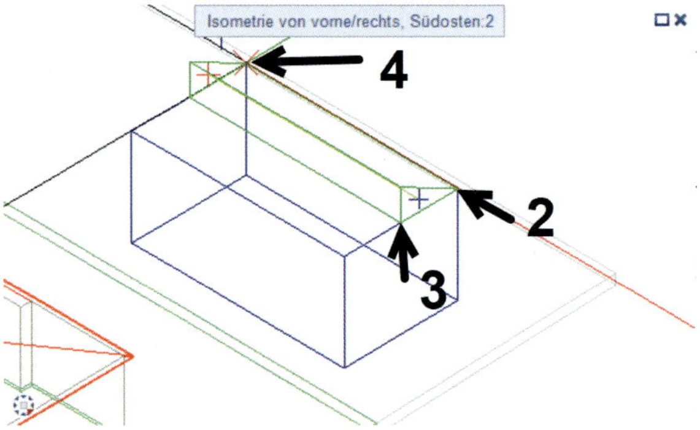

Der dreieckige Ergänzungskörper wird grün dargestellt und nach Anklicken des Längenpunktes dem Quader hinzugefügt. Erzeugen Sie auf die gleiche Weise die zweite Hälfte des Satteldachs.

Boolesche Operation

Im Moment ragen die beiden neu erzeugten Körper in das Grundstück. Um an dieser Stelle eine saubere Geometrie zu erhalten, müssen die neuen Körper vom Grundstück abgezogen werden. Für diesen Fall gibt es zwei Lösungsansätze. Sie können mit der Funktion **EXTRUDIEREN** exakt die Form nachzeichnen und die Tiefe abziehen oder Sie verwenden, wie nachfolgend beschrieben, die Funktion **K1 MINUS K2, K2 ERHALTEN** aus dem Modul **MODELLIEREN 3D**.

K1 minus K2, K2 erhalten

- ▷ **K1 MINUS K2, K2 ERHALTEN**
- ▷ **(1)** Grundstück im Bereich des Gebäudes als *K1* anwählen
- ▷ **(2)** Baukörper als Abzugskörper *K2* auswählen
- ▷ Rechte Maustaste zum Bestätigen (in der Zeichnungsfläche)

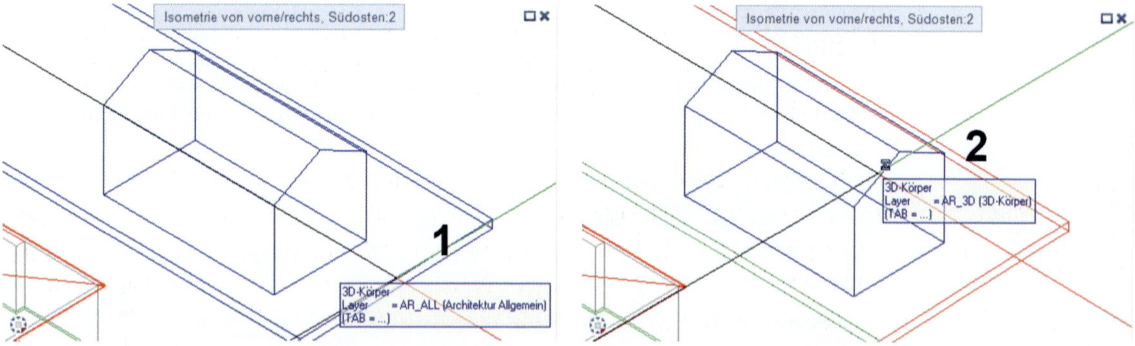

Führen Sie die Schritte mit dem hinteren Grundstück, auf welchem der Verbindungsbau und der Bestand liegen, ebenfalls durch.

Die Aktion wird durchgeführt. Das „Loch“ können Sie genauer in Augenschein nehmen, wenn Sie über die Palette **LAYER** den Layer *AR_3D* ausblenden. Die Baukörper sind mit der Hauptgeometrie erzeugt. In Abschnitt 3.13.4, „Massenmodell ergänzen“, wird näher auf die Geometrie eingegangen und es werden Texturen hinzugefügt.

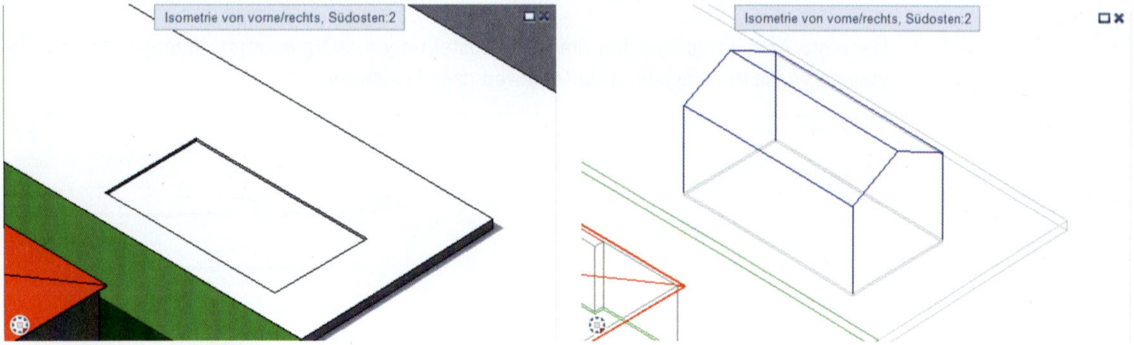

3.13.2 Ansichten berechnen

Im nächsten Schritt sollen Ansichten sowie eine Perspektive erzeugt werden. Die Arbeit beschränkt sich dabei auf ein Teilbild. Die Ansichten und die Perspektive werden auf dem gleichen Teilbild (dem aktiven Teilbild) wie die 3D-Daten erzeugt. Der Befehlsablauf ist gleichbleibend, wenn von mehr als einem Teilbild auf dem aktiven Teilbild eine Ansicht oder Perspektive erzeugt werden soll. Der Befehlsablauf ist ähnlich, wenn die Daten auf einem anderen Teilbild gespeichert werden sollen.

Ansicht generieren

Das Hintergrundteilbild dient der Übersichtlichkeit und ist nicht zwingend notwendig.

Projektbezogen öffnen

▷ PROJEKTBEZOGEN ÖFFNEN

▷ Teilbild 305 aktiv, Teilbild 304 passiv im Hintergrund

Ansicht generieren

▷ **ANSICHT GENERIEREN** (z. B. Rolle *Architektur*, Aufgabenbereich **ROHBAU**, Bereich **SCHNITTE**)

▷ Wählen Sie in der Palette **ANSICHT GENERIEREN** (öffnet sich automatisch) durch Anklicken die **(1)** *Ansicht von links, Westen* aus und **(2)** setzen Sie die Ansicht neben der Lageplanzeichnung ab.

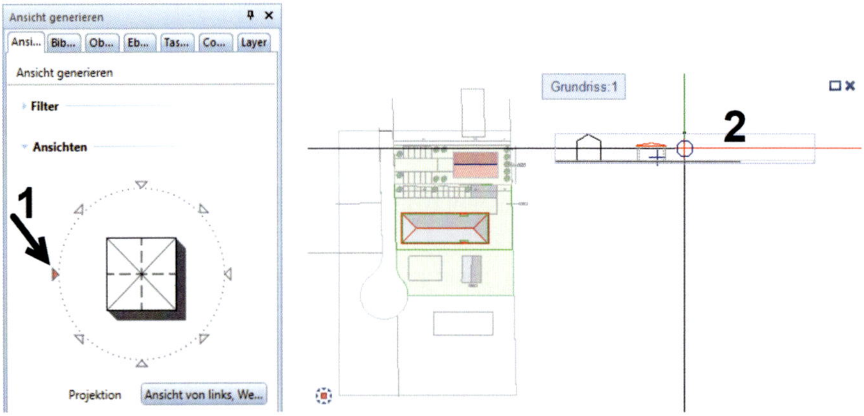

Die erste Ansicht ist mit den Standardeinstellungen fertig erzeugt. Erzeugen Sie auf die gleiche Weise die Ansichten der anderen drei Ansichten.

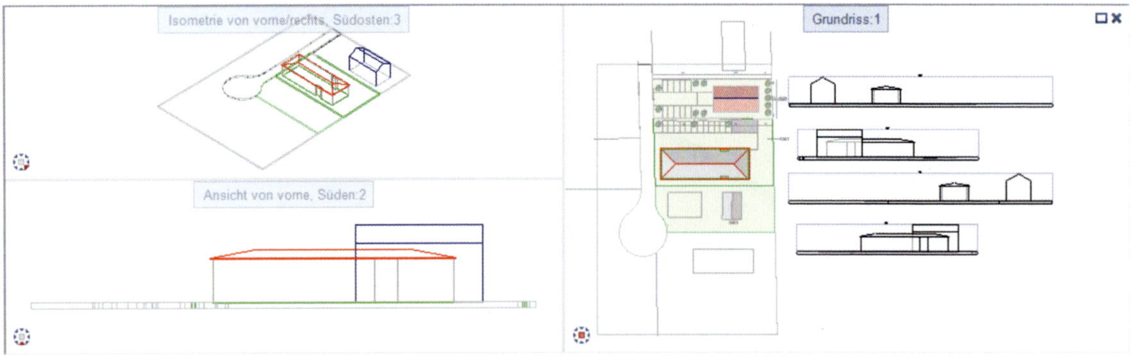

Darzustellende Layer und Flächenelemente

Die nachfolgenden Einstellungen können alternativ direkt vor dem Absetzen getätigt werden.

Ansicht, Schnitt modifizieren

▷ Fadenkreuz über den Rand einer Ansicht bewegen und das Kontextmenü aufrufen

▷ **ANSICHT MODIFIZIEREN** oder **EIGENSCHAFTEN** anwählen

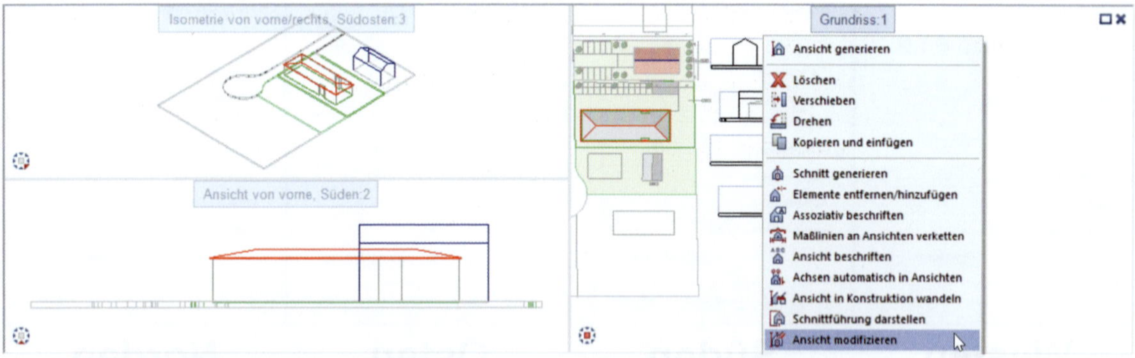

- ▷ Über die Schaltfläche **TEILBILDER** können die Quellteilbilder für die Ansichtsberechnung verändert werden.
- ▷ Über die Schaltfläche **LAYER** können Sie einstellen, welche Layer bei der Berechnung zu berücksichtigen sind. Die benötigte Einstellung im Dialog **LAYERFILTER** ist *Alle Layer berücksichtigen*.
- ▷ Über **ELEMENTE ENTFERNEN/HINZUFÜGEN** können einzelne oder mehrere störende Körper aus einer Ansicht entfernt oder wieder hinzugefügt werden.
- ▷ Klicken Sie in der Grafik die gestrichelte Linie an. Über diese Linie kann gesteuert werden, ob verdeckte Kanten erzeugt und dargestellt werden sollen.

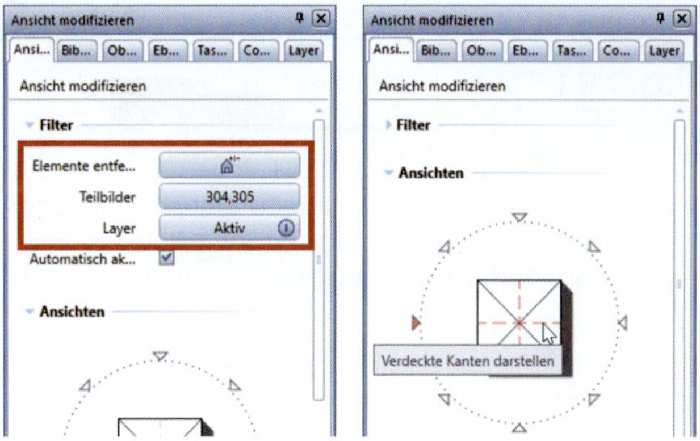

- ▷ Ändern Sie die Einstellungen im Abschnitt **FLÄCHENELEMENTE** wie in der Abbildung dargestellt. Wichtig ist, dass die Wahl für die Darstellung auf **NUR FÜLLFLÄCHEN AUS FARBEN** verstellt wird.
- ▷ Übernehmen Sie alle geänderten Einstellungen durch **ANWENDEN** oder **SCHLIESSEN**.

Nur Füllflächen aus Farben

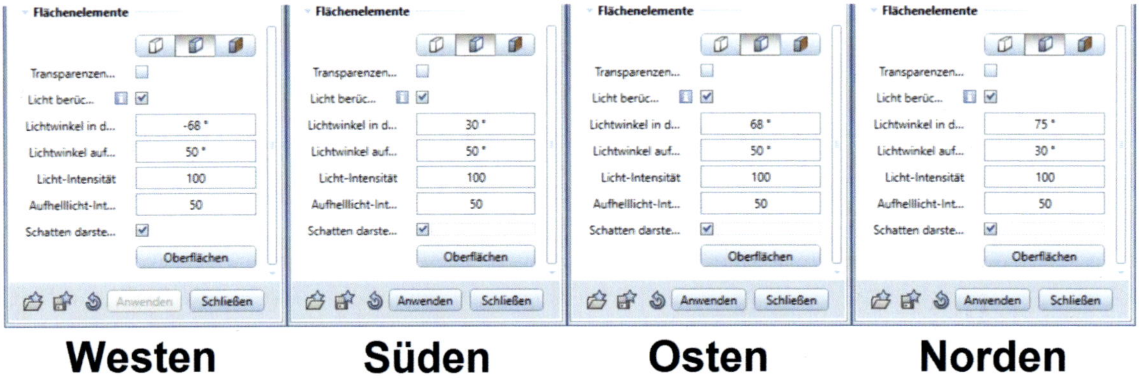

▷ Führen Sie die gleichen Änderungen (Schatten der anderen Seiten im Winkel verändern) bei den anderen beiden Ansichten durch.

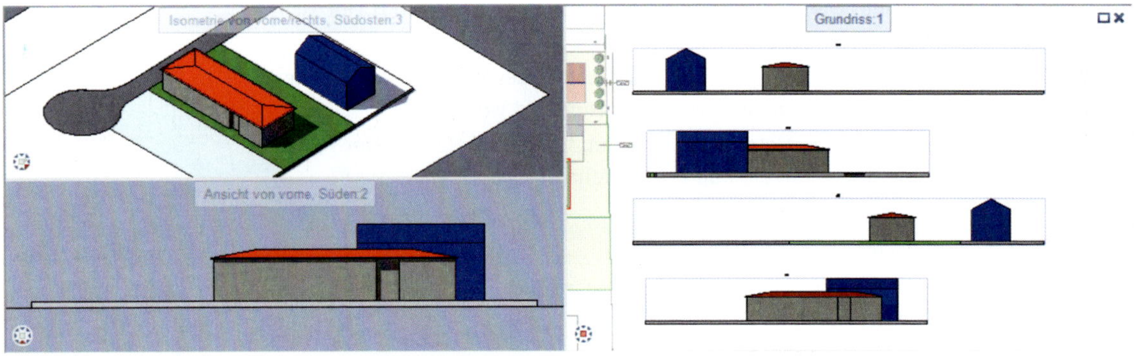

Die erzeugten Farben der Baukörper entsprechen der Stiftfarbe des Originalkörpers und können entweder durch Ändern der Körperfarbe oder durch Ändern der Oberflächeneinstellung für die verwendete Farbe variiert werden.

HINWEIS: Die Einstellungen können auch schon beim Erzeugen der Ansichten verwendet werden. Optimal ist ein Speichern von Einstellungen pro Standardansicht für die weitere Verwendung.

Farben verändern – Eigenschaften verändern

Der derzeit blau dargestellte neue Baukörper soll in einem Grau dargestellt werden. Hierzu gibt es mehrere Möglichkeiten. Solange die Option **AUTOMATISCH AKTUALISIEREN** für die jeweilige Ansicht aktiv ist, wird jede Änderung im Modell sofort in der Ansicht vollzogen und die Darstellung hängt direkt mit dem Modell zusammen. Wird die Option deaktiviert, erhalten Sie Ansichten, welche aus 2D-Elementen bestehen und frei bearbeitet werden können.

Farben verändern – Oberflächenzuordnung ändern

Jeder Körperfarbe kann eine Oberfläche für die Darstellung in Ansichten zugeordnet werden. Die Einstellungen sind projektbezogen und wirken auf alle Ansichten gleichermaßen.

Ansicht, Schnitt modifizieren

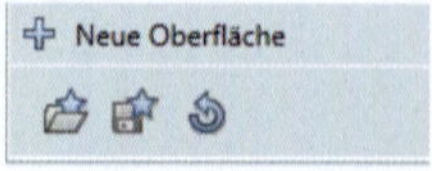

- ▷ **ANSICHT MODIFIZIEREN** oder **EIGENSCHAFTEN** im Kontextmenü einer Ansicht anwählen
- ▷ **(1) OBERFLÄCHEN** im Abschnitt **FLÄCHENELEMENTE**
- ▷ **NEUE OBERFLÄCHE** (unten rechts unter **OBERFLÄCHEN** einstellen)
- ▷ **(2)** Wählen Sie unter Linienfarbe die **FARBE** *7* und öffnen Sie über die Schaltfläche **ÄNDERN** die Detaileinstellungen für die Oberfläche **(3)**.

> **HINWEIS:** Im Dialog **OBERFLÄCHEN EINSTELLEN** werden nur die Farben angezeigt, die eine von der Stiftfarbe abweichende Definition haben.

- ▷ **(4)** Stellen Sie die Farbe auf ein helles Grau (z. B. *28*) ein.
- ▷ Bestätigen Sie die Einstellungen jeweils mit **OK** oder **SCHLIESSEN**.

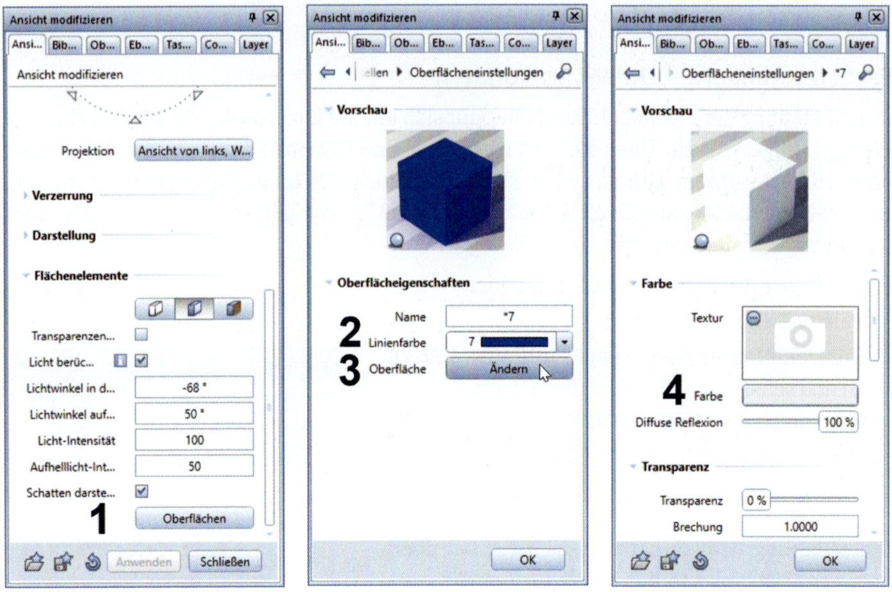

Die Änderung wird sofort in allen Ansichten gleichermaßen durchgeführt. Jede Stiftfarbe kann mit einer eigenen Oberfläche verbunden werden, welche bei der Berechnung von Ansichten und Schnitten sowie in der Animation verwendet werden kann.

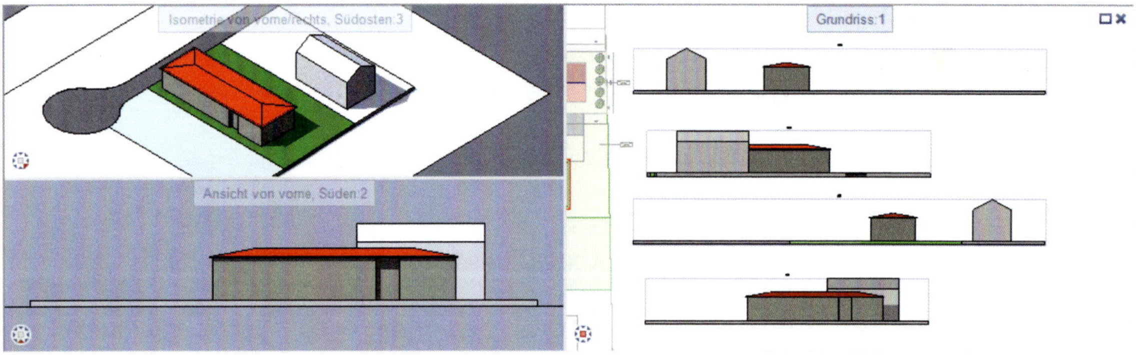

HINWEIS: Der Baukörper wird jetzt in allen Ansichten hell dargestellt. Die Einstellungen unter **OBERFLÄCHE** wirken global. Wenn hier Änderungen vorgenommen werden, hat dies Auswirkungen auf alle Ansichten/Schnitte, die auf **AUTOMATISCH AKTUALISIEREN** eingestellt wurden, und ebenfalls auf die Animation.

Farben verändern – Linienfarbe ändern

Die Darstellung der Flächenelemente bezieht sich auf die Linienfarbe, die für das einzelne Element eingestellt ist. Über die zuvor beschriebene Oberflächenzuordnung kann diese überdefiniert werden. Alternativ (oder zusätzlich) kann die Linienfarbe geändert werden. Um die Linienfarbe einstellen zu können, kann bei Bedarf die Kopplung der Farbe vom Layer ausgeschaltet werden.

- ▷ 3D-Körper des Baugrundstücks markieren
- ▷ Palette **EIGENSCHAFTEN**

Eigenschaften

- ▷ Kontrollieren Sie die Option **FARBE VON LAYER** **(1)** und schalten Sie diese bei Bedarf aus. Ändern Sie danach die **LINIENFARBE** von *27* auf *72* **(2)**. Durch einen Klick auf eine andere Eigenschaft wird die Einstellung übernommen.

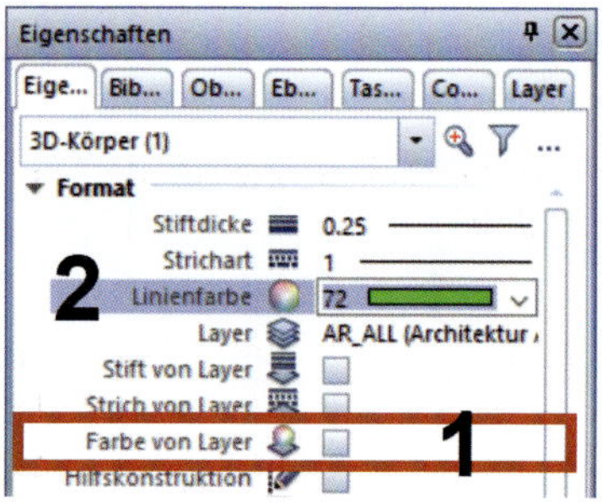

Die Änderung wird direkt in den Ansichten übernommen. Nachteil ist hier, dass der gewünschte Zusammenhang zwischen Darstellung und Layer aufgelöst wird.

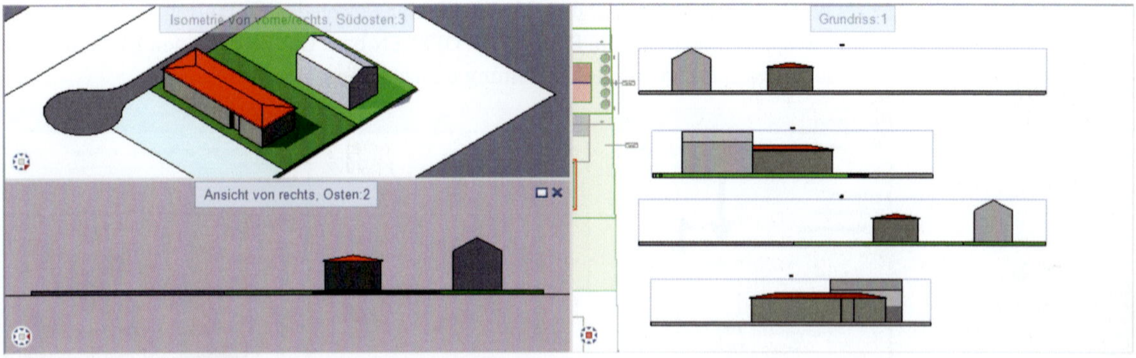

HINWEIS: Bei Farbänderungen von Körpern kann es sein, dass die Änderung erst nach einer weiteren Aktion oder einem Teilbildwechsel ausgeführt wird.

Farben verändern – Oberfläche ändern

Die nun beschriebene Möglichkeit bietet die größte Vielfalt an Einstellungsvariationen, da hier für jeden Körper eine Oberfläche definiert werden kann. Bei Auswahl einer Oberfläche mit Textur werden Pixelflächen erzeugt (außer bei extremen Verzerrungen), bei der Auswahl von einfarbigen Oberflächen werden Füllflächen erzeugt.

▷ Ändern Sie die Eigenschaften einer Ansicht im Abschnitt **FLÄCHENELEMENTE**, indem Sie die Option **NUR FÜLLFLÄCHEN AUS FARBEN** auf **PIXELFLÄCHEN AUS TEXTUREN, FÜLLFLÄCHEN AUS FARBEN** abändern.

Pixelflächen aus Texturen, Füllflächen aus Farben

HINWEIS: Da bislang keine Oberflächen detailliert an Bauteile vergeben wurden, ändert sich die Darstellung nicht.

▷ Dach des Bestandsbaukörpers markieren (Linksklick auf Baukörper, keine Funktion aktiv)

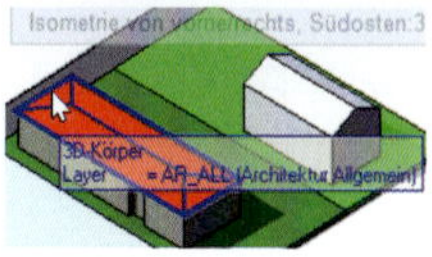

TIPP: Die Aktivierung kann in einem beliebigen Fenster (auch Animationsfenster) getätigt werden, wenn in diesem der Bewegungsmodus ausgeschaltet ist.

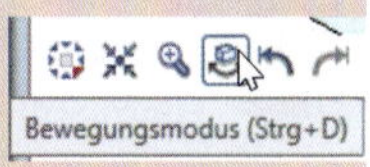

▷ Palette **EIGENSCHAFTEN**

▷ **(1)** Hinter dem Eintrag **OBERFLÄCHE** auf den Text **aus** klicken und über die Schaltfläche rechts den Dialog **EIGENSCHAFTEN OBERFLÄCHE** öffnen

▷ Schließen Sie die Palette **EIGENSCHAFTEN** durch **ESC**.

Eigenschaften

▷ **(2)** Wählen Sie links *Projekt* und dort im Ordner *Farben* den **(3)** Eintrag *Farbe_095 (rot).surf* aus. Bestätigen Sie alle Dialoge mit **ÖFFNEN** bzw. **OK**. Durch einen Klick auf eine andere Eigenschaft wird die Einstellung übernommen.

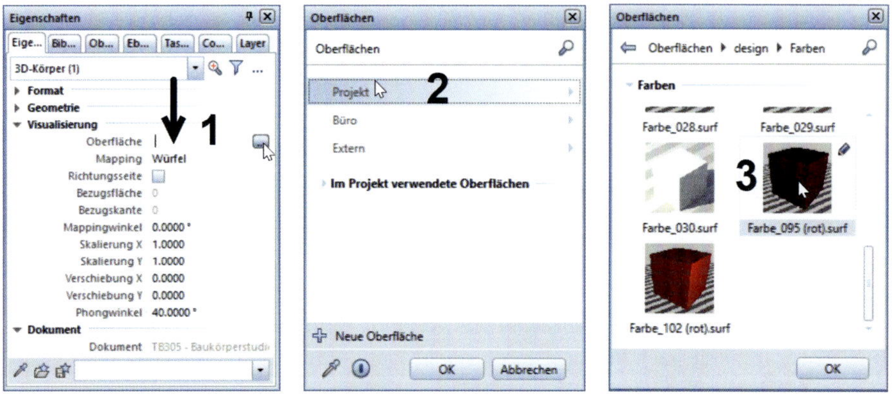

Die Änderung wird in allen Ansichten angezeigt. Es wird jeweils die in der Oberfläche eingestellte Körperfarbe für die Darstellung verwendet. Wird eine Textur verwendet, so wird diese (je nach Einstellung der Ansicht) oder die Körperfarbe angezeigt.

Ändern Sie auch die Oberfläche des neuen Baukörpers auf *Farbe_000.surf* und den Bestand auf *Farbe_028.surf* ab.

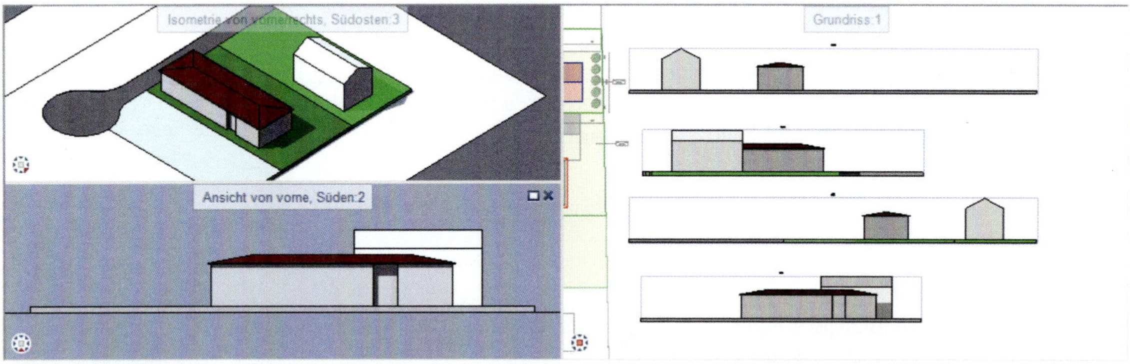

HINWEIS: Bei Farbänderungen von Körpern kann es sein, dass die Änderung erst nach einer weiteren Aktion oder einem Teilbildwechsel ausgeführt wird. Die Transparenz wird nur in Ansichten wirksam, in welchen die Option in den Eigenschaften gesetzt wurde.

Vorteil dieser Methode ist, dass Sie für jedes Bauteil eine Oberfläche detailliert einstellen können und diese auch für die Animation verwendet wird. Voraussetzung für die Darstellung in Assoziativen Ansichten/Schnitten wie auch für Ansichten und Schnitte aus Verdeckt-Berechnungen ist, dass die Option **PIXELFLÄCHEN AUS TEXTUREN, FÜLLFLÄCHEN AUS FARBEN** im Dialog **EINSTELLUNGEN VERDECKT-BERECHNUNG** aktiviert ist.

TIPP: Alternativ können Sie auch die **FUNKTION FREIE OBERFLÄCHEN AN 3D-, AR-ELEMENTE ZUWEISEN** verwenden. Die Auswahl der Oberflächen wird dabei in der Palette geöffnet und Sie können die gewünschte Farbe/Oberfläche direkt auf den Körper oder das Bauteil ziehen, welches diese Farbe/Oberfläche erhalten soll.

Freie Oberflächen an 3D-, Ar-Elemente zuweisen

Isometrische Ansicht generieren

Alternativ zu „normalen" Ansichten aus beliebigen Richtungen können Ansichten über eine frei definierbare Ebene oder durch Übernahme von Perspektiveinstellungen aus Konstruktionsfenstern erzeugt werden. Als Basis dafür soll eine gegenüber der Standardeinstellung leicht gedrehte Perspektive dienen. Um eine spätere Aktualisierung zu ermöglichen, muss die Perspektiveinstellung als Favorit gespeichert werden, bevor dieser für die Berechnung verwendet werden kann.

HINWEIS: Es können sowohl isometrische Darstellungen als auch zentralperspektivische Ansichten erzeugt werden. Bei Einstellung einer Zentralperspektive kann die Option **AUTOMATISCH AKTUALISIEREN** nicht gesetzt und eine Aktualisierung muss selbst ausgelöst werden.

- ▷ Wählen Sie als Grundlage die Fensteraufteilung **3 FENSTER** über den Punkt **FENSTER** in der Programmzeile.
- ▷ Aktivieren Sie den **BEWEGUNGSMODUS** des linken oberen Konstruktionsfensters.
- ▷ Ändern Sie die Einstellung so, dass die Gebäude in einem relativ flachen Winkel von Südosten zu sehen sind.

3 Fenster

Bewegungsmodus

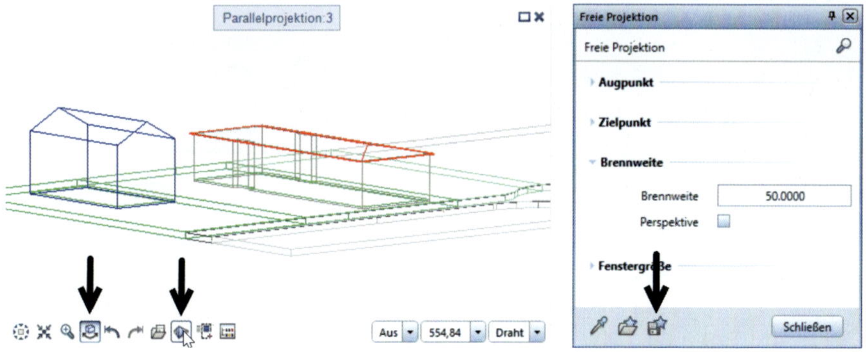

- ▷ Schalten Sie den **BEWEGUNGSMODUS** wieder aus.
- ▷ **FREIE PROJEKTION** in der Fensterleiste aktivieren
- ▷ **FAVORIT SPEICHERN** → **NEU** → Name *Perspektive 001* angeben und mit **ENTER** bestätigen

Freie Projektion

Favorit speichern

Ansicht generieren

- ▷ **ANSICHT GENERIEREN** (z. B. Rolle *Architektur*, Aufgabenbereich **ROHBAU**, Bereich **SCHNITTE**)
- ▷ **(1)** In der Palette **ANSICHT GENERIEREN** die Schaltfläche hinter **PROJEKTION** anwählen

Favorit laden

- ▷ **(2) FAVORIT LADEN**, **(3)** Zeile *Perspektive 001* (oder *3.13.2 Freie_Perspektive*) auswählen und **(4) LADEN**

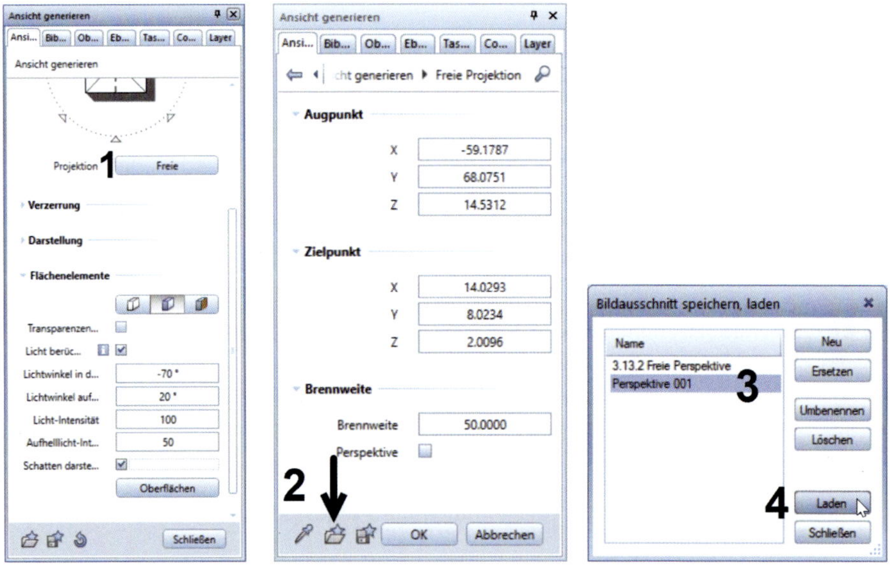

- ▷ Dialoge jeweils bestätigen und in der Palette **ANSICHT GENERIEREN** im Abschnitt **FLÄCHENELEMENTE** die Einstellungen wie angezeigt vornehmen.
- ▷ Perspektive unterhalb der Ansichten absetzen

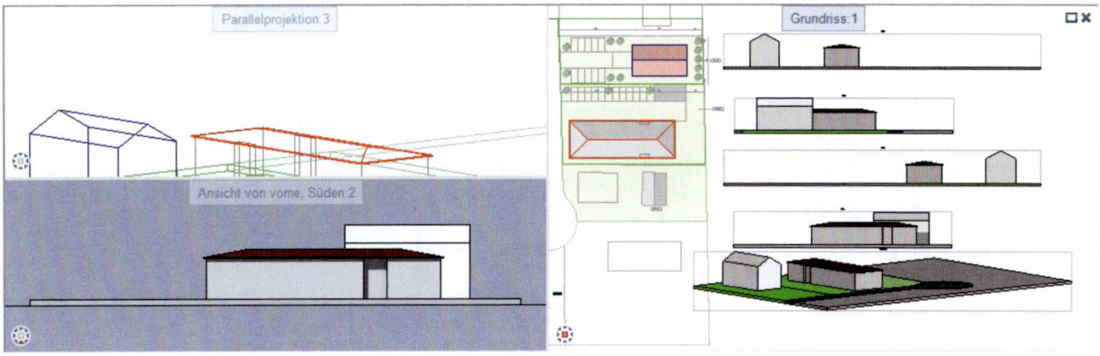

TIPP: Die Perspektiveinstellung kann auch über die Pipette direkt aus einem Fenster übernommen werden.

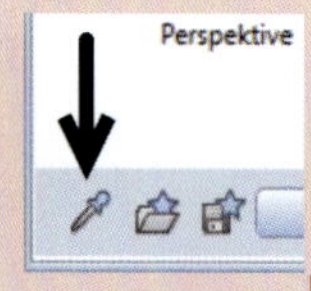

Formate und Beschriftung einstellen

Die sichtbaren und verdeckten Kanten können (wie auch die Beschriftung) noch feiner eingestellt werden. Die Einstellungen verbergen sich im Abschnitt **DARSTELLUNG**. Zusätzlich kann eine Verzerrung in X- und Y-Richtung eingestellt werden, um z. B. bei Geländeschnitten eine Überhöhung zu erzeugen oder bei Standardperspektiven eine bemaßbare Darstellung zu erhalten (Faktor 1/0.8165).

HINWEIS: Wenn Sie in Allplan von der Isometrie-Darstellung eine Verdeckt-Berechnung erstellen, dann werden die Achsen nach DIN verkürzt, damit sie neben Ansichten natürlich groß wirken. Laut DIN beträgt die Verkürzung jeweils 2/3 oder - wie in Allplan - 0.8165. Dieser fixe Faktor wird aber nur bei Standardisometrien angewandt. Bei freien Isometrien ist der Faktor unterschiedlich, weil der Blickwinkel auf die Achsen unterschiedlich ist.

Ansicht, Schnitt modifizieren

- ▷ **ANSICHT MODIFIZIEREN** oder **EIGENSCHAFTEN** im Kontextmenü einer Ansicht anwählen
- ▷ **(a)** Die Verzerrung ist für beide Achsen auf *1.00* eingestellt.
- ▷ **(b)** Öffnen Sie die **FORMATE** (über **EINSTELLEN**) und ändern Sie die Werte wie in der Abbildung dargestellt. Bei der Auswahl des Layers sollte die Übernahme von Stift, Strich und Farbe vom Layer aktiviert werden.
- ▷ **(c)** Öffnen Sie die **BESCHRIFTUNG** (über **EINSTELLEN**). Im unteren Feld *Überschrift* können Sie, wenn Sie einen abweichenden Namen eintragen möchten, diesen eingeben. Werden die beiden Optionen *Überschrift* und *Maßstab* nicht angehakt, so wird der entsprechende Text nicht erzeugt. Über **EINSTELLEN** können Sie jeweils die Formateigenschaften des Textes beeinflussen.
- ▷ Ändern Sie vor allem die Darstellung der Kanten bei allen abgesetzten Schnitten wie in der Abbildung dargestellt und stellen Sie die Beschriftung nach eigenem Wunsch ein.

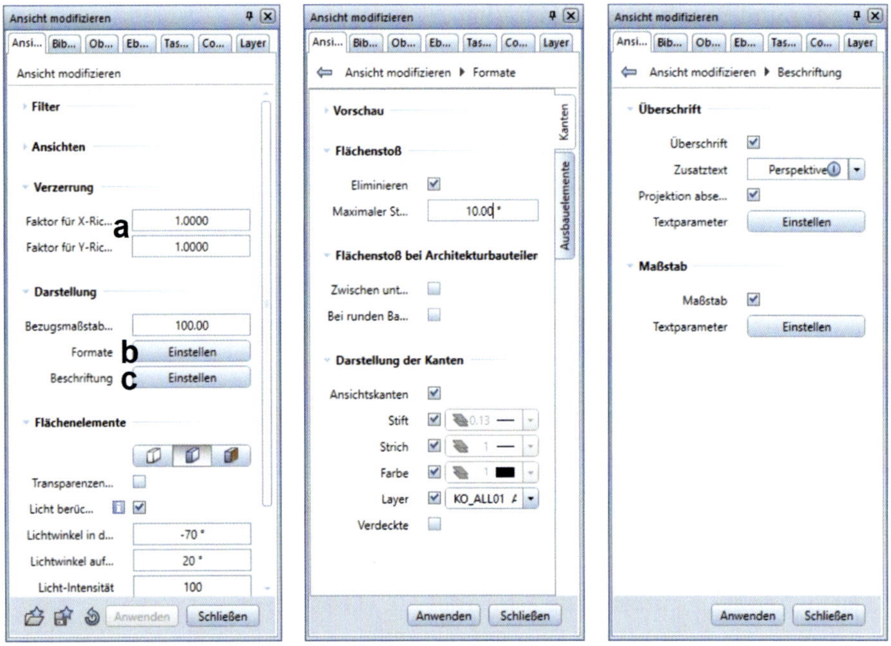

TIPP: Ändern Sie die Einstellung **BEZUGSMASSSTAB** im Abschnitt **DARSTELLUNG**, wenn Makros und/oder SmartParts vorhanden sind, die in den Maßstäben unterschiedlich dargestellt werden.

HINWEIS: Die Beschriftung kann **nur** zentral mittig über der Ansicht erzeugt werden. Wird in der Beschriftung der Maßstab mit angewählt, wird bei einer Verzerrung jeweils ein Maßstab für X und Y angezeigt. Die Text ist statisch und ändert sich nicht automatisch auf Plänen mit dem abgesetzten Maßstab.

3.13.3 Schnitt berechnen

Schnitte können auf ähnliche Weise wie Ansichten erzeugt werden. Im Falle der einfachen Baukörpermodelle soll ein Schnitt durch die Baukörper gelegt und ein zusätzlicher Schnitt (anstatt einer Ansicht) erzeugt werden.

Schnitt generieren (durch Gebäude)

> **HINWEIS:** Das Generieren von Schnitten auf einem Teilbild läuft immer zweistufig ab. In der ersten Stufe wird eine Schnittlinie erzeugt, die in der zweiten Stufe verwendet wird. Soll ein Schnitt anhand einer schon bestehenden Schnittlinie erzeugt werden, kann der erste Schritt abgebrochen werden (über **ESC** oder **SCHLIESSEN**).

Projektbezogen öffnen

Schnitt generieren

- ▷ **PROJEKTBEZOGEN ÖFFNEN**
- ▷ Teilbild 305 aktiv, Teilbild 304 passiv im Hintergrund
- ▷ **SCHNITT GENERIEREN** (z. B. Rolle *Architektur*, Aufgabenbereich **ROHBAU**, Bereich **SCHNITTE**)
- ▷ **(1) EINGABE METHODE → EINFACHE**
- ▷ **(2) SCHNITTBEZEICHNUNG →** *A*
- ▷ **(3) HÖHE AUS ELEMENTEN** und **SCHNITTLINIE ABSETZEN** aktivieren
- ▷ **(4) DARSTELLUNG → EINSTELLEN**
- ▷ **SCHNITTFÜHRUNG →** Textgröße auf *5 mm*
- ▷ Layer im Abschnitt **SCHNITTLINIE** auf *AR_SCHNI (Schnittlinie)* stellen (Übernahme von *Stift*, *Strich* und *Farbe* aktivieren); unter *Zeichnung* die durchgezogene Darstellung für die Schnittlinie anwählen
- ▷ **RICHTUNGSSYMBOL ABSETZEN** aktivieren; **RICHTUNGSSYMBOL** auswählen und **GRÖSSE IN MM/ZOLL** auf *0.0 mm* einstellen (Größe wird automatisch über den Bezugsmaßstab ermittelt)

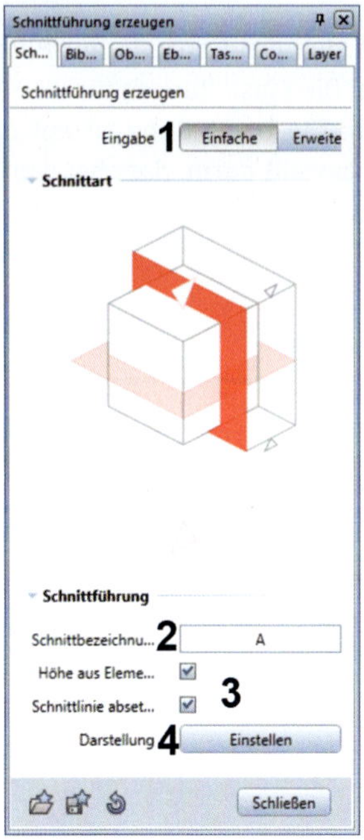

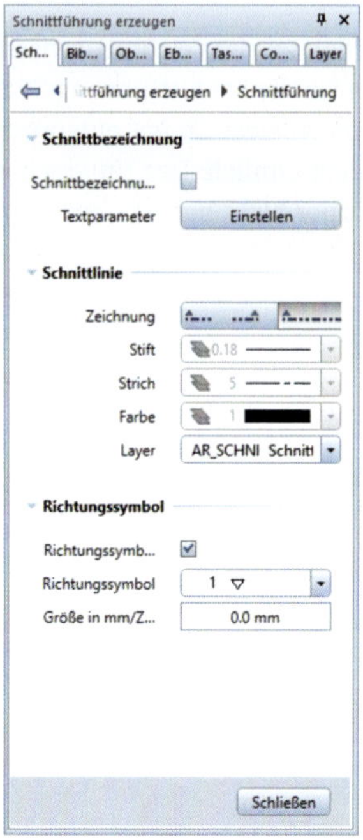

- ▷ **ERSTEN PUNKT DER SCHNITTFÜHRUNG** unterhalb der Gebäude im Grundriss angeben
- ▷ **ZWEITER PUNKT DER SCHNITTFÜHRUNG** (definiert die Schnittrichtung) oberhalb der Baukörper in gerader Linie zum ersten Punkt (Spurlinie beachten)
- ▷ Eingabe **WEITERER PUNKTE DER SCHNITTFÜHRUNG** mit **ESC** abbrechen
- ▷ **TIEFE/BLICKRICHTUNG** in der Zeichnung durch einen Linksklick rechts außerhalb des Grundstücks definieren

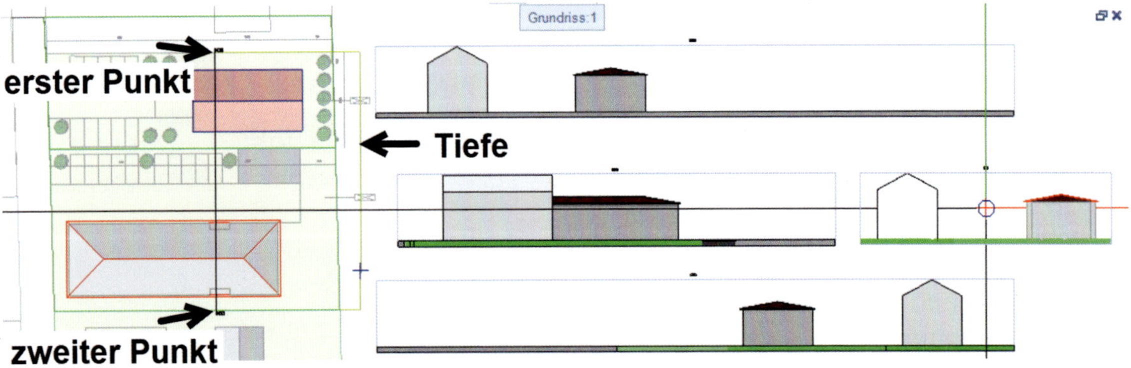

- ▷ Der Schnitt hängt am Fadenkreuz und kann entweder direkt abgesetzt oder durch Einstellungen verfeinert werden.
- ▷ Ändern Sie die Einstellungen im Abschnitt **FLÄCHENELEMENTE** analog den Einstellungen für *Ansicht Westen*.
- ▷ Setzen Sie den Schnitt auf dem Teilbild unterhalb der Perspektive ab.

Erzeugen Sie einen zweiten Schnitt zwischen den der Gebäude mit Blickrichtung nach Norden. Nennen Sie die Schnittführung *Süden*. Die Einstellungen für die Flächenelemente sollen denen von *Ansicht Süden* entsprechen. Die Darstellung ist mit der berechneten Ansicht von Süden ähnlich. Der Unterschied besteht darin, dass bei dem Schnitt der bestehende Baukörper nicht berücksichtigt wird.

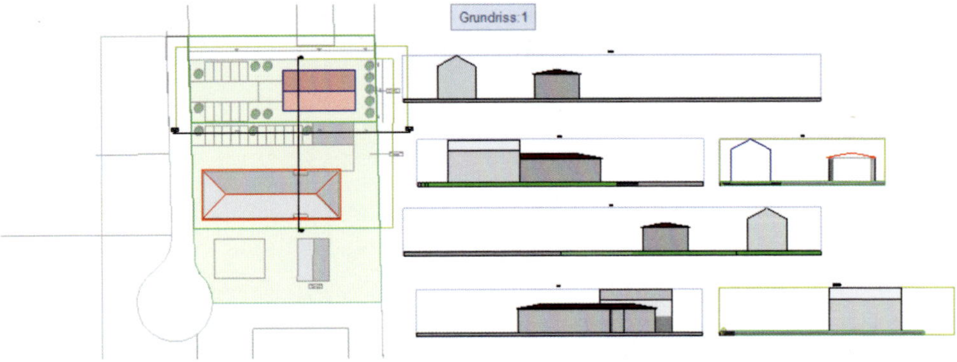

Darstellung beeinflussen

Bei Schnitten existieren die gleichen Einstellmöglichkeiten für sichtbare Kanten wie bei Ansichten. Zusätzlich werden Einstellungen für Kanten von geschnittenen Bauteilen (Schnittkanten) und von Ausbauflächen (Räume, Geschosse, Ausbauflächen) angeboten. Neben weiteren Einstellungen gibt es zudem noch die Möglichkeit, die Schnittflächen von Körpern füllen zu lassen. Gut erkennbar ist in den beiden Schnitten, dass das Gelände jeweils mit Flächenelementen versehen worden ist. Diese sind entsprechend den Eigenschaften der schon vorhandenen Körper erzeugt worden.

▷ **SCHNITT MODIFIZIEREN** oder **EIGENSCHAFTEN** im Kontextmenü von *Schnitt A* anwählen

Ansicht, Schnitt modifizieren

▷ **FORMATE** einstellen

▷ Ändern Sie die Einstellungen in etwa so wie in der Abbildung dargestellt. Das letzte Register *(Ausbauelemente)* hat im Moment keine Auswirkung, da keine Ausbauflächen vorhanden sind.

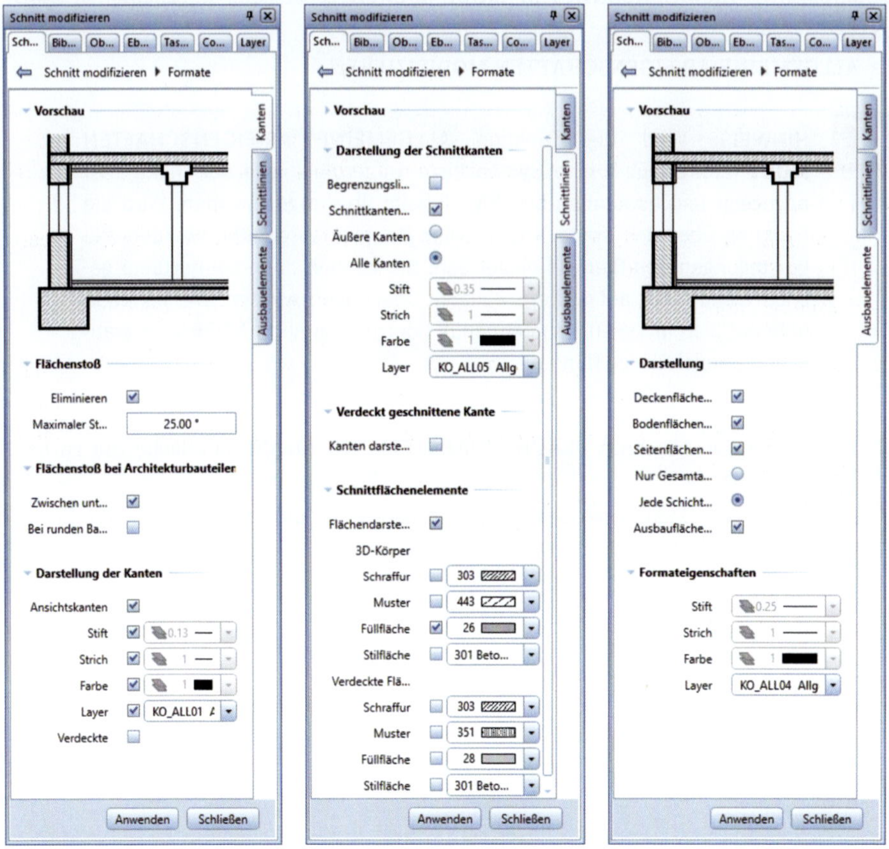

▷ Schließen Sie die Palette oder aktivieren Sie die geänderten Einstellungen über ANWENDEN.

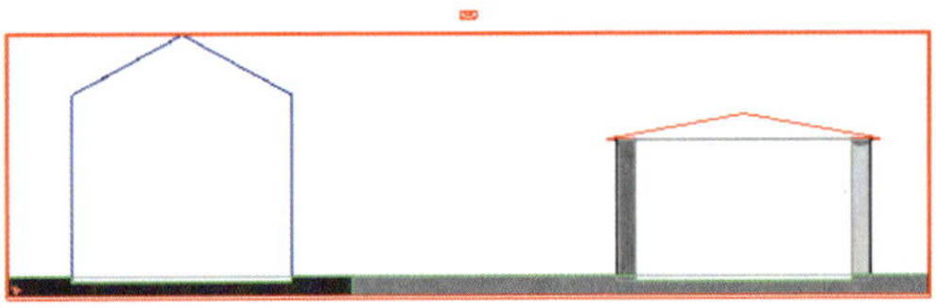

Vor der Änderung

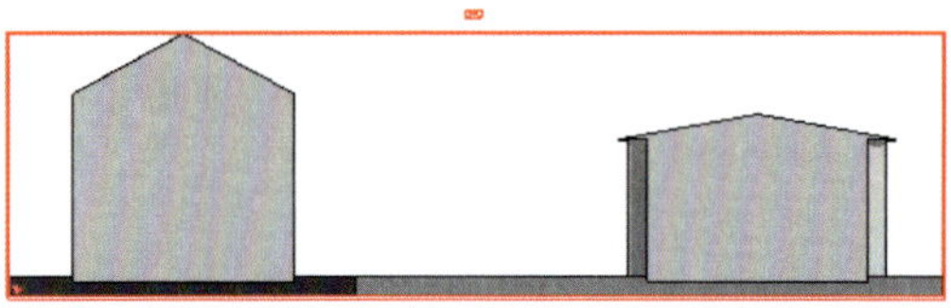

Nach Änderung im Schnitt

Einstellungen 3D-Körper ändern

In den Einstellungen des Schnitts wurde ein Flächenelement für **alle** 3D-Körper vorgesehen, welche keine eigenen Flächenelemente besitzen. Sobald ein 3D-Körper eigene Einstellungen hat, werden diese selbstverständlich verwendet. Der Glaskörper soll ein helles Blau erhalten. Um dies zu erreichen, müssen dem 3D-Körper mit der Funktion ALLGEMEINE AR-EIGENSCHAFTEN MODIFIZIEREN zusätzliche Informationen hinzugefügt werden.

Allgemeine Ar-Eigenschaften modifizieren

▷ ALLGEMEINE AR-EIGENSCHAFTEN MODIFIZIEREN

HINWEIS: Wird die Funktion **ALLGEMEINE AR-EIGENSCHAFTEN MODIFIZIEREN** über eine Symbolleiste aufgerufen, wird der Dialog leer angezeigt und es können beliebige Inhalte übertragen werden. Wird die Funktion über das Kontextmenü eines Bauteils aufgerufen, werden alle Einstellungen des Bauteils eingelesen. Sie können dann komfortabel geändert und/oder auf weitere Bauteile übertragen werden. Die Funktion befindet sich in vielen Kontextmenüs oder im Bereich **ÄNDERN** im statischen Bereich der Actionbar.

▷ Wählen Sie im Abschnitt **FLÄCHENDARSTELLUNG** für die Füllfläche die Farbe *1 (Schwarz)* aus.

▷ Klicken Sie den Dachkörper des Bestandsgebäudes an und bestätigen Sie die Einstellungen mit **ANWENDEN**.

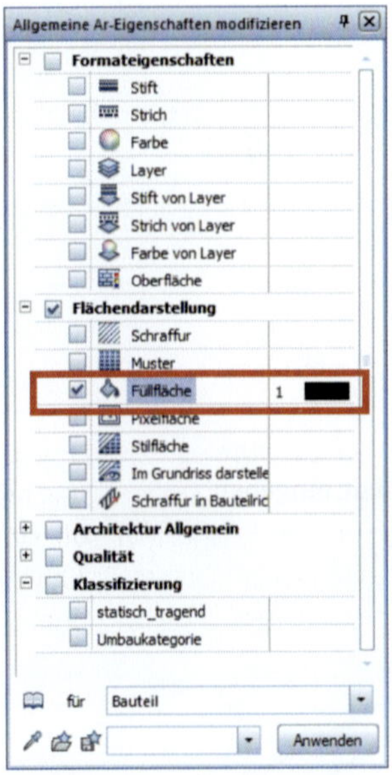

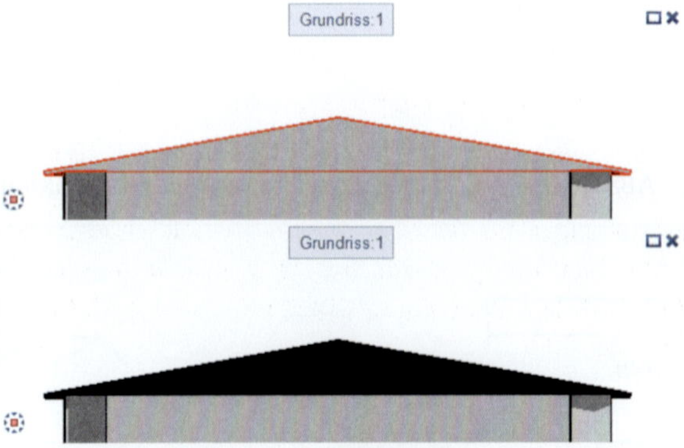

HINWEIS: Flächenelemente von 3D-Körpern sind **nur** in Schnittdarstellungen sichtbar und können **nicht** im Grundriss dargestellt werden.

3.13.4 Massenmodell ergänzen

Der Baukörper soll im letzten Schritt noch ein Dach ohne Überstand erhalten.

Dach erzeugen

Das Dach wird über die Funktion **MANTEL** in einem Schritt erzeugt. Grundsätzlich kann ein Dach - vor allem wenn ein Überstand benötigt wird - auch über Extrudieren erzeugt werden.

▷ Blenden Sie über die Palette **LAYER** oder die Funktion **LAYERSTATUS ÄNDERN** alle Layer bis auf den Layer *AR_3D* (= Layer des Neubaukörpers) aus.

▷ **MANTEL** - Gebäude anwählen

Mantel

Dialogzeile
<Mantel> Welches 3D-Element?

Das Gebäude wird jetzt in Hilfskonstruktion angezeigt.

▷ Dachflächen des Körpers als Bezugsfläche auswählen und mit der rechten Maustaste (Klick in die Zeichnungsfläche) bestätigen

Dialogzeile
<Mantel> Welche Bezugsfläche(n)? / Auswahl <bestätigen>: rechte Maustaste

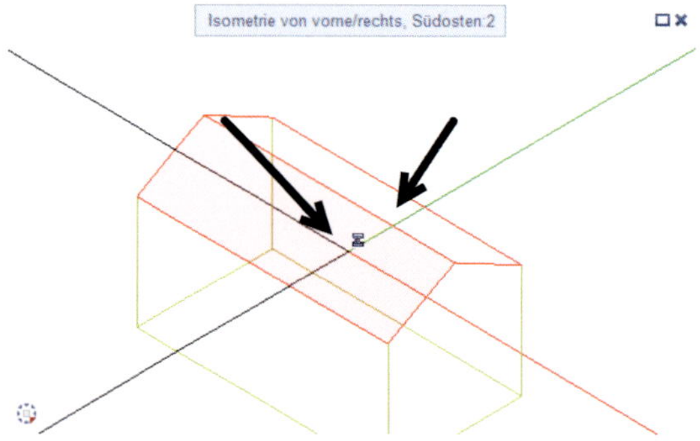

▷ **ABSTAND** 0,20 in der eingeblendeten Eigenschaftentoolbar eingeben

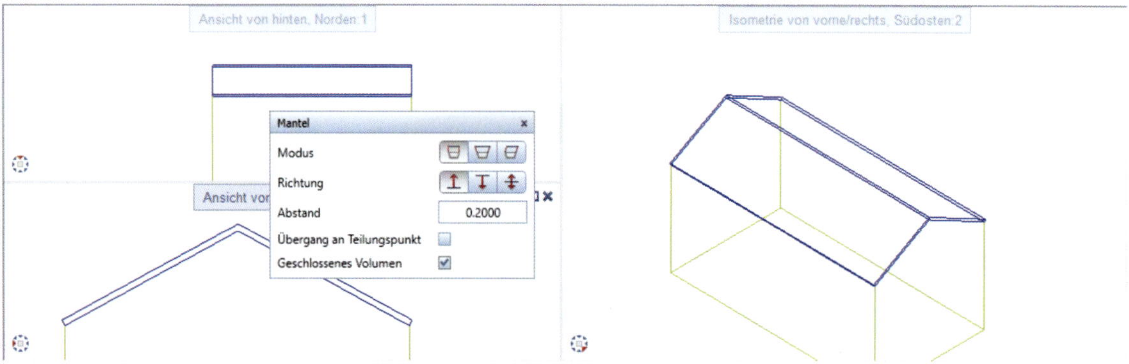

▷ Eingabe/Erzeugen mit **<ESC>** beenden

Der neue Körper wird nun erzeugt und in allen Ansichten und Schnitten sofort angezeigt, die auf dem Quellteilbild 305 basieren und **AUTOMATISCH AKTUALISIEREN** aktiviert haben.

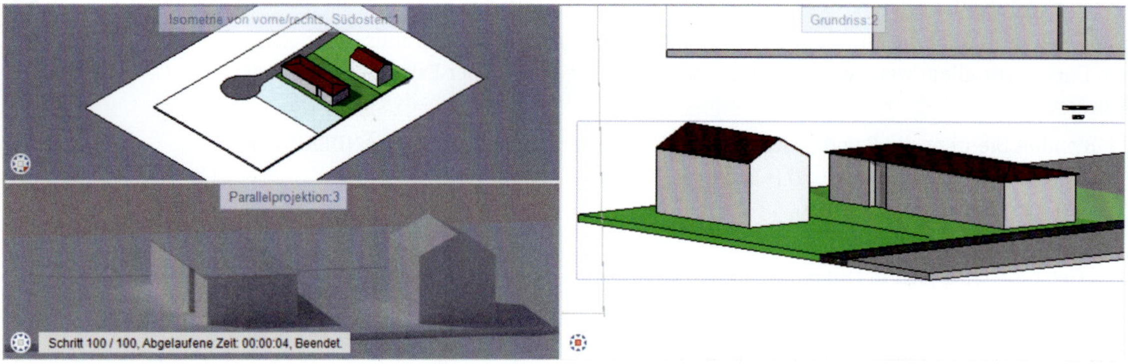

3.13.5 Ergebnis Massenmodell, Ansichten und Schnitte

Nachfolgend sehen Sie ein mögliches Ergebnis der vorangegangenen Übungen. Die automatische Beschriftung wurde komplett deaktiviert und Texte wurden mit der Funktion **TEXT** eingefügt. Bei Bedarf ist noch der Bezugsmaßstab auf 1:500 zu ändern.

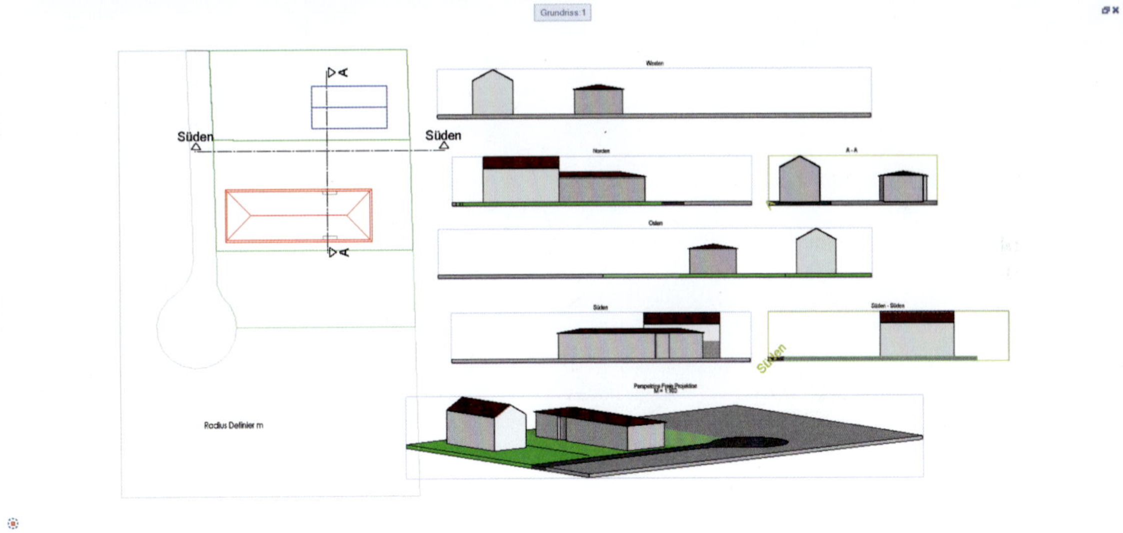

4 Gebäudemodell und Ableitungen

Dieses Kapitel bildet den Hauptteil des Beispielprojekts mit den dazugehörigen Erläuterungen ab. In Kapitel 2 haben Sie bereits erfahren, wie die Oberfläche von Allplan aufgebaut ist, wie die Daten eines Projektes gegliedert sind, was die Darstellung beeinflussen kann und Ähnliches. In Kapitel 3 wurden einfache Elemente und Bauteile besprochen sowie erste Ansichten von einfachen 3D-Elementen erzeugt. In diesem Kapitel wird ein intelligentes Gebäudemodell erzeugt werden, welches nach BIM-Methoden aufgebaut wurde.

Es können dabei grob drei Bereiche unterschieden werden. Im ersten Bereich wird ein Rohbaumodell erarbeitet (Aufgabenbereich *Rohbau*). Im zweiten Bereich wird der Ausbau hinzugefügt (Aufgabenbereich *Ausbau*). Der dritte Bereich widmet sich den Ableitungen aus dem Modell aus den Bereichen *Rohbau* und *Ausbau*, um Ansichten, Schnitte und Reports (Auswertungen) zu erzeugen. Zudem wird am Ende gezeigt, wie das Modell als IFC-Datei ausgegeben werden kann und wie das Modell auf die Plattform Bimplus geladen werden kann.

4.1 Grundwissen – Maßeingaben

Das Gebäudemodell basiert in Allplan (ähnlich wie in anderen Programmen) auf dem Modell des Gebäuderohbaus und beschreibt dieses mit seinen Hauptbauteilen in den Abmessungen, die vor Ort erstellt werden (können). Die weiteren Schichten auf den Wänden, Decken und Böden werden über ein zusätzliches Bauteil (Raum) für jeden von Wänden und Decken umgebenen Bereich (Raum) einzeln definiert und erzeugt. Bei den Öffnungen werden weitere Bauteile (SmartParts und Makros für Fenster, Türen, Fenstertüren und Fensterbänke) in die Öffnungen eingesetzt und die Leibungen erhalten den Putz von der Definition des anliegenden Raumes.

Die Auswertung der Bauteile mittels Reports wertet diese Geometrien exakt aus. Je nach ausgewähltem Report werden die Abrechnungsregeln der VOB (bzw. der zugrunde liegenden DIN-Norm des Gewerks für die Abrechnung) bei der Mengenermittlung berücksichtigt.

Die Bemaßung des Modells gibt zumeist die Rohbaumaße (= real im Modell vorhandene Werte) wieder. Bei der Bauteilbeschriftung können Bezüge zwischen angrenzenden Bauteilen aufgebaut und angezeigt werden.

Daraus ergibt sich Folgendes:

- Eingabe aller Bauteilabmessungen und Höhen als Rohbaumaße
- Eingabe aller Öffnungsmaße als reine Rohbaumaße (Öffnungsbreite und Öffnungshöhe)
- Bemaßen des Rohbaus (inklusive der Rohbauhöhe): Alternativ kann der Bodenaufbau der Räume für Türhöhen/Brüstungshöhen berücksichtigt werden.
- Beschriften von Öffnungshöhen (Sturz und Brüstung), die sich auf den fertigen Fußboden beziehen
- Beschriften aller weiteren notwendigen oder gewünschten Maße unter Berücksichtigung von Ausbauten und/oder weiteren Regeln

HINWEIS: Es können nahezu beliebige Beschriftungsbilder definiert werden, über welche die meisten Bezüge zu anderen Bauteilen beschriftet werden können.

4.2 Grundwissen – Ebenenmodell

Allplan arbeitet mit Bezugsebenen, Standardebenen und Sonderebenen (für Dächer usw.), Bezugsflächen (für Sonderfälle aller Arten), Dachflächen (neue, noch sehr eingeschränkte Möglichkeit für Dächer) sowie Abstandsebenen (für Fenster, Türen und andere Elemente), an die Architekturbauteile (mit deren Unterkante und Oberkante) angebunden werden können. Die Unterkante und Oberkante von Architekturbauteilen werden über eine Regel an Ebenen angebunden. Ebenen werden entweder direkt im Teilbild (dezentral) oder zentral im Ebenenmanager verwaltet. Durch das relative Anbinden der Bauteile an Ebenen können gleiche Bauteileinstellungen in unterschiedlichen Geschossen, Ebenen und Anwendungsfällen verwendet werden und die Eingabe kann so vereinfacht werden.

HINWEIS: Standardebenen und Sonderebenen (freie Ebenen, Dachebenen) treten immer paarweise auf. Zu einer oberen Ebene gehört immer auch eine untere Ebene, die auf die gewünschte Höhe gesetzt werden muss.

Dachfläche, Bezugsfläche und Abstandsebenen sind einzeln vorkommende Definitionen.

Daraus folgt, dass nicht für jedes Bauteil die Oberkante und Unterkante in der Höhe vorab berechnet werden muss, sondern mit den allgemeinen Bezügen gearbeitet wird. Viele Bauteile haben innerhalb eines Gebäudes ähnliche oder gleiche Bezüge zu den Ebenen, werden aber unterschiedlich angezeigt. Eine Brüstung, die 90 cm hoch sein soll, ist dies also in allen Geschossen, ohne dass bei der Eingabe bekannt sein müsste, auf welcher Unterkante das Bauteil anfängt. Wird die Bezugshöhe (untere Ebene) geändert, so wird die Brüstung (wie alle anderen Bauteile auch) automatisch angepasst, weil sie die Höhe aus der Ebene bezieht. Alternativ können die Bauteile an Abstandsebenen angebunden werden, die über alle Geschosse in einem Gebäude gekoppelt werden können, um eine komfortable Anpassung zu ermöglichen.

Im Folgenden finden Sie eine Auflistung der Werkzeuge mit untereinander verzahnten Funktionalitäten, die Allplan für die Arbeit mit Ebenen zur Verfügung stellt. Die Beschreibung der Einstellmöglichkeiten für die Bauteile selbst finden Sie in Abschnitt 4.3, „Höheneinstellung für Bauteile".

4.2.1 Grundbegriffe

Standardebene

Jedes Teilbild (wie auch jede NDW-Datei) besitzt ein Ebenenpaar. Die Standardebene hat keine Begrenzung (gilt auf dem gesamten Teilbild!) und ist immer eben. Die Höhenlage der unteren und oberen Ebenen des Standardebenenpaares kann auf beliebige Werte eingestellt oder aus dem Ebenenmodell übernommen werden.

Dachebene und freies Ebenenpaar

Dachebenen und freie Ebenenpaare sind Sonderebenen, die in einem definierten Bereich die Standardebenen ersetzen und deren Funktionen übernehmen. Außerhalb der Sonderebenen gelten die Standardebenen weiter. Ein Bauteil, dessen Höheneinstellungen sich auf die Ebenen beziehen und welches sich im Bereich der Sonderebene befindet, gleicht sich dieser an. Erstreckt sich ein Bauteil über mehrere Bereiche mit Sonderebenen und/oder über Bereiche ohne Sonderebenen (Standardebene), gleicht es sich an die jeweils gültigen Bedingungen an. **FREIE EBENEN** und/oder **DACHEBENEN** (mit und ohne Gauben) können frei kombiniert werden und können als **DACHLANDSCHAFTEN** in den **EBENENMANAGER** eingebunden werden.

Der Vorteil von Dachebenen gegenüber freien Ebenen besteht vor allem in drei Punkten:

- Dachebenen können aus Bereichen unterschiedlicher Neigung zusammengesetzt und dennoch als ein Element angesprochen werden. Bei freien Ebenen müssen Bereiche mit unterschiedlichen Neigungen einzeln erzeugt werden und hängen nicht mit den Nachbarbereichen zusammen.
- Über Dachebenen können unterschiedliche Dachformen, wie z. B. Satteldächer, Pultdächer, Zeltdächer, Walmdächer und regelmäßig gebogene Dachformen in unterschiedlichsten Ausformulierungen, leicht erzeugt werden.
- Änderungen nach dem Erzeugen von Dachebenen können über die gleichen Dialoge getätigt werden wie beim Erzeugen.

Freie Ebenen haben einen Vorteil gegenüber Dachebenen: Die untere Ebene von freien Ebenen kann geneigt sein und es lassen sich nahezu alle Dachformen aus 3D-Körpern übernehmen.

Neu in Version 2019

Bezugsfläche

Bezugsflächen wurden mit Version 2019 neu eingeführt. Das Ebenenkonzept von Allplan wurde dahingehend erweitert, dass eine einzelne Bezugsfläche für einen Bereich ohne zweite Fläche möglich ist. Bezugsflächen können aus einzelnen und/oder zusammenhängenden, frei geformten 3D-Flächen erzeugt werden.

Die Zuweisung einer Bezugsfläche findet auf Bauteilebene für die Oberkante oder/und Unterkante statt.

Wird die Bezugsfläche in das Ebenenmodell aufgenommen, kann diese auf allen Teilbildern, die eine Verbindung zum Ebenenmodell haben, verwendet werden. Die Anwendungsmöglichkeiten und Einstellungen werden in Abschnitt 4.3, „Höheneinstellung für Bauteile“ beschrieben.

Neu in Version 2020

Dachfläche

Dachflächen sind in Version 2020 neu hinzugekommen. Die Eingabe der Fläche erfolgt im Grundriss. Für jede Kante können Neigung, Höhe und Überstand definiert werden. In Version 2020 kann die Dachfläche nur auf Teilbildebene verwendet werden. Die direkte Aufnahme in das Ebenenmodell ist nicht möglich. Diese Funktionalität soll in einer der nächsten Hauptversionen (vermutlich in Allplan 2021) ergänzt werden.

Die Zuweisung einer Dachfläche findet auf Bauteilebene für die Oberkante oder/und Unterkante statt.

HINWEIS: Die Referenz-Dachfläche kann nicht in das Ebenenmodell eingebunden werden. Wenn eine Dachform als Dachlandschaft oder Ähnliches in das Ebenenmodell eingebunden werden soll – und so auf vielen Teilbildern ohne kopieren verwendet werden soll –, muss eine Dachebene statt einer Dachfläche verwendet werden.

Neu in Version 2020

Abstandsebene

Abstandsebenen sind ebene Bezüge (ähnlich den Standardebenen) und können nur innerhalb eines Ebenenmodells erzeugt werden. Grundsätzlich gibt es dabei die Möglichkeit, für alle Geschosse eines Gebäudes gleiche Abstandsebenen (gekoppelt) für z. B. Oberkante der Innentüren oder Brüstungen einzufügen oder für jedes Geschoss eigene Abstandsebenen (entkoppelt) für z. B. eine Attikahöhe einzufügen.

Die Zuweisung einer Abstandsebene findet auf Bauteilebene für die Oberkante oder/und Unterkante statt.

Ebenenmanager

Der Ebenenmanager wird über die Bauwerksstruktur geöffnet. Innerhalb eines Projekts können beliebig viele Ebenenmodelle verwaltet werden. Es ist zu beachten, dass bei Workgroup-Installationen sowie in Share-Projekten die Bearbeitung eingeschaltet werden muss.

Der **EBENENMANAGER** ist die zentrale Verwaltungseinheit für alle Ebeneneinstellungen eines Projekts. Im Ebenenmanager können alle Ebenenmodelle eines Projekts verwaltet, erzeugt, geändert und gelöscht werden. Die Ebenenmodelle werden in einer Liste und jeweils grafisch dargestellt (markiertes Ebenenmodell).

Projektbezogen öffnen

Ebenen-manager

Die linke Seite des Ebenenmanagers zeigt in einer Baumstruktur die im Projekt vorhandenen Ebenenmodelle. Auf der rechten Seite werden Übersichten zu den einzelnen Ebenenmodellen angezeigt. Die Grafik zeigt immer das links markierte Ebenenmodell an.

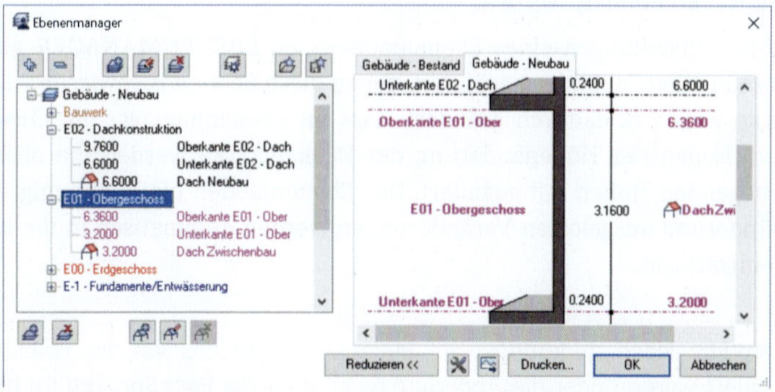

In der Palette **EBENENMANAGER** haben Sie während der Arbeit am Modell einen direkten Zugriff auf alle Höheneinstellungen des Ebenenmanagers. Es können an dieser Stelle alle Aktionen ähnlich wie über den Ebenenmanager über **PROJEKTBEZOGEN ÖFFNEN** getätigt werden. Zusätzlich gibt es hier die Möglichkeit, Abstandsebenen sowie Bezugsflächen einzufügen und Änderungen interaktiv über eine Anzeige im Teilbild der Ebenen durchzuführen.

Palette Ebenen

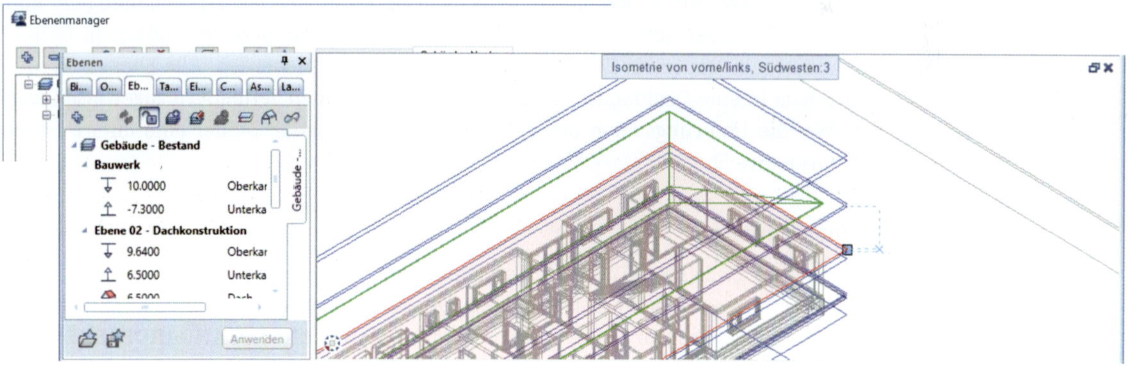

Ebenenmodell

Die Ebenenmodelle werden im Ebenenmanager für das Projekt verwaltet. Jedes Modell hat eine eindeutige Kennung im Hintergrund, über welche die Teilbilder die Zuordnung zum Ebenenmodell (**EBENEN ZUWEISEN**) erhalten.

Inhalt eines Ebenenmodells sind für jedes Geschoss sowie zusätzlich für das Bauwerk zwei Ebenen (untere und obere Ebene). Außerdem gibt es für jedes Geschoss die Möglichkeit, Sonderebenen (Dachebenen, freie Ebenen) in Form einer Dachlandschaft/Ebenenlandschaft einzubinden. Bei der Bearbeitung des Ebenenmodells über die Palette **EBENEN** können auch Bezugsflächen sowie Abstandsebenen eingefügt werden.

Den einzelnen Teilbildern (bzw. Strukturstufen) werden über die Funktionen **EBENEN ZUWEISEN** (Bauwerksstruktur) oder **STANDARDEBENEN LISTEN** (Bearbeitung von Teilbildern) eine Unterkante, eine Oberkante und bei Bedarf zusätzlich eine Dachlandschaft zugewiesen. Die verwendeten Höhen können aus unterschiedlichen Geschossen stammen und können frei kombiniert werden.

Werden Höheneinstellungen eines Ebenenmodells im **EBENENMANAGER** geändert, so werden diese in allen Teilbildern geändert, denen diese Ebenen zugewiesen wurden. Eine Deckenstärke wird z. B. dadurch geändert, dass im Ebenenmanager die Einstellung geändert wird. Neben der Höhenänderung der Deckenstärke werden die oberhalb bzw. unterhalb liegenden Höhen mit geändert. Das Ebenenmodell bleibt stimmig. Alle durch die Höhenänderung ausgelösten Veränderungen werden automatisch in die betroffenen Teilbilder eingetragen.

HINWEIS: Nach Änderungen im Ebenenmanager müssen die Teilbilder aktiviert werden oder die Änderung muss über die Funktion **TEILBILDER MIT EBENEN AKTUALISIEREN** durch eine Neuberechnung der Bauteile ausgelöst werden.

Dachlandschaft, Ebenenlandschaft

Sobald Dachebenen und/oder freie Ebenen in ein Ebenenmodell zur weiteren Verwendung eingelesen wurden, werden diese (je nach Herkunft) als Dachlandschaften oder Ebenenlandschaften bezeichnet. Es können beliebig viele Ebenenbereiche auf einem Teilbild vorhanden sein, um in ein Ebenenmodell aufgenommen zu werden. Alle Ebenen werden gemeinsam in eine Dachlandschaft gespeichert und können Teilbildern zugewiesen werden. Wie die Ursprungsdaten beinhaltet eine Dachlandschaft immer eine untere Ebene und eine obere Ebene.

Ebenen zuweisen

Die Funktion **EBENEN ZUWEISEN** bezeichnet den Vorgang, in welchem ein Teilbild in Bezug zum Ebenenmodell gesetzt wird. Ebenen können entweder über das Kontextmenü in der Bauwerksstruktur (linke Seite) oder über die Funktion **STANDARDEBENEN LISTEN** (Teilbildbearbeitung) zugewiesen werden. Bei der Zuweisung über die Funktion **STANDARDEBENEN LISTEN** kann (sollte nur in Einzelfällen verwendet werden) eine Zuweisung von Höhen unabhängig von den Ebenenmodellen erfolgen.

4.2.2 Funktionen zu Ebenen

Ebenen-manager

Der **EBENENMANAGER** wird über den Dialog **PROJEKTBEZOGEN ÖFFNEN** aufgerufen und dient der Verwaltung und Erzeugung von Ebenenmodellen für das aktuelle Projekt. Die Funktionen zu Ebenen (auch Dachebenen) finden Sie in Abschnitt 4.11.3, „Bereich Dach“.

4.2.3 Funktionen im Ebenenmanager

Innerhalb des Ebenenmanagers stehen Ihnen die folgenden Funktionen direkt sowie Teile davon und weitere Standardfunktionen über Kontextmenüs zur Verfügung.

Markierte Einträge aufklappen

- **MARKIERTE EINTRÄGE AUFKLAPPEN** klappt alle Teile der Baumstruktur auf, in denen Sie eine Zeile markiert haben. Bei mehreren Modellen wirkt die Funktion immer nur auf den Teil der Baumstruktur, in dem eine Zeile markiert ist.

Alle Einträge zuklappen

- **ALLE EINTRÄGE ZUKLAPPEN** reduziert die Baumstruktur auf die Modellknoten. In dieser Ansicht erhält man eine gute Übersicht über die im Projekt vorhandenen Ebenenmodelle.

Modell neu

- **MODELL NEU** startet den Assistenten zum Erzeugen eines neuen (zusätzlichen) Ebenenmodells. Über den Assistenten kann eine passende Bauwerksstruktur erzeugt werden, bei der die neuen Ebenen den Strukturstufen zugewiesen sind. Das erzeugte Ebenenmodell enthält zum Teil Standardwerte (z. B. für Geschosshöhen), die nach dem Erzeugen angepasst werden können.

Modell modifizieren

- **MODELL MODIFIZIEREN** öffnet den gleichnamigen Dialog, der dem von **MODELL NEU** gleicht. Das markierte Ebenenmodell kann entweder auf einheitliche Standardwerte zurückgesetzt und/oder um weitere Ebenen ergänzt werden. Werte, die in allen Bereichen gleich sind, werden angezeigt, während bei unterschiedlichen Werten der Text „Variiert“ angezeigt wird. Trägt man hier einen Wert ein, so werden **alle** unterschiedlichen Einträge auf den neuen Wert gesetzt.

Modell löschen

- **MODELL LÖSCHEN** entfernt das markierte Ebenenmodell aus dem Ebenenmanager. Die Einstellungen in den einzelnen Teilbildern bleiben erhalten. In der Übersicht **STANDARDEBENEN LISTEN** erscheint in der Spalte *Modell unbekannt* statt eines Modellnamens. In der Bauwerksstruktur werden nach dem Löschen des Ebenenmodells Fragezeichen (statt der Werte der einzelnen Ebenen) angezeigt, da die Höheninformationen aus einem unbekannten (da gelöschten) Ebenenmodell stammen.

Optionen Ebenen-manager

- **OPTIONEN EBENENMANAGER** dient der Einstellung des optischen Erscheinungsbildes der Ebenen im Ebenenmanager. Die hier getroffene Farbauswahl wird auch in der Bauwerksstruktur für die Info-Felder der Ebenen verwendet. Zudem können Sie angeben, ob die angezeigten Höhen der unteren Ebenen den jeweiligen Fertigfußboden oder den Rohboden repräsentieren. Standard ist hier in Allplan die Interpretation der unteren Ebene als Rohboden.

Ebenenpaar einfügen

- **EBENENPAAR EINFÜGEN** fügt ein neues Ebenenpaar in das Ebenenmodell ein. Neue Ebenen können nur unter der untersten oder über der obersten Ebene des Ebenenmodells eingefügt werden und dürfen sich nicht mit bestehenden Ebenen überschneiden.

Alternativ zur Funktion **EBENENPAAR EINFÜGEN** kann auch die Funktion **MODELL MODIFIZIEREN** verwendet werden. Dies hat den Vorteil, dass Fehlermeldungen durch Eingabe falscher Höhen vermieden werden. Im Dialog zum Einfügen der neuen Ebenen ist es möglich, die Höhen aus einem bestehenden Teilbild zu übernehmen. Mit dieser Funktion ist es damit möglich, aus einem vorhandenen Modell (Teilbilder jeweils mit Standardebenen) aus einer älteren Version ein Ebenenmodell aufzubauen.

Ebenenpaar löschen

- **EBENENPAAR LÖSCHEN** entfernt das markierte Ebenenpaar aus dem Ebenenmodell. Die Ebenen oberhalb oder unterhalb werden, nach Angabe, verschoben.

Dachlandschaft einfügen

- **DACHLANDSCHAFT EINFÜGEN** fügt an dem markierten Knoten eine Dachlandschaft ein. Dachlandschaften sind im Ebenenmodell verankerte Dachebenen und/oder freie Ebenen, die beliebigen Teilbildern (und Strukturstufen) zugewiesen werden können. Es wird immer ein Teilbild mit einer (oder mehreren) Sonderebenen (Dachebenen und/oder freie Ebenenpaare) benötigt. Über eine weitere Abfrage wird bestimmt, ob die Sonderebenen des gewählten Teilbildes eins zu eins übernommen werden sollen (**KEINE VERÄNDERUNG DER DACHLANDSCHAFT GEGENÜBER DER QUELLE**), die Unterkante der Sonderebene auf den Wert der unteren Ebene unter Beibehaltung der oberen Form gesetzt wird (**DIE UNTERKANTE DER DACHLANDSCHAFT WIRD GLEICH DER UNTERKANTE DES GESCHOSSES GESETZT**) oder die Dachlandschaft auf die Höhe der Unterkante des Geschosses angehoben werden soll (**DIE DACHLANDSCHAFT WIRD INSGESAMT AUF DIE HÖHE DER UNTERKANTE ...**).

Dachlandschaft ersetzen

- **DACHLANDSCHAFT ERSETZEN** dient zum Austauschen der markierten Dachlandschaft. Alle Bezüge bleiben erhalten. Sie finden, nachdem Sie eine Dachlandschaft durch eine neue (z.B. Satteldach durch Tonnendach) ersetzt haben, die neue Geometrie auf allen Teilbildern, denen die ursprüngliche Dachlandschaft zugewiesen wurde.

Dachlandschaft löschen

- **DACHLANDSCHAFT LÖSCHEN** entfernt die markierte Dachlandschaft aus dem Modell. Auf Teilbildern, denen die Dachlandschaft zugewiesen wurde, wird diese entfernt.

TIPP: Wenn sich im Entwurfsprozess die Dachform ändert, sollte die Dachlandschaft nicht gelöscht, sondern mit der neuen Geometrie ersetzt werden. Die Bezüge zu **allen** Teilbildern, auf denen die Dachlandschaft verwendet wird (Verknüpfung Teilbild und Dachlandschaft), können behalten werden. Die Dachlandschaft wird automatisch beim Öffnen des Teilbildes durch die neue Geometrie ersetzt.

Favorit laden

Als Favorit speichern

- **FAVORIT LADEN/ALS FAVORIT SPEICHERN** öffnet den Standarddialog zum Lesen und Speichern von Favoriten. Die gespeicherte Datei enthält das komplette, markierte Ebenenmodell (z.B. ein Ebenenmodell eines Gebäudes), um dieses für andere Projekte zu verwenden. Wenn Sie ein als Favorit gespeichertes Ebenenmodell über **FAVORIT LADEN** zum Erzeugen eines neuen Ebenenmodells einspielen, steht Ihnen der Assistent zum Erzeugen/Ergänzen der Bauwerksstruktur zur Verfügung.

HINWEIS: Über **ALS FAVORIT SPEICHERN** und **FAVORIT LADEN** können Sie ein Ebenenmodell auch innerhalb eines Projekts kopieren. Das neu eingefügte Ebenenmodell ist in allen Punkten (auch in seinem Namen) identisch mit dem ursprünglichen.

- **HÖHE ÄNDERN:** Jeder Höhenwert, der entweder in der Übersicht oder der Liste erscheint (auch die Unterkante der Dachlandschaft), kann angeklickt und direkt geändert werden. Der Ablauf ist immer identisch. Sobald die geänderte Höhe bestätigt wird, wird in einem Dialog abgefragt, wie die aktuelle Änderung sich auf die darüber bzw. darunter liegenden Höhen auswirken soll.

4.2.4 Funktionen in der Palette Ebenen

Ebenen

In der Palette **EBENEN** sind im Wesentlichen die gleichen Funktionen wie im Ebenenmanager enthalten. Die Icons sind dabei am oberen Rand angeordnet. Neben den Funktionen des Ebenenmanagers enthält die Palette **EBENEN** weitere Möglichkeiten, um z. B. die Höheneinstellung von Ebenen direkt mit dem Modell im Hintergrund zu beeinflussen oder um Abstandsebenen und/oder Bezugsflächen in das Modell zu integrieren.

Bei den nachfolgenden Beschreibungen werden nur zusätzliche Funktionen komplett beschrieben.

Modifikationsmodus Ein/Aus

- **MODIFIKATIONSMODUS EIN/AUS** entspricht dem Bearbeitungsmodus aus der Bauwerksstruktur. Alternativ zur Anwahl des Icons zum Entsperren erfolgt immer eine Abfrage, ob der Modifikationsmodus aktiviert werden soll, sobald die getätigte Aktion nach einer Änderung aussieht.

Modell neu

Modell modifizieren

- **MODELL NEU** und **MODELL MODIFIZIEREN** enthalten nahezu die gleichen Funktionen wie im Ebenenmanager. Der Assistent enthält die gleichen Punkte, wobei diese etwas anders angeordnet sind.

Ebenenpaar einfügen

- Wie im Ebenenmanager ergänzt **EBENENPAAR EINFÜGEN** das Modell um eine weitere Stufe. Anders als im Ebenenmanager werden die Ebenen direkt eingefügt und müssen/können nach dem Einfügen auf die Wunschwerte gebracht werden. Die Übernahme von Höhen aus einem Teilbild oder einem NDW ist hier nicht möglich.

Abstandsebenen einfügen

- **ABSTANDSEBENEN EINFÜGEN** dient zum Ergänzen des Ebenenmodells mit Abstandsebenen (z. B. für Türhöhen, Brüstungshöhen oder Ähnliches). Die Abstandsebenen können entweder für ein Geschoss oder (gekoppelt) für alle Geschosse gemeinsam gesetzt werden. Die Höhenlage der Abstandsfläche ist an die untere oder obere Ebene gekoppelt.

Dachlandschaft einfügen/ersetzen

- **DACHLANDSCHAFT EINFÜGEN/ERSETZEN** gibt die Funktionalitäten der einzelnen Funktionen aus dem Ebenenmanager wieder.

Bezugsfläche einfügen/ersetzen

- **BEZUGSFLÄCHE EINFÜGEN/ERSETZEN** fügt eine – auf einem geöffneten Teilbild – befindliche lokale Bezugsfläche in das Ebenenmodell ein. Die Lage der Bezugsfläche kann frei (ohne Verbindung zum Ebenenmodell) oder gekoppelt an die untere oder obere Ebene definiert werden. Bezugsflächen sind ideal für frei geformte Oberflächen.

Alten Modellstand wiederherstellen

- Jede Änderung am Ebenenmodell wird – spätestens beim Verlassen der Palette **EBENEN** – gespeichert und hier angezeigt.

HINWEIS: Die Funktionen sind nur anwählbar, wenn der Modifikationsmodus eingeschaltet wurde und eine für die jeweilige Funktion zugelassene Struktur geöffnet ist. Im Kontextmenü werden die Funktionen auch an den jeweils zugelassenen Stellen angeboten.

4.2.5 Dachebenen und freie Ebenen

Freie Ebenen und Dachebenen (der Sammelbegriff ist „Sonderebenen“) können entweder in das Ebenenmodell eingebunden und als Dachlandschaften eingesetzt oder direkt auf Teilbildern verwendet werden. Jede Sonderebene besteht aus einer oberen und unteren Ebene. Bei freien Ebenen können beide eine Neigung aufweisen, bei Dachebenen und Gauben können nur die oberen geneigt sein. Dachebenen können sich aus Bereichen mit unterschiedlichen Höhen und Neigungen zusammensetzen und sind als ein Objekt aktivierbar. Bei freien Ebenen ist nur ein Bereich möglich. Die Eingabe des Definitionsbereichs folgt den Regeln der Polygoneingabe für Flächenelemente.

Alle Bauteile, die an Ebenen angebunden sind, folgen der im Bereich (Grundriss) des Bauteils auf dem Teilbild befindlichen Dachebene, freien Ebene oder Standardebene. Bezugsflächen, Dachfläche oder Abstandsebenen gelten nur für die Bauteile, in denen explizit auf die Bezüge verwiesen wird.

4.2.5.1 Dachebene und Gaube

Dachebene

Dachgaube

Dachebenen (inklusive Gauben) sind parametrisierte freie Ebenenpaare. Diese Sonderebenen stellen das optimale Hilfsmittel für regelmäßige Dachformen dar. Es können nahezu alle beliebigen Dachformen ermittelt werden. Die Dachverschneidungen werden entsprechend den Eingaben automatisch ermittelt.

DACHEBENE ruft die Dialog-Symbolleiste der Dachebene auf. Die Eingabe des Bereichs, in dem die Dachebene gelten soll, wird im Grundriss (polygonale Fläche) getätigt. Je nach Wahl der Dachform werden unterschiedliche Eingabefelder angeboten. **OBERKANTE** und **UNTERKANTE** sind immer verfügbar. Dachebenen können über beliebigen Grundrissen aufgebaut werden und an jeder Dachkante unterschiedliche Traufhöhen und Neigungen aufweisen sowie aus unterschiedlichen Grundformen zusammengesetzt sein.

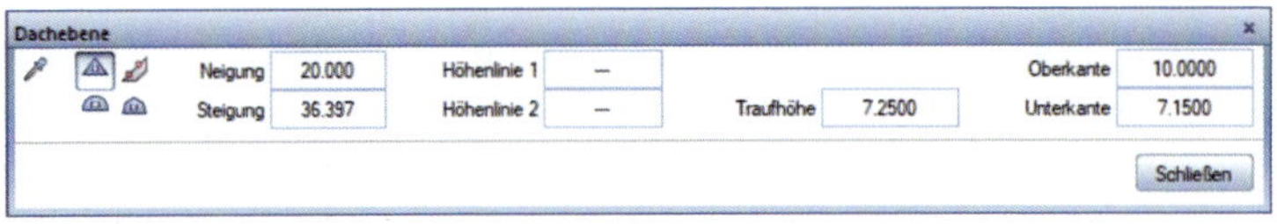

HINWEIS: Die Verwendung von unverbundenen Teilbereichen als Grundlage für Dachebenen ist nicht zugelassen. Erstellen Sie in solchen Fällen entweder einzelne Dachebenen oder verwenden Sie **FREIE EBENEN**.

Funktionen, Eingabefelder

Übernahme

- **ÜBERNAHME** dient zum Einlesen der Einstellungen von einer bestehenden Dachkante. Es kann immer nur die Einstellung der angeklickten Dachkante eingelesen werden, da *alle* Dachkanten unterschiedliche Einstellungen haben können.
- **HÖHENLINIE 1** und **HÖHENLINIE 2** erzeugen jeweils eine Höhenlinie, die dem Dachverlauf genau auf der angegebenen Höhe folgt. Die hier erzeugte Linie kann im Entwurf für die Abschätzung der Raumbereiche über 2 Meter verwendet werden. Die korrekte

2-m-Linie (und 1-m-Linie) sollte von der Wohnflächenberechnung abzuleiten sein, da nur dort Ausbauflächen komplett berücksichtigt werden können.

- **TRAUFHÖHE** gibt die Höhe der Dachebene an deren niedrigster Stelle an. Dies kann z. B. der Schnittpunkt der Sparrenunterkante mit der Außenkante der Außenwand sein.
- **OBERKANTE** gibt die maximale Höhe des Daches an. Der Wert sollte immer so hoch gewählt werden, dass die Firsthöhe niedriger als die **OBERKANTE** ist.
- **UNTERKANTE** bestimmt die Höhe der unteren Ebene des Dachebenenpaares. Im Normalfall sollte hier die Höhe der unteren Standardebene des Teilbildes eingetragen werden. Die **UNTERKANTE** muss immer unterhalb der gewünschten **TRAUFHÖHE** sein.

Einstellungen der einzelnen Dachformen

Je nach gewählter Dachform sind unterschiedliche Eingaben notwendig und möglich. Die Dialog-Symbolleiste zeigt nur die notwendigen Einstellungen an.

Pult- und Satteldach

- **PULT- UND SATTELDACH**
  - **NEIGUNG/STEIGUNG** dient der Angabe der Dachneigung. Sobald ein Wert eingetragen wird, wird der zweite automatisch berechnet. Im Feld **NEIGUNG** wird die Dachneigung in Grad angegeben, bei **STEIGUNG** in Prozent. Der jeweils andere Wert wird automatisch errechnet.
  - Die Eingabeoption **DURCH PUNKT** dient zum Bestimmen der Traufhöhe über einen frei definierbaren Fixpunkt des Daches.

Die Eingabe eines **PULT- UND SATTELDACHES** erfolgt immer in folgenden Schritten:

▷ Eingabe der Oberkante und Unterkante des Daches
▷ Bestimmen des Umrisses der Dachebene (Standard ist die Außenkante der Wände)
▷ Eingabe der Neigung oder Steigung sowie der Traufhöhe
▷ **DACHKANTE** anklicken, an der die Werte (Neigung, Traufhöhe) gelten sollen
▷ Einstellungen für die nächste Kante ändern und/oder weitere Dachkanten anklicken

Pult- und Satteldach durch zwei Punkte

- **PULT- UND SATTELDACH DURCH ZWEI PUNKTE** definiert die Dachneigung über zwei frei bestimmbare Punkte, deren Höhen bekannt sein müssen. Die Punkte können auch außerhalb des Dachebenenbereiches liegen, da sie nur für die Ermittlung der Neigung der Ebene im Raum (zusammen mit der Traufkante) verwendet werden. Die Punkte können auch in der Perspektive abgegriffen werden (Höhen werden dann übernommen).

Die Eingabe eines **PULT- UND SATTELDACHES DURCH ZWEI PUNKTE** erfolgt immer in folgenden Schritten:

▷ Eingabe der Oberkante und Unterkante des Daches
▷ Bestimmen des Umrisses der Dachebene (Standard ist die Außenkante der Wände)
▷ Punkt 1 angeben (Höhe eingeben, wenn Punkt im Grundriss identifiziert wurde)
▷ Punkt 2 angeben (Höhe eingeben, wenn Punkt im Grundriss identifiziert wurde)
▷ Dachkante anklicken, an der die ermittelte Höhe und Neigung gelten sollen

Tonnendach

- **TONNENDACH** öffnet den Dialog zum Einstellen des Tonnendach-Profils. Je nachdem, welche Anforderung an das Dach gestellt ist und welche Parameter bekannt sind, können hier Eintragungen vorgenommen werden. Die Werte beeinflussen sich gegenseitig. Wenn z. B. die **MAX. HÖHE** eingegeben wird, verändert sich die **STRICHHÖHE**.

Die Eingabe eines **TONNENDACHS** erfolgt immer in folgenden Schritten:

▷ Eingabe der Oberkante und Unterkante des Daches
▷ Bestimmen des Umrisses der Dachebene (Standard ist die Außenkante der Wände)
▷ Umschalten in der Dialog-Symbolleiste auf **TONNENDACH**
▷ Eintragen der gewünschten Parameter
▷ Anklicken von zwei gegenüberliegenden Dachkanten, die parallel sind

Mansarddach

- **MANSARDDACH** öffnet den Dialog zum Einstellen des Mansarddach-Profils. Hier haben Sie die Möglichkeit, einzelne Bereiche mit unterschiedlichen Neigungen und Längen aneinanderzuhängen. Einzige Voraussetzung ist, dass die Neigung immer positiv ist.

Die Eingabe eines **MANSARDDACHS** erfolgt immer in folgenden Schritten:

▷ Eingabe der Oberkante und Unterkante des Daches
▷ Bestimmen des Umrisses der Dachebene (Standard ist die Außenkante der Wände)
▷ Umschalten in der Dialog-Symbolleiste auf **MANSARDDACH**
▷ Eintragen der gewünschten Parameter
▷ Übertragen des Profils an eine Dachkante durch Anklicken der Kante

HINWEIS: Alle Dachformen und Eingabemöglichkeiten des Daches gelten gleichermaßen bei der Gaube. Gauben bedürfen allerdings einer Dachebene, in die sie eingesetzt werden können. Die Funktion **GAUBE** kann auch verwendet werden, um z. B. einen erhöhten Bereich für ein Oberlicht oder Ähnliches zu definieren.

Freies Ebenenpaar

Die Neigung der oberen und/oder unteren Ebene eines freien Ebenenpaares wird jeweils durch drei einzugebende Punkte definiert. Die Definitionspunkte für die Neigungen sind unabhängig von dem Bereich, in dem die Dachebene gelten soll.

Die Eigenschaften des freien Ebenenpaares dienen nur der Einstellung der Höhe der Ebenen und/oder deren Höhe. Die Ausdehnung der Ebene ist nach Bestätigung der Einstellungen im Grundriss zu tätigen.

Je nachdem, welche Kombinationen Sie für **UNTERE EBENE** und **OBERE EBENE** wählen, werden die jeweils notwendigen Eingabefelder freigeschaltet.

Die Symbole haben im Einzelnen folgende Bedeutung:

Absolute Kote (oben)

Absolute Kote (unten)

- **ABSOLUTE KOTE (OBEN)** und **ABSOLUTE KOTE (UNTEN)** dienen zum Einstellen der jeweiligen Ebene des Ebenenpaares waagerecht auf der eingestellten Höhe über Null-Null.

Fester Abstand

- **FESTER ABSTAND** lässt die Definition einer Ebene gekoppelt an die andere zu. So kann man z. B. ein schräg im Raum verlaufendes Ebenenpaar durch Definition einer der beiden Ebenen einrichten.

- **OBERE EBENE FREI** und **UNTERE EBENE FREI** werden benötigt, wenn eine oder beide Ebenen des freien Ebenenpaares geneigt sein sollen.
- Mit dem Schalter **LOTRECHT/SENKRECHT** kann die Interpretation des eingegebenen Wertes entsprechend gesteuert werden. Zu beachten ist immer die Grafik im rechten Bereich des Dialoges.
- Im Bereich **DEFINITIONSPUNKTE** können entweder per Hand Koordinaten für die Höheneinstellungen der Ebenen angegeben werden oder mit **PUNKTE** die gewünschten Punkte aus Ihrer Zeichnung übernommen werden. Über die Schaltfläche **ÜBERNAHME** können Sie die Definitionspunkte aus der Zeichnung übernehmen. Sie können entweder Punkte im Grundriss bestimmen und die Höhe eingeben oder die Punkte in der Perspektive direkt anwählen.

Obere Ebene frei

Untere Ebene frei

Lotrecht

Senkrecht

Übernahme

4.2.6 Dachlandschaft

Dachlandschaften beschreiben freie Ebenenformen innerhalb des Ebenenmanagers, welche aus Sonderebenen entstanden sind. Eine direkte Eingabe einer Dachlandschaft **ohne** Vorkonstruktion von Dach- und/oder freien Ebenen ist nicht möglich. Eine Dachlandschaft kann Teilbildern und Strukturstufen zusätzlich zu einer Oberkante und Unterkante zugeordnet werden. Als Anzeige dient ein kleines Dachsymbol mit einer zusätzlichen Checkbox, die bei den Teilbildern und/oder Strukturstufen aktiviert werden muss, welche die Dachlandschaft erhalten sollen.

Auf Teilbildern, denen eine Dachlandschaft zugewiesen wurde, wird die Ebene so angezeigt, als ob sie auf dem Teilbild erzeugt wurde. Sollten Änderungen an der Dachlandschaft notwendig werden, muss entweder die Dachlandschaft vom Ebenenmodell entkoppelt oder die Dachlandschaft ausgetauscht werden. Eine Änderung oder das Löschen auf dem Teilbild ist nur möglich, wenn die Dachlandschaft vom Ebenenmodell entkoppelt wird. Der Befehl zum Entkoppeln der Dachlandschaft findet sich im Kontextmenü der Ebene auf dem Teilbild.

HINWEIS: Bevor eine Änderung an einem Ebenenmodell vorgenommen werden kann, muss bei Workgroup-Installationen sowie Share-Projekten mit der Funktion **BAUWERKSSTRUKTUR, EBENENMODELL BEARBEITEN** die Bearbeitbarkeit der Bauwerksstruktur und des Ebenenmodells eingeschaltet werden.

In der Palette **EBENEN** muss der **MODIFIKATIONSMODUS** immer aktiviert werden, um eine Änderung am Ebenenmodell durchführen zu können.

Bauwerksstruktur, Ebenenmodell bearbeiten

Dachlandschaft in Ebenenmodell aufnehmen

Die einzelnen Funktionen zum Ebenenmanager sind in Abschnitt 4.2.3, „Funktionen im Ebenenmanager“, beschrieben. An dieser Stelle wird nur auf das Aufnehmen von freien Ebenen zu Dachlandschaften eingegangen. Die zweite Methode, eine Dachlandschaft in ein Ebenenmodell zu integrieren (über die Palette **EBENEN**), wird im Zuge des Praxisbeispiels detailliert dargestellt.

Projektbezogen öffnen

Ebenen-manager

Dachlandschaft einfügen

- ▷ **DACHEBENEN** und/oder **FREIE EBENENPAARE** auf einem Teilbild erzeugen
- ▷ **PROJEKTBEZOGEN ÖFFNEN: TEILBILDER AUS ZEICHNUNGS-/BAUWERKS-STRUKTUR**
- ▷ **EBENENMANAGER**
- ▷ Ebenenmodell auswählen und Knotenüberschrift markieren, unter der die Dachlandschaft eingefügt werden soll
- ▷ **DACHLANDSCHAFT EINFÜGEN**
- ▷ **(1)** *aus Teilbild* (oder *aus NDW-Datei*)
- ▷ Teilbild wählen, auf dem die vorbereitete Dachebene liegt
- ▷ **(2)** Bei Bedarf den Namen der Dachlandschaft ändern oder den Vorschlag (Dokumentnamen) übernehmen
- ▷ Option zum Einfügen der Dachlandschaft in das Ebenenmodell einstellen
- ▷ Angaben bestätigen

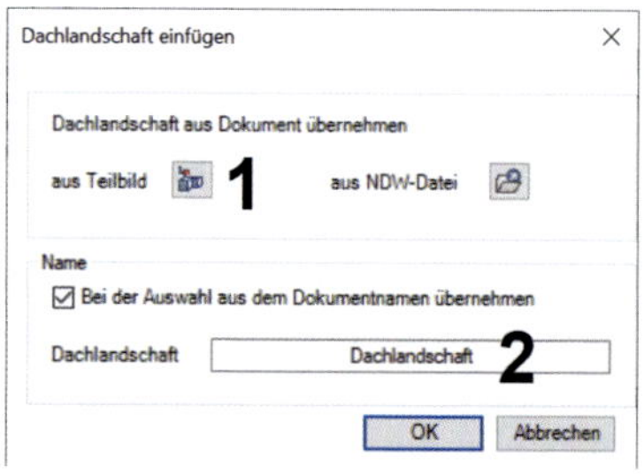

Die Dachlandschaft wird nun in das Ebenenmodell eingefügt. Unter den beiden schon zuvor vorhandenen Unterpunkten wird das Ebenenmodell mit dem eingestellten Namen angezeigt.

TIPP: Je nachdem, welche Option zum Einfügen Sie für die Übernahme in den Ebenenmanager eingestellt haben, erhalten Sie unterschiedliche Ergebnisse. Testen Sie die unterschiedlichen Anwendungsfälle aus.

Dachlandschaft austauschen

Der Austausch einer Dachlandschaft verläuft fast so wie das Einfügen einer Dachlandschaft in das Ebenenmodell.

Die zweite Methode, eine Dachlandschaft in ein Ebenenmodell zu integrieren (über die Palette **EBENEN**), wird im Zuge des Praxisbeispiels detailliert dargestellt.

Projektbezogen öffnen

Ebenen-manager

Dachlandschaft ersetzen

- ▷ Alternative **DACHEBENEN** und/oder **FREIE EBENENPAARE** auf einem Teilbild erzeugen oder bestehende ändern
- ▷ **PROJEKTBEZOGEN ÖFFNEN: TEILBILDER AUS ZEICHNUNGS-/BAUWERKSSTRUKTUR**
- ▷ **EBENENMANAGER**
- ▷ Ebenenmodell auswählen und auszutauschende Dachlandschaft markieren
- ▷ **DACHLANDSCHAFT ERSETZEN**
- ▷ *aus Teilbild* (oder *aus NDW-Datei*)
- ▷ Teilbild wählen, auf dem die vorbereitete Dachebene liegt
- ▷ Bei Bedarf den Namen der Dachlandschaft ändern oder den Dokumentnamen übernehmen

▷ Option zum Einfügen der Dachlandschaft in das Ebenenmodell einstellen

▷ Angaben bestätigen

In alle Teilbilder und Strukturstufen, in denen die ausgetauschte Dachlandschaft verwendet wird, wird beim Öffnen des Teilbildes die Information der neuen Dachlandschaft eingetragen.

TIPP: Über die Funktionalität des Austauschens einer Dachlandschaft können Ebeneninformationen in vielen Teilbildern gleichzeitig geändert werden. Sollten Sie noch Teilbilder zur Strukturierung der Elemente (anstatt Layer) und/oder eine breit aufgefächerte Teilbildstruktur verwenden, können Fehler durch unterschiedliche Dächer in einem Geschoss vermieden werden.

Dachlandschaften von Ebenenmodell entkoppeln

Eine Dachlandschaft kann jederzeit im aktiven Teilbild vom Ebenenmodell entkoppelt werden. Es entstehen dabei Dachebenen und freie Ebenenpaare, die Sie mit den Standardfunktionen weiterbearbeiten können. Dies kann z.B. dann nützlich sein, wenn das Originalteilbild, in dem die Sonderebenen erzeugt wurden, für Änderungen nicht mehr zur Verfügung steht oder Varianten erzeugt werden sollen.

Der Vorgang zum Entkoppeln der Ebenen läuft wie folgt ab:

▷ Teilbild mit Dachlandschaft öffnen

▷ Kontextmenü über rechte Maustaste (Mauszeiger über der Dachlandschaft) öffnen

▷ EBENEN AUS EBENENMODELL ENTKOPPELN

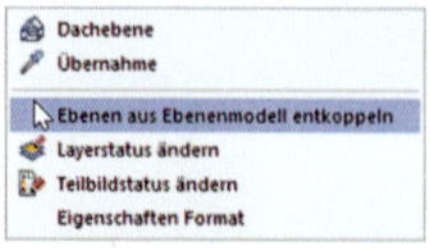

Die Dachlandschaft/Ebenenlandschaft wird auf die zugrunde liegenden Ebenen zurückgeführt, die verändert und auch wieder in das Ebenenmodell aufgenommen werden können.

4.2.7 Ebenen aus Ebenenmodell verwenden

Die im Ebenenmodell definierten Höhen müssen den Teilbildern und/oder Strukturstufen zugewiesen werden. Sobald die Höhen zugewiesen wurden, wird jede Änderung im Ebenenmodell an die betroffenen Strukturstufen und Teilbilder weitergereicht. Das Zuweisen von Höhen aus dem Ebenenmodell an Teilbilder und/oder Strukturstufen wird über die Funktion **EBENEN ZUWEISEN** in der Bauwerksstruktur (nur für Teilbilder) oder über die Funktion **STANDARDEBENEN LISTEN** getätigt.

Basis für alle Höhen des Gebäudes sind die Ebenenmodelle im Ebenenmanager. Im Ebenenmanager ist das gesamte Gebäude (je Ebenenmodell eine Darstellung) übersichtlich dargestellt. Jedes Teilbild (bzw. jede Strukturstufe) wird mit zwei beliebigen Höhendefinitionen aus **einem** Ebenenmodell verknüpft. Die beiden Höhen werden im Teilbild mit den

Höhen der Standardebenen verknüpft. Eine Änderung der Höhe im Teilbild selbst ist nicht möglich. In der Regel erhält die Strukturstufe des Erdgeschosses die Einstellungen *Oberkante EG* und *Unterkante EG*, das Teilbild für die Decke über dem Erdgeschoss die vom Erdgeschoss abweichende Einstellung *Unterkante 1. OG* und *Oberkante EG*. Zusätzlich zu den Standardhöhen kann jeder Strukturstufe bzw. jedem Teilbild eine Dachlandschaft zugewiesen werden, die im definierten Bereich gilt und auf jedem Teilbild angezeigt wird.

Nach einer Änderung der Ebenenzuweisung erscheint der Dialog **ETAGE-VERHALTEN BETROFFENER TEILBILDER**, in dem das Verhalten von nicht ebenenabhängigen Elementen bestimmt werden kann. Zusätzlich kann, wenn die Zuweisung an eine Strukturstufe erfolgt, bestimmt werden, ob die direkt untergliederten Teilbilder die gleiche, neue Einstellung erhalten sollen.

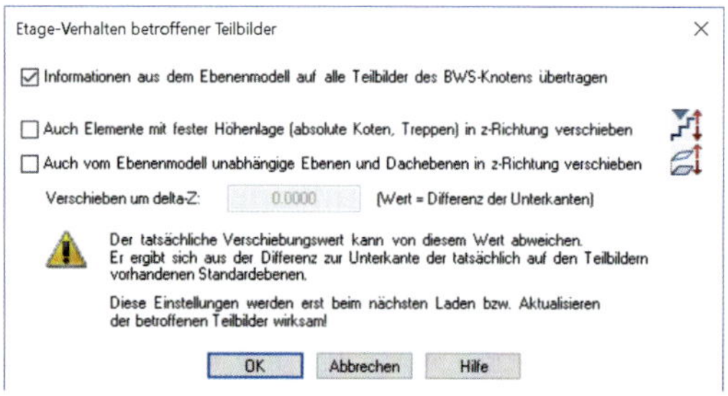

Die Zuweisung von Ebenen an Teilbilder kann entweder über den Dialog **PROJEKT-BEZOGEN ÖFFNEN** (Ebenen zuweisen) oder auf dem Teilbild (**STANDARDEBENEN LISTEN**) erfolgen.

Ebenen zuweisen über Bauwerksstruktur

Im Register **BAUWERKSSTRUKTUR** des Dialogs **PROJEKTBEZOGEN ÖFFNEN: TEILBILDER AUS ZEICHNUNGS-/BAUWERKSSTRUKTUR** ist die gesamte Struktur verfügbar. Ebenen können Strukturstufen oder Teilbildern zugewiesen werden. Teilbilder, die einer Strukturstufe direkt untergeordnet sind und **keine** separaten Einstellungen zugewiesen bekommen haben, übernehmen die Einstellung der Strukturstufe.

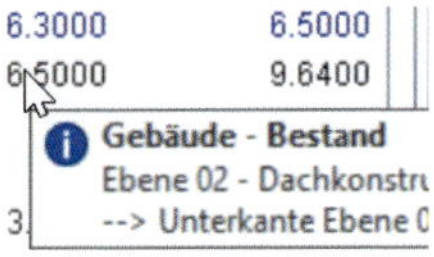

Tooltipp Ebenen-einstellung

In den Spalten *Höhe unten* und *Höhe oben* werden die Einstellungen angezeigt bzw. es wird nichts angezeigt, wenn das Teilbild die Höhen aus der Strukturstufe übernimmt. Über den Anzeigefeldern erscheint der nebenstehende Tooltipp, sobald der Mauszeiger über den Werten/Symbolen ruht.

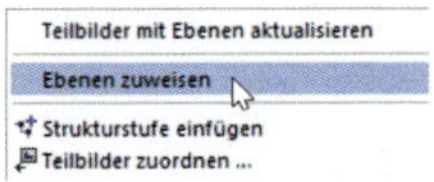

Die Funktion **EBENEN ZUWEISEN** befindet sich in den Kontextmenüs der Strukturstufen, der Teilbilder und der Anzeige der Ebeneneinstellungen (je Teilbild/Strukturstufe) auf der linken Seite im Register **BAUWERKSSTRUKTUR**. Den Teilbildern und Strukturstufen in den Ableitungen der Bauwerksstruktur sowie den Teilbildern, die nur in der Zeichnungsstruktur zugewiesen sind, kann über den Dialog **PROJEKTBEZOGEN ÖFFNEN: TEILBILDER AUS ZEICHNUNGS-/BAUWERKSSTRUKTUR** nichts zugewiesen werden.

Die Multiselektion von Teilbildern **oder** Strukturstufen ist genauso möglich wie das einzelne Zuweisen an Teilbilder oder Strukturstufen. Änderungen über **EBENEN ZUWEISEN** wirken sich auf alle Teilbilder/Strukturstufen aus, die gemeinsam markiert wurden.

Wird einer Strukturstufe eine Dachlandschaft zugewiesen, wird diese beim ersten Öffnen eines der Strukturstufe untergeordneten Teilbildes auf dieses übertragen.

Über den Dialog **EBENEN ZUWEISEN** werden die Ebenen den Strukturstufen und/oder Teilbildern zugewiesen. Die dem Teilbild (oder der Strukturstufe) zugewiesenen Ebenen sind angehakt bzw. müssen angehakt werden. Zusätzlich zu den beiden notwendigen Standardhöhen kann bei Bedarf eine beliebige Dachlandschaft aus dem Modell gewählt werden. Der nachfolgende Dialog gibt Ihnen unterschiedliche Optionen an, was bei einer Höhenänderung auf dem Teilbild geschehen soll.

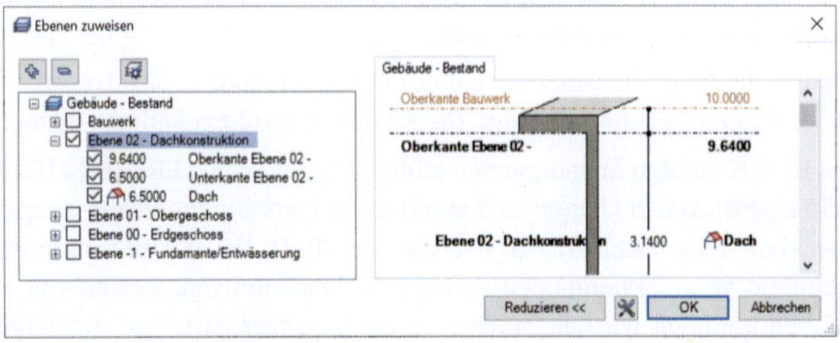

Elemente, die nicht an die Ebenen angebunden sind, können mit verändert werden. Sie sparen sich das Nacharbeiten, wenn Sie hier mit Bedacht Einstellungen treffen. Solange noch keine Bauteile auf den Teilbildern vorhanden sind, die von der Änderung betroffen sind, ist die Einstellung in diesem Dialog bedeutungslos.

Der Vorgang an sich gliedert sich in folgende Schritte:

▷ **PROJEKTBEZOGEN ÖFFNEN**

▷ Register **BAUWERKSSTRUKTUR**

▷ Kontextmenü öffnen

▷ **EBENEN ZUWEISEN**

▷ Ebenen im Dialog **EBENEN ZUWEISEN** auswählen

▷ Dialog **ETAGE-VERHALTEN BETROFFENER TEILBILDER** lesen und Optionen nach Bedarf auswählen

Projektbezogen öffnen

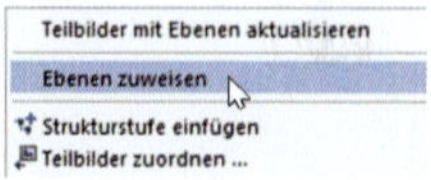

HINWEIS: Die Einstellungen des Dialogs **ETAGE-VERHALTEN BETROFFENER TEILBILDER** sind nur wichtig, wenn auf dem Teilbild Bauteile mit absoluten Höhen, Sonderebenen, 3D-Körper ohne Höhenbezug, Treppen oder ähnliche Elemente vorhanden sind.

Ebenen zuweisen über Standardebenen listen (Teilbild)

Im allgemeinen Kontextmenü, im Teilbild sowie z. B. im Modul **ARCHITEKTUR ALLGEMEIN** finden Sie die Funktion **STANDARDEBENEN LISTEN**. Nach Aufruf der Funktion werden alle geladenen (nicht passiven) Teilbilder und NDW-Dateien in einer Liste mit den Einstellungen der Standardebenen angezeigt. Die Einstellungen können durch Anklicken der entsprechenden Zeile geändert werden.

Standardebenen listen

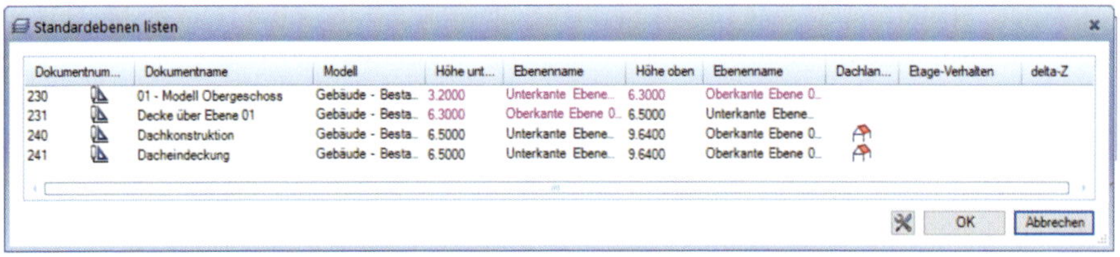

Bei Teilbildern, denen Ebenen aus dem Ebenenmodell zugewiesen sind, wird der Name des Modells und der zugewiesenen Ebene angezeigt. Anhand der Ebenennamen ist die Lage des Teilbildes im Gebäude ersichtlich.

Bei Teilbildern, die keine Informationen eines Ebenenmodells in sich tragen, werden nur die Werte der Standardebene angezeigt. Diese können direkt geändert werden.

Über einen **KLICK** auf den Ebenennamen öffnet sich der Dialog **EBENEN ZUWEISEN**. Die dem Teilbild zugewiesenen Ebenen sind markiert und werden unten angezeigt. Sobald die beiden Checkboxen bei **FREIE HÖHE UNTEN** und **FREIE HÖHE OBEN** aktiviert werden, wird das Teilbild vom Ebenenmodell entkoppelt. Einstellungen, welche von einem Ebenenmodell übernommen wurden, werden in der Bauwerksstruktur angezeigt, frei definierte Höhen werden nicht angezeigt.

Der Vorgang zum Zuweisen von Höhen bei der Teilbildbearbeitung läuft wie folgt ab:

▷ Modellteilbilder über **PROJEKTBEZOGEN ÖFFNEN** auswählen und öffnen

▷ **STANDARDEBENEN LISTEN**

Standardebenen listen

▷ Teilbild durch Klick in die Zeile (zwischen Modell und Dachlandschaft) auswählen

Ein Klick im Bereich *Modell* bis *Dachlandschaft* der Auflistung öffnet den Dialog **EBENEN ZUWEISEN**. Es kann entweder eine Ebene aus einem Modell oder eine freie Höhe für unten oder oben ausgewählt werden. Eine Kombination von einem freien Wert (unten oder oben) mit einer Ebene aus einem Ebenenmodell ist möglich, aber nicht ratsam. Bei Daten aus älteren Versionen von Allplan werden die Werte der Standardebenen bei **FREIE HÖHE OBEN** und **FREIE HÖHE UNTEN** angezeigt.

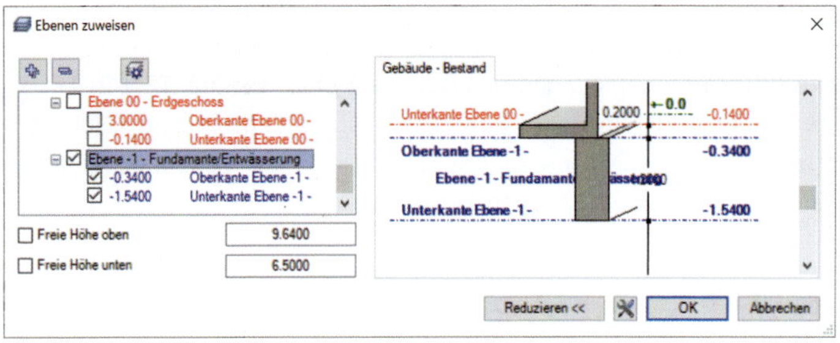

▷ Angaben bestätigen

▷ **ETAGE-VERHALTEN BETROFFENER TEILBILDER** einstellen

▷ Angaben jeweils bestätigen

▷ Die Änderungen an den Standardebenen werden sofort ausgeführt.

Der Dialog **ETAGE-VERHALTEN BETROFFENER TEILBILDER** kann auch in der Auflistung in den Feldern **ETAGE-VERHALTEN** und **DELTA-Z** aufgerufen werden.

> **HINWEIS:** Die Einstellungen des Dialogs **ETAGE-VERHALTEN BETROFFENER TEILBILDER** sind nur wichtig, wenn auf dem Teilbild Bauteile mit absoluten Höhen, Sonderebenen, 3D-Körper ohne Höhenbezug, Treppen oder ähnliche Elemente vorhanden sind.

4.2.8 Abstandsebene, Bezugsfläche und Dachfläche

Neu in Version 2019/2020

Das Ebenenkonzept von Allplan wurde mit Version 2019 um Bezugsflächen erweitert. In Version 2020 sind zusätzlich noch Abstandsebene und Dachfläche hinzugekommen. Die neuen Bezugselemente können nur über die Palette **EBENEN** in das Ebenenmodell integriert werden und müssen als Bezug direkt am Bauteil eingestellt werden. Zusätzlicher Unterschied zu den Dachebenen/Freien Ebenen/Standardebenen ist, dass die neuen Bezugselemente nur eine Fläche sind und damit das Konzept mit unterer/oberer Ebene sinnvoll ergänzt wurde.

4.2.8.1 Abstandsebene

Abstandsebenen einfügen

Die Funktion zum Erzeugen einer Abstandsebene befindet sich nur in der Palette **EBENEN**. Das Verwenden von Abstandsebenen, ohne dass das Teilbild mit einem Ebenenmodell verbunden ist, ist nicht möglich.

Grundsätzlich müssen zwei Arten von Abstandsebenen unterschieden werten.

Die gekoppelten Abstandsebenen werden mit einer Einstellung erzeugt und sind dann in **allen** Geschossen mit den **gleichen** Abständen von der unteren oder oberen Standardebene verfügbar. Ideal ist diese Art z. B. für Brüstungen von Fenstern, Oberkante von Fenstern und Türen oder Ähnliches.

Einfache Abstandsebenen sind nur in einem Geschoss vorhanden und werden dort mit einem Abstand an die untere oder obere Standardebene gekoppelt. Ideal ist diese Art für Attikaaufkantungen, Unterkanten von Unterzügen oder Ähnliches

Der gesamte Vorgang – vom Einstellen/Hinzufügen von Abstandsebenen zum Ebenenmodell bis zur Anwendung in den Bauteilen – ist nachfolgend anhand von gekoppelten Abstandsebenen für Fenster dargestellt.

Abstandsebene in Modell einfügen

Wenn Modelldaten vorhanden sind, kann es sinnvoll sein, wenn diese zum Ergänzen des Ebenenmodells mit eingeblendet werden.

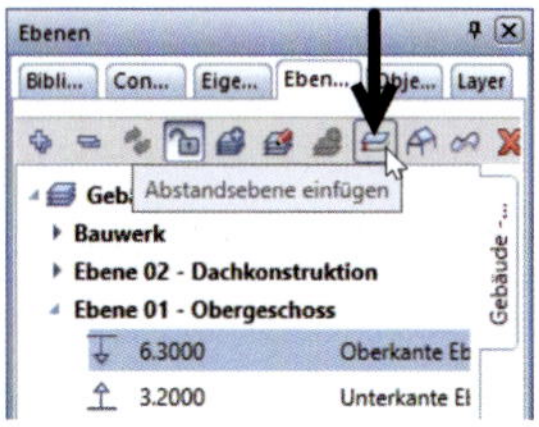

- ▷ Palette **EBENEN** öffnen
- ▷ **MODIFIKATIONSMODUS** einschalten: Die Schaltflächen in der Palette **EBENEN** werden, je nach markierter Ebene, aktivierbar.

Ebenen

Modifikationsmodus Ein

Abstandsebenen einfügen

▷ **ABSTANDSEBENE** einfügen. Die Einstellungen für die Abstandsebene werden angezeigt.

▷ Im Pull-down-Menü **NAME** kann direkt eine der Vordefinitionen gewählt oder ein eigener **NAME** vergeben werden. Die Felder **ABSTAND** und **VERBINDUNG MIT STANDARDEBENE** definieren die Lage der Abstandsebene. Durch Aktivieren der Option **SELBE IN ALLEN EBENEN** wird die Abstandsebene in allen Geschossen mit dem gleichen Namen erzeugt. Im Modell werden die neuen Abstandsebenen als rote Flächen eingeblendet.

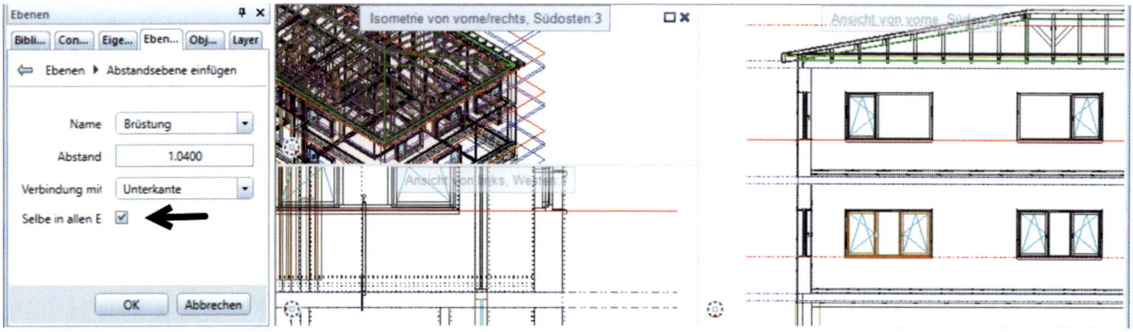

▷ Einstellungen mit **OK** bestätigen. Die neuen Abstandsebenen werden im Ebenenmodell angezeigt. Der Name ist jeweils gleich. Das Symbol der Abstandsebene zeigt, dass es sich jeweils um gekoppelte Bezüge handelt. Die angezeigte Höhe zeigt die jeweilige Brüstungshöhe an.

▷ Durch Anwenden oder eine andere Aktion werden die Informationen beim Verlassen der Palette **EBENEN** geschrieben.

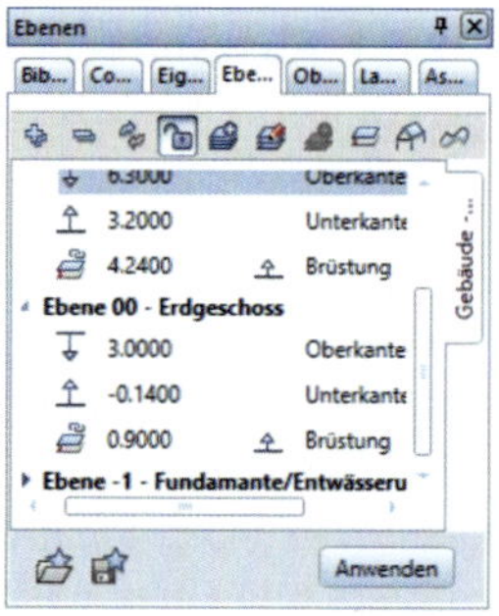

Mit entsprechenden Einstellungen kann auch für die Oberkante der Fensteröffnungen eine Abstandsfläche erzeugt werden.

Abstandsebene verwenden

Um die Fenster an die Abstandsebene zu koppeln, muss in den Einstellungen für die Höhe die Abstandsebene des Geschosses gewählt werden. Nach der Änderung der Eigenschaften können alle gleich angebundenen Fenster über die Palette **EBENEN** durch eine Änderung der Abstandsebenen in der Höhe verändert werden (siehe dazu auch das Praxisbeispiel in Abschnitt 4.15.3, „Innentüren“, sowie in Abschnitt 4.15.4, „Fenster“).

4.2.9 Ratgeber Dach

Durch die deutliche Erweiterung der Möglichkeiten, wie Allplan mit Dächern umgehen kann, haben sich die Möglichkeiten im Vergleich zu älteren Versionen von Allplan multipliziert.

Die hier angesetzten Fragen und Antworten beziehen sich rein auf Ebenen. Die zusätzlichen Möglichkeiten über Dachflächen (nur teilbildbezogen) oder Bezugsflächen für die Anbindung auf Bauteilebene werden nur im Ansatz erörtert.

Für die optimale Anwendung der Möglichkeiten in Allplan, mit Ebenen Dächer zu erzeugen, ist es sinnvoll, sich vor dem Anlegen der Dachebenen und Strukturen einige Fragen zu stellen:

- *Offener Dachstuhl (echtes DG) oder Dach oberhalb waagerechter Decke?* Soll der Dachstuhl offen, sprich die Neigung des Dachs im Raum sichtbar sein, ist das Obergeschoss gleich dem Dachgeschoss. Erhält das letzte Obergeschoss eine waagerechte Decke, benötigt man eine zusätzliche Ebene und somit eine weitere Strukturstufe für das Dach.
- *Ist die Form des Daches klar oder wird diese sich im Entwurfsverlauf sehr oft ändern?* Wenn im Entwurfsvorgang sehr viel am Dach gearbeitet werden muss, kann es sinnvoll sein, die Dachebene auf dem Teilbild direkt zu erzeugen und zu bearbeiten und erst nach Abschluss des Entwurfs in das Ebenenmodell einzubinden. Alternativ kann – wenn keine Einbindung des Dachs in das Ebenenmodell benötigt wird – an dieser Stelle auch mit der neuen Dachfläche gearbeitet werden. Die Bauteile müssen jedoch explizit an die Dachfläche angebunden werden. Dafür können mit der Dachfläche auch negative Neigungen realisiert werden.
- *Sind Vordächer und/oder Dachvorsprünge nötig? Sind Dächer für Garagen vorgesehen?* In jeden Knoten des Ebenenmodells kann eine Dachlandschaft eingefügt werden. Damit können z. B. im Erdgeschoss das Vordach, im Obergeschoss das Dach der Garage und im Dachgeschoss das Hauptdach angelegt werden. Somit sind nahezu alle Gebäudeformen komplett im Ebenenmodell abbildbar (inklusive Dachlandschaften). Alternativ kann an allen Stellen, an welchen Dächer über mehrere Ebenen reichen sollen, ergänzend die Form mit Bezugsflächen erzeugt werden, die im Ebenenmodell eingebunden die Möglichkeit geben, im gesamten Modell darauf zuzugreifen.

4.3 Höheneinstellung für Bauteile

Allplan bietet unterschiedliche Möglichkeiten der Definition der Höhe und Höhenlage eines Objekts an. Bei einfachen 3D-Körpern, 3D-Flächen, 3D-Linien und Ähnlichem wird die Lage durch das freie Verschieben des Objekts auf die richtige Höhe erzeugt. Bei Architekturbauteilen und ähnlichen Objekten kann die Höhe entweder absolut eingegeben oder in Bezug zu einer Ebene gesetzt werden (siehe Abschnitt 4.2, „Grundwissen – Ebenenmodell“).

Dabei gilt: Die Höhe wird in Bezug zu den Ebenen (Standardebenen, Sonderebenen/Dachlandschaften, Abstandsebenen, Bezugsfläche oder Dachfläche) angegeben und aus diesen Bezügen berechnet. Der Bezug zu den Ebenen kann unterschiedlich gestaltet werden und ist bei allen Bauteilen der Architektur gleich oder ähnlich vorhanden. Das bedeutet, dass bei der Eingabe des Bauteils dessen genaue Höhe nicht bekannt sein muss.

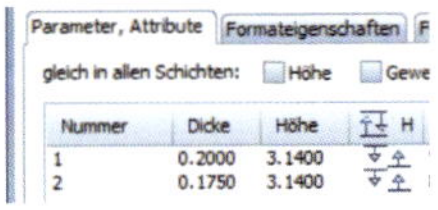

Bei allen Dialogen von Bauteilen des Bereichs *Architektur* (bzw. von Bauteilen, die an Ebenen angebunden werden können) werden die gleichen Zeichen bei der Höheneinstellung in unterschiedlicher Zusammenstellung verwendet. Durch Anklicken der Symbole oder der Schaltfläche **HÖHE** können die Einstellungen angezeigt und/oder geändert werden.

Über den Dialog **HÖHE** werden die Oberkante und die Unterkante des Bauteils angebunden. Es stehen jeweils mehrere Optionen zur Verfügung, die nahezu frei kombiniert werden können (einige unlogische Kombinationen sind ausgeschlossen).

Die folgenden Einstellungen können logisch miteinander kombiniert werden, jedoch sollte darauf geachtet werden, dass sich die Unterkante des Bauteils immer unterhalb der Oberkante befindet, da ansonsten seltsame Effekte auftreten können.

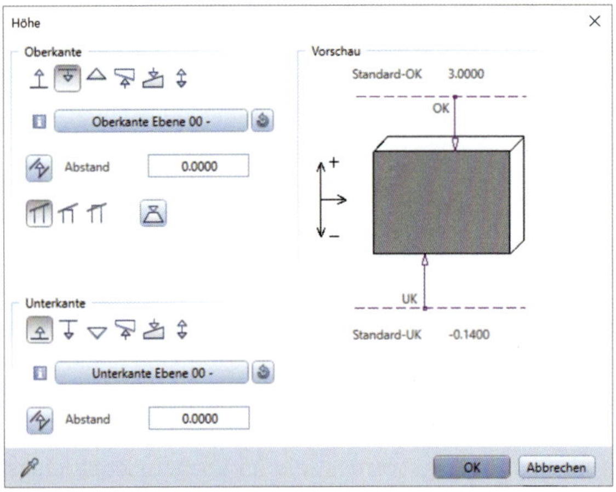

HINWEIS: Neben den Möglichkeiten, die Bezüge aus dem Ebenenmodell auf dem Teilbild als Standardebene zu verwenden, kann seit Allplan 2019 direkt auf Bauteilebene auf ein dem Teilbild zugewiesenes Ebenenmodell zugegriffen werden. Damit ist es z. B. möglich, ein Bauteil bis zur Unterkante des nächsten Stockwerks erstrecken zu lassen, ohne die Deckendicke berücksichtigen zu müssen.

Einstellmöglichkeiten für Bauteiloberkante und -unterkante

Bei der Anbindung des Bauteils an die Ebenen wird zwischen dessen Unterkante und Oberkante unterschieden. Beide können entweder an eine unterschiedliche Ebene (untere oder obere), an die gleiche Ebene, mit absoluten Koten unabhängig von den Ebenen oder bezugnehmend auf ein bestehendes Bauteil angebunden werden. Teilweise können die Einstellungen kombiniert werden, teilweise schließen sich Einstellungen gegenseitig aus. Bei Abstandseingaben gibt ein positiver Wert immer den Abstand in Z-Richtung nach oben an, ein negativer Wert immer den Abstand in Z-Richtung nach unten.

An untere Ebene

An obere Ebene

- Bauteilkante **AN UNTERE EBENE** mit Abstand anbinden
- Bauteilkante **AN OBERE EBENE** mit Abstand anbinden
  - **ABSTAND LOTRECHT/SENKRECHT** gibt an, wie die Eingabe des Abstands von der Ebene aus gemessen werden soll. Die Schalterstellung ist bei Standardebenen bedeutungslos, bei schräger (Dach-)Ebene notwendig.

Lotrecht

Senkrecht

Absolutwert (Oberkante)

Absolutwert (Unterkante)

- **ABSOLUTWERT OBERKANTE** und **UNTERKANTE** dienen dazu, einem Bauteil eine genau definierte Oberkante und/oder Unterkante zu geben. Bauteilkanten, die absolut angegeben werden, sind immer waagerecht. Der Schalter für lotrecht/senkrecht wird ausgeblendet und durch den Text *Höhenkote* ersetzt. Werteingaben beziehen sich immer auf ±0,00. ±0,00 ist für ein Projekt einmalig! Alle Höheneingaben beziehen sich demnach auf die gleiche Nullebene.

Übernahme von *Bauteil-O K*

Übernahme von *Bauteil-UK*

- **ÜBERNAHME VON BAUTEIL-OK UND -UK** dient zur Übernahme von Höhen eines bestehenden Bauteils oder einer neben dem Bauteil liegenden Ebene. Dabei findet lediglich eine Übernahme statt, ohne dass eine Abhängigkeit gebildet wird. Eine Höhenänderung des Bauteils, von dem die Höhe übernommen wurde, hat keine Auswirkung auf das Bauteil, dessen Höhe Sie eingestellt haben.

Feste Bauteilhöhe

- **FESTE BAUTEILHÖHE** kann entweder für die Oberkante oder die Unterkante des Bauteils eingestellt werden. Der einzugebende Wert ist immer positiv. Wird die Bauteilhöhe mit einer absoluten Kote kombiniert, so entfällt die Auswahl **LOTRECHT/ SENKRECHT**.

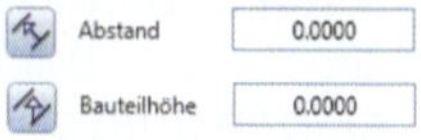

Auswahl Bezugsebene/Bezugsfläche:

Über die Auswahlfelder für Bezugsebenen/Bezugsflächen können Sie entweder auf lokal auf dem Teilbild vorhandene Bezugsflächen oder Dachflächen zugreifen oder – wenn das Teilbild an ein Ebenenmodell gebunden ist – auf die im Ebenenmodell vorhandenen Ebenen (aller Geschoss), Bezugsflächen oder Abstandsebenen. Es ist dabei zu beachten, dass zum Verwenden dieser Funktionalität bei der Oberkante das Symbol *An obere Ebene anbinden* bzw. bei der Unterkante *An die untere Ebene anbinden* gewählt ist. Im Praxisbeispiel werden z. B. Fenster und Türen, eine Wand im Bereich Treppenhaus sowie das Geschoss über diese Art an das Ebenenmodell angebunden.

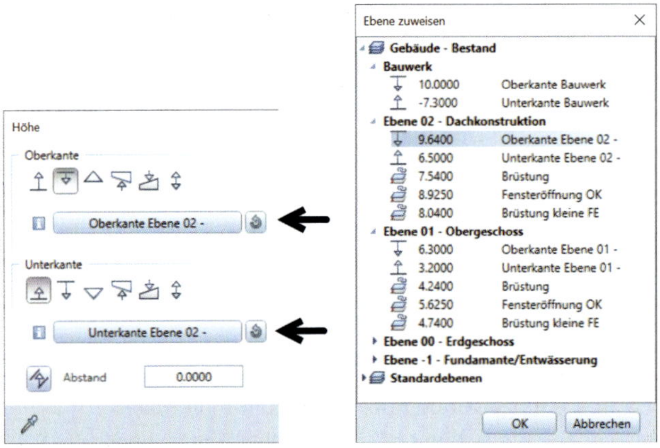

Spezielle Einstellmöglichkeiten für Bauteiloberkante

Für die Bauteiloberkante gibt es noch weitere Einstellungen, die vor allem bei der Bearbeitung von Dachgeschossen benötigt werden.

Normal

Kniestock

Schornstein

Maximale Bauteilhöhe

- **NORMAL** bindet das Bauteil entlang der Ebene an. Das Bauteil wird bei einer schrägen Ebene ebenso abgeschnitten.
- **KNIESTOCK** fixiert den untersten Punkt des Bauteils, der sich mit der Ebene schneidet, als Höhe. Das Bauteil wird immer waagerecht abgeschnitten.
- **SCHORNSTEIN** fixiert den obersten Punkt des Bauteils, der sich mit der Ebene schneidet, als Höhe. Das Bauteil wird immer waagerecht abgeschnitten (nicht verfügbar bei **BAUTEILHÖHE**).
- **MAXIMALE BAUTEILHÖHE** gibt die maximale Höhe an, die ein Bauteil, bezogen auf dessen untersten Punkt, erlangen darf. Diese Funktion kann bei Bauteilen unter Dachebenen angewendet werden, die z. B. nur 2,65 m (bis UK Kehlbalken) hoch werden sollen. Diese Bauteile gleichen sich so lange an die Ebene an, bis die maximale Höhe erreicht ist. Dort werden sie waagerecht.

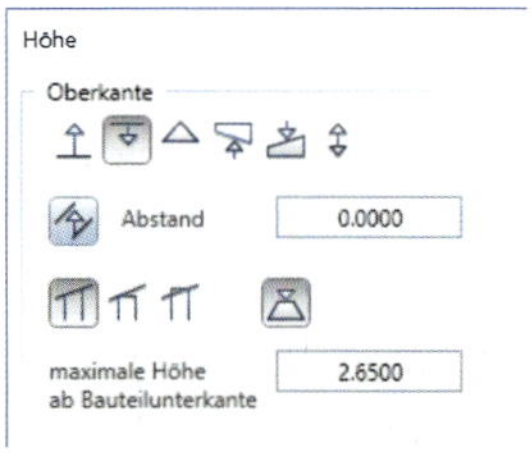

4.4 Grundwissen – Bauteile Architektur

Viele Einstellmöglichkeiten tauchen in gleicher oder ähnlicher Form bei unterschiedlichen Bauteilen auf. Zudem gibt es Bauteile, die unterschiedliche Namen (und Zwecke) haben, aber bei der Eingabe der Eigenschaften nahezu gleich ablaufen. Aus diesem Grund werden vor Beginn der Erklärung von speziellen Bauteilen die allgemein verfügbaren Parameter zu massiven Bauteilen wie **WAND**, **STÜTZE**, **DECKE**, **UNTERZUG**, **FUNDAMENT**, **STURZ**, **ROLLOKASTEN** und viele mehr besprochen.

4.4.1 Darstellung in Grundriss/Schnitt und Animation

Die Darstellung für den Grundriss/Schnitt wird über die Formateigenschaften und Flächendarstellung, die Darstellung für die Animation über die Einstellung der Oberfläche oder die Formateinstellung *Farbe* gesteuert. Bei der Berechnung von Ansichten kann zudem auf die Körperfarbe der zugewiesenen Oberflächen zugegriffen werden.

Formateigenschaften

Bei den meisten Bauteilen können die Formateigenschaften im Dialog des Bauteils direkt angegeben werden. In den Optionen kann eingestellt werden, dass bei einschichtigen Bauteilen, die im Dialog diese Einstellmöglichkeit haben, zusätzlich eine Eingabe über die Palette **EIGENSCHAFTEN** oder die Symbolleiste *Format* möglich ist. Diese Option existiert auch für mehrschichtige Bauteile. Bei diesen werden bei einer Formatänderung über die Palette **allen** Bauteilschichten der gleiche Layer bzw. die gleichen Formateigenschaften zugewiesen.

Wenn mit einer Kopplung von Stift, Strich und Farbe am Layer gearbeitet wird, sind die Felder grau hinterlegt (wie in der Abbildung dargestellt) und können nicht geändert werden. Die angezeigten Einstellungen entsprechen immer der aktuellen Darstellung und hängen von Layer (in Verbindung mit dem Linienstil) und Maßstab oder Zeichnungstyp ab.

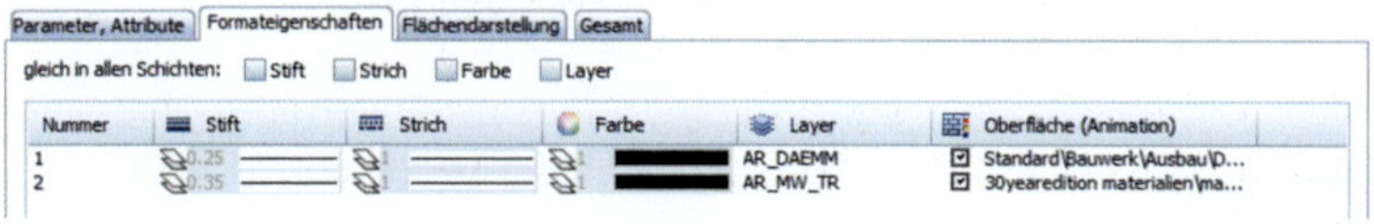

Grundriss/Schnitt – Flächendarstellung

Alle Architekturbauteile besitzen Parameter zur Darstellung der Schnittflächen und/oder Grundrissflächen. Bei einigen selten verwendeten Bauteilen gibt es (noch) keine Möglichkeit, Pixelflächen und/oder Stilflächen zu verwenden.

Flächenelemente

Sie haben die Wahl zwischen **SCHRAFFUR**, **MUSTER**, **FÜLLFLÄCHE**, **PIXELFLÄCHE** und **STILFLÄCHE** sowie den Kombinationen **SCHRAFFUR/FÜLLFLÄCHE** und **MUSTER/FÜLLFLÄCHE**.

Wenn Sie die Option **FLÄCHENELEMENT IM GRUNDRISS DARSTELLEN** aktivieren, wird das Bauteil im Grundriss mit den angewählten Flächenelementen ausgefüllt. Die Darstellung im Schnitt wird immer mit Flächenelementen berechnet (wenn im Bauteil eingestellt).

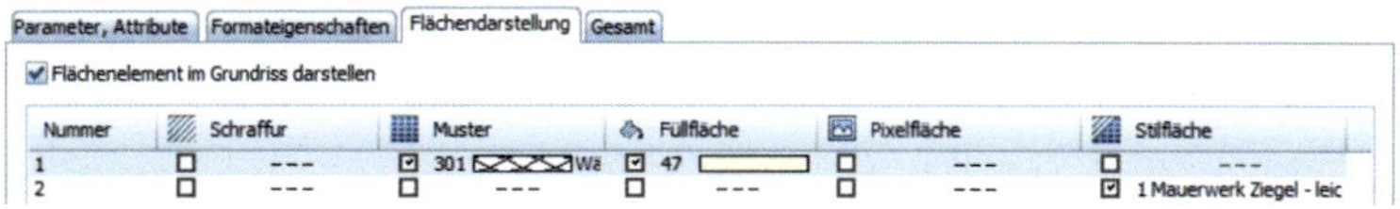

TIPP: Über die Funktion **ALLGEMEINE AR-EIGENSCHAFTEN MODIFIZIEREN** können Sie für Architekturbauteile definieren, dass Schraffuren (derzeit **nur** Schraffuren) in Bauteilrichtung gedreht werden. Dadurch können verwirrende Darstellungen bei runden und/oder in Winkeln versetzten Wänden vermieden werden.

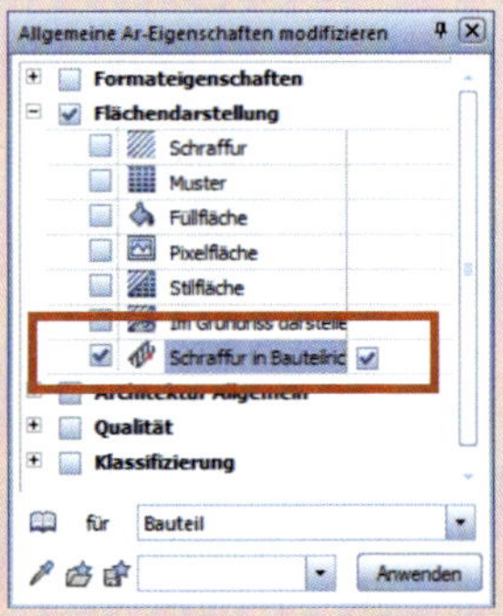

Oberfläche (Animation)

Freie Oberflächen an 3D-/Ar-Elemente zuweisen

OBERFLÄCHE (ANIMATION) öffnet den Dialog zum Festlegen der **FREIEN OBERFLÄCHE** für die Animation. Es kann entweder eine bestehende Oberflächendatei ausgewählt oder eine neue erstellt werden. Alternativ zur Einstellung der Oberfläche für jedes einzelne Bauteil kann die Farbe in der Animation verwendet werden. Jede Stiftfarbe entspricht einer Einstellung in der Animation. Dies hat den Vorteil, dass schnell alle Wandfarben, die gleich erzeugt wurden, geändert werden können, und den Nachteil, dass die Animationsfarbe eine Auswirkung auf die Darstellung des Grundrisses hat.

4.4.2 Attribute

Mit Attributen können weitere Eigenschaften der Bauteile festgelegt werden, die nicht sichtbar sind. So kann z. B. über das Attribut **MATERIAL/QUALITÄT** eingestellt werden, welcher Baustoff notwendig ist, und über das Attribut **GEWERK**, welcher Leistung das Bauteil zuzuordnen ist. Über **GEWERK** und **ABRECHNUNGSART** werden in vielen Reports die auszugebenden Mengen (nach VOB) gesteuert.

Je nach Bauteil sind Schaltflächen für die Attribute vorhanden, oder die Angaben werden in Reportform dargestellt. Zudem existiert bei vielen Bauteilen über eine weitere Schaltfläche (**ATTRIBUTE**) die Möglichkeit, zusätzliche Eigenschaften über Attribute an das Bauteil anzuhängen.

Neben den Standardattributen, welche Allplan liefert, können weitere Attributsets vorhanden sein, welche über Bimplus verwaltet werden.

Bereich Materialauswahl

- **MATERIAL/QUALITÄTEN** öffnet je nach Katalogeinstellung eine Auswahl von Materialien. Das Material wird in den Reports mit ausgegeben. Es kann entweder ein Material eingegeben werden oder in einem Zusatzdialog können verschiedene Ausprägungen für unterschiedliche Auswertungen angegeben werden.
- **UMBAUKATEGORIE** kann die Werte *Bestand, Abbruch* oder *Neubau* annehmen und dient zur Unterscheidung von Bauteilen bei der Planung großer und kleiner Umbauten. Näheres finden Sie in der Hilfe von . Das Attribut **UMBAUKATEGORIE** ist bei den meisten Bauteilen nicht direkt in der Oberfläche vorhanden, sondern nur über die Schaltfläche **ATTRIBUTE** bzw. über das Kontextmenü **ATTRIBUTE** sichtbar.
- **KATALOGZUORDNUNG** stellt eine Auswahl von Katalogen zur Verfügung, aus denen unter **MATERIAL/QUALITÄTEN** Einträge ausgewählt werden können. Je nach Bauteilgruppe kann eine unterschiedliche Anzahl von Katalogen für die Qualitäten verwendet werden. Je mehr Kataloge angewählt werden, desto mehr Angaben können Sie im Bauteil tätigen. Über einen Klick auf die Katalogbezeichnung kommen Sie in die Katalogauswahl für das einzelne Attribut (siehe auch Abschnitt 6.4.2.4, „Katalog").

Bereich Attribute

- **GEWERK** öffnet einen Auswahldialog, der alle verfügbaren Gewerke enthält. Über das Gewerk eines Bauteils wird die Mengenermittlung nach VOB gesteuert.
- **PRIORITÄT** regelt bei sich überlappenden Bauteilen, welches der Bauteile durchgehend gerechnet (und dargestellt) werden soll. Nicht alle Bauteile üben auf jedes andere Bauteil Wechselwirkungen aus.
- **ABRECHNUNGSART** oder **EINHEIT** gibt an, mit welcher Einheit die Menge des Bauteils ausgewertet werden soll. Diese Angabe für die Auswertung mit den meisten Reports ist nicht zwingend erforderlich, sollte aber dennoch korrekt ausgefüllt werden.

4.4.3 Eigenschaften von Bauteilen modifizieren

Es gibt mehrere Möglichkeiten, Bauteileigenschaften zu ändern. Je nach Methode können nur ein Bauteil, nur artgleiche Bauteile oder gleiche Eigenschaften an beliebigen Bauteilen geändert werden. Die meisten Bauteile können nach dem Erzeugen über einen Dialog geändert werden, der dem beim Erzeugen des Bauteils gleicht.

Bauteileigenschaften über Doppelklick links

Da nur das Bauteil, welches angeklickt worden ist, geändert wird, ist der Vorgang ideal zum Testen von Änderungen und zum Korrigieren einzelner Fehler.

▷ Fadenkreuz über zu änderndes Bauteil bewegen, bis die Aktivierungsanzeige das gewünschte Bauteil anzeigt

▷ Doppelklick der linken Maustaste

▷ Parameter des Bauteils ändern

▷ Bei Bedarf Eigenschaften mit **ÜBERNAHME** von einem bereits geänderten Bauteil übernehmen

Übernahme

Bauteileigenschaften über Kontextmenü

▷ Fadenkreuz über das zu ändernde Bauteil bewegen, bis die Aktivierungsanzeige das gewünschte Bauteil anzeigt

▷ rechte Maustaste → Kontextmenü

▷ **EIGENSCHAFTEN**

▷ Parameter des Bauteils ändern

▷ Bei Bedarf Eigenschaften mit **ÜBERNAHME** von einem bereits geänderten Bauteil übernehmen

Übernahme

Beide Vorgehensweisen funktionieren bei fast allen Bauteilen. Achten Sie immer darauf, dass das gewünschte Bauteil markiert wird.

> **TIPP**: Sollte das zu ändernde Bauteil nicht direkt angesprochen werden (überlagernde Elemente), so können Sie über die Funktion **LAYERSTATUS ÄNDERN → UNSICHTBAR GESPERRT** schnell und einfach Bauteile, die „im Weg" sind, über deren Layer ausblenden. Über **TEILBILDSTATUS ÄNDERN** können komplette Teilbilder (mit störenden Bauteilen) schnell ausgeblendet werden.

4.5 Architekturbauteile – Rohbau

Anhand der unterschiedlichen Eingabearten und der daraus resultierenden Funktionen zum Ändern können die massiven Architekturbauteile grob in drei Gruppen eingeordnet werden. Bei vielen Bauteilen kann allerdings innerhalb der Eigenschaften die Ausprägung umgeschaltet werden. So kann z. B. eine Stütze aus einem vordefinierten, in den Eigenschaften eingegebenen Querschnitt erzeugt werden, aber genauso als freies Polygon im Grundriss über eine Flächeneingabe definiert werden. Die in den weiteren Abschnitten erfolgte Zuordnung basiert auf den Grundeinstellungen der Bauteile und den jeweiligen Haupteinsatzgebieten.

4.5.1 Linienbauteile – Grundwissen

Der Begriff Linienbauteile fasst eine Gruppe von Bauteilen zusammen, die in der Art der Eingabe ähnlich der Linie aus dem Modul **KONSTRUKTION** aufgebaut sind. Alle Linienbauteile besitzen eine Bauteilachse, über die das Bauteil bei der Eingabe erzeugt wird und über die das Bauteil bei Problemen neu generiert werden kann. Zur Gruppe der Linienbauteile zählen z. B. Wände, Streifenfundamente und Unterzüge.

Für die Eingabe von Linienbauteilen gibt es bis zu acht unterschiedliche Hilfsfunktionen, die Sie bei der Eingabe unterstützen bzw. die verschiedene Eingabemöglichkeiten anbieten. Bei Linienbauteilen mit freien Querschnitten entfällt die Hälfte der Eingabemöglichkeiten.

Eingabetypen

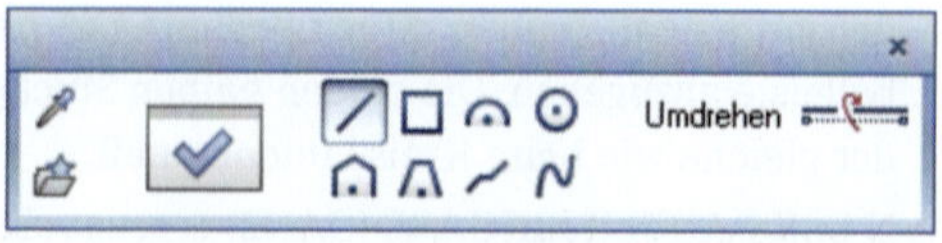

Die Teilung für kreis- und splineförmige Grundrisse kann in den Optionen **BAUTEILE UND ARCHITEKTUR – WANDEINGABE** beeinflusst werden. Sie haben in den Optionen die Wahl zwischen einer exakt definierten Kreisteilung (unabhängig vom Radius) oder einer maximalen Abweichung von der Idealform (Stichmaß). Für Linienbauteile mit freien Querschnitten (Profilwand, Streifenfundament, Unterzug) stehen kreis- und splineförmige Grundrisse nicht zur Verfügung bzw. wird bei Kombination von freien Querschnitten und kreis- und splineförmigen Grundrissen eine Warnmeldung gegeben und das Bauteil als Rechteck erzeugt.

- **GERADES BAUTEIL** erzeugt ein gerades Linienbauteil. Die Eingabe folgt weitgehend der Funktion **LINIE** aus dem Modul **KONSTRUKTION**. Sie geben den ersten Punkt (**ANFANGSPUNKT**) des Bauteils gefolgt von weiteren Punkten (**BIS PUNKT**) an. Wird **BIS PUNKT** auf eine bestehende Bauteilkante gelegt, wird der Linienzug zur Eingabe automatisch unterbrochen.

Gerades Bauteil

- **RECHTECKIGE BAUTEILEINGABE** erzeugt einen rechteckigen Linienzug, bestehend aus vier einzelnen Linienbauteilen. Die Eingabe folgt weitgehend der Funktion **RECHTECK** aus dem Modul **KONSTRUKTION**. Eine Erläuterung der unterschiedlichen Funktionen finden Sie in Abschnitt 3.6.1.1, „Linien, Kreise und Ähnliches“.

Rechteckige Bauteileingabe

- **KREISFÖRMIGES BAUTEIL** erzeugt ein kreisförmiges Linienbauteil ausgehend von der Sekante.

Kreisförmiges Bauteil

Funktionsablauf Kreis-Linienbauteil:

▷ Anfangspunkt und Endpunkt des Kreis-Linienbauteils angeben

▷ Bogenausdehnungspunkt in der Zeichenfläche angeben

▷ Die Vorschau entsprechend dem letzten angegebenen Radius wird eingeblendet.

▷ Radius eingeben

▷ Vorschau kontrollieren

▷ Radius korrigieren oder bestätigen

- **KREISFÖRMIGES BAUTEIL UM MITTELPUNKT** erzeugt ein kreisförmiges Linienbauteil ausgehend vom Mittelpunkt. Die Eingabemethoden für Kreise aus der Konstruktion stehen nicht zur Verfügung.

Kreisförmiges Bauteil um Mittelpunkt

Funktionsablauf Kreis-Linienbauteil um Mittelpunkt:

▷ Mittelpunkt angeben

▷ Radius eingeben

▷ Anfangs- und Endwinkel angeben (Vollkreis: Anfangswinkel 0°, Endwinkel 360°)

N-Eck-Bauteileingabe (halb)

- **N-ECK-BAUTEILEINGABE (HALB)** erzeugt einen Linienbauteilzug in Form eines N-Ecks, der mit einem „halben“ Stück beginnt. Die Anzahl der Teilstücke ist in der Dialog-Symbolleiste anzugeben. Die beiden halben Stücke zählen als eines. Der Funktionsablauf ist der gleiche wie beim Kreis-Linienbauteil.

N-Eck-Bauteileingabe (ganz)

- **N-ECK-BAUTEILEINGABE (GANZ)** erzeugt einen Linienbauteilzug in Form eines N-Ecks, der mit einem „halben“ Stück beginnt. Die Anzahl der Teilstücke ist in der Dialog-Symbolleiste anzugeben. Der Funktionsablauf ist der gleiche wie beim Kreis-Linienbauteil.

Bauteil aus Elementübernahme

- **BAUTEIL AUS ELEMENTÜBERNAHME** erzeugt Linienbauteile auf Basis bestehender 2D-Elemente (z. B. Linien, Polygone, Ellipsen, Splines) oder Elementverbindungen. Element-Linienbauteile haben nur eingeschränkte Funktionalitäten.

Funktionsablauf Element-Linienbauteil:

▷ 2D-Element zeichnen (z. B. mittels Elementverbindung)

▷ Anfangs- und Endpunkt des 2D-Elements als Anfangs-/Endpunkt des Linienbauteils identifizieren

▷ Die Form wird automatisch erzeugt.

Splineförmiges Bauteil

- **SPLINEFÖRMIGES BAUTEIL** erzeugt ein splineförmiges Linienbauteil unter Angabe von Stützpunkten. Die Eingabe erfolgt analog der Eingabe von Splines aus dem Modul **KONSTRUKTION**. Es können maximal 99 Stützpunkte angegeben werden.

HINWEIS: Bei kurvenförmigen Bauteilen wird nicht die exakte Geometrie abgebildet, sondern eine aus geraden Teilstücken zusammengesetzt, der Geometrie sehr nahekommende Polygonlinie. Dies führt je nach Kurvenradius und Einstellung zu sehr vielen zusätzlichen Punkten und senkrechten Kanten.

Ausdehnungsrichtung

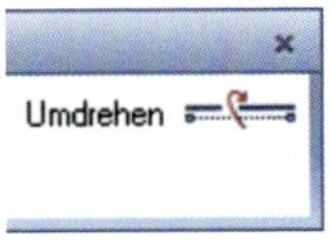

Jedes Linienbauteil hat eine Dicke, die in den **EIGENSCHAFTEN** einzustellen ist (Wände haben zusätzlich eine Schichtenfolge). Beim Zeichnen des Bauteils kann über die Schaltfläche **UMDREHEN** die Ausdehnungsrichtung gedreht werden. Das Bauteil wird anhand der **BAUTEILACHSE** erzeugt.

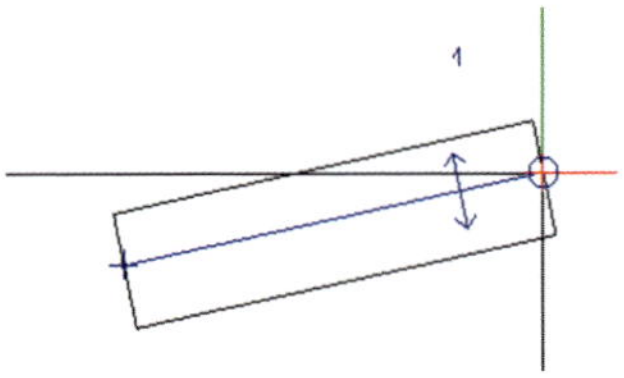

Bereich Bauteilachse

Linienbauteile werden anhand ihrer Achse erzeugt und verwaltet. Die Bauteilachse kann frei innerhalb der Bauteilbreite verschoben werden. Entweder verwenden Sie zum Einrichten der Achse die Rasterpunkte (Schichtkanten, Schichtmitten) oder geben den gewünschten Wert als Abstand von den Außenkanten des Bauteils an.

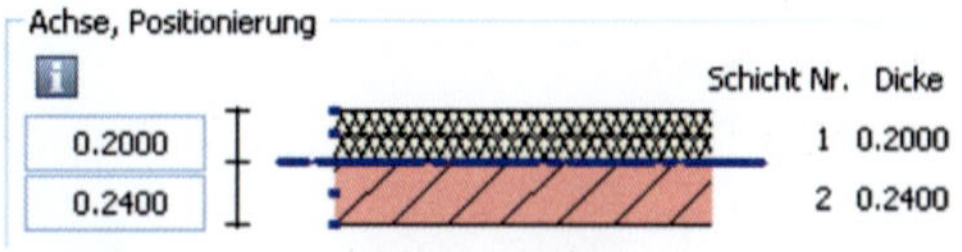

- **EINSTELLUNGEN BAUTEILACHSE** öffnet die Optionen mit dem Bereich **BAUTEILE**. Unter **BAUTEILACHSE** können Sie selbige einschalten und/oder deren Darstellung beeinflussen. Das Anzeigen der Bauteilachse ist z. B. bei Änderungen an bestehenden Bauteilen hilfreich. (siehe auch Abschnitt 6.4.2.5, „Bauteile und Architektur").

Einstellungen Bauteilachse

4.5.2 Parameter von Linienbauteilen

Die Parameter zum Einstellen von Linienbauteilen sind in allen Bauteilen ähnlich angeordnet und je nach Bauteilausprägung und Einstellung vorhanden. Im Folgenden werden die wichtigsten Parameter anhand der Hauptfunktionen dargestellt.

- **WAND** erzeugt ein Linienbauteil mit einem rechteckigen Querschnitt, der aus bis zu zwanzig Schichten mit jeweils unterschiedlichen Eigenschaften (auch in der Höhe) zusammengesetzt werden kann. Bis einschließlich Version 2014 waren maximal fünf Wandschichten möglich.

Wand

Der Dialog der Wand ist in Registern aufgebaut. Bei Aktivierung des Registers **GESAMT** erscheinen alle Eigenschaften der Wand. Je nach Anzahl der gewählten Wandschichten werden die Zeilen in den Reports ergänzt. Die meisten Parameter können für jede Schicht einzeln gesetzt werden. Über die Checkboxen können Eigenschaften gewählt werden, die in allen Schichten gleich sein sollen. Innerhalb der Auflistungen kann ein Kontextmenü (rechte Maustaste) mit weiteren Funktionen aufgerufen werden, mittels dem z. B. der Schichtaufbau umgedreht oder einzelne Wandschichten entfernt/hinzugefügt werden können.

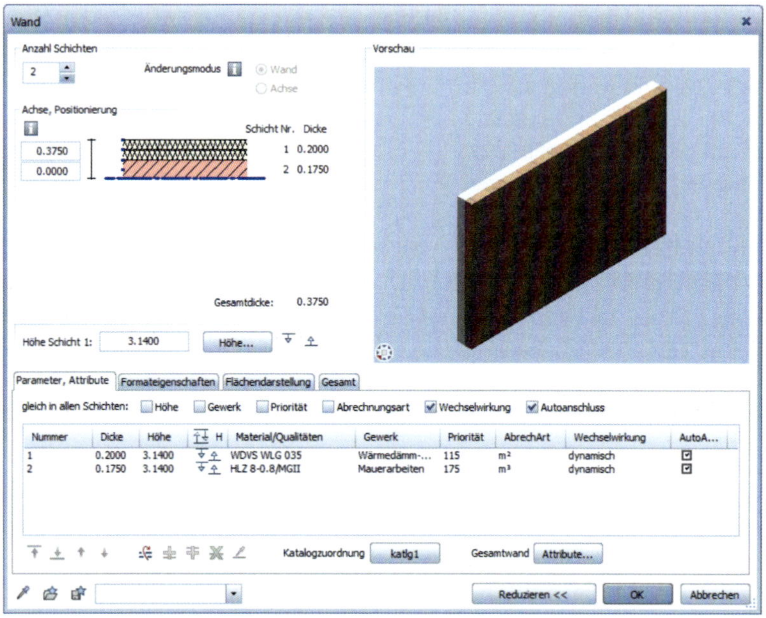

HINWEIS: Bei mehrschichtigen Wänden (zum Beispiel die Trockenbauwände im Assistenten **WÄNDE, STÜTZEN, UNTERZÜGE**) wird jede Schicht bei der Auswertung einzeln aufgeführt.

Unterzug, Überzug

Profilwand

- **UNTERZUG, ÜBERZUG** und **PROFILWAND** erzeugen entweder Linienbauteile mit rechteckigem Querschnitt oder anhand eines Symbols einer geschlossenen Kontur oder mehrerer Konturen Linienbauteile mit beliebigen Querschnitten. Optimal für Stahlbauteile sind die Querschnitte, die in der Bibliothek unter **STANDARD > 2D OBJEKTE > PROFILSCHNITTE STAHL** zu finden sind. Je nach gewünschtem Realitätsgrad können entweder eckig idealisierte Profile oder Profile mit Rundungen verwendet werden. Die Hauptunterschiede zwischen **UNTERZUG, ÜBERZUG** und **PROFILWAND** liegen darin, dass in Unterzügen keine Fenster- und Türöffnungen erzeugt werden können (Aussparungen sind möglich) und bei der Profilwand keine Umschaltung auf eine rechteckige Querschnittsform möglich ist.

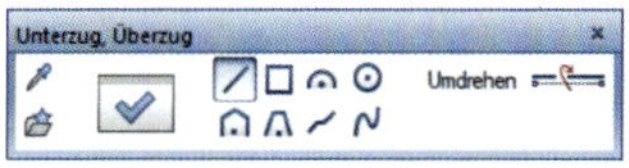

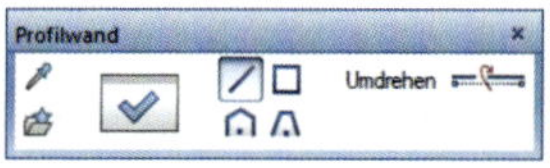

Profil

Rechteckig (nur bei Unterzug)

Optionen Bauteilachse, Bauteilprofil

- Im Bereich **QUERSCHNITTSFORM** kann über die Schaltfläche **PROFIL** ein Symbol aus dem Datenkatalog eingelesen werden. Das Symbol wird, wenn es geeignet ist (z.B. Symbole ohne Maßlinien und verzweigte Linien), angezeigt. Über **SPIEGELN** und **DREHEN** kann die Form ausgerichtet werden.
- **EINSTELLUNGEN BAUTEILACHSE, BAUTEILPROFIL** öffnet die Optionen mit dem Bereich **BAUTEILE**. Unter **BAUTEILPROFIL** kann die Darstellung von Profilträgern in 3D beeinflusst werden.

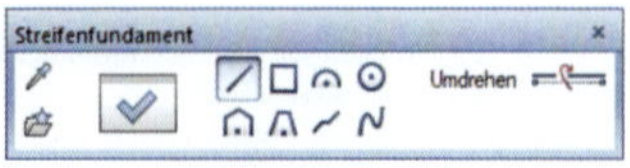

Streifenfundament

- **STREIFENFUNDAMENT** bietet parametrisierte Formen für Fundamente an. Alternativ zu den vordefinierten Formen kann auch eine freie Form aus einem Symbol geladen werden.
  - **QUERSCHNITTSFORM** schaltet unterschiedliche Parameter frei, die die jeweils gewählte Form definieren. Sie haben die Wahl zwischen: **RECHTECKIG**, **ABGETREPPT** und **ABGESCHRÄGT**, oben oder unten, als parametrisierte Formen und als **PROFIL** zum Laden freier Formen. Für freie Formen wird eine geschlossene Form, die als Symbol gespeichert ist, benötigt (siehe Unterzug und Profilwand).
  - **ACHSE** bietet bei Streifenfundamenten eine zusätzliche Funktion an. Mit der Option **ZENTRISCH UNTER WAND**, der Einstellung der **WANDDICKE** (bzw. **ÜBERNAHME**) kann die Achse des Fundaments so eingestellt werden, dass es ausreicht, die Außenkante/Innenkante einer Wand abzugreifen, um das Fundament mittig unter der Wand auszurichten.

Rechteckig
Abgetreppt
Abgeschrägt
Abgeschrägt unten
Profil

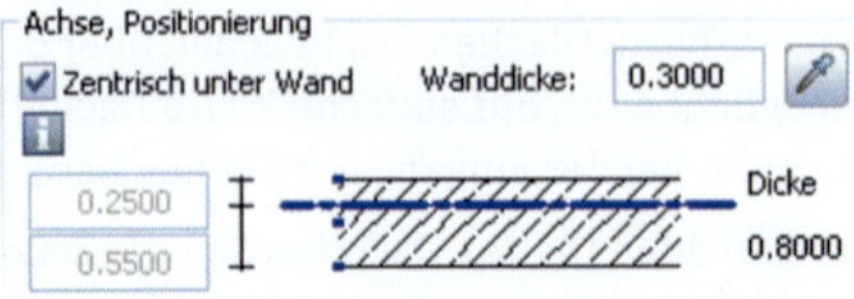

4.5.3 Parameter von Flächenbauteilen

Decke, Plattenfundament und Dachhaut sind flächige Bauteile, die über die polygonale Eingabe (so wie die Flächenelemente aus der Konstruktion) eingegeben werden. Während bei der Decke und dem Plattenfundament nur eine Schicht möglich ist, können Sie bei der Dachhaut bis zu fünf Schichten (vgl. Wand) angeben. Decke und Plattenfundament werden wie Wände an die Ebenen angebunden. Die Dachhaut interpretiert die Sonderebenen (Dachebenen oder freie Ebenen bzw. Dachlandschaften) über deren Geltungsbereiche hinaus und wird nicht über den Standarddialog **HÖHE** eingestellt.

Parameter für Decken und Plattenfundament

Decke

Plattenfundament

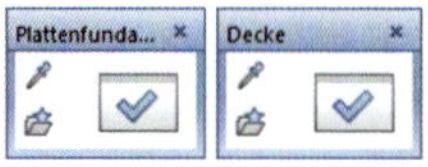

DECKE und **PLATTENFUNDAMENT** sind flächige Bauteile, die wie die Flächenelemente der Konstruktion erzeugt werden. In der Regel werden Decken und Bodenplatten auf eigenen Teilbildern erzeugt. Die Plattendicke leitet sich dann aus dem Ebenenmodell ab und kann dort komfortabel geändert werden.

Parameter für Dachhaut

Die Dachhaut kann bis zu **zwanzig** Schichten erhalten und passt sich entsprechend dem Eingabetyp an einer Ebene an.

Dachhaut

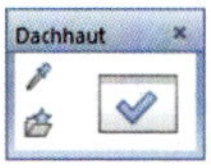

Erweitert in Version 2020

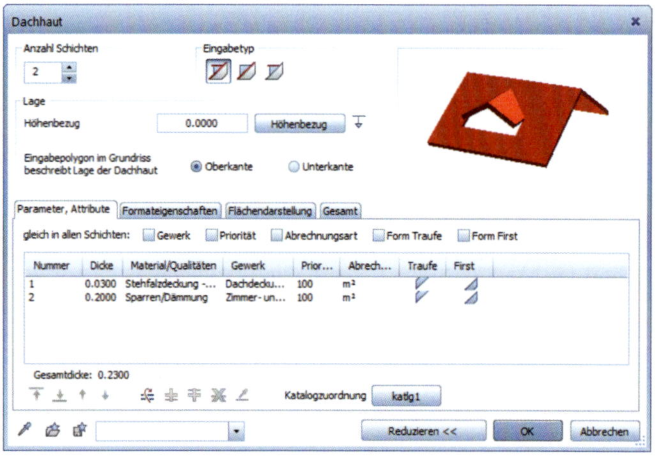

Die Dachhaut kann Sonderebenen/Bezugsflächen/Dachflächen über den Geltungsbereich hinaus interpretieren und ermöglicht es so, auf einfache Weise Dachüberstände zu erzeugen. Der Dachüberstand sollte nicht bei der Eingabe der Ebenen berücksichtigt werden.

Je nach Anzahl der gewählten Schichten für das Dach werden die Zeilen in der Übersicht ergänzt. Die meisten Parameter können für jede Schicht einzeln getroffen oder über die Checkboxen in den Schichten gleichgeschaltet werden.

Innerhalb der Auflistungen haben Sie die Möglichkeit, ein Kontextmenü mit weiteren Funktionen aufzurufen, mittels derer der Schichtaufbau umgedreht oder einzelne Schichten entfernt oder hinzugefügt werden können.

Eigenschaften der Dachhaut

In den Eigenschaften der Dachhaut finden sich Einstellmöglichkeiten, die über normale Architekturbauteile hinausgehen. Bei der Dachhaut kann für jede Schicht die Form der Traufe und des Firstes zusätzlich angegeben werden.

- **ANZAHL SCHICHTEN** legt die Anzahl der Schichten der Dachhaut fest. Je nach Einstellung haben Sie eine unterschiedliche Anzahl (1 – 20) von Schichten zur Verfügung. Die Auflistungen erweitern sich automatisch. Bis einschließlich Version 2019 waren maximal fünf Schichten möglich
- **EINGABETYP:** Die Dachhaut kennt drei unterschiedliche Eingabetypen. Sie reagiert auf in der Dachebene vorhandene Gauben.
  - **EINGABETYP – ÜBER ALLES:** Eingabe über alle Dach- bzw. Gaubenebenen als Eingabe in einem Zug. Kein Dachüberstand bei Gauben möglich.
  - **EINGABETYP – GAUBE AUSGESPART:** Eingabe der Außenkanten des Daches. Völlig eingeschlossene Dachebenen, wie z. B. Gauben, werden ausgespart.
  - **EINGABETYP – NUR GAUBE:** Eingabe der Gaubendächer inklusive deren Dachüberstände. Der Gaubenkörper muss vom Dachkörper vollständig eingeschlossen sein. Ein Dachüberstand bei Gauben ist möglich.

Über alles

Gaube ausgespart

Nur Gaube

TIPP: Der Eingabetyp **NUR GAUBE** eignet sich auch dazu, um bei mehreren Dächern Dachüberstände an den gewünschten Stellen zu erzeugen. Löcher in Dachhäuten, die mit dem Eingabetyp **NUR GAUBE** erzeugt wurden, führen zu fehlerhaften Darstellungen. Verwenden Sie in diesen Fällen die Funktion **DACHFLÄCHENFENSTER**.

- **LAGE**
  - **HÖHE UNTERKANTE ÜBER DACHEBENE** gibt den Abstand an, mit dem die Unterkante der Dachhaut über/unter (+/-) der Dachebene liegt.
  - **EINGABEPOLYGON IM GRUNDRISS** bestimmt, ob sich die Eingabe der Dachhaut im Grundriss auf die Oberkante oder die Unterkante der Dachhaut bezieht.

In der Regel ist die Lage der Unterkante der Dachhaut bekannt (z. B. Oberkante Sparren). Die projizierte Lage der Oberkante, die im Grundriss gezeichnet wird, wird automatisch in Abhängigkeit von Traufabschluss, Neigung und Dicke der Dachhaut ermittelt. Diese Option ist nur bei der Erzeugung des Bauteils verfügbar und kann im Nachhinein nicht mehr geändert werden.

- **FORM TRAUFE/FORM FIRST** legt die Form fest, mit der Traufe und First abgeschlossen werden. Es kann entweder für jede Schicht eine Form angegeben oder eine für alle Schichten ausgewählt werden (Checkboxen **FORM TRAUFE, FORM FIRST**).

Formen First

Formen Traufe

4.5.4 Punktförmige Bauteile – Grundwissen

Die Form (der Querschnitt) von punktförmigen Bauteilen wird in den Eigenschaften des Bauteils selbst definiert. Beim Absetzen auf dem Teilbild ist nur ein Punkt zu definieren. Zu den punktförmigen Bauteilen zählen z. B. **STÜTZE, EINZELFUNDAMENT** und **SCHORNSTEIN**.

4.5.5 Höhenanbindung von massiven Bauteilen

Je nach Einsatzzweck gibt es viele unterschiedliche Möglichkeiten, Wände, Stützen, Decken, Unterzüge, Fundamente und Ähnliches an das Ebenenmodell anzubinden. Es bietet sich jedoch an, für die Hauptanwendungen immer die gleichen Anbindungen an das Ebenenmodell zu verwenden. Im Folgenden sind anhand einiger Beispiele die Hauptanwendungsfälle dargestellt.

Geschosshohe Wände und Stützen

Für normale Innen- und Außenwände sowie tragende Stützen, welche jeweils von Oberkante Rohboden bis Unterkante Rohdecke reichen sollen, ist folgende Anbindung ideal:

Oberkante des Bauteils ohne Abstand an die obere Ebene des Geschosses

Unterkante des Bauteils ohne Abstand an die untere Ebene des Geschosses

Die Wand- und Stützenhöhen haben die realen Höhen und passen sich automatisch einer Höhenänderung des Geschosses an.

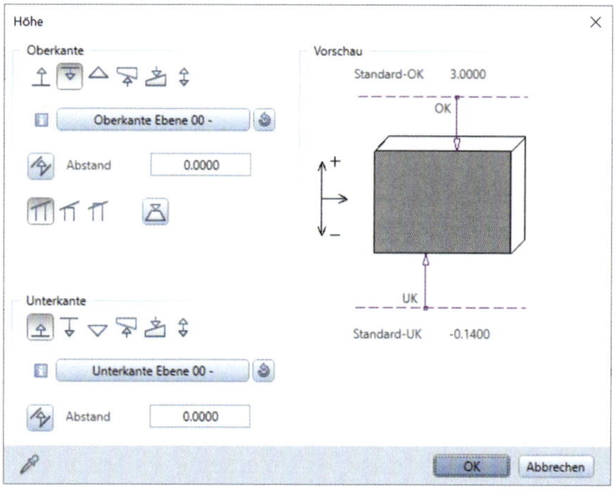

Attikawände, Brüstungen

Bei Brüstungen sowie Attikawänden ist zu unterscheiden, ob eine zusätzliche Abstandsebene eingefügt wurde oder diese Bauteile (z. B. Attika eines Flachdachs) auf einem eigenen Teilbild liegen.

Liegen die Attikawände auf einem eigenen Teilbild und sind in dem (letzten) Geschoss keine Bauteile notwendig, welche höher sind, bietet es sich an, die obere Ebene so zu legen, dass diese die Attikahöhe symbolisiert. In diesem Fall ist die Anbindung wie bei tragenden Wänden. Ansonsten ist sie auch wie für die folgenden Brüstungen.

Oberkante des Bauteils an obere Ebene mit Auswahl einer Ebene, z. B. einer Abstandsebene (hier Brüstung). Die Abstandsebene ist zuvor auf der Wunschhöhe einzufügen und kann entweder gekoppelt (in allen Geschossen vorhanden) oder als einzelne Abstandsebene (z. B. speziell für die Attika) eingefügt werden.

Unterkante des Bauteils ohne Abstand an die untere Ebene des Geschosses

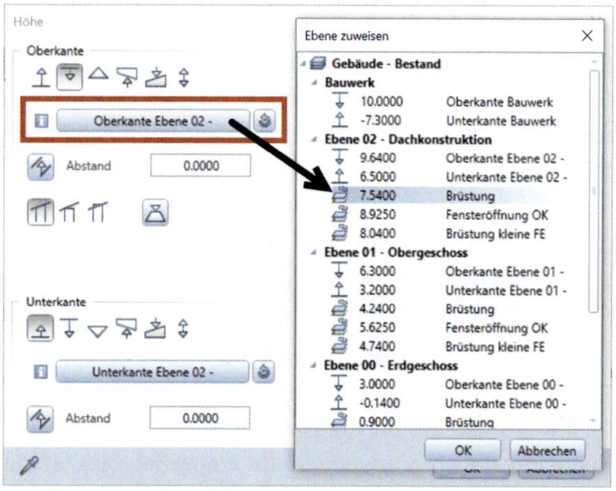

Die Brüstungen und Attikabauteile können komfortabel über den Ebenenmanager in der Höhe geändert werden. Dies kann vor allem bei größeren Strukturen deutlich Vorteile bringen.

Oder:

Oberkante des Bauteils über Bauteilhöhe definiert oder Oberkante auch an die untere Ebene mit einem Abstand angebunden.

Unterkante des Bauteils ohne Abstand an die untere Ebene des Geschosses

Die Einstellungen sind gleichwertig und ideal für einzelne Bauteile geeignet. Das Ebenenmodell bleibt kompakt auf die Einstellungen beschränkt, welche oft vorkommen.

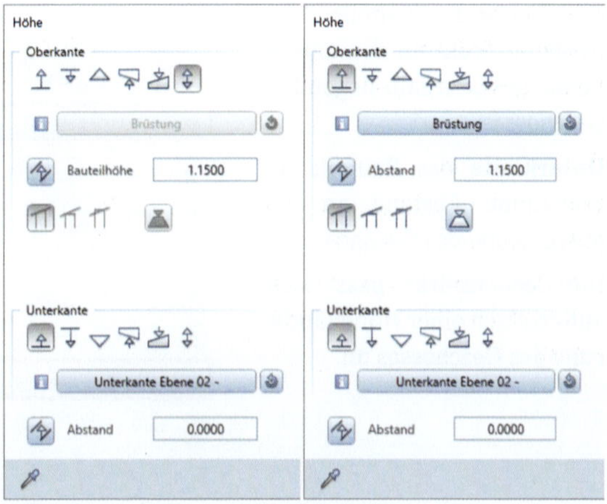

Decken

Bei Decken muss unterschieden werden, ob diese auf dem Teilbild der Wände – oberhalb oder unterhalb – oder auf einem eigenen Teilbild erzeugt werden.

Fall 1: Decken auf einem eigenen Teilbild

Oberkante des Bauteils ohne Abstand an die obere Ebene des Geschosses

Unterkante des Bauteils ohne Abstand an die untere Ebene des Geschosses

Die Deckenstärke passt sich automatisch einer Höhenänderung des Geschosses an.

Voraussetzung: Das Teilbild ist z. B. wie in der Abbildung angebunden und übernimmt so die Höhen aus dem Modell. Ideal ist diese Einstellung für einfache Gebäude mit gleichbleibender Deckenstärke.

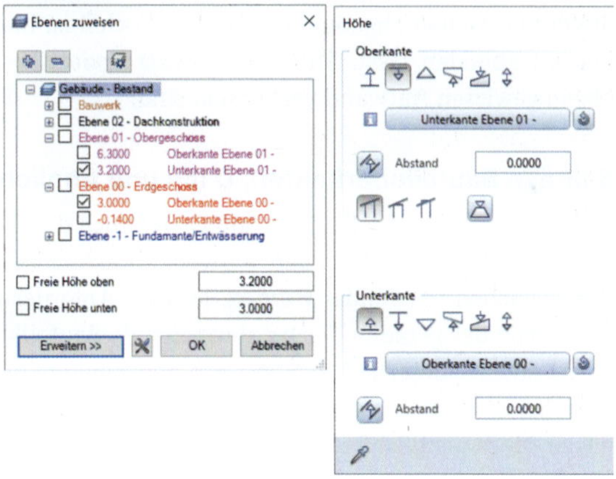

Fall 2: Decken auf dem Teilbild der Wände

Oberkante des Bauteils ohne Abstand direkt an die untere Ebene des oberhalb liegenden Geschosses

Unterkante des Bauteils direkt ohne Abstand an die obere Ebene des Geschosses

Die Deckenstärke passt sich automatisch einer Höhenänderung des Geschosses an.

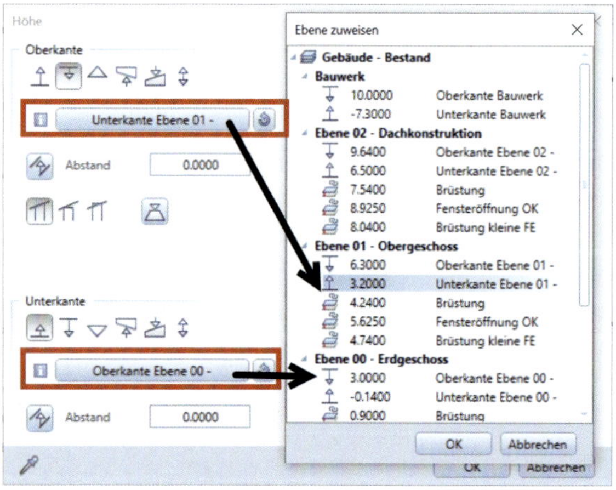

Sonderfall mit unterschiedlichen Deckenstärken

Bei sehr unterschiedlichen Deckenstärken kann es sinnvoll sein, die Oberkante und Unterkante der Decken über 3D-Flächen abzubilden und diese als Bezugsflächen in das Ebenenmodell zu integrieren. Hierbei müssen die Bauteile dann grundsätzlich direkt an die Bezugsflächen angebunden werden. Vorteil ist hier, dass sich nahezu jede Geometrie korrekt abbilden lässt. Nachteil ist, dass Änderungen in Teilen der Bezugsflächen mit einem gewissen Aufwand verbunden sind.

Schräge Bauteiloberkanten, Dach und Ähnliches

Um die Oberkante der Bauteile (alternativ auch die Unterkante) schräg, rund oder anders geformt zu erzeugen, können entweder Dachebenen, freie Ebenen, Dachflächen oder Bezugsflächen verwendet werden. Je nach Anforderung und vorhandenen Definitionen ist die von der geraden Fläche abweichende Bauteilkante entweder an die die Standardebene ersetzenden Dachebenen/Dachlandschaften anzubinden oder - vor allem bei sehr komplexen Formen - direkt über die Höheneinstellungen des Bauteils an eine Bezugsfläche oder Dachfläche anzubinden.

■ 4.6 Architekturbauteile – Öffnungen

4.6.1 Öffnungen in Linienbauteilen – Grundwissen

Fenster, Türen, Nischen, Durchbrüche und Aussparungen können unter dem Begriff Öffnungen zusammengefasst werden und sind sogenannte „Abzugskörper". Öffnungen brauchen also ein übergeordnetes Bauteil, in welches Sie ein Loch schneiden können.

Die Eingabe der Öffnungsgröße wird immer als Rohbaumaß angegeben. Dies wird bei der Vermaßung ersichtlich. Für die „fertigen“ Maße (z.B. lichte Türhöhe zwischen UK-Rohsturz und Fertigfußbodenhöhe) können Beschriftungsbilder in nahezu unendlicher Vielfalt nach eigenen Wünschen erzeugt werden.

Die Bauteile **TÜR, FENSTER, ECKFENSTER, WANDNISCHE, AUSSPARUNG, SCHLITZ** und **DURCHBRUCH** sowie **POLYGONALE WANDNISCHE, AUSSPARUNG, SCHLITZ** und **DURCHBRUCH** werden über ähnliche Dialoge mit fast gleichen Elementen gesteuert.

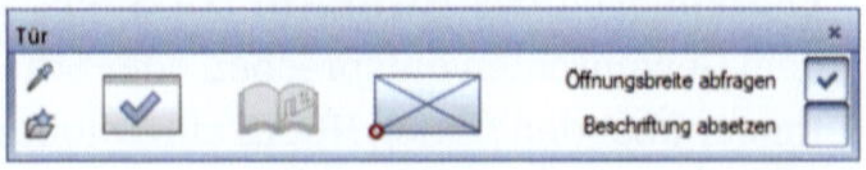

Öffnungs-modellierer Daten aus Katalog lesen

- **ÖFFNUNGSMODELLIERER DATEN AUS KATALOG LESEN** öffnet einen Dialog **DATEI ÖFFNEN**-, über den fertige Favoriten mit Öffnungseinstellungen eingelesen werden können. Die Favoriten können neben den Informationen für das Öffnungsbauteil weitere Informationen für enthaltene Öffnungsmakros oder SmartParts, Rollladenkasten, Sturz, Verblendung und Falz beinhalten.

Transportpunkt

- **TRANSPORTPUNKT** legt den Punkt fest, an dem Sie die Vorschau des Bauteils am Fadenkreuz hängen haben. Es können nur die unteren Transportpunkte angewählt werden. Sie bestimmen mit dem ersten Klick gleichzeitig, wo das Bauteil seine Außenkante hat.

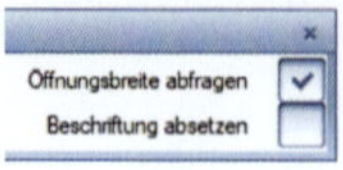

- **ÖFFNUNGSBREITE ABFRAGEN** legt fest, ob - nachdem Sie den ersten Öffnungspunkt bestätigt haben - die Breite der Öffnung in der Dialogzeile nochmals abgefragt werden soll oder ob die in den Eigenschaften eingestellte Breite ohne Abfrage übernommen werden soll. Standard ist **EIN**.
- **BESCHRIFTUNG ABSETZEN** legt fest, ob nach der Erzeugung des Bauteils automatisch der Dialog zur Bauteilbeschriftung geöffnet werden soll. Standard ist **AUS**.

4.6.2 Parameter für Türen und Fenster

Die meisten Eigenschaften für Türen und Fenster sind gleich oder ähnlich. Im Folgenden finden Sie eine zusammenfassende Darstellung mit Ausschnitten aus dem Bauteildialog der Tür und des Fensters.

Register Öffnung

- **ANSICHTSFORM** stellt unterschiedliche Grundtypen für die Öffnung bereit. Bei Türöffnungen können Sie aus vier, bei Fensteröffnungen aus sechs (+ freie Form) parametrisierten Ansichtsformen wählen. Je nachdem, welche Form gewählt wird, verändert sich die **DARSTELLUNG** auf der rechten Seite des Dialogs. Links werden die jeweils passenden **PARAMETER** zur Definition der Öffnung angezeigt. Bei freien Formen ist zu beachten, dass sich in der Mitte verjüngende Formen (z.B. wie ein I-Träger) nicht für Öffnungen zugelassen sind.
- **AUFSCHLAG** öffnet den Dialog zur Auswahl der Türaufschlagsymbole. Jede Türöffnung kann, solange kein Makro mit mehreren Öffnungsflügeln eingesetzt wurde, nur einen Türaufschlag erhalten. Bei Fensteröffnungen ist kein Aufschlagsymbol aus dem Bauteil Fenster möglich. Wenn SmartParts für Öffnungen (**FENSTER-SMARTPART, SONNEN-**

SCHUTZ-SMARTPART oder TÜR-, TOR-SMARTPART) verwendet werden, wird der Aufschlag über die Einstellungen im SmartPart definiert.

- **PARAMETER** zeigt die aktuellen Einstellungen für die Geometrie des Öffnungsbauteils an. Sie können unter **ÖFFNUNGSBREITE** die Breite der Öffnung angeben, die Ihnen bei der Eingabe vorgeschlagen wird (bzw. ohne Nachfrage übernommen wird). Die Felder **BRÜSTUNGSHÖHE** und **ÖFFNUNGSHÖHE** dienen in der Regel nur der Überprüfung des eingestellten **HÖHENBEZUGS**. Änderungen wirken sich direkt auf die getroffenen Einstellungen des **HÖHENBEZUGS** aus. Je nach Ebenenanbindung kann das Ergebnis dem Gewünschten entsprechen oder erheblich davon abweichen. Die Bauteilhöhe sollte immer über den Dialog **HÖHE** eingestellt werden. Dieser bietet mehr Möglichkeiten und eine größere Übersicht über die eingestellten Bezüge.
- Option **FENSTERTÜR** wird für die korrekte Darstellung und Auswertung von Balkontüren, Terrassentüren und Ähnlichem benötigt. Die Berechnung der Wohnfläche, Belichtungsfläche usw. ist auf das Bauteil abgestimmt und erkennt automatisch, dass es sich um Außentüren handelt.
- **BIBLIOTHEKSELEMENT 1 BIS N** zeigt die der Öffnung zugeordneten Makros an und bietet folgende Funktionen zu ihrer Verwaltung an.

 Bibliothekselement einfügen

 Angewähltes Bibliothekselement entfernen

  - **BIBLIOTHEKSELEMENT EINFÜGEN** öffnet die Bibliothek zur Auswahl eines Makros oder SmartParts.
  - **ANGEWÄHLTES BIBLIOTHEKSELEMENT ENTFERNEN** löscht das Element (Makro oder SmartPart) mit der im Auswahlfeld angezeigten Nummer aus dem Bauteil. Das Entfernen kann nur durch Verlassen des Bauteildialogs rückgängig gemacht werden (Abbruch ohne Übernahme der Änderungen).
- **LEIBUNG/ANSCHLAG**
  - **LEIBUNGSELEMENT ERZEUGEN** schaltet im Register dieselbe Option aktiv. Im Register **LEIBUNG/ANSCHLAG** können die Lage des Öffnungsmakros sowie die Ausformulierung von Fenster-/Türanschlägen bestimmt werden.

 Anschlag lesen

  - **ANSCHLAG LESEN** öffnet den Standarddialog zum Einlesen gespeicherter Tür- oder Fensteranschläge.
- **SCHWELLENDARSTELLUNG/BRÜSTUNGSDARSTELLUNG**: Je nach eingestellter Option (**KEINE**, **AUSSEN**, **INNEN**, **BEIDSEITIG**) werden eine oder zwei Linien als Draufsicht der Schwelle/Brüstung des Öffnungsbauteils erzeugt.
- **SCHWELLE/BRÜSTUNG FORMATEIGENSCHAFTEN** bietet Formateigenschaften für die Brüstungs- und Schwellendarstellung an. Ist die **SCHWELLENDARSTELLUNG/BRÜSTUNGSDARSTELLUNG** auf **KEINE** gestellt, können keine Formateigenschaften angewählt werden.

Register Anschlag

Die Auswahl der Anschlagtypen wird erst angezeigt, nachdem der Anfangspunkt der Öffnung, und damit die Wand, definiert wurde, in der die Öffnung platziert werden soll. Die Möglichkeiten hängen direkt von der Anzahl und Dicke der Wandschichten ab.

- **TYP** bietet sechs unterschiedliche Anschlagtypen zur Auswahl an. Je nach gewähltem Typ erscheinen in der **DARSTELLUNG** auf der rechten Seite weitere Eingabe-

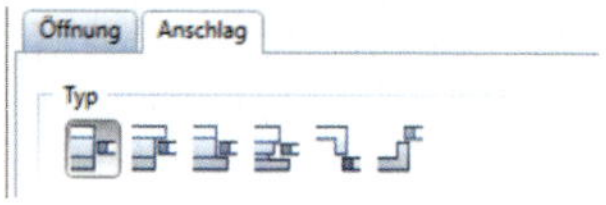

felder. Bei Anwahl einer der beiden rechten Anschlagvarianten mit Verblendung werden der Bereich **VERBLENDUNG** und die Optionen **EINGABESEITE ÖFFNUNGSBREITE (AUSSENSEITE/INNENSEITE)** aktiviert. Probieren Sie die Einstellungen jeweils aus. Komplexe Einstellungen sollten als Favoriten gespeichert werden.

- **PARAMETER** definieren die Leibung der Öffnung sowie die Türtiefe/Fenstertiefe.
  - Option **LEIBUNGSELEMENT ERZEUGEN** aktiviert nachfolgenden Parameter. Ist die Option deaktiviert, wird kein **LEIBUNGSELEMENT** erzeugt und Öffnungsmakros werden mittig eingesetzt.
  - Über die Option **LEIBUNGSELEMENT AUSSERHALB DER WAND** können Sie eine der Öffnung vorgesetzte Leibung erzeugen. Eingesetzte Öffnungsmakros werden außerhalb der Wand abgesetzt. Mit **ÜBERSTAND (Ü)** geben Sie die Überlappung an.
  - **TÜRTIEFE/FENSTERTIEFE** gibt an, welche Stärke der Stock des Öffnungsmakros besitzt.
  - **LEIBUNG AUSSEN (LA)/LEIBUNG INNEN (LI)** definiert die Leibung außen und innen. Wird eine der beiden Einstellungen geändert, so wird die zweite entsprechend der Wanddicke korrigiert.

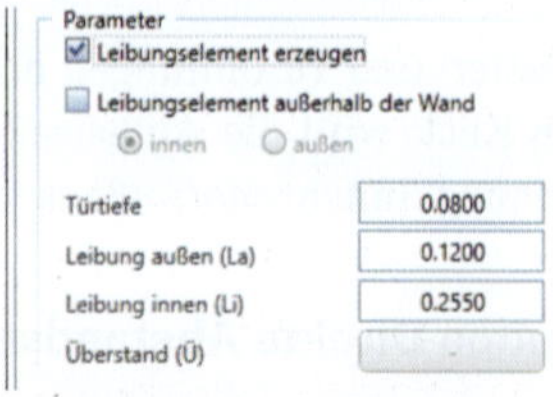

TIPP: Achten Sie darauf, dass die Fenstertiefe/Türtiefe gleich dem Stock des in die Öffnung einzusetzenden Bibliothekselements ist. Bei Abweichungen wird das Bauteil mittig zu dem mit zwei blauen strichlierten Linien markierten Bereich gesetzt.

- **ANSCHLAG LESEN/ANSCHLAG SPEICHERN** öffnet den Standarddialog zum Einlesen/Speichern von Tür- oder Fensteranschlägen. Die Dialoge folgen der Logik von Favoriten.

Anschlag lesen

Anschlag speichern

4.6.3 Parameter für Nische, Aussparung und Schlitz in Linienbauteilen

- Unter **TYP** geben Sie an, ob das Bauteil eine Nische (bleibt im Endzustand offen) oder eine Aussparung (wird geschlossen) werden soll. Je nach **TYP** werden unterschiedliche Parameter angeboten.
- Über die **SICHTBARKEITSOPTION** wird geregelt, ob die zu erzeugende Aussparung in 3D sichtbar sein soll. Standard ist eingeschaltet.
- **GRUNDRISSDARSTELLUNG** bietet die Wahl zwischen **OFFEN BIS BODEN, KEINE LINIE** und **STURZ, BRÜSTUNGSLINIE DARSTELLEN.**
- **ANSICHTSFORM** (nicht bei polygonaler Form) stellt drei unterschiedliche parametrisierte Ansichtsformen sowie die Übernahme einer freien Form zur Auswahl. Je nach Auswahl werden unter **PARAMETER** mehr oder weniger Eingabefelder angezeigt, und die Übersicht auf der rechten Seite verändert sich.

- **GRUNDRISSFORM** (nur bei polygonaler Form) lässt entweder eine freie Form oder das Laden eines Symbols zur Definition der Form zu.
- **PARAMETER** zeigt die aktuellen Einstellungen für die Geometrie des Bauteils an. Sie können die **BREITE** und **TIEFE** des Bauteils angeben, die Ihnen bei der Eingabe vorgeschlagen werden (bzw. ohne Nachfrage übernommen werden). Die Felder **HÖHE BIS UK** und **HÖHE** dienen mehr der optischen Überprüfung des eingestellten **HÖHENBEZUGS**. Änderungen wirken sich direkt auf die getroffenen Einstellungen des **HÖHENBEZUGS** aus. Je nach Ebenenanbindung kann das Ergebnis dem gewünschten entsprechen oder erheblich davon abweichen. Tätigen Sie sämtliche Einstellungen der Bauteilhöhe immer über **HÖHE**.

4.6.4 Eingabe von Öffnungen in Linienbauteilen

Fenster- und Türöffnungen haben eine definierte Innen- und Außenseite. Durch den ersten Klick wird die Außenseite der Öffnung (Außenwandlinie) fixiert. Die Richtung der Öffnung (Innenseite/Außenseite) kann nicht geändert werden.

Option Direkte Abstandseingabe

Die Option befindet sich in der Dialogzeile vor dem ersten Eingabefeld. Die folgenden Abläufe für die Öffnungseingabe ergeben sich daraus.

Abstandseingabe deaktiviert

Direkte Abstandseingabe deaktiviert

- ▷ Gewünschte Funktion für Öffnung aktivieren
- ▷ Option **DIREKTE ABSTANDSEINGABE** deaktivieren
- ▷ Bereich der Wand anklicken, in dem die Öffnung erzeugt werden soll
- ▷ Bezugspunkteingabe wird automatisch aktiviert (bei Bedarf Bezugspunkt durch Anklicken eines beliebigen Punktes versetzen)
- ▷ Abstand des ersten Öffnungspunktes zum gewählten Bezugspunkt eingeben
- ▷ Eingabe mit **ENTER** bestätigen
- ▷ Bei eingeschalteter Optionseinstellung **ÖFFNUNGSBREITE ABFRAGEN** noch die Öffnungsbreite eingeben

Abstandseingabe aktiviert

Direkte Abstandseingabe aktiviert

- ▷ Gewünschte Funktion für Öffnung aktivieren
- ▷ Option **DIREKTE ABSTANDSEINGABE** aktivieren
- ▷ Auf die gewünschte Wand zeigen → gefangener Architekturpunkt wird mit Kreuz markiert, Bauteilvorschau wird im angegebenen Abstand eingeblendet (bei Bedarf den Bezugspunkt durch Anklicken eines Punktes versetzen)
- ▷ Vorschau kontrollieren und bei Bedarf Fenster durch Anklicken einer anderen Position versetzen
- ▷ Gewünschten Abstand in der Dialogzeile eingeben

- ▷ Eingabe mit **ENTER** oder durch Anklicken der Wand bestätigen
- ▷ Bei eingeschalteter Optionseinstellung **ÖFFNUNGSBREITE ABFRAGEN** noch die Öffnungsbreite eingeben

TIPP: Aktivieren Sie die direkte Abstandseingabe für spezielle Zwecke wie z. B. das Einsetzen von vielen Türen mit einem gleichbleibenden Anschlag. Deaktivieren Sie die Option, wenn unterschiedliche Anschläge realisiert werden sollen.

4.6.5 Höhenanbindung von Türen und Fenstern

Bei Fenstern und Türen ist es oft einfacher, wenn zusätzliche Abstandsebenen im Ebenenmodell eingeführt werden, um z. B. bei einem geänderten Fußbodenaufbau schnell alle Türen und Fenster in der Sturzhöhe ändern zu können.

Innentüren

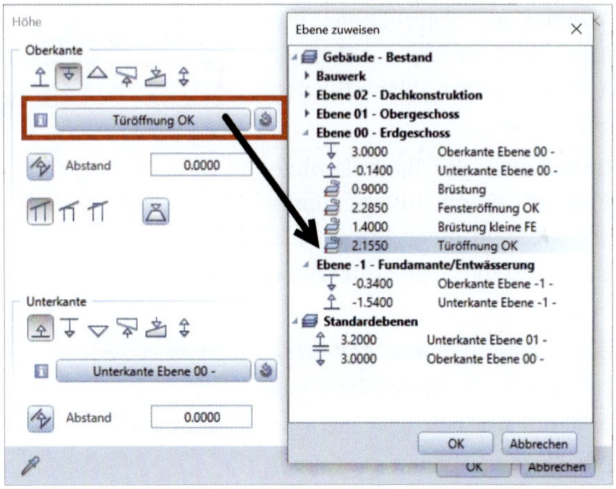

Oberkante des Bauteils ohne Abstand an obere Ebene mit Auswahl einer Ebene, z. B. einer Abstandsebene (hier *Türöffnung OK*). Die Abstandsebene ist zuvor auf der Wunschhöhe einzufügen und kann entweder gekoppelt (in allen Geschossen vorhanden) oder als einzelne Abstandsebene (z. B. speziell für die Türhöhen eines Geschosses) eingefügt werden.

Unterkante des Bauteils ohne Abstand an die untere Ebene des Geschosses

Die Türen können komfortabel über die Abstandsebene geändert werden.

Oder:

Oberkante des Bauteils über Bauteilhöhe definiert oder Oberkante auch an die untere Ebene mit einem Abstand angebunden.

Unterkante des Bauteils ohne Abstand an die untere Ebene des Geschosses

Die Einstellungen sind gleichwertig und ideal für einzelne Bauteile geeignet. Das Ebenenmodell bleibt kompakt auf die Einstellungen beschränkt, welche oft vorkommen.

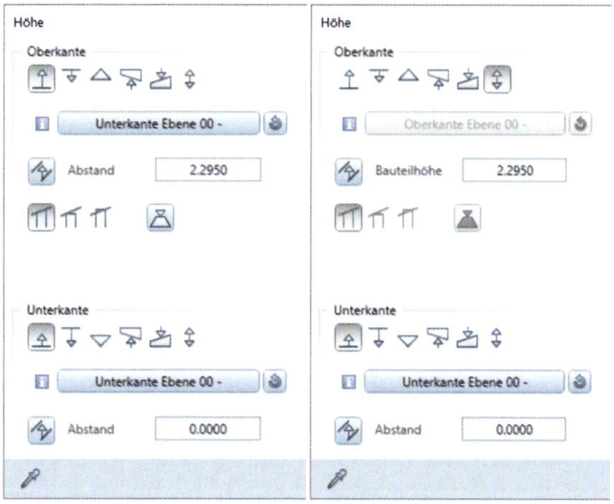

Fenster

Oberkante des Bauteils ohne Abstand an obere Ebene mit Auswahl einer Ebene, z. B. einer Abstandsebene (hier *Fensteröffnung OK*).

Unterkante des Bauteils ohne Abstand an die untere Ebene mit Auswahl einer Ebene, z. B. einer Abstandsebene (hier Brüstung).

Die Fenster können komfortabel über die Abstandsebenen geändert werden.

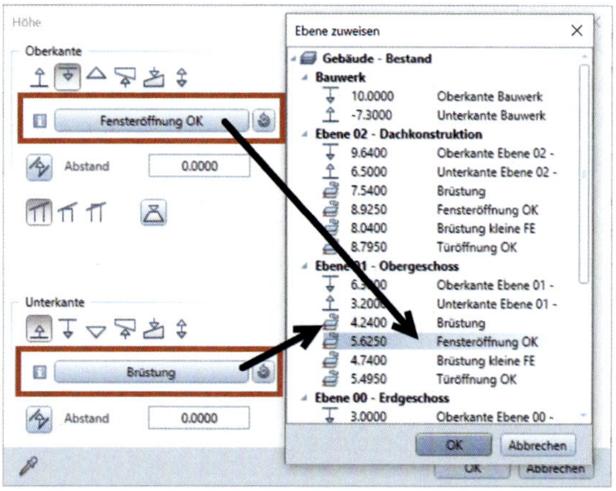

Die Abstandsebenen sind zuvor auf der Wunschhöhe einzufügen und können entweder gekoppelt (in allen Geschossen vorhanden) oder als einzelne Abstandsebenen eingefügt werden.

Oder:

Oberkante des Bauteils über Bauteilhöhe definiert oder Oberkante auch an die untere Ebene mit einem Abstand angebunden.

Unterkante des Bauteils mit Abstand (Rohbaubrüstung) an die untere Ebene des Geschosses

Die Einstellungen sind ähnlich und ideal für einzelne Bauteile geeignet. Das Ebenenmodell bleibt kompakt auf die Einstellungen beschränkt, welche oft vorkommen.

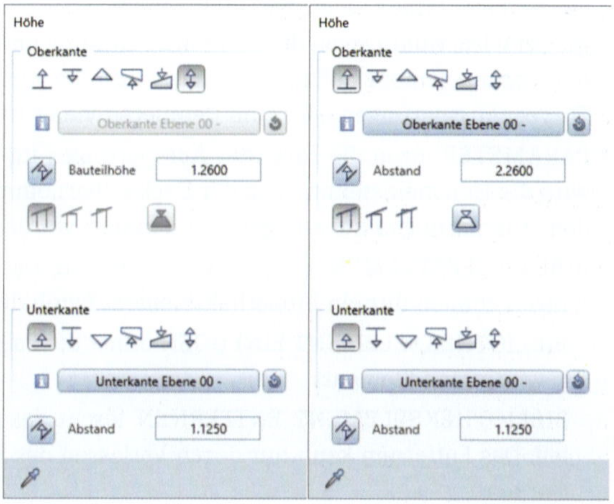

Schräge Bauteiloberkanten, Dach und Ähnliches

Um die Oberkante der Bauteile (alternativ auch die Unterkante) schräg, rund oder anders geformt zu erzeugen, können entweder Dachebenen, freie Ebenen, Dachflächen oder Bezugsflächen verwendet werden. Je nach Anforderung und vorhandenen Definitionen ist die von der geraden Fläche abweichende Bauteilkante entweder an die die Standardebene ersetzenden Dachebenen/Dachlandschaften anzubinden oder - vor allem bei sehr komplexen Formen - direkt über die Höheneinstellungen des Bauteils an eine Bezugsfläche oder Dachfläche. Über Bezugsflächen kann z. B. auch versucht werden, nicht direkt parametrisch abbildbare Rundbögen mit Falz zu erstellen.

4.6.6 Parameter für Öffnungen in flächigen Bauteilen

Für flächige Architekturbauteile existieren eigene Öffnungsbauteile.

Aussparung und Durchbruch

Aussparungen in Decken und Plattenfundamenten können entweder über **FLÄCHENELEMENT, AR-FLÄCHE, BEREICH MODIFIZIEREN** eingegeben werden, schon bei der Eingabe der Bauteile berücksichtigt oder über die Funktion **AUSSPARUNG, DURCHBRUCH IN DECKE, PLATTE** erzeugt werden. Die Auswertung für Aussparungen und Ähnliches kann nur korrekt erfolgen, wenn die Öffnungen über die Funktion **AUSSPARUNG, DURCHBRUCH IN DECKE, PLATTE** erzeugt wurden. Werden z. B. in einer Aussparung für die Treppe Ausbauflächen am Deckenrand benötigt, muss die Aussparung über **FLÄCHENELEMENT, AR-FLÄCHE, BEREICH MODIFIZIEREN** eingegeben werden.

- **TYP** gibt an, ob die Aussparungen durch die gesamte Decke gehen (**DURCHBRUCH**) oder nur einen Teil der Deckenstärke betreffen sollen (**AUSSPARUNG**). Je nachdem, welche Option gewählt ist, wird der untere Teil der Parameter aktiviert oder deaktiviert.

- **GRUNDRISSFORM** legt die Form der Aussparung fest. Hierbei gilt zu beachten, dass die rechteckige, runde, n-eckige und beliebige Öffnungsform über einen Absetzpunkt gesetzt wird, wohingegen die polygonale Öffnung im Grundriss angegeben wird und wie ein Flächenelement definiert werden muss. Polygonale Öffnungen sind z. B. ideal für Treppenaussparungen oder zum Definieren vieler unterschiedlicher Aussparungen.
- **PARAMETER** legen die Form der Aussparungen im Detail fest. Bei einem Durchbruch wird die Höheneinstellung von der Decke übernommen und kann nicht verändert werden. Aussparungen müssen genauer definiert werden.
- **BIBLIOTHEKSELEMENT** zeigt das in der Öffnung verkettete Makro an. Deckenöffnungen können nur ein Bibliothekselement beinhalten.

 Bibliothekselement einfügen

 Bibliothekselement entfernen

  - **BIBLIOTHEKSELEMENT EINFÜGEN** öffnet die Palette **BIBLIOTHEK** zur Auswahl des gewünschten Elements.
  - **BIBLIOTHEKSELEMENT ENTFERNEN** löscht das Bibliothekselement aus dem Bauteil. Das Entfernen kann nur durch Verlassen des Bauteildialogs rückgängig gemacht werden.

Dachflächenfenster

Dachflächenfenster können nur in das Bauteil Dachhaut eingesetzt werden. Dort gleichen sie sich automatisch einer geänderten Dachneigung an. Werden Dachflächenfenster im Grundriss über die Funktionen **BEARBEITEN** manipuliert (kopiert, verschoben, gespiegelt), bleibt die Lage innerhalb der Dachhaut erhalten. Die entsprechenden Parameter werden automatisch angepasst.

In der Dialog-Symbolleiste kann für das Dachflächenfenster eine feste **OBERKANTE** oder **UNTERKANTE** eingestellt werden. Die Höheneingaben beziehen sich auf die Bezugsebene (Eingabefeld). Sobald eine feste **OBERKANTE** oder **UNTERKANTE** angegeben wurde, lässt sich das Dachflächenfenster nur noch auf der eingestellten Höhe in die Dachhaut einsetzen.

- **LEIBUNG:** Es stehen Ihnen für rechteckige Dachflächenfenster vier und für andere Formen drei verschiedene Leibungsformen für die obere und untere Seite zur Verfügung, die frei kombiniert werden können. Je nach gewünschter Leibung werden in der Geometrie weitere Angaben notwendig und in der Vorschaugrafik angezeigt.
- **ANSICHTSFORM, ABMESSUNGEN** stellt unterschiedliche Grundtypen für die Öffnung bereit. Je nach Form werden weitere Eingabefelder im Bereich **ABMESSUNGEN** eingeblendet. Bei rechteckiger Ansichtsform sind alle Leibungskombinationen möglich, bei den weiteren Formen entfällt die Leibungsform mit Angabe der Tiefe.
- **GEOMETRIE** zeigt in einer Übersichtsgrafik alle notwendigen Maße an. Im unteren Bereich sind die jeweiligen Eingabefelder für die Leibungsform und die Lage des Makros vorhanden. Die Eingabefelder der Makrodicke werden nur angezeigt, wenn ein Makro gewählt wurde. Die Eingabefelder für die Tiefe werden nur bei den rechten Leibungsformen eingeblendet.
- **BIBLIOTHEKSELEMENT** zeigt das in der Öffnung verkettete Makro an. Deckenöffnungen können nur ein Bibliothekselement beinhalten.

 Bibliothekselement einfügen

  - **BIBLIOTHEKSELEMENT EINFÜGEN** öffnet die Palette **BIBLIOTHEK** zur Auswahl des gewünschten Elements.

- **BIBLIOTHEKSELEMENT ENTFERNEN** löscht das Bibliothekselement aus dem Bauteil. Das Entfernen kann nur durch Verlassen des Bauteildialogs rückgängig gemacht werden.

Bibliothekselement entfernen

4.6.7 Bibliothekselemente für Öffnungen

Bei allen Öffnungen in massiven Bauteilen, egal ob Türen, Fenster, Dachflächenfenster, Nischen usw., wird lediglich die Geometrie des „Lochs" eingestellt und erzeugt. Der „Inhalt", also z. B. der Fensterstock mit Flügeln oder eine Fensterbank, wird über Bibliothekselemente (Makros oder SmartParts) erzeugt.

Seit Allplan 2014 gibt es intelligente und sehr detailliert einstellbare Bauteile (SmartParts) für Öffnungen. Seitdem wurden in jeder Version bestehende SmartParts erweitert sowie zusätzliche SmartParts für Öffnungen hinzugefügt. Neben den neuen Elementen können auch weiterhin Makros erzeugt und verwendet werden.

HINWEIS: Die Darstellung von Makros und SmartParts kann über Folien definiert werden. Bei Makros kann zwischen einer Abhängigkeit vom Maßstab und Zeichnungstypen gewählt werden, bei SmartParts für Öffnungen können nur Einstellungen für eine maßstäbliche Anpassung getroffen werden.

Vergleich von Makros und SmartParts

- SmartParts: Über die Funktion **SMARTPARTS FÜR ÖFFNUNGEN** können Inhalte erzeugt werden, die in allen Teilen jederzeit änderbar sind, die sich wie Makros den Öffnungen anpassen und die sich über die Palette (Eigenschaften des Objekts) mit zusätzlichen Elementen wie Oliven, Türgriffen, Anschlägen und mehr erweitern lassen.
- Makros: Fenstermakros und Türmakros können über die Funktion **FENSTERMAKRO, TÜRMAKRO** erzeugt werden. Bei der Erzeugung werden nacheinander Elemente eingefügt, die später in den Abmessungen nicht verändert werden können. Detaillierte Darstellungen sind über diesen Weg nicht realisierbar. Offene Flügel, Anschlagsymbole für Fenster, zusätzliche Elemente wie Türdrücker oder Oliven sind nicht direkt einfügbar.

Beide Objekttypen können ausgewertet werden. Derzeit können Unterobjekte in SmartPart-Fenstern und -Türen (Sonnenschutz, Drücker, Oliven, Fensterbänke) nicht einzeln ausgewertet werden.

Auswertung

Grundsätzlich ist zu beachten, dass bei einem SmartPart (oder bei einem hochdetaillierten Makro) nur das Objekt selbst neben wenigen anderen Eigenschaften ausgewertet werden kann. Soll eine detaillierte Auswertung von Fenstern (aufgeteilt in Fenster, Fensterbänke innen und außen sowie Sonnenschutz) erfolgen, sind die Bauteile als SmartPart (oder Makro) einzeln in die Öffnung einzufügen.

Zusammenspiel von Öffnungen und Bibliothekselementen

Für jede Tür und Fensteröffnung können Sie das sogenannte Leibungselement erzeugen und einstellen. Es wird durch zwei blau gestrichelte, im Druck unsichtbare Linien angezeigt. In diesen Bereich wird das Makro/SmartPart abgesetzt. Ist kein Leibungselement eingestellt, wird das Objekt mittig in der Öffnung platziert. Ist die Tiefe des Leibungselements geringer als die Tiefe des Makros/SmartParts, so wird das Objekt mittig zum Leibungselement platziert. Das Leibungselement entspricht der Min-Max-Box (Ref-Box) eines Makros/SmartParts.

Zusätzlich werden über das Leibungselement die Darstellung und Auswertung der Leibungsflächen gesteuert. Ist kein Leibungselement eingestellt, so bleibt die Leibung unverputzt (z. B. Zargentüren). Ist ein Leibungselement vorhanden, wird je nach Einstellung eine Innen- und/oder Außenleibung erzeugt, wenn ein Raum (Innenseite) oder ein Geschoss (Außenseite) vorhanden ist.

HINWEIS: Wenn ein Makro in die Öffnung eingesetzt ist, werden die Linien des Leibungselements meist von den Linien des Makros/SmartParts verdeckt.

SmartParts in Öffnungen

Der Vorgang zum Einsetzen der Objekte in Öffnungen läuft bei folgenden Funktionen immer ähnlich ab:

- Aufruf der gewünschten Funktion
- Auswahl der Hauptausprägung (z. B. bei Fenster-SmartPart: Fenster oder Fensterbank)
- Auswahl der Öffnung durch Zeigen und Ausrichten (blaues Pfeil- und Spiegelsymbol)
- Klick in die Öffnung zum Einlesen der Geometrie
- Einstellen des Objekts in der Palette

Vor oder nach dem Absetzen können in der Palette unterschiedlichste Einstellungen für das Objekt getroffen werden. So können z. B. unterschiedliche Flügelarten, Fenstergriffe, Stock-/Flügeltypen und vieles mehr ausgewählt sowie die geometrischen Abmessungen der meisten Details geändert werden. Das Objekt kann sowohl über die Palette als auch über Handles geändert werden. Je nachdem, welches Bauteil des SmartParts in der Vorschau markiert ist, tauchen die entsprechenden Handles in den Konstruktionsfenstern auf und die Palette zeigt die entsprechenden Einstellungen.

TIPP: Alternativ zum Neuerzeugen von SmartParts für Öffnungen können auch die voreingestellten Objekte aus der Bibliothek verwendet werden. Diese eignen sich hervorragend als Basis.

Makros in Öffnungen

Es existieren zwei Funktionen zum Erzeugen von Makros für Fenster- und Türöffnungen, die über verschiedene Parametereingaben und Einstellungen die gewünschte Geometrie erzeugen können. Die Einstellmöglichkeiten bleiben deutlich hinter den Möglichkeiten der SmartParts für Öffnungen zurück, reichen aber für viele Anwendungsfälle aus.

Bearbeiten von Bibliothekselementen in Öffnungen

Alle Bibliothekselemente, die in Öffnungen platziert wurden, können nachträglich geändert werden. Zudem kann bei allen Elementen über die Eigenschaften (Kontextmenü oder Doppelklick auf linke Maustaste) auf die Details des Elements zugegriffen werden.

MAKRO/SMARTPART DREHEN ÜBER DEN SPIEGELGRIFF ist die einfachste und intuitivste Möglichkeit, die Ausrichtung von Öffnungsmakros zu ändern. Sie gehen dazu wie folgt vor:

- ▷ Klicken Sie das zu drehende Objekt an (SmartPart für Öffnung oder Makro). Es wird markiert und ein blauer Doppelpfeil erscheint.
- ▷ Klicken Sie den Pfeil an.
- ▷ Das Objekt ist nun beweglich in der Öffnung. Bewegen Sie das Fadenkreuz so, dass der Öffnungsflügel in die gewünschte Richtung zeigt.
- ▷ Bestätigen Sie den neuen Bezugspunkt durch einen Klick mit der linken Maustaste.

Vorteil des Spiegelgriffs ist vor allem, dass unabhängig vom Maßstab eine komplette Ansicht des Objekts (aus seinen 3D-Bestandteilen) angezeigt wird.

> **TIPP**: Auf die gleiche Weise können Sie bei Türen das Türaufschlagsymbol verändern. Sobald Sie einen Aufschlag einer Tür geändert haben, wird auch dessen Makro entsprechend gedreht.

Aktualisieren der SmartPart-Version

Seit Allplan mit Version 2014 die SmartParts für Öffnungen eingeführt hat, wurden diese Elemente schon mehrfach aktualisiert. Da jedes SmartPart mit dem Absetzen den gesamten Programmcode zum Erzeugen der Geometrie speichert, besitzen die älteren Fenster-SmartParts und Tür-SmartParts nicht alle in der aktuellen Version verfügbaren Features. Mit der Funktion SMARTPART VERSION ÜBERTRAGEN kann eine aktuelle Programmierung auf bereits verlegte Objekte übertragen werden, ohne dass eine getroffene Einstellung verloren geht.

Der Vorgang läuft wie folgt ab:

- ▷ Aktuelles SmartPart auf dem Teilbild absetzen (es muss aus dem exakt gleichen Bereich sein): Wenn z. B. Sektionaltore aktualisiert werden sollen, muss ein Sektionaltor über die Funktion TÜR-, TOR-SMARTPART auf dem Teilbild abgesetzt werden.
- ▷ SMARTPART VERSION ÜBERTRAGEN (ZUSÄTZLICHE MODULE > SMARTPARTS > ÄNDERN)

SmartPart Version übertragen

▷ Aktuelles SmartPart anwählen

▷ Entweder ein SmartPart zum Aktualisieren anwählen, mehrere SmartParts auswählen oder über die Schaltfläche **ALLES** alle auf dem Teilbild befindlichen, aktualisierbaren SmartParts wählen

▷ **ANWENDEN**

Nach dem Durchführen der Aktion sind alle artgleichen SmartParts aktualisiert und enthalten alle Möglichkeiten.

Funktionen zum Aufrufen der Bibliotheken für Makros und SmartParts

Makro, SmartPart in Öffnung einsetzen

- **MAKRO, SMARTPART IN ÖFFNUNG EINSETZEN** bietet die Möglichkeit, ein Makro/SmartPart in eine bestehende Öffnung einzusetzen. Die Auswahl erfolgt entweder durch Anwahl auf dem Teilbild oder Auswahl eines Objekts aus der Bibliothek.
- **BIBLIOTHEKSELEMENT 1 BIS N** (in Dialogen von Öffnungsbauteilen): Damit können Sie ein Makro (Nischen, Durchbrüche usw.) oder mehrere Makros (bei Fenster und Tür) für die Öffnung auswählen. Die Makros werden bei der Erzeugung der Öffnung eingesetzt, in der Größe entsprechend verzerrt und verlangen nach der Öffnungserzeugung die Angabe eines Bezugspunkts. Wurden Makros über **MAKRO, SMARTPART IN ÖFFNUNG EINSETZEN** nachträglich einer Öffnung hinzugefügt, werden diese in den Eigenschaften des Bauteils unter **BIBLIOTHEKSELEMENT** angezeigt.

Makrokatalog

- **MAKROKATALOG** öffnet die Palette **BIBLIOTHEK** im Ordner *Makros*. Hier haben Sie Zugriff auf alle in *Standard*, *Büro*, Projekten usw. enthaltenen Makros.

4.7 Architekturbauteile – Ausbau

Die Bauteile **RAUM** und **GESCHOSS** dienen als Träger der Ausbauflächen und zugleich der Eigenschaften für die baurechtlichen Auswertungen nach DIN 277 (Wohnflächenverordnung) und der Sonderauswertungen für den Bauantrag.

4.7.1 Grundwissen – Räume, Geschosse, Ausbauflächen

Raum

Geschoss

Die Funktionen **RAUM** und **GESCHOSS** haben ähnliche Attribute und Eigenschaften. Beide Bauteile werden wie Flächenelemente eingegeben, d.h. über die allgemeine Polygonzugeingabe.

Räume dienen zur Ermittlung der Ausbauflächen innen, der Wohnflächenberechnung, der Nutzflächen, der Nettoflächen und der Nettorauminhalte. Geschosse dienen zur Ermittlung der Fassadenflächen, der Bruttogrundflächen, der Flächen der Baunutzungsverordnung und der Bruttorauminhalte.

Die im folgenden Abschnitt vorgestellten Attribute stehen für Raum und Geschoss direkt zur Verfügung. Die Attribute dienen der Beschriftung der Räume auf dem Teilbild und der Ausgabe (teilweise auch Gliederung) mittels Reports. In den Funktionen **SEITENFLÄCHE**, **DECKENFLÄCHE** und **BODENFLÄCHE** stehen die gleichen Einstellmöglichkeiten zur Verfügung wie bei den entsprechenden Ausbauten der Räume an sich.

Eingabe

Die Bauteile Raum und Geschoss sowie Deckenflächen und Bodenflächen werden als flächige Bauteile über die polygonale Eingabe im Grundriss definiert. Räume werden dabei so definiert, dass der Rand der Räume an den Wänden innen entlangläuft. Der Ausbau wird nach innen gerechnet, womit eine Nettofläche kleiner als die entsprechende Bruttofläche ist. Die Unterkante und Oberkante orientieren sich im Normalfall an den darunter bzw. darüber liegenden Rohdecken.

Geschosse folgen der Außenkante der Wände. Der Ausbau (Seitenflächen) wird nach außen angetragen. Somit ist die Nettofläche eines Geschosses größer als die Bruttofläche. Unterkante und Oberkante orientiert sich in der Regel an den Definitionen der DIN 277. Das heißt, die Unterkante des untersten Geschosses fängt auf der Unterkante der Bodenplatte an. Die Trennung zwischen den Geschossen ist in der Regel die Oberkante der Rohdecke. Nach oben ist das letzte Geschoss bis zur Oberkante der Dachhaut zu führen. Um Geschossbereiche und damit zusammenhängende Bauklassen bestimmen zu können, bietet es sich oft an, ein Geschoss in mehrere Bauteile aufzugliedern. Die Trennung sollte hier dann innerhalb der nutzungstrennenden Wand sein.

Grundsätzlich gilt, dass Geschosse, Räume und Seitenflächen, welche auf deckungsgleichen Kanten enden, sich gegenseitig beeinflussen.

4.7.2 Parameter für Räume, Geschoss und Ausbauflächen

4.7.2.1 Register Raum/Geschoss

Raumattribute, Geschossattribute

Im Register **RAUM/GESCHOSS** können im Bereich *Raumattribute* **(1)** die folgenden Einstellungen vorgenommen werden.

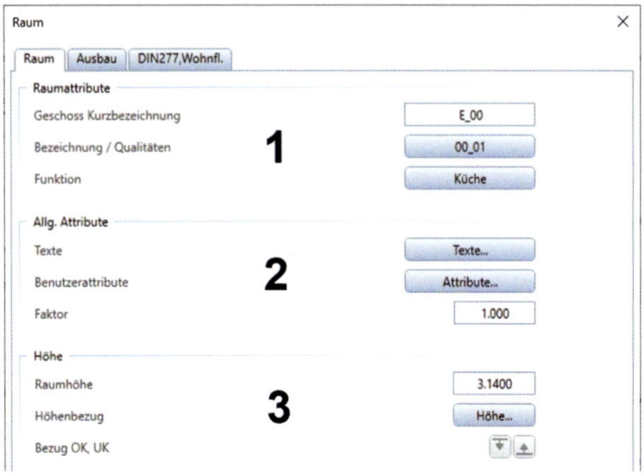

- **GESCHOSS KURZBEZEICHNUNG** sollte mit einer Kurzbezeichnung des Geschosses (z. B. *E_00*) gefüllt werden. In den meisten Reports kann nach der Kurzbezeichnung oder der Strukturstufe *Geschoss* gegliedert werden.

- **BEZEICHNUNG** sollte bei Räumen mit einer Nummer gefüllt werden. Wählt man die Schaltfläche **BEZEICHNUNG** an, hat man Zugriff auf das Attribut **BEZEICHNUNG UND UMBAUKATEGORIE**. Über die Katalogzuordnung können weitere Attribute zur Verwendung freigegeben werden. Über die Katalogzuordnung kann für das Attribut **BEZEICHNUNG** eine Spezialsteuerung (++) aktiviert werden, die ein automatisches Hochzählen der Raumnummer erlaubt (siehe Abschnitt 6.4.2.4, „Katalog").
- **FUNKTION** dient zur Eingabe der genauen Raumfunktion, wie z. B. Wohnen, Essen usw.

Allgemeine Attribute

Im Register **RAUM/GESCHOSS** können im Bereich *Allg. Attribute* **(2)** die folgenden Einstellungen vorgenommen werden.

- **TEXTE** bieten fünf Attributfelder für eigene Eingaben.
- **BENUTZERATTRIBUTE** zeigt alle direkt an den Raum/das Geschoss angebundenen und den Ausbauschichten zugeordneten Attribute an. Es können weitere Attribute aus unterschiedlichen Bereichen ausgewählt und/oder eigene Attribute definiert werden, um weitere Informationen direkt mit dem Raum zu verwalten.
- **FAKTOR** gibt einen Multiplikator für das Bauteil selbst an, der in Reports berücksichtigt wird. Faktoren für die Ermittlung der Wohnfläche (Balkone oder Ähnliches) von Räumen werden im Register **DIN 277, WOHNFLÄCHE** angegeben.

TIPP: Unter der Schaltfläche **ATTRIBUTE** (Benutzerattribute) finden sich auch alle etwaig über Bimplus definierten Attribute und Attributsets für das Bauteil.

Höhe

Im Register **RAUM/GESCHOSS** können im Bereich *Höhe* **(3)** die folgenden Einstellungen vorgenommen werden.

HÖHENBEZUG: Im Bereich *Höhe* können die Standardfunktionen zum Anbinden der Bauteile an die Standardebenen genutzt werden. Allgemeines zu Höheneinstellungen finden Sie in Abschnitt 4.3, „Höheneinstellung für Bauteile".

HINWEIS: Räume werden standardmäßig ohne Abstand an die obere und untere Ebene angebunden, also gleich den raumhohen Wänden eines Geschosses. Geschosse sollten im Keller bis zur Unterkante der Bodenplatte geführt werden und mit der Oberkante immer bis zur Unterkante der nächsten Ebene gehen, um das baurechtlich relevante Volumen nach DIN 277 so exakt wie möglich abzubilden. Je nach Aufgabe und weiterer Verwendung der Bauteile können vom Standardfall abweichende Einstellungen notwendig sein.

4.7.2.2 Register Ausbau/Bereich Ausbau

Im Register **AUSBAU** des Raumes stehen die im Folgenden dargestellten Ausbauelemente zur Verfügung. Bei Geschossen können nur Seitenbeläge erzeugt werden, die im ersten Register verwaltet werden.

- **SEITENBELÄGE** definiert die Ausbauflächen entlang von Wänden, Stützen oder anderen Bauteilen (z. B. Putzflächen).
- **DECKENBELÄGE** definiert den oberen Raumabschluss waagerecht oder geneigt (z. B. abgehängte Decken oder Deckenputz).
- **BODENBELÄGE** definiert den Bodenaufbau des Raumes.
- **LEISTEN** definiert die Sockelleisten.

Seitenbeläge, Deckenbeläge und Bodenbeläge werden in der Animation als eine Schicht angezeigt. In den Optionen kann eingestellt werden, wie die Ausbauschichten in den unterschiedlichen Ansichtsarten berücksichtigt werden sollen. Bei der Berechnung von Ansichten und/oder Schnitten können die Ausbauflächen individuell berücksichtigt werden. Bei Boden- und Deckenflächen kann in den Optionen definiert werden, ob nur eine Schicht oder ein detaillierter Aufbau in Drahtansichten dargestellt werden soll.

HINWEIS: In der Option **RÄUME** kann definiert werden, ob die jeweiligen Ausbauflächen immer ermittelt werden sollen oder nur, wenn der Raum an Bauteile angrenzt. Ebenfalls kann in der Option **RÄUME** eingestellt werden, ob die Ausbau-Elemente überhaupt darzustellen sind.

Ausbau – Spalten

Bei den Ausbauflächen können bis zu zehn Schichten definiert werden, die einzeln auswertbar sind. Für jede Schicht werden alle Einstellungen separat verwaltet. In der Animation wird der gesamte Aufbau in der Oberflächeneinstellung der obersten Schicht angezeigt. Boden- und Deckenbeläge werden in der korrekten Gesamtstärke, Seitenbeläge mit einer idealisierten Dicke in der Animation dargestellt. Bei der Auswertung der Flächen nach Wohnflächenverordnung und/oder DIN 277 werden die eingestellten Dicken zur Ermittlung der fertigen Raummaße verwendet.

TIPP: Sollten nicht alle Spalten vorhanden sein (durch die Installation von IBD wird z. B. zum Teil die Bedingung ausgeblendet) oder nicht alle Spalten gewünscht sein, können die entsprechenden Spalten im Kontextmenü (beliebige Spaltenüberschrift) zu- oder abgewählt werden.

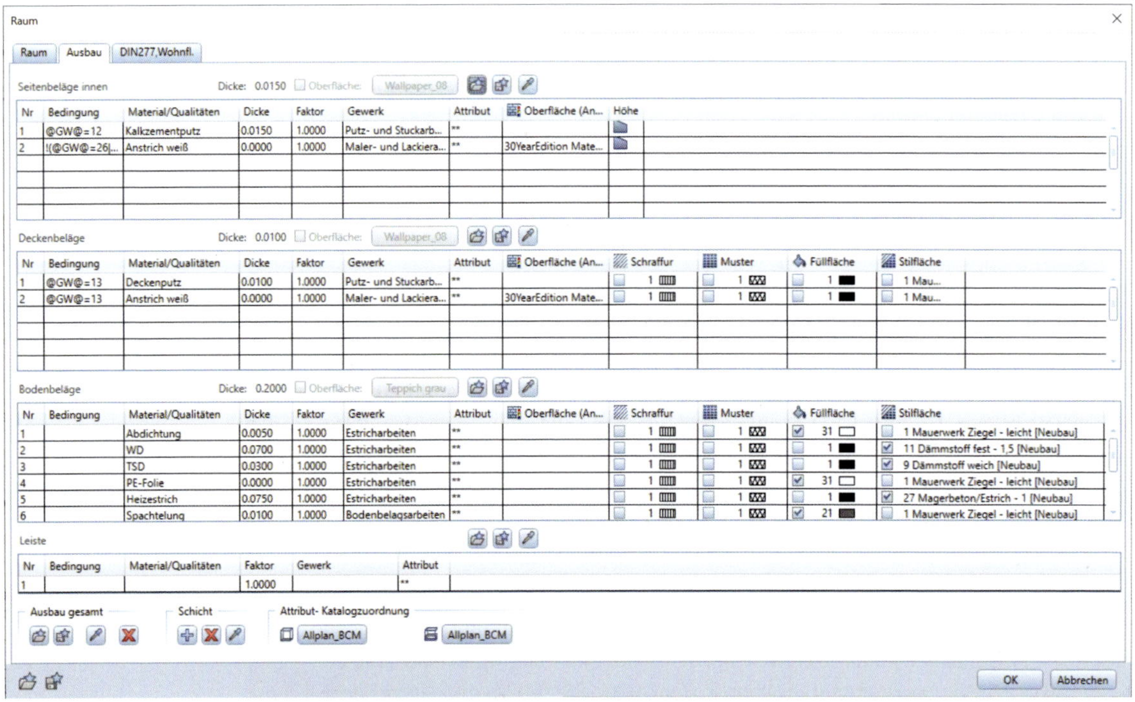

- **NR** gibt die Schichtnummer an. Die Belagschicht mit der höchsten laufenden Nummer ist die oberste Schicht.
- **BEDINGUNG** öffnet einen Dialog zum Eingeben einer Bedingung für die einzelne Schicht. Sie können z. B. definieren, dass ein Raum nur an Wänden, deren Gewerk Mauerarbeiten sind, verputzt wird und dass bei Wänden mit den Gewerken Beton- und Trockenbauwände kein Putz ausgewertet wird. Eine Bedingung wird immer wie folgt aufgebaut: Klick in das Feld **BEDINGUNG** der Schicht → Festlegen der Bedingungsdefinition z. B. durch **GEWERK** → Mauerarbeiten (Auswahlliste) → Bedingung bestätigen
- **MATERIAL/QUALITÄTEN** legt die Materialbezeichnung fest. Über **KATALOG** können Sie einstellen, aus welchem Katalog das Material ausgewählt werden soll (siehe auch Abschnitt 6.4.2.4, „Katalog“).

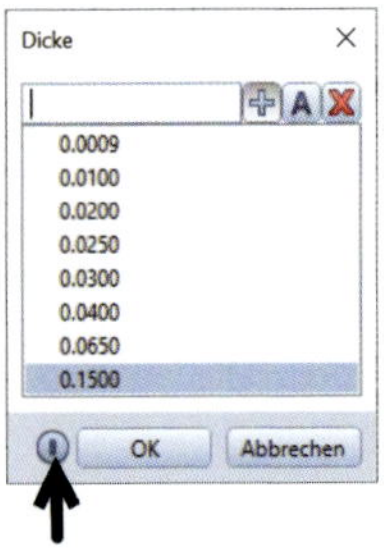

- **DICKE** gibt die jeweilige Schichtdicke an. Sie können über den Schalter **AUS (AUSSCHALTEN, LEEREN, BEREINIGEN)** im Auswahldialog die Schichtdicke auf null setzen bzw. ausschalten.
- **GEWERK** öffnet die Gewerkeauswahl, aus der das Gewerk für die jeweilige Schicht ausgewählt werden kann.
- **TEXTE** bietet fünf Attributfelder für eigene Eingaben.
- **ATTRIBUT** zeigt an die Ausbauschicht angebundene Attribute an. Es können weitere vorhandene oder neu erzeugte Attribute angehängt werden. Die Attribute der Ausbauschicht werden auch in der kompletten Übersicht der Raumattribute angezeigt.

TIPP: Unter **ATTRIBUTE** finden sich auch alle etwaig über Bimplus definierten Attribute und Attributsets für das Bauteil.

- **FREIE OBERFLÄCHE** dient zum Einstellen der Oberfläche. Bei mehreren Schichten wird nur die oberste, an dieser Stelle gültige Schicht in der Animation dargestellt. Bei Boden- und Deckenflächen wird immer die gesamte Aufbaustärke dargestellt. Bei gedrehten Räumen können Sie in der Oberflächeneinstellung für die *surf*-Datei eine Drehung angeben und so die Textur auf den Raum ausrichten.
- **HÖHE** (nur bei **SEITENFLÄCHEN**) dient der genaueren Definition der Höhe der Seitenfläche in Bezug zum Raum. Mit der Sondereinstellung der Höhe kann z.B. leicht ein Raum erzeugt werden, der umlaufend eine 1 m hohe Holzvertäfelung und darüber eine weiß verputzte Fläche hat, ohne eine Sonderausbaufläche verwenden zu müssen.
- **SCHRAFFUR, MUSTER, FÜLLFLÄCHE** und **STILFLÄCHE** (nicht bei **SEITENFLÄCHE**) werden nur im Schnitt sichtbar. Mit den hier verwendeten Einstellungen vereinfachen Sie sich die spätere Nacharbeit in den Schnitten. Durch die Verwendung von Stilflächen kann die Schnittdarstellung abhängig von Maßstab oder Zeichnungstyp unterschiedlich dargestellt werden, ohne redundante Daten zu erzeugen.

Ausbau – Funktionen

- Je Ausbaufläche stehen Ihnen die Funktionalitäten der **FAVORITEN** und die **ÜBERNAHME** von Eigenschaften bestehender Bauteile zur Verfügung. Es werden immer nur die Eigenschaften eingelesen/gespeichert, die der Ausbaufläche entsprechen (**FAVORITEN** und **ÜBERNAHME** siehe Abschnitt 2.6.7, „Nachgeordnete Funktionen in Dialogen“).
- Bereich **AUSBAU GESAMT** stellt die Funktionalitäten der Favoriten und die Übernahme für den gesamten Ausbau zur Verfügung. Über **LÖSCHEN** können Sie den gesamten Ausbau entfernen.
- Bereich **SCHICHT** dient zum Entfernen und Einfügen einzelner Schichten. Es wird immer die markierte Schicht entfernt. In der Funktion **EINFÜGEN** kann gewählt werden, ob vor oder nach der markierten Schicht eine weitere eingefügt wird.
- Bereich **ATTRIBUT-KATALOGZUORDNUNG**: Über den linken Schalter können Sie bestimmen, aus welcher Quelle (siehe Abschnitt 6.4.2.4, „Katalog“) die Vorgaben für das Attribut **MATERIAL** für Deckenfläche, Seitenfläche und Bodenfläche gelesen werden. Über den rechten Schalter wird selbiges für die Leiste definiert.

4.7.2.3 Register DIN277, Wohnfl. – Räume

Im Register **DIN277, WOHNFL.** können für Räume die wesentlichen baurechtlich notwendigen Einstellungen für Räume getätigt werden. Die Einstellungen für DIN 277 und Wohnfläche orientieren sich an den aktuellen Vorgaben.

Die Attribute können Sie entweder über das jeweilige Pull-down-Menü oder die zugehörige Schaltfläche auswählen. Die in der Grafik angezeigten Kombinationen können durch Anklicken des Textes direkt übernommen werden.

Bereich DIN 277-Attribute

- **UMSCHLIESSUNGSART** kann die Werte *R* (Regelfall) und *S* (Sonderfall) nach DIN 277 annehmen. Die Einstellungsmöglichkeiten entsprechen der DIN 277-1 2016. Die zuvor gebräuchlichen Einstellungen (a, b, c) können über die Attribute bzw. im Pull-down-Menü weiterhin eingestellt werden. Bei der Auswertung sind Reports vorhanden, die entsprechend korrekt auswerten können.
- **NUTZUNGSART** dient dem Einstellen der Nutzungsart des Raumes nach DIN 277. Über das Attribut **NUTZUNGSART** können entweder die Gruppenbezeichnungen NUF, TF oder VF oder die Werte NUF1 bis NUF7, TF oder VF (Unterpunkte nach DIN) verwendet werden. Die Einstellungen sind gemäß der aktuellen DIN 277-1 vorhanden. Wenn die älteren Bezeichnungen verwendet werden sollen/müssen, können die Einstellungen der letzten DIN 277-1-Fassung im Pull-down-Menü eingestellt werden. Alternative oder ältere Einstellungen können über die Attribute eingestellt werden.
- **FLÄCHENART** dient der Einstellung der Berechnungsart des Raumes (N = Nettogrundfläche und NRI, M = mehrgeschossiger NRI, keine NGF, L = Leerraum, weder NGF noch NRI) nach DIN 277.
- **FAKTOR DIN 277** gibt einen Faktor an, der nur für DIN 277-Auswertungen verwendet wird.

Bereich Wohnflächen-Attribute

- **ART DER GRUNDFLÄCHE** dient dem Einstellen der Flächenart *Wohnflächenberechnung*. Es können folgende Flächenarten eingestellt werden: WO (Wohnraum), ZU (Zubehörraum), WI (Wirtschaftsraum) und KW (kein Wohnraum). Nach aktueller WoFlV 2004 wird WI nicht benötigt.
- **FAKTOR FÜR WOHNFLÄCHENBERECHNUNG** dient dem Eingeben eines Abschlagfaktors für Wohnflächenberechnungen. Geben Sie hier die Beiwerte für Balkon, Terrassen und ähnliche Räume nach WoFlV 2004 ein. Die Abschläge für Räume unter zwei und einem Meter Raumhöhe werden automatisch aus der Raumgeometrie (Dachebene notwendig) ermittelt.
- **PAUSCHALER PUTZABZUG VON DER GRUNDFLÄCHE** wird bei der Eingabe von Räumen, die nach WoFlV 2004 berechnet werden sollen, nicht mehr benötigt. Für eine Berechnung nach der II. Berechnungsverordnung kann hier bestimmt werden, dass z. B. der pauschale Abzug von z. B. 3 % nicht zu berücksichtigen ist.

HINWEIS: Bei der Ermittlung der Wohnfläche und der DIN 277-Fläche werden die eingestellten Ausbauten (sowohl Seitenflächen als auch Decken- und Bodenbeläge) berücksichtigt.

4.7.2.4 Register DIN 277, BauNVO - Geschosse

Im Register **DIN 277, BAUNVO** können baurechtliche Einstellungen für die Auswertung getroffen werden. Mit den entsprechenden Reports können die entsprechenden Werte ausgegeben werden. Die Attribute können Sie entweder über das jeweilige Pull-down-Menü oder die zugehörige Schaltfläche auswählen. Die in der Grafik angezeigten Kombinationen können durch Anklicken des Textes direkt übernommen werden.

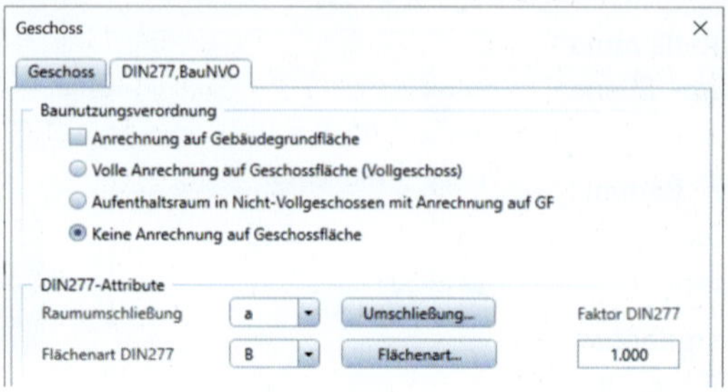

Bereich Baunutzungsverordnung

Die Attribute der Baunutzungsverordnung regeln, wie das Geschoss baurechtlich in den Reports und in dem im Vorlageprojekt enthaltenen Beschriftungsbild auftauchen soll. Eine teilweise Berücksichtigung der Geschossfläche für die GFZ/GRZ-Berechnungen (über Faktoren) ist nicht möglich.

Bereich DIN 277-Attribute

- **UMSCHLIESSUNGSART** kann die Werte *R* (Regelfall) und *S* (Sonderfall) nach DIN 277 annehmen. Die Einstellungsmöglichkeiten entsprechen der DIN 277-1 2016. Die zuvor gebräuchlichen Einstellungen (a, b, c) können über die Attribute bzw. im Pull-down-Menü weiterhin eingestellt werden. Bei der Auswertung sind Reports vorhanden, die entsprechend korrekt auswerten können.
- **FLÄCHENART** dient zur Einstellung der Berechnungsart des Geschosses (B = Bruttogrundfläche und BRI, M = mehrgeschossiger BRI, keine BGF, U = Leerraum, weder BGF noch BRI, V = ungenutzt, kein Leerraum) nach DIN 277.
- **FAKTOR DIN 277** gibt einen Faktor an, der nur für DIN 277-Auswertungen verwendet wird.

4.7.3 Höhenanbindung von Räumen und Geschoss

Je nach Einsatzzweck gibt es viele unterschiedliche Möglichkeiten, Räume, Geschosse sowie Ausbauflächen und Ähnliches an das Ebenenmodell anzubinden. Es bietet sich jedoch an, für die Hauptanwendungen immer die gleichen Anbindungen an das Ebenenmodell zu verwenden. Im Folgenden sind anhand einiger Beispiele die Hauptanwendungsfälle dargestellt.

Normaler Raum

Normale Räume sind Räume, welche jeweils von Oberkante Rohboden bis Unterkante Rohdecke reichen sollen. Der Ausbau der Räume für Boden und Decke wird im Raum definiert.

Oberkante des Bauteils ohne Abstand an die obere Ebene des Geschosses

Unterkante des Bauteils ohne Abstand an die untere Ebene des Geschosses

Die Wand- und Stützenhöhen haben die realen Höhen und passen sich automatisch einer Höhenänderung des Geschosses an.

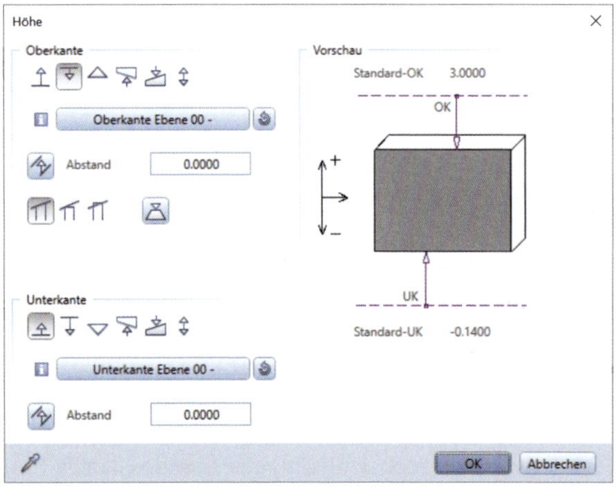

Normales Geschoss

Geschosse sind in der Regel so an die Ebenen anzubinden, dass die baurechtlichen Anforderungen erfüllt werden. Für die Anforderungen der DIN277 ist demnach das Geschoss mit der Unterkante auf Rohfußboden des eigenen Stockwerks anzubinden, während die Oberkante an den Rohfußboden des darüberliegenden Stockwerks anzubinden ist.

Oberkante des Bauteils ohne Abstand an die untere Ebene des nächsten Geschosses

Unterkante des Bauteils ohne Abstand an die untere Ebene des Geschosses

Die Höhe des Bauteils passt sich damit unabhängig von der Deckenstärke korrekt der Geometrie an.

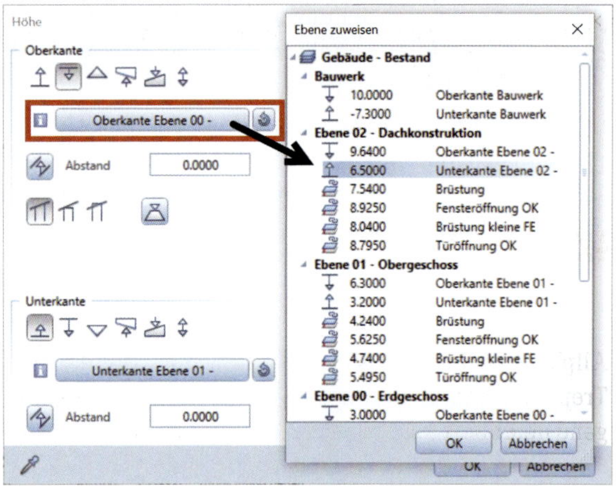

Fliesenspiegel, Putzgestaltungen oder Ähnliches

Besonders zu betrachten sind die einzelnen Ausbauflächen für Seitenflächen. Hier können je nach Anforderung unterschiedlichste Anbindungen zum Einsatz kommen. Benötigt man z. B. einen umlaufenden Fliesenspiegel, kann dies direkt über die Höhenanbindung in der entsprechenden Seitenfläche eingestellt oder über Abstände realisiert werden. Benötigt man z. B. für eine Fassadengestaltung eine exakt fensterhohe abgesetzte Putzfläche, sollte die Anbindung gleich wie bei den entsprechenden Fenstern gestaltet werden.

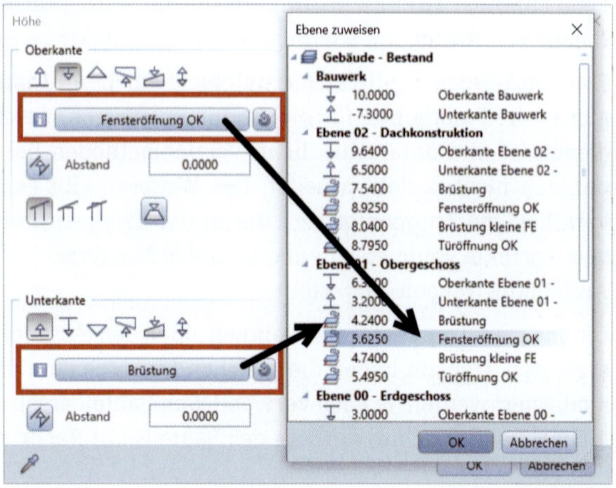

Oberkante des Bauteils ohne Abstand an obere Ebene mit Auswahl einer Ebene, z. B. einer Abstandsebene (hier *Fensteröffnung OK*).

Unterkante des Bauteils ohne Abstand an die untere Ebene mit Auswahl einer Ebene, z. B. einer Abstandsebene (hier Brüstung).

Die Fenster können komfortabel über die Abstandsebenen geändert werden.

Die Abstandsebenen sind zuvor auf der Wun schhöhe einzufügen und können entweder gekoppelt (in allen Geschossen vorhanden) oder als einzelne Abstandsebenen eingefügt werden.

Schräge Bauteiloberkanten, Dach und Ähnliches

Um die Oberkante der Bauteile (alternativ auch die Unterkante) schräg, rund oder anders geformt zu erzeugen, können entweder Dachebenen, freie Ebenen, Dachflächen oder Bezugsflächen verwendet werden. Je nach Anforderung und vorhandenen Definitionen ist die von der geraden Fläche abweichende Bauteilkante entweder an die die Standardebene ersetzenden Dachebenen/Dachlandschaften anzubinden oder – vor allem bei sehr komplexen Formen – direkt über die Höheneinstellungen des Bauteils an eine Bezugsfläche oder Dachfläche.

4.8 Treppen

Allplan bietet seit Version 2019 zwei vollständig unterschiedlich angelegte Arten an, wie Treppen erzeugt und ausgewertet werden können. Zum einen gibt es – die hier nachfolgend detailliert beschriebene – Treppenfunktionen, welche extrem variabel in der Grundrissgeometrie sind und detailliert (über zwei Reports) auswertbare Informationen enthalten, aber z. B. an Auflagerpunkten unfertige Geometrien haben. Zum anderen gibt es den Treppenmodellierer, mit dessen Hilfe ein sehr stimmiges 3D-Modell der Treppe bis hin zur visuellen Darstellung des lichten Durchgangsquerschnittes erzeugt werden kann, der aber mit den Reports zur Treppe nicht auswertbar ist und auch auf andere Methoden die beinhaltende Information kaum preisgibt.

Nachfolgend wird vor allem auf die ältere, gut auswertbare Treppe eingegangen und die neue Funktion **TREPPE MODELLIEREN** nur kurz beschrieben. Im Beispiel wird die neue Treppe verwendet, um stimmigere Auflagerpunkte zu erzeugen.

Treppen können in Allplan mit unterschiedlichen Funktionen erzeugt werden. Zum einen gibt es die Funktionen für die Architekturtreppe, welche einfach und mit Hilfen zu bedienen ist und unterschiedliche Verziehmethoden beherrscht, aber an den Anschlusspunkten nicht perfekt arbeitet. Des Weiteren gibt es SmartParts und PythonParts für verschiedene Treppenformen, die in der Treppengeometrie teils eingeschränkter sind, aber korrekte Volumen (vor allem für den Massivbau) erzeugen. Im Folgenden werden die Architekturtreppen dargestellt.

Die meisten Treppenformen können über den Assistenten erzeugt werden. Die jeweils erzeugten Treppen haben die gleichen Eigenschaften und können auf die gleiche Weise modifiziert werden. Je nach verwendetem Bauteil ergeben sich auch Unterschiede bei den Möglichkeiten der Auswertung des Bauteils mit Reports.

> **HINWEIS**: Treppen werden auf fertige Fußbodenhöhen bezogen und können **nicht** an Ebenen gekoppelt werden. Bei der Eingabe muss der Fußboden der am Treppenantritt und -austritt liegenden Räume beachtet werden.

4.8.1 Treppenbauteile – Grundwissen

Bei jeder Treppe existieren die gleichen Bauteile und ähnliche Einstellmöglichkeiten für die Geometrie der Treppe. Im Register **FORMAT, 2D** können für jedes Bauteil der Treppe die Formateigenschaften definiert werden. Jedes Bauteil kann eigene Eigenschaften erhalten und so z. B. in der Planzusammenstellung, wenn jeweils ein eigener Layer eingestellt wurde, leicht ausgeblendet werden.

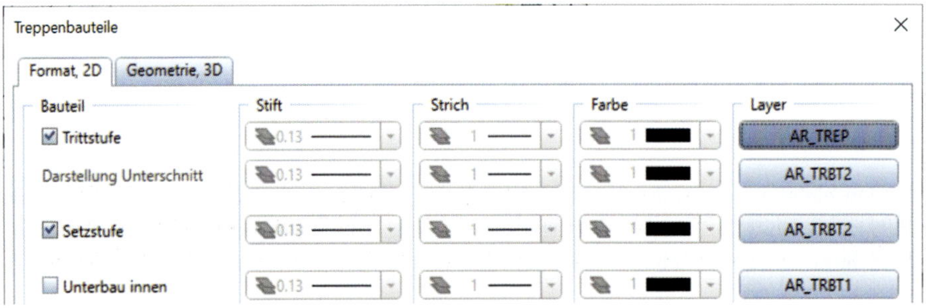

Register Geometrie, 3D

Im Register **GEOMETRIE, 3D** finden Sie all die Einstellungen, mit denen Sie die Bauteilgeometrie und deren Darstellung in der Animation und im Schnitt beeinflussen können. Zudem können das Material bzw. die Qualitäten definiert werden. Unter **FLÄCHENELEMENTE** wird eine zusätzliche Auswahl für die Einstellung der Schnittflächen für alle Elemente geöffnet, über die alle Flächenelemente gewählt werden können.

Die Geometrie der einzelnen Bauteile wird über einzelne Dialoge (Schaltflächen im Register **GEOMETRIE, 3D**) eingestellt. Zum Teil existieren Hilfen, die einen Teil der Einstellungen halbautomatisch erledigen.

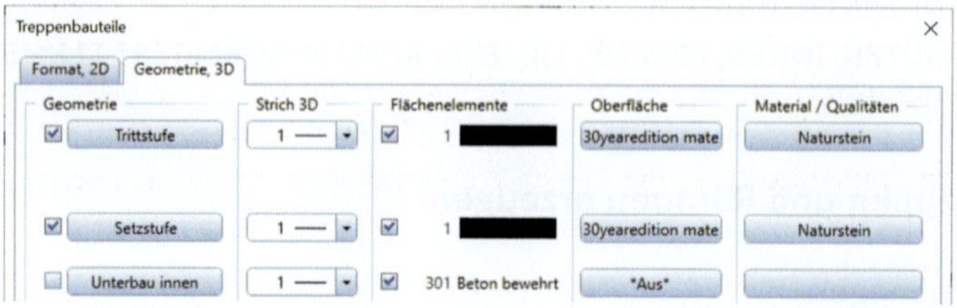

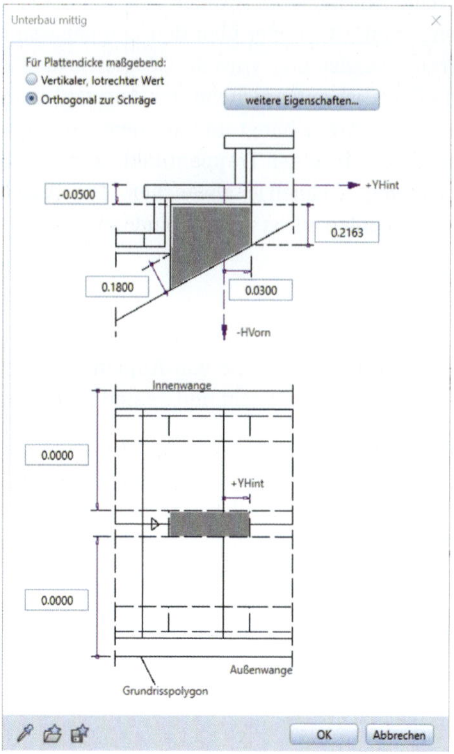

Detaileinstellungen der einzelnen Bauteile: Alle Treppenbauteile werden basierend auf dem Grundrisspolygon definiert. Je nach Bauteiltyp können der Abstand zur Außengrenze der Treppe und die Breite des Elements eingegeben werden. Es sind nur positive Werte möglich. Wenn z. B. ein seitlicher Überstand der Trittstufen über den Stahlbetonunterbau benötigt wird, ist der Unterbau mit einem Abstand zum Grundrisspolygon zu definieren. In den einzelnen Dialogen befindet sich im oberen Bereich jeweils der Bereich zum Einstellen der Bauteile selbst in der dritten Dimension, die entsprechend dem angewählten Bauteil ausgestaltet sind und teils über weitere Dialoge ergänzt werden. Für folgende Bauteile sind jeweils eigene Dialoge vorhanden:

- TRITTSTUFE (MIT UNTERSCHNITT), SETZSTUFE
- UNTERBAU INNEN, UNTERBAU MITTIG, UNTERBAU AUSSEN
- WANGE INNEN, WANGE MITTIG, WANGE AUSSEN
- HANDLAUF INNEN, HANDLAUF AUSSEN
- FREIES BAUTEIL INNEN, FREI MITTIG, FREI AUSSEN, NORM-TEST ELEMENT

4.8.2 Treppen und Rampen erzeugen

Treppen erzeugen

Treppen können als Architekturbauteil entweder über unterschiedliche Funktionen entsprechend den Treppengrundformen oder über den Treppenassistenten erzeugt werden. Bei Verwendung des Treppenassistenten wird die Geometrie in einem Dialog mit wenigen Maßen eingegeben. Die Form ist entsprechend der Auswahl definiert. Das Ergebnis ist eine Treppe, welche am Fadenkreuz hängt und auf dem Teilbild abgelegt werden muss. Werden Treppen mit einer der einzelnen Treppenfunktionen erzeugt, kann der Grundriss deutlich von der gerichteten Geometrie abweichen. Die Anzahl der einzugebenden Umrisspunkte des Grundrisspolygons ist jeweils bindend.

Rampen erzeugen

Für Rampen gibt es ausschließlich SmartParts und PythonParts. Teilweise existieren zu den Bauteilen Funktionen in der Oberfläche von Allplan. Je nach verwendetem Bauteil unterscheidet sich die Vorgehensweise leicht und es sind unterschiedliche Möglichkeiten vorhanden.

Einstellungen im Treppenassistenten

Alle verfügbaren Treppenformen (bis auf beliebige Treppengrundrisse) lassen sich komfortabel über den Treppenassistenten erzeugen. Wird ein beliebiger Treppengrundriss benötigt, kann dieser über die einzelnen Treppenfunktionen erzeugt werden.

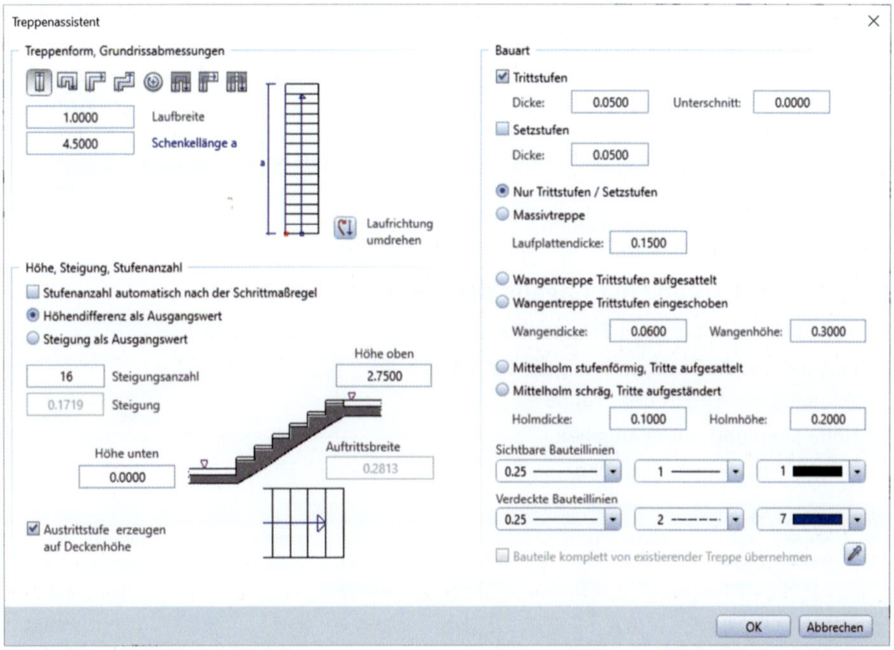

Treppenassistent

- **TREPPENASSISTENT:** Die wichtigsten Standardtreppenformen können mit dem Treppenassistenten über wenige Eingaben weitgehend automatisch erstellt werden. Die mit dem Treppenassistenten erzeugten Treppen können mit der Funktion **TREPPE MODIFIZIEREN** geändert werden.
  - **TREPPENFORM, GRUNDRISSABMESSUNGEN** bietet alle Treppenformen bis auf die **DREIFACH GEWENDELTE TREPPE** und die **WENDELTREPPE** an. Je nachdem, welche Geometrie gewählt wird, erscheinen die entsprechenden Eingabefelder zur Eingabe der Grundgeometrie.
  - **HÖHE, STEIGUNG, STUFENANZAHL** definiert die Anzahl der Steigungen und die Höhendifferenz zwischen Antritt (**HÖHE UNTEN**) und Austritt (**HÖHE OBEN**) der Treppe. Die Eingabe der Höhen ist bei der Treppe von den Ebenen unabhängig (absolute Koten) und kann nicht an diese gekoppelt werden.
- **BAUART** dient zur genaueren Vordefinition der Treppenbauteile. Im oberen Bereich können Sie zwischen unterschiedlichen Kombinationen wählen, im unteren die Formateigenschaften der **SICHTBAREN** und **VERDECKTEN BAUTEILLINIEN** einstellen.
- Über die Funktion **ÜBERNAHME** können die Bauteile (inklusive aller Eigenschaften) einer bestehenden Treppe eingelesen und verwendet werden. Nach Einlesen der Eigenschaften einer bestehenden Treppe wird der Teil **BAUART** des Dialogs deaktiviert.

Übernahme

Eingabe einer Treppe über den Treppenassistenten

▷ TREPPENASSISTENT

▷ Geometrie der Treppe auswählen und Abmessungen eingeben

▷ Höhenlage der Treppe bezogen auf ±0.00 des Gebäudes definieren (FFB-Höhen!)

Treppenassistent

- ▷ gewünschte Basiseigenschaften der Treppenbauteile angeben, Übernahme der Bauteile einer bestehenden Treppe

oder:

- ▷ Bestätigen der Eigenschaften
- ▷ Absetzpunkt der Treppe einstellen (**UMDREHEN** verändert die Laufrichtung)
- ▷ Absetzpunkt der Treppe wählen

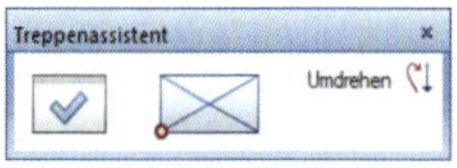

Eingabe einer Treppe mit Angabe der Geometrie im Grundriss

- ▷ Aufruf der gewünschten Treppenform
- ▷ Eingabe der Außenabmessungen der Treppe, angefangen am Antritt der Treppe
- ▷ Höhe oben und unten angeben
- ▷ Details der Treppe einstellen

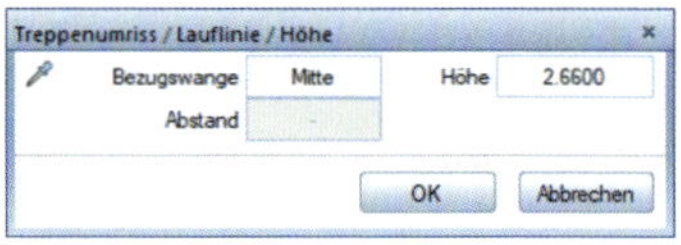

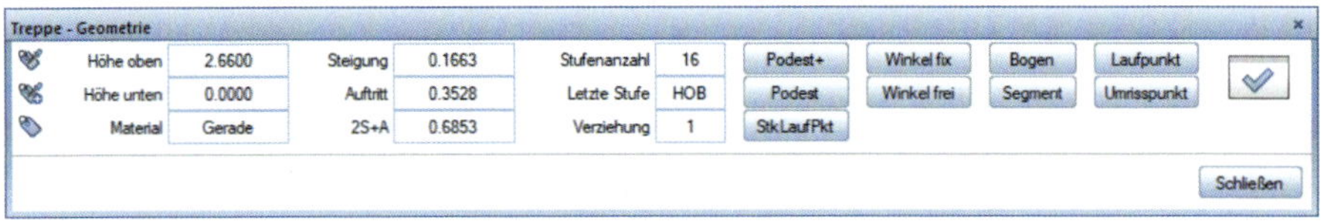

- ▷ Treppenbauteile einstellen über **EIGENSCHAFTEN**
- ▷ Abschließen der Treppenkonstruktion mit **SCHLIESSEN**
- ▷ Absetzen der Treppenbeschriftung (oder Abbruch ohne Beschriftung)

4.8.3 Geschossübergreifende Darstellung der Treppe

Allplan besitzt derzeit keinen Automatismus zur optimalen Darstellung von Treppen in allen Geschossen. Dennoch ist es einfach, eine korrekte Darstellung der Treppe in den Grundrissen zu erreichen. Eine praktikable und einfache Vorgehensweise läuft wie folgt ab (KG-EG-OG):

- ▷ Erzeugen aller Treppen eines Gebäudes, angefangen bei der untersten Treppe: Die Treppen sind jeweils auf den Teilbildern zu erzeugen, deren Unterkante der unteren Höhe der Treppe entspricht. Jede Treppe wird nur einmal erzeugt.
- ▷ Teilbild OG aktiv, Teilbild EG passiv: Treppe EG-OG mit Linien durchzeichnen, bei Bedarf eine Elementgruppe aus den einzelnen Linien bilden (Layer der Treppe)
- ▷ Teilbild EG aktiv, Teilbild KG passiv
- ▷ Treppenschnitt der Treppe EG-OG erzeugen
- ▷ **EIGENSCHAFTEN**
- ▷ Register **DARSTELLUNG OBEN**
- ▷ **DARSTELLUNG DER BAUTEILE OBEN ÄNDERN** → **UNSICHTBAR**
- ▷ **DARSTELLUNG DER LAUFLINIE OBEN ÄNDERN** → **UNSICHTBAR**
- ▷ Register **DARSTELLUNG UNTEN:** Keine Änderungen

Treppenschnitt

- ▷ Der untere Teil der Treppe wird so dargestellt, wie die Bauteile erzeugt wurden, der obere Teil der Treppe wird komplett ausgeblendet.
- ▷ Oberen Teil von Treppe KG-EG mit Linien durchzeichnen
- ▷ Teilbild KG aktiv
- ▷ Treppenschnitt der Treppe KG-EG erzeugen
- ▷ **EIGENSCHAFTEN**
- ▷ Register **DARSTELLUNG OBEN**
- ▷ **DARSTELLUNG DER BAUTEILE OBEN ÄNDERN → FORMATEIGENSCHAFTEN ÄNDERN**
- ▷ **DARSTELLUNG DER LAUFLINIE OBEN ÄNDERN → FORMATEIGENSCHAFTEN ÄNDERN**
- ▷ Register **DARSTELLUNG UNTEN:** Keine Änderungen
- ▷ Die Elemente des oberen Teils der Treppe werden gestrichelt dargestellt, während der untere Teil der Treppe mit den Einstellungen dargestellt wird, die für die Bauteile in den Eigenschaften der Treppe definiert wurden.

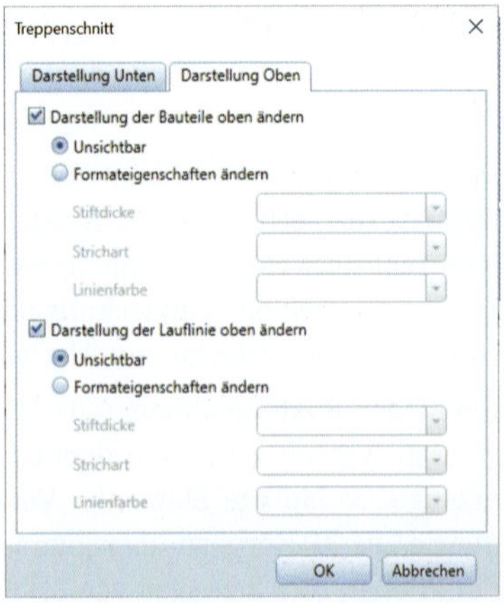

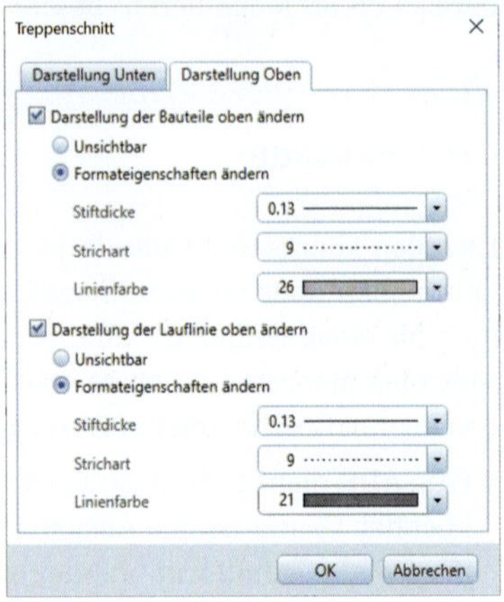

TIPP: Alternativ zum Zeichnen der Treppe können Sie sich auch eine Verdeckt-Berechnung oder einen Horizontalschnitt des Bereiches der Treppe erzeugen und diese auf dem Teilbild einfügen. Oder Sie kopieren die Treppe in das nächste Geschoss und wandeln die Treppe mit der Funktion **ELEMENTE WANDELN (MODUL ALLGEMEIN: DÄCHER, EBENEN, SCHNITTE)** in 2D-Konstruktionselemente um.

4.8.4 Treppenmodellierer

Der Treppenmodellierer weicht von den vorstehend beschriebenen Schemata komplett ab. Alle Einstellungen werden in einer sehr umfangreichen Palette getätigt. Je nachdem, welche Elemente gewählt werden, wird die Palette entsprechend erweitert.

Treppenmodellierer

Neu in Version 2019, erweitert in Version 2020

Eine Beschreibung der Hauptmöglichkeiten wird im Zuge des Praxisbeispiels mit der dort enthaltenen Treppe über mehrere Geschosse inklusive Podesten getätigt.

4.9 Fassade und Geländer

Mit den Funktionen **GELÄNDER** und **FASSADE** stellt Allplan zwei variabel einsetzbare Bauteile zur Verfügung, mit denen sehr viel mehr Anwendungsfälle für elementierte Bauteile realisiert werden können, wie auf den ersten Blick vermutet. So können z. B. eine Dachrinne, eine Blechabdeckung oder eine Stuckverzierung mit der Funktion **GELÄNDER** sowie eine Rasterdecke und Ähnliches mit der Funktion **FASSADE** erzeugt werden.

Bei beiden Bauteilen können für die Einzelteile Elemente aus dem aktuellen Teilbild eingelesen werden. Dies sind entweder geschlossene Polygonzüge oder aus 3D-Elementen erzeugte, komplette Elemente (Verzierungen, Profile usw.). Bei Fassaden kann die Geometrie aus 3D-Körpern übernommen werden, was nahezu beliebige Formen ermöglicht. Funktionen zum Erzeugen von 3D-Körpern und Flächen sind in Abschnitt 3.8, „Aufgabenbereich Freies Modellieren“ beschrieben.

4.9.1 Fassade

Fassaden können entweder in jedem Geschoss einzeln erzeugt werden oder, günstig bei Lufträumen über mehrere Stockwerke, über eine komplette Gebäudehöhe. Die Darstellung für einen Grundriss kann über eine Schnitthöhe eingestellt werden. Wird eine Fassade über mehrere Geschosse erzeugt, bietet es sich an, die entsprechende Darstellung in den oberen Geschossen in 2D zu ergänzen, um keine doppelten Bauteile zu erzeugen.

Fassade

- **FASSADE** dient zum Erzeugen von Fassaden jeglicher Form. Sie können freie Formen über den Grundriss, die Ansicht oder in der Perspektive eingeben oder 3D-Flächen oder Körper als Grundform übernehmen. Alle Teilungen sind variabel. Die erzeugten Bauteile lassen sich **nur** mit den in der Toolbar der Fassade und im Kontextmenü der Fassade zur Verfügung stehenden Funktionen ändern und/oder ergänzen/löschen.

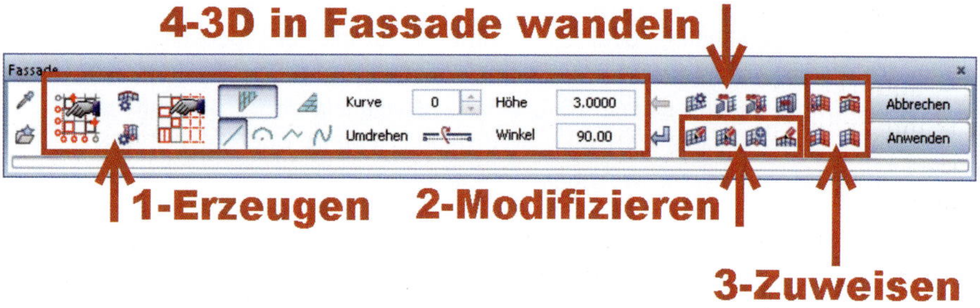

Allgemeine Funktionen

Alles übernehmen

- **ALLES ÜBERNEHMEN** übernimmt von einer bestehenden Fassade alle Eigenschaften bis auf die Geometrie.

Fassaden Favorit laden

- **FASSADEN FAVORIT LADEN** öffnet die Dateiauswahl zum Laden eines gespeicherten Fassadenfavoriten.

1 – Erzeugen

- **SCHEMA-EINSTELLUNGEN** dient zum Definieren sich wiederholender (periodisch) oder genauer (skaliert) Aufteilungen von Fassaden.
- **OBJEKT-LAYOUT-EINSTELLUNGEN** dient zur Einstellung von sich wiederholenden Bauteilen der Fassade. Es können z. B. Öffnungselemente, Vordächer oder auch spezielle Ränder definiert werden.
- **UNTERTEILUNGS-EINSTELLUNGEN** gibt die Möglichkeit, die Fassadenfläche in nahezu beliebige Felder zu unterteilen.
- **OBJEKT-DEFINITIONEN** zeigt drei Register an, über die Bauteile der Fassade selbst definiert und/oder geändert werden können.
- **FASSADEN-WAND** (links oben) lässt den eingegebenen Pfad zu einer linearen Fassade extrudieren.
- **FASSADEN-FLÄCHE** (rechts oben) lässt die Eingabe einer flächigen Fassade zu.
- **GERADES BAUTEIL, KREISFÖRMIGES BAUTEIL, POLYLINIENFÖRMIGES BAUTEIL** und **SPLINEFÖRMIGES BAUTEIL** dienen zum Einstellen der Form des einzugebenden Fassadenbereichs. Bereiche mit unterschiedlichen Einstellungen können sich nach Belieben abwechseln.

Fassaden-Pfad

- **KURVE NUMMER:** Beim Eingeben eines Pfades wird hier die aktuelle Kurvennummer angezeigt. Die Fassade erhält mehrere Bereiche, die an dieser Stelle ausgewählt werden können.
- **UMDREHEN** dient zum Drehen der Ausdehnungsrichtung der Fassade über den Pfad/die Fläche ähnlich den Linienbauteilen.
- **HÖHE** dient zur Eingabe der (Extrusions-)Höhe des Pfades.
- **WINKEL** dient zur Eingabe des (Extrusions-)Winkels des Pfades. Bei einer linearen Fassade sind dies 90° senkrecht.
- **KURVE ABSCHLIESSEN** schließt eine Kurve während der Punkteingabe ab und beginnt eine neue Kurve. Die einzelnen Kurven eines Pfades können unterschiedliche Höhen und Winkel haben. Solange der Bereich nicht angeschlossen ist, kann jederzeit (auch während der Punkteingabe) der Kurventyp geändert werden.

2 – Modifizieren

- **MODIFIZIEREN** dient zum Ändern bereits erzeugter Fassaden. Nach Aktivieren der Fassade wird diese im Vorschau-Modus angezeigt, und Sie können Änderungen vornehmen.
- **MODIFIZIEREN DER KURVEN-/PFAD-PUNKTE** dient zum Verschieben von Pfad-Punkten der Fassade. Die Funktion arbeitet analog zu **PUNKTE MODIFIZIEREN.** Beendet wird die Funktion durch Klicken auf **ANWENDEN** oder **ABBRECHEN.**
- **KURVEN-PUNKTE HINZUFÜGEN** fügt dem Pfad Punkte hinzu. Die Funktion arbeitet analog **LINIE KNICKEN.** Beendet wird die Funktion durch Klicken auf **ANWENDEN** oder **ABBRECHEN.**
- **MODIFIZIEREN DER UNTEREN/OBEREN HÖHENLAGE** lässt Änderungen der Höhenlage einzelner Pfadpunkte zu. Bei Änderungen an den unteren Punkten wird der obere im Abstand belassen, bei Änderungen an den oberen Punkten bleibt der untere in der

Lage gleich, und der Abstand der Punkte verändert sich. An Knickstellen können beide Fassadenbereiche unabhängig voneinander geändert werden. Beendet wird die Funktion durch Klicken auf **ANWENDEN** oder **ABBRECHEN**.

3 – Zuweisen (Layout-Funktionen)

- **OBJEKT ZUWEISEN** fügt ein Objekt in eine bestehende Fassade ein.
- **RAND-LAYOUT ZUWEISEN** ändert die Ränder in einem bestehenden Fassaden-Feld.
- **FELD-VEREINIGUNG ZUWEISEN** vereinigt ein bestehendes Fassaden-Feld mit einem anderen (zwei Felder zu einem vereinigen).
- **UNTERTEILUNG ZUWEISEN** unterteilt ein bestehendes Fassaden-Feld erneut.

4 – 3D in Fassade umwandeln

- **EINSTELLUNGEN** öffnet den gleichnamigen Dialog, über den weitere Einstellungen für die Erzeugung der Fassade getroffen werden können.
- **3D IN FASSADE UMWANDELN** übernimmt einen bestehenden 3D-Körper als Fassaden-Fläche. Der 3D-Körper muss dabei nicht geschlossen sein (zusammenhängende 3D-Flächen).
- **3D IN FASSADE UMWANDELN UND UNTERTEILEN** übernimmt eine bestehende 3D-Fläche als Fassaden-Fläche und lässt direkt eine grafische Unterteilung zu.
- **FASSADE IN 3D UMWANDELN** wandelt Fassaden in 3D-Körper bzw. 3D-Flächen. Die Geometrie der 3D-Körper kann dann mit geeigneten Funktionen geändert werden.

> **HINWEIS:** Sollen 3D-Körper verwendet werden, die über Rundungen verfügen, welche mit den in Allplan 2016 neu hinzugekommenen Funktionen (**KANTE AUSRUNDEN, KUGEL** oder **ZYLINDER**) erzeugt wurden, ist es notwendig die Körper erst über die Funktion **ELEMENTE WANDELN** (z. B. im Modul **ALLGEMEIN: DÄCHER, EBENEN, SCHNITTE**) in einen einfacheren 3D-Körper zu wandeln.

4.9.2 Geländer

Geländer

Die Funktion **GELÄNDER** dient zur Erzeugung und Bearbeitung von linearen, gleichmäßig unterteilten Bauelementen. Mit derartigen Elementen können neben Geländern für Balkon, Treppen und Ähnliches auch andere Bauteile wie Zäune, Leitplanken, Schienen, Gesimse und viele weitere erstellt werden.

Geländer – Grundwissen

Bei jedem zu erzeugenden Geländer muss ein Pfad eingegeben werden. Dieser ist in der Übersichtsgrafik in den Eigenschaften des Geländers durch eine rote Linie mit Pfeil symbolisiert. Der Pfad wird in Felder unterteilt. Sowohl an den Teilungspunkten als auch innerhalb eines Abschnittes ist die Anordnung der Elemente immer gleich.

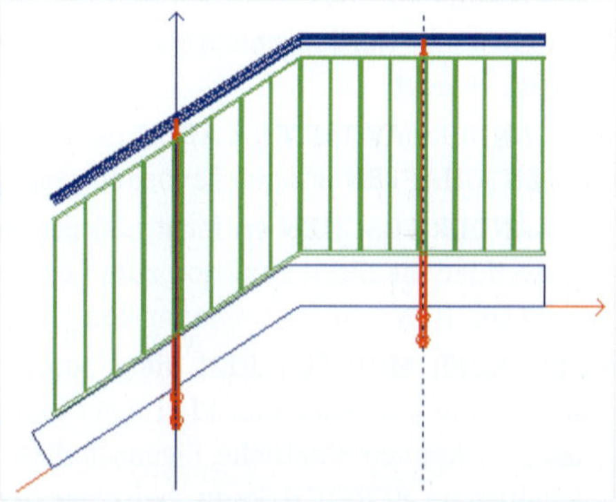

Grundbegriffe und Bauteile

- Geländer → gesamtes Geländer entlang eines Pfades
- Abschnitt → Bereich eines Geländers, mit Pfosten umschlossen (Teilung 1)
- Handlauf **(blau)** → Elemente erstrecken sich über die gesamte Länge
- Pfosten **(rot)** → Elemente, die sich an den Teilungspunkten wiederholen
- Feld **(grün)** → Felder wiederholen sich zwischen den Pfosten
- Pfad → Grundlinie des Geländers, über dessen Geometrie die Grundrissform des Geländers definiert wird. Der Pfad kann geknickt sein und geneigt verlaufen.

Begriffsbestimmung:

- Die Summe der Elemente in einem Abschnitt wird als *Feld* bezeichnet.
- Die Summe der Elemente an einem Unterteilungspunkt wird als *Pfosten* bezeichnet.
- Die Summe der Elemente, die sich über den gesamten Pfad erstrecken, wird als *Handlauf* bezeichnet.
- Die Gesamtheit aus Feld-, Pfosten- und Handlauf-Elementen wird als *Geländerstil* bezeichnet.
- Die Art der Unterteilung wird als *Teilungsstil* bezeichnet.
- Innerhalb eines Geländers können Teilstrecken mit unterschiedlichen Teilungsstilen vorkommen. Diese Abschnitte bezeichnet man als *Bereiche*.

Geländer – Funktionen

In der Symbolleiste *Geländer* sind alle Funktionen enthalten, die Sie zum Erstellen benötigen. Bei Änderungen an bestehenden Geländern sollten die Funktionen über das Kontextmenü des zu ändernden Geländers aufgerufen werden.

Alle Funktionen zur Geländerbearbeitung verlangen die Identifikation des zu bearbeitenden Geländers entweder durch Anklicken des Pfades oder durch Anklicken eines Geländerelements. Die meisten in der Symbolleiste enthaltenen Funktionen können alternativ über das Kontextmenü aufgerufen werden.

- **EIGENSCHAFTEN** öffnet den Dialog **EIGENSCHAFTEN** des Geländers, in dem die einzelnen Bestandteile angezeigt, erzeugt und bearbeitet werden können. Die hier eingestellten Elemente werden entsprechend der definierten Regeln entlang des eingegebenen Pfades erzeugt.

Geländer Favoriten laden

- **GELÄNDER FAVORITEN LADEN** liest einen gespeicherten Geländerstil ein. Im Dialog **EIGENSCHAFTEN** können Favoriten gespeichert und mit Info-Texten versehen werden.

Geländer löschen

- **GELÄNDER LÖSCHEN** entfernt alle Elemente eines Geländers komplett vom Teilbild. Verwenden Sie diese Funktion zum Löschen eines Geländers statt der normalen Funktion **LÖSCHEN**, um ein Geländer komplett zu löschen.

Geländer modifizieren

- **GELÄNDER MODIFIZIEREN** dient zum Ändern bestehender Geländer. Zum Ändern müssen Sie entweder den Pfad des Geländers oder ein Element des Geländers anklicken. Es können sämtliche Eigenschaften des Geländers verändert werden. Über die Schaltfläche **BEREICH** kann zwischen den Bereichen gewechselt und die Werte für **OFFSET START** und/oder **OFFSET ENDE** können z. B. beeinflusst werden.

Geländer knicken

- **GELÄNDER KNICKEN** fügt weitere Punkte in den Pfad des Geländers ein. Diese Funktion wird z. B. benötigt, wenn Sie die Geometrie anpassen müssen oder Bereiche mit unterschiedlichen Aufteilungen erzeugen möchten.

Pfadpunkt modifizieren

- **PFADPUNKT MODIFIZIEREN** dient zum Versetzen vorhandener Pfadpunkte bei Änderungen in der Grundrissgeometrie.

Geländer verbinden

- **GELÄNDER VERBINDEN** verbindet zwei Geländer, die aneinanderstoßen, zu einem Geländer. Es entsteht dabei ein Geländer mit mindestens zwei Bereichen. Mit der Funktion **GELÄNDER VERBINDEN** können nur Geländer verbunden werden, die den gleichen Stil haben. Ein Lattenzaun lässt sich nicht mit einer Balustrade verbinden.

Geländer trennen

- **GELÄNDER TRENNEN** trennt ein Geländer an der gewünschten Stelle in zwei unabhängige Geländer, die nun einzeln bearbeitbar sind.

Bereiche löschen

- **BEREICHE LÖSCHEN** löscht die Trennung von Bereichen und verbindet diese.

Bereiche erstellen

- **BEREICHE ERSTELLEN** trennt einen Bereich des Geländers an der gewünschten Stelle in zwei Bereiche und fügt an der Trennstelle einen Pfosten ein.

Pfosten verschieben

- **PFOSTEN VERSCHIEBEN** verschiebt die Lage eines Pfostens. Wird ein Pfosten am Ende eines Bereichs verschoben, verändern sich die Werte **OFFSET START** oder **OFFSET ENDE**. Verschiebt man einen Pfosten innerhalb eines Bereichs, werden die weiteren Teilungen neu gesetzt und einer der Endpfosten mit verschoben.

Einstellungen

- **EINSTELLUNGEN** öffnet einen weiteren Dialog, über den Grundeinstellungen für die Darstellung, Eingabe und Geländererzeugung getätigt werden können.

Umdrehen

- **UMDREHEN** ändert die Lage des Geländers in Bezug zum Pfad. Die Anwendung ist analog zur Funktion **UMDREHEN** bei Linienbauteilen wie Wand oder Streifenfundament.

Vorgang zum Erzeugen eines Geländers

Geländer

▷ **GELÄNDER**

▷ **EIGENSCHAFTEN (1)**: Geländerstil erzeugen oder fertigen Geländerstil auswählen

▷ Pfad des Geländers über Punkte definieren (in Grundriss oder Perspektive)

▷ Bei Bedarf → Teilung usw. für den jeweiligen Bereich definieren **(2)** und Bereich mit **BEREICH** fixieren **(3)**

▷ Eingabe des Geländers mit **ESC** oder **ANWENDEN (4)** beenden

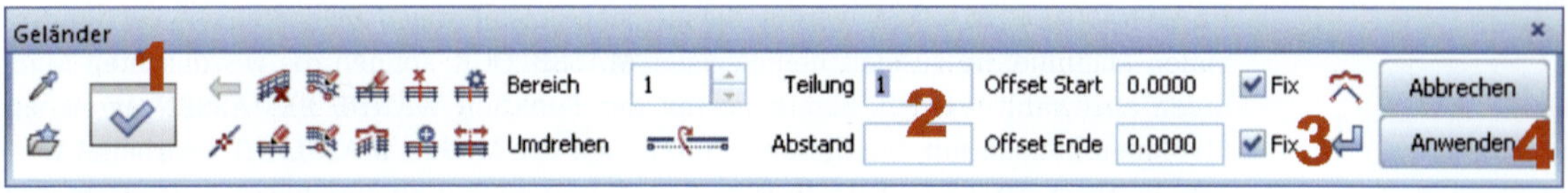

4.10 Bemaßen und Beschriften – Grundriss

Allplan stellt zum Bemaßen und Beschriften unterschiedliche Funktionen zur Verfügung, deren Einsatzbereiche sich zum Teil überschneiden und unterschiedliche Vor- und Nachteile haben. Bei Maßlinien, egal ob diese assoziativ über **WÄNDE VERMASSEN** oder über **MASSLINIE** (assoziative Maßlinie oder normale Maßlinie) erzeugt werden, werden die auf dem Teilbild vorhandenen Abmessungen verwendet, die in aller Regel Rohbaumaße abbilden. Beschriftungen können als Beschriftungsbilder selbst „programmiert" werden und erlauben somit alles abzubilden, was berechnet werden kann. Wichtig ist bei allen Funktionen, die assoziative Maßlinien und Beschriftungen erzeugen, dass die erzeugten Maßlinien und Beschriftungsbilder auf dem Teilbild der Bauteile abgesetzt werden.

Bei Verwendung der neuen assoziativen Maßlinie muss darauf geachtet werden, dass die Räume mit Bodenausbau vor den Maßlinien erzeugt wurden und wie die Einstellung zur Beachtung des Bodenaufbaus für die Öffnungshöhe in der Maßlinie im Projekt gestellt wurde.

4.10.1 Wände bemaßen

Für Wände, auch Profilwände und Polygonwände, gibt es die Funktion **WÄNDE BEMASSEN**. Mittels dieser Funktion kann ein kompletter Maßlinienblock abgesetzt werden, der Öffnungen inklusive Höhen, Räume und Weiteres assoziativ bemaßt. An den Stellen, an denen die automatisch mit **WÄNDE BEMASSEN** erzeugten Maßlinien zu wenig Aussagekraft haben und/oder zu viele Punkte vermaßt sind, können die Maßlinien mit den konventionellen Funktionen aus dem Modul **MASSLINIE** weiterbearbeitet werden.

- **WÄNDE BEMASSEN** erstellt automatisch eine oder mehrere Maßketten zu einer oder mehreren Wänden. Die mit der Funktion **WÄNDE BEMASSEN** erzeugten Maßlinien verhalten sich assoziativ, wenn sie sich auf dem gleichen Teilbild befinden wie die zu bemaßenden Bauteile.

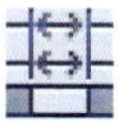
Wände bemaßen

HINWEIS: Nach dem Erzeugen sind assoziative Maßlinien nur dadurch von einfachen Maßlinien zu unterscheiden, dass das Kontextmenü der Maßlinie kontrolliert wird. Dort taucht bei Maßlinien, die mit der Funktion **WÄNDE BEMASSEN** erzeugt wurden, die Funktion **WÄNDE BEMASSEN** auf.

Unter **WÄNDE BEMASSEN** werden die gleichen Einstellungen angeboten wie bei der normalen Maßlinie. Im zusätzlichen Register **MASSBLOCK** können die gewünschten Maßlinien angewählt werden. Sämtliche mit der Funktion **WÄNDE BEMASSEN** erzeugten Maßlinien können mit den Standardfunktionen des Moduls **MASSLINIE** bearbeitet werden. In Abschnitt 3.7.1, „Bereich Bemaßung", sind die Funktionen hierzu aufgeführt und die Einstellmöglichkeiten erläutert.

Register Maßblock

Unter **TYPKOMBINATIONEN** können die Maßlinientypen angewählt werden, die im Maßblock dargestellt werden. Der Abstand der Maßlinien im Block wird in der Registerkarte **EINGABEOPTIONEN** im Bereich **MASSLINIEN** festgelegt. Die Maßlinientypen **ÖFFNUNGSMASSKETTE AXIAL** und **ÖFFNUNGSMASSKETTE MIT ÖFFNUNGSHÖHEN** berücksichtigen nur die Bauteile Tür, Fenstertür und Fenster. Nischen, Aussparungen und Ähnliches können derzeit nicht automatisiert vermaßt werden. Die Angabe der Öffnungsmaße erfolgt immer ausgehend von der Wandschicht, die als Richtungselement definiert wird. Es werden immer die Maße der Öffnung ausgegeben, die das Bauteil hat (zumeist Rohbaumaße).

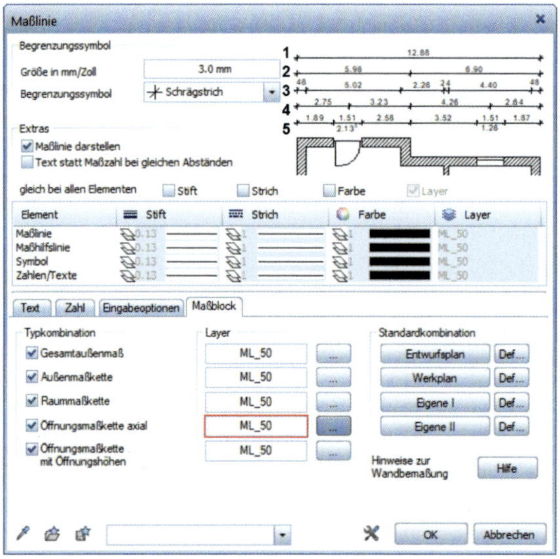

TIPP: Sollten Sie die Öffnungshöhe bezogen auf den Fertigfußboden des anliegenden Raumes benötigen, können Sie entweder das Maß ausbessern, die gewünschte Höhe als Zusatztext eingeben (Öffnungshöhe ist dann auszublenden), ein Beschriftungsbild (Beispiel in Vorlageprojekt enthalten) oder die neuen assoziativen Maßlinien verwenden, in denen der Raumausbau für die Höhe berücksichtigt wird.

- **LAYER** zeigt für jeden Maßlinientyp den Layer an. Über die Schaltfläche neben der Anzeige können Sie für jeden Typ den Layer definieren.

Typkombinationen:

- **GESAMTAUSSENMASS (1)**: Die zu bemaßenden Punkte werden entlang des Richtungselements ermittelt.
- **AUSSENMASSKETTE (2)**: Die zu bemaßenden Punkte werden entlang des Richtungselements ermittelt.
- **RAUMMASSKETTE (3)**: Die zu bemaßenden Punkte werden entlang der Linie ermittelt, die dem Richtungselement gegenüberliegt.
- **ÖFFNUNGSMASSKETTE AXIAL (4)**: Bei diesem Maßlinientyp werden die Achsen von Öffnungen bemaßt. Die zu bemaßenden Öffnungspunkte werden entlang des Richtungselements ermittelt.
- **ÖFFNUNGSMASSKETTE MIT ÖFFNUNGSHÖHEN (5)**: Bei diesem Maßlinientyp werden die Endpunkte von Öffnungen und die Öffnungshöhen bemaßt. Die zu bemaßenden Öffnungspunkte werden entlang des Richtungselements ermittelt.

Der Vorgang zum assoziativen Bemaßen von Wänden läuft wie folgt ab:

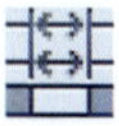
Wände bemaßen

▷ WÄNDE BEMASSEN
▷ Eigenschaften des zu erzeugenden Maßblocks einstellen
▷ Zu bemaßende Wände anwählen
▷ Auswahl mit Klick der rechten Maustaste bestätigen
▷ Aktive Wandlinie als Richtungselement anwählen: Die Wandlinie wird als Bezugslinie für den Maßlinienblock verwendet und steuert so die Bemaßung.
▷ Maßblock absetzen (bei Bedarf umdrehen und/oder den Abstandpunkt verwenden)

TIPP: Erzeugen Sie Maßlinien mit Öffnungshöhen von Fenstern und Türen immer über Wände vermaßen oder alternativ assoziative Maßlinien. Je nach Arbeitsweise kann die Tür noch mit einem Beschriftungsbild versehen werden, um die sogenannte fertige Türhöhe (von Fertigfußboden bis UK-Rohsturz) anzugeben.

HINWEIS: Eine **eindeutige** Definition, ob Türöffnungen und Fenstertüröffnungen sowie die Brüstungshöhen auf Fertigfußboden oder Rohfußboden zu bemaßen/beschriften sind, konnte ich weder in der DIN1356-1:1995-02 noch in weiterer Literatur finden. Die DIN1356-1:1995-02 zeigt lediglich in der Zeichnung (Bild 9) Höhenmaße von einer Tür, welche ein Rohbaumaß darstellt.

4.10.2 Bauteile beschriften

Fast alle Eigenschaften eines Objekts (bzw. Architekturbauteils) und/oder einfachen Elements mit Attributen können beschriftet und ausgewertet werden. Jedes Objekt (also z. B. auch Linien mit angehängten Attributen) kann über die nachfolgenden Funktionen beschriftet werden, um zusätzliche, an das Objekt angehängte Informationen sichtbar zu machen. Bei Bauteilen, die meistens beschriftet werden müssen (z. B. Öffnungen, Treppen, Räume), wird direkt nach dem Erzeugen des Bauteils die Funktion **BESCHRIFTUNG** aktiviert.

Das ausgewählte Objekt wird bei den nachfolgend beschriebenen Funktionen zum einen in der Dialogzeile genannt, zum anderen auf dem Teilbild markiert. Alle Objekte, die eine flächige Darstellung besitzen, werden mit einer roten Fläche (temporär) versehen, die restlichen Objekte werden während des Vorgangs rot gezeichnet. Sie haben durch die Markierung eine gute Kontrolle, ob das gewünschte Bauteil gewählt wurde.

Beschriften

- **BESCHRIFTEN** dient zum nachträglichen Beschriften von Objekten. Bei vielen Bauteilen der Architektur wird direkt nach dem Erzeugen die Funktion **BESCHRIFTEN** aufgerufen. Eine direkt nach dem Erzeugen des Bauteils erzeugte Beschriftung unterscheidet sich nicht von einer Beschriftung, die durch separaten Funktionsaufruf erzeugt wurde.

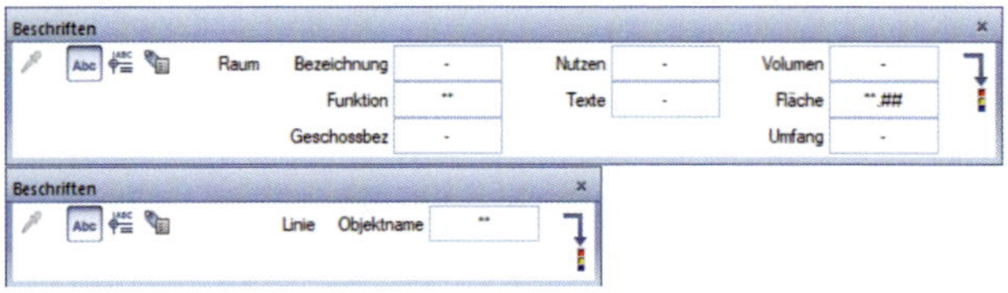

- **STANDARDBESCHRIFTUNG:** Je nach Bauteil erscheinen unterschiedliche Dialoge, die Zugriff auf Basiselemente zum Beschriften des jeweiligen Bauteils geben. Die Standardbeschriftung kann nicht erweitert oder ausgetauscht werden.

- **BESCHRIFTUNGSBILD** bietet den Zugriff auf frei definierbare Beschriftungen. Es sind nahezu alle Attribute in Beschriftungsbildern auswertbar. Zusätzlich können bei der Definition von Beschriftungsbildern unterschiedliche Folien für Maßstäbe oder Zeichnungstypen erzeugt werden, um mit einem Beschriftungsbild unterschiedliche Auswertungstiefen (z. B. für Bauvorlage und Werkplanung) zu ermöglichen. Mittels Formeln in Beschriftungsbildern kann auf Bauteilbezüge zurückgegriffen werden. So kann z. B. eine Öffnungshöhe bezogen auf den Fertigfußboden des Raumes und Ähnliches beschriftet werden. Mit **ÜBERNAHME** kann eine bestehende Beschriftung von einem anderen Bauteil übernommen werden. Die Beschriftung über Beschriftungsbilder kann die Objektbeschriftung, Brüstungshöhe und Höhenkote komplett ersetzen und ist somit ideal, um eine einheitliche Optik bei allen Plänen zu erreichen und nur durch das Umschalten von **MASSSTAB** oder **ZEICHNUNGSTYP** die Darstellungstiefe zu verändern.

- **OBJEKTBESCHRIFTUNG** öffnet den Dialog **ATTRIBUTE FÜR BESCHRIFTUNG AUSWÄHLEN**, über den Sie auf die Attribute des angewählten Objekts zugreifen können. Es werden alle einfachen, geometrischen Attribute und Attribute mit Bauteileigenschaften (Material, Bezeichnung usw.) des Objekts angezeigt. Über die Ojektbeschriftung können sehr schnell Objekteigenschaften beschriftet werden. Bezüge zu anderen Objekten können mit dieser Variante nicht beschriftet werden.

HINWEIS: Wird bei der Beschriftung von Objekten ein Beschriftungsbild aus dem Standard verwendet (von Allplan ausgeliefert), so werden alle Teile des Beschriftungsbildes (sichtbare und unsichtbare) mit den eingestellten Formateinstellungen (Stift, Strich, Farbe und Layer) erzeugt.

Wird ein Beschriftungsbild aus den Ordnern *Büro*, *Projekt* oder *Privat* verwendet, behalten alle Teile die Formateinstellungen, die bei der Definition festgelegt wurden. Aufgrund dieses Verhaltens kann bei diesen Beschriftungsbildern z. B. über Layer das Wegschalten und/oder Hinzuschalten von Informationen gesteuert werden.

4.10.3 Beschriftungsbilder für Raum und Geschoss

Beschriftungsbilder für Räume (und Geschosse), auch Raumstempel oder ähnlich genannt, sind, wie andere Beschriftungen für Bauteile, in wenigen Büros gleich oder ähnlich aufgebaut. Die Grundbausteine sind allerdings immer gleich. Über die Funktion **BESCHRIFTUNGSBILD** können beliebige Beschriftungen erzeugt werden, die geometrische Werte und Attribute aus den Bauteilen auf dem Plan sichtbar machen. Für die Bearbeitung des Buches sind bereits Beschriftungsbilder vorhanden, die verwendet werden sollen.

Für die Bauteile **RAUM** und **GESCHOSS** befinden sich im Vorlageprojekt spezielle Beschriftungsbilder, deren Funktionalitäten über die im Standard ausgelieferten hinausgehen.

Für die Bauteile **RAUMGRUPPE** und **GESCHOSSGRUPPE** sind zwei Beschriftungsbilder im Standard von Allplan vorhanden, die auf die unterschiedlichen Einstellungen der gruppierten Bauteile reagieren.

TIPP: Bei kleinen Räumen kann es sinnvoll sein, ein kleineres Beschriftungsbild zu verwenden oder das Standard-Beschriftungsbild verkleinert abzusetzen. Über die Symbolleiste **EINGABEOPTIONEN** → **GRÖSSE** können Sie das Beschriftungsbild verkleinert (oder vergrößert) absetzen. Dazu müssen Sie **GRÖSSE** anwählen und in der Dialogleiste einen Faktor eingeben (z. B. 0.5).

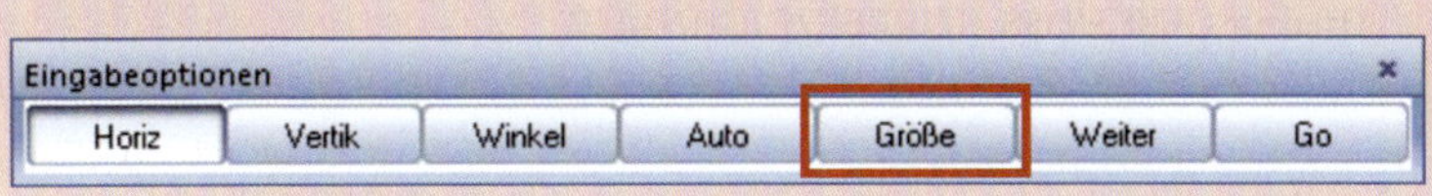

4.10.3.1 Beschriftungsbild für Räume

Das Beschriftungsbild *Raumbeschriftung* besitzt drei Folien (Maßstabsbereich 1 - 75, 76 - 150, 151 - 500). Das Beschriftungsbild kann über **VERSCHIEBEN** komplett verschoben werden. Eine Kopie des Beschriftungsbilds für Räume befindet sich unter Nummer 11 in der gleichen Datei. Diese ist bis auf das Fehlen der Höhenkoten gleich dem ersten Beschriftungsbild.

Die Auflistung der Inhalte fängt bei der Folie für die Werkplanung an. In den nachfolgenden Folien werden nur die Inhalte beschrieben, die sich gegenüber den vorhergehenden geändert haben.

Folie Maßstab 1 - 75: Werkplanung

00_01 Gruppe
Wohnen
VOB 23.03 m²
Parkett
▽±0.00 ▼-0.16

- *Gruppe* → Attribut **BEZEICHNUNG** der **RAUMGRUPPE**, zu welcher der Raum gehört
- *00_01* → Attribut **BEZEICHNUNG**
- *Wohnen* → Attribut **FUNKTION**
- VOB-Fläche des Bodenbelags (VOB), wenn ein Ausbau vergeben wurde, ansonsten Grundfläche (FL) des Raumes
- Material der obersten Schicht des Bodenbelags
- FFB-Kote → Summe der Schichtdicken von Bodenbelag + Rohkote (RFB-Kote)
- RFB-Kote → in der Regel gleich untere Ebene des Teilbildes

Folie Maßstab 76 - 150: Bauvorlage

00_01 Gruppe
Wohnen
WF 21.87 m²
▽±0.00

- Fläche berechnet nach Wohnflächenverordnung (WF), wenn **ART DER GRUNDFLÄCHE** WO, ZU oder WI, ansonsten Grundfläche DIN 277 (GF)

Folie Maßstab 151 - 500: Entwurf

Wohnen
WF21.9 m²

- **FUNKTION** → *Wohnen* (Format A8, d. h., es werden maximal acht Zeichen dargestellt)

4.10.3.2 Beschriftungsbild für Geschosse

Das Beschriftungsbild für das Geschoss beinhaltet nur eine Folie, die in den Maßstäben 1/76 bis 1/500 sichtbar ist.

Folie Maßstab 76 - 500: Bauvorlage/Entwurf

E_00 Erdgeschoss Wohnen	Gruppe
BauNVO	GR: ja VG: ja GF: ja
DIN 277 215.30 m³ 75.81 m²	Typ: a BRI: ja BGF: ja

- *Gruppe* → Attribut **BEZEICHNUNG** der **GESCHOSSGRUPPE**, zu der das Geschoss gehört
- *E_00* → Attribut **GESCHOSS KURZBEZEICHNUNG**
- *00_01* → Attribut **BEZEICHNUNG**
- *Wohnen* → Attribut **FUNKTION**
- *BauNVO* wertet den Bereich Baunutzungsverordnung aus (GR = Gebäudegrundfläche, VG = Vollgeschoss, GF = Geschossfläche).
- *DIN 277* wertet den Bereich DIN 277 aus und zeigt den Bruttorauminhalt sowie die Grundfläche nach DIN 277 an. Beide Werte werden immer angezeigt.

Erläuterung: *TYP* = Umschließungsart, *BRI* = Bruttorauminhalt, *BGF* = Bruttogrundfläche

4.10.3.3 Beschriftungsbild für Raum- und Geschossgruppe

Für die Beschriftung von Raum- und Geschossgruppen steht jeweils ein detailliertes Textbild in der Basisinstallation von Allplan zur Verfügung. Nebenstehend sehen Sie die Folien für den Maßstab 1:100. Für den Maßstab 1:200 haben beide Beschriftungsbilder keine Darstellung. Im Maßstab 1:50 wird beim Beschriftungsbild für Raumgruppen nur der Gruppenname angegeben, für Geschossgruppen werden die Fassadenfläche und Leibungslänge angegeben.

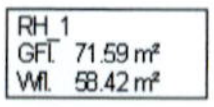

4.11 Aufgabenbereich Rohbau

Im Aufgabenbereich **ROHBAU** sind alle Funktionen zusammengefasst, welche für die Erstellung des Modells für den Rohbau (geschlossener Rohbau) mit Fenstern und Türen notwendig sind. Es sind massive Bauteile (wie Wände, Stützen, Decken), die die dazugehörigen Bauteile für Öffnungen und Aussparungen (mit Ausbauelementen, Treppen, Sparren) sowie die Funktionen für die Erstellung von Dachformen und Dächern (Dachebenen, Dachhaut) enthalten. Zudem sind die wesentlichen Funktionen zum Bearbeiten der erzeugbaren Bauteile enthalten.

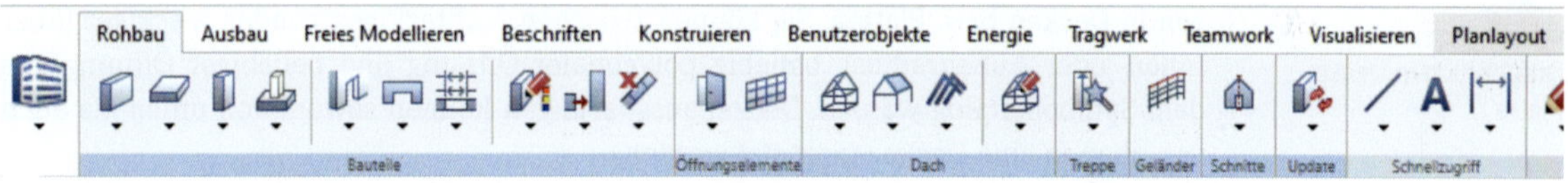

Oberfläche ohne Actionbar

Bei einer Konfiguration ohne Actionbar befinden sich die Funktionen in den Modulen aus dem Bereich *Architektur*.

 **ALLGEMEIN:** Dächer, Ebenen, Schnitte  **BASIS:** Wände, Öffnungen, Bauteile

 **SPEZIAL:** Wände, Öffnungen, Bauteile  **TREPPENKONSTRUKTION**

 **SKELETTBAU:** Sparren, Pfetten, Pfosten

4.11.1 Bereich Bauteile

Massive Bauteile

Wand

- **WAND** erzeugt ein Linienbauteil mit einem rechteckigen Querschnitt, der aus bis zu zwanzig Schichten mit jeweils unterschiedlichen Eigenschaften (auch in der Höhe) zusammengesetzt werden kann.

Profilwand

- **PROFILWAND** erzeugt anhand einer oder mehrerer (jeweils geschlossener) 2D-Konturen, welche als Symbol in der Bibliothek gespeichert werden müssen, eine Wand mit unregelmäßigem Querschnitt. Die Grundrissdarstellung orientiert sich dabei an der dicksten Stelle der Wand. In Profilwänden können alle Öffnungsarten eingesetzt werden.

Polygonwand

- Die **POLYGONWAND** ist eine einschichtige Wand, die über die Polygonzugeingabe in jegliche Grundrissform gebracht werden kann. Öffnungen können wie in normalen Wänden gesetzt werden. Bei der Brüstungs-/Schwellendarstellung kann es bei nicht parallelen Wandkanten zu unschönen Darstellungen kommen.

Aufkantung

- Die **AUFKANTUNG** entspricht im Aufbau der normalen Wand. Bei der Eingabe benötigt die Aufkantung eine Wand als Referenz. Die Oberkante der gewählten Wand wird als Unterkante in die Höheneinstellungen eingetragen.

Installationsbauteil

- **INSTALLATIONSBAUTEIL** erzeugt lineare oder polygonale Installationsbauteile für Vormauerungen usw. Installationsbauteile werden korrekt bei der Wohnflächenberechnung berücksichtigt und tragen eigene Informationen zu den Ausbauflächen oder übernehmen diese vom Raum.

Decke

- **DECKE** ist ein flächiges Bauteil, welches in der Regel auf einem eigenen Teilbild liegt. In den Eigenschaften kann die Darstellung im Grundriss abweichend vom Schnitt (für die Flächenfüllung) eingestellt werden.

Aussparung, Durchbruch in Decke, Platte

- **AUSSPARUNG, DURCHBRUCH IN DECKE, PLATTE** erzeugt Aussparungen und Öffnungen in Decken bzw. Platten. Sie können zwischen rechteckiger, runder, n-eckiger (über Innen- oder Außenradius), beliebig polygonaler Öffnung und beliebiger Öffnung aus dem Symbolkatalog wählen. Deckenaussparungen können sowohl von unten als auch von oben in eine Decke eingesetzt werden.

Unterzug, Überzug

- **UNTERZUG, ÜBERZUG** erzeugt entweder Linienbauteile mit rechteckigem Querschnitt oder anhand eines Symbols einer geschlossenen Kontur oder mehrerer Konturen Linienbauteile mit beliebigen Querschnitten. Optimal für Stahlbauteile sind die Querschnitte, die in der Bibliothek unter **STANDARD > 2D OBJEKTE > PROFILSCHNITTE STAHL** zu finden sind. Je nach gewünschtem Realitätsgrad können entweder eckig idealisierte Profile oder Profile mit Rundungen verwendet werden. In Unterzügen können keine Fenster- und Türöffnungen erzeugt werden (Aussparungen sind möglich).

Stütze

- Für die **STÜTZE** stehen vier parametrische Formen, eine polygonale Eingabemethode sowie die freie Profilwahl zur Verfügung. Je nachdem, welche Form Sie anwählen, erscheinen im Bereich **PARAMETER** weitere Eingabefelder. Bei der polygonalen Form entfällt der Absetzpunkt und in der Dialogzeile erscheint die Abfrage zur polygonalen Eingabe.

> **HINWEIS:** Werden Stützen mit der Funktion **AR-BAUTEILEIGENSCHAFTEN ÜBERNEHMEN** ausgetauscht (Querschnittsänderung), wird der Schwerpunkt der bestehenden Stütze als Fixpunkt angenommen und die neue Form entsprechend eingesetzt.

- **WANDPFEILER** erzeugt einen Wandpfeiler in einer Wand. Wandpfeiler können nicht von Wänden unabhängig erzeugt werden und erzeugen in jeder der vorhandenen Wandschichten ein Bauteil. Wird nur in einer Schicht ein Wandpfeiler benötigt (z. B. STB-Pfeiler), so können die nicht benötigten Bauteile nach dem Erzeugen gelöscht werden.

Wandpfeiler

- **SCHORNSTEIN (KAMIN):** Für den Schornstein gibt es 17 unterschiedliche Formen – von einem runden, einzügigen Schornstein bis hin zu Schornsteinen mit bis zu vier Zügen (jeweils rund und eckig). Je nach angewählter Form wird die Übersichtsskizze verändert. Die Züge sind durchnummeriert und die Definitionsrichtung für Dicken- und Breitenangaben dargestellt.

Schornstein

- **EINZELFUNDAMENT:** Für Einzelfundamente stehen drei parametrische Grundformen sowie die polygonale Eingabe zur Verfügung. Bei den Grundformen und der polygonalen Form sind die Seiten des Fundaments immer senkrecht. Bei den letzten beiden Grundformen können Sie sich nach oben oder unten verjüngende Fundamente erzeugen.
  - **POSITIONIERUNG** stellt mit der Übernahme eine Methode zur Verfügung, über die der Absetzpunkt des Einzelfundaments durch Übernahme von einem bestehenden Bauteil so eingerichtet werden kann, dass das Einzelfundament zentrisch unter dem Bauteil abgesetzt werden kann, ohne den Mittelpunkt des Bauteils zu kennen oder konstruieren zu müssen.

Einzelfundament

- **PLATTENFUNDAMENT** ist ähnlich der Decke ein flächiges Bauteil. Die Höhe des Plattenfundaments sollte wie die der Decke über die Ebeneneinstellungen eines Teilbildes geregelt werden.

Plattenfundament

- **STREIFENFUNDAMENT** bietet parametrisierte Formen für Fundamente an. Alternativ zu den vordefinierten Formen kann auch eine freie Form aus einem Symbol geladen werden.

Streifenfundament

Öffnungen und weitere abhängige Bauteile/Funktionen

Im zweiten Abschnitt des Bereichs **BAUTEILE** sind alle Öffnungsbauteile (Fenster, Tür, Aussparung) angesiedelt, bei welchen eine Wand als Trägerobjekt notwendig ist. Des Weiteren finden sich hier Funktionen, die einer Öffnung als Basis bedürfen (z. B. Sturz, Verblendung und Ähnliches), ebenso wie die Funktionen **WÄNDE BEMASSEN** und Bauteilnummer.

- Mit den Funktionen **TÜR** und **FENSTER** können die entsprechenden Bauteile in Wänden erzeugt werden. Der **ÖFFNUNGSMODELLIERER** ermöglicht das Erzeugen von unterschiedlichen Öffnungsarten mit weiteren Bauteilen wie **STURZ** und **ROLLOKASTEN. ECKFENSTER** ermöglicht das Einfügen von zwei Fenstern an einer Wandecke in einem Zug (siehe Abschnitt 4.6, „Architekturbauteile – Öffnungen“, und für detaillierte Einstellungen Abschnitt 4.6.2, „Parameter für Türen und Fenster“). Die Bauteile können nur in Wänden erzeugt werden.

Tür

Fenster

Eckfenster

Öffnungsmodellierer

Falz

Verblendung

Sturz

Fensterbankmakro

Rollladenkasten

- **FALZ** und **VERBLENDUNG** dienen zur detaillierten Ausformulierung des Anschlagbereichs von Öffnungen. Die Verblendung kann in den meisten Fällen direkt beim Öffnungsbauteil (Tür, Fenster, Eckfenster) erzeugt werden. Bei beiden Funktionen wird von der angeklickten Linie ausgegangen und beide Bauteile sind derzeit in Rundbogenöffnungen nicht zulässig.
- **STURZ** erzeugt über einer vorhandenen Öffnung (Voraussetzung zum Erzeugen) einen Sturz. Die Unterkante des Sturzes wird dabei aus der Öffnung ausgelesen. Im fertigen Demo-Projekt sind Stürze über den Innentüren erzeugt worden.
- **FENSTERBANKMAKRO** erzeugt für innen oder außen Fensterbänke, deren Abmessungen detailliert eingestellt werden können (basierend auf drei Grundtypen). Fensterbankmakros können sinnvollerweise nur in Öffnungen mit waagerechter Unterkante eingesetzt werden.
- **ROLLLADENKASTEN** erzeugt einen Rollladenkasten über einer vorhandenen Öffnung (Voraussetzung zum Erzeugen) eines Linienbauteils. Rollladenkästen können nur über Öffnungen erzeugt werden und liegen immer komplett innerhalb einer Wandschicht. Alternativ zum Architekturbauteil **ROLLLADENKASTEN** kann mit den SmartParts für Öffnungen ein Rollladenkasten mit erzeugt werden.

> **HINWEIS: STURZ, ROLLADENKASTEN, FALZ** und **VERBLENDUNG** werden bei bestehenden Öffnungen eingesetzt. Öffnet man nach dem Einsetzen der Elemente die Eigenschaften des Fensters oder der Tür, wird erst der **ÖFFNUNGSMODELLIERER** angezeigt. Über den **ÖFFNUNGSMODELLIERER** können Sie die komplette Öffnung als Vorlage abspeichern.

Wandnische, Aussparung, Schlitz, Durchbruch

Polygonale Wandnische, Aussparung, Schlitz, Durchbruch

Wände bemaßen

Brüstungshöhe

Höhenkote

- **WANDNISCHE, AUSSPARUNG, SCHLITZ, DURCHBRUCH** sowie **POLYGONALE WANDNISCHE, AUSSPARUNG, SCHLITZ, DURCHBRUCH** erzeugen in allen Linienbauteilen (Wände, Unterzug, Streifenfundament) Aussparungen in nahezu allen möglichen Formen (siehe Abschnitt 4.6, „Architekturbauteile – Öffnungen“, und für detaillierte Einstellungen in Abschnitt 4.6.3, „Parameter für Nische, Aussparung und Schlitz in Linienbauteilen“).
- **WÄNDE BEMASSEN** erstellt automatisch eine oder mehrere Maßketten zu einer oder mehreren Wänden. Die mit der Funktion **WÄNDE BEMASSEN** erzeugten Maßlinien verhalten sich assoziativ, wenn sie sich auf dem gleichen Teilbild befinden wie die zu bemaßenden Bauteile.
- **BRÜSTUNGSHÖHE** bietet entweder eine Basisbeschriftung für Brüstungshöhen oder den Zugriff auf Beschriftungsbilder. Beschriftungsbilder, die über die Funktion **BRÜSTUNGSHÖHE** eingesetzt wurden, können nicht getauscht werden.
- **HÖHENKOTE** dient zur Beschriftung eines Bauteils mit einer Höhenkote an einer definierten Stelle. Bei schräg verlaufenden Ober- und Unterkanten von Bauteilen können Sie daher mit **HÖHENKOTE** an beliebigen Stellen die Bauteilhöhen auslesen und beschriften lassen. Bei der Höhenkote können ebenfalls Beschriftungsbilder eingesetzt werden.

HINWEIS: Je nach Aufruf eines Beschriftungsbildes über **BESCHRIFTEN, BRÜSTUNGSHÖHE** und **HÖHENKOTE** können sich unterschiedliche Werte für Höhen ergeben.

Bauteile bearbeiten

- **ALLGEMEINE AR-EIGENSCHAFTEN MODIFIZIEREN** ändert sämtliche Einstellungen, die in der Auflistung gesetzt werden. Mit der Funktion **AR-EIGENSCHAFTEN MODIFIZIEREN** können sowohl Architekturelemente als auch Linien und Ähnliches gleichzeitig geändert werden. Bei einfachen Elementen werden nur die dort zugelassenen Eigenschaften gesetzt.

Allgemeine Ar-Eigenschaften modifizieren

- **AR-BAUTEILEIGENSCHAFTEN ÜBERTRAGEN** dient zum gezielten Ändern von Bauteilen mit anderen, meist schon vorhandenen Eigenschaften. Nach dem Funktionsaufruf muss ein Bauteil identifiziert werden, von welchem die Eigenschaften übernommen werden sollen. Diese können dann auf artgleiche Bauteile direkt - oder nach Änderungen - übertragen werden.

Ar-Bauteileigenschaften übertragen

- **LEIBUNG DEFINIEREN, MODIFIZIEREN** lässt das komfortable Ändern der Leibungstiefen von Fenstern und Türen zu. Es können die Leibung innen/außen, die Makrotiefe sowie Überstand und Lage geändert werden. Der Anschlagtyp kann mit dieser Funktion nicht geändert werden.

Leibung definieren, modifizieren

- **UMWANDLUNG UMBAUPLANUNG** ändert Formateigenschaften, Flächendarstellung und Attribute bestehender Bauteile. Bei der Planung von Umbauten können Sie komfortabel und schnell die abzubrechenden Wände in deren Darstellung und Ausprägung der Attribute ändern. Genauso können Sie die Funktion verwenden, um Bauteilen andere Materialien (inklusive der Darstellung) zuzuweisen. Die Formateigenschaften im Dialogfeld **UMWANDLUNG UMBAUPLANUNG** können auch auf 2D-Elemente übertragen werden. Für Makros und SmartParts sowie Räume existieren in den Optionen zur Funktion weitere Einstellmöglichkeiten, um eine Änderung des Umbaustatus und der Darstellung optimal setzen zu können..

Umwandlung Umbauplanung

- **ABBRUCHKÖRPER, NEUBAUKÖRPER** erzeugt in Öffnungen (entsprechend den Einstellungen des Attributs **UMBAUKATEGORIE** der Wand und der Öffnungen) die entsprechenden Darstellungen. Dabei gilt:
  - Basis: Wand Bestand → Umbaukategorie: *Bestand*
  - Neue Öffnung → Umbaukategorie: *Neubau* → Es wird ein Abbruchkörper erzeugt.
  - Zu schließende Öffnung → Umbaukategorie: *Abbruch* → Es wird ein Neubaukörper erzeugt.

Abbruchkörper, Neubaukörper

Weiteres zur Anwendung der beiden Funktionen finden Sie im Beispielprojekt.

- **LINIENBAUTEIL AN LINIENBAUTEIL** dient zum Verbinden gleichartiger Linienbauteile. Das zuerst angewählte Bauteil bestimmt den Bauteiltyp. Bei T-Anschlüssen wird das zuerst angeklickte Linienbauteil entsprechend verlängert oder verkürzt; das andere bleibt bestehen. Bei Eckanschlüssen können beide Linienbauteile verlängert oder verkürzt werden. Das als zweites angeklickte Linienbauteil hat Vorrang gegenüber dem

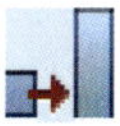
Linienbauteil an Linienbauteil

ersten bezüglich der durchgeführten geometrischen Modifikation. Als zusätzliche Angabe können Sie in der Dialogzeile eine Fugenbreite für den Anschluss angeben. Es wird ein zusätzliches Bauteil (Fuge) erzeugt. Kreiswände, Splinewände usw. können über die neuen Funktionalitäten zum direkten Modifizieren (Direkt-Modifikation) an andere Wände angeschlossen werden (siehe Abschnitt 3.1.4.4, „Geometrieänderungen an Elementen").

Linienbauteil an Linie

Linienbauteil teilweise löschen

- **LINIENBAUTEIL AN LINIE** schließt ein Linienbauteil an eine bestehende Linie an. Der Bauteilbereich, der angeklickt wurde, bleibt erhalten, wenn die Linie das Bauteil schneidet.
- **LINIENBAUTEIL TEILWEISE LÖSCHEN** entfernt Teilstücke aus Linienbauteilen, Leisten und Seitenflächen (sowie weiteren auf einer Linie basierenden Bauteilen). Alle Elemente, die sich in diesem Teilstück befinden (wie z. B. Türen), werden ebenfalls gelöscht. Die Bereichsangabe erfolgt über zwei Punkte auf dem Linienbauteil.

4.11.2 Bereich Öffnungselemente

Im Bereich **ÖFFNUNGSELEMENTE** sind Funktionen zusammengefasst, mit denen Einbauteile in Öffnungen (z. B. SmartParts für Fenster und Türen) erzeugt und in bestehende Öffnungen eingesetzt werden können.

SmartParts für Öffnungen

Tür-, Tor-SmartPart

Sonnenschutz-SmartPart

Fenster-SmartPart

Lichtkuppel-Smartpart

- **TÜR-, TOR-SMARTPART** erzeugt entweder eine Tür, ein Sektionaltor, ein Hubtor oder Schwingtore. Je nach gewählter Grundlage werden die möglichen Einstellungen angezeigt.
- **SONNENSCHUTZ-SMARTPART** dient zum Erzeugen von Rollläden, Schiebeläden, Klappläden oder Jalousien. Das Objekt ist optimal in Fenstern und/oder Türöffnungen einsetzbar.
- **FENSTER-SMARTPART** erzeugt entweder ein Fenster-SmartPart oder ein Fensterbank-SmartPart. Bei der Auswahl der Ausprägung **FENSTER** können zusätzlich zum Fenster selbst ein Rollo sowie Fensterbänke für innen und außen definiert werden. Das komplette Objekt kann nur gemeinsam in Reports ausgewertet werden. Das Objekt ist optimal in Fenstern und/oder Türöffnungen einsetzbar.
- **LICHTKUPPEL-SMARTPART** dient zum Erzeugen von runden und eckigen Lichtkuppeln. Das Objekt ist optimal für Öffnungen in Decken (Flachdächer) oder Dachhäuten (Schrägdächer) einsetzbar.

> **HINWEIS:** Die Funktionen vereinen zwar bei der Erzeugung der Elemente unterschiedliche SmartParts. Nach dem Erzeugen werden aber komplett unterschiedliche Objekte erzeugt, welche nicht ineinander überführt werden können.

- **FASSADE** dient zum Erzeugen von Fassaden jeglicher Form. Sie können freie Formen über den Grundriss, die Ansicht oder in der Perspektive eingeben oder 3D-Flächen bzw. Körper als Grundform übernehmen. Alle Teilungen sind variabel. Die erzeugten Bauteile lassen sich **nur** mit den in der Toolbar der Fassade und im Kontextmenü der Fassade zur Verfügung stehenden Funktionen ändern und/oder ergänzen/löschen.

Fassade

Weitere Funktionen

- **ÖFFNUNGSMAKRO UMDREHEN** ändert die Lage von Makros und SmartParts für Öffnungen, die bereits in Wandöffnungen (z. B. in Fenstern, Türen, Nischen, Aussparungen usw.) eingesetzt sind. Nach dem Aktivieren des Objekts ist der Ablauf identisch mit dem der Erzeugung der Öffnung bzw. so wie bei der Funktion **MAKRO IN ÖFFNUNG EINSETZEN**.
- **MAKRO, SMARTPART TAUSCHEN** tauscht einzelne Makros/SmartParts gegen andere aus. Mit der Funktion **MAKRO, SMARTPART TAUSCHEN** können z. B. alle Fenster einer Ebene, die den gleichen Namen tragen, gegen ein anderes ausgetauscht werden.

Öffnungsmakro umdrehen

Makro, SmartPart tauschen

4.11.3 Bereich Dach

- Mit der Funktion **DACHEBENE** werden parametrische Sonderebenen erzeugt. Es sind unterschiedliche Dachformen möglich, welche frei miteinander kombiniert werden können (siehe auch Abschnitt 4.2, „Grundwissen - Ebenenmodell").
- Mit der Funktion **DACHFLÄCHE** können konturbasierte Dachflächen erzeugt werden. Im Gegensatz zur Dachebene ist für die Dachfläche keine untere Höhendefinition notwendig. Nach dem Erstellen können Bauteile direkt an die Dachfläche angebunden werden. Eine Aufnahme in das Ebenenmodell ist in der aktuellen Version leider nicht möglich.
- **FREIES EBENENPAAR** erzeugt ein Ebenenpaar, bei dem sowohl die obere als auch die untere Ebene geneigt sein kann. Wenn eine unregelmäßige Dachlandschaft in beliebiger Form benötigt wird, kann der Rohkörper z. B. über das Modul **MODELLIEREN 3D** erzeugt und mit der Funktion **3D-KÖRPER IN ARCHITEKTUREBENEN** in freie Ebenen gewandelt werden.
- Die Funktion **DACHHAUT** erzeugt ein bis zu zwanzigschichtiges Bauteil, welches die Definitionsbereiche von Ebenen, Bezugsflächen und Dachflächen über deren Gültigkeitsbereich hinaus interpretiert. Eine Dachhaut ist notwendig, wenn Sie Dachflächenfenster einsetzen wollen.
- **SICHTFILTEREBENEN** sind für die Änderung von Grundrissdarstellungen von Architektur-Bauteilen vorhanden. Die Darstellung kann so geändert werden, wie dies für Bauteile, welche verdeckt unter einer Dachhaut liegen, notwendig ist. Die Änderung der Darstellung wird auf allen Teilbildern vollzogen, welche aktiv sind oder aktiv im Hintergrund liegen.
- Über die Funktion **GAUBE** können Dachaufbauten und zusätzliche Einschiffungen in Dachebenen realisiert werden.

Dachebene

Dachfläche

Freies Ebenenpaar

Dachhaut

Sichtfilterebene

Gaube

Dachflächenfenster

- **DACHFLÄCHENFENSTER** können in eine Dachhaut eingesetzt werden. Liegt die Unterkante der Dachhaut auf der Oberkante des darunterliegenden Raumes, kann das Fenster dem Raum korrekt zugeordnet werden (siehe auch Abschnitt 4.6.6, „Parameter für Öffnungen in flächigen Bauteilen", Absatz »Dachflächenfenster«).

Dachflächenfenster-SmartPart

- **DACHFLÄCHENFENSTER-SMARTPART** erzeugt Dachflächenfenster mit unterschiedlichen Ausprägungen wie Schwing- oder Klappflügeln. Das Objekt ist für den Einsatz in Dachhäuten optimiert.

Die Funktionen aus dem Abschnitt **SPARREN, SKELETTBAU** werden in diesem Buch nicht weiter behandelt.

Dachebenen modifizieren

- **DACHEBENEN MODIFIZIEREN** dient zum Ändern bereits erzeugter Dachebenen. Es erscheint der gleiche Dialog wie beim Erzeugen der Dachebene. Sie können die Einstellung jeder Dachkante wieder ändern.

Ebenen modifizieren

- **EBENEN MODIFIZIEREN** dient zum Verschieben der oberen oder unteren Ebene eines freien Ebenenpaares (Neigung der Ebenen bleibt) in Z-Richtung oder dient zum Verschieben der Definitionspunkte der Ebene zum Ändern der Neigungen.

Splitten und Senken

- Mit der Funktion **SPLITTEN UND SENKEN** kann die untere Ebene einer Dachebene geteilt und abgesenkt werden. Die Funktion kann gut für Dachgeschosse mit unterschiedlichen Bodenhöhen oder als Abschluss eines Split-Level-Gebäudes verwendet werden.

Dachkörper löschen

- **DACHKÖRPER LÖSCHEN** entfernt Dachkörper aus der Dachebene. Sie können z. B. Dachgauben mit dieser Funktion wieder aus der Dachebene löschen.

TIPP: In den Aufgabenbereichen, in denen der Bereich **DACH** enthalten ist, finden Sie noch weitere Funktionen (**DACHKÖRPER KOPIEREN**, **DACHKÖRPER SPIEGELN**, **DACHKÖRPER KOPIEREN UND SPIEGELN** und **DACHKÖRPER VERSCHIEBEN**) zum Ändern von **SONDEREBENEN.** Die Funktionsweise ähnelt den entsprechenden Funktionen des Bereichs **BEARBEITEN.** Die Funktionen können nur auf Dachkörper, also Dachebenen, angewendet werden.

4.11.4 Bereich Treppe

Treppenassistent

- Über den **TREPPENASSISTENT** können viele Treppenformen mit exakt rechtwinkligen bzw. durch wenige Hauptmaße definierbaren Grundrissen erzeugt werden. Die Eingabe ist relativ schnell und einfach aufgebaut.

Treppe mit beliebigem Grundriss

- **TREPPE MIT BELIEBIGEM GRUNDRISS** wird über eine (nahezu) beliebige Anzahl von Umrisspunkten definiert. Zusätzlich zum Umriss der Treppe muss die Lage der Lauflinie angegeben werden.

Gerade Treppe

- **GERADE TREPPE** benötigt vier Punkte im Grundriss.

Wendeltreppe

- **WENDELTREPPE** wird über den Mittelpunkt der Treppe, den Innenradius und den Außenradius der Treppe bestimmt. Zudem wird der Öffnungswinkel der Wendeltreppe über Anfangs- und Endpunkt abgefragt. Eine Spindeltreppe (ohne Spindel in der Mitte) entsteht, wenn der innere Radius relativ klein gewählt wird. Die Spindel selbst kann mit einer Stütze ergänzt werden.

Treppen-modellierer

- **TREPPENMODELLIERER** dient zum Erzeugen unterschiedlichster Treppenformen inklusive der Möglichkeit, z.B. Auflagerpunkte geometrisch korrekt zu modellieren. Treppen, die mit der Funktion **TREPPENMODELLIERER** erzeugt wurden, können nicht mit den allgemeinen Funktionen zur Treppe bearbeitet werden und werden (in Version 2020) nicht mit den Reports zur Treppe ausgewertet.

Treppen-modellierer modifizieren

- **TREPPENMODELLIERER MODIFIZIEREN** dient zum Ändern von Treppen, welche mit dem Treppenmodellierer erzeugt wurden.

Halbgewendelte Treppe

- **HALBGEWENDELTE TREPPE** benötigt acht Punkte im Grundriss.

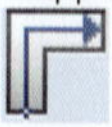
Einfach viertel-gewendelte Treppe

- **EINFACH VIERTELGEWENDELTE TREPPE** benötigt sechs Punkte im Grundriss.

Zweifach viertel-gewendelte Treppe

- **ZWEIFACH VIERTELGEWENDELTE TREPPE** benötigt acht Punkte im Grundriss.

Dreifach gewendelte Treppe

- **DREIFACH VIERTELGEWENDELTE TREPPE** benötigt zehn Punkte im Grundriss.

> **HINWEIS:** Bei gewendelten Treppen können Sie in deren Eigenschaften zwischen sechs unterschiedlichen Verzugsmethoden für die Treppenstufen wählen.

Einviertelpodest-Treppe

- **EINVIERTELPODEST-TREPPE** benötigt sechs Punkte im Grundriss.

Halbpodest-treppe

- **HALBPODESTTREPPE** benötigt acht Punkte im Grundriss.

Zweiviertel-podest-Treppe

- **ZWEIVIERTELPODEST-TREPPE** benötigt acht Punkte im Grundriss.

> **HINWEIS:** Bei Treppenarten mit Podest kann die Lage der Stufen am An- und Austritt der Podeste in den Eigenschaften zusätzlich bestimmt werden.

Gerade Rampe

- **GERADE RAMPE** erzeugt ein SmartPart einer geraden Rampe. In der Palette können vor dem Absetzen alle notwendigen Einstellungen getroffen werden. Sämtliche Eigenschaften sind hier zu definieren. Eine Bearbeitung mit Funktionen wie **PUNKTE MODIFIZIEREN** oder Ähnliches ist nicht möglich.

Wendelrampe

- **WENDELRAMPE** erzeugt ein SmartPart einer geraden gewendelten Rampe. In der Palette können vor dem Absetzen alle notwendigen Einstellungen getroffen werden. Sämtliche Eigenschaften sind hier zu definieren. Eine Bearbeitung mit Funktionen wie **PUNKTE MODIFIZIEREN** oder Ähnliches ist nicht möglich.

Treppe modifizieren

- **TREPPE MODIFIZIEREN** öffnet den Dialog der Treppengeometrie erneut zum Ändern von Parametern der Treppe. Nach Übernahme der Änderung wird die bestehende Beschriftung der Treppe entfernt und ein neues Absetzen des Beschriftungsbildes angeboten.

HINWEIS: Jede Treppe kann über **TREPPE MODIFIZIEREN** komplett geändert werden. Bei Treppen, die über den **TREPPENASSISTENTEN** erzeugt wurden und die noch unverändert sind, kann über das Kontextmenü und **EIGENSCHAFTEN** die Einstellung im Assistenten geöffnet werden. Für detaillierte Einstellungen der Treppenbauteile ist hier die Funktion **TREPPE MODIFIZIEREN** zu verwenden.

Treppenschnitt

- **TREPPENSCHNITT** erzeugt Schnittlinien für den Grundriss der Treppe. Die Schnittlinien werden im angegebenen Abstand erzeugt. Über die Eigenschaften kann die Darstellung für die Bereiche der Treppe, die oberhalb und unterhalb der Schnittlinie liegen, separat eingestellt werden. Zusätzlich kann jeweils die Darstellung der Lauflinie bestimmt werden.

HINWEIS: Die Formateigenschaften werden jeweils nur überdefiniert. Die Layerzuordnung der zugrunde liegenden Elemente der Treppe bleibt daher erhalten.

Lauflinie ein-/ausblenden

Reports Treppe

- **LAUFLINIE EIN-/AUSBLENDEN** blendet die Lauflinie der Treppen ein oder aus.
- **REPORTS TREPPE** ist der direkte Einstiegspunkt zu den für Treppen vorhandenen Reports. Mit den gelieferten Reports können Treppen ausgewertet werden, die mit den einzelnen Treppenfunktionen oder dem Treppenassistenten erzeugt worden sind. Eine Auswertung von Rampen und Treppen, welche als SmartPart oder PythonPart erzeugt worden sind, ist mit diesen Reports nicht möglich.

4.11.5 Bereich Geländer

Geländer

- Die Funktion **GELÄNDER** dient zur Erzeugung und Bearbeitung von linearen, gleichmäßig unterteilten Bauelementen. Mit derartigen Elementen können neben Geländern für Balkon, Treppen und Ähnliches auch andere Bauteile wie Zäune, Leitplanken, Schienen, Gesimse und viele weitere erstellt werden. Eine detaillierte Beschreibung der Funktion finden Sie in Abschnitt 4.9.2, „Geländer“.

Fenstermakro, Türmakro

- **FENSTERMAKRO, TÜRMAKRO** erzeugt einfache Makros. Der Aufbau erfolgt klar strukturiert in einzelnen, aufeinander aufbauenden Schritten. Die Funktion wurde durch das Fenster- und Tür-Smartpart ersetzt und wird vermutlich in einer der nächsten Versionen entfallen.

4.11.6 Bereich Schnitte

Der Bereich Schnitte wird in Abschnitt 3.11.1, „Bereich Schnitte“, behandelt. Einstellungen, Parameter und Vorgehensweisen sind in Abschnitt 3.3, „Ansichten und Schnitte“, sowie Abschnitt 3.4, „Reports“, beschrieben.

4.11.7 Bereich Update

Im Bereich Update sind nur zwei Funktionen enthalten.

- **3D AKTUALISIEREN** dient zum Neuberechnen aller auf den aktiven Teilbildern befindlichen Architekturbauteile nebst Beschriftungen. Ausgeblendete Layer werden je nach Einstellung in den Optionen berücksichtigt.
- **BESCHRIFTUNG AKTUALISIEREN** startet einen Vorgang, in dem alle Beschriftungsbilder, welche sich auf den aktiven und den teilaktiven Teilbildern befinden, regeneriert werden. Der Vorgang kann notwendig sein, wenn sich z. B. Wände und Räume auf unterschiedlichen Teilbildern befinden und sich gegenseitig beeinflussen sollen/müssen. Bei der Ausführung der Funktion **3D-AKTUALISIEREN** wird automatisch auch die Beschriftung aktualisiert.

3D aktualisieren

Beschriftung aktualisieren

4.12 Aufgabenbereich Ausbau

Im Aufgabenbereich **AUSBAU** sind die Funktionen zusammengefasst, welche für Räume, Flächen und Geschosse mit deren Ausbauflächen notwendig sind. Zudem haben Sie hier auch Zugriff auf die Treppenfunktionen, welche in Abschnitt 4.11.4, „Bereich Treppe“, beschrieben werden.

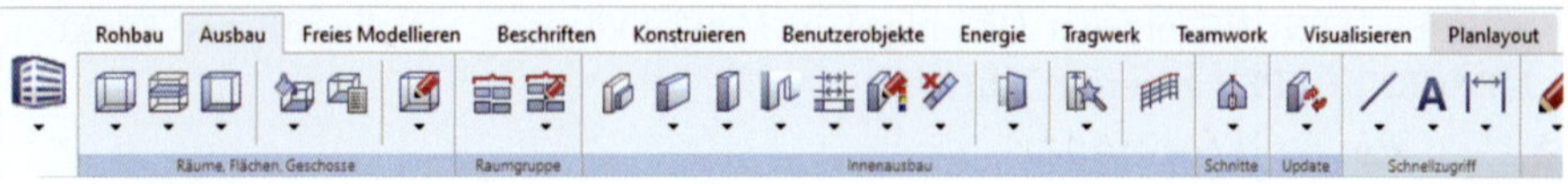

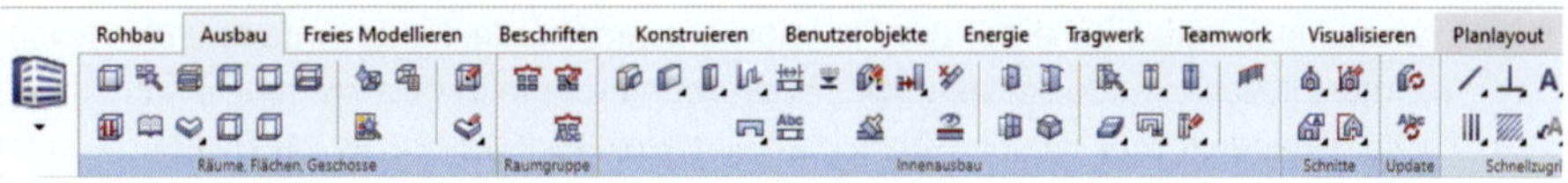

Oberfläche ohne Actionbar

Bei einer Konfiguration ohne Actionbar befinden sich die Funktionen in den Modulen aus dem Bereich *Architektur*:

- Räume, Flächen, Geschosse
- Treppenkonstruktion

4.12.1 Bereich Räume, Flächen, Geschosse

Räume und Geschosse erzeugen

Raum

Raum automatisch

Raumprogramm-assistent

Katalog

Geschoss

- Mit der Funktion **RAUM** werden Innenräume (Netto) gebildet und Ausbauflächen (Innenausbau bestehend aus Bodenflächen, Deckenflächen und Seitenflächen) erzeugt.
- **RAUM AUTOMATISCH** erzeugt in einem gewählten Bereich automatisiert Räume. Es wird dabei nach von Wänden umschlossenen Bereichen gesucht und jeweils ein Raum erzeugt. Die so erzeugten Räume können danach mit weiteren Eigenschaften aufgefüllt werden.
- Der **RAUMPROGRAMMASSISTENT** ist ein Hilfsmittel für den Wettbewerb, um aus einem umfangreichen Raumprogramm Räume automatisiert anlegen zu können. Es können bis zu 150 Räume direkt erzeugt werden.
- Über die Funktion **KATALOG** können eigene Material-/Positionskataloge innerhalb von Allplan erstellt werden.
- Mit der Funktion **GESCHOSS** wird der Außenraum (Brutto) gebildet sowie der Ausbau außen (Seitenflächen - Außenputz) erzeugt.

HINWEIS: Räume und Geschoss dienen dabei als Träger für Informationen zum Ausbau und können nach unterschiedlichen Kriterien ausgewertet werden (DIN 277, Wohnfläche, Bruttoflächen, Nettoflächen, Rauminhalte).

Mengenkörper

Körperöffnung

- **MENGENKÖRPER** erzeugt einfache 3D-Körper zur Mengenermittlung. In Mengenkörpern können mit der Funktion **KÖRPERÖFFNUNG** Löcher erzeugt werden.
- **KÖRPERÖFFNUNG** erzeugt Öffnungen in Mengenkörpern, welche mit der Funktion **MENGENKÖRPER** generiert wurden.

TIPP: Es gibt in Allplan zwei unterschiedliche Arten von Mengenkörpern. Mengenkörper, welche mit der Funktion erzeugt wurden, sind einfach und eingeschränkt in der Darstellung. Feiner definierbar in der Darstellung sind alle Mengenkörper, welche über die Funktion **3D-KÖRPER IN MENGENKÖRPER** erzeugt wurden.

Seitenfläche

Deckenfläche

Bodenfläche

Leiste

- **SEITENFLÄCHE**, **DECKENFLÄCHE** und **BODENFLÄCHE** erstellen Sonderausbauflächen, die in den jeweiligen Bereichen die Raum- bzw. Geschossausbauten überdecken. Sonderausbauflächen können die gleichen Einstellungen wie die Ausbauflächen eines Raumes (Geschosses) und zusätzlich eine eigene Höhendefinition erhalten. Bei der Auswertung werden Sonderausbauflächen, die sich im Bereich eines Raumes befinden, mit dem Raumausbau ausgewertet. Andere Sonderausbauflächen werden gesondert aufgelistet. In der Animation werden Sonderausbauflächen immer in der eingestellten Dicke dargestellt.
- **LEISTE** erstellt das Sonderausbauobjekt Leiste.

Räume und Geschosse bearbeiten

- Mit **RÄUME, FLÄCHEN, GESCHOSSE MIT FLÄCHENELEMENTEN VERSEHEN** können Sie die Architekturelemente Mengenkörper, Geschoss, Raum, Ausbau-Bodenfläche, Bodenfläche, Bruttogeschoss bzw. Nettoraum nach bestimmten Auswahlkriterien mit einer Schraffur, einem Muster oder einer Füllfarbe versehen und so grafisch visualisieren, oder Sie können Schraffur, Muster oder Füllfarbe von einzelnen Elementen entfernen.

Räume, Flächen, Geschosse mit Flächenelementen versehen

- Über die Funktion **FLÄCHENVISUALISIERUNG** lassen sich unterschiedliche Bauteile wie Räume, Geschosse und Flächen, aber auch Stützen, Wände und Ähnliches nach verschiedenen Kriterien (Attributen) mit Flächenelementen versehen, um diese zu visualisieren. Die erzeugten Elemente werden auf dem aktiven Teilbild erzeugt.

Flächenvisualisierung

- **WOHNFLÄCHE, DIN 277, BAUANTRAG** öffnet den Standarddialog zum Anwählen von Reports im Ordner *Räume, Flächen, Geschosse*. Je nach ausgewähltem Report werden im unteren Dialogbereich spezielle Funktionen für die korrekte Auswertung von Räumen und Geschossen entsprechend den Vorgaben angeboten.

Wohnfläche, DIN 277, Bauantrag

- **RÄUME, FLÄCHEN, GESCHOSSE MODIFIZIEREN** dient zum Ändern der ausgewählten Bauteilart. Je nach gewähltem Bauteil (**FILTER**) werden die jeweiligen Einstellmöglichkeiten bereitgestellt. Nicht ausgefüllte Attribute werden nicht geändert.

Räume, Flächen, Geschosse modifizieren

4.12.2 Raumgruppe

- **RAUM-, GESCHOSSGRUPPE** dient dem Gruppieren von Räumen oder Geschossen zu Nutzungsgruppen, die gemeinsam beschriftbar und in bestimmten Reports auswertbar sind. Gruppen können z. B. verwendet werden, um Nutzungseinheiten summieren zu lassen.

Raum-, Geschossgruppe

- **RAUM-, GESCHOSSGRUPPE MODIFIZIEREN** erlaubt das gezielte Ändern schon bestehender Raum-/Geschossgruppen. Es können sowohl Elemente hinzugefügt oder auch aus der Gruppe entfernt werden.

Raum-, Geschossgruppe modifizieren

- **RAUM-, GESCHOSSGRUPPE BESCHRIFTEN** erzeugt für bestehende Raum-/Geschossgruppen Beschriftungen.

Raum-, Geschossgruppe beschriften

4.13 Fester Aufgabenbereich

Der feste Aufgabenbereich der Actionbar gliedert sich in mehrere Bereiche. Im Bereich **SCHNELLZUGRIFF** finden sich im Wesentlichen 2D-Funktionen, Text, Maßlinien sowie Funktionen zum Messen. Die Funktionen im Bereich **AKTIVIERUNG** sowie **FILTER** können bei unterschiedlichen Aktionen helfen, die richtigen Elemente/Objekte zu wählen. Eine Beschreibung der Funktionen befindet sich in Abschnitt 3.1.3, „Markieren und Aktivieren von Elementen“. Die Funktionen aus den Bereichen **ÄNDERN** und **BEARBEITEN** sind im Wesentlichen in Abschnitt 3.1.4, „Elemente bearbeiten“, beschrieben. Um diese Funktionen anwenden zu können, müssen bereits Elemente/Objekte vorhanden sein.

Die Bereiche **AUSWERTUNG** und **ATTRIBUTE** zielen auf den Mehrwert der Daten über das Erzeugen von reinen 2D-Plänen hinaus ab.

4.13.1 Bereich Auswertung

Im Bereich **AUSWERTUNG** finden sich die Grundfunktionen zum Auswerten, welche das Erzeugen von Reports und Legenden sowie das Beschriften von Bauteilen beinhalten. Nachfolgend wird ein Teil der enthaltenen Funktionen beschrieben.

Reports

- **REPORTS** ist der allgemeine Einstiegspunkt in Auswertungen. Über die Funktion **REPORTS** können alle Vorlagen verwendet werden, welche im aktiven Bereich (Teilbilder/Pläne) zugelassen sind und zu denen Daten vorhanden sind.

Dokumentlegende

- **DOKUMENTLEGENDE** erzeugt Legenden über Objekten. Die Dokumentlegenden werden je nach ihrer Erzeugungsart bei Änderungen der Bauteile automatisch aktualisiert. Je nach gewählter Dokumentlegende werden unterschiedliche Bauteile angezeigt.

Beschriften

- **BESCHRIFTEN** dient zum nachträglichen Beschriften von Objekten. Bei vielen Bauteilen der Architektur wird direkt nach dem Erzeugen die Funktion **BESCHRIFTEN** aufgerufen. Eine direkt nach dem Erzeugen des Bauteils erzeugte Beschriftung unterscheidet sich nicht von einer Beschriftung, die durch separaten Funktionsaufruf erzeugt wurde.

Beschriftung aktualisieren

- **BESCHRIFTUNG AKTUALISIEREN** startet einen Vorgang, in dem alle Beschriftungsbilder, welche sich auf den aktiven und den teilaktiven Teilbildern befinden, regeneriert werden. Der Vorgang kann notwendig sein, wenn sich z.B. Wände und Räume auf unterschiedlichen Teilbildern befinden und sich gegenseitig beeinflussen sollen/müssen. Bei der Ausführung der Funktion **3D-AKTUALISIEREN** wird automatisch auch die Beschriftung aktualisiert.

Beschriftungsbild tauschen

- Mit **BESCHRIFTUNGSBILD TAUSCHEN** können Sie auf einfache Weise gleichartige Beschriftungen durch andere austauschen (z.B. anderer Inhalt oder verbesserte Formeln). Mit der Funktion ist es z.B. möglich, die Gestaltung und den Inhalt von Raumstempeln in kürzester Zeit zu ändern. Beschriftungsbilder, die über die Funktion **HÖHENKOTE** abgesetzt wurden, können nicht getauscht werden.

Standardebenen listen

- **STANDARDEBENEN LISTEN** zeigt die Ebeneneinstellungen der aktiven und aktiv im Hintergrund befindlichen Teilbilder und der geöffneten NDW-Dateien an und bietet Funktionen zum Ändern der Einstellungen an. Es können entweder vom Ebenenmodell unabhängige Einstellungen eingegeben oder es kann ein Bezug zum Ebenenmodell hergestellt werden.

Kollisionskontrolle

- Die **KOLLISIONSKONTROLLE** kann das Modell im markierten Bereich auf Probleme, Kollisionen überprüfen und erzeugt Markierungen im aktiven Dokument. Anhand dieser ist es leicht möglich, die Probleme zu finden und zu entfernen.

Kritische Modelldaten markieren

- **KRITISCHE MODELLDATEN MARKIEREN** untersucht die markierten Daten nach einstellbaren Kriterien. So ist es mit der Funktion z.B. möglich, defekte Objekte, minimale Winkelabweichungen und Ähnliches feststellen zu können.

Weitere Funktionen zum Bereich Auswertung

Die Funktion **BESCHRIFTUNGSBILD** ist im Aufgabenbereich **OBJEKTE DEFINIEREN** enthalten, welcher in diesem Buch nicht detailliert beschrieben wird.

- **BESCHRIFTUNGSBILD** erstellt ein nahezu frei gestaltbares Textbild, welches neben Attributen und Formeln auch Konstruktionselemente enthalten kann.

Beschriftungsbild

4.13.2 Bereich Attribute

Im Bereich **ATTRIBUTE** können alle Attribute von Elementen und Objekten bearbeitet werden, die zugänglich sind. Über das einfache Anhängen, Übertragen und Löschen von Attributen können alle notwendigen Aktionen durchgeführt werden. Mittels Attributen können nicht sichtbare Eigenschaften zusätzlich an Bauteile angehängt werden. Zudem können über Attribute Bauteile beschriftet werden.

- **ATTRIBUTZUWEISUNG AN BELIEBIGE ELEMENTE** bietet die Möglichkeit, mehreren (auch unterschiedlichen) Bauteilen beliebige Attribute auf einmal zuzuweisen.
- **ATTRIBUTE ÜBERTRAGEN** liest Attribute aus einem Bauteil, um diese (verändert oder unverändert) an andere Bauteile zu übertragen.
- **ATTRIBUTE MODIFIZIEREN** dient zum gezielten Ändern von Attributen von Bauteilen. Es können sowohl die angehängten Attribute geändert als auch zusätzliche Attribute an Elemente angehängt werden.
- **ATTRIBUTE ENTFERNEN** löscht die Zuordnung von Attributen an den ausgewählten Elementen. Die Bauteile werden so wieder in den ursprünglichen Zustand (ohne Zusatzinformationen) zurückgesetzt.

Attributzuweisung an beliebige Elemente

Attribute übertragen

Attribute modifizieren

Attribute entfernen

> **TIPP**: Wird an einfache Elemente (z. B. Linien, Flächenelemente) ein Attribut angehängt oder wird ein Standardattribut geändert, so entsteht ein beschriftbares Element, welches auch ausgewertet werden kann.

4.13.3 Bereich Arbeitsumgebung

- **GEDREHTE GRUNDRISSDARSTELLUNG** ermöglicht die Drehung der Darstellung in einem Grundrissfenster ohne Änderung der Daten selbst. Die gedrehte Grundrissdarstellung kann bei der Bearbeitung von korrekt nach Norden ausgerichteten Baukörpern behilflich sein.

Gedrehte Grundrissdarstellung

Weitere Funktionen aus dem Umfeld

- **ETAGE** erlaubt das Versetzen aller auf dem aktiven Teilbild (Dokument) befindlichen Objekte/Bauteile in Z-Richtung. Die Funktion kann nur auf Teilbildern angewendet werden, die nicht mit dem Ebenenmanager verknüpft sind.

Etage

4.14 Beispiel – Projektstruktur erweitern

Es gibt mehrere Möglichkeiten, einen zweiten Baukörper zu einem bestehenden Gebäude über die Struktur abzubilden. Wenn die Höhen (Rohbau) dem bestehenden Gebäude entsprechen, kann direkt auf den Teilbildern gearbeitet werden. Alternativ können zusätzliche Teilbilder in die Struktur des Bestandes aufgenommen werden oder die Geschosse können mit der Strukturstufe *Geschossbereich* untergliedert werden. Ebenso ist es möglich, für den Neubau ein zweites Gebäude in der Struktur abzubilden. Eine stets optimale Vorgehensweise gibt es nicht, da sich die Fälle zu sehr unterscheiden.

In den nachfolgenden Beispielen wird die Bauwerksstruktur (inklusive der Ableitungen der Bauwerksstruktur) um ein zweites Gebäude ergänzt. Teilbilder werden benannt und Strukturstufen verschoben. Zusätzlich zu der zu erstellenden Struktur wird ein neues Ebenenmodell für den Neubau erstellt, das die gewünschten Höhen und die Dachform abbilden wird. Im Projekt ist bereits ein Modell enthalten, welches nicht verändert wird. Die Struktur wird so ergänzt, dass das Gesamtprojekt weiterhin IFC-Konform in seiner Struktur ist.

Bauwerksstruktur, Ebenenmodell bearbeiten

HINWEIS: Alle Bilder sind auf einer Allplan-Installation mit Workgroup-Manager entstanden. Die Beschreibung basiert ebenfalls auf Projekten in einer Workgroup-Umgebung. Sollten Sie eine Netzinstallation ohne Workgroup-Manager oder eine Einzelplatzinstallation haben, gibt es die Funktion **BAUWERKSSTRUKTUR, EBENENMODELL BEARBEITEN** nicht und Sie können diesen Schritt jeweils überspringen.

4.14.1 Projektstruktur und Ebeneneinstellungen

Grundsätzlich gibt es zwei Wege, die Struktur inklusive einem zusätzlichen Ebenenmodell zu erstellen. Entweder nutzt man – wie hier gezeigt – die Funktionen im Dialog **PROJEKTBEZOGEN ÖFFNEN: TEILBILDER** oder die entsprechende Funktion in der Palette **EBENEN**.

Für das Beispiel wird mit dem Assistenten (**MODELL NEU**) eine Struktur im Ebenenmanager erstellt. Wenn Sie anhand des Vorlageprojekts <*Praxishandbuch Allplan 2020*> ein zweites Projekt als Übungsprojekt anlegen, finden Sie darin sowohl die komplette Bauwerksstruktur mit den fertigen Daten als auch das Ergebnis.

HINWEIS: Das Ebenenmodell kann auch eingesetzt werden, wenn das Projekt ohne Bauwerksstruktur, also ausschließlich über eine Zeichnungsstruktur verwaltet werden soll. Arbeitsweisen ohne Zeichnungsstruktur werden im Buch und in den Daten nicht weiter abgebildet.

Struktur mit Ebenenmanager erzeugen

Projektbezogen öffnen

▷ PROJEKTBEZOGEN ÖFFNEN

Bauwerksstruktur, Ebenenmodell bearbeiten

▷ (1) BAUWERKSSTRUKTUR, EBENENMODELL BEARBEITEN – (Workgroup)

Durch das gezielte Einschalten des Bearbeitungsmodus wird der Ebenenmanager freigeschaltet und weitere Funktionen zum Bearbeiten der Bauwerksstruktur werden aktiviert.

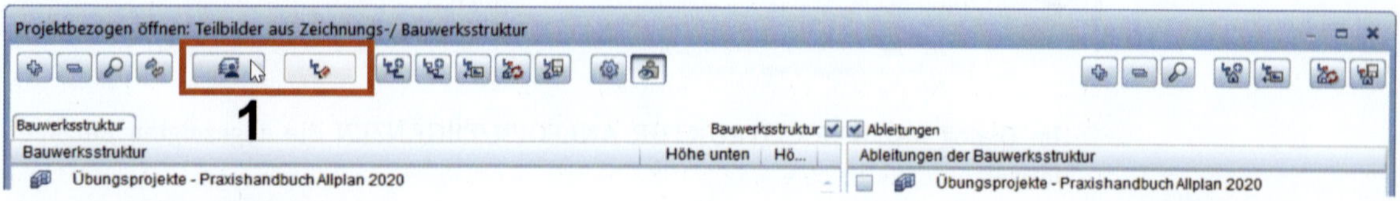

Ebenenmanager

▷ (2) EBENENMANAGER

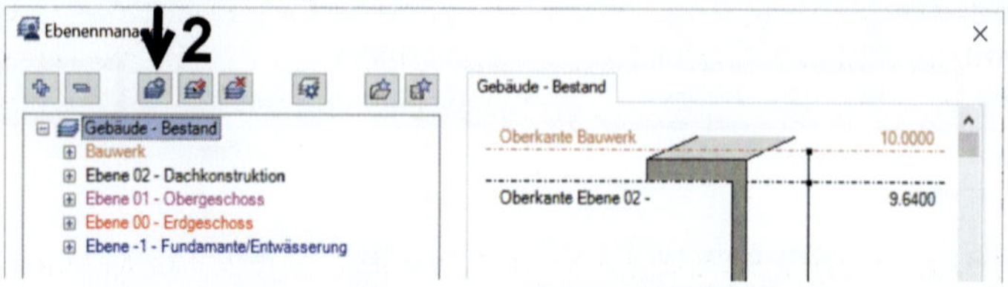

Modell neu

▷ **MODELL NEU**: Stellen Sie die Werte im Dialog **MODELL NEU** entsprechend der Abbildung ein.

▷ Checkbox **BAUWERKSSTRUKTUR ANLEGEN/ERGÄNZEN** anwählen und bestätigen

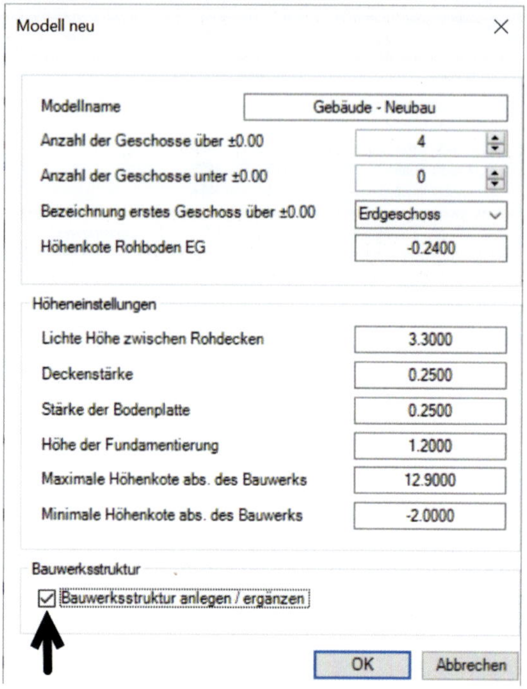

▷ Wählen Sie als Strukturstufe, unter welcher der neue Bereich angelegt werden soll, die *Liegenschaft* aus (Checkbox setzen).

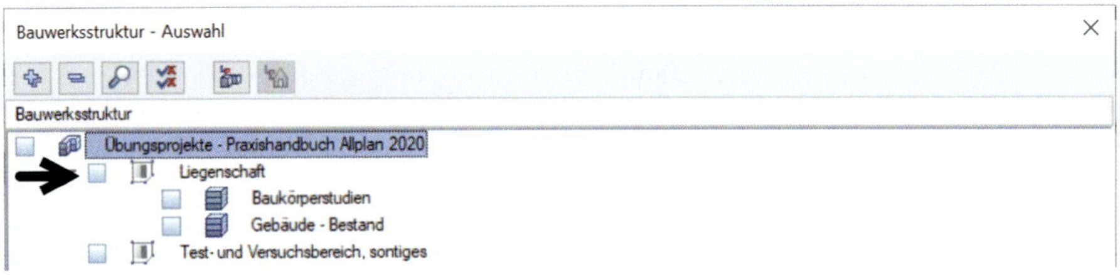

▷ Im Dialog **BAUWERKSSTRUKTUR ANLEGEN/ERGÄNZEN** die angezeigten Eingaben tätigen

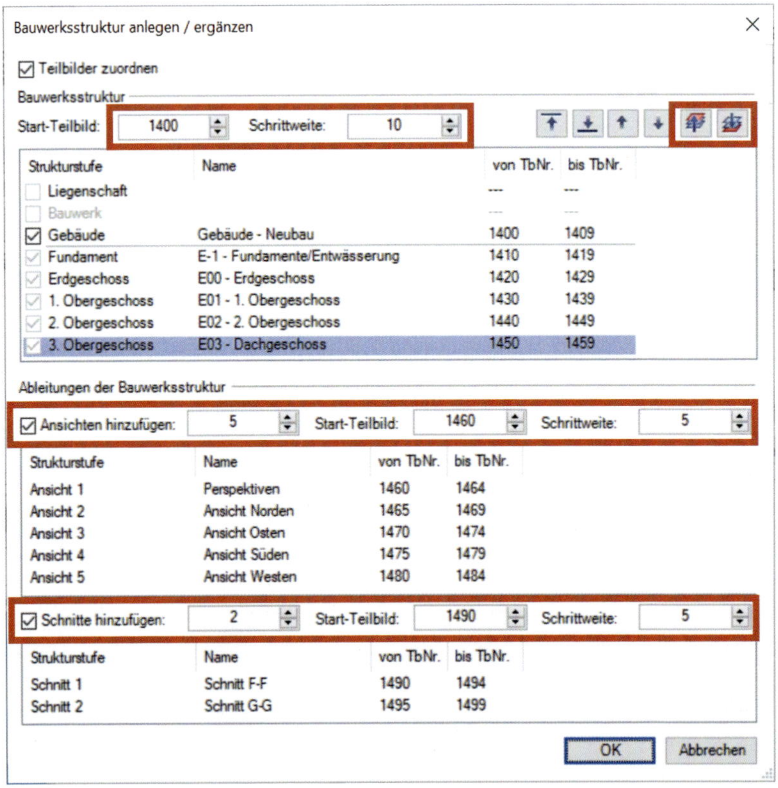

Achten Sie vor allem auf die markierten Bereiche. Über die Schaltflächen oben rechts wird die Sortierung der Geschosse geregelt. Das Startteilbild und die Schrittweite werden unter der Bauwerksstruktur und den Ableitungen der Bauwerksstruktur eingestellt. Die Anzahl der Ansichten kann frei definiert werden (Vorschlag: Ansichten: 5, Schnitte: 2). Als Letztes bietet es sich an, die Namen der Strukturstufen einzugeben. Sollten mehr Ansichten erzeugt werden, muss das Start-Teilbild bei den Schnitten höher gewählt werden.

HINWEIS: Die Namen, die für die Strukturstufen im Assistenten angegeben werden können, tauchen sowohl in der Bauwerksstruktur als auch im Ebenenmanager auf. Wenn keine Namen eingegeben werden, werden die in der Spalte „Strukturstufe" aufgelisteten Bezeichnungen verwendet.

Sobald Sie den Dialog **BAUWERKSSTRUKTUR ANLEGEN/ERGÄNZEN** mit **OK** abschließen, erscheint wieder der Ebenenmanager. Die eingegebenen Namen werden (gekürzt) als Ebenennamen verwendet, können von Ihnen aber jederzeit angepasst (z. B. wie hier gekürzt) werden.

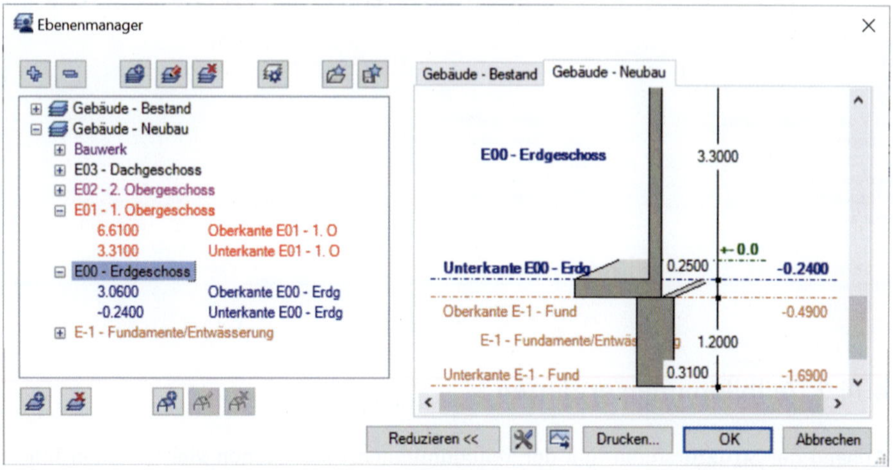

TIPP: Über **ANPASSEN EBENENMANAGER** kann die Anzeige der Baumstruktur auch mit einer farbigen Codierung angezeigt werden. Dies erhöht die Übersicht und macht den Zusammenhang zwischen grafischer Darstellung und Auflistung deutlicher. Wird links ein Ebenenpaar oder eine Ebene markiert, scrollt die Anzeige auf der rechten Seite zur entsprechenden Stelle.

Anpassen Ebenenmanager

Die Bauwerksstruktur wird erzeugt, sobald Sie den Ebenenmanager mit **OK** verlassen. Wenn Sie Anpassungen der Geschosshöhen für Kellergeschosse und Ähnliches vornehmen möchten, öffnen Sie den Ebenenmanager neu, nachdem Sie entweder kurz ein Teilbild geöffnet oder die Bauwerksstruktur **und** die Ableitungen der Bauwerksstruktur über die jeweilige Speicherfunktion gesichert haben.

Speichern

Speichern

Die Projektstruktur ist nun angelegt. Die notwendige Anpassung der einzelnen Stockwerkshöhen an die Büro-/Wohnnutzung sowie die abweichende Rohbauhöhe im Erdgeschoss werden später im Ebenenmodell angepasst.

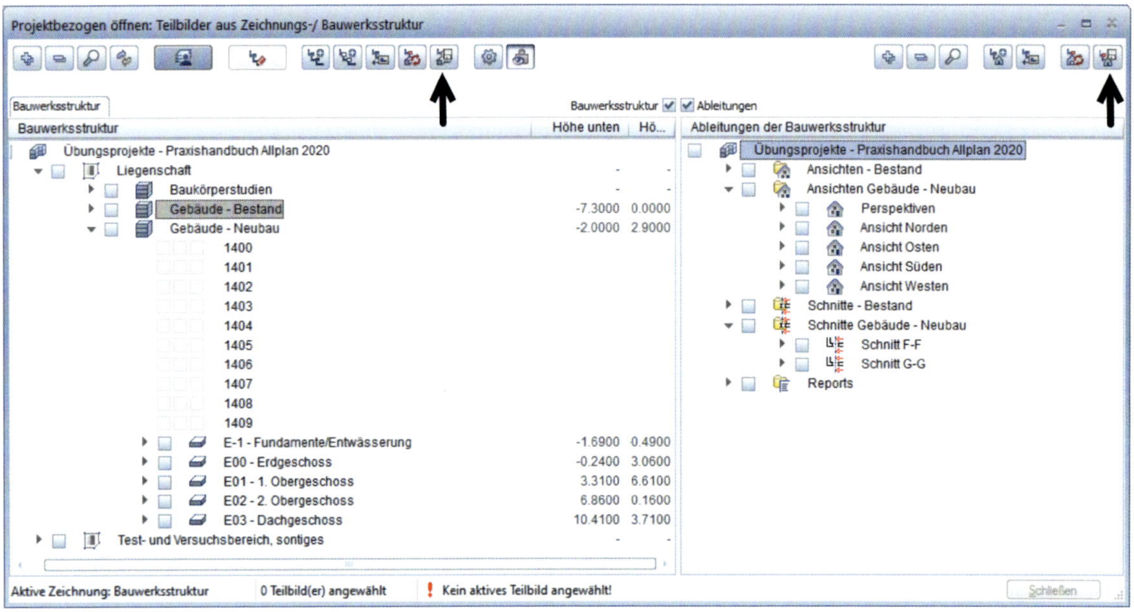

4.14.2 Teilbildnamen ergänzen

Anhand der Strukturstufen und der Teilbildnummern kann schon viel über den Inhalt der jeweiligen Teilbilder ausgesagt werden. Dennoch sollten alle Teilbilder möglichst eindeutig benannt werden. Meist wird für die Namen der Teilbilder ein relativ festes Schema verwendet. Dies hat den Vorteil, dass die wichtigen Elemente des Namens immer in einer festgelegten Reihenfolge vorhanden sind und die Struktur sehr übersichtlich wird.

Teilbildnamen in der Bauwerksstruktur

Projektbezogen öffnen

▷ PROJEKTBEZOGEN ÖFFNEN

▷ Öffnen Sie die Strukturstufen unter **GEBÄUDE – NEUBAU** so weit, dass Sie eine Übersicht über alle Geschosse erhalten, und ändern Sie die Namen der Teilbilder, die in der Tabelle aufgeführt sind. Die Teilbildnamen können entweder durch einen Linksklick im Bereich des Namens, über das Kontextmenü oder die Taste **F2** umbenannt werden.

Strukturstufe	Nr.	Teilbildname
Gebäude – Neubau	1400 1402	*Außenanlagen* *Schnittlinien*
E-1 ...	1410 1411	*Ebene -1 – Fundamente/Entwässerung* *Bodenplatte*
E00 ...	1420 1421	*Ebene 00 – Modell Erdgeschoss* *Decke über Ebene 00*
E01 ...	1430 1431	*Ebene 01 – Modell 1. Obergeschoss* *Decke über Ebene 01*

Strukturstufe	Nr.	Teilbildname
E02 ...	1440 1441	*Ebene 02 - Modell 2. Obergeschoss* *Decke über Ebene 02*
E03 ...	1450 1451	*Ebene 03 - Modell Dachgeschoss* *Decke/Dach über Ebene 03*

Wenn Sie eine kompaktere Struktur haben möchten, können Sie die leeren Teilbilder (z. B. TB 1413-1419) markieren und aus der Bauwerksstruktur rausschieben.

Teilbildnamen in den Ableitungen der Bauwerksstruktur

Wie im Gebäudemodell sollen auch für Ansichten und Schnitte die zugeordneten Teilbilder benannt werden. Achten Sie hierbei darauf, dass Sie die Strukturstufen unter **ANSICHTEN GEBÄUDE - NEUBAU** und **SCHNITTE GEBÄUDE - NEUBAU** öffnen.

▷ **PROJEKTBEZOGEN ÖFFNEN**

▷ Öffnen Sie die Strukturstufen der Ableitungen der Bauwerksstruktur (rechte Seite) und ändern Sie die Namen der in der Tabelle aufgeführten Teilbilder.

Projektbezogen öffnen

Strukturstufe	Nr.	Teilbildname
Perspektiven	1460 1461	*Perspektive von Südosten (Parallelprojektion)* *Perspektive von Südosten (Fluchtpunktperspektive)*
Ansicht Norden	1465 1469	*Ansicht Norden - Hintergrundelemente* *Ansicht Norden - Vordergrundelemente*
Ansicht Osten	1470 1474	*Ansicht Osten - Hintergrundelemente* *Ansicht Osten - Vordergrundelemente*
Ansicht Süden	1475 1479	*Ansicht Süden - Hintergrundelemente* *Ansicht Süden - Vordergrundelemente*
Ansicht Westen	1480 1484	*Ansicht Westen - Hintergrundelemente* *Ansicht Westen - Vordergrundelemente*
Schnitt F-F	1491	*Detaillierung Schnitt F-F*
Schnitt G-G	1496	*Detaillierung Schnitt G-G*

Die leeren Teilbilder bei den Ansichten und das jeweilige Teilbild vor der Detaillierung der Schnitte werden mit generierten Daten gefüllt. Ziel bei den Ansichten ist, dass die aus dem Modell abgeleiteten Daten direkt ohne weitere Nacharbeiten verwendet werden können. Bei den Schnitten ist dies zumeist noch nicht möglich, da eine viel größere Detailtiefe notwendig ist.

4.14.3 Bauwerksstruktur erweitern

Für die späteren Versuche und Tests soll die Struktur um eine beliebige Strukturstufe erweitert werden. Dies kann z. B. auch für Datenimporte von Fachplanern aus den Bereichen Heizung, Lüftung, Sanitär und Elektro oder auch Außenanlagen sinnvoll sein.

HINWEIS: Die Auswahl der möglichen Strukturstufen ist im Beispielprojekt eingeschränkt, um eine Struktur zu erhalten, welche IFC-konform ist.

Strukturstufen einfügen

Für Tests mit Bauteilen und Anwendungsfällen soll direkt unter dem Projekt eine Strukturstufe eingefügt werden, die im nächsten Schritt an das Ende der Struktur verschoben wird.

Projektbezogen öffnen

▷ **PROJEKTBEZOGEN ÖFFNEN**

Bauwerksstruktur, Ebenenmodell bearbeiten

▷ **BAUWERKSSTRUKTUR, EBENENMODELL BEARBEITEN** – (Workgroup/Share-Projekt)

Durch das gezielte Einschalten des Bearbeitungsmodus wird der Ebenenmanager freigeschaltet und weitere Funktionen zum Bearbeiten der Bauwerksstruktur werden aktiviert.

Vordefinierte Strukturstufe einfügen

▷ **VORDEFINIERTE STRUKTURSTUFEN EINFÜGEN**

▷ Ziehen Sie aus dem Fenster **VORDEFINIERTE STRUKTURSTUFEN EINFÜGEN** ein **GESCHOSS** auf die Projektzeile.

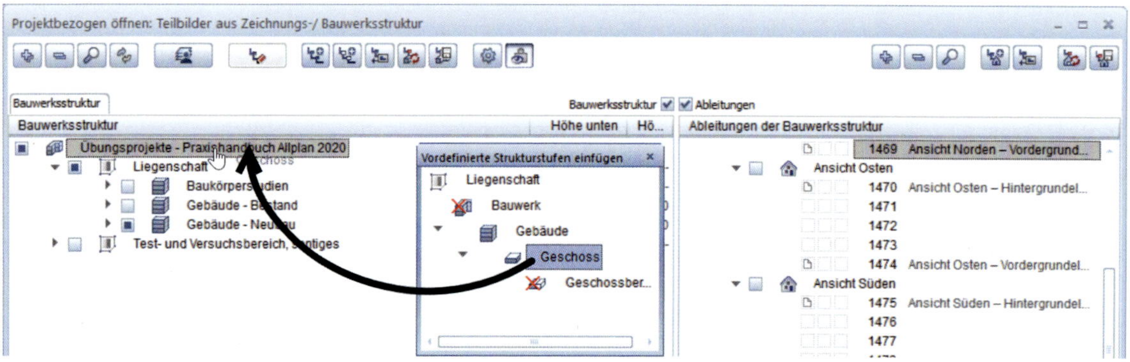

Die Strukturstufe wird direkt unter der Projektzeile eingefügt. Alternativ können Sie auch über das Kontextmenü der Projektzeile eine weitere Strukturstufe einfügen.

▷ Benennen Sie die Strukturstufe in *Datenimport und anderes* um.

Strukturstufen verschieben

Die neue Strukturstufe soll nach *Gebäude – Neubau* und auf der gleichen Stufe angeordnet werden. Wenn Sie wie zuvor beim Erstellen der Hauptstruktur vorgehen und die Strukturstufe auf das Gebäude ziehen, wird die Strukturstufe dieser untergeordnet.

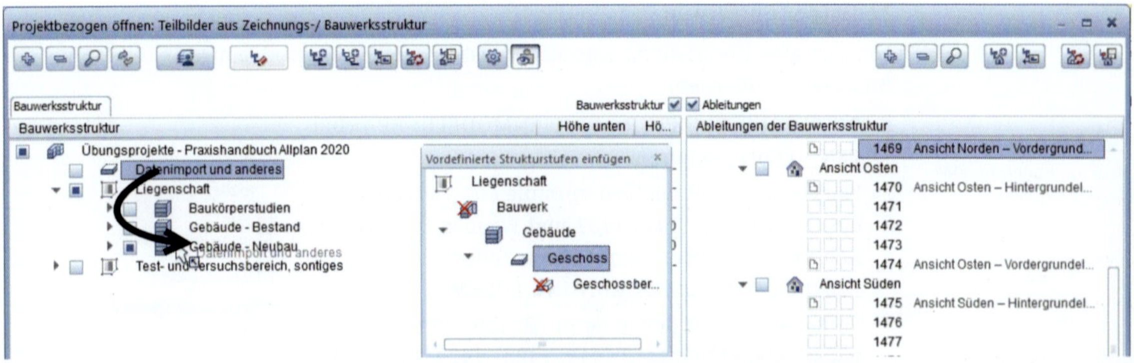

Gehen Sie wie folgt vor:

▷ Strukturstufe *Datenimport und anderes* (= neu eingefügte Strukturstufe) markieren

▷ Ziehen Sie die Strukturstufe auf die Strukturstufe *Gebäude – Neubau* und drücken Sie die **ALT**-Taste der Tastatur.

▷ Lassen Sie die Strukturstufe fallen, sobald ein kleines Pfeilsymbol anstatt der Hand am Mauszeiger auftaucht.

Die Strukturstufe wird nun hinter dem Gebäude eingefügt.

Teilbilder zuordnen

Als Versuchsteilbilder sollen einige Teilbilder direkt zugeordnet werden. Teilbildnamen können Sie vergeben, sobald Sie etwas darauf probiert haben und die Versuche für später erkennbar halten möchten.

Bauwerksstruktur, Ebenenmodell bearbeiten

Teilbilder zuordnen

▷ **BAUWERKSSTRUKTUR, EBENENMODELL BEARBEITEN** – (Workgroup/Share-Projekt)

▷ **TEILBILDER ZUORDNEN** (oder Kontextmenü der Strukturstufe → **TEILBILDER ZUORDNEN** → Auswahlliste)

▷ Markieren Sie die Teilbilder 1500 bis 1509.

▷ Ziehen Sie die markierten Teilbilder auf die beliebige Strukturstufe *Test- und Versuchsbereich* und lassen Sie diese dort fallen (Drag & Drop).

▷ Ordnen Sie zudem die Teilbilder 1510 – 1514 der Strukturstufe *Datenimport und anderes* zu.

> **TIPP**: Die Teilbilder wurden über Drag & Drop der Strukturstufe zugeordnet. Auf die gleiche Weise können Teilbilder von einer Strukturstufe entfernt werden.

Eine schnelle Alternative zum Zuordnen von Teilbildern zu Strukturstufen (funktioniert analog auch bei Zeichnungen und für Pläne in der Planstruktur) ist es, über das Kontextmenü der Strukturstufe die Funktion **TEILBILDER ZUORDNEN...** aufzurufen und den Teilbildbereich oder auch einzelne Teilbilder anzugeben (Bereich: 1500 – 1509, einzelne Teilbilder: 1500, 1501 ... oder Kombination).

Teilbilder entfernen

Um sich eine Übersicht zu verschaffen, ist es zumeist sinnvoll, einige Teilbilder aus der Struktur zu entfernen.

Bauwerksstruktur, Ebenenmodell bearbeiten

- ▷ **BAUWERKSSTRUKTUR, EBENENMODELL BEARBEITEN** - (Workgroup)
- ▷ Markieren Sie aus der Strukturstufe *E01 - Obergeschoss* die Teilbilder 1433 bis 1439 und wenden Sie aus dem Kontextmenü (über markiertem Teilbild öffnen) die Funktion **TEILBILDZUORDNUNG LÖSEN** an.
- ▷ Entfernen Sie aus den anderen Strukturstufen die Teilbilder 1406 - 1409, 1413 - 419, 1423 - 1429, 1443 - 1449 und 1453 - 1459.

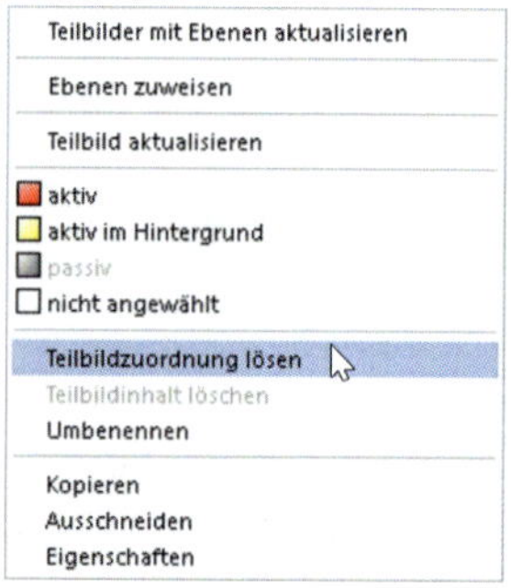

> **TIPP:** Alternativ zum Anwählen der Funktion **TEILBILDZUORDNUNG LÖSEN** können Sie die Teilbilder auch aus dem Fenster des Dialogs ziehen und außerhalb fallen lassen.

4.15 Beispiel – Neubau Erdgeschoss

Der nächste Teil des Beispielprojekts dient dem Aufbau des Gebäudemodells für das Erdgeschoss des neuen Baukörpers. Die im Folgenden dargestellten Funktionen finden Sie in der Actionbar über die Rolle *Architektur* im Aufgabenbereich **ROHBAU**. Bei einer Oberflächenkonfiguration ohne Actionbar finden Sie die meisten Funktionen im Modul **BASIS: WÄNDE, ÖFFNUNGEN, BAUTEILE** (Modulgruppe **ARCHITEKTUR**).

4.15.1 Wände im Erdgeschoss

Im ersten Schritt werden Sie die Außen- und Innenwände des Gebäudes im Erdgeschoss erstellen. Die Einstellungen für Material usw. sollen Ihnen hierbei als Anhaltspunkte dienen und die Möglichkeiten von Allplan aufzeigen. Alternativ zu den angezeigten Eigenschaften können Sie die Einstellungen auch aus dem Assistenten übernehmen. Im Assistenten **WÄNDE, STÜTZEN, UNTERZÜGE** sind jeweils bis zu vier Bauteile in einer Zeile angeordnet, die von links nach rechts mit a/b/c/d genauer bezeichnet sind. Nur ein Teil der Vorlagen wird im Projekt verwendet.

Darstellung einstellen

▷ BEZUGSMASSSTAB: 1 : 100

▷ ZEICHNUNGSTYP: *Bauvorlage* (Gruppe: *Grundrisse - Praxishandbuch Allplan*)

Außenwände erzeugen

Achten Sie beim Aktivieren der Teilbilder darauf, dass die jeweils oberhalb liegende Strukturstufe auch aktiviert ist.

▷ Teilbild *1420 Ebene 00 - Modell Erdgeschoss* aktiv; Teilbild *304 Lageplan 1:500 - Bestand und Erweiterung* passiv: Blenden Sie zusätzlich alle belegten Layer bis auf *LS_GEB (Gebäude)* und *FL_FUELL (Füllflächen)* aus.

Projektbezogen öffnen

▷ WAND oder Doppelrechtsklick auf Bauteil *03c* im Assistenten **WÄNDE, STÜTZEN, UNTERZÜGE**

Wand (STRG+W)

HINWEIS: Wenn Sie das Bauteil über Doppelrechtsklick aus dem Assistenten übernommen haben, sind alle Einstellungen erledigt. Kontrollieren Sie dennoch jedes Bauteil, um mit den Dialogen und Einstellmöglichkeiten vertraut zu werden.

▷ EIGENSCHAFTEN öffnen und wie folgt einstellen:

▷ AUFBAU, ANZAHL SCHICHTEN → *1*

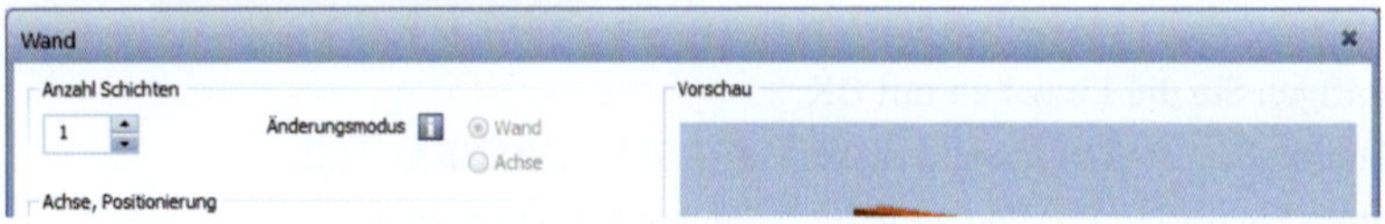

▷ Eigenschaften der Wand wie angezeigt (oder Bauteil *03c*, Assistent **WÄNDE, STÜTZEN, UNTERZÜGE**)

Assistenten

Wände, Stützen, Unterzüge (Bauteil *03c*)

Klicken Sie für die Auswahl/Eingabe der Werte jeweils in das Feld, in dem der Wert erscheinen soll (angezeigt wird), und wählen Sie bzw. geben Sie die in der Abbildung angegebenen Daten ein.

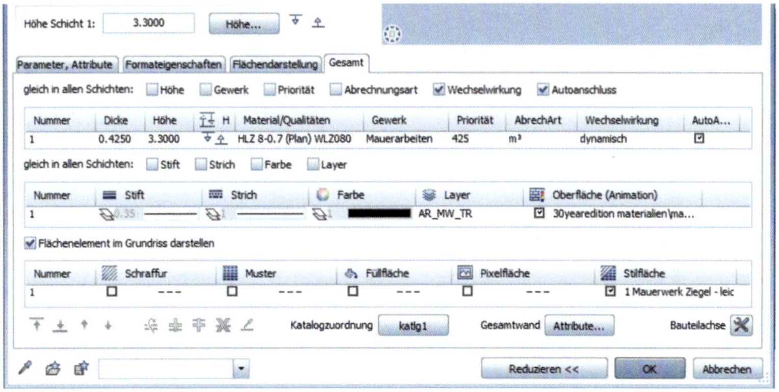

▷ Überprüfen Sie die Einstellung der Höhe in einer Schicht oder über die Schaltfläche **HÖHE** für Schicht 1.

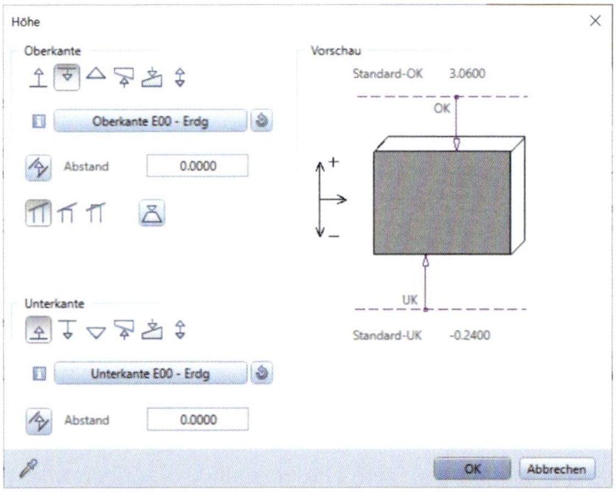

▷ Kontrollieren Sie die Lage der Achse und verschieben Sie diese auf die obere oder untere Außenkante der Wand.

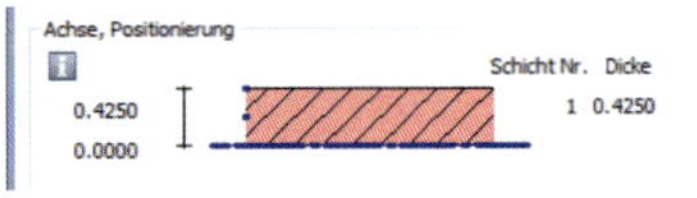

▷ Bestätigen Sie die Eingaben mit **OK**.

▷ **(1)** Stellen Sie die Eingabeoption auf **GERADES LINIENBAUTEIL**.

▷ Wählen Sie nun in der Zeichenfläche den ersten Wandpunkt an.

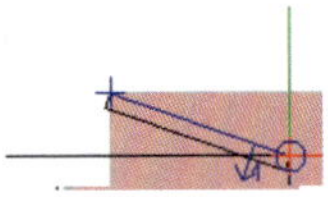

▷ **(2)** Überprüfen Sie die Ausdehnungsrichtung der Wand. Mit **UMDREHEN** können Sie die Ausdehnungsrichtung beeinflussen.

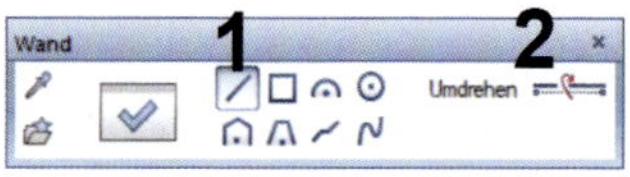

▷ Zeichnen Sie die ersten vier Wände (Eckpunkte) des Baukörpers. Beenden Sie die Funktion komplett durch einmal **ESC**.

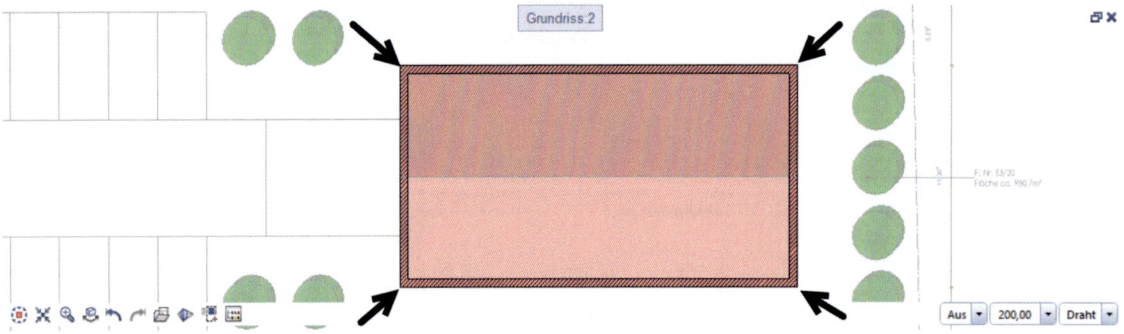

HINWEIS: Je nachdem, mit welchem Punkt Sie beginnen, müssen Sie mittels des Schalters die Ausdehnungsrichtung der Wand korrigieren.

Teilbilder ausblenden

Für die weitere Bearbeitung des Beispiels benötigen Sie den Lageplan nicht mehr, da alle Informationen (Umrisse des Gebäudes) mit den ersten Wänden in den Grundriss übertragen wurden.

Das Ausblenden von Teilbildern kann auf zwei Arten erledigt werden. Entweder öffnen Sie den Dialog **PROJEKTBEZOGEN ÖFFNEN: TEILBILDER AUS ZEICHNUNGS-/BAUWERKSSTRUKTUR** und entfernen dort die Passiveinstellung bei Teilbild 304 oder Sie folgen den nächsten Schritten und blenden das Teilbild mit der Funktion **TEILBILDSTATUS ÄNDERN** aus.

- ▷ Rechte Maustaste auf einer Linie oder einer Füllfläche des passiven Teilbildes: Das Kontextmenü wird geöffnet.
- ▷ **TEILBILDSTATUS ÄNDERN**
- ▷ Klicken Sie auf die Schaltfläche **NICHT ANGEWÄHLT.**

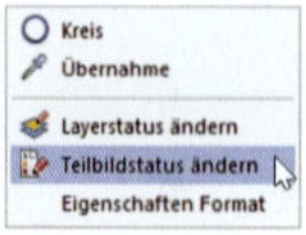

Teilbildstatus ändern

Das Teilbild 304 wird ausgeblendet und als einziges sichtbares Teilbild (aktiv) bleibt Teilbild 1420 übrig. Es sollten nur noch die soeben erzeugten vier Außenwände sichtbar sein.

Innenwand (Wand zu Wand)

- ▷ **WAND** oder Doppelrechtsklick auf Bauteil *05c* im Assistenten **WÄNDE, STÜTZEN, UNTERZÜGE**
- ▷ **(1) ANFANGSPUNKT** festlegen (auf der Innenkante der linken Außenwand)
- ▷ **(2)** Bezugspunkt (bei Bedarf, wenn Klick 1 oberhalb der Mitte gesetzt wurde) durch einen Linksklick auf das Inneneck der Wand setzen
- ▷ Den **ABSTANDSWERT** `4,635` eingeben und mit **ENTER** bestätigen

Wand

Assistenten

Wände, Stützen, Unterzüge (Bauteil *05c*)

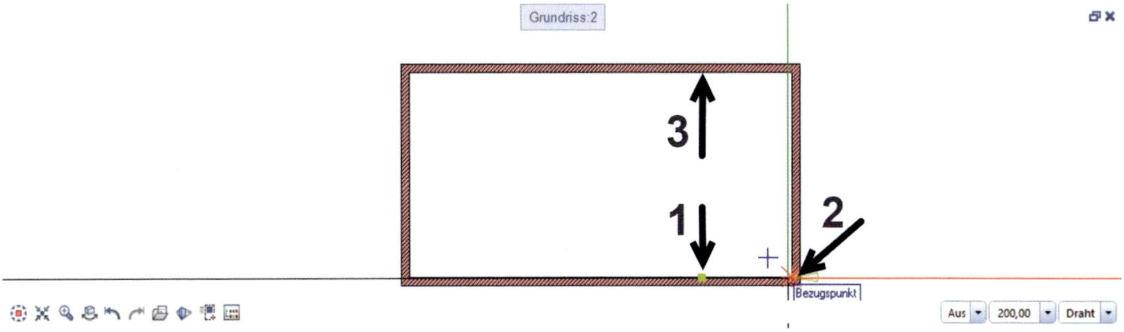

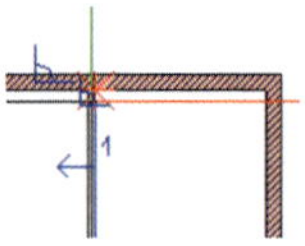

- ▷ **AUSDEHNUNGSRICHTUNG** der Wand überprüfen (nach oben) → bei Bedarf ändern
- ▷ **BIS PUNKT** festlegen (waagerecht vom Anfangspunkt der Wand bis zur rechten Innenwand gezogen → **PUNKT** anklicken)

Falls die Richtung mit der Spurlinie nicht exakt gerade gesetzt wurde, erscheint die Bezugspunkteingabe. Klicken Sie dann den unteren **WANDPUNKT** an und geben Sie als **ABSTANDSWERT** `4,80` an.

> **HINWEIS**: Die Trockenbauwände erzeugen bei der Auswertung pro Schicht einen Eintrag. Über den Report **MONTAGEWÄNDE** (Ordner *Ausbau - Gewerke - Trockenbauarbeiten*) können die Wände vereinfacht ausgewertet werden. Wenn dies nicht gewünscht ist, sollte eine einschichtige Wand als Trockenbauwand verwendet werden.

Weitere Innenwände erzeugen

Die Erzeugung der nächsten Innenwand läuft fast so wie die der vorherigen ab. Nur die Definition des Endpunktes wird statt auf einer bestehenden Wand über eine definierte Länge getätigt. Der Großteil der Innenwände soll als Trockenbau ausgeführt werden. Im Assistenten sind zwei unterschiedliche Darstellungsarten für Trockenbauwände enthalten: sowohl vereinfachte Darstellungen als auch Trockenbauwände, die in mehrere Schichten aufgegliedert sind. Diese sollen im Beispiel verwendet werden.

Wand

Assistenten

Wände, Stützen, Unterzüge (Bauteil *07b*)

- ▷ **WAND**
- ▷ Übernehmen Sie die Eigenschaften von Bauteil *07b*, Assistent **WÄNDE, STÜTZEN, UNTERZÜGE.**
- ▷ **ANFANGSPUNKT** festlegen (auf der Innenkante der rechten Außenwand)
- ▷ Bezugspunkt (bei Bedarf) durch einen Linksklick auf das Inneneck der Wände setzen
- ▷ Den **ABSTANDSWERT** `5,19` eingeben und mit **ENTER** bestätigen
- ▷ Waagerechte Wand – bis zur Innenwand – erzeugen, indem Sie auf die rechte Kante der Innenwand klicken. Je nachdem, wie der Zoom im Fenster eingestellt ist, wird eventuell der Mittelpunkt statt des Lotfußpunkts gefangen. Geben Sie dann in der Dialogzeile den **ABSTAND ZUM BEZUGSPUNKT** mit `5,19` an (Dialogzeile) und mit **ENTER** bestätigen

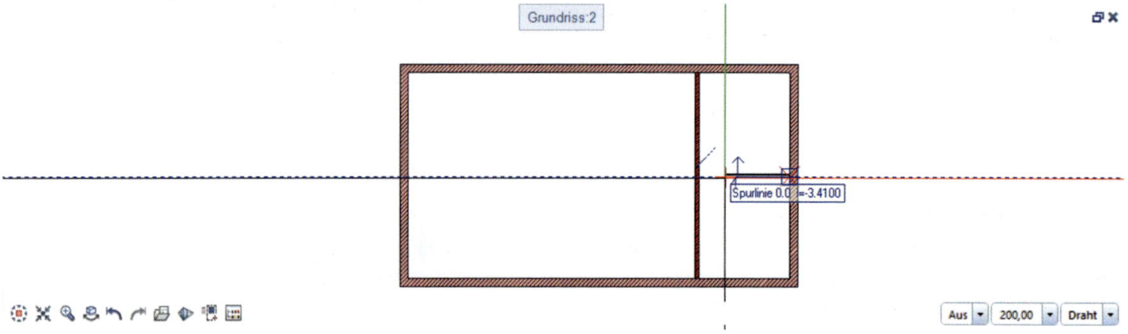

HINWEIS: Es können beliebig viele Wände innerhalb eines Wandzuges erzeugt werden mit der Ausnahme, dass bei der Eingabe eines Wandendes an einer anderen Wand davon ausgegangen wird, dass an dieser Stelle keine weitere Wand erzeugt werden soll.

Übersicht Innenwände

Erzeugen Sie die in der Übersicht dargestellten Innenwände. Achten Sie darauf, dass Sie jeweils die angegebenen Wände aus dem Assistenten übernehmen (Bauteilnummer bezieht sich auf den Assistenten **WÄNDE, STÜTZEN, UNTERZÜGE**, Außenwände *03c*, Innenwände *Ziegel 05c*, Trockenbauwände *07b*).

Assistenten

Wände, Stützen, Unterzüge (Bauteile *03c*, *05c*, *07b*)

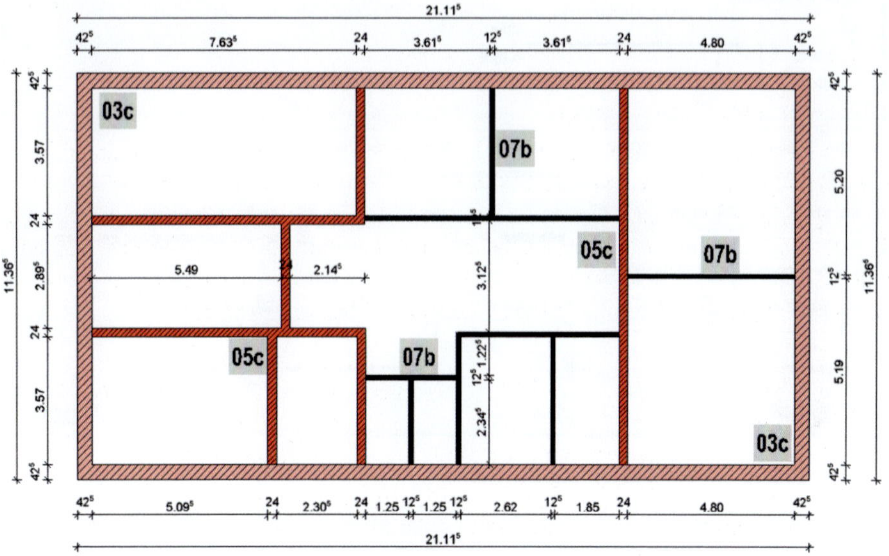

4.15.2 Stützen und Unterzug im Erdgeschoss

Als tragende Elemente werden Stützen und Unterzüge benötigt, die in Verlängerung der Treppenhauswände angeordnet werden sollen, um die Deckenspannweite zu optimieren. Zuerst werden die Unterzüge gesetzt, da durch diese die Lage der Stützen leichter zu finden sein wird.

Unterzug

Der Unterzug soll 20 cm unter der Decke auftragen. Über die Höheneinstellungen des Bauteils kann dies leicht geregelt werden. Alternativ kann auch eine Abstandsebene eingefügt und Unterzug und Stütze können daran gehängt werden. Der Ablauf mit Abstandsebene wird bei den Fenstern und Türen abgebildet.

Unterzug, Überzug

Assistenten

Wände, Stützen, Unterzüge (Bauteil *20b*)

▷ Teilbild 4120 aktiv

▷ **UNTERZUG, ÜBERZUG** oder Doppelrechtsklick auf Bauteil *20b* im Assistenten **WÄNDE, STÜTZEN, UNTERZÜGE**

▷ Einstellungen des Bauteils in den Eigenschaften überprüfen

Die Dicke soll sich auf 0.30 m belaufen. Wichtig ist, dass der Haken bei **FLÄCHENELEMENT IM GRUNDRISS DARSTELLEN** nicht aktiviert wird, um eine korrekte Darstellung des Unterzuges im Grundriss zu ermöglichen. Der Unterzug soll die Liniendarstellung vom Layer übernehmen, die für den Grundriss eine gepunktete Linie vorsieht.

▷ Kontrollieren Sie die Lage der Achse und verschieben Sie diese auf die obere oder untere Außenkante.

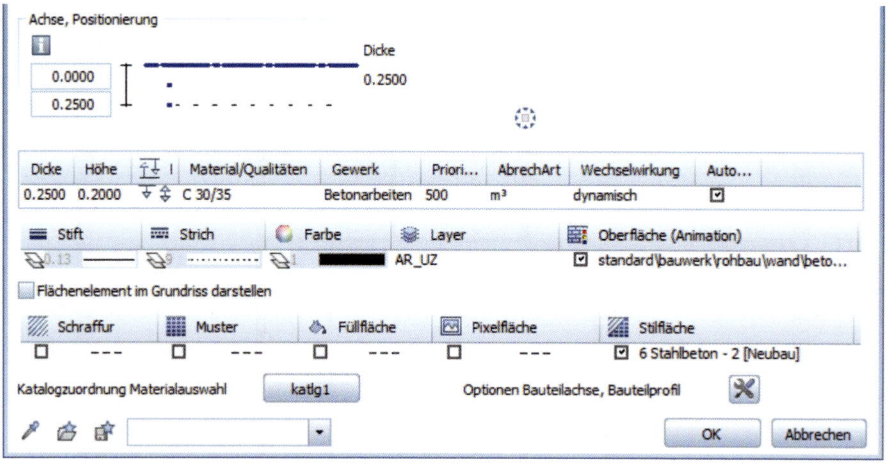

▷ Überprüfen Sie die Einstellung der Höhe.

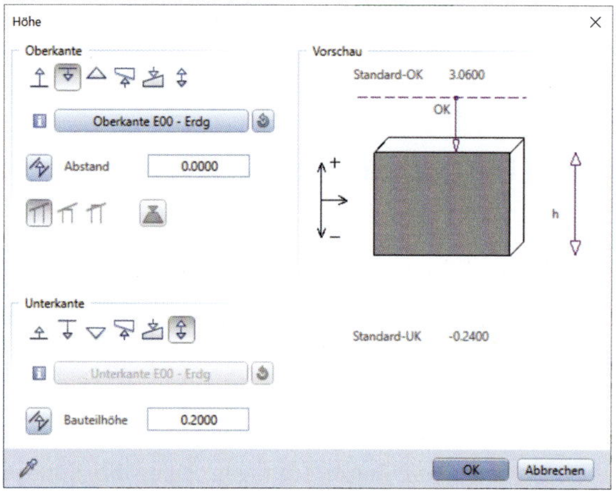

- Bestätigen Sie die Eingaben mit **OK**.
- Stellen Sie die Eingabeoption auf **GERADES LINIENBAUTEIL**.

- Setzen Sie das Fadenkreuz auf den inneren Eckpunkt oben links. Geben Sie bei **DX** `-0,20` und bei **DY** `-4,635` ein und bestätigen Sie die Werte. Die Ausdehnungsrichtung des Unterzugs ist nach oben.

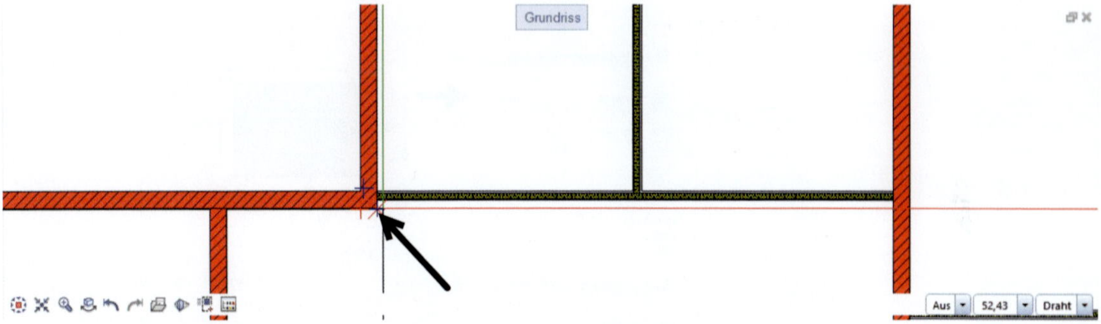

- Ziehen Sie den Unterzug dann waagerecht bis zur rechten Innenwand. Der Unterzug soll auf der Wand aufliegen. Somit müssen Sie die rechte Kante der Wand anklicken, sobald der Punktfang einen Lotpunkt anzeigt. Der Unterzug wird damit erzeugt.

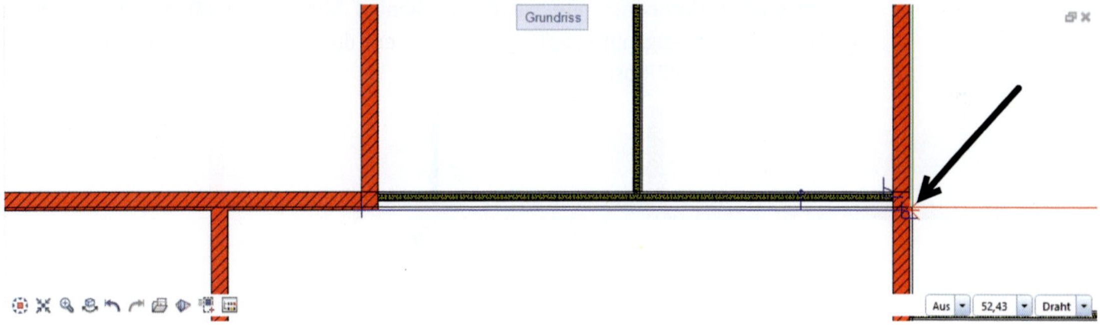

Da die Unterzüge automatisch in Wänden eine Aussparung erzeugen, ist kein weiterer Schritt notwendig.

Erzeugen Sie auf der anderen Seite des Flurs ebenso einen Unterzug.

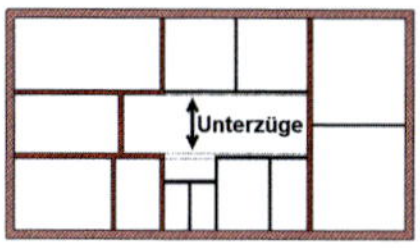

Stützen im Erdgeschoss

Die Stützen sind so zu setzen, dass die Abstände zu den Wänden bzw. die Abstände der Stützen untereinander den Maßen in der Zeichnung entsprechen und die obere sowie untere Kante der Stützen auf den Kanten des Unterzugs zu liegen kommen.

Stütze

Assistenten

Wände, Stützen, Unterzüge (Bauteil *11b*)

Die Stützen müssen so gesetzt werden, dass der Mittelpunkt der Stütze auf der oberen/unteren Kante der Trennwände des Bades (linker Gebäudeteil) liegt und der Rand der Stütze gleich der Außenkante der unterhalb liegenden Wand ist.

- ▷ **UNTERZUG, ÜBERZUG** oder Doppelrechtsklick auf Bauteil *11b* im Assistenten **WÄNDE, STÜTZEN, UNTERZÜGE**
- ▷ Öffnen Sie die Eigenschaften der Stütze und ändern Sie in den Einstellungen **HÖHE...** die Oberkante so, dass diese einen Abstand von 20 cm (nach unten) von der oberen Ebene hat.

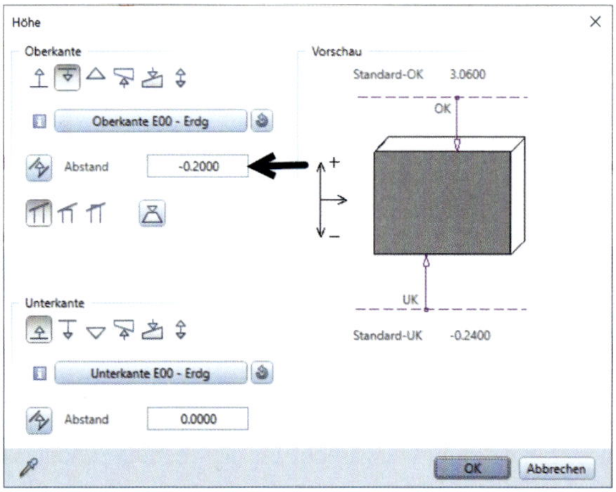

- ▷ Legen Sie den Transportpunkt auf unten Mitte **(1)**, klicken Sie danach die untere Kante des oberen Unterzuges an, wenn das Symbol Mittelpunkt **(2)** angezeigt wird. Die Anzeige des Bezugspunktes/Bogenpunktes mit dem definierbaren Abstandsmaß können Sie mit **ENTER** bestätigen.

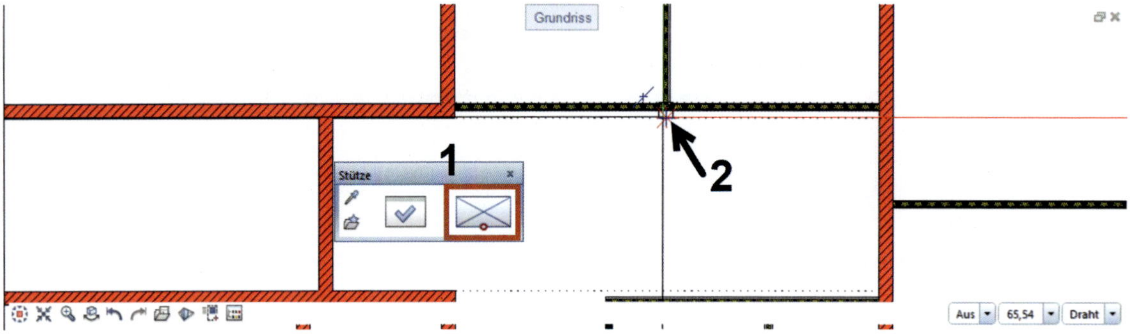

- ▷ Erzeugen Sie die zweite Stütze auf die gleiche Art.

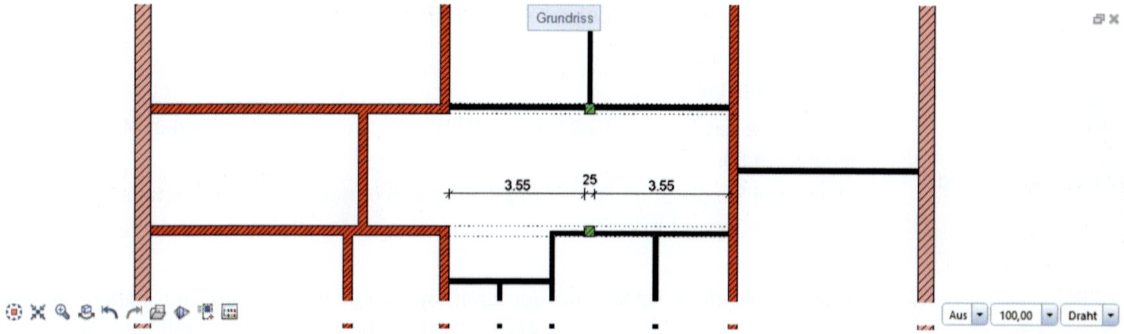

Die beiden rechten Stützen schneiden automatisch die Wände aus, da die Priorität der Stützen höher ist als die der Wände bzw. Wandschichten. Der Wandanschluss der Trockenbauwände wird somit automatisch gerichtet.

4.15.3 Innentüren

Die Anbindung von vielen gleichen Bauteilen, die nicht direkt an eine Ebene gebunden werden, kann entweder über einen Abstand an eine vorhandene Ebene erfolgen oder durch Einfügen einer zusätzlichen Abstandsebene. Die Abstandsebenen eignen sich hervorragend für Bauteile, die eine gewisse Anzahl überschreiten und im Verlauf der Planung häufig angepasst werden müssen. Für die Oberkante der Innentüren soll - im ersten Schritt für das Erdgeschoss - eine Abstandsebene eingerichtet werden. Dies sollte möglichst vor dem Erzeugen der Türen getätigt werden.

Ermittlung der notwendigen Türhöhen

Bei den Innentüren (wie auch bei den anderen Öffnungsbauteilen) ist der geplante Bodenaufbau bei der Ermittlung der Öffnungshöhe (oder Brüstungshöhe) mit in die Überlegung für die korrekte Höhe einzubeziehen. Die in Allplan erzeugten Öffnungen sind Rohbauöffnungen. Für die Innentüren bedeutet das, dass diese im Erdgeschoss des Beispielprojekt 2,375 m hoch zu erzeugen sind, um die gewünschte Türhöhe im fertigen Zustand zu erreichen. Die Unterkante des Bauteils ist dann die Oberkante der Rohdecke und die Oberkante mit dem entsprechenden Abstand definiert.

Die Öffnungshöhe berechnet sich wie folgt.

Geplanter Fußbodenaufbau im Erdgeschoss	0,24 m
Türhöhe von Fertigfußboden bis UK-Sturz (roh)	2,135 m
Summe	2,375 m

Öffnungen können allein, mit Makro oder mit SmartPart (Einbauelement) erzeugt werden. Die verwendeten Assistenten beinhalten SmartParts. Im SmartPart muss ein Abstand zur Öffnung (unten) eingestellt werden.

Einfügen einer Abstandsebene in das Ebenenmodell

Palette Ebenen

Modifikationsmodus Ein

Abstandsebenen einfügen

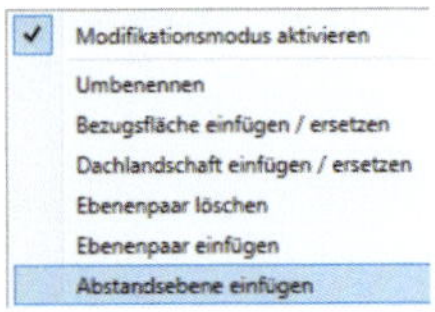

- ▷ Teilbild 1420 aktiv
- ▷ Palette **EBENEN** öffnen
- ▷ Wählen Sie das Register **GEBÄUDE – NEUBAU (1)** und schalten Sie den Modifikationsmodus ein **(2)**.
- ▷ Markieren Sie die Stufe *E00 – Erdgeschoss* und öffnen Sie das Kontextmenü.
- ▷ **ABSTANDSEBENE EINFÜGEN:** Die Einstellungen für die Abstandsebene werden geöffnet.
- ▷ Wählen Sie unter **NAME** die Vordefinition `Türöffnung OK` und stellen Sie den Abstand auf `2,375 m` ein. Die **VERBINDUNG MIT** `Unterkante` soll bleiben.

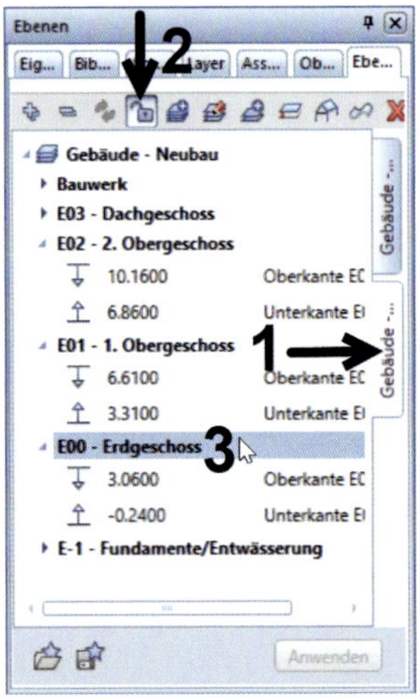

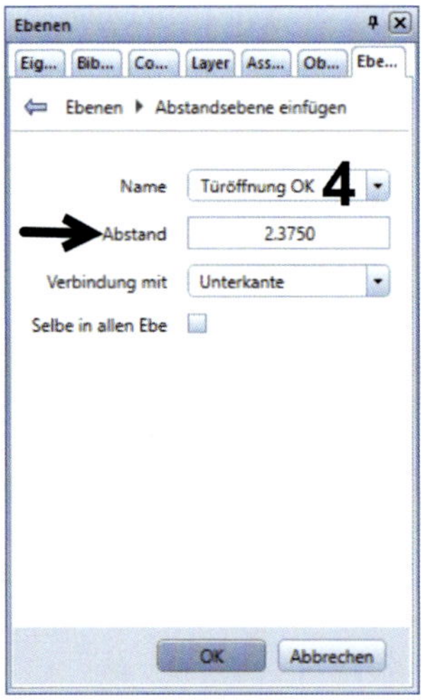

- ▷ Bestätigen Sie die Einstellung mit **OK**.

Die Abstandsfläche wird in der Vorschau der Ebenen angezeigt und kann so in der Lage optisch kontrolliert werden.

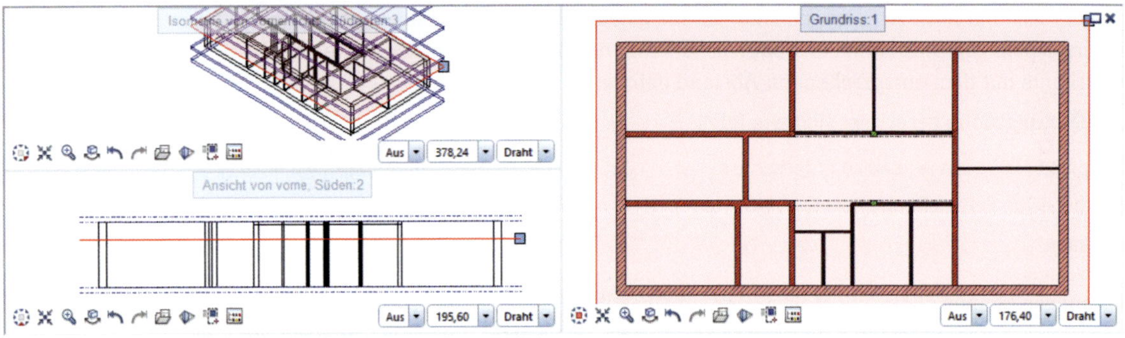

- ▷ Verlassen Sie die Palette **EBENEN** mit **ANWENDEN**.

Die Abstandsfläche ist im Erdgeschoss erzeugt und kann auf allen Teilbildern, die mit dem Ebenenmodell verbunden sind, verwendet werden.

Innentüren – Assistent

Im Assistenten **TÜREN** finden Sie die Bauteile zum Übernehmen. Die Türhöhen sind vereinfacht voreingestellt und müssen vor dem Erzeugen der Öffnung auf den Bedarf abgestimmt werden. Die in den Öffnungen enthaltenen SmartParts sind auf den Bodenaufbau abgestimmt. Die erste Tür soll in eine Trockenbauwand zu einem Büro eingesetzt werden (siehe Markierung in der Abbildung).

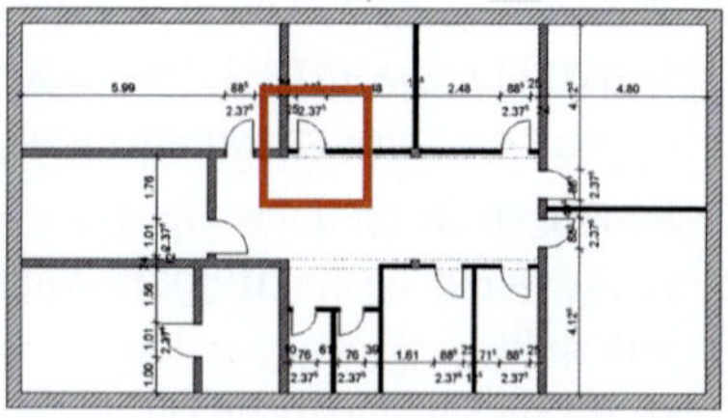

> **HINWEIS**: Achten Sie darauf, dass bei der Übernahme von Öffnungen das gewünschte Bauteil in der Elementinfo angezeigt wird. Bei Türen ist es die **TÜRÖFFNUNG**.

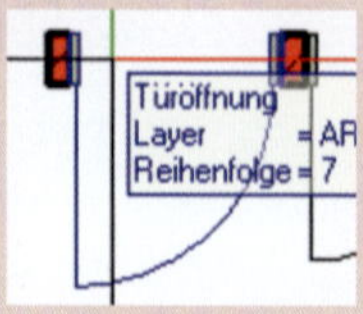

Innentüren mit SmartPart

Tür

Assistenten

Türen (Bauteil *01b*)

- ▷ **TÜR** oder Doppelrechtsklick auf das Bauteil *01b* im Assistenten **TÜREN**
- ▷ **(1)** Transportpunkt auf *unten links* einstellen

- ▷ **(2) EIGENSCHAFTEN** öffnen
- ▷ Register **ÖFFNUNG**
- ▷ **(3) ANSICHTSFORM** → Rechteck
- ▷ **(4) HÖHE** (Schaltfläche) → **OBERKANTE** → *Auswahl Bezugsebene* **(5)** → **ABSTANDSEBENE TÜRÖFFNUNG OK (E00-ERDGESCHOSS) ANWÄHLEN (6)** Einstellung mit OK bestätigen
- ▷ **ABSTAND** → `0,000`
- ▷ **UNTERKANTE** → *An untere Ebene* → **ABSTAND** → `0,000`

An obere Ebene

An untere Ebene

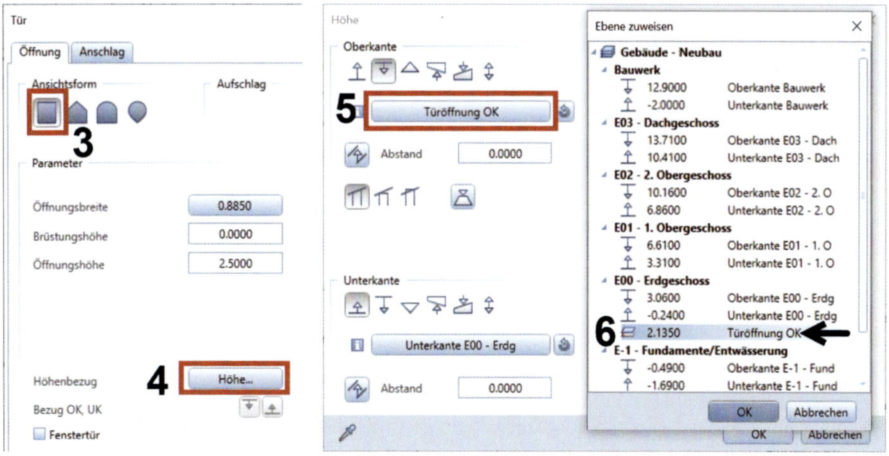

Das bedeutet, dass die Unterkante der Türöffnung gleich der Oberkante des Rohbodens (= *OK-Rohdecke*) ist und die Oberkante bezieht sich auf die Abstandsebene *Türöffnung OK*.

- ▷ **SCHWELLENDARSTELLUNG** → *Keine*
- ▷ Option **LEIBUNGSELEMENT ERZEUGEN** (**LEIBUNG/ANSCHLAG**) deaktivieren
- ▷ Bestätigen Sie die Einstellungen in beiden Dialogen mit **OK**.

Direkte Abstandseingabe deaktiviert

- ▷ Deaktivieren Sie die **DIREKTE ABSTANDSEINGABE** in der Dialogzeile, falls diese aktiv sein sollte.
- ▷ **(7)** Setzen Sie den ersten Öffnungspunkt.
- ▷ **(8)** Klicken Sie den Eckpunkt zum Versetzen des Bezugspunktes an, falls dieser noch nicht korrekt sitzt.

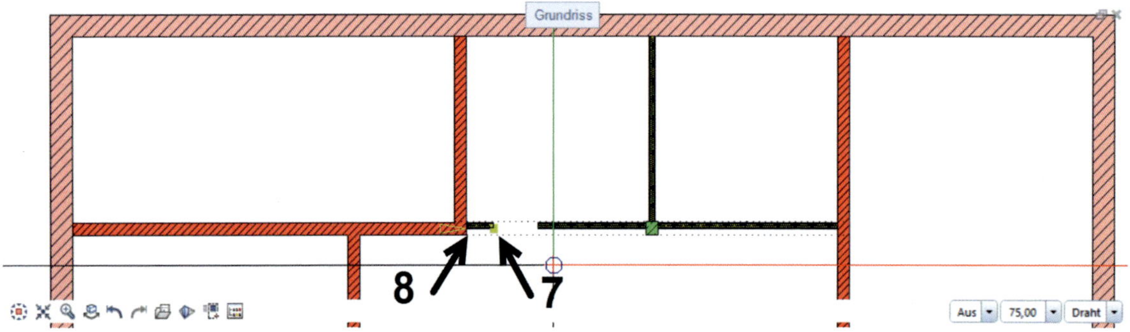

- ▷ **ABSTAND ZUM ÖFFNUNGSPUNKT** → `0,25`

- ▷ **ABSTAND ZUM ENDPUNKT DER ÖFFNUNG** → `0,885`

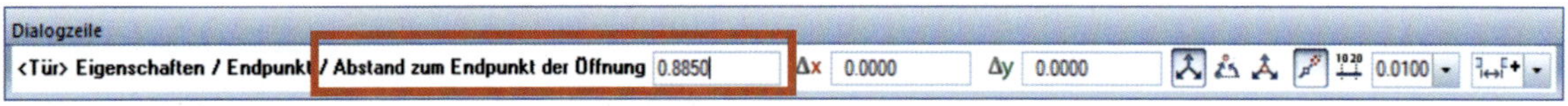

- ▷ **IN WELCHE ÖFFNUNG MAKRO EINSETZEN?** → In die Türöffnung klicken

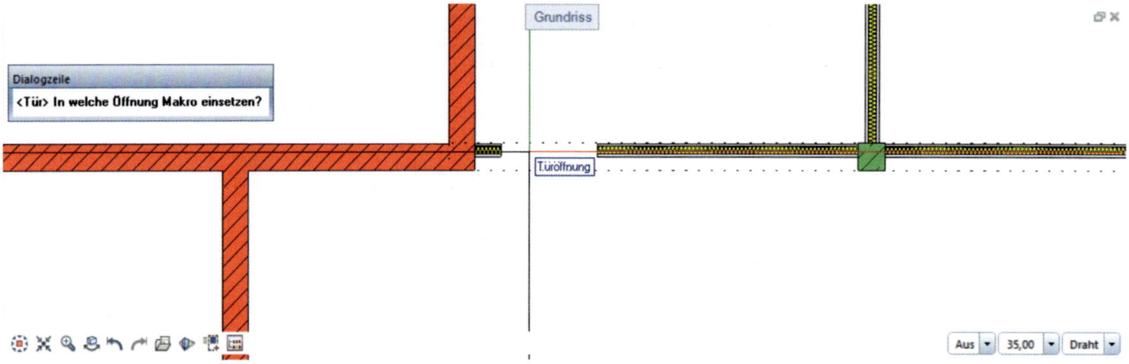

Geben Sie durch einen Linksklick auf eine der **vier** in der Abbildung markierten Stellen die Öffnungsrichtung des Makros (SmartPart - Einbauteil der Tür) an. Bestätigen Sie die Einstellung mit der rechten Maustaste.

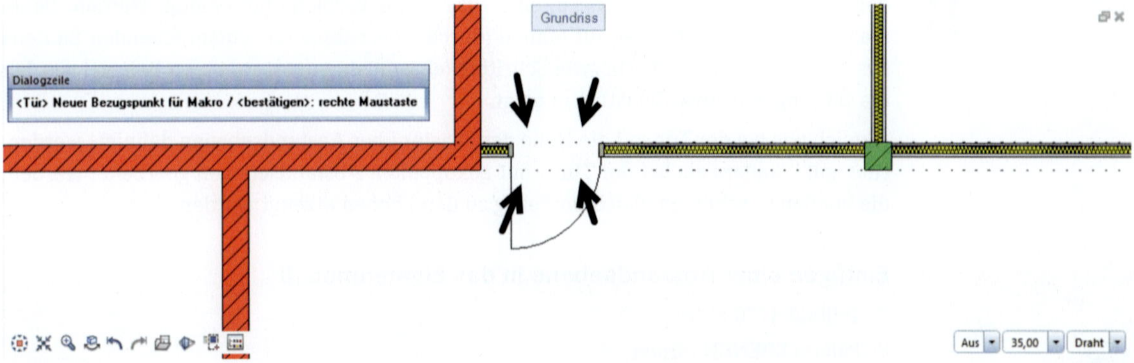

HINWEIS: Wenn SmartParts für Türen verwendet werden, ist der Türanschlag im SmartPart selbst einzustellen.

Innentüren mit Makros

Der Ablauf zum Erzeugen von Innentüren mit Makros ist ähnlich. Allerdings ist bei Türen mit Makros aus der Funktion **FENSTERMAKRO, TÜRMAKRO** zusätzlich noch ein Anschlagsymbol abzusetzen, welches eigene Formateigenschaften hat. Werden zweiflügelige Türen mit Makros erzeugt, kann für jeden Türflügel ein Anschlagsymbol erzeugt werden.

Übersicht Innentüre

Erzeugen Sie die in der Übersicht dargestellten Innentüren. Alle Türen sind im Assistenten **TÜREN** enthalten. Für die einflügeligen Türen kann das Bauteil *01* (einflügelig) mit einem Bodenaufbau von ca. 24 cm aus dem Assistenten übernommen werden.

Assistenten

Türen (Bauteil *01*)

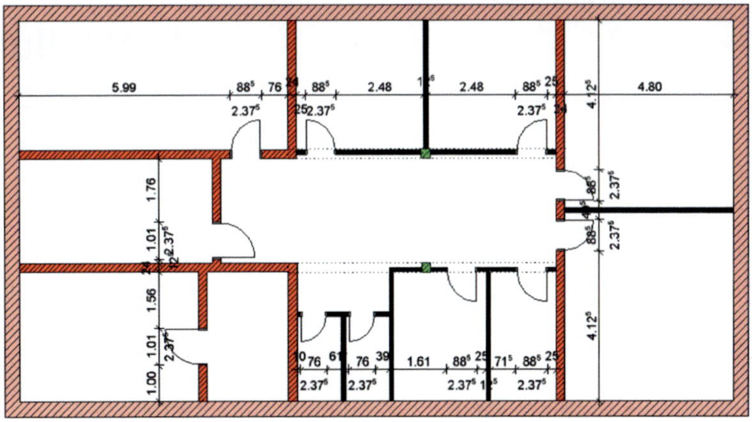

4.15.4 Fenster

Die Eingabe von Fenstern läuft im Wesentlichen wie die der Türen ab. Allerdings soll, um den Wärmeschutz zu verbessern, eine zusätzliche Verblendung erzeugt werden. Beide Elemente können entweder auf einmal (durch Übernahme des entsprechenden Bauteils aus dem Assistenten) oder in zwei Schritten (einzeln) erzeugt werden. Im Beispiel werden die Öffnungen in zwei Schritten erzeugt.

Ähnlich wie bei der Tür soll die Höhe der Fenster über Abstandsebenen definiert werden. Hier soll – anders als bei der Tür – mit gekoppelten Abstandsebenen gearbeitet werden, die in allen Geschossen gleich im Bezug zu den Ebenen erzeugt werden.

Einfügen einer Abstandsebene in das Ebenenmodell

Palette Ebenen

Modifikationsmodus Ein

Abstandsebenen einfügen

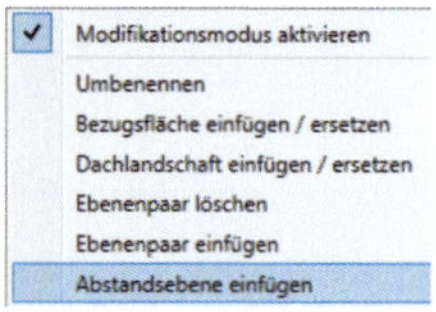

- ▷ Teilbild 4120 aktiv
- ▷ Palette **EBENEN** öffnen
- ▷ Wählen Sie das Register **GEBÄUDE – NEUBAU (1)** und schalten Sie den Modifikationsmodus ein **(2)**.
- ▷ Markieren Sie die Stufe **E00 – ERDGESCHOSS** und öffnen Sie das Kontextmenü.
- ▷ **ABSTANDSEBENE EINFÜGEN:** Die Einstellungen für die Abstandsebene werden geöffnet.
- ▷ Wählen Sie unter **NAME** die Vordefinition `Brüstung` und stellen Sie den Abstand auf `1,125m` ein. Die **VERBINDUNG MIT** `Unterkante` soll bleiben.
- ▷ Aktivieren Sie zusätzlich die Option **SELBE IN ALLEN EBENEN**.

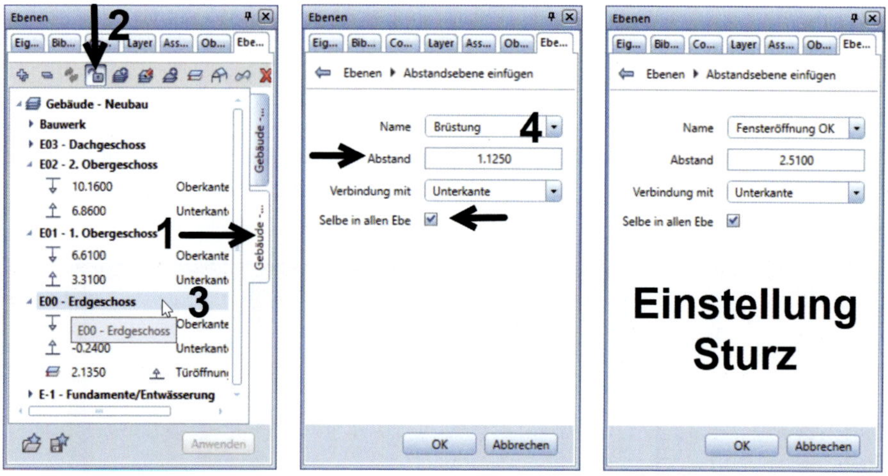

- ▷ Bestätigen Sie die Einstellung mit **OK**.
- ▷ Fügen Sie auch für den Fenstersturz eine Abstandsfläche ein (Vordefinition `Fensteröffnung OK`, Abstand `2,51m`, **VERBINDUNG MIT** `Unterkante`).

Die Abstandsfläche wird in der Vorschau der Ebenen angezeigt und kann so in der Lage optisch kontrolliert werden.

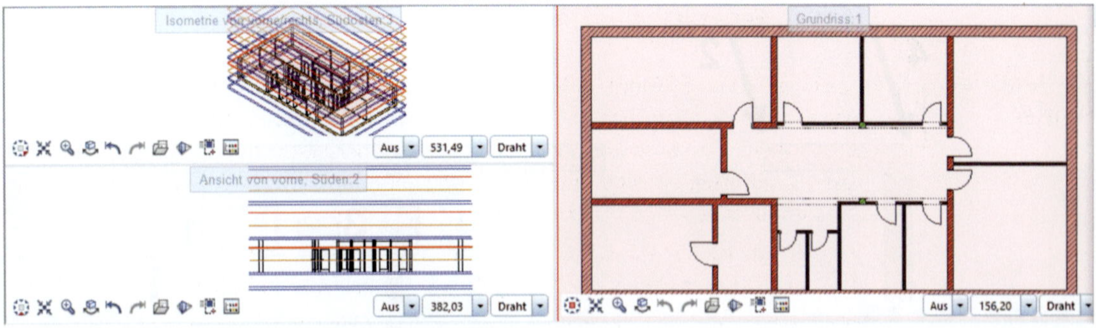

▷ Verlassen Sie die Palette **EBENEN** mit **ANWENDEN**.

Die Abstandsflächen werden in allen Geschossen erzeugt und können auf allen Teilbildern, die auf das Ebenenmodell verweisen, verwendet werden.

Fenster

Das markierte Fenster wird exemplarisch als erstes Fenster zum Einsetzen dargestellt.

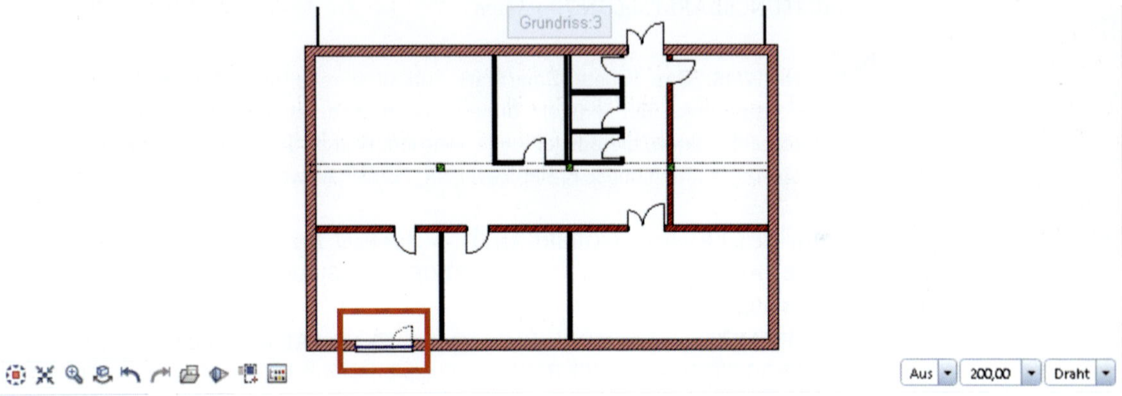

▷ **FENSTER** und Eigenschaften aus dem Assistenten übernehmen oder Doppelrechtsklick auf Bauteil *21* im Assistenten **FENSTER**. Achten Sie darauf, dass in der Elementinfo `Fensteröffnung` angezeigt wird.

▷ **(1) TRANSPORTPUNKT** bei Bedarf versetzen

Fenster

Assistenten
Fenster (Bauteil *21*)

Der Transportpunkt wird immer auf der Außenwandlinie angegeben. Von unten gesehen liegt im Auswahlfeld die Außenwandlinie unten.

▷ **(2)** Außenwandlinie anklicken

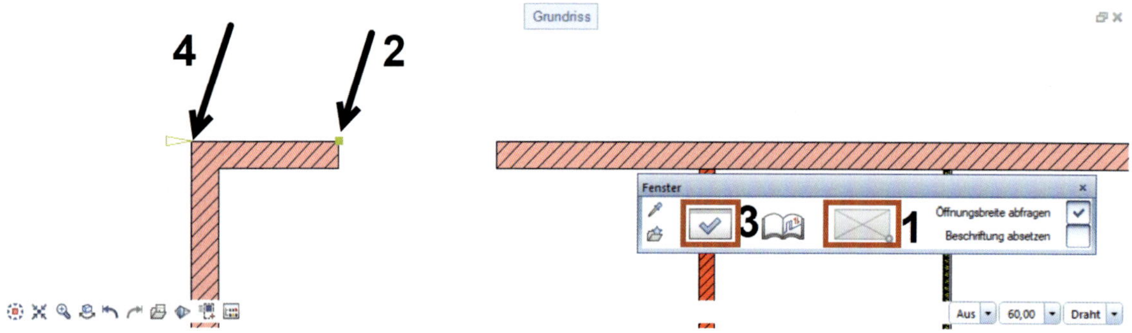

HINWEIS: Der erste Klick auf eine Wand entscheidet, auf welcher Seite für das Bauteil die Außenwandlinie liegt. Die Definition kann nach dem Erzeugen der Öffnung nicht verändert werden.

- ▷ **(3)** Öffnen Sie die **EIGENSCHAFTEN**.
- ▷ Register **ÖFFNUNG**
- ▷ **BRÜSTUNGSDARSTELLUNG** → *keine*

HINWEIS: Das Fenster-SmartPart enthält bereits eine Darstellung für Fensterbänke. Bei Fenstern ohne Fensterbankdarstellung oder mit Fensterbankmakros, die ausgeblendet werden, sollten Sie eine Brüstungsdarstellung wählen und z. B. den Layer *AR_FENSP* auswählen.

An obere Ebene

An untere Ebene

- ▷ **HÖHE** (Schaltfläche) → **OBERKANTE** → *Auswahl Bezugsebene* **(5)** → **ABSTANDSEBENE** `Fensteröffnung OK` **(E00-ERDGESCHOSS) ANWÄHLEN (6)** Einstellung mit **OK** bestätigen, **ABSTAND** → `0,000`
- ▷ **UNTERKANTE** → *Auswahl Bezugsebene* **(7)** → **ABSTANDSEBENE** `Brüstung` **(E00-ERDGESCHOSS) ANWÄHLEN (8)** Einstellung mit **OK** bestätigen, **ABSTAND** → `0,000`

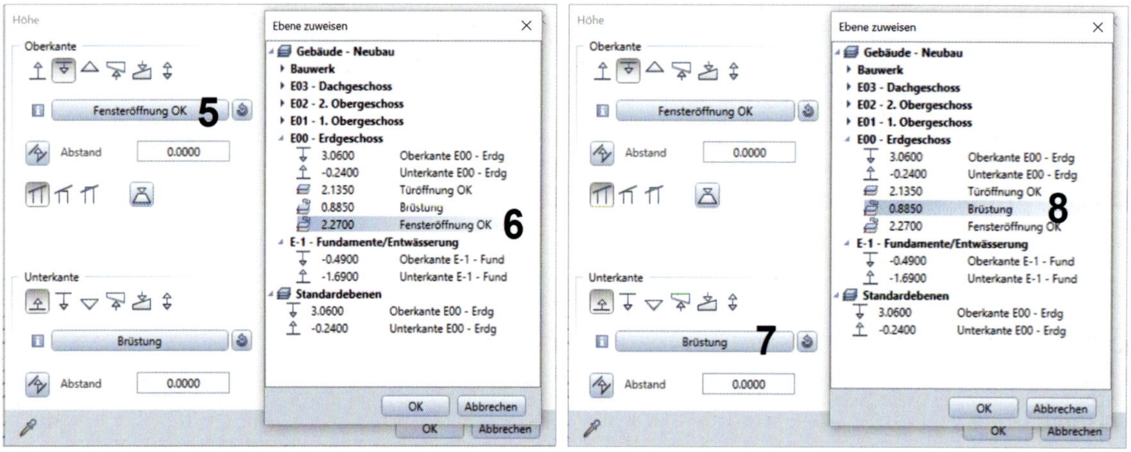

▷ Im Dialog (Abbildung links) sollten nach der Einstellung der Höhe des Bauteils (Abbildung links) die dargestellten Werte vorhanden sein.

Das Fenster übernimmt ohne Abstand die Höhen aus den Abstandsebenen. Die im Dialog angezeigte Höhe ist die Kote bezogen auf 0.00 des Gebäudes.

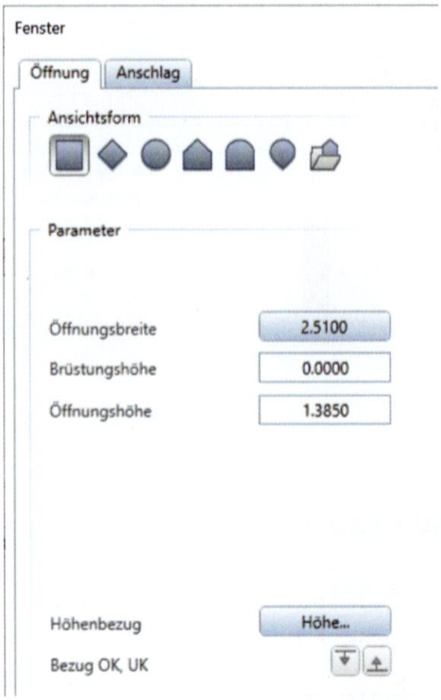

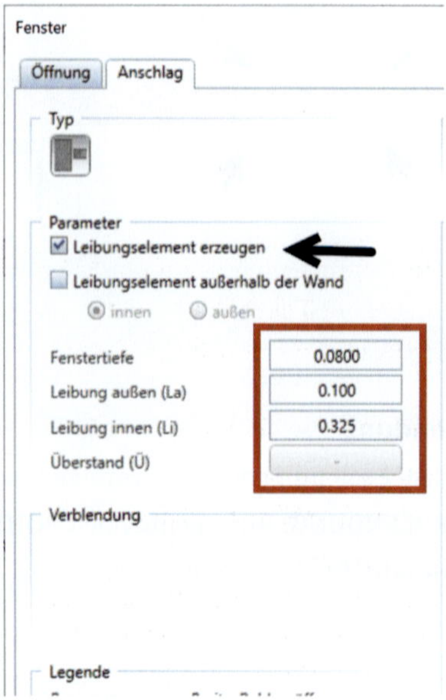

HINWEIS: Die Anzeige von Brüstungshöhe und Öffnungshöhe hängt von den Einstellungen unter Höhenbezug ab. Die dort vorhandenen Einstellungen erzeugen das Bauteil. Die Anzeige kann hier abweichen.

▷ Register **ANSCHLAG**

▷ Stellen Sie die **FENSTERTIEFE** (Abbildung rechts) auf `0.08` und die **LEIBUNG AUSSEN** auf `0.10` ein. Die **LEIBUNG INNEN** wird automatisch ermittelt.

Die Fenstertiefe entspricht der Einstellung des Stocks im SmartPart oder Makro.

▷ Bestätigen Sie die Angaben jeweils mit **OK**.

▷ Überprüfen Sie die Lage des Bezugspunktes. Der Bezugspunkt soll am äußersten Eck des Gebäudes platziert sein **(4)**.

▷ **ABSTAND ZUM BEZUGSPUNKT** → `2,625`

ABSTAND ZUM ENDPUNKT DER ÖFFNUNG → `2,51`

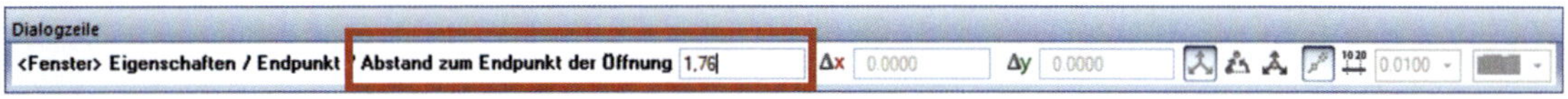

▷ Drehen Sie durch Linksklicke (vier Punkte) das Objekt, bis Ihnen die Öffnungsdarstellung (Lage des Flügels und Öffnungsrichtung) zusagt, und bestätigen Sie die Lage durch einen Rechtsklick (in der Zeichenfläche).

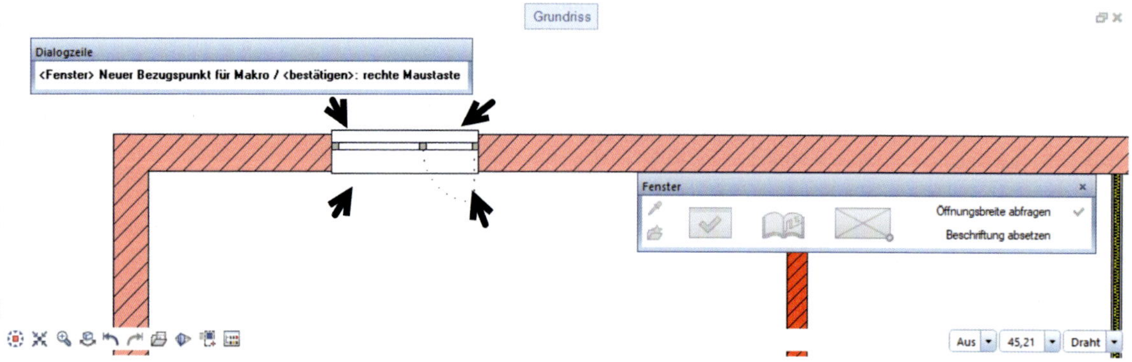

Verblendung

Das Fenster soll nun noch eine Verblendung erhalten.

Verblendung

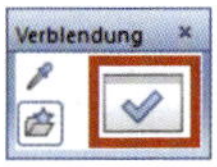

▷ **VERBLENDUNG:** Aufgabenbereich **ROHBAU > BAUTEILE**

▷ **EIGENSCHAFTEN** öffnen

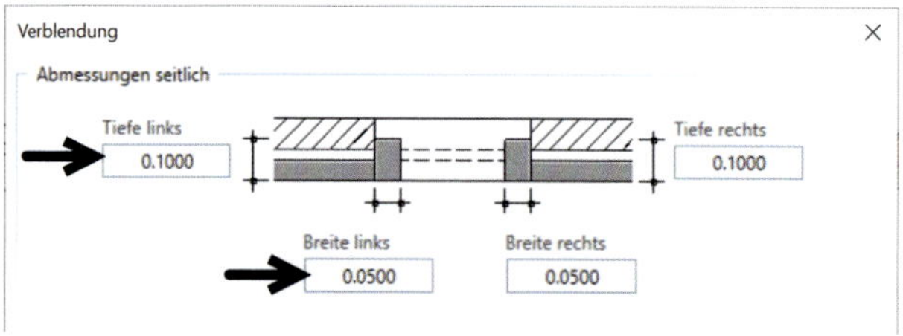

▷ Geben Sie bei der seitlichen Abmessung die **TIEFE LINKS** mit `0.100` und die **BREITE LINKS** mit `0.050` an.

Die Werte werden auf der rechten und oberen Seite automatisch übernommen. Wenn Sie separate Werte für alle Seiten benötigen, stellen Sie diese angefangen von links über rechts nach oben ein.

▷ Klicken Sie auf der Außenseite in die Fensteröffnung.

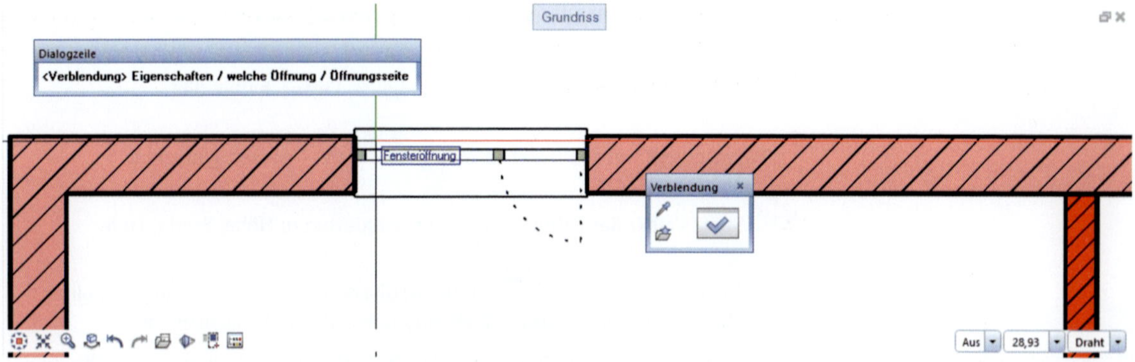

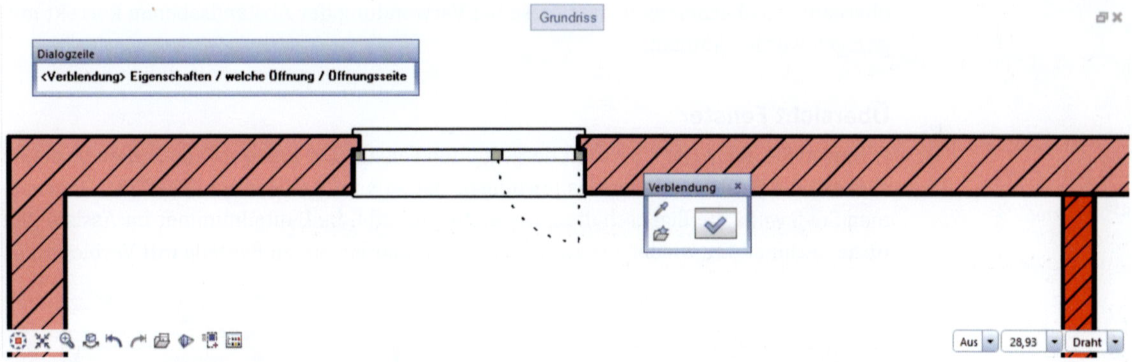

Die Verblendung wird mit den gleichen Eigenschaften wie die Wand erzeugt. Bei mehrschichtigen Wänden werden die Eigenschaften der Schicht übernommen, in welche die Verblendung eingesetzt wurde.

HINWEIS: Eine Nische neben einem Fenster, Abschrägungen oder Ähnliches können mit der Funktion **FALZ** erzeugt werden. Je nach Einstellung lassen sich hier allseitige oder einseitige Gestaltungen erzeugen.

Fenster mit Verblendung, Falz oder anderen abhängigen Bauteilen erzeugen

Wird direkt ein Fenster mit Verblendung (oder weiteren Bauteilen) übernommen, erfolgt ein leicht veränderter Ablauf. Statt der Funktion **FENSTER** wird der **ÖFFNUNGSMODELLIERER** aufgerufen. Nach dem Einsetzen der Öffnung in eine Wand wird ein weiterer Dialog geöffnet, in dem die Eigenschaften detailliert eingestellt werden können.

Folgende Funktionen erzeugen auf der Öffnungsgeometrie basierende zusätzliche Objekte:

Verblendung – dreiseitig möglich, Eigenschaften der Wandschicht werden übernommen

Falz – vierseitig möglich

Sturz – über der Öffnung mit einer definierbaren Höhe, Breite, Tiefe und beidseitigen Auflagertiefen

Rollladenkasten – über der Öffnung mit einer definierbaren Höhe, Breite, Tiefe und beidseitigen Auflagertiefen

Bei den Bauteilen Sturz und Rollladenkasten werden die Höheneinstellung der Öffnungsoberkante so übernommen, dass diese bei Verwendung der Abstandsebenen korrekt mitgezogen werden können.

Übersicht Fenster

Assistenten

Fenster

Erzeugen Sie die in der Übersicht dargestellten Fenster. Die angegebenen Zahlen beziehen sich auf die Bauteilnummer des jeweiligen Bauteils im Assistenten **FENSTER**. Übernehmen Sie jeweils die Eigenschaften. Die erste Zahl gibt die Bauteilnummer im Assistenten **ohne** Verblendung wieder, die zweite Zahl die entsprechenden Bauteile **mit** Verblendung.

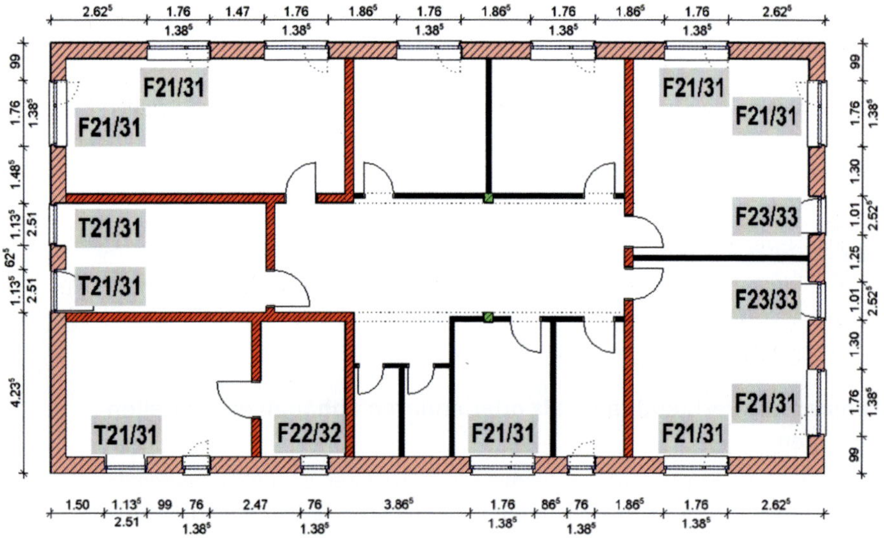

Die Öffnungsmaße (Öffnungsbreite und Öffnungshöhe) sind in der tragenden Schicht bemaßt, da diese eingegeben werden müssen. Durch die Verblendung des Stocks sind die Öffnungen von außen gesehen kleiner.

Alle Fenster sollen an die entsprechenden Abstandsebenen angebunden werden. Für die Fenstertüren und Haustüren soll für die Oberkante die Abstandsebenen *Fensteröffnung OK* und für die Unterkante die untere Ebene verwendet werden.

> **HINWEIS**: Es muss darauf geachtet werden, dass Öffnungen in Außenwänden korrekt eingegeben werden. Unstimmigkeiten, die nach längerer Zeit bemerkt werden, führen meistens zu einem deutlich höheren Zeitaufwand für die Beseitigung der Probleme.

4.16 Beispiel – Ausbau

Der nächste Teil des Beispielprojekts beschäftigt sich mit den für Flächenberechnungen (Wohnflächen, DIN 277) und Berechnungen zum Rauminhalt notwendigen Bauteilen und der Beschriftung selbiger.

4.16.1 Räume mit Ausbau erzeugen

Die Eingabe von Räumen basiert auf der gleichen Eingabemethode wie das Zeichnen einer Füllfläche oder einer Schraffur. Neben der Definition des Grundrissbereichs müssen lediglich die Höhe sowie „einige“ Attribute ausgefüllt werden, um sicherzustellen, dass der angelegte Raum die korrekten Abmessungen, die richtigen Ausbauflächen sowie die baurechtlich korrekte Betrachtung bei der Auswertung durch Reports und Beschriftungsbilder erhält.

Räume

- ▷ **PROJEKTBEZOGEN ÖFFNEN**, Teilbild 1420 aktiv
- ▷ **RAUM:** Doppelrechtsklick auf Bauteil *07 - Gewerbe* im Assistenten **RÄUME UND GESCHOSSE**
- ▷ **EIGENSCHAFTEN**
- ▷ Register **RAUM**
- ▷ **GESCHOSS KURZBEZEICHNUNG** → *E-00*
- ▷ **BEZEICHNUNG/QUALITÄTEN** → *00_01*
- ▷ **FUNKTION** → *Büro 1*

Projektbezogen öffnen

Raum

Assistenten

Räume und Geschosse (Bauteil *07 - Gewerbe*)

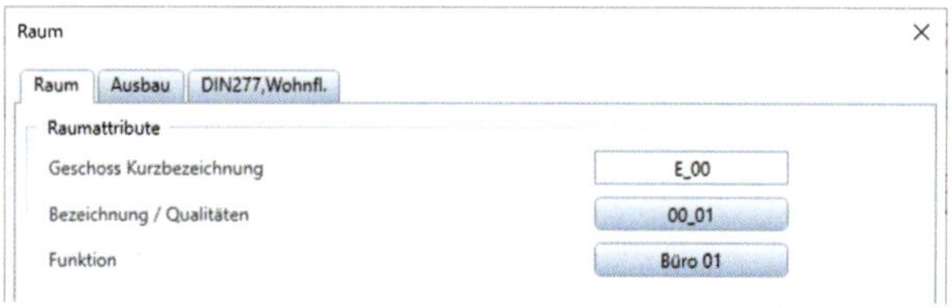

- ▷ **HÖHENBEZUG** → **HÖHE...**
- ▷ **OBERKANTE** → *An obere Ebene*, **UNTERKANTE** → *An untere Ebene*
- ▷ jeweils mit **ABSTAND** 0.00

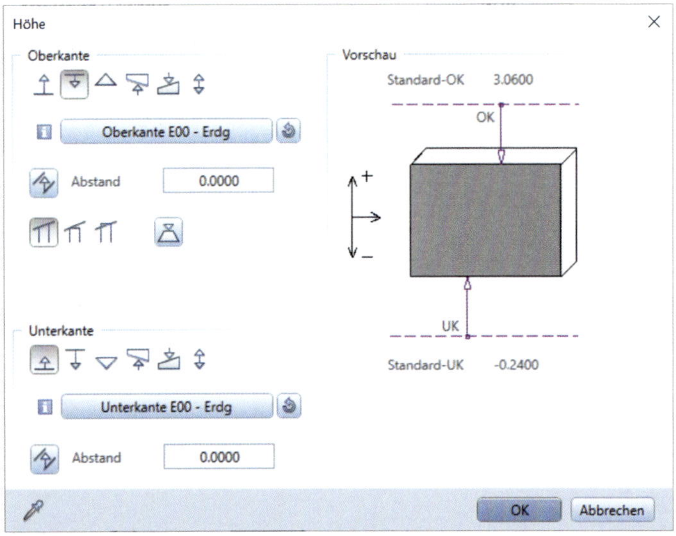

TIPP: Räume erhalten in den meisten Anwendungsfällen die gleichen Höheneinstellungen wie die umgebenden Wände.

Für die Oberflächen der Ausbauten (wie auch für fast alle anderen Bauteiloberflächen) wurden Oberflächendateien aus dem Ordner *Standard* oder *30YearEdition Materialien* des Design-Ordners verwendet.

▷ Register **AUSBAU**

SEITENBELÄGE:

Nr.	Material/Qualitäten	Dicke	Gewerk	Oberfläche
1	Kalkzementputz	0,015	*Putz- und Stuckarbeiten*	*Wallpaper_08.surf*
2	Anstrich weiß	0,000	*Maler- und Lackierarbeiten*	

DECKENBELÄGE:

Nr.	Material/Qualitäten	Dicke	Gewerk	Oberfläche
1	Deckenputz	0,015	*Putz- und Stuckarbeiten*	*Wallpaper_08.surf*
2	Anstrich weiß	0,000	*Maler- und Lackierarbeiten*	

BODENBELÄGE:

Nr.	Material/Qualitäten	Dicke	Gewerk	Oberfläche
1	Abdichtung	0,005	*Estricharbeiten*	
2	WD	0,110	*Estricharbeiten*	
3	TSD	0,030	*Estricharbeiten*	
4	PE-Folie	0,000	*Estricharbeiten*	*/Teppich_grau.surf*
5	Heizestrich	0,075	*Estricharbeiten*	
6	Spachtelung	0,010	*Bodenbelagsarbeiten*	
7	Textiler Belag	0,010	*Bodenbelagsarbeiten*	

In einigen Ausbauschichten sollten Bedingungen eingegeben werden. Diese stellen sicher, dass die jeweilige Ausbauschicht nur dort erzeugt wird, wo sie Sinn macht. So ist es z. B. unsinnig, wenn die Glasfassade einen Putz und/oder einen Anstrich erhält.

Bedingungen lassen sich wie folgt erzeugen (Beispiel aus 2. Schicht der Seitenbeläge):

▷ Klicken Sie in das Feld **BEDINGUNG** der Schicht, die Sie mit einer Bedingung versehen möchten (z. B. 2. Schicht der Seitenfläche).

▷ „nicht“ → Klammer auf → Gewerk = Fensterarbeiten → „oder“ → Gewerk = Metallbau-, Schlosserarbeiten → Klammer zu

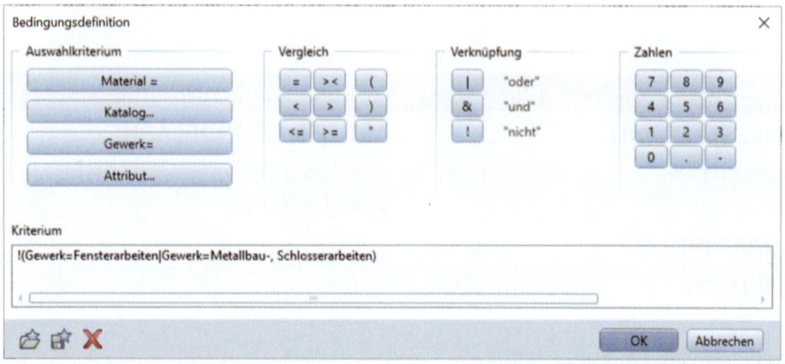

Der Raum erzeugt die Ausbauschicht 2 mit der eingestellten Bedingung nur, wenn die Raumkante an Wände (oder Stützen usw.) angrenzt, die in den Attributen ein anderes Gewerk als das in der Bedingung eingegebene definiert haben.

TIPP: Die Räume aus dem Assistenten und auch die Geschosse haben Bedingungen in allen Schichten, die für das Beispiel notwendig sind.

HINWEIS: Wenn Design2Cost (IBD) installiert wurde, sind meist einige Spalten ausgeblendet. Über das Kontextmenü auf der Spaltenüberschrift können die fehlenden Spalten eingeblendet werden.

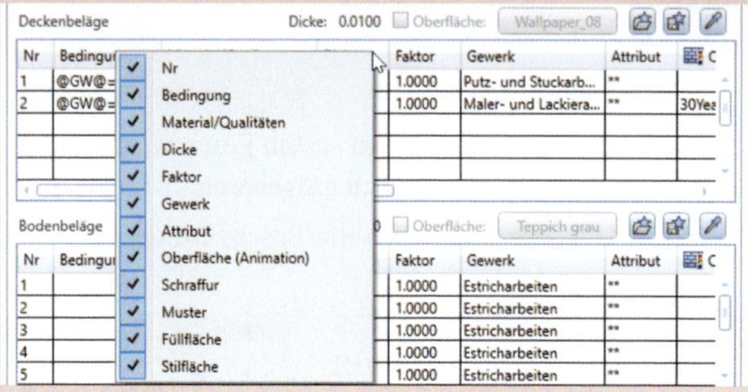

▷ Register **DIN 277, WOHNFL.**

DIN 277-Attribute		Wohnflächen-Attribute	
UMSCHLIESSUNGSART	R	ART DER GRUNDFLÄCHE	KW
NUTZUNGSART	NUF	FAKTOR FÜR WOHNFLÄCHEN-BERECHNUNG	1,000
FLÄCHENART DIN 277	N		
FAKTOR DIN 277	1,000		

- ▷ Bestätigen Sie die Einstellungen.
- ▷ Geben Sie den Umriss des ersten Raumes an. Sie können bei der Raumeingabe alle Möglichkeiten der polygonalen Eingabe nutzen. Achten Sie darauf, dass jeder Raumpunkt auf den Eckpunkten der Wand liegt. Die Geometrie des ersten Raumes sehen Sie in der Abbildung: Der rot markierte Bereich ist das erste Büro.

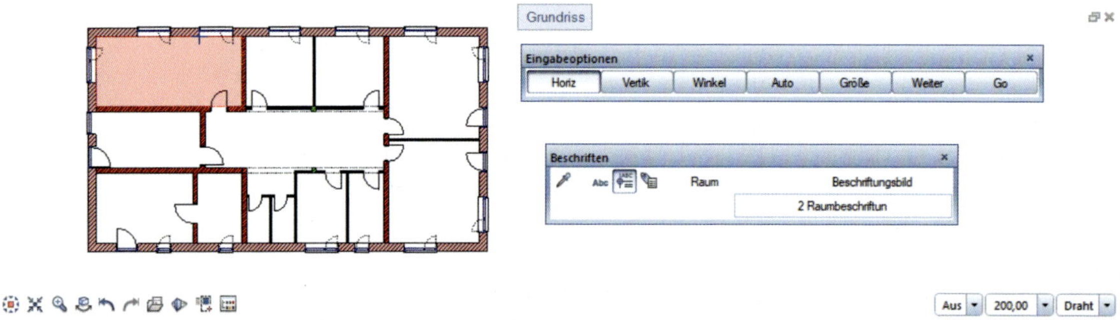

Nach der Eingabe des Flächenbereichs für den ersten Raum wird dieser rot markiert, und die Funktion **BESCHRIFTEN** wird automatisch aufgerufen.

- ▷ **(1)** Wählen Sie in der Dialog-Symbolleiste die Beschriftungsoption **BESCHRIFTUNGSBILD**.
- ▷ **(2)** Klicken Sie in das Feld **BESCHRIFTUNGSBILD** zum Öffnen des Dialogs **AUSWAHL BESCHRIFTUNGSBILD**.

- ▷ **(3) VERZEICHNIS** → *Projekt*
- ▷ **(4) DATEI** → *1 Räume/Geschoss*
- ▷ **(5) BESCHRIFTUNGSBILD** → *1 Raumbeschriftung*

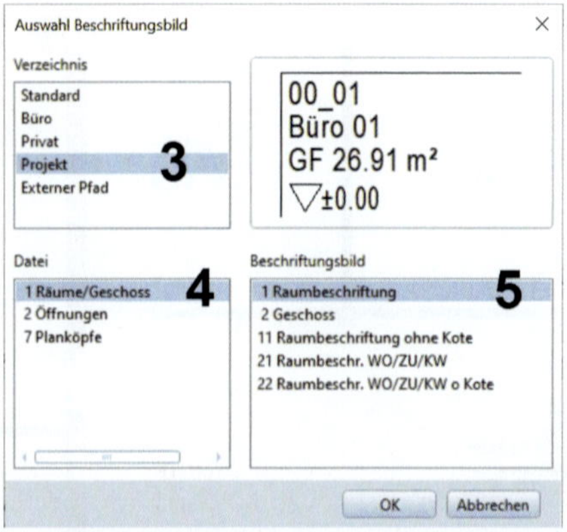

▷ Bestätigen Sie die Auswahl und schließen Sie das Beschriftungsbild im Raum ab.

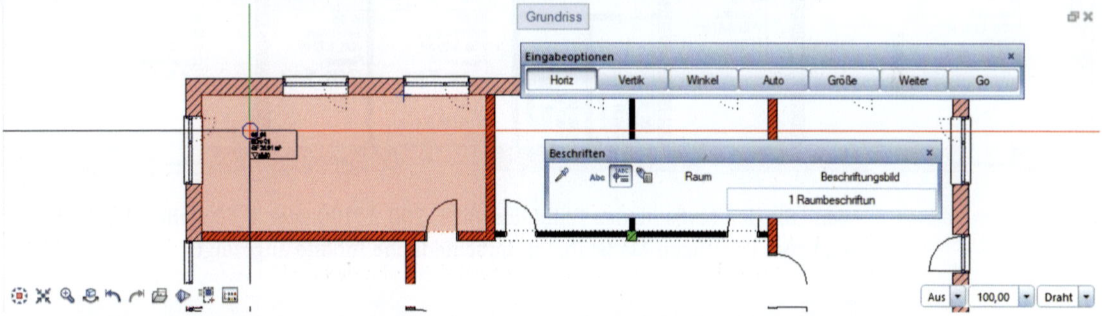

Nach dem Absetzen der Beschriftung wird die Bauteilmarkierung ausgeblendet und Sie können direkt mit den weiteren Räumen fortfahren.

Erzeugen Sie die weiteren Räume in gleicher Weise. Die Treppe benötigt auch einen Raum (**NUTZUNGSART** → VF, **ART DER GRUNDFLÄCHE** → KW). D er Flur erhält als Nutzungsart ebenfalls VF. Hier kann es sinnvoll sein, den Layer der Unterzüge zum Erzeugen des Raums auszublenden.

HINWEIS: Wenn Sie Wohnraum definieren, sollten Sie auf jeden Fall auch die DIN-277-Attribute ausfüllen. Bei Terrassen und/oder Balkonen ist die **UMSCHLIESSUNGSART** *S* zu wählen, bei Wohnraum ist der **FAKTOR FÜR WOHNFL.** mit *0,25* bis *0,50* anzugeben. Im Beschriftungsbild wird die effektive DIN-277-Fläche bzw. Wohnfläche ausgegeben und nicht die Grundfläche bezogen auf den Rohbau.

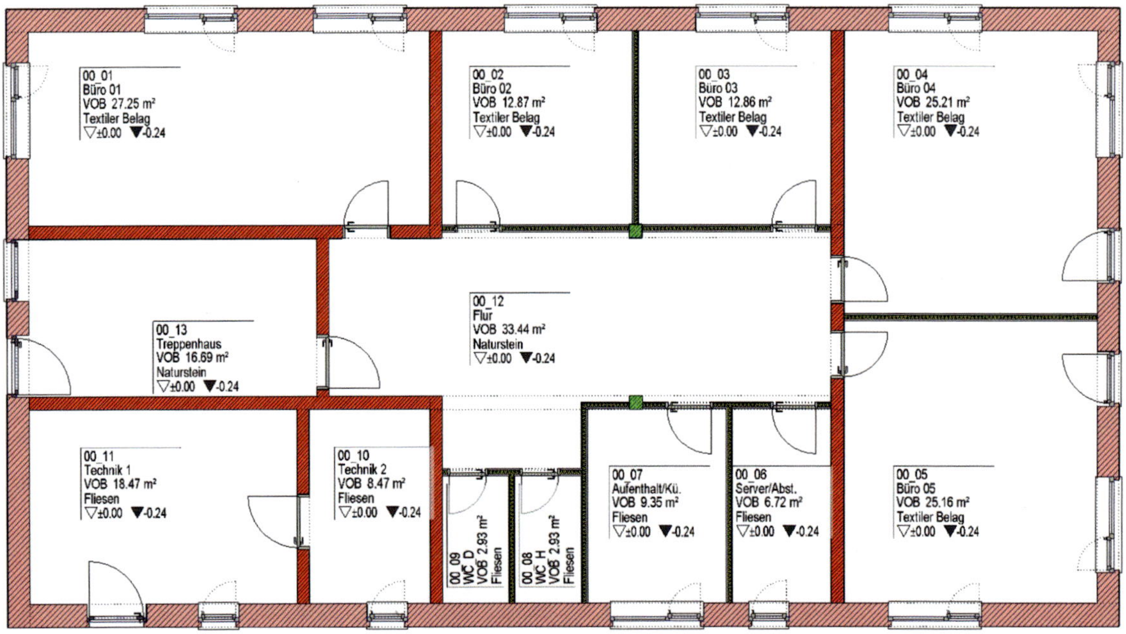

Darstellung im Maßstab 1:50 mit vergrößerter Beschriftung

Wenn Sie den Maßstab des Teilbildes auf 1:200, 1:100 oder 1:50 stellen, haben Sie – passend zum jeweiligen Maßstab – unterschiedliche Inhalte angezeigt.

HINWEIS: Achten Sie darauf, Räume nur einmal einzugeben. Falls Sie übersehen haben, die Beschriftung abzusetzen, wurde der Raum dennoch erzeugt. Beschriften Sie diesen im Nachhinein mit der Funktion **BESCHRIFTEN** (z. B. über das Kontextmenü des Raumes).

Raumgruppe

Für eine differenzierte Auswertung der Flächen und Rauminhalte getrennt nach den Nutzungen des Gebäudes können Räume und Geschosse in Gruppen gegliedert werden. Die Funktion **RAUM-/GESCHOSSGRUPPE** kann nur Räume/Geschosse des aktiven Teilbilds gruppieren.

Für eine differenzierte Auswertung der Nutzeinheiten/Bereiche (Gewerbe EG, Gewerbe OG, Wohnung 1 und Wohnung 2 sowie Allgemein) ist es vorteilhaft, wenn Raumgruppen angelegt werden. Die Funktion wirkt nur auf dem aktiven Teilbild, und auch die Beschriftung gibt nur die Flächen des aktiven Teilbildes wieder. Bei der Auswertung mit **REPORTS** wird bei gleicher Gruppenbezeichnung über die Bezeichnung eine Summe (je nach Report!) gebildet.

Projektbezogen öffnen

Raum/Geschossgruppe

▷ **PROJEKTBEZOGEN ÖFFNEN**, Teilbild 1420 aktiv

▷ **(1) RAUM-/GESCHOSSGRUPPE** → **RAUMGRUPPE**

▷ **(2)** Bezeichnung → *G_01*; **(3)** Füllfarbe → *29*

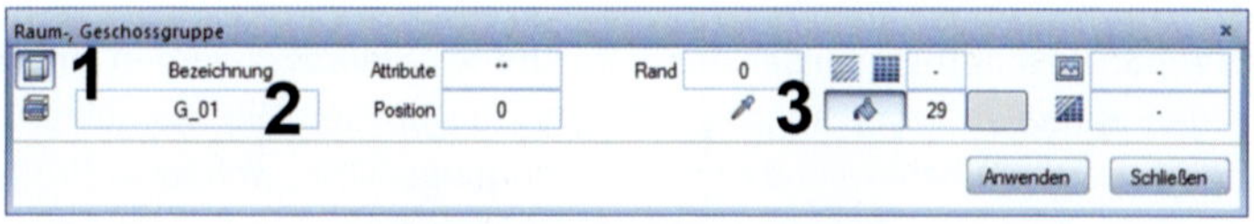

- ▷ EINGABEOPTIONEN → BILDEN
- ▷ Markieren Sie alle Räume der Gewerbeeinheit. Der Eingang/Treppenhaus sowie die beiden Technikräume erhalten eine eigene Gruppe.

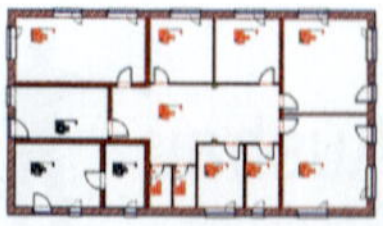

- ▷ Bestätigen Sie die Auswahl mit der rechten Maustaste oder über die Schaltfläche ANWENDEN.
- ▷ Klicken Sie in das Feld *Beschriftungsbild* zum Öffnen des Dialogs AUSWAHL BESCHRIFTUNGSBILD.
- ▷ Wählen Sie folgendes Beschriftungsbild: **(1)** VERZEICHNIS → *Standard*
- ▷ **(2)** DATEI → *1 Raumstempel*
- ▷ **(3)** BESCHRIFTUNGSBILD → *5 Raumgruppe*

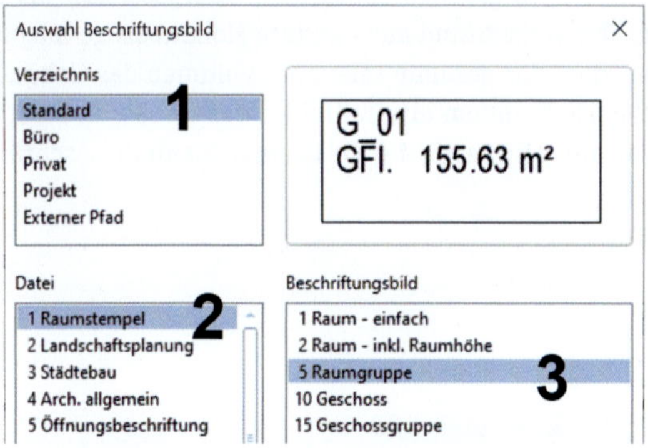

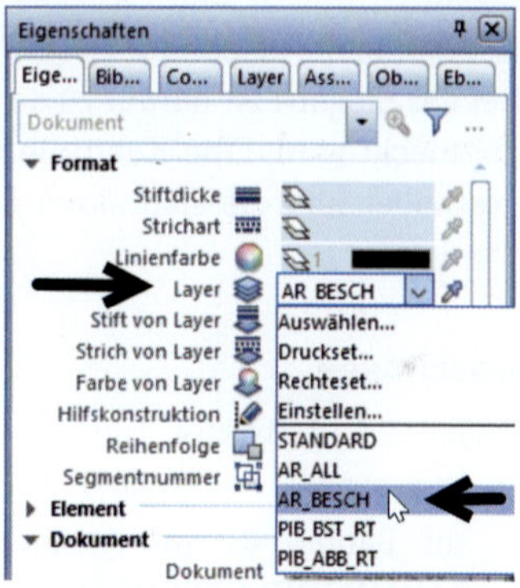

- ▷ Formateinstellungen (Palette **EIGENSCHAFTEN**): **LAYER** *AR_BESCH (Beschriften)*
- ▷ Setzen Sie die Beschriftung der ersten Raumgruppe ab.

Bilden Sie eine zweite Gruppe mit *Allgemein* als Bezeichnung und einem helleren Grauton als Farbe (z. B. Farbe 31).

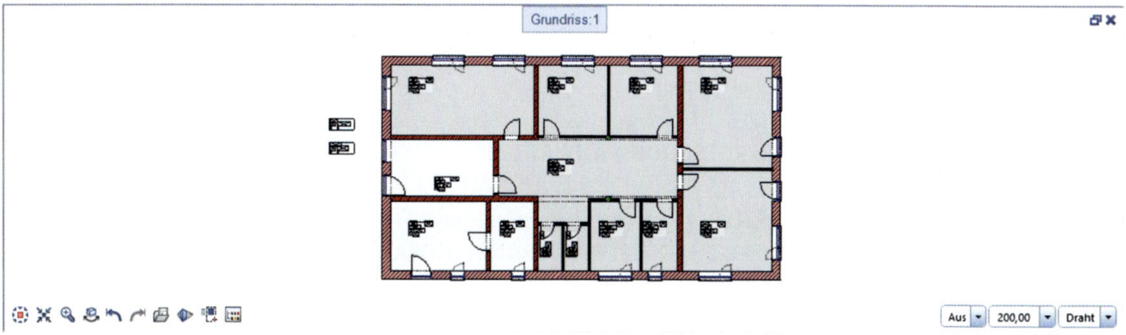

HINWEIS: Beschriftungsbilder aus dem Ordner *Standard* werden **immer** auf den aktuellen Layer abgelegt. Beschriftungsbilder, die Sie selbst im Büro gespeichert haben, und/oder Beschriftungsbilder, welche in Projekten gespeichert sind, behalten **immer** die Layereinstellungen, mit denen sie erzeugt wurden.

4.16.2 Geschoss erzeugen

Im Bauteil *Geschoss* werden neben dem Ausbau **AUSSEN** - dem Außenputz (Seitenbeläge) - auch die Eigenschaften definiert, die für eine baurechtliche Auswertung der Grundfläche und der Geschossfläche notwendig sind. Die Geschosse müssen so angebunden werden, dass die notwendigen baurechtlichen Volumenberechnungen korrekt ausgegeben werden können. Das unterste Geschoss (hier: Erdgeschoss) ist von der Unterkante der Bodenplatte bis zur Oberkante der über dem Geschoss liegenden Decke zu definieren. Normale Geschosse sind von der Oberkante des Rohbodens bis zum nächsten OK-Rohboden zu führen und das oberste Geschoss (Dachgeschoss bzw. Obergeschoss) bis zur Oberkante der Dachhaut zu führen. Theoretisch sind auch andere Höhenbezüge möglich. Bei der Eingabe ist darauf zu achten, dass das gesamte relevante Volumen des Gebäudes abgedeckt wird. Eine Kontrolle ist möglich, indem alle Teilbilder des Gebäudes sichtbar geschaltet und die sichtbaren Layer auf den Layer der Geschosse (Bauteil) beschränkt werden.

Geschosse

Geschoss

Assistenten

Räume und Geschosse (Bauteil *42*)

- ▷ Teilbild 1420 aktiv
- ▷ **GESCHOSS:** Doppelrechtsklick auf Bauteil *42* im Assistenten **RÄUME UND GESCHOSSE**
- ▷ **EIGENSCHAFTEN**
- ▷ Register **GESCHOSS**
- ▷ **GESCHOSS KURZBEZEICHNUNG** → *E_00*
- ▷ **BEZEICHNUNG/QUALITÄTEN** → *Erdgeschoss*
- ▷ **FUNKTION** → *Erdgeschoss*
- ▷ **HÖHE** (Schaltfläche)
- ▷ **OBERKANTE** → *Auswahl Bezugsebene* → **ABSTANDSEBENE** `Unterkante E01` **(E01-1.OBERGESCHOSS) ANWÄHLEN**
  Einstellung mit **OK** bestätigen, **ABSTAND** → `0,000`
- ▷ **UNTERKANTE** → *Auswahl Bezugsebene* → **ABSTANDSEBENE** `Oberkante E-1` **(E-1-FUNDAMENTE/ENTWÄSSERUNG) ANWÄHLEN**
  Einstellung mit **OK** bestätigen, **ABSTAND** → `0,000`

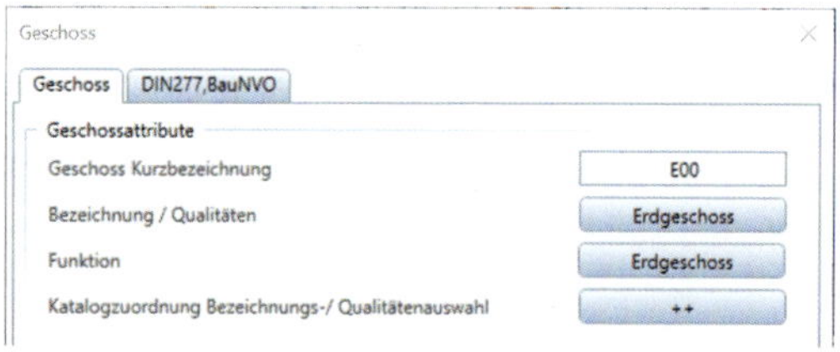

An obere Ebene

An untere Ebene

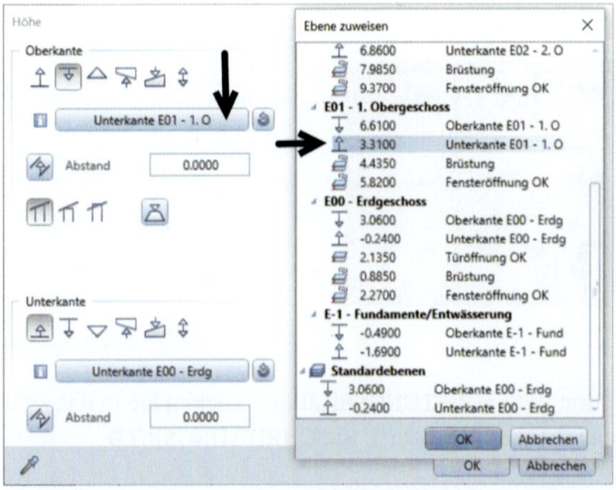

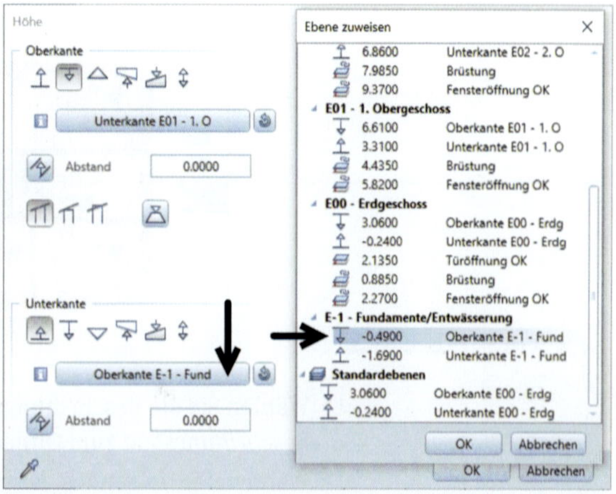

▷ Im Hauptdialog sollte unter Geschosshöhe der Wert 3,80 angezeigt werden.

Das Geschoss übernimmt ohne Abstand die Höhen aus den eingestellten Bezugsebenen ohne Abstand. Wird im Ebenenmanager z. B. die Dicke der Fundamentplatte geändert, verändert sich das Bauteil *Geschoss* automatisch mit und alle Berechnungen sind sofort korrekt.

SEITENBELÄGE:

Nr.	Material/Qualitäten	Dicke	Gewerk	Oberfläche
1	*Putz (mit Putzgewebe)*	*0,025*	*Putz- und Stuckarbeiten*	*/Plaster_05.surf*

▷ Register **DIN 277, BAUNVO**

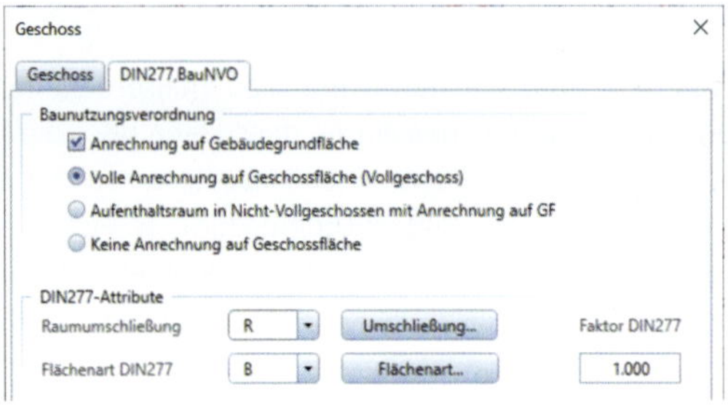

Baunutzungsverordnung		DIN 277-Attribute	
ANRECHNUNG AUF GEB. GRUNDFL.	aktiviert	UMSCHLIESSUNGSART	*R*
VOLLE ANRECHNUNG AUF GESCHOSSFLÄCHE (VOLLGESCHOSS)	aktiviert	FLÄCHENART DIN 277	*B*
		FAKTOR DIN 277	1,000

▷ Bestätigen Sie die Einstellungen mit **OK**.

▷ Geben Sie die Abmessungen des Geschosses mit den Außenecken des Baukörpers an.

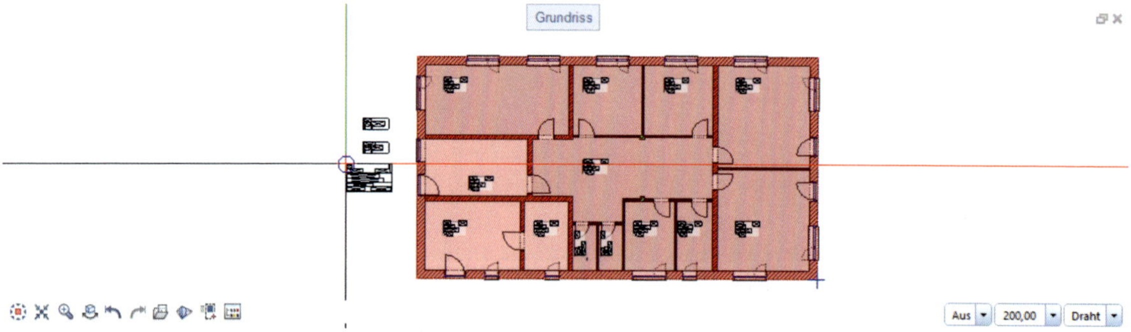

▷ Wählen Sie die Beschriftungsoption **BESCHRIFTUNGSBILD** und klicken Sie in das Feld *Beschriftungsbild* zum Öffnen des Dialogs **AUSWAHL BESCHRIFTUNGSBILD**.

▷ Wählen Sie folgendes Beschriftungsbild aus:

▷ **(1) VERZEICHNIS** → *Projekt*

▷ **(2) DATEI** → *1 Räume/Geschoss*

▷ **(3) BESCHRIFTUNGSBILD** → *2 Geschoss*

▷ Bestätigen Sie die Auswahl mit **OK**.

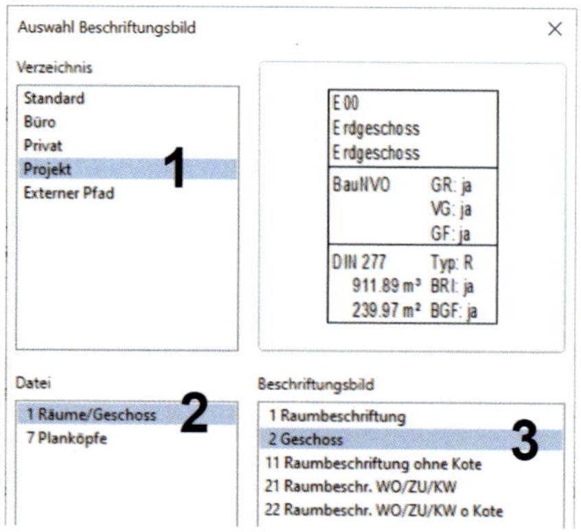

HINWEIS: Geschosse und Räume haben (untereinander) eine Wechselwirkung an den Berührungsflächen. Wenn also mehrere Bauteile exakt die gleiche Kante haben, kann es passieren, dass keine oder die falsche Ausbaufläche erzeugt wird. An diesen Stellen sollte eines der Bauteile mit einem kleinen Abstand zur exakten Umgrenzung erzeugt werden. Alternativ können Sie, um mehrere Geschossbereiche in einem Grundriss (z. B. je Nutzeinheit) korrekt ermitteln zu können, die Trennlinie zwischen den Geschossen in die Wandmitte legen.

Geschossgruppe

Wenn Bruttoflächen je Nutzeinheit ausgewertet werden sollen, sollten die Geschosse aufgeteilt werden (= den Nutzeinheiten entsprechend zerschneiden/erzeugen) und mittels Gruppen so zusammengefasst werden, dass die benötigten Zahlen ermittelbar werden. Bei der Aufteilung der Geschosse in Nutzeinheiten ist darauf zu achten, dass Trennlinien von Geschossen möglichst innerhalb von Wänden verlaufen, da es sonst zu Problemen mit Ausbauflächen kommen kann.

Gruppen für Geschosse können auf die gleiche Weise wie in Abschnitt 4.16.1, „Räume mit Ausbau erzeugen", angelegt werden. Dies ist z. B. sinnvoll, wenn Sie besondere Anforderungen an die Auswertung haben und die Daten sehr fein gegliedert benötigen.

4.16.3 Abgesetzten Putzstreifen in der Fassade

Die Fenster sollen in einem dunkel abgesetzten Band abgesetzt werden. Der Bereich soll nur farblich bzw. in der Putzoberfläche in einem Braunton markiert werden. Für solche vom Hauptbauteil abweichende Seitenflächen (Ähnliches bei Boden-/Deckenflächen) gibt es einzelne Funktionen. Die Sonderausbauflächen erhalten immer den kompletten Ausbau. In dem Bereich werden jeweils die Seiten/Decken/Bodenfläche des Hauptbauteils komplett ausgeschnitten.

Der Putzstreifen soll jeweils die gleich hohen Fenster einschließen; beginnend auf der Westseite, über die Nordseite bis zum oberen Fenster auf der Ostseite. Seitlicher Überstand über das letzte Fenster soll ca. 10 cm betragen. Zudem soll der Streifen 20 cm höher als die dann mittig zum Streifen liegenden Fenster sein. Auf der anderen Seite ist der Streifen im Erdgeschoss etwas kürzer.

▷ Teilbild 1420 aktiv

▷ **SEITENFLÄCHE:** Doppelrechtsklick auf Bauteil *51* im Assistenten **RÄUME UND GESCHOSSE**

▷ **EIGENSCHAFTEN**

Geschoss

Assistenten

Räume und Geschosse (Bauteil *51*)

Die Eigenschaften sollten - bis auf die Höhe - korrekt aus dem Assistenten übernommen worden sein. Gegenüber der Seitenfläche im Geschoss ist hier die Oberflächenfarbe anders eingestellt und die Putzdicke ist etwas größer.

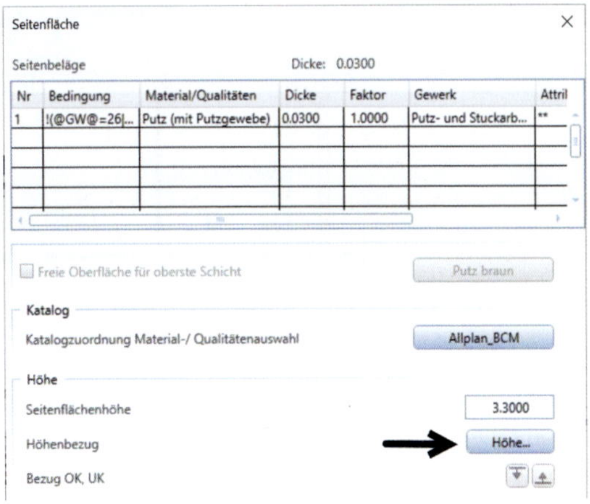

▷ **HÖHE** (Schaltfläche) → **OBERKANTE** → *Auswahl Bezugsebene* → **ABSTANDSEBENE** `Fensteröffnung OK` **(E00-ERDGESCHOSS) ANWÄHLEN** Einstellung mit **OK** bestätigen, **ABSTAND** → `0,100`

An obere Ebene

An untere Ebene

▷ **UNTERKANTE** → *Auswahl Bezugsebene* → **ABSTANDSEBENE** `Brüstung` **(E00-ERDGESCHOSS) ANWÄHLEN** Einstellung mit **OK** bestätigen, **ABSTAND** → `-0,100`

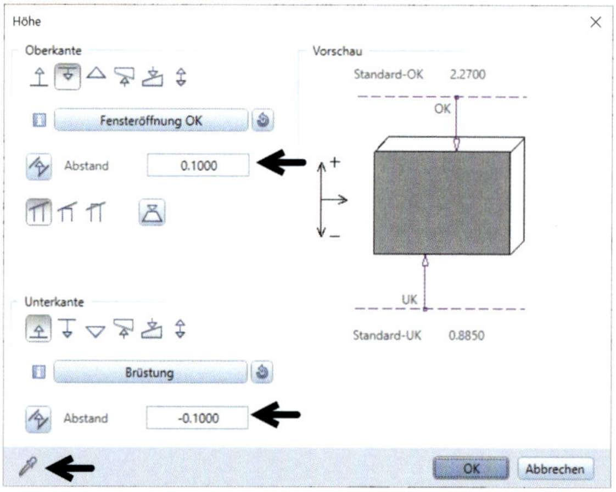

HINWEIS: Alternativ zum Einstellen der Höhe können Sie über die Pipette (Übernahme) die Höhen auch direkt von einem Fenster übernehmen und die Einstellung danach verfeinern.

Bezugspunkteingabe

- ▷ **EINGABEOPTIONEN, BEZUGSPUNKTEINGABE** aktivieren
- ▷ Als ersten Punkt unterhalb des oberen Fensters der Ostseite (links) die Wand anklicken

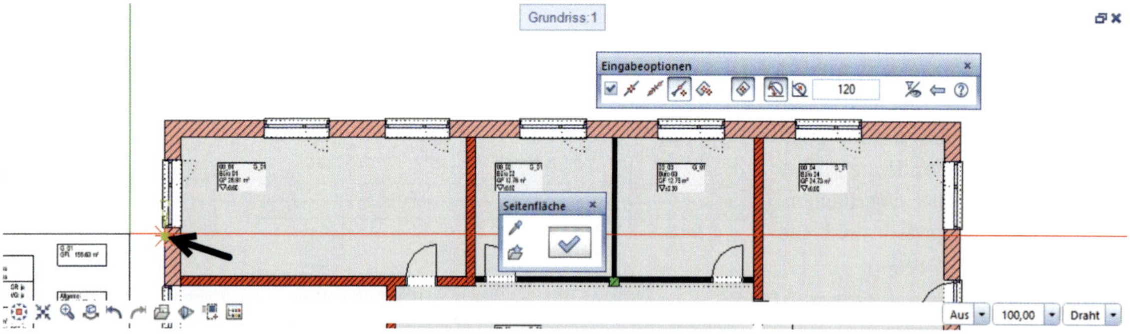

- ▷ **ABSTAND ZUM BEZUGSPUNKT** → `0,100`
- ▷ Oberen linken Eckpunkt, rechten oberen Eckpunkt und unterhalb des westlichen Fensters die Wand anklicken (Bezugspunkt auf Fensterkante) und als Abstand zum Bezugspunkt ebenfalls 0,10 cm eingeben
- ▷ Eingabe mit **ESC** beenden
- ▷ Brechen Sie die automatisch erscheinende Beschriftung auch ab.

Erzeugen Sie auf der zweiten Seite auch eine Seitenfläche mit den gleichen Einstellungen. In der nachfolgenden Abbildung ist die Lage schematisch mit einer grünen Linie eingezeichnet. In den beiden Perspektiven sehen Sie in etwa das Ergebnis in der Animation/im RTRenderer.

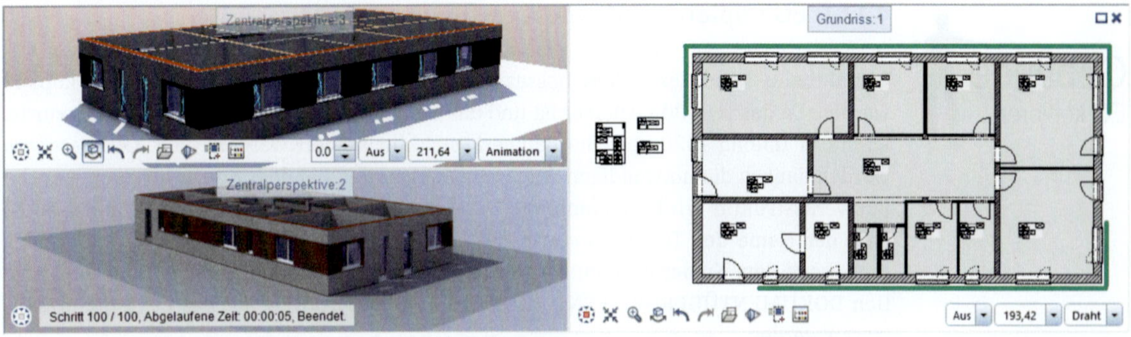

4.17 Beispiel - Obergeschoss, ebene Bauteile

In diesem Abschnitt wird das Erdgeschoss als Grundlage für das 1. Obergeschoss kopiert, es werden Höhen für die Teilbilder der Decken eingestellt, das Obergeschoss wird überarbeitet und Bauteile wie Bodenplatte, Fundamente und Decken werden erzeugt. Am Ende des Abschnitts werden die für das Wohngeschoss abweichenden Schritte und Einstellungen erläutert und die Übersicht des Wohngeschosses gezeigt.

Als Grundregel bei der Übertragung von Bauteilen in andere Ebene müssen einige Punkte beachtet werden:

1. Bauteile, die an die untere und/oder obere Standardebene angebunden sind, verwenden auf einem anderen Teilbild die dort vorhandenen Ebenen. Je nachdem, ob Sonderebenen vorhanden sind, werden dies in ihrem Gültigkeitsbereich verwendet.
2. Sind Bauteile direkt an andere Ebenen des Ebenenmodells angebunden, behalten diese die Zuordnung.
3. Sind gekoppelte Abstandsebenen vorhanden, wird die entsprechende Ebene des Geschosses verwendet.
4. Sind Bauteile an Abstandsebenen gebunden, welche nicht gekoppelt sind, werden die Bezüge behalten.

Im vorliegenden Fall sind die Fenster an gekoppelte Abstandsebenen angebunden und die Innentüren an einfache Abstandsebenen. Die Fenster sind direkt in der Kopie, also direkt nach dem Ändern der Standardebenen, korrekt. Bei den Türen muss eine zusätzliche Abstandsebene eingefügt werden und die Ebenenzuweisung der Türen muss geändert werden.

4.17.1 EG kopieren – Grundlage Obergeschoss

Der aktuelle Stand des Erdgeschosses soll als Grundlage für das Obergeschoss kopiert werden. Da das Teilbild noch leer ist und das Erdgeschoss noch nicht fertiggestellt wurde, kann das Teilbild 1420 über die Bauwerksstruktur kopiert werden. Im 1. Obergeschoss werden danach die notwendigen Anpassungen getätigt. Bei dem Kopiervorgang über die Bauwerksstruktur wird die komplette Datei überschrieben/kopiert. Dies bedeutet auch, dass der Name des Teilbildes sowie die Ebenenzuordnung mitkopiert werden. Beides muss nach dem Kopieren geändert werden. Alternativ können die Daten über die Funktion **DOKUMENTÜBERGREIFEND KOPIEREN, VERSCHIEBEN** auf das Zielteilbild übertragen werden.

Teilbild kopieren

 Projektbezogen öffnen

 Bauwerksstruktur, Ebenenmodell bearbeiten

- ▷ **PROJEKTBEZOGEN ÖFFNEN: TEILBILDER AUS ZEICHNUNGS-/BAUWERKSSTRUKTUR**
- ▷ **BAUWERKSSTRUKTUR, EBENENMODELL BEARBEITEN** – (Workgroup/Share-Projekt)
- ▷ Register **BAUWERKSSTRUKTUR**, linke Seite Bauwerksstruktur, Teilbild *420 Ebene 00 - Modell - Erdgeschoss* markieren, Kontextmenü → **KOPIEREN**

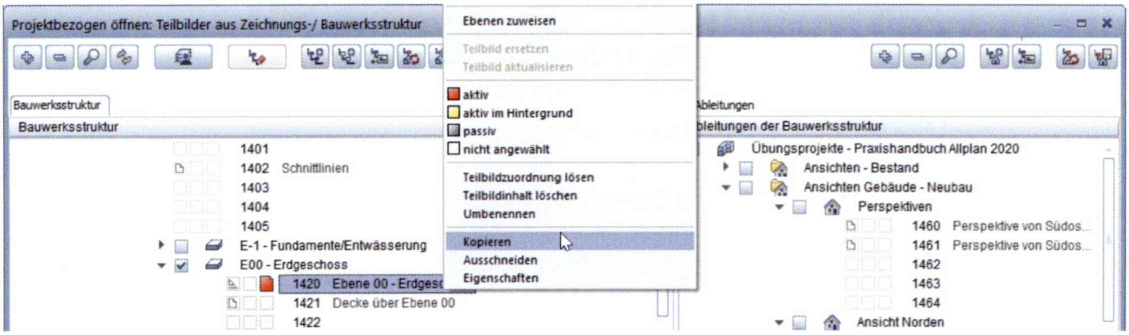

- ▷ Strukturstufe: *Ebene 01 - Obergeschoss* markieren, Kontextmenü → **EINFÜGEN UNTER**

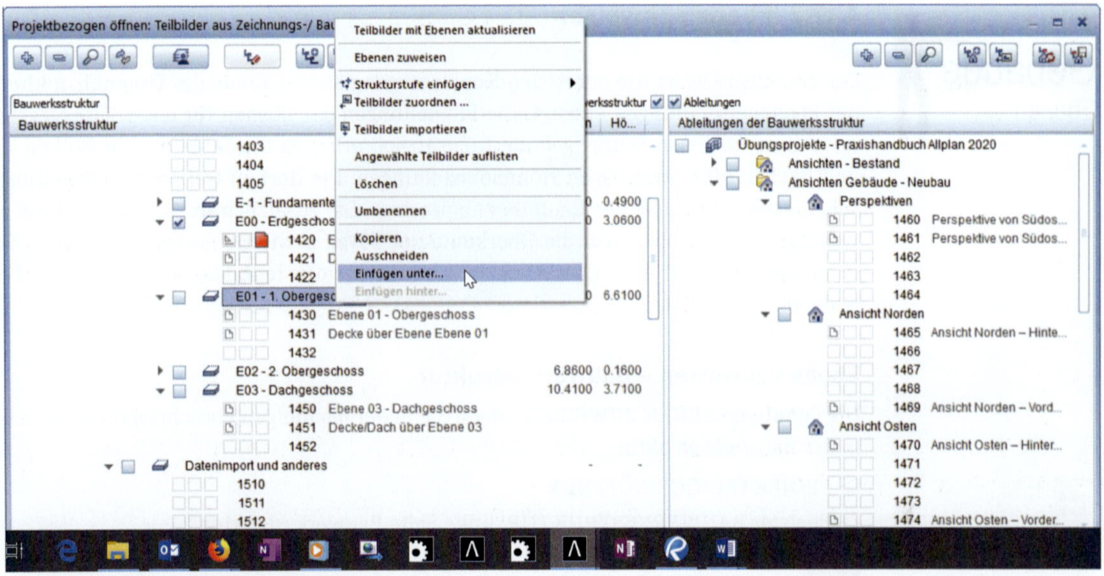

▷ **EINFÜGEN AB TEILBILDNUMMER** → 430

▷ Eingabe mit **OK** bestätigen

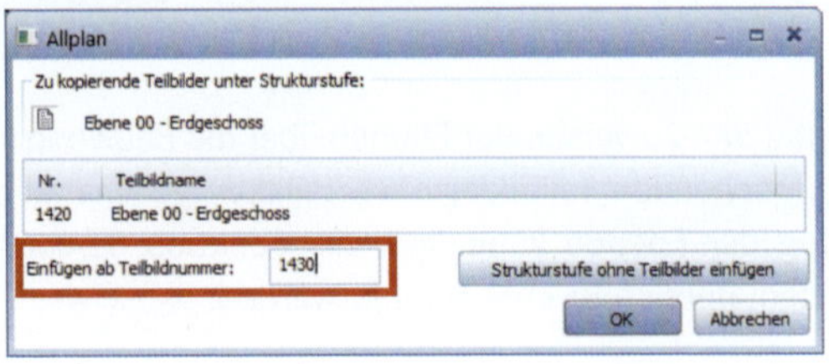

Eine Kopie des Erdgeschosses wird nun erzeugt.

▷ Ändern Sie den Namen des Teilbildes entsprechend der Geschossbezeichnung.

Strukturstufe	Nr.	Teilbildname
Ebene 01 ...	1430	*Ebene 01 – Modell 1. Obergeschoss*

HINWEIS: Die erzeugten Kopien sind exakte Kopien des Originals. Die Ebenenzuweisung (nicht sichtbar bei Ebene *00*) wird beibehalten und, da sie nicht der übergeordneten Strukturstufe entspricht, mit blauen Zahlen angezeigt.

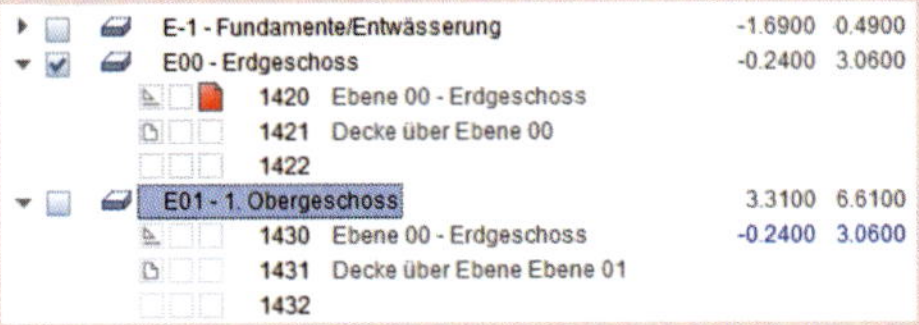

4.17.2 Ebenen zuweisen

Das Teilbild 1430 wurde durch den Kopiervorgang als 1 : 1-Kopie des Originals inklusive der Ebeneneinstellungen erzeugt. Die Einstellungen der Ebenen für das 1. Obergeschoss werden im nächsten Schritt geändert. Zusätzlich erhalten die Teilbilder für Bodenplatte und Decken die notwendigen Höheneinstellungen. Die dort zu treffenden Einstellungen sollen exakt der Dicke der Bauteile entsprechen. Die zusätzlich im 1. Obergeschoss notwendige Abstandsebene für die Oberkante der Türen sowie Höhenanpassungen an Bauteilen werden nach dem Einstellen der Ebenen für die Teilbilder der Decken und der Bodenplatte getätigt.

Ebenen zuweisen – Bauwerksstruktur

Die Funktion **EBENEN ZUWEISEN** finden Sie in der nachfolgend beschriebenen Form **nur** in der Bauwerksstruktur.

Projektbezogen öffnen

- ▷ **PROJEKTBEZOGEN ÖFFNEN**
- ▷ Register **BAUWERKSSTRUKTUR**, linke Seite Bauwerksstruktur

HINWEIS: Die Funktion **EBENEN ZUWEISEN** kann von allen Nutzern einer Workgroup in einem Projekt gleichzeitig genutzt werden, ohne den Bearbeitungsmodus einzuschalten.

Standardebenen listen

TIPP: Alternativ zum Zuweisen der Ebenen über die Bauwerksstruktur können die entsprechenden Teilbilder auch teilaktiv geschaltet werden und die Zuweisung der Ebenen kann über die Funktion **STANDARDEBENEN LISTEN** aus dem Bereich **BEZUG** getätigt werden.

Geschosshöhe zuweisen

Die Standardeinstellung der Ebenen auf einem Teilbild ist die Oberkante des Rohbodens für die Unterkante und die Unterkante der Rohdecke für die Oberkante. Mit dieser Einstellung können die Bauteile des Rohbaus und des Ausbaus einfach angebunden werden.

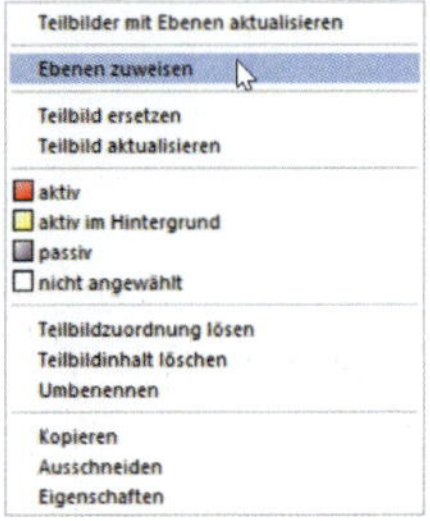

- ▷ Öffnen Sie das Kontextmenü zum Teilbild 1430 → **EBENEN ZUWEISEN.**
- ▷ Aktivieren Sie beide Ebenen unter dem Strukturpunkt *Ebene 01 – 1.Obergeschoss.*
- ▷ Bestätigen Sie die Angaben und die nachfolgende Abfrage jeweils mit **OK**.

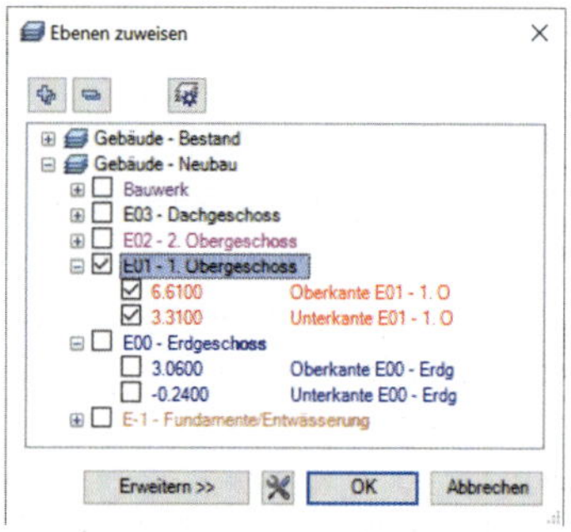

In der Übersicht in der Bauwerksstruktur werden hinter dem Teilbildnamen keine Werte mehr angezeigt. Dies bedeutet, dass die eingestellten Höhen gleich den Höhen aus der dem Teilbild übergeordneten Strukturstufe sind.

HINWEIS: Wenn Sie das Teilbild öffnen, werden die neuen Höhen auf dem Teilbild umgesetzt. Dies kann - je nach Datenumfang - etwas dauern.

Höheneinstellung für Decken und Bodenplatte

▷ Öffnen Sie das Kontextmenü zum Teilbild 1431 → EBENEN ZUWEISEN.

▷ Aktivieren Sie die Ebene *Oberkante E01* und die Ebene *Unterkante E02*.

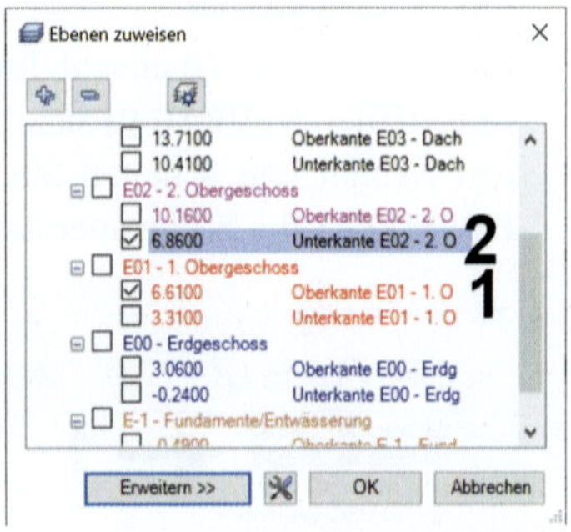

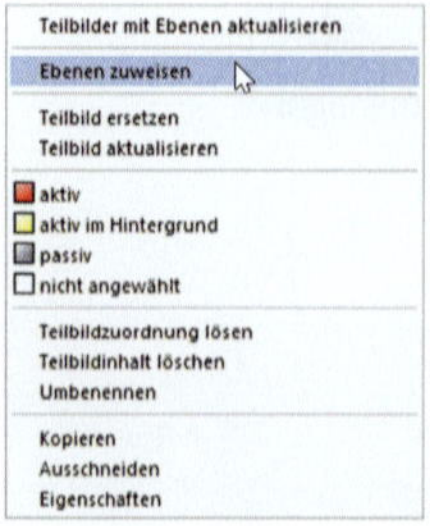

Dem Teilbild für die Decke über dem 1. Obergeschoss werden zwei Höhen zugewiesen, die aus unterschiedlichen Strukturpunkten des Ebenenmodells stammen und deren Abstand exakt der gewünschten Deckenstärke entspricht. Weisen Sie auch den anderen Teilbildern die entsprechenden Höhen zu.

Nr.	Teilbildname	Ebenennamen	Werte
1411	*Bodenplatte/Fundamentplatte*	*Unterkante E00* *Oberkante E-1*	-0.24 -0,49
1421	*Decke über Ebene 00*	*Unterkante E01* *Oberkante E00*	3,31 3,06
1431	*Decke über Ebene 01*	*Unterkante E02* *Oberkante E01*	6,86 6,61
1441	*Decke über Ebene 02*	*Unterkante E03* *Oberkante E02*	10,41 10,16

TIPP: Die Werte *Höheneinstellungen der Ebenen* erscheinen in der Bauwerksstruktur hinter den Teilbildern in den Spalten *Höhe unten* und *Höhe oben* in blauer Schrift. Wenn Sie mit dem Mauszeiger über dem Wert stehen bleiben, wird ein Tooltipp angezeigt, in dem ersichtlich ist, aus welchem Modell und von welcher Ebene der jeweilige Wert stammt.

4.17.3 Geschosshöhen anpassen

Bei der Eingabe der Werte im Assistenten zum Erzeugen der Bauwerksstruktur und des Ebenenmodells wurde die lichte Geschosshöhe zu groß und gleich für alle Geschosse angegeben. Dies soll jetzt korrigiert werden. Die Höhen können entweder im Ebenenmanager oder über die Palette **EBENEN** angepasst werden. Bei einzelnen Änderungen und Änderungen, die direkt im Modell sichtbar werden sollen (Arbeiten im Entwurf/Vorentwurf), ist es günstig, die Änderungen über die Palette durchzuführen. Bei den relativ umfangreichen Änderungen aller lichten Geschosshöhen bietet sich eher der Ebenenmanager mit der grafischen Systemdarstellung an.

Bauwerksstruktur, Ebenenmodell bearbeiten

Ebenenmanager

Höheneinstellung im Ebenenmanager anpassen

▷ **BAUWERKSSTRUKTUR, EBENENMODELL BEARBEITEN** – (Workgroup)

▷ **EBENENMANAGER**

▷ Klappen Sie die Übersicht links so auf, dass das Erdgeschoss des Ebenenmodells **GEBÄUDE – NEUBAU (1)** sichtbar ist. Markieren Sie das Modell durch einen Klick auf den Namen und schalten Sie – wenn noch nicht sichtbar – über die Schaltfläche **ERWEITERT** die Schemadarstellung ein.

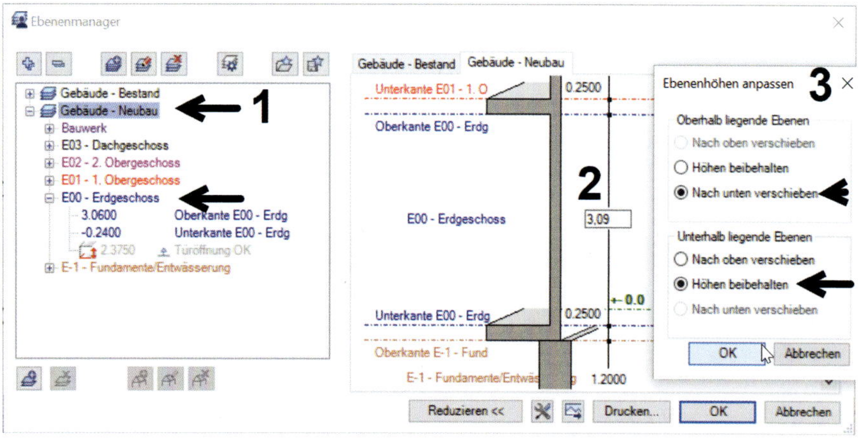

▷ Klicken Sie die lichte Rohbauhöhe im Erdgeschoss an und ändern den Wert auf `3.09m` ab. Bestätigen Sie die Eingabe mit **ENTER**.

▷ Wählen Sie im Dialog **EBENENHÖHEN ANPASSEN** für **OBERHALB LIEGENDE EBENEN** *Nach unten verschieben* und für **UNTERHALB LIEGENDE EBENEN** *Höhen beibehalten* aus und bestätigen Sie den Dialog.

Die Änderung wird in der Liste mit angezeigt. Ändern Sie die weiteren Stockwerkshöhen gleichermaßen. Die jeweiligen Höhen finden Sie in der nachfolgenden Abbildung.

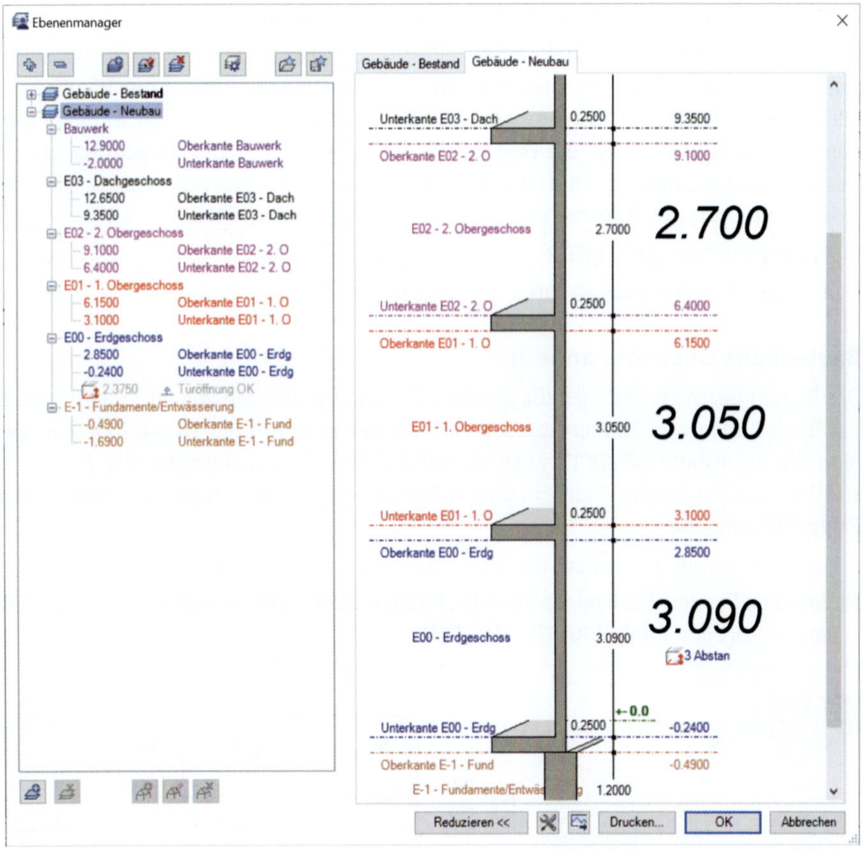

▷ Verlassen Sie den Ebenenmanager mit **OK**. In der Bauwerksstruktur werden jetzt die geänderten Höhen direkt angezeigt.

4.17.4 Bauteileigenschaften ändern

Der Grundriss des 1. Obergeschosses soll in wenigen Punkten geändert und in einigen Punkten überarbeitet werden. Die dazu notwendigen Schritte sind einzeln beschrieben.

Ändern der Darstellung

Für die weitere Bearbeitung bietet der Zeichnungstyp *Bauvorlagezeichnung im Maßstab 1:100* eine gute Übersicht, da die Bauteile farblich markiert dargestellt werden.

▷ Zeichnungstyp → *Bauvorlagezeichnung (Grundrisse - Praxishandbuch Allplan)*

▷ BEZUGSMASSSTAB → *1:100*

Teilbild 1. Obergeschoss prüfen, Bauteilhöhen ändern

Öffnen Sie nun das Teilbild des Obergeschosses. Im Grundriss sehen Sie exakt die Darstellung wie im Erdgeschoss. Die Höhenkosten in den Beschriftungen der Räume zeigen allerdings die Höhe des Obergeschosses an. In der Drahtansicht und der Animation können Sie erkennen, dass z. B. die Fenster korrekt in der Höhe geändert wurden, aber das Geschoss und die Innentüren in der Höhe nicht zum 1. Obergeschoss passen. Diese Bauteile sollen - vor dem Ändern des Grundrisses - angepasst werden.

Projektbezogen öffnen

▷ **PROJEKTBEZOGEN ÖFFNEN**

▷ Teilbild 1430 aktiv, alle anderen Teilbilder ausgeblendet

Bauteilhöhe Geschoss ändern

Das Bauteil *Geschoss* hat noch die gleichen Höheneinstellungen wie im Erdgeschoss. Um das Bauteil ändern zu können, müssen Sie es direkt identifizieren. Dies gelingt z. B., wenn Sie über die Palette **OBJEKTE** alles bis auf das Geschoss ausblenden, die Anzeige der sichtbaren Layer ändern oder - in diesem Fall die einfachste Lösung - das Bauteil in der Perspektive markieren.

▷ Schalten Sie die Ansicht auf drei Fenster oder 2 + Animationsfenster um.

▷ Bewegen Sie den Mauszeiger über das Bauteil und öffnen Sie das Kontextmenü. Wählen Sie dort den Punkt **EIGENSCHAFTEN.**

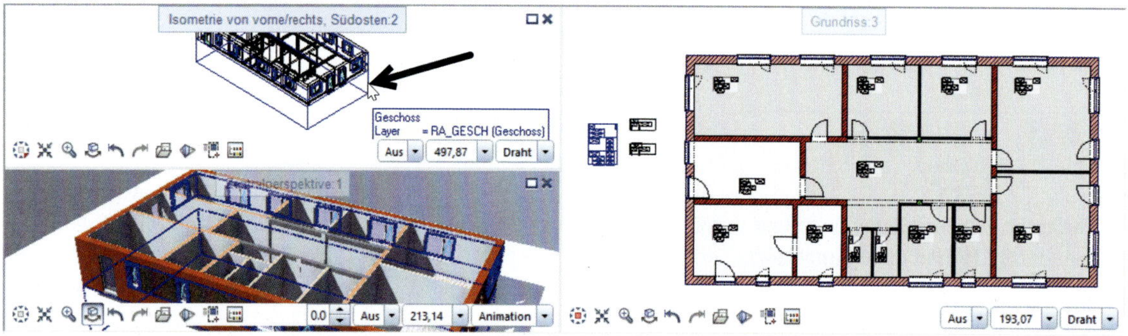

▷ **HÖHE** (Schaltfläche) → **UNTERKANTE** → **(1)** *zurücksetzen*
Die Ebenenzuweisung wird auf die Standardebene des Teilbildes - untere Ebene - zurückgesetzt.

▷ **OBERKANTE** → *Auswahl Bezugsebene* → **ABSTANDSEBENE** `Unterkante E02` **(E02-2.OBERGESCHOSS) ANWÄHLEN**
Einstellung mit **OK** bestätigen, **ABSTAND** → `0,000`

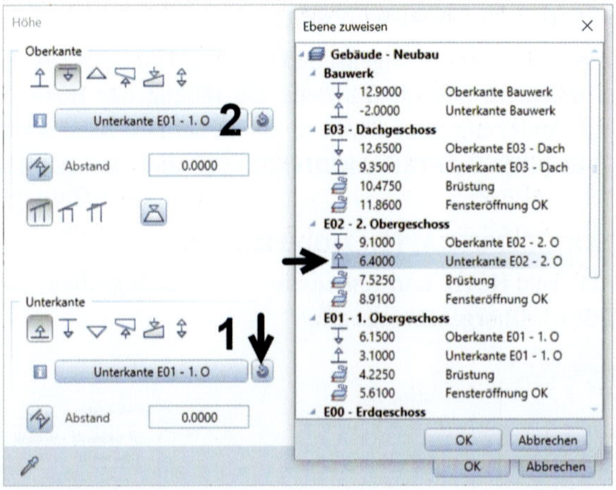

▷ Höheneinstellungen bestätigen

▷ Ändern Sie in den Eigenschaften des Geschosses noch die **GESCHOSS KURZBEZEICHNUNG** auf `E01`, **BEZEICHNUNG** und **FUNKTION** auf `1. Obergeschoss` und im Register **DIN277, BAUNVO** die Einstellung für die **ANRECHNUNG AUF GEBÄUDEGRUNDFLÄCHE** auf `aus`.

▷ Dialog **GESCHOSS** mit **OK** verlassen

Die neuen Eigenschaften werden für das Bauteil *Geschoss* gesetzt und z. B. im Animationsfenster direkt sichtbar.

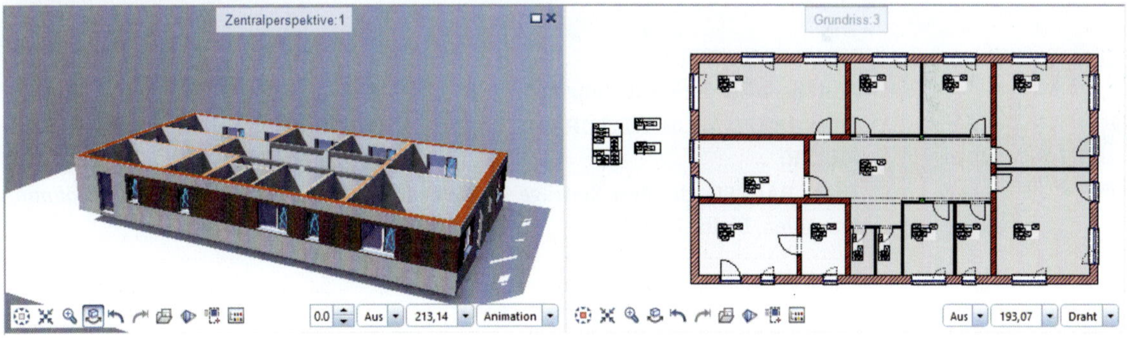

Türhöhe – einfügen einer Abstandsfläche

Erzeugen Sie wie in Abschnitt 4.15.3, „Innentüren“, in Absatz „Einfügen einer Abstandsebene in das Ebenenmodell“ beschrieben eine zusätzliche Abstandsebene für das 1. Obergeschoss mit einem Abstand von 2,315 m mit Verbindung zur Unterkante ein. Fügen Sie auch für das 2. Obergeschoss eine Abstandsebene mit dem gleichen Abstand ein.

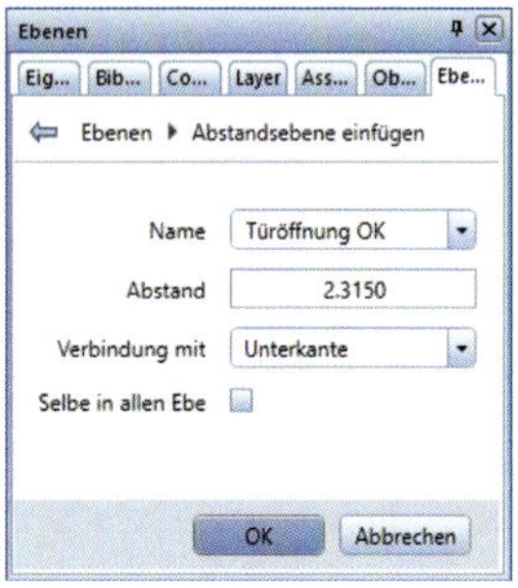

Türhöhe – Ändern der Höhenzuweisung

Die Türen können einzeln über die Eigenschaften in der Höhe geändert werden oder alle markierten Türen in einem Schritt. Die neue Einstellung der Höhe ist jeweils gleich. Dargestellt wird die Änderung aller Türen in einem Schritt. Dazu werden die Funktion **ALLGEMEINE AR-EIGENSCHAFTEN MODIFIZIEREN** und der **ARCHITEKTURFILTER** verwendet.

Allgemeine Ar-Eigenschaften modifizieren

- ▷ **ALLGEMEINE AR-EIGENSCHAFTEN MODIFIZIEREN**
- ▷ Klicken Sie in das Feld **HÖHE** und stellen Sie dort als Bezugsebene die Abstandsebene *Türöffnung OK* des 1. Obergeschosses ein.

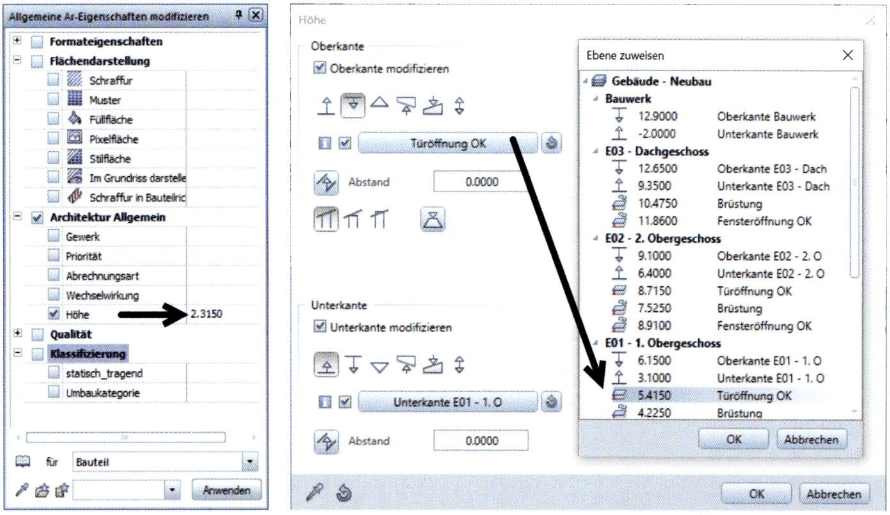

- ▷ Bestätigen Sie die Einstellungen.

Nach Architekturbauteilen filtern

- ▷ Filter **NACH ARCHITEKTURBAUTEILEN FILTERN** aktivieren (Actionbar – Bereich **FILTER**)
- ▷ Unter **BAUTEIL** die drei Einträge *Türelement*, *Türmakro, -SmartPart* und *Türöffnung* anwählen, Dialog bestätigen

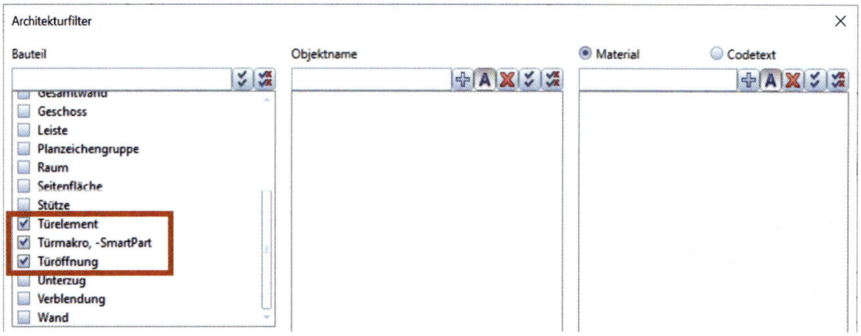

Die Filterinformation wird in der Dialogzeile angezeigt und gilt für den nächsten Aktivierungsvorgang.

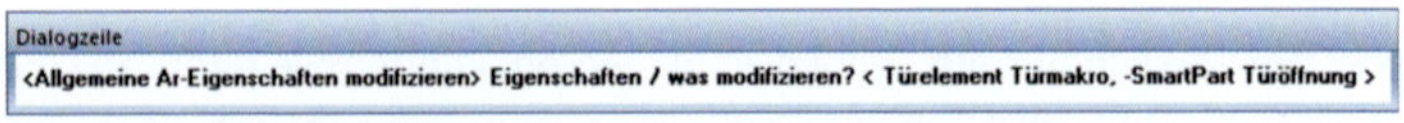

▷ Ziehen Sie einen Aktivierungsrahmen über dem Grundriss auf.

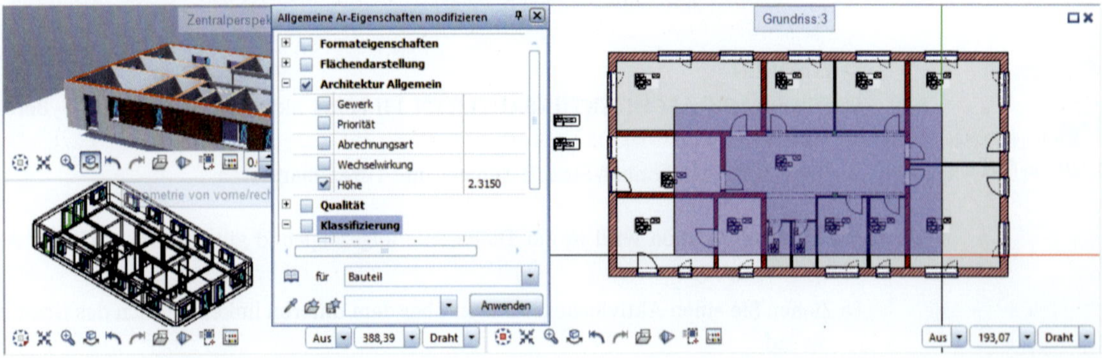

Die Türen werden komplett markiert.

▷ Bestätigen Sie die Auswahl entweder mit einem Rechtsklick in der Zeichenfläche oder durch Anklicken der Schaltfläche **ANWENDEN.**

Die Aktion wird ausgeführt und alle markierten Innentüren erhalten die neuen Höheneinstellungen.

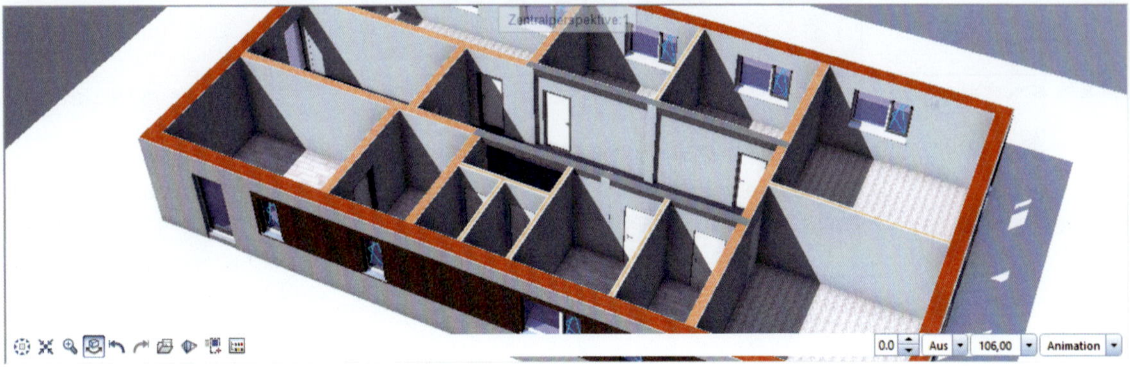

Löschen – Architekturfilter

Ein gutes Instrument zum zielgerichteten Löschen von Elementen bieten die umfangreichen Filterfunktionen. Um keine falschen Bauteile im Erdgeschoss zu löschen, sollten Sie darauf achten, dass nur ein Teilbild aktiviert ist.

▷ PROJEKTBEZOGEN ÖFFNEN

▷ Teilbild 1430 aktiv, alle anderen Teilbilder ausgeblendet

Projektbezogen öffnen

TIPP: Um wirklich nur **ein** Teilbild zu aktivieren, können Sie alternativ zum Schalten der einzelnen Teilbilder die Teilbildernummer per Doppellinksklick anwählen. Es wird nun nur das gewünschte Teilbild aktiviert, alle anderen werden automatisch ausgeblendet.

Löschen

Nach Architekturbauteilen filtern

- ▷ **LÖSCHEN**
- ▷ Filter **NACH ARCHITEKTURBAUTEILEN FILTERN** aktivieren (Actionbar - Bereich **FILTER**)
- ▷ Unter **BAUTEIL** können Sie z. B. Fenster und Türen markieren.

Die Filterinformation wird in der Dialogzeile angezeigt und gilt für den nächsten Aktivierungsvorgang.

- ▷ Ziehen Sie einen Aktivierungsrahmen über dem unteren linken Bereich des Grundrisses auf.

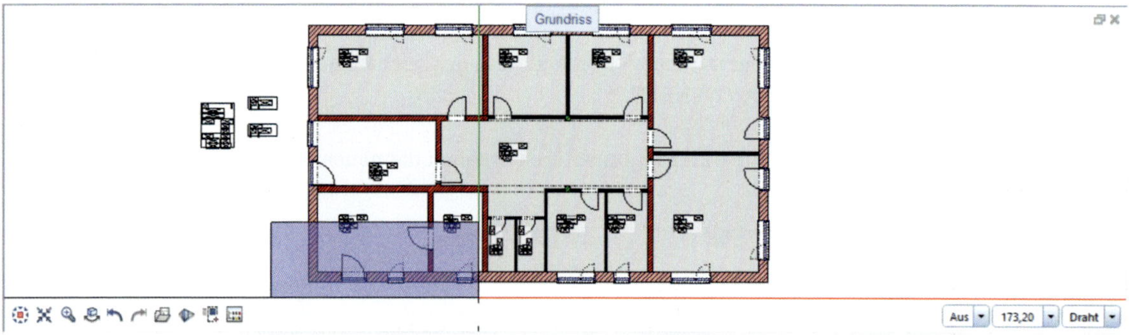

Die Öffnungen in dem Bereich werden entfernt.

- ▷ Löschen Sie weitere Wände (einzeln, mit Summe und/oder Filter), bis das Ergebnis dem in der Abbildung dargestellten entspricht.

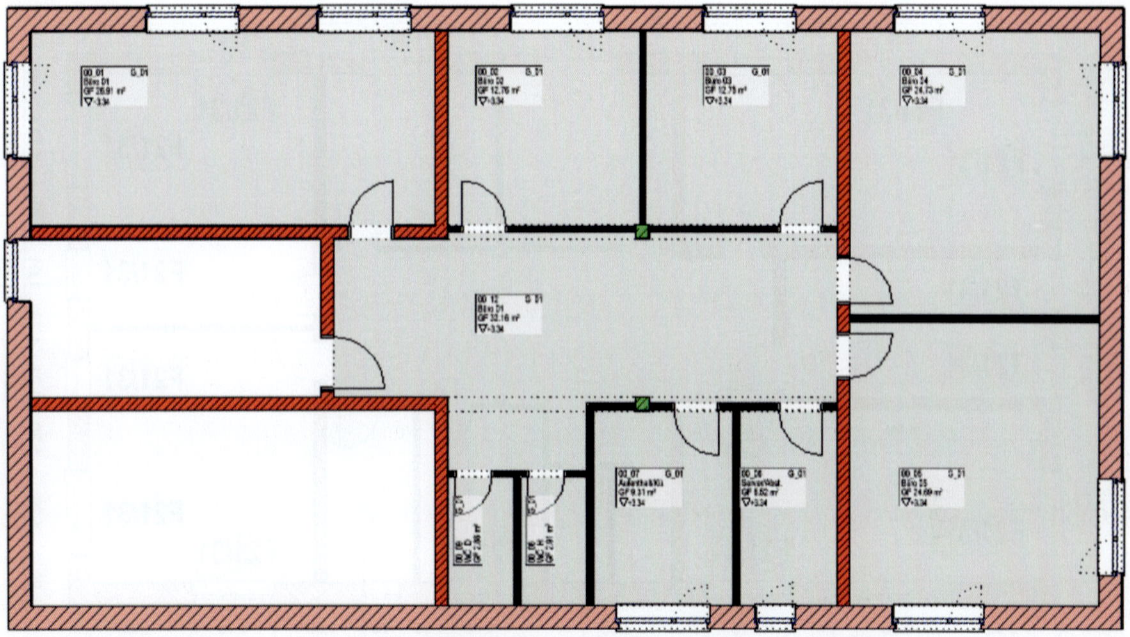

Der restliche Grundriss wird nur in den Eigenschaften der Räume geändert, ähnlich wie dies schon mit dem Bauteil *Geschoss* gemacht wurde.

Bauteile ergänzen

Fügen Sie die fehlenden Bauteile dem Grundriss hinzu. Auf der rechten Seite sollen anstelle der beiden Fenstertüren des Erdgeschosses zwei Fenster eingebaut werden. Die Technikräume sind zu einem Büroraum vereinigt. Dieser erhält drei Fenster und eine Tür. Im späteren Treppenhaus soll anstelle der Haustüre ein fest verglastes Element eingebaut werden. Ergänzen Sie auch den fehlenden Büroraum. Die Bezeichnungen und auch die Seitenfläche der Fassade werden nachfolgend geändert.

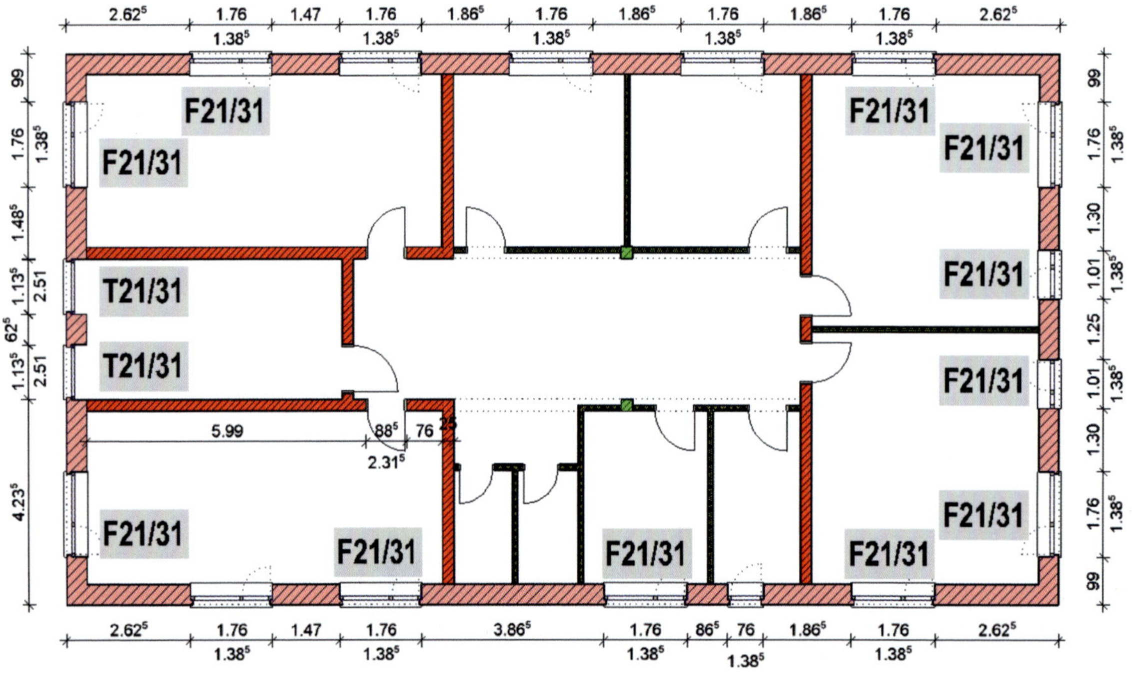

Raumgruppe ändern/ergänzen

Raum-, Geschossgruppe modifizieren

Die Raumgruppe hat noch die gleiche Bezeichnung wie im Erdgeschoss und es fehlt ein Raum, welcher hinzugefügt werden soll. Beide Änderungen können in einem Schritt durchgeführt werden. Achten Sie darauf, dass nur das 1. Obergeschoss geladen ist, um nicht unabsichtlich Änderungen im Erdgeschoss durchzuführen.

- ▷ RAUM-, GESCHOSSGRUPPE MODIFIZIEREN
- ▷ Eingabeoptionen → MODI
- ▷ Klicken Sie in einen Raum der Raumgruppe **(1)** und, nachdem die komplette Gruppe markiert worden ist, in den zuzufügenden Raum **(2)**.

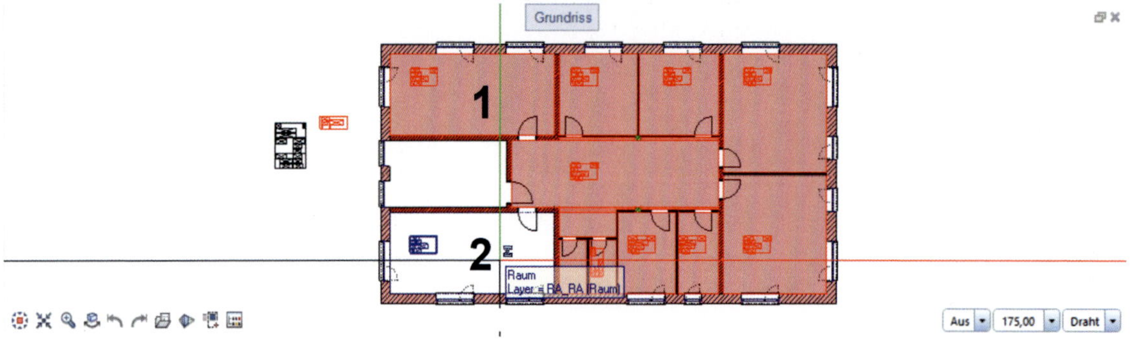

▷ Ändern Sie die Bezeichnung auf `G_02` **(3)** und bei Bedarf die Farbe für die Flächendarstellung **(4)**.

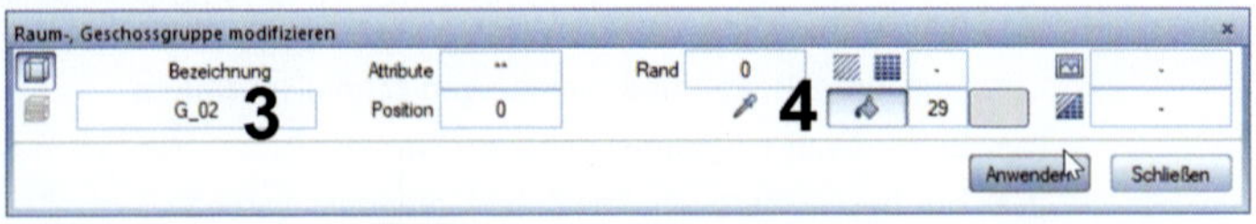

▷ Bestätigen Sie die neuen Einstellungen mit **ANWENDEN.**

Die Flächendarstellung wird umgesetzt, die Beschriftung der Raumgruppe wird geändert und in allen Beschriftungsbildern der Räume wird die neue Bezeichnung der Raumgruppe angezeigt.

Attribute ändern – Räume anpassen

Es gibt unterschiedliche Möglichkeiten, die Räume in der Ausprägung der Attribute anzupassen. Je nach Anwendungsfall haben alle Möglichkeiten unterschiedliche Stärken und Schwächen.

Es können grob zwei Herangehensweisen unterschieden werden; einmal das direkte Ändern von Eigenschaften von Bauteilen mit Funktionen und das Ändern über andere – indirekte – Funktionen, wobei jeweils die Rahmenbedingungen zu beachten sind.

Direkte Methoden, um Attribute an Bauteile anzufügen bzw. deren Inhalt zu ändern	
Eigenschaften direkt ändern	▪ Dialog des Bauteils mit den beim Erzeugen bekannten Möglichkeiten ▪ nur ein Bauteil änderbar
Attribute modifizieren: Kontextmenü eines Elementes oder direkter Funktionsaufruf	▪ direkter Zugriff auf alle Attribute ▪ Attribute können hinzugefügt oder entfernt werden. ▪ nur ein Bauteil änderbar
Palette **EIGENSCHAFTEN**: ein Objekt markiert	▪ direkter Zugriff auf eine Auswahl von Attributen ▪ mittelbarer Zugriff auf alle Attribute ▪ Attribute können hinzugefügt oder entfernt werden.
Palette **EIGENSCHAFTEN**: mehrere Objekte markiert	▪ direkter Zugriff auf eine Auswahl von Attributen ▪ Attribute können hinzugefügt werden. ▪ gleichzeitiges Ändern eines Wertes in beliebig vielen Bauteilen möglich
Attribute übertragen	▪ Es können von einem Objekt auf beliebige andere Objekte Informationen übertragen werden. ▪ Attribute können hinzugefügt werden. ▪ Es werden alle angewählten Inhalte auf andere Objekte übertragen.
Attributzuweisung an beliebige Elemente	▪ Es können an beliebige Objekte zusätzliche Attribute angehängt werden.

Indirekte Möglichkeiten	
Text modifizieren	▪ Voraussetzung: Das Objekt ist mit dem Attribut beschriftet **und** die Beschriftung ist keine Formel. ▪ Iieal, um z. B. Raumbezeichnungen schnell zu ändern ▪ Es kann nur ein Bauteil geändert werden. ▪ Nur beschriftete Inhalte können geändert werden.
Text ersetzen	▪ Voraussetzung: Das Objekt ist mit dem Attribut beschriftet **und** die Beschriftung ist keine Formel. ▪ ähnlich wie Text modifizieren ▪ Nur beschriftete Inhalte können geändert werden. ▪ Es können beliebig viele Bauteile auf einmal geändert werden. ▪ Ein Austauschen von Teilinhalten (z. B. einer Ebenennummer) ist möglich, wenn der Teilinhalt eindeutig ist.
Attribute exportieren, Attribute importieren	Alle Attributinformationen können nach Excel exportiert werden. Dort können die Inhalte bearbeitet werden. Die Inhalte können geändert und gespeichert werden. Über **ATTRIBUTE IMPORTIEREN** können diese Daten wieder eingelesen werden. Dabei gilt, dass geometrische Informationen nicht geändert werden können und neue Spalten als Attribute zusätzlich angehängt werden.

Ein Teil der Möglichkeiten wird anhand des Beispiels durchgespielt.

Attribute über Palette Eigenschaften ändern

▷ Klicken Sie einen Raum an, um diesen zu markieren (Achtung: Es darf keine Funktion aktiv sein!).

Eigenschaften

▷ Öffnen Sie die Palette **EIGENSCHAFTEN**.

▷ Ändern Sie die Bezeichnung 00_01 in 01_01 ab und bestätigen Sie die Eingabe mit **ENTER**.

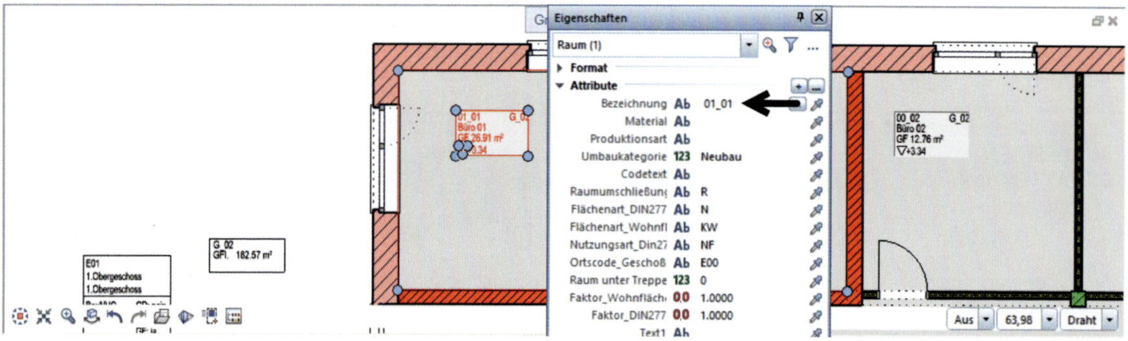

Die Änderung wird direkt umgesetzt.

▷ Klicken Sie nun mehrere Räume an (**STRG**-Taste gedrückt halten für Multiselektion).

Nur gleiche Werte werden im Klartext angegeben. Bei allen in den Räumen unterschiedlichen Werten (z. B. Bezeichnung) wird *variiert* angezeigt. Wenn Sie hier einen Wert eintragen, erhalten alle Räume (bzw. Objekte) an dieser Stelle den gleichen Wert.

▷ Ändern Sie die Bezeichnung E00 in E01 ab und bestätigen Sie die Eingabe mit **ENTER**.

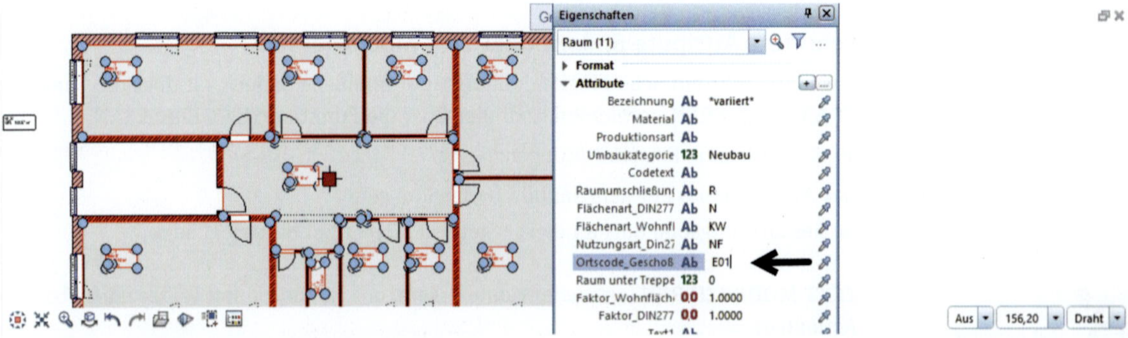

Die Änderung wird direkt umgesetzt.

Attribute über Attribute modifizieren ändern

Eine weitere Möglichkeit ist – vor allem bei Objekten, die noch nicht in der Palette **EIGENSCHAFTEN** voll angezeigt werden, und für nicht in der Palette angezeigte Attribute – entweder der Aufruf der Funktion **ATTRIBUTE MODIFIZIEREN** und das Anwählen eines Objektes, der Aufruf über das Kontextmenü eines Objektes oder über die Schaltfläche in der Palette **EIGENSCHAFTEN**.

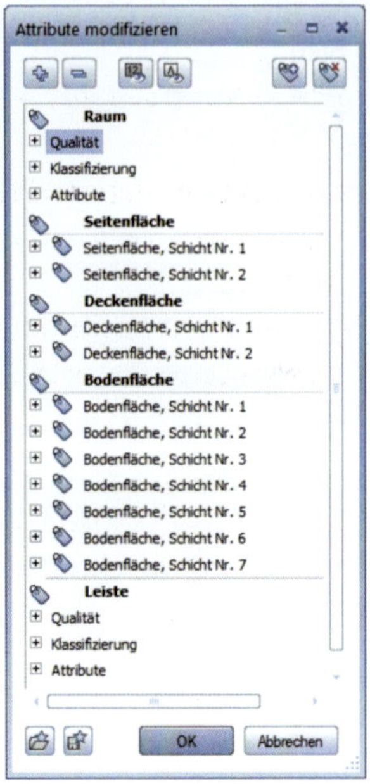

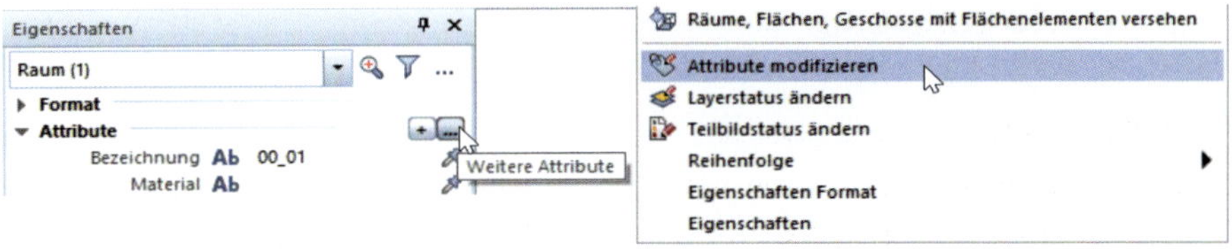

Sie erhalten hier Zugriff auf alle Attribute, die einem Bauteil zugewiesen sind. Zudem werden – wie z. B. beim Raum – weitere, direkt untergeordnete/übergeordnete Objekte mit angezeigt. Bei Räumen werden damit die Ausbauflächen inklusive der dort vorhandenen Attribute angezeigt. Bei Wänden wird die Gesamtwand mit angezeigt.

Beschriftete Attribute ändern über Text modifizieren

Eine weitere, sehr einfache Möglichkeit, Attributinhalte zu ändern, ist über die Funktion **TEXT MODIFIZIEREN** vorhanden und/oder über die Funktion **TEXT ERSETZEN**.

Hier gelten folgende Einschränkungen:

1. Das Attribut muss auf dem Teilbild beschriftet sein.
2. Im Beschriftungsbild darf an dieser Stelle keine Formel hinterlegt sein.

Text modifizieren

▷ **TEXT MODIFIZIEREN** (entweder Kontextmenü des zu ändernden Textes oder über die Actionbar)

Bei Aufruf über das Kontextmenü wird direkt der Texteditor geöffnet, bei Aufruf über das Icon muss der Text noch angewählt werden.

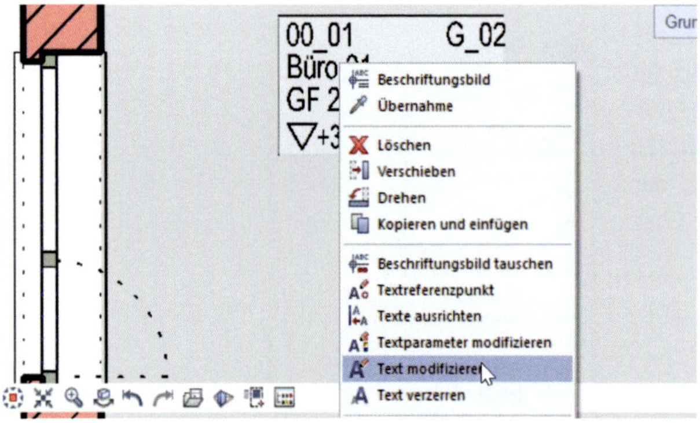

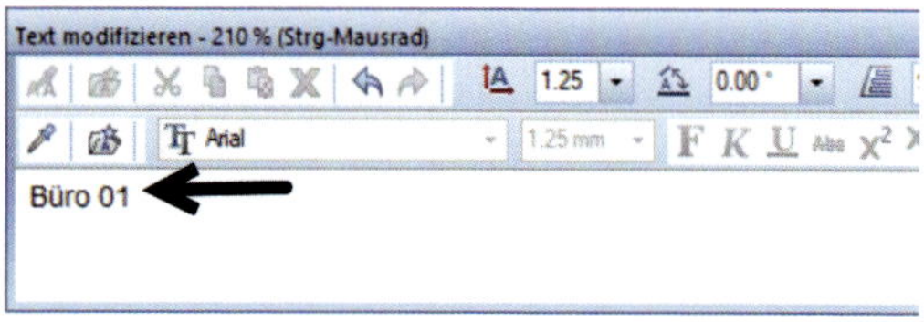

▷ Ändern Sie den Text z. B. in „Besprechung“ und bestätigen Sie die Änderung mit **OK**.

Die Änderung wird direkt im Beschriftungsbild vollzogen und auch auf das Attribut übertragen.

HINWEIS: Sollte die angezeigte Meldung (oder ähnlich) erscheinen, ist dies ein Hinweis darauf, dass der Beschriftung entweder eine Formel hinterlegt ist oder es sich um einen geometrischen Wert (z. B. die Fläche) handelt.

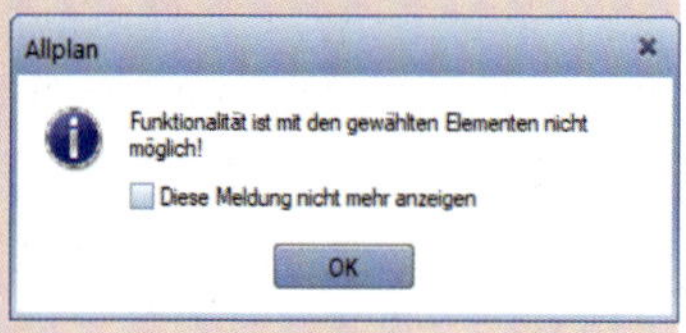

Text ersetzen

▷ **TEXT ERSETZEN**

▷ Bereich markieren, in welchem nach Texten gesucht werden soll (linkes Bild)

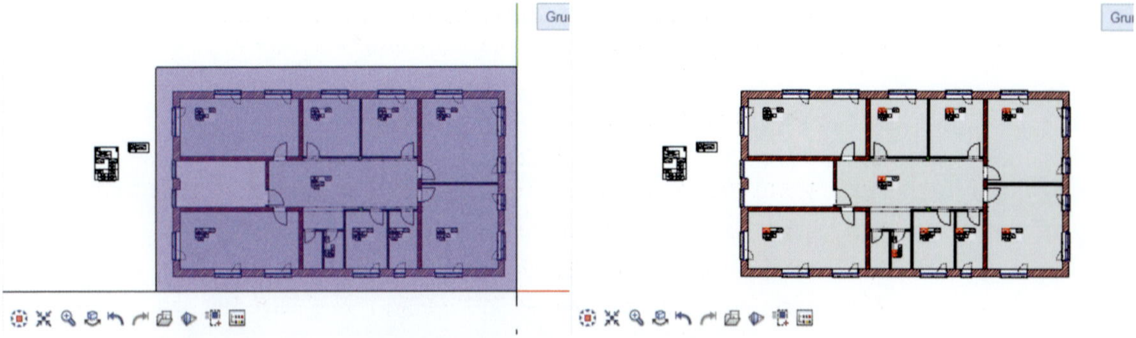

▷ Suchtext eingeben (z. B. 00_) und bestätigen: Die Texte werden gesucht und alle Entsprechungen markiert (rechtes Bild)

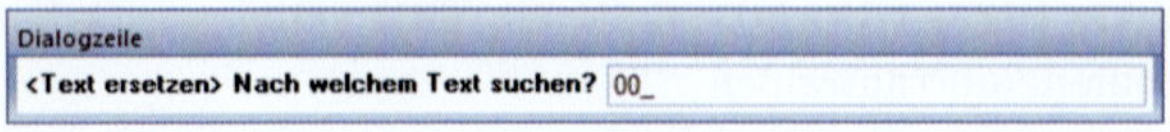

▷ Ersatztext eingeben (z. B. 01_) und bestätigen

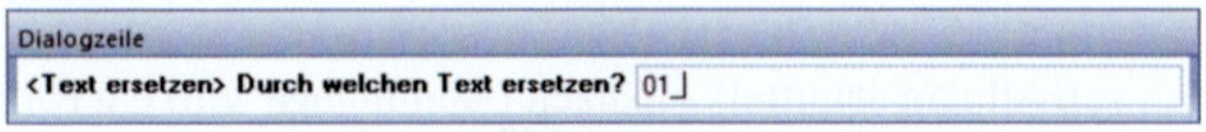

Die Änderung wird durchgeführt und nach Beendigung der Funktion in die Attribute übertragen.

HINWEIS: Der Suchtext muss möglichst so gewählt werden, dass nur die gewünschten Entsprechungen gefunden werden.

Attribute über Excel ändern

Über die Funktion **ATTRIBUTE EXPORTIEREN** kann direkt eine Excel-Datei geschrieben werden. Je nach ausgewähltem Report werden alle Attribute oder nur die im Report enthaltenen Attribute in eine Excel-Tabelle geschrieben. Die erste Spalte ist die Allright_ID, welche den Schlüssel für die Zuordnung der Attribute beim Import (nach einer Änderung) enthält.

Erweitert in Version 2019

Im Folgenden wird gezeigt, wie das Attribut *Geschoss Kurzbezeichnung* über den Export nach Excel geändert und wieder importiert werden kann

▷ ATTRIBUTE EXPORTIEREN

▷ Eigenschaften in den Eingabeoptionen öffnen

▷ Wählen Sie unter *Dateityp* **(1)** Excel-Datei (*.xlsx) aus und geben unter *Ausgabedatei* einen leicht zu findenden Pfad (z. B. Desktop) an **(2)**

Attribute exportieren

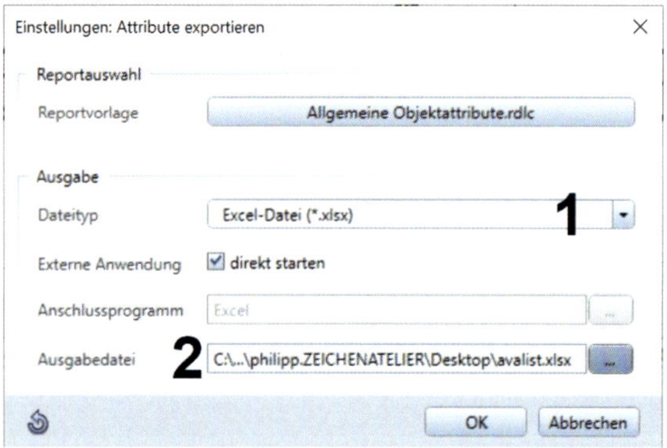

- ▷ Bestätigen Sie die Einstellungen
- ▷ Filter **NACH ARCHITEKTURBAUTEILEN FILTERN** aktivieren (Actionbar – Bereich **FILTER**) → Bauteil Raum anwählen
- ▷ Unter **BAUTEIL** können Sie z. B. Fenster und Türen markieren
- ▷ Aktivierungsrahmen über alles aufziehen

Die Daten werden von Allplan ermittelt – je nach Datenmenge wird ein Fortschrittsbalken eingeblendet – und Excel wird gestartet und zeigt die Tabelle an. In der ersten Spalte wird die **ALLRIGHT_BAUTEIL_ID** angezeigt. Diese darf **nicht** geändert werden. Die zweite Spalte zeigt den Objektnamen. Da die Ausbauflächen im Raum untergeordnet sind, wurden diese bei der Auswertung mitberücksichtigt. Die Spaltenüberschriften sind nach den Allplan-internen Bezeichnungen der Attribute benannt.

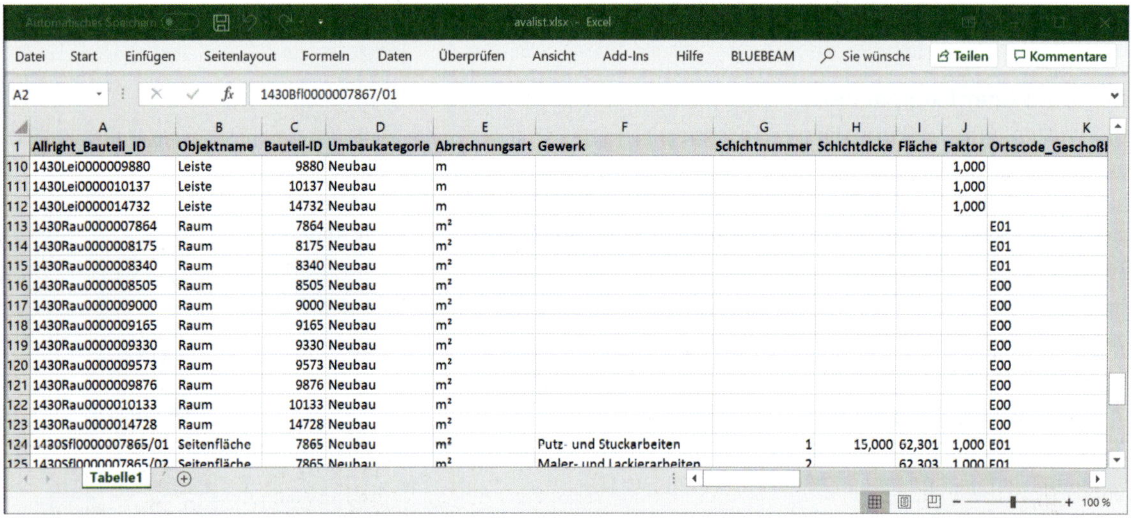

	A	B	C	D	E	F	G	H	I	J	K
1	Allright_Bauteil_ID	Objektname	Bauteil-ID	Umbaukategorie	Abrechnungsart	Gewerk	Schichtnummer	Schichtdicke	Fläche	Faktor	Ortscode_Geschoßl
110	1430Lei0000009880	Leiste	9880	Neubau	m					1,000	
111	1430Lei0000010137	Leiste	10137	Neubau	m					1,000	
112	1430Lei0000014732	Leiste	14732	Neubau	m					1,000	
113	1430Rau0000007864	Raum	7864	Neubau	m²						E01
114	1430Rau0000008175	Raum	8175	Neubau	m²						E01
115	1430Rau0000008340	Raum	8340	Neubau	m²						E01
116	1430Rau0000008505	Raum	8505	Neubau	m²						E00
117	1430Rau0000009000	Raum	9000	Neubau	m²						E00
118	1430Rau0000009165	Raum	9165	Neubau	m²						E00
119	1430Rau0000009330	Raum	9330	Neubau	m²						E00
120	1430Rau0000009573	Raum	9573	Neubau	m²						E00
121	1430Rau0000009876	Raum	9876	Neubau	m²						E00
122	1430Rau0000010133	Raum	10133	Neubau	m²						E00
123	1430Rau0000014728	Raum	14728	Neubau	m²						E00
124	1430Sfl0000007865/01	Seitenfläche	7865	Neubau	m²	Putz- und Stuckarbeiten	1	15,000	62,301	1,000	E01
125	1430Sfl0000007865/02	Seitenfläche	7865	Neubau	m²	Maler- und Lackierarbeiten	2		62,303	1,000	E01

- ▷ Ändern Sie in der Spalte **ORTSCODE_GESCHOSSBEZEICHNUNG** alle E00 in E01 ab
- ▷ Speichern Sie die Datei am gleichen Ort
- ▷ **ATTRIBUTE IMPORTIEREN**

▷ Wählen Sie die gespeicherte Excel-Datei aus und setzen Sie den Haken bei der Option **MIT VERGLEICHSDIALOG**. Öffnen Sie dann die Datei.

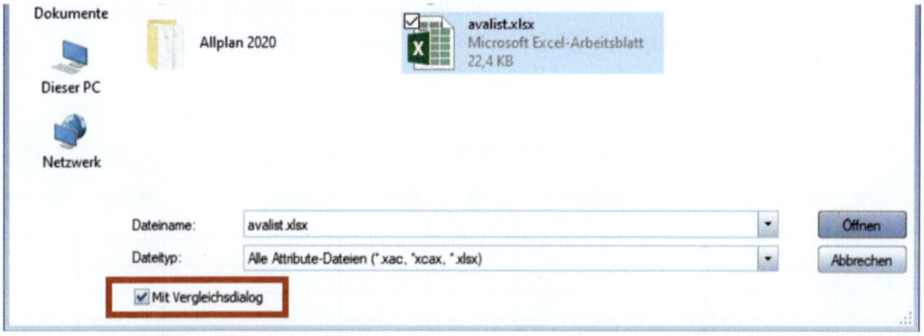

▷ Der Vergleichsdialog wird nach der Untersuchung der Daten geöffnet. Hier werden alle Attribute angezeigt, die geändert werden. Alternativ können Sie auch alle Attribute insgesamt anzeigen lassen. Für jeden Wert können Sie einstellen, ob die Änderung durchgeführt werden soll oder nicht.

▷ Bestätigen Sie den Dialog ohne Änderungen mit **OK**.

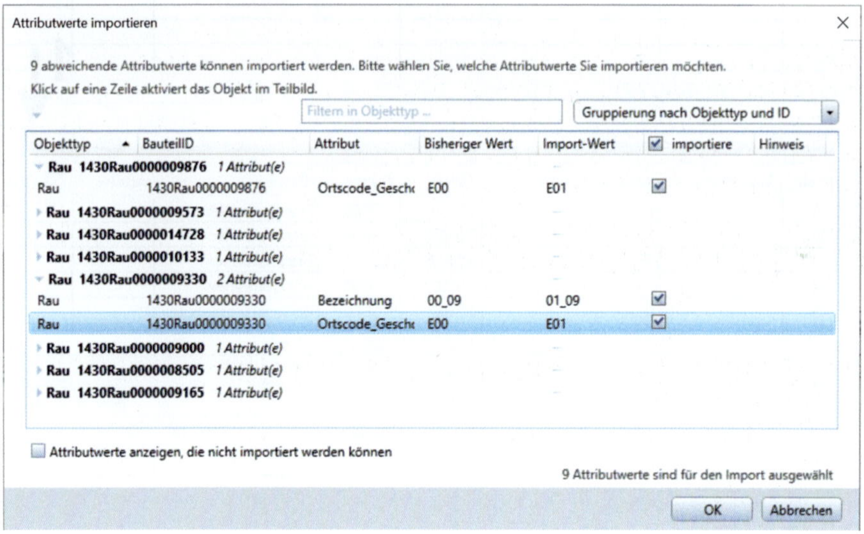

Die Änderungen werden durchgeführt.

Bodenaufbau (Ausbau) der Räume ändern

Der Bodenaufbau in den Räumen ist auf den Bedarf im Erdgeschoss abgestimmt und muss entweder in den Bauteilen geändert oder aus dem Assistenten ausgetauscht werden. Ideal ist es, wenn der Maßstab temporär auf 1:50 verstellt wird, da dann im Beschriftungsbild der Bodenbelag angezeigt wird.

Assistenten

Räume und Geschosse

Ausbauflächen

▷ Assistent **RÄUME UND GESCHOSSE** öffnen

▷ **AUSBAUFLÄCHEN** (Actionbar, Rolle Architektur, Aufgabe Ausbau)

Übernahme

▷ **ÜBERNAHME (1)** im Abschnitt *Bodenbeläge zuweisen/entfernen* anwählen. Der Dialog wird ausgeblendet.

▷ Bauteil *15 - Gewerbe - textiler Bodenbelag* anwählen (Dialog erscheint wieder) und Einstellungen im Dialog mit **OK (2)** bestätigen bzw. den Dialog verlassen

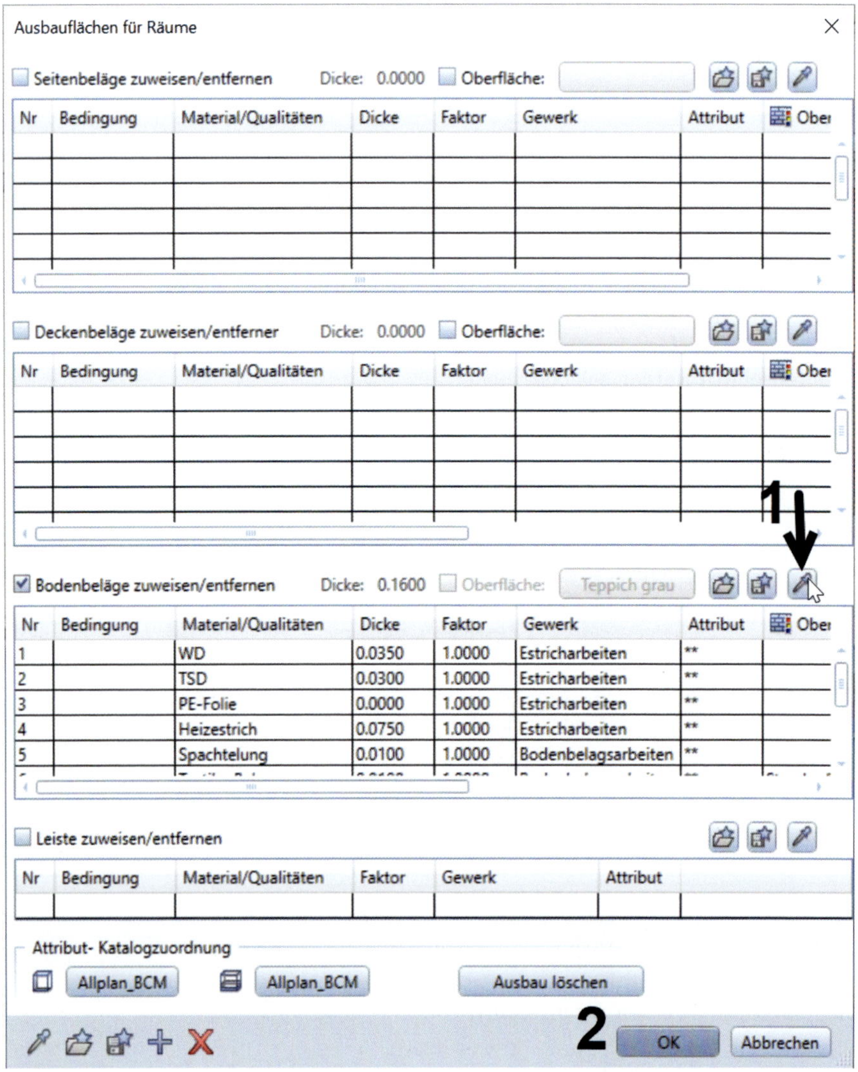

▷ **RÄUME**

▷ Räume im Grundriss anwählen

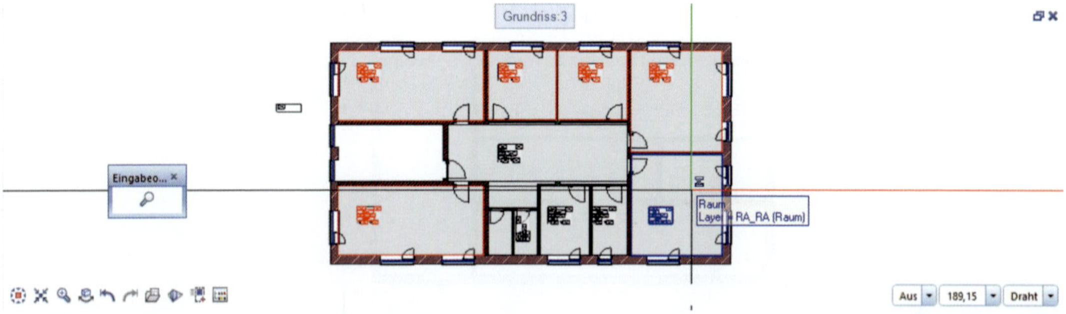

▷ Auswahl mit rechter Maustaste bestätigen

Vor Änderung

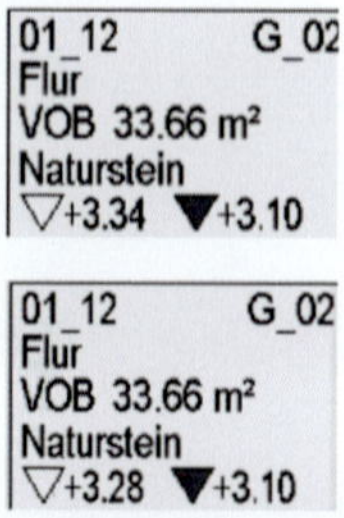

Der Dialog wird nach dem Übertragen der Eigenschaften auf die Räume wieder eingeblendet. Gehen Sie zum Ändern des Belags im Flur (Naturstein) und den gefliesten Räumen gleichermaßen vor.

Abgesetzten Putzstreifen in der Fassade

Ergänzen Sie noch den abgesetzten Streifen oder erzeugen Sie diesen komplett neu analog dem Erdgeschoss (siehe Abschnitt 4.16.3, „Abgesetzten Putzstreifen in der Fassade").

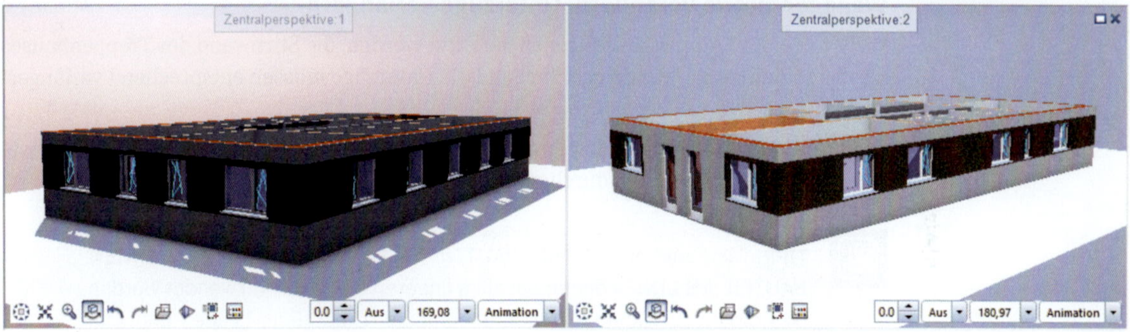

4.17.5 2. Obergeschoss

Das zweite Obergeschoss soll zwei Wohnungen beherbergen. Kopieren Sie als Grundlage das Erdgeschoss auf Teilbild 1440 wie in Abschnitt 4.17.1, „EG kopieren - Grundlage Obergeschoss", beschrieben inklusive dem Umbenennen des Teilbildes und dem Zuweisen der Ebenen.

2. Obergeschoss vorbereiten

Entfernen Sie danach alle Räume und führen Sie den Grundriss auf den im Bild sichtbaren Status zurück.

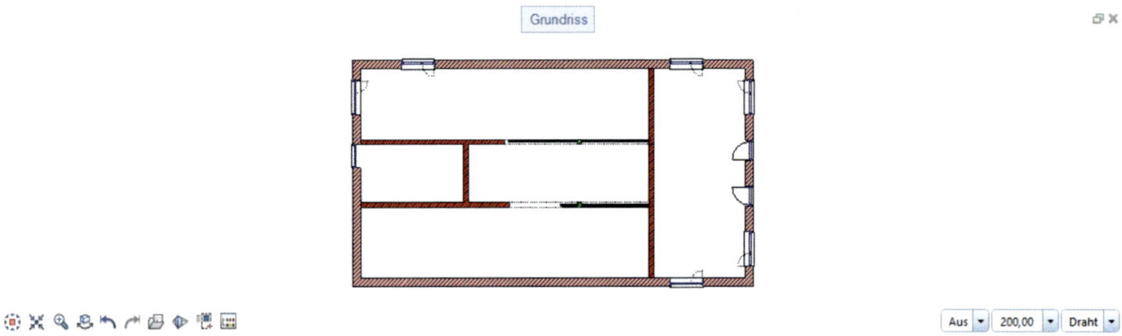

Folgende Aktionen sind dabei durchzuführen:

- Räume löschen
- Türen löschen
- Fenster teilweise löschen
- Seitenfläche (Fassadengestaltung) löschen
- Eigenschaften Geschoss auf die Informationen und Ebenenzuweisungen für das 2. Obergeschoss ändern

Wandgeometrie verändern, Unterzüge verlängern

Die Wände des Treppenhauses sollen verkürzt werden, die Stirnwand des Treppenhauses soll bis zu den Außenwänden geführt und die Unterzüge müssen entsprechend verlängert werden.

Diese Aktionen werden mit den Funktionen **LINIENBAUTEIL AN LINIENBAUTEIL** sowie **LINIENBAUTEIL AN LINIE** durchgeführt.

> **TIPP**: Die Funktionen **LINIENBAUTEIL AN LINIENBAUTEIL** sowie **LINIENBAUTEIL AN LINIE** können bei allen linearen Bauteilen verwendet werden. Das sind z. B. Wände, Streifenfundamente, Unterzüge, Leisten und Ähnliches.

Linienbauteil an Linienbauteil

▷ **LINIENBAUTEIL AN LINIENBAUTEIL** (Actionbar)

▷ Klicken Sie die obere Treppenhauswand **(1)** als erstes Bauteil an. (Welches Bauteil anschließen?)

▷ Klicken Sie **(2)** die Stirnwand als Bauteil, an welches die erste Wand anschließen soll, an. (An welches gleichartige Bauteil anschließen?)

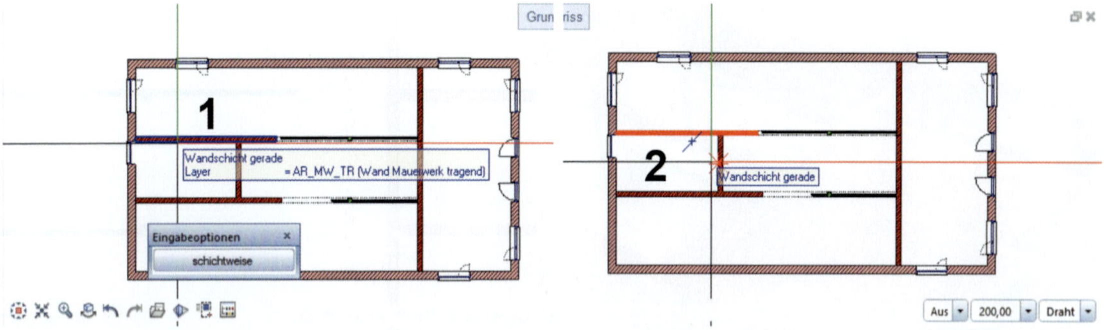

▷ Führen Sie die gleiche Aktion noch mehrfach aus, bis die Treppenhauswände wie in folgendem Bild dargestellt werden.

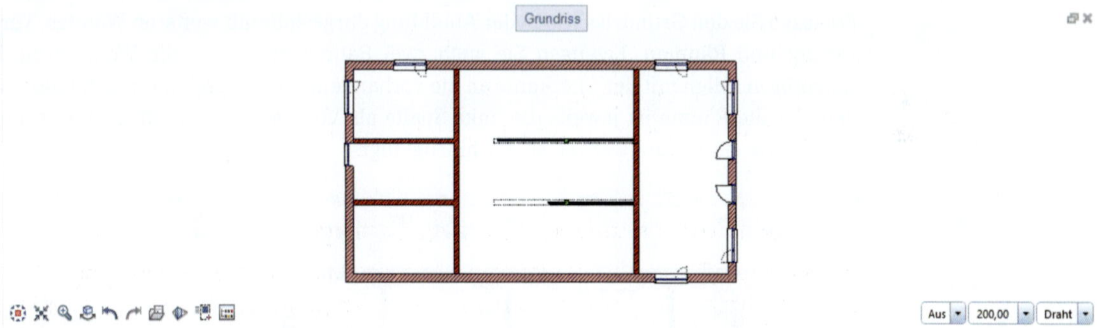

HINWEIS: Das zuerst angeklickte Bauteil bleibt in dem angeklickten Bereich bestehen und wird verlängert oder verkürzt. Das zweite Bauteil wird, wenn zu kurz, verlängert. Es wird jedoch nie verkürzt.

▷ **LINIENBAUTEIL AN LINIE** (Actionbar)

▷ Klicken Sie den oberen Unterzug **(1)** an. (Welches Bauteil anschließen?)

▷ Klicken Sie **(2)** die linke Wandseite der Stirnwand des Treppenhauses als Linie an. (An welche Linie anschließen?)

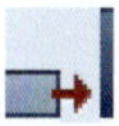
Linienbauteil an Linie

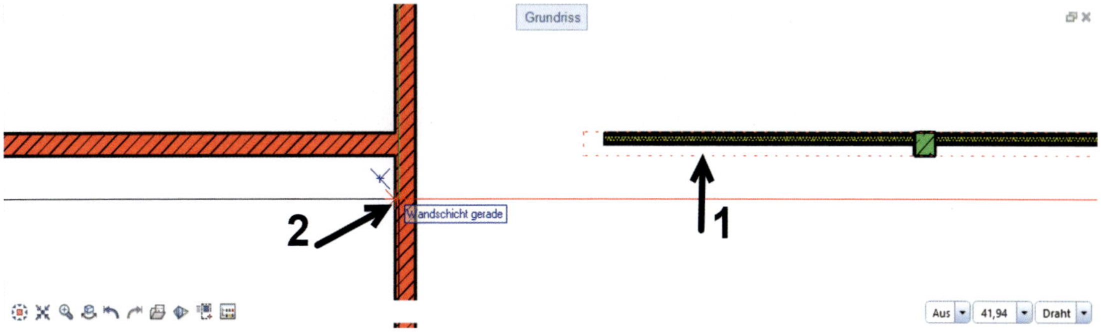

▷ Führen Sie die gleiche Aktion mit dem zweiten Unterzug durch.

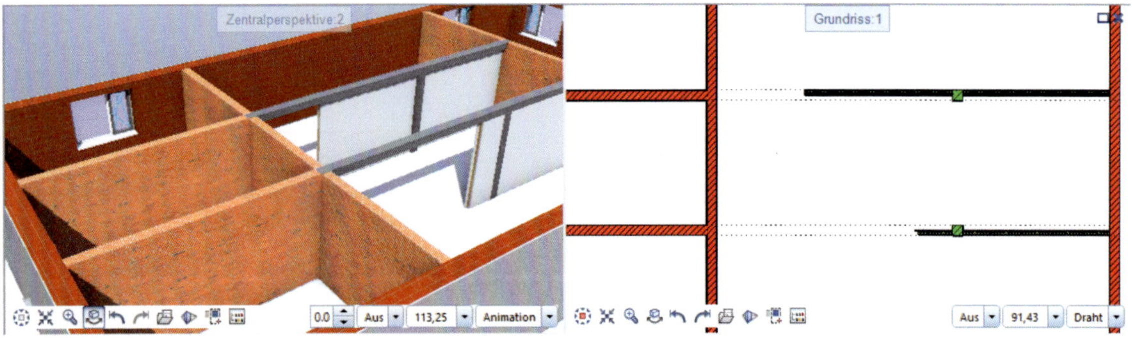

Ergebnis 2. Obergeschoss

Ergänzen Sie den Grundriss wie in der Abbildung dargestellt mit weiteren Wänden, Türen, Fenster und Räumen. Erzeugen Sie auch zwei Raumgruppen für die Wohnungen. Die Innentüren sollen mit der Oberkante an die vorhandene Abstandsebene angebunden werden. Für die Räume ist jeweils die linke Spalte als Vorlage zu verwenden. Das Treppenhaus sowie ein Balkon werden später hinzugefügt.

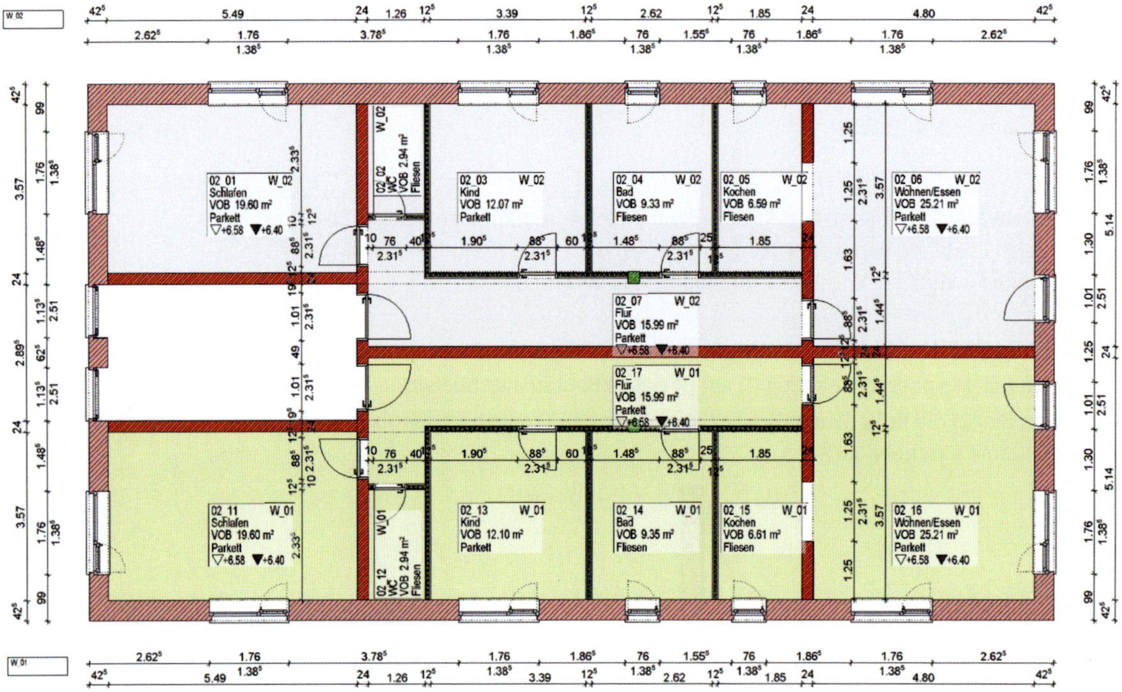

Darstellung im Maßstab
1 : 50

4.17.6 Fundamente

Der Neubau wird nicht unterkellert. Aus diesem Grund ist die Bodenplatte direkt unter dem Erdgeschoss anzuordnen. Zusätzlich werden Streifenfundamente mit einer Dämmung (Frostschürze) benötigt.

Die Höheneinstellungen der Bodenplatte gleichen denen der Wände und der Decken aus dem nächsten Beispiel. Die Dicke des Bauteils wird durch den Bezug zu den Standardebenen eingestellt, deren Werte über den Ebenenmanager gesteuert werden. Dies erleichtert die Eingabe und spätere Änderungen.

Bodenplatte

Projektbezogen öffnen

▷ PROJEKTBEZOGEN ÖFFNEN

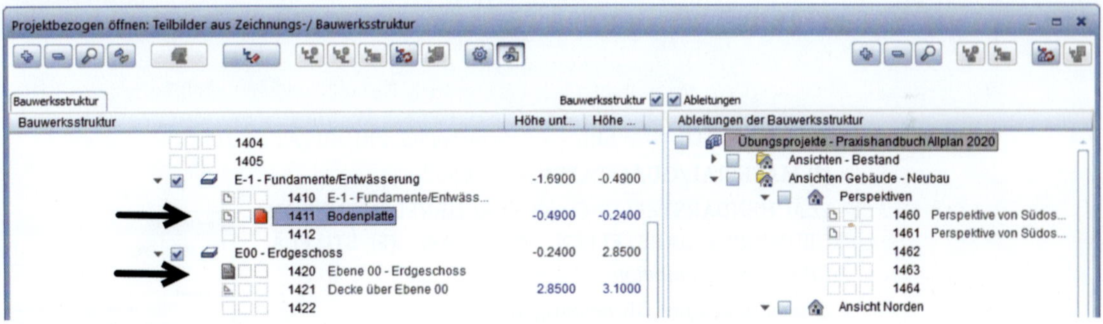

▷ Teilbild 1411 *(Bodenplatte)* aktiv, Teilbild 1420 *(Ebene 00 – Modell – Erdgeschoss)* passiv

▷ **PLATTENFUNDAMENT** oder Doppelrechtsklick auf Bauteil *01* im Assistenten **DECKE, DACH, BODENPLATTE**

Plattenfundament

Assistenten

Decke, Dach, Bodenplatte (Bauteil *01*)

▷ **EIGENSCHAFTEN**

▷ **(1) HÖHENBEZUG → HÖHE...**

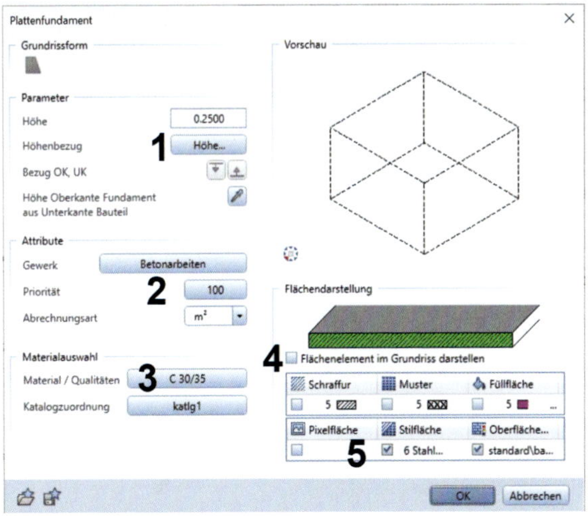

▷ **OBERKANTE** → *An obere Ebene*, **UNTERKANTE** → *An untere Ebene*, jeweils mit **ABSTAND** `0.00`

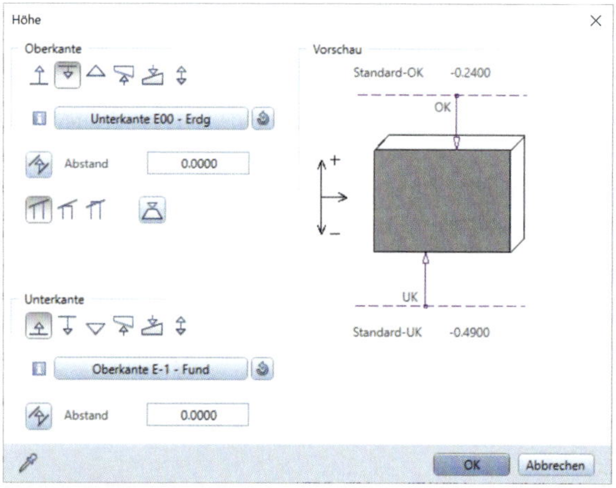

▷ **(2) ATTRIBUTE: GEWERK** → *Betonarbeiten*, **PRIORITÄT** → *100*

▷ **(3) MATERIAL/QUALITÄTEN** → *C 30/35*

▷ **FLÄCHENDARSTELLUNG: (4) FLÄCHENELEMENTE IM GRUNDRISS DARSTELLEN** deaktivieren, **(5) STILFLÄCHE** → *6 - Stahlbeton - 2*

▷ Einstellungen mit **OK** bestätigen

▷ **FORMAT** in der Palette **EIGENSCHAFTEN: LAYER** *AR_FLGR (Flachgründung)*; **STIFT VON LAYER, STRICH VON LAYER** und **FARBE VON LAYER** aktivieren

▷ Geben Sie die Abmessungen der Bodenplatte wie folgt an: Abstand (Dialogzeile) auf `-0,125` ändern und Punkt **(1)** anklicken (z. B. oben links)

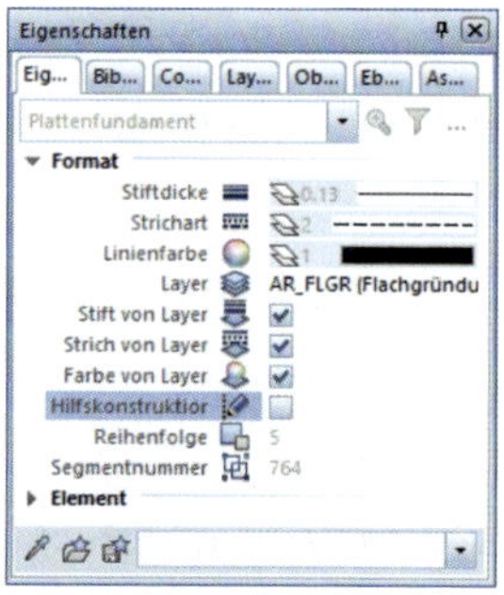

▷ Weitere Punkte **(2 bis 4)** anklicken und Eingabe mit **ESC** beenden oder Punkt **(1)** nochmals anklicken

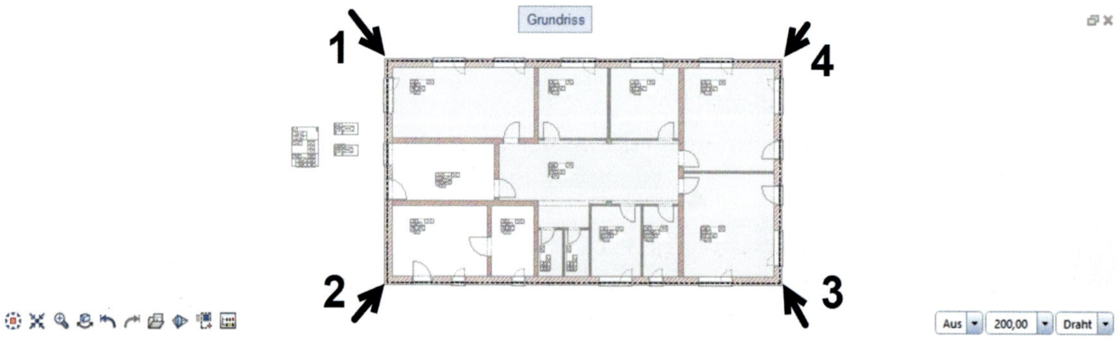

Streifenfundamente – Außenwände

Die Streifenfundamente dienen gleichzeitig auch als Frostschürze. Der Randdämmstreifen wird als Wand im nächsten Schritt erzeugt.

- ▷ PROJEKTBEZOGEN ÖFFNEN
- ▷ Teilbild 1410 *(-1 - Fundamente/Entwässerung)* aktiv, Teilbild 1411 *(Bodenplatte)* und Teilbild 1420 *(Ebene 00 - Modell - Erdgeschoss)* passiv
- ▷ STREIFENFUNDAMENT oder Doppelrechtsklick auf Bauteil *52* im Assistenten FUNDAMENTE
- ▷ Wählen Sie als Eingabeart **RECHTECKIG** aus **(1)** und stellen Sie in den Eingabeoptionen **AUSGEHEND VON DIAGONALE** ein **(2)**.
- ▷ **(3) EIGENSCHAFTEN**
- ▷ **(4)** Deaktivieren Sie die Option **ZENTRISCH UNTER WAND** und ändern den oberen Abstand der Achse auf `0,050 cm`.

Projektbezogen öffnen

Streifenfundament

Assistenten

Fundamente (Bauteil *52*)

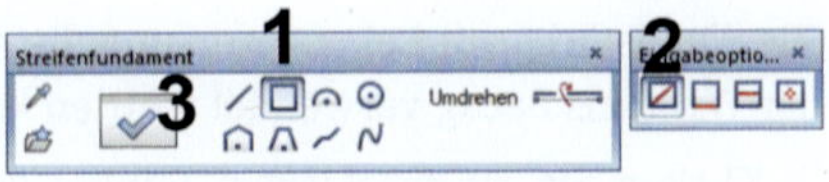

Mit dieser Einstellung können Sie die Innenkante der Wände abgreifen und das Fundament korrekt platzieren.

- ▷ Klicken Sie nacheinander zwei diagonal liegende Eckpunkte an. Achten Sie darauf, dass die Ausdehnung des Fundamentes unter der Wand ist. Sollte die Ausrichtung nicht korrekt sein, können Sie dies über die Funktion **UMDREHEN** korrigieren.

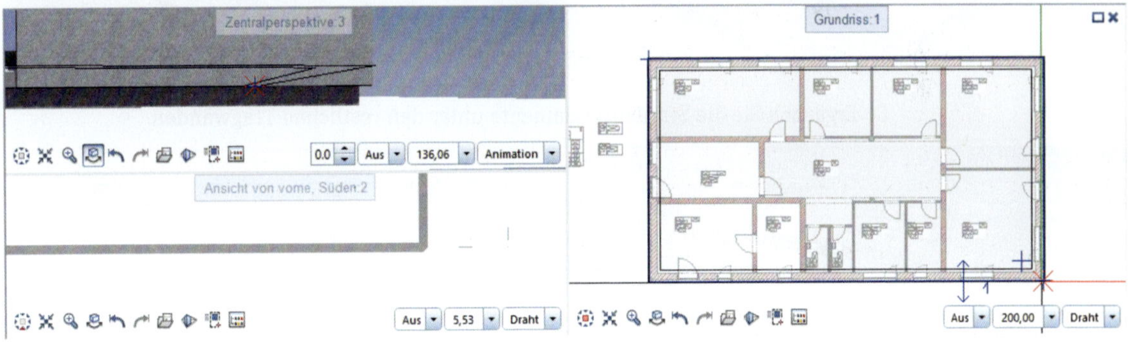

Streifenfundamente – Innenwände

Die tragenden Innenwände sollen auch Streifenfundamente erhalten. Hier ist kein Fundamenthals notwendig.

Streifenfundament

Assistenten

Fundamente (Bauteil *41*)

> **HINWEIS:** Durch die Form des Fundaments mit Fuß und der reduzierten Darstellung im Grundriss ist es an dieser Stelle notwendig, die Verschneidung der Bauteile durch eine exaktere Angabe zu unterstützen.

▷ Eigenschaften öffnen, Übernahme Wanddicke → 24er-Wand im Grundriss anwählen

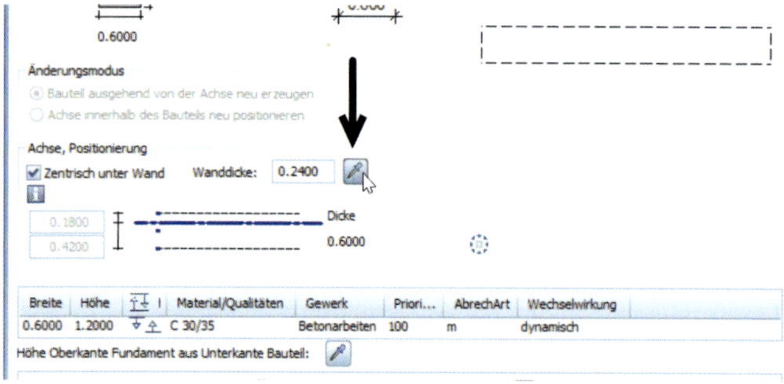

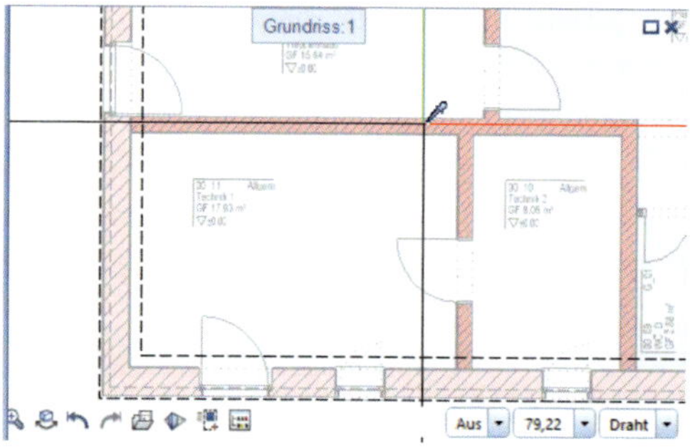

Die Wandstärke wird eingelesen und die Achsen werden so gesetzt, dass eine Außenkante der Wand als Bezug verwendet werden kann.

▷ Klicken Sie die markierten Punkte der Reihe nach an. Achten Sie darauf, dass bei einem Anschluss an vorhandene Fundamente nicht die Außenkante des Fundamentes, sondern die Wandkante angeklickt wird.

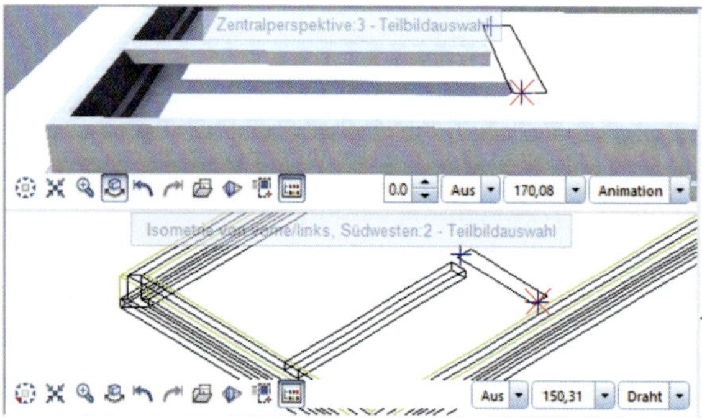

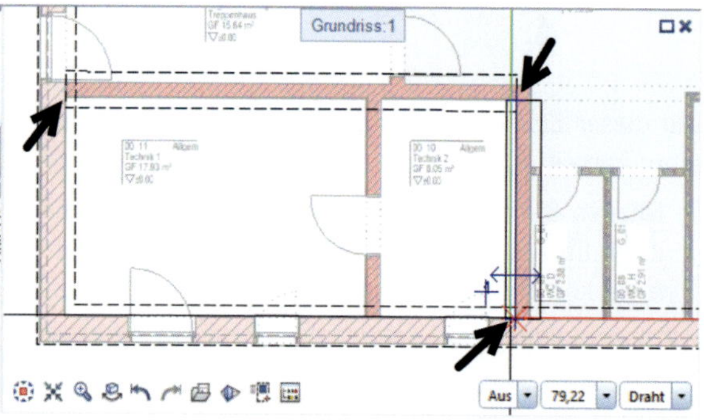

▷ Ergänzen Sie die Streifenfundamente unter den restlichen Tragwänden.

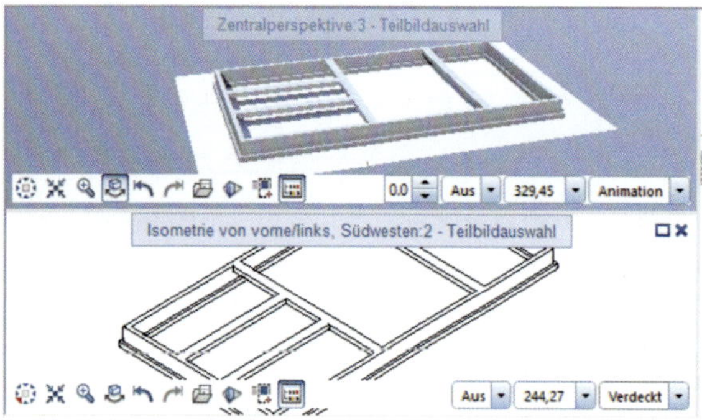

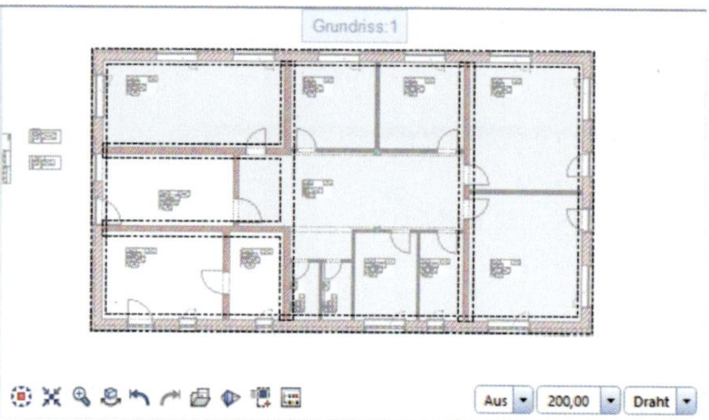

In den linken beiden Fenstern ist die Anzeige mit der Funktion **TEILBILDAUSWAHL** eingeschränkt, um die Übersicht zu erhöhen.

> **HINWEIS:** Bei Linienbauteilen, die einen unregelmäßigen Querschnitt (vom Rechteck abweichend) besitzen, kann es in Ecken zu Lücken kommen. Zeichnen Sie in solchen Fällen eine Diagonale als Hilfslinie und schließen Sie die Linienbauteile daran an.

Einzelfundament

Unter den beiden Stützen sollen Einzelfundamente angeordnet werden. Um die Übersicht zu verbessern, sollten Sie einige Layer ausblenden.

Layer (L)

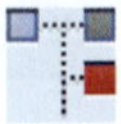
Objekte (O)

▷ Palette **LAYER**: Sichtbare Layer z.B. wie in der Abbildung dargestellt einschränken (Alternativ kann die Sichtbarkeit auch über die Palette **OBJEKTE** durch Ausblenden der Layer oder durch das unsichtbar Schalten der Objekte geändert werden.)

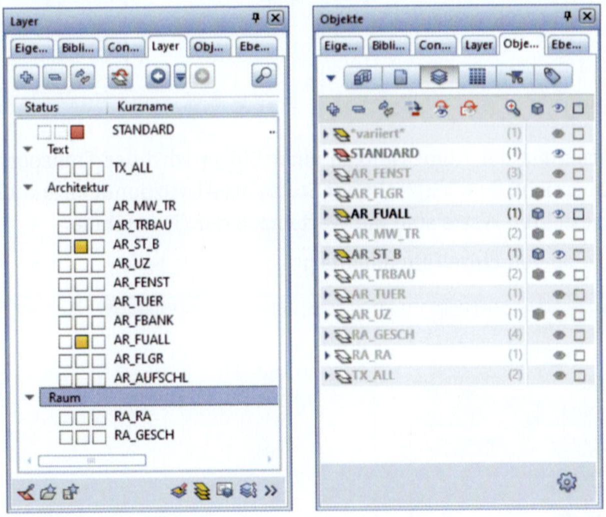

HINWEIS: Einstellungen aus der Palette **LAYER** bleiben auch bei einem Teilbildwechsel erhalten, während die Einstellungen, die Sie in der Palette **OBJEKTE** für Objekte getätigt haben, bei einem Teilbildwechsel zurückgestellt werden.

Streifenfundament

Assistenten

Fundamente (Bauteil *71a*)

Die Einstellungen in der Palette **LAYER** sind interaktiv. Jede Statusänderung wird also direkt im Teilbild sichtbar. Bei größeren Datenmengen kann dies zu gewissen Verzögerungen führen.

▷ **EINZELFUNDAMENT** oder Doppelrechtsklick auf Bauteil *71a* im Assistenten **FUNDAMENTE**

▷ **(1) TRANSPORTPUNKT** auf *unten links* ändern, **(2) EIGENSCHAFTEN** auswählen

▷ **POSITIONIERUNG** → **(3)** Übernahme → Stütze im Grundriss anwählen **(4)**

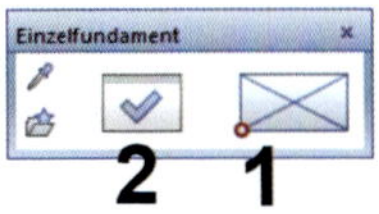

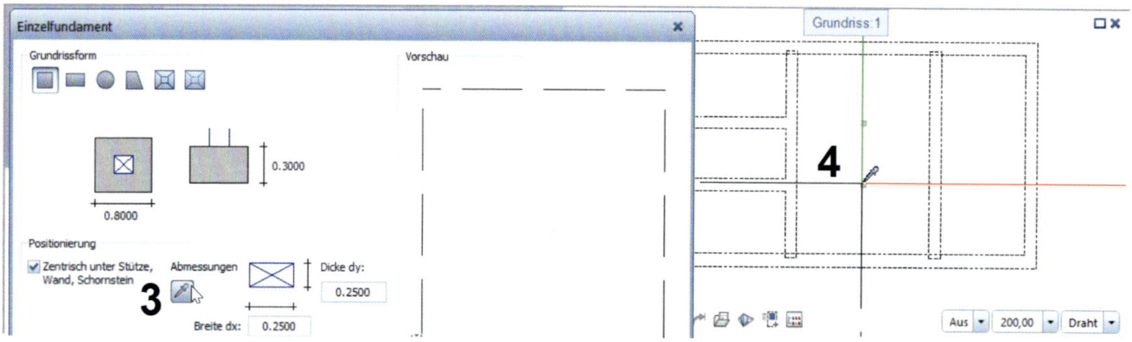

Durch die Übernahme der Abmessungen einer Stütze wird der Transportpunkt so optimiert, dass es ausreicht, den Eckpunkt der Stütze als Absetzpunkt anzuklicken. Die in der Abbildung dargestellten Werte sind die Werte nach der Übernahme.

▷ Setzen Sie die beiden Einzelfundamente ab.

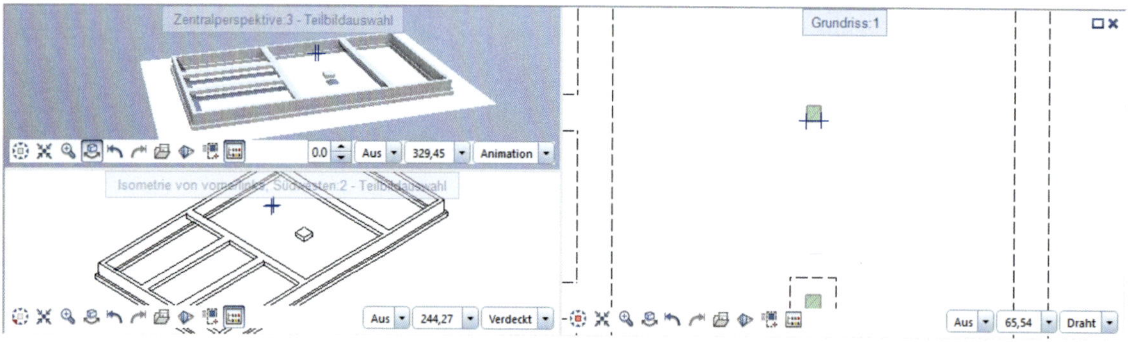

Dämmung unter der Bodenplatte

Die Dämmung unter der Bodenplatte kann entweder nur im Schnitt in 2D ergänzt oder als 3D-Bauteil mit erzeugt werden. Hierbei ist zu beachten, dass die Streifenfundamente der Außenwände im Grundriss nur mit der maximalen Breite dargestellt werden und somit im Grundriss keine Fangpunkte für den Fundamenthals vorhanden sind. Um dieses „Problem" zu umgehen, kann man die Perspektive als Eingabefenster nutzen.

Es ist ausreichend, wenn für den nächsten Schritt das Teilbild *1410* aktiv ist. Die restlichen Teilbilder sollten ausgeblendet werden.

Decke

Assistenten

Decke, Dach, Bodenplatte (Bauteil *81c*)

▷ Doppelrechtsklick auf Bauteil *81c* im Assistenten **DECKE, DACH, BODENPLATTE**

Kontrollieren Sie nach der Anwahl des Bauteils im Assistenten die Höheneinstellung. Das Bauteil (Decke) sollte mit der Oberkante an die obere Ebene gebunden sein und eine Bauteilhöhe von 20 cm besitzen (Unterkante).

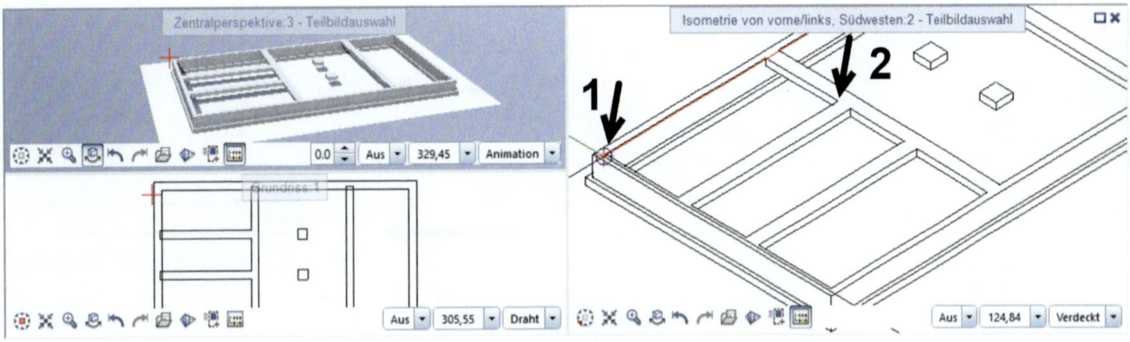

▷ Aktivieren Sie die Option **MULTI** und **PLUS** in den Eingabeoptionen und erzeugen Sie über Rechtecke die einzelnen Felder. Bei dem mittleren Feld erzeugen Sie ein Rechteck und ziehen die beiden Einzelfundamente mit **MINUS** wieder ab.

Die zu fangenden Punkte sind z.B. die Oberkanten der Fundamente. Alle Punkte können ohne Probleme in der Perspektive angewählt werden. Im Grundriss sollte die Dämmung über die Randlinie des Fundaments übergreifen.

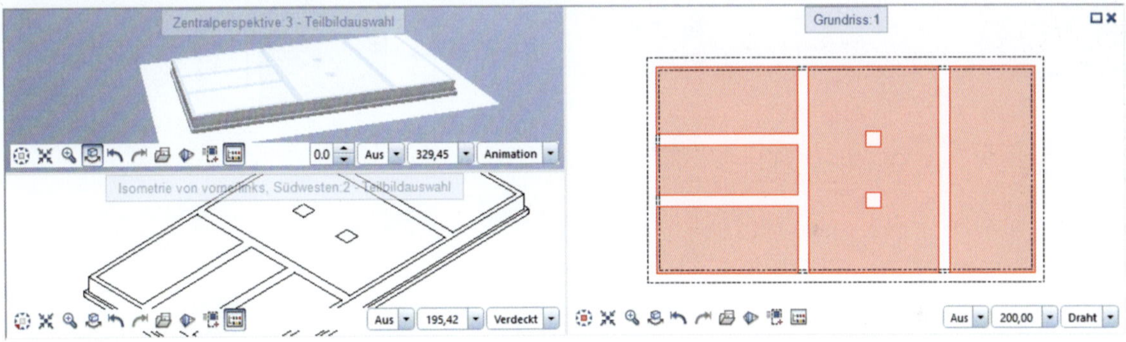

Randdämmstreifen

Als letztes Element im Bereich der Bodenplatte und der Fundamente fehlt nun noch die Außendämmung der Fundamente. Um die Höhe korrekt angeben zu können, sollten Sie in der Ansicht oder Perspektive Maß nehmen bzw. sich die gewünschte Höhe am Modell anschauen. Die Oberkante der Dämmung soll gleich der Oberkante der Bodenplatte sein, die Unterkante soll gleich der Oberkante des Streifenfundaments sein. Es ist deshalb sinnvoll, das Bauteil auf das Teilbild der Bodenplatte zu zeichnen und die Unterkante mit der Bauteilhöhe einzurichten.

Projektbezogen öffnen

▷ **PROJEKTBEZOGEN ÖFFNEN**

▷ Teilbild 1411 *(Bodenplatte)* aktiv, Teilbild 1410 *(-1 – Fundamente/Entwässerung)* passiv

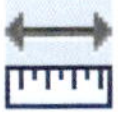
Strecke messen

▷ **STRECKE MESSEN:** Messen Sie die Strecke zwischen den beiden markierten Punkten. Der Abstand sollte in Z-Richtung 1,15 Meter betragen.

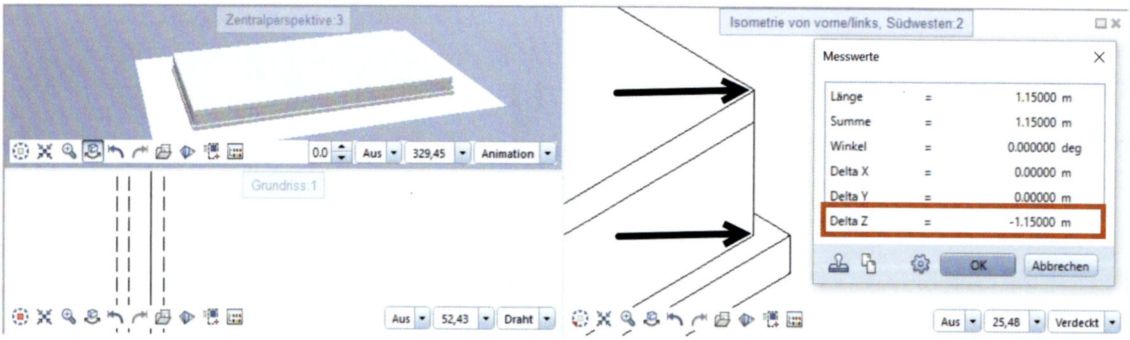

Wand

Assistenten

Decke, Dach, Bodenplatte (Bauteil *61b*)

▷ Doppelrechtsklick auf Bauteil *61b* im Assistenten **DECKE, DACH, BODENPLATTE**

▷ Öffnen Sie die Eigenschaften und ändern Sie unter **HÖHE** → **UNTERKANTE** die Einstellung auf eine Bauteilhöhe von `1,15 m`.

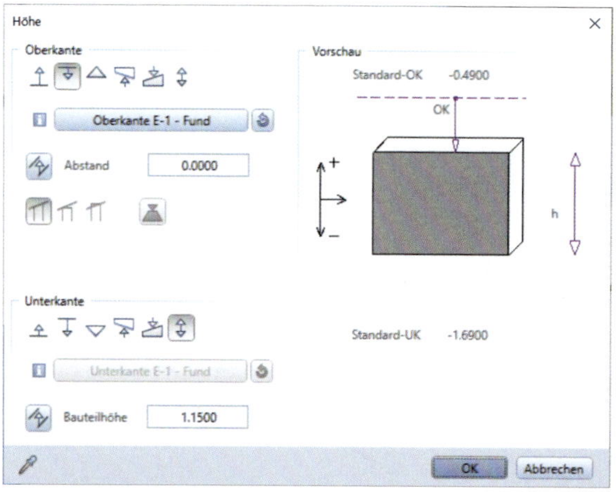

▷ Erzeugen Sie am äußeren Rand entlang die Randdämmung. Die Eingabe erfolgt auch wieder in der Perspektive, da die Punkte des Fundamenthalses im Grundriss nicht gefangen werden können.

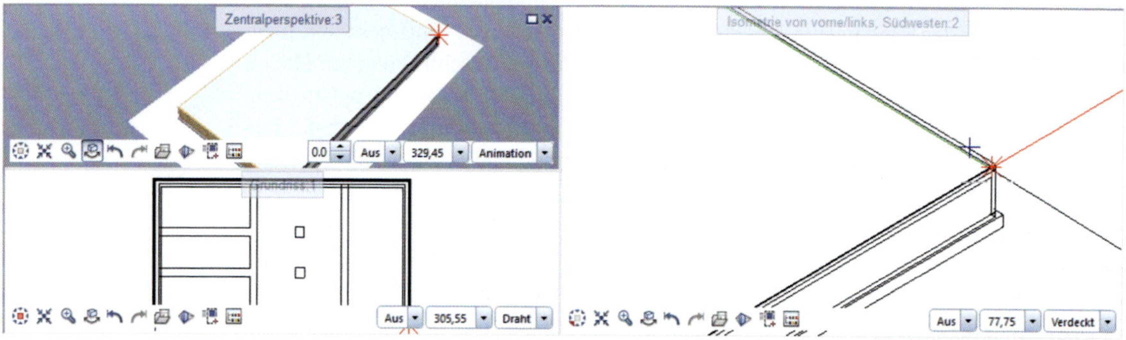

4.17.7 Decke

Im Gebäude werden drei Decken benötigt, die jeweils einen Randdämmstreifen erhalten sollen (ähnlich der Bodenplatte). Die Höheneinstellungen der Decken sind die gleichen wie bei den Wänden in den Geschossen. Die Höhe wird aus den Einstellungen mit den eingestellten Ebenen automatisch ermittelt. Die Änderung der Deckenstärke erfolgt auf komfortable Weise über den Ebenenmanager.

TIPP: Die Decken inklusive des Randdämmstreifens sind im Grundriss in der Entwurfs-/Genehmigungsplanung nicht sichtbar, sollten aber dennoch erzeugt werden, um bei der Generierung von Schnitten eine fertige Zeichnung zu erhalten. Zudem werden alle Bauteile für ein BIM-konformes Modell benötigt und es lassen sich so deutlich mehr Mengen aus dem Modell generieren.

Decke

Übernehmen Sie alle Einstellungen aus dem Assistenten. Kontrollieren Sie dennoch die Einstellungen. Der Aufbau des Dialogs **DECKE** ist nahezu identisch mit dem der Bodenplatte.

Projektbezogen öffnen

Decke

Assistenten

Decke, Dach, Bodenplatte (Bauteil *11*)

- ▷ **PROJEKTBEZOGEN ÖFFNEN**
- ▷ Teilbild 1421 (Decke über *Ebene 00*) aktiv, Teilbild 1420 *(Ebene 00 - Modell - Erdgeschoss)* passiv, alle Layer sichtbar
- ▷ **DECKE** oder Doppelrechtsklick auf Bauteil *11* im Assistenten **DECKE, DACH, BODENPLATTE**
- ▷ **EIGENSCHAFTEN:**
- ▷ **HÖHENBEZUG** → **HÖHE...**
- ▷ **OBERKANTE** → *An obere Ebene*, **UNTERKANTE** → *An untere Ebene*
- ▷ jeweils mit **ABSTAND** `0.00`
- ▷ **ATTRIBUTE: GEWERK** → *Betonarbeiten*, **PRIORITÄT** → *100*
- ▷ **MATERIAL/QUALITÄTEN** → *C 30/35*
- ▷ **FLÄCHENDARSTELLUNG: FLÄCHENELEMENTE IM GRUNDRISS DARSTELLEN** deaktivieren; **STILFLÄCHE** → *6 - Stahlbeton - 2*
- ▷ Einstellungen mit **OK** bestätigen
- ▷ **FORMAT** in der Palette **EIGENSCHAFTEN: LAYER** *AR_DECKE (Decke)*; **STIFT VON LAYER, STRICH VON LAYER** und **FARBE VON LAYER** aktivieren

Geben Sie die Abmessungen der Decke mit einem Abstand von `0,14 cm` zur Außenkante der Ziegelwand wie in der Abbildung dargestellt an. Das Treppenloch können Sie, wenn Sie die Option **MULTI** aktivieren, direkt von dem großen Bereich abziehen. Alternativ können Sie auch nach dem Erzeugen der Decke über das Kontextmenü der Decke die Funktion **FLÄCHENELEMENTE, AR-FLÄCHE, BEREICH MODIFIZIEREN** das Loch aussparen.

Achten Sie darauf, dass mit einem Punkt mit Abstand angefangen werden muss, um bei der weiteren Eingabe die Option zu haben, den Abstand wechseln zu können.

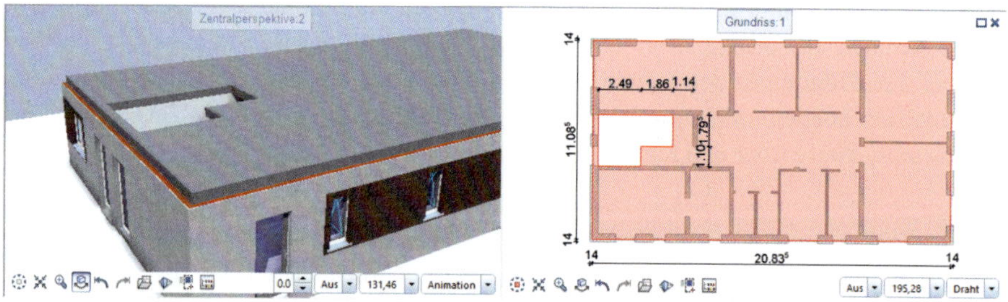

Decke über *Ebene 00*

Decke über *Ebene 01*

Erzeugen Sie die Decke über *Ebene 01* auf gleiche Weise mit dem exakt gleichen Loch für die Treppe. Bei der Decke über *Ebene 01* ist es sinnvoll, die Decke über *Ebene 00* mit einzublenden, um deren Abmessungen zu übernehmen. Die Decke über *Ebene 02* (Obergeschoss) soll ohne Aussparung durchlaufen.

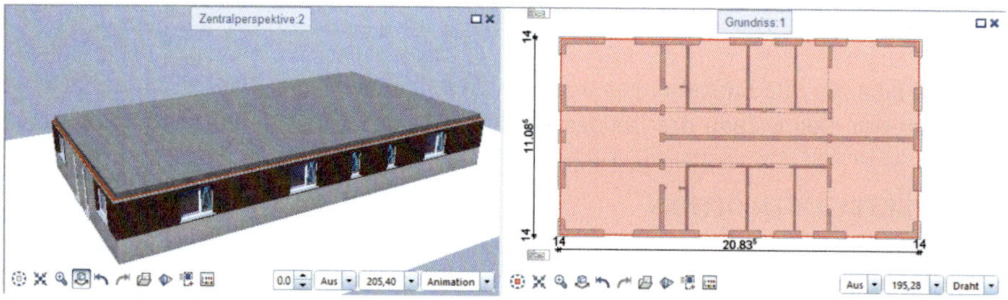

Decke über *Ebene 02*

Randdämmstreifen

Betrachtet man das gesamte Modell (alle Teilbilder mit 3D-Geometrien aktiviert), so stellt man fest, dass auf Deckenhöhe Streifen vorhanden sind, die eine Fehlstelle in der Dämmung darstellen. Zum Ergänzen dieses Streifens gibt es mehrere Möglichkeiten. Auf dem Teilbild der Wände kann das Bauteil *Aufkantung* mit der gewünschten Höhe erzeugt werden, bei mehrschichtigen Wänden können die äußeren Schichten höher angebunden werden, oder man erzeugt auf dem Teilbild der Decke eine ein- oder mehrschichtige Wand mit der Höheneinstellung der Decke. Die letzte Variante hat den Vorteil, dass die Anbindung an die Ebenen gleich der Decke sind und bei einem eventuell notwendigen Deckenplan der Randdämmstreifen korrekt mit dargestellt wird.

 Wand

 Assistenten

 Decke, Dach, Bodenplatte (Bauteil *62c*)

▷ Doppelrechtsklick auf Bauteil *62c* im Assistenten **DECKE, DACH, BODENPLATTE**

▷ Randdämmstreifen entlang der Außenwände erzeugen

Erstellen Sie auf den Teilbildern 1421, 1431 und 1441 die Randdämmstreifen.

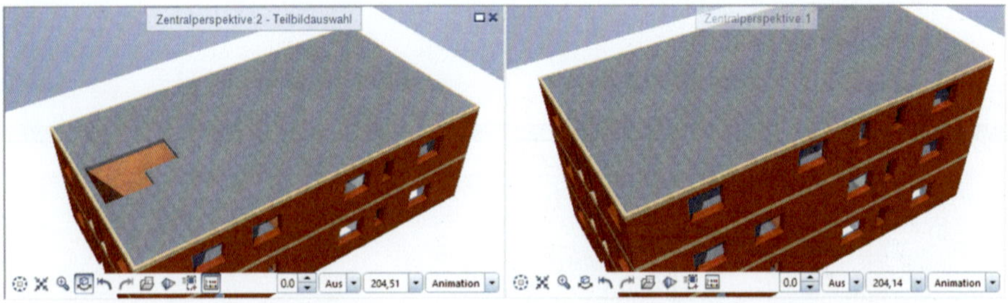

Darstellungen mit teilweise ausgeblendeten Layern sowie teils aktiver Teilbildauswahl im Konstruktionsfenster

Deckenaussparung für Abwasserleitungen

Als Beispiel für Deckenaussparungen sollen sechs Aussparungen erzeugt werden.

▷ PROJEKTBEZOGEN ÖFFNEN

Projektbezogen öffnen

▷ Teilbild 1431 (Decke über *Ebene 01*) aktiv, Teilbild 1420 *(Ebene 01 - Modell - 1. Obergeschoss)* Teilbild 1430 *(Ebene 02 - Modell - 2. Obergeschoss)* passiv

▷ **AUSSPARUNG, DURCHBRUCH IN DECKE, PLATTE** oder Bauteil *31a* aus dem Assistenten **DECKE, DACH, BODENPLATTE** übernehmen

Aussparung, Durchbruch in Decke, Platte

Assistenten

Decke, Dach, Bodenplatte (Bauteil *32a*)

Achten Sie bei der Übernahme aus dem Assistenten darauf, dass in der Elementinfo der Text Deckendurchbruch erscheint.

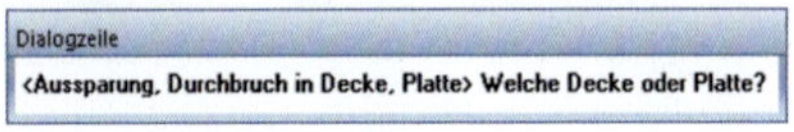

▷ Identifizieren Sie die Decke durch Anklicken

▷ **TRANSPORTPUNKT** → oben Mitte

▷ **EIGENSCHAFTEN: TYP** → **DURCHBRUCH, GRUNDRISSFORM** → **RECHTECK** → **BREITE** → *0,30* → **LÄNGE** → *0,20*

▷ Setzen Sie die Aussparung wie in der Abbildung dargestellt in der Mitte zwischen den sichtbaren Fenstern ab.

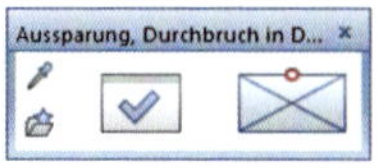

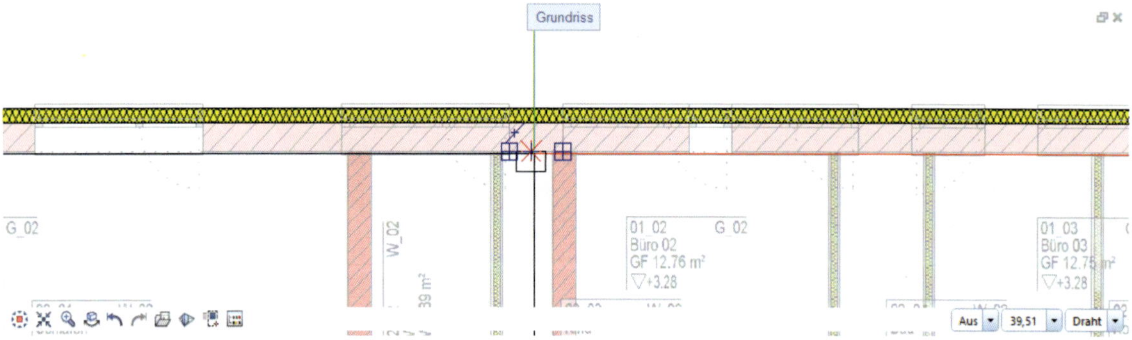

TIPP: Ändern Sie in der Bildschirmdarstellung die Einstellung für Flächenelemente im Hintergrund, wenn die Flächenelemente die Fenster komplett überdecken. Nutzen Sie die Spurlinie. Wenn Sie jeweils die Eckpunkte der Fenster „aufsammeln", wird der Mittelpunkt dazwischen direkt fangbar.

▷ Fügen Sie die bemaßten fünf weiteren Aussparungen ein.

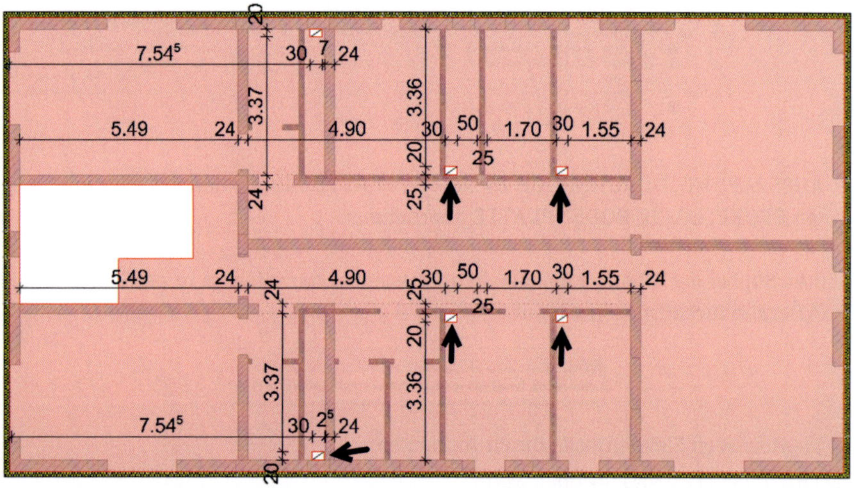

In der Decke über dem Erdgeschoss sowie in der Bodenplatte sind die gleichen Aussparungen einzusetzen. In der Decke über dem 2. Obergeschoss werden entweder gleich große Aussparungen oder kleinere Aussparungen (ca. 15 × 15) benötigt, um die Entlüftungsleitungen über das Dach führen zu können.

HINWEIS: Große Deckenöffnungen können alternativ direkt mit der Funktion **FLÄCHENELEMENT, AR-FLÄCHE, BEREICH MODIFIZIEREN** von der Fläche (Decke) abgezogen werden. Der Vorteil daran ist, dass an den Schnittkanten Putz erzeugt werden kann. Der Nachteil daran ist, dass solche „Öffnungen" in der Auswertung immer abgezogen werden. Die VOB-Regeln wirken nur auf Öffnungen.

Flächenelement, Ar-Fläche, Bereich modifizieren

Installationsschächte ergänzen

In den einzelnen Geschossen sind jeweils um die Aussparungen herum Trockenbauwände zu ergänzen und die Räume um die entstandenen Schachtflächen zu reduzieren.

Sie benötigen dazu die Funktionen **FLÄCHENELEMENT, AR-FLÄCHE, BEREICH MODIFIZIEREN** aus dem Kontextmenü der Räume sowie die Schachtwände (Funktion Wand) aus dem Assistent **WÄNDE, STÜTZEN, UNTERZÜGE**. Im Beispiel ist Bauteil *18b* verwendet worden. Ändern Sie zuerst den Raum, indem Sie den Bereich großzügig entfernen, zeichnen Sie dann die Schachtwände ein und ergänzen Sie zuletzt den Raum wieder in dem Bereich.

Flächenelement, AR-Fläche, Bereich Modifizieren

Assistenten

Wände, Stützen, Unterzüge

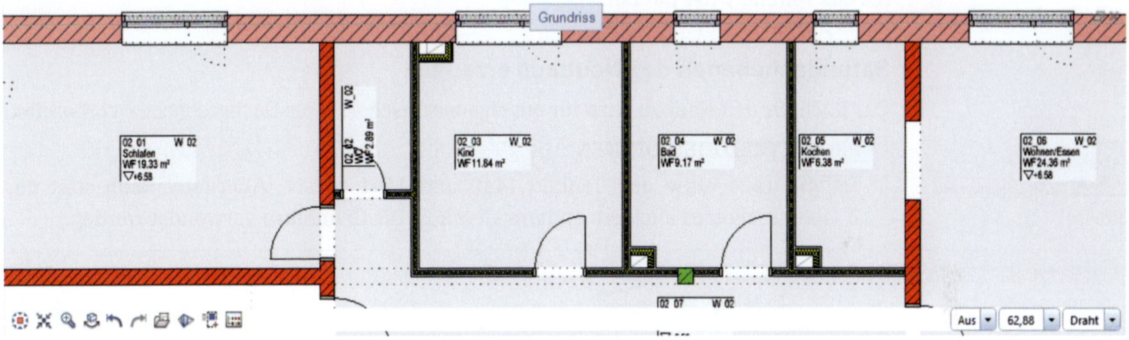

■ 4.18 Beispiel – Dachgeschoss

Das Gebäude soll ein nicht ausgebautes Dachgeschoss erhalten. Die Dachform ist ein Satteldach. Im ersten Schritt wird die Dachebene erzeugt, die in den Ebenenmanager eingelesen wird. Die Dachlandschaft aus dem Ebenenmanager wird den Teilbildern und/oder Strukturstufen zugeordnet und dort verwendet. Im zweiten Schritt wird die Dachlandschaft den Teilbildern/Strukturstufen zugeordnet und die Dachhaut sowie weitere Bauteile werden erzeugt.

HINWEIS: Zum Erzeugen der Dachform kann entweder die Dachebene oder eine Dachfläche verwendet werden. Aufgrund der leider bestehenden Einschränkung in der Nutzung der Dachfläche (Dachfläche kann nicht teilbildübergreifend über den Ebenenmanager verwendet werden) bleibt die neue Funktion **DACHFLÄCHE** an dieser Stelle unbenutzt. Lesen Sie die Hilfe von Allplan für weitere Erläuterungen zur Funktion **DACHFLÄCHE**.

4.18.1 Dachebene/Dachlandschaft

Die für die Form notwendige Vorkonstruktion – Dachebene – soll auf einem eigenen Teilbild erzeugt werden. Es ist zumeist sinnvoll, die Ebene außerhalb des eigentlichen Geschosses zu erzeugen, um nicht Gefahr zu laufen, eine doppelte Ebenenzuweisung zu erhalten.

Dazu werden das 2. Obergeschoss und die Decke über dem 2. Obergeschoss passiv in den Hintergrund gelegt und das für die Vorkonstruktion notwendige Teilbild aktiv. Benennen Sie das Teilbild 1404 mit *Dach Gebäude*.

Satteldachebenen des Neubaus erzeugen

Das Dach für den Neubau wird für ein eigenes Geschoss – als Dachgeschoss – vorbereitet.

Projektbezogen öffnen

▷ PROJEKTBEZOGEN ÖFFNEN

▷ Teilbild 1404 aktiv und Teilbild 1440 und 1441 passiv (Alternativ kann statt des 2. Obergeschosses auch ein anderes Geschoss als Grundlage verwendet werden.)

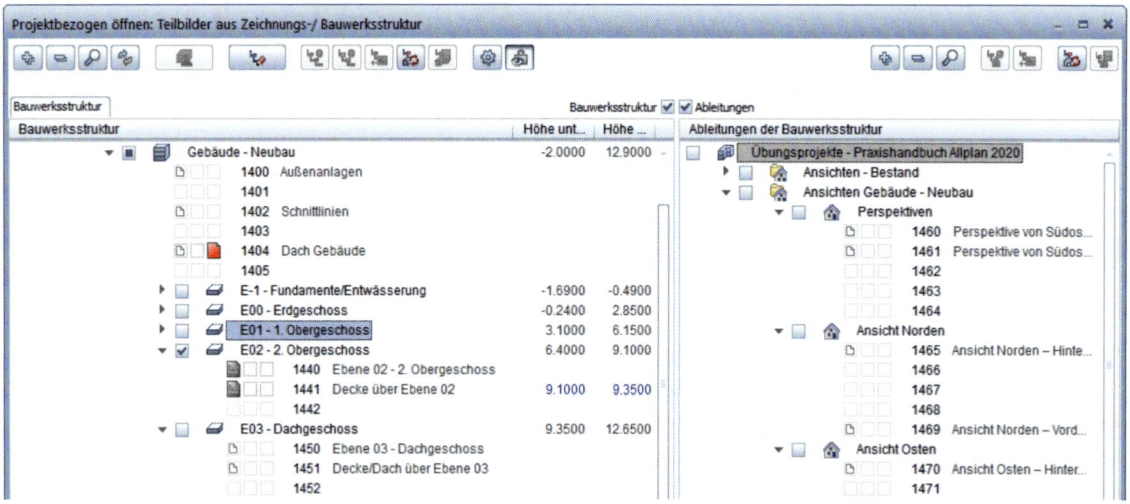

Dachebene

▷ **DACHEBENE:** Rolle *Architektur* – Aufgabenbereich **ROHBAU** – Bereich **DACH**

▷ Geben Sie den Umriss (Pfeile) der Dachebene des Neubaus an.

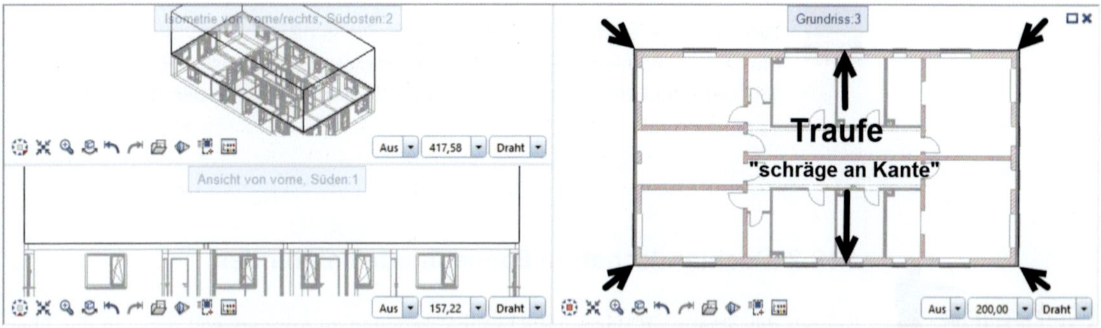

Es wurden Layer ausgeblendet, um die Übersicht zu erhöhen.

▷ Ändern Sie die Werte in der Dialog-Symbolleiste wie in der Abbildung angegeben ab (**NEIGUNG:** `30,00`, **TRAUFHÖHE:** `9,50`, **OBERKANTE:** `15,00` und **UNTERKANTE:** `9,35`).

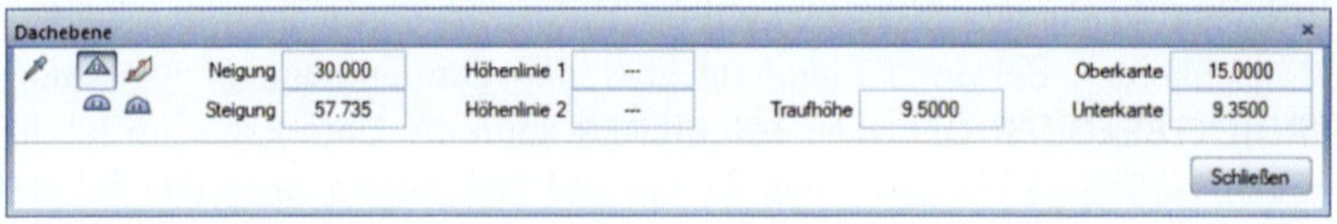

▷ Klicken Sie die obere und untere Kante (**SCHRÄGE AN KANTE**) nacheinander an. An dieser Stelle sollen die Traufen sein.

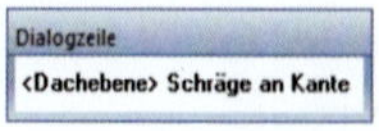

Überprüfen Sie die Ebene in der Perspektive oder mit der Drei-Fenster-Darstellung. Die Dachform sollte nun sichtbar sein.

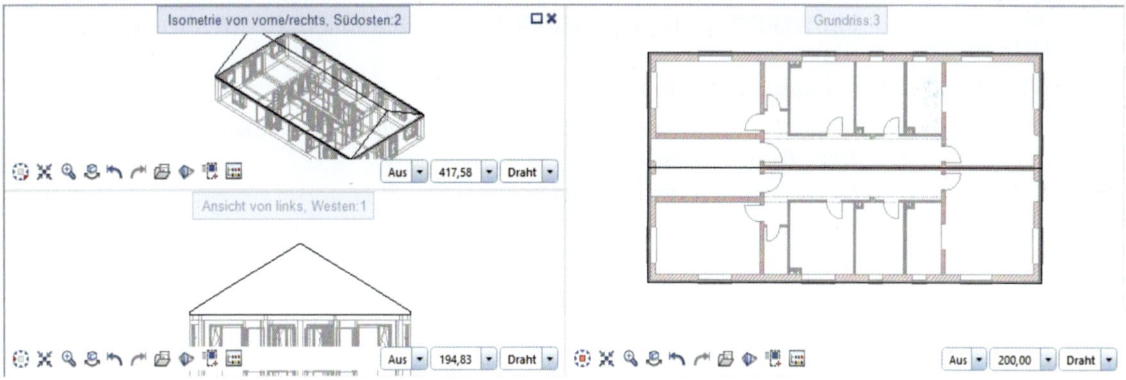

HINWEIS: Die Unterkante entspricht der Höhe der unteren Ebene des 3. Obergeschosses. Den Wert finden Sie z. B. in der Palette **EBENEN**.

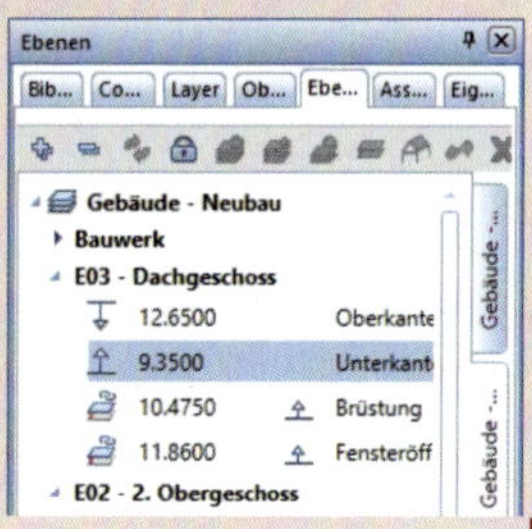

TIPP: Die getätigten Einstellungen für Neigung und Traufhöhe gelten **immer** für die nächste Kante, die Sie anklicken. Somit ist es leicht möglich, unterschiedliche Traufhöhen und/oder Neigungen für alle Dachseiten zu definieren.

4.18.2 Dachlandschaft in Ebenenmodell einbinden

Um mit der erzeugten Dachebene optimal arbeiten zu können, soll diese in das Ebenenmodell *Gebäude - Neubau* eingebunden werden. Dies kann entweder über die Palette EBENEN oder über den Ebenenmanager in der Bauwerksstruktur erfolgen.

HINWEIS: In Version 2020 besteht ein Unterschied zwischen den beiden Möglichkeiten. Bei der Einbindung über den Ebenenmanager im Dialog **PROJEKTBEZOGEN ÖFFNEN: TEILBILDER** kann die Unterkante im Nachhinein verändert werden. Dies ist bei der Einbindung über die Palette **EBENEN** nicht möglich.

 Projektbezogen öffnen

 Bauwerksstruktur, Ebenenmodell bearbeiten

 Ebenenmanager

 Dachlandschaft einfügen

Dachlandschaft in Ebenenmodell einfügen

▷ PROJEKTBEZOGEN ÖFFNEN: TEILBILDER AUS ZEICHNUNGS-/BAUWERKSSTRUKTUR

▷ BAUWERKSSTRUKTUR, EBENENMODELL BEARBEITEN – (Workgroup, Share-Projekt)

▷ EBENENMANAGER

▷ Öffnen Sie das Ebenenmodell *Gebäude - Neubau* und markieren Sie das Geschoss *E03 - Dachgeschoss*.

▷ DACHLANDSCHAFT EINFÜGEN

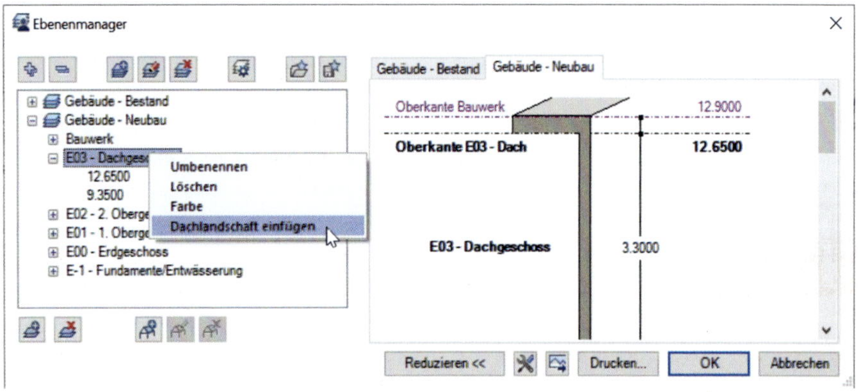

▷ **AUS TEILBILD** → Teilbild 404 auswählen → Auswahl bestätigen **(1)**

▷ Benennen Sie die **DACHLANDSCHAFT** bei Bedarf um **(2)**.

▷ Wählen Sie unter **DACHLANDSCHAFT IN EBENENMODELL EINFÜGEN** die erste Option aus, da die Dachebene auf der richtigen Höhe erzeugt worden ist.

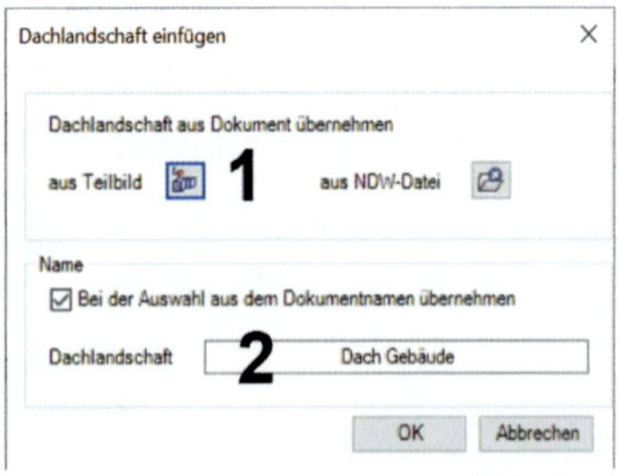

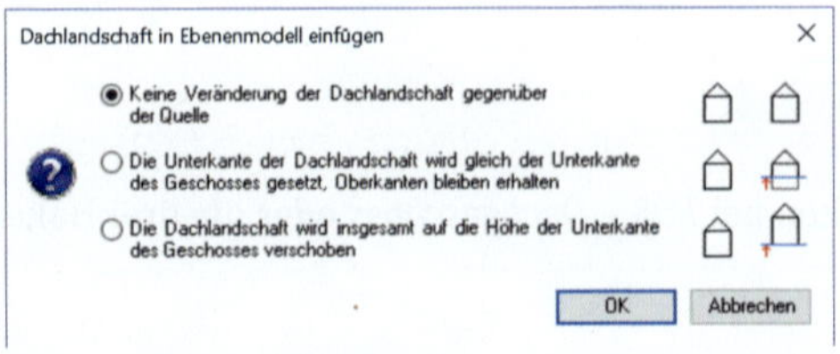

Die Dachlandschaft wird nun im Ebenenmanager angezeigt und kann nach Verlassen des Ebenenmanagers Teilbildern und/oder Strukturen zugewiesen werden.

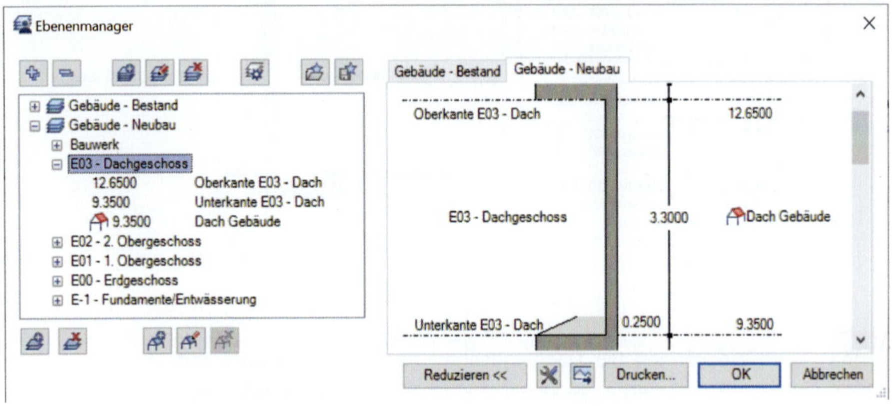

Dachlandschaft an Teilbilder und/oder Strukturstufen zuweisen

Der Vorgang, mit dem Sie einem Teilbild oder einer Strukturstufe eine Dachlandschaft zuweisen, läuft exakt so ab wie das Zuweisen der Ebenen aus dem Ebenenmodell an Strukturstufen und Teilbilder.

HINWEIS: Ebenen können jederzeit an Teilbilder zugewiesen werden, ohne dass der Bearbeitungsmodus der Bauwerksstruktur umgeschaltet wird. Für die Zuweisung von Ebenen an eine Strukturstufe muss die Funktion **BAUWERKSSTRUKTUR, EBENENMODELL BEARBEITEN** angewählt werden.

Projektbezogen öffnen

▷ **PROJEKTBEZOGEN ÖFFNEN**

▷ Markieren Sie die Strukturstufe *E03 – Dachgeschoss*.

▷ **EBENEN ZUWEISEN** (über das Kontextmenü der Strukturstufe)

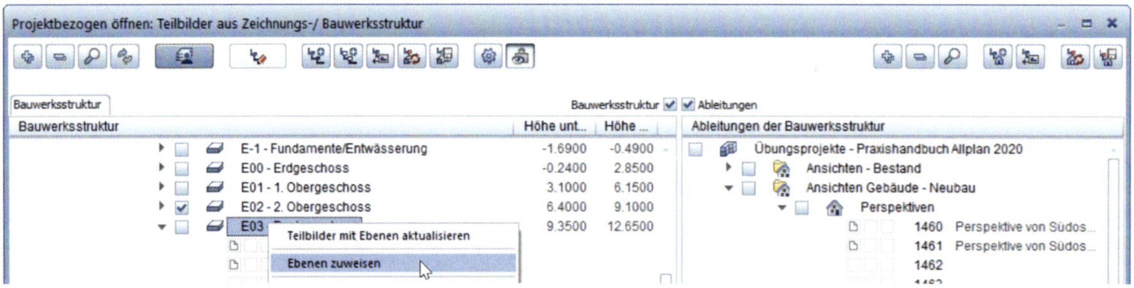

▷ Setzen Sie den Haken bei *E03 – Dachgeschoss* oder die drei Haken einzeln.

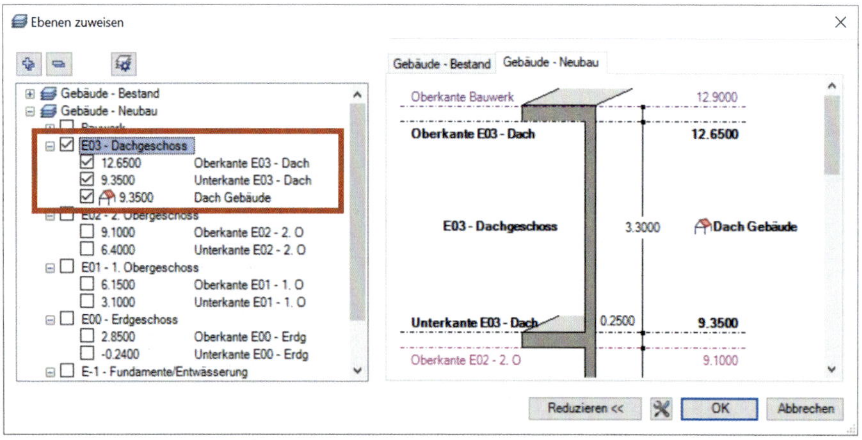

TIPP: Sie können die Dachlandschaft nach Belieben auch mit anderen Ebenen kombinieren, genauso wie ein Teilbild im Bereich des Dachgeschosses auch nur die Standardebenen (obere und untere Ebene) zugewiesen bekommen kann. Nutzen Sie bei Bedarf alle möglichen Varianten aus.

▷ Bestätigen Sie die Zuweisung mit **OK**.

▷ Wählen Sie die Option *Information aus dem Ebenenmodell auf alle Teilbilder des BWS-Knotens übertragen* im Dialog **ETAGE-VERHALTEN BETROFFENER TEILBILDER**.

▷ Bestätigen Sie mit **OK**.

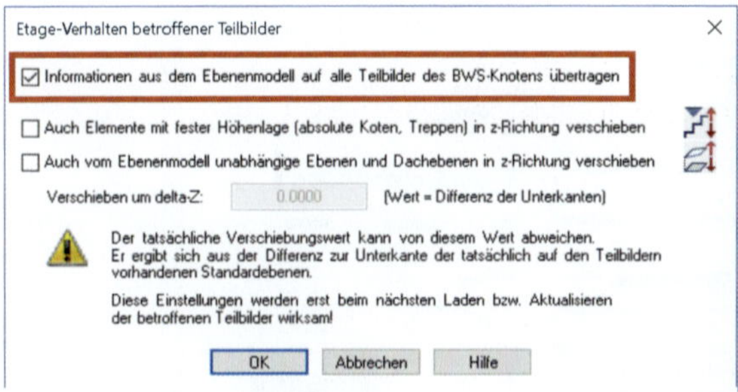

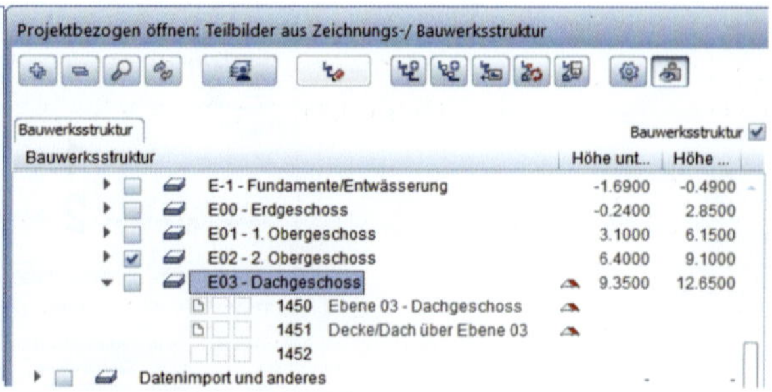

Die Informationen werden auf alle Teilbilder übertragen. Bei den Teilbildern, die bereits einen Inhalt besitzen, und bei benannten Teilbildern erscheint das Symbol für die Dachlandschaft. Die Ebeneneinstellung der Standardebenen wird nicht angezeigt, da diese gleich der Einstellung der Strukturstufe ist.

Sobald ein neues, leeres Teilbild geöffnet wird, das einer Strukturstufe mit zugewiesener Dachlandschaft untergeordnet ist, wird dem Teilbild neben den Ebeneneinstellungen auch die Dachlandschaft automatisch zugewiesen.

4.18.3 Dach

Die Dachhaut kann - ähnlich der Wand - nur mit einer Schichtdefinition über den gesamten Bereich erzeugt werden. Um unterschiedliche Schichtfolgen für den Dachüberstand und einen gedämmten mittleren Dachbereich zu erhalten, gibt es unterschiedliche Lösungsansätze. Ein Ansatz ist, den Dachüberstand als eigene Dachhaut zu erzeugen. Alternativ kann die Dachhaut auch in einem Stück im Bereich des Dachüberstandes konstruiert werden (entweder nur als „dünne" Haut oder mit Dämmpaket).

Wenn geplant ist, den Entwurf mit Sparren zu ergänzen, oder wenn es sich um einen ungedämmten Dachraum handelt, kann die Dachhaut mit einer Schichtfolge erzeugt werden, bei der die Unterkante der Dachhaut gleich der Oberkante der Sparren ist. Die Dachhaut selbst stellt in diesem Falle nur die Schalung mit Unterdach und Dacheindeckung dar.

Der Neubau soll einen ungedämmten Dachraum erhalten. Eine Dämmung wird mittels einer Decke im Dachbereich, ähnlich der Dämmung unter der Bodenplatte, erzeugt.

Dachhaut

- ▷ PROJEKTBEZOGEN ÖFFNEN
- ▷ Teilbild 1441 aktiv, Teilbild 1420, 1421, 1430, 1431, 1440 und 1441 passiv (Alternativ reicht es, wenn nur das 2. Obergeschoss mit eingeblendet wird.)
- ▷ **DACHHAUT** oder Doppelrechtsklick auf Bauteil *21* im Assistenten **DECKE, DACH, BODENPLATTE**
- ▷ **HÖHENBEZUG** → `0.00` (Detaileinstellung an obere Ebene und als Einstellung die Oberkante des aktiven Geschosses)
- ▷ EINGABEPOLYGON IM GRUNDRISS → OBERKANTE

Projektbezogen öffnen

Dachhaut

Assistenten

Decke, Dach, Bodenplatte (Bauteil *21*)

Form First

Form Traufe

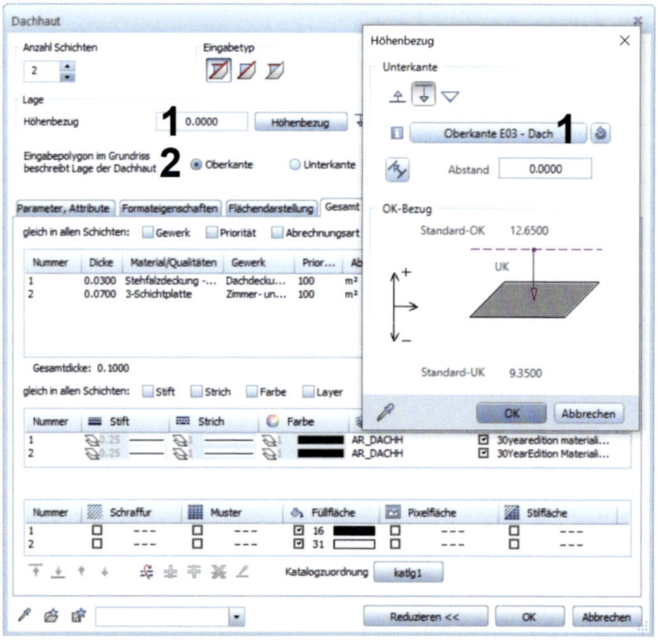

▷ Bestimmen Sie im Grundriss die Ausdehnung der Dachhaut über dem Baukörper so, dass der Dachüberstand allseitig `25 cm` beträgt (z. B. in der Dialogzeile über **ABSTAND**).

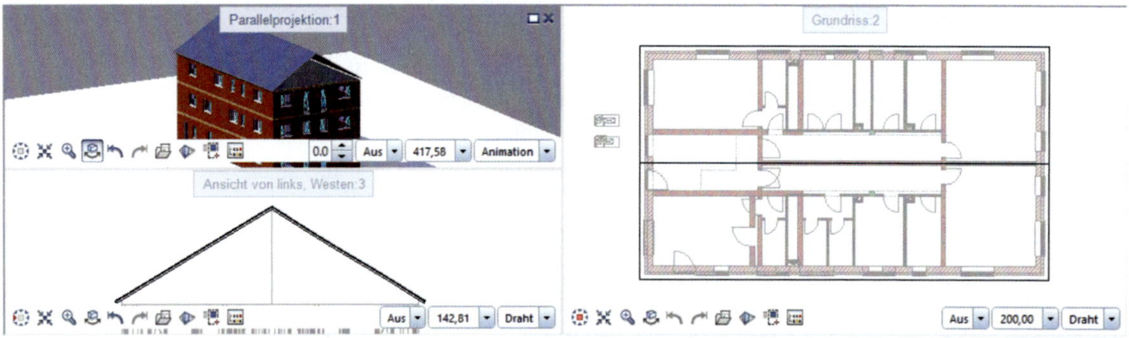

Es wurden Layer ausgeblendet, um die Übersicht zu erhöhen.

Dachgeschoss

Das Dachgeschoss soll nicht ausgebaut werden. Erzeugen Sie umlaufend auf Teilbild 1440 eine Außenwand (Bauteil *03b*, Assistent **WÄNDE, STÜTZEN, UNTERZÜGE**). Als Dämmung verwenden Sie Bauteil *91c* aus dem Assistenten **DECKEN, DACH, BODENPLATTE**. Die Decke, welche als Dämmung verwendet werden soll, ist an die untere Ebene mit dem Abstand *0.00* angebunden und hat eine Bauteilhöhe von 20 cm. Des Weiteren benötigen Sie im Dachgeschoss das Bauteil *Geschoss*, um den Rauminhalt (Unterkante mit *0,00* an die untere Ebene angebunden, Oberkante mit einem Abstand von 10 cm lotrecht an die obere Ebene angebunden), den Außenputz (Bauteil *45*, Assistent **RÄUME UND GESCHOSSE**) und Räume darzustellen.

4.18.4 SmartParts für Öffnungen

Alle Fenster und Türen, die im Beispielprojekt (und in den Assistenten) verwendet werden, enthalten SmartParts für Öffnungen. Die Objekte können an vielen Stellen relativ einfach selbst den Bedürfnissen angepasst werden. Da die Möglichkeiten wie auch die Anforderungen nahezu unendlich sind, wird das System nur an einem Objekt erläutert. Der wesentliche Unterschied zwischen **SMARTPART TÜREN** und **SMARTPART FENSTER** besteht darin, dass bei Fenstern zusätzlich Sonnenschutz und Fensterbänke im Objekt mit definiert werden können.

Im Folgenden wird eine Änderung an den eingesetzten SmartParts der Türen vollzogen. Die Wohnungseingangstüren sind noch exakt gleich im Aufbau wie die Innentüren. Auf der Außenseite sollen diese statt eines Drückers einen Knauf und ein Langschild erhalten.

Wohnungszugangstüren

Projektbezogen öffnen

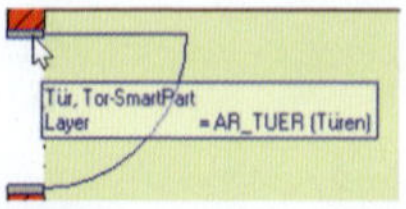

- ▷ **PROJEKTBEZOGEN ÖFFNEN**
- ▷ Teilbild 1440 aktiv
- ▷ Kontextmenü einer der beiden Wohnungseingangstüren öffnen. Achten Sie darauf, dass im Tooltipp *Tür, Tor-SmartPart* erscheint.

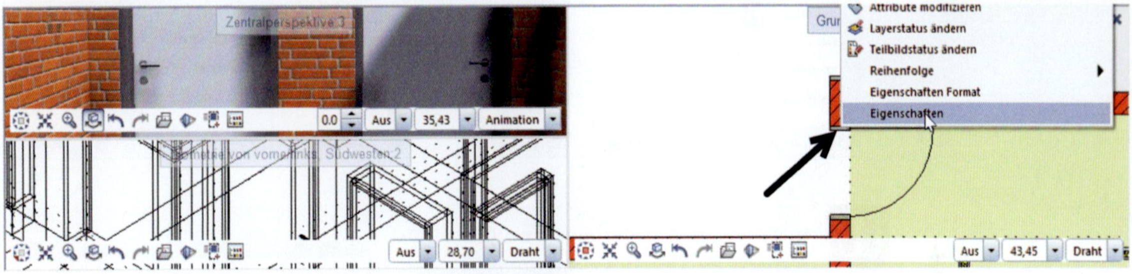

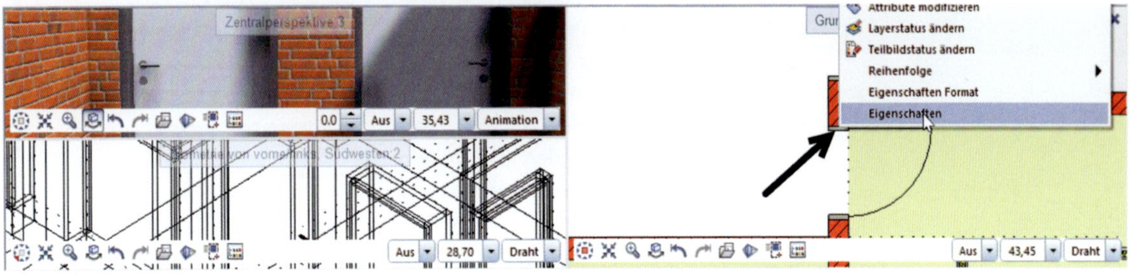

In der Palette werden die Eigenschaften geöffnet. In den unterschiedlichen Registern können vielfältige Einstellungen getroffen werden. Die Bauteile selbst können auch nach dem Anlegen geändert werden, indem in der Übersichtszeichnung durch Anklicken der entsprechende Bereich markiert wird. Die Einstellungen werden unterhalb angezeigt.

- ▷ Öffnen Sie das Register **ELEMENTE**.
- ▷ Klicken Sie in das große Feld in der Mitte **(1)** und wählen damit das Element **BLATT** aus.

- ▷ Öffnen bzw. scrollen Sie zum Abschnitt Beschläge **(2)**.
- ▷ Wähen Sie unter **RAHMENSEITE** den **TÜRKNAUF** (mit Langschild) aus **(3)**.
- ▷ Öffnen Sie das Register **EINSTELLUNGEN** und ändern Sie die Einstellung **ABSTAND ZUR ÖFFNUNG** (1) für **UNTEN** auf `18 cm` ab. Hier sollte der geplante Bodenaufbau eingetragen sein/werden.

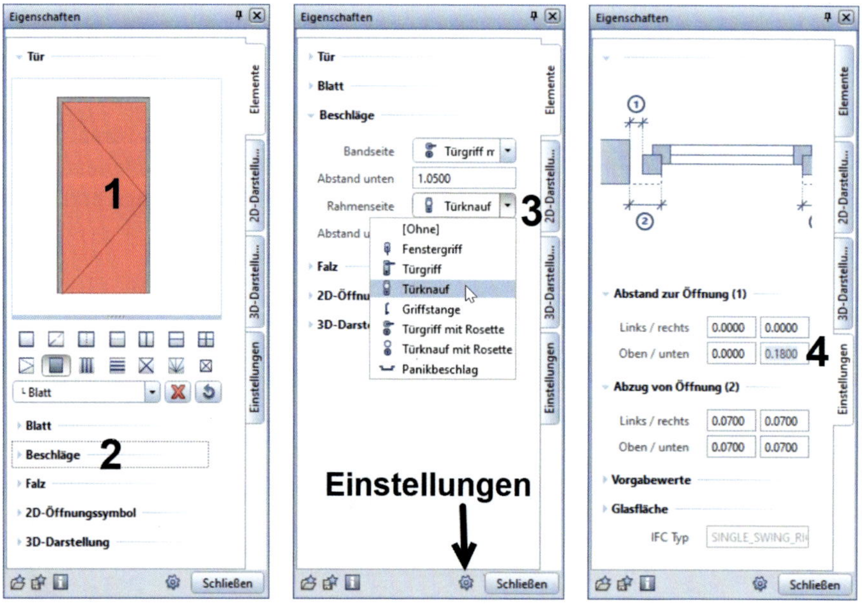

HINWEIS: Alle Änderungen werden automatisch im Grundriss angezeigt. In den Einstellungen kann definiert werden, dass die Vorschau in **allen** Projektionen angezeigt werden soll. Dies erhöht die Übersicht und kostet je nach Komplexität eines SmartParts eine gewisse Performance. Zusätzlich finden Sie in den Eigenschaften die Angabe zur Version des SmartParts. Das vorliegende SmartPart ist für Allplan 2020 erzeugt worden und hat die Version 6.1.

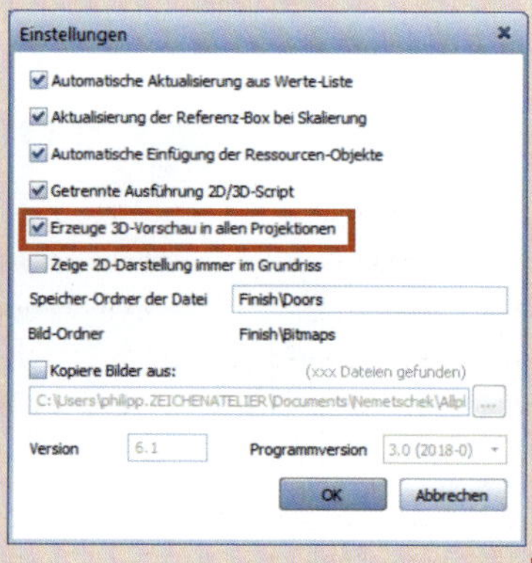

- ▷ Kontrollieren Sie auch die Einstellungen in den weiteren Registern.

Die einzelnen Segmente (Überschriften mit Pfeilsymbolen) können aufgeklappt oder zugeklappt werden. Die **OBERFLÄCHEN** im Register **3D-DARSTELLUNG** sowie die **VOREINSTELLUNGEN** im Register **EINSTELLUNGEN** können **AUF ALLE ELEMENTE ÜBERTRAGEN** werden.

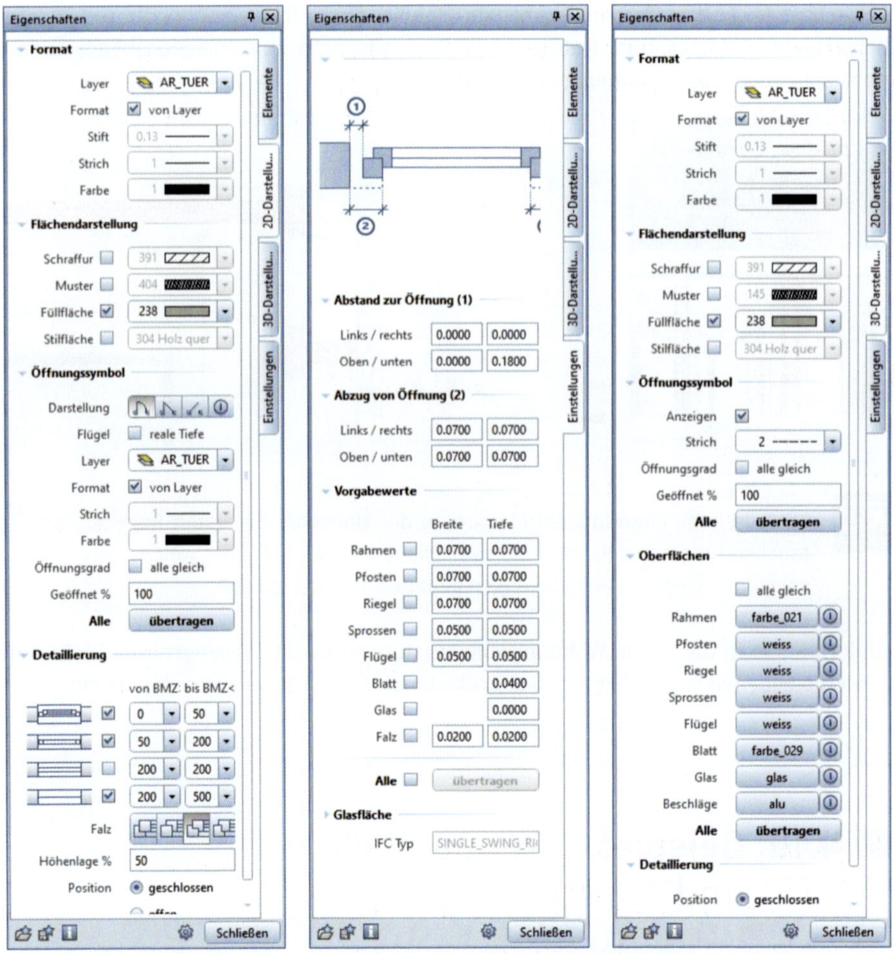

Im Register **2D-DARSTELLUNG** kann unter dem Punkt **HÖHENLAGE %** die Schnitthöhe des Objektes eingestellt werden. Die Angabe bezieht sich dabei NICHT auf die Höhe im Gebäude, sondern auf das Objekt selbst. Bei Fensterelementen mit feststehender Brüstung und darüberliegendem Flügel muss – je nach gewählter Geometrie/Höhe des Kämpfers – eine Höhenlage von ca. 75 % eingestellt werden.

TIPP: Über die Funktionen **FAVORIT SPEICHERN** und **FAVORIT LADEN** am unteren Rand der Palette können Sie Einstellungen speichern und einlesen.

Je nach angewähltem Bauteil erscheinen Handles (= hellblau gefüllte Kreise) in den Konstruktionsfenstern, über welche die Bauteile alternativ zu Zahleneingaben geändert werden können, z. B. die Öffnung der Tür in %.

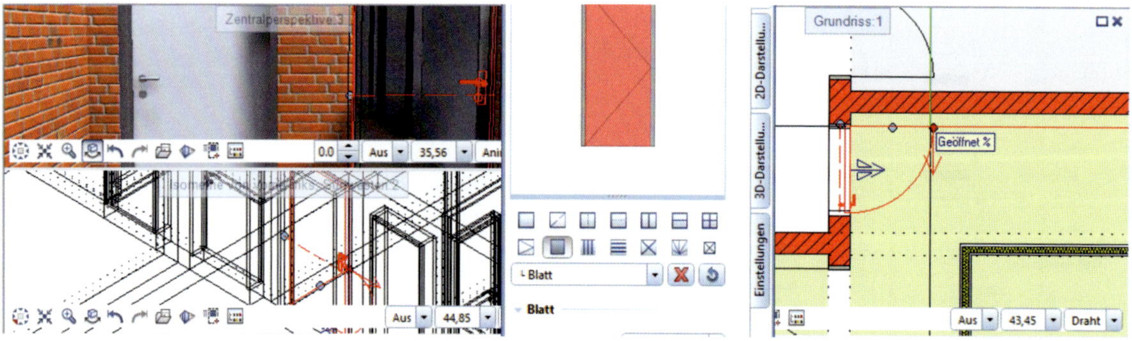

TIPP: Je nach angewähltem Element in der Übersicht im ersten Register tauchen unterschiedliche Handles (= blaue Punkte) auf, über welche verschiedene Geometrieeinstellungen geändert werden können.

Ändern Sie auch die zweite Wohnungseingangstüre sowie die Eingangstüren der beiden Gewerbeeinheiten in gleicher Art. Der Fußbodenaufbau im Erdgeschoss hat 24 cm.

4.19 Beispiel – Treppe, Balkon und Ausstattung

Im nächsten Teil des Beispiels wird das Modell im Wesentlichen vervollständigt. Es fehlen noch die Treppe, der Balkon (jeweils mit Geländer), Einrichtungsgegenstände sowie die Außenanlagen.

4.19.1 Treppe mit Treppenräumen

Die beiden Treppen vom Erdgeschoss in das 1. Obergeschoss und weiter in das 2. Obergeschoss sollen mit dem seit Version 2019 enthaltenen Treppenmodellierer erzeugt werden. Mit den Funktionen und Vorgehensweisen des Treppenmodellierers können viele Treppenkonstruktionen relativ gut erstellt werden. Es können unterschiedliche Auflager, Unterbau usw. eingestellt werden. Ein Geländer – auch kein einfaches Geländer wie in der alten Treppe – ist nicht möglich und muss im Nachgang mit der Funktion **GELÄNDER** erzeugt werden.

Für den Einbau im Beispielprojekt sind vordefinierte Treppen im Assistenten *Treppe* enthalten, an welchen die verschiedenen Einstellungen nachvollzogen werden können. Die kompletten Einzelschritte werden anhand einer Treppe ohne weitere Bauteile gestartet, mit welcher die Grundgeometrie erzeugt werden kann.

Grundsätzlich ist bei der Eingabe von Treppen zu beachten, dass die Höheneingabe basierend auf den fertigen Fußbodenoberflächen zu erfolgen hat und dass sämtliche Eingaben ausgehend von der fertigen Treppenoberfläche zu tätigen sind.

Fenstereinstellung und Darstellung

3 Fenster

- ▷ **3 FENSTER** (unter Menü *Fenster*)
- ▷ Zeichnungstyp → *Bauvorlagezeichnung (Grundrisse – Praxishandbuch Allplan)*
- ▷ **BEZUGSMASSSTAB** → *1:100*

Alternativ zum einzelnen Einstellen von **ZEICHNUNGSTYP** und **BEZUGSMASSSTAB** können Sie auch Darstellungs-Favoriten verwenden.

Treppe – Gerader Treppenlauf

Projektbezogen öffnen

- ▷ **PROJEKTBEZOGEN ÖFFNEN**
- ▷ Teilbild 1420 aktiv, Teilbild 1421 passiv
- ▷ Assistent **TREPPE** öffnen

HINWEIS: Falls die Linien der Decke im Grundriss nicht sichtbar sind, stellen Sie in der **BILDSCHIRMDARSTELLUNG** die Option **FLÄCHENELEMENTE IM HINTERGRUND** ein. Dadurch werden alle Flächendarstellungen (Füllflächen, Schaffuren usw.) immer hinter den Linien und anderen Elementen gezeigt. Die Einstellung übersteuert für eine Arbeitsdarstellung die eingestellte Reihenfolge der Elemente.

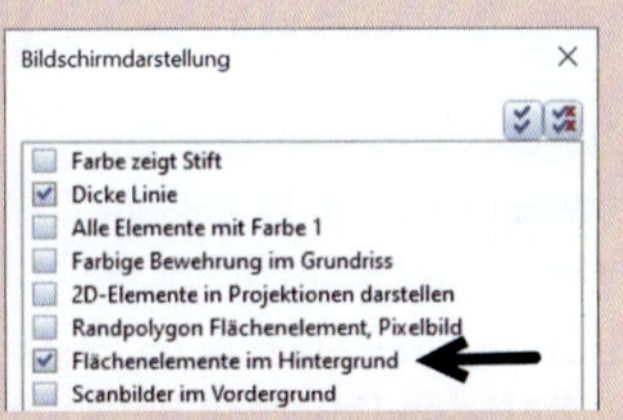

Assistenten

Treppe (Bauteil *11*)

- ▷ Doppelklick rechts auf das Bauteil *11* im Assistenten **TREPPE**
- ▷ Geben Sie vier Eckpunkte der Treppe im Grundriss an (Punkte **1–4**) und schließen Sie diese Eingabe mit **ESC** ab.

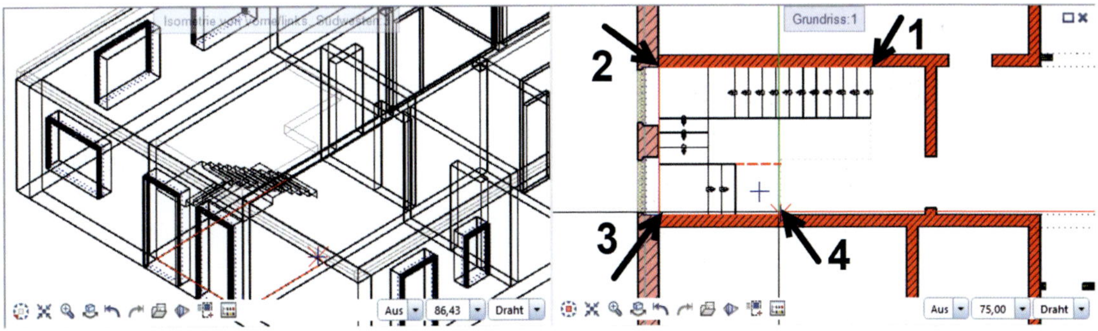

Es wurden einige Layer ausgeblendet, um die Übersichtlichkeit zu erhöhen.

▷ Geben Sie die folgenden Werte in den Eigenschaften der Treppe an.
ANFANGSHÖHE: `0,00`, **HÖHENDIFFERENZ:** `3,28`, **STUFENZAHL:** `18`, **AUFTRITT** `0,272`, **BREITE** `1,10`

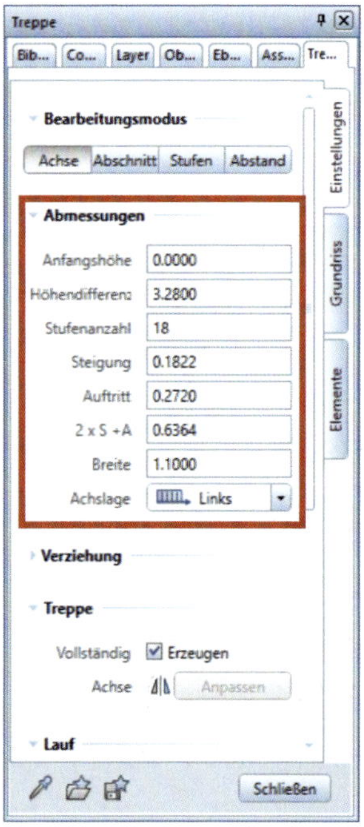

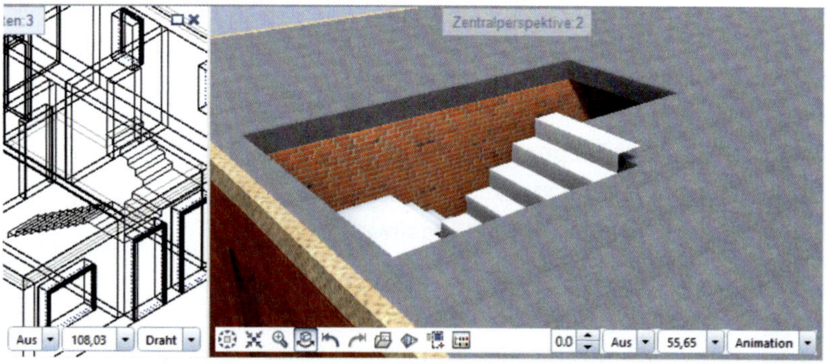

Die Einstellungen der Treppe sind so weit reduziert, dass keine Bauteile der Treppe erzeugt werden. In diesem Zustand wird die fertige Oberfläche der Treppe als 3D-Fläche erzeugt und kann damit leicht überprüft werden.

▷ Aktivieren Sie nun im Register **ELEMENTE** die Trittstufen sowie im Abschnitt **UNTERBAU** den Unterbau links und rechts.

▷ Ändern Sie in dem soeben erschienenen Register **TRITTSTUFE** die **DICKE** für die **TRITTSTUFE** und das Podest auf `0.080`.

▷ Ändern Sie im Abschnitt **3D-DARSTELLUNG** den **LAYER** auf `AR_TRBT1` (inklusive Übernahme der Formateigenschaften von Layer), stellen Sie die **OBERFLÄCHE** auf `farbe_021` *(Projekt → Farben)* und wählen Sie für die **SCHNITT-DARSTELLUNG** die **STILFLÄCHE** `301` aus.

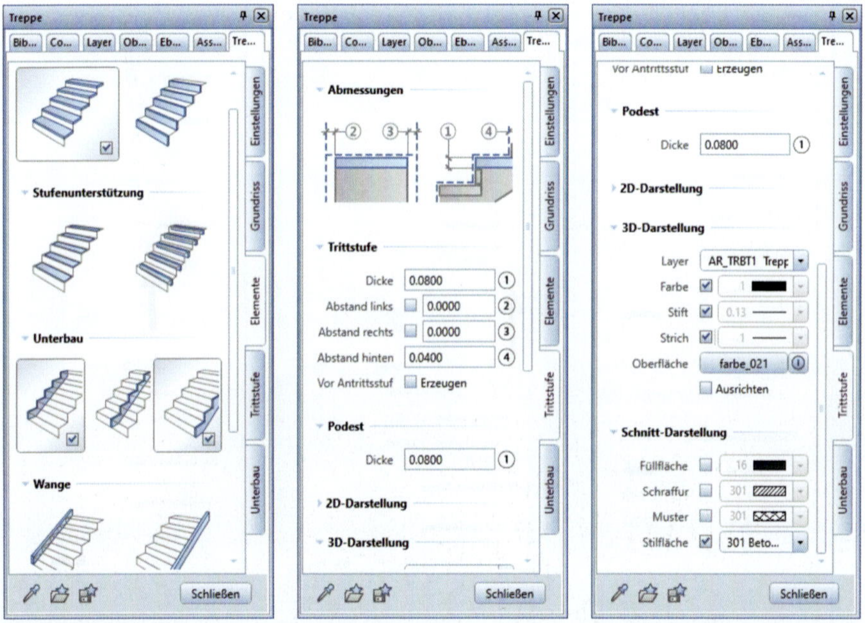

▷ Ändern Sie jeweils für den **UNTERBAU LINKS** und den **UNTERBAU RECHTS** gleichermaßen die folgenden Werte.
FORM: `Abgetreppt`, **DICKE HORIZONTAL:** `0,10`, **DICKE VERTIKAL:** `0,10`, **BREITE:** `0,10`, **ABSTAND LINKS/RECHTS:** `0,10`

▷ Stellen Sie im Abschnitt **PODEST** die **DICKE** auf `0,10` und ändern Sie im Abschnitt **3D-DARSTELLUNG** den **LAYER** auf `AR_TRBT2` (inklusive Übernahme der Formateigenschaften von Layer), stellen Sie die **OBERFLÄCHE** auf `schwarz` *(Projekt → Farben)* und wählen Sie für die **SCHNITT-DARSTELLUNG** die **FÜLLFLÄCHE** `1` aus.

▷ Ändern Sie nun noch das untere und obere Auflager im Register **UNTERBAU**. In der Schemagrafik ist dabei jeweils das entsprechende Auflager anzuwählen.
Anschluss Treppenanfang: **TYP:** `Vertikal`, **LAGE:** `0,00`, **ABSTAND UNTEN** `0,240`, **ABSTAND HINTEN** `0,400`
Anschluss Treppenende: **TYP:** `Standard`, **LAGE** `0,00`, **ABSTAND UNTEN:** `0,00`

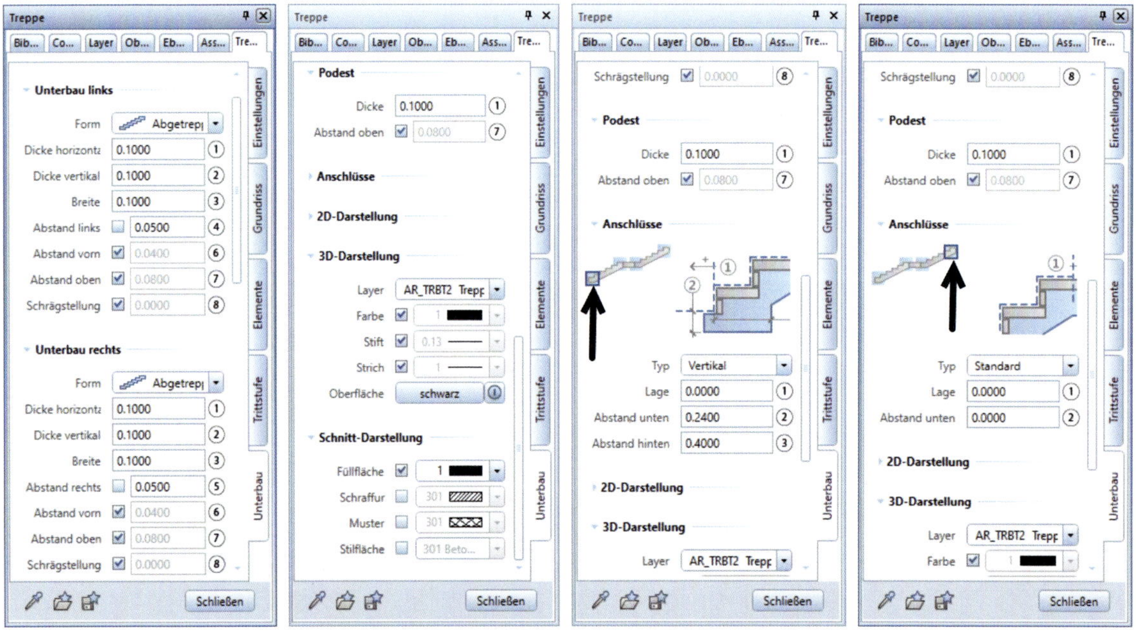

▷ Beenden Sie die Einstellung für die Treppe mit **SCHLIESSEN**. Um nach dem Erzeugen die Einstellungen erneut zu ändern, können Sie entweder die Eigenschaften über das Kontextmenü oder Doppelklick links öffnen oder über die Funktion **TREPPEN-MODELLIERER MODIFIZIEREN** gehen.

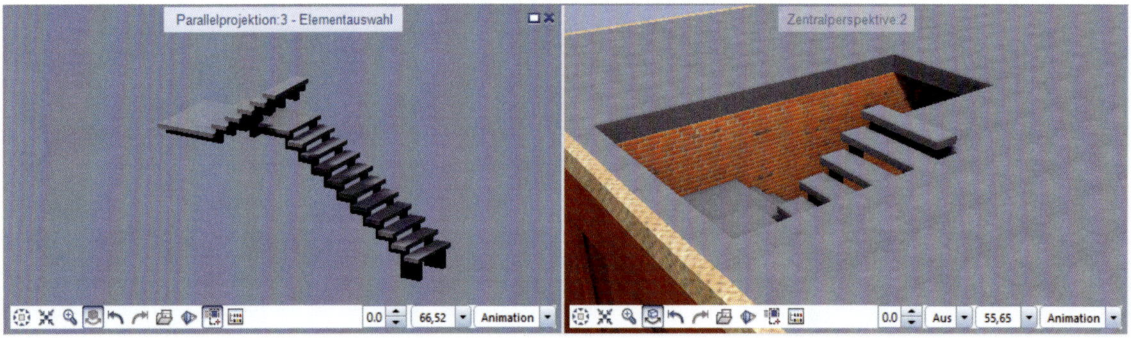

Das linke Fenster wurde mit der Elementauswahl in der Anzeige auf die neu erzeugte Treppe eingeschränkt.

Erzeugen Sie eine ähnliche Treppe auf dem Teilbild des 1. Obergeschosses. Die Grundgeometrie ist dabei gleich. Anfangshöhe ist hier bei 3,28 und die Höhendifferenz sind 3,30 m. Der untere Anschlusspunkt soll dort den Typ *Vertikal* haben, Lage *0,00* – Abstand unten *0,300* – Abstand hinten *0,10*.

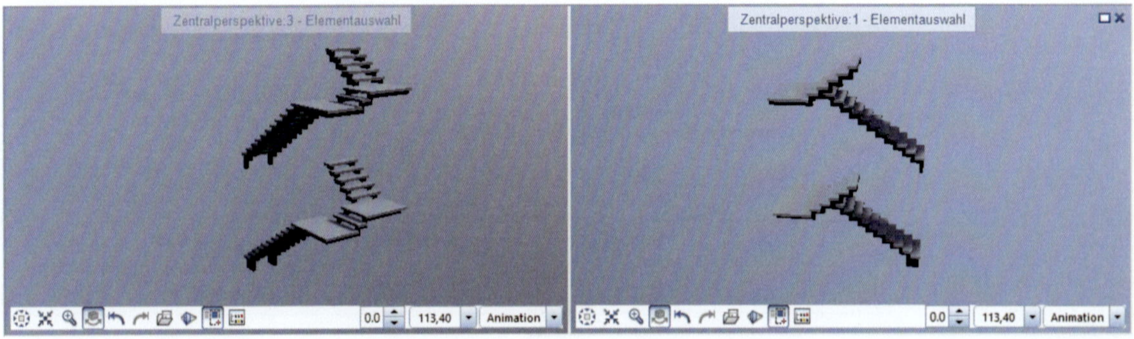

4.19.2 Treppendarstellung

Um in allen Geschossen eine korrekte/optimale Darstellung der Treppen (oder einer Treppe) zu erreichen, ist es notwendig, im Obergeschoss die Haupttreppe mit Linien durchzuzeichnen oder die Treppe über **DATEIÜBERGREIFEND KOPIEREN/VERSCHIEBEN** auf die darüber liegende Ebene zu kopieren und in 2D-Elemente aufzulösen bzw. bei Verwendung einer Treppe aus dem Treppenmodellierer die Treppe über **MAKRO AUFLÖSEN** zerfallen zu lassen. Wird die Treppe nachgezeichnet, kann selbst entschieden werden, welche Linien dargestellt werden sollen. Bei der aufgelösten Treppenkopie werden alle Elemente so dargestellt, wie diese in der Treppe erzeugt wurden. Die Formateigenschaften bleiben jeweils erhalten.

Die Treppe vom Erdgeschoss zum Obergeschoss soll kopiert und aufgelöst werden. Das Ausblenden der Teilbilder zur Kontrolle und das Fertigstellen der 2D-Abbilder der Treppe ist auf schnelle Weise über die Funktion **TEILBILDSTATUS ÄNDERN** im Kontextmenü zu bewerkstelligen oder durch Ausblenden der Teilbilder über die Palette **OBJEKTE**.

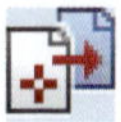
Dokumentübergreifend kopieren, verschieben ...

Treppe vom 1. Obergeschoss in das 2. Obergeschoss kopieren

- ▷ Teilbild *1430 – Ebene 01 – 1. Obergeschoss* aktiv
- ▷ **DOKUMENTÜBERGREIFEND KOPIEREN/VERSCHIEBEN...** (Pull-down-Menü des Programmicons in der Programmzeile)
- ▷ Option *Kopieren*
- ▷ Teilbild *1440 – Ebene 02 – Modell 2. Obergeschoss* als Zielteilbild auswählen und bestätigen: Beachten Sie, dass das Teilbild nur angezeigt wird, wenn oben im Dialog die Bauwerksstruktur aktiviert ist.

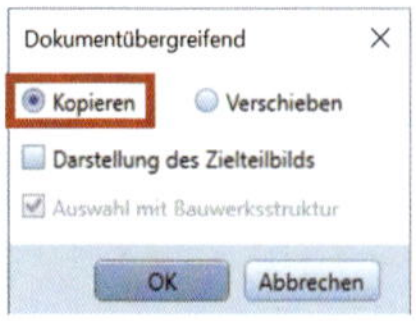

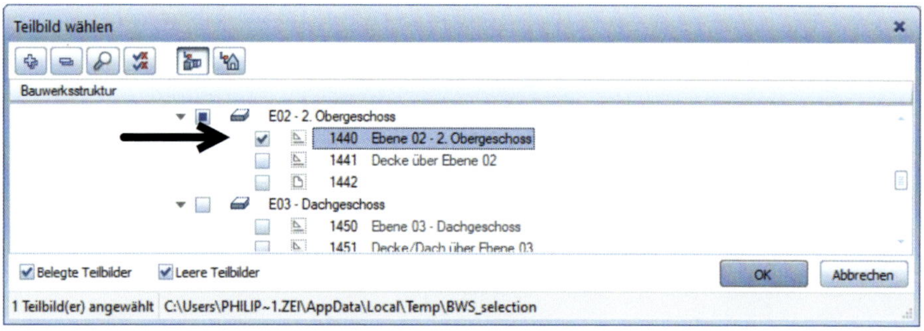

Der folgende Hinweis, dass das Zielteilbild belegt ist, darf in diesem Fall mit **JA** bestätigt werden.

▷ Wählen Sie die Treppe durch Anklicken der Lauflinie an.

Die Daten werden ohne weitere Abfrage direkt kopiert. Es erfolgt auch keine Rückmeldung über den erfolgten Kopiervorgang, wenn dieser erfolgreich ist. Während des Kopiervorgangs kann es vorkommen, dass sich die Bildschirmanzeige leicht verändert.

Treppe im 2. Obergeschoss – Darstellung vorbereiten

Die kopierte Treppe zeigt noch die Darstellung vom 1. Obergeschoss und sollte vor dem Auflösen in 2D-Elemente so vorbereitet werden, dass die Darstellung für eine reine Draufsicht optimiert ist.

Treppenmodellierer modifizieren

▷ **TREPPENMODELLIERER MODIFIZIEREN** aufrufen und Treppe anwählen: Alternativ können Sie die Eigenschaften der Treppe auch über das Kontextmenü aufrufen.

▷ Ändern Sie im Register **GRUNDRISS** die Einstellung für **ANTRITTSSYMBOL ERZEUGEN**, **BESCHRIFTUNG ERZEUGEN**, **UNTERSCHNITT ERZEUGEN** und **SCHNITTLINIE ERZEUGEN** auf aus (Haken entfernen).

▷ Stellen Sie unter **2D-DARSTELLUNG** den **LAYER** auf AR_TREP und aktivieren Sie die Übernahme der Formateigenschaften von Layer.

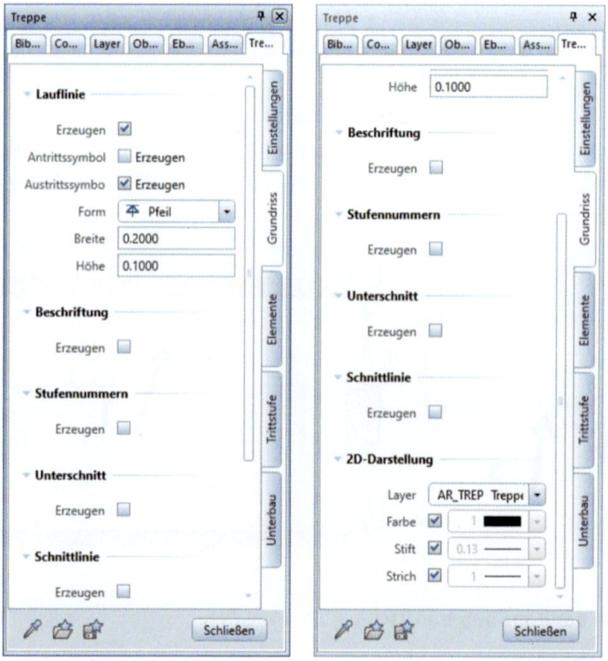

▷ Schließen Sie den Dialog.

Die neuen, reduzierten Eigenschaften für die Grundrissdarstellung werden übernommen. Es sollten nur noch die Trittstufen sowie die Lauflinie sichtbar sein. Die Darstellung in 3D wurde nicht verändert.

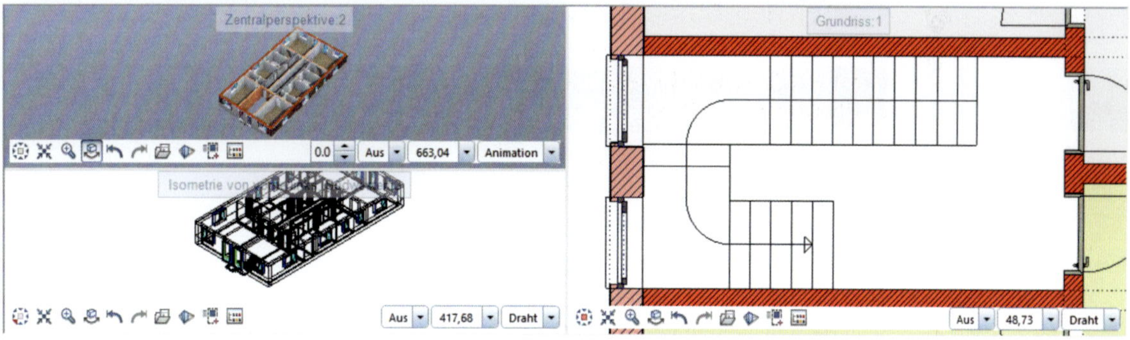

Treppe im Obergeschoss in 2D-Elemente auflösen

Treppen, welche über den Treppenmodellierer erzeugt wurden, können nicht mit den normalen Funktionen zum Wandeln von Elementen aufgelöst werden. Es handelt sich bei dieser Art der Treppe um eine Abwandlung von Makros, welche mit der Funktion **MAKRO AUFLÖSEN** bearbeitet werden kann.

Makro auflösen

▷ Teilbild *1440 - Ebene 02 - Modell 2. Obergeschoss* aktiv

▷ Wählen Sie in der Aufg abe **BENUTZEROBJEKTE** im Bereich Makros der Actionbar die Funktion **MAKRO AUFLÖSEN** an.

▷ Wählen Sie die Treppe im **GRUNDRISS** an **(1)**.

▷ Im Dialog **MAKRO AUFLÖSEN** sollte der **AUFLÖSEMODUS** `Total` und die **LAYER-ZUORDNUNG** auf `Layer der Elemente` stehen. Klicken Sie die Schaltfläche **ANWENDEN** an.

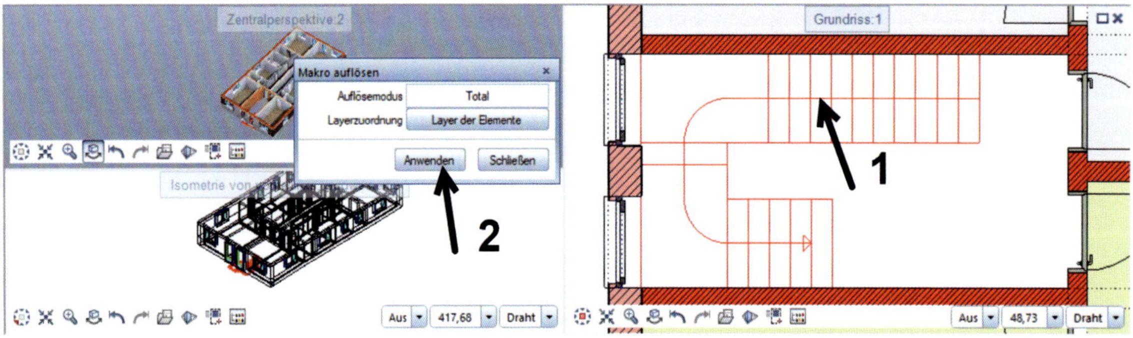

▷ Beenden Sie die Funktion mit **ESC**.

Alle Linien haben die Layereinstellungen, welche die Original-Bauteile hatten.

HINWEIS: Bei der Anwendung der Funktion **MAKRO AUFLÖSEN** werden alle Folien (Darstellungen), welche nicht im Konstruktionsfenster bzw. Maßstab/Zeichnungstyp sichtbar sind, in welchem das Objekt angewählt wird, entfernt.

Elemente wandeln

TIPP: Zum Auflösen von Treppen, welche mit den anderen Treppenfunktionen erstellt wurden, verwenden Sie die Funktion **ELEMENTE WANDELN**.

Treppe nachzeichnen

Für den Treppenaustritt des Erdgeschosses im 1. Obergeschoss und als Alternative für die Darstellung im 2. Obergeschoss kann die Treppe mit 2D-Elementen nachgezeichnet werden. Hierbei können Sie wie folgt vorgehen:

Linie

Kreis

Assistenten

Treppe

▷ Teilbild mit Treppe passiv, darüber liegende Ebenen aktiv

▷ störenden Layer ausblenden (z. B. über **LAYERSTATUR ÄNDERN** im Kontextmenü)

▷ Zeichnen Sie mit den Funktionen **LINIE** und **KREIS** den Grundriss der Treppe nach. Achten Sie auf die Formateinstellung der Elemente (**LAYER** → *AR_TREP*). Im Assistenten **TREPPE** sind 2D-Elemente mit den korrekten Eigenschaften zum Übernehmen enthalten.

Treppe – Treppenschnitt und Darstellung

Zuletzt soll die Darstellung der Treppen für den Grundriss noch etwas angepasst werden. Der Treppenmodellierer bietet hier einige Einstellungen, um z. B. den Treppenschnitt einzustellen, Zahlen für die Stufen einzublenden und Diverses mehr.

▷ Teilbild *1430 – Ebene 01 – 1. Obergeschoss* aktiv

▷ Öffnen Sie die Eigenschaften der Treppe (z. B. über das Kontextmenü).

▷ Ändern Sie die Einstellungen im Register **GRUNDRISS** so ab, dass die Layer jeweils auf den Treppenlayer verweisen und die Darstellung oben nicht erzeugt wird. Die Lage der Schnittlinie kann im Grundriss verändert werden. Sie sollte ca. bei der sechsten Stufe des unteren Laufs sein.

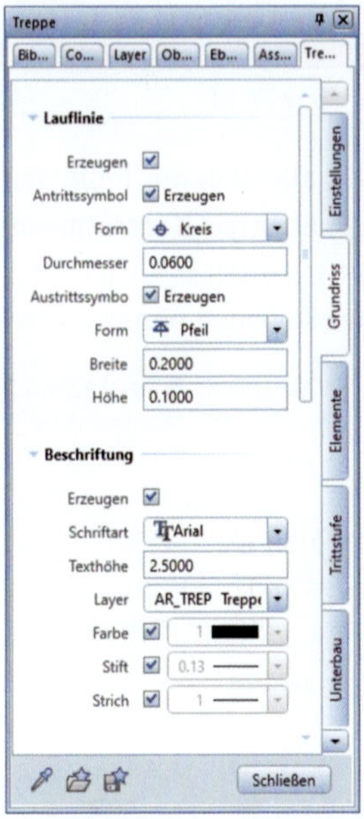

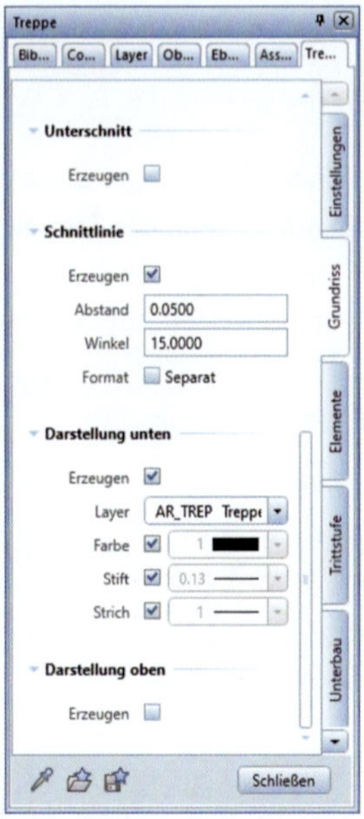

▷ Schließen Sie die Eigenschaften und blenden Sie das Erdgeschoss und die Decke über dem Erdgeschoss passiv ein.

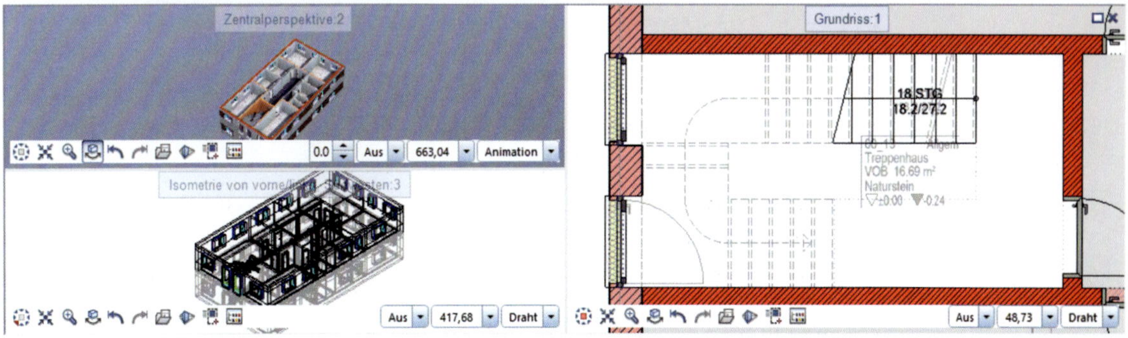

Ergänzen Sie die Darstellung der Draufsicht der Treppe aus dem Erdgeschoss mit 2D-Linien. Zeichnen Sie auch eine Kante für die Draufsicht der Deckenkante ein. Diese Kante ist auch im 2. Obergeschoss noch zu ergänzen.

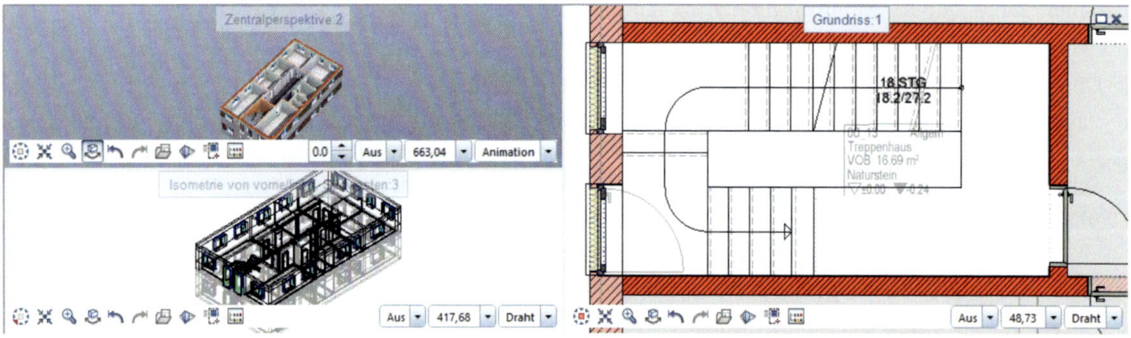

▷ Teilbild *1420 – Ebene 00 – Erdgeschoss* aktiv, alle anderen Teilbilder ausgeblendet

▷ Öffnen Sie die Eigenschaften der Treppe (z. B. über das Kontextmenü).

▷ Ändern Sie die Einstellungen im Register **GRUNDRISS** so ab, dass die Layer jeweils auf den Treppenlayer verweisen und die Darstellung oben punktiert erzeugt wird.

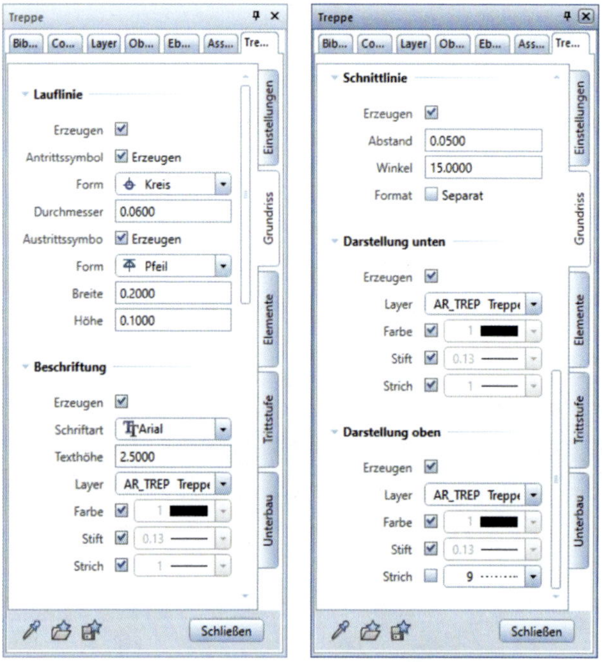

Die Darstellung der untersten Treppe muss nicht weiter ergänzt werden. Bei Bedarf könnte noch die Kante der Decke als Linie (zusätzlich) eingezeichnet werden. Dies kann aber auch in der Planzusammenstellung durch eine Überlagerung mit dem Teilbild der Decke erfolgen.

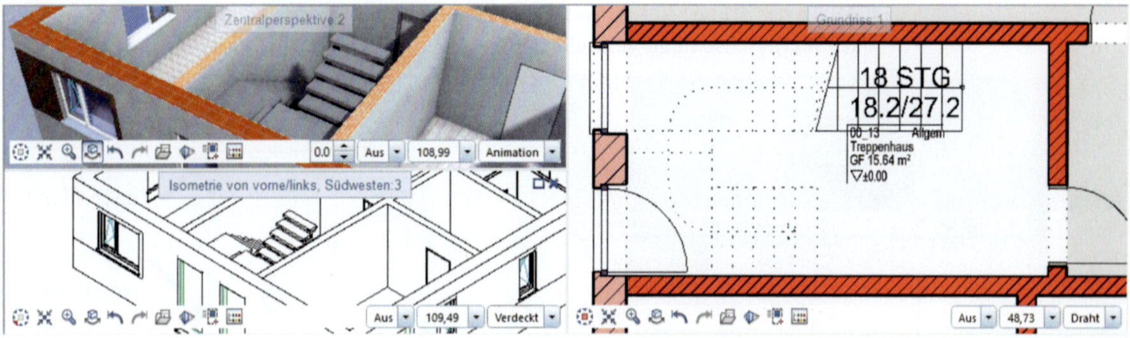

4.19.3 Geometrie der Außenwand auf Podest abstimmen

Die Außenwände und Fensterelemente im Bereich des Treppenpodestes müssen noch für die Fenster inklusive des Wandbereichs auf die Podesthöhe abgestimmt werden. Die Fenster sollen jeweils als Unterkante die Höhe des fertigen Podestbelags erhalten. Um dies relativ einfach zu erreichen, werden Bezugsflächen erzeugt, in den Ebenenmanager aufgenommen und die entsprechenden Bauteile an diese Flächen angehängt.

Bezugsflächen erzeugen

Projektbezogen öffnen

3D-Fläche

- ▷ **PROJEKTBEZOGEN ÖFFNEN**
- ▷ Teilbild 1422 aktiv, Teilbild 1420 passiv (benennen Sie das Teilbild 1405 z. B. mit *Bezugsflächen Treppenhaus*)
- ▷ Erzeugen Sie im Grundriss zwei **3D-FLÄCHEN** in den dargestellten Abmessungen. Die Funktion **3D-FLÄCHE** befindet sich im Aufgabenbereich **FREIES MODELLIEREN** im Bereich **3D-OBJEKTE**.

Die obere Fläche (grün) umfasst das erste Podest inklusive der 1. Stufe zwischen den Podesten. Die untere Fläche (blau) beinhaltet das zweite Podest.

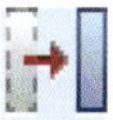

Verschieben

Schränken Sie bei Bedarf die sichtbaren Layer ein.

- ▷ Ändern Sie die Darstellung im Grundrissfenster auf z. B. *Ansicht von links* und verschieben Sie die beiden Flächen so in der Höhe, dass diese auf der Oberkante des

Belags der Treppe liegen. Wenn Sie die Punkte in der Ansicht angeben, wird die nicht sichtbare Achse nicht verändert.

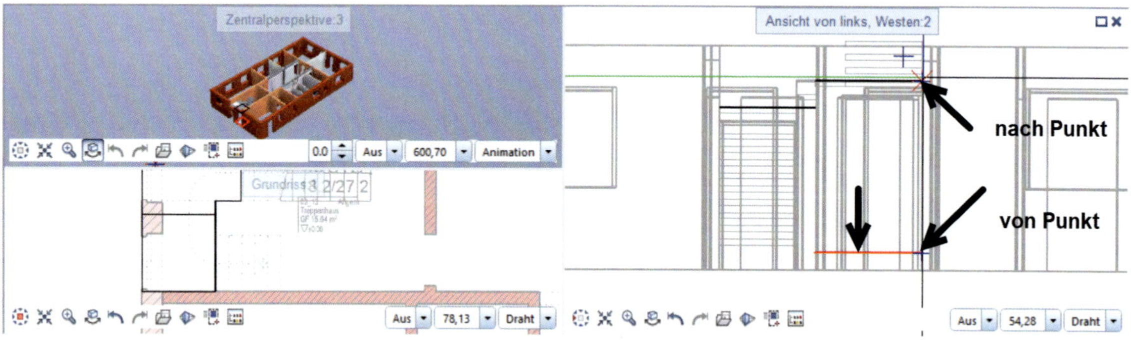

Körper vereinigen

▷ Vereinigen Sie nun die beiden erzeugten Flächen mit der Funktion **KÖRPER VEREINIGEN**. Die Funktion **KÖRPER VEREINIGEN** befindet sich im Aufgabenbereich **FREIES MODELLIEREN** im Bereich **BOOLESCHE OPERATOREN**. Klicken Sie dazu eine der beiden Flächen als Körper 1 an, wählen danach die zweite Fläche an und bestätigen Sie die Auswahl mit der rechten Maustaste.

▷ Öffnen Sie das Kontextmenü der 3D-Fläche und wählen Sie dort die Funktion **3D-FLÄCHE** in Bezugsfläche aus. Geben Sie in der Dialogzeile als Namen der Bezugsfläche z.B. `tr EG_1OG` an.

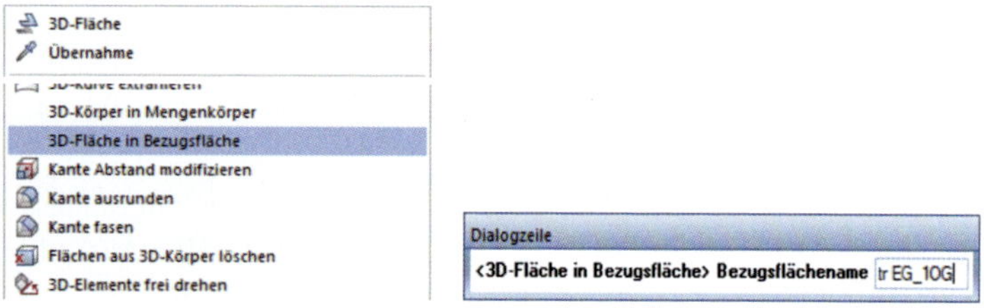

Erzeugen Sie für das obere Treppenpodest auch eine Bezugsfläche, die gleich wie die dargestellte aufgebaut ist. Geben Sie hier den Namen `tr 1OG_2OG` an. Schalten Sie für den nächsten Schritt die Grundrissteilbilder aus.

Bezugsflächen in den Ebenenmanager aufnehmen

Die Bezugsflächen können direkt auf dem Teilbild verwendet werden. Um einen Einsatz auf verschiedenen Teilbildern zu ermöglichen, müssen die Bezüge noch in den Ebenenmanager aufgenommen werden. Dadurch kann die Bezugsfläche vom Erdgeschoss auch im 1. Obergeschoss verwendet werden.

▷ Teilbild 4105 aktiv

Palette Ebenen

▷ **PALETTE EBENEN** öffnen

▷  Modifikationsmodus Ein

▷ Wählen Sie das Register **GEBÄUDE – NEUBAU** und schalten Sie den Modifikationsmodus ein.

▷ Markieren Sie die Stufe E00 – Erdgeschoss **(1)** und wählen Sie die Funktion **BEZUGSFLÄCHE EINFÜGEN/ERSETZEN (2)** an.

Bezugsfläche einfügen/ersetzen

▷ **(3)** Wählen Sie die untere der beiden Bezugsflächen an. Direkt nach dem Anklicken wird die Bezugsfläche in das Ebenenmodell eingefügt und Ihnen die Möglichkeit gegeben, die Bezeichnung zu ändern.

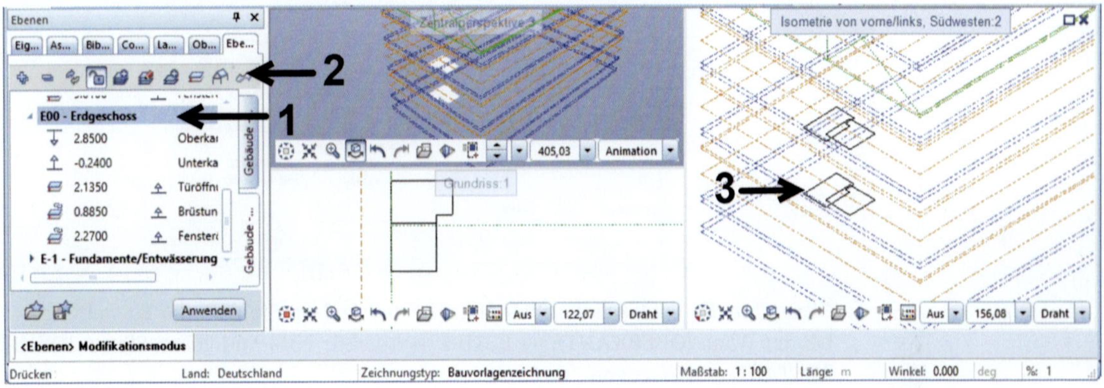

▷ Markieren Sie die Stufe *E01 – 1. Obergeschoss* und wählen Sie die Funktion **BEZUGSFLÄCHE EINFÜGEN/ERSETZEN** an.

Bezugsfläche einfügen/ersetzen

▷ Wählen Sie die untere der beiden Bezugsflächen an.

▷ Beenden Sie die Änderungen im Ebenenmanager durch Beenden des Modifikationsmodus.

Modifikationsmodus aus

▷ Bestätigen Sie die Sicherheitsabfrage mit **JA**.

Bezugsflächen aus dem Ebenenmanager verwenden – Erdgeschoss

Im Erdgeschoss müssen mehrere Bauteile angepasst werden. Die Außenwand im Bereich des Treppenhauses und das linke Fenster sowie die Haustüre sollen an die neue Bezugsfläche angebunden werden. Der im Erdgeschoss schon vorhandene Raum soll im Bereich des Podestes auch in der Höhe begrenzt werden.

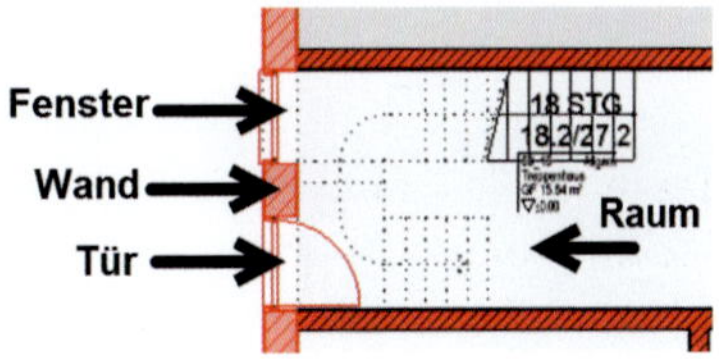

▷ Öffnen Sie die Eigenschaften der Wand und dort die **HÖHE** und ändern Sie dort im Bereich **OBERKANTE** den **BEZUG** auf `tr EG_10G` (unter *E00 – Erdgeschoss*).

▷ Bestätigen Sie die Dialoge mit OK.

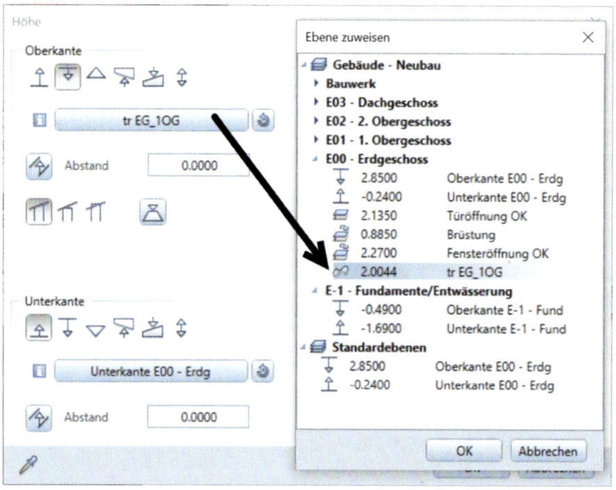

▷ Öffnen Sie die Eigenschaften der Haustür und ändern Sie dort die Einstellungen wie bei der Wand (**OBERKANTE** → **BEZUG** → `tr EG_1OG`) und geben Sie zusätzlich bei **ABSTAND** den Wert von `-0,200` ein.

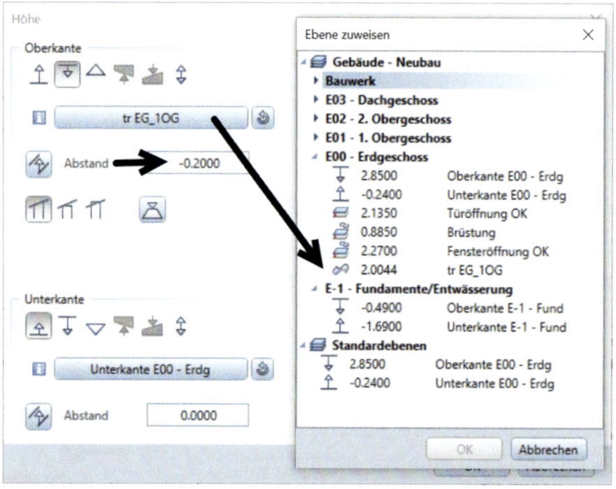

▷ Das Fenster links neben der Haustüre erhält die gleiche Einstellung wie die Haustüre. Der Raum soll die gleiche Höheneinstellung wie die Wand erhalten.

HINWEIS: Die Bezugsflächen wirken innerhalb ihrer Grenzen auf die Bauteile. Bauteile, welche über den Bereich der Bezugsflächen hinausgehen, aber an diese gebunden sind, halten sich im Bereich der Bezugsflächen an diese; außerhalb an die dort vorhandene Ebene bzw. an die Standardebene.

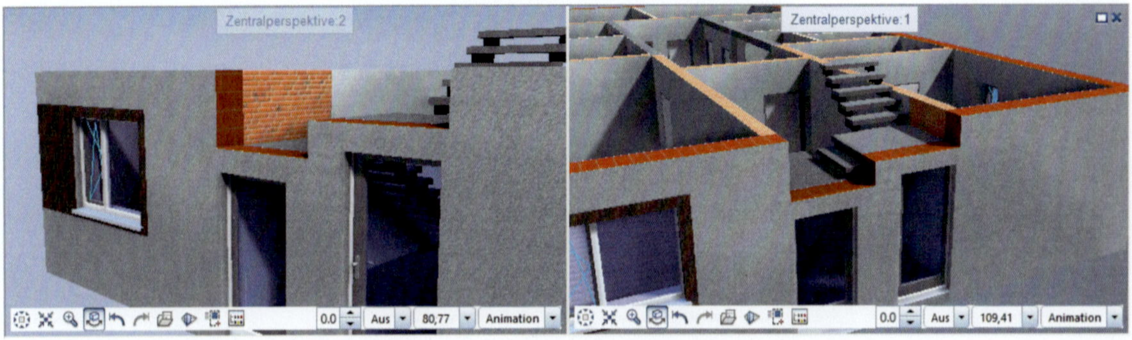

Bezugsflächen aus dem Ebenenmanager verwenden – 1. Obergeschoss

Im 1. Obergeschoss sind die Wand und die beiden Öffnungen mit den nachfolgend dargestellten Bezügen zu versehen.

Öffnungen	Wand
Oberkante: Bezugsfläche *tr 1OG_2OG,* Abstand: –0,20 Unterkante: Bezugsfläche *tr EG_1OG,* Abstand: 0,00	Oberkante: Bezugsfläche *tr 1OG_2OG,* Abstand: 0,00 Unterkante: Bezugsfläche *tr EG_1OG,* Abstand: 0,00

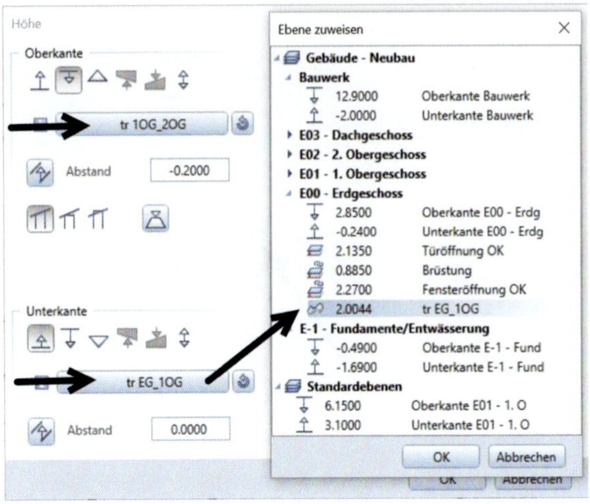

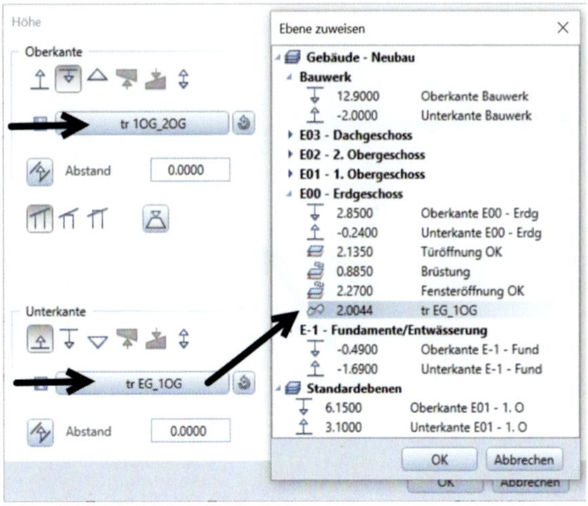

Die Wand ist im unteren Bereich im Moment unverputzt, da das Bauteil *Geschoss* nicht in der Höhe geändert wurde. Dies ist nicht notwendig, da bei Aktivierung des gesamten Gebäudes an dieser Stelle das Geschoss aus dem Erdgeschoss die Seitenflächen erzeugt.

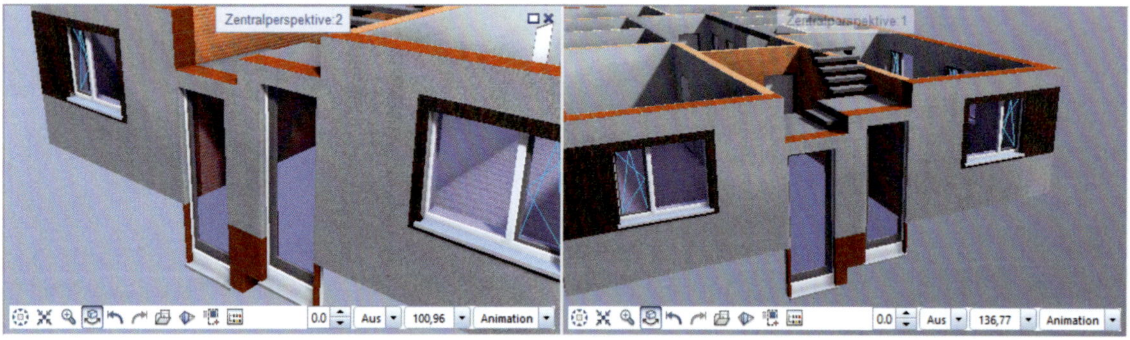

Bezugsflächen aus dem Ebenenmanager verwenden – 2. Obergeschoss

Im 2. Obergeschoss sind die Wand und die beiden Öffnungen mit den nachfolgend dargestellten Bezügen zu versehen.

Öffnungen	Wand
Oberkante: Bezugsfläche *Fensteröffnung OK,* Abstand: 0,00 Unterkante: Bezugsfläche *tr 1OG_2OG,* Abstand: 0,00	Oberkante: obere Ebene bzw. Bezugsfläche *Oberkante E02,* Abstand: 0,00 Unterkante: Bezugsfläche *tr 1OG_2OG,* Abstand: 0,00

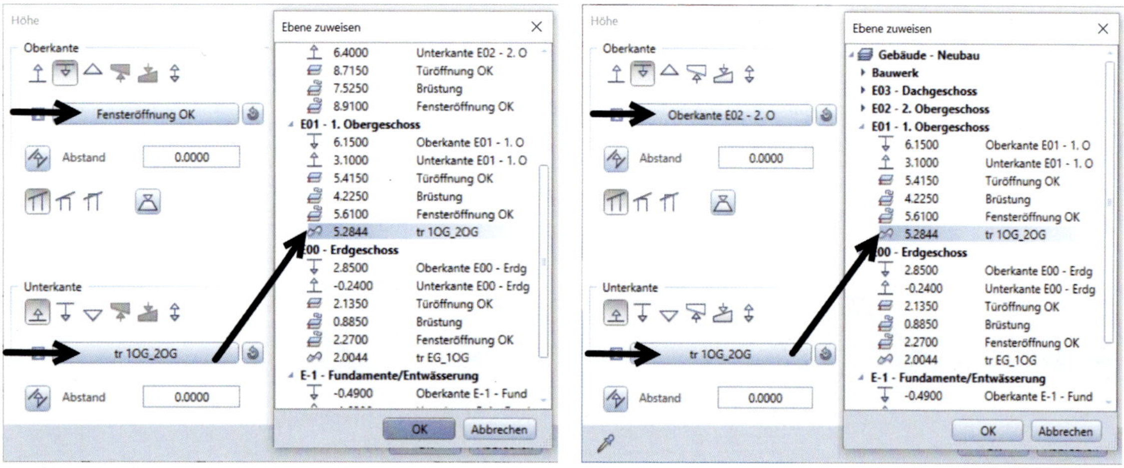

Korrekturen auf den Teilbildern der Decken über *E00* und *E01*

Wenn Sie nun alle Teilbilder des Gebäudes einschalten, müssten Sie feststellen, dass im Bereich der Decken ein Fehler vorhanden ist. Die Decken sind zu einem Zeitpunkt erzeugt worden, an welchem die Treppe noch nicht vorhanden war.

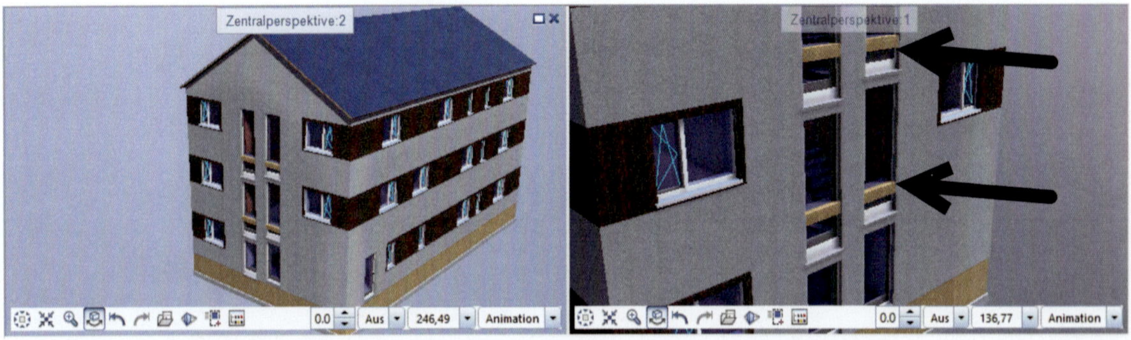

Auf den Teilbildern 1421 und 1431 sind jeweils die gleichen Aktionen zu tätigen. Schalten Sie sich jeweils das Teilbild der Decke aktiv und das direkt darunterliegende Geschoss passiv dazu.

Linienbauteil teilweise löschen

- ▷ Rufen Sie die Funktion **LINIENBAUTEIL TEILWEISE LÖSCHEN** entweder über das Kontextmenü der Wand (im Bereich des Treppenhauses) oder über die Actionbar (**ROLLE ARCHITEKTUR** → **ROHBAU** → **BAUTEILE**) auf.
- ▷ Je nach Aufruf müssen Sie noch die Wand anwählen.
- ▷ Klicken Sie den oberen Eckpunkt als **VON BAUTEILPUNKT** an (Schnittpunkt Außenkante mit oberer Treppenhauskante).
- ▷ Klicken Sie den unteren Eckpunkt als **BIS BAUTEILPUNKT** an (Schnittpunkt Außenkante mit unterer Treppenhauskante) und beenden Sie die Funktion mit **ESC**.

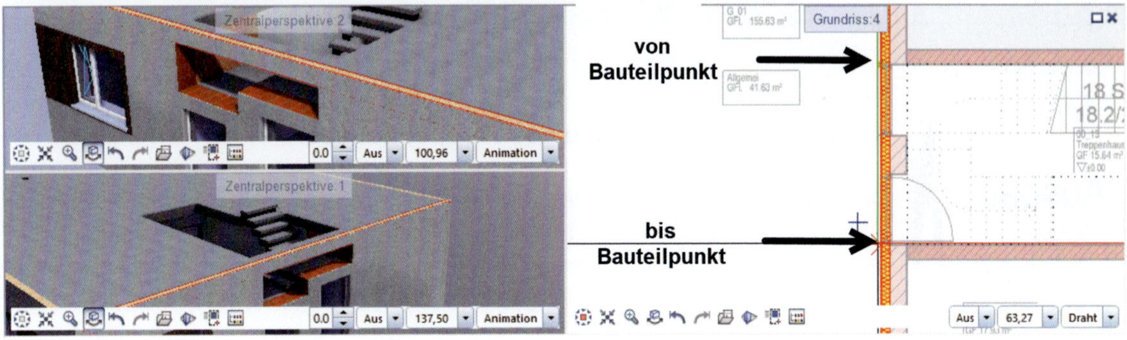

Flächenelement, Ar-Fläche, Bereich modifizieren

- ▷ Rufen Sie die Funktion **FLÄCHENELEMENT, AR-FLÄCHE, BEREICH MODIFIZIEREN** entweder über das Kontextmenü der Decke (im Bereich des Treppenhauses) oder über die Actionbar (**FESTER BEREICH** → **ÄNDERN**) auf.
- ▷ Je nach Aufruf müssen Sie noch die Decke anwählen.
- ▷ Ändern Sie in den Eingabeoptionen die Einstellung auf Minus und geben Sie im Grundriss über die Eckpunkte der Wand die von der Decke abzuziehende Fläche an.

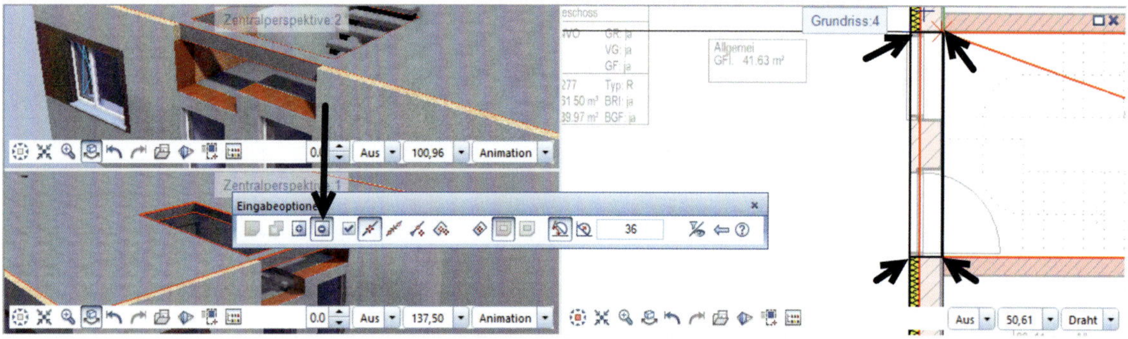

▷ Beenden Sie die Funktion und führen Sie die gleichen Schritte bei der Decke über dem 1. Obergeschoss auf Teilbild 1431 durch.

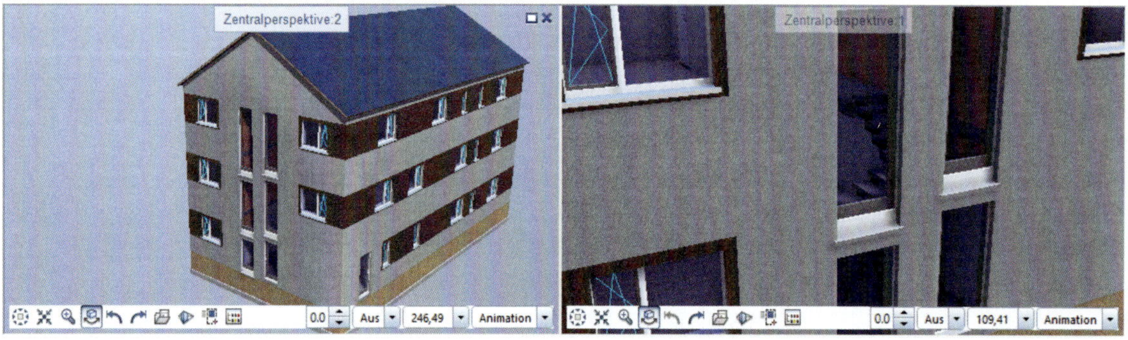

4.19.4 Räume im Bereich des Treppenhauses

Die Räume im Treppenhaus sollen in Anlehnung an DIN 277 in unterschiedliche Bereiche aufgeteilt werden. Das Podest soll in den Höhen an die definierten Bezugsflächen angebunden werden, während der Rest mit den Standardhöheneinstellungen vom jeweils über dem Treppenlauf liegenden Geschoss arbeitet bzw. sich um Deckenstärke nach unten ausdehnt.

Projektbezogen

Raum

Assistenten

Räume und Geschosse

Treppenräume im 1. Obergeschoss

▷ PROJEKTBEZOGEN ÖFFNEN

▷ Teilbild 1430 aktiv und Teilbild 1421 passiv

▷ RAUM: Doppelrechtsklick auf Bauteil *14 - Gewerbe* (Treppenaustritt) im Assistenten RÄUME UND GESCHOSSE

▷ EIGENSCHAFTEN, Register RAUM

▷ GESCHOSS KURZBEZEICHNUNG → *E-01*

▷ BEZEICHNUNG/QUALITÄTEN → *01_TH*

▷ FUNKTION → *Treppenhaus*

- Register **DIN277, WOHNFL.**
- **RAUMUMSCHLIESSUNG** → *R*
- **NUTZUNGSART** → *VF* (Verkehrsfläche)
- **FLÄCHENART DIN 277** → *N* (Nettoraumfläche und NRI)
- **ART DER GRUNDFLÄCHE** → *KW* (kein Wohnraum)
- Geben Sie die Eckpunkte des Raums im Grundriss an. Die Form folgt der vorhandenen Stahlbetondecke.

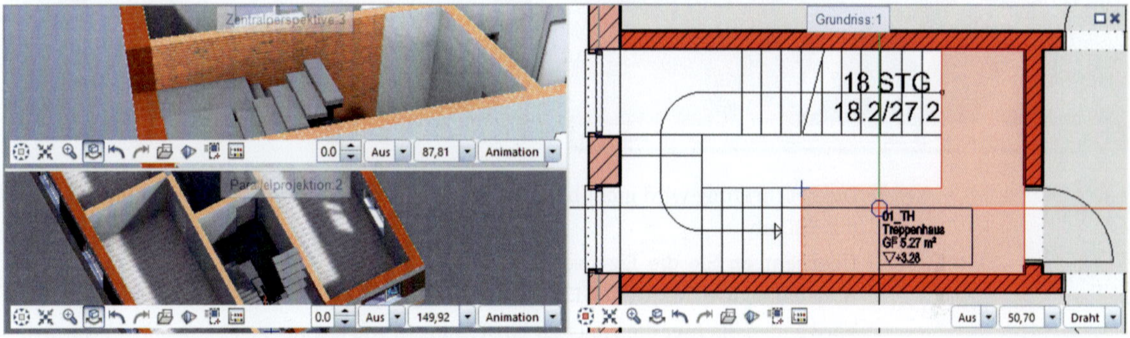

- Setzen Sie die gleiche Beschriftung wie in den Räumen ab (**PROJEKT** → **RÄUME/GESCHOSS** → **RAUMBESCHRIFTUNG**).
- Übernehmen Sie die Eigenschaften von Bauteil *16 – Gewerbe* (Treppenlauf) im Assistenten **RÄUME UND GESCHOSSE**.
- Verwenden Sie hier die gleichen Einstellungen wie zuvor. Das Bauteil im Assistenten unterscheidet sich von dem vorherigen dadurch, dass kein Bodenausbau und kein Deckenausbau definiert sind.
- Öffnen Sie den Dialog **HÖHE** und stellen Sie folgende Bezüge ein:

Oberkante	Unterkante
Bezugsfläche: *Oberkante E01 – 1. Obergeschoss*	Bezugsfläche: *Oberkante E00 – Erdgeschoss*

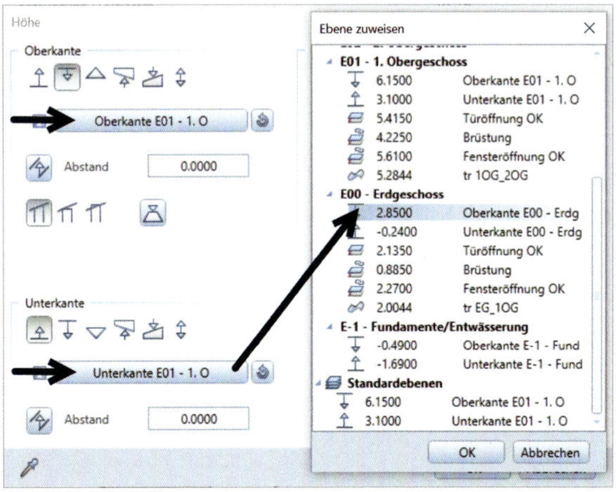

▷ Geben Sie die Geometrie der Treppenläufe ein. Verwenden Sie dazu die Optionen *Multi* und *Plus*, um einen Raum zu erzeugen.

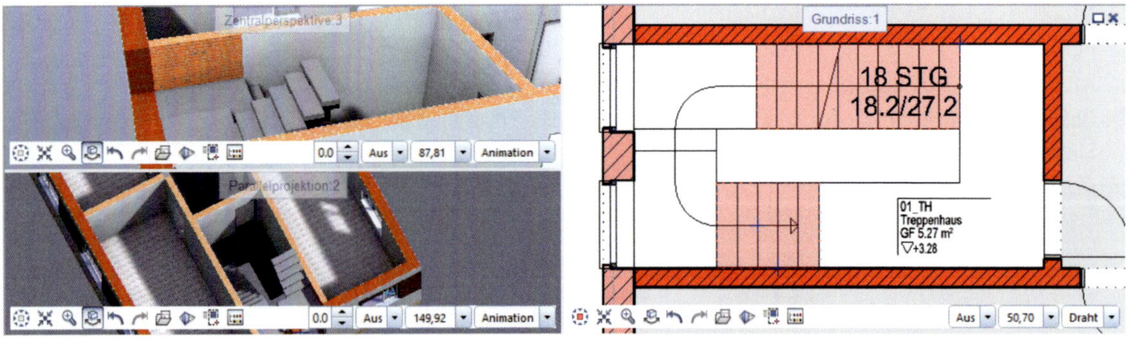

▷ Die Beschriftung wird nicht benötigt. Brechen Sie deshalb das Beschriften des Bauteils mit **ESC** ab.

▷ Übernehmen Sie die Eigenschaften von Bauteil *15 – Gewerbe* (Zwischenpodest) im Assistenten **RÄUME UND GESCHOSSE**.

▷ Verwenden Sie hier die gleichen Einstellungen wie zuvor.

▷ Öffnen Sie den Dialog **HÖHE** und stellen Sie folgende Bezüge ein:

Oberkante	Unterkante
Bezugsfläche: *tr 1OG_2OG (E01 – 1. Obergeschoss)*	Bezugsfläche: *tr EG_1OG (E00 – Erdgeschoss)*

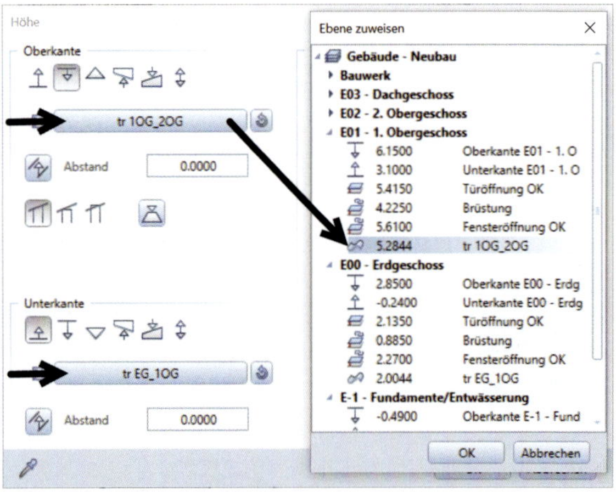

▷ Geben Sie die Abmessungen im Grundriss ein. Die Beschriftung können Sie wieder abbrechen. Die Höhenkote wird zwar ermittelt, ist aber durch die Stufung des Raumes nicht aussagekräftig.

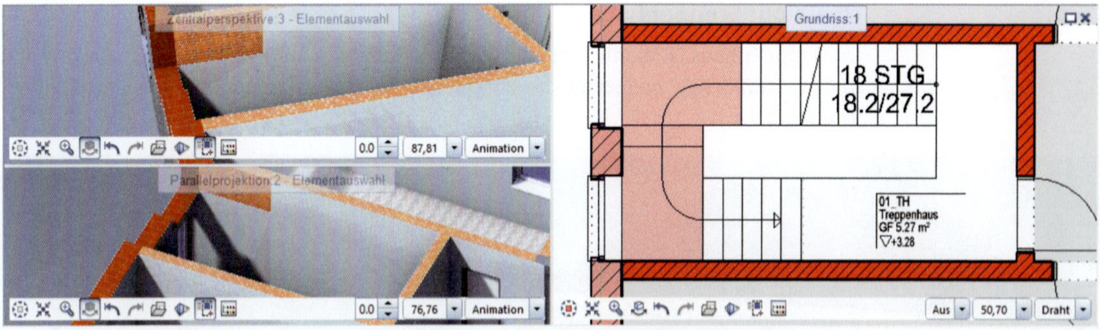

▷ Ändern Sie die Höheneinstellung auf die gleichen Einstellungen wie bei den Treppenläufen.

▷ Geben Sie im Register **DIN 277, WOHNFL.** für die **FLÄCHENART DIN 277** → *M* (mehrgeschossiger NRI, keine NRF) an.

▷ Geben Sie für den letzten Teilraum die Fläche im Grundriss an und brechen Sie die Beschriftung wieder ab.

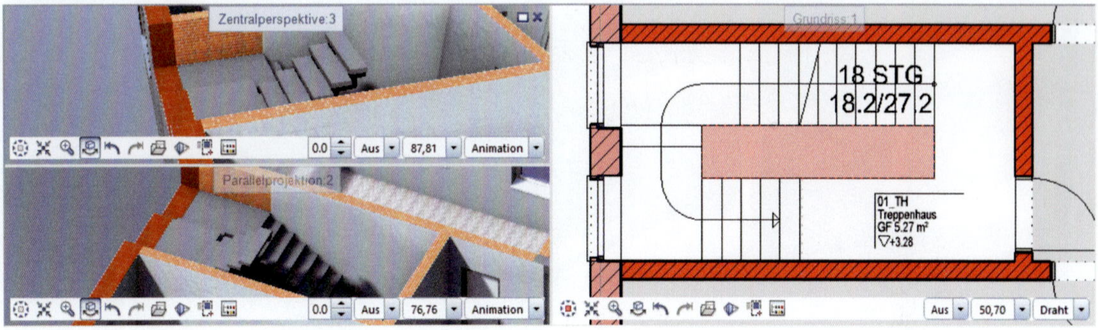

Treppenräume im 2. Obergeschoss

Die Treppenräume im zweiten Obergeschoss sind ähnlich zu bestimmen. Die Oberkante ist jedoch bei allen Räumen gleich zu definieren und bei der Unterkante muss jeweils ein Bezug gewählt werden, welcher ein Stockwerk weiter oben liegt als im 1. Obergeschoss. Bei den Räumen für das Zwischenpodest, den Luftraum und die Treppenläufe müssen Sie den Belag für den Deckenausbau ergänzen.

Raumgruppen für Treppenhaus

Erzeugen Sie je Geschoss eine Raumgruppe mit den neuen Räumen im Treppenhaus und geben Sie den beiden Raumgruppen jeweils die Bezeichnung *Allgemein*.

Übersicht Treppenhaus

Das Treppenhaus ist damit – wie der Rest des Gebäudes – korrekt mit Räumen gefüllt und die Ausbauflächen bedecken die kompletten Wände inklusive den Deckenrändern im Treppenhaus.

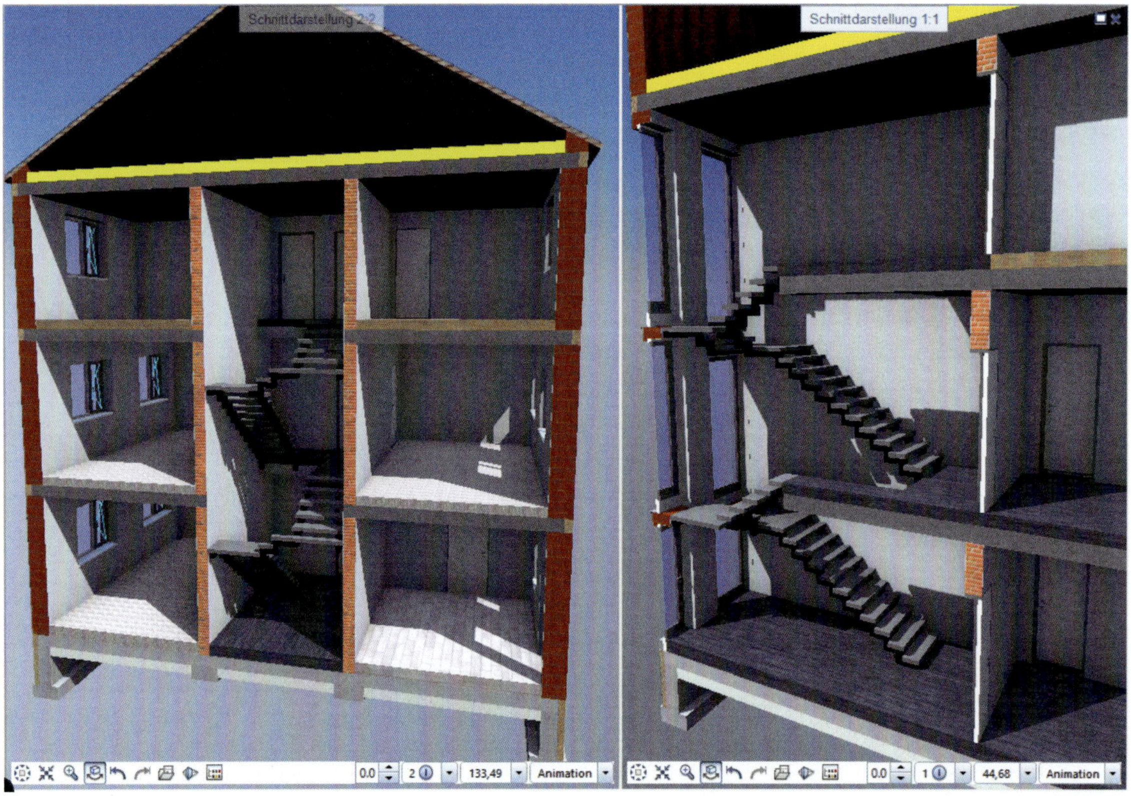

Das Treppengeländer kann mit der Funktion **GELÄNDER** erzeugt werden. Die wichtigsten Punkte zur Eingabe eines Treppengeländers werden im nächsten Abschnitt anhand des Balkons mit Balkongeländer dargestellt.

4.19.5 Balkon für das 2. Obergeschoss

Die beiden Wohneinheiten im 2. Obergeschoss sollen auf der Ostseite noch einen Balkon erhalten. Im ersten Schritt wird dazu auf dem Teilbild der Decke über dem 1. Obergeschoss (= Boden des 2. Obergeschosses) eine auskragende Decke erzeugt. Im zweiten Schritt sind im 2. Obergeschoss ein Geländer und zwei Räume einzuzeichnen. Die Räume sind im letzten Schritt noch den bestehenden Raumgruppen hinzuzufügen.

Auskragende Decke

Im Bereich des Balkons muss der vorhandene Dämmstreifen durch einen Isokorb ersetzt werden. Dazu wird erst ein Teil der Wand entfernt und mit dem Bauteil mit den gewünschten Eigenschaften ersetzt.

Projektbezogen öffnen

Decke

Assistenten

Decken, Dach, Bodenplatte

Linienbauteil teilweise löschen

▷ **PROJEKTBEZOGEN ÖFFNEN**, Teilbild 1431 aktiv und Teilbild 1440 passiv

▷ **LINIENBAUTEIL TEILWEISE LÖSCHEN** (z. B. **ACTIONBAR** → **ROLLE ARCHITEKTUR** → **ROHBAU** → **BAUTEILE**)

▷ **VON BAUTEILPUNKT** → Schnittpunkt der Innenkante der oberen Außenwand mit der Außenwand
BIS BAUTEILPUNKT → Schnittpunkt der Innenkante der unteren Außenwand mit der Außenwand
Funktion beenden

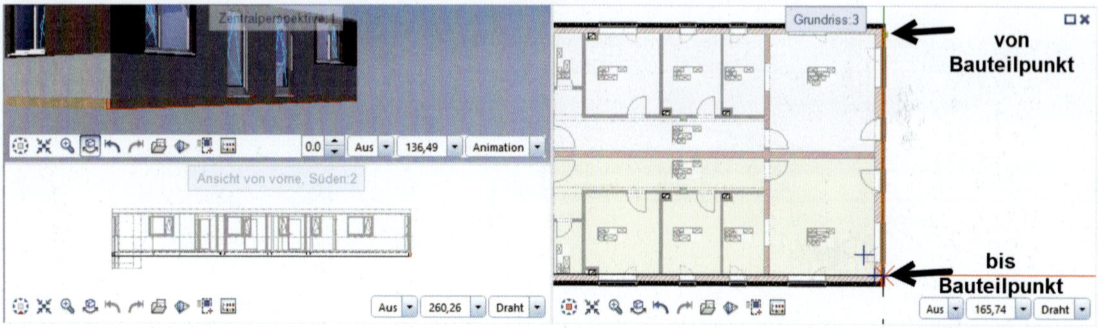

▷ Doppelrechtsklick auf Bauteil *71 – Isokorb* (Isokorb mit 12 cm) im Assistenten **DECKEN, DACH, BODENPLATTE**

▷ Streifen ergänzen: Die Innenkante soll dabei an der Decke liegen, wodurch sich außen ein kleiner Rücksprung ausbildet.

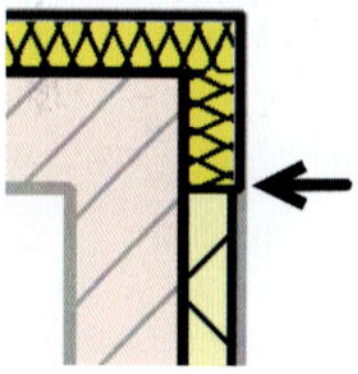

▷ Doppelrechtsklick auf Bauteil *72 – Kragdecke* im Assistenten **DECKEN, DACH, BODENPLATTE**

▷ Zeichnen Sie die Decke für den Balkon so ein, dass die Länge entlang der Fassade dem Rücksprung entspricht und die neue Decke an dem Isokorb anfängt. Die Auskragung soll ca. 2,00 m betragen.

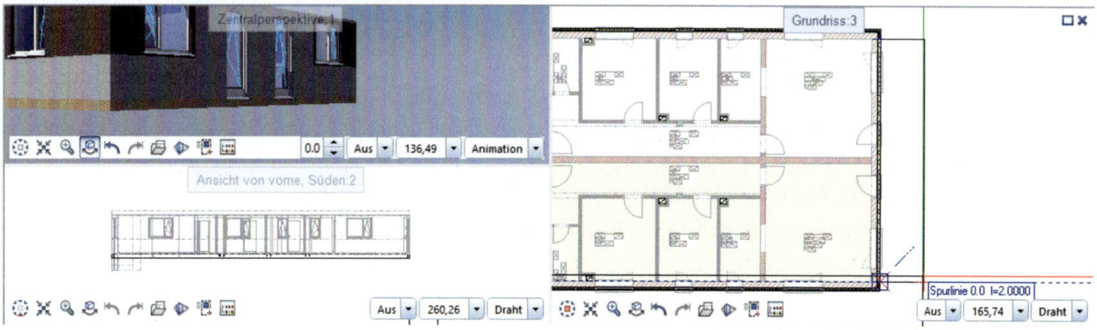

Balkongeländer erzeugen

Projektbezogen öffnen

Darstellungs-Favorit lesen

Das Balkongeländer selbst soll auf das Teilbild des 2. Obergeschosses gezeichnet werden. Somit ist die Aktivierung umzudrehen.

- ▷ **PROJEKTBEZOGEN ÖFFNEN**, Teilbild 1440 aktiv und Teilbild 1431 passiv
- ▷ **DARSTELLUNGS-FAVORIT LESEN** (Program mzeile/Fenster) → im Ordner **FAVORITEN PROJEKT** *Geländer_einsetzen.bdfa* auswählen und bestätigen

> **TIPP:** Im Darstellungs-Favoriten *Geländer_einsetzen.bdfa* wird auf ein Druckset zugegriffen, in dem viele Layer ausgeblendet werden. Sie können alternativ die sichtbaren Layer über die Palette **LAYER** oder **OBJEKTE** so weit einschränken, dass nur Decke, Unterzüge und Treppe sichtbar bleiben.

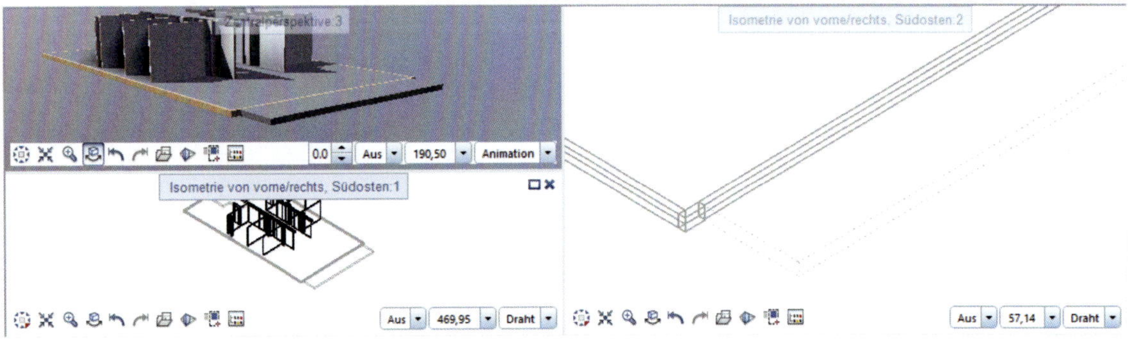

3 Fenster

2 + 1 Animationsfenster

Geländer Favoriten laden

Geländer

Assistenten

Geländer und Fassade (Bauteil *05*)

- ▷ **3 FENSTER – ISOMETRIE VON VORNE/LINKS** oder **2 + 1 ANIMATIONSFENSTER**
- ▷ **GELÄNDER** oder Bauteil *05* aus Assistent **GELÄNDER UND FASSADEN** übernehmen
- ▷ **GELÄNDER FAVORITEN LADEN** (Alternative bei Aufruf der Funktion aus der Actionbar oder Übernahme eines anderen Geländers)

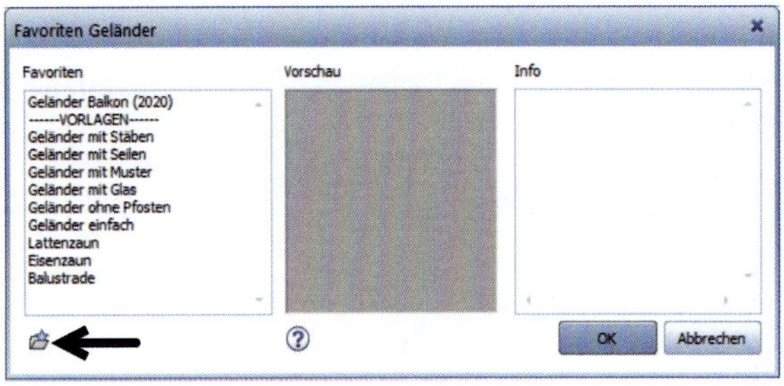

- ▷ **FAVORITENDATEI ÖFFNEN** → **FAVORITEN PROJEKT**
- ▷ *Geländer Balkon (2020).rds* wählen und **ÖFFNEN**

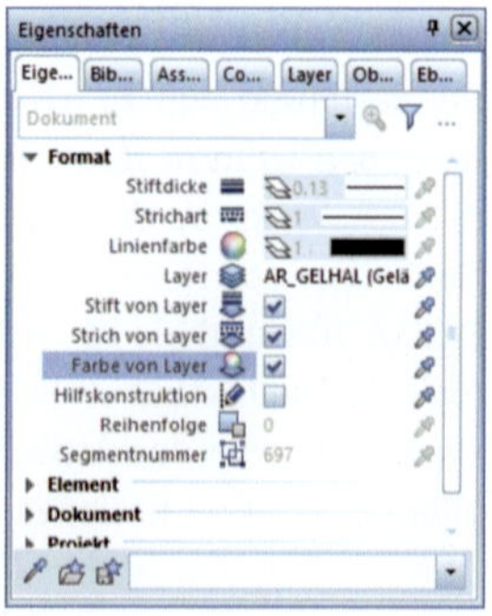

Das Laden des Favoriten entfällt bei Übernahme der Eigenschaften aus dem Assistenten **GELÄNDER UND FASSADEN**.

▷ Palette **EIGENSCHAFTEN**

▷ **LAYER** → *AR_GELHAL (Geländer, Handlauf)*

Der Basispfad des Geländers liegt auf der für diesen Einsatzfall korrekten Höhe. Je nachdem, wie der Basispfad zur Geländerkonstruktion definiert ist, kann es notwendig sein, bei jedem Punkt einen Z-Wert mit anzugeben.

▷ Geben Sie den Pfad des Geländers ein: Startpunkt des Geländers **(1)** ist an der vorderen Ecke der Dämmung. Zweiter Punkt des Geländers **(2)** ist der erste Eckpunkt der Balkonplatte und Punkt **(3)** ist der zweite Eckpunkt der Balkonplatten. Punkt **(4)** ist am hinteren Balkonende gleich wie der erste Punkt zu setzen.

▷ Beenden Sie nach Punkt **(4)** die Eingabe des Geländers mit **ANWENDEN**.

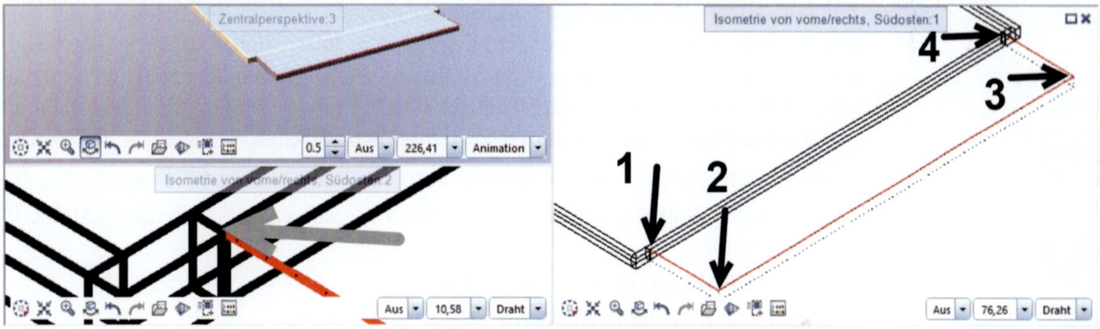

▷ Ändern Sie in den Einstellungen den Detaillierungsgrad der Vorschau, um kontrollieren zu können, ob die Ausrichtung des Geländers korrekt ist. Drehen Sie das Geländer bei Bedarf über die Schaltfläche **UMDREHEN** in der Toolbar **GELÄNDER** um.

Einstellungen

HINWEIS: Falls Sie nach Abschluss des Vorgangs in der Animation bemerken, dass die Geländerstäbe hinter der Wange verschwinden, können Sie über das Kontextmenü des Geländers die Eigenschaften des Geländers öffnen und die Ausrichtung umdrehen.

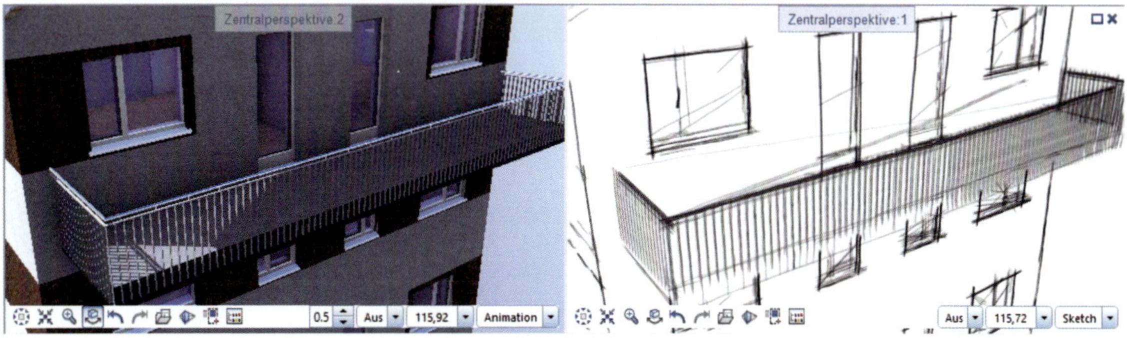

Weitere Bauteile mit der Funktion Geländer erzeugen

Mit der Funktion **GELÄNDER** inklusive der in den Assistenten enthaltenen Vorlagen können noch weitere Bauteile des Gebäudemodells ergänzt werden. So werden auf *Teilbild 1451 - Decke/Dach über Ebene 03* die beiden Dachrinnen benötigt. Vorlagen für eine Dachrinne sowie weitere nützliche Elemente finden Sie im Assistenten **GELÄNDER UND FASSADEN** und als Favorit im Projekt gespeichert. Beachten Sie den Info-Text der Favoriten bzw. die textlichen Erläuterungen zur Anwendung im Assistenten. Verwenden Sie die Dachrinne oder das Attikablech als Vorlage, um eigene Blechabschlüsse, z. B. für den First oder Ortgang, zu kreieren.

Räume und Geschoss für Balkon

Für die Ermittlung der korrekten Wohnfläche, der Netto-Raumflächen sowie für die Darstellung und Auswertung des Bodenaufbaus der Balkone sind zwei Räume notwendig. Für die Berechnung der Bruttogrundfläche sowie des Bruttorauminhaltes ist das Bauteil *Geschoss* notwendig.

Der Außenputz des Gebäudes ist als Seitenfläche im Geschoss des Gebäudes mit enthalten. Um hier eine korrekte Fläche und Rauminhalte zu erhalten, müssen die Räume sowie das Geschoss mit einem Abstand von 2,5 cm von der Rohbauwand erzeugt werden. Damit können die rechtlich korrekten Flächenansätze ermittelt werden und die Bauteile interagieren nicht miteinander, wodurch sonst die Ausbauflächen ausgeblendet würden.

Projektbezogen öffnen

Geschoss

Assistenten

Räume und Geschosse

- ▷ **PROJEKTBEZOGEN ÖFFNEN,** Teilbild 1440 aktiv und Teilbild 1431 passiv
- ▷ **GESCHOSS:** Doppelrechtsklick auf Bauteil *45 - Balkon* im Assistenten **RÄUME UND GESCHOSSE**
- ▷ **EIGENSCHAFTEN,** Register **GESCHOSS**
- ▷ **GESCHOSS KURZBEZEICHNUNG** → *E-02*
- ▷ **BEZEICHNUNG/QUALITÄTEN** → *2. Obergeschoss*
- ▷ **FUNKTION** → *Balkon*
- ▷ Register **DIN 277, WOHNFL.**
- ▷ **ANRECHNUNG AUF GEBÄUDEGRUNDFLÄCHE** → *ein* (Projektion nach unten ist maßgeblich)
- ▷ **KEINE ANRECHNUNG AUF GESCHOSSFLÄCHE,**
- ▷ **RAUMUMSCHLIESSUNG** → *S* (Sonderfall, nicht allseitig umschlossen)
- ▷ **FLÄCHENART DIN 277** → *B* (Bruttogrundfläche und BRI)
- ▷ Öffnen Sie den Dialog **HÖHE** und stellen Sie folgende Bezüge ein:

Oberkante	Unterkante
Bauteilhöhe: 1,350	Bezugsfläche: *Oberkante E01 - 1. Obergeschoss,* Abstand: 0,000

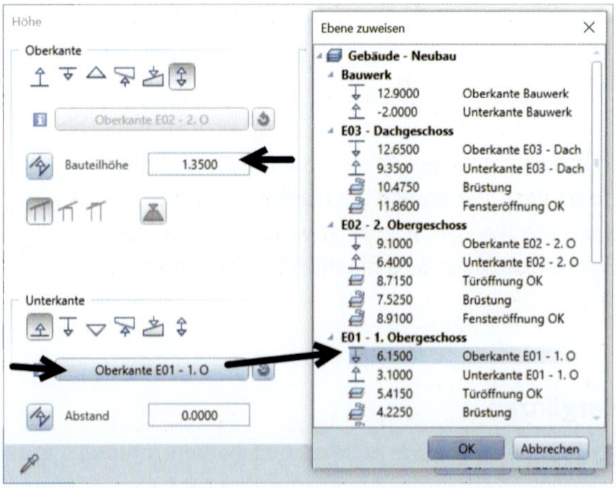

▷ Geben Sie die Abmessungen im Grundriss ein. Achten Sie darauf, dass Sie einen 30 mm (3 cm) großen Abstand zur Wand einhalten. Die Abmessungen sind an der Innenkante der Brüstung/Umwehrung anzugeben und entsprechen damit exakt der Stahlbetondecke.

▷ Setzen Sie die Beschriftung ab.

HINWEIS: Der Rauminhalt wird bis zur maximalen Höhe der Umwehrung gerechnet.

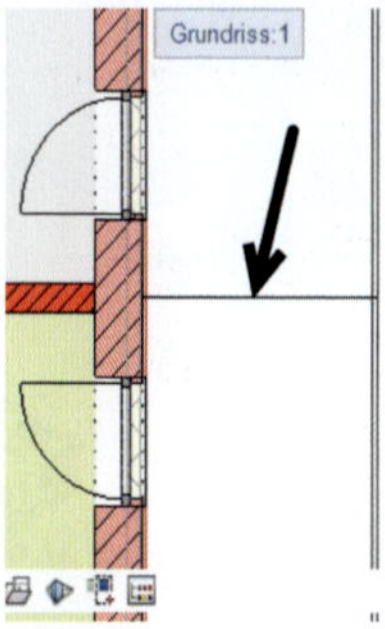

▷ Zeichnen Sie als Trennung zwischen den beiden Balkonen eine mittige Linie ein. Die Linie können Sie z. B. aus dem Assistenten **LAYER** *(Layer KO_MOEB)* übernehmen.

▷ **RAUM:** Doppelrechtsklick auf Bauteil *18 – Wohnen* (Balkon mit Holzbelag) im Assistenten **RÄUME UND GESCHOSSE**

Raum

Assistenten

Räume und Geschosse

▷ **EIGENSCHAFTEN**, Register **RAUM**

▷ **GESCHOSS KURZBEZEICHNUNG** → *E-02*

▷ **BEZEICHNUNG/QUALITÄTEN** → *02_18* bzw. *02_19*

▷ **FUNKTION** → *Balkon*

▷ Register **DIN 277, WOHNFL.**

▷ **RAUMUMSCHLIESSUNG** → *S* (Sonderfall, nicht allseitig umschlossen)

▷ **NUTZUNGSART** → *NUF*

▷ **FLÄCHENART DIN 277** → *N* (Nettoraumfläche und NRI)

▷ **ART DER GRUNDFLÄCHE** → *WO* (Wohnraum)

▷ **FAKTOR FÜR WOHNFLÄCHENBERECHNUNG** → *0,25* (Balkone und Terrassen sind in der Regel mit 25 – 50 % bei der Wohnfläche anrechenbar.)

▷ Öffnen Sie den Dialog **HÖHE** und stellen Sie folgende Bezüge ein:

Oberkante	Unterkante
Bauteilhöhe: 2,200	Bezugsfläche: *Unterkante E02 – 2. Obergeschoss,* Abstand: 0,000

▷ Erzeugen Sie zwei Räume. Der Abstand zur Wand ist gleich wie bei dem gerade erzeugten Geschoss und die Trennung der beiden Räume ist an der Linie in der Mitte. Setzen Sie auch beide Beschriftungen ab.

HINWEIS: Die Flächenausgabe im Beschriftungsbild ist so gesteuert, dass die komplette Fläche und zusätzlicher der eingestellte Faktor gezeigt werden. Bei anderen Beschriftungsbildern wird die effektive Wohnfläche ausgegeben.

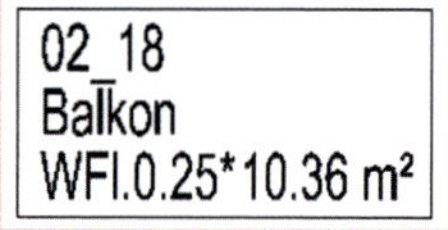

Raumgruppen ergänzen

Die neu erzeugten Räume sind noch nicht in den beiden Raumgruppen der Wohnungen enthalten.

Raum-, Geschossgruppe modifizieren

▷ RAUM-, GESCHOSSGRUPPE MODIFIZIEREN (Actionbar, Aufgabe Ausbau, Bereich Raumgruppe)

▷ Beliebigen Raum der ersten Raumgruppe anklicken **(1)**

▷ Zu der Wohnung zugehörigen Raum des Balkons anwählen **(2)**

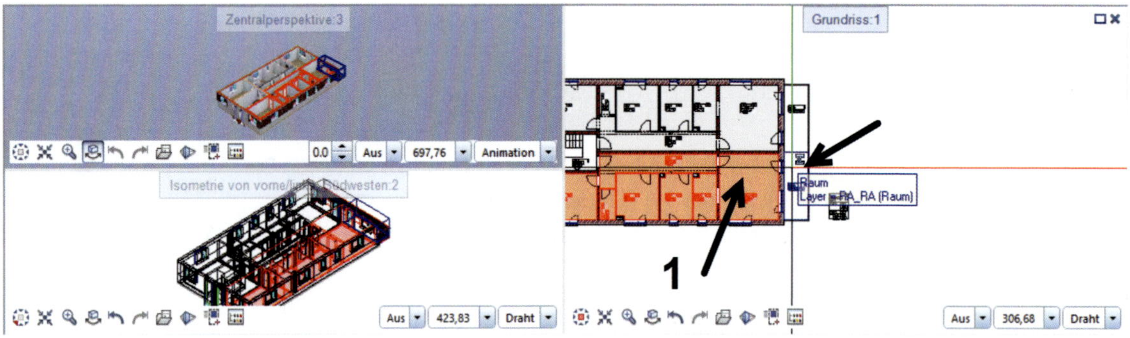

▷ ANWENDEN

▷ Ergänzen Sie auch die zweite Raumgruppe.

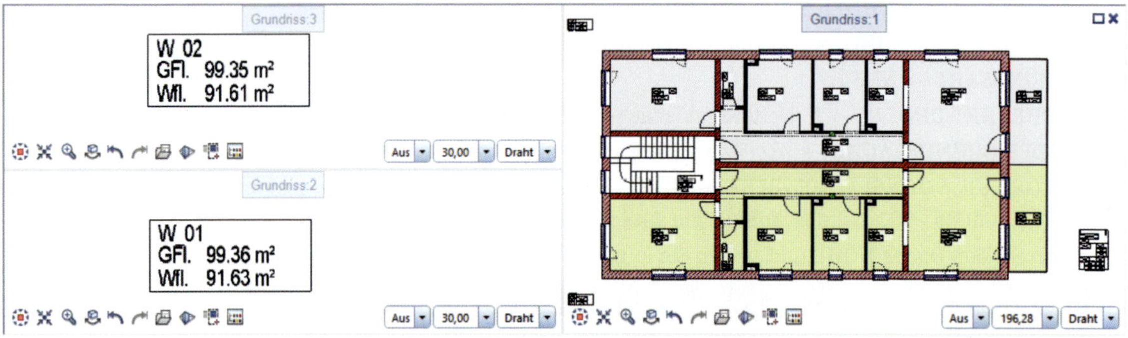

Beide Beschriftungen der Raumgruppen zeigen nun unterschiedliche Flächen für die Grundfläche DIN277 (GFL.) und Wohnfläche nach Wohnflächenverordnung (Wfl.) an. Dies ist korrekt, da der Balkon nur mit einem Viertel seiner Fläche zur Wohnfläche zählt, aber komplett bei der Bewertung nach DIN277 berücksichtigt wird.

4.19.6 Möblierung mit Bibliothekselementen

Für die Ausstattung eines Grundrisses kann unterschiedlich vorgegangen werden. Je nach Anwendungsfall gilt zu entscheiden, ob ein Raum mit 3D-Objekten ausgestattet werden soll oder ob eine rein grundrissorientierte Darstellung mit 2D-Elementen ausreichend ist. Exemplarisch soll hier eine Empfangstheke (im Projekt enthalten) als 3D-Objekt verwendet werden und es sollen weitere Ausstattungselemente als Makros bzw. Symbole eingesetzt werden. Für die restlichen dargestellten Möbel ist es ausreichend, wenn diese mit 2D-Linien und Flächenelementen dargestellt werden.

TIPP: Falls Sie die Schächte in den unteren beiden Geschossen noch nicht ergänzt haben, sollten Sie dies vor dem Möblieren tun.

Empfangstheke aus Bibliothek – Projekt

- **PROJEKTBEZOGEN ÖFFNEN**, Teilbild *1420 – Ebene 00 – Modell Erdgeschoss* aktiv
- Palette **BIBLIOTHEK**
- **PROJEKT** → Aktuelles Projekt anwählen → **EINRICHTUNG**
- Empfangstheke durch Doppelklick auswählen und auf das Teilbild übernehmen
- Verändern Sie die Breite und Länge der Theke entweder durch Eingabe der angezeigten Werte in der Palette (Register **ABMESSUNGEN**) oder – nach dem Absetzen – durch „Ziehen" an den markierten Handles.

Projektbezogen öffnen

Bibliothek

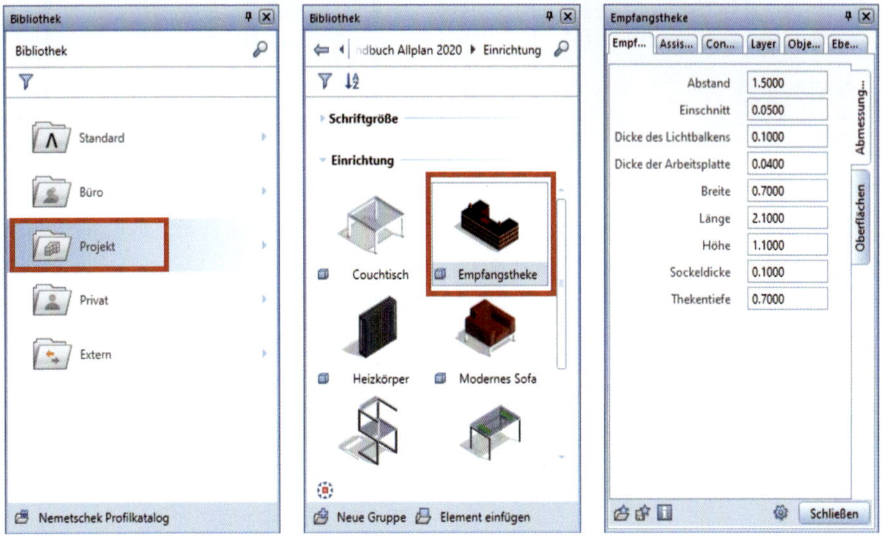

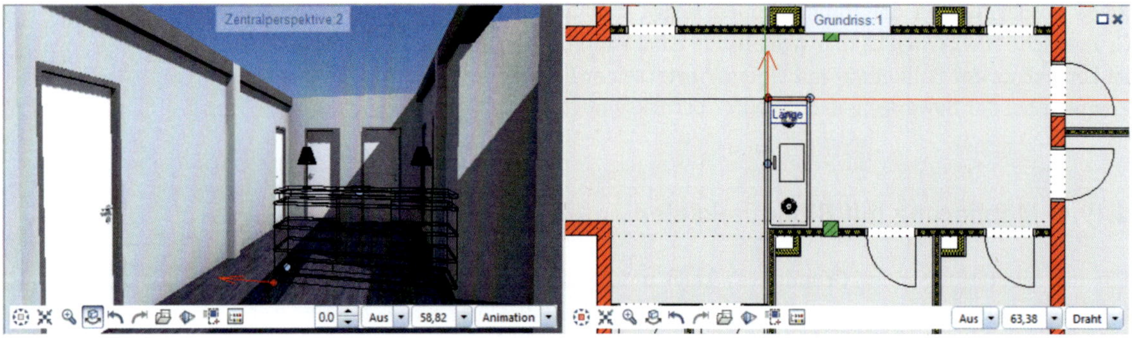

▷ Im Register **OBERFLÄCHEN** haben Sie Einfluss auf die Oberflächen für die Animation.

▷ Beenden Sie die Eingabe über **SCHLIESSEN** oder mit **ESC**.

Höhenlage korrigieren und Layer einstellen

Das Objekt wird auf Höhe der unteren Ebene des Teilbildes abgesetzt. In der Animation bzw. einer anderen berechneten Ansicht verschwindet leider ein Teil des Objekts im Bodenaufbau. Gut erkennbar ist dies in einer Ansicht, da die Oberkanten des Raumausbaus durch punktierte Linien sichtbar sind. Um dies, auch für eine spätere Schnittberechnung, zu korrigieren, können Sie das Objekt entweder um 28 cm nach oben verschieben (= Höhe des Bodenaufbaus) oder Sie geben dem SmartPart die Eigenschaft, dass es einen Bodenaufbau beachten kann. Alternativ könnten Sie eine zusätzliche Abstandsebene für den Bodenaufbau in jedem Geschoss anlegen und die Objekte daran binden. Dies ist zumeist relativ aufwendig und kann ein Modell unnötig verkomplizieren.

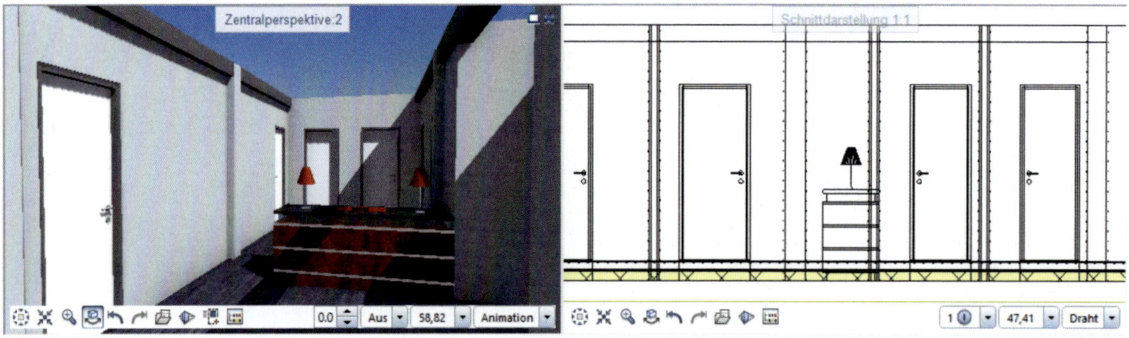

▷ SmartParts (Empfangstheke) anwählen (Achtung! Es darf keine Funktion aktiv sein.)

▷ Ändern Sie den **LAYER** in `KO_MOEB (Möblierung)`.

▷ Einstellung **VERKETTUNG AN** *Raum* (Auswahlfeld) sowie **BEACHTUNG VON** *Bodenfläche* (Auswahlfeld) aktivieren und in der Palette einen anderen Bereich anklicken

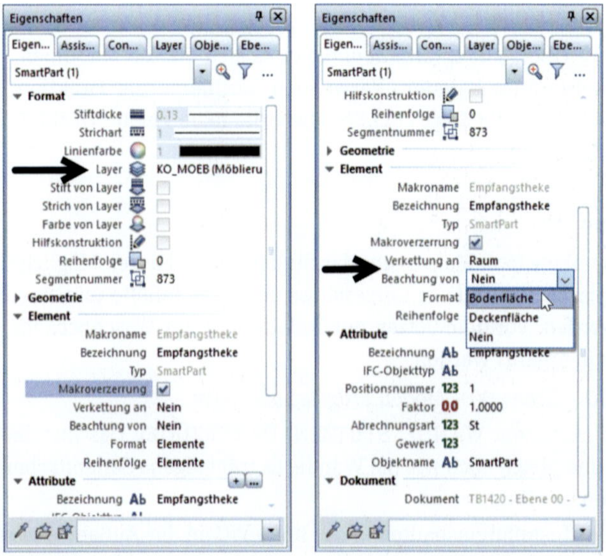

Die Änderungen werden direkt umgesetzt. Das Objekt wird um den Bodenaufbau angehoben. Durch die Verkettung an den Raum wird das Objekt mit dem Raum verschoben und in verschiedenen Reports als Element dem Raum zugeordnet. So können Sie z. B. Raumbücher mit Ausstattungselementen versehen.

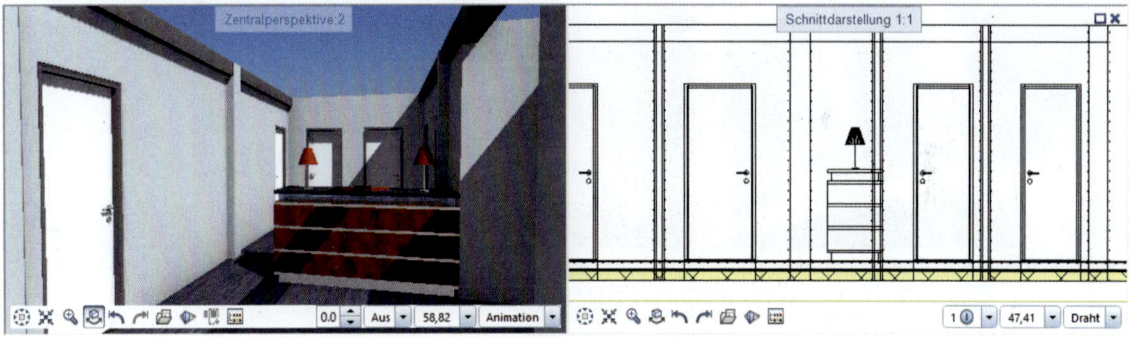

Sie können neben der Anbindung bei Bedarf auch weitere Inhalte/Attribute ändern.

TIPP: Die Funktion **SMARTPART VERLEGUNGS-ATTRIBUTE MODIFIZIEREN** gibt es in einer Version für Makros und kann für die Aktion, welche über die Palette **EIGENSCHAFTEN** beschrieben wurde, verwendet werden. Durch die Anbindung dieser beiden Objekttypen an den Bodenaufbau des Raumes, in welchem sie abgesetzt wurden, werden die Objekte bei Änderungen des Bodenaufbaus automatisch in der Höhenlage geändert.

SmartPart Verlegungs-Attribute modifizieren

Darstellung reduzieren

Um eine bessere Übersicht zu erhalten, bietet es sich an, die Maßlinien und Texte komplett oder zum Teil auszublenden. Verwenden Sie hierzu die Funktion **LAYERSTATUS ÄNDERN** und/oder **LAYER EINSTELLEN** sowie die neue Palette **OBJEKTE**. Ziel sollte der „nackte“ Grundriss sein.

WC einrichten

Um einfache Symbole bzw. Makros aus der Bibliothek und deren Möglichkeiten vorzustellen, soll exemplarisch ein WC im Erdgeschoss mit einer Toilette und einem Waschbecken ausgestattet werden. Vor dem Setzen der Toilette und des Waschbeckens sollen noch Installationswände ergänzt werden.

- ▷ Teilbild *1420 - Ebene 00 - Modell Erdgeschoss* aktiv

Installationsbauteil

Assistenten

Wände, Stützen, Unterzüge (Bauteil *09d*)

- ▷ Bauteil *09d* (Assistent **WÄNDE, STÜTZEN, UNTERZÜGE**): Das Installationsbauteil ist 20 cm dick und gleich hoch wie die Wände. Es trägt eigene Seitenflächen und stanzt die Seitenflächen des Raums aus.
- ▷ Setzen Sie das Installationsbauteil in das linke WC an der Außenwand ein. Die Eingabe funktioniert analog zur Wand.
- ▷ Setzen Sie danach im rechten WC ein Installationsbauteil mit reduzierter Höhe (Bauteil *09b*) ein.

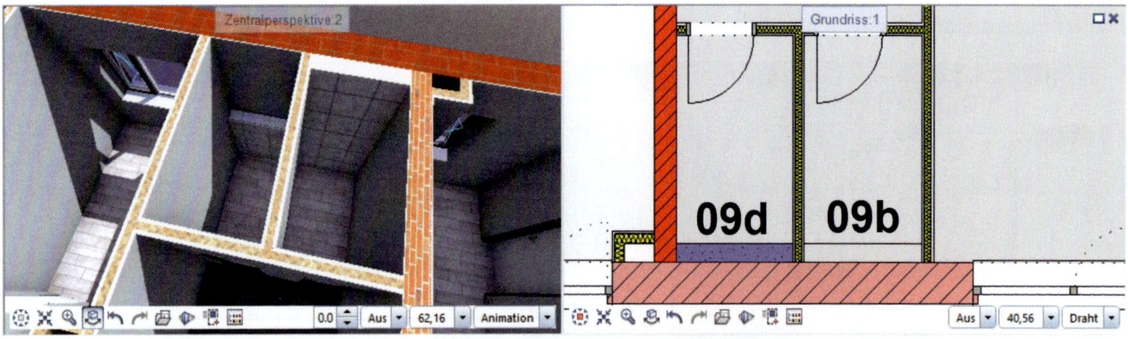

Bibliothek

- ▷ Palette **BIBLIOTHEK**
- ▷ **STANDARD → MÖBEL → BAD UND WC**

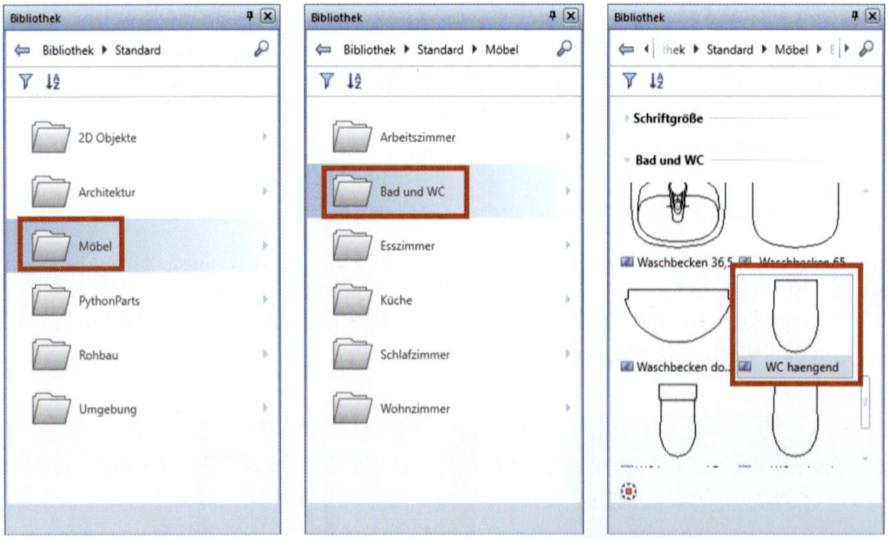

▷ Symbol *WC hängend* durch Doppelklick auf das Teilbild übernehmen

▷ **EINGABEOPTIONEN** → **ABSETZPUNKT (1)** auf Mitte oben versetzen (wenn nötig)

▷ **WINKELSPRUNG (2)** auf 45° einstellen

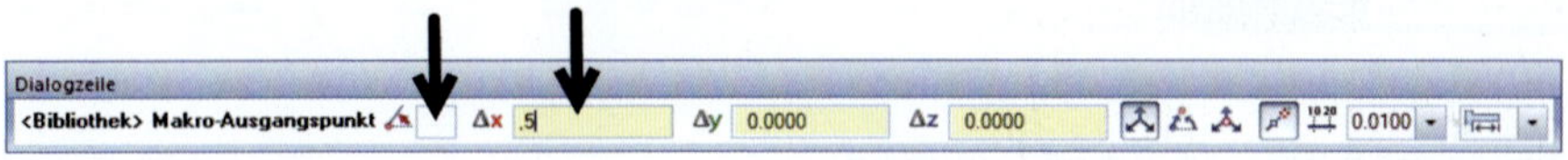

▷ Fokus auf Winkelsprung in Dialogleiste und Symbol über +/– so drehen, dass das WC wie in der Abbildung dargestellt abgesetzt werden kann. Geben Sie zudem bei X einen Abstand von ca. 0,50 m ein.

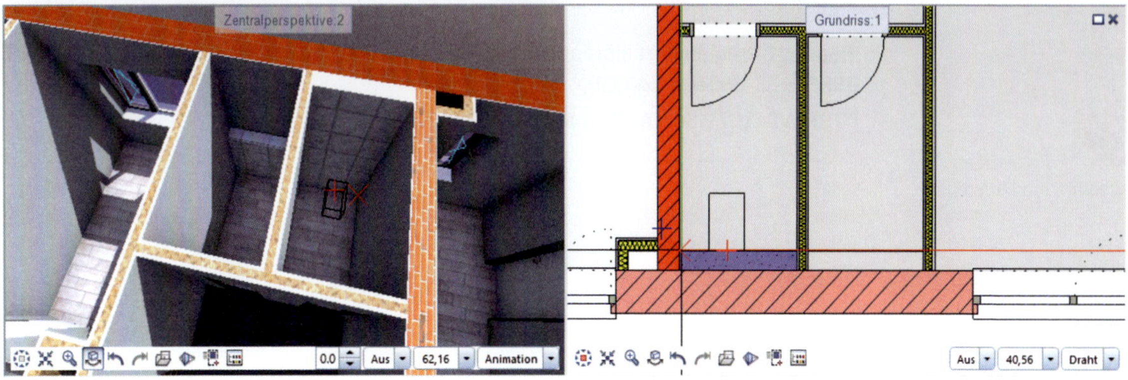

- ▷ Setzen Sie das WC ab, indem Sie den Eckpunkt des Installationsbauteils anwählen.
- ▷ Setzen Sie im zweiten WC auch WC aus dem gleichen Ordner ab und vergleichen Sie sowohl die 3D- als auch die Grundrissdarstellung in unterschiedlichen Maßstäben und Zeichnungstypen.
- ▷ Setzen Sie das kleine Waschbecken sowie einen Spiegel ebenfalls in dem WC ab.

Möblieren Sie alle Räume des Erdgeschosses und der beiden Obergeschosse.

> **HINWEIS**: Die in der Bibliothek enthaltenen Makros aus dem Ordner *Möbel* enthalten für die 2D-Darstellung eine Stilfläche, die über **EXTRAS → DEFINITIONEN** angepasst werden kann.

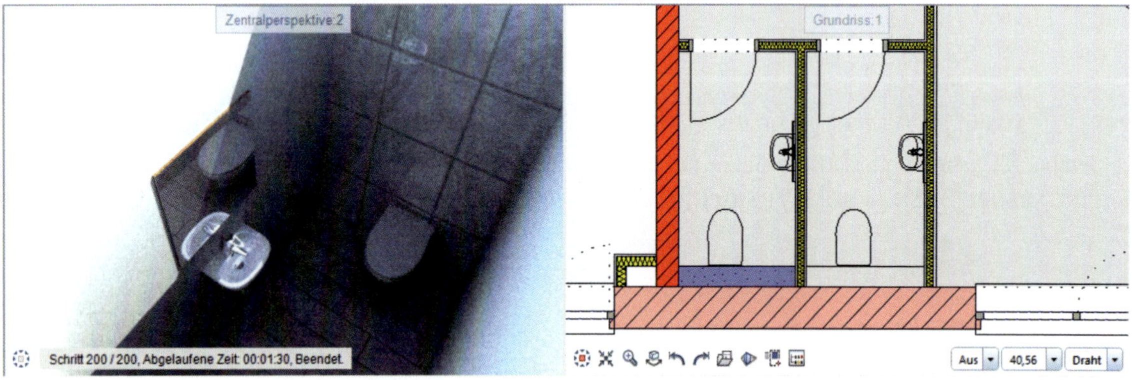

Layer modifizieren (über Funktion)

Die Symbole aus den meisten Standardordnern liegen auf dem Standardlayer. Optimal sortiert sind die Daten, wenn die Sanitärgegenstände dem Layer *KO_SANI (Sanitär)* und die restlichen Einrichtungsgegenstände dem Layer *KO_MOEB (Möblierung)* zugewiesen werden.

- ▷ Blenden Sie bei Bedarf störende Layer aus und stellen Sie die restlichen auf **SICHTBAR GESPERRT** (Palette **LAYER**).
- ▷ **FORMAT-EIGENSCHAFTEN MODIFIZIEREN**

Format-Eigenschaften modifizieren

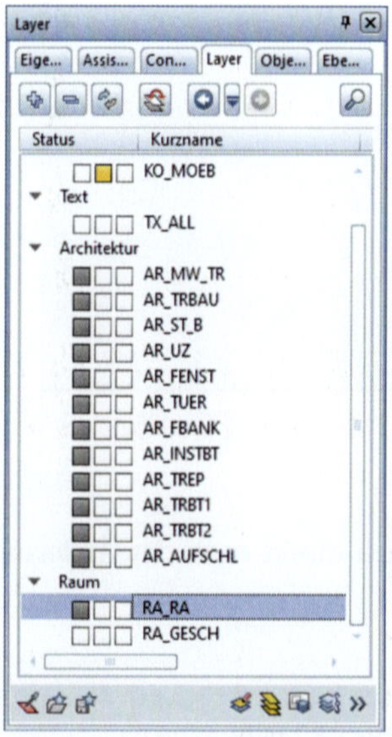

▷ Layer *KO_SANI (Sanitär)* im Dialog **LAYER EINFACHAUSWAHL** markieren und die drei Checkboxen für die Übernahme der Formateigenschaften setzen → **OK**

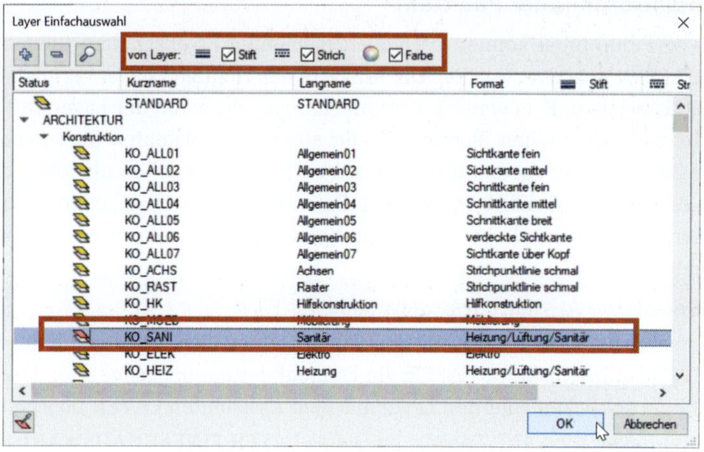

▷ Dialog **FORMAT-EIGENSCHAFTEN MODIFIZIEREN** → **OK**

▷ Ziehen Sie einen Aktivierungsrahmen über WC und Waschbecken auf.

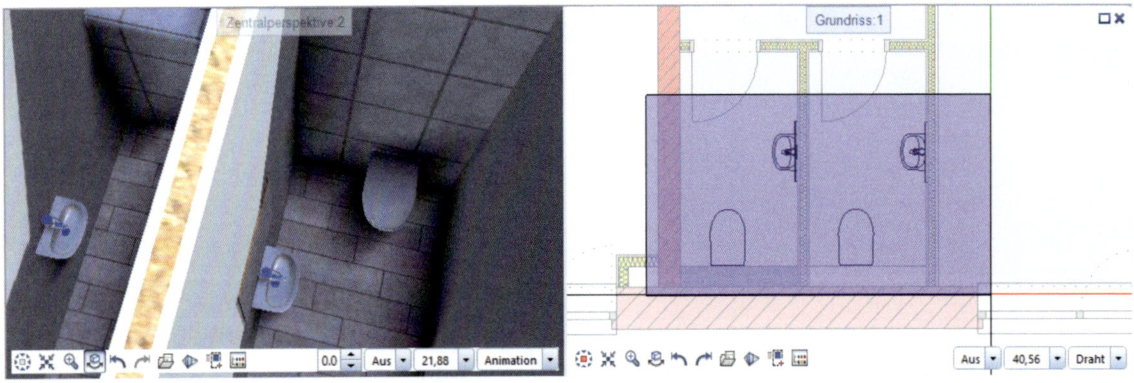

Die Elemente werden modifiziert und sollten sich direkt nach der Änderung in einem dünneren Stift zeigen.

Bildschirm-darstellung

> **HINWEIS**: Die Änderung der Linienstärke ist nur erkennbar, wenn in der **BILDSCHIRMDARSTELLUNG** die Option **DICKE LINIE** aktiv ist.

Layer modifizieren (über Paletten)

Alternativ zu Funktionen können bei vielen Elementen Eigenschaften über die Palette **EIGENSCHAFTEN** geändert werden. Die Auswahl des richtigen Layers erfolgt in etwa so wie zuvor beschrieben. Eine weitere Vereinfachung ist es, wenn der Layer entweder von auf dem Teilbild enthaltenen Elementen oder aus dem Assistenten übernommen wird. Für diesen Zweck ist der Assistent **LAYER** mit enthalten. Sie haben die Wahl, ob Sie den Layer von den auf dem Teilbild enthaltenen Daten (wie hier gezeigt) oder aus dem Assistenten übernehmen wollen. Dabei ist nur wichtig, dass **keine** Funktion bei der Aktivierung der Elemente aktiv ist.

- ▷ Markieren Sie die Ausstattungsgegenstände der WCs.
- ▷ Kontextmenü über dem Layer in der Palette öffnen, z. B. Kontextmenü → **EIGENSCHAFTEN ÜBERNEHMEN: LAYER**; ein Element der bereits geänderten Einrichtungsgegenstände anklicken oder den Layer aus dem Assistenten **LAYER** übernehmen
- ▷ Alternativ: Layer *KO_SANI (Sanitär)* im Dialog **LAYER EINFACHAUSWAHL** markieren und die drei Checkboxen für die Übernahme der Formateigenschaften setzen → **OK**

Achten Sie darauf, dass nach der Übernahme des Layers die Optionen **STIFT**, **STRICH** und **FARBE VON LAYER** aktiv sind.

> **TIPP**: Über das Kontextmenü in der Palette können Übernahme-Schaltflächen bei allen Eigenschaften in der Palette angezeigt werden. Über diese können auf schnelle Weise Eigenschaften von anderen Elementen übernommen werden.

Korrigieren Sie auch bei allen anderen Einrichtungsgegenständen entsprechend den Layern entweder auf *KO_SANI* (für Sanitärgegenstände) oder auf *KO_MOEB* (für alle anderen Möbel).

> **HINWEIS**: Bitte beachten Sie, dass bei umfangreichen Änderungen eine Änderung über die Palette **EIGENSCHAFTEN** deutlich länger dauert als die gleiche Änderung über einzelne Funktionen. Dies ist darin begründet, dass für die Anzeige in der Palette **EIGENSCHAFTEN** umfangreiche Daten gelesen werden müssen.

Weitere Objekte einfügen

Fügen Sie dem Grundriss weitere Objekte hinzu. Sie werden feststellen, dass die Dialoge nicht gleich sind und ganz unterschiedliche Möglichkeiten eröffnen. Einen fertig möblierten Grundriss finden Sie am Ende dieses Kapitels.

4.19.7 Außenanlagen

Zum Abschluss der Hauptarbeit am Modell sollen die Außenanlagen ergänzt werden. Es bietet sich an, diese auf einem eigenen Teilbild unter der Strukturstufe *Gebäude - Neubau* abzulegen. Das Gelände (ein ebenes Gelände) kann als einfache Decke erzeugt werden, die an die Standardebenen angebunden wird. Ein Gelände mit gleichmäßigem Gefälle kann mit einer freien Ebene und einer Decke dargestellt werden. Für ein Gelände mit unterschiedlichen Gefällen, Böschungen, Hebungen und Senken benötigen Sie das Modul **DIGITALES GELÄNDEMODELL** oder **MODELLIEREN 3D** oder mehrere freie Ebenen, die das Gelände nachformen.

Neben dem Gelände können bei Bedarf noch weitere Elemente, wie Wände für die Lichtschächte (bei Bedarf) und/oder Wege in den Außenanlagen, erzeugt werden. Einige Elemente sind als Vorlagen auf dem Assistenten **AUSSENANLAGEN** enthalten. Zudem sind die Grundlagen für den Lageplan aus Abschnitt 3.10.7, „Ergebnis Lageplan 2D", auf dem Assistenten zur Übernahme der Eigenschaften enthalten. Neben den in den Vorlagen zum Buch enthaltenen Daten finden Sie Bäume, Autos und Staffagen in der Bibliothek.

Teilbild für Außenanlagen vorbereiten

- ▷ **PROJEKTBEZOGEN ÖFFNEN**
- ▷ Teilbild *1400 - Außenanlagen* markieren → Kontextmenü → **EBENEN ZUWEISEN**

Projektbezogen öffnen

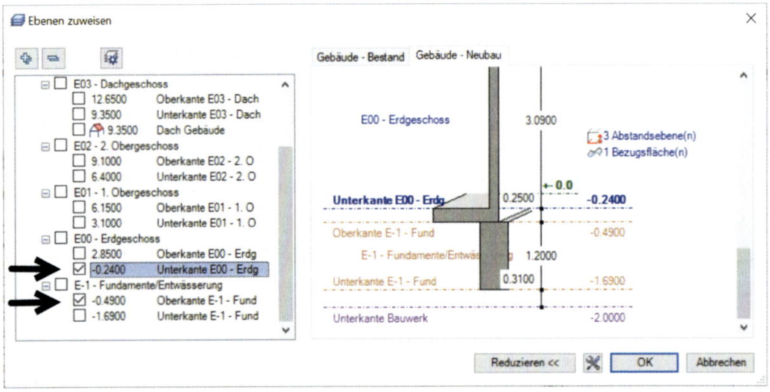

▷ OBERKANTE → *-0.240* *Unterkante E00*

▷ UNTERKANTE → *-0.490* *Oberkante E-1*

Die Oberkante des Geländes soll in Abhängigkeit von der Oberkante der Unterkante des Erdgeschosses (= Oberkante Bodenplatte) eingestellt werden. Die Bauteile auf dem Assistenten sind entsprechend in den Höheneinstellungen vorbereitet.

Gestaltung der Außenanlagen

In der Bibliothek finden Sie im Ordner *Umgebung* viele Objekte, die Sie für die Außenanlagen verwenden können. Alle Objekte werden (ähnlich der Theke) auf Höhe der unteren Ebene abgesetzt und sollten in Z-Richtung verschoben werden. Je nach Gestaltungswunsch sollten Sie entweder voll texturierte Fahrzeuge und Personen verwenden oder die in einer Farbe vereinfachten.

Modifizieren Sie die Layer der abgesetzten Objekte auf die entsprechenden Layer. Optimal ist es, wenn Sie die Kopplung der Liniendarstellung aktivieren.

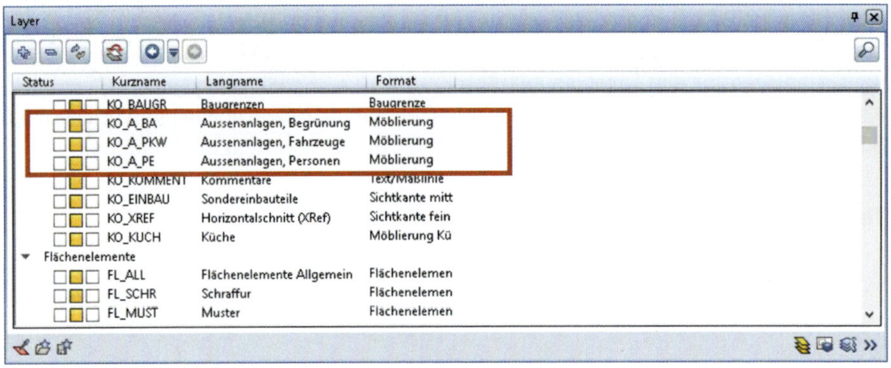

Decken als Gelände

Blenden Sie sich zum Teilbild der 1400 Außenanlagen auch den *304 Lageplan 1:500 - Bestand …* (Strukturstufe *Baukörperstudien - Studie 01*) sowie das Teilbild des *1420 Ebene 00 - Erdgeschoss* jeweils passiv ein. Bei Bedarf können Sie zudem noch Teilbild 302 aktivieren, auf welchem sich der größere Lageplan als Pixelfläche befindet. Sie haben so alle Informationen parat, die Sie brauchen, um mittels Decken das Gelände der Außenanlagen zu erzeugen.

▷ Bauteile aus Assistenten **AUSSENANLAGEN** übernehmen und Randeinfassungen erzeugen, danach die entsprechenden Flächen mit den Decken aus selbigem Assistenten füllen

Decke

Assistenten

Außenanlagen

Kontrollieren Sie die Eigenschaften der Bauteile und stellen Sie die Eigenschaften der Decke so ein, dass Sie verschiedene Materialien unterschiedlich auswerten können, auch wenn Sie das jetzt noch nicht brauchen. Verwenden Sie verschiedene Flächendarstellungen und lassen Sie diese im Grundriss darstellen. So können Sie schnell einen gut lesbaren Plan der Außenanlagen erstellen, ohne weitere Elemente erzeugen zu müssen.

4.20 Beispiel – Bemaßen und Beschriften

Abschließend sind die Grundrisse noch mit zusätzlichen Texten und Maßen zu versehen. Bei der Bemaßung kann entweder mit einer einfachen Bemaßung, der speziellen Bemaßung für Wände oder der neuen assoziativen Maßlinie gearbeitet werden. Die drei unterschiedlichen Arten haben jeweils ihre eigenen Vorgehensweisen und Vor- bzw. Nachteile gegenüber den anderen.

4.20.1 Grundriss bemaßen – Wände bemaßen

Als Erstes wird die Bemaßung mit der Funktion **WÄNDE BEMASSEN** dargestellt. Hier wird immer die komplette Wand bemaßt und – bei Aktivierung der Öffnungsmaßkette mit Höhen – eine Maßlinie mit den Rohbaumaßen von Öffnungen abgelegt. Aufgrund des Aufbaus der Maßlinien, die automatisiert über **WÄNDE BEMASSEN** erzeugt werden können (und sollten), ist es notwendig, die Maßlinien in zwei Stufen zu erzeugen.

Laden Sie, bevor mit dem Bemaßen begonnen wird, den Darstellungs-Favoriten *M50_Werkplanung.bdfa*. Der Bezugsmaßstab hat sich auf 1:50 geändert, da in den nächsten kurzen Übungen eine relativ detaillierte Bemaßung erzeugt werden soll, welche zu genau für den Maßstab 1:100 ist.

> **HINWEIS:** Maßlinien können im Allgemeinen auf zwei Arten erzeugt werden. Für Wände existiert noch eine dritte Möglichkeit. Direkt nachfolgend wird erst der Vorgang *Wände bemaßen* beschrieben. Anschließend wird anhand einer Innenwand mit Türen der Vorgang zum Bemaßen mit jeder Variante dargestellt und die jeweiligen Vor-/Nachteile werden aufgelistet.

Maßlinien und Maßstäbe

Maßlinien enthalten Texte, welche mit einer festen Höhe für den Ausdruck erzeugt werden. Eine Einstellung mit 3,5 mm Höhe bedeutet, dass - unabhängig vom Bezugsmaßstab des Teilbildes - der Text auf dem Ausdruck 3,5 mm hoch sein wird. Damit ist es notwendig, für unterschiedliche Maßstäbe jeweils eigene Maßlinien zu erzeugen. Diese sind - wenn ein Grundriss in unterschiedlichen Maßstäben benötigt wird - auf einem Teilbild zu erzeugen und mit Layern zu gliedern.

Öffnungsmaßkette mit Öffnungshöhen

Die Abmessungen der Öffnungen werden in der Wandschicht ermittelt, auf der das Richtungselement liegt. Wenn demnach bei einem zweischaligen Wandaufbau die innere Tragschicht als Richtungselement angewählt wird, werden die Öffnungsgrößen in dieser Schicht ermittelt.

▷ **PROJEKTBEZOGEN ÖFFNEN**, Teilbild *1420 - Ebene 00 - Modell Erdgeschoss* aktiv

▷ **WÄNDE BEMASSEN** (Kontextmenü einer Wand oder **ACTIONBAR**: Aufgabenbereich **ROHBAU** - Bereich **BAUTEILE**)

▷ Ändern Sie die **EIGENSCHAFTEN** wie in der Abbildung dargestellt oder übernehmen Sie die Eigenschaften aus dem Assistenten **MASSLINIEN WÄNDE** (Bauteil *24*). Die Funktion **ÜBERNAHME** finden Sie im Eigenschaften-Dialog der Maßlinie.

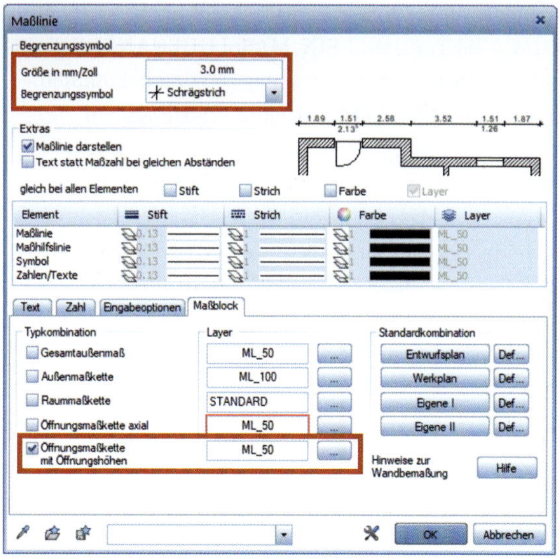

Projektbezogen öffnen

Wände bemaßen

Assistenten

Maßlinien Wände 1 : 50 (Bauteil *24*)

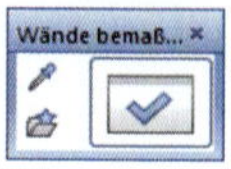

HINWEIS: Bei der Übernahme der Eigenschaften von einer bestehenden Wandvermaßung werden alle Eigenschaften inklusive der bei der Erzeugung eingestellten Optionen für den Maßblock übernommen.

- ▷ **BEGRENZUNGSSYMBOL** einstellen → Textgrößen → `3.00`
- ▷ Register **MASSBLOCK**
- ▷ **TYPKOMBINATION** → *Öffnungsmaßkette mit Öffnungshöhen* und **LAYER** → *ML_50* (restliche Maßlinien deaktivieren)

In der Vorschau wird das System der zu erzeugenden Maßlinien angezeigt.

- ▷ Angaben bestätigen
- ▷ Markieren Sie die unteren Außenwände **(1)**. Achten Sie darauf, dass die Markierung das Eck miteinschließt. Sollte dies nicht der Fall sein, markieren Sie die anschließende Wand zusätzlich **(2)** / **(3)**.

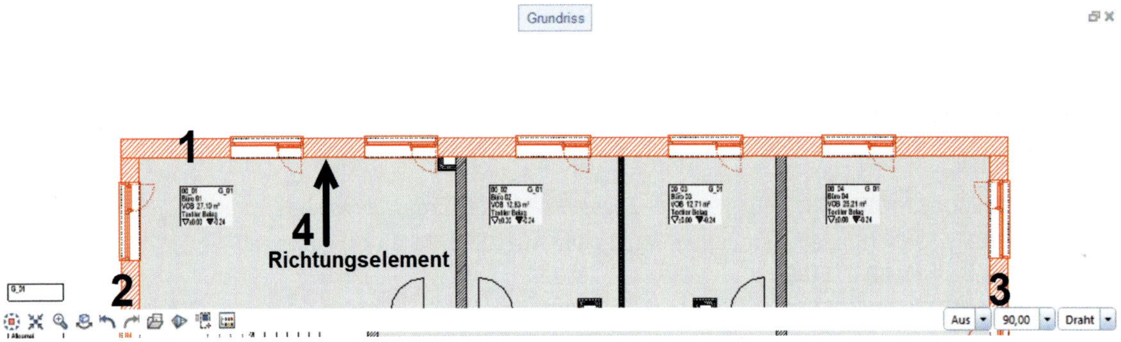

- ▷ Bestätigen Sie die Auswahl mit der rechten Maustaste.
- ▷ Klicken Sie die Innenwandkante als **RICHTUNGSELEMENT (4)** an.
- ▷ **(5) ABSTAND ZUM ABSETZPUNKT EIN, MASSLINIENANORDNUNG UMDREHEN**, um die Maßlinie oberhalb des Fadenkreuzes angezeigt zu bekommen
- ▷ Maßlinie durch Anklicken des Gebäudeeckpunktes absetzen

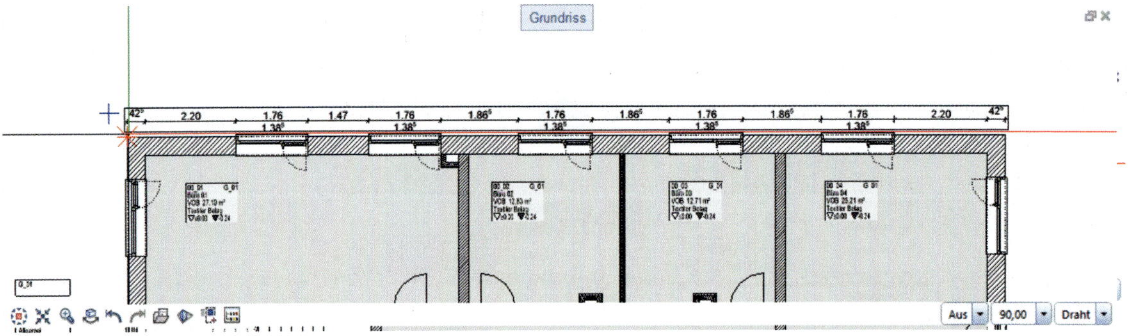

Erzeugen Sie auch auf den anderen Außenseiten jeweils eine Maßlinie mit den Öffnungen. Die Maßlinienpunkte, die zu viel eingefügt wurden, können über die Funktion **MASSLINIENPUNKT LÖSCHEN** entfernt werden (im Kontextmenü der Maßlinie enthalten).

Raummaßkette

Bei der Raummaßkette werden alle Wände, die der als Richtungselement aktivierten Wandkante gegenüberliegen, als Innenwände vermaßt.

▷ **WÄNDE BEMASSEN** (Kontextmenü einer Wand oder **ACTIONBAR:** Aufgabenbereich **ROHBAU** - Bereich **BAUTEILE**) → **EIGENSCHAFTEN**

Wände bemaßen

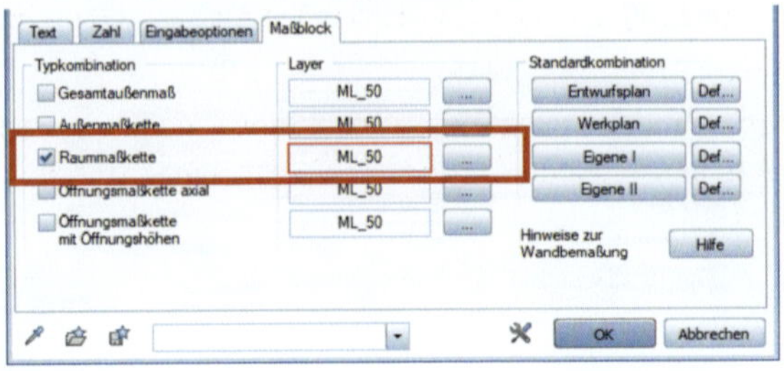

▷ Register **MASSBLOCK**

▷ **TYPKOMBINATION** → *Raummaßkette* und **LAYER** → *ML_50*

▷ Angaben bestätigen

▷ Wände markieren → bestätigen (wie zuvor)

▷ Außenkante der Wand als **RICHTUNGSELEMENT** anklicken

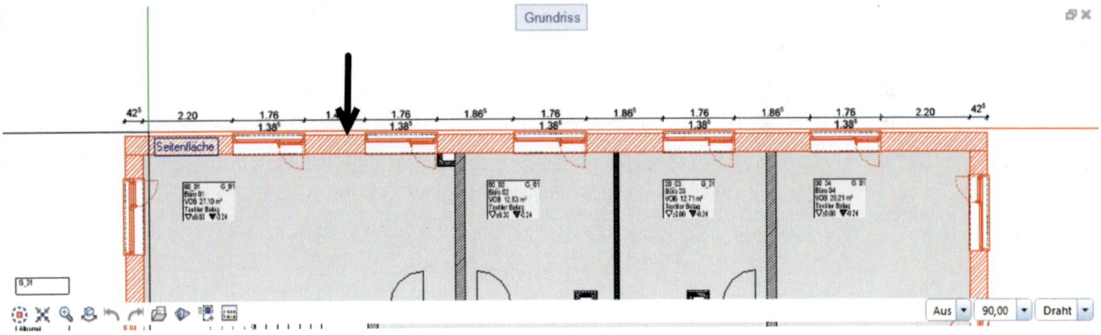

Alle Wände, die auf der dem Richtungselement gegenüberliegenden Wandseite anschließen, werden als Raummaße erkannt und in die Maßkette eingebunden.

▷ **ABSTAND ZUM ABSETZPUNKT EIN**

▷ Maßlinie durch die schon abgesetzte Maßlinie platzieren

Die neue Maßlinie wird im eingestellten Abstand abgesetzt (**EIGENSCHAFTEN**, Register **EINGABEOPTIONEN**).

Außenmaßkette und Gesamtaußenmaß

Bei der Außenmaßkette werden Vorsprünge des Baukörpers sowie auf dem Richtungselement liegende, auch markierte Wände bemaßt. Wandteile, die nicht aneinanderstoßen (wie südliche und nördliche Außenwand), werden mit deren Fuge vermaßt. Die Maßlinie **GESAMTAUSSENMASS** gibt immer das komplette Maß der markierten Wände (also deren maximale Ausdehnung) auf dem Richtungselement an.

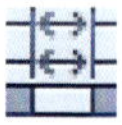

Wände bemaßen

- ▷ **WÄNDE BEMASSEN** → **EIGENSCHAFTEN**
- ▷ Register **MASSBLOCK**
- ▷ **TYPKOMBINATION** → *Gesamtaußenmaß* und *Außenmaßkette*
- ▷ **LAYER** jeweils → *ML_50*

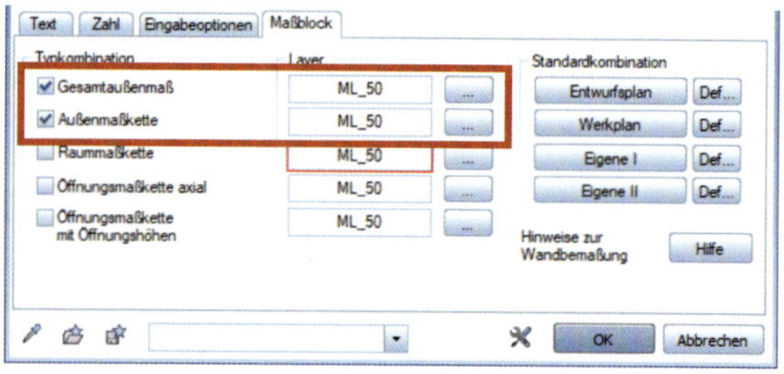

- ▷ Angaben bestätigen
- ▷ Wände markieren → bestätigen
- ▷ Außenkante der Wand als **RICHTUNGSELEMENT** anklicken
- ▷ Maßlinienblock wie zuvor anhand der vorhandenen Maßlinien absetzen

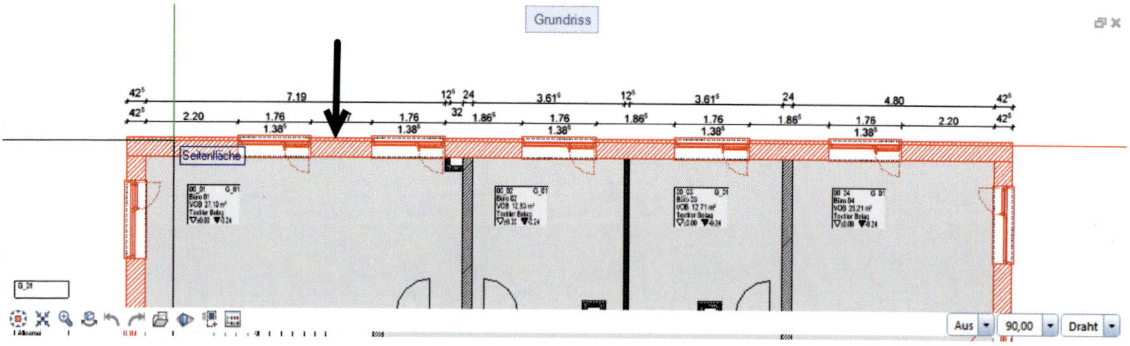

Das Außenmaß und das Gesamtaußenmaß sind bei diesem Gebäude (ohne Vor-/Rücksprünge) gleich. Damit ist es ausreichend, wenn eines der beiden Maße verwendet wird. Im Dachgeschoss kann eine der beiden Maßlinien als Basis für den Balkon auf der Ostseite verwendet werden.

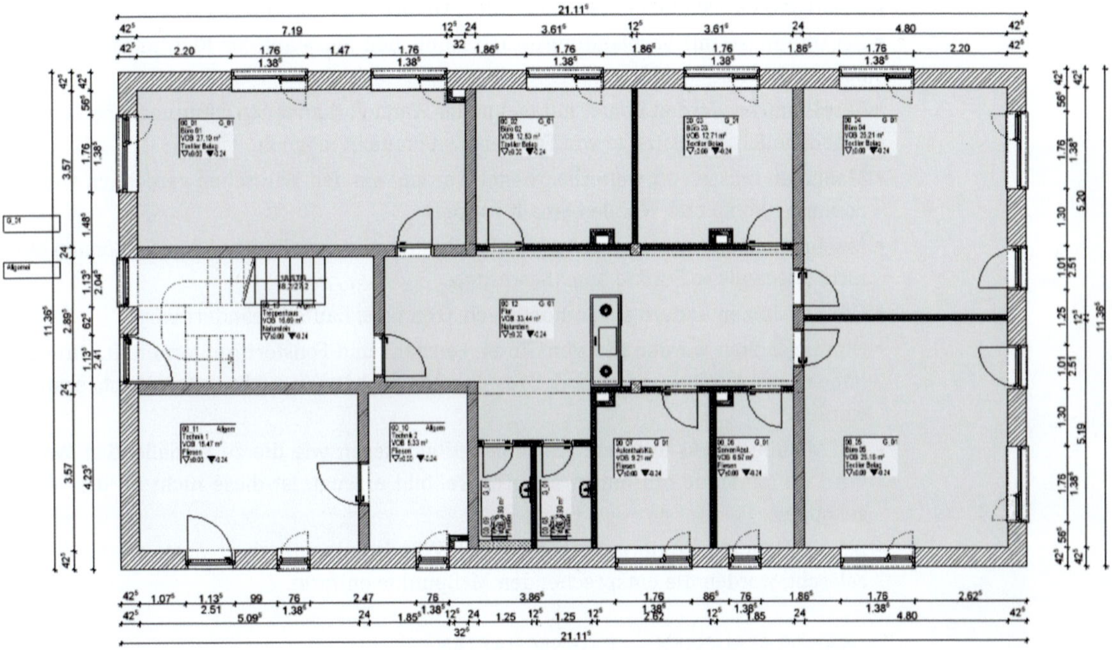

Maßlinien ergänzen

Bemaßen Sie die restlichen Wände des Erdgeschosses. Verwenden Sie für die Innenwände mit Türen den Maßlinientyp **ÖFFNUNGSMASSKETTE MIT ÖFFNUNGSHÖHEN** und entfernen Sie überschüssige Maßlinienpunkte bzw. ergänzen Sie fehlende Maßlinienpunkte (**MASSLINIENPUNKT LÖSCHEN, MASSLINIENPUNKT EINFÜGEN**).

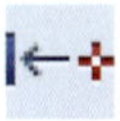

Maßlinienpunkt einfügen

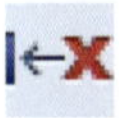

Maßlinienpunkt löschen

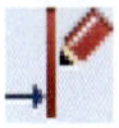

Maßhilfslinien modifizieren

Mit der Funktion **MASSHILFSLINIEN MODIFIZIEREN** können Sie die Maßlinien optisch zu einem Block zusammenfassen. Beim Anwenden der Funktion ist zu beachten, dass die Maßhilfslinie, solange diese nicht verlängert wurde, den Anfangspunkt im Maßliniensymbol hat.

Auf die gleiche Weise sollten Sie die anderen beiden Geschosse bemaßen.

Probieren Sie unterschiedliche Einstellungen für die Maßlinienerzeugung aus. Testen Sie z. B. auch andere Werte für den Maßlinienabstand im Register **EINGABEOPTIONEN**.

Ein bemaßtes und beschriftetes Zwischenergebnis finden Sie am Ende des Kapitels. Ergänzen Sie die Maßlinien mit den restlichen drei Gebäudeseiten sowie den Innentüren. Fügen Sie auch im Obergeschoss sowie dem Dachgeschoss Maßlinien hinzu. Die Maßlinien für Innentüren und ergänzende Maße für den Innenraum können bei Bedarf auf einem extra Layer erzeugt werden.

Innenwände mit Türen/Öffnungen vermaßen – Wände vermaßen

Mit der Funktion **WÄNDE BEMASSEN** können Wände schnell und einfach bemaßt werden. Öffnungshöhen werden grundsätzlich mit den Rohbaumaßen ermittelt:

- Es ist eine sehr schnelle Bemaßung von Grundrissen – vor allem von außen – möglich.
- Bei Öffnungen mit Verblendungen und Ähnlichen muss auf das Richtungselement geachtet werden.
- Türöffnungen werden immer mit den in der Wand vorhandenen Öffnungshöhen bemaßt (Rohbaumaß). Die Anzeige von Fertigmaßen ist nicht möglich.
- Maßlinien müssen oft weiterbearbeitet werden, um den Wünschen gerecht zu werden, da immer komplette Wände bemaßt werden.
- Maßlinien können einfach mit normalen Funktionen erweitert werden. Es können auch nicht vorhandene Punkte bemaßt werden.
- Öffnungshöhen ändern sich automatisch, wenn das Bauteil geändert wird.
- Öffnungshöhen werden nur von Türen, Fenstern und Fenstertüren ermittelt. Öffnungshöhen von Aussparungen und Brüstungshöhen können nicht automatisch ermittelt werden.
- Die Maßlinie muss auf dem gleichen Teilbild liegen wie die zu bemaßenden Wände. Wird die Maßlinie auf einem anderen Teilbild erzeugt, ist diese nicht an die Wände gekoppelt.
- Bei der Raummaßkette werden zusätzlich Wände automatisch ergänzt, werden Wände gelöscht, werden die entsprechenden Maßpunkte entfernt.

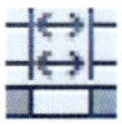
Wände bemaßen

▷ **WÄNDE BEMASSEN** → **EIGENSCHAFTEN**

▷ Register **MASSBLOCK**

▷ **TYPKOMBINATION** → *Öffnungsmaßkette mit Öffnungshöhen*

▷ Wände zum Bemaßen markieren, Bestätigen und eine untere Wandkante als Richtungselement anwählen

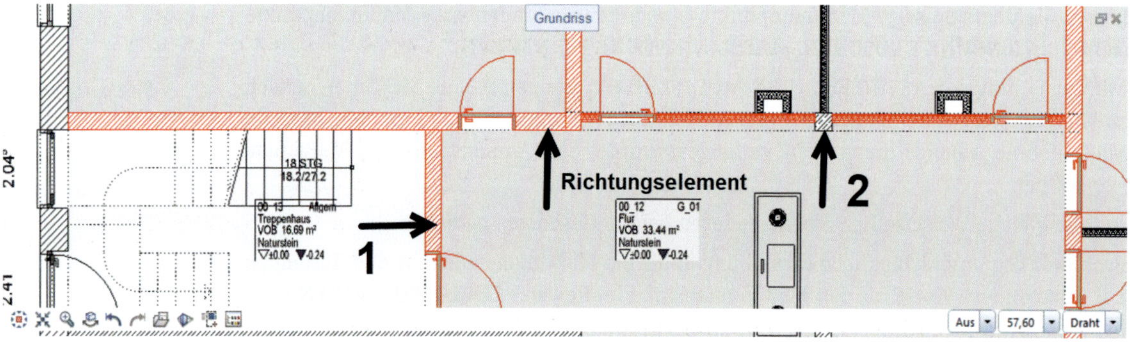

▷ Maßlinie absetzen

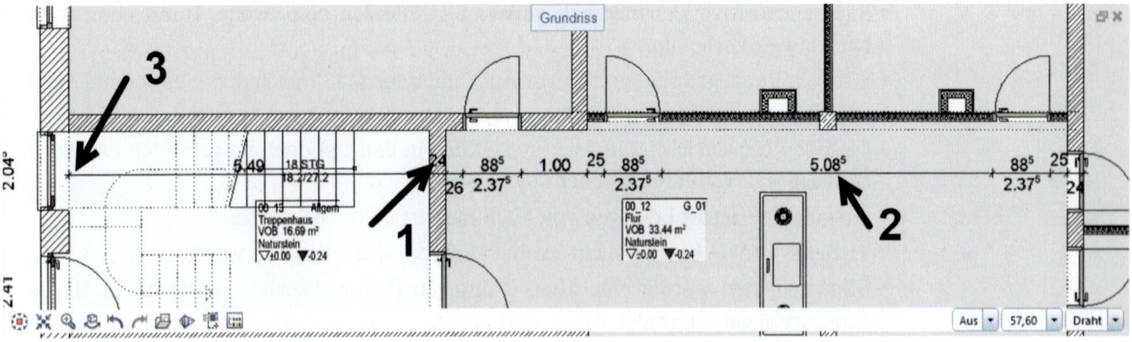

(1) Wenn die Treppenhauswand markiert wurde, wird diese mit vermaßt. Wurde die Wand nicht markiert, ist dieses Maß nicht enthalten.

(2) Die Stütze kann nicht markiert werden. Da die Wand durchläuft und von der Stütze ausgestanzt wird, wird hier keine Unterbrechung der Wand bemerkt und die Stütze ist nicht bemaßt.

(3) Die Treppenhauswand läuft durch und wird bis zur Außenwand bemaßt.

▷ **MASSLINIENPUNKT LÖSCHEN** → Maßpunkt **(3)** anwählen → Die Maßlinie wird an dieser Stelle verkürzt.

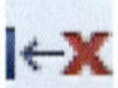

Maßlinienpunkt löschen

▷ **MASSLINIENPUNKT EINFÜGEN** → Maßlinie anklicken, welche erweitert werden soll → Eckpunkte der Stütze anklicken **(2)** → Die Maßlinie wird mit den gewählten Punkten ergänzt.

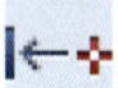

Maßlinienpunkt einfügen

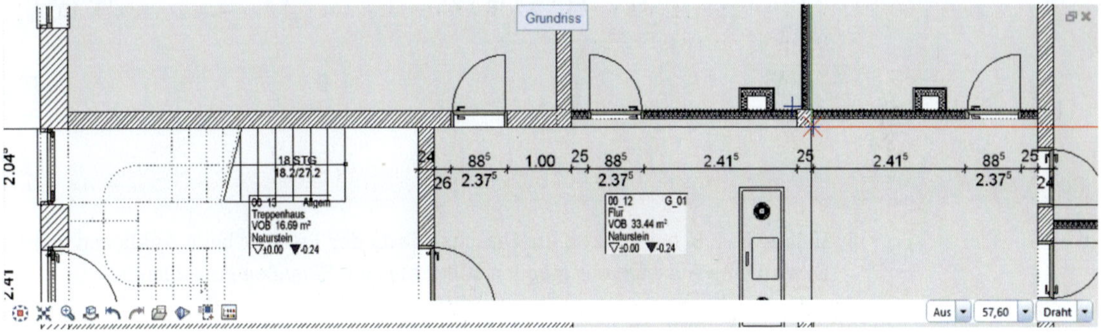

Innenwände mit Türen/Öffnungen vermaßen – assoziative Maßlinie

Mit den neuen Maßlinien können die Maßpunkte an vorhandene Zeichnungspunkte/Elemente geknüpft werden. Die Maßlinie hält die Verbindung zu den Bauteilen, auch wenn diese auf einem anderen Teilbild liegen. Ich empfehle, die Maßlinien grundsätzlich auf die gleichen Teilbilder wie die Zeichnung zu legen und nur mit Layern zu untergliedern.

- Jeder Maßpunkt muss definiert werden.
- An Punkten mit mehreren Elementen/Objekten/Möglichkeiten kann gewählt werden, was bemaßt werden soll.
- In assoziativen Maßlinien ist kein Zusatztext möglich.

- Räume inklusive Bodenaufbau **müssen** vorhanden sein, wenn Türen oder Fenster bemaßt werden sollen.
- Wird ein Raum gelöscht und neu erzeugt, muss die Maßlinie bzw. der betroffene Bereich der Maßlinie mit den Türhöhen neu erzeugt werden.
- Die Höhe berücksichtigt je nach Einstellung in den Optionen im gesamten Projekt den Bodenaufbau von Räumen oder nicht.
- Ein automatisiertes Erzeugen von Maßlinien ist nicht vorhanden.
- Virtuelle Punkte können nicht in eine Maßlinie aufgenommen werden.
- Öffnungshöhen werden von allen Öffnungen (Türen, Fenster, Fenstertüren, Nischen, Aussparungen) ermittelt.
- Bei Öffnungen (auch Aussparungen und Türen) mit Brüstungen wird **immer** die Brüstungshöhe entsprechend der Einstellung in den Optionen erzeugt.

Maßlinien

▷ MASSLINIE → ASSOZIATIV einschalten

▷ Klicken Sie an die Stelle, an welcher die Maßlinie erzeugt werden soll **(1)**.

▷ Klicken Sie der Reihe nach die gewünschten Punkte an **(2–11)**. An den Punkten 3/4, 6/7 und 9/10 erkennt die Maßlinie die Türe und erzeugt automatisch die Türhöhe bezogen auf Fertigfußboden.

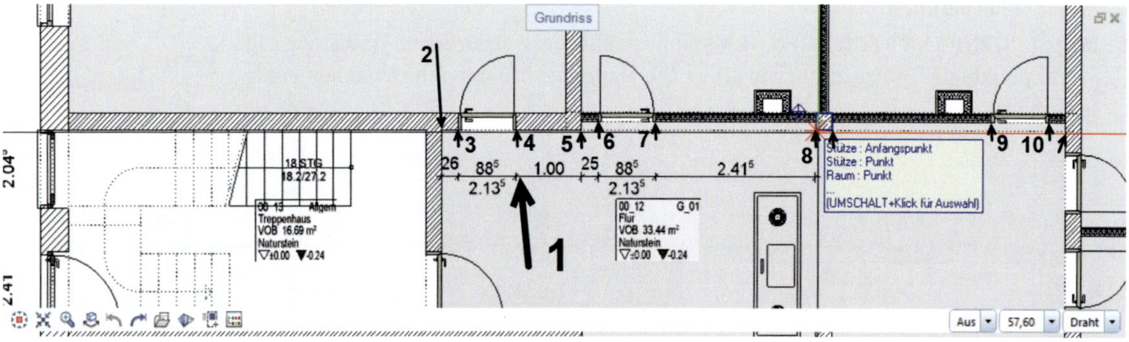

▷ Halten Sie z. B. bei Punkt 8 die Umschalt-Taste der Tastatur beim Anklicken gedrückt. Es wird eine Auswahl der möglichen Punkte zum Bemaßen eingeblendet.

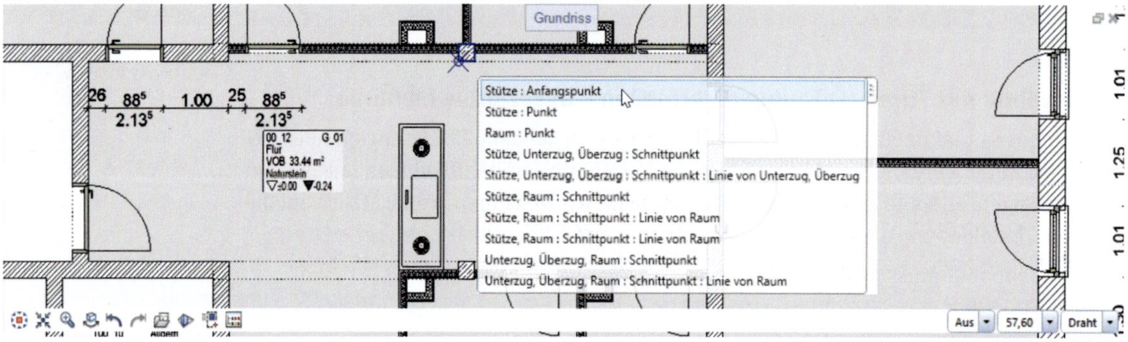

▷ Erzeugen Sie die Maßlinie komplett wie angezeigt:

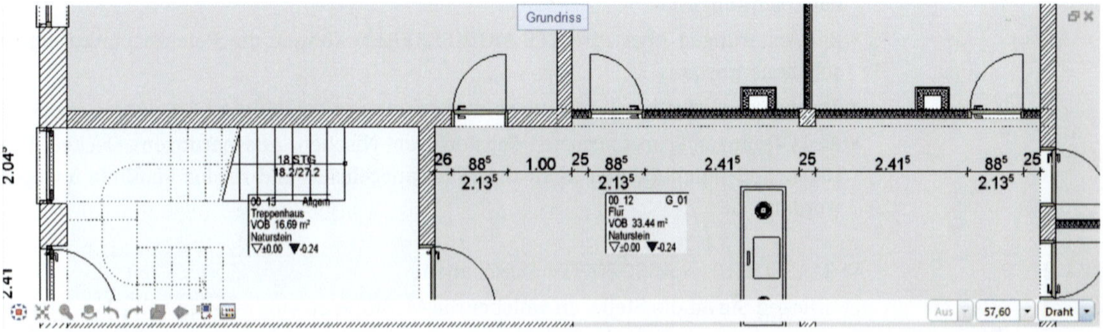

▷ Öffnen Sie die Optionen und ändern Sie im Bereich **MASSLINIEN** die Einstellung *Raum-Bodenflächen* auf **AUS**.

Maßlinien mit **aktivierter** Option ASSOZIATIVITÄT: Raum-Bodenflächen

Optionen...

Die Höhenmaße werden auf Rohbau umgerechnet und entsprechend gleich wie bei **WÄNDE BEMASSEN** angezeigt.

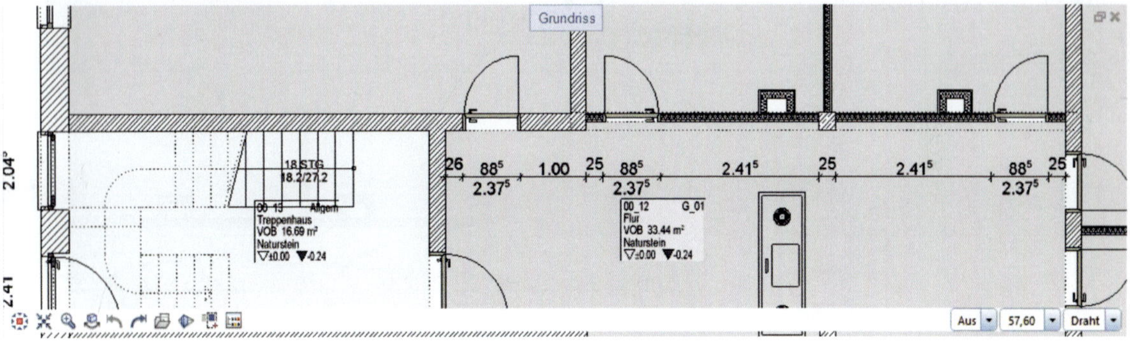

Maßlinien mit **deaktivierter** Option ASSOZIATIVITÄT: Raum-Bodenflächen

Innenwände mit Türen/Öffnungen vermaßen – einfache Maßlinie

Als Drittes folgt nun die einfache Maßlinie. Das Vorgehen ist ähnlich der assoziativen Maßlinie. Bei Bauteilhöhen müssen die Bauteile/Öffnungen angewählt werden, um die Höhe auslesen zu können. Es werden Referenzpunkte erzeugt, die bei Änderungen mit **PUNKTE MODIFIZIEREN** mit der Zeichnung geändert werden können. Die Öffnungshöhen werden nur gelesen und ändern sich danach bei Bauteiländerungen **nicht** mit.

- Jeder Maßpunkt muss definiert werden.
- Es können beliebige, auch nicht existierende Punkte bemaßt werden.
- Öffnungshöhen/Bauteilhöhen können gelesen werden. Diese sind aber nicht mit dem Bauteil verknüpft.

- Maßlinie kann auf beliebigen Teilbildern liegen (Empfehlung: Maßlinie auf dem Teilbild der Zeichnung).
- Bei Änderungen über **PUNKTE MODIFIZIEREN** können die Referenzpunkte mit verschobene werden.
- Zusatztext ist verfügbar, Öffnungshöhen können selbst definiert werden.
- Aus Öffnungen (Türen, Fenster, Fenstertüren, Nischen, Aussparungen), Decken, Unterzügen und Fundamenten kann die Höhe ausgelesen und in der Maßlinie angegeben werden.

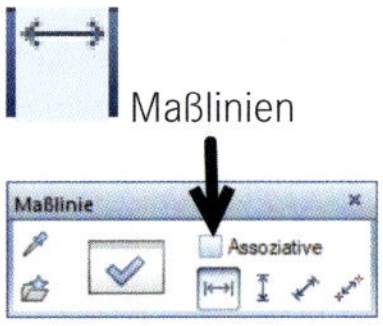

▷ **MASSLINIE** → **ASSOZIATIV** ausschalten

▷ Klicken Sie an die Stelle, an welcher die Maßlinie erzeugt werden soll **(1)**.

▷ Klicken Sie der Reihe nach die gewünschten Punkte an **(2 – 11)**. Zwischen den Punkten 3/4, 6/7 und 9/10 müssen Sie die Öffnung anklicken, um die Höhe auszulesen. Die Höhe bezieht sich auf das Bauteil und gibt das Rohbaumaß der Höhe an.

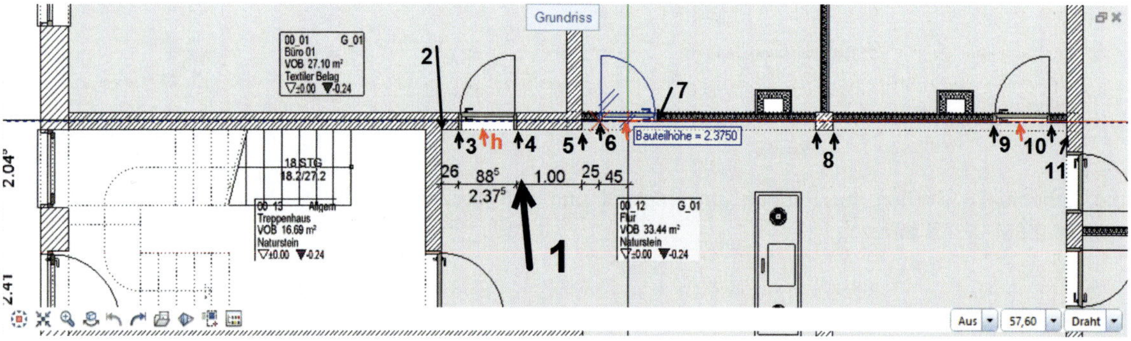

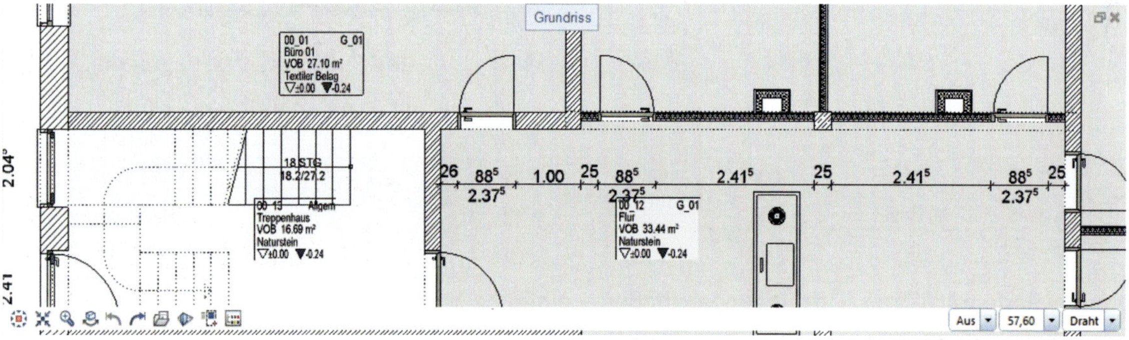

Fazit zu den drei Eingabearten der Maßlinien

Jede Eingabemethode hat Vor- und Nachteile. Die Wandbemaßung muss zwangsläufig mit der einfachen Maßlinie kombiniert werden. Hier bieten sich sehr viele variable Möglichkeiten. Bei der assoziativen Maßlinie muss die Einstellung in den Optionen beachtet werden und die Angabe von Brüstungshöhen ist quasi in der Maßlinie vorgegeben. Testen Sie die Möglichkeiten – evtl. je Grundriss ein System – und spielen Sie mit den Möglichkeiten, um für sich selbst bzw. das eigene Büro einen Weg definieren zu können.

4.20.2 Bauteile beschriften

Jedes Objekt/Element kann mit der Funktion **BESCHRIFTEN** mit den Eigenschaften beschriftet werden. Je nachdem, welche Eigenschaften ein Bauteil besitzt, hat es mehr oder weniger Beschriftungsmöglichkeiten. Über **BESCHRIFTUNGSBILDER** und **OBJEKTBESCHRIFTUNG** haben Sie einen erweiterten Zugriff auf Beschriftungen.

Bei selbst definierten Beschriftungsbildern, den im Beispielprojekt verfügbaren und/oder den unter Standard mit ausgelieferten, ist zu beachten, dass je nachdem, welches Bauteil beschriftet wird, das Ergebnis unterschiedlich sein kann. Es ist z.B. ein großer Unterschied, ob die Türöffnung (also das Loch in der Wand) oder das Tür/TorSmartPart/Türmakro beschriftet wird. Es sollte zudem immer das Bauteil beschriftet werden, welches die Eigenschaften direkt trägt und nach BIM-Vorschriften auch tragen sollte.

Türen/Fenster beschriften

- ▷ Teilbild *1420 - Ebene 00 - Modell Erdgeschoss* aktiv
- ▷ Bezugsmaßstab für die Beschriftung der Türen auf 1:50
- ▷ **BESCHRIFTEN** (Actionbar - statischer Bereich **AUSWERTUNG** oder Kontextmenü des zu beschriftenden Bauteils)

Beschriften

> **HINWEIS:** Bei Aufruf der Funktion **BESCHRIFTEN** über das Kontextmenü eines Bauteils entfällt die Auswahl des zu beschriftenden Objekts. Nach dem Absetzen der Beschriftung bleibt die Funktion aktiv und es können direkt weitere Bauteile beschriftet werden.

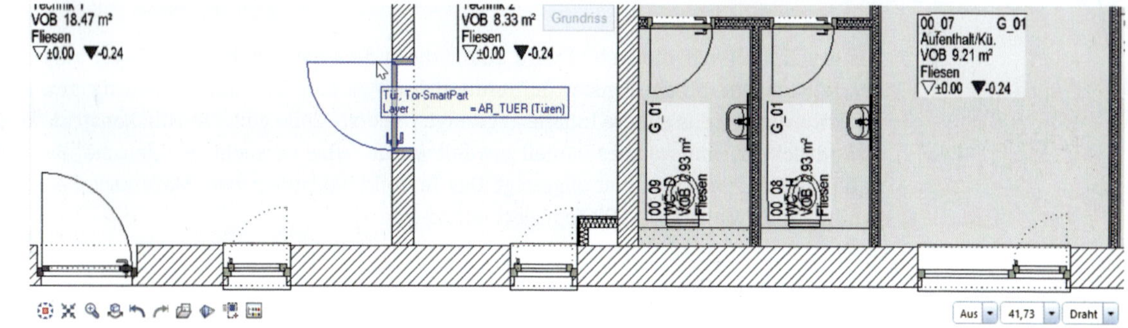

- ▷ *Tür, Tor-SmartPart* anwählen › Auswahl bestätigen (rechte Maustaste)
- ▷ Wählen Sie **BESCHRIFTUNGSBILD.**
- ▷ **VERZEICHNIS** → *Projekt*, **DATEI** → *2 Öffnungen*, **BESCHRIFTUNGSBILD** → *1 Tür/Fenster/Fenstertür (kompl.)*

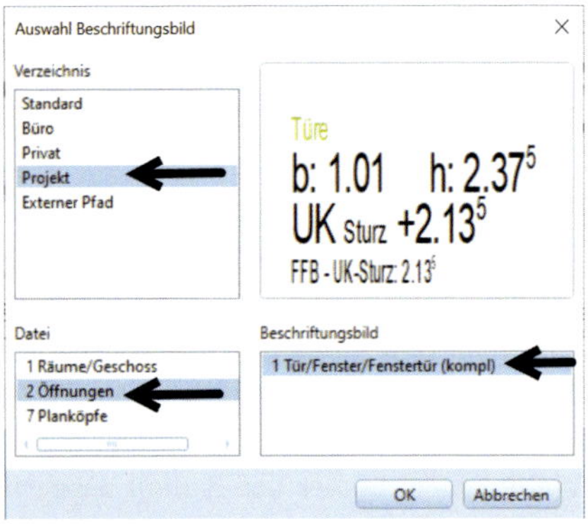

▷ Setzen Sie die Beschriftung neben dem Bauteil ab. In den Eingabeoptionen können Sie – bei Bedarf – die Einstellung *Vertik* auswählen, um die Schrift anders auszurichten.

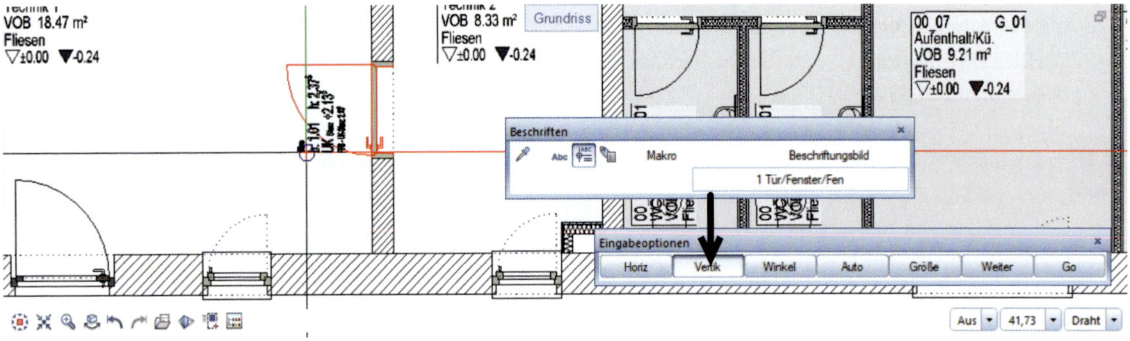

Das gewählte Beschriftungsbild wird automatisch dem darin definierten Layer zugeordnet. Je nachdem, ob ein Fenster (mit/ohne Brüstung), eine Tür, eine Fenstertür gewählt wird, werden jeweils andere Inhalte angezeigt. Die erste Zeile gibt – in Hilfskonstruktion/nicht druckbar – an, welches Bauteil gewählt wurde. Wird versucht, das „falsche" Bauteil zu beschriften, wird dies hier angezeigt. Das Textbild hat zudem zwei Maßstabsfolien, um den Inhalt im Maßstab 1 : 100 reduziert anzuzeigen.

Beschriftungsbilder

Im Standard von Allplan sind diverse Beschriftungsbilder vorhanden, welche als Vorlagen für eigene verwendet werden können oder direkt anwendbar sind. Je nach Bedarf muss/sollten eigene Beschriftungsbilder für unterschiedliche Bauteile definiert werden. In der Hilfe sowie unter *www.connect.allplan.com* existieren diverse Hilfsmittel.

TIPP: Alle im Praxishandbuch enthaltenen Beschriftungsbilder können frei weiterverwendet werden.

4.21 Beispielprojekt – Ergebnisübersicht

Ergänzen Sie auf den Teilbildern des Bestandes die Räume und Geschosse sowie die Möblierung. Sie können sich ein zusätzliches Projekt anlegen, bei dem Sie anstatt den Übungsdaten das Vorlageprojekt *Praxishandbuch Allplan 2020* verwenden. Darin ist das komplette Projekt enthalten, wie es sich nach Durchgehen aller Beispiele aus dem Buch darstellen kann. Unter *http://www.zeichenatelier.de/Allplan2020* finden Sie eine Galerie mit Bildern des Projekts.

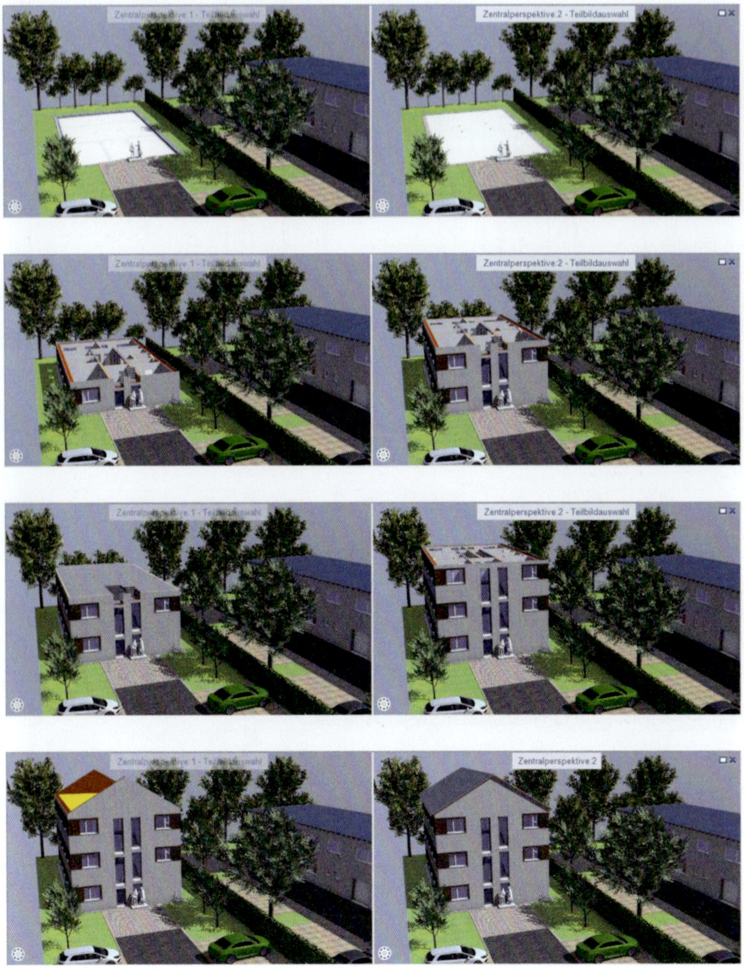

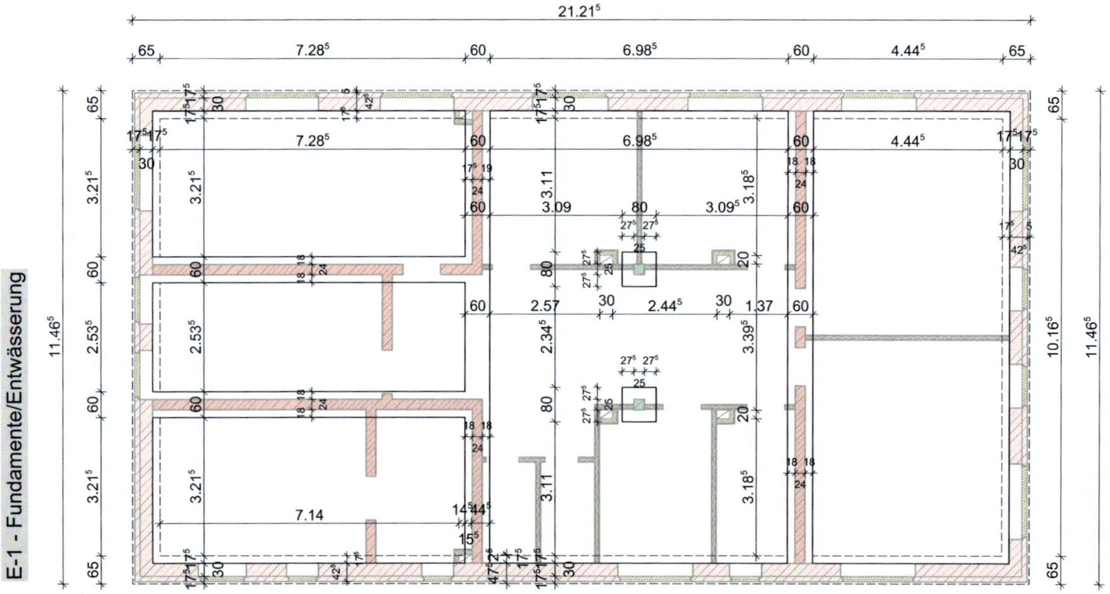

Darstellung mit eingeblendetem Erdgeschoss, Inhalte über Objektpalette eingeschränkt, Maßstab: 1 : 100, Zeichnungstyp: Bauvorlage

Ebene -1 - Fundamente/Entwässerung

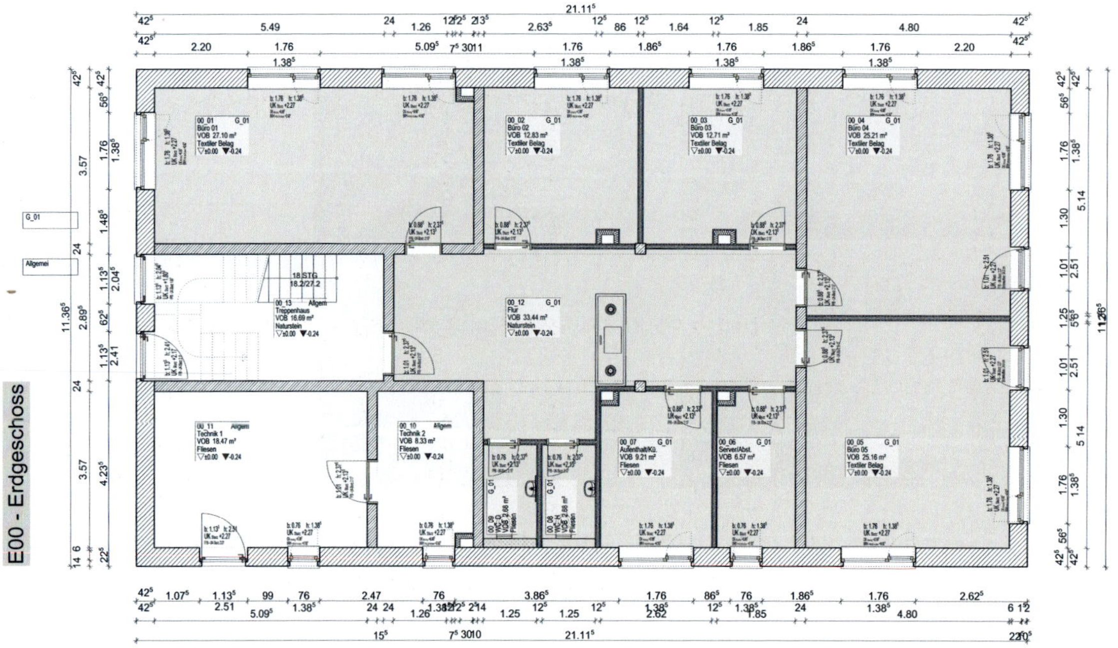

Maßstab 1 : 50, Zeichnungstyp: Ausführungszeichnung

Ebene 00 - Erdgeschoss

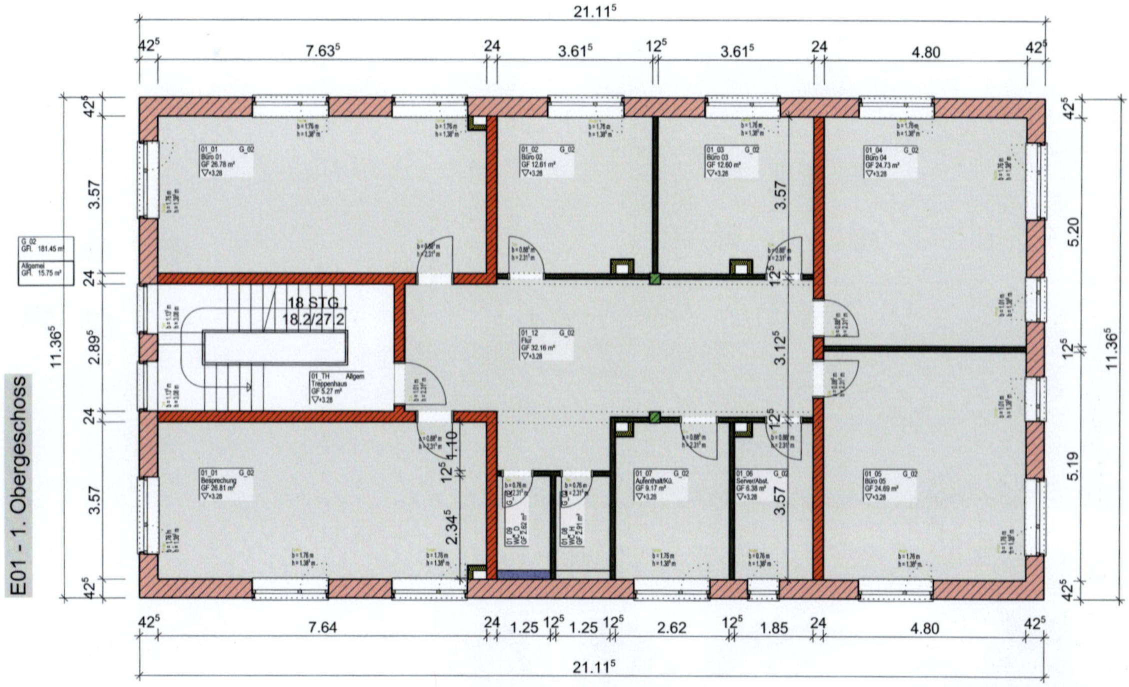

Ebene 01 - Obergeschoss

Maßstab 1 : 100,
Zeichnungstyp:
Bauvorlagezeichnung

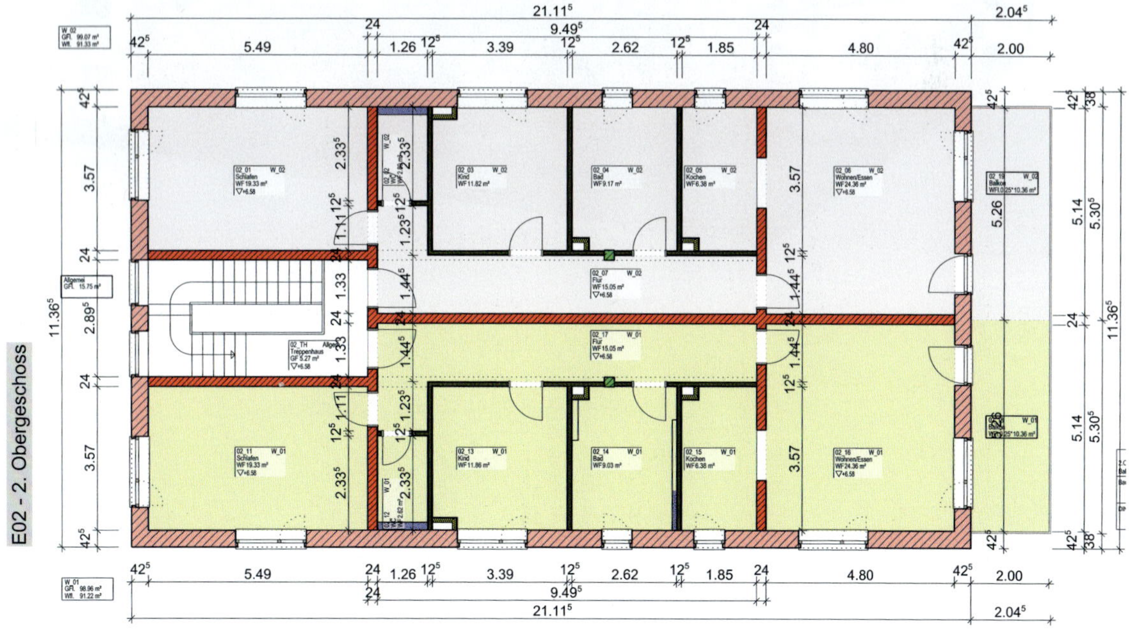

Ebene 02 - Obergeschoss

Maßstab 1 : 100,
Zeichnungstyp:
Bauvorlagezeichnung

Zentralperspektive 1
Schritt 131, Abgelaufene Zeit: 00:07:51

Zentralperspektive 1
Schritt 103, Abgelaufene Zeit: 00:07:03

5 Ableitung und Planausgabe

Die vorangegangenen Kapitel haben sich mit Aufgaben beschäftigt, welche vom Anlegen des Projekts bis hin zum Erzeugen eines Modells reichen. Aufbauend auf dem schon vermittelten Grundwissen zu Ansichten, Schnitten und Reports werden in diesem Kapitel die entsprechenden Daten im Beispiel erzeugt und die Planausgabe wird vorbereitet. Bei der Ausgabe der Daten auf Plänen werden sowohl die Möglichkeiten der Ausgabe auf Papier behandelt als auch die Planübergabe als PDF sowie in anderen Formaten über Allplan Exchange.

5.1 Planlayout – Planausgabe

Planmodus – Teilbildmodus

Allplan kennt zwei unterschiedliche Dateitypen für Daten: Zum einen gibt es Teilbilder mit Bauwerks- oder Zeichnungsstruktur für alle denkbaren (Daten-)Zeichnungen, zum anderen gibt es Pläne zur Ausgabe auf Papier oder als Datei, bei denen die Zusammenstellung von Daten aus verschiedenen Teilbildern mit unterschiedlichen Maßstäben und Darstellungen erfolgt. Das Umschalten zwischen Teilbildbearbeitung und Planbearbeitung erfolgt abhängig von der Oberflächeneinstellung. Ist die Konfiguration mit Actionbar aktiv, so wird automatisch bei einem Wechsel in den Aufgabenbereich **PLANLAYOUT** umgeschaltet. Ist eine Oberflächenkonfiguration ohne Actionbar aktiv, wird der Modus über den Schalter **PLANLAYOUT** gewechselt. Der Dialog **PROJEKTBEZOGEN ÖFFNEN** zeigt jeweils nur die zugelassenen Daten an.

Oberflächenkonfiguration mit Actionbar

Bei einer Konfiguration mit Actionbar erfolgt der Wechsel zwischen Teilbild- und Planbearbeitung über den Aufgabenbereich **PLANLAYOUT**.

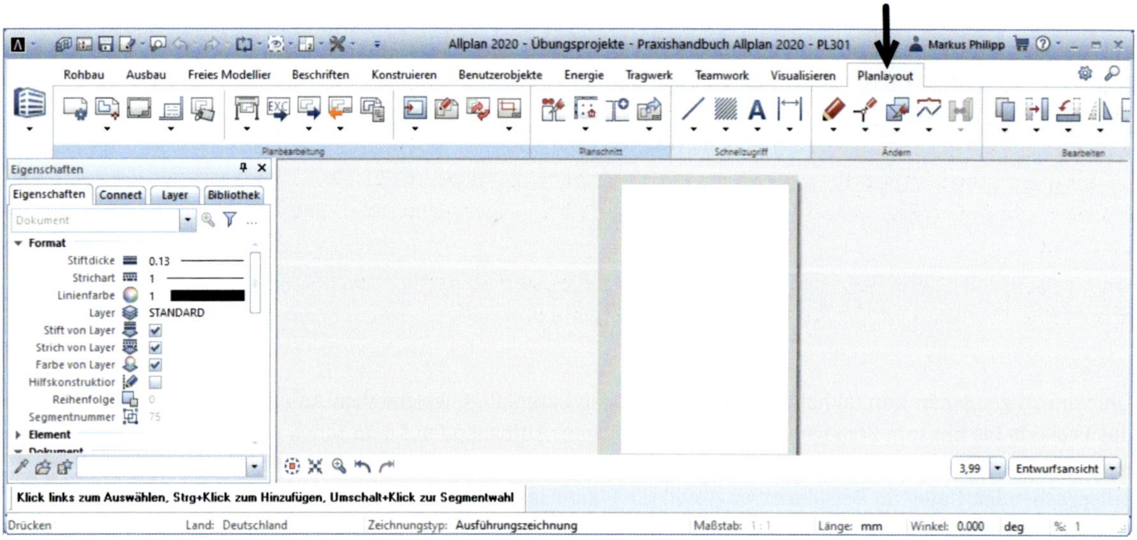

Oberflächenkonfiguration ohne Actionbar

Planlayout

PLANLAYOUT ändert den Bearbeitungsmodus von Teilbildern auf Pläne bzw. zurück zu Teilbildern.

Grafikfenster für Pläne

Das „Grafikfenster“ in der Planzusammenstellung, das zum Anlegen und Bearbeiten von Plänen dient, unterscheidet sich in einigen wesentlichen Punkten von dem aus der Teilbildbearbeitung bekannten Konstruktionsfenster.

In der Planzusammenstellung wird neben dem weißen Blatt ein hellgrauer Bereich angezeigt, der außerhalb des Blattes (einzustellen über **SEITE EINRICHTEN**) liegt. Zudem wird um den weißen Bereich, der den Plan selbst darstellt, ein dunkelgrauer Rahmen angezeigt, der den nicht bedruckbaren Bereich des Blattes darstellt. Die Planinhalte (Zeichnungen) sind im weißen Bereich zu platzieren.

Der Bezugsmaßstab wird auf 1 : 1 fixiert, die Zeicheneinheit auf mm umgestellt und über ein Pull-down-Menü am Rand des Planfensters können die Darstellungsoptionen **ENTWURFSANSICHT** und **DRUCKANSICHT** gewählt werden. Sobald die Funktion **PLÄNE AUSGEBEN** angewählt wurde, wird automatisch die Druckansicht aktiviert und die Möglichkeit zum Umschalten wird deaktiviert.

Planstruktur – Projektbezogen öffnen: Pläne

In jedem Projekt können in Allplan derzeit maximal 9999 Pläne und eine beliebige Zahl von Strukturstufen und Verknüpfungen zum Verwalten von Plänen erstellt werden. Die Vorgehensweise zum Anlegen einer Struktur gleicht der beim Neuanlegen einer Bauwerksstruktur ohne Assistenten oder dem Erweitern der Bauwerksstruktur.

Planattribute

Planattribute bezeichnet eine Gruppe von Attributen, die an einen Plan gehängt werden können. Hierzu zählen z. B. Planname, Plantyp, Planformat und die komplette Indexverwaltung mit Planersteller, Planprüfer, Indextabelle und Ähnlichem. Einige Attribute werden automatisch belegt, weitere 20 Plan-Benutzerattribute können umbenannt werden, um hierdurch den Planungsalltag des Büros besser abbilden zu können. Mehr zum Thema Planattribute finden Sie im Beispiel und in Abschnitt 5.4, „Planmanagement – Allplan Exchange".

Die Anzahl der Plan-Benutzerattribute kann über den Attributmanager (AttributManager.exe im PRG-Verzeichnis) auf maximal 100 erweitert werden.

Erweitert in Version 2020

5.2 Aufgabe Planlayout

Im Aufgabenbereich **PLANLAYOUT** sind die Funktionen zusammengefasst, welche für das Erstellen von Plänen und deren Ausgabe – auf Papier und als Datei – benötigt werden.

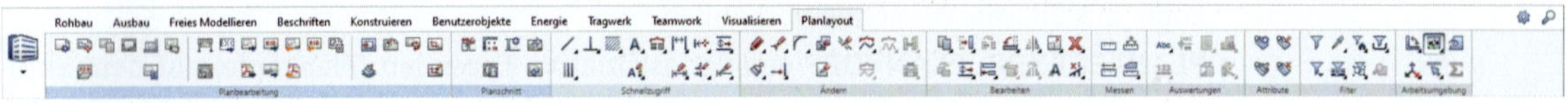

5.2.1 Bereich Planbearbeitung

- Über **SEITE EINRICHTEN** werden sowohl das Papierformat mit Ausrichtung und Randeinstellungen als auch der Planrahmen mit Plankopf und Hintergrundfarbe des Plans definiert. Jede Änderung im Dialog **SEITE EINRICHTEN** wird sofort am Bildschirm angezeigt. Je nach aktivierten Eigenschaften werden zusätzliche Dialoge und/oder Eigenschaften zum Einstellen von Details angezeigt. Die Einstellungen werden permanent im Plan gespeichert. Alle Einstellungen werden in der Palette getätigt. Die Einstellungen können für die weitere Verwendung als Favorit gespeichert werden.

Seite einrichten

- **PLANELEMENT** öffnet die Dialog-Symbolleiste, über die auf dem Plan notwendige Teilbilder ausgewählt werden können, um sie auf dem Plan abzusetzen. Vor dem Absetzen können zudem Maßstab, Layersichtbarkeiten usw. eingestellt werden.
  - Über **FAVORIT LADEN** können Sie Einstellungen (Planelementmaßstab, Zeichnungstyp, Schriftfaktor und Layersichtbarkeit), die Sie über **ALS FAVORIT SPEICHERN** gesichert haben, einlesen und weiterverwenden. Sie können so auf sehr schnelle Weise gleiche oder ähnliche Zusammenstellungen wiederholen. Die Dateiendung ist *.prop

Planelement

Als Favorit speichern/laden

wie bei allen Favoriten, die Sie über die Eigenschaftenpalette speichern können. Daher sollten Sie für Favoriten von Planelementen eine eindeutige Nomenklatur zum Wiederfinden von Einstellungen einhalten. Die Layereinstellung wird nur gespeichert, wenn diese über ein Druckset gesetzt wurde.

NDW-Planelement

- **NDW-PLANELEMENT** dient zum Absetzen freier NDW-Dateien auf einen Plan. Es stehen ähnliche Möglichkeiten zur Einstellung zur Verfügung wie bei der Funktion **PLANELEMENT** für Teilbilder.

Planelemente listen

- **PLANELEMENTE LISTEN** zeigt eine Liste aller auf dem gewählten Plan enthaltenen Planelemente (Teilbilder, NDW-Dateien) mit deren Einstellungen und Zugehörigkeit zu Planfenstern an. In der Liste können alle angezeigten Eigenschaften verändert und die Reihenfolge der Planelemente (vornehmlich Teilbilder) eingestellt werden.

Planrahmen

- **PLANRAHMEN** erzeugt einen Rahmen mit Faltmarken usw. nach unterschiedlichen Normen. Der Planrahmen ist in der Regel so zu setzen, dass der linke untere Eckpunkt des Planrahmens an der linken Innenecke des Planblattes sitzt. Die Versionsbezeichnung und Plangröße, die im Planrahmen mit abgesetzt werden, werden nicht automatisch aktualisiert. Sobald im Abschnitt *Format* ein Wert geändert wird, erscheint im Feld *Format* im Abschnitt *Rahmenart* der Text *[Benutzerdefinierter Rahmen]*. Die geänderten Einstellungen können als neuer Rahmen gespeichert und entweder direkt als Rahmen abgesetzt werden oder über die Funktion **SEITE EINRICHTEN** verwendet werden, in der Planrahmen inklusive Planköpfen gewählt werden können.

Beschriften

- **BESCHRIFTEN** dient zum Beschriften des Planrahmens mit einem Plankopf. Planköpfe werden über die Funktion **BESCHRIFTUNGSBILD** erzeugt und müssen in *Datei 7* oder *8* gespeichert werden. Verwenden Sie die Funktion **BESCHRIFTEN**, wenn bereits Planköpfe aus älteren Versionen vorhanden sind.

Planlegende, Plankopf

- **PLANLEGENDE, PLANKOPF** erzeugt assoziative Legenden (Planköpfe) auf dem aktuellen Plan. Die in der Planlegende enthaltenen Vorlagen reagieren auf Änderung der Daten. So können z. B. sich selbst erweiternde Indexbereiche vorhanden sein, die nur angezeigt werden, wenn ein Index vergeben wurde. Mehr zum Thema Planlegende finden Sie im Beispiel sowie in Abschnitt 5.4, „Planmanagement – Allplan Exchange“.

> **HINWEIS:** Die Verwendung von Planköpfen als Planlegende bietet deutlich mehr Vorteile als die Verwendung von Beschriftungsbildern für Planköpfe. Ideal ist die Verwendung von Planlegenden für den Plankopf und deren Aufruf über die Funktion **SEITE EINRICHTEN**.

Plan- und Projektattribute

PLAN- UND PROJEKTATTRIBUTE dienen zum Verwalten aller für Pläne relevanten Attribute. Mehr zur Funktion finden Sie in Abschnitt 5.4, „Planmanagement – Allplan Exchange“.

Pläne ausgeben

- Mit **PLÄNE AUSGEBEN** wird die neu gestaltete Palette **PLÄNE AUSGEBEN** aufgerufen, über welche die Planausgabe konfiguriert wird. Es können viele Einstellungen, z. B. zu den auszugebenden Plänen (Auswahl Plan), zu den zu druckenden Elementen, zum gewünschten Drucker bis hin zu Detaileinstellungen für Stifte (Farben, Dicken usw.) und Ähnliches definiert werden. Unter *Einstellungen* kann zwischen drei unterschiedlichen Treiberarten gewählt werden.

- **Windows-Treiber (ohne Rastertreiber):** Je nach installiertem Treiber existiert eine große Anzahl von Funktionen, die das angesteuerte Gerät zumeist maximal ausnutzen und die Qualität bestimmen. So ist es bei vielen Treibern möglich, Farbanpassungen, abgestimmt auf das eingelegte Papier, vorzunehmen. Da jeder Drucker einen individuellen Treiber hat, basieren die weiteren Beschreibungen auf einem dem Autor zur Verfügung stehenden Plotter (Canon iPF 755).
- **Allplan-Rastertreiber (Basis: Windows-Treiber):** Es stehen direkt in Allplan eigene Rastertreiber zur Verfügung, welche die (HP-)Druckersprache *RTL (Raster Transfer Language)* unterstützen. Diese Druckertreiber sind insbesondere für großformatige Ausdrucke geeignet und verbessern die Druckgeschwindigkeit, die Qualität der Druckausgabe und die Zuverlässigkeit des Druckprozesses. Um einen Rastertreiber nutzen zu können, muss immer ein Windows-Druckertreiber des entsprechenden Druckertyps mitinstalliert sein.
- **Allplan-Vektortreiber:** Der Allplan-Vektortreiber wird nur angezeigt, wenn im Allmenu Ausgabekanäle definiert wurden. Der Vektortreiber kann nicht alle Elemente ausgeben (siehe Hilfe von Allplan).

HINWEIS: Wenn in einem Plan ein Windows-Treiber eingestellt ist, werden bei dessen Aufruf die Verfügbarkeit des Geräts sowie des im Plan gespeicherten Planformats geprüft. Verwenden Sie möglichst einen Windows-Treiber oder einen Allplan-Rastertreiber für die Ausgabe von Plänen.

Allplan Exchange Planversand

- Über die Funktionen von **ALLPLAN EXCHANGE** können Pläne automatisiert als Dateien ausgegeben werden, Planattribute verwaltet, verschiedene Einstellungen getroffen und Projektattribute verändert werden. Zudem ist es bei einer stehenden Internetverbindung und einem vorhandenen Service-Plus-Vertrag (oder dem Buchen des Services) möglich, Kontakte anzulegen, zu verwalten und Daten senden zu lassen. Mit den Funktionen unter **ALLPLAN EXCHANGE PLANVERSAND** können automatisiert (auch offline) mehrere Pläne in unterschiedlichen Dateiformaten gespeichert werden. Eine Beschreibung der Funktionsweise der Einzelfunktionen finden Sie in Abschnitt 5.4, „Planmanagement - Allplan Exchange".

HINWEIS: Für die Ausgabe von Plänen als Dateien stehen unterschiedliche Funktionen zur Verfügung, die sehr viele Dateitypen abdecken. Sie können von Plotdateien über Bilddateien sowie Daten für andere CAD-Programme bis zu archivsicheren PDF-Dateien praktisch alles abdecken. Weitere Informationen zum Datenexport und -import sowie zu diversen Datenformaten finden Sie in Abschnitt 3.4, „Grundlagen zum Datenaustausch". In den Einzelfunktionen können zum Teil Favoriten und Grundeinstellungen getroffen werden, die bei der Datenausgabe über die Funktionalitäten in Allplan Exchange verwendet werden können.

Pläne importieren

Pläne exportieren

- **PLÄNE IMPORTIEREN/PLÄNE EXPORTIEREN** dient zum Datenaustausch. Sie können über **PLÄNE IMPORTIEREN** komplexe Pläne aus anderen Systemen einlesen und die enthaltenen Dateien auf Teilbilder verteilen lassen. Beim Export kann der Plan aufgelöst oder komplex übertragen werden. Für beide Funktionen stehen sehr viele Optionen zur Verfügung, mit deren Hilfe nahezu alle Anwendungsfälle abgedeckt werden können.

PDF-Datei exportieren

- **PDF-DATEI EXPORTIEREN** speichert den aktuellen Plan oder die ausgewählten Pläne als PDF-Dateien im angegebenen Pfad.

NID-Plandatei importieren

NID-Plandatei exportieren

- **NID-PLANDATEI IMPORTIEREN/NID-PLANDATEI EXPORTIEREN** dient zum Ausgeben und Einlesen von NID-Dateien (Nemetschek Internet Document). Der Plan wird hierbei mit allen enthaltenen Teilbildern (Ressourcen können gewählt werden) in eine Datei geschrieben, die der Planungspartner einlesen kann. Dort wird aus dem Plan ein neues Projekt erzeugt.

HPGL-, Pixeldatei exportieren

- **HPGL-, PIXELDATEI EXPORTIEREN** exportiert den Planinhalt in das eingestellte Format. Bei HPGL-Formaten wird der Dialog **PLÄNE PLOTTEN** mit speziellen Optionen angezeigt, bei **PIXELDATEI** erscheint ein Dialog, über den Sie Auflösung, Größe usw. einstellen können.

PDF Dateien importieren

- Über die Funktion **PDF DATEIEN IMPORTIEREN** können 2D- und 3D-PDF-Dateien importiert werden. Je nach Quelle sind Vektordateien oder Pixeldateien enthalten. Bei Vektordateien hängen die Qualität und Maßhaltigkeit stark vom Maßstab ab. Bei Pixeldateien kann es vorkommen, dass ein Bild in viele Streifen/Bereiche aufgeteilt ist und entsprechend importiert wird.

Reports Planinhalt

- **REPORTS PLANINHALT** erzeugt von allen auf dem aktuellen Plan abgelegten Teilbildern den ausgewählten Report. Jedes Teilbild wird, auch wenn dieses mehrmals auf dem Plan abgelegt wurde, einmal ausgewertet. Durch Planfenster ausgeblendete Bereiche werden ignoriert.

Seite verschieben

- **SEITE VERSCHIEBEN** dient zum Verschieben der unter **SEITE EINRICHTEN** definierten Seite (weißer Bereich mit Rändern). Die eingerichtete Seite hängt nach dem Funktionsaufruf mit dem linken unteren Inneneck am Fadenkreuz und ist so leicht zu platzieren.

Layer-Sichtbarkeit übertragen

- **LAYER-SICHTBARKEIT ÜBERTRAGEN** überträgt die Einstellung der sichtbaren Layer von einem Planelement auf weitere. Nach der Übernahme der Einstellung von einem Planelement erscheint der Dialog zum Einstellen der Layer-Sichtbarkeiten in Planelementen.

Teilbilder bearbeiten

- **TEILBILDER BEARBEITEN** erzeugt von den ausgewählten Teilbildern eine Zeichnung und wechselt den Bearbeitungsmodus von Plan zu Teilbildern. Die neu erzeugte Zeichnung wird automatisch geöffnet.

> **HINWEIS:** Bei der Funktion **TEILBILDER BEARBEITEN** wird immer eine Zeichnung erstellt und aktiviert, auch wenn Sie mit der Bauwerksstruktur arbeiten. Sie können so schnell kleine Änderungen und Fehlerkorrekturen vornehmen, ohne genau wissen zu müssen, in welcher Zeichnung oder unter welcher Strukturstufe das Teilbild zu finden ist.

Ausdehnung der Planelemente anpassen

- **AUSDEHNUNG DER PLANELEMENTE ANPASSEN** ist notwendig, um die maximale Ausdehnung von auf dem Plan abgesetzten Teilbildern neu zu berechnen, um eine korrekte Anzeige zu erhalten. Die Ausgabe erfolgt auch ohne das Anpassen der Ausdehnung korrekt.

- **PLANFENSTER** dient zum Fixieren von Teilbildern und NDW-Dateien untereinander und blendet Bereiche der Zeichnung aus, die über das Planfenster hinausstehen.
- **PLANFENSTER MODIFIZIEREN** stellt die Funktionen **PLANELEMENT HINZUFÜGEN**, **NDW-PLANELEMENT HINZUFÜGEN**, **PLANFENSTER-ELEMENTE VERSCHIEBEN**, **PLANFENSTER-POLYGON NEU EINGEBEN**, **PLANFENSTER-ELEMENTE LISTEN**, **BEARBEITEN** sowie **PLANFENSTER AUFLÖSEN** zur Verfügung. Nach dem Funktionsaufruf, auch über das Kontextmenü eines Planfensters, muss das zu bearbeitende Planfenster ausgewählt werden.

Planfenster

Planfenster modifizieren

5.2.2 Bereich Planschnitt

Die Funktionen des Bereichs Planschnitt werden für spezielle Aufgaben benötigt und sind deswegen nicht Teil der Beschreibungen in diesem Buch.

5.3 Arbeitsabläufe der Planzusammenstellung

Die nachfolgenden Abschnitte zeigen die wichtigsten Arbeitsabläufe im Modul bzw. der Aufgabe **PLANLAYOUT** (früher **PLANZUSAMMENSTELLUNG**) mit den jeweils wichtigsten Einstellungen und Eigenschaften.

Plan zusammenstellen und ausgeben

Das Zusammenstellen von Plänen, auch Layout genannt, kann in drei Schritte gegliedert werden. Ein komplett leerer Plan ist dabei die Basis für einen neu zu erstellenden Plan.

5.3.1 Schritt 1 – Seite einrichten

Die Einstellungen in der Palette **SEITE EINRICHTEN** (sichtbar nach Aufruf der Funktion **SEITE EINRICHTEN**) gliedern sich in drei Abschnitte, über welche die Layoutfläche inklusive Rand, Hintergrund und Plankopf definiert werden kann. Alle Einstellungen, die Sie ändern, werden direkt im Planfenster angezeigt.

Seite einrichten

Abschnitt Seite

Die Einstellungen im Abschnitt **SEITE** dienen zur Definition der Größe der Layoutfläche. Unter **FORMAT** können vorhandene Blattformate ausgewählt werden. Werden in den Feldern *Breite* und *Höhe* Werte eingegeben, wird im Feld *Format* entweder das entsprechende vorhandene Format angezeigt oder der Text *[Benutzerdefiniertes Format]*, welcher zum

Speichern eines neuen Formats überschrieben werden kann. Unter **AUSRICHTUNG** kann entweder Hochformat oder Querformat eingestellt werden.

TIPP: Speichern Sie sich benutzerdefinierte Formate, die Sie öfter verwenden wollen oder müssen, durch Eingabe eines Namens im Feld *Format* ab.

Abschnitt Ränder

OHNE SEITENRAND (ROLLE, PDF) ist für die Ausgabe des Plans auf Großformatdruckern (sogenannten Plottern) und Rollenpapier bzw. Papier mit Übergröße gedacht. Im Planfenster wird nur die Layoutfläche angezeigt.

MIT SEITENRAND (EINZELBLATT) wird zur Ausgabe auf Geräten verwendet, die mit Einzelblättern arbeiten. Der notwendige Blattrand wird in grauer Farbe angezeigt. Elemente, die im Bereich des Randes liegen, werden nicht gedruckt.

Über die Funktion **RÄNDER ÜBERNEHMEN** kann die Randeinstellung des aktuell unter **PLÄNE AUSGEBEN** eingestellten Geräts in die Einstellungen übernommen werden. Alternativ können Sie für jeden Rand eigene Werte eingeben.

Abschnitt Eigenschaften

Die Möglichkeiten im Abschnitt **EIGENSCHAFTEN** erlauben neue Arbeitsweisen gegenüber älteren Versionen von Allplan. Durch Anwahl der Auswahlfelder werden jeweils weitere Dialoge bzw. Unterseiten der Palette geöffnet, in denen die jeweiligen Detaileinstellungen vorgenommen werden.

- Unter **PLANRAHMEN** wählen Sie aus den definierten Planrahmen den gewünschten Rahmen aus. Zusätzlich können für die unterschiedlichen in der Definition enthaltenen Linien **STIFT**, **STRICH** und **FARBE** eingestellt werden.
- Im Pull-down-Menü **PLANKOPF** haben Sie die Wahl zwischen **KEINER** und **PLANLEGENDE**. Wurde bereits ein Planrahmen eingestellt, kann auch **BESCHRIFTEN** gewählt werden. Je nach Auswahl können Sie eine Planlegende oder ein Beschriftungsbild als Plankopf auswählen. Der Name des gewählten Plankopfes wird in einem zusätzlichen Feld unterhalb der Auswahl angezeigt.
- **ABSTAND VON RECHTS, ABSTAND VON UNTEN** werden nur angezeigt, wenn ein Plankopf angewählt wurde. Die Werte dienen zur Feinjustierung des Plankopfes in Bezug auf das rechte untere Planeck bzw. Planrahmeneck.
- **HINTERGRUND** ermöglicht vollflächige Hinterlegungen mit Bildern, Farbverläufen oder Farben.

HINWEIS: **PLANRAHMEN**, **PLANKOPF** und **HINTERGRUND** werden bei Änderung des Formats der Layoutfläche automatisch angepasst. Damit ist gewährleistet, dass alle Faltmarken und die Angabe des Planformats korrekt sind.

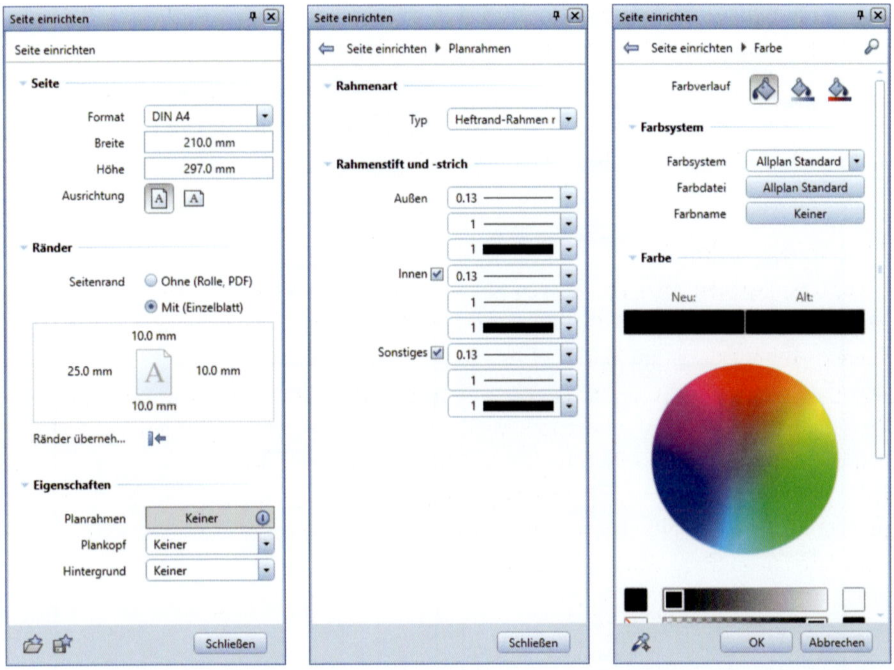

5.3.2 Schritt 2 – Layout (Planzusammenstellung)

Die Funktionen zum Zusammenstellen des Planinhalts werden im Verlauf des Beispiels erläutert. Alternativ zu den Einstellungen für Planrahmen und Plankopf unter **SEITE EINRICHTEN** können die Funktionen **PLANRAHMEN** und **LEGENDE, PLANKOPF** bzw. **BESCHRIFTEN** verwendet werden. Elemente, die über diese Funktionen erzeugt wurden, haben keinen Zusammenhang zur Layoutfläche. Eine Beschreibung dieser beiden Funktionen finden Sie in der Hilfe von Allplan.

5.3.3 Schritt 3 – Pläne drucken (Pläne ausgeben)

Pläne drucken

- ▷ PLÄNE DRUCKEN
- ▷ Register *Drucker* → Kontrolle des eingestellten Druckers und des Papierformats
- ▷ STARTEN

Die Ausgabe wird nun gestartet. Sollte der Plan nicht auf das gewählte Ausgabeblatt passen, erscheint eine Meldung.

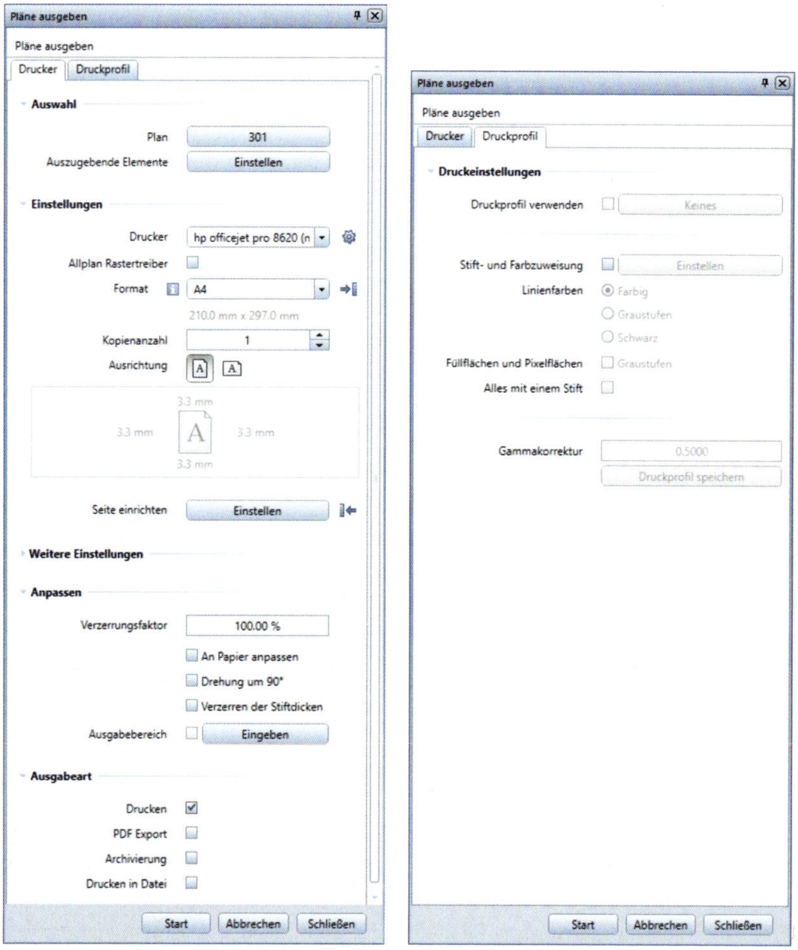

HINWEIS: Neben der Ausgabe des Plans auf Papier kann automatisch ein PDF für die Archivierung erzeugt werden.

HINWEIS: Die Stift- und Farbzuweisung sollte deaktiviert sein. Nur in Fällen, in welchen Sie andere als gezeichnete Farben verwenden möchten/müssen und/oder andere Strichstärken verwenden möchten, sollte diese Option aktiviert werden.

5.4 Planmanagement – Allplan Exchange

Mit Allplan Exchange bietet Allplan 2020 ein auf zwei Stufen basierendes Planmanagement. Die erste Stufe ist der lokale Teil, der von allen Allplan-Anwendern genutzt werden kann. Die zweite Stufe ist Servicevertragskunden bzw. zahlenden Kunden vorbehalten, die den Web-Teil nutzen können. Beide Bereiche ergänzen sich zu einer Einheit, über die Pläne in unterschiedlichen Formaten allen Projektbeteiligten automatisiert und sicher zur Verfügung gestellt werden können.

Neben Funktionen zum automatisierten Planversand und zu der Planarchivierung können Projektattribute und Planattribute über übersichtliche Dialoge verwaltet werden.

5.4.1 Allplan Exchange – lokaler Teil

Der lokale Teil von Allplan Exchange beinhaltet alle Funktionen, die notwendig sind, Pläne effektiv zu verwalten und Daten lokal in unterschiedliche Formate speichern zu können. Hinzu kommen einige Funktionen, die nur verfügbar sind, wenn Sie unter *https://exchange.allplan.com* registriert sind und sich in einem Allplan-Projekt befinden, welches mit einem Allplan Exchange-Projekt verknüpft ist. Eine stehende Internetverbindung ist hierfür notwendig. Funktionen, die nur in der zuletzt genannten Konstellation verfügbar sind, sind gesondert gekennzeichnet.

5.4.1.1 Allplan Exchange-Planversand

Allplan Exchange Planversand

Allplan Exchange wird in der Planzusammenstellung über die Funktion **ALLPLAN EXCHANGE PLANVERSAND** aufgerufen. Der Dialog **ALLPLAN EXCHANGE** wird eingeblendet. Im linken Bereich wird die Planstruktur angezeigt, der mittlere Teil zeigt die Kontakte des Projekts an, die Pläne erhalten sollen **(nur online),** sowie die lokale Dateiablage, und im rechten Bereich werden die zu erzeugenden Dateien für alle Kontakte **(nur online)** und für die lokale Dateiablage angezeigt. Der mittlere und rechte Bereich lassen sich alternativ in Zeilen (ein Kontakt mit den zugeordneten Dokumenten pro Zeile) darstellen.

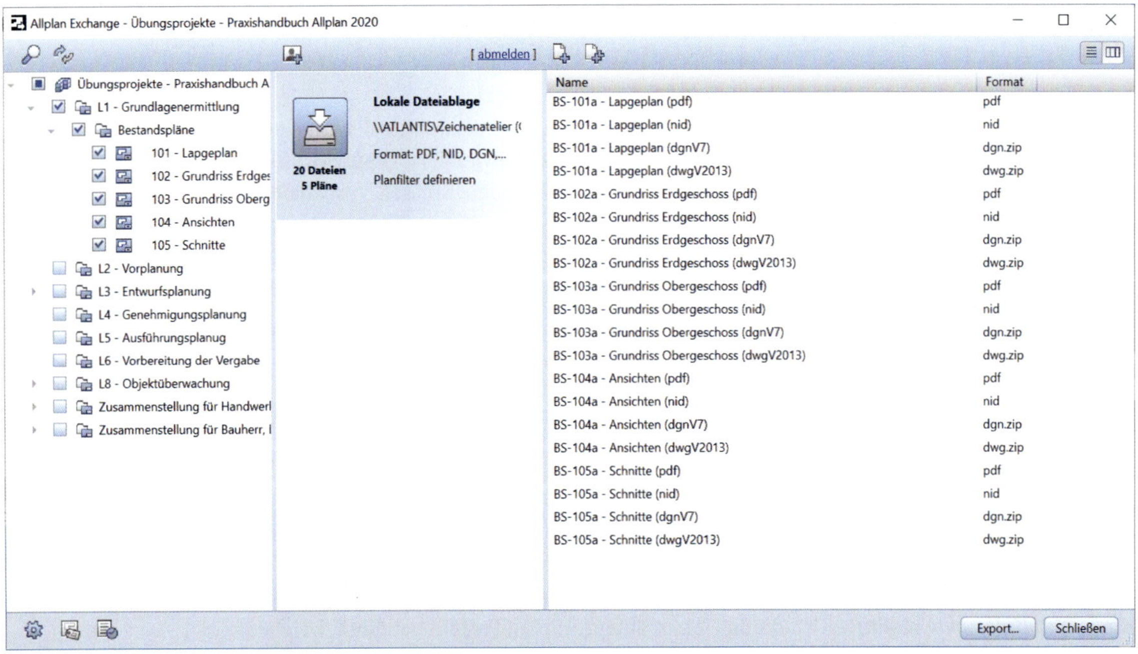

Plannamen suchen

Planstruktur aktualisieren

Empfänger hinzufügen

- **PLANNAMEN SUCHEN** blendet eine Suchzeile ein, in die der Suchbegriff eingegeben wird. Unterhalb werden nur die Pläne und Strukturstufen eingeblendet, die dem Suchbegriff entsprechen. Die Anzeige ist interaktiv.
- **PLANSTRUKTUR AKTUALISIEREN** reorganisiert die angezeigte Planstruktur. Dies kann notwendig werden, wenn Sie in einer Workgroup-Installation mit mehreren Personen gleichzeitig im Projekt arbeiten.
- **EMPFÄNGER HINZUFÜGEN** startet das Dialogfeld zum Auswählen der Empfänger des aktuellen Versandvorgangs. Die Funktion ist nur im Online-Modus verfügbar, da die Kontaktverwaltung im Webportal stattfindet. Ohne Verbindung mit dem Webportal Allplan Exchange können Daten nur lokal abgelegt und nicht nach Kontakten gegliedert gespeichert werden. Für jeden Kontakt (bzw. für die lokale Dateiablage) können Sie ein oder mehrere Dateiformate definieren, Planfilter festlegen und bei Kontakten Hinweistexte in der E-Mail einblenden lassen.

> **HINWEIS:** Wenn Empfänger ausgewählt wurden, wird der Punkt *Lokale Dateiablage* deaktiviert (ausgegraut) dargestellt, da alle Datenformate, die versendet werden, lokal entsprechend den Einstellungen gespeichert werden.

> **HINWEIS:** Kontakte können nur über das Webportal angelegt werden und erhalten, bevor diese Daten empfangen können, eine Mail zur Bestätigung. Erst nachdem ein neuer Kontakt sein Einverständnis zur Teilnahme erklärt hat, können Sie Daten an den Kontakt versenden.

- **INFO** wird nur angezeigt, wenn die Funktion **EMPFÄNGER HINZUFÜGEN** deaktiviert ist, also wenn Sie nicht bei der Webplattform Allplan Exchange angemeldet sind.

Info

- **ANMELDEN/ABMELDEN** bietet Ihnen die Möglichkeit, sich bei der Webplattform anzumelden bzw. abzumelden. Eine Anmeldung ist nur mit einem Account bei Allplan Exchange möglich. Die Nutzung ist derzeit Service-Plus-Kunden vorbehalten. Sobald Sie angemeldet sind, können Empfänger hinzugefügt werden, und in den Einstellungen werden weitere Funktionen verfügbar.

Anmelden/Abmelden

- **DATEI HINZUFÜGEN** fügt dem ausgewählten Empfänger zusätzliche (frei wählbare) Dateien hinzu. Wenn keine Verbindung zur Webplattform besteht, werden die ausgewählten Dateien nur in der lokalen Dateiablage mit den Plänen abgelegt.

Datei hinzufügen

- **DATEI ZU ALLEN EMPFÄNGERN HINZUFÜGEN** fügt die gewählten Dateien allen Empfängern hinzu. So können vielen Empfängern auf schnelle Weise allgemeine Anschreiben und weitere Informationen zugeordnet werden. Die Dateien werden allen Empfängern mit Plänen als Download zur Verfügung gestellt.

Datei zu allen Empfängern hinzufügen

- **ANSICHT ZEILENWEISE/SPALTENWEISE** schaltet die Ansicht um. In der Spaltenansicht werden im rechten Bereich alle Pläne und Dateien angezeigt, die der im mittleren Bereich angewählte Empfänger erhält. Bei der Zeilenansicht wird jeder Empfänger mit Plänen und Dateien, die er erhalten soll, in jeweils einer Zeile angezeigt. Die Zeilenansicht kann bei umfangreichen Versandvorgängen zu einer unübersichtlich langen Liste werden.

Ansicht zeilenweise/spaltenweise

- Durch die Anwahl der Schaltfläche **EXPORT** wird der im Dialog eingestellte Versandvorgang gestartet. Vor dem Versenden wird ein weiterer Dialog angezeigt, in dem alle zu erzeugenden Dateien angezeigt werden. Hier kann eingestellt werden, ob der Export nach dem Erzeugen der Dateien sofort fertig gestellt oder ob auf eine Nutzerbestätigung gewartet werden soll.

Export

5.4.1.2 Einstellungen

Die Einstellungen gliedern sich in vier Bereiche, von denen zwei nur bei einer bestehenden Online-Verbindung zur Webplattform Allplan Exchange verfügbar sind.

Einstellungen

- **DATEINAMEN:** Unter **DATEINAMEN** legen Sie fest, aus welchen Attributen der Dateiname der zu exportierenden Pläne zusammengesetzt werden soll. Sie können Namen aus den Bereichen *Plan*, *Planindex*, *Allgemeines* und *Export* zusammensetzen. Zudem sind freie Zeichen (keine Sonderzeichen) möglich. Die Vorlage wird auf der rechten Seite angezeigt, wobei die Attribute in eckigen Klammern angezeigt werden.

Immer verfügbar

- **VORLAGE FÜR E-MAIL:** Dieser Punkt ist nur verfügbar, wenn eine Verbindung zur Webplattform Allplan Exchange besteht. Er dient der Definition der E-Mail-Vorlage, die alle Datenempfänger erhalten. Im mittleren Bereich können über Checkboxen Informationen hinzu- oder weggeschaltet sowie eigene Felder definiert werden.

Nur online verfügbar

- **DATEIABLAGE UND EXPORT:** Im Bereich **DATEIABLAGE UND EXPORT** kann der Exportordner für die lokale Speicherung der Daten bestimmt werden. Sie können z. B. als Speicherort den Festplattenbereich wählen, in dem weitere allgemeine Projektdaten gespeichert werden. Je nach Einstellung können weitere Unterordner entsprechend der Planstruktur und/oder nach Datum und Zeit automatisch angelegt werden. In Projekten, die mit dem Online-Service Allplan Exchange verbunden sind, können zusätzliche

Grundfunktion immer, erweiterte Funktionen nur online verfügbar

Definitionen zur Speicherung nach Kontakten getroffen werden. Zusätzlich kann die Verknüpfung des Allplan-Projekts mit dem Projekt auf der Webplattform Allplan Exchange bearbeitet werden.

Immer verfügbar

- **FORMATEINSTELLUNGEN:** Unter **FORMATEINSTELLUNGEN** wählen Sie die Vorgabewerte für den Datenexport, der beim Versand an die Projektbeteiligten stattfindet. Die hier gewählten Einstellungen werden Ihnen beim Auswählen des Formats für die einzelnen Planempfänger vorgeschlagen. Es stehen *PDF*, *Plan* (Allplan-Plan mit Teilbildern und Ressourcen), *NID*-Dateien (Plan-Dateien von Allplan), *DGN*, *DWG*, *DXF* und *BITMAP* zur Verfügung.

Favorit laden/speichern

- **FAVORIT LADEN/SPEICHERN** lädt gespeicherte Einstellungen bzw. speichert alle unter *Einstellungen* definierten Punkte. Es werden immer **alle** Einstellungen gespeichert. Beim Einlesen von gespeicherten Einstellungen können Sie auswählen, welche der vier Bereiche eingelesen werden sollen.

Einstellungen zurücksetzen

- **EINSTELLUNGEN ZURÜCKSETZEN** dient zum Zurücksetzen aller Einstellungen (optional auch Planauswahl und Kontakte) auf den Auslieferungszustand.

5.4.1.3 Plan- und Projektattribute

> **TIPP**: Plan- und Projektattribute können an unterschiedlichen Stellen in Allplan geändert werden. Es wird dabei zumeist auf die gleichen Dialoge verwiesen.

Planattribute

Plan- und Projektattribute

Planattribute können entweder direkt im Plan (= einzeln über Eigenschaften), über die Funktion **PLAN- UND PROJEKTATTRIBUTE** im Dialog **PROJEKTBEZOGEN ÖFFNEN: PLÄNE**, über die Funktion **PLAN- UND PROJEKTATTRIBUTE** oder über **ALLPLAN EXCHANGE PLANVERSAND → PLAN- UND PROJEKTATTRIBUTE** aufgerufen und geändert werden.

Im Dialog **PLANATTRIBUTE** wird auf der linken Seite die **PLANSTRUKTUR** angezeigt, im oberen rechten Bereich werden die ausgewählten **PLÄNE** gezeigt und unten rechts werden die **INDEXE** des oben rechts gewählten Plans angezeigt. In der Auflistung rechts werden alle Informationen angezeigt (bzw. eine Auswahl, die über das Kontextmenü der Spaltenüberschriften einstellbar ist). Diese können durch Anklicken des Stiftes am Zeilenanfang (ändert seine Farbe auf Rot) zum Verändern freigegeben werden. Änderungen erfolgen durch Anklicken des jeweiligen Feldes. In der Indextabelle muss erst der **INDEXTYP** gewählt werden, bevor die weiteren Felder ausgefüllt werden können.

Sie erhalten im Dialog **PLANATTRIBUTE** eine gute Übersicht über die Einstellungen aller Pläne und können diese sehr viel schneller bearbeiten, als dies über die Eigenschaften der einzelnen Pläne möglich ist.

Projektattribute

Projektattribute

Projektattribute können über die Eigenschaften eines Projektes im Dialog **PROJEKT NEU, ÖFFNEN** oder jeweils als untergeordnete Funktion in den Dialogen **PLAN- UND PROJEKTATTRIBUTE** aufgerufen werden. Die Projektattribute sind in Gruppen gegliedert angeordnet. Über die Schaltfläche **NICHT BELEGTE WERTE AUSBLENDEN** können alle unbelegten Attribute ausgeblendet werden. Grau dargestellte Attribute (z. B. Eigentümer) können nicht geändert werden.

5.4.1.4 Protokolle

Protokolle

Zur Dokumentation und als Nachweis Ihrer Sendungen wird jeder Versand in einem Versandprotokoll festgehalten, das Datum und Uhrzeit der Sendung enthält (= Zeitstempel). Zudem wird hier ersichtlich, ob ein Upload der einzelnen Sendung bzw. der Dateien korrekt fertiggestellt und die entsprechende Versandbenachrichtigung versendet wurde.

In der tabellarischen Übersicht werden Informationen zu jedem Speichervorgang über Exchange im Projekt gespeichert. Somit haben Sie auch ohne Webanbindung eine relativ gute Übersicht über die Vorgänge.

5.4.2 Allplan Exchange – Webplattform

Der Entwicklungszyklus von Allplan Exchange ist nicht von Allplan abhängig, wodurch ein kurzer Entwicklungszyklus und der Einbau von neuen Funktionen jederzeit möglich sind. Derzeit sind die meisten Funktionen in einer Form vorhanden, die einen komfortablen und nachvollziehbaren Datenversand an Planungsbeteiligte (z. B. Bauherr, Fachingenieure und ausführende Firmen) ermöglicht.

Registration auf der Webplattform

Für die Verwendung der Webplattform Allplan Exchange *(http://www.exchange.allplan.com)* ist derzeit ein gültiges Benutzerkonto für Allplan Connect *(http://www.connect.allplan.com)* und ein bestehender Service-Plus-Vertrag oder das Buchen des Services Voraussetzung. Zur Anmeldung auf Allplan Exchange ist es also notwendig, sich zuvor auf Allplan Connect einzuloggen. Erst danach kann die Registrierung durchgeführt werden.

Projekte anlegen

Derzeit können Webprojekte nur über ein bestehendes Allplan-Projekt angelegt werden. Der Vorgang läuft wie folgt ab:

- ▷ **ALLPLAN-PROJEKT ÖFFNEN**, welches mit einem Webprojekt verknüpft werden bzw. als Grundlage dienen soll
- ▷ **ALLPLAN EXCHANGE PLANVERSAND**
- ▷ **ANMELDEN** anwählen und E-Mail-Adresse sowie Passwort angeben

Allplan Exchange Planversand

HINWEIS: Sie benötigen ein bestehendes Nutzerprofil zum Anlegen eines Projekts. Über den Link *„Noch nicht registriert?“* können Sie Allplan Connect direkt öffnen und darüber ein Profil für Allplan Exchange anlegen.

▷ **ORGANISATION AUSWÄHLEN** und bestimmen, ob das Projekt zu einem bestehenden Webprojekt hinzugefügt oder ein neues Projekt (Name kann frei gewählt werden) angelegt werden soll

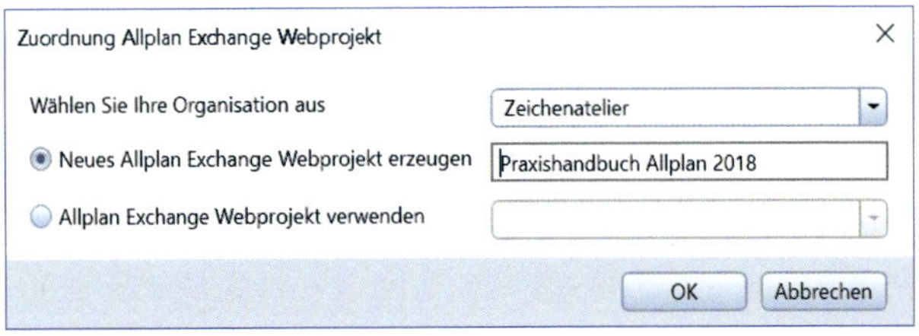

TIPP: Wenn Sie unterschiedliche Leistungsphasen (z. B. Entwurf, Bauvorlage, Werkplanung ...) oder Leistungsbereiche (z. B. Architektur, Landschaftsbau, Ingenieurbau, EnEV-Berechnungen ...) in unterschiedlichen Allplan-Projekten führen, können Sie diese in einem Webprojekt vereinen und haben so in allen (Teil-)Projekten Zugriff auf alle verwendeten Kontakte.

Die Verknüpfung des Allplan-Projekts mit dem Webprojekt kann über **EINSTELLUNGEN → DATEIABLAGE UND EXPORT** geändert werden. Eine komplette Auflösung der Verbindung ist derzeit nicht möglich.

Kontakte/Benutzer

Die im Projekt benötigten Kontakte müssen erst auf der Webplattform angelegt und ausgewählt werden. Neu angelegte Kontakte erhalten die Rechte eines Gastes und bekommen eine Einladung per Mail gesendet, in der Benutzername und Passwort angegeben sind. In einer zweiten Mail erhält der neue Kontakt einen **VERIFICATION-CODE**, der beim ersten Login eingegeben werden muss. Erst nachdem der neue Kontakt sich durch die Eingabe des Codes für die Teilnahme entschieden hat, kann der Kontakt in Projekten verwendet werden und/oder über die Verwaltungsfunktion der Webplattform Allplan Exchange weitere Rechte erhalten.

Die Kontakte können im lokalen Teil mit Informationen zum Datenaustausch versehen werden. So kann z. B. definiert werden, dass ein Kontakt immer nur bestimmte Pläne erhalten soll (Planfilter definieren).

Rechtesystem

Um Ihren Mitarbeitern die notwendigen Rechte zur Erstellung und Verwaltung von Projekten und Kontakten geben und gleichzeitig festlegen zu können, dass Projektbeteiligte nur Pläne herunterladen können, gibt es unterschiedliche Rollen im Büro und Projekt. Jeder kann dabei in unterschiedlichen Organisationen (z. B. einmal als Architekt für das eigene Projekt und einmal als Energieberater für ein anderes Büro) Mitglied sein und jeweils die ihm dort zugewiesenen Rechte (Rollen) haben.

Die Mitglieder der eigenen Organisation haben unterschiedliche Rechte im Büro und erhalten eine definierte Projektrolle. Es kann z. B. jedes MEMBER ein Manager für ein Projekt sein.

- Büro-Rollen (Organisation)
  - Administrator (ADMIN): Projekt erstellen, Definieren der Organisationsrollen
  - Mitarbeiter (MEMBER): Projekt erstellen, Anzeigen der Organisationsrollen
  - Gast (DEFAULT): sieht Organisation in CAD und WEB
- Projekt-Rollen
  - MANAGER: Verwaltet alle Projektbeteiligten, versendet Pläne und kann alle Dokumente herunterladen
  - DOWNLOAD: Erhält E-Mail mit speziellen Downloadlinks

Die Rechte werden auf der Webplattform über den Punkt *Kontakte* verwaltet. Die Projektrollen werden automatisch zugewiesen und können ebenfalls geändert werden. Der Ersteller eines Projekts ist automatisch der Manager, hinzugefügte Kontakte sind DOWNLOADER.

Dokumentversand und Download

Der Dokumentversand findet in folgenden Schritten statt:

- Aus der Liste der Projektbeteiligten die **EMPFÄNGER AUSWÄHLEN** oder eine gespeicherte **EMPFÄNGERLISTE LADEN** (Kontextmenü)
- **DATEIFORMATE FÜR DIE KONTAKTE AUSWÄHLEN, REAKTIONSANFORDERUNG AUSWÄHLEN**
- Bei Bedarf weitere, freie Dateien hinzufügen
- Versandliste pro Kontakt kontrollieren: Hierzu bietet es sich an, die Ansicht auf Zeilenansicht umzuschalten, um alle Kontakte mit den zugeordneten Plänen untereinander zu sehen.
- Export über die Schaltfläche **EXPORT...** starten
- Im Übersichtsfenster *Export* werden alle zu erzeugenden Dateien angezeigt und die Option zum sofortigen Senden nach dem Export angeboten. Über die Schalfläche **START** wird der Vorgang gestartet.
- Wurde die Option **NACH DEM EXPORT SOFORT VERSENDEN** nicht aktiviert, muss nach dem Erstellen der Dateien der Versandvorgang auf die Webplattform und der Versand der E-Mails an alle Kontakte über die Schaltfläche **SENDEN** abgeschlossen werden.

HINWEIS: Je nach Internetverbindung, gewählten Dateitypen und der Anzahl der zu versendenden Pläne kann das Hochladen auf die Webplattform unterschiedlich viel Zeit beanspruchen.

5.5 Datenausgabe als einzelne Datei

Der Datenexport (bzw. Datenaustausch) ist ein sehr breit angelegtes Feld. Je nachdem, mit welchen Programmen und Arbeitsweisen die Planungspartner arbeiten, können die unterschiedlichsten Formate und Einstellungen notwendig werden. Die einzelnen Funktionen wurden bereits in Abschnitt 3.4, „Grundlagen zum Datenaustausch", beschrieben.

Über die Funktionen unter **ALLPLAN EXCHANGE PLANVERSAND** ist ein Multi-Export möglich, mit dem nicht nur Daten an unterschiedliche Empfänger versendet werden, sondern in unterschiedlichsten Formaten von mehreren Plänen Daten vorbereitet werden können.

Pläne/Daten archivieren

Je nach Anforderung an die Archivierung bestehen folgende Möglichkeiten, Daten für eine spätere Verwendung zu speichern.

Archivieren als Allplan-Dateien (komplettes Projekt)

Über das Kontextmenü zum Projekt im Dialog **PROJEKT NEU, ÖFFNEN** können Sie ein beliebiges Projekt als zip-Datei exportieren und speichern. Über das Kontextmenü im freien Bereich desselbigen Dialogs können die gespeicherten/archivierten Projekte wieder eingespielt werden. Der ideale Zeitpunkt zum Archivieren des kompletten Projekts ist z. B. der Abschluss einer Leistungsphase oder die Fertigstellung des Bauwerks.

Archivieren als Allplan-Dateien (komplette Pläne und/oder Teilbilder)

Für eine lückenlose Dokumentation werden oft Zwischenstände von Teilbereichen des Projekts benötigt. Diese können komfortabel über die Funktionen **GELADENEN PLAN MIT RESSOURCEN EXPORTIEREN** und **GELADENE TEILBILDER MIT RESSOURCEN EXPORTIEREN** erzeugt werden (siehe Abschnitt 3.4.1, „Datenaustausch von Allplan nach Allplan").

Archivieren in Fremdformaten

Zum Archivieren von Plänen stehen Ihnen entweder die Funktion **ARCHIVIERUNG** (normale PDF- oder TIF-Dateien), die Funktion **HPGL-, PIXELDATEI EXPORTIEREN** (Plotfiles und verschiedene Pixelformate) oder **PDF-DATEI EXPORTIEREN** (normale PDF-Datei oder PDF/A-1a – ISO-kodiertes PDF) zur Verfügung. Je nach Bedarf können Sie das entsprechend benötigte Format auswählen. Plankopien, die 30 Jahre Bestand haben sollen, sollten entweder als TIF oder als PDF/A-1a ausgegeben werden.

5.6 Beispiel – Ansichten und Schnitte

Die nachfolgenden Beispiele erzeugen Daten - genauer gesagt Ableitungen - über die Funktionen der Bauwerksstruktur, die zum Teil ergänzt werden müssen.

5.6.1 Ansichten, Perspektiven

In diesem Schritt des Beispielprojekts soll das Erzeugen der Ansichten über die Bauwerksstruktur erfolgen. Um Ansichten über die Bauwerksstruktur erzeugen zu können, wird kein aktives Teilbild benötigt. Wenn ein Modell erzeugt wurde, erfolgen die weiteren Schritte zur Erzeugung von Ansichten im Dialog **PROJEKTBEZOGEN ÖFFNEN**, Register **BAUWERKSSTRUKTUR**, Bereich **ABLEITUNGEN DER BAUWERKSSTRUKTUR**.

Neben einer Ansicht, die nur Linien und Schatten enthält, sollen noch zwei weitere Varianten erzeugt werden, welche die unterschiedlichen Möglichkeiten der Darstellung mit Flächenelementen oder den Elementen der Außenanlagen kurz aufzeigen.

Ansichten erzeugen

Die gewählten Einstellungen sind als Favoriten gespeichert. Der erste Schritt ist die Ansicht von Westen mit Schatten. Neben den Daten, die für den Neubau erzeugt wurden, werden auch die Daten des Bestands mit aktiviert, um Gesamtansichten zu erzeugen.

Projektbezogen öffnen

- ▷ **PROJEKTBEZOGEN ÖFFNEN**
- ▷ **BAUWERKSSTRUKTUR** → **ABLEITUNGEN DER BAUWERKSSTRUKTUR**
- ▷ Strukturstufe *Ansicht Westen - Neubau* → Teilbild 1483 markieren → Kontextmenü → **ANSICHT GENERIEREN**
- ▷ **(1)** Markieren Sie die Teilbilder des Bestandsgebäudes: 200, 201, 210, 211, 220, 221, 230, 231, 240 und 241 sowie die Teilbilder des Neubaus: 1400, 1401, 1402, 1410, 1411, 1420, 1421, 1430, 1431, 1440, 1441, 1450 und 1451 (d.h., alle Teilbilder, die Geometrien der beiden Gebäude und der Außenanlagen enthalten, sowie das Teilbild, auf dem die Schnittlinie erzeugt wird)
- ▷ **AKTUELLE ANWAHL ALS FAVORIT SPEICHERN**
- ▷ **DATEINAMEN** → *Ansichten_Neu_und_Bestand*
- ▷ **SPEICHERN** (Dialog speichern wird geschlossen)

Aktuelle Anwahl als Favorit speichern

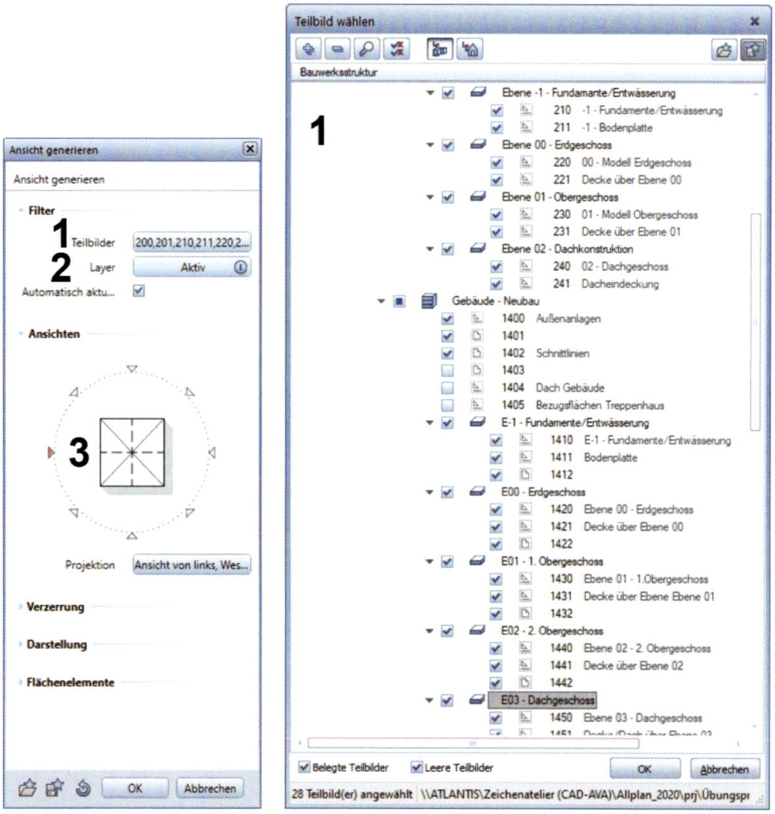

HINWEIS: Das Speichern von Favoriten erleichtert das Einstellen weiterer Ansichten, Schnitte und Listen. Der Speicherort für Favoriten der Bauwerksstruktur kann über die Einstellungen in der Bauwerksstruktur definiert werden.

▷ **(2)** Layereinstellungen → **DRUCKSET VERWENDEN** → *3D-Geometrien (ohne Abbruch)*

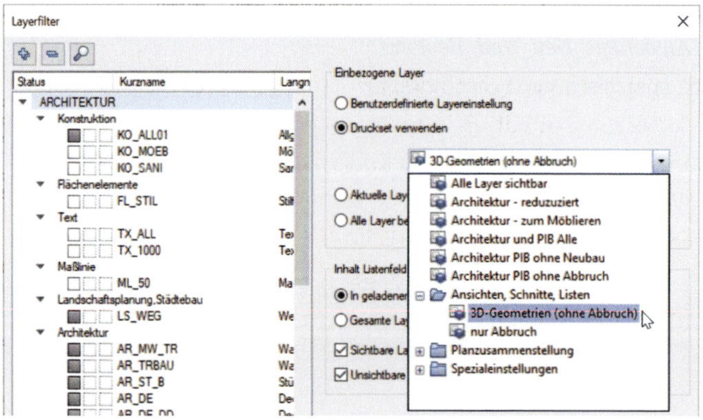

TIPP: Alternativ können Sie die Einstellung *Benutzerdefinierte Layereinstellung* verwenden und das Druckset in der Layerliste über das Kontextmenü einstellen. Dies hat den Vorteil, dass eine Änderung des Drucksets nicht zu einer Änderung der Ansicht führt und Sie schneller einzelne Layer hinzufügen/entfernen können.

- ▷ **(3) ANSICHTEN → ANSICHT VON LINKS, WESTEN** auswählen (Anklicken der dreieckigen Schaltfläche)
- ▷ **(4)** Verzerrung kontrollieren (`1.00` für beide Richtungen)
- ▷ **(5) FORMATE EINSTELLEN: VERDECKTE KANTEN** → *aus*; **ANSICHTSKANTEN** → *ein*; Layer: *KO_ALL01* (inklusive Übernahme der Formateigenschaften von Layer); den Rest wie in der Abbildung dargestellt einstellen und mit **OK** bestätigen

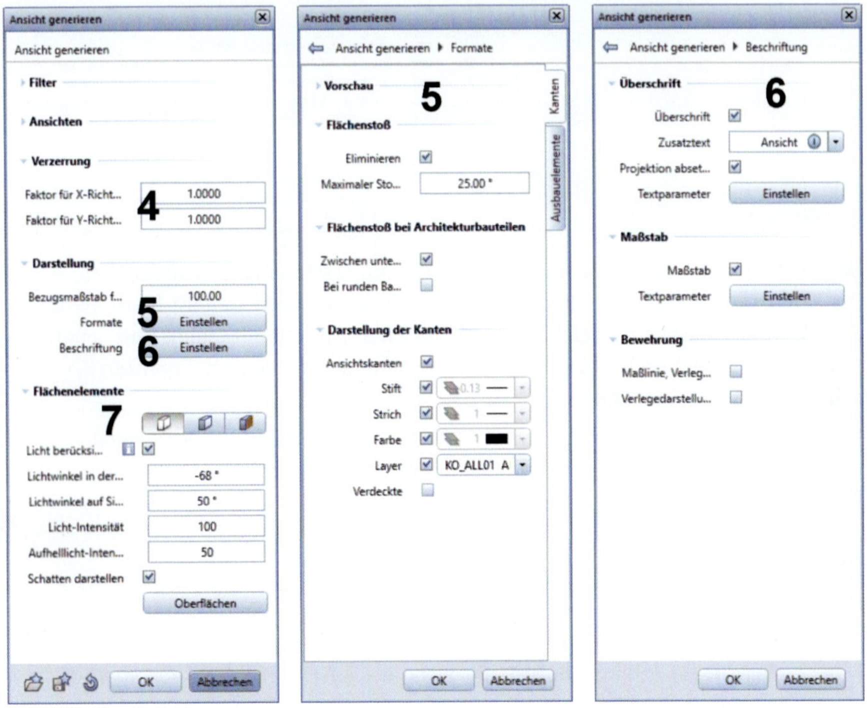

- ▷ **(6) BESCHRIFTUNG EINSTELLEN: ÜBERSCHRIFT** und **MASSSTAB** z. B. wie angezeigt einstellen oder deaktivieren und mit **OK** bestätigen
- ▷ **(7)** Einstellungen für **FLÄCHENELEMENTE** auswählen (wie in Abbildung dargestellt)
- ▷ **FAVORIT SPEICHERN**
- ▷ **FAVORITEN PROJEKT** wählen → **DATEINAMEN** → *Ansichten_Schatten_Linien*
- ▷ **SPEICHERN** (Dialog **SPEICHERN** wird geschlossen)
- ▷ Einstellungen im Dialog mit **OK** bestätigen

Favorit speichern

Die Ansicht wird nun berechnet und das Teilbild erhält automatisch den Namen *Ansicht Westen (Ergebnis Verdeckt-Berechnung)*. Ergänzen Sie diesen um *Linien und Schatten*.

Favorit laden

Erzeugen Sie auf Teilbild 1481 eine Verdeckt-Berechnung mit dem Favoriten *Ansicht_Füllflächen_Schatten_Transparenz.ansfnfx* und auf Teilbild 1482 eine Verdeckt-Berechnung mit dem Favoriten *Ansicht_Füllflächen_Schatten.ansfnfx.*

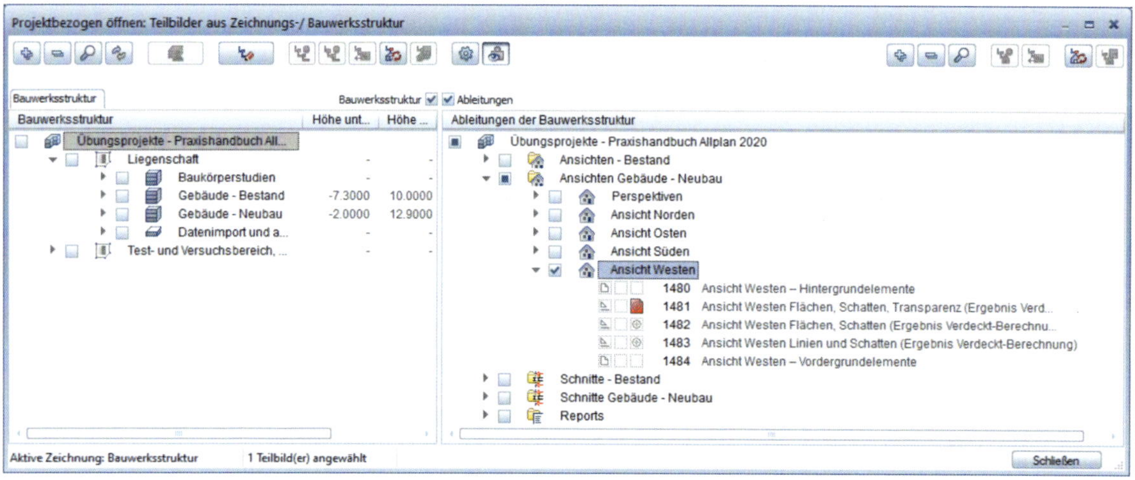

Sie erhalten nun dreimal die Ansicht Westen in unterschiedlichen Ausdrücken. Wenn Sie die Pläne zusammenstellen, können aus den drei Ansichten weitere Kombinationen erstellt werden. So ist es z. B. leicht möglich, aus einer Ansicht mit Linien **und** Schatten eine Ansicht ohne Schatten bei der Planzusammenstellung zu erzeugen. Ergänzen Sie auch die generierten Teilbildnamen.

Die Ansichten sind mit der Option **AUTOMATISCH AKTUALISIEREN** erzeugt worden. Jede Änderung im Modell hat somit eine direkte Auswirkung auf die erzeugten Ansichten.

TIPP: Deaktivieren Sie **MAKROFOLIE A** in der Bildschirmdarstellung, wenn die in den Fenstern enthaltenen Liniendarstellungen für die Öffnungsflügel stören. Wurde eine Ansicht bereits berechnet, ist nach dem Ausschalten eine Neuberechnung notwendig, wenn die Ansicht nicht auf *Automatisch aktualisieren* gestellt ist.

Erzeugen Sie in der gleichen Weise auch die Ansichten für die restlichen drei Himmelsrichtungen. Verwenden Sie dazu die gespeicherten Favoriten und ändern Sie den Einfallswinkel des Lichts so, dass für jede Seite ein real möglicher Schattenwurf entsteht.

HINWEIS: Der Lichtwinkel bezieht sich immer auf die Sichtachse. Daraus folgt, dass der Winkel alpha (links/rechts) = 0 in der Ansicht Süden mit 12:00 gleichzusetzen ist und in der Ansicht Westen mit 18:00 zu interpretieren ist. Der Lichtwinkel beta (Schattenlänge) bestimmt im Prinzip die Jahreszeit. Ein großer Winkel steht für hoch stehende Sommersonne und ein kleiner Winkel für flach stehende Mittagssonne im Winter oder flach stehende Sonne im Osten/Westen.

5.6.2 Ansichten, Perspektiven

Perspektive erzeugen

Im Folgenden sollen mehrere Perspektiven erzeugt werden. Grundsätzlich können diese analog den Ansichten erzeugt werden. Hier soll anhand der Perspektiven ein alternativer Weg beschrieben werden, welcher auch für Ansichten möglich ist.

Entweder beschränkt man sich auf die Sicht von den Ecken (Standardperspektiven - Parallelprojektionen) oder man stellt sich die gewünschte Perspektive in einem Animations- oder Konstruktionsfenster ein und speichert diese ab. Der Vorgang wurde bereits in Abschnitt 3.11.2, „Ansichten berechnen“, im Absatz „Isometrische Ansicht generieren“ beschrieben.

Ideal zum Einstellen einer Gesamtansicht und/oder zur Suche nach Fehlern im Modell ist die Funktion **QUELLTEILBILDER AKTIV SETZEN** im Kontextmenü der Ansichten, Schnitte und Reports.

Projektbezogen öffnen

▷ **PROJEKTBEZOGEN ÖFFNEN**

▷ Kontextmenü Teilbild 1483 → **REFERENZTEILBILDER AKTIV SETZEN**

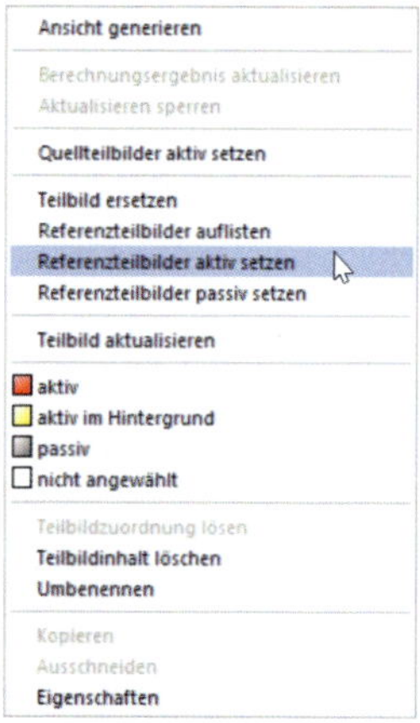

HINWEIS: Die Funktionen **QUELLTEILBILDER AKTIV SETZEN** und **REFERENZTEILBILDER AKTIV SETZEN** unterscheiden sich darin, dass bei der ersten Funktion die Ansicht selber ausgeblendet wird. Bei Teilbildern, auf welchen mehrere Ansichten/Schnitte liegen, kann nur die Funktion **REFERENZTEILBILDER AKTIV SETZEN** verwendet werden. Es werden dann von allen Inhalten die Referenzteilbilder aktiviert.

▷ Dialog **PROJEKTBEZOGEN ÖFFNEN** schließen

Durch Anwahl der Funktion **REFERENZTEILBILDER AKTIV SETZEN** werden alle Teilbilder, die in der Ansicht oder den Ansichten als Quellen definiert wurden, aktiviert. Sie erhalten so eine schnelle Übersicht über das gesamte Modell.

Freie Projektion

▷ Funktion **FREIE PROJEKTION** in der Fenstersymbolleiste anwählen

▷ Gespeicherte Einstellung laden (Alternativ können Sie bei umgeschaltetem Bewegungsmodus eine neue, interessantere Perspektive einstellen und diese als neue Einstellung speichern.)

TIPP: Die Brennweite für die Innenperspektive sollte klein gewählt werden (Weitwinkel, großer Blickwinkel), die Brennweite für Außenperspektiven sollte größer gewählt werden (Normal/Tele, normaler oder kleiner Blickwinkel).

▷ **ANSICHT GENERIEREN** (Aufgabenbereich **ROHBAU**)

▷ **(1) PROJEKTION** einstellen → Favorit laden (entweder Favorit aus Abschnitt 3.11, „Beispiel - Massenmodell", oder neu gespeicherten Favoriten laden)

Ansicht generieren

TIPP: Direkt nach Anwahl/Auswahl einer Einstellung für die Ansicht wird eine Vorschau am Fadenkreuz angezeigt.

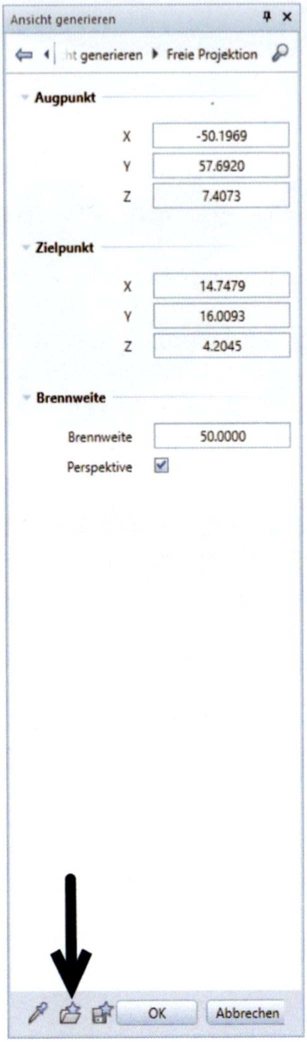

▷ **(2)** Flächenelemente und weitere Einstellungen je nach Bedarf/Wunsch (Vorschlag: ähnliche Einstellungen wie bei Ansichten nutzen)

▷ **(3)** Speichern → Teilbild 1460 auswählen und mit **OK** bestätigen

▷ Weitere Perspektiven einstellen (z. B. Süd-West, Nord-West) und jeweils auf freie Teilbilder speichern

HINWEIS: Wenn eine Perspektiveinstellung verwendet wird, welche eine Fluchtpunktperspektive zeigt, kann diese nicht automatisch aktualisiert werden.

HINWEIS: Abweichend von den Einstellungen wird bei der Berechnung einer Ansicht **immer** das gesamte Modell berechnet. Bei der Zusammenstellung der Pläne kann über die Funktion **PLANFENSTER** der benötigte Ausschnitt leicht erzeugt werden.

Perspektiven – alternative Vorgehensweise

Für perspektivische Ansichten (vor allem im Entwurf) kann es vorteilhaft sein, wenn Sie eine leicht abgewandelte Vorgehensweise wählen.

- ▷ Alle Teilbilder mit den entsprechenden Modelldaten auswählen
- ▷ Zusätzlich das Zielteilbild für die Perspektiven als aktives Teilbild auswählen
- ▷ Ansichten/Perspektiven einstellen und direkt auf dem aktiven Teilbild absetzen

5.6.3 Schnitt

Die Erzeugung der Schnitte folgt dem gleichen Schema wie die Erzeugung der Ansichten und der Perspektiven. Zusätzlich sind bei Schnitten weitere Einstellungen für Schnittkanten und Ähnliches notwendig. Bei der Auswahl der Quellteilbilder wird die gespeicherte Einstellung der Ansichten verwendet. Der Unterschied zwischen der Berechnung von Ansichten und Schnitten besteht darin, dass bei Schnitten durch Schnittlinien exakt bestimmt werden kann, wie der Verlauf und die Richtung sein sollen.

Schnittlinien erzeugen

Als Vorbereitung für die Erzeugung der Schnitte über die Ableitungen der Bauwerksstruktur müssen Schnittlinien erzeugt werden. Die Schnittlinien sind auf einem extra Teilbild zu erzeugen, um bei der Planzusammenstellung in jedem Grundriss abgelegt werden zu können. Zum korrekten Justieren der Schnittlinie sollten einige Teilbilder des Gebäudes aktiviert werden. Je nach Komplexität und abhängig davon, wie viele deckungsgleiche Bauteile sich in den Geschossen befinden, benötigen Sie mehr oder weniger Teilbilder.

Für die Einrichtung der Schnittlinien sollten die meisten Layer mit 2D-Informationen wie z. B. Möblierung und Maßlinien ausgeblendet sein, um eine bessere Übersicht über den Grundriss zu haben und um die Gefahr zu minimieren, Punkte zu fangen, die zu einem schrägen Verlauf der Schnittlinie führen.

> **TIPP**: Wird bei der Schnitterzeugung so wie bei den Perspektiven beschrieben verfahren, kann die Erzeugung der Schnittlinie in einem Befehlsgang mit dem Generieren des Schnitts erfolgen.

- ▷ Schalten Sie die Außenanlagen sowie die Teilbilder mit 3D-Geometrien des Gebäudes passiv und das Teilbild 1402 aktiv (alternativ: Referenzteilbilder einer Ansicht aktiv schalten und Teilbild 1402 als aktives Teilbild festlegen).
- ▷ **SCHNITTFÜHRUNG** (oder Funktionsaufruf über Darstellung der Schnittlinie im Assistenten **SCHNITT, TEXT/MASSLINIE**)
- ▷ Eigenschaften wie in der Abbildung angezeigt eingeben

Schnittführung

Assistenten

Schnitt, Text

HINWEIS: Im Dialog **LAYER EINFACHAUSWAHL** sollten Sie (zumindest bei der Arbeit am Beispielprojekt) die Haken im Bereich **VON LAYER** setzen. Die Einstellungen für **STIFT, STRICH** und **FARBE** werden dann vom Layer und von dem Linienstil geregelt.

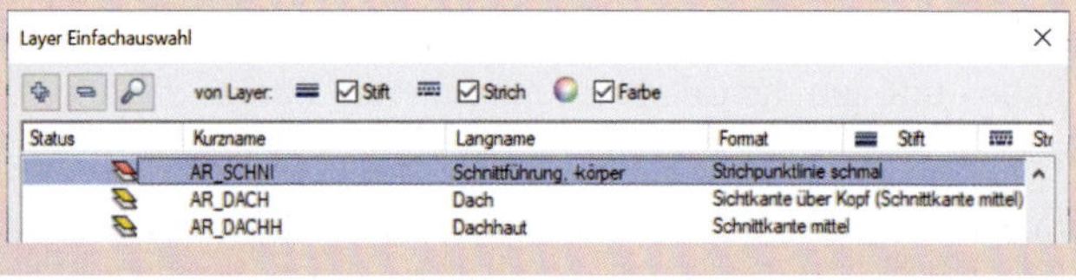

- ▷ **(1)** Setzen Sie den ersten Punkt oberhalb des Zwischenbaus vor der Treppe.
- ▷ **(2)** Setzen Sie den zweiten Punkt senkrecht unterhalb des ersten Punktes, außerhalb des Gebäudes.
- ▷ Beenden Sie die Eingabe der Schnittlinie mit **ESC**.
- ▷ **(3)** Geben Sie die **TIEFE/BLICKRICHTUNG** im Grundriss an.

Erzeugen Sie noch eine weitere Schnittlinie, die oberhalb der Treppe im Verbindungsbau liegt und eine Blickrichtung nach unten hat. Der zweite Schnitt soll als Bezeichnung *G* erhalten. Achten Sie darauf, dass die Punkte außerhalb des Bereichs liegen, den Sie im Schnitt abbilden möchten.

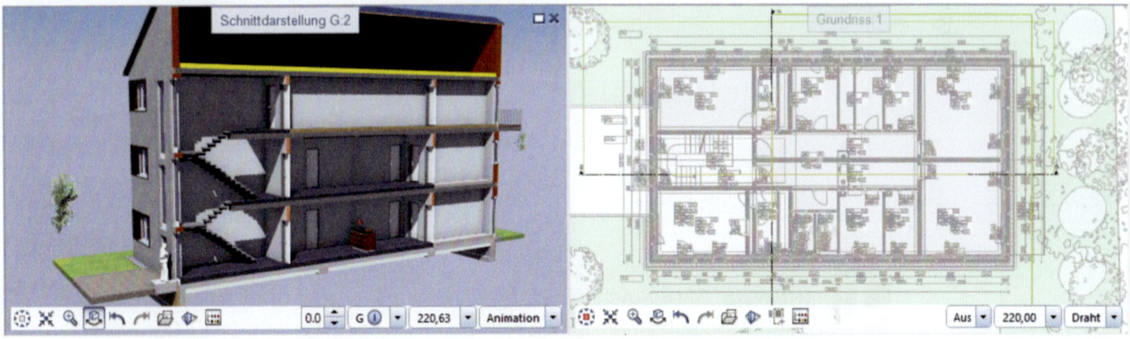

Schnitt

Projektbezogen öffnen

- ▷ PROJEKTBEZOGEN ÖFFNEN
- ▷ BAUWERKSSTRUKTUR → ABLEITUNGEN DER BAUWERKSSTRUKTUR
- ▷ Teilbild 1490 markieren *(Schnitte Gebäude – Neubau – Schnitt F-F)*
- ▷ Kontextmenü öffnen → **SCHNITT GENERIEREN**
- ▷ Stellen Sie alles wie in den Abbildungen dargestellt ein. Unter **FILTER** müssen Sie bei *Teilbildern* den neu gespeicherten Favoriten (oder den Favoriten *Auswahl_TB_Schnitt.xml*) auswählen.
  SCHNITTFÜHRUNG → *F*
  LAYER → DRUCKSET → *3D-Geometrien (ohne Abbruch)*

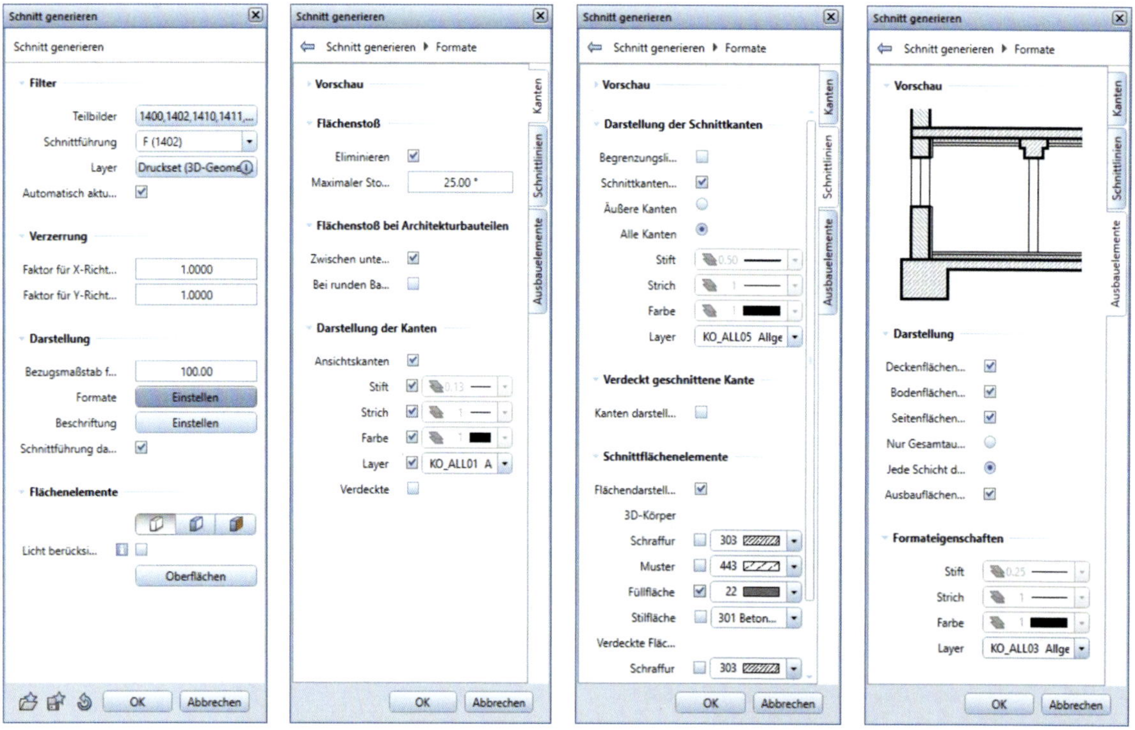

HINWEIS: Die Formateinstellungen aller Einstellungen, bei denen Layer gewählt werden können, sollen vom Layer bezogen werden. Diese Detaileinstellung wird derzeit nicht im Favoriten gespeichert und muss zusätzlich im Dialog **LAYER EINFACHAUSWAHL** gesetzt werden.

Nach Schließen des Dialogs wird der Schnitt sofort berechnet. Erzeugen Sie auf die gleiche Weise den Schnitt G auf dem entsprechenden Teilbild. Es kann sinnvoll sein, die Einstellungen als Favorit zu speichern.

TIPP: Wird ein Schnitt ohne Ansichtskanten der in Blickrichtung liegenden Elemente benötigt, können die Ansichtskanten komplett ausgeschaltet werden. So entsteht ein Schnitt mit Tiefe 0,00.

TIPP: Alternativ zur Einstellung der Schnittkanten kann die Erzeugung der Schnittkanten deaktiviert werden. Die erzeugten Linien bleiben dann auf den Layern der ursprünglichen Elemente und können durch Einstellung des Zeichnungstyps gesteuert werden.

Schnittdarstellung in Grafikfenster aktivieren

Zur Kontrolle kann in den Animationsfenstern und/oder in den Konstruktionsfenstern jederzeit eine Schnittdarstellung aktiviert werden. Diese Darstellung ist nur temporär und immer auf ein Fenster bezogen. Die folgenden Schritte sind nur exemplarisch und gleich denen, die bei einem Konstruktionsfenster vollzogen werden müssen, um dort eine Schnittdarstellung zur Kontrolle zu erhalten.

▷ Aktivieren Sie alle Teilbilder des Gebäudes inklusive Außenanlagen und Schnittlinie bzw. lassen Sie alle Quellteilbilder des Schnittes in der Bauwerksstruktur aktiv setzen (zum Beispiel Kontextmenü → Teilbild 490).

▷ 2 + 1 **ANIMATIONSFENSTER**

▷ **SCHNITTDARSTELLUNG** des Animationsfensters öffnen und den gewünschten Schnitt anwählen

2 +1 Animationsfenster

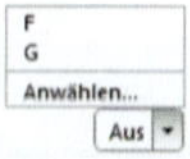

Schnittdarstellung

Wenn Sie anstatt einer Schnittbezeichnung den Eintrag **AUSWÄHLEN** anwählen, können Sie im Grundriss die gewünschte Schnittlinie anwählen.

▷ Aktivieren Sie nun auch im Konstruktionsfenster unten rechts den **SCHNITT F**.

▷ Verdeckt-Einstellung oder eine andere Einstellung wählen

Je nach aktuellen Einstellungen für die gewählte Darstellungsart erscheint die Vorschau des Schnitts entsprechend.

HINWEIS: Der Schnitt wird inklusive Schraffuren, Füllflächen, Stilflächen, Mustern und Ausbauflächen dargestellt.

Änderungen werden in allen Grafikfenstern live angezeigt. Sobald in einem Fenster der Bewegungsmodus deaktiviert ist, können Sie darin zeichnen, messen und Aktionen durchführen.

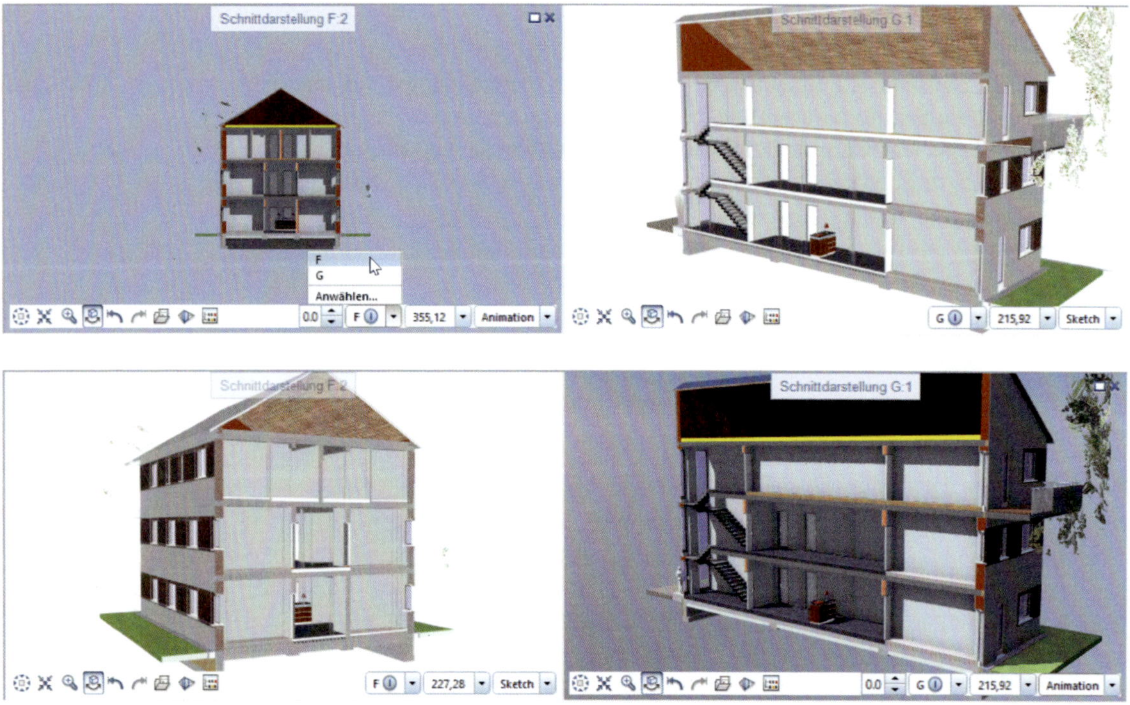

5.6.4 Ansichten nachbearbeiten

Die Nachbearbeitung der Ansichten wird hier nur im System beschrieben. Die Staffagen, Bäume und Bilder für den Hintergrund stammen aus dem Katalog und dem Design-Ordner des Vorlaufprojekts. Ein weiterer Datenpool ist der Content unter *http://connect.all plan.com* bzw. die Palette **CONNECT**.

Inhalt der angelegten Teilbilder

Nachfolgend sehen Sie drei Teilbilder mit den jeweiligen (teils selbst erzeugten, teils generierten) Inhalten. In der untersten Abbildung sehen Sie das zusammengestellte Ergebnis, wie es in etwa auf dem Plan entstehen wird.

	Norden	Westen	
1465			1480
1467		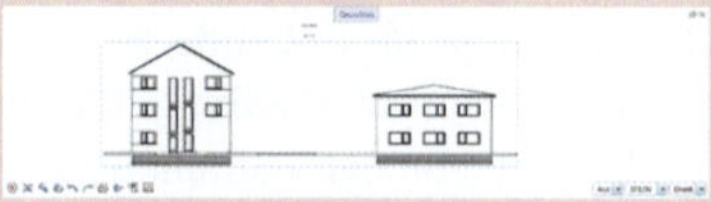	1483
1469			1484
Ergebnis			Ergebnis

Auf dem Hintergrundteilbild wird z. B. der Himmel erzeugt, auf dem Vordergrundteilbild werden alle Elemente erzeugt, die vor der Fassade sein oder die Teile des Berechnungsergebnisses (wie hier die Fundamente) abdecken sollen. Wenn statt der Linienansicht eine der gefüllten Varianten verwendet wird, können auf dem Hintergrundteilbild auch Elemente erzeugt werden, die teilweise hinter dem Gebäude liegen und von diesem verdeckt werden.

HINWEIS: Wenn mehrere Teilbilder aktiv und aktiv im Hintergrund geschaltet werden, werden die Elemente in der eingestellten Reihenfolge angezeigt. Die Reihenfolge dominiert. Dies unterscheidet sich von der Darstellung im Plan, wenn selbige Teilbilder in einem Stapel abgelegt werden. Im Plan werden die Teilbilder übereinandergestapelt und die Reihenfolge gilt nur innerhalb eines Teilbildes.

5.6.5 Schnitte nachbearbeiten

Alle durch die Berechnung erzeugten Linien und Flächenelemente - bis auf Ansichtskanten und verdeckte Kanten - haben ihre Layerzuordnung behalten und werden im Moment so dargestellt wie bei der Bearbeitung der Grundrisse und des Lageplans (grundrissorientierter Zeichnungstyp ist wahrscheinlich noch aktiv). Zum Beispiel werden Decken und Brüstungen nicht optimal bzw. korrekt dargestellt. Aus diesem Grund gibt es für aus dem Modell abgeleitete Schnitte sowie für auf diese Weise entstandene Details zusätzliche Zeichnungstypen, die für Brüstungsbauteile und Decken die korrekten Liniendarstellungen schalten. Wenn Sie mit eigenen Ressourcen oder komplett ohne Linienstile arbeiten, müssen Sie hier nacharbeiten. Eine Alternative zu zusätzlichen Zeichnungstypen (mit allen Vor- und Nachteilen) ist die Erzeugung von dicken Schnittkanten direkt bei der

Schnittberechnung (eine Dicke für alle geschnittenen Bauteile). Hierbei werden allerdings auch dünne Schichten (z. B. Dämmschichten von Wänden) mit der gleichen dicken Linie umrandet wie massive Bauteile.

Schnitte kopieren

Bauwerksstruktur, Ebenenmodell bearbeiten

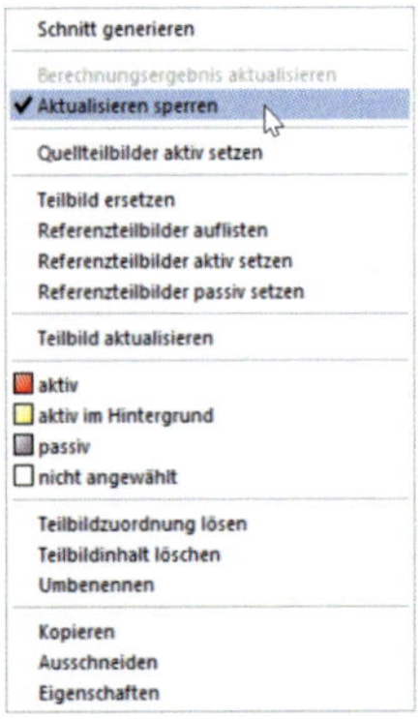

Oft fehlen im Gebäude Fundamente und/oder Holzbauteile im Dachstuhl für eine korrekte Schnittdarstellung. Daraus ergibt sich, dass – je nach Bedarf – ein Schnitt oft erst kopiert, von den Bauteilen getrennt und dann nachbearbeitet wird.

- ▷ **BAUWERKSSTRUKTUR, EBENENMODELL BEARBEITEN** – (Workgroup)
- ▷ Teilbild 1490 markieren → Kontextmenü → **KOPIEREN**
- ▷ **STRUKTURSTUFE** *Schnitt F-F* markieren
- ▷ Kontextmenü → **EINFÜGEN UNTER...**
- ▷ Einfügen ab Teilbildnummer 1491
- ▷ Teilbildnamen ändern in *Schnitt F Detaillierung*, im Kontextmenü **SCHNITT GENERIEREN** aufrufen und die Einstellung **AUTOMATISCH AKTUALISIEREN** deaktivieren
- ▷ Teilbild 1491 markieren → Kontextmenü → **AKTUALISIEREN SPERREN**

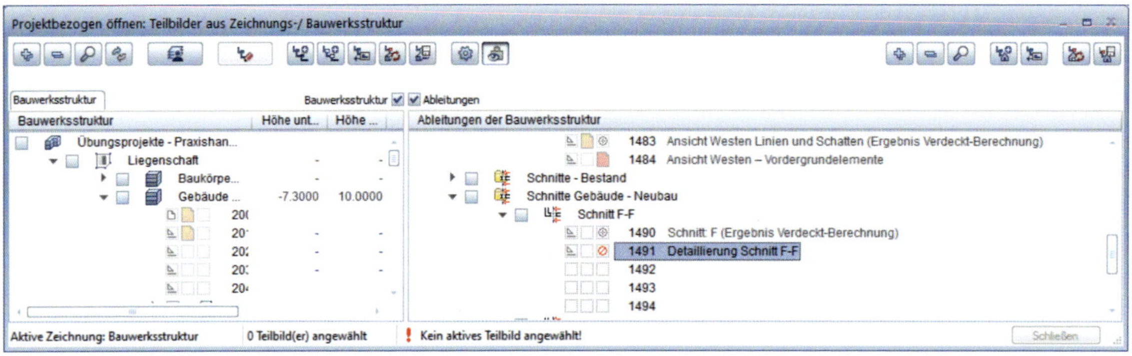

Die weiteren Schritte werden auf dem kopierten Ergebnis gezeigt, da der Raumausbau leider (noch) nicht gefangen werden kann.

> **HINWEIS:** Über die Funktion **KOPIEREN** in der Bauwerksstruktur können nur leere Teilbilder überschrieben werden. Solange ein Teilbild lediglich benannt ist, gilt es für die Funktion **KOPIEREN** als leer.

Schnitte mit Koten versehen

Die Koten können (theoretisch) auch assoziativ erzeugt werden. Da dann aber NUR echte Punkte und Mittelpunkte bemaßt werden können und damit die Verwendung von „Kote an Referenzpunkt" ausgeschlossen wäre, ist der normalen Kotenvermaßung der Vorzug zu geben.

▷ Teilbild 1491 aktiv

Die wichtigsten Inhalte, die bei Schnitten notwendig sind, sind Koten für Fußboden, Decke usw.

Kote

Assistenten

Maßlinie

▷ **KOTE** (Bauteil *41-43* - nicht assoziativ, Assistent **MASSLINIE**)

▷ **SYMBOL AN REFERENZPUNKT VERTIKAL NACH OBEN**, *Assoziativ* deaktiviert

▷ Eigenschaften im Register **ZAHL**: Weitere Eigenschaften nach Belieben einstellen und bestätigen

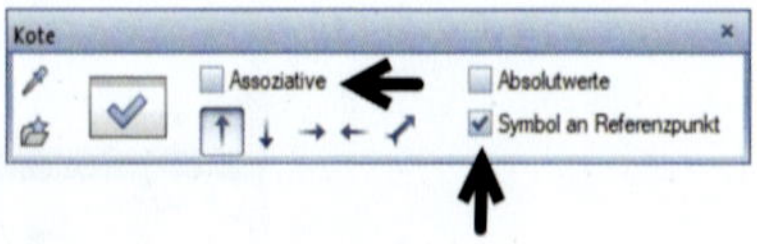

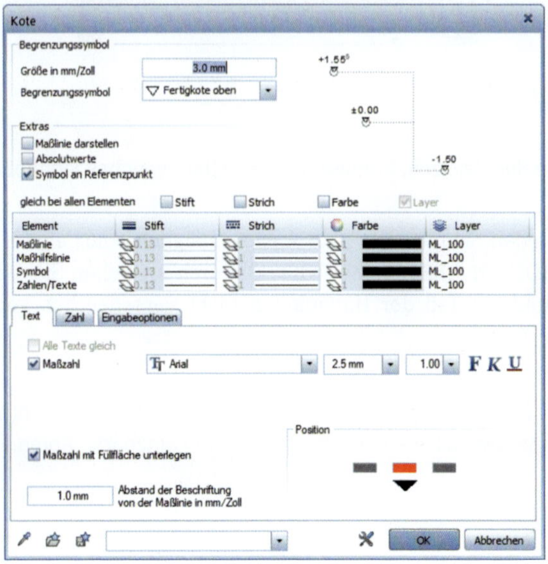

▷ Punkt in der Schnittdarstellung (Grundrissprojektion!) angeben, durch den die Maßlinie verlaufen soll

▷ Oberkante des Fertigfußbodens im Erdgeschoss als **BEZUGSPUNKT** angeben, Basiswert = 0,000

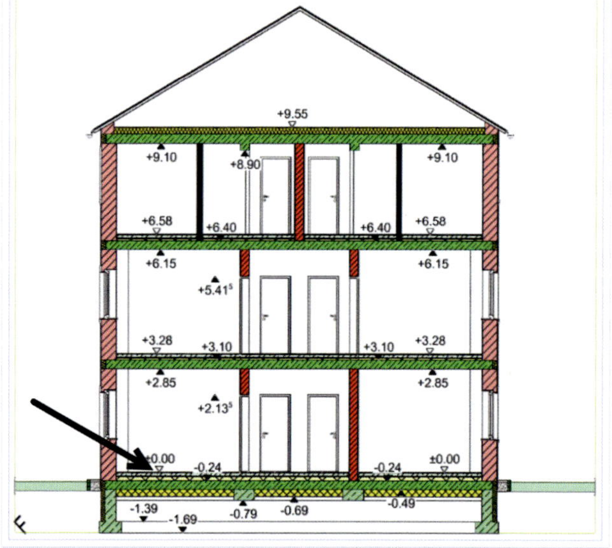

▷ Koten absetzen

Bei jeder Kote, die Sie absetzen, können Sie einstellen, welches Symbol die Kote erhalten soll.

Erstellen Sie für jeden Schnitt oder jede Ansicht möglichst nur eine Kotenmaßlinie mit der Option **SYMBOL AN REFERENZPUNKT**. Dadurch erreichen Sie, dass alle Koten zusammenhängen und ein Teil der Höhenkoten nicht versehentlich verschoben werden kann.

HINWEIS: Bei Kotenmaßlinien wird an dieser Stelle keine sichtbare Linie erzeugt, sondern nur eine Referenz für die frei setzbaren Koten.

Schnitt beschriften

Bei der Bezeichnung von Ansichten und Schnitten sowie wichtigen Texten kann es sinnvoll sein, wenn der Text immer die gleiche Fläche der Zeichnung einnimmt und mit dieser größer oder kleiner wird.

Text horizontal

Eigenschaften

▷ **TEXT HORIZONTAL, FORMATEINSTELLUNGEN**

▷ **ABSETZPUNKT** angeben (z. B. im Schnitt im 1. Obergeschoss des linken Baukörpers)

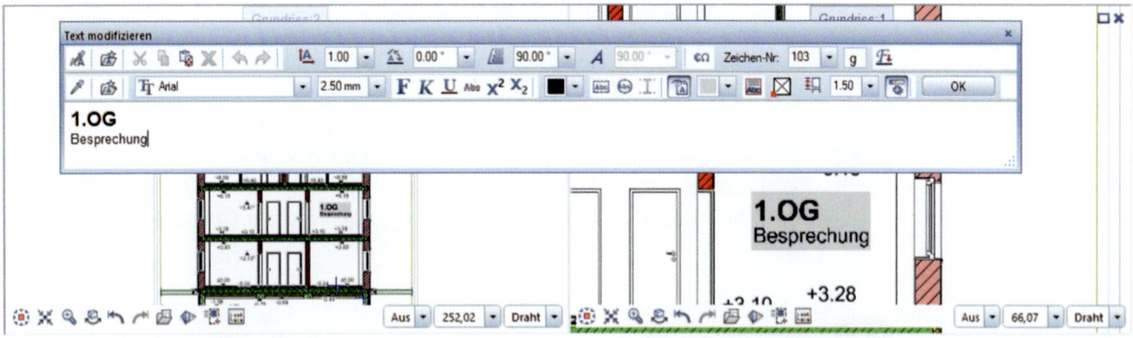

- ▷ Text eingeben
- ▷ obere Zeile Texthöhe: *3,5*, untere Zeile Texthöhe: *2,5*
- ▷ Texteingabe abschließen und Funktion beenden
- ▷ Neu erzeugten Text markieren (über Linksklick)
- ▷ Palette **EIGENSCHAFTEN**
- ▷ **ABSTAND RAHMEN, HINTERGRUND** → *1*
- ▷ **ANDERE HINTERGRUNDFARBE** aktivieren, Farbe auswählen
- ▷ **GRÖSSE GLEICHBLEIBEND** deaktivieren

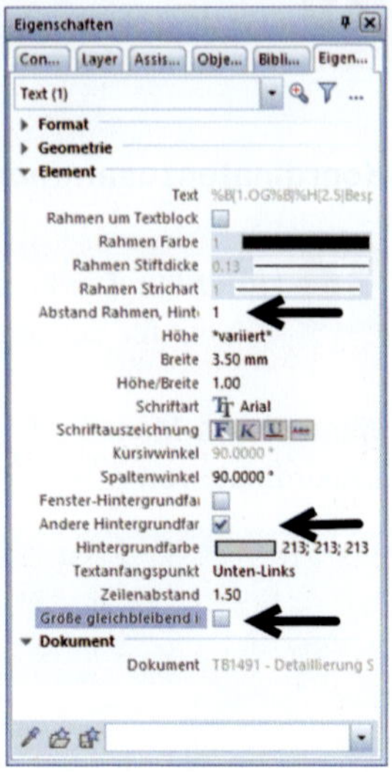

Assistenten

Schnitt, Text

Vorgaben für Texte

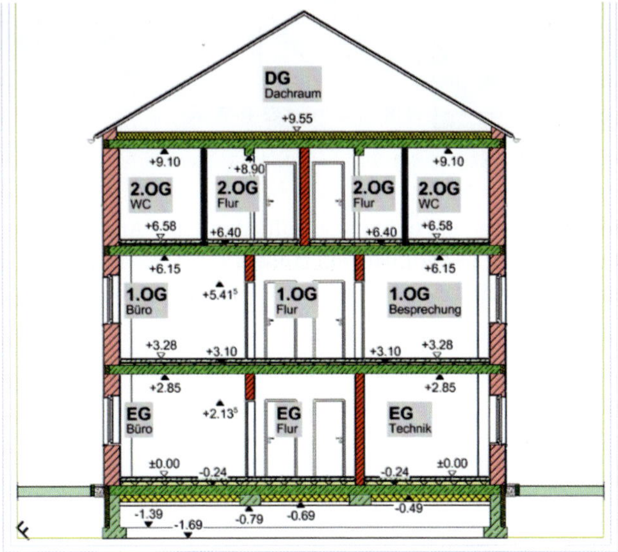

Der geänderte Text belegt bei einer Maßstabsänderung immer die gleiche Fläche und erhält eine graue Hinterlegung. Sie können so jederzeit den Maßstab ändern, ohne dass diese Texte Zeichnungsinhalte überdecken.

TIPP: Deaktivieren Sie die Option **GRÖSSE GLEICHBLEIBEND** im Plan nur für spezielle Texte, z. B. für Bezeichnungen wie *Erdgeschoss*, *Schnitt F-F* oder Ähnliches. Bei allen anderen Texten sollten Sie die Option aktiviert lassen.

HINWEIS: In einem assoziativen Schnitt können die Bauteile auch direkt beschriftet werden.

Koordinatenzusammenhang Modell und Ableitung

HINWEIS: Der Koordinatenzusammenhang zwischen Modell und Ableitung gilt nur für Schnitte und Ansichten, die **nicht** verschoben wurden.

Wenn Sie im Modell z. B. die Koordinaten eines Firstpunktes messen, wird Ihnen eine Z-Koordinate von `Z = 12,89626` angezeigt.

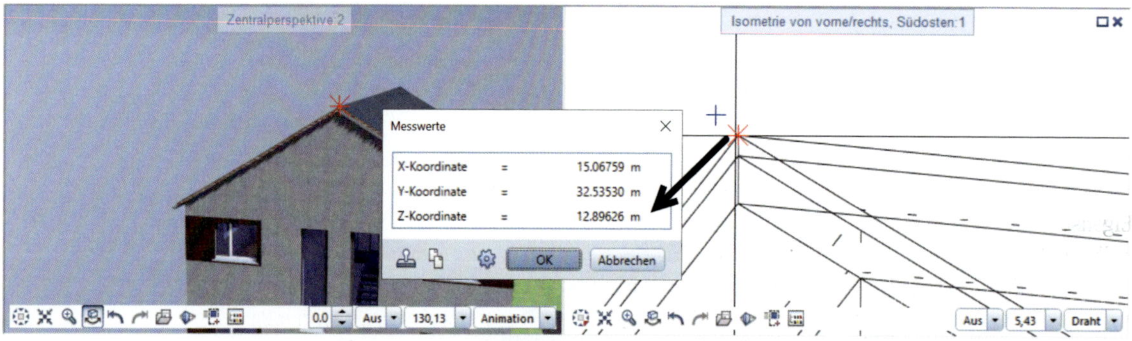

Koordinaten First-Modell

Misst man den entsprechenden Punkt im Schnitt oder in der Ansicht, so erhält man bei Z den Wert 0.00 und bei der Y-Koordinate einen Wert von `Y = 12,89626`, der gleich der zuvor gemessenen Z-Koordinate ist.

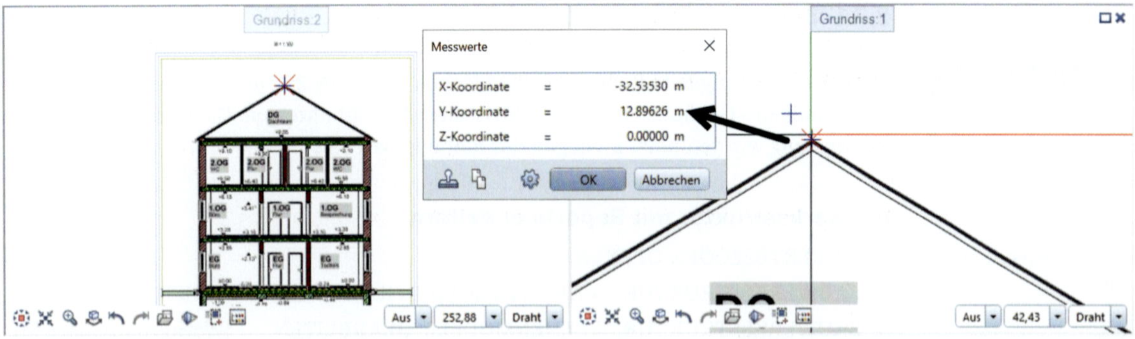

Koordinaten First-Schnitt

Sie können also jederzeit in Ihren Ansichten und Schnitten eine Koordinate messen und erhalten so den Wert, den dieser Punkt im Modell haben soll. Wichtig ist dies zum Beispiel, wenn Sie den Kamin auf eine bestimmte Höhe verlängern müssen.

> **TIPP**: Über die Schaltfläche **GENAUIGKEIT EINSTELLEN** kann die Anzeige der Messwerte beeinflusst werden.

Genauigkeit einstellen

5.7 Beispiel – Auswertung

Sie haben im Verlauf der Übungen eine große Anzahl von Bauteilen mit bestimmten Eigenschaften erzeugt. Diese sollen nun ausgewertet werden. Zielsetzung ist die wiederholbare Auswertung. Das heißt, es wird im Zuge des Entwurfs ein Report angelegt, welcher bei sich weiterentwickelnden Daten immer wieder abgerufen und aktuell ausgegeben werden kann. Die meisten Reports schränken die Bauteile so ein, dass eine sinnvolle Anzeige möglich ist. So hat z. B. ein Wohnflächenreport die Einschränkung, dass dieser nur Räume auswertet, welche auch Wohnfläche haben.

Allplan hat eine große Anzahl Reports, die eine Basis abdecken. Über die Reports zur Mengenübergabe nach Nevaris können Daten direkt in ein Ausschreibungssystem übergeben werden. Zudem ist es möglich, Reports über die Oberfläche von Allplan anzupassen. Für tiefergreifende Änderungen – z. B. Filterungen und Ähnliches – muss auf eine Entwicklungsumgebung zurückgegriffen werden, welche frei erhältlich ist. Informationen dazu erhalten Sie beim Allplan-Support sowie unter *http://www.zeichenatelier.de/Allplan2020.*

5.7.1 Beispiel – Modell auswerten

Der erste zu erzeugende Report soll die Flächen nach DIN 277 auswerten. Der zweite soll alle Wände des Gebäudes mit perspektivischer Ansicht anzeigen. Die Grundlagen für die Auswertung wurden beim Erzeugen der Bauteile bereits eingegeben.

Bauwerksstruktur mit Reports erweitern

Projektbezogen öffnen

Bauwerksstruktur, Ebenenmodell bearbeiten

- ▷ PROJEKTBEZOGEN ÖFFNEN
- ▷ BAUWERKSSTRUKTUR → ABLEITUNGEN DER BAUWERKSSTRUKTUR
- ▷ BAUWERKSSTRUKTUR, EBENENMODELL BEARBEITEN – (Workgroup/Share-Projekt)
- ▷ Strukturstufe REPORTS markieren
- ▷ Kontextmenü öffnen → STRUKTURSTUFE EINFÜGEN → REPORTS
- ▷ Kontextmenü öffnen → STRUKTURSTUFE EINFÜGEN → REPORT

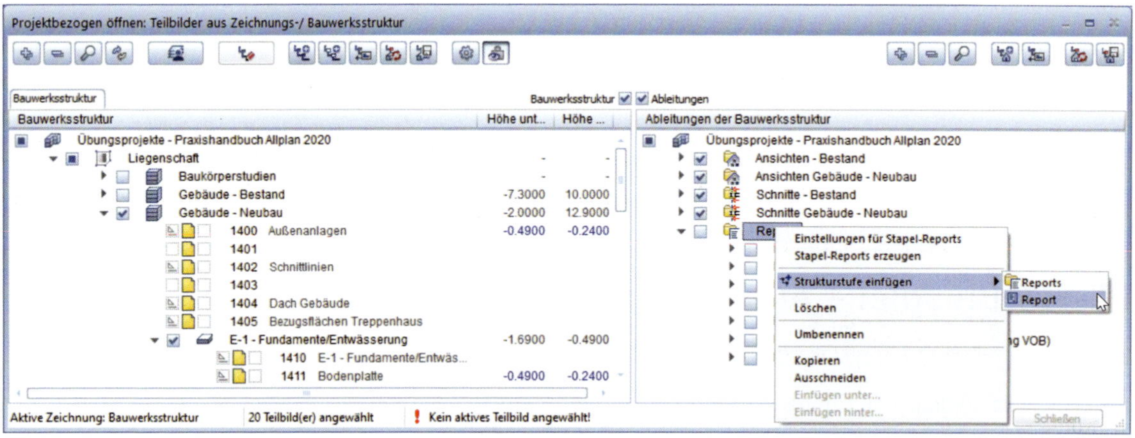

- ▷ Benennen Sie die eingefügte Strukturstufe *Reports* in *eigene Flächenauswertungen* und den erzeugten Report in *Netto-Raumfläche DIN 277* um.

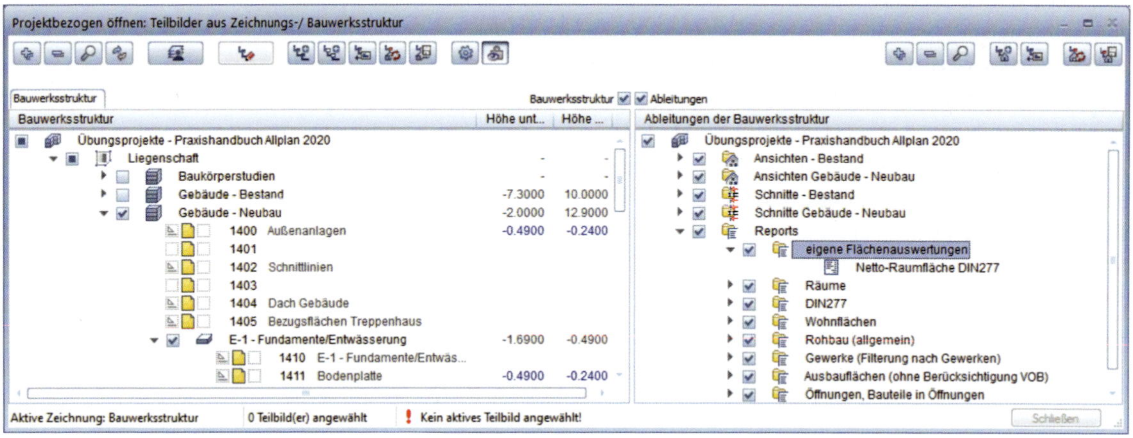

▷ Fügen Sie weitere Reports nach Bedarf für die Auswertung unter der Strukturstufe *Reports* ein.

Im Vorlageprojekt sind schon einige verwendbare Reports enthalten. Beispielauswertungen daraus finden Sie unter *http://www.zeichenatelier.de/Allplan2020.*

HINWEIS: Für eine gute Übersicht ist es sinnvoll, sich eine Struktur für den Bereich der Reports durch Einfügen von Strukturstufen anzulegen (z. B. Entwurf, Vorentwurf, Bauvorlage), mit jeweils den gleichen Reports.

Bauwerksstruktur, Ebenenmodell bearbeiten

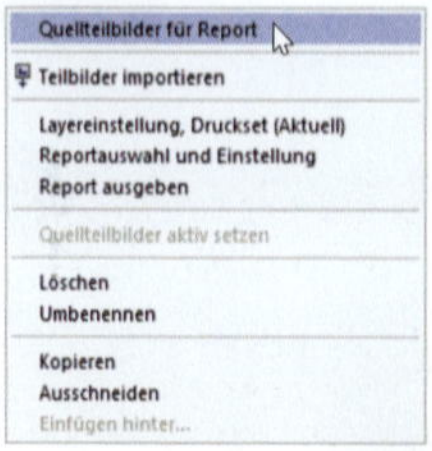

Report einstellen – Auswertung ausgeben

▷ **BAUWERKSSTRUKTUR, EBENENMODELL BEARBEITEN** – (Workgroup/Share-Projekt)
▷ Strukturstufe **NETTO-RAUMFLÄCHE DIN277** markieren (Report)

5.7.2 Ansichten, Perspektiven

▷ **KONTEXTMENÜ** → **QUELLTEILBILDER FÜR REPORT**: Markieren Sie die Teilbilder 1400, 1401, 1402, 1410, 1411, 1420, 1421, 1430, 1431, 1440, 1441, 1450 und 1451 des Neubaus (= alle Teilbilder, die Geometrien des Gebäudes und der Außenanlagen enthalten, siehe auch Abschnitt 5.6.1, „Ansichten, Perspektiven".)

TIPP: An allen Stellen, die auf Quellteilbilder zurückgreifen, können Sie die Auswahl als Favorit speichern und wieder laden.

▷ Kontextmenü → **LAYEREINSTELLUNG, DRUCKSET**
▷ **DRUCKSET**: *Alle Layer berücksichtigen* oder **OPTION** *Alles*
▷ Kontextmenü → **REPORTAUSWAHL UND EINSTELLUNG**
▷ Dateityp: *Report Viewer* **(1)**
▷ *Report Template* → **AUSWAHL ÖFFNEN (2)**
▷ **(3)** Bereich → *Standard*
▷ **(4)** Ordner → *Räume, Flächen, Geschosse*
▷ **(5)** Ordner → *DIN277*

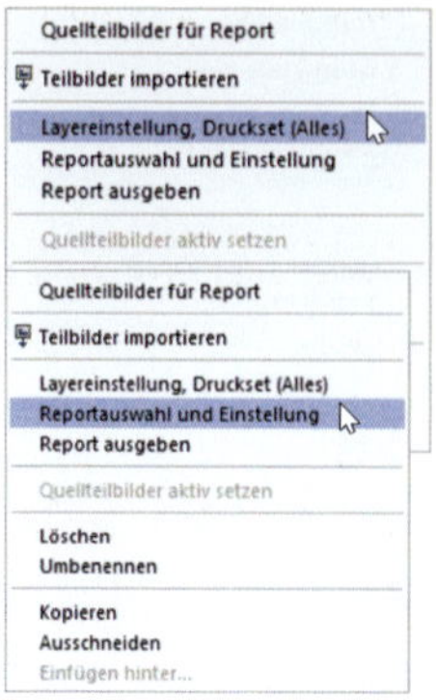

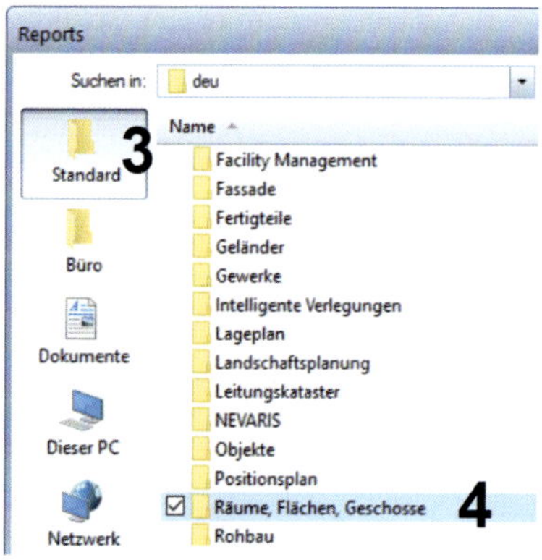

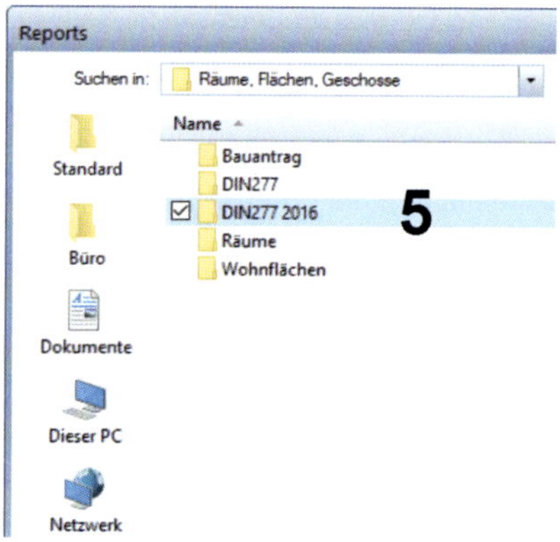

▷ **(6)** Datei → *Netto-Raumflächen.rdlc*

▷ **(7)** Am unteren Rand des Dialogs die Optionen auf **KEINE HÖHENTEILUNG – DIN 277** und **FERTIGMASS** stellen

▷ **(8)** Bestätigen Sie die Einstellungen mit **ÖFFNEN** und **OK**.

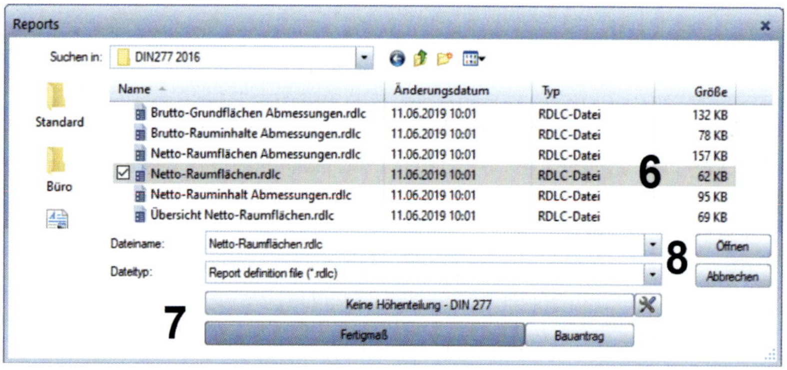

Alle notwendigen Voreinstellungen für den Report wurden nun getroffen. Im nächsten Schritt wird der Report anhand der Daten auf den Quellteilbildern und dem gewählten Report-Template erzeugt.

▷ Strukturstufe **NETTOGRUNDFLÄCHE DIN 277** markieren (Report)

▷ Kontextmenü → **REPORT AUSGEBEN**

In der Palette auf der linken Seite können Sie verschiedene Attribute wie Projektname, Bearbeiter und andere für den Ausdruck ändern.

Export
Drucken

Über die Funktion **EXPORT** können Sie die Daten des Reports als PDF- oder Excel-Datei speichern. Über die Funktion **DRUCKEN** können Sie den Report auf einem angeschlossenen Drucker ausgeben.

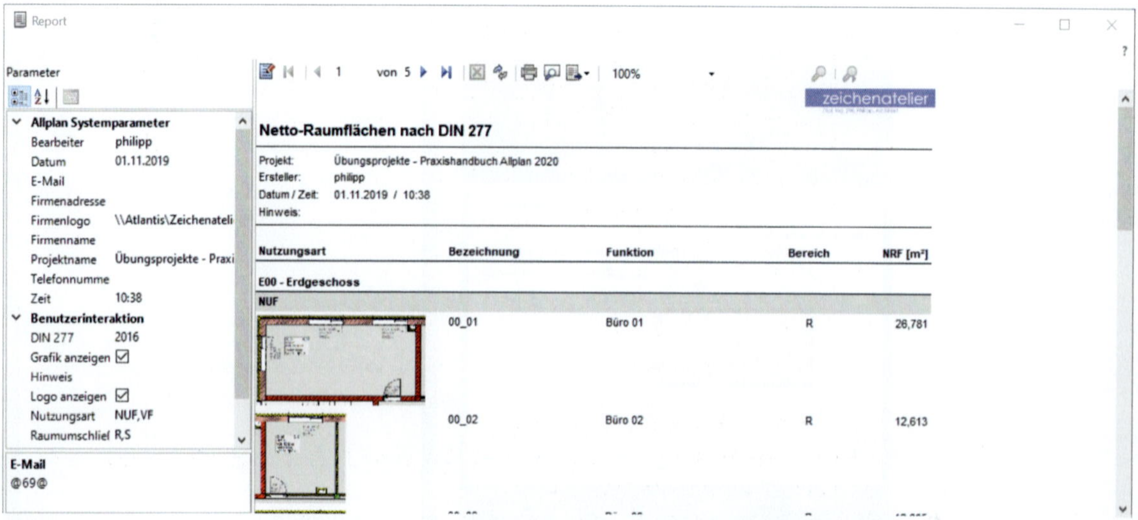

Erzeugen Sie noch weitere Strukturstufen für Reports, die den Rohbau auswerten, Fensterlisten erstellen usw. Testen Sie verschiedene, für Ihren Arbeitsbereich interessante Reports. So erhalten Sie relativ schnell einen Überblick über die Auswertungsmöglichkeiten und können gezielt in den Ableitungen der Bauwerksstruktur Listen für die Ausgabe anlegen. Zudem eignen sich viele in Allplan 2020 enthaltene Reports ideal zum Kontrollieren von Bauteilen und zum Auffinden von Fehlern.

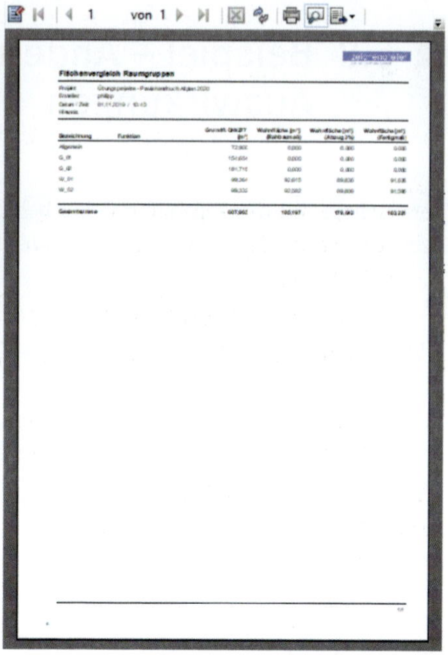

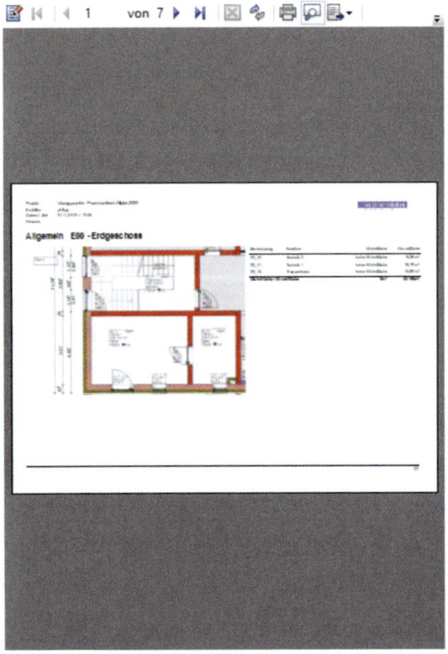

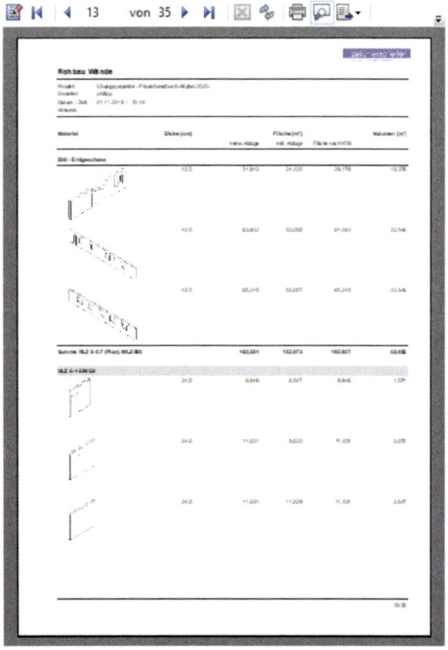

5.8 Beispiel – Änderungen und Auswirkungen

Der nächste Teil des Beispielprojekts behandelt die Änderungen am Ebenenmodell am Beispiel einer Änderung der Dachform des Neubaus.

5.8.1 Ändern der Dachneigung – Dachlandschaft tauschen

Der Vorgang zum Ändern der Dachneigung wird in den Hauptschritten beschrieben, die dazu notwendig sind. Bei den jeweils notwendigen Einstellungen können Sie eigene Einstellungen ausprobieren.

Dachlandschaft tauschen

Auf Teilbild *404 - Dach Neubau* wurden die Dachebenen erzeugt. Zum Austauschen und als Testteilbild sollte das Teilbild 404 in der Bauwerksstruktur auf Teilbild 406 kopiert werden, um die Originaldachebene zum Zurücktauschen zu erhalten.

- ▷ **PROJEKTBEZOGEN ÖFFNEN**
- ▷ **BAUWERKSSTRUKTUR, EBENENMODELL BEARBEITEN** – (Workgroup/Share-Projekt)
- ▷ Teilbild 1404 markieren → Kontextmenü → **KOPIEREN**
- ▷ Strukturstufe *Gebäude – Neubau* markieren → Kontextmenü → **EINFÜGEN UNTER** → Teilbild 1406
- ▷ Teilbildnamen von Teilbild 1406 ändern (z. B. *Dach Gebäude – Variante*)

Projektbezogen öffnen

Bauwerksstruktur, Ebenenmodell bearbeiten

Da Teilbild 1406 noch nicht in der Struktur enthalten ist, wird das Teilbild eingefügt.

- ▷ Teilbild 1406 öffnen und die Dachebenen ändern, (z. B. Satteldach mit 15°, Traufhöhe auf 9,50, Oberkante: 15,00, Unterkante: 9,35). Die Eigenschaften der Dachebene können Sie mit der Funktion **DACHEBENE MODIFIZIEREN** öffnen. Wie bei der Erzeugung können Sie Einstellungen treffen und auf die Kanten übertragen. Eine Trauflinie können Sie wieder senkrecht stellen, indem Sie die Neigung auf 90° stellen und diese an die Kante übertragen.

Dachebene modifizieren

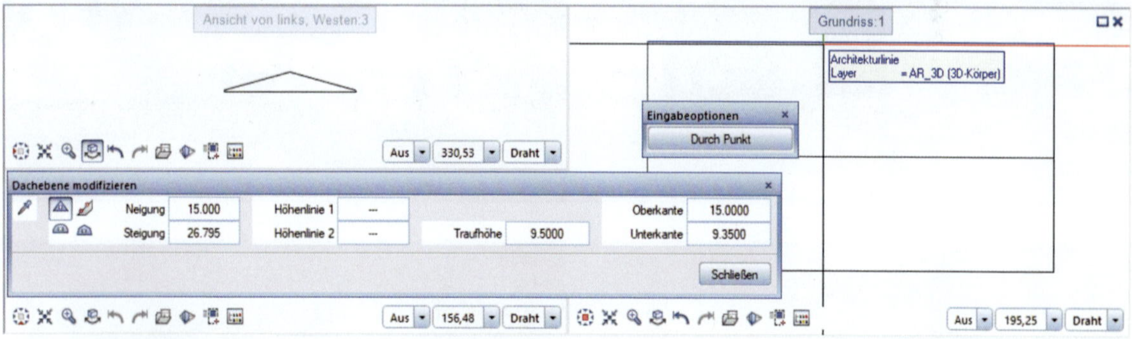

- ▷ **PROJEKTBEZOGEN ÖFFNEN, BAUWERKSSTRUKTUR, EBENENMODELL BEARBEITEN** – (Workgroup/Share-Projekt)
- ▷ **EBENENMANAGER**
- ▷ auszutauschende Dachlandschaft markieren und Kontextmenü öffnen
- ▷ **DACHLANDSCHAFT ERSETZEN**

Projektbezogen öffnen

Bauwerksstruktur, Ebenenmodell bearbeiten

Ebenenmanager

Dachlandschaft ersetzen

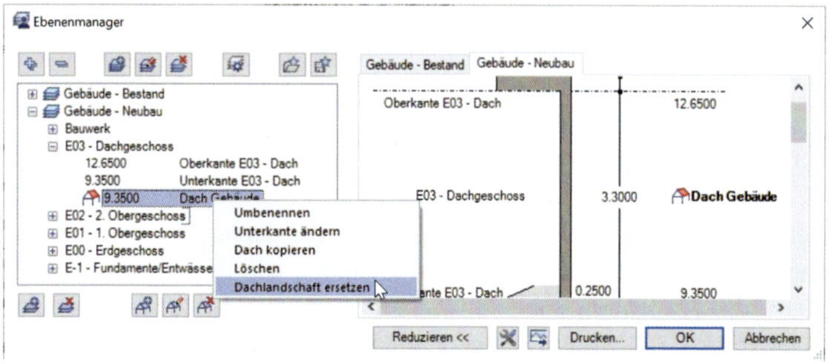

- ▷ **AUS TEILBILD** → Teilbild 1406 (Name der Dachlandschaft kann bei Bedarf geändert werden)
- ▷ Angaben bestätigen
- ▷ Option *Die Unterkante der Dachlandschaft wird gleich der Unterkante des Geschosses gesetzt, Oberkanten bleiben erhalten* anwählen
- ▷ Angaben bestätigen
- ▷ Bestätigen Sie die Änderungen im Ebenenmanager.

Auf Teilbildern, denen die Dachlandschaft zugewiesen war, befindet sich nun die neue Dachgeometrie. Sobald die Teilbilder geöffnet oder aktualisiert werden, werden die Änderungen an den Bauteilen vollzogen.

5.8.2 Schnitt/Ansicht und Reports aktualisieren

Reports werden bei jedem Aufruf neu erzeugt und sind dementsprechend immer aktuell. Bei Ansichten und Schnitten müssen Sie, je nachdem wie diese erzeugt wurden, selbst tätig werden. Alle Ansichten, Perspektiven und Schnitte, die in den Eigenschaften auf **AUTOMATISCH AKTUALISIEREN** stehen (einfacher Rand), sind sofort aktuell.

Bei Schnitten/Ansichten/Perspektiven, die nicht auf **AUTOMATISCH AKTUALISIEREN** stehen, gehen Sie wie folgt vor: Entweder aktualisieren Sie nur ein Teilbild, einen ganzen

Bereich oder alle Teilbilder der Ableitungen der Bauwerksstruktur. Beim Aktualisieren der Berechnungen werden die Teilbilder neu geschrieben (Zielteilbilder). Sollten Sie Änderungen und/oder Ergänzungen auf diesen Teilbildern gemacht haben, sperren Sie die Aktualisierung des Teilbildes (über das Kontextmenü **TEILBILD**).

Ansichten aktualisieren (komplett)

▷ Strukturstufe *Ansichten Gebäude - Neubau* markieren

▷ Kontextmenü → **ANSICHTEN AKTUALISIEREN**

Alle Ansichten in den Strukturstufen, die sich unterhalb der Strukturstufe *Ansichten Gebäude - Neubau* befinden, werden neu berechnet. Die Schnitte und, falls vorhanden, weitere Strukturstufen mit Ansichten werden nicht mit berechnet.

Schnitte aktualisieren (einzeln)

▷ Teilbild markieren, welches aktualisiert werden soll

▷ Kontextmenü → **BERECHNUNGSERGEBNIS AKTUALISIEREN**

Das markierte Teilbild wird neu berechnet. Um die Änderungen in den fertigen Schnitt zu übernehmen, bietet es sich an, den fertigen Schnitt zu aktivieren und die neue Berechnung passiv in den Hintergrund zu legen. Anhand der sich überlagernden Daten erkennen Sie schnell die Änderungen und können entscheiden, ob Sie die Änderungen direkt im fertigen Schnitt in 2D erledigen oder die neue Berechnung als neue Grundlage verwenden.

Weitere Schritte zum Aktualisieren

Nachdem Sie alle Berechnungsergebnisse aktualisiert haben, müssen Sie die Teilbilder mit den Ergänzungen zu den Ansichten und Schnitten überprüfen und dort die notwendigen Anpassungen vornehmen. Eventuell schon erzeugte Hintergründe sowie Füllflächen für Dächer, Fassaden usw. sollten in den Abmessungen angepasst werden. Im Ergebnis sind die Ansichten und Schnitte mit der steilen Dachlösung abgebildet.

5.9 Beispiel – Ergebnis Ansichten und Schnitte

Die Darstellung der von Ihnen erzeugten Daten kann von den Beispielbildern abweichen.

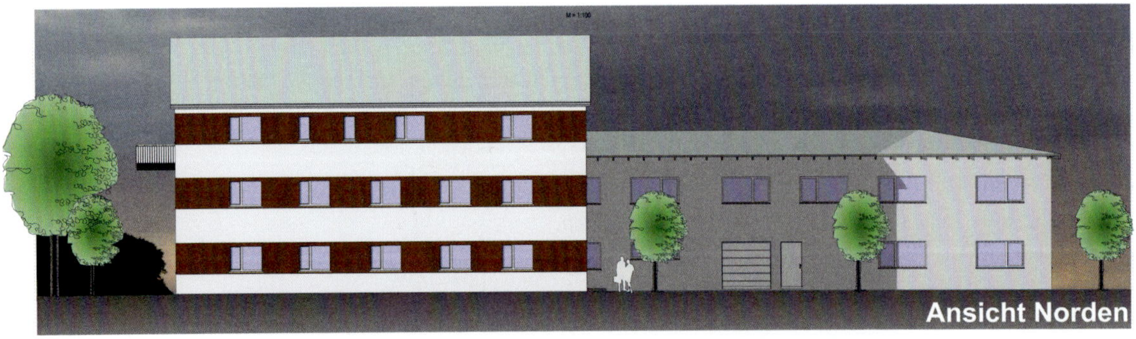
Ansicht Norden

Ansicht Osten

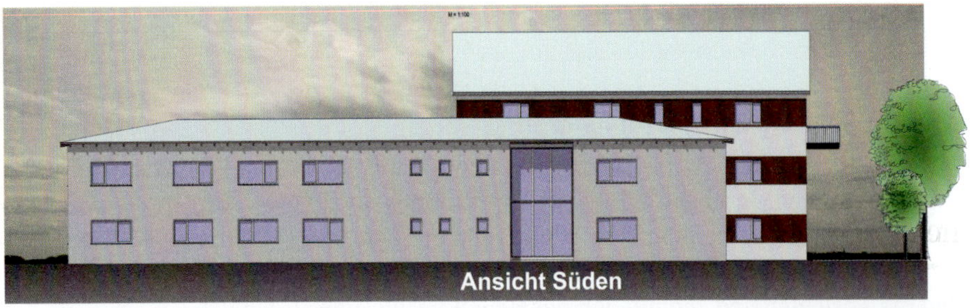
Ansicht Süden

Ansicht Westen

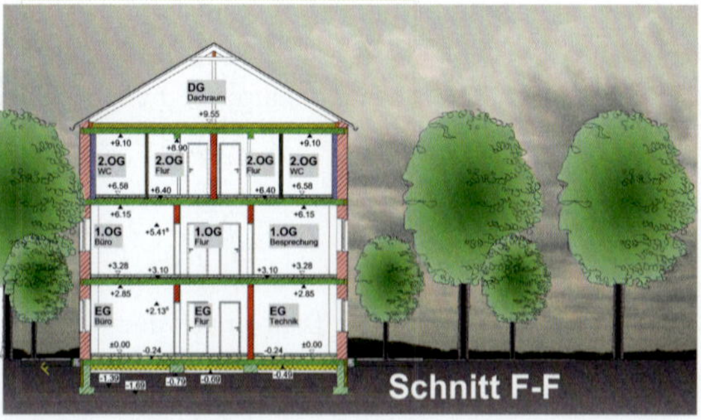

Unter *http://www.zeichenatelier.de/Allplan2020* finden Sie eine Galerie mit Bildern des Projekts.

5.10 Beispiel – Planlayout

5.10.1 Planstruktur

Allplan bietet für Pläne eine frei definierbare Struktur (ähnlich der Bauwerksstruktur) an, die Sie nach Belieben erweitern können. Im Vorlageprojekt ist bereits eine Struktur enthalten. Diese soll in einem kleinen Beispiel erweitert, gespeichert, gelöscht und wieder geladen werden.

Die im Beispielprojekt *Praxishandbuch Allplan 2020* bzw. der Projektvorlage vorgeschlagene Struktur ist so angelegt, dass im oberen Bereich die Leistungsphasen (entsprechend HOAI) abgebildet sind, denen jeweils zehn Pläne zugeordnet sind. Sollten mehr Pläne benötigt werden, können diese über **PLÄNE ZUORDNEN** eingefügt werden. Hierbei bietet es sich an, die Ordner weiter zu untergliedern. Am unteren Ende der Struktur finden Sie Zusammenstellungen für Handwerker und andere vorbereitet. Darunter können entweder Pläne direkt oder Verknüpfungen zu Plänen eingeordnet werden.

Im Beispiel sollen die angelegten Entwurfspläne als Verknüpfungen in einem Ordner angeordnet werden. Werden nun Änderungen in die Pläne eingearbeitet oder neue Indizes vergeben, kann über das Kontextmenü des Plans die Struktur so aufgeklappt werden, dass alle Verknüpfungen angezeigt werden, um Ihnen eine Übersicht zu geben, wem der Plan eventuell im aktuellen Stand gesendet werden sollte.

Planlayout – Umschalten von Teilbildmodus auf Planmodus

Je nachdem, ob Sie mit oder ohne Actionbar arbeiten, wird entweder durch Umschalten des Aufgabenbereichs auf **LAYOUT** oder durch Anwahl des Schalters **PLANLAYOUT** in den Planmodus gewechselt.

Planlayout

- Bei der Oberflächenkonfiguration ohne Actionbar erfolgt der Wechsel von Teilbildmodus auf Planmodus über **PLANLAYOUT**.
- Bei der Oberflächenkonfiguration mit Actionbar erfolgt der Wechsel über das Umschalten auf den Aufgabenbereich **LAYOUT**.

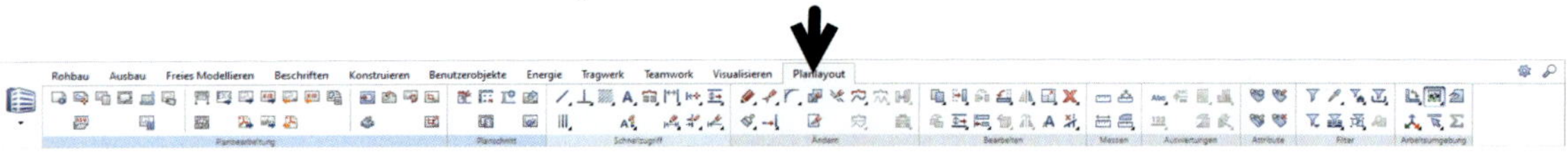

Projektbezogen öffnen

▷ **PROJEKTBEZOGEN ÖFFNEN:** Wurde der Dialog nach dem Umschalten direkt geöffnet, bedeutet dies, dass das Planlayout zum ersten Mal geöffnet wurde.

HINWEIS: Sie erkennen den Modus, in dem Allplan sich gerade befindet (Plan/Teilbild), z. B. an der Titelleiste (*PL* = Plan, *TB* = Teilbild) und der Anzeige (grauer Rand bei Plänen).

Basisstrukturstufe – Alle Pläne ausblenden

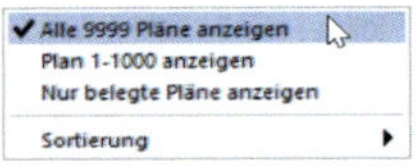

Die angezeigte Strukturstufe *Alle Pläne* ist in jedem Projekt vorhanden, kann unterschiedliche Inhalte anzeigen und, wenn eigene Strukturen vorhanden sind, ausgeblendet werden. Es können z. B. alle 9999 Pläne, eine bestimmte Anzahl von Plänen oder nur belegte Pläne aufgelistet werden. Sobald eine Struktur angelegt ist, wird diese Strukturstufe im Projekt nicht weiter benötigt und sollte ausgeblendet oder so eingestellt werden, dass z. B. nur belegte Pläne angezeigt werden.

Projektbezogen öffnen

▷ **PROJEKTBEZOGEN ÖFFNEN**

▷ **KONTEXTMENÜ** der Projektzeile (eigener Projektname) öffnen

▷ **STRUKTURSTUFE „ALLE PLÄNE" ANZEIGEN** durch Anklicken deaktivieren

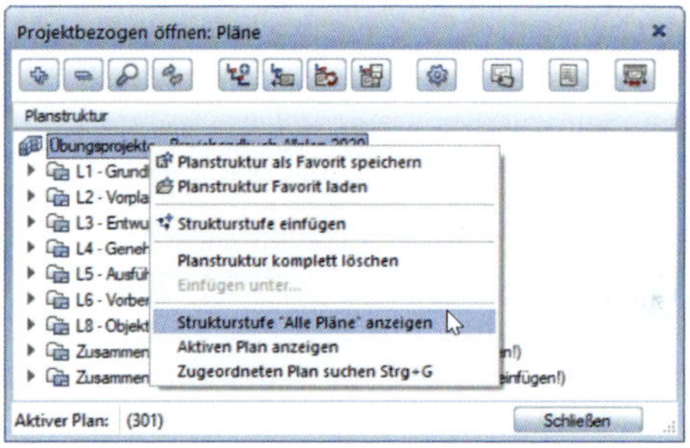

Die Strukturstufe wird damit ein- oder ausgeblendet. Die Einstellung ist benutzer- und projektbezogen.

HINWEIS: Die Strukturstufe **ALLE PLÄNE** kann nur ausgeblendet werden, wenn zumindest eine eigene Strukturstufe mit zugeordneten Plänen vorhanden ist bzw. in einem leeren, neuen Projekt erzeugt wurde.

Planstruktur erweitern

- ▷ PROJEKTBEZOGEN ÖFFNEN: Die vorhandene Planstruktur wird angezeigt.
- ▷ Öffnen Sie die Struktur wie in der Abbildung dargestellt und markieren Sie den Ordner .../*Bauherr*
- ▷ Kontextmenü → STRUKTURSTUFE EINFÜGEN

Projektbezogen öffnen

Strukturstufe einfügen

Eine neue Strukturstufe mit dem Vorschlagnamen *Neuer Ordner* wird eingefügt.

Benennen Sie die Strukturstufe um (z. B. in *Grundrisse*) und fügen Sie noch eine weitere Strukturstufe mit dem Namen *Schnitte, Ansichten* ein.

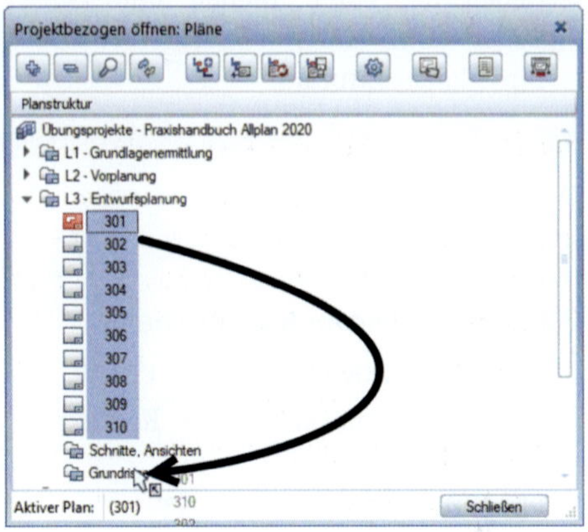

- ▷ Markieren Sie die Pläne 301 - 310 und ziehen Sie diese in die neu angelegte Strukturstufe *Grundrisse*.
- ▷ Markieren Sie dann die Strukturstufe SCHNITT, ANSICHTEN → KONTEXTMENÜ → STRUKTURSTUFE EINFÜGEN.
- ▷ PLÄNE ZUORDNEN: Geben Sie den Plannummernbereich *311 - 316* an.
- ▷ Die Pläne werden eingefügt.
- ▷ Ergänzen Sie noch die Namen der einzelnen Pläne.

Pläne zuordnen

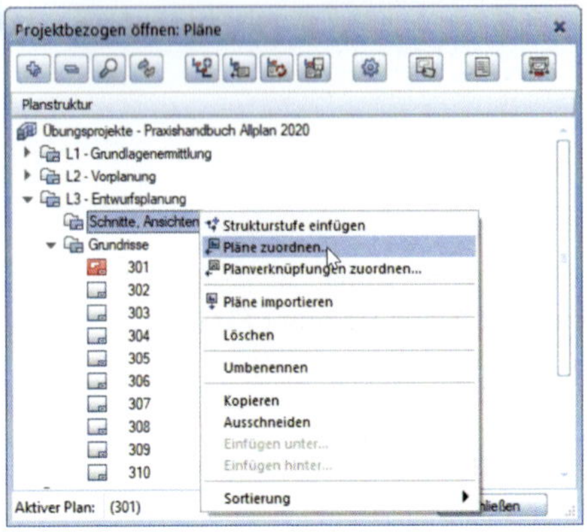

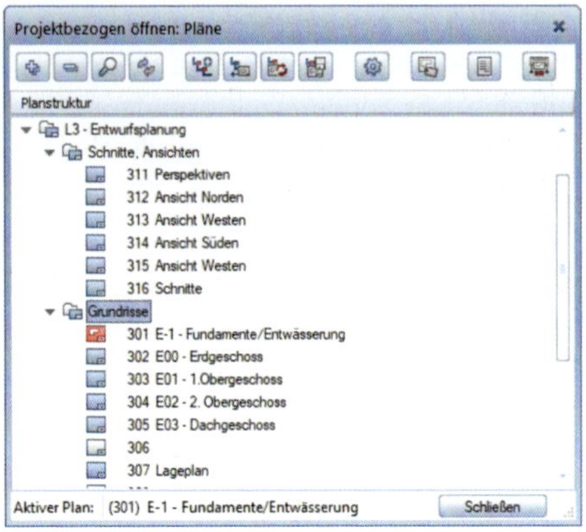

Die Zusammenstellung ist auch bei der Ausgabe anwählbar. Verlassen Sie nach Ausführen der Änderungen die Plananwahl oder sichern Sie die Änderungen über **SPEICHERN**.

Speichern

HINWEIS: Wird versucht, einen Plan in die Struktur einzufügen, der bereits an anderer Stelle eingefügt wurde, kann stattdessen eine Verknüpfung eingefügt werden. Es erscheint ein Hinweis des Programms.

Planstruktur als Favorit speichern

Projektbezogen öffnen

Planstruktur als Favorit speichern

- ▷ PROJEKTBEZOGEN ÖFFNEN: PLÄNE
- ▷ Projektzeile markieren → Kontextmenü öffnen
- ▷ PLANSTRUKTUR ALS FAVORIT SPEICHERN
- ▷ Geben Sie einen Namen und bei Bedarf einen anderen Speicherort für Ihre Planstruktur an.

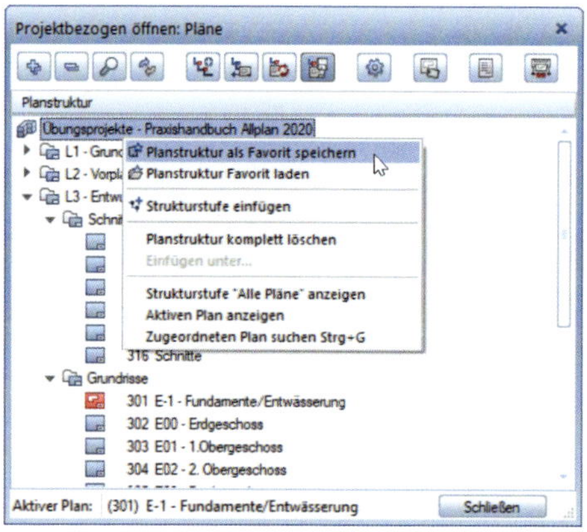

Planstruktur komplett löschen

Projektbezogen öffnen

Speichern

- ▷ PROJEKTBEZOGEN ÖFFNEN: PLÄNE
- ▷ Projektzeile markieren → Kontextmenü öffnen
- ▷ PLANSTRUKTUR KOMPLETT LÖSCHEN
- ▷ Sicherheitsabfrage bestätigen
- ▷ SPEICHERN

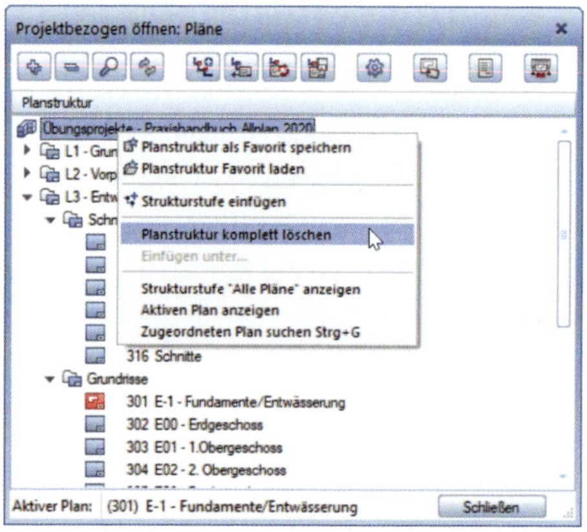

Die Planstruktur wurde nun komplett entfernt. Die Sonderstrukturstufe **ALLE PLÄNE** erscheint automatisch beim nächsten Öffnen des Dialogs **PROJEKTBEZOGEN ÖFFNEN: PLÄNE**, da keine definierte Strukturstufe mehr vorhanden ist. Der Löschvorgang entfernt **nur** die Struktur. Alle Pläne und ihre Einstellungen sind weiterhin vorhanden.

Planstruktur laden

- ▷ PROJEKTBEZOGEN ÖFFNEN: PLÄNE
- ▷ Projektzeile markieren → Kontextmenü öffnen
- ▷ PLANSTRUKTUR FAVORIT LADEN
- ▷ Sicherheitsabfrage bestätigen: Die bestehende Struktur wird immer komplett entfernt und die neue eingefügt. Wählen Sie die Datei *Planstruktur.xml* oder die von Ihnen soeben gespeicherte Datei aus.
- ▷ Öffnen Sie die Datei.
- ▷ Die Planstruktur wird anhand der Datei wiederhergestellt.

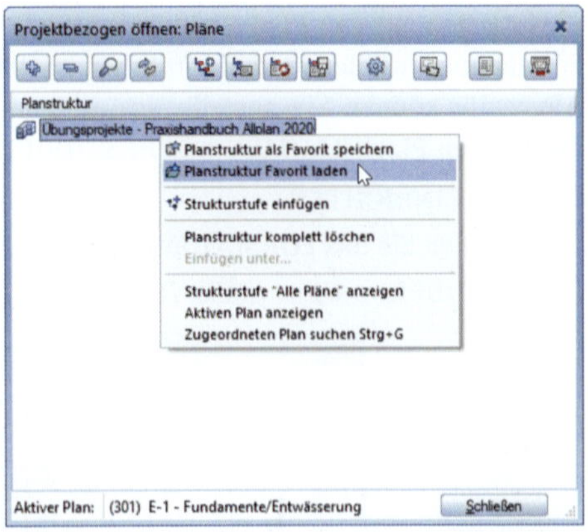

Projektbezogen öffnen

Planstruktur Favorit laden

Bevor Sie weitere Änderungen und/oder Ergänzungen tätigen, sollten Sie die Planstruktur speichern und die Strukturstufe *Alle Pläne* wieder ausblenden.

Speichern

5.10.2 Planlayout – Pläne zusammenstellen

Es soll nun ein DIN-A3-Plan mit den Fundamenten und einem eingeblendeten, in der Darstellung eingeschränkten Erdgeschoss erstellt werden. Das Beispiel beschreibt die ideale Vorgehensweise zur Ausgabe von Plänen auf Großformatdruckern mit Rollen, auch wenn das gewählte Beispiel nur einen kleinen Plan zeigt.

Plan öffnen

- ▷ PROJEKTBEZOGEN ÖFFNEN: PLÄNE → Plan 301 unter der Strukturstufe *L3 - Entwurfsplanung/Grundrisse* anwählen und durch Schließen des Dialogs öffnen

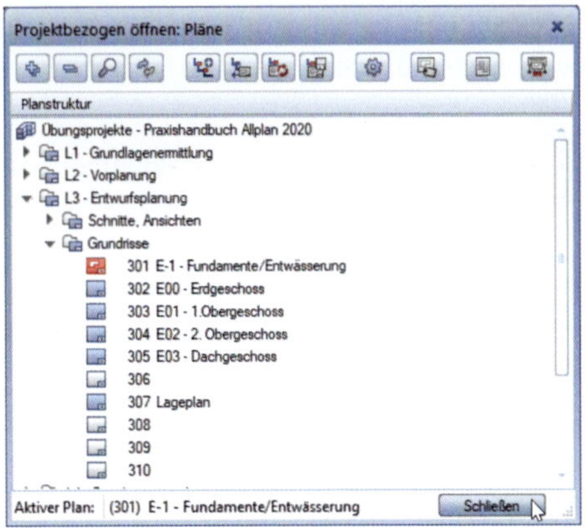

Projektbezogen öffnen

HINWEIS: Wenn der Plan (oder die Planverknüpfung) am Symbol angeklickt wird, wird dieser als aktiv markiert und beim Schließen des Dialogs geladen.

Seite einrichten

Bevor Daten auf den Plan abgelegt werden, ist es sinnvoll, über **SEITE EINRICHTEN** ein Format auszuwählen, den Planrahmen zu definieren und den Plan beschriften zu lassen. Alternativ können Sie anstelle des automatischen Rahmens und Plankopfes auch die Funktionen **PLANRAHMEN** und **BESCHRIFTEN** verwenden.

Seite einrichten

▷ **SEITE EINRICHTEN**

▷ **(1)** Stellen Sie das **FORMAT** auf *DIN A3 (Querformat)* ein.

▷ **(2)** **RÄNDER** → *Ohne (Rolle, PDF)*

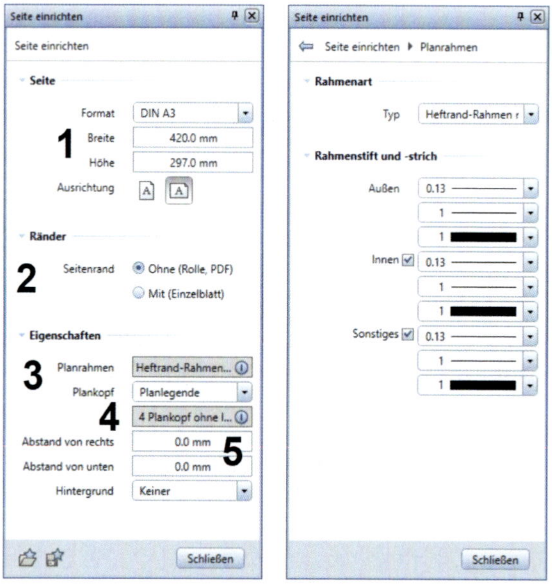

Das eingestellte Format wird sofort am Bildschirm dargestellt. Der weiße Bereich stellt das Planblatt dar und wird, wenn ein entsprechendes Blattformat für den Drucker gewählt wurde, ausgedruckt.

> **HINWEIS:** Wird ein Einzelblatt ausgewählt, wird zusätzlich ein grauer Rand angezeigt, mit dem der eingestellte Rand symbolisiert wird.

▷ **(3)** **PLANRAHMEN** → Schaltfläche anwählen: Die Palette zeigt die Detaileinstellungen für den Planrahmen an. Wählen Sie hier *Heftrand-Rahmen nach DIN 824 A* und nehmen Sie die Formateinstellungen so wie in der Abbildung dargestellt vor. Mit **SCHLIESSEN** schalten Sie zurück auf die Hauptseite.

▷ **(4)** Wählen Sie im Feld **PLANKOPF** *Planlegende* aus.

▷ Wählen Sie im Dialog **LEGENDENAUSWAHL** aus dem **VERZEICHNIS** *Projekt* die **DATEI** *7 Planlegenden* aus und aus der **LISTE** den Eintrag *4 Plankopf ohne Index/Bauherr* und bestätigen Sie die Auswahl mit **OK**.

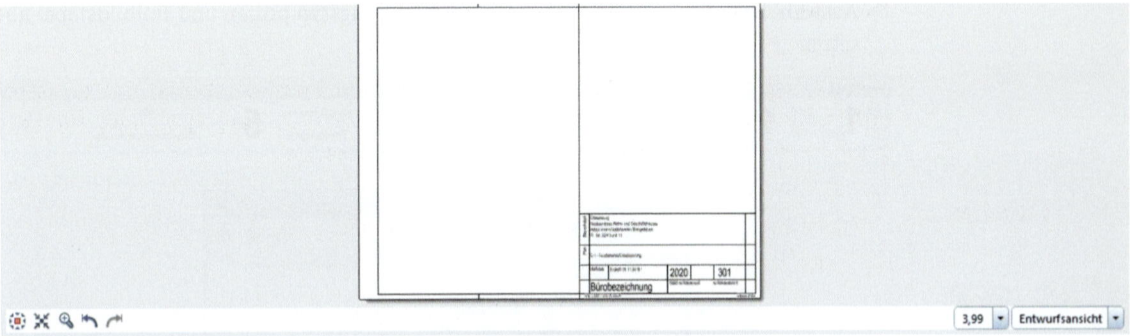

▷ **(5)** Geben Sie bei Bedarf einen **ABSTAND VON RECHTS** und/oder **UNTEN** ein.

▷ Speichern Sie die Einstellungen als Favoriten, um gleiche Pläne zu generieren.

> **HINWEIS**: Legenden, die als Plankopf verwendet werden sollen, **müssen** in *Datei 7* gespeichert werden.

Nach jedem Schritt werden die Änderungen sofort auf dem Plan sichtbar. Die Inhalte des Plankopfes (planbezogene und projektbezogene) werden erst angezeigt, wenn diese ausgefüllt wurden. Die Attribute des Plans werden im Absatz „Planattribute ausfüllen“ des Abschnitts 5.10.2, „Planlayout - Pläne zusammenstellen“, eingetragen.

> **TIPP**: Sollten Sie noch alte Planköpfe als Beschriftungsbilder (variable Textbilder) vorliegen haben, können diese ebenso verwendet werden. Sollten Sie einen Abstand zum Absetzen definiert haben, sollten Sie in den beiden Feldern für Abstand negative Werte eingeben, um die Planköpfe korrekt zu platzieren.

Planelemente absetzen - Fundament/Bodenplatte

Im ersten Schritt sollen die Fundamente und die Bodenplatte abgesetzt und in der Darstellung leicht verändert werden. Später kommt das Erdgeschoss zur Vervollständigung der Darstellung hinzu.

▷ **PLANELEMENT**

▷ **(1) FAVORIT LADEN** und im Ordner **FAVORITEN > PROJEKT** die Datei *Fundamentplan.prop* aufrufen

Planelement

Favorit laden

Maßstab, Schriftfaktor, Zeichnungstyp und Druckset werden entsprechend dem gespeicherten Favoriten gesetzt.

▷ **(2)** Teilbilder über **BAUWERKSSTRUKTUR**

▷ **(3)** Anzeige Bauwerksstruktur

▷ **(4)** Teilbilder 1410 und 1411 markieren

▷ Auswahl bestätigen, Layer/Druckset und Zeichnungstyp prüfen und Teilbildstapel absetzen

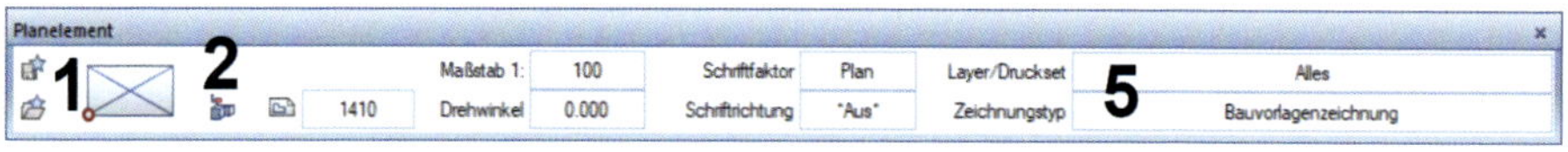

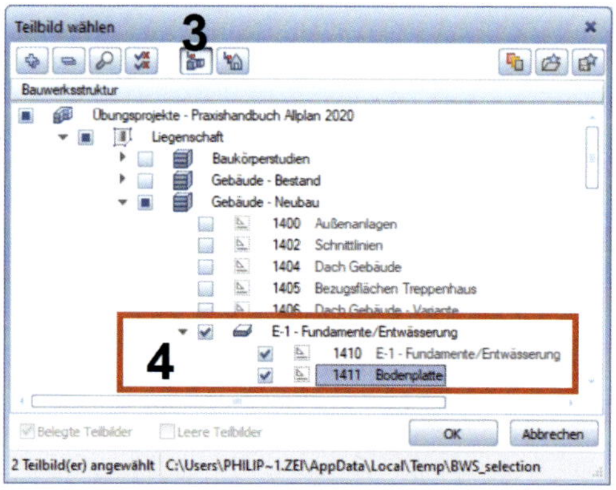

HINWEIS: Für die Ansichten und Schnitte müssen Sie auf **ABLEITUNGEN VON DER BAUWERKSSTRUKTUR** stellen, um diese auswählen zu können.

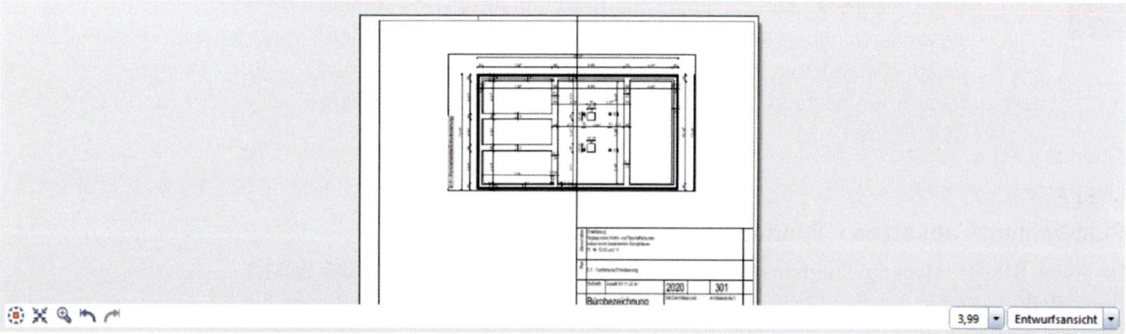

Reihenfolge und Darstellung der Planelemente beeinflussen (optional)

Planelemente listen

▷ **PLANELEMENTE LISTEN**

▷ Eingabeoptionen → **ALLES**

▷ Sortieren Sie die einzelnen gelisteten Planelemente wie angegeben.

▷ Wählen Sie in der Spalte **Flächenelemente** für Teilbild 1411 die Option `Aufgehellte Eigenfarbe für Füllflächen`, bei **STIFT ÜBERDEFINIEREN** und **STRICH ÜBERDEFINIEREN** `0,13` bzw. Strich `9`.

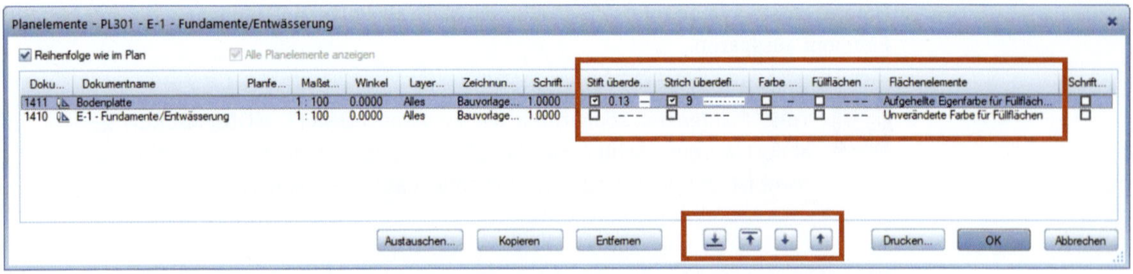

Im Dialog **PLANELEMENTE** kann die Reihenfolge der Planelemente eingestellt werden und zudem (wie auch über Eigenschaften des einzelnen Planelements) kann die Darstellung über die Checkboxen **STIFT**, **STRICH** und **FARBE ÜBERDEFINIEREN** sowie **FLÄCHENELEMENTE** beeinflusst werden.

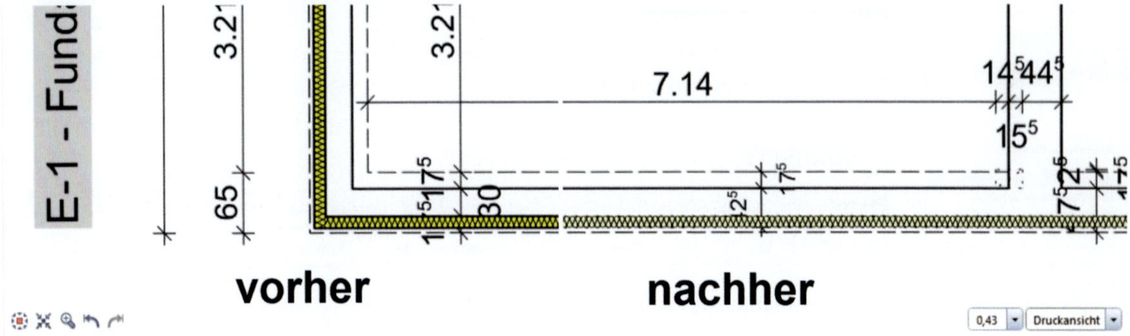

Probieren Sie auch andere Einstellungen aus.

Planfenster erzeugen

▷ **PLANFENSTER**

▷ **... VON BEREITS ABGESETZTEN PLANELEMENTEN**

▷ Alle Teilbilder markieren (bzw. Teilbilder des zu bearbeitenden Teilbildstapels aktivieren)

Planfenster

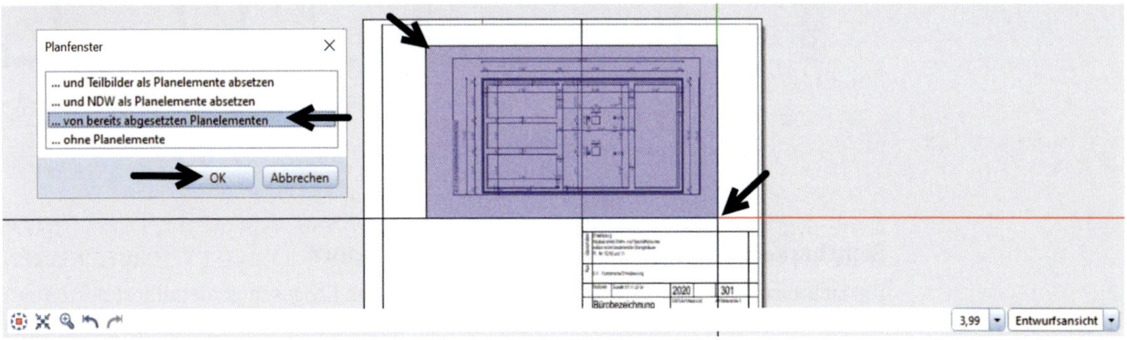

Definieren Sie nun den Bereich des Planfensters als Polygon. Das Planfenster soll nur den Plankopf aussparen.

> **TIPP:** Planfenster können mit der Funktion **PUNKTE MODIFIZIEREN** geändert werden. Achten Sie darauf, dass das Planfenster ein Flächenelement ist und die Flächensuche eventuell aktiv sein kann.

Planelement zu Planfenster hinzufügen

Es gibt mehrere Möglichkeiten, Teilbilder passgenau auf schon abgesetzten Inhalten abzusetzen. Grundsätzlich reicht es aus, ein weiteres Teilbild über *Planelement* auszusuchen und in ein schon abgesetztes Teilbild zu klicken (zentriert) oder einen Rand anzuklicken (fängt eine Richtung entsprechend der Lage der Teilbilder). Hier soll das Teilbild direkt in das Planfenster integriert werden.

Planfenster modifizieren

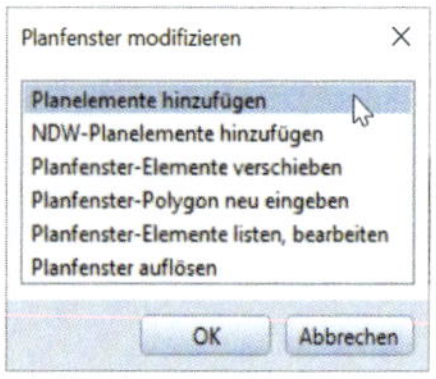

- ▷ **PLANFENSTER MODIFIZIEREN** (Actionbar oder Kontextmenü des Planfensters)
- ▷ **PLANELEMENT HINZUFÜGEN**
- ▷ Teilbild 1420 auswählen, **MASSSTAB** `1:100`, **SCHRIFTFAKTOR** `0,5` und **ZEICHNUNGSTYP** `Ausführungszeichnung`

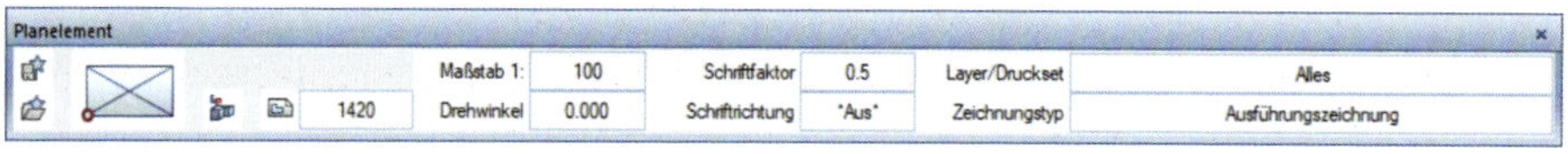

- ▷ In das Planfenster zum Absetzen klicken.

Das Erdgeschoss überdeckt mit seinen kompletten Inhalten die Darstellung der Fundamente. Im nächsten Schritt werden die meisten Layer ausgeblendet und die Darstellung der restlichen Linien und Flächenelemente wird geändert.

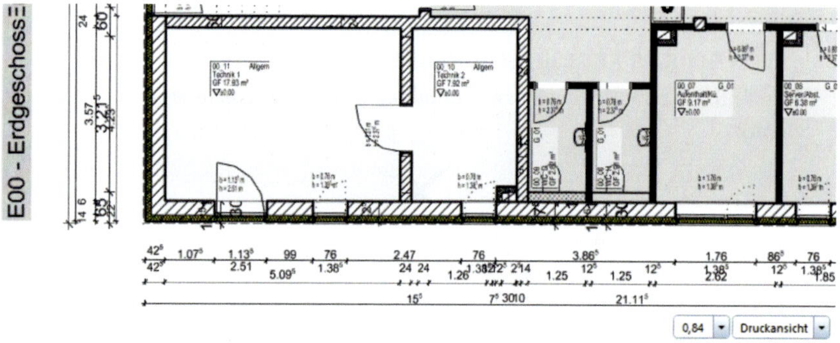

Sichtbarkeit von Layern in Planelementen ändern

Die Sichtbarkeit der Layer soll im nächsten Schritt vom Erdgeschoss detailliert beeinflusst werden. Dazu kann entweder ein Planelement angewählt werden (nicht möglich, wenn die Planelemente in ein Planfenster zusammengefasst sind) oder über **PLANELEMENT LISTEN** die schon bekannte Auflistung geöffnet werden. In den Einstellungen der Layer haben Sie die Wahl zwischen vier unterschiedlichen Einstellungen für die Layer. Je nach Bedarf bietet sich entweder **ALLES SICHTBAR...**, **DRUCKSET...**, **AKTUELL** oder **FIXIERT...** an.

- ▷ **PLANELEMENTE LISTEN**
- ▷ Eingabeoptionen → **ALLES**
- ▷ Sortieren Sie die einzelnen gelisteten Planelemente wie angegeben. Das Erdgeschoss soll ganz unten liegen.
- ▷ Ändern Sie die Einstellungen wie angezeigt.

Planelemente listen

- ▷ Klicken Sie in das Feld **LAYER** bei Teilbild 1420.
- ▷ **(1) FIXIERT, LAYEREINSTELLUNG FEST IM PLANELEMENT SPEICHERN** aktivieren: Ändern Sie die Anzeige des Listenfeldes auf *In Planelement existierende Layer auflisten* **(2)** und stellen Sie die Sichtbarkeiten der Layer wie dargestellt ein.

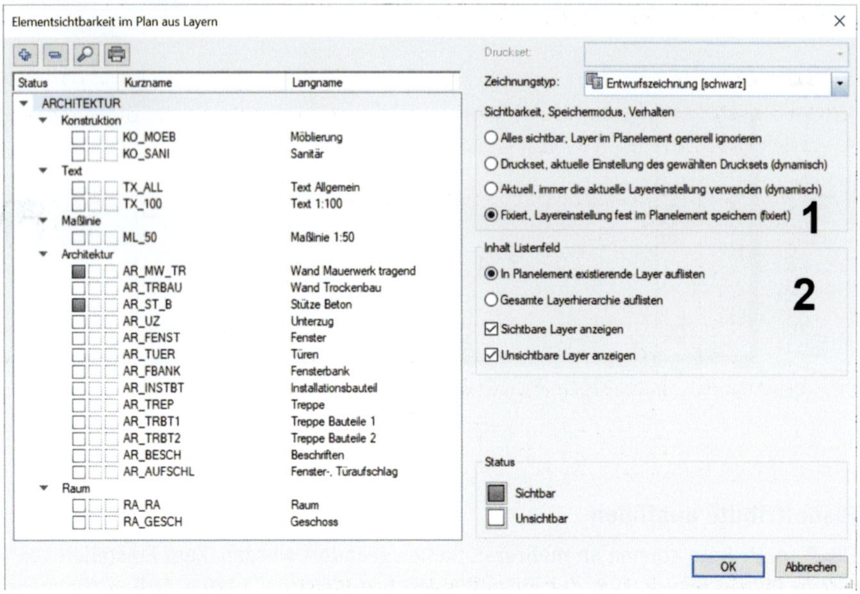

> **TIPP**: Über das Kontextmenü im linken Bereich kann man z. B. ein Druckset als Grundlage einlesen und für den speziellen Zweck die Einstellungen „verfeinern". Das Kontextmenü ist nur bei der Einstellung **FIXIERT, LAYER-EINSTELLUNG FEST IM PLANELEMENT SPEICHERN** aktivierbar.

▷ Bestätigen Sie die Einstellungen und blenden Sie den Layer AR_DAEMM bei Teilbild 1410 auf die gleiche Weise aus.

▷ Angaben in beiden Dialogen bestätigen

Die geänderte Sichtbarkeit wird nun angezeigt. Sie können so für jedes Planelement die Sichtbarkeit für den Plan regeln. Wenn Sie sich Drucksets anlegen, können Sie diese hier auch verwenden und Ihre Arbeitsgeschwindigkeit so deutlich steigern.

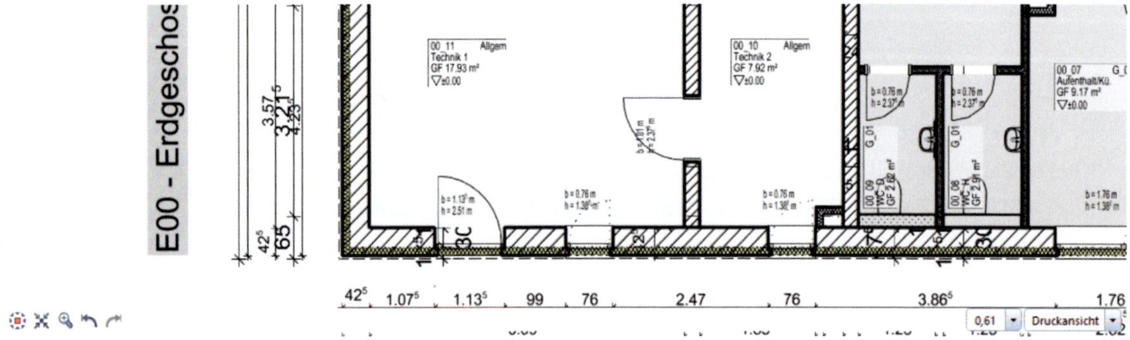

Vor der Änderung der Einstellungen

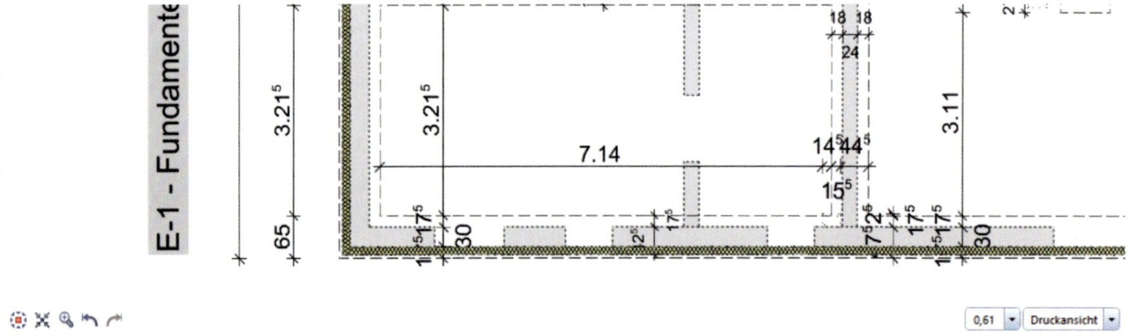

Nach der Änderung der Einstellungen

Planattribute ausfüllen

Die Planattribute können an mehreren Stellen geändert werden. Zum Einstellen von einzelnen Plänen eignen sich die Einstellungen des Plans am besten. Sollen für mehrere Pläne Daten (z. B. der Index) geändert werden, so kann dies über die Funktion **PLAN- UND PROJEKTATTRIBUTE** im Dialog **PROJEKTBEZOGEN ÖFFNEN: PLÄNE** oder z. B. über die Funktion **EXCHANGE** erledigt werden. Eine Erläuterung hierzu finden Sie in Abschnitt 5.4, „Planmanagement – Allplan Exchange".

- ▷ **PROJEKTBEZOGEN ÖFFNEN: PLÄNE**
- ▷ Plan 301 markieren → Kontextmenü **EIGENSCHAFTEN**
- ▷ Register **EINSTELLUNGEN**
- ▷ Geben Sie die einzelnen Inhalte ein.
- ▷ **GLIEDERUNGSCODE** → *E*
- ▷ **PLANTYP** → *Entwurfsfeld* (Auswahlfeld)
- ▷ **PLAN-ERSTELLER** → *Name (*Eingabefeld)
- ▷ **MASSSTAB** → *1:500* (Auswahlfeld, Eingabefeld)
- ▷ **PLANFORMAT** → *DIN A2* (Auswahlfeld, Eingabefeld)

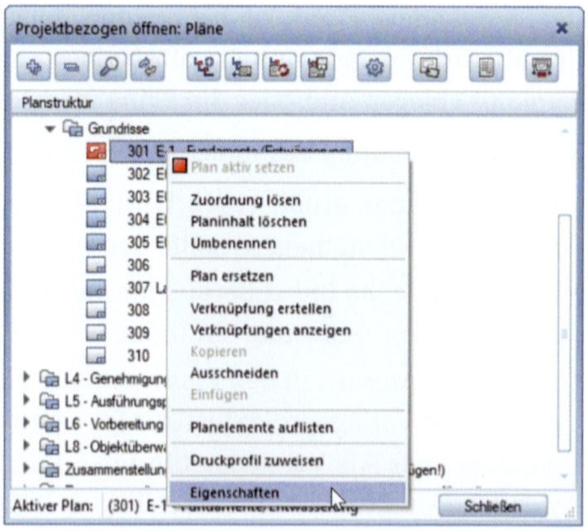

Projektbezogen öffnen

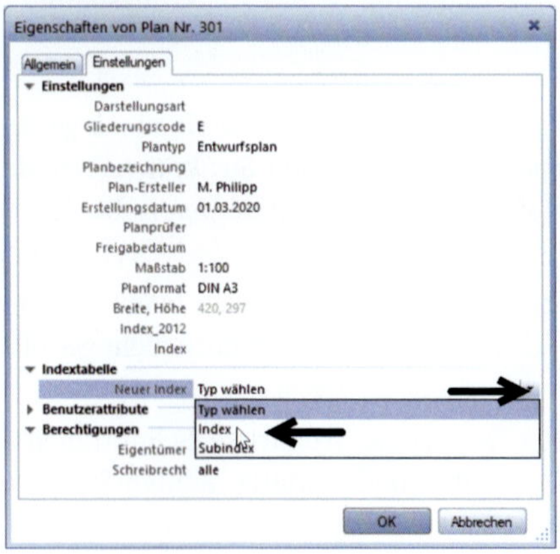

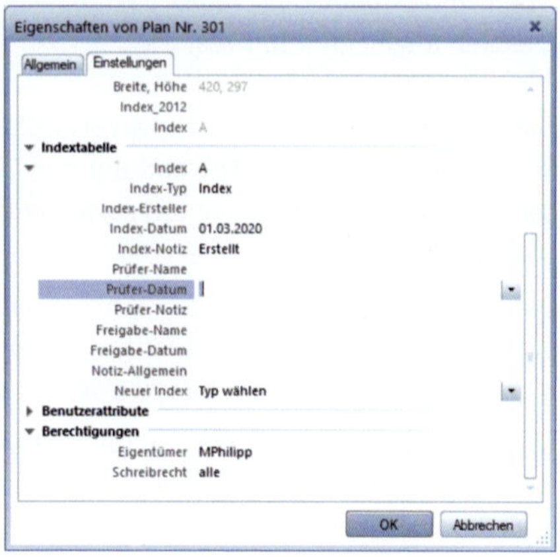

- ▷ **NEUER INDEX**→ *Index* (**TYP WÄHLEN** anklicken und *Index* auswählen)

Der Bereich *Index* wird nun automatisch erweitert und der Index auf *A* gesetzt. Ändern Sie die Attribute *Index-Ersteller* und *Index-Datum* nach Bedarf.

- ▷ Angaben bestätigen und Plan 301 wieder öffnen

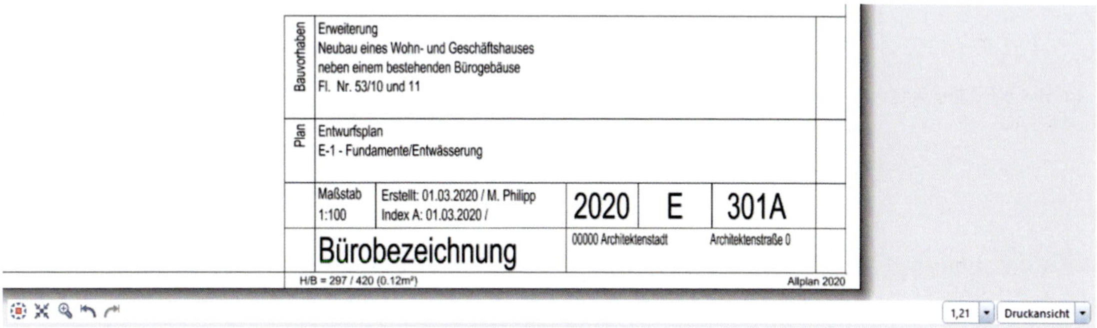

Der verwendete Plankopf hat keinen definierten Bereich für den Index. Aus diesem Grund wird der Indexinhalt selbst nicht angezeigt. Sie können jederzeit einen anderen Plankopf ablegen und/oder die Pläne über Reports inklusive dem Index auswerten.

Bei der Verwendung des Index sind folgende Punkte zu beachten:

- Der erste Index erhält einen Wert. Soll die Plannummer bei der Erstellung z. B. ein A angehängt bekommen, so sollte der erste Index ausgefüllt werden.
- Ist der Plan *ohne* Index bereits für die Weitergabe (z. B. Ausführung) geeignet, wird erst bei der ersten Änderung ein Index notwendig.
- Der Subindex wird in den Planlegenden, die mit Allplan ausgeliefert werden, nicht aufgelistet. Im Vorlageprojekt ist der Plankopf doppelt enthalten (einmal mit Subindex und einmal ohne). Als Vorschlag für den Subindex wird der letzte Index mit einer Zahl verwendet. Der aktuelle Inhalt des Feldes *Index* wird in Planlegenden und zur Benennung der Exportdateien verwendet.
- Die Sortierung des Index folgt **immer** nach der angelegten Reihenfolge und nicht nach dem Index oder dem Index-Datum. Die letzte Änderung ist das Änderungsdatum des letzten angelegten Indizes.

Die Verwendung von Änderungsvermerken ist in vielen Büros unterschiedlich geregelt. Sollten Sie Fragen zur Anwendung bzw. Umsetzung der eigenen Struktur haben, dann besuchen Sie das Forum unter *www.connect.allplan.com* oder kontaktieren den Support von Allplan.

Die Planattribute werden im Plankopf komplett angezeigt. Im Bereich *Index* wurde die erste Zeile ausgefüllt. Die Felder für *Prüfer* und *Freigabe* sind derzeit noch nicht gefüllt, da hier keine Einträge vorgenommen wurden.

Legen Sie einen zweiten Plan an und platzieren Sie dort die Grundrisse (Schnittlinien und Außenanlagen nicht vergessen!) sowie die Ansichten und Schnitte. Achten Sie darauf, dass Sie zum Teil mehrere Teilbilder als Stapel oder zentriert absetzen müssen.

Prüfen der Darstellung

Über ein Pull-down-Menü am Rand des Planfensters können die Darstellungsoptionen in ENTWURFSANSICHT und DRUCKANSICHT gewählt werden .

- **Anwendungsbereich Druckansicht (linke Abbildung):** Beide Vorschauen zeigen die Daten des Plans mit den unter PLÄNE DRUCKEN eingestellten Optionen. Dadurch sind beide Ansichten ideal, um letzte Fehler zu korrigieren und die Optik zu prüfen. Wurde ein Druckprofil eingestellt und/oder wurden Stifte im Register EINSTELLUNGEN (PLÄNE DRUCKEN) unter STIFT- UND FARBZUWEISUNGEN geändert, so werden diese Einstellungen angezeigt. Die Darstellungsoptionen in der Bildschirmdarstellung sind reduziert. So ist z. B. DICKE LINIE nicht ausschaltbar.
- **Anwendungsbereich Entwurfsansicht (rechte Abbildung):** Die Entwurfsansicht ist ideal zum Vorbereiten von Plänen. Planelementrahmen, Hilfskonstruktionen auf Teilbilder und alle nicht druckbaren Elemente werden angezeigt.

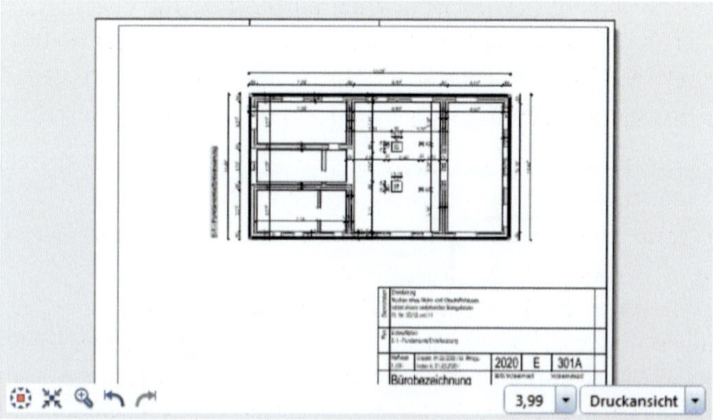

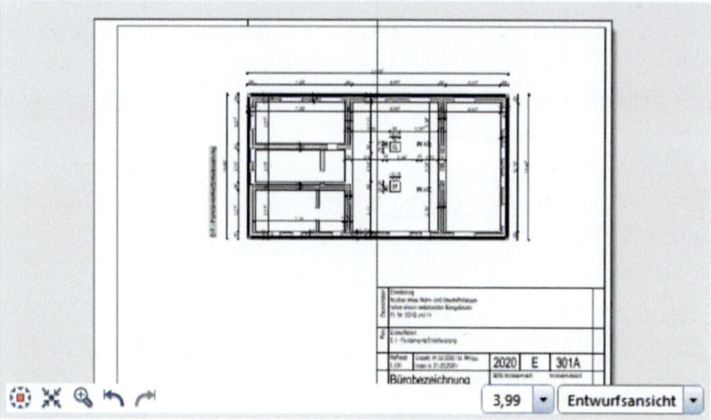

5.11 Beispiel - Planausgabe

Zum Ausgeben von Plänen gibt es mehrere Möglichkeiten. Einzelne Pläne (aber auch mehrere) können direkt auf Papier ausgegeben oder als Datei gespeichert werden.

5.11.1 Plan auf Papier ausgeben

Pläne ausgeben

- ▷ PLÄNE AUSGEBEN
- ▷ Register *Drucker* → Kontrolle des eingestellten Druckers **(1)** und des Papierformats **(2)**
- ▷ **(3)** SCHLIESSEN → Die Einstellungen werden gespeichert und der Dialog wird geschlossen.
- ▷ **(4)** START → Die Ausgabe der unter **AUSGABEART** eingestellten Formate wird gestartet.

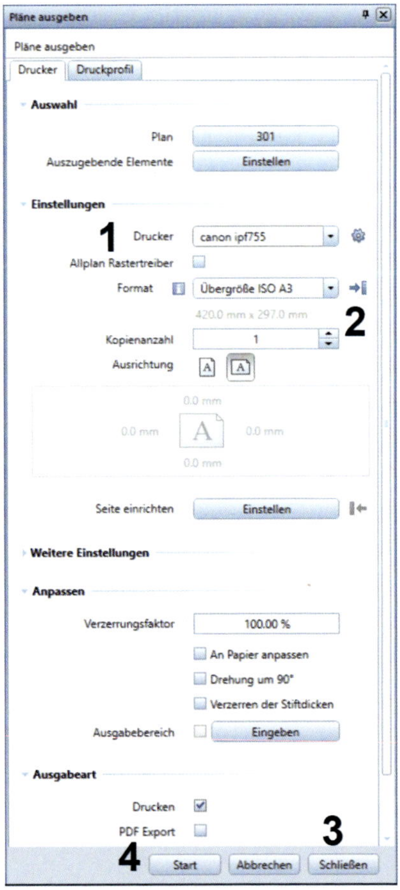

Die Ausgabe wird gestartet. Sollte der Plan nicht auf das gewählte Ausgabeblatt passen, erscheint eine Meldung.

HINWEIS: Verwenden Sie die Schaltfläche am Ende der Zeile *Format* zum Optimieren des Blattformats auf Ihr gewähltes Seitenformat.

5.11.2 Plan als PDF (2D) ausgeben

Für die Ausgabe von Plänen als PDF stehen zwei Funktionen zur Verfügung: Die Funktion **ARCHIVIERUNG**, über die Sie mehrere Pläne nacheinander ausgeben können, und die Funktion **PDF-DATEI EXPORTIEREN**, bei der Sie mehr Optionen zu Ausgabe einstellen können.

PDF-Daten exportieren

▷ **PDF-DATEN EXPORTIEREN**

▷ Pläne wählen → Alle Pläne auswählen, die als PDF gespeichert werden sollen

- ▷ **PDF-DATEI → SPEICHERORT AUSWÄHLEN** und/oder Datei angeben, an die der Plan anzuhängen ist
- ▷ **EIGENSCHAFTEN** dem Bedarf entsprechend einstellen: Wenn Sie eine bestehende Datei ausgewählt haben, wird die Option **AN DATEI ANHÄNGEN** anwählbar.
- ▷ **DATEI MIT VERKNÜPFTER APPLIKATION ÖFFNEN** aktivieren
- ▷ Angaben mit **OK** bestätigen

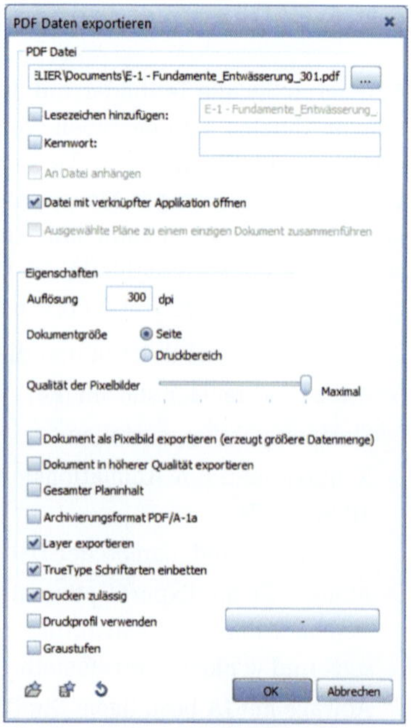

Die PDF-Datei wird nun erzeugt und mit Adobe Reader (oder einem anderen, mit dem PDF-Format verknüpften Anzeigeprogramm) direkt angezeigt. Sollten Sie mehr als einen Plan gewählt haben, werden alle Pläne im gewählten Pfad abgelegt und automatisch geöffnet.

> **HINWEIS:** Wird anstatt einer neuen Datei eine bestehende Datei ausgewählt, kann der gewählte Plan an diese angehängt und mit einem Lesezeichen versehen werden. Falls viele und große Pläne exportiert werden, sollten die Dateien nicht automatisch geöffnet werden.

5.11.3 3D-PDF ausgeben

Schalten Sie zurück zu den Teilbildern, indem Sie einen anderen Aufgabenbereich auswählen. Aktivieren Sie alle Teilbilder, auf denen sich Daten befinden, die im PDF (3D) sichtbar sein sollen.

- ▷ Teilbildmodus aktivieren und die für den Export gewünschten Teilbilder anwählen
- ▷ Animationsfenster starten (**F4**)
- ▷ Startperspektive einstellen
- ▷ Kontextmenü (im Animationsfenster) → **3D DATEN EXPORTIEREN → PDF-3D EXPORTIEREN**, Optionen für den Export einstellen
- ▷ **DATEI MIT VERKNÜPFTER APPLIKATION ÖFFNEN** aktivieren
- ▷ Angaben mit **OK** bestätigen

PDF-Datei exportieren

Die gespeicherte Datei wird nun automatisch im Adobe Reader (oder in einem anderen, mit dem PDF-Format verknüpften Anzeigeprogramm) geöffnet. Durch einen Klick auf das angezeigte Bild wird der Bewegungsmodus gestartet. Im Bewegungsmodus kann z. B. das Licht oder die Flächendarstellung des Modells beeinflusst werden.

5.11.4 C4D-Datei ausgeben

Aktivieren Sie alle Teilbilder, auf denen sich Daten befinden, die für die weitere Bearbeitung an Cinema 4D übergeben werden sollen. Die Datei kann nur dann direkt geöffnet werden, wenn Sie über eine Version von Cinema 4D verfügen. Hierzu reicht eine Demo-Version, die Sie von der Maxon-Internetseite *(http://www.maxon.de)* herunterladen können. Die Demoversion kann (laut Auskunft von Maxon) für 42 Tage freigeschaltet werden. Nach der Freischaltung bleibt die Demoversion von Cinema 4D weiter nutzbar. Die Ausgabe ist aber auf 800 × 600 Pixel beschränkt.

- ▷ Teilbildmodus aktivieren und die für den Export gewünschten Teilbilder anwählen
- ▷ Animationsfenster starten (**F4**)
- ▷ Startperspektive einstellen

 An Cinema 4D senden

- ▷ Kontextmenü (im Animationsfenster) → **3D DATEN EXPORTIEREN** → **AN CINEMA 4D SENDEN**
- ▷ Speicherort und -namen der Datei angeben
- ▷ Ändern Sie die Export-Optionen nach Bedarf. Die Struktur des Objektmanagers bietet sich nach der Teilbildstruktur an. Die Layer werden auf jeden Fall in C4D-Ebenen übersetzt und je nach Layereinstellung farblich gekennzeichnet.
- ▷ Abfrage mit **JA** bestätigen: Die Datei wird nun in Cinema 4D geöffnet.

In Cinema 4D müssen Sie die Pfade für die Texturen so einstellen, dass der Design-Ordner im *STD-Verzeichnis* durchsucht wird.

5.11.5 Alternative Vorgehensweisen

Zum Erzeugen des Planrahmens und der Beschriftung des Plans existieren drei Funktionen mit Abläufen, die einen alternativen Weg zum Beschriften des Plans mit/ohne Planrahmen zeigen. Die nachfolgenden Abschnitte beschreiben die Vorgehensweise.

Planrahmen

Mit der Funktion **PLANRAHMEN** kann ein Rahmen gesetzt werden, an den mit der Funktion **BESCHRIFTEN** Planköpfe (Beschriftungsbilder) gehängt werden können. Der Rahmen hat *keinen* Zusammenhalt mit der unter **SEITE EINRICHTEN** definierten Plangröße.

- ▷ **PLANRAHMEN**

 Planrahmen

- ▷ **RAHMENGRÖSSE** → *DIN A3*
- ▷ **AUSRICHTUNG** → *Horizontal*
- ▷ **RAHMENBEZUGSPUNKT** → *unten links*
- ▷ **RAHMENART** → *Heftrand-Rahmen nach DIN 824 A*
- ▷ Planrahmen am Eckpunkt links unten absetzen

TIPP: Verwenden Sie nach Möglichkeit die Funktion **SEITE EINRICHTEN** zum Erzeugen des Planrahmens.

Planbeschriftung mit Legenden

Die im mitgelieferten Standard enthaltenen Planköpfe können als Vorlage für eigene Planköpfe verwendet werden. Alle dort vorhandenen Legenden werten **nur** Indizes aus. Subindizes werden automatisch ausgeblendet. Im Vorlageprojekt sind zwei Planköpfe enthalten, die sich bis auf den Index (einmal mit Subindex und einmal ohne) gleichen.

Legende, Plankopf

- ▷ LEGENDE, PLANKOPF
- ▷ Legendenauswahl → VERZEICHNIS → *Projekt* → DATEI → *7 Planlegenden* → LISTE → *1 Plankopf, akt. Index oben*
- ▷ **Plankopf absetzen:** Das rechte untere Inneneck des Planrahmens ist der korrekte Bezugspunkt für den gewählten Plankopf.

TIPP: Verwenden Sie nach Möglichkeit die Funktion **SEITE EINRICHTEN** zum Erzeugen des Plankopfes.

Planbeschriftung mit Beschriftungsbildern

Beschriften

- ▷ BESCHRIFTEN
- ▷ Planrahmen anklicken (Tooltipp *Planrahmen*)
- ▷ BESCHRIFTUNGSBILD auswählen
- ▷ Auswahl Beschriftungsbild → VERZEICHNIS → *Projekt*→ DATEI → *7 Planköpfe* → BESCHRIFTUNGSBILD → *1 Plankopf mit Index (0 - 15)*
- ▷ Auswahl bestätigen
- ▷ **Plankopf absetzen:** Das rechte untere Außeneck des Planrahmens ist der korrekte Bezugspunkt für den gewählten Plankopf.

TIPP: Verwenden Sie nach Möglichkeit die Funktion **SEITE EINRICHTEN** zum Erzeugen des Plankopfes.

HINWEIS: In Beschriftungsbildern können die Subindizes nicht ausgefiltert werden. Wenn Sie nur die Indizes im Plankopf anzeigen wollen, können Sie entweder nur Planlegenden verwenden oder Sie dürfen die Subindizes nicht nutzen.

5.12 Ratgeber Planausgabe

Die Planausgabe auf Papier ist aufgrund der sehr unterschiedlichen Einstellmöglichkeiten im jeweiligen Treiber der möglichen Ausgabegeräte extrem vielfältig und kann kaum vollständig beschrieben werden. Nachfolgend finden Sie einige Fallbeispiele und die darauf aufbauenden Lösungswege. Für die Fallbeispiele ist der Drucker Canon imagePROGAF iPF 755 mit einer 36-Zoll-Rolle verwendet worden.

5.12.1 Plangröße bis 841 mm Breite

Der Plan passt in der Breite auf die Rolle und sollte möglichst platzsparend gedruckt werden.

Seite einrichten

Pläne drucken

- ▷ **SEITE EINRICHTEN** → Format bis zu DIN A1 (841,0/594,0) auswählen oder beliebiges Format mit einer Breite von max. 841,0 mm einstellen (Höhe max. 841,0 mm)
- ▷ **PLÄNE DRUCKEN**
- ▷ **PAPIERFORMAT (DRUCKER) ANHAND DES SEITENFORMATS WÄHLEN** anklicken und Einstellungen kontrollieren

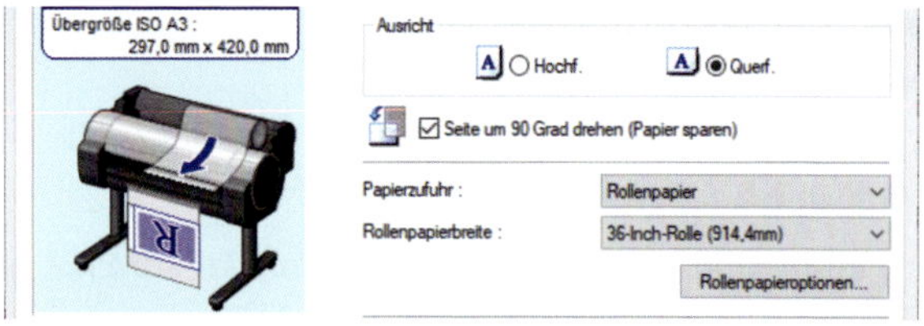

Bilder aus der Oberfläche des Druckertreibers

- ▷ Register **SEITENEINRICHTUNG** → *Seite um 90 Grad drehen (Papier sparen)* aktivieren

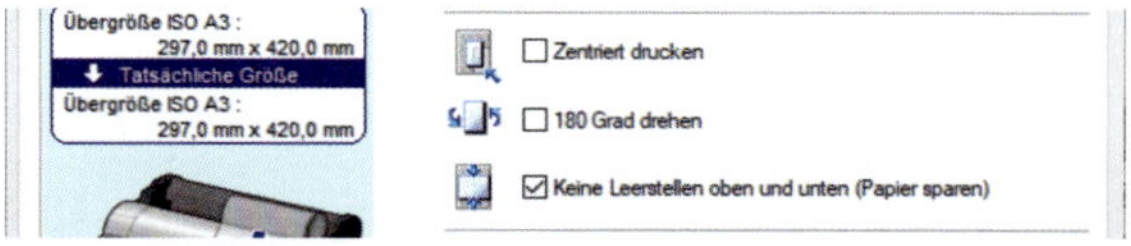

- ▷ Register **LAYOUT** → *Keine Leerstellen oben und unten (Papier sparen)* aktivieren

HINWEIS: Die meisten Druckertreiber können bei einem Format, das quer auf die eingelegte Rolle passt, durch automatisches Rotieren Platz sparen. Wird ein Blatt größer (Druckertreiber) als diese Grenze eingestellt, kann meist nicht rotiert werden, und der Plan wird nicht papiersparend ausgegeben.

5.12.2 Plangröße größer als 841 mm Breite

Voraussetzung hierfür ist, dass das Planformat im Druckertreiber vorhanden ist (z. B. DIN-Format).

Bei größeren Formaten entfällt die Möglichkeit des Rotierens.

- ▷ **SEITE EINRICHTEN** → Format DIN A0 (841,0/594,0) auswählen
- ▷ **QUERFORMAT** und **OHNE SEITENRAND (ROLLE, PDF)** anwählen
- ▷ **PLÄNE DRUCKEN**
- ▷ **PAPIERFORMAT (DRUCKER) ANHAND DES SEITENFORMATS WÄHLEN** anklicken und Einstellungen kontrollieren
- ▷ Register **LAYOUT** → *Keine Leerstellen oben und unten (Papier sparen)* aktivieren

Seite einrichten

Pläne drucken

HINWEIS: Bei vorhandenen Formaten, die länger sind, als die Plotterrolle breit ist, ist die Größe des Blattes (wenn „größer als Plan" gewählt) unerheblich, sofern im Druckertreiber eingestellt wird, dass leere Bereiche entfallen sollen.

5.12.3 Plangröße länger als DIN A0

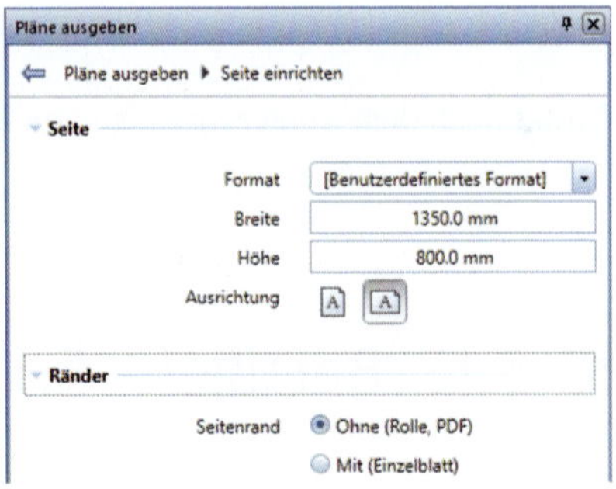

Bei allen Plänen, die länger als DIN A0 (118,9 cm) sind, muss erst ein entsprechendes Papierformat im Druckertreiber eingerichtet werden. Es ist ratsam, sich drei oder vier verschieden lange Formate einzurichten und diese jeweils zu verwenden.

- ▷ **SEITE EINRICHTEN** → Beliebiges Format eingeben (z. B. Breite 1350 mm, Höhe 800 mm) und weitere Definitionen wie z. B. Planrahmen, Plankopf treffen
- ▷ **PLÄNE PLOTTEN**
- ▷ Eigenschaften des Druckers öffnen und (bei Canon iPF765) im Register *Seiteneinrichtung* unter *Grösse-Optionen* ein neues Papierformat mit einer Höhe von 1400 mm und einer Breite von 917 mm unter einem eigenen Namen anlegen oder ein bereits bestehendes Langformat auswählen
- ▷ Neu angelegtes Papierformat auswählen
- ▷ Register **SEITENEINRICHTUNG** → *Seite um 90 Grad drehen (Papier sparen)* deaktivieren
- ▷ Register **LAYOUT** → *Keine Leerstellen oben und unten (Papier sparen)* aktivieren

Seite einrichten

Pläne plotten

HINWEIS: Das eingestellte Papierformat sollte auf allen Rechnern im Netzwerk unter dem gleichen Namen angelegt werden. Je nach Treiber und Hersteller können beliebig viele Formate unter eigenen Namen oder ein bis fünf benutzerdefinierte Formate angelegt werden. Zudem muss zum Teil ein neues Format am Druckerserver angelegt werden, sodass dieses allen Nutzern zur Verfügung steht.

5.12.4 Testplot

Jedes Ausgabegerät, egal ob Bildschirm oder Drucker, hat ein eigenes Farbspektrum und zeigt somit ein Bild auf seine Art an. Die Ausgabe auf Papier ist abhängig vom verwendeten Ausgabegerät, vom Treiber, von der Tinte, von der Art des Treibers und von den Einstellungen des Treibers selbst. Um ein bewertbares Referenzbild zu erhalten, können Sie das Teilbild *Testplot* im *new-Verzeichnis* verwenden.

ProjectPilot - Verwaltung

- ▷ **PROJECTPILOT - VERWALTUNG** öffnen
- ▷ Externen Pfad auf Programmverzeichnis von Allplan einstellen: *\Allplan\new\testplot*
- ▷ Unterordner *Pläne* öffnen
- ▷ **TESTPLOT WINDOWSTREIBER/TESTPLOT FOR WINDOWSDRIVERS** markieren → Kontextmenü → **KOPIEREN NACH**
- ▷ Zielprojekt auswählen, Zielplan angeben und Teilbilder mitkopieren lassen

Direkt nach dem Kopiervorgang kann der Testplan gedruckt und begutachtet werden.

5.13 Beispiel – Ergebnis Planlayout

Im Folgenden sind beispielhafte Planzusammenstellungen dargestellt, welche aus dem Beispielprojekt hervorgehen können. Im Vorlageprojekt *Praxishandbuch Allplan 2020* finden Sie die kompletten Daten. Unter *http://www.zeichenatelier.de/Allplan2020* finden Sie eine Galerie mit den Plänen des Projekts sowie PDF-Dateien zum Herunterladen.

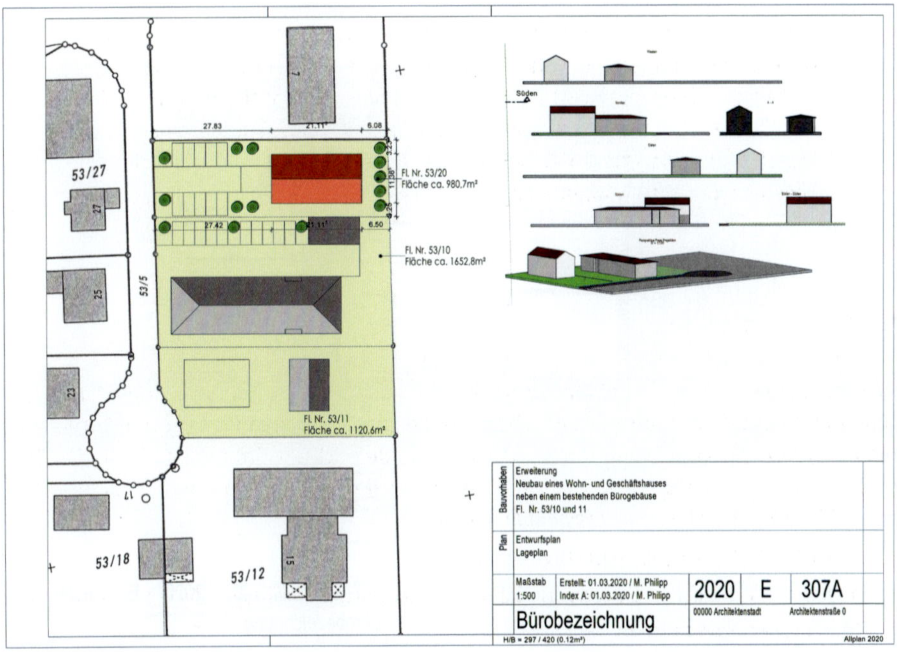

Lageplan im Maßstab 1 : 500, Perspektiven und Ansichten 1 : 1000

Ebene -1 - Fundamente/Entwässerung

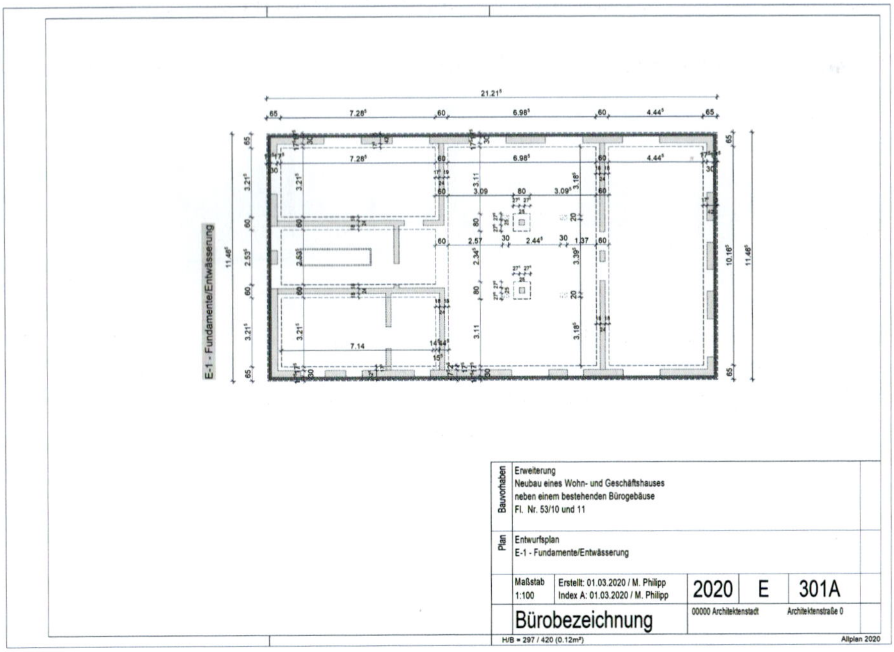

Fundamente und Bodenplatte komplett, Erdgeschoss in Darstellung reduziert und Linien überdefiniert

Ebene 00 - Erdgeschoss

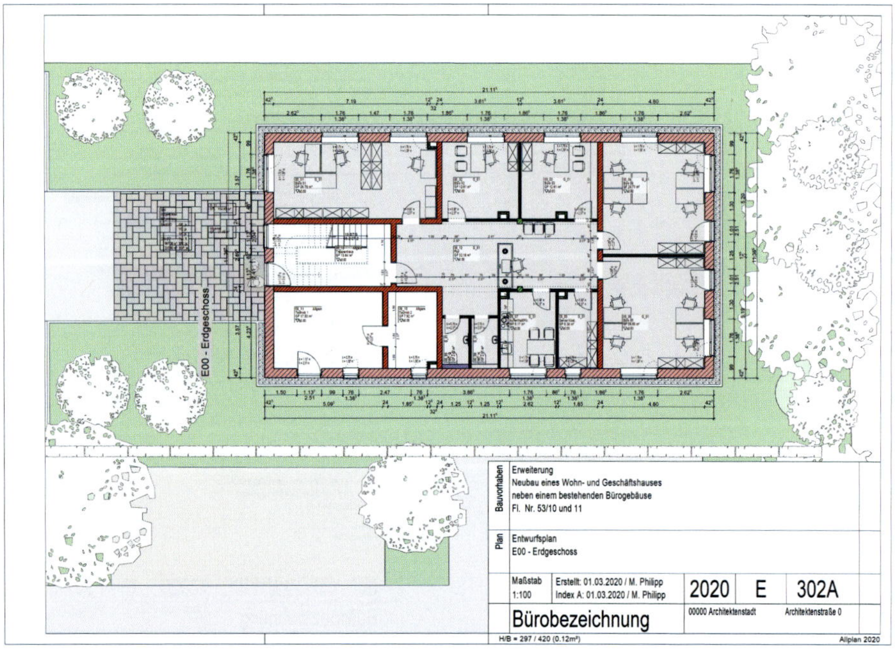

Erdgeschoss mit Zeichnungstyp *Bauvorlagezeichnung,* Außenanlagen mit Zeichnungstyp *Entwurfszeichnung* und Linien überdefiniert

Ebene 01 – 1. Obergeschoss

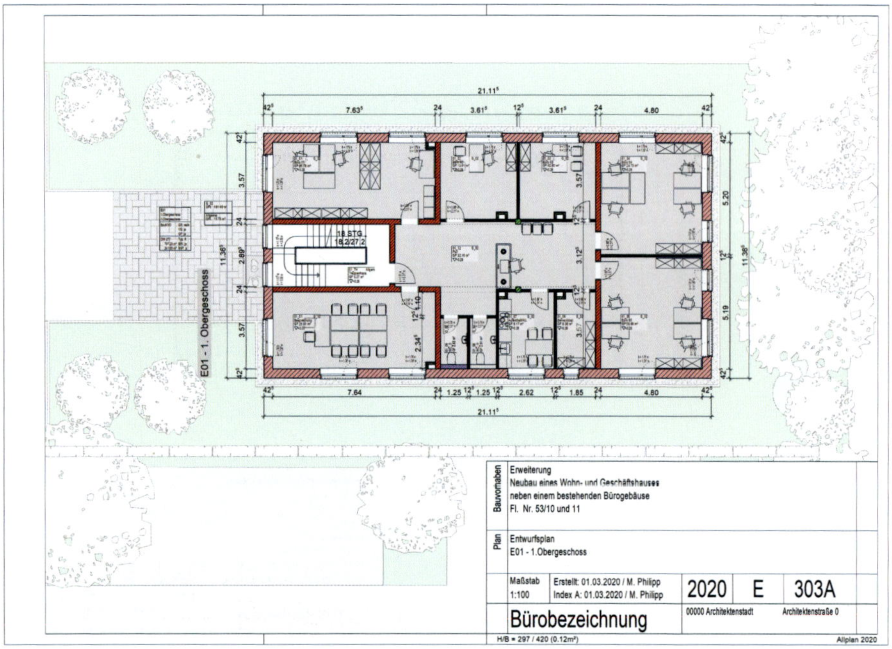

1. Obergeschoss mit Zeichnungstyp *Bauvorlagezeichnung,* Außenanlagen mit Zeichnungstyp *Entwurfszeichnung,* Füllflächen mit aufgehellter Eigenfarbe und Linien überdefiniert

Ebene 02 – 2. Obergeschoss

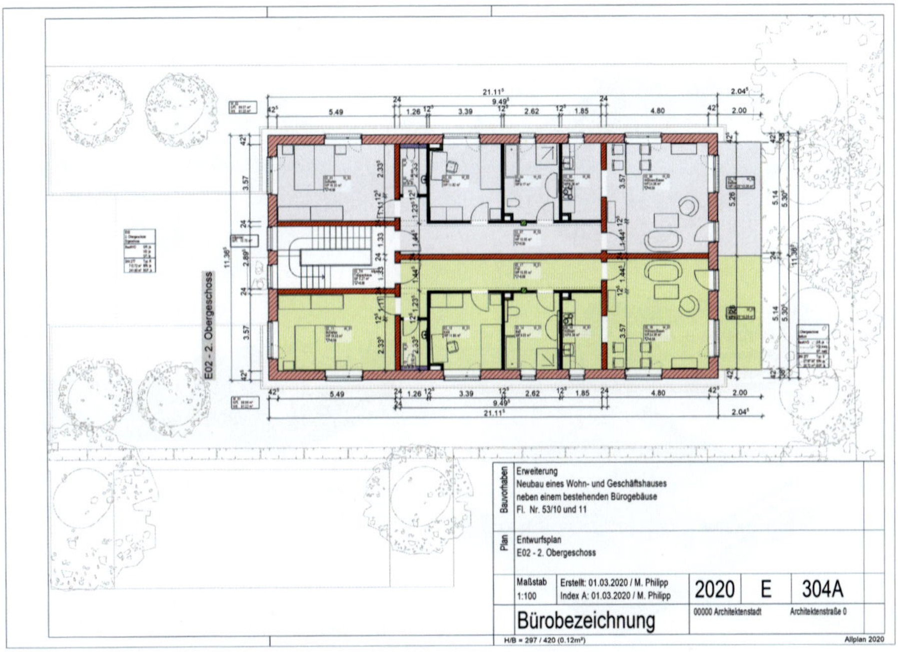

2. Obergeschoss mit Zeichnungstyp *Bauvorlagezeichnung*, Außenanlagen mit Zeichnungstyp *Entwurfszeichnung*, unsichtbare Flächenelemente und Linien überdefiniert

Ebene 03 – 3. Obergeschoss

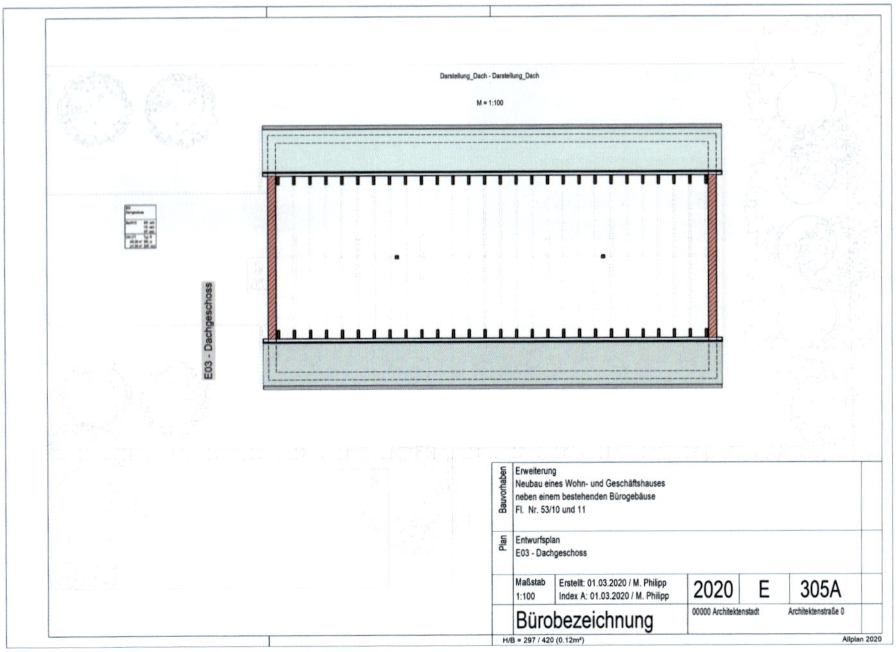

3. Obergeschoss mit Zeichnungstyp *Bauvorlagezeichnung*, Außenanlagen mit Zeichnungstyp *Entwurfszeichnung*, unsichtbare Flächenelemente und Linien überdefiniert: Zusätzlich wurde ein Horizontalschnitt für die Sparrendarstellung erzeugt (Sparren nicht im Beispielprojekt beschrieben).

Perspektiven im Maßstab 1 : 400

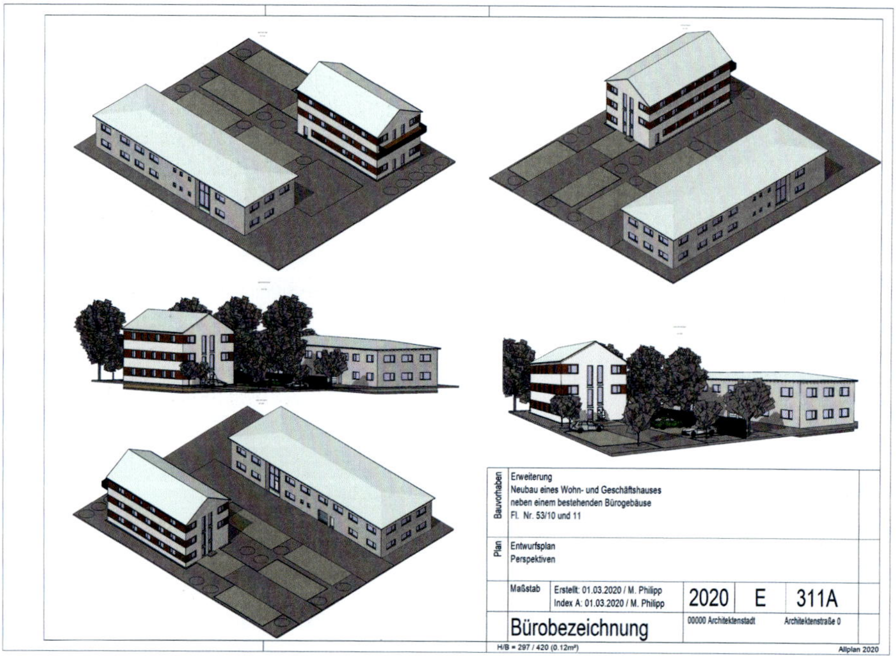

Ansicht Norden und Schnitt F-F

Ansichten doppelt, mit unterschiedlichen Teilbildern abgesetzt; Schnitt mit geänderter Einstellung der sichtbaren Layer; Maßstab 1 : 200

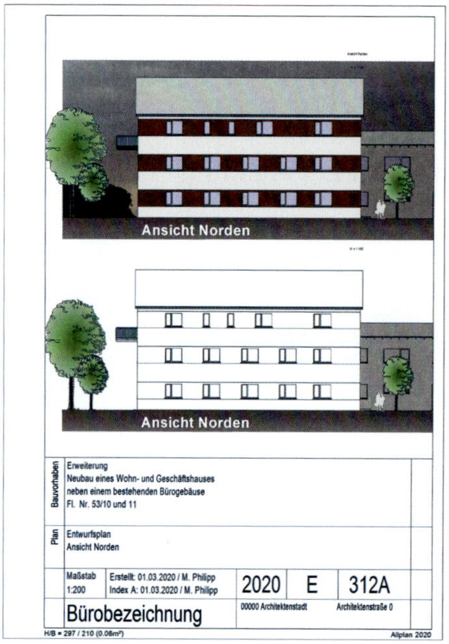

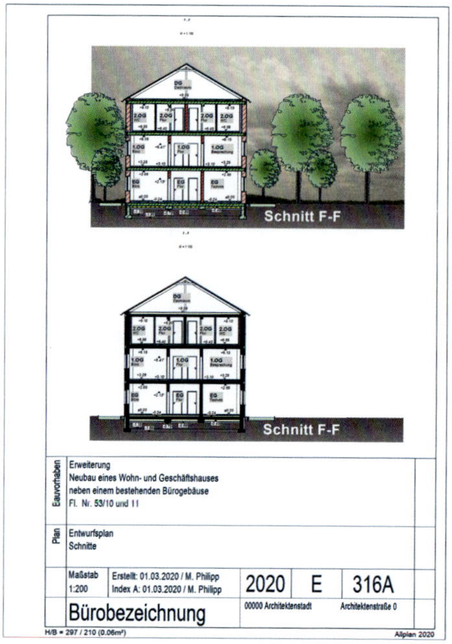

Ansicht Süden und Ansicht Osten

Ansichten doppelt, mit unterschiedlichen Teilbildern abgesetzt; Maßstab 1 : 200

6 Anhang

In diesem Kapitel finden Sie Informationen zu unterschiedlichen Themen, wie z. B. zum Allmenu und zu seinen Möglichkeiten zur Projektsicherung, zur dokumentorientierten Arbeitsweise und zur Zeichnungsstruktur. Darüber hinaus erhalten Sie Tiefenwissen in unterschiedlichen Teilbereichen und eine Übersicht über die im Buch angewendeten Einstellungen in den Optionen.

6.1 Hilfreiches

Allplan bietet extrem viele Funktionen für verschiedenste Arbeitsweisen. Leider ist es im Rahmen des Beispielprojekts nicht möglich, alle Funktionen ausführlich zu erläutern. Deshalb sind in diesem Abschnitt drei wichtige Kurzbeschreibungen aufgeführt sowie ein Vergleich unterschiedlicher in der Bibliothek enthaltener Objekte.

6.1.1 Assistenten anlegen

Grundlagen

Assistent

In den Assistenten von Allplan werden beliebige Elemente und Bauteile abgelegt, die zum Funktionsaufruf und/oder zur Übernahme von Eigenschaften dienen. Mit Assistenten ist es leicht möglich, Bauteile mit den gleichen Eigenschaften zu erzeugen – egal wie umfangreich die Einstellungen des Bauteils sind. Die zu diesem Buch gehörigen Daten enthalten Assistenten, die alle wesentlichen Bauteile mit deren Einstellungen enthalten, die zum Nachvollziehen des Beispielprojekts notwendig sind.

Wenn Sie die Beispiele aus dem Buch bereits mit den Demodaten bearbeitet haben, dürfte Ihnen die Anwendung von Assistenten schon bekannt sein.

Anlegen eigener Assistenten

Eigene Assistenten lassen sich erzeugen, indem Sie auf einem leeren Teilbild alle Elemente erzeugen, die im Assistenten vorhanden sein sollen, und dieses Teilbild als Assistenten speichern. Im Beispielprojekt sind alle Assistenten auf Teilbildern gespeichert. Diese können als Vorlage und/oder Anregung für eigene Assistenten verwendet werden.

Der gesamte Ablauf ist wie folgt:

▷ Erzeugen Sie die Elemente, die im Assistenten vorhanden sein sollen, und ordnen Sie diese übersichtlich an. Achten Sie darauf, dass alle Elemente die gewünschten Eigenschaften haben.

▷ Programmicon > **KOPIE SPEICHERN ALS ASSISTENT UND ANZEIGEN ...** → Speicherort (z. B. Userverzeichnis) und Dateiname angeben → entweder Assistent mit oder ohne Ressourcen als Dateityp auswählen

▷ Geben Sie einen neuen oder bestehenden Gruppennamen an.

Wird ein bestehender Gruppenname angegeben, so wird der neue Assistent der Gruppe hinzugefügt. Bei einem neuen Gruppennamen wird die Gruppe direkt den Assistenten hinzugefügt.

> **TIPP**: Als Speicherorte stehen Ihnen als Schnellanwahl die Pfade *Büro Assistenten*, *Privat Assistenten* und *Projekt Assistenten* zur Verfügung. Speichern Sie Assistenten, auf die alle zugreifen sollen, unter *Büro*. Es gilt zu beachten, dass die Gruppendatei **immer** unter *Privat* gespeichert wird und einen relativen Bezug zu den Assistenten hat.

Eine bestehende Assistentengruppe kann auf weiteren Arbeitsplätzen (oder dem eigenen Arbeitsplatz, nach Entfernen der Gruppe) hinzugefügt werden. Es ist somit leicht möglich, dass ein Mitarbeiter im Büro Assistenten definiert und alle von diesen partizipieren können.

Assistent

▷ Palette **ASSISTENTEN** aufrufen

▷ Kontextmenü in Gruppenauswahl: **GRUPPE HINZUFÜGEN**

▷ Speicherort für Gruppendefinition wählen (*Standard, Büro, Projekt, Privat*), Assistent *Gruppendefinition* (*.nagd) auswählen und Auswahl bestätigen

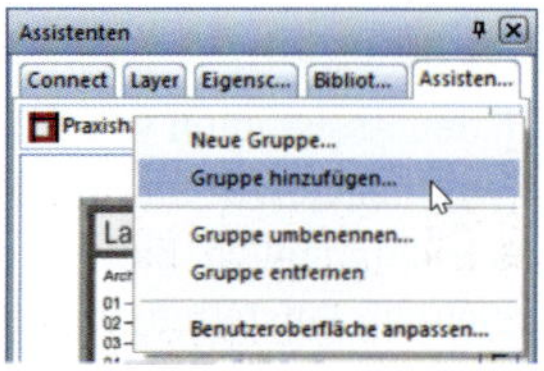

Die Gruppe wird geladen und direkt angezeigt. In eine bestehende (oder eine neue) Gruppe können beliebig viele weitere Assistenten hinzugefügt werden. Der Gruppenname wie auch die angezeigten Namen der Assistenten können über das Kontextmenü geändert werden (Rechtsklick auf die zu ändernde Bezeichnung). Der angezeigte Name ist somit nicht gleich dem Dateinamen. Die Gruppe *Allplan* und weitere durch Installationsroutinen erstellte Gruppen können nicht erweitert oder verändert werden.

TIPP: Über die Funktion **KOPIE SPEICHERN ALS TEILBILD...** im Kontextmenü des Assistenten lässt sich der Inhalt des aktiven Assistenten auf ein Zielteilbild speichern.

6.1.2 Bibliothekselemente absetzen

Im Beispielprojekt wurden bereits Bäume und Ähnliches eingesetzt. Für das Gelände gibt es zusätzlich die Möglichkeit, bei Makros eine Höhe in Abhängigkeit von Ebenen vorzugeben.

Makros und Symbole auf den aktiven Layer setzen

Im Folgenden sollen Makros aus der Bibliothek *Standard* verwendet werden. Die zu verwendenden Bäume und Autos sind auf dem Standardlayer abgelegt und können beim Absetzen direkt auf den aktiven Layer gesetzt werden, wenn in den Optionen die entsprechende Funktion gesetzt wurde.

Optionen

- ▷ **OPTIONEN** öffnen, Bereich **MAKROS UND SYMBOLE** auswählen
- ▷ Aktivieren Sie die Option *Makroverlegung absetzen auf aktuellem Layer*
- ▷ Schließen Sie den Dialog mit **OK**.

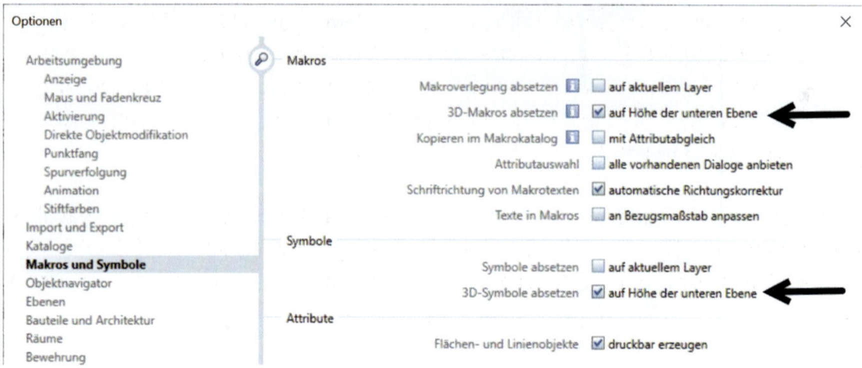

HINWEIS: Auch bei Symbolen kann der Layer beim Absetzen vom aktuellen Layer übernommen werden. Setzen Sie beide Optionen je nach Bedarf und beachten Sie dabei, dass gerade Symbole (vor allem eigene Symbole) mit Layern gespeichert sein können, die bei aktivierter Option übersteuert werden.

Bäume und anderes setzen

In der Bibliothek befinden sich viele 3D-Objekte, die zur Gestaltung der Außenanlagen verwendet werden können. Diese sind zumeist als Makros gespeichert. Makros haben unterschiedliche Einstellungsmöglichkeiten. Sie können z. B. automatisch den Ausbau eines Raumes erkennen und darauf reagieren oder sich mit der Unterkante an eine Ebene anbinden. Die Eigenschaft zum Anbinden an eine Ebene wird im Folgenden verwendet, um mehrere Objekte im Gelände korrekt in der Höhenlage zu setzen, ohne jedes einzelne Objekt aufwendig in der Höhe justieren zu müssen.

▷ Beliebiges Teilbild öffnen

Bibliothek

▷ **BIBLIOTHEK** öffnen, Order **STANDARD** > **UMGEBUNG** > **BÄUME UND HECKEN** > **AHORN** auswählen

▷ Doppelklick links auf das Makro *Ahorn groß* ausführen

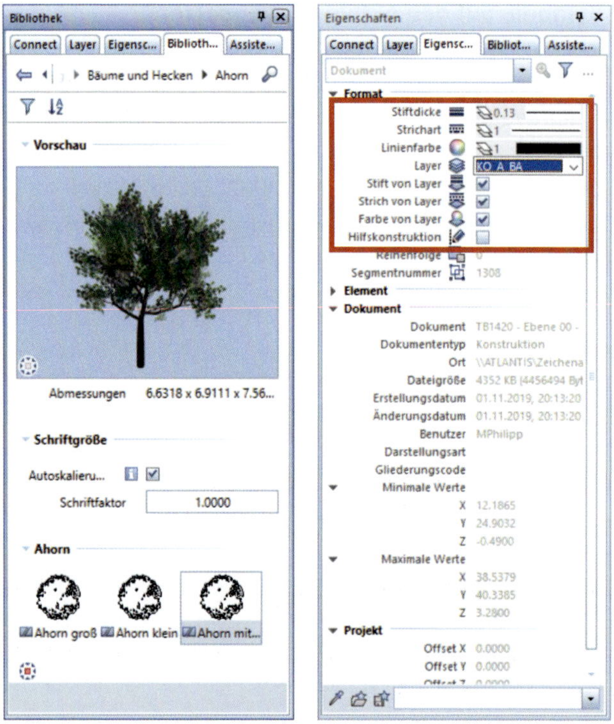

▷ Ändern Sie in der Palette **EIGENSCHAFTEN** den Layer auf *KO_A_BA (Aussenanlagen, Begrünung)* und setzen Sie die drei Haken zur Übernahme der Eigenschaften vom Layer.

▷ Setzen Sie den Baum im Grundriss ab.

Das Objekt wird auf der Höhe null abgesetzt. Um eine automatische Höhenanpassung mit Ebenen zu erhalten, ist es sinnvoll, das Objekt an die obere Ebene (passend zum Teilbild des Geländes) einzustellen.

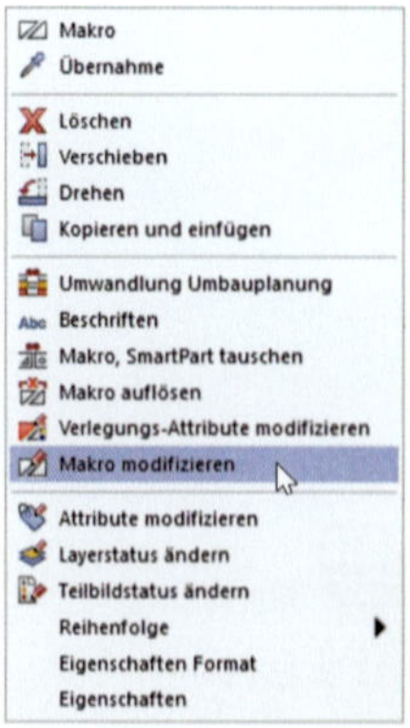

- ▷ Öffnen Sie die Eigenschaften des Baumes über das Kontextmenü (**MAKRO MODIFIZIEREN**).
- ▷ Aktivieren Sie den **HÖHENBEZUG** und stellen Sie im Dialog **HÖHENBEZUG** (Linksklick auf den Wert) die Anbindung an **UNTERE EBENEN** mit einem Abstand von `-0,10` ein.
- ▷ Bestätigen Sie die neuen Einstellungen in den Dialogen mit **OK**.

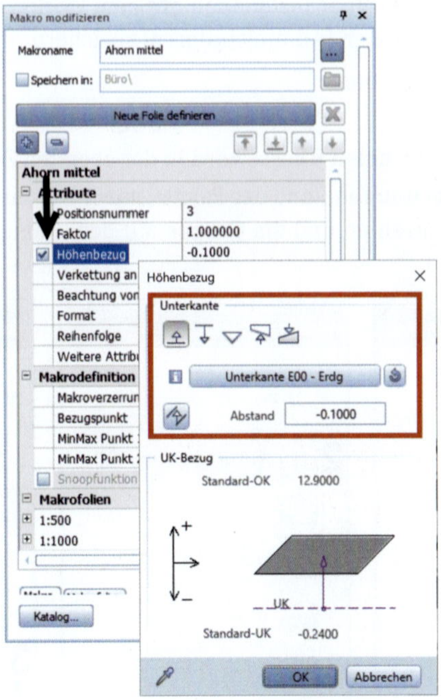

Der Baum wird in der Höhe geändert und bindet sich an die untere Ebene an. Die Änderung ist in der Seitenansicht meist gut nachvollziehbar.

TIPP: Wenn Sie ein nicht ebenes Gelände haben, können Sie dieses über 3D-Flächen erzeugen und eine zusammenhängende Fläche als Bezugsfläche definieren. Diese kann in den Ebenenmanager aufgenommen werden (siehe Beispielprojekt) und als Bezug für Objekte der Außenanlagen dienen.

6.1.3 Bibliothekselement in Bibliothek speichern

Seit Allplan 2016 gibt es keine Trennung zwischen den unterschiedlichen Bibliotheksinhalten mehr, wie dies aus den älteren Versionen bekannt ist. Alle Inhalte können frei und in Ordnern kombiniert gespeichert werden. Der Ablauf zum Speichern und Abrufen von Bibliothekselementen ist für alle Datenarten praktisch gleich.

Im Folgenden wird ein Baum als Beispielobjekt verwendet. Das abgesetzte Makro soll um eine Höheneinstellung ergänzt und als Basis im Projekt oder Büro gespeichert werden.

- ▷ Aktivieren Sie das Teilbild mit dem abgesetzten Baum oder führen Sie die Schritte aus Abschnitt 6.1.2, „Bibliothekselemente absetzen“, aus.

Der Vorgang entspricht dem Speichern eines Bibliothekselements im *Büro* oder unter *Privat*. Unter *Büro* dürfen bei einer Installation mit dem Workgroup-Manager nur Nutzer mit den entsprechenden Rechten (Administratoren) speichern .

Bibliothek (B)

Neue Gruppe

- ▷ Palette **BIBLIOTHEK (B)** öffnen
- ▷ **(1) PROJEKT**
- ▷ **(2)** Aktuelles Projekt anwählen (Dieses wird in der obersten Zeile aufgeführt.)
- ▷ **(3) NEUE GRUPPE** (am unteren Rand der Palette) zum Anlegen eines neuen Ordners im Speicherort *Projekt* anwählen und die Gruppe mit dem Namen *Außenanlagen 3D* versehen

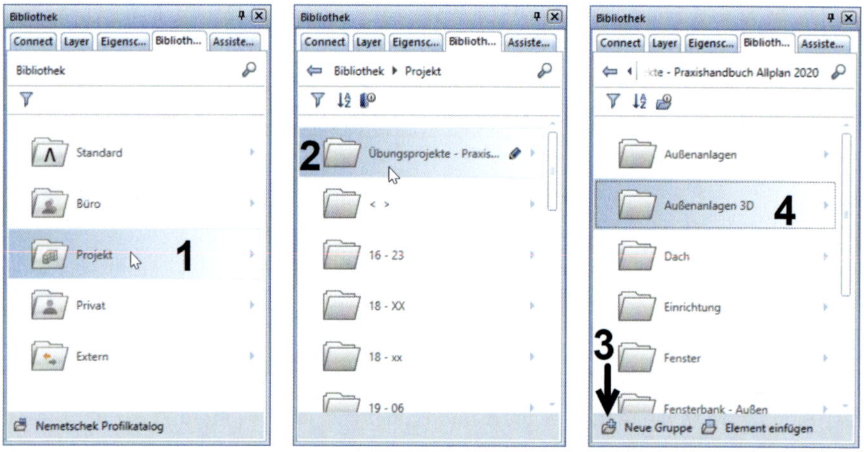

Neues Element

Makro einfügen

- ▷ **(4)** Ordner *Außenanlagen 3D* (neu angelegt!) anwählen (Doppelklick links)
- ▷ **(5) NEUES ELEMENT** (am unteren Rand der Palette) anwählen und **(6) MAKRO EINFÜGEN** auswählen

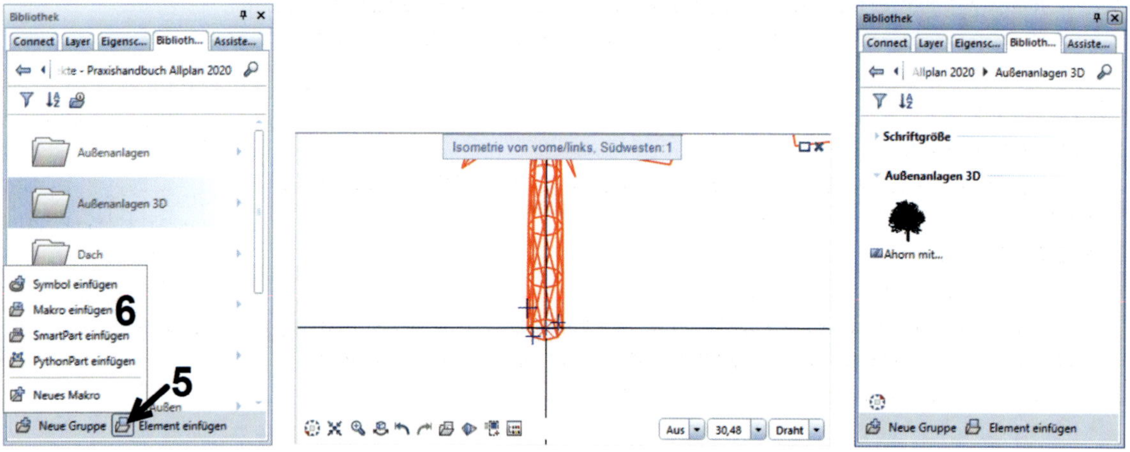

- ▷ Baum auswählen und als Ausgangspunkt in der Perspektive den Mittelpunkt des Stamms angeben
- ▷ Wählen Sie im nächsten Dialog die Option *Einfaches Symbol ohne Snoop-Funktionalität* aus.
- ▷ Geben Sie einen Namen ein. Da gerade ein Makro gespeichert wird, wird die Bezeichnung desselbigen als Vorschlag angeben.
- ▷ Das Makro wird in die Bibliothek eingefügt und sofort darin angezeigt. Sie können den Baum direkt aus der geöffneten Bibliothek einfügen oder weitere Elemente einfügen. Durch Anklicken des Pfeils oben rechts wechseln Sie in der Hierarchie eine Stufe nach oben. Durch Anwahl der aufgeführten Namen wechseln Sie direkt zum jeweiligen Oberpunkt.

HINWEIS: Die Bibliothek verbleibt immer exakt im zuletzt geöffneten Zustand, auch wenn sie ausgeblendet wird. Dies ermöglicht es Ihnen, weitere Symbole, Makros oder SmartParts aus demselben Bereich auszuwählen, ohne sich neu durch den Verzeichnisbaum zu hangeln.

TIPP: Wenn Sie zum Beispiel ein Logo mit einer Pixelfläche speichern oder Objekte, denen Sie im Projekt Oberflächen zugewiesen haben, können Sie über den Stift im oberen rechten Eck eines Bibliothekselements (gilt nicht für SmartParts) die Option *Ressourcen enthalten* anwählen. Damit werden alle projektabhängigen Daten mitgespeichert.

6.1.4 Geschosshöhe ändern – Ebenenmanager

Je nach Bauvorhaben ist es meist notwendig, Anpassungen an dem mit standardisierten Werten aufgebauten Ebenenmodell vorzunehmen. Zumeist müssen Deckenstärken und/oder Geschosshöhen angepasst werden. Der nachfolgende Ablauf ist exemplarisch am Beispielprojekt des Buches dargestellt und kann mit den Daten getestet werden.

Seit Version 2019 gibt es zusätzlich die Möglichkeit, die Änderung – visuell übersichtlicher – über die Palette **EBENEN** zu tätigen. Dies ist im nächsten Abschnitt dargestellt.

Höhen anpassen

- ▷ **PROJEKTBEZOGEN ÖFFNEN**
- ▷ **BAUWERKSSTRUKTUR, EBENENMODELL BEARBEITEN** – (Workgroup/Share-Projekt)
- ▷ **EBENENMANAGER**
- ▷ Ändern Sie einen Wert (z. B. eine Geschosshöhe).
- ▷ Stellen Sie im Dialog **EBENENHÖHEN ANPASSEN** die Optionen für die Anpassung des restlichen Modells so ein, dass der gewünschte Effekt umgesetzt werden kann.
- ▷ Bestätigen Sie die Änderungen auch im Ebenenmanager.

Projektbezogen öffnen

Bauwerksstruktur, Ebenenmodell bearbeiten

Ebenenmanager

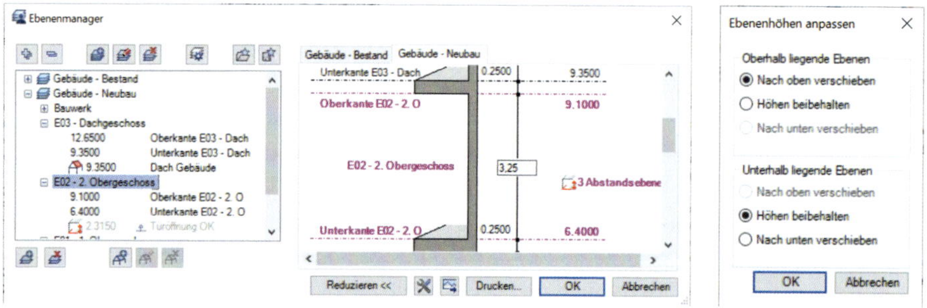

TIPP: Suchen Sie sich bei Höhenänderungen im Gebäude einen Höhenfestpunkt, z. B. den Rohfußboden im Erdgeschoss. Ausgehend von diesem unveränderlichen Punkt können Sie die Optionen im Dialog **EBENENHÖHEN ANPASSEN** korrekt einstellen.

6.1.5 Geschosshöhe ändern – Palette Ebenen

Die Palette **EBENEN** bietet direkte Änderungsmöglichkeiten im Modell. Es gilt dabei zu beachten, dass die Übernahme der Änderungen direkt nach dem Anwenden auf alle aktiven Teilbilder geschieht und je nach Größe des Gebäudemodells die Bearbeitungszeit etwas länger sein kann.

Höhen anpassen

Palette Ebenen

Modifikationsmodus ein

- Palette **EBENEN** öffnen
- Wählen Sie das Register *Gebäude – Neubau* und schalten Sie den Modifikationsmodus ein.
- Markieren Sie die zu ändernde Ebene, klicken Sie die Zahl nochmals an und geben Sie die neue, gewünschte Höhe an.

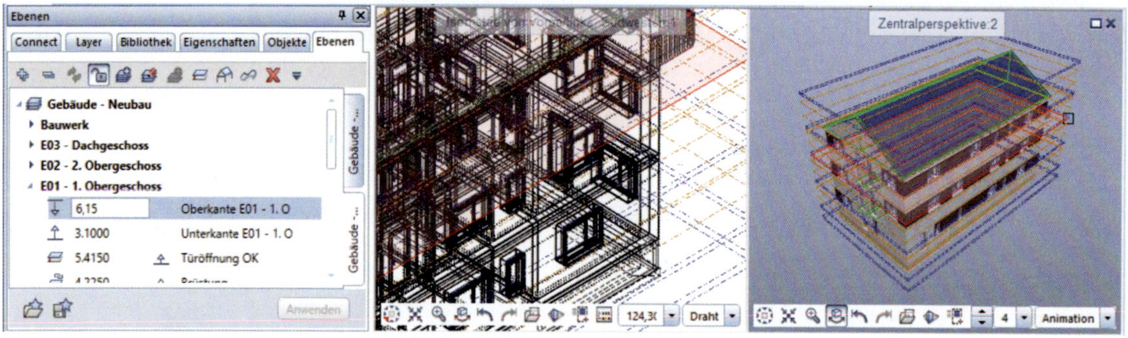

- Nach Bestätigen des Wertes wird abgefragt, wie die Verschiebung erfolgen soll.

Alternativ kann nach dem Markieren einer Ebene diese auch in der Grafik selbst geändert werden.

> **HINWEIS:** Bei größeren Modellen sollten bei einer Höhenänderung über die Palette **EBENEN** nur die Teilbilder geöffnet sein, welche für die Änderung direkt wichtig sind. Die restlichen betroffenen Teilbilder können im Nachgang geöffnet werden.

6.1.6 Ansichtsarten in Grafikfenstern

Jedes Grafikfenster hat ein Auswahlmenü, über welches die Darstellung des Fensters geändert und definiert werden kann. Es stehen fünf unterschiedliche Darstellungsarten zur Verfügung.

Es können maximal 16 Grafikfenster gleichzeitig geöffnet werden. Die Ansichtsarten sind frei kombinierbar – mit der Einschränkung, dass nur in einem Grafikfenster die Ansichtsart **RTRENDER** möglich ist.

> **HINWEIS:** Beachten Sie, dass die gleichzeitige Verwendung mehrerer Grafikdarstellungen sowie Animationen und vor allem die Darstellung von Grafikfenstern mit der Ansichtsart **RTRENDER** einiges an Leistung erfordert. Bei vielen geöffneten Fenstern kann die Arbeitsgeschwindigkeit abnehmen.

Draht

Die Darstellungsart **DRAHT** ist die Grundeinstellung für 2D-Darstellungen und sollte im Grundrissfenster zur Erstellung der Zeichnungen verwendet werden. 2D-Elemente sind **nur** im Grundriss in der Einstellung **DRAHT** zu sehen. Zusätzliche Einstellungen, außer den Post-Prozessen, können nicht getätigt werden.

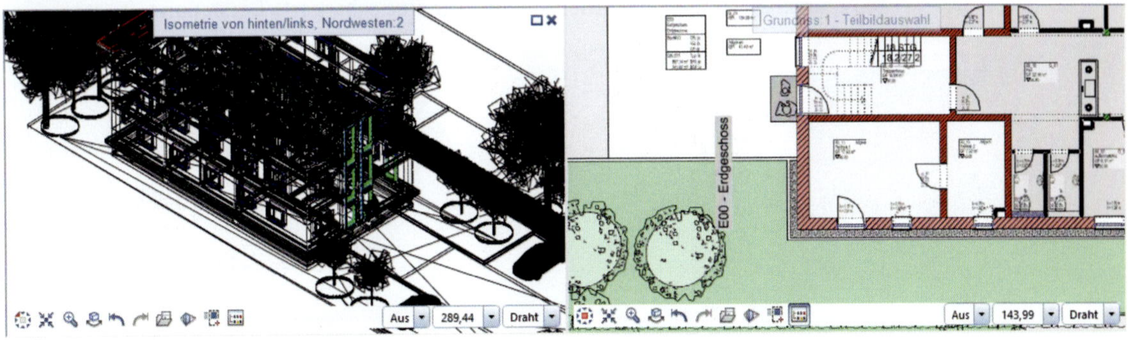

Verdeckt

Bei der Ansichtsart **VERDECKT** können alle verdeckt liegenden Kanten ausgeblendet werden. Zusätzlich können Oberflächen und Transparenzen dargestellt werden. Die Ansichtsart **VERDECKT** ist die Basis für die Berechnung von Ansichten und Schnitten.

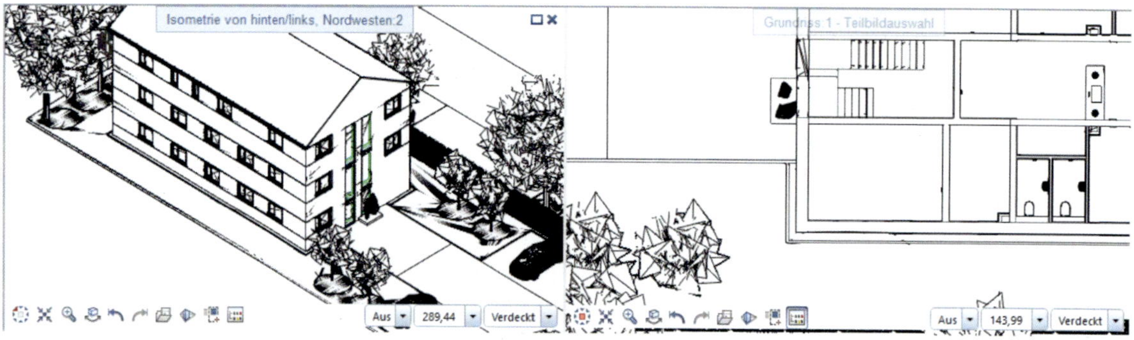

- **VERDECKT** definiert, wie Kanten gerechnet werden sollen. Der Unterschied der beiden Optionen (**VORHANDENE KANTEN** und **KANTENERKENNUNG**) ist, dass bei vorhandenen Kanten nur Kanten gezeigt werden, die real vorhanden sind. Kanten, die durch das Ineinanderlaufen von Körpern und nicht durch eine Körperverschneidung erzeugt wurden, werden nicht dargestellt. Die weiteren Einstellungen (**FLÄCHENSTOSS ELIMINIEREN** und **VERDECKTE KANTEN GESTRICHELT**) sind nur bei der Option **VORHANDENE KANTEN** möglich. Die Option **VORHANDENE KANTEN** ist im Ergebnis ähnlich einer Verdeckt-Berechnung.
- **WINKEL** definiert, ab welchem Winkel von Flächen zueinander die dazwischenliegende Kante dargestellt werden soll. Je nach Objekt ist der Winkel zu verstellen.
- **OBERFLÄCHE** definiert, ob die eingestellten Oberflächen der Bauteile ausgewertet und dargestellt werden sollen.
- **TRANSPARENZ** definiert, ob die in den Oberflächen der Bauteile eingestellte Transparenz ausgewertet und so zum Beispiel Glas durchsichtig dargestellt werden soll.

Animation

Die Animation ist die Standardeinstellung für eine schattierte Darstellung.

- Als **SCHATTIERUNGSARTEN** stehen **PHONG**, **GOURAND** und **FLAT** zur Verfügung.
  - Beim **PHONG**-Shading wird die Beleuchtung pro Pixel berechnet.
  - Beim **GOURAUD**-Shading wird die Beleuchtung pro Flächenpunkt berechnet und innerhalb der Fläche gleichmäßig gemittelt. Transparenz und Texturen werden berechnet.
  - Beim **FLAT**-Shading werden die Flächen mit konstanten Farben eingefärbt.
- Die Aktivierung von **KANTEN** dient zum Anzeigen der echten Körperkanten. Über die Einstellung **DICKE** kann geregelt werden, wie dominant die Kanten anzuzeigen sind. Die Einstellung ist ideal, um Gelände besser erkenntlich zu machen und/oder um Unstimmigkeiten im Modell zu finden.
- **TEXTUR** aktiviert die Texturen der Oberflächen.
- Die **INTERPOLATION** wird nur angezeigt, wenn Texturen eingeschaltet sind.
  - Bei der Einstellung **KEINE** erfolgt keine Interpolation zwischen den Texturpunkten (kürzeste Darstellungszeiten).
  - Bei der Einstellung **LINEAR** werden die Farbe und Farbintensität der einzelnen Bildpunkte durch eine bilineare (weiche) Interpolation zwischen den nächstgelegenen Texturpunkten bestimmt.
  - Durch die Verwendung von **MIP-MAP** (die Textur enthält mehrere Bilder desselben Motivs mit unterschiedlicher Auflösung) wirken flächige Texturen weicher und natürlicher als bei der Standardeinstellung. Moiré-Effekte werden vermieden.
- **BUMP** aktiviert die Berücksichtigung des Reliefs der Oberflächen.
- Die Aktivierung von **SPIEGELUNG** zeigt Spiegelungen, die durch die Oberflächeneinstellungen definiert werden können.
- Die Deaktivierung von **LICHT** zeigt das Modell ohne den Einfluss der eingestellten Beleuchtung.
- **SCHATTEN** kann in drei Arten verwendet werden. Entweder es wird kein Schatten erzeugt (**AUS**) oder es wird ein Schlagschatten mit klaren, harten Kanten (**HART**) bzw. ein fließender Übergang am Schattenrand erzeugt (**WEICH**). Je nach Auswahl wird mehr Rechenleistung für die Schattendarstellung benötigt (bei **WEICH** am meisten).
- **AMBIENT OCCLUSION** erzeugt im Eckbereich zwischen Bauteilen zusätzliche Abschattungen, welche das Bild realistischer erscheinen lassen. Über Stärke, Strahlenlänge und Samples kann auf die Wirkung der Eckabschattung direkt Einfluss genommen werden.

Sketch

SKETCH ermöglicht eine Darstellung, die einer Handzeichnung nahekommen soll. Je nach gewählten Einstellungen wird die Darstellung mehr oder weniger grob skizziert dargestellt.

- **STRICHART** lässt die Auswahl von sieben unterschiedlichen Stiftarten zu. Jede Stiftart hat gemäß der realen Entsprechung unterschiedliche Eigenschaften.
- **DICKE** definiert die Strichstärke des verwendeten „Stiftes".
- **ÜBERSTAND KANTEN** erzeugt ungleichmäßige Überstände bei sich kreuzenden Linien.
- **DETAILLIERUNGSGRAD** gibt an, wie genau die vorhandenen Geometrien abgebildet werden sollen.
- **EMPFINDLICHKEIT** steuert in Verbindung mit der Option **FLÄCHENSTOSS ELIMINIEREN** die Anzahl der Kanten, die dargestellt werden.

Die weiteren Einstellungen gleichen denen, die unter **VERDECKT** beschrieben worden sind.

RTRender

Das Renderverfahren RTRender startet eine Rendering-Berechnung der aktuell eingestellten Perspektive. Je länger das Bild stillsteht, desto genauer wird die Berechnungstiefe des Renderings und somit das Ergebnis selbst. Werden Szene oder Modell geändert, dann beginnt die Berechnung aufs Neue. Um bei unveränderter Perspektive unendliche Rechenzeiten zu vermeiden, können Sie die Dauer der Berechnung nach unterschiedlichen Stoppkriterien begrenzen.

Neu in Version 2020

- **BILDAUFLÖSUNG** wurde für den RTRender mit Allplan 2020 neu eingeführt. Die Einstellung ermöglicht das Erzeugen hochauflösender Bilder, ohne das Fenster extrem groß ziehen zu müssen. Zudem kann hier die notwendige Auflösung für Panoramabilder eingestellt werden.

- **CPU-LEISTUNG** definiert den Anteil der zur Verfügung stehenden Gesamtleistung Ihres Rechners, welcher maximal für die Berechnung verwendet werden soll. Je nach Ausstattung Ihres Rechners, der gewünschten Zeit, bis ein Ergebnis vorliegt, und den gleichzeitig zu erledigenden Aufgaben ist die Leistung zu reduzieren.
- **RENDERFORTSCHRITT** blendet im Grafikfenster eine Informationsleiste ein, in der Sie erkennen können, wie viele Schritte schon durchgeführt wurden. Sie können so deutlich besser abschätzen, ob das Ergebnis zu schon berechneten Bildern passt.
- **STOPKRITERIUM** definiert, ob oder wann die Berechnung beendet werden soll.
- **BELICHTUNGSAUTOMATIK** dient zum Verändern der Beleuchtungssituation. Je nach Lichtverhältnissen führen unterschiedliche Einstellungen zu besseren Ergebnissen.
- **VIRTUELLE GRUNDEBENE** legt die Berücksichtigung der in der **UMGEBUNG** definierten Grundebene fest. Wenn *Unbegrenzt* aktiviert wurde, verschmilzt die Grundebene im Horizont mit dem Himmel.
- Wird **WEISSES MODELL VERWENDEN** aktiviert, wird der Stil des Bildes verändert. Alle Farben und Texturen werden ausgeschaltet und die Szene wird mit niedrigem Kontrast dargestellt. Das Ergebnis erinnert an Aufnahmen von weißen Papier- oder Pappmodellen und ist ideal für alle Vorstudien verwendbar.
- **PROJEKTIONSTYP** steuert das Erscheinungsbild. Die Option lässt drei Einstellungen zu:
  - **STANDARD** entspricht der Einstellung aus den anderen Fenstern.
  - **2-PUNKT-PERSPEKTIVE** kann bei einer Fluchtpunktperspektive eingestellt werden.
  - **SPHÄRISCH** ermöglicht das Erzeugen der Rektangularprojektion zum Erzeugen von sphärischen Panoramabildern in Kugelform. Die Auflösung muss im Seitenverhältnis 2 : 1 (mind. 4000 × 2000 Pixel) sein.

Neu in Version 2020

Panoramabild, auf einer Internetseite eingesetzt

Berechnete Bilder in Allplan

Postprozess-Einstellungen

Postprozess-Einstellungen sind nur beim RTRenderer möglich.

- BELICHTUNGSAUTOMATIK
  - AUS: Die Einstellung im Konstruktionsfenster (Gamma) kann zur Korrektur verwendet werden.
  - DURCHSCHNITT ist besser für eher überbelichtete Szenen/Teilbereiche geeignet, bei welchen die Überbelichtung neutralisiert werden soll/muss, z. B. Nachtszenen mit Straßenbeleuchtung.
  - MEDIAN bringt dunkle Bereiche besser zur Geltung, insbesondere bei starker Hintergrundbeleuchtung, z. B. Innenraumperspektiven bei Tageslicht mit Blick zur Hauptlichtquelle.
- TONE MAPPING ermöglicht das Nachjustieren überbelichteter Bereiche eines Renderings durch Reduzierung des Dynamikumfangs.
- WEISSABGLICH dient der Anpassung der Farbtemperatur an die Beleuchtungssituation. Werte zwischen 1000 Kelvin (warm) und 10 000 Kelvin (kalt) sind möglich.
- RAUSCHREDUZIERUNG FILTER
  - STÄRKE legt die Basisstärke der Rauschunterdrückung fest.
  - GLÄTTEN definiert, wie stark Kanten über die Rauschreduzierung geglättet werden sollen.

Post-Prozess

Bei allen Ansichtsarten außer RTRender gibt es Post-Prozesse, welche die Darstellung verändern.

- KEINER: Die Ansichtsart wird nicht verändert.
- GRAUSTUFE: Farben werden als Graustufen dargestellt.
- LAPLACE-KANTENERKENNUNG: Kantenerkennung von Flächen mit Laplace-Filter
- VERWISCHEN: Die Kanten werden verwischt (Weichzeichner-Effekt).
- INVERSION: Die Farben werden invertiert (Negativ-Darstellung).
- SEPIA: Die Farben werden in gelblich braunen Farbtönen dargestellt.
- ROB KANTENERKENNUNG: Kantenerkennung von Flächen mit ROB-Filter

- **CARTOON**: Die Farben werden flächig mit definierten Kanten dargestellt (kein Farbverlauf).

Ausgabe der Darstellungen

Die Ausgabe der in den Fenstern angezeigten Bilder kann wie folgt geschehen:

- **DRAHT** wird normalerweise als Grundrissdarstellung verwendet und somit als Plan über das Modul **PLANLAYOUT** ausgegeben.
- **VERDECKT** wird in der Regel nicht direkt ausgegeben, sondern über die Ableitungen, über eine Verdeckt-Berechnung oder über Assoziative Ansichten als echte Ansicht berechnet und auf Plänen angeordnet.
- Die Darstellungen aus den Ansichtsarten **ANIMATION**, **SKETCH** und **RTRENDER** können über die Funktion **FENSTERINHALT ALS PIXELBILD SPEICHERN** gesichert und danach als Pixelfläche auf Teilbildern oder Plänen platziert werden.

6.1.7 Vektordaten – Pixelbilder

Grundlegend sind die Begriffe Vektordaten und Pixelbilder klar zu unterscheiden und voneinander abzugrenzen.

Vektordaten

Vektordaten werden von CAD-Systemen (wie z. B. Allplan) erstellt und stellen geometrische Elemente dar, die je nach Element exakt oder mit mathematischen Formeln näherungsweise dargestellt werden. Für den Aufbau bzw. das Erzeugen der Daten werden exakte Werte eingegeben oder durch Identifizieren von vorhandenen Punkten definiert. Alle erzeugten Daten orientieren sich am vorgegebenen Koordinatensystem. Die Daten sind intelligent und verlieren weder durch Verzerren oder durch eine Maßstabsänderung an Genauigkeit. Somit können Vektordaten in beliebigen Maßstäben ausgegeben werden, ohne dass ein Qualitätsverlust eintritt.

Die Dateigröße von Vektordateien ist nahezu unabhängig von der Größe des Objekts selbst. Die Dateigröße hängt von der Anzahl der Elemente ab. So wird ein als Kreis gespeichertes Objekt sehr klein und eine nahezu gleiche Form, die aus kurzen geraden Einzellinien zusammengesetzt ist, ungleich größer ausfallen. In Vektordateien können komplette Gebäude in 3D dargestellt werden. Zudem ist es möglich, neben der geometrischen Information weitere Informationen an die Bauteile anzuhängen, die eine detaillierte Auswertung möglich machen.

Pixelbilder

Pixelbilder bestehen aus einer Anzahl von (bunten) Bildpunkten. Für jeden Bildpunkt (Pixel) werden Informationen über seine Lage innerhalb eines Punktrasters und seine Farbe gespeichert. Diese Punkte geben in ihrer Gesamtheit ein mehr oder weniger fein gerastertes Bild wieder, vergleichbar mit einem Foto in einer Zeitung, das ebenfalls aus einer Anzahl (farbiger) Punkte besteht. Je näher Sie an das Bild herantreten, desto besser sehen Sie diese Pünktchen, d. h. die Rasterung. Je feiner die Rasterung, desto besser ist die Auflösung.

Durch die Anlage der Daten als einzelne Bildpunkte können Pixelbilder nicht unbegrenzt vergrößert ausgegeben werden, da sich bei einer vergrößerten Ausgabe nur die Größe der Bildpunkte an sich ändert.

Die Dateigröße ist bei Pixelbildern direkt in Zusammenhang mit der Anzahl der Pixel in X- und Y-Richtung sowie mit der gewünschten Farbtiefe zu bringen. Je höher die Anzahl der Bildpunkte, desto größer die Datei. Zudem können in Pixelbildern **nur** 2D-Darstellungen abgebildet werden (= Foto).

6.1.8 Bildgröße

Um nicht unnötig lange Rechenzeiten für die Ermittlung der optimalen Bildgröße, Auflösung und Pixelanzahl zu erhalten, sollten einige Regeln befolgt werden. Zudem muss beachtet werden, dass bei steigender Pixelanzahl der benötigte Speicherplatz (für Berechnung **und** Ergebnis) sehr schnell ansteigt.

Datenmenge

Die ungefähre Dateigröße einer nicht speicheroptimierten Bilddatei (z. B. tif oder bmp) lässt sich über folgende Formel bestimmen: 3 Byte × Pixel_X × Pixel_Y (1 MB = 10^6 Byte). Bildformate mit eingebauter Komprimierung (z. B. jpg) sparen Speicherplatz, kosten aber je nach Komprimierungsverfahren leichte Qualitätseinbußen.

Entscheidungshilfe zur Auflösung

Die maximale Bildgröße, die Sie mit den unterschiedlichen Renderverfahren von Allplan erzeugen können, ist 10 000 × 10 000 Pixel. Je nach Ausgabegerät können Sie damit unterschiedliche maximale Bildgrößen erzielen. Normale Tintenstrahldrucker können in etwa Auflösungen von 150 dpi bis 1200 dpi ausgeben, wobei bei Bildauflösungen von mehr als 300 dpi die Qualitätsunterschiede klein werden, wie Sie aus der folgenden Tabelle ablesen können. Die Anzahl der Bildpunkte errechnet sich über die Formel *Bildlänge in cm* × 2,54 × *Auflösung* (1 inch = 2,54 cm).

Ausgabegröße	150 dpi	300 dpi	600 dpi
DIN A6 105 × 148	620 × 874 ca. 1,5 MB	1240 × 1748 ca. 6,2 MB	2480 × 3496 ca. 25 MB
DIN A5 148 × 210	874 × 1240 ca. 3,1 MB	1748 × 2480 ca. 12,4 MB	3496 × 4961 ca. 50 MB
DIN A4 210 × 297	1240 × 1754 ca. 6,2 MB	2480 × 3508 ca. 25 MB	4961 × 7016 ca. 100 MB
DIN A3 297 × 420	1754 × 2480 ca. 12,4 MB	3508 × 4961 ca. 50 MB	7016 × 9921 ca. 200 MB

Ausgabegröße	150 dpi	300 dpi	600 dpi
DIN A2 420 × 594	2480 × 3508 ca. 25 MB	4961 × 7016 ca. 100 MB	(9921 × 14031) ca. 400 MB
DIN A1 594 × 841	3508 × 4967 ca. 50 MB	7016 × 9933 ca. 200 MB	(14031 × 19866) ca. 800 MB

Falls Bilder nur auf dem Bildschirm präsentiert werden, sollte entweder die Auflösung des Bildschirms selbst oder HDTV (1920/1080) verwendet werden. Wenn man höhere Auflösungen wählt, als das Ausgabegerät darstellen kann, bewirkt dies deutlich höhere Ladezeiten ohne Qualitätsvorteile.

Bei einer sphärischen Darstellung muss das Seitenverhältnis 2:1 sein und die längere Seite muss mindestens 4000 Pixel lang sein.

Zeitdauer

Die Berechnung hochauflösender Pixelbilder kann, je nach Rechner, sehr zeitintensiv sein. Es ist auf jeden Fall empfehlenswert, kleinformatige Probe-Renderings durchzuführen und so die beste Einstellung für Perspektive, Licht, Texturen etc. zu finden. Das hochauflösende Pixelbild wird dann über Nacht oder übers Wochenende berechnet.

Einschränkungen durch Hardwareausstattung

Große Modelle benötigen zur Bearbeitung und Berechnung der Ergebnisbilder sehr viel Speicher. Rechner und Betriebssystem sollten optimal ausgelegt sein:

Die Berechnung von Renderings und RTRender-Bildern erfolgt ausschließlich auf der CPU. Die GPU wird für alle Darstellungen in den Konstruktionsfenstern verwendet. Damit hat der Austausch der Grafikkarte keinen Einfluss auf die Geschwindigkeit, in welcher gerenderte Bilder entstehen können.

6.1.9 BIM-Daten

Aufgrund der derzeit sehr dynamischen Entwicklung im Bereich BIM mit der Etablierung vieler neuer Plattformen aus unterschiedlichen Bereichen (teils direkt an CAD-Programme angekoppelt, mit offenen und geschlossenen Systemen) kann dieses Thema nur am Rande gestreift werden. Grundsätzlich ist die Basis jeder BIM-Arbeitsweise ein Modell in unterschiedlicher Darstellungstiefe, bei dem neben der grafischen Information (Geometrie) zusätzliche Eigenschaften der Bauteile definiert sind.

Allplan Bimplus

„Allplan Bimplus ist eine offene, cloudbasierte BIM-Plattform für alle Disziplinen, um in Bauwerksprojekten effizient zusammenzuarbeiten. BIM-Modelldaten, Informationen, Dokumente und Aufgaben werden über den gesamten Gebäudelebenszyklus hinweg zentral gemanagt. Bekommen Sie BIM ganz einfach in den Griff:

- Echtzeit-Zugriff auf Ihre Projekte über alle Endgeräte
- Spezielle Applikationen für die Baubranche
- Offene Schnittstellen

Mit Allplan Bimplus können Sie die Teilmodelle der Fachdisziplinen zusammenführen und anschließend analysieren. Das Task Board sorgt für effizientes Aufgaben-Management und der komfortable Zugriff auf Allplan Bimplus über mobile Endgeräte ermöglicht ortsunabhängiges Arbeiten.“ [1]

Modell nach Bimplus hochladen

MODELL NACH BIMPLUS HOCHLADEN erzeugt Daten für die Bimplus-Plattform. Im Zuge der Datenerstellung werden diese direkt in das gewünschte Projekt geladen.

HINWEIS: Übertragen werden alle in den Teilbildern enthaltenen Allplan-Architektur- und -Ingenieurbauelemente mit allen Attributen.

Referenzmodell von Bimplus herunterladen

Mit *Referenzmodell von Bimplus herunterladen* kann ein Modell aus BIMPLUS zum hinterlegen/orientieren heruntergeladen werden.

Attributwerte von Bimplus importieren

Mit dieser Funktion importieren Sie Attributwerte, die in Bimplus geändert wurden. Voraussetzung ist, dass die Attributset-Definition in den Eigenschaften des Projektes auf Bimplus gestellt ist und dass das Allplan-Projekt mit einem Bimplus-Projekt verknüpft ist. Die Änderung wirkt sich auf Objekte in aktiven und aktiv im Hintergrund liegenden Teilbilder aus. In einem Dialogfeld können Sie wählen, welche Attributwerte importiert werden.

Bimplus-Daten hochladen

▷ Klicken Sie auf **PROJEKTBEZOGEN ÖFFNEN**, aktivieren Sie in der Bauwerksstruktur die Strukturstufen und Teilbilder, die in das Bimplus-Modell exportiert werden sollen, und klicken Sie auf **SCHLIESSEN**.

Modell nach Bimplus hochladen

▷ **MODELL NACH BIMPLUS HOCHLADEN**

▷ Melden Sie sich beim Bimplus-Server an.

▷ Wählen Sie das Team aus.

▷ Wählen Sie ein Projekt aus, in welches die Daten geladen werden sollen, oder erstellen Sie ein neues Projekt.

▷ Klicken Sie auf **UPLOAD** und laden Sie die Daten hoch.

Auf der Bimplus-Plattform kann das Modell in unterschiedlichen Sichtweisen gezeigt werden. Zudem können Eigenschaften aus Allplan angezeigt, teilweise geändert und wieder zurück nach Allplan geschrieben werden. Über das Taskboard können Aufgaben erstellt und an die Projektteilnehmer weitergegeben werden.

---

[1] *https://www.allplan.com/de/produkte/allplan-bimplus* (Stand: November 2019)

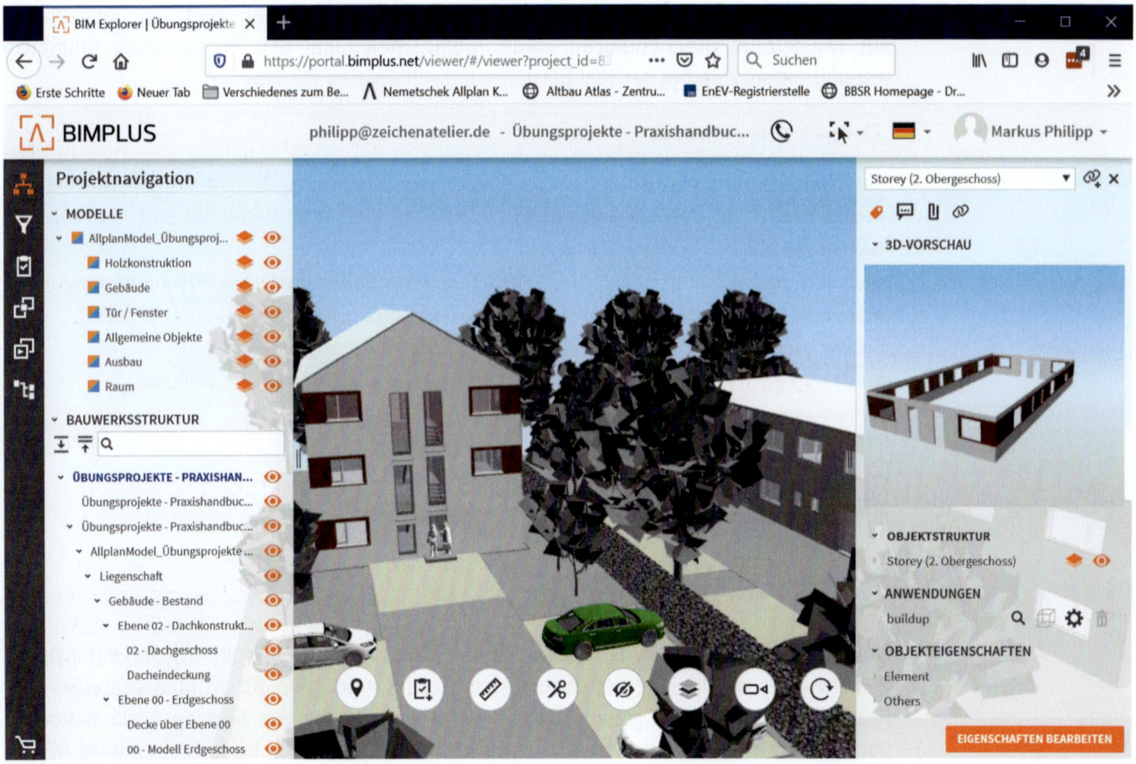

Weitere Informationen

Weitere Informationen zu Bimplus erhalten Sie in der Hilfe von Allplan oder unter *www.bimplus.net*. Allgemeine Informationen zu BIM finden Sie im BIM-Kompendium, welches Sie unter *www.connect.allplan.com* herunterladen können. Zusätzliche Informationen finden Sie auch unter *www.zeichenatelier.de/BIM*. Hier werden die einzelnen Schritte zur Erstellung eines BIM-Projekts beschrieben und deren Umsetzung kurz erläutert.

6.2 Allmenu

Allmenu ist ein Programm, mit dem Sie einige Basiskonfigurationen wie z. B. Sprache oder Lizenz tätigen können bzw. müssen. Bei Workgroup-Installationen werden über den Menüpunkt **WORKGROUPMANAGER** Benutzer angelegt bzw. verwaltet und die Funktionen für die *Workgroup Online* gesteuert.

Im Ausgabefenster des Allmenus können Sie die Installationspfade und weitere nützliche Informationen ablesen. Die Anzeige des Benutzers in der Programmzeile entfällt bei einer Installation ohne Workgroupmanager sowie auch der gleichnamige Menüpunkt.

Die Abbildung zeigt eine Installation ohne Dateiablage auf einem zentralen Server, aber mit Workgroup. Die sichtbaren Pfade entsprechen nicht den Pfaden einer Standardinstallation mit den bei der Installation vorgeschlagenen Pfaden.

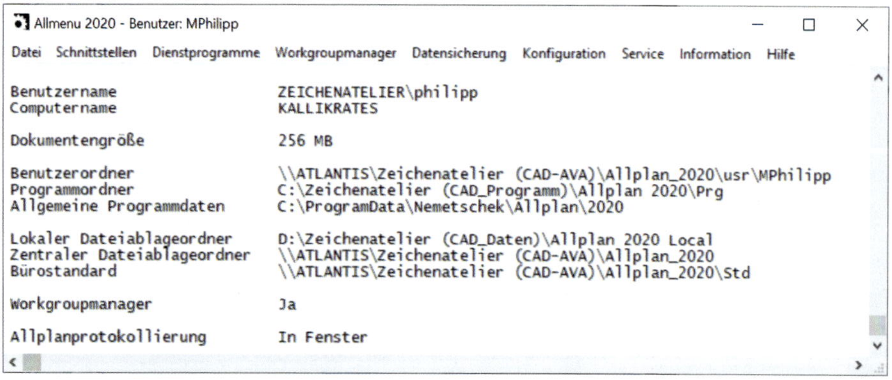

6.2.1 Dienstprogramme

Unter **DIENSTPROGRAMME** finden Sie die Lizenzverwaltung von Allplan. Mit Allplan 2016 wurden die bislang bekannten Lizenzierungsvarianten für Allplan geändert. Der Hardlock, auch Dongle genannt, wurde – wie auch der seit Version 2006 bekannte Softlock – durch ein neues Lizenzierungssystem abgelöst. Die Lizenzierung wird in den wesentlichen Zügen in Abschnitt 1.4, „Lizenzierungssystem“, beschrieben.

6.2.2 Workgroupmanager

Nur bei Installation mit Workgroup verfügbar

Über die Funktionen des Workgroupmanagers können Benutzer der lokalen Workgroup verwaltet werden. Unter diesem Punkt haben Sie auch die Möglichkeit, Online-Server (FTP-Server) mit Projekten aufzunehmen, auf denen Ihnen Rechte zur Projektbearbeitung eingeräumt wurden. Mit diesen Funktionen ist ein weltweites, verteiltes Arbeiten an einem Projekt möglich. Die Arbeit gleicht dabei dem Arbeiten innerhalb eines Netzwerks.

Folgende Hauptanwendungsfälle sind abgedeckt:

- Mitglieder der Workgroup können vom Homeoffice aus auf Allplan-Projekte zugreifen.
- Mehrere Bürostandorte können auf das gleiche Allplan-Projekt zugreifen.
- Externe Mitarbeiter, die nicht Mitglied der Workgroup sind (z. B. Freelancer), können Allplan-Projekte bearbeiten.

Weitergehende Informationen zu diesem Thema finden Sie in der Hilfe des Allmenus. Entsprechende Informationsmaterialien zu diesem Thema sind außerdem unter *www.connect.allplan.com* abrufbar.

HINWEIS: Jeder Arbeitsplatz, auch ein externer, der auf den Online-Server zugreifen soll, muss über die Option *Workgroup* verfügen.

Unter den Funktionen der Workgroup finden sich auch Funktionen, über die Sie den eigenen Arbeitsplatz aus einem Netzwerk auschecken können, um Projekte mobil und ohne Netzzugriff weiter bearbeiten zu können.

6.2.3 Datensicherung

Unter dem Menüpunkt **DATENSICHERUNG** werden Ihnen halbautomatisch ablaufende Funktionen angeboten, mit deren Hilfe Sie Projekte, Bürostandards usw. selektiv sichern können. Allplan speichert automatisch bei jedem Teilbild-, Plan- oder Projektwechsel sowie beim Beenden des Programms Ihre aktuelle Arbeit ab. Zusätzlich werden bei vielen kritischen Aktionen (dokumentübergreifendes Kopieren, Kopieren von Teilbildern in der Bauwerksstruktur, Kopieren von Plänen in der Planstruktur) automatisch Backup-Dateien angelegt. Um Nutzerfehlern vorzubeugen, ist es ratsam, die bearbeiteten Projekte in bestimmten Abständen über das Allmenu zu sichern. Die so erzeugten Projektsicherungen können eingespielt werden, um z. B. einen alten Planungsstand zu prüfen, um versehentlich gelöschte Daten wiederherzustellen oder um die kompletten Daten einem Planungspartner oder externen freien Mitarbeiter zur Weiterarbeit zur Verfügung zu stellen. Neben Projektsicherungen können auch Sicherungen des privaten Ordners und/oder des Bürostandards gemacht werden. Eine automatisch gesteuerte Sicherung der Daten am Datenserver sollte immer erfolgen.

TIPP: Eine alternative Möglichkeit, ein Projekt zu sichern und wieder einzuspielen, findet sich im Kontextmenü des Dialogs **PROJEKT NEU, ÖFFNEN**.

6.2.3.1 Daten (Projekte) sichern

Einstellen des Sicherungspfades

Der Sicherungspfad muss vor dem Start der Sicherung eingestellt werden.

▷ KONFIGURATION

▷ SICHERUNGSPFAD

▷ Bestehenden Ordner wählen oder neuen Ordner erstellen

▷ Einstellungen bestätigen

Datensicherung erstellen

▷ DATENSICHERUNG

▷ ERSTELLEN

▷ GANZE ORDNER

▷ PROJEKTE

- Ein oder mehrere Projekte auswählen, die in dem angegebenen Pfad gesichert werden sollen
- Abfrage mit **OK** bestätigen
- Daten werden gepackt und gesichert

Sollte noch kein Sicherungspfad definiert worden sein oder der definierte Pfad ungültig bzw. nicht erreichbar sein, werden Sie nach Auswahl des zu sichernden Projekts aufgefordert, einen gültigen Sicherungspfad anzugeben.

HINWEIS: Zu Beginn des Sicherungsvorgangs wird überprüft, ob das Projekt/die Projekte in Benutzung ist/sind. Geöffnete, sich in Benutzung befindliche Projekte können nicht gesichert werden.

Im angegebenen Sicherungspfad werden zwei Dateien für jedes Projekt erzeugt - zum einen das zip-Archiv, das die Daten in sich trägt, zum anderen eine Informationsdatei, die das Allmenu zum Lesen der Sicherung benötigt. Der Dateiname setzt sich immer aus der Projektbezeichnung und einer Nummer zusammen, die aus dem Datum und der Anzahl der an diesem Tag getätigten Sicherungen des Projekts besteht.

6.2.4 Projektsicherung einspielen

Einstellen des Pfades, in dem die Sicherungsdateien liegen

Bevor Daten aus einer Sicherung eingelesen werden können, muss der Sicherungsroutine mitgeteilt werden, unter welchem Pfad die einzuspielende Sicherung gespeichert ist.

- KONFIGURATION
- SICHERUNGSPFAD
- Ordner auswählen, in dem die einzuspielende Projektsicherung liegt

Datensicherung einlesen

- DATENSICHERUNG
- EINSPIELEN
- PROJEKTE
- Sicherung auswählen, die eingespielt werden soll
- Abfrage, ob die gesamte Sicherung oder einzelne Dateien der Sicherung eingespielt werden sollen
- Abfrage → Neues Projekt anlegen oder Daten in bestehende Projekte einspielen
- JA → Projektname für das neue Projekt wird im nächsten Schritt abgefragt
- NEIN → Projektauswahl erscheint
- Daten werden nach Bestätigung entpackt und in das gewählte Verzeichnis kopiert

Werden Daten aus einer älteren Version eingespielt, wird automatisch nach dem Einspielvorgang die Datenwandlung gestartet und die Daten werden in die aktuelle Version gewandelt.

6.2.5 Konfiguration

Unter **KONFIGURATION** werden Grundeinstellungen für die Kommunikation von Allplan und Allmenu mit Ihrer Hardware getätigt.

- **SICHERUNGSPFAD** definiert den Ort, an dem die Sicherungsroutine des Allmenus eine Sicherung anlegt oder an dem sie nach einer Sicherung zum Einspielen sucht. Der Sicherungspfad kann auf einen beliebigen, nicht schreibgeschützten Ordner gestellt werden. Im Sicherungspfad werden die Sicherungen angelegt, die über den Menüpunkt **DATENSICHERUNG** erzeugt werden. Beim Rücksichern von Daten wird auch auf den eingestellten Sicherungspfad zugegriffen.
- **SPRACHE** bietet alle installierten (und erworbenen) Sprachen für Allplan und Allmenu zur Auswahl an. Sollte die gewünschte Sprache nicht verfügbar sein, ist diese entweder nicht in Ihrer Lizenz enthalten oder nicht installiert.

6.2.6 Service

Unter dem Menüpunkt **SERVICE** befinden sich Hilfsprogramme, die den Nutzer bei der Erstellung einer Supportanfrage an Nemetschek unterstützen.

- **EINGABEAUFFORDERUNG** und **WINDOWS EXPLORER** bieten einen Schnellzugriff auf alle Pfade, in denen Daten von Allplan abgelegt werden. Gegenüber den Vorversionen müssen die Pfade an die Datenablagevorgaben von Microsoft angepasst werden. Über die Schnellanwahl und die in der Oberfläche des Allmenu gezeigten Pfade haben Sie dennoch schnellen Zugriff.
- **SUPPORTANFRAGE ERSTELLEN (HOTINFO):** Der Assistent **SUPPORTANFRAGE ERSTELLEN (HOTINFO)** erzeugt eine standardisierte Anfrage an die Hotline von Nemetschek, die neben der eigentlichen Frage auch Systeminformationen beinhaltet, die für eine Beantwortung notwendig sein können. Verwenden Sie die Hotinfo vor allem dann, wenn Sie weder Kundennummer noch installierte Allplan-Version kennen.
- **HOTLINETOOLS:** Die Hotlinetools sind eine Sammlung verschiedener Hilfsprogramme, die bei der Lösung eventuell auftretender Probleme helfen und den Programm- und Systemservice mit der Hotline automatisieren.
- **ALLPLAN PERFORMANCE DIAGNOSTICS** ist ein zusätzliches Hilfsmittel, mit welchem die Pfade, Einstellungen und Ähnliches von den auf dem Rechner installierten Allplan-Versionen geprüft werden können. Dies ist z. B. ideal, um Probleme beim Zugriff auf den zentralen Dateiablageordner oder Ähnliches feststellen zu können
- **FERNWARTUNG** öffnet einen Windows-Ordner, in welchem eine ausführbare Datei des Teamviewers liegt. Diese kann – auf Anweisung des Supports – ausgeführt werden. Über den Teamviewer kann der Support versuchen, ein akutes Problem zu lösen, und/oder Lösungsansätze live vorführen.

Einige dieser Tools sollten nur im Dialog mit dem Support verwendet werden bzw. nach Beratschlagung mit kundigen Kollegen.

Die wichtigsten Problemlösungen über Hotlinetools sind im Folgenden aufgeführt.

- **CLEANSTD:** CAD-Einstellungen auf Standard zurücksetzen
  CLEANSTD setzt alle Benutzereinstellungen zurück, die Sie in den Optionen getätigt haben. Über **LASTSTD** können Sie die letzten Einstellungen regenerieren, wenn Ihr Problem nicht beseitigt wurde.
- **CLEANREG:** CAD-Registrierungseinstellungen zurücksetzen
  CLEANREG findet alle in der Systemregistrierung unter *HKEY_CURRENT_USER* vorhandenen CAD-spezifischen Einträge und kann diese (auch selektiv) bereinigen. Unter *HKEY_CURRENT_USER* werden z. B. die Größe und Lage der meisten Dialoge gespeichert.
- **CLEANUP:** initialisiert die Bildschirmdarstellung
  CLEANUP initialisiert die Bildschirmdarstellung (= setzt diese auf Standardwerte zurück) und behebt damit Probleme, die durch defekte Grafikinformationen verursacht wurden. Sie können dieses Tool bedenkenlos verwenden und sollten es immer dann ausführen, wenn die Bildschirmdarstellung nicht korrekt ist. Nach dem Ausführen des Hotlinetools und nach dem erneuten Start von Allplan wird in das private Projekt gewechselt.
- **CLEANPRINT:** Druckereinstellungen auf Standard
  CLEANPRINT setzt die Druckereinstellungen zurück. Dies kann hilfreich sein, wenn auch bei korrekten Einstellungen nicht das gewünschte Druckbild erreicht wird.
- **TOOLBAR:** Toolbarpositionen auf Standardeinstellung
  TOOLBAR setzt die Lage und den Inhalt der Symbolleisten auf die Standardeinstellungen zurück, die bei der Neuinstallation des Programms vorhanden sind. Dieses Zurücksetzen erfolgt unabhängig davon, ob Sie die Lage der Symbolleisten als Standardposition gespeichert haben. Durch Ausführen dieses Hotlinetools können „verschwundene" Symbolleisten wieder im sichtbaren Bereich des Bildschirms platziert werden.
- **REORG:** Reorganisiert die Projektverwaltung
  REORG kann in drei unterschiedlichen Varianten gestartet werden. Mit der Option **PROJEKT-VERWALTUNGSDATEI WIEDERHERSTELLEN** können Sie eine defekte oder gelöschte Projektverwaltung erneuern.
- **DOCSIZE:** Einstellung der Dokumentgröße
  DOCSIZE sorgt dafür, den im Arbeitsspeicher vorgehaltenen Platz für alle geladenen Dokumente an die Ausstattung Ihres Rechners anzupassen. Grundsätzlich gilt: Je größer der Wert, desto langsamer wird das Programm. Daher sollte der Wert für **DOCSIZE** immer möglichst klein eingestellt werden. Die Eingabe erfolgt in MB.

HINWEIS: Empfehlungen für die Einstellung der Dokumentgröße: Die maximale Datenmenge pro Teilbild ist auf 256 MB beschränkt. Bei Überschreiten der Grenze wird eine entsprechende Meldung angezeigt.

6.2.7 Information

Unter dem Menüpunkt **INFORMATION** können Sie die installierte Version und Ihre Kundennummer (inklusive Arbeitsplatznummer) einsehen. Beide Informationen sind wichtig, wenn Sie die Hotline kontaktieren.

6.3 ProjectPilot - Verwaltung

ProjectPilot - Verwaltung

Über **PROJECTPILOT - VERWALTUNG** können die meisten Datentypen von Allplan (Projekte, Teilbilder, Symbole, Listen, Textbilder usw.) projektübergreifend kopiert oder verschoben werden.

Während Sie in **PROJECTPILOT - VERWALTUNG** arbeiten, ist Allplan auf Ihrem Arbeitsplatz nicht aktivierbar. Zurück nach Allplan kommen Sie, wenn Sie **PROJECTPILOT - VERWALTUNG** wieder schließen.

> **HINWEIS**: Projekte, die auf einem Online-Server (Workgroup-Installation) liegen, können nicht über den ProjectPilot verwaltet werden.

6.3.1 Oberfläche ProjectPilot - Verwaltung

Übersicht der Menüs und Funktionen

Menü **DATEI**:

- **NEUES PROJEKT** startet den Assistenten zum Erzeugen eines neuen Projekts. Über den ProjectPilot können keine Projekte auf Workgroup Online-Servern sowie keine Share-Projekte erstellt werden.
- **BEENDEN** schließt **PROJECTPILOT - VERWALTUNG**. Sie können nun in Allplan weiterarbeiten.

Menü **ANSICHT**:

- Über die Menüpunkte des Menüs **ANSICHT** lässt sich das Aussehen von **PROJECTPILOT - VERWALTUNG** auf Ihre Bedürfnisse einstellen. Wenn große Teilbilder oder Pläne angezeigt werden, kann es zu Verzögerungen kommen. Schalten Sie in solchen Fällen unter **VORSCHAU** auf **KEINE**.
- **NEUES PROJEKT** startet den Assistenten zum Anlegen eines Projekts.

Linkes Fenster

Im linken Fenster werden Ihre Projekte, der externe Pfad, das Büroverzeichnis, das private Verzeichnis und der Standard von Allplan angezeigt. Eine Beschreibung der Pfade finden Sie in Abschnitt 6.7, „Speicherorte und Favoriten“. Über einen Klick auf das Pluszeichen vor den einzelnen Unterpunkten (oder einen Doppelklick auf den Gliederungspunkt) können Sie die einzelnen Strukturen aufklappen.

Rechtes Fenster (oben)

Im rechten Fenster werden die Dokumente bzw. Unterordner des im linken Fenster markierten Punktes angezeigt. Mit einem Klick auf den jeweiligen Spaltentitel können Sie die angezeigten Dokumente bzw. Unterordner nach der Spalte sortiert darstellen lassen.

Rechtes Fenster (unten) – Vorschaufenster

Im Vorschaufenster wird eine Vorschau des aktuell markierten Dokuments angezeigt. Pläne und Teilbilder erscheinen im Vorschaufenster. Andere Datentypen besitzen keine Vorschau und können über **PROJECTPILOT – VERWALTUNG** nicht dargestellt werden. Unabhängig von der fehlenden Darstellung kann der Name geändert und die Daten können kopiert, gelöscht und verschoben werden.

Im Vorschaufenster kann ähnlich wie im Teilbild navigiert werden. So kann z. B. mit der linken Maustaste ein Zoom-Fenster aufgezogen werden, mittels Doppelklick mit der mittleren Maustaste kann alles dargestellt oder mit den Zifferntasten des numerischen Tastenblocks kann die Perspektive umgestellt werden. Die Anzeige der Teilbilder reagiert auf die in Allplan aktuell sichtbar geschalteten Layer.

6.3.2 Baumstruktur

Unter dem Punkt **PROJEKTE** finden Sie alle Projekte aufgelistet, bei denen der angemeldete Benutzer Eigentümer oder zur Bearbeitung berechtigt ist.

Projekte können unterschiedliche Symbole haben, je nachdem, ob das Projekt verfügbar, in Bearbeitung, gesperrt oder ausgelagert ist. Die Symbole gleichen im Wesentlichen denen im Dialog **PROJEKT NEU, ÖFFNEN**.

Unterhalb der Punkte **PROJEKT**, **BÜRO**, **PRIVAT**, **STANDARD** und **EXTERNER PFAD** gibt es folgende Unterpunkte mit zugeordneten Inhalten und Unterstrukturen.

Die verschiedenen Datenarten dürfen aus verschiedenen Gründen nicht überall vorkommen. Im Verzeichnis *Standard* gibt es zwar nahezu alle Datenarten, aber diese sind, da es sich um einen vordefinierten Standard handelt, zum Teil nicht verwaltbar.

6.3.3 Bedienung des ProjectPilot – Verwaltung

Die Bedienung des ProjectPilot funktioniert im Wesentlichen wie die des Windows Explorers. Daten dürfen jedoch nur in Ordner verschoben oder kopiert werden, die für diese Datenart vorgesehen sind.

6.4 Optionen

Optionen

Allplan 2020 bietet eine große Vielfalt von Einstellungen und Optionen an, die zum Definieren der Oberfläche, der Beeinflussung von Bauteilverhalten untereinander und zu vielem mehr gebraucht werden. Auf der linken Seite befinden sich Haupt- und Nebengruppen, auf der rechten jeweils die Optionen und Einstellungen zu dem auf der linken Seite markierten Punkt. An einigen Stellen werden Pull-down-Menüs angeboten und/oder Unterdialoge geöffnet.

Nachfolgend möchte ich die wichtigsten Optionen und Einstellungen aus den Bereichen *Arbeitsumgebung*, *Ebenen*, *Bauteile*, *Räume* sowie *Text* und *Maßlinie* beschreiben. Mein Hauptaugenmerk liegt dabei auf dem Bereich der Architektur. Die angezeigten Einstellungen sollten für die Arbeit mit diesem Buch verwendet werden. Weitere Informationen zu den restlichen Optionen finden Sie in der Hilfe von Allplan.

6.4.1 Bedienung des Dialogs Optionen

Sobald man auf der linken Seite eine Zeile markiert, erscheinen auf der rechten Seite die entsprechenden Optionen. Die Lupe zum Starten der Suchfunktion ist immer sichtbar, während der Stern mit Pfeil nur erscheint, wenn der Mauszeiger über den Bereich hinwegbewegt wird.

Wird der Mauszeiger kurz über den Infoknopf (bei einigen Optionen vorhanden) gehalten, werden erläuternde Informationen zur jeweiligen Option angezeigt.

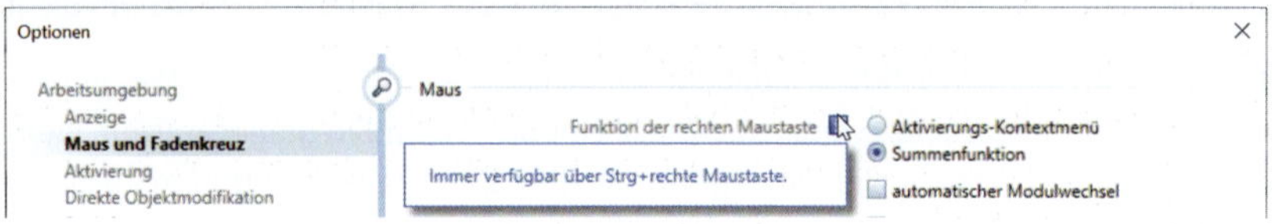

Suchen innerhalb einer bestimmten Option

Suchen innerhalb der Optionen

Durch einen Klick auf die Lupe wird eine Eingabezeile zum Suchen innerhalb der Optionen geöffnet. Sobald eine Eingabe getätigt wird, werden unterhalb des Eingabefeldes die Bereiche und Optionen angezeigt, die dem Suchkriterium entsprechen. Es ist meistens ausreichend, wenige Buchstaben einzugeben, um die Suche nach einer bestimmten Einstellung abzuschließen.

Wird eine Option ausgewählt, wird der entsprechende Bereich geöffnet, wobei die Fundstellen weiterhin gelb hinterlegt dargestellt werden.

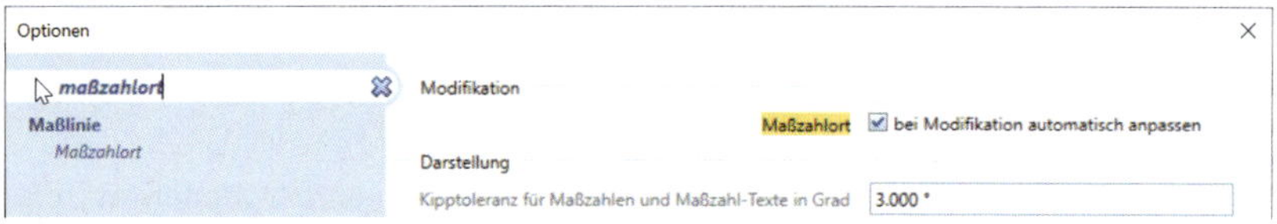

Favoriten und Optionen

Speichern, Laden und Zurücksetzen von Optionen

Nach einem Klick auf die Schaltfläche **SPEICHERN, LADEN UND ZURÜCKSETZEN VON OPTIONEN** werden auf der rechten Seite drei Funktionen zum Verwalten eigener Einstellungen angezeigt. Durch Anklicken der Zeile werden jeweils weitere Optionen (Schaltflächen) eingeblendet.

- **OPTIONEN FAVORITEN IMPORTIEREN** ermöglicht über die Schaltfläche **BROWSE** das Laden von gespeicherten Einstellungen. Nach der Auswahl einer Datei werden alle Bereiche markiert, die in der Favoritendatei gespeichert sind und durch den Import geändert werden können. Bereiche, die nicht verändert werden sollen, können abgewählt werden. Grundsatz ist hier, dass nur Einstellungen geändert werden, die in der Datei enthalten sind und deren Bereich beim Import markiert war.

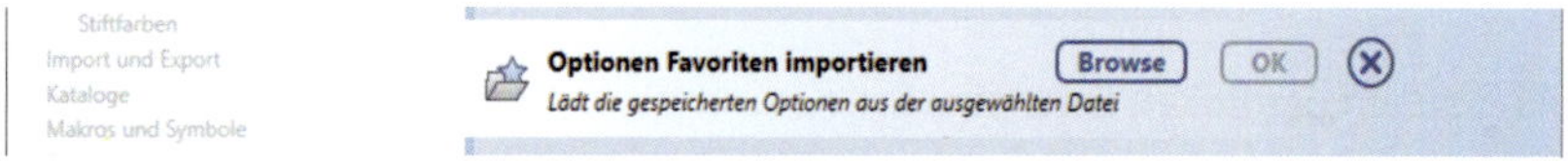

- **OPTIONEN FAVORITEN EXPORTIEREN** dient zum Speichern der Einstellungen der markierten Bereiche. Durch Halten der **STRG**-Taste und Anklicken können weitere Bereiche hinzugewählt werden. Über die Kurztaste **STRG + A** werden alle Bereiche markiert. Es werden nur Optionen gespeichert, die den markierten Bereichen direkt untergeordnet sind.

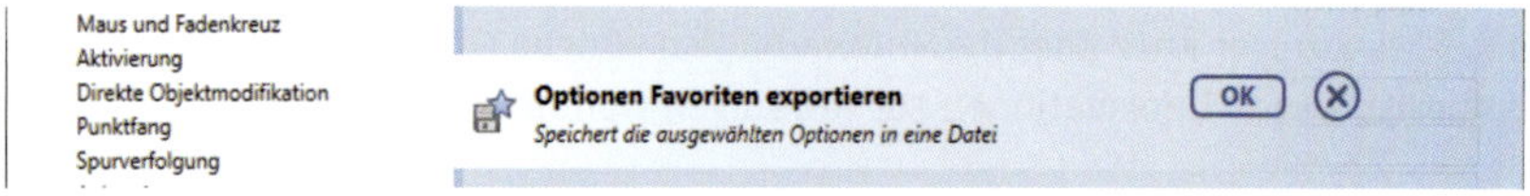

- **OPTIONEN ZURÜCKSETZEN** ermöglicht, alle Optionen auf schnellem Weg in den Auslieferungszustand zurückzuversetzen. Diese Option sollten Sie immer nutzen, wenn Allplan sich nicht so verhält, wie Sie es gewohnt sind. Es ist ratsam, **vor** dem Zurücksetzen der Optionen den aktuellen Status komplett zu sichern.

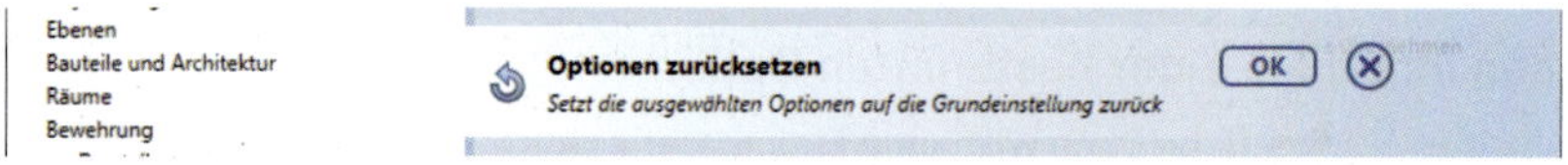

HINWEIS: Wenn sich Allplan nicht erwartungsgemäß verhält, können Sie die Einstellungen komplett zurücksetzen. Die Einstellungen können zuvor gesichert werden, um Ihre Einstellungen bei Bedarf zurückholen zu können.

6.4.2 Einstellungen und Erläuterungen zu Optionen

Im Folgenden finden Sie eine Auswahl von Optionen, die entweder relativ wichtig sind oder bei denen besondere Einstellungen notwendig sind, sodass Allplan sich wie im Buch gezeigt verhält. Die abgebildeten Screenshots zeigen, welche Einstellungen zu treffen sind, um die gewünschten Ergebnisse zu erzielen.

6.4.2.1 Arbeitsumgebung

ARBEITSUMGEBUNG ist zum einen die Überschrift über weitere Bereiche wie **ANZEIGE**, **AKTIVIERUNG** usw., zum anderen können unter **ARBEITSUMGEBUNG** auch wichtige Einstellungen getroffen werden. Im Folgenden liste ich die wichtigsten auf.

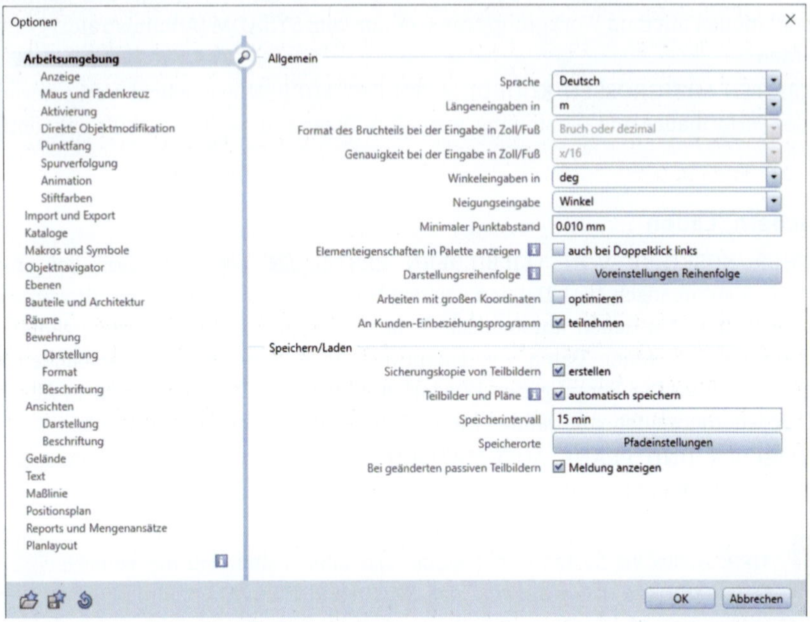

Allgemein

- **SPRACHE** zeigt alle installierten Sprachen an. Die gewünschte Sprache wird nach einem Neustart von Allplan eingestellt. Die installierten Sprachen können sich von den durch die Lizenz freigeschalteten Sprachen unterscheiden. Wird eine Sprache angewählt (und Allplan neu gestartet), die in der Lizenz nicht enthalten ist, wird die Standardsprache der eingespielten Lizenz verwendet.
- **LÄNGENEINGABE IN** ermöglicht das Umstellen der Eingabe- und Anzeigeeinheit von Längen. Zur Auswahl stehen Längeneinheiten des metrischen Systems sowie Zoll/Fuß.
- **WINKELEINGABE IN** ermöglicht das Umstellen der Eingabe- und Anzeigeeinheit von Winkeln (**DEG** → Kreisteilung in 360°, **GON** → Kreisteilung in 400°, **RAD** → Bogenmaß in m).

- **NEIGUNGSEINGABE** definiert, wie Winkeleingaben interpretiert werden sollen. Die Eingaben beziehen sich jeweils auf die X-Achse (auch bei gedrehtem Fadenkreuz).
- **MINIMALER PUNKTABSTAND** gibt an, wie groß der reale Abstand zwischen zwei Punkten sein kann. Bei kleineren Abständen von Punkten werden diese von Allplan als identisch erkannt. Je nach Anwendungsfall kann dieser Wert angepasst werden.
- **EIGENSCHAFTEN IN PALETTE ANZEIGEN** definiert, dass bei allen Elementen, deren Eigenschaften derzeit in den Paletten abgebildet werden können, die Eigenschaften auch durch einen Doppelklick links auf ein Element nur über die Palette **EIGENSCHAFTEN** angezeigt werden. Bei deaktivierter Option werden bei diesen Elementen die Eigenschaften in Dialogen angezeigt, die den Eingabedialogen entsprechen.
- **DARSTELLUNGSREIHENFOLGE** regelt über Elementgruppen die Vorgabereihenfolge von Elementen und Bauteilen. Die Einstellungen sind büroweit gleich und können bei Installationen mit dem Workgroup-Manager nur vom SYSADM (Administrator) geändert werden.
- **ARBEITEN MIT GROSSEN KOORDINATEN OPTIMIEREN** ermöglicht Verbesserungen in der Performance und Darstellung, wenn Ihre Daten sehr weit vom Nullpunkt entfernt liegen.

Speichern/Laden

- **SICHERUNGSKOPIE VON TEILBILDERN ERSTELLEN** bedeutet, dass bei einigen Aktionen automatisch *bak-Dateien von den betroffenen Teilbildern erstellt werden. Zu den Aktionen, bei denen automatisch Sicherheitskopien erstellt werden, zählen alle Funktionen, bei denen Daten von einem auf ein anderes Teilbild verschoben oder kopiert werden. Der Vorgang zum Wiederherstellen von *.bak-Dateien ist in Abschnitt 6.8, „Wiederherstellen von Dateien mittels *.bak-Dateien", beschrieben.
- **TEILBILDER UND PLÄNE AUTOMATISCH SPEICHERN** speichert im angegebenen **SPEICHERINTERVALL** Teilbilder und Pläne.

> **TIPP**: Sollte Ihr System nicht stabil sein oder sollten Sie mit sensiblen Daten arbeiten, ist es ratsam, das **SPEICHERINTERVALL** von den vorgeschlagenen 15 Minuten auf fünf oder weniger Minuten herabzusetzen. Es gilt zu beachten, dass *alle* aktiven Teilbilder gespeichert werden und somit bis zu 2048 MB (je nach Einstellung der Teilbildgröße) gespeichert werden müssen. Dies kann bei langsamen Netzwerken zu Verzögerungen führen.

- **SPEICHERORTE** definiert für die meisten mit Allplan ex- und/oder importierbaren Datenarten deren jeweils bevorzugten Speicherort. Ändern Sie die Einstellung unter **IMPORTIEREN/EXPORTIEREN** von **LETZTER** auf **PROJEKT** ab, da die Daten des Lageplans für das Beispiel im Projektordner abgelegt sind.
- **BEI GEÄNDERTEN PASSIVEN TEILBILDERN MELDUNG ANZEIGEN** dient der Übersicht bei der gemeinsamen Bearbeitung von Projekten in einer Workgroup. Sobald ein anderer Nutzer ein Teilbild geändert hat, welches bei einem selbst passiv geladen ist, wird bei aktivierter Option eine Meldung angezeigt, dass sich die passiv geladenen Teilbilder geändert haben. Sie werden damit in die Lage versetzt zu entscheiden, ob Sie die

Daten neu laden und die Änderungen sichtbar machen wollen oder mit den unveränderten Daten im Hintergrund weiterarbeiten. Optimal ist die Option für die Bearbeitung von Projekten über die Workgroup Online.

6.4.2.2 Anzeige

Im Bereich **ANZEIGE** können verschiedenste Grundeinstellungen für die Darstellung getätigt werden. Die wichtigsten Punkte sind dabei:

- **TEILBILD UND NDW-FENSTER:** Hier können die Hintergrundfarbe, Farbe der Hilfskonstruktion sowie die Darstellung der passiven Teilbilder beeinflusst werden.
- **DARSTELLUNG:** Hier ist vor allem die Textleserlichkeit am Bildschirm, die Vorschau als Umriss und wie die Darstellung von Pixelflächen erfolgen soll wichtig.
- **HARDWAREBESCHLEUNIGUNG GRAPHIK:** Mit den Einstellungen im Bereich der Hardwarebeschleunigung kann zum einen die Nutzung von OpenGL (wenn von der Grafikkarte unterstützt) geschaltet werden. Des Weiteren kann über die weiteren Einstellungen ein Kompromiss zwischen optimaler Darstellung und Geschwindigkeit eingestellt werden
- **SKALIERUNG DER BENUTZEROBERFLÄCHE** gibt an, ob die Skalierung vom Betriebssystem in Allplan verwendet werden soll. Damit kann die Oberfläche bei hohen Bildschirmauflösungen optimiert werden.

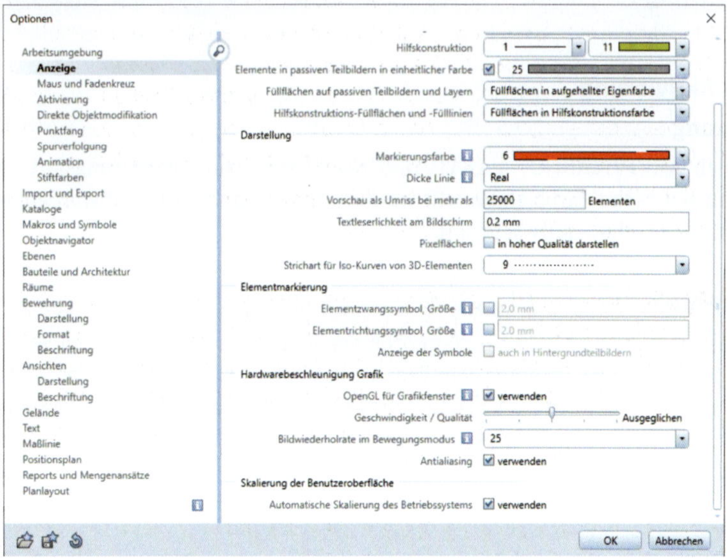

6.4.2.3 Maus und Fadenkreuz

Mit der Option **VERHALTEN BEI DOPPELKLICK DER RECHTEN MAUSTASTE – AUTOMATISCHER MODULWECHSEL** kann bestimmt werden, dass das Modul automatisch gewechselt wird. Dies ist z. B. praktisch, wenn Sie spezielle Funktionen eines Moduls benötigen und Elemente aus dem Modul auf dem Teilbild haben.

Unter der Option **FADENKREUZ** können Sie sich z.B. zusätzlich zum Fadenkreuz einen Mauszeiger einblenden lassen, um das Fadenkreuz zu verkleinern. Für die Arbeit in Perspektiven kann es hilfreich sein, wenn das Fadenkreuz in 3D „liegend“ angezeigt wird.

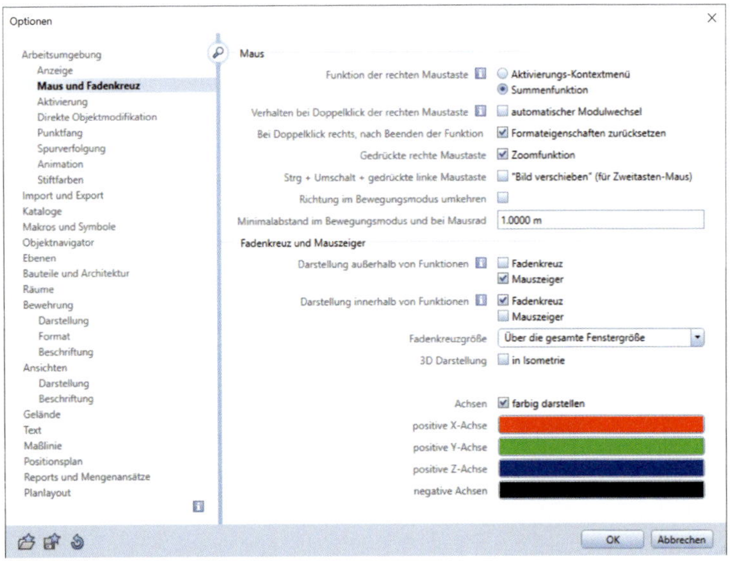

6.4.2.4 Aktivierung

Aktivierung

Im Bereich **AKTIVIERUNG – AKTIVIERUNG** können die Aktivierungsfarbe und die Aktivierungsvorschaufarbe eingestellt werden, und es kann bestimmt werden, wann die Aktivierungsvorschau aktiv sein soll.

Elementinfo

Die Elementinfo ist ein kleines, automatisch erscheinendes Fenster, in dem verschiedene Informationen des jeweils unter dem Fadenkreuz befindlichen Elements anzeigt werden. Die Informationen können helfen, das richtige Element zu fangen und/oder Fehler in der Datenstruktur zu finden. Neben den Standardeinstellungen sollte zusätzlich die Option **DOKUMENT** aktiviert sein.

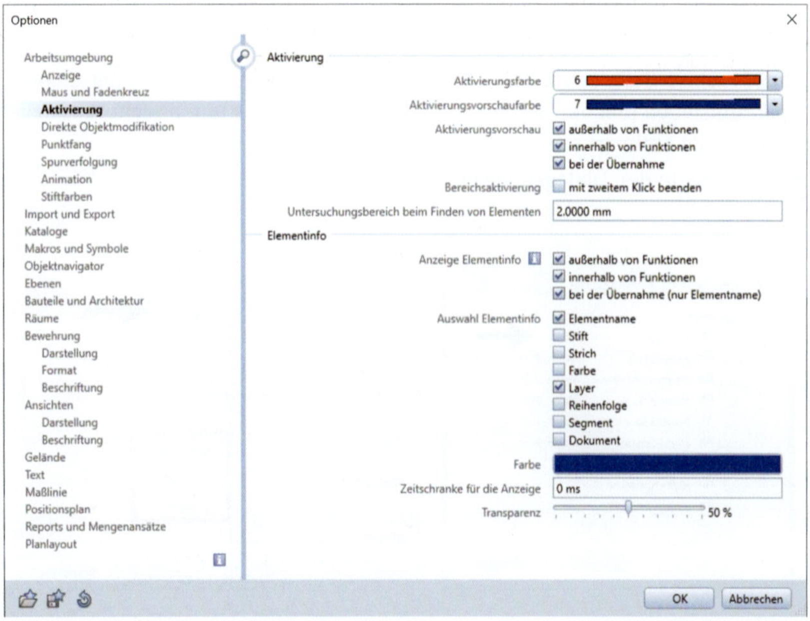

6.4.2.5 Katalog

In den Optionen **KATALOG** kann für elf Bauteile bzw. Bauteilgruppen definiert werden, aus welchem Datenpool die Materialbezeichnungen stammen bzw. in welchem diese gespeichert werden sollen. So ist es z. B. möglich, einer Wand nur eine Materialbezeichnung zu geben oder die Wand direkt mit einer Position aus dem AVA-System zu verknüpfen.

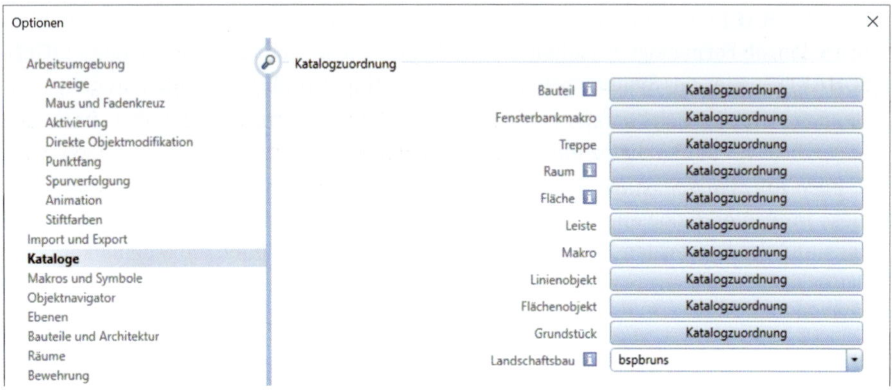

Für die Arbeit mit dem Beispielprojekt sollen die Kataloge jeweils projektbezogen sein. Dies ist für jeden Katalog wie folgt einzeln einzustellen:

- ▷ **OPTIONEN** → Bereich **KATALOG**
- ▷ **KATALOGZUORDNUNG** des Bauteils (der Bauteilgruppe) anwählen, die geändert werden soll

Optionen

▷ Zu ändernden Katalog des Attributs *Material* (*Material* und *Bezeichnung* bei *Raum*) anklicken

▷ Auf der rechten Seite den Katalog (hier *katlg1*) auswählen und unten die Auswahl auf *Projekt* umstellen (Bei der Bezeichnung der Räume gibt es unten rechts zusätzlich die Option ++, die aktiviert sein sollte.)

▷ Einstellungen in den Dialogen jeweils bestätigen

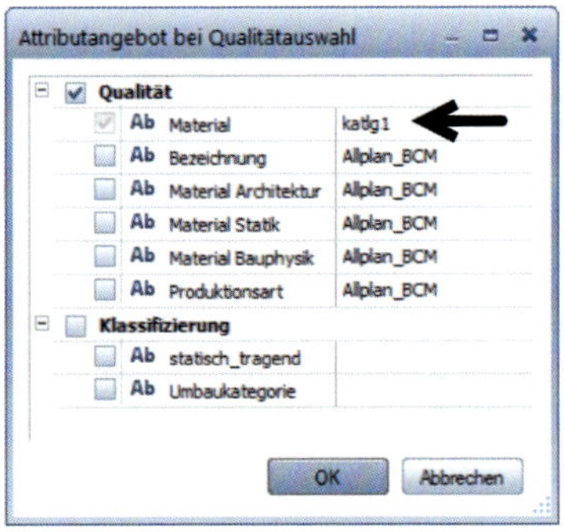

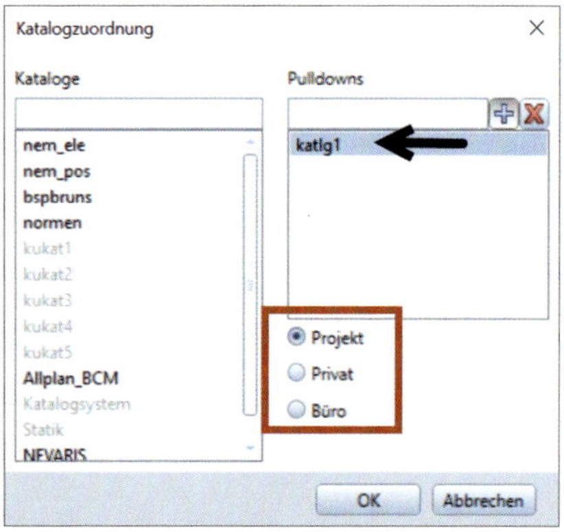

TIPP: Wenn Sie eigene Kataloge (Pluszeichen) anlegen, können Sie diese für unterschiedliche, sonst getrennte Bauteilgruppen gleichermaßen verwenden.

6.4.2.6 Bauteile und Architektur

Übergreifende Architektur-Einstellungen

- **EIGENSCHAFTEN AUS DER FORMAT-SYMBOLLEISTE** beeinflusst bei Architekturbauteilen, ob Formateigenschaften nur im Bauteildialog oder auch in der Palette **EIGENSCHAFTEN** oder der Symbolleiste **FORMATEIGENSCHAFTEN** einstellbar sind.
- *... auch wenn im Bauteildialog einstellbar* schaltet die Formateigenschaften frei, auch wenn diese im Bauteildialog eingestellt werden können.
- *... auch für mehrschichtige Bauteile* schaltet die Formateigenschaften frei, auch wenn diese im Bauteildialog eingestellt werden können. Aufgrund des mehrschichtigen Aufbaus und der begrenzten Möglichkeiten entfällt bei dieser Option die Möglichkeit, jede Bauteilschicht mit eigenen Formateigenschaften zu versehen.

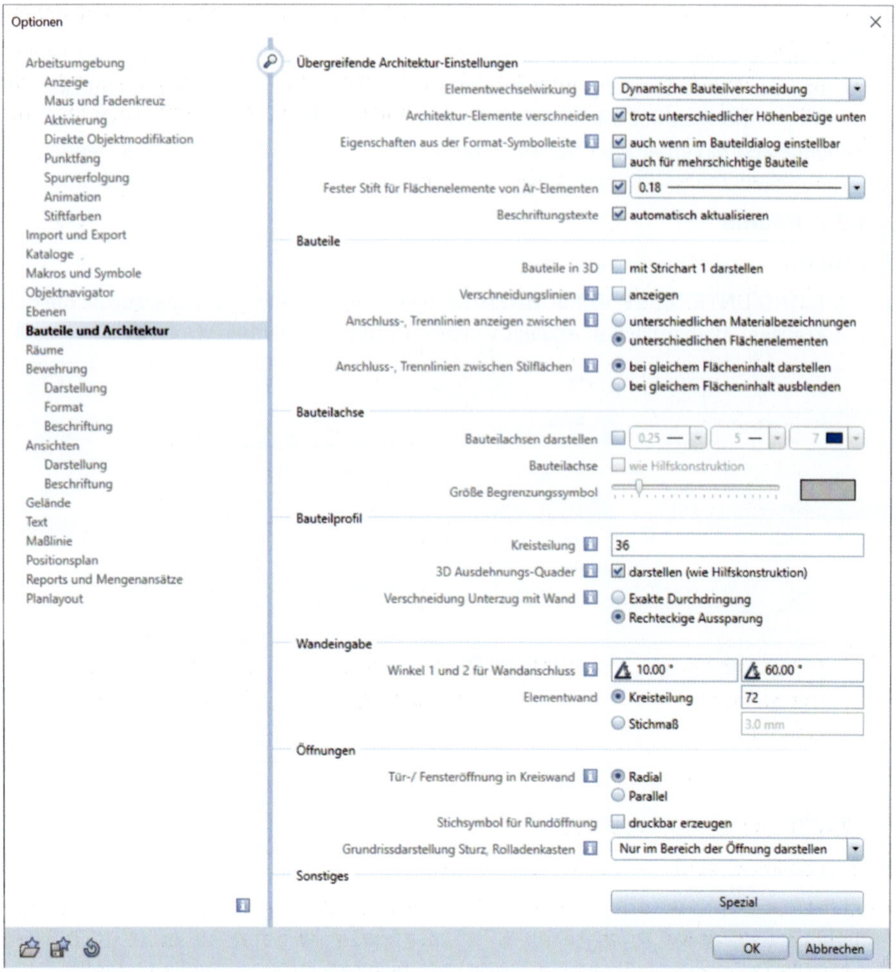

Bauteile

- **ANSCHLUSS-, TRENNLINIEN ANZEIGEN ZWISCHEN** beeinflusst, ob bei zwei aneinandergrenzenden Bauteilen Trennlinien eingezeichnet werden sollen. Die Trennlinien werden entweder bei unterschiedlichen Materialbezeichnungen oder bei unterschiedlichen Flächenelementen angezeigt.
- **ANSCHLUSS-, TRENNLINIEN ZWISCHEN STILFLÄCHEN** präzisiert den vorstehenden Punkt bei der Untersuchung von Stilflächen, und legt fest, ob diese nur über die Nummer oder den aktuell angezeigten Inhalt Einfluss auf Trennlinien nehmen sollen.

Bauteilachse

Der Bereich **BAUTEILACHSE** ermöglicht es, die Darstellung der Achsen für Linienbauteile einzuschalten und deren Darstellung zu beeinflussen.

Bauteilprofil

Aktivieren Sie diese Optionen bei Bedarf. Sie haben die Wahl zwischen exakter Durchdringung oder Durchdringung in Form eines das Profil umschließenden Rechtecks. Die Einstellung wirkt sich auf alle Durchdringungen von Profilbauteilen aus, wird aber auf bestehende erst bei einer Modifikation oder durch **3D AKTUALISIEREN** angewendet.

6.4.2.7 Räume

Erzeugen

RÄUME UND UNTERZÜGE VERSCHNEIDEN bedeutet, dass auch an Unterzügen, die den Raum kreuzen, Ausbauflächen erzeugt werden. Aktivieren Sie diese Option.

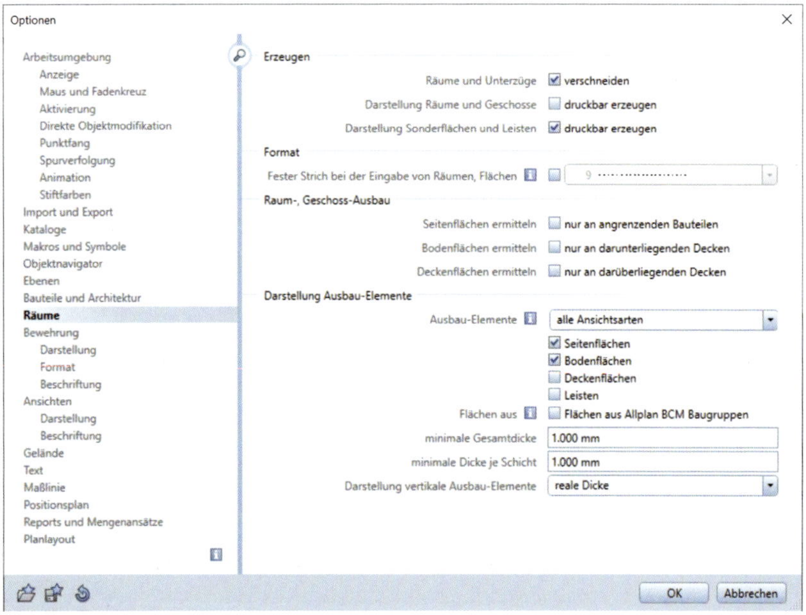

Raum-Ausbau

Ist im Bereich **RAUM-, GESCHOSS-AUSBAU** keine der drei Optionen zu Seitenflächen, Bodenflächen und Deckenflächen aktiviert, so hat jeder Raum auf allen Seiten (wenn Ausbauschichten im Raum definiert wurden) über die komplette Raumfläche und Raumhöhe Seitenflächen. Bei Räumen, die direkt an den nächsten Raum grenzen, werden keine Ausbauflächen erzeugt. Wenn Sie, wie für das Beispielprojekt notwendig, nur dort Seitenflächen haben möchten, wo Wände, Stützen usw. an den Raum angrenzen, ist die erste Option zu aktivieren.

Darstellung Ausbau-Elemente

Im Bereich **DARSTELLUNG AUSBAU-ELEMENTE** wird gesteuert, ob die Ausbauflächen von Räumen und Geschossen in den Grafikfenstern angezeigt werden oder nicht. Die Einstellungen sind globale Einstellungen für alle Fenster und überlagern die Einstellungen oberhalb. Über die unteren drei Punkte kann die Darstellung der Ausbauflächen für die eingestellten Ansichtsarten weiter detailliert eingestellt werden.

HINWEIS: Nicht dargestellte Ausbauflächen können unterschiedliche Ursachen haben:

1. Die Darstellung von Seitenflächen ist beispielsweise komplett deaktiviert.
2. Die Option **SEITENFLÄCHEN ERMITTELN NUR AN ANGRENZENDEN BAUTEILEN** ist aktiv und der Raum grenzt nicht exakt an die Wand oder ein anderes Bauteil.
3. Im Ausbau der Seitenfläche ist eine Bedingung angegeben, dass diese nur erzeugt werden soll, wenn die Wand eine bestimmte Eigenschaft hat (z. B. *Gewerk Maurerarbeiten*).

Das bedeutet, dass vor dem Beheben des Problems erst die Ursache bestimmt werden muss.

HINWEIS: Die Einstellungen für die Dicke der Ausbauschichten werden in allen Konstruktionsfenstern sowie in allen Ansichten und Schnitten gleichermaßen verwendet.

6.4.2.8 Maßlinie

In den Optionen zur Maßlinie ist eine - bei Verwendung der assoziativen Maßlinien - extrem wichtige Option vorhanden, die steuert, ob ein bei der Vermaßung von Öffnungen schon vorhandener Raum mit Bodenflächen für die Öffnungshöhe gewertet werden soll oder nicht.

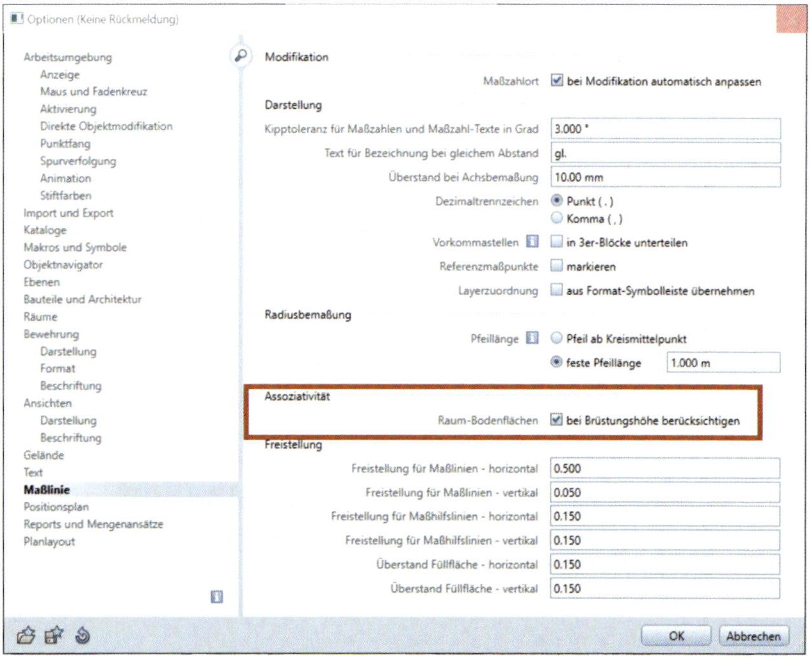

Wenn die assoziativen Maßlinien mit der Höhenübernahme verwendet werden sollen, sollte die Option nicht geändert und möglichst in allen Projekten gleich verwendet werden, da bei einer Änderung der Einstellung alle Maßlinien geänderte Höhenmaße aufzeigen!

TIPP: Mein persönlicher Rat ist hier, die Option zu deaktivieren und die Öffnungshöhen auf den Rohbau bezogen in den Maßlinien anzugeben. Die sog. fertige Höhe ist einfacher und weniger fehleranfällig mit einer Beschriftung lösbar.

6.5 Grundeinstellungen

6.5.1 Bauwerksstruktur/Zeichnungsstruktur, Planstruktur

Im Dialog **PROJEKTBEZOGEN ÖFFNEN** können die Darstellung der Baumstruktur sowie verschiedene Grundeinstellungen an die eigenen Bedürfnisse angepasst werden. Je nachdem, in welchem Zustand (Zeichnungsstruktur/Bauwerksstruktur oder Planstruktur) der Dialog geöffnet wird, ist ein Teil der Optionen nicht anwählbar.

Vorgeschlagene Speicherorte für Favoritendateien

- **UNTERORDNER DES JEWEILIGEN BENUTZERS:** Jeder Benutzer speichert seine eigenen Favoriten im Projekt ab. Der Zugriff auf die Favoriten des Kollegen ist nur schwer möglich.
- **GEMEINSAMER UNTERORDNER FÜR ALLE BENUTZER:** Alle Benutzer speichern ihre Favoritendateien im gleichen Pfad ab. Bei dieser Einstellung kann ein Mitarbeiter „vorarbeiten", indem er die Struktur mit den häufigsten Favoriten fertig erstellt.

Anzeige Zeichnungsstruktur

Die Zeichnungsstruktur kann für Projekte komplett ausgeblendet werden. Die Vorlageprojekte des Praxishandbuchs Allplan 2020 werden mit dieser Einstellung geliefert, da die Arbeitsweise mit Zeichnungsstruktur nicht mehr aktuell ist und demzufolge nicht detailliert beschrieben wird.

An vielen Stellen, vor allem bei Ausgabelisten (Reports), sollen der Büroname und eventuell auch ein Bürologo erscheinen. Dies lässt sich über **EXTRAS → DEFINITIONEN** (bei Workgroups durch den SYSADM) einstellen. In Trial-Versionen ist die Einstellung nicht möglich. Die Daten sind nacheinander einzutragen.

6.5.2 Bürospezifische Anpassung

Büroname und Adresse eingeben

▷ Menü EXTRAS → DEFINITIONEN

▷ BÜRONAME UND ADRESSE

▷ **BÜRONAMEN** eingeben und bestätigen

▷ **BÜROADRESSE** eingeben und bestätigen

▷ **TELEFONNUMMER** eingeben und bestätigen

▷ **E-MAIL-ADRESSE** eingeben und bestätigen

▷ Als Letztes erscheint ein Dateiauswahlfenster zur Auswahl einer Bilddatei Ihres Bürologos.

HINWEIS: Der Pfad des Firmenlogos wird gespeichert. Es wird keine Kopie der Datei an zentraler Stelle abgelegt. Gute Ergebnisse erzielen Sie mit Logos im Höhen-/Breitenverhältnis von 1:2,3. Zugelassene Dateitypen sind: *.png, *.jpg und *.bmp.

6.5.3 Einstellungen für Layer

Um die Layer und die Automatismen, die Layer bieten, voll ausnützen zu können, sollten vor Arbeitsbeginn folgende Einstellungen überprüft werden.

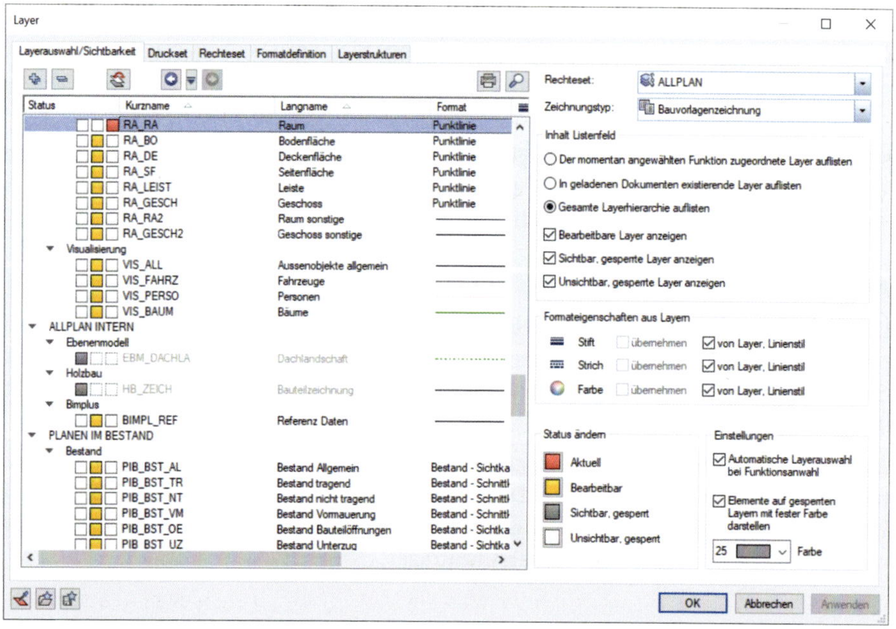

Layer/Menü Automatik

Unter **EINSTELLUNGEN** gibt es die Option **AUTOMATISCHE LAYERAUSWAHL BEI FUNKTIONSANWHAL**. Wenn diese Option aktiviert ist, wird für jede Funktion bzw. jede Funktionsgruppe der Layer automatisch vorgeschlagen. Hierbei wird der zuletzt mit der Funktion verwendete Layer verwendet. Neben dem Vorschlag des aktiven Layers werden in der Schnellauswahlliste Layer angeboten, die thematisch zu der gewählten Funktion passen. Die Liste kann erweitert werden.

Formateigenschaften aus Layern

Im Bereich **FORMATEIGENSCHAFTEN AUS LAYERN** kann vorbestimmt werden, welche Eigenschaften eines Layers übernommen werden sollen. Entweder können die Eigenschaften des dem Layer zugeordneten Linienstils (fest eingestellte Eigenschaften) wie in der Abbildung dargestellt übernommen werden oder Sie verwenden Stift, Strich, Farbe als Vorschlag, wenn im Register **FORMATDEFINITION** statt der Option **VON LAYER, FEST AUS DEM ZUGEORDNETEN LINIENSTIL BZW. STIFT, STRICH, FARBE** die Option **EINFACHE ÜBERNAHME** in der Format-Symbolleiste als Vorschlagswert bei der Layerauswahl aktiviert ist.

Bei der Bearbeitung des Projektbeispiels sollten die Optionen im Bereich der Layer wie in der Abbildung eingestellt werden. Damit können alle Vorteile, die mit vorgegebenen Ressourcen inklusive Assistenten möglich sind, getestet werden.

6.6 Speichern von Dokumenten

Allplan unterscheidet beim Speichern von Dokumenten zwischen projektbezogenen Dateien und freien Dokumenten. Während bei vielen Aktionen alle projektbezogenen Dateien automatisch gespeichert werden, müssen freie Dokumente von Ihnen gespeichert werden. Automatische Sicherungsmechanismen existieren für freie Dokumente nicht.

6.6.1 Speichern bei projektorientiertem Arbeiten

Allplan sichert bei folgenden Aktionen automatisch ohne weitere Abfragen die geladenen Dateien:

- Allplan wird planmäßig beendet.
- Sie wechseln das Teilbild oder den aktiven Plan über **PROJEKTBEZOGEN ÖFFNEN**.
- Sie starten den Datenimport oder -export.
- Sie starten die Funktion **DOKUMENTÜBERGREIFEND KOPIEREN, VERSCHIEBEN**.

Es werden immer das aktive und alle aktiv im Hintergrund befindlichen Teilbilder gespeichert und verdichtet. Der Undo-Speicher (**RÜCKGÄNGIG**, **WIEDERHERSTELLEN**) wird bei diesen Aktionen bereinigt.

Bei einem Teil dieser Aktionen legt Allplan eine *.bak-Datei an, wenn die Option **SICHERUNGSKOPIE VON TEILBILDERN ERSTELLEN** aktiviert ist (Option **ALLGEMEIN**, Register **SONSTIGES**). Das Wiederherstellen von Daten über *.bak-Dateien ist in Abschnitt 6.8, „Wiederherstellen von Dateien mittels *.bak-Dateien“, beschrieben.

Automatisches Speichern

Allplan sichert alle geladenen Teilbilder (aktiv und aktiv im Hintergrund) bzw. den geladenen Plan ohne Löschen des **UNDO**-Speichers im eingestellten Speicherintervall automatisch. Die Zeitdauer des Speicherintervalls kann in den Optionen unter **ARBEITSUMGEBUNG – SPEICHERN** eingestellt werden.

Manuelles Speichern

- **SPEICHERN** führt eine Sicherung der aktiven und aktiv im Hintergrund befindlichen Teilbilder bzw. des geladenen Plans aus. Die Daten werden nicht verdichtet und die Undo-Liste wird nicht gelöscht.

Speichern

- **SPEICHERN MIT VERDICHTEN** sichert alle geladenen Dokumente, verdichtet die Informationen und löscht die **UNDO**-Liste. Nach dem Ausführen der Funktion **SPEICHERN MIT VERDICHTEN** steht wieder mehr Arbeitsspeicher zur Verfügung.

Speichern mit Verdichten

6.6.2 Speichern bei dateiorientierter Arbeit

NDW- und NPL-Dateien werden nur beim Schließen der Datei und beim Beenden von Allplan nach einer Sicherheitsabfrage gespeichert, nachdem eventuell nach einem Speicherort gefragt wurde. Während der Arbeit müssen Sie selbst speichern. Wird eine der beiden Funktionen zum Speichern das erste Mal für ein Dokument ausgeführt, so wird der Standarddialog zum Sichern von Dateien geöffnet. Ein automatisches Speichern, wie bei projektbezogenen Dokumenten, steht nicht zur Verfügung.

Speichern

Speichern mit Verdichten

- **SPEICHERN** sichert das geöffnete Dokument und überschreibt dabei die bestehende Datei. Die **UNDO**-Liste wird nicht gelöscht, solange das Dokument noch geöffnet ist.
- **SPEICHERN MIT VERDICHTEN** sichert das geöffnete Dokument, überschreibt dabei die bestehende Datei und löscht die **UNDO**-Liste. Die Dateigröße wird, wie beim Schließen des Dokuments, verringert.

6.7 Speicherorte und Favoriten

Allplan verwaltet alle Daten über ein eigenes System. Je nach Datentyp können Sie die Dateien in unterschiedlichen Bereichen speichern. Eine Übersicht über Ordner und Pfade, in denen Allplan-Daten liegen, finden Sie in Abschnitt 1.2.3, „Systempfade für Allplan“.

6.7.1 Vordefinierte Speicherorte

Vordefinierte Speicherorte werden in Allplan nur mit den Kurzbezeichnungen angegeben, um den Zugriff von oft benötigten Inhalten zu erleichtern. Je nach Installationsart liegen die Daten an unterschiedlichen Orten gespeichert.

Büro

Büro stellt den Speicherort für alle Ressourcen dar, die für alle Benutzer im Netzwerk zugänglich und einheitlich sind. Speicherort ist ein zentraler Dateiablageordner im Unterverzeichnis *\std*.

HINWEIS: Bei Installation ohne Workgroup darf jeder Benutzer unter *Büro* Daten speichern und löschen. Bei Installationen mit Workgroup-Manager dürfen nur Benutzer mit SYSADM-Rechten Daten im Pfad *Büro* speichern und löschen.

Projekt

Projekt ist der Speicherort aller projektbezogenen Daten und Ressourcen, die nur während der Arbeit am Projekt zugänglich sind (und sein sollen) . Speicherort ist ein zentraler Dateiablageordner im Unterverzeichnis *\prj\[Projektverzeichnis]*.

> **HINWEIS**: Das Speichern und Löschen von Daten im Pfad *Projekt* ist immer allen Nutzern erlaubt, denen das Recht eingeräumt wurde, im Projekt zu arbeiten.

Privat (Userverzeichnisse)

Privat ist der Speicherort der nutzerbezogenen Einstellungen sowie des privaten Projekts.

- Speicherort bei Einzelplatzinstallation oder Netzinstallation ohne Workgroup: Zentraler Dateiablageordner im Unterverzeichnis *\usr\lokal*
- Speicherort bei Netzinstallation mit Workgroup (Server): Windows-Benutzerordner\ *Users\Benutzername\Dokumente*

> **HINWEIS**: Der Pfad *Privat* ist bei Installationen ohne Workgroup-Manager rechnerbezogen, bei Installationen mit Workgroup-Manager benutzerbezogen.

6.7.2 Allgemeine Speicherorte

Optionen

In den **OPTIONEN** im Bereich **ARBEITSUMGEBUNG – SPEICHERN** können Ordner für unterschiedliche Allplan-Dateitypen gewählt werden. Die gewählten Speicherorte werden bei jedem Aufruf des Speichern-Dialogs und des Datei-öffnen-Dialogs des jeweiligen Datentyps angeboten.

Für folgende Dateitypen können Speicherorte vordefiniert werden: Freie Dokumente (NDW-/NPL-Dateien), Symboldatei, Makrodatei, Importieren/Exportieren, IFC, iTwo, PDF-Export, Plotdateien, 3D-Visualisierung, Pixelbilder und Filme, Ar-Eigenschaften-/Umbau-Favoriten, Eigenschaftenpaletten-Favoriten, Planelement-Favoriten, Darstellungs-Favoriten, Verdeckt-Favoriten, Assoziativer-Schnitt-Favorit, Architektur-Zahlen-Pull-downs, Architektur-Text-Pull-downs.

Es sind jeweils folgende Speicherorte definierbar:

- **PROJEKT** → Aktuelles Projekt (nicht bei NDW- und NPL-Dateien)
- **PRIVAT** → Privates Projekt des Anwenders
- **FREI** → Der Pfad ist frei wählbar. In der Spalte **DURCHSUCHEN** erscheinen drei Punkte, über die der Pfad bestimmbar ist.
- **LETZTER** → Der zuletzt gewählte Pfad wird wieder vorgeschlagen.

6.7.3 Favoriten

Favoritendatei speichern

Favoritendatei öffnen

Favoriten dienen dem vereinfachten und standardisierten Aufrufen von Bauteil- und/ oder Elementinformationen oder um Arbeitsumgebungen zu speichern. In den meisten Dialogen existieren Möglichkeiten zum Speichern und Einlesen von Favoritendateien. Je nach Positionierung des Icons im Dialog werden alle oder nur ein Teil der Einstellungen gespeichert.

Favoriten – Palette Eigenschaften

Die Einstellungen werden in einer bauteilunabhängigen *.prop-Datei gespeichert. Die Funktionen zum Laden und Speichern sind nur bei Bauteilen verfügbar, deren Eigenschaften in der Palette angezeigt werden. Über die Eigenschaftenpalette lassen sich auch Favoriten zu Linien, Schraffuren und Ähnlichem anlegen.

Favoriten – bauteil- und elementbezogen

Bei fast allen Bauteilen und auch für Maßlinien und Texte können Favoriten gespeichert werden. Zum Teil ist es auch möglich, nur Teile von Einstellungen (z. B. bei Räumen nur den Ausbau) zu speichern. Die Dateien erhalten eindeutige, bauteil-/elementbezogene Endungen und können nur in den jeweiligen Dialogen verwendet werden.

Darstellungs-Favorit speichern

Darstellungs-Favorit lesen

Favoriten – Darstellung

Die Darstellungs-Favoriten dienen zum einfachen Speichern und Wiederherstellen von Bildschirmeinstellungen und können zusätzlich Einstellungen der Layersichtbarkeit (Drucksets), des Zeichnungstyps sowie des Maßstabs enthalten. Mit den Darstellungs-Favoriten können unterschiedliche Arbeitsszenarien wie z. B. Werkplanung, Detailplanung, Entwurf usw. abgebildet werden.

6.7.4 Speicherort der Strukturdateien

Alle notwendigen Dateien für die Bauwerksstruktur, für Ableitungen der Bauwerksstruktur, für die Planstruktur sowie für den Ebenenmanager werden im BIM-Ordner des jeweiligen Projekts gespeichert.

Bauwerksstruktur	→ *Allplan_BIM_BuildingStructure.xml*
Ableitungen der Bauwerksstruktur	→ *Allplan_BIM_Views.xml*
Planstruktur	→ *Allplan_BIM_LayoutStructure.xml*
Ebenenmodell Gebäude	→ *Allplan_BIM_LevMo_Gebäude.xml*

Bei den Ebenenmodellen wird der gewählte Modellname im Dateinamen mit verwendet. Im angezeigten Beispiel ist dies „Gebäude“.

Die jeweils letzte Änderung wird direkt in einer *.bak-Datei gespeichert. Weitere Änderungen werden im Unterordner *Backup* mit Ergänzung des Datums und der genauen Zeit gespeichert. Die maximale Zahl der geänderten Dateien ist 20. Die jeweils älteste wird bei der nächsten Änderung gelöscht.

Das Wiederherstellen von Strukturdateien läuft wie folgt ab:

- Möglichst unter Windows die Anzeige der Extensionen (z. B. *.xml) einschalten
- Den BIM-Ordner des Projekts öffnen
- Die aktuelle XML-Datei in „alt“ umbenennen
- Aus dem Ordner *Backup* die entsprechende gespeicherte Datei in den Ordner *BIM* kopieren (Zumeist ist die letzte „große“ Datei der benötigte Zustand, in dem die gelöschten Strukturen noch enthalten sind.)
- Dateinamen der Backup-Datei um alle Zeichen nach der Extension XML bereinigen

Führen Sie die Schritte mit größter Sorgfalt aus, da Fehlbedienungen den totalen Verlust der Strukturdaten zur Folge haben können.

6.8 Wiederherstellen von Dateien mittels *.bak-Dateien

Bei einigen Aktionen werden in Allplan automatisch (bzw. je nach Einstellung der Optionen) Sicherungsdateien angelegt, die den ursprünglichen Inhalt der Teilbilder/Pläne speichern. Es wird immer nur eine Sicherungsdatei gespeichert. Das bedeutet, dass bei einem wiederholten Kopieren auf ein Teilbild nur die letzte Aktion gesichert ist.

Bei folgenden Vorgängen werden Sicherungsdateien angelegt:

- **DOKUMENTÜBERGREIFEND KOPIEREN, VERSCHIEBEN**
- **DOKUMENT LÖSCHEN**
- Vor dem Datenimport über **IMPORTIEREN**
- Vor dem Ausführen der Funktion **TEILBILDER UND PLÄNE MIT RESSOURCEN IN DAS PROJEKT EINFÜGEN**

Dokumentübergreifend kopieren, verschieben

Dokument löschen

Systembeschreibung *.bak-Dateien wiederherstellen

Der Weg zum Wiederherstellen ist relativ einfach, sollte aber in dieser Form eingehalten werden, um einen Datenverlust zu vermeiden, falls die wiederhergestellte Datei nicht den erwarteten Inhalt aufweist.

▷ Ermitteln, welches Teilbild oder welcher Plan wiederherzustellen ist, und die Teilbild- bzw. Plannummer notieren (z. B. Teilbild 123 oder Plan 79)

▷ Ermitteln des Projektordners auf der Festplatte: Der Projektordner ist unter anderem unter **PROJEKT ÖFFNEN** für das markierte Projekt am unteren Fensterrand sichtbar.

▷ Allplan beenden oder das Projekt wechseln, um sicherzustellen, dass die wiederherzustellende Datei nicht geöffnet ist

▷ Öffnen des Projektpfades über den Windows Explorer

- ▷ Umbenennen des Teilbildes oder des Plans durch Anhängen eines Zusatzes (*alt* oder Ähnliches), z. B. *tb000123.ndw* (Teilbild) oder *pb000007.npl* (Plan)
- ▷ Entfernen der Endung *.bak bei der entsprechenden Datei, z. B. Teilbild *tb000123.ndw.bak* in *tb000123.ndw* umbenennen oder Plan *pb000007.npl.bak* in *pb000007.npl* umbenennen
- ▷ Öffnen des Projekts und direkte Kontrolle der wiederhergestellten Inhalte

6.9 Dokumentorientierte Arbeitsweise

Allplan bietet Ihnen mit NDW-Dateien (modellorientierte Dateien) und NPL-Dateien (Planzusammenstellungen) eine vom Projekt unabhängige Möglichkeit der Datenstrukturierung an. Bei dieser Arbeitsweise können Sie selbst entscheiden, wo und mit welcher Ordnerstruktur die Dateien auf der Festplatte gespeichert werden sollen. Eine sinnvolle Struktur muss hierbei vom Nutzer selbst aufgebaut werden. Diese Arbeitsweise wird in diesem Buch nicht weiter beschrieben und/oder empfohlen, außer für den Datenaustausch mit Planungspartnern, die auch Allplan 2020 (oder eine ältere Version) verwenden und nur einzelne Pläne und/oder Teilbilder benötigen. Hier ist das Speichern dieser Dateien als NPL-Daten bzw. NDW-Datei möglich und in vielen Fällen die einfachste Lösung.

6.10 Zeichnungsstruktur

Nachfolgend finden Sie die wichtigsten Funktionen zur Zeichnungsstruktur. Wenn Sie im Beispielprojekt in den Eigenschaften des Dialogs **PROJEKTBEZOGEN ÖFFNEN** die Anzeige der Zeichnungsstruktur aktivieren, finden Sie eine mögliche Gliederung.

Funktionsübersicht Register Zeichnungsstruktur

Lesezeichen setzen/löschen

- **LESEZEICHEN SETZEN/LÖSCHEN** von einem oder mehreren Lesezeichen: Um ein Lesezeichen zu setzen bzw. zu löschen, müssen die entsprechenden Teilbilder/Zeichnungen markiert und danach das Icon angeklickt werden. Die Änderung wird sofort wirksam.

Suchen ...

- **SUCHEN** öffnet den gleichnamigen Dialog, über den Teilbildnamen, Plannamen, Namen von Strukturstufen usw. gesucht werden können. Fundstellen werden gelb markiert. Zudem können über den Dialog **SUCHEN ...** Teile oder komplette Namen (entweder im markierten Bereich oder komplett) ersetzt werden.

Zeichnung erstellen

- **ZEICHNUNG ERSTELLEN** legt über einen Dialog jeweils eine neue Zeichnung an. Es kann immer nur eine neue Zeichnung erstellt werden.

- **TEILBILDFILTER** öffnet den Dialog **TEILBILDFILTER**. Sie können in den angezeigten Teilbildern nach Attributen der Teilbilder filtern lassen.

Teilbildfilter

Kontextmenü Zeichnungszeilen und Teilbildzeilen

- **STRUKTURÜBERNAHME** dient zum Übernehmen von Teilbildzuordnungen einer bestehenden Zeichnung zu einer neuen Zeichnung (nur bei neuen - leeren - Zeichnungen anwählbar).
- **TEILBILDER ZUORDNEN** öffnet den Dialog zum Zuordnen von Teilbildern zur markierten Strukturstufe. Sie können an dieser Stelle entweder einzelne Teilbilder (z. B. 15), Teilbildbereiche (z. B. 1 - 10) oder Kombinationen aus beidem (z. B. 1-10, 15, 21-30, 35) eingeben. Zusätzlich können Sie bestimmen, ob die Teilbilder fest zugeordnet (Option **DER AKTUELLEN ZEICHNUNG ZUORDNEN**) oder nur bis zum nächsten Zeichnungswechsel (Option **DER AKTUELLEN ZEICHNUNG TEMPORÄR ZUORDNEN**) zugeordnet werden sollen.
- **ALLE TEILBILDZUORDNUNGEN LÖSEN** löst alle Teilbilder von der aktuellen Zeichnung (fest zugeordnete und temporäre). Bei diesem Vorgang wird nur die Zuordnung der Teilbilder an die Zeichnung gelöscht. Die Teilbilder (Dateien) werden nicht gelöscht.
- **TEILBILDZUORDNUNG LÖSEN** entfernt die markierten Teilbilder von der aktuellen Zeichnung.

Kontextmenü Teilbild – Teilbildliste

- **DER AKTUELLEN ZEICHNUNG ZUORDNEN** ordnet die markierten Teilbilder der auf der linken Seite markierten (aktuellen) Zeichnung zu.

Index

C

D

E

F

G

H

M

N

O

P

T

U

V

W